Hillmann/Schneider

Das verkehrsrechtliche Mandat
Band 2: Verkehrszivilrecht

Das Mandat

Das verkehrsrechtliche Mandat

Band 2: Verkehrszivilrecht

7. Auflage 2016

Von

Rechtsanwalt **Frank-Roland Hillmann**
Fachanwalt für Verkehrsrecht
Mitbegründer und Autor bis zur 6. Auflage
Oldenburg

und

Rechtsanwalt und Notar **Dr. Klaus Schneider**
Fachanwalt für Verkehrsrecht
Fachanwalt für Versicherungsrecht
Langenhagen

DeutscherAnwaltVerlag

Zitiervorschlag:
Hillmann/Schneider, Das verkehrsrechtliche Mandat, Bd. 2, § 1 Rn 1

Hinweis
Die Ausführungen in diesem Werk wurden mit Sorgfalt und nach bestem Wissen erstellt. Sie stellen jedoch lediglich Arbeitshilfen und Anregungen für die Lösung typischer Fallgestaltungen dar. Die Eigenverantwortung für die Formulierung von Verträgen, Verfügungen und Schriftsätzen trägt der Benutzer. Autoren und Verlag übernehmen keinerlei Haftung für die Richtigkeit und Vollständigkeit der in diesem Buch enthaltenen Ausführungen.

Anregungen und Kritik zu diesem Werk senden Sie bitte an
kontakt@anwaltverlag.de
Autoren und Verlag freuen sich auf Ihre Rückmeldung.

Copyright 2016 by Deutscher Anwaltverlag, Bonn
Satz: Griebsch & Rochol Druck, Hamm
Druck: Zimmermann Druck + Verlag GmbH, Balve
Umschlaggestaltung: gentura, Holger Neumann, Bochum
ISBN 978-3-8240-1439-2

Bibliografische Information der Deutschen Nationalbibliothek
Die Deutsche Nationalbibliothek verzeichnet diese Publikation in der Deutschen Nationalbibliografie; detaillierte bibliografische Daten sind im Internet über http://dnb.d-nb.de abrufbar.

Vorwort zur 7. Auflage

Die nunmehr vorliegende 7. Auflage bringt das Werk auf den Stand Juni 2016. Dementsprechend ist die seit der vorangegangenen Auflage veröffentlichte Rechtsprechung und Literatur eingearbeitet. Gerade im Bereich des Sachschadens hat sich die Rechtsprechung wiederum weiterentwickelt, z.b. hinsichtlich Fragen der Mehrwertsteuererstattung beim unmittelbaren Fahrzeugschaden, der Erstattung von Sachverständigenkosten und – natürlich – auch mal wieder bei den zu erstattenden Mietwagenkosten. Hinzu kommen weitere wichtige höchstrichterliche Entscheidungen, z.b. zur Helmpflicht bei Radfahrern und zur analogen Anwendbarkeit des Familienprivilegs des § 116 Abs. 6 SGB X auf eheähnliche Gemeinschaften. Hinsichtlich der neuen Themen ist zum einen die sehr aktuelle Problematik der Beweisführung mittels Aufzeichnungen einer Dashcam und zum anderen das Stichwort „Smart Repair" zu nennen. Prozessrechtlich sind die Ausführungen z.b. um die Möglichkeiten der (alleinigen oder zusätzlichen) Feststellungsanträge zur gerichtlichen Klärung des Haftungsgrundes, zur Prozessstandschaft bei gem. § 86 VVG auf den Versicherer übergegangenen Forderungen und die in den letzten Jahren in der Rechtsprechung immer wieder problematisierte Beweislage bei Überlagerung von Fahrzeugschäden mit Vorschäden ergänzt. Die inzwischen wohl weitgehend als geklärt anzusehende Rechtslage zum Rechtsdienstleistungsgesetz ist ebenfalls berücksichtigt, genauso wie bei den Tabellen selbstverständlich auch die aktuelle Sterbetafel 2012/2014.

Besonders darauf hinzuweisen ist, dass mit dieser Auflage der von mir persönlich sehr geschätzte Gründungsautor dieses Werkes, Herr Kollege Rechtsanwalt *Frank-Roland Hillmann* aus Oldenburg, aus der Bearbeitung ausgeschieden ist. Ihm gilt mein besonderer Dank daher nicht nur für die hervorragende Vorarbeit und entscheidende Prägung des gesamten für die Praxis entwickelten Werkes, sondern auch für das mir seit der 5. Auflage als Mitautor entgegengebrachte Vertrauen. Trotz der mit jeder Neuauflage erfolgenden Überarbeitungen wird das Werk noch auf lange Zeit von der auf fundiertem Fachwissen beruhenden, kaum zu überbietenden Erfahrung des Kollegen *Hillmann* geprägt sein. Ihm gilt daher mein besonderer – auch persönlicher – Dank.

Wir hoffen, auch mit dieser Neuauflage erneut ein Buch erstellt zu haben, das den Kollegen hilft, mit den immer schwieriger werdenden schadensrechtlichen Auseinandersetzungen in der Praxis fertig zu werden, und denjenigen Kollegen Mut macht, welche die erforderliche Kraft für diese Auseinandersetzungen verlieren könnten.

Vorwort

Wir sind auch weiterhin jedem Leser dankbar, der uns auf Fehler oder Informationslücken aufmerksam macht oder sogar neue Gesichtspunkte oder Themen aufgreift.

Langenhagen, Juni 2016 *Dr. Klaus Schneider*

Inhaltsübersicht

Vorwort zur 7. Auflage V

Literaturverzeichnis XLI

§ 1 Beginn eines Verkehrsrechtsmandates 1

§ 2 Haftungsgrundlagen 85

§ 3 Haftungsbegrenzungen 147

§ 4 Aktivlegitimation 179

§ 5 Passivlegitimation und prozessuale Grundlagen 203

§ 6 Quotenvorrecht 229

§ 7 Materielle Schadenspositionen – Fahrzeugschaden 241

§ 8 Sonstige materielle Schadenspositionen 347

§ 9 Ersatzansprüche bei Verletzungen 481

§ 10 Ersatzansprüche bei Tötung 625

§ 11 Kapitalabfindung 665

§ 12 Vergleich und Verjährung 693

§ 13 Versicherungsrecht im Verkehrsrecht (Versicherungsrechtlicher Exkurs) .. 731

§ 14 Anhang 825

Stichwortverzeichnis 859

Inhaltsverzeichnis

Vorwort zur 7. Auflage	V
Literaturverzeichnis	XLI

§ 1 Beginn eines Verkehrsrechtsmandates		1
A.	Mandatsannahme	1
	I. Erste Schritte	1
	1. Schadenssteuerung durch Versicherer	2
	a) Gegenwärtige Situation	2
	b) Beratungen nach dem Rechtsdienstleistungsgesetz (RDG)	10
	aa) Auswirkungen auf die Rechtsberatung	10
	bb) Regelungen durch das Gesetz	11
	(1) Rechtsdienstleistung, § 2 Abs. 1 RDG	11
	(2) Rechtsdienstleistung als erlaubte Nebenleistung, § 5 Abs. 1 RDG	11
	(3) Rechtsdienstleistung als nicht erlaubte Nebenleistung, § 5 Abs. 1 RDG	12
	(4) Keine Rechtsdienstleistung durch Rechtsschutzversicherer	13
	cc) Inkassodienstleistung, § 2 Abs. 2 RDG	13
	(1) Zulässiger Forderungseinzug	13
	(2) Unzulässiger Forderungseinzug	13
	(3) Regelung des § 79 ZPO (Parteiprozess)	13
	dd) Zusammenarbeit von Werkstätten, Sachverständigen und Rechtsanwälten	14
	ee) Zusammenfassung der Rechtslage	14
	c) Beschwerden gegen Versicherer	14
	d) Regulierungsverzögernde Taktiken	14
	e) Beschwerde an BaFin	17
	2. Aktivitäten der Werkstätten	17
	3. Maßnahmen der Anwaltschaft	20
	4. Maßnahmen der Arbeitsgemeinschaft Verkehrsrecht des DAV	21
	5. Zukünftige Strategien der Anwaltschaft	23
	a) Änderung der Ausgangslage: Unterwanderung der Dispositionsbefugnis des Geschädigten	23
	b) Was können wir Anwälte weiter tun?	25
	c) Argumente für Werkstätten zur Zusammenarbeit mit Verkehrsanwälten	26
	6. Vermeidung von Doppelvertretungen	28

Inhaltsverzeichnis

7. Vollmacht	31
a) Persönliche Mandatserteilung	31
b) Besonderheiten bei Leasing	32
aa) Ansprüche des Leasinggebers	33
bb) Ansprüche des Leasingnehmers	33
c) Empfehlung und Vollmachterteilung durch andere	34
aa) Stapelvollmacht und Visitenkarten	35
bb) Vollmachterteilung durch andere	36
d) Persönliche Mandatserteilung nicht möglich	36
aa) Geschäftsführung ohne Auftrag	36
bb) Betreuer	36
8. Datensammlung	37
a) Daten der Unfallbeteiligten	38
b) Daten des Unfallgeschehens	38
c) Unfallschilderung	38
d) Unfallrekonstruktion	39
aa) Grundkenntnisse	39
bb) Vermeidbarkeitsbetrachtungen	40
(1) Räumliche Vermeidbarkeit	43
(2) Zeitliche Vermeidbarkeit	47
(3) Juristische Vermeidbarkeit	47
cc) Haftungsverteilung	47
e) Daten von besonderer Bedeutung	48
aa) Vorsteuerabzugsberechtigung	48
bb) Vollkaskoversicherung	48
(1) Bedeutung für das Quotenvorrecht	49
(2) Krankes Versicherungsverhältnis beim Unfallgegner	49
cc) Daten zum Fahrzeugschaden	50
dd) Daten der Verletzten	50
ee) Daten des Geldtransfers	52
9. Hinweise an Mandanten	53
10. Erste Schreiben	54
a) Schreiben an gegnerischen Versicherer	54
aa) Gegnerischer Versicherer bekannt	54
bb) Gegnerischer Versicherer unbekannt	55
(1) Unfall im Inland, Gegner Inländer	55
(2) Unfall im Inland, Gegner Ausländer	60
(3) Unfall im Ausland, beide Beteiligte Inländer	61
(4) Unfall im Ausland, Gegner Ausländer	62
(a) Gegner Bürger der EU und EWR-Staaten	62
(aa) Außergerichtliche Regulierung	62
(bb) Gerichtliche Regulierung	64

   (b) Gegner außerhalb der EU 65
  b) Andere Anspruchsgegner 66
   aa) Ansprüche gegen die Verkehrsopferhilfe 66
   bb) Ansprüche wegen Nachhaftung eines Versicherers 67
   cc) Ansprüche wegen grober Fahrlässigkeit eines Verwahrers. 67
   dd) Militärfahrzeuge 67
  c) Schreiben an eigenen Versicherer 69
   aa) Meldung durch VN 69
   bb) Meldung durch VN-Anwalt 70
   cc) Regulierungs- und Prozessführungsbefugnis 70
   dd) Belastung des Schadensfreiheitsrabattes 73
  d) Schreiben an den Rechtsschutzversicherer 73
  e) Schreiben an die Polizei wegen Akteneinsicht 74
  f) Abschriften an Mandanten 74
 11. Erforderliche Unterlagen 74
  a) Belege über materiellen Schaden 74
  b) Belege über immateriellen Schaden 75
 II. Nächste Schritte 76
  1. Weitere Schreiben 76
   a) Inverzugsetzung 76
   b) Fristsetzung 76
   c) Frist bis zur Klageerhebung 77
   d) Volkswirtschaftlicher Schaden 78
  2. Wichtiges zur Klage 79
B. Sofortmaßnahmen bei der Mandatserteilung 80
 I. Betreuer 80
 II. Verfahren zur Beweissicherung 81
  1. Zum Anspruchsgrund 81
   a) Privatgutachten 81
   b) Gerichtliches selbstständiges Beweisverfahren 81
  2. Zur Anspruchshöhe 82
 III. Einstweilige Verfügung 83

§ 2 Haftungsgrundlagen 85
A. Haftung aus unerlaubter Handlung 85
 I. §§ 823 ff. BGB 85
  1. Voraussetzung 85
  2. Rechtsfolge 85
   a) Haftungsumfang 86
    aa) Unmittelbare Schäden und Folgeschäden 86
    bb) Entgangener Gewinn 86
    cc) Immaterielle Schäden 87

dd) Adäquanztheorie 87
ee) Überholende Kausalität 88
ff) Schutzzweck der Norm 89
b) Ansprüche mittelbar Geschädigter 90
3. Begrenzung der Ersatzpflicht 91
4. Verschulden 92
   a) Allgemeine Verhaltenspflichten 92
   b) Erhöhte Sorgfaltsanforderung nach der StVO 93
      aa) Kinder, Hilfsbedürftige und ältere Menschen 93
      bb) Überholvorgänge 94
      cc) Fahrstreifenwechsel 95
      dd) Einbiegen in Grundstück, Wenden und Rückwärtsfahren . 95
      ee) Ausfahren aus Grundstück 95
      ff) Ein- und Aussteigen................................... 96
      gg) Zusammenfassung zu den erhöhten Sorgfalts-
          anforderungen 96
   c) Besonderheiten an Bushaltestellen 97
5. Haftung nur für eigenübliche Sorgfalt 98
   a) Grundsatz 98
   b) Ausnahmen 99
      aa) Allgemeines 100
      bb) Beispiele 100
          (1) Gefälligkeitsfahrt 100
          (2) Geschäftsführer ohne Auftrag 100
          (3) Ehegatten 101
          (4) Probefahrt 101
          (5) Anmietung eines Kfz im Ausland 102
          (6) Fahrer – Halter................................... 102
          (7) Leasingfahrzeuge 103
          (8) Teilnahme an sportlichen Wettbewerben mit
              erheblichem Gefahrpotential 103
6. Beweislast 103
II. Geschäftsherrenhaftung nach § 831 BGB 104
  1. Voraussetzungen 104
    a) Geschäftsherr 104
    b) Verrichtungsgehilfe 104
    c) Schädigung in Ausführung der Verrichtung 105
  2. Beweislast 105
III. Haftung aus Verkehrssicherungspflicht 107
  1. Allgemeines 107
  2. Beweislast 107

Inhaltsverzeichnis

    3. Verkehrssicherungspflicht im Straßenverkehr 108
        a) Allgemeines 108
        b) Räum- und Streupflicht 109
        c) Straßenbäume 110
        d) Fahrbahnunebenheiten 110
        e) Verkehrsberuhigungsmaßnahmen 111
    4. Verkehrssicherungspflicht des Kfz-Eigentümers 111
    5. Verkehrssicherungspflicht des Kfz-Führers/-Halters 111
  IV. Haftung Minderjähriger – § 828 BGB 112
    1. Kinder unter sieben Jahren 112
    2. Kinder über sieben und unter zehn Jahren beim Unfall im motorisierten Verkehr 112
    3. Haftung der Kinder und Jugendlichen im Falle der Deliktsfähigkeit 114
  V. Haftung bei krankhafter Störung der Geistestätigkeit – § 827 BGB .. 115
  VI. Billigkeitshaftung – § 829 BGB 116
  VII. Verletzung der Aufsichtspflicht – § 832 BGB 117
  VIII. Haftung des Tierhalters – § 833 BGB 118
B. Haftung nach dem Straßenverkehrsgesetz 119
  I. Halterhaftung gem. § 7 StVG 119
    1. Allgemeines 119
    2. Voraussetzungen 119
        a) Halter 120
        b) Betrieb 121
    3. Höhere Gewalt 123
    4. Unabwendbares Ereignis 125
    5. Gefährdungshaftung des Anhänger-Halters 126
    6. Haftung gegenüber Insassen 127
    7. Haftungsumfang 127
    8. Haftungsausschlüsse 127
        a) Fahrzeuge mit bauartbedingter Höchstgeschwindigkeit bis 20 km/h 127
        b) Beim Betrieb des Kfz Tätige 128
        c) Beförderung von Sachen 128
    9. Schwarzfahrt 128
  II. Fahrerhaftung 129
  III. Haftungsabwägung 129
C. Haftung aus Vertrag 132
  I. Beförderungsvertrag 132
  II. Mietvertrag 133
  III. Auftrag 133
  IV. Werkvertrag 133

Inhaltsverzeichnis

V. Arbeitsvertrag	134
1. Haftung des Arbeitgebers	134
a) Haftung für Sach- und Vermögensschäden	134
b) Haftung für Personenschäden	135
2. Haftung des Arbeitnehmers	135
a) Haftung für Sach- und Vermögensschäden	135
b) Haftung für Personenschäden	136
VI. Geschäftsführung ohne Auftrag	137
1. Haftung des Geschäftsherrn	137
2. Haftung des Geschäftsführers	137
VII. Schuldanerkenntnis	138
D. Haftung nach dem Haftpflichtgesetz	138
I. Voraussetzungen	138
1. Schienenbahn	138
2. Betrieb	139
II. Haftungsausschluss	139
1. Höhere Gewalt	139
2. Entlastungsbeweis	140
3. Mitverschulden	140
III. Haftungsumfang	140
IV. Haftungsabwägung	140
E. Haftung nach dem Wasserhaushaltsgesetz	141
F. Staatshaftung – § 839 BGB i.V.m. Art. 34 GG	141
I. Anwendbarkeit	141
II. Verweisungsprivileg bei Beamten	142
III. Organe der Europäischen Gemeinschaft	143
IV. Ausnahmen vom Verweisungsprivileg	143
V. Haftung von Sonderrechtsfahrzeugen	143
G. Haftung des gerichtlich bestellten Sachverständigen – § 839a BGB	145

§ 3 Haftungsbegrenzungen ... 147

A. Benzinklauseln	147
B. Mitverschulden	149
I. Allgemeines	149
II. Betriebsgefahr und Mitverschulden	150
III. Voraussetzungen eines Mitverschuldens	150
1. Deliktsfähigkeit	150
2. Kausalität	151
3. Rechtsfolge	151
4. Beweisfragen	151
5. Nebentäterschaft	152

Inhaltsverzeichnis

    6. Gestörte Gesamtschuld 153
    7. Besonderheiten bei Leasingfahrzeugen 154
  IV. Einzelprobleme der Abwägung 155
    1. Kinderunfall 155
    2. Fußgängerunfälle 155
    3. Radfahrerunfälle 156
    4. Helmpflicht bei Radfahrern 157
    5. Gurtanlege- und Schutzhelmpflicht 157
    6. Fahrt mit verkehrsuntüchtigem Fahrer 160
    7. Fahrt mit führerscheinlosem Fahrer 161
C. Verletzung der Schadensminderungspflicht 161
  I. Allgemeines 161
  II. Einzelfälle 163
D. Gesetzliche Haftungsbeschränkungen 164
  I. RVO und SGB VII 164
    1. Allgemeines 164
    2. Rechtslage nach der RVO 165
        a) Versicherte Personen 165
        b) Umfang des Haftungsausschlusses 165
        c) Regress der Berufsgenossenschaft 166
    3. Rechtslage nach dem SGB VII 167
        a) Allgemeines 167
        b) Haftungsbeschränkung zugunsten des Unternehmers 168
        c) Haftungsbeschränkung zugunsten der im Betrieb tätigen Personen 171
        d) Erweiterung der Haftungsbeschränkung bei Aus- und Fortbildung 174
        e) Freistellung des auf der Betriebsstätte selbst tätigen Unternehmers 175
        f) Gestörtes Gesamtschuldverhältnis 175
        g) Bindung der Gerichte 176
        h) Regress der Sozialversicherungsträger 176
        i) Verjährung des Regressanspruchs 177
  II. Haftungsbeschränkung bei Beamten und Soldaten 177

§ 4 Aktivlegitimation 179

A. Sachschäden 179
  I. Grundsatz 179
  II. Besonderheiten bei Leasingfahrzeugen 179
  III. Fälle der Prozessstandschaft 180
    1. Leasingfahrzeug oder finanziertes Fahrzeug 181

XV

        2. Abgetretene Forderungen 181
        3. Auf den Vollkaskoversicherer gem. § 86 VVG übergegangene
           Forderungen 181
B. Personenschäden 182
   I. Verletzter 182
  II. Ausnahmen 182
C. Gesetzliche Forderungsübergänge 182
   I. Allgemeines 182
       1. Verbot der Doppelentschädigung 183
       2. Ersatzleistungen Dritter – nicht anrechenbar 183
  II. Forderungsübergang auf Sozialleistungsträger 183
       1. Umfang des Übergangs 183
       2. Sozialleistungsträger 184
       3. Rechtsfolgen 184
 III. Voraussetzungen des Anspruchsübergangs 184
       1. Sachliche Kongruenz 185
          a) Übergangsfähige Positionen 185
          b) Nicht übergangsfähige Positionen 186
       2. Zeitliche Kongruenz 187
  IV. Zeitpunkt des Forderungsübergangs 187
   V. Abzüge für Eigenersparnis und Forderungsübergang 188
  VI. Forderungsübergang und Mitverschulden 189
       1. Frühere Gesetzeslage 189
       2. Heutige Gesetzeslage 190
 VII. Ausnahmen vom Forderungsübergang 191
       1. Befriedigungsvorrecht des Geschädigten nach § 116 Abs. 4
          SGB X 191
       2. Quotenvorrecht des Geschädigten bei unzureichender Haftungs-
          höchstsumme 192
       3. Fälle der Sozialhilfebedürftigkeit nach § 116 Abs. 3 S. 3 SGB X . 193
       4. Quotenvorrecht nach § 116 Abs. 5 SGB X (der sog. Rentnertod) .. 194
 VIII. Angehörigenprivileg 196
D. Beitragsregress, § 119 SGB X 198
E. Sonstige gesetzliche Forderungsübergänge 199
F. Steuern 200

§ 5 Passivlegitimation und prozessuale Grundlagen 203

A. Materielles Recht 203
   I. Unmittelbarer Schädiger 203
  II. Halterhaftung 203
 III. Passivlegitimation des KH-Versicherers 203
  IV. Ausländerschaden im Inland 205

V.	Auslandsschaden und ausländischer Versicherer	205
VI.	Finanzierungskosten	208
VII.	Zinsen	209

B. Prozessuale Grundlagen 210
   I. Beweismaßstab und Beweisprobleme 210
      1. Strengbeweis gem. § 286 ZPO 211
      2. Freibeweis gem. § 287 ZPO 212
      3. Parteivernehmung gem. § 448 ZPO 212
      4. Selbstständiges Beweisverfahren 213
      5. Anscheinsbeweis 215
          a) Voraussetzung 216
          b) Anscheinsbeweis und Alkohol 216
          c) Beispiele für den Anscheinsbeweis 216
      6. Beweis durch Dashcam-Aufzeichnungen 217
      7. Beweissituation bei Vor-/Altschäden 218
   II. Gerichtszuständigkeiten 219
      1. Besonderer Gerichtsstand der unerlaubten Handlung 219
      2. Allgemeiner Gerichtsstand der Beklagten 220
      3. Gerichtsstand des Kfz-Haftpflichtversicherers 220
      4. Gerichtsstand bei Ausländerbeteiligung und gegen die Verkehrsopferhilfe 220
      5. Inländischer Gerichtsstand bei EU-Auslandsunfällen 221
      6. Gerichtsstand des Wohnsitzes des Versicherungsnehmers 222
   III. Feststellungsklagen 222
      1. Personenschäden 222
      2. Durch die Reparatur/Wiederbeschaffung entstehende weitere Schäden 222
      3. Ausschließliche Feststellungsklage zum Haftungsgrund 223
   IV. Klage gegen den Halter 225
   V. Probleme beim „gestellten Unfall" 226
      1. Interessenwiderstreit beim Klagevortrag 226
      2. Lösungswege 227
          a) Nebenintervention 227
          b) Aussageverweigerungsrecht 227
          c) Beweislast 228

§ 6 Quotenvorrecht 229

A. Allgemeine Grundsätze 229
   I. Vorbemerkungen 229
   II. Kongruenz 230

B. Anwendungsbereiche 230
  I. Praktische Auswirkungen 230
     1. Quotenbevorrechtigte Schadenspositionen 231
        a) Vier „klassische" Quotenvorrechtspositionen 231
        b) Fünfte Position: Abzüge „neu für alt" 232
        c) Sechste Position: Anwaltskosten für die Kasko-
           inanspruchnahme 232
        d) Siebte Position: Differenz zwischen Wiederbeschaffungswert
           und 130 %-Regulierung 233
     2. Nicht quotenbevorrechtigte Schadensersatzpositionen 234
  II. Praktische Anwendung 234
     1. Beispielsfall 234
     2. Einschränkung durch die modifizierte Differenztheorie 235
  III. Weitere Fälle des Quotenvorrechts 237
     1. Rechtsschutzversicherung 237
        a) Reisekosten 237
        b) Honorarvereinbarung 238
     2. Arbeitsrecht 238
     3. Unterhaltsschäden 238

§ 7 Materielle Schadenspositionen – Fahrzeugschaden 241

A. Vorbemerkung 241
B. Überblick zum Fahrzeugschaden 241
C. Feststellung des Fahrzeugschadens 242
  I. Nachweis durch Sachverständigengutachten 242
     1. Allgemeines 242
        a) Kaskoschäden (Sachverständigenverfahren nach AKB) 243
        b) Haftpflichtschäden (Bagatellgrenze) 244
        c) Gutachterauswahl 247
        d) Mindestinhalt eines Schadensgutachtens 248
        e) Mithaftung des Geschädigten 249
     2. Haftung des Sachverständigen 250
  II. Nachweis durch Kostenvoranschlag 251
  III. Vergleichsbetrachtung Reparaturfall/Wiederbeschaffungsfall 252
  IV. Einzelne Wertkonstellationen zwischen Reparatur- und
      Wiederbeschaffungsfall 253
     1. Reparaturaufwand unterhalb des Wiederbeschaffungsaufwandes . 253
     2. Reparaturaufwand zwischen Wiederbeschaffungsaufwand und
        Wiederbeschaffungswert (sog. 100-%-Fälle) 253
        a) Konkrete Abrechnung des tatsächlichen Reparaturaufwandes . 254

Inhaltsverzeichnis

    b) Weiternutzung des Fahrzeugs für mindestens sechs Monate .. 255
    c) Weder konkrete Abrechnung von Reparaturkosten noch
       Weiternutzung 256
  3. Reparaturaufwand übersteigt den Wiederbeschaffungswert um
    bis zu 30 % (sog. 130-%-Fälle) 257
  4. Reparaturaufwand übersteigt den Wiederbeschaffungswert um
    mehr als 30 % 259
V. Abrechnung auf Reparaturkostenbasis 260
  1. Konkrete Abrechnung 260
    a) Voraussetzungen 260
    b) Abtretung des Reparaturkostenanspruchs 261
    c) Prognoserisiko 262
  2. Fiktive Abrechnung 262
    a) Grundsatz der Dispositionsfreiheit 263
    b) Pflicht zur Vorlage der Reparaturrechnung 264
    c) Grenzen der fiktiven Abrechnung 266
    d) Späterer Wechsel von fiktiver zu konkreter Abrechnung 267
    e) Verkauf in unrepariertem Zustand 268
    f) Abzüge hinsichtlich der vom Sachverständigen kalkulierten
       Reparaturkosten 268
       aa) UPE-Aufschläge und Verbringungskosten 268
          (1) UPE-Aufschläge 269
          (2) Verbringungskosten 270
       bb) Stundenverrechnungssätze 271
       cc) Vermessungskosten 276
       dd) Entsorgungskosten 276
       ee) In Lohnkosten enthaltene Sozialabgaben und Lohnneben-
          kosten 276
       ff) Zusammenfassung zu den Abzügen 276
  3. Besonderheiten zur Höhe des Schadensersatzes 277
    a) Abzüge „neu für alt" (n.f.a.) 277
    b) Reparatur mit Gebrauchtteilen 278
    c) Alternative Repararturmethoden („Smart Repair") 278
  4. Besonderheiten bei Leasing 280
  5. Wertminderung 281
    a) Technische Wertminderung 281
    b) Merkantile Wertminderung 281
       aa) Methode Ruhkopf/Sahm 283
       bb) Reformvorschläge 284
       cc) Andere Berechnungsmethoden 285
       dd) Berechnung durch Sachverständige 286
    c) Besonderheiten bei Leasing 287

VI. Abrechnung im Totalschadenfall 287
    1. Echter Totalschaden... 287
       a) Technischer Totalschaden 288
       b) Wirtschaftlicher Totalschaden 288
          aa) Wiederbeschaffungswert 291
          bb) Restwerte 291
              (1) Voller Schadensersatz ohne Restwertanrechnung 292
              (2) Ermittlung des Restwerts 293
              (3) Berücksichtigung konkreter Restwertangebote 295
              (4) Zu berücksichtigender tatsächlich niedrigerer/höherer Restwerterlös................................... 298
              (5) Überobligationsmäßige Restwertrealisierung 299
              (6) Versteckter Rabatt 301
              (7) Restwertberücksichtigung bei Weiternutzung des Fahrzeugs 301
              (8) Restwertregress gegen Sachverständige 303
              (9) Restwertfragen bei Vollkasko, Sachverständigenverfahren nach AKB 304
       c) Ummeldekosten 305
       d) Resttreibstoff im Tank 306
    2. Reparatur trotz wirtschaftlichen Totalschadens (130-%-Regelung) 306
       a) Bei konkret ausgeführter Reparatur 307
          aa) Integritätsinteresse 307
          bb) Anwendbarkeit der 130-%-Regelung bei gewerblich genutzten Fahrzeugen 308
          cc) Prognoserisiko 309
       b) Bei fiktiver Abrechnung................................... 309
          aa) Eigenreparatur 309
              (1) Reparaturkosten kleiner als Wiederbeschaffungswert 310
              (2) Reparaturkosten größer als Wiederbeschaffungswert 310
          bb) Schätzung über 130 %, tatsächliche Reparatur niedriger .. 312
          cc) Teil- oder Billigreparatur, Verwendung von Gebrauchtteilen 313
          dd) Alsbaldiger Verkauf.................................... 315
       c) Besonderheiten bei Leasing 315
    3. Unechter Totalschaden (Abrechnung auf Neuwagenbasis) 316
       a) Erhebliche Beschädigung 316
       b) Neuwertigkeit 317
       c) Ansprüche bei Neuwagenersatz 319
          aa) Farbe und Ausstattung 319
          bb) Händlerauswahl....................................... 319

Inhaltsverzeichnis

    cc) Beschaffungsprobleme 319
    dd) Bemessung des Neupreises 320
VII. Mehrwertsteuererstattung aufgrund des „2. Gesetzes zur Änderung schadensrechtlicher Vorschriften" 320
  1. Historie 320
  2. Seit dem 1.8.2002 geltendes Recht 322
  3. Mehrwertsteuererstattung im Reparaturfall 330
    a) Abrechnung nach tatsächlich entstandenen Reparaturkosten .. 330
    b) Abrechnung des Reparaturaufwandes fiktiv auf Gutachtenbasis 331
    c) Abrechnung des Reparaturaufwandes fiktiv auf Gutachtenbasis unter Vorbehalt der Nachforderung 331
      aa) Rechnungsbetrag höher als geschätzter Kostenaufwand .. 331
      bb) Rechnungsbetrag niedriger als geschätzter Kostenaufwand 332
    d) Vorbehaltlose fiktive Abrechnung auf Gutachtenbasis mit späterem Ersatz der Mehrwertsteuer unter Vorlage des entsprechenden Zahlungsbeleges 332
    e) Billig- oder Teilreparatur des Fahrzeugs (durch Dritte oder in Eigenregie) 333
  4. Mehrwertsteuererstattung im Wiederbeschaffungsfall 334
    a) Konkrete Ersatzbeschaffung zu einem mindestens dem Wiederbeschaffungswert entsprechenden Preis 334
    b) Ersatzbeschaffung zu einem unterhalb des Wiederbeschaffungswertes liegenden Preis 336
      aa) Erstattung bei Erwerb eines Neufahrzeugs beim Händler . 336
      bb) Erwerb eines Gebrauchtfahrzeugs vom Händler 336
      cc) Erwerb eines Ersatzfahrzeugs aus privater Hand 338
    c) Fiktive Abrechnung ohne Ersatzbeschaffung 339
  5. Ersatzbeschaffung trotz Reparaturwürdigkeit (unterhalb des Wiederbeschaffungsaufwandes liegender Reparaturaufwand) 339
    a) Erwerb eines Neufahrzeugs beim Händler 339
    b) Erwerb eines Gebrauchtfahrzeugs vom Händler 340
    c) Erwerb eines Ersatzfahrzeugs aus privater Hand 341
  6. Geschädigter tritt seinen Ersatzanspruch ab 341
  7. § 251 BGB: Völliger Untergang/Zerstörung der Sache 342
  8. Folgen der gesetzlichen Neuregelung 342
  9. Mehrwertsteuer bei Kaskoregulierung 343
  10. Mehrwertsteuer bei Vorsteuerabzugsberechtigung 344
D. Besonderheiten bei Leasing 345

XXI

§ 8 Sonstige materielle Schadenspositionen ... 347

A. Vorbemerkung ... 347
B. Fahrzeugbezogene Sachschäden ... 347
   I. Schadensermittlungskosten ... 347
      1. Sachverständigenkosten ... 347
         a) Reparaturbescheinigung ... 347
         b) Qualität und Brauchbarkeit ... 348
         c) Angemessenheit des Sachverständigenhonorars ... 349
         d) Überprüfungsberechtigung ... 352
         e) Auswahlrecht des Geschädigten ... 353
         f) Vollständige Erstattung der Sachverständigenkosten trotz quotaler Haftung ... 355
      2. Kosten eines Kostenvoranschlags ... 356
   II. Ersatz für Nutzungsentgang ... 357
      1. Nutzungswille ... 357
      2. Nutzungsmöglichkeit ... 360
      3. Dauer des Nutzungsausfalls und Schadensminderungspflicht ... 361
         a) Reparaturschaden ... 363
            aa) Werkstattwahl ... 366
            bb) Notreparatur ... 367
         b) Totalschaden ... 367
         c) Prüfungs- und Überlegungszeit ... 368
   III. Mietwagenkosten ... 369
      1. Privatfahrzeuge ... 369
         a) Einführung ... 369
            aa) „Mietwagenkrieg" von 1991–1996 ... 369
            bb) Versicherungseigene Mietwagenunternehmen „Car-Partner" ... 370
         b) Erforderlichkeit eines Mietwagens (Kilometerleistung) ... 371
         c) Höhe der erstattungsfähigen Mietwagenkosten ... 372
            aa) Rechtsprechung pro und contra ... 372
            bb) Neuere BGH-Rechtsprechung ... 373
               (1) Entscheidung des BGH 1996 ... 374
               (2) Entscheidungen des BGH 2004/2005 ... 375
               (3) Gegenwärtige Rechtslage ... 376
                  (a) Dreistufiges Prüfungsschema des BGH ... 376
                  (b) Offenlassen der Frage der objektiven Erforderlichkeit in der jüngsten BGH-Rechtsprechung ... 377
                  (c) Anforderungen an die subjektive Zugänglichkeit und Zumutbarkeit des Normaltarifs ... 378
                  (d) Aufklärungspflicht des Autovermieters ... 381
                  (e) Ermittlung des „Normaltarifs" ... 383

Inhaltsverzeichnis

  (f) Ermittlung des objektiv erforderlichen
    „Zuschlags" 386
  (g) Kritik an der Rechtsprechung des BGH 388
 d) Dauer der Mietwageninanspruchnahme 389
 e) Interimsfahrzeug 390
 f) Nutzungsfähigkeit bei Mietwageninanspruchnahme 391
 g) Schadensminderungspflicht bei Mietwageninanspruchnahme . 391
 h) Abzug ersparter Eigenkosten 392
 i) Versicherungsschutz des Mietwagens 395
 j) Zuschläge für weitere Nebenleistungen (Winterreifen,
   Zustell-/Abholkosten) 396
 k) Sicherungsabtretung 397
2. Gewerblich genutzte Fahrzeuge 397
 a) Ausfall von Taxifahrzeugen 398
 b) Reisebus 400
IV. Nutzungsausfallentschädigung 400
 1. Konkreter Nutzungsausfall 400
  a) Art und Umfang der potenziellen Nutzung 400
  b) Nutzungsausfallnachweise 401
   aa) Bei Werkstattreparatur 401
   bb) Bei Eigenreparatur 401
   cc) Bei Totalschaden 402
 2. Nutzungsausfall bei Privatfahrzeugen 402
  a) Höhe des Nutzungsausfallanspruchs 403
   aa) Nutzungsausfalltabellen 403
   bb) Ältere Fahrzeuge 403
   cc) Spezialfahrzeuge 406
   dd) Einzelfragen zum Nutzungsausfall 406
  b) Dauer des Nutzungsausfalls 407
   aa) Reparaturschaden 408
   bb) Totalschaden 408
 3. Lkw und andere gewerblich genutzte Fahrzeuge 410
  a) Transporter 412
  b) Lkw 412
  c) Andere gewerblich genutzte Fahrzeuge 413
   aa) Entgangener Gewinn 413
   bb) Vorhaltekosten 414
 4. Krafträder 414
 5. Wohnmobil 415
 6. Fahrrad 417
 7. Sonstige nutzungsausfallfähige Gegenstände 417
V. Abschleppkosten 418

VI.	Standgeld	420
VII.	Ersatz für sicherheitsrelevante Gegenstände	420
	1. Sicherheitsgurt	420
	2. Motorradschutzhelm	420
	3. Motorradhandschuhe und -kleidung	421
	4. Kindersitze	421
VIII.	Entsorgungskosten	422
	1. Beim Totalschaden	422
	2. Bei Reparaturschäden	422
IX.	Umbaukosten	422
	1. Radioanlagen	422
	2. Behindertengerechte Ausstattungen	422
X.	An- und Abmeldekosten	423
	1. Pauschalabrechnung	423
	2. Konkrete Abrechnung	423
C. Regulierungskosten		424
I.	Zinskosten und Finanzierungsschaden	424
	1. Sofortige Verzinsung	424
	2. Verzugsschäden	424
	a) Verzugsvoraussetzungen	424
	b) Zinsen	425
	3. Finanzierung grundsätzlich zunächst aus eigenen Mitteln	426
	4. Rechtzeitige Unterrichtung von beabsichtigter Kreditaufnahme	428
	5. Inanspruchnahme der Vollkaskoversicherung	428
II.	Zeitaufwand, Fahrtkosten	430
III.	Kostenpauschale	432
IV.	Anwaltskosten	433
	1. Grundlage der Anwaltsbeauftragung	435
	2. Kaskoregulierung bei Haftpflichtschaden	436
	3. Erstattung der Rechtsanwaltskosten für die Einholung der Deckungszusage beim Rechtsschutzversicherer	439
	4. Art und Höhe der RA-Gebühren nach dem RVG	440
	a) Beratung	440
	aa) Gebührenvereinbarung	440
	bb) Kappungsgrenzen bei Fehlen einer Gebührenvereinbarung	441
	cc) Anrechnung	441
	b) Seinerzeitige Besprechungsgebühr gem. § 118 Abs. 1 Nr. 2 BRAGO	442

c) Begriff der „Angelegenheit" 443
aa) Grundsatz 443
bb) Regulierung des Haftpflichtschadens und die Regulierung des Kaskoschadens 443
cc) Streitigkeiten mit dem eigenen Haftpflichtversicherer 443
dd) Abänderung einer Schadensrente 444
ee) Mehrere Schäden aus demselben Ereignis 444
d) Außergerichtliche Gebühren 444
aa) Begriff der außergerichtlichen „Mittelgebühr" 444
 (1) Keine Mittelgebühr von 0,9 445
 (2) Regelgebühr von 1,3 445
 (3) Rechtsprechung zur Angemessenheit einer Gebühr von 1,3 446
 (4) Gebühr von 1,5 und mehr 447
   (a) Angelegenheit „umfangreich oder schwierig"... 447
   (b) Gebührenerhöhung durch „Besprechung" 449
   (c) Mehrere Auftraggeber 451
   (d) Anrechnung bei anschließendem Gerichtsverfahren 452
bb) Einigungsgebühr gem. Nr. 1000 VV RVG 454
cc) Regulierungsempfehlungen einiger Versicherer 456
dd) Differenzgebühren bei gesetzlicher Vergütung 460
ee) Differenzgebühren bei Abrechnung nach Regulierungsempfehlung 461
 (1) Differenz resultiert aus den unterschiedlichen Gegenstandswerten der Geltendmachung und der Erledigung 461
 (2) Differenz resultiert aus den unterschiedlichen Gebührensätzen der gesetzlichen und der pauschalierten Vergütung 462
ff) Verschiedene Angelegenheiten 464
gg) Hebegebühr gem. Nr. 1009 VV RVG 464
hh) Akteneinsichtsgebühr 466
e) Gerichtliche Gebühren 467
aa) Verfahrensgebühr 467
 (1) Vorzeitige Erledigung 467
 (2) Protokollierung weiter gehender nicht anhängiger Ansprüche 468
 (3) Verhandlungen über weiter gehende nicht anhängige Ansprüche 468
 (4) Gebührenerhöhung bei mehreren Auftraggebern 469

XXV

    bb) Terminsgebühr 470
     (1) Voraussetzungen der Terminsgebühr 470
      (a) Verhandlungs-, Erörterungs- oder Beweisaufnahmetermin 470
      (b) Von einem Sachverständigen anberaumter Termin 470
      (c) Besprechungen ohne Beteiligung des Gerichts .. 471
      (d) Schriftliches Verfahren 472
      (e) Schriftlicher Vergleich 472
     (2) Höhe der Terminsgebühr 473
     (3) Versäumnisurteil 473
     (4) Gegenstandswert 473
   5. Besonderheiten bei Leasing 474
D. Sonstige Schadenspositionen 474
 I. Kleidungsschaden 474
 II. Verlust des Schadensfreiheitsrabattes 475
  1. In der Haftpflichtversicherung 475
  2. In der Kaskoversicherung 476
   a) Als reines Kreditmittel 476
   b) Bei Leistungsverbesserungen 476
 III. Transportschaden 477
  1. Existenznachweis 477
  2. Schadenshöhe 478
 IV. Ersatz von orthopädischen, akustischen und optischen Hilfsmitteln . 478

§ 9 Ersatzansprüche bei Verletzungen 481

A. Vorbemerkung zur Personenschadenregulierung 481
B. Schmerzensgeld 485
 I. Allgemeines 485
  1. Anspruchsvoraussetzung 486
   a) Schmerzensgeld ohne Verschulden (Gefährdungshaftung) 488
   b) Kinderhaftung 489
  2. Vererblichkeit 490
  3. Prozessuales 490
   a) Unbezifferter Klageantrag 492
   b) Schmerzensgeldvorstellungen 492
   c) Kostenrisiko und Beschwer 495
   d) Wirkung der Rechtskraft 496
   e) Schutz vor Spätfolgen 496
   f) Zeitliche Beschränkung 498
  4. Zinsen 498
 II. Doppelfunktion des Schmerzensgeldes 499

III. Bemessungskriterien 499
   1. Art und Umfang der Verletzungen 499
   2. Minderung der Erwerbstätigkeit und Dauerschäden 500
   3. Entgangene Lebensfreuden 501
   4. Entgangener Urlaub 501
   5. Freizeiteinbuße 502
   6. Verzögerliches Regulierungsverhalten 502
   7. Sonstige schmerzensgeldbestimmende Umstände 504
       a) Wirtschaftliche Situation 504
       b) Soziale Belastungen 504
       c) Alter des Verletzten 505
       d) Nutznießer Erben 505
       e) Gewöhnlicher Wohnsitz im Ausland 505
       f) Beeinträchtigte Nutzungsmöglichkeit von Vermögenswerten . 506
       g) „Frustrierte" Aufwendungen 506
   8. Verschulden und Mitverschulden 506
       a) Grad des Verschuldens 506
       b) Mitverschulden 507
   9. Schmerzensgeldbemessung bei Schwerstfällen 509
IV. Konkrete Schmerzensgeldbemessung 510
   1. Richterliche Schätzung 510
   2. Schmerzensgeldtabellen 510
       a) „Tabelle Hacks/Wellner/Häcker" 511
       b) „Tabelle IMM-DAT" 511
       c) Gemeinsames der Schmerzensgeldtabellen 512
V. Schadensminderungspflicht 514
VI. Sonderfälle 514
   1. Bagatellverletzungen 514
   2. Kurze Überlebenszeit 516
   3. Persönlichkeitsbeeinträchtigung 519
   4. Neurosen und andere psychische Schäden 519
       a) Allgemeines 520
           aa) Primärverletzung 520
           bb) Unmittelbarkeit 520
       b) Konversionsneurose 521
           aa) Einzelfälle der Konversionsneurose 522
               (1) Posttraumatische Belastungsstörung (PTBS) 522
               (2) Angststörungen 523
               (3) Somatoforme Störungen 524
               (4) Depressive Störungen 524
           bb) Schadensersatz bei Konversionsneurose 525

	c) Renten- bzw. Begehrensneurose	526
	d) Kritische Stellungnahme	528
	5. Gesundheitlich Vorgeschädigte	528
	6. Überholende Kausalität	531
	7. Herausforderungs- und Verfolgungsfälle	532
	8. HWS-Schleudertrauma	532
	a) Nachweis durch Angaben des Geschädigten	534
	b) Nachweis durch Sachverständigengutachten	535
	c) Autoscooter-Argument	540
	d) Beweisanforderungen und Prozesstaktik	541
	e) Erneute Schädigung einer bereits vorgeschädigten HWS	542
	f) Überholende Kausalität und Kausalitätsaustausch	543
	g) Abgrenzung zu anderen Verletzungen	543
	9. Extremverletzungen	544
VII.	Kapital und Rente	544
	1. Kapitalentschädigung	544
	2. Rentenentschädigung	545
	3. Anrechenbarkeit des Schmerzensgeldes	548
C. Materielle Ansprüche		548
I. Ansprüche des unmittelbar Verletzten		548
	1. Vermehrte Bedürfnisse	549
	a) Definition	549
	b) Einzelne Positionen	549
	aa) Behindertengerechter Fahrzeugumbau	550
	bb) Behinderungsbedingter bzw. räumlicher Mehrbedarf	551
	c) Häusliche Pflege	552
	aa) Kommerzielle Pflegepersonen	552
	bb) Pflege durch Familienangehörige	552
	cc) Rentenversicherungsbeiträge für familiäre Pflegeleistung	553
	d) Rente und Kapital	554
	e) Pflegeversicherung	554
	f) Pflegeheim-Unterbringung	555
	g) Fälligkeit	555
	2. Heilbehandlungskosten	556
	3. Hilfsmittelverzeichnis	557
	a) Medizinische Notwendigkeit	557
	b) Unzulässigkeit fiktiver Abrechnung	558
	c) Besuchskosten	558
	aa) Medizinische Notwendigkeit	558
	bb) Grundsätze der BGH-Rechtsprechung	559
	cc) Einzelne Positionen	559
	dd) Besuchskosten des nichtehelichen Lebenspartners	560

d) Nebenkosten im Krankenhaus 561
e) Ersparte Kosten häuslicher Verpflegung 561
   aa) Allgemeines 561
   bb) Besonderheiten beim Arbeitnehmer 562
f) Mehrkosten für Chefarztbehandlung und Einzelzimmer 563
g) Anspruch auf qualifizierten Zahnersatz 564
h) Kosmetische Operation 564
i) Heilbehandlung im Ausland 564
4. Haushaltsführungsschaden 565
   a) Allgemeines 565
      aa) Unterhaltsbeitrag – vermehrte Bedürfnisse 567
      bb) Alleinstehende und nichteheliche Lebensgemeinschaft ... 571
         (1) Alleinstehende 571
         (2) Nichteheliche Lebensgemeinschaft 572
            (a) Eigenversorgung 572
            (b) Betreuung des Partners 572
            (c) Stellungnahme 574
   b) Voraussetzungen 576
   c) Berechnung Haushaltsführungsschaden 577
      aa) Kosten einer Ersatzkraft 577
      bb) Keine Einstellung einer Ersatzkraft 578
         (1) Haushaltsspezifische Minderung der Erwerbstätigkeit 579
         (2) „Tabelle Pardey" 580
         (3) Praktischer Umgang mit der Tabelle 583
         (4) Auswirkungen einer Fehlberechnung 586
   d) Rente und Kapital 587
   e) Einschränkung des Haushaltsführungsschadens 588
      aa) Mithaftung 588
      bb) Geringe Beeinträchtigungen 588
      cc) Altersbedingte Einschränkungen 589
      dd) Schadensminderungspflicht 590
      ee) Legalzession 590
      ff) Reha-Management 591
5. Erwerbsschaden des Verletzten 596
   a) Allgemeines 596
      aa) Definition 597
      bb) Einzelpositionen 598
         (1) Voller Ersatz 598
         (2) Teilweiser Ersatz 598
         (3) Kein Ersatz 599

XXIX

b) Abhängig Beschäftigte 599
   aa) Lohn- und Gehaltsfortzahlung 599
   bb) Krankengeld-/Verletztengeldzahlungen 600
   cc) Gesetzliche Altersrente 601
   dd) Arbeitslosenunterstützung/Hartz IV 602
   ee) Vorteilsausgleich 603
   ff) Steuern 604
   gg) Rentenfragen 604
   hh) Beweislast und Beweiserleichterungen 606
   ii) Schadensminderungspflicht 609
       (1) Zumutbarkeit und Möglichkeit anderweitiger
           Arbeitsaufnahme 610
           (a) Zumutbarkeit 610
           (b) Möglichkeit anderweitiger Arbeitsaufnahme 612
           (c) Beweislast 613
       (2) Vorruhestandsgeld 614
   jj) Erwerbsschaden eines Ausländers 614
c) Selbstständige 615
   aa) Konkreter Gewinnverlust 615
   bb) Kosten einer Ersatzkraft 615
   cc) Fiktive Gewinnermittlung 616
d) Erwerbsschaden eines Arbeitslosen 618
e) Verletzter Gesellschafter 618
f) Verletztes Kind 619
g) Verspäteter Eintritt in das Erwerbsleben 620
h) Rente und Kapital 621
i) Anrechnung von Sozialhilfe auf Verdienstausfallrente 621
   aa) Für die Vergangenheit 621
   bb) Für die Zukunft 622
II. Ansprüche des mittelbar Geschädigten 622
III. Frustrierte Aufwendungen 622

§ 10 Ersatzansprüche bei Tötung 625
A. Ansprüche bei verzögertem Versterben 625
B. Ansprüche Hinterbliebener 625
   I. Allgemeine materielle Ersatzansprüche 626
      1. Beerdigungskosten 626
         a) Anspruchsberechtigte 626
         b) Keine überholende Kausalität 626
         c) Umfang der Ersatzpflicht 626
         d) Einzelpositionen 627
            aa) Kosten des Beerdigungsaktes 627

bb) Kosten der Grabstelle 627
cc) Trauerkleidung 628
dd) Reisekosten 628
ee) Trauermahl 629
ff) Zusammenfassende Auflistung der Einzelpositionen 629
  2. Nicht ersetzbare Positionen 629
II. Immaterielle Schadensersatzansprüche 630
  1. Schockschaden 631
    a) Naher Angehöriger 631
    b) Nichtehelicher Lebenspartner 632
    c) Schmerzensgeld 633
      aa) Voraussetzungen 634
      bb) Höhe des Schmerzensgeldes 635
    d) Materielle Ansprüche 635
    e) Mitverschulden 635
  2. Allgemeines Angehörigenschmerzensgeld 636
    a) Vorbemerkung 636
    b) Zubilligungsgrundsätze der Rechtsprechung 637
III. Unterhaltsschaden 640
  1. Allgemeines 641
  2. Unterhaltsberechnungen 642
    a) Tod des Alleinverdieners 643
      aa) Nettoeinkommen 643
      bb) Fixe Kosten 644
      cc) Unterhaltsanteil Hinterbliebener 646
      dd) Unterhaltsansprüche der Waisen 647
      ee) Arbeitspflicht der Witwe 647
      ff) Vorteilsausgleich 649
      gg) Berechnungsbeispiel 649
        (1) Alleinverdienender Familienvater, Witwe,
           zwei Waisen 649
        (2) Beide Elternteile berufstätig, eine Waise 651
    b) Tod der (Nur-)Hausfrau 653
      aa) Auswirkungen bei dem Haushaltsführungsanspruch 653
      bb) Auswirkungen bei den Waisen – Betreuungsunterhalts-
         schaden 654
        (1) Eingestellte konkrete Ersatzkraft 655
        (2) Wertberechnung bei fiktiver Berechnung 655
    c) Ansprüche der Eltern bei Tötung des Kindes 656
    d) Rechtsübergang 657
    e) Wiederheirat 657
    f) Nichteheliche Lebensgemeinschaft 658

g) Anspruch auf Ersatz entgangener Altersversorgung 658
h) Fortführung desselben Erwerbs durch Hinterbliebenen
   (Quellentheorie) 658
i) Anrechnung sonstiger Vorteile 659
j) Steuern 660
k) Rente und Kapital 660
IV. Haushaltsführungsschaden bei Tötung 660
C. Ansprüche Dritter 661
I. Mittelbar Geschädigte 661
II. Unfallbedingt vereitelte Baueigenleistungen 662
D. Ansprüche ausländischer Bürger bei Tötung 662

§ 11 Kapitalabfindung 665

A. Kapitalisierung 665
I. Rente oder Kapitalabfindung 665
II. Rechtspraxis 666
   1. „Wichtiger Grund" liegt vor 666
      a) Urteil des BGH 667
      b) Beweisbeschluss des OLG Frankfurt am Main 667
      c) Urteil des LG Stuttgart 668
      d) Urteil des LG Köln 668
   2. „Wichtiger Grund" liegt nicht vor 668
III. Definition: „Wichtiger Grund" 669
IV. Parameter der Kapitalisierung 671
   1. Laufende Rente, Laufzeit 671
      a) Verletzung 671
      b) Tötung 671
   2. Änderung der Verhältnisse, insbesondere Rentendynamik 672
      a) Abänderung 672
      b) Rentendynamik 672
      c) Inflationsausgleich 673
   3. Versicherungsmathematische Parameter 674
      a) Allgemeine Sterbetafel 674
      b) Zahlungsweise 674
      c) Rentenarten 675
      d) Reduzierter Kapitalmarktzinsfuß 675
      e) Rechnungszinsfuß 677
V. Beispiele 679
   1. Technik des Kapitalisierens 679
   2. Lebenslängliche Leibrente 681
      a) Berechnung nach Empfehlung Nehls 682
      b) Versicherungsmathematische Einwendungen 683

   c) Lösung durch „capitalisator" 683
   d) Berechnungsweise Versicherer 683
   e) Berechnung durch Gericht 683
  3. Temporäre Leibrente 684
   a) Berechnung nach Empfehlung Nehls 685
   b) Versicherungsmathematische Einwendungen 685
   c) Lösung durch „capitalisator" 685
   d) Berechnungsweise Versicherer 685
  4. Aufgeschobene Leibrente 686
   a) Berechnung nach Empfehlung Nehls 686
   b) Versicherungsmathematische Einwendungen 686
   c) Lösung durch „capitalisator" 687
   d) Berechnungsweise Versicherer 687
   e) Berechnung durch Gericht 687
  5. Haushaltsführungsschaden 687
  6. Verbindungsrente 688
   a) Berechnung nach Empfehlung Nehls 688
   b) Versicherungsmathematische Einwendungen 688
   c) Lösung durch „capitalisator" 688
   d) Berechnungsweise Versicherer 689
   e) Berechnung durch Gericht 689
  7. Entgangener Unterhalt 689
  8. Schmerzensgeldrente 690
B. Dynamikzuschlag 690
 I. Berechnung 691
 II. Weitere Korrekturmöglichkeiten 691
C. Steuern 691

§ 12 Vergleich und Verjährung 693

A. Vergleich... 693
 I. Definition 693
 II. Abfindungsvergleich 693
  1. Allgemeine Anforderungen 693
  2. Abfindungsverhandlungen 695
   a) Belehrungspflichten 695
   b) Checkliste 696
  3. Teilabfindung 699
  4. Anpassung des Vergleiches 700
   a) Wegfall der Geschäftsgrundlage 700
   b) Abänderbarkeit 705
   c) Auftreten von Spätschäden 706

XXXIII

		d) Ausgenommene Zukunftsschäden	706
		e) Schutz gegen Verjährung	707
	III.	Gerichtlicher Vergleich	708
	IV.	Anwaltshonorar	708
B.	Verjährungsrecht nach der Schuldrechtsreform		709
	I.	Fristdauer	710

- 1. Regelmäßige Verjährungsfrist ... 710
- 2. Verjährungssonderregeln ... 711

  II. Fristberechnung ... 712
  - 1. Fristbeginn ... 712
    - a) Kenntnis des „Richtigen" ... 713
    - b) Kenntnis von der Person des Schädigers ... 713
    - c) Umfang der Kenntnis ... 714
    - d) Kenntnis vom Schaden ... 714
    - e) Grundsatz der Schadenseinheit ... 715
    - f) Kenntnis bei Anspruchsübergang – Sozialversicherungsträger bzw. Sozialhilfeträger ... 717
      - aa) Sozialversicherungsträger (SVT) und Arbeitsverwaltung . 717
      - bb) Sozialhilfeträger (SHT) ... 718
    - g) Absolute – kenntnisunabhängige – Verjährungsfristen ... 719
  - 2. Rechtskräftig festgestellte Ansprüche ... 720
  - 3. Fristende ... 720

  III. Hemmung und Neubeginn der Verjährung/Unterbrechung ... 720
  - 1. Neubeginn der Verjährung ... 720
    - a) Neubeginn der Verjährung durch Anerkenntnis/Zahlungen ... 720
      - aa) „Ohne Anerkennung einer Rechtspflicht" ... 721
      - bb) „Zahlung aus Kulanz" ... 722
      - cc) „Zahlung zur Klaglosstellung" ... 722
    - b) Vollstreckung ... 722
  - 2. Hemmung ... 722
    - a) Verjährungshemmung nach § 115 Abs. 2 S. 3 VVG ... 722
    - b) Verjährungshemmung durch Verhandlungen (§ 203 BGB) ... 723
    - c) Hemmung der Verjährung durch Rechtsverfolgung (§ 204 BGB) ... 725
    - d) Hemmung der Verjährung aus familiären und ähnlichen Gründen ... 727
    - e) Ablaufhemmung gem. § 210 BGB ... 727
    - f) Hemmung der Verjährung durch Teilungsabkommen ... 727

  IV. Vereinbarungen über die Verjährung ... 727

C. Wirkung der Verjährung ... 729
D. Übergangsvorschriften für die Verjährung zur Schuldrechtsreform (1.1.2002) 729

§ 13 Versicherungsrecht im Verkehrsrecht (Versicherungsrechtlicher Exkurs) ... 731

- A. Vorbemerkung ... 731
- B. Vertragsschluss ... 733
  - I. Beratungs- und Informationspflichten vor Vertragsschluss ... 733
  - II. Allgemeines Widerrufsrecht ... 733
  - III. Vorläufiger Deckungsschutz ... 734
    1. Eigenständiger Versicherungsvertrag ... 734
    2. Vertragsinhalt bei Verzicht auf Informationserteilung vor Vertragsschluss ... 734
    3. Ende der vorläufigen Deckung ... 735
    4. Haftpflichtversicherung ... 737
    5. Kaskoversicherung ... 737
  - IV. Ansprüche des Versicherungsnehmers auf Erteilung von Abschriften ... 738
- C. Fälligkeit der Prämien ... 738
  - I. Erstprämie ... 739
  - II. Folgeprämie ... 740
- D. Obliegenheiten ... 741
  - I. Gefahrerhöhungen ... 741
    1. Erforderlichkeit eines gewissen Dauerzustands ... 741
    2. Beispiele einer Gefahrerhöhung ... 742
    3. Subjektive Gefahrerhöhung ... 742
    4. Nachträglich erkannte schuldlose subjektive Gefahrerhöhung ... 743
    5. Objektive Gefahrerhöhung ... 743
    6. Rechtsfolgen der Gefahrerhöhungen ... 743
        - a) Kündigung ... 744
        - b) Leistungsfreiheit ... 744
  - II. Vertragliche Obliegenheiten ... 745
    1. Obliegenheiten vor Eintritt des Versicherungsfalls ... 745
    2. Obliegenheiten nach Eintritt des Versicherungsfalls ... 747
        - a) Beispiele wichtiger Obliegenheiten ... 747
        - b) Aufklärungsobliegenheit ... 747
            - aa) Wichtige Fallgruppen ... 747
            - bb) Unerlaubtes Entfernen vom Unfallort ... 748
            - cc) Nachtrunk ... 749
            - dd) Falschangaben nach dem Versicherungsfall ... 749
    3. Rechtsfolgen der Obliegenheitsverletzung ... 750
        - a) Kündigungsmöglichkeit ... 750
        - b) Leistungsfreiheit ... 750
            - aa) Abstufung nach der Verschuldensform ... 750
            - bb) Kausalitätserfordernis ... 750
            - cc) Rechtsfolgenbelehrung ... 752

XXXV

dd) Begrenzung der Leistungsfreiheit nach der KfzPflVV 752
(1) Höchstbeträge nach der KfzPflVV 752
(2) Höchstbeträge bei der Leistungskürzung 753
(3) Höchstbetrag bei mehreren Obliegenheitsverletzungen 754
(4) Beweislast beim Regress 755
4. Fehlende Anpassung von AKB „alter" Versicherungsverträge an das neue Recht 755
E. Grob fahrlässiges und vorsätzliches Herbeiführen des Versicherungsfalles ... 756
  I. Grobe Fahrlässigkeit und Vorsatz in der Kaskoversicherung 756
    1. Voraussetzungen der groben Fahrlässigkeit i.S.d. § 81 Abs. 2 VVG 756
      a) Sorgfaltsmaßstab 756
      b) „Augenblicksversagen" 757
      c) Kausalität 758
      d) Beweislast 759
    2. Fallbeispiele grober Fahrlässigkeit in der Kaskoversicherung 759
    3. Vorsatz in der Kaskoversicherung 761
    4. Rechtsfolgen bei grober Fahrlässigkeit und Vorsatz 761
  II. Vorsatz in der Haftpflichtversicherung 762
F. Neues Leistungskürzungsrecht 762
  I. Anwendungsfälle 763
  II. Ausgestaltung des Leistungskürzungsrechts 763
    1. Gesetzliche Grundlagen 763
    2. Quotenabstufung 763
      a) Grobe Abstufungen 763
      b) Kürzung auf Null bzw. Kürzung um Null? 764
      c) „Grundquote" von 50 %? 765
      d) Bei der Quotenbildung zu berücksichtigende Kriterien 766
        aa) Einzelne Kriterien 766
        bb) Zusammenfassung zu den Kriterien 770
      e) Leistungskürzung bei mehreren Verstößen 770
  III. Beispiele zur Quotenbildung im Verkehrsrecht 771
    1. „Goslarer Orientierungsrahmen" 772
    2. Bisherige Rechtsprechung 772
    3. Typische Fälle im Verkehrsrecht (nach dem „Goslarer Orientierungsrahmen") 772
      a) Alkoholbedingte Fahruntüchtigkeit 772
      b) Drogenbedingte Fahrunsicherheit 773
      c) Überlassen des Fahrzeugs an Fahrer ohne Fahrerlaubnis 773
      d) Missachtung des Stopp-Schildes oder (festen) grünen (Abbiege-)Pfeils 773

Inhaltsverzeichnis

e) Rotlichtverstoß 773
f) Verwendung verkehrsunsicherer Bereifung 774
g) Diebstahl des Fahrzeugs 774
G. Zurechnung des Fehlverhaltens Dritter 774
   I. Eigenhändigkeit 774
   II. Regelung der Zurechnung des Verhaltens Dritter in den AKB 774
   III. Repräsentantenbegriff 775
   IV. Wissenserklärungsvertreter 777
   V. Wissensvertreter 778
H. Kaskoversicherung 778
   I. Versicherte Schäden in der Kaskoversicherung 778
   II. Versicherte Risiken in der Kaskoversicherung 779
      1. Allgemeines 779
      2. Besonderheiten bei den einzelnen Risiken 779
         a) Brand i.S.d. § 12 Abs. 1 I a AKB bzw. A.2.2.1 AKB 2008 779
         b) Entwendung i.S.d. § 12 Abs. 1 I b AKB bzw. A.2.2.2 AKB 2008 780
         c) Naturereignisse gem. § 12 Abs. 1 I c AKB bzw. A.2.2.3 AKB 2008 780
         d) Zusammenstoß mit Haarwild gem. § 12 Abs. 1 I d AKB bzw. A.2.2.4 AKB 2008 780
            aa) Voraussetzungen des Versicherungsfalls 780
            bb) Rettungskostenersatz gem. §§ 82, 83 VVG 781
         e) Unfall gem. § 12 Abs. 1 II d AKB bzw. A.2.3.2 AKB 2008 ... 781
         f) Vandalismusschäden gem. § 12 Abs. 1 II f AKB bzw. A.2.3.3 AKB 2008 782
   III. Ersatzleistung in der Kaskoversicherung 783
   IV. Besonderheiten beim Diebstahl 786
      1. Monatsfrist zur Wiederauffindung entwendeter Gegenstände 786
      2. Beweisführung beim Diebstahl 786
         a) Zwei-Stufen-Modell 787
         b) Beweis des äußeren Bildes durch den Versicherungsnehmer (erste Stufe) 787
         c) Bedeutung der Vorlage der Originalschlüssel 788
         d) Beweis der erheblichen Wahrscheinlichkeit der Vortäuschung (zweite Stufe) 788
   V. Zusammentreffen mehrerer versicherter Kaskorisiken 789
   VI. Sachverständigenverfahren nach den AKB 790
   VII. Regress des Kaskoversicherers gegen mitversicherte Personen 790

XXXVII

Inhaltsverzeichnis

I. Rechtsbeziehungen bei der KH-Versicherung 791
    I. Dreiecksverhältnis der Haftung und Deckung 791
    II. Haftung 791
    III. Deckung 792
J. Rechtsschutzversicherung im Verkehrsrecht 793
    I. Allgemeines 793
        1. Bedeutung der Verkehrs-Rechtsschutzversicherung 793
        2. Unterschiedliche Bedingungswerke 793
        3. Vertragsschluss, Obliegenheiten, VVG-Reform 2008 794
    II. Rechtsbeziehungen bei der Rechtsschutzversicherung 794
        1. Dreiecksverhältnis zwischen Versicherer, Versicherungsnehmer
           und Anwalt 794
        2. Folgen des Dreiecksverhältnisses 795
           a) Rechtswirkungen der Deckungszusage 795
           b) Rechtswirkungen der Zahlung des Rechtsschutzversicherers
              an den Anwalt 795
           c) Folgen im Falle der Insolvenz des Versicherungsnehmers..... 796
           d) Rechnungsstellung beim rechtsschutzversicherten Mandanten 796
           e) Rückzahlungsansprüche im Dreiecksverhältnis 797
           f) Ausnahme: Anspruchsübergang auf Rechtsschutzversicherer
              gem. § 86 Abs. 1 VVG 797
              aa) Übergangsfähige Ansprüche 797
              bb) Probleme der Aktivlegitimation 798
              cc) Quotenvorrecht in der Rechtsschutzversicherung 798
           g) Abtretung von Versicherungsansprüchen an den Anwalt 800
    III. Deckung dem Grunde nach 801
        1. Prinzip der Spezialität der versicherten Gefahr 801
        2. Schema der Anspruchsprüfung 801
        3. Formen des Versicherungsschutzes mit Verkehrs-Rechtsschutz .. 801
           a) Betroffene Formen 801
           b) Besonderheiten bei einzelnen Formen 802
              aa) Verkehrs-Rechtsschutz gem. § 21 ARB 802
              bb) Privat-, Berufs- und Verkehrs-Rechtsschutz gem.
                  § 26 ARB 802
        4. Im Verkehrsbereich versicherten Leistungsarten gem. § 2 ARB .. 803
           a) Betroffene Leistungsarten 803
           b) Besonderheiten einzelner Leistungsarten 803
              aa) Schadensersatz-Rechtsschutz gem. § 2 a ARB 803
              bb) Steuer-Rechtsschutz vor Gerichten gem. § 2 e ARB 803
              cc) Verwaltungs-Rechtsschutz in Verkehrssachen gem.
                  § 2 g ARB 804

dd) Straf-Rechtsschutz gem. § 2 i ARB 804
(1) Rechtsschutz für „Verteidigung" 804
(2) Abgrenzung verkehrsrechtlicher und sonstiger Vergehen 804
(3) Rechtsschutz bei den verkehrsrechtlichen Vergehen gem. § 2 i aa ARB 805
(4) Rückforderungsvorbehalt bei rechtskräftiger Verurteilung wegen Vorsatzes 806
ee) Ordnungswidrigkeiten-Rechtsschutz gem. § 2 j ARB 806
5. Deckungszusage 806
IV. Leistungsumfang gem. § 5 ARB 808
1. Versicherte Kostenarten 808
2. Besonderheiten einzelner Kostenarten 808
a) Rechtsanwaltskosten gem. § 5 Abs. 1 a ARB 808
b) Rechtsanwaltskosten bei Auslandsfällen gem. § 5 Abs. 1 b ARB 809
c) Kosten der Verfahren vor Verwaltungsbehörden gem. § 5 Abs. 1 e ARB 810
d) Kosten privater Sachverständiger gem. § 5 Abs. 1 f ARB 810
e) Weitere „Sorgeleistungen" des Rechtsschutzversicherers gem. § 5 Abs. 5 ARB 811
3. Kostenbeschränkungen gem. § 5 Abs. 3 ARB 811
a) Allgemeines 811
b) Einverständliche Erledigung gem. § 5 Abs. 3 b ARB 812
aa) Anwendbarkeit der Klausel 812
bb) Bestimmung der „richtigen" Kostenquote 813
4. Kostenübernahme bei anteiligem Versicherungsschutz 815
a) Straf-/OWi-Recht 815
b) Zivilrecht 815
V. Versicherungsfall in der Rechtsschutzversicherung 816
1. Versicherungsfall im Schadensersatz-Rechtsschutz gem. § 4 Abs. 1 a ARB 816
2. Versicherungsfall in den „sonstigen Fällen" gem. § 4 Abs. 1 c ARB 818
3. Wartezeit gem. § 4 Abs. 1 S. 3 ARB 819
4. Mehrere Versicherungsfälle gem. § 4 Abs. 2 S. 2 ARB 819
5. Konfliktauslösende Willenserklärung/Rechtshandlung gem. § 4 Abs. 3 a ARB 820
6. Typische Probleme des Versicherungsfalls beim Verkehrsunfall .. 820
a) Zeugenanhörung des Mandanten 821
b) Korrespondenz mit Unfallgegner 821
c) Korrespondenz mit eigenem KH-Versicherer des Mandanten . 821

d) Kaskoabwicklung 822
e) Streit mit dem Rechtsschutzversicherer 822
VI. Ablehnung mangels Erfolgsaussichten oder wegen Mutwilligkeit
gem. § 18 ARB 822
VII. Checkliste zur Prüfung des Versicherungsschutzes 823
K. Verjährung und Klagefrist 824
L. Gerichtsstand gem. § 215 VVG 824

§ 14 Anhang 825

A. Anlage 1: Anmeldungszettel 825
B. Anlage 2: Fragebogen für Antragsteller 826
C. Anlage 3: Arbeitsanweisungen zur Abrechnung von Rechtsanwaltsgebühren. 828
    I. DEVK 828
    II. Öffentliche Landesbrandkasse Versicherungen Oldenburg 829
D. Anlage 4: Erfassungsbogen in Unfallsachen 830
E. Anlage 5: Checkliste zur Erfassung der fixen Kosten 833
F. Anlage 6: Berechnungsbogen Quotenvorrecht 836
G. Anlage 7: Rechtsprechung zu UPE-Aufschlägen und Verbringungskosten,
alphabetisch nach Gerichten und Gerichtsorten geordnet 837
    I. Oberlandesgerichte 837
    II. Landgerichte 837
    III. Amtsgerichte 838
H. Anlage 8: Berechnungsbogen Fahrzeugschaden 841
I. Anlage 9: Berechnungsbogen Fahrtkosten – Besuchsfahrten 842
J. Anlage 10: Berechnungsbogen Kleidungsschaden 843
K. Anlage 11: Berechnungsbogen Haushaltsführungsschaden 844
    I. Konkrete/fiktive Berechnung Haushaltsführungsschaden 844
    II. Berechnungsbogen Haushaltsführungsschaden 845
L. Anlage 12: Berechnungsbogen Verdienstausfall 846
M. Anlage 13: Auto-Haftpflichtschäden 847
N. Anlage 14: Antrag auf Schadenersatz nach dem NATO-Truppenstatut 854
O. Anlage 15: Sterbetafel/Zeitrente 855
    I. Tabelle 1: Durchschnittliche Lebenserwartung 855
    II. Tabelle 2: Zeitrente, monatlich vorschüssig 856

Stichwortverzeichnis 859

Literaturverzeichnis

Bücher

Bauer, Die Kraftfahrtversicherung, 6. Auflage 2010
Berz/Burmann, Handbuch des Straßenverkehrsrechts, 34. Auflage 2015
Böhme/Biela, Kraftverkehrs-Haftpflicht-Schäden, 25. Auflage 2013
Bühren, van (Hrsg.), Anwalts-Handbuch Verkehrsrecht, 2. Auflage 2011
Bühren, van (Hrsg.), Handbuch Versicherungsrecht, 6. Auflage 2014
Bühren, van/Held, Unfallregulierung, 7. Auflage 2014
Burmann/Heß/Hühnermann/Jahnke/Janker, Straßenverkehrsrecht, 24. Auflage 2016
Burmann/Heß/Stahl, Versicherungsrecht im Straßenverkehr, 2. Auflage 2010
Buschbell/Hering, Handbuch Rechtsschutzversicherung, 6. Auflage 2015
Deckenbrock/Henssler, RDG, 4. Auflage 2015
Feyock/Jacobsen/Lemor, Kraftfahrtversicherung, 3. Auflage 2009
Gebhardt, Das verkehrsrechtliche Mandat, Band. 1: Verteidigung in Verkehrsstraf- und Ordnungswidrigkeitenverfahren, 8. Auflage 2015
Geigel, Der Haftpflichtprozess, 27. Auflage 2015
Greißinger, Arbeitsgemeinschaft Verkehrsrecht des Deutschen Anwaltsvereins. Festschrift und Dokumentation zum 20-jährigen Bestehen, 1999
Grüneberg, Haftungsquoten bei Verkehrsunfällen, 14. Auflage 2015
Hacks/Wellner/Häcker, SchmerzensgeldBeträge 2016, 34. Auflage 2016
Händel (Hrsg.), Straßenverkehrsrecht von A–Z, 10. Auflage 2006
Harbauer, Rechtsschutzversicherung, 8. Auflage 2010
Haus/Zwerger, Das verkehrsrechtliche Mandat, Band 3: Verkehrsverwaltungsrecht einschließlich Verkehrsverwaltungsprozess, 2. Auflage 2012
Heidel/Pauly/Amend, AnwaltFormulare, 8. Auflage 2015
Hentschel/König/Dauer, Straßenverkehrsrecht, 43. Auflage 2015
Himmelreich/Halm, Handbuch des Fachanwalts Verkehrsrecht, 5. Auflage 2014
Himmelreich/Halm/Staab, Handbuch der Kfz-Schadensregulierung, 3. Auflage 2015
Hofmann, Der Schadenersatzprozess: Vorbereitung, Taktik, Vergleich, 2. Auflage 1999
Küppersbusch/Höher, Ersatzansprüche bei Personenschaden, 12. Auflage 2016
Kuhn, Schadensverteilung bei Verkehrsunfällen, 9. Auflage 2016
Ludovisy/Eggert/Burhoff, Praxis des Straßenverkehrsrechts, 6. Auflage 2015

Literaturverzeichnis

Neidhart, Unfall im Ausland, Band 1: Ost-Europa, 5. Auflage 2006

Neidhart, Unfall im Ausland, Band 2: West-Europa, 5. Auflage 2007

Neidhart/Nissen, Bußgeld im Ausland, 3. Auflage 2011

Nugel, Kürzungsquoten nach dem VVG, 2. Auflage 2012

Onderka, Anwaltsgebühren in Verkehrssachen, 4. Auflage 2013

Palandt, BGB, 75. Auflage 2016

Pardey, Berechnung von Personenschäden, Tipps und Taktik, 4. Auflage 2010

Pardey, Der Haushaltsführungsschaden, 8. Auflage 2013

Patzelt, Verkehrssicherungspflicht: umfassende Rechtsprechungsübersicht, 4. Auflage 2006

Prölss/Martin, VVG, 29. Auflage 2015

Pschyrembel, Pschyrembel Klinisches Wörterbuch, 266. Auflage 2014

Reinking/Sprenger/Kessler, AutoLeasing und AutoFinanzierung, 5. Auflage 2013

Sanden/Völtz, Sachschadensrecht des Kraftverkehrs, 9. Auflage 2011

Sanden/Danner/Küppersbusch, Nutzungsausfallentschädigung für Pkw, Geländewagen und Transporter, DAR-Service-Beilage, DAR 1/2012

Schah Sedi/Schah Sedi, Das verkehrsrechtliche Mandat, Band 5: Personenschäden, 2. Auflage 2014

Scheffen/Pardey, Schadensersatz bei Ausfall von Frauen und Müttern im Haushalt, 3. Auflage 1994

Schneider, Rechtsschutzversicherung für Anfänger, 2011

Schröder/Hering/Göppl, Verkehrssachen – Mandate zügig und erfolgreich bearbeiten, Loseblatt-Sammlung, Stand: 2/2012

Schulz-Borck, Der Haushaltsführungsschaden, Loseblatt-Sammlung, Stand: 8/2011

Schulz-Borck/Hofmann, Schadenersatz bei Ausfall von Hausfrauen und Müttern im Haushalt: mit Berechnungstabellen, 6. Auflage 2000

Schulz-Borck/Pardey, Der Haushaltsführungsschaden – Basiswerk, 7. Auflage 2009

Slizyk, Beck'sche Schmerzensgeld-Tabelle, 12. Auflage 2016

Stiefel/Maier, AKB, 18. Auflage 2010

Tietgens/Nugel, AnwaltFormulare Verkehrszivilrecht, Schriftsätze und Erläuterungen, 6. Auflage 2013

Wellner, BGH-Rechtsprechung zum Kfz-Sachschaden, 3. Auflage 2015

Zöller, ZPO, 31. Auflage 2016

Literaturverzeichnis

Zeitschriften

DAR, Deutsches Autorecht, Rechtszeitschrift des Allgemeinen Deutschen Automobil-Clubs

DV, Der Verkehrsanwalt/Die Verkehrsanwältin, Mitteilungsblatt der ARGE Verkehrsrecht des DeutschenAnwaltvereins

NVersZ, Neue Zeitschrift für Versicherung und Recht

NZV, Neue Zeitschrift für Verkehrsrecht, Haftungs- und Versicherungsrecht, Straf- und Ordnungswidrigkeitenrecht, Verwaltungsrecht

PVR, Praxis Verkehrsrecht

r+s, Recht und Schaden

SP, Schadenpraxis

SVR, Straßenverkehrsrecht

Verkehrsblatt, Amtsblatt des Bundesministers für Verkehr

VersR, Versicherungsrecht

VM, Verkehrsrechtliche Mitteilungen

VRS, Verkehrsrechtssammlung

zfs, Zeitschrift für Schadensrecht, Fachblatt für Verkehrsrecht, Schadensrecht und Versicherungsrecht

ZVR, Zeitschrift für Verkehrsrecht (Österreich)

§ 1 Beginn eines Verkehrsrechtsmandates

A. Mandatsannahme

Jeder Verkehrsunfall begründet grundsätzlich die Notwendigkeit, anwaltliche Hilfe 1
in Anspruch zu nehmen. Mit der Vielzahl der Probleme, die das unfallrechtliche
Mandat mit sich bringt, ist der Laie in aller Regel überfordert. Er ist ihnen aber
auch schutzlos ausgeliefert, was oft eine Rechtlosigkeit zur Folge hat. Allein der
verkehrsrechtlich versierte Anwalt vermag einen solchen Fall – und sei er auf den
ersten Blick auch noch so einfach gelagert – fachlich, juristisch richtig und vollständig zu lösen. Die „Fallstricke" und juristischen Tücken des stattgefundenen Unfallgeschehens einerseits, aber auch die Schwierigkeiten in der tatsächlichen Fallabwicklung andererseits werden oft viel zu spät erkannt.

I. Erste Schritte

Das **verkehrsrechtliche Mandat** weist eine Vielzahl von **Besonderheiten in der** 2
Abwicklung auf, die nachstehend im Einzelnen ausgearbeitet werden.

Eine **von Anfang an richtige Beratung** ist oft entscheidend für das Ergebnis, und 3
ein **anfänglicher Fehler** kann sich auf die Ersatzansprüche des Mandanten außerordentlich **negativ** auswirken. Vor allem ist es zu vermeiden, bei dem Mandanten
unbegründete und unrealistische Erwartungen hinsichtlich des Ergebnisses der anwaltlichen Bemühungen zu wecken. Das gilt sowohl für die Haftungsquote wie
auch für die Höhe der Ansprüche. In beiden Fällen ist anfängliche Zurückhaltung
dringend angezeigt.

Dabei ist psychologisches Einfühlungsvermögen gefragt: Werden die Aussichten 4
zu Beginn des Mandates eher skeptisch prognostiziert, ergibt sich dann aber am
Ende ein wesentlich besseres Ergebnis, bedeutet das aus dem Blickwinkel des Mandanten, dass der Anwalt erfolgreich, also „gut" war, es sich folglich gelohnt hat,
seine Dienste in Anspruch zu nehmen und er weiterempfohlen werden kann. Umgekehrt wäre es eine Negativerfahrung!

Folgender Fall soll das verdeutlichen 5
Der Mandant berichtet, seine Freundin sei mit seinem Fahrzeug auf einer Landstraße gefahren. Auf dem Beifahrersitz habe deren Arbeitskollegin gesessen.
Sie habe einen vor ihr fahrenden langsameren Pkw überholen wollen. Die Fahrerin sei aber plötzlich, ohne zu blinken, in eine Seitenstraße abgebogen. Das
geschah genau in dem Moment, als sich das Fahrzeug des Mandanten neben ihr
befand. So sei es dann zum Unfall gekommen. Sein Pkw sei dann noch gegen
einen Zaun geschleudert worden. Ein Radfahrer, der seiner Freundin entgegengekommen sei, habe das alles möglicherweise gesehen. Seine Freundin sei verletzt worden und liege mit Rippenserienbrüchen im Krankenhaus. Die Beifahre-

§ 1 Beginn eines Verkehrsrechtsmandates

rin habe nur ein HWS-Trauma erlitten, habe den Unfallverlauf aber nicht beobachtet, weil sie während der Fahrt geschlafen habe. Der Pkw sei schwer beschädigt, habe möglicherweise sogar einen Totalschaden erlitten.

In dem zuvor geschilderten Fall wäre es also angezeigt, dem Mandanten lediglich die Durchsetzbarkeit einer Haftungsquote von $^2/_3$ in Aussicht zu stellen, weil ihm der Unabwendbarkeitsnachweis nicht gelingen wird. Mit einem Abbiegemanöver muss nämlich ein besonders sorgfältiger Verkehrsteilnehmer während eines Überholvorganges stets rechnen.

6 Nicht selten – und oft sehr schnell – sieht sich der Anwalt Vorwürfen seines Mandanten ausgesetzt, er habe ihn anfänglich falsch beraten. Retrospektiv betrachtet ist allein der Anwalt daran schuld, wenn der Schaden nicht vollständig reguliert wurde, nie der Mandant selbst oder der stattgefundene Sachverhalt. Allein der Anwalt hätte voraussehen müssen, dass in dem speziellen Fall kein voller Schadensersatz zu erwarten war. Von ihm werden **hellseherische Fähigkeiten** im Hinblick auf die Taktik und Strategie der Schadenregulierung verlangt. Außerdem wird von ihm erwartet, dass er selbst in aussichtslosen Fällen das Wunder vollständigen Schadensersatzes vollbringt.

1. Schadenssteuerung durch Versicherer

Literatur zur Schadenssteuerung durch den Versicherer:

Kuhn, Schadenmanagement durch Versicherer – Gefahr für den Geschädigten?, NZV 1999, 229; *Mikulla-Liegert*, Referat auf dem 37. Verkehrsgerichtstag in Goslar 1999, DAR 1999, 289 ff.

a) Gegenwärtige Situation

7 Wer die Schadensregulierung in Deutschland betrachtet, erinnert sich gerne an die Zeit zurück, als es noch eine friedliche Koexistenz zwischen Geschädigten bzw. deren Anwälten und der Assekuranz gab. Beide Seiten waren seinerzeit darum bemüht, einen nun einmal entstandenen Schaden so sachgerecht wie möglich auszugleichen.

8 Es galt, den Schaden schnell und unbürokratisch abzuwickeln. Vielfältige Regulierungsabkommen dienten dieser Aufgabe, und auch die Sachverständigen und Werkstätten waren frei von ressourcenraubendem Verwaltungsaufwand.

Kurz: Die Regulierung von Schäden war fair!

9 Heute ist es jedoch nun dringender denn je erforderlich geworden, dass der Geschädigte möglichst früh anwaltlich beraten wird. Ein Rat kann aber nur dann erteilt werden, wenn der Mandant möglichst umgehend nach dem Unfall und zu allererst in die Kanzlei des Anwaltes gelangt und nicht schon vorher von interessierten Kreisen der Versicherungswirtschaft „abgefangen" wird.

10 Seit geraumer Zeit beherrscht das so genannte **Schadensmanagement der Versicherer** massiv die Schadenregulierung. D.h. es ist das Bestreben der Versicherer,

A. Mandatsannahme § 1

so schnell und so früh wie möglich Kontakt zu dem Geschädigten und ihn somit in ihre „Fänge" zu bekommen. **Damit will die Assekuranz erreichen, dass der Geschädigte** keinen Zugang zu einem freien Sachverständigen, zu einem freien Mietwagenunternehmer, neuerdings sogar auch zu den freien Fachwerkstätten und – dies vor allen Dingen – keinen **Kontakt zu einem Anwalt bekommt.**

Das sieht in der Praxis dann so aus, dass der Geschädigte, der unmittelbar nach dem Unfall den Zentralruf der Autoversicherer anruft, kostenlos direkt an den Arbeitsplatz des Sachbearbeiters des zuständigen Versicherers weitervermittelt wird. Oder der Geschädigte ruft den gegnerischen Versicherer unmittelbar an. In jedem Falle erhält er die Mitteilung, er brauche sich von nun an um nichts mehr zu kümmern. Ihm werde sofort mit einem Tieflader ein Mietwagen gebracht, der beschädigte Wagen werde im Gegenzuge gleich mitgenommen und in eine so genannte **Vertrags- oder Vertrauenswerkstatt** gebracht. Dort werde – so wird versprochen – der Wagen zunächst von einem Sachverständigen begutachtet, perfekt repariert und anschließend mit dem Tieflader im Austausch gegen den Mietwagen wieder zum Geschädigten gebracht. Der Geschädigte sei ja „Kunde" des (gegnerischen!) Versicherers und werde auch als solcher behandelt.

11

Tatsache ist jedoch, dass der Wagen in eine Werkstatt gebracht wird, die oft nur eine auf ein bestimmtes, jedoch dem Geschädigtenfahrzeug gar nicht entsprechendes Fabrikat spezialisiert ist. Meistens verbirgt sich dahinter aber auch nur eine reine **Karosseriewerkstatt**, die zu **Dumpingpreisen** für die Versicherer arbeitet, um so an Reparaturaufträge heranzukommen.

12

Ein dortiger Kfz-Meister gibt sich dann als der versprochene „Sachverständige" aus, macht aber nichts weiter, als das beschädigte Auto mit einer Digitalkamera zu fotografieren und die Fotos via Internet an den **gegnerischen Versicherer** zu schicken. Dort sitzt dann ein Versicherungsmitarbeiter mit mehr oder minder vorhandenem Sachverstand und begutachtet den Schaden vor dem Computer. Er gibt den **Reparaturweg** vor, den dann die Werkstatt zu beachten hat. Oft kann der vorgegebene Reparaturweg nur als eine **Sparreparatur** bezeichnet werden, womöglich auch noch mit **Gebrauchtteilen** – der Geschädigte merkt das ja nicht und so werden diese Machenschaften nur selten aufgeklärt.

13

Diese Werkstatt vermietet dann auch gleich die eigenen Fahrzeuge, oft **Vorführwagen ohne Mietwagenlizenz**, oder arbeitet mit Billigfirmen zusammen. Neuerdings stellen sogar die Versicherer selbst Mietwagen zur Verfügung und vermieten sie in eigenem Namen oder über eine zu diesem Zweck gegründete Gesellschaft.

14

Der Geschädigte erfährt von alledem gar nichts und **wiegt sich sogar in Sicherheit**, dass alles in der versprochenen Weise optimal reguliert wird. Von Haftungsproblemen wird zunächst ebenso wenig gesprochen wie von Abzügen „neu für alt" oder Gebrauchsvorteilen. Erst Tage später sieht sich dann der Geschädigte mit vom gegnerischen Versicherer an ihn herangetragenen **Abzügen** und Forderungen nach **Beteiligungen an den Schadensaufwendungen** des Versicherers konfrontiert. Dann

15

3

§ 1 Beginn eines Verkehrsrechtsmandates

fragt er nach einer Unkostenpauschale, nach Schmerzensgeld, Nutzungsausfall und dergleichen. **Und dann soll plötzlich der Anwalt helfen! Ihm bleiben dann nur noch die schadensrechtlichen Brosamen!**

16 Ein großes Problem ist auch der Einfluss der Versicherer auf die Auswahl von **Sachverständigen**. Es fällt auf, dass Werkstätten in der Regel die DEKRA mit der Schadensbesichtigung beauftragen. Diese verfügt regelmäßig jedoch **nicht über öffentlich bestellte und vereidigte**, demzufolge **unabhängige Sachverständige**. Oder aber die Werkstätten wenden sich direkt an die gegnerische Versicherung, um dieser die Möglichkeit einzuräumen, einen eigenen, von ihr abhängigen Sachverständigen einzuschalten.

17 Einige Versicherer sind noch viel perfider: Sie beauftragen Sachverständige, die tatsächlich öffentlich bestellt und vereidigt sind, die aber ganz offensichtlich permanent für eine bestimmte Versicherung arbeiten und auch regelmäßig zu niedrigeren Reparaturkosten gelangen als ein wirklich unabhängiger Sachverständiger. Auch hier sind die Erfahrung und die Erkenntnismöglichkeiten eines unabhängigen Anwaltes gefragt. Allein er kann infolge seiner täglichen Berufspraxis solche Machenschaften sehr schnell durchschauen.

18 Von Versicherern abhängige Sachverständige beachten in vielen Fällen – wen wundert es? – aber nicht die **Rechtsprechung des BGH**, z.B. zu der „fiktiven Schadensabrechnung", was besonders deutlich wird bei den zugrunde zu legenden **Stundenverrechnungssätzen** (siehe § 7 Rdn 145 ff.). Die DEKRA berücksichtigt die tatsächlichen Stundenverrechnungssätze einer Vertragswerkstatt nur dann, wenn der Geschädigte das Fahrzeug **dort auch reparieren** lässt. Sonst arbeitet sie oft mit den wesentlich geringeren „**mittleren Stundenverrechnungssätzen**", einem Schnitt aus den Reparaturpreisen aller Werkstätten eines sehr großen, von ihr willkürlich festgelegten Bezirks. Das ist jedoch nach dem Urteil des BGH vom 20.6.1989 (NJW 1989, 3009; BGH zfs 2003, 405 ff. [Porsche-Urteil]) eindeutig **unzulässig**.

19 Neuerdings werden in der **Zusammenfassung des Gutachtens bei der DEKRA** die erforderlichen **Reparaturkosten ohne Berücksichtigung** der in der Kalkulation jedoch – weil ortsüblich – enthaltenen **Verbringungskosten und UPE-Aufschläge** ausgewiesen. Auch dies widerspricht der überwiegenden Rechtsprechung (vgl. dazu im Einzelnen § 7 Rdn 133 ff.) und dient allein dem Zweck, dass bei einer fiktiven Abrechnung nur die Reparaturkosten ohne die Verbringungskosten und die UPE-Aufschläge reguliert werden, obwohl der Sachverständige durch deren Aufnahme in die eigentliche Kalkulation die Ortsüblichkeit festgestellt hat.

20 Das Gleiche gilt hinsichtlich der **Restwerte bei Totalschäden**. Nach der Rechtsprechung des BGH (VersR 1992, 457; 1993, 769; NJW 2000, 800) ist allein der im unmittelbaren Umfeld des Wohnortes des Geschädigten erzielbare Restwert maßgeblich, weil es allein auf die subjektiven Erkenntnismöglichkeiten des Geschädig-

ten ankommt. Der allein der Assekuranz offen stehende **Sondermarkt** und **Internet-Restwertbörsen** haben außer Acht zu bleiben (ausführlich dazu unten § 7 Rdn 251). Die DEKRA lässt aber in ihren Gutachten oftmals die Beantwortung der Restwertfrage offen und schiebt diese Werte dann nach erfolgter, also gemäß dieser Rechtsprechung unzulässiger Internetrecherche nach. Da der BGH in seiner diesbezüglichen Rechtsprechung sogar so weit geht, dass er die Gutachten, die auf einer Internet-Restwertrecherche basieren, als „fehlerhaft" bezeichnet, sind es die Gutachten der DEKRA dann regelmäßig auch.

Zu diesem Problemkreis ist besonders lesenswert die von der Arbeitsgemeinschaft Verkehrsrecht im DAV in Auftrag gegebene Stellungnahme des früheren Vorsitzenden des 6. Zivilsenates des BGH, Herrn *Dr. Steffen* (zfs 2002, 161 ff.). Er kommt zu folgenden eindeutigen Ergebnissen: **21**

*„Die Angebote von Restwertaufkäufern, seien es auch solche aus dem Internet (sog. Restwertbörse), haben nach der BGH-Rechtsprechung **in dem Bewertungsgutachten des Kfz-Sachverständigen nichts zu suchen**. [...]*

*Die von dem Kfz-Sachverständigen zu verlangende Plausibilitätsprüfung in Bezug auf die Angebote aus dem allgemeinen, dem Geschädigten räumlich zugänglichen und zuzumutenden Markt hat der Kfz-Sachverständige nicht anhand von Angeboten von Restwertaufkäufern oder aus der Restwertbörse anzustellen, sondern **aufgrund einer gewissenhaften Beurteilung der Seriosität der von ihm befragten Kfz-Gebrauchtwagenhändler** unter Berücksichtigung ihrer (legalen) technischen Verwertungsmöglichkeiten für den von ihm in Zahlung genommenen Unfallwagen."*

Dieses Bestreben der Versicherer ist daher ausschließlich als bloße „**Schadenssteuerung durch Versicherer**" zu bezeichnen. Sie hat zum Ziel, an den Geschädigten möglichst rasch – wenn auch nicht vollständig und seinen tatsächlichen, rechtlichen Ansprüchen keinesfalls entsprechend – zu zahlen, bevor der sich anwaltlichen Rat einholen kann. Die Versicherer wissen, dass es der Geschädigte später schwer hat, wegen seiner **Restpositionen** (z.B. Wertminderung, Schmerzensgeld, restlicher Nutzungsausfall) einen Anwalt zu finden, der bereit ist, z.B. für ein paar hundert EUR Restforderung noch tätig zu werden. Das hat dann die – von Seiten der Assekuranz inzwischen eindeutig beabsichtigte (!) – Folge, dass der Geschädigte diese ihm zweifelsfrei zustehenden Positionen nicht mehr durchzusetzen vermag und irgendwann darauf verzichtet. **22**

Vor allen Dingen aber: Eine etwaige **Mithaftung** wird dann – wie zuvor schon erwähnt – später im Wege der **Rückforderung** geltend gemacht – ein völlig neues Betätigungsfeld für Anwälte: die Durchsetzung von Schadensersatzansprüchen im Wege der **Abwehr eines Versicherungsregresses**. Auch alle übrigen **Einwendungen** (Verstoß gegen die Schadensminderungspflicht, zu lange Mietwageninanspruchnahme, Abzüge „neu für alt" usw.) werden **erst dann erhoben**, wenn schon „alles gelaufen" ist. So erwacht dann mancher Geschädigte jäh aus seiner **23**

§ 1 Beginn eines Verkehrsrechtsmandates

vermeintlichen Sicherheit, der gegnerische Versicherer werde den Schaden vollständig und sachgerecht regulieren.

24 Wie von Seiten der Assekuranz auch gar nicht bestritten wird, soll der Geschädigte **allenfalls das erhalten, was er geltend macht**, dies möglichst auch so viel wie möglich gekürzt, nicht etwa das, was ihm nach dem Gesetz und der Rechtsprechung zusteht. Der von der Rechtsprechung einmal formulierte Satz „der Geschädigte soll am Schaden nicht verdienen" wird gern sinnentstellt und aus dem wahren Zusammenhang gerissen zitiert, um die allein **wirtschaftlichen Interessen der Assekuranz** – nämlich am Schaden zu sparen – zu untermauern.

25 Hierbei handelt es sich insbesondere um die häufig „vergessenen" Positionen Wertminderung, Nutzungsausfall, Auslagenpauschale usw. Das ist eine höchst unerfreuliche und daher zu beklagende Entwicklung. Die Versicherer stehen daher nicht zu Unrecht in dem schlechten Ruf, sich bewusst auf Kosten des Geschädigten bereichern zu wollen, ihn – wie das die Geschädigten oft empfinden – „über den Tisch zu ziehen".

26 Es ist die Aufgabe der Anwaltschaft, diesen Bestrebungen der Versicherer mit aller Kraft entgegenzuwirken. **Allein der Anwalt ist der – einzig objektive – Interessenvertreter des Geschädigten!** Er allein vertritt unabhängig von den Versichererinteressen sowie mit Nachdruck **ausschließlich die Interessen des Mandanten**. Das muss den Mandanten immer wieder klargemacht werden. Somit wird es auch zunehmend schwieriger, neben den Geschädigten auch Versicherer zu vertreten. Dann ist ein **latenter Interessenkonflikt** jedenfalls bei einer Regulierung mit dem vertretenen Versicherer geradezu vorprogrammiert.

27 Das **Klima in der Schadensregulierung** ist somit nun leider **immer rauer** geworden und die **Taktik der Versicherer** geht offenbar dahin, trotz oft völlig klarer Sach- und Rechtslage den Anwalt des Geschädigten **mit verwaltungsaufwandtreibender und unnötiger Korrespondenz** um einzelne Restpositionen so lange zu strapazieren, bis er entnervt aufgibt.

28 Ferner soll erreicht werden, dass durch **bewusst langsame Schadensregulierung** bei den Werkstätten der **Eindruck** erzeugt oder verstärkt wird, dass die Schadensregulierung stets dann **besonders lange dauert, wenn ein Anwalt eingeschaltet** ist. Ganz automatisch tritt dadurch der bezweckte Erfolg ein, nämlich dass Werkstätten, um schneller an ihr Geld zu kommen, alles daran setzen, unabhängige Sachverständige und Rechtsanwälte aus der Schadensregulierung herauszuhalten, auch wenn dies zum Schaden des Kunden gereicht. Wie Geschädigte berichten, erfolgt die Einflussnahme teilweise sogar in massiver und geradezu nötigender Form. So wird dem Kunden regelmäßig die Möglichkeit abgeschnitten, sich der Vorzüge einer Sicherungsabtretungserklärung bedienen zu können, und ihm wird vielmehr in Aussicht gestellt, den Schaden bei Abholung des Fahrzeuges bar bezahlen zu müssen, wenn er sich anwaltlich vertreten lässt. Außerdem werden ihm die verschiedensten weiteren Nachteile angedroht, was dann dazu führt, dass er sich allen-

A. Mandatsannahme §1

falls anwaltlich beraten, nicht aber vertreten lässt (*Dory*, „Unter falscher Flagge", Der Verkehrsanwalt 2009, 95).

Wie weit das geht, kann an dem aktuellen Beispiel gezeigt werden, das die Allianz Versicherung praktiziert. Sie galt früher als eine besonders faire und gut regulierende Versicherung. Auch Anwälte bestätigten seinerzeit deren Werbeslogan: „*Hoffentlich Allianz-versichert!*" Heute einen Schaden mit der Allianz Versicherung regulieren zu müssen, ist eine Herausforderung für jeden Geschädigten und seinen anwaltlichen Vertreter. Diesem System der Schadensteuerung hat die Allianz Versicherung ausgerechnet den Namen „**Fairplay-Konzept**" gegeben. 29

Hierbei handelt es sich um ein **Abkommen mit Werkstätten**, von dem die Allianz behauptet, es diene „einer schlanken und reibungslosen Abwicklung des Schadensfalles" (*Lang*, Der Verkehrsanwalt 2009, 49). „Fairplay" unterstütze eine solche Schadensabwicklung aber immer nur dann, wenn der **Kunde** (!) die direkte Abwicklung des Schadensfalles durch die Werkstatt mit dem Versicherer **wünsche**. Dann wird hinzugefügt: „Die Entscheidung, wie zu verfahren ist, verbleibt jedoch immer beim Kunden" (*Lang* a.a.O.). Später heißt es jedoch in dem Abkommen: „Allerdings kommen die schnellen Vergütungszeiten nur zum Tragen, wenn es sich um einen sog. Fairplay-Fall handelt, *bei dem weder ein freier Gutachter noch ein Rechtsanwalt eingeschaltet werden dürfen*". Und weiter: „Entscheidet sich der Geschädigte für die Einschaltung eines Anwaltes oder eines unabhängigen Sachverständigen, erfolgt die Abwicklung wie bisher", also verzögerlich und langwierig. 30

Anfänglich hieß es, ein neues Computerkonzept sei die Ursache dafür, dass die **Regulierung immer langwieriger** wurde. Heute steht fest, das alles hat die zuvor beschriebene Methode! Immerhin erfolgt die Drohung gegenüber Geschädigten und Werkstätten in einer erstaunlich offenen Form, wonach die **Regulierung erheblich länger dauern werde, wenn anwaltliche Hilfe in Anspruch genommen wird** (*Elsner*, Der Verkehrsanwalt 2009, 1). Die Allianz-Versicherung versucht also, ihre **wirtschaftliche Macht** demjenigen gegenüber auszunutzen, der seine Rechte durch kompetente Berater zu wahren trachtet. Das fordert dazu heraus, die Rechte des Verbrauchers nach Kräften dadurch zu schützen, dass ihm eine objektive und neutrale Beratung bezüglich der Abrechnungsalternativen (*Dory* a.a.O., 94) und aller Schadensfolgekosten zuteilwird, was bekanntlich ausschließlich durch qualifizierte anwaltliche Beratung gewährleistet ist. 31

Bei dem „**Schadensmanagement der Versicherer**" handelte es sich – wie oben gesagt – bekanntlich schon ausschließlich um nichts weiter als um eine „**Schadenssteuerung**", die ausschließlich zu Lasten des Geschädigten mit dem alleinigen Ziel der Gewinnmaximierung und zum wirtschaftlichen Wohle der Versicherung betrieben wird. Vorgegeben wird, juristischer Ansatzpunkt sei, dass der Geschädigte nicht „**am Schaden verdienen**" soll. Dies ist nichts mehr, als ein aus dem tatsächlichen Zusammenhang gerissener Zitatfetzen aus früherer BGH-Rechtsprechung. 32

§ 1 Beginn eines Verkehrsrechtsmandates

Das **eigentliche Ziel** besteht vielmehr darin, dem Geschädigten seine ihm tatsächlich entstandenen Schäden möglichst unvollkommen auszugleichen und ihn faktisch so noch ein weiteres Mal zu schädigen. Das nunmehrige Allianz-Fairplay-Konzept ist nichts anderes als **eine raffinierte Weiterentwicklung dieses steuernden Schadensmanagement-Systems** und stellt somit einen Großangriff der Versicherungswirtschaft auf das deutsche Schadensrecht und die Verbraucherrechte dar (*Dory* a.a.O., 92). Damit hat sich die Allianz leider an die Spitze der Hardliner-Versicherungen in Deutschland gesetzt.

33 Das Perfide an dieser Taktik ist, dass der Geschädigte gar nicht oder zumindest erst viel zu spät erkennt, wie er um seine ihm tatsächlich zustehenden Rechte gebracht worden ist. Insbesondere wird er im Unklaren gelassen, dass es tatsächlich der Unfallgegner ist, der letztendlich die Schadenbezifferung betreibt. Seine freie Auswahl der Werkstatt, des Sachverständigen, des Mietwagenunternehmers und vor allem auch eines Anwalts wird aktiv manipuliert. **Er wird in bestimmte Werkstätten gesteuert**, die nach den Anweisungen der Versicherung zu regulieren haben, nicht mit Neuteilen, sondern gebrauchten Teilen, durch Ausbeulen, wo Teilersatz gefragt wäre, durch Ersatzteile aus Drittproduktionen statt Original-Werksteilen. **Der Verlust z.B. der Herstellergarantie wird dabei zu Lasten des Geschädigten in Kauf genommen.**

34 Der **freie und unabhängige Sachverständige** stört in einem solchen System. Seinen Part regelt „Control-Expert", eine im Lager der Versicherungswirtschaft stehende, alles andere als unabhängige Institution, die das Auto nie gesehen oder untersucht hat, anhand von Fotos unter den Augen der Versicherung, die bestimmt, wie zu reparieren ist. Sollte dennoch ein Geschädigter oder sein Anwalt ein Gutachten eines freien und unabhängigen Sachverständigen präsentiert haben, wird es „auseinandergenommen" und heruntergeschätzt. **Der nachfolgende Rechtsstreit ist einkalkuliert und spielt aus prinzipiellen Gründen offenbar auch keine Rolle.**

35 Bei der **Ausschaltung des Anwaltes** geht es weniger um dessen Honorar und die damit verbundenen Kosten, sondern darum, denjenigen auszuschalten, der um die tatsächliche Rechtslage zur Haftungsquote und um die Ansprüche des Geschädigten zur Schadenshöhe weiß. Dazu haben sich einige Versicherungen eine besonders unschöne Methode ausgedacht: **Briefe von Anwälten werden einfach nicht oder allenfalls nach mehreren Wochen beantwortet.** Und auch grundsätzlich nicht vollständig: Eine dezidierte Schadensaufstellung wird gern mit einem Dreizeiler abschlägig beantwortet. Und diese Abrechnungen entsprechen oft noch nicht mal der Rechtsprechung, d.h. es wird teilweise wissentlich entgegen der Rechtsprechung reguliert. Die offizielle Erklärung lautet: Personalabbau und Computerprobleme.

36 **Werkstätten** bestätigen allenthalben, dass das **Bearbeitungstempo** der Versicherung rapide nachlässt, sobald ein Anwalt in die Schadenregulierung eintritt. Selbst

A. Mandatsannahme § 1

unproblematische Schadenfälle sind ohne Klage innerhalb üblicher Fristen nicht zu regulieren. Mit einem Sachbearbeiter – speziell der Allianz-Versicherung – persönlich telefonischen Kontakt aufzunehmen, ist allein schon deshalb in der Regel nicht möglich, weil die Zuständigkeiten nicht offengelegt werden (*Gebhardt*, DV 2011, 45 f.). In der Regel ist seine Telefonnummer nicht angegeben, sondern nur eine Sammelnummer.

Natürlich weist die Allianz jedes zielgerichtetes Verhalten zurück. Man sei im Gegenteil stets um eine zügige Regulierung bemüht. Leider gebe es immer noch **Computerprobleme** (immerhin angeblich seit fast drei Jahren!) und selbstverständlich freue man sich sogar, wenn ein Anwalt in die Schadensregulierung eingeschaltet sei, habe man es dann doch mit einem ausgewiesenen Fachmann auf der Gegenseite zu tun. In Wahrheit geht es ausschließlich um ein einziges Ziel: Schadenssteuerung ohne unabhängige und objektive Beratung! **37**

Es gibt somit nur ein einziges **Opfer**, das bei diesen Machenschaften auf der Strecke bleibt: **Der Geschädigte**. Verfügt er über keine Rechtsschutzversicherung, dann ist er wehrlos und bleibt rechtlos. Er hat dann keine Möglichkeit, sich gegen die wirtschaftliche Dominanz der Assekuranz zur Wehr zu setzen. **38**

Gerade in Fällen, in welchen eine rechtsanwaltliche Betreuung nicht erfolgt, wird häufig die einschlägige Gesetzes- und Rechtsprechungslage zu Lasten des Geschädigten missachtet (*Dory* a.a.O., 93). Daraus folgt: **Der Geschädigte sollte sich sofort und ausnahmslos anwaltlich vertreten lassen!** Eine Versicherung, die sich so verhält, muss stets unmittelbar nach Fristablauf der ersten Mahnung sofort verklagt werden. Auch darf der **Zinsschaden** ebenso wenig vergessen werden wie alle weiteren **Verzugskosten**, einschließlich der **Gebühren des Anwaltes für die Einholung der Kostendeckungszusage der Rechtsschutzversicherung**. **39**

Es dürfte das Ziel dieser Taktik sein, die Geschädigten und deren Anwälte zur Resignation zu zwingen. Es darf aber nicht passieren, dass der Geschädigte ein weiteres Mal dadurch geschädigt wird, dass ihn eine gegnerische Versicherung aus Profitstreben heraus um seine ihm von Rechts wegen zustehenden Ersatzansprüche bringt. **40**

Es mehren sich auch die Fälle, in denen die Versicherer trotz angezeigter Vertretungsvollmacht **am Anwalt vorbei** Kontakt mit dem Geschädigten aufnehmen. Dabei wird oft gegen Unterzeichnung einer Abfindungserklärung sofort per Scheck bezahlt, in der Regel allerdings nur **unvollständig**. In solchen Fällen sollte sofort der Vorstand des betreffenden Versicherers Beschwerde führend informiert werden. **41**

In Ausführung des Ziels, **schnellstmöglichen Zugriff auf den Geschädigten** zu erhalten, spielt der ansonsten so segensreiche „**Zentralruf der Autoversicherer**" eine sehr unglückliche Rolle. Der Geschädigte, der bei dem „Zentralruf der Autoversicherer" anruft, wird sogleich an den Sachbearbeiter des zuständigen Versicherers weiter verbunden. Damit wird der Geschädigte – ohne es zu wissen – von An- **42**

9

§ 1 Beginn eines Verkehrsrechtsmandates

fang an in Bahnen geleitet, die ausschließlich dem wirtschaftlichen Interesse der Assekuranz dienen.

43 So wurde auch die Betreibung von Notrufsäulen an den Autobahnen von dem Gesamtverband der Versicherer aufgekauft. Es wurden ferner so genannte **Call-Center** eingerichtet, die 24 Stunden am Tag eine angebliche „Regulierungshilfe" der Versicherer für den Geschädigten anbieten.

44 Leider steht die Telefonnummer des Zentralrufes sogar auf den meisten Handzetteln der Polizei, die den Unfallbeteiligten vor Ort ausgehändigt werden. Es wäre aber ein Gebot der Objektivität der Polizei, zumindest daneben auch die diesbezügliche Telefonnummer des DAV oder ADAC aufzuführen.

45 **Fazit**: Die Versicherer tun alles, um vor allen Dingen **den Anwalt aus der Schadensregulierung herauszuhalten**. Ebenso sollen der freie Sachverständige, der freie Mietwagenunternehmer und möglichst auch die freie Markenwerkstatt aus der Regulierung herausgehalten werden. Dabei geraten sie und die mit ihr verbundenen Institutionen, wie insbesondere die Werkstätten, immer wieder mit dem Rechtsberatungsgesetz und jetzt auch dem RDG in Konflikt, indem eindeutig verbotene, nämlich über die Annexkompetenz hinausgehende Rechtsberatung betrieben wird (vgl. dazu BGH DAR 2000, 354).

b) Beratungen nach dem Rechtsdienstleistungsgesetz (RDG)

Literatur zur Unfallregulierung nach dem Rechtsdienstleistungsgesetz (RDG):

Van Bühren/Held, Unfallregulierung, 7. Auflage 2014; *Römermann*, Unfallregulierung durch Mietwagenunternehmen – Verstoß gegen das RDG?, NJW 2011, 3061; *Deckenbrock/Henssler*, RDG, 4. Auflage 2015.

46 Zum 1.7.2008 ist das Rechtsdienstleistungsgesetz (RDG) in Kraft getreten und löste das bisher geltende Rechtsberatungsgesetz ab.

aa) Auswirkungen auf die Rechtsberatung

47 Nach dem **bis dahin geltenden Rechtsberatungsgesetz** war die Rechtsberatung nahezu ausnahmslos freien Rechtsanwälten vorbehalten.

48 Durch § 7 des neuen RDG gilt diese Rechtslage nicht mehr. Nach dieser Regelung ist es **Vereinigungen und Verbänden ausdrücklich gestattet**, ihre Mitglieder im Rahmen der satzungsgemäßen Aufgaben rechtlich zu beraten, soweit die Rechtsberatung nicht im Mittelpunkt der Gesamtaufgaben steht. In der Literatur wird dieser Paragraph aufgrund seiner Entstehungsgeschichte auch „ADAC-Paragraph" genannt. Von Bedeutung ist zunächst, dass die Leistung **„Rechtsberatung" nunmehr ausdrücklich gesetzlich geregelt** und legitimiert ist.

bb) Regelungen durch das Gesetz

Das Gesetz unterscheidet nach Rechtsdienstleistung oder Inkassodienstleistung. 49

(1) Rechtsdienstleistung, § 2 Abs. 1 RDG

Nach § 2 Abs. 1 RDG ist eine Rechtsdienstleistung „**jede Tätigkeit in konkreten fremden Rechtsangelegenheiten, sobald sie eine rechtliche Prüfung des Einzelfalls erfordert**". Liegt eine solche Rechtsdienstleistung vor, ist zu prüfen, ob diese ausnahmsweise nicht nur Rechtsanwälten oder Verbänden (wie z.b. dem ADAC) vorbehalten ist, sondern als so genannte **Nebenleistung** nach § 5 Abs. 1 RDG z.B. im Kfz-Bereich auch durch Sachverständige, Werkstätten oder Mietwagenunternehmen erbracht werden kann. 50

(2) Rechtsdienstleistung als erlaubte Nebenleistung, § 5 Abs. 1 RDG

Die Rechtsdienstleistung kann als **Nebenleistung zum jeweiligen Berufs- oder Tätigkeitsbild** gehören. In der Abwicklung eines Verkehrsunfalls wird dies bedeuten, dass Werkstätten, Sachverständige und Mietwagenunternehmer allgemeine Hinweise zur Schadensabwicklung geben dürfen, **sofern diese keine vertiefte juristische Prüfung erfordern**. 51

Bei **eindeutiger Haftungslage** und objektiver Erforderlichkeit darf beraten werden, sofern nur eine ansatzweise rechtliche Prüfung nötig ist. 52

Als zulässig angesehen wird die von einem Mietwagenunternehmen durchgeführte Beratung, welches konkrete Ersatzfahrzeug der Geschädigte anmieten kann, ohne einen Abzug für ersparte Eigenaufwendungen befürchten zu müssen (*Deckenbrock/Henssler*, RDG, § 5 Rn 108). Generell gilt, dass ein Kfz-Reparaturbetrieb, ein Mietwagenunternehmen oder ein Kraftfahrzeugsachverständiger dem Unfallgeschädigten Hinweise zur Erstattungsfähigkeit der **durch seine Beauftragung entstandenen Kosten** erteilen darf (BT-Drucks 16/3655, 53 f.; vgl. *Deckenbrock/Henssler*, RDG, § 5 Rn 108). 53

Darüber hinaus sollen allgemeine Hinweise, die keine Rechtsprüfung erfordern, zulässig sein, z.B. dahingehend, dass grundsätzlich nur die Kosten für ein gleichwertiges Ersatzfahrzeug ersatzfähig sind, dass die Kosten für eine durchgeführte Reparatur nach der Rechtsprechung des BGH nur bis zur Höhe von 130 % des Wiederbeschaffungswertes erstattungsfähig sind, dass anstelle der Reparaturkosten auch auf Gutachtenbasis abgerechnet oder eine Nutzungsausfallentschädigung bei Verzicht auf die Anmietung eines Ersatzfahrzeugs beansprucht werden kann oder dass der Geschädigte für seine allgemeinen Aufwendungen eine Unkostenpauschale verlangen kann (*Deckenbrock/Henssler*, RDG, § 5 Rn 106). Bereits zu Zeiten des Rechtsberatungsgesetzes wurde es ferner als zulässig angesehen, dass eine Kfz-Werkstatt im Zusammenhang mit der Erteilung eines Auftrags zur Reparatur eines Unfallfahrzeugs ein Angebot zur Beauftragung eines Sachverständigen erteilt, das erstellte Gutachten an die Versicherung weiterleitet und einen Ersatzwagen reser- 54 viert (*Deckenbrock/Henssler*, RDG, § 5 Rn 106 unter Hinweis auf BGH NJW 2000, 2108, 2109).

55 Generell gilt, dass dann, wenn Kfz-Werkstätten, Mietwagenunternehmen und Sachverständige ihre Kunden über die Durchsetzbarkeit der genannten Schadenspositionen beraten dürfen, sie auch zur Einziehung der Schadensersatzforderung gegenüber Dritten bzw. dem eintrittspflichtigen Versicherer berechtigt sind (BT-Drucks 16/3655, 53; *Deckenbrock/Henssler*, RDG, § 5 Rn 111). Ist also nicht der Haftungsgrund, sondern ausschließlich die Schadenshöhe streitig, wie die Angemessenheit einer Sachverständigenrechnung, die Höhe der Reparaturkosten oder die Höhe der abgerechneten Mietwagenkosten, hindert dies die Einziehung der Schadensersatzforderung grundsätzlich nicht (*Deckenbrock/Henssler*, RDG, § 5 Rn 111 unter Hinweis auf die nachfolgend zitierte BGH-Rechtsprechung). Im Gegenteil sah der Gesetzgeber einen Vorteil für den Geschädigten darin, dass die wirtschaftlich Betroffenen den Streit über die berechtigte Höhe unmittelbar klären und der Geschädigte nicht zuvor in Anspruch genommen wird (BT-Drucks 16/3655, 53).

56 Dementsprechend ist eine **Abtretung** zur Einziehung des Schadensersatzanspruchs auf Erstattung von Mietwagenkosten **an das Mietwagenunternehmen** zulässig, wenn allein die Höhe der Mietwagenkosten streitig ist (BGH v. 31.1.2012 – VI ZR 143/11 – VersR 2012, 458; v. 11.9.2012 – VI ZR 296/11 – VersR 2012, 1451; v. 11.9.2012 – VI ZR 297/11 – VersR 2012, 1409; v. 11.9.2012 – VI ZR 238/11 – SP 2013, 13; v. 18.12.2012 – VI ZR 316/11 – VersR 2013, 330; v. 5.3.2013 – VI ZR 245/11 – VersR 2013, 730). Die **Abtretung** ist auch dann **wirksam**, wenn sie **zu einem Zeitpunkt** erfolgte, zu dem **noch nicht geklärt** war, ob und **wie sich der** Unfallgegner bzw. dessen **Haftpflichtversicherer einlässt** (BGH VersR 2012, 1451; VersR 2012, 1409; SP 2013, 13; VersR 2013, 730).

(3) Rechtsdienstleistung als nicht erlaubte Nebenleistung, § 5 Abs. 1 RDG

57 **Viele Beratungen** zu rechtlichen Fragen rund um den Verkehrsunfall durch Werkstätten, Sachverständige und Mietwagenunternehmen **sind auch weiterhin verboten**. Eine rechtliche Beratung bei **streitigen Schadenfällen** ist niemals eine zulässige Nebenleistung und darf daher durch Werkstätten, Sachverständige und Mietwagenunternehmer nicht erfolgen. Konkrete rechtliche Hinweise zum Haftungsgrund oder zur Haftungsquote sind dementsprechend unzulässig, insbesondere zu **Verschuldens- und Beweislastfragen** (*Deckenbrock/Henssler*, RDG, § 5 Rn 109). Die Abwicklung eines dem Grunde nach streitigen Schadensfalls kann nicht als Nebenleistung qualifiziert werden.

Eine **Abtretung** zur Einziehung von Mietwagenkosten ist **unwirksam**, wenn sie **von vornherein auf eine nicht erlaubte Rechtsdienstleistung** zielte, z.B. weil Umstände vorlagen, aus denen objektiv ohne Weiteres ersichtlich war, dass die **Haftung dem Grunde nach streitig** ist (BGH VersR 2012, 458; VersR 2013, 730).

Zu weiteren Ansprüchen, wie z.B. zum **Personenschaden**, darf **in keinem Fall** auch nur ansatzweise als Nebenleistung beraten werden (BGH VersR 2012, 458; *Deckenbrock/Henssler*, RDG, § 5 Rn 110).

Wird eine konkrete fremde Rechtsangelegenheit nicht bezogen auf den Einzelfall geprüft, sondern nur allgemein Auskunft gegeben, liegt schon grundsätzlich keine Rechtsdienstleistung, sondern nur eine **erlaubnisfreie Rechtsinformation** vor. 58

(4) Keine Rechtsdienstleistung durch Rechtsschutzversicherer

Da § 4 RDG die Erbringung von Rechtsdienstleistungen dann ausschließt, wenn diese Einfluss auf die Erfüllung einer anderen Leistungspflicht haben könnte, dürfen **Versicherer keine Rechtsdienstleistung** erbringen. 59

cc) Inkassodienstleistung, § 2 Abs. 2 RDG

§ 2 Abs. 2 RDG regelt nun ausdrücklich, wann beim Inkasso eine Rechtsdienstleistung vorliegt. 60

(1) Zulässiger Forderungseinzug

Werkstätten, Sachverständige und Mietwagenunternehmer können **im Rahmen ihrer jeweiligen Tätigkeit entstandene Schadenposten** direkt mit dem Versicherer abrechnen, wenn sie Grund und Umfang der gegnerischen Eintrittspflicht nicht prüfen. Darin liegt weder nach § 2 Abs. 1 noch nach Abs. 2 RDG eine erlaubnispflichtige Rechtsdienstleistung (*Deckenbrock/Henssler*, RDG, § 5 Rn 113). Darüber hinaus können weitere unstreitige Schadensersatzpositionen ohne vorherige Rechtsprüfung gegenüber dem Versicherer abgerechnet werden (z.B. Wertminderung, Nutzungsausfall, Unkostenpauschale etc.) (a.a.O.). 61

(2) Unzulässiger Forderungseinzug

Bei Sachverhalten, die eine **vertiefte Rechtsprüfung** z.B. zum Forderungseinzug, zur Schadenhöhe oder aber zum Haftungsgrund erfordern, ist ein Forderungseinzug nach § 2 Abs. 1 i.V.m. § 5 Abs. 1 RDG nicht zulässig, da hier eine **erlaubnispflichtige Rechtsdienstleistung** vorliegt. 62

(3) Regelung des § 79 ZPO (Parteiprozess)

Nach dieser Vorschrift dürfen Unternehmer auch bei wirksamer Forderungsabtretung **diese im Prozess nur dann geltend machen**, wenn dies auf eigene Rechnung geschieht. Dadurch soll der Kunde vor unsachgemäßer Prozessführung und einem Forderungsverlust geschützt werden. 63

§ 1 Beginn eines Verkehrsrechtsmandates

dd) Zusammenarbeit von Werkstätten, Sachverständigen und Rechtsanwälten

64 Der Entwurf des RDG sah noch als § 5 Abs. 3 RDG-E die Möglichkeit einer gesellschaftsrechtlichen Verbindung zwischen Werkstätten, Sachverständigen und Rechtsanwälten vor. Diese Regelung wurde durch Beschluss des Bundestages vom weiteren Gesetzgebungsverfahren ausgenommen und nicht in das aktuelle RDG übernommen. **Eine gesellschaftsrechtliche Verbindung ist daher derzeit immer noch nicht möglich.**

ee) Zusammenfassung der Rechtslage

65 Sachverständigen, Werkstätten und Mietwagenunternehmen ist dringend davon abzuraten, selbstständig nach dem neuen Gesetz zu beraten. Hier besteht ein **hohes Haftungsrisiko** für den Betreffenden, ohne dass er die ihm für die Beratung entstehenden **Kosten**, z.b. beim gegnerischen Versicherer, geltend machen könnte.

66 Daneben ist die sogenannte **Annexkompetenz** der Werkstätten **sehr kritisch** zu sehen. Neben der fehlenden Versicherung und juristischen Ausbildung wird in vielen Fällen eine **Interessenkollision** vorliegen, z.b. bei der Beratung, ob ein Ersatzfahrzeug der Werkstatt angemietet werden soll. Eine neutrale Beratung im Interesse des Verbrauchers ist damit nicht garantiert.

c) Beschwerden gegen Versicherer

67 Im Falle mutwillig verzögerlichen oder unprofessionellen bzw. juristisch fehlerhaften Regulierungsverhaltens von Versicherungssachbearbeitern empfiehlt sich zunächst einmal die so genannte **Schadenleiterbeschwerde**, d.h. es wird dem Leiter der Kraftfahrt-Schadensabteilung der Sachverhalt unter „Persönlich/Vertraulich" Beschwerde führend mitgeteilt. Wenn das nichts hilft und in besonders gravierenden Fällen ist auch die „**Vorstandsbeschwerde**" mit gleichem Ziel möglich. Das führt dann schon in den meisten Fällen zur befriedigenden Klärung, weil sich dann jedenfalls stets kompetente Personen innerhalb des Versicherers mit dem Fall befassen.

68 Allerdings verbreitet sich der Eindruck, dass es einigen Versicherern zunehmend gleichgültig ist, ob sich ein Anwalt beschwert. Die Hybris solcher Versicherer ist gigantisch. Telefonische Sachstandsanfragen werden mit dem Bemerken abgetan, dann solle doch geklagt werden. Das ist dann nur noch als reiner „**Klagepoker**" zu bezeichnen!

d) Regulierungsverzögernde Taktiken

69 So mancher Versicherungssachbearbeiter scheint überdies besondere Freude an der Vielzahl von sinnlosen und nicht weiterführenden „**Schiebeverfügungen**" einerseits, Anspruchskürzungen aller Art andererseits zu haben. Seit der Einführung des

A. Mandatsannahme § 1

„Schadensmanagements der Versicherer" und der damit bezweckten Ausschaltung der Anwälte bei Schadensregulierungen gilt: Je kleiner der Schaden, umso komplizierter, langwieriger und nervenaufreibender wird die Regulierung betrieben.

Seit ein paar Jahren ist zu beobachten, dass die Regulierung von Schäden zunehmend bewusst verschleppt wird, und die Geschädigten müssen demzufolge immer öfter vor Gericht ziehen, um ihre berechtigten Ansprüche einzuklagen. Begünstigt wird dieses Phänomen dadurch, dass unser **Haftungsrecht eine nachhaltige Sanktion solchen Regulierungsverhaltens nicht vorsieht.** Demgegenüber gewährt z.B. das amerikanische Haftungs- und Versicherungsrecht den Geschädigten in Fällen der Blockade oder Verschleppung von Entschädigungsleistungen einen gesonderten, dem moralischen Unwert des Verhaltens Rechnung tragenden Schadensersatzanspruch gegenüber dem Versicherer (*Hennemann*, Welt am Sonntag Nr. 12, 23.3.2003). 70

Opfer und Geschädigte werden oft wie **lästige Bittsteller** behandelt. Das Verhalten der Versicherer scheint dabei von der Maxime geprägt zu sein, dass es gegenwärtig vorzuziehen ist, Schadenregulierungen teils unvertretbar zu verschleppen oder Entschädigungsleistungen gänzlich abzulehnen, statt angemessen und zügig zu regulieren. Während bei Versicherern lange Zeit der Grundsatz herrschte, die Führung von Prozessen tunlichst zu vermeiden, sie aber – wenn sich die Prozessführung nicht vermeiden lässt – dann tunlichst zu gewinnen, ist auch diese Regel inzwischen außer Kraft gesetzt (*Hennemann*, Welt am Sonntag Nr. 12, 23.3.2003). 71

Es verstärkt sich auch zunehmend der Eindruck, dass sogleich **nach Einschaltung eines Anwaltes** – nicht nur bei Regulierungen mit der Allianz-Versicherung – eine zuvor vielleicht noch zügige Regulierung **plötzlich ins Stocken gerät**. Mittlerweile erklären Sachbearbeiter von Versicherern gegenüber dort sich nach dem Regulierungsstand erkundigenden Geschädigten auch unverhohlen, ohne die Einschaltung eines Anwaltes wäre der Schaden schon längst reguliert. Plötzlich benötigt man (bei einem klassischen Auffahrunfall oder Stoppschildverstoß!) nun doch die Ermittlungsakte und überraschenderweise werden plötzlich völlig unsinnige Mithaftungseinwendungen erhoben. 72

Es ist also zunehmend beliebt geworden, **Ausreden** zu erfinden, mit denen die Regulierungsverzögerung gerechtfertigt werden soll. In den meisten ersten Antwortschreiben des Versicherers heißt es, der **VN habe den Schaden noch nicht gemeldet.** Dieser Einwand ist besonders unsinnig, weil – wie nachstehend (siehe Rdn 321) ausgeführt – der VN verpflichtet ist, den Schaden **binnen Wochenfrist** seinem Versicherer zu melden. Unterlässt er das, begeht er eine Obliegenheitsverletzung und ihm kann der Versicherungsschutz entzogen werden. Also ist oftmals zu vermuten, dass die Schadensmeldung tatsächlich schon längst erfolgt ist. Jedenfalls kann eine Regulierungsverzögerung oder -verweigerung nicht auf ein solches Argument gestützt werden. 73

§ 1 Beginn eines Verkehrsrechtsmandates

74 Einem Versicherer, der mit dem Einwand nicht zahlt, der VN habe den Schaden noch nicht gemeldet, ist entgegenzuhalten, dass dieses aufgrund des Direktanspruchs gem. § 115 Abs. 1 S. 1 Nr. 1 VVG **kein Regulierungshindernis** in Bezug auf die Haftung im Außenverhältnis ist, sondern ausschließlich im Innenverhältnis zu dem eigenen VN Wirkungen hat. Dem Versicherer stehen dann die **versicherungsvertraglichen Konsequenzen** gegenüber dem VN zur Verfügung, den Versicherungsvertrag ggf. kündigen und Regress bei dem VN nehmen zu können (vgl. OLG Saarbrücken zfs 1992, 22). Für die Frage der Regulierung der Schadensersatzansprüche des **Geschädigten** ist das alles gänzlich **ohne Bedeutung** und vor allem **kein Grund, die Regulierung zu behindern**.

75 Der Versicherer hat darüber hinaus die Möglichkeit und Verpflichtung, sich in geeigneter anderer Weise Kenntnis von dem Schadenshergang zu verschaffen, z.B. durch telefonische Nachfrage bei der Polizei, Einsatz ihrer Schadens-Außenregulierer, Ausübung von Druck auf den VN und dergleichen.

76 Das Gleiche gilt bei einer offenkundig falschen Unfallschilderung des Gegners gegenüber seinem Versicherer, wenn dieser es zum Anlass nimmt, daraufhin irgendwelche – meist unspezifizierte – **weitere Ermittlungen** anzustellen. Bei unzutreffender Schadenschilderung begeht der VN ebenfalls eine Obliegenheitsverletzung und riskiert den Versicherungsschutz.

77 Oft wird seitens des gegnerischen Versicherers gefordert, er müsse erst einmal den Eingang der Ermittlungsakte abwarten und diese einsehen. Dann fordert er einen **Ergänzungsaktenauszug** an, dann vielleicht noch einen weiteren, dann möchte er den Ausgang des Ermittlungsverfahrens abwarten usw.

78 In all diesen Fällen ist es gut, wenn die **Kostendeckungszusage des Rechtsschutzversicherers** bereits vorliegt und auf derartiges, eindeutig verzögerndes Regulierungsverhalten schnell reagiert werden kann, ohne dass erst noch die Rechtsschutzfrage geklärt und die Kostendeckungszusage angefordert zu werden braucht (siehe unten Rdn 344).

> *Tipp*
> Die einzig effiziente Antwort auf die zunehmenden Verzögerungstaktiken der Versicherer ist die schnellstmögliche und kompromisslose Klageerhebung. Aus diesem Grunde sollte grundsätzlich gleich zu Beginn des Mandates eine Kostendeckungszusage des etwaig vorhandenen Rechtsschutzversicherers eingeholt werden.

79 Außerdem kann für den Fall nicht vollständiger Regulierung seitens des gegnerischen Versicherers die **Differenzgebühr** (siehe § 8 Rdn 532 ff.) gegenüber dem Rechtsschutzversicherer abgerechnet werden, was dann ohnehin eine diesbezügliche Korrespondenz erfordert.

A. Mandatsannahme § 1

Tipp
- Bei solchen provozierten Prozessen im Falle der Klagerücknahme die **Einigungsgebühr** durchsetzen!
- Hinsichtlich der **vorgerichtlichen Gebühren** ist in vielen Fällen mindestens eine 1,5 Gebühr, oft sogar eine 1,8 Gebühr angemessen.
- Nicht vergessen, die **Gebühren** (1,3) für die **Einholung der Kostendeckungszusage** bei der Rechtsschutzversicherung geltend zu machen.
- Ggf. **Differenzgebühr** gegenüber Rechtsschutzversicherer oder Mandant abrechnen.

80

e) Beschwerde an BaFin

Bislang war es, wenn auch das nicht geholfen haben sollte, möglich, Beschwerden über das Regulierungsverhalten von Versicherern bei dem „Bundesaufsichtsamt für das Versicherungswesen" (BAV) anzubringen. Dieses Amt ist zum 1.9.2002 aufgegangen in der „**Bundesanstalt für Finanzdienstleistungsaufsicht**" (BaFin). Die Adresse für derartige Beschwerden lautet:

81

Bundesanstalt für Finanzdienstleistungsaufsicht, Dienstsitz Bonn, „Bereich Versicherungen", Graurheindorfer Straße 108, 53117 Bonn, Tel.: 02 28 / 41 08 – 0; Verbrauchertelefon: 0 18 05 / 12 23 46 Fax: 02 28 / 41 08 – 15 50

Das Online-Beschwerdeformular ist abrufbar unter *http://www.bafin.de*. Neben der Bundesanstalt für Finanzdienstleistungsaufsicht kann bei Fragen z.B. im Zusammenhang mit den Allgemeinen Bedingungen für die Kraftfahrtversicherung oder den Tarifbestimmungen auch der

Verein „Versicherungsombudsmann e.V." Postfach 6 08 32 10006 Berlin Tel.: 0 30 / 20 60 58 – 99 oder 0 18 04 / 22 44 24 Fax: 0 18 04 / 22 44 25 oder über das Internet unter *www.versicherungsombudsmann.de*

angerufen werden. Er befasst sich allerdings nur mit Beschwerden über Mitgliedsunternehmen.

2. Aktivitäten der Werkstätten

Aus Gründen der Kostenersparnis gab es früher **Anweisungen einiger Automobilhersteller** an ihre Werkstätten, den Geschädigten über die Möglichkeit einer Mietwageninanspruchnahme oder eines Nutzungsausfallanspruchs **nicht zu belehren** sowie die Möglichkeit einer Beauftragung eines freien Sachverständigen oder den Anspruch auf Wertminderung nach aller Möglichkeit nicht anzusprechen, es sei denn, der geschädigte Kunde kommt von selbst darauf.

82

Vor allem aber wurden die Werkstätten von den Herstellern angewiesen, keinen **Anwalt** zu vermitteln oder dem Geschädigten auch nur zu raten, zum Anwalt zu gehen. Im Gegenteil wird von den Werkstätten sogar meist aggressiv von der Inanspruchnahme anwaltlicher Hilfe abgeraten, ja sogar mit Konsequenzen gedroht,

83

§ 1 Beginn eines Verkehrsrechtsmandates

wenn sie sich nicht daran halten. Das macht die enge Verflechtung von Automobilwirtschaft und Versicherern deutlich!

84 Ganz besonders schlimm war das **Prämiensystem** eines Versicherers, wonach derjenige, der es erfolgreich verhindert, dass der Geschädigte einen freien Sachverständigen, einen freien Mietwagenunternehmer oder einen Anwalt beauftragt, nach Bedeutung gestaffelte Geldbeträge erhielt.

85 Wenn dann **später**, nachdem der große Posten „Reparaturkosten" bezahlt wurde, **Streit mit dem Versicherer** über die Haftungsquote, die Höhe des Nutzungsausfalls oder das Schmerzensgeld entsteht, zieht sich die Werkstatt sofort zurück. Dann allerdings verweist sie an den Anwalt, dem dann nur noch die bereits erwähnten „**schadensrechtlichen Brosamen**" zur Regulierung übrig bleiben.

86 Die Anwaltschaft sollte derartige „anregulierte Fälle" – auch solche, die der Mandant selber meinte regulieren zu können – nach Möglichkeit unter Darlegung der Gründe nicht mehr annehmen und den Mandanten für die Zukunft auf die **sofortige** Inspruchnahme anwaltlicher Hilfe verweisen. In den meisten Fällen ist die Übernahme eines solchen Mandates nämlich wirtschaftlich unvertretbar und ein reines Zusatzgeschäft.

87 Das hat sich aber nun **inzwischen geändert**: Auch die Hersteller haben erkannt, dass der **Absatz von Neuteilen** massiv zurückgegangen ist, seitdem die Versicherer durch Billigwerkstätten und unter Verwendung von Gebrauchtteilen bzw. Plagiaten reparieren lassen. Bei den Marken-Vertragswerkstätten hat man gemerkt, dass die **Reparaturaufträge in großem Stil ausbleiben** und massive Umsatzrückgänge zu beklagen sind. Und die Werkstätten fühlen sich **von ihren Herstellern im Stich gelassen**. Sie fordern vielmehr jetzt **Solidarität** ein. Seitdem steht wieder der Anwalt als „Freund der Werkstätten" da und wird nicht mehr so bekämpft und umgangen, wie das noch vor kurzem der Fall war. Nun sind zunehmend **Allianzen zwischen Werkstätten und Anwälten** gegründet worden **im Interesse des Kunden/Geschädigten** und einer sachgerechten Schadenregulierung!

88 Soweit es vor allen **die Werkstätten** waren, die ständig **unerlaubte Rechtsberatung betrieben** und gegen das **Rechtsberatungsgesetz (inzwischen RDG) verstoßen** haben (siehe dazu OLG Hamm DAR 1998, 192 = MittBl 1998, 20 ff. mit Anm. von *Chemnitz*; BGH DAR 2000, 354; vgl. auch *Chemnitz*, Außergerichtliche Unfallschadenregulierung und unerlaubte Rechtsberatung, zfs 1999, 412), hat sich auch das geändert. Wenn noch vor einigen Jahren der Mandant nach dem Unfall zunächst bei der Werkstatt und erst dann beim Anwalt einen Termin erhielt, war er meistens schon „abgeworben". Ihm wurde **suggeriert**, sie, die Werkstatt, werde die Schadensabwicklung schnell und in unmittelbarem Kontakt zum gegnerischen Versicherer abwickeln, er, der Geschädigte, brauche auch nichts zu bezahlen, er müsse lediglich eine Sicherungsabtretungserklärung unterzeichnen und den Rest werde die Werkstatt schon (unerlaubt) besorgen.

A. Mandatsannahme §1

Nun jedoch haben die Werkstätten begriffen, dass sie mit derartiger Rechtsberatung bzw. Dienstleistung eine Ressourcen raubende Leistung erbringen, die ihnen niemand bezahlt. Sie haben erkannt, dass sich die Versicherungen „ins Fäustchen lachen", wenn die Werkstätten so dumm sind, ihnen kostenlos die Schadenregulierung zu betreiben und dabei noch nicht einmal merken, wie sie wirtschaftlich nach den Vorgaben der Versicherung verfahren, sich also selbst schaden. **Versicherungen haben ausschließlich ihren eigenen Vorteil im Auge!** Die Belange sämtlicher anderer Beteiligten interessieren sie absolut nicht.

89

Geblieben ist allerdings noch die Angst der Werkstatt vor dem vermeintlich versicherungsseitig ungenehmigten Reparaturbeginn. Werkstätten beginnen einfach nicht mit der Reparatur, solange die gegnerische Versicherung nicht die „**Reparaturfreigabe**" oder sogar, was vollkommen unverständlich ist, eine **Reparaturkostenübernahmeerklärung** abgegeben hat. Es ist ein erfolgloses Unterfangen, die Werkstätten davon überzeugen zu wollen, dass es **allein das Recht** – und unter Gesichtspunkten der Schadensminderungspflicht auch die Pflicht – **des Geschädigten** ist, die Reparatur frei zu geben und dass Erklärungen der gegnerischen Versicherung in diesem Zusammenhang vollkommen irrelevant sind. Da kann man reden, so viel man will: Jede Werkstatt wartet dennoch und trotz klar anderslautender Order des Geschädigten oder seines Anwaltes stets – oft sogar Wochen! – die Reparaturfreigabeerklärung der gegnerischen Versicherung ab, obwohl es zwischen diesen beiden Beteiligten ganz sicher **keinerlei Rechtsbeziehungen** gibt. Das ist ein ganz und gar unerklärliches Phänomen!

90

Dem Mandanten muss klargemacht werden, dass infolge anwaltlicher Vertretung in der Regel ca. 15 % mehr an Schadensersatzansprüchen realisiert werden können als ohne anwaltliche Hilfe. Versicherer werden von sich aus sicher nicht auf diejenigen Schadenspositionen hinweisen, die dem Geschädigten tatsächlich zustehen, oder ihn auf die tatsächliche Höhe seiner Ansprüche aufmerksam machen.

91

Erfreulicherweise ist den Werkstätten inzwischen auch klar geworden, dass sie ein **unkalkulierbares Haftungsrisiko** eingehen, wenn sie Rechtsberatung betreiben, sich also auf einem Gebiet bewegen, auf dem sie keine hinreichenden fachlichen Kenntnisse haben. Außerdem lohnt es sich für sie nicht, in großem Stil das Geschäft der Schadensregulierung für ihre Kunden zu betreiben, ohne dass ihnen für den damit verbundenen personellen und ökonomischen Aufwand eine adäquate Entschädigung zufließt.

92

Der Verkehrsgerichtstag hat 1999 in seinem Arbeitskreis IV das Verhalten der Versicherer als **offenkundig geschädigtenfeindlich** abgelehnt (vgl. *Rochow/Riedmeyer*, Bericht über den 37. VGT 1999 in Goslar, zfs 1999, 181 ff. und MittBl 1999, 5 ff.). Die **Begründung** lautet:

93

> „... denn es (das Schadensmanagement durch Versicherer) bringt das Risiko mit sich, dass der Geschädigte nicht den Schadensersatz erhält, der ihm nach dem Gesetz zusteht."

19

94 *Fazit*
Nirgendwo ist es innerhalb des sich anbahnenden Mandatsverhältnisses so wichtig, einen intensiven akquisitorischen Kontakt zu den Werkstätten zu halten, wie bei der Übernahme des Unfallmandates. Wer meint, die Mandate kommen – wie früher – von selbst, irrt heute gewaltig!

3. Maßnahmen der Anwaltschaft

95 Diese ganze Strategie der Versicherungswirtschaft, so schnell wie möglich Einfluss auf das Regulierungsverhalten des Geschädigten zu erhalten, hat ihre Ursache weniger darin, dass der Anwalt zusätzliche Honorarkosten verursacht, sondern vielmehr darin, dass **er allein um die Rechte des Geschädigten** weiß und alles daransetzen wird, dass der **Geschädigte** das erhält, was ihm nach dem Gesetz und der Rechtsprechung zusteht.

96 Es kostet die Versicherer viel Geld, die **berechtigten Schadensersatzansprüche** des Geschädigten auszugleichen. Sie versuchen daher, diese Beträge – auf dem Rücken der Geschädigten! – einzusparen, indem sie alles daran setzen, ihm die **objektiven Informationsquellen** – vor allem die anwaltliche Beratung und die Schadensschätzung durch freie Sachverständige – vorzuenthalten.

97 Um diesen Aktivitäten der Versicherer entgegenzuwirken, ist es also ganz besonders wichtig, dass der Geschädigte sofort nach dem Unfall, also möglichst **vor dem ersten Zugriff der Versicherer**, beim Anwalt vor dem Schreibtisch sitzt, zumindest aber von ihm bereits umfassend – z.B. telefonisch – beraten worden ist.

98 *Tipp*
Es ist wichtiger denn je, dass der Mandant bei seinem Anwalt so schnell wie möglich einen ersten Besprechungstermin bekommt. Die Devise muss lauten: Ein Unfallgeschädigter muss unmittelbar nach dem Unfall in das Wartezimmer seines Anwaltes gelangen können, ohne Anmeldung, ohne Terminvergabe. „Geht nicht" gibt es nicht! Wer diesen Wettlauf nicht gewinnt, hat das Mandat verloren!

99 Deshalb muss dem Mandanten stets schon beim ersten Telefonat angeboten werden, **sofort und direkt zum Anwalt zu kommen**. Jede sonst übliche längerfristige Terminvergabe kann unweigerlich zum „Verlust" dieses Mandates führen. Manchmal ist schon eine halbe Stunde Wartezeit zu viel und gibt der Versicherungsseite Gelegenheit, den Mandanten „abzufangen".

100 Einige Kollegen müssen also dringend umdenken und wirkliches „**Schadensmanagement der Anwaltschaft**" anbieten. Die anwaltliche Leistung ist als reine **Dienstleistung** zu verstehen! Die früher übliche, teilweise langfristige Terminvergabepraxis der Anwälte ist also im Bereich des Unfallschadensrechts heutzutage wirtschaftlich absolut indiskutabel!

A. Mandatsannahme § 1

4. Maßnahmen der Arbeitsgemeinschaft Verkehrsrecht des DAV

Die **Arbeitsgemeinschaft Verkehrsrecht des DAV** hat ebenfalls bereits reagiert und ihr eigenes Call-Center unter der Nummer **01805/181805** eingerichtet. Jeder Anwalt, der von dort verbunden wird und so ein neues Mandat erhält, sollte also dem Mandanten einen **absoluten und ultimativen Service** bieten. Nur wenn wir **Anwälte besser und schneller** sind als die Assekuranz, werden wir unsere schadensrechtlichen Mandate langfristig erhalten können. Im **Internet** findet sich jedes Mitglied der Arbeitsgemeinschaft Verkehrsrecht unter *www.verkehrsrecht.de* und dort unter „**Direkt zum Anwalt in Ihrer Nähe**".

101

Die **Arbeitsgemeinschaft Verkehrsrecht** hat ferner als Antwort auf die Strategie der Versicherer so genannte **Grundsätze für die organisatorische Optimierung der anwaltlichen Unfallregulierung** aufgestellt. Diese lauten:

102

1. Ein erster – möglichst zeitnaher – Besprechungstermin ist dem Geschädigten unverzüglich anzubieten.
2. Bei Bedarf soll ein freier Sachverständiger eingeschaltet werden.
3. Die Schadensersatzansprüche sollten umgehend, nach Möglichkeit an dem auf die Besprechung folgenden Tage, geltend gemacht werden.
4. Standardinhalt des ersten Aufforderungsschreibens ist (vgl. Rdn 246 ff.):
   - Sachverhaltsdarstellung
   - Angabe über Vorsteuerabzugsberechtigung
   - Angabe über das Bestehen einer Vollkaskoversicherung
   - Angabe der Kontoverbindung des Mandanten und – soweit bekannt – der Zessionare
   - Hinweis auf eine etwaige polizeiliche Unfallaufnahme
   - Beifügung einer Vollmacht.
5. Die Auszahlung der Schadensersatzleistung soll grundsätzlich direkt an den Geschädigten bzw. die Zessionare unter Benachrichtigung des Anwalts verlangt werden (vgl. Rdn 236 ff.).
6. Sofern die Kfz-Werkstatt bekannt ist, wird sie umgehend über die Bearbeitung des Schadenfalles durch das Anwaltsbüro informiert unter Angabe des sachbearbeitenden Kollegen, verbunden mit dem Angebot, für Rückfragen zur Verfügung zu stehen.

Außerdem hat die Arbeitsgemeinschaft Verkehrsrecht in Zusammenarbeit mit der Firma *e-consult* in Saarbrücken auf der Basis des sog. Hillmann-Konzepts das Internetportal *www.schadenfix.de* konzipiert.

103

Schadenfix.de ist die erfolgreichste Werbeaktion der Arbeitsgemeinschaft Verkehrsrecht seit deren Bestehen. Gegenwärtig nutzen über 3.000 Anwälte dieses Forum; die Zahl nimmt ständig zu. Kooperationspartner aus allen Branchen schließen sich an. *Schadenfix.de* ist eine Erfolgsgeschichte.

104

Schadenfix.de ist aber – entgegen der insoweit verfehlten Ansicht einiger Kollegen – nicht ohne Weiteres der Garant für die Vermehrung von Mandaten. Es ist bloß ein

105

§ 1 Beginn eines Verkehrsrechtsmandates

106

Werkzeug, das denjenigen Anwälten an die Hand gegeben wird, die es gebucht haben, um es zu **benutzen**.

1. **Wie führt schadenfix.de den Geschädigten zu dem Anwalt, der den Schaden für ihn regulieren soll?** Bei der Eingabe von allen üblichen Schlüsselworten über die Google-Suchmaschine oder über diverse Homepages führt der Weg zu *schadenfix.de*. Der Unfallgeschädigte sucht sich dann nach eigenen Entscheidungskriterien seinen Anwalt selbst aus. Hierauf kann von niemandem Einfluss genommen werden.
2. **Wie kann aber der Schaden konkret und effizient in die eigene Kanzlei gesteuert werden?** Dazu bedarf es zunächst einmal der persönlichen Kontaktaufnahme seitens des interessierten Anwaltes mit einer Werkstatt, einem Mietwagenunternehmen oder Sachverständigenbüro. Dabei gilt es, das Interesse für die dahinterstehende **wirtschaftliche Idee** zu wecken. Sie ergibt sich aus einer **PowerPoint-Präsentation**, die *schadenfix.de* und die ARGE Verkehrsrecht im Internet bereitgestellt hat. Sie kann auch einfach ausgedruckt und in dieser Form an die Teilnehmer einer etwaigen Vortragsveranstaltung verteilt werden.
3. Vor Ort sollte sich der Anwalt sodann die Mühe machen, sich mit jedem der Teilnehmer des Vortrages an dessen PC zu setzen und ihm den *schadenfix.de*-**Button auf dessen Bildschirm** zu setzen (praktische Anleitung dazu: *Hillmann*, zfs 2010, 61). Bei dem Nutzer, der über einen Volleintrag verfügt, führt ein solcher Button dann direkt in die Kanzlei des Vertrags-/Hausanwaltes dieser Werkstatt.
4. Sodann ist es erforderlich, dem Werkstattmeister bzw. sonstigem Mitarbeiter das **Ausfüllen des Schadenmeldebogens** zu erklären. Bei der Gelegenheit müsste auch durchgesprochen werden, welche der Fragen rot und mit dem Sternchen „**Pflichtangaben**" bezeichnet werden sollten. Dabei gilt: Je weniger Pflichtangaben, umso weniger hat das dortige Personal mit dem Ausfüllen des Formulars zu tun. Ohne die wichtigsten und notwendigsten Angaben kann aber der Anwalt nicht arbeiten. Also muss ein beidseitig akzeptabler Mittelweg gefunden werden.
5. Es ist dann anschließend die Aufgabe des Anwaltes, **Kontakt** mit dem so gewonnenen neuen Mandanten aufzunehmen, alle zur Schadenregulierung erforderlichen **Daten und Angaben** zu erfragen, ihn rechtlich umfassend zu **beraten** und ihn zum dann erst erfolgenden Abschluss des **Mandatsvertrags** zu bewegen. Ihm ist dann ein Vollmachtsformular zuzusenden, das unterschrieben zurückgesandt wird. Um all das braucht sich der Werkstattmeister/-mitarbeiter dann nicht mehr zu kümmern. Er kann sich ausschließlich seiner Kernaufgabe zuwenden.
6. **Fazit:** Nur derjenige Anwalt, der sich auf den Weg zu den Werkstätten, ebenso auch Mietwagenunternehmen, Sachverständigen usw. macht und dort vor Ort dafür sorgt, dass *schadenfix.de* tatsächlich angewandt wird, kann es erreichen, dass neue Mandate zur Bearbeitung kommen, die er sonst nicht bekommen hät-

te. Das mag für manchen Kollegen einen für ihn ungewohnten Einsatz erfordern. Nur: Anders geht es nicht. „**Des Zimmermanns Nagel gerät nicht von selbst ins Holz; er muss den Hammer dafür nutzen!**"

5. Zukünftige Strategien der Anwaltschaft

a) Änderung der Ausgangslage: Unterwanderung der Dispositionsbefugnis des Geschädigten

Die wirtschaftliche Ausgangslage hat sich bei den **Kfz-Werkstätten** – wie oben dargestellt – mittlerweile grundlegend geändert. Während noch vor kurzer Zeit die Nähe zur Assekuranz den unter Ziffer 2. beschriebenen Schulterschluss verursacht hatte, denken die Werkstätten heute anders. Diese oben bereits erwähnte **Schnelligkeit des Anwalts bei der Schadenregulierung** ist auch aus einem anderen Grund geboten. Die Assekuranz hat sich nämlich die **Rechtsprechung des BGH zur Restwertproblematik** zu eigen gemacht, wonach der Geschädigte sich zwar auf die zutreffende Restwertangabe in einem Gutachten eines Sachverständigen, die dem unmittelbaren Umkreis des Geschädigten und nicht dem Internet entstammt, verlassen und sein unfallgeschädigtes Fahrzeug zu diesem Preis **veräußern darf**, er jedoch gegen seine **Schadensminderungspflicht** verstößt, wenn er dies tut, nachdem er ein höheres Restwertangebot des Versicherers zugestellt erhalten hat. Also unterbreitet die Assekuranz dem Geschädigten in Totalschadensfällen stets extrem schnell ein **Restwertangebot aus dem Internet**. 107

Ausgangspunkt hierzu war die Entscheidung des BGH zur Restwertproblematik (VersR 1992, 457; 1993, 769; NJW 2000, 800), wonach sich der Geschädigte zwar auf die **Richtigkeit eines Sachverständigengutachtens** verlassen und seinen Pkw zu dem im Gutachten genannten Restwert verkaufen durfte, er aber gegen die Schadensminderungspflicht verstieß, wenn er ein ihm **von der Assekuranz zugeleitetes höheres Restwertangebot aus dem Internet** ignorierte, sofern ihn dieses zu einem Zeitpunkt erreichte, als er sein Fahrzeug noch nicht verkauft hatte. 108

Das haben die Versicherer nun für sich und ihre Ziele entdeckt: Sie verwenden die gleiche Argumentation nun auch bei
1. Sachverständigen
2. Mietwagen
3. Werkstätten. 109

Schon bei der ersten Kontaktaufnahme seitens des Versicherers wird dem Geschädigten neuerdings ein dem Versicherer **genehmer, jedenfalls besonders günstiger Sachverständiger** (meist eine versicherungsnahe Sachverständigenorganisation – CarExpert, DEKRA u.s.w. – oder ein angestellter Sachverständiger des jeweiligen Versicherers) benannt, verbunden mit dem Hinweis darauf, dass dann, wenn der Geschädigte einen freien und unabhängigen Sachverständigen beauftragt, der nicht nach bestimmten günstigen Honorarsätzen abrechnet, dessen **höheres Honorar** nicht übernommen, sondern ausschließlich das **niedrigere Honorar** des benannten 110

§ 1 Beginn eines Verkehrsrechtsmandates

versicherungsnahen Sachverständigen gezahlt wird. Die Folge ist eine unglaubliche Menge von Prozessen um die Höhe der Sachverständigenhonorare, welche die Versicherer aber bislang nahezu ausschließlich verloren haben.

111 Zur Begründung wird darauf verwiesen, dass die Beauftragung eines freien und unabhängigen Sachverständigen einen **Verstoß gegen die Schadensminderungspflicht** darstelle. Das gleiche Procedere findet sich bei den **Mietwagen** wieder. Auch hier werden besonders günstige Mietwagen aus dem Bestand des Versicherers oder aus versicherungseigenen Mietwagenunternehmen benannt und ein Verstoß gegen die Schadensminderungspflicht eingewandt, wenn der Geschädigte bei einem anderen Mietwagenunternehmen anmietet.

112 Bemerkenswert ist aber, dass entsprechend der seitens der Anwaltschaft seit Jahren geäußerten Prognose nun auch die **Werkstätten** der gleichen Taktik zum Opfer gefallen sind. Der Versicherer benennt dem Geschädigten eine ihm genehme, der Assekuranz nahe- oder im Vertragsverhältnis stehende Werkstatt („Vertrauenswerkstatt", „Vertragswerkstatt") und verweist auf deren günstigere Preise. Wenn dann der Geschädigte eine freie, z.B. Markenwerkstatt wählt, wird ihm unter Hinweis auf einen angeblich begangenen **Verstoß gegen die Schadensminderungspflicht** nur der geringere Betrag der benannten Werkstatt ersetzt. Das wird inzwischen nicht nur bei der **fiktiven Abrechnung** so praktiziert, sondern teilweise sogar bei einer konkreten Reparatur in einer **Markenwerkstatt!**

113 Begründet wird das damit, dass die benannte Werkstatt eine „**Fachwerkstatt**" sei, welche die Reparatur in gleicher Qualität ausführen könne. Tatsächlich jedoch handelt es sich dabei meist um reine **Karosseriewerkstätten**, die oftmals einer „**Hinterhofwerkstatt**" näher kommen als dem, was man sich gemeinhin unter einer „Fachwerkstatt" vorstellt. **Die gleiche Qualität wie in einer Markenwerkstatt** kann selbstverständlich schon allein deshalb nicht erreicht werden, weil derartige Werkstätten weder über das **erforderliche Spezialwerkzeug** noch über die für die Elektronik erforderliche EDV (insbesondere herstellerspezifische Diagnosegeräte und -software zum Auslesen der fahrzeugspezifischen Fehlerspeicher und mit der Aufspielmöglichkeit von Updates) sowie über die Markenersatzteile verfügen. Eine derartige, nicht in einer Markenwerkstatt durchgeführte Reparatur führt sogar dazu, dass der **Garantieanspruch des Kunden** gegenüber dem Hersteller erlischt.

114 Und häufig kommt es später noch schlimmer: Oft erst nach einigen Jahren stellt sich der Mangel einer solchen Billigreparatur heraus (z.B. eine mangelhafte Arbeit oder die Verwendung von Billig-Ersatzteilen aus dem Ausland, der erneuerte Kotflügel rostet). Wegen eingetretener **Verjährung** sind dann die Gewährleistungsansprüche gegenüber der Werkstatt ebenso wenig realisierbar wie gegenüber der Versicherung, die diese Werkstatt vorgeschlagen hat.

115 Diese Machenschaften der Assekuranz haben nun zu einer **massiven Prozessflut** geführt, im Rahmen derer in den allermeisten Fällen den geäußerten Rechtsauffassungen der Assekuranz eine klare und eindeutige Abfuhr erteilt wird.

A. Mandatsannahme §1

Dennoch scheinen die Versicherer nicht nur juristisch **belehrungsresistent**, sondern auch **wirtschaftlich selbstzerstörerisch** zu sein; denn trotz aller verlorenen Prozesse wird die nun eingeschlagene Taktik ohne Rücksicht auf Verluste stur fortgesetzt. Dabei kann es keinem ernsten Zweifel unterliegen, dass damit das bekanntlich **ausschließlich dem Geschädigten zustehende Restitutionsrecht** über eine Hintertür wieder genommen werden soll mit dem – rechtswidrigen – Ziel, dass nur noch der Versicherer berechtigt sein soll, den Restitutionsweg vorzugeben. Das hat der BGH niemals so gemeint, niemals so gewollt, auch nie so gesagt und er wird diesen Machenschaften auch sicher in einem hoffentlich bald zur Entscheidung vorliegenden Fall eine klare Absage erteilen. Es sei die **Prognose** gewagt, dass der BGH, hätte er diese Entwicklung vorhergesehen, bei der Restwertproblematik anders entschieden hätte. Dann hätte er die **Hintertür über die Schadensminderungspflicht** nicht geöffnet!

116

Denn der Geschädigte bleibt dann auf den jeweiligen Differenzen zunächst einmal sitzen. Zwar hat die Rechtsprechung bislang diese **Vorgehensweise der Versicherungswirtschaft** größtenteils abgelehnt. Es bleibt also abzuwarten, ob der BGH erkennt, dass hiermit die **Dispositionsbefugnis des Geschädigten** als alleinigem „Herrn des Restitutionsgeschehens" unterwandert und er geradezu „enteignet" wird.

117

Fazit
Diesen Machenschaften der Assekuranz ist in jedem einzelnen Fall sofort und nachdrücklich entgegenzutreten. Es kann nicht richtig sein, dass von nun an allein der Versicherer des Schädigers bestimmt, wie und durch wen die Restitution des Schadens erfolgt. Damit würde das ganze System des Schadensrechts unterwandert und der Geschädigte seiner Dispositionsfreiheit beraubt werden, dies allein aus Gründen wirtschaftlicher Interessen der Assekuranz und mithin auf dem Rücken des Geschädigten.

b) Was können wir Anwälte weiter tun?

Die Werkstätten, deren Handeln bisher von den Vorgaben der Hersteller bestimmt war, in deren Vorständen oder Aufsichtsräten die Versicherer saßen, haben nun endlich begriffen, dass sie sich auf die **Seite ihrer Kunden** und damit in das **Lager der Anwaltschaft** begeben müssen (siehe oben). Selbst die Hersteller beklagen einen **massiven Rückgang am Neuteileverbrauch**. Man hat dort erkannt, dass die Versicherer in ihrem Bestreben um den eigenen wirtschaftlichen Vorteil gnadenlos auch vermeintliche „Partner" fallen lassen.

118

Das eröffnet der Anwaltschaft nunmehr die Möglichkeit, an die Werkstätten heranzutreten, mit ihnen Kontakt aufzunehmen und für eine **intensive Zusammenarbeit** zu werben. Das kann in der Weise geschehen, dass vor Ort in den Werkstätten –

119

ggf. mit PowerPoint unterstützte – **Vorträge** gehalten werden. Darin sollte dann auf die besonderen Vorzüge der Zusammenarbeit mit der Anwaltschaft hingewiesen werden. Dabei können folgende Themen angesprochen werden:

c) Argumente für Werkstätten zur Zusammenarbeit mit Verkehrsanwälten

120
1. Wenn die Regulierung von Kfz-Schäden von eigenem Personal ausgeführt wird, entstehen dadurch **erhebliche Kosten**, die niemand ersetzt. Die Werkstatt leistet somit **unentgeltliche Dienste** für die Versicherungswirtschaft ohne jede Gegenleistung.
2. Diese Dienste werden von nicht geschultem und **dafür auch nicht vorgesehenem und nicht geeignetem Personal** ausgeführt. Deren dadurch gebundene **Arbeitsleistung** kann besser anderweitig, sachkompetenter und vor allem gewinnbringend eingesetzt werden.
3. Ein noch so **qualifizierter Kundendienstmeister** beherrscht kaum die **Rechtsprechung** des BGH zum Schadensrecht und kennt auch nicht die örtliche Rechtsprechung zu schadensrechtlichen Einzelfragen. Zur späteren **Prozessführung** ist er ohnehin nicht zugelassen. **Mithaftungsquoten** wird er nicht zutreffend beurteilen können.
4. Für rechtliche Fehler und Falschberatungen gibt es keinen Versicherungsschutz. Der **Kunde** wird die Werkstatt persönlich auf Schadensersatz verklagen und **wird so zum Gegner**. Auf diesem Wege kann die Werkstatt viele **Kunden verlieren**.
5. Um die dadurch gesteigerte Anzahl von Prozessen mit ihren Kostenrisiken abzusichern, müsste – soweit überhaupt möglich, was regelmäßig nicht der Fall ist, da der Vertrags-Rechtsschutz im Firmenbereich nach den üblichen Bedingungswerken nicht versicherbar ist und die Abwehr von gesetzlichen Schadensersatzansprüchen ohnehin nicht in den Bereich der Rechtsschutzversicherung fällt – eine **Rechtsschutzversicherung** abgeschlossen werden. Die Prämien fallen als **zusätzliche Kosten** an und werden von niemandem ersetzt.
6. Nach den Bestimmungen des RDG darf die Werkstatt ohnehin ausschließlich ihre Reparaturkostenrechnung gegenüber dem Versicherer geltend machen, ggf. noch Abschleppkosten und Mietwagenkosten, wenn diese Leistungen durch sie erbracht worden sind. **Die Geltendmachung aller übrigen Schadenpositionen ist ihr verwehrt.** Der Kunde wird somit mit seinen weiteren Schadensersatzansprüchen seinem Schicksal überlassen, was der Kunde als **serviceunfreundlich** empfindet.
7. Der **Kunde findet dann auch keinen qualifizierten Anwalt** mehr, der die restlichen Ansprüche geltend macht. Eine solche Tätigkeit ist in der Regel unwirtschaftlich und wird daher abgelehnt werden.
8. Dadurch gewinnt wieder nur der Versicherer, der nun mit dem Kunden machen kann, was er will. Der **Kunde** ist vielmehr durch das Verhalten der Werkstatt **schutzlos** geworden.

A. Mandatsannahme § 1

9. Viele Verkehrsunfälle bergen **weitere Probleme** in sich, wie bußgeld- und strafrechtliche sowie fahrerlaubnisrechtliche Probleme, wirtschaftliche Entscheidungsfragen, wie z.b. die Anwendung des Quotenvorrechts oder Reparatur nach der 130-%-Regelung, Fragen des Integritätsinteresses und der Weiterbenutzung u.s.w. Der **Kunde** wäre ohne anwaltliche Beratung auch insoweit **schutzlos**. Er würde aber von der Werkstatt seines Vertrauens erwarten, hierzu einen guten Tipp zur rechtlichen Lösung seiner Probleme zu erhalten.

10. Die meisten Werkstätten haben bestimmte Bereiche von peripheren Dienstleistungen – z.B. Lackierarbeiten, Elektronikarbeiten – aus gutem Grund **ausgelagert**: Es rechnet sich nicht, die dafür erforderliche personelle Fachkompetenz und das technische Equipment vorzuhalten. Warum soll aber gerade die juristisch anspruchsvolle Schadenregulierung nicht ebenfalls ausgelagert werden?

11. Die Auffassung vieler Werkstätten, es zahle sich aus, **mit der Versicherungswirtschaft zusammenzuarbeiten**, deren Sachverständige zur Schadensschätzung heranzuziehen und nach deren Anweisungen zu reparieren, hat sich als **fataler Irrtum** herausgestellt. Die Versicherer trachten ausschließlich danach, den billigsten Reparaturweg durchzuführen, ohne Rücksicht auf Interessen der Werkstatt, auf deren Kosten und zum Nachteil von deren Kunden. Deshalb wird an den Werkstätten vorbei im Internet nach **Restwertangeboten** gesucht, die jede Reparatur, aber auch ein Neuwagengeschäft wirtschaftlich unmöglich machen sollen. Folglich werden „**Vertrauenswerkstätten**" bevorzugt eingesetzt.

12. Die Arbeitsgemeinschaft Verkehrsrecht im DAV verfügt über ein seit vielen Jahrzehnten bestehendes und **erprobtes Netzwerk** von Verkehrsanwälten. Diese gewährleisten ein maximales Fachwissen. Sie sind häufig **Fachanwälte für Verkehrsrecht**. Durch die gesetzliche Fortbildungspflicht werden die Fachanwälte ständig und zeitnah über den **neuesten Stand der Rechtsprechung** informiert und verfügen daher stets über das aktuellste Fachwissen.

13. Durch einen **bindenden Verhaltenskodex** ist gewährleistet, dass der Verkehrsanwalt stets **unverzüglich tätig** wird und für eine **schnelle und fachlich perfekte Abwicklung des Schadens** Sorge trägt. Seine hohe Erreichbarkeit ist gewährleistet. Die an die Werkstatt abgetretenen Forderungen werden direkt vom Versicherer an die Werkstatt überwiesen, ohne dass das Konto des Anwalts dazwischengeschaltet ist. Der Anwalt trägt die Gewähr für eine **optimale Kundenbetreuung** und stimmt die Regulierung mit den Interessen der Werkstatt telefonisch ab.

14. So ist gewährleistet, dass die **wirtschaftlichen Interessen der Werkstatt** im Interesse eines zufriedenen Kunden umfassend gewahrt sind.

§ 1 Beginn eines Verkehrsrechtsmandates

6. Vermeidung von Doppelvertretungen

Literatur zur Vermeidung von Doppelvertretungen:
Höfle, Die Interessenkollision im Verkehrsrecht und Versicherungsrecht, zfs 2002, 413 ff.

121 Eine **besondere Sorgfalt des Anwaltes** beginnt bereits bei der **Übernahme des Mandates**. In **Verkehrssachen** ist die **Gefahr von Doppelmandaten besonders groß**. Allein schon aus berufsrechtlichen Gründen, aber auch wegen der Strafbestimmung des § 356 StGB (Parteiverrat), ist der Anwalt daher verpflichtet, die Annahme eines Doppelmandates nicht nur zu vermeiden, sondern sicher auszuschließen.

122 Ein solches Doppelmandat entsteht z.B., wenn der Anwalt in dem gleichen Schadensfall den einen Beteiligten – in der Schadenssache oder als Verteidiger in der dazugehörigen Bußgeld- oder Strafsache – vertritt, und ein anderer Kollege in der Sozietät den anderen Beteiligten auch nur beraten oder dessen Unfall aufgenommen hat.

123 *Beispiel*
Ein Ehemann schildert dem Anwalt seinen von ihm allein schuldhaft verursachten Unfall, bei dem seine Frau schwer verletzt wurde. Er fragt nach strafrechtlichen Konsequenzen für sich und danach, ob seiner Ehefrau Schadensersatzansprüche ihm und seinem Haftpflichtversicherer gegenüber zustehen. Der Anwalt bejaht das, woraufhin der Ehemann ihn bittet, das Mandat für seine Frau gegen ihn und seinen Haftpflichtversicherer zu übernehmen.

124 An der Übernahme dieses Mandates ist der Anwalt jedenfalls dann gehindert, wenn er den Ehemann zuvor **auch nur strafrechtlich beraten** hat. Das kommt sehr oft dann vor, wenn es nicht nur um die Vertretung des Fahrzeugführers – häufig zugleich als Eigentümer oder Halter – geht, sondern auch die der **Insassen**. Bei der Vertretung von Fahrer und verletzten Insassen entsteht z.B. auch dann eine **Pflichtenkollision**, wenn der Unfallgegner – wenn auch im Endergebnis völlig zu Unrecht – eine Mithaftung des Fahrers behauptet.

125 **Im Schadensrecht ist in Fällen der** Vertretung mehrerer Beteiligter **desselben Unfallereignisses fast immer eine** widerstreitende Interessenlage **gegeben**, weil es um finanzielle Ansprüche geht, die von der Natur der Sache her immer gegen einen anderen Unfallbeteiligten gerichtet sind. **Unfallbeteiligte** sind also **fast immer Parteien i.S.d. § 356 StGB**.

126 In dem eingangs genannten Fall (siehe Rdn 5) wäre es also höchst gefährlich, auch die auf dem Beifahrersitz mitgefahrene Arbeitskollegin K zu vertreten, da der Mandant ja voraussichtlich mit $^{1}/_{3}$ aus dem Gesichtspunkt der Gefährdungshaftung mithaftet und die K demzufolge einen gesamtschuldnerischen Anspruch gegen den Mandanten und dessen Versicherer auf Ersatz ihres Schadens hat.

127 Die strafrechtliche Brisanz des **Parteiverrates** wird besonders in Fällen der Vertretung von Ehepartnern, Freunden oder Arbeitskollegen des Unfallfahrers häufig ver-

A. Mandatsannahme § 1

kannt. Die **Pflichtwidrigkeit** der anwaltlichen Tätigkeit ist nämlich **nicht dadurch ausgeschlossen**, dass der eine Mandant sich mit der Vertretung des anderen **einverstanden erklärt** hat. Dies folgt daraus, dass der Schutzzweck des Verbots der Wahrnehmung widerstreitender Interessen auch im Vertrauen der Allgemeinheit in die Unabhängigkeit der Anwaltschaft besteht. Dieses allgemeine Vertrauen ist nicht disponibel. Das gilt auch unabhängig davon, ob das eine Mandat beendet war, als das weitere angenommen wurde.

So liegt **Parteiverrat** auch vor, wenn der Anwalt den Unfallfahrer im Bußgeld- oder Strafverfahren verteidigt hat und – zur selben Zeit oder danach – die Interessen eines Geschädigten vertritt, mag dieses auch mit dem **Einverständnis** der Beteiligten geschehen. Daran ändert auch nichts, dass die Ansprüche nur gegen den hinter dem Fahrer stehenden Haftpflichtversicherer gerichtet werden (BayObLG NJW 1995, 606). 128

Merke
Der Mandant von heute ist ggf. der Gegner von morgen!

Weitreichende Änderungen haben sich durch das am 1.8.2002 in Kraft getretene Schadensrechtsänderungsgesetz ergeben. § 847 BGB wurde aufgehoben und nach § 253 Abs. 2 BGB setzt ein Schmerzensgeldanspruch kein Verschulden mehr voraus. Ferner haben Mitfahrer nunmehr auch dann Gefährdungshaftungsansprüche nach § 7 StVG, wenn sie nicht geschäftsmäßig befördert wurden. Dem Halter eines Fahrzeuges wird gegenüber Mitfahrern praktisch nie der Nachweis gelingen, der Unfall basiere auf höherer Gewalt. 129

Eine **Interessenkollision** wird daher **in allen Fällen** anzunehmen sein, in denen der **geschädigte Kfz-Halter und der Insasse einen gemeinsamen Anwalt** mit ihrer Vertretung beauftragen. Denn der **Insasse** hat seit dem 1.8.2002 stets – also auch ohne ein Verschulden des Halters, sogar im Falle eines für den Halter unabwendbaren Ereignisses – einen **vollen Schadensersatzanspruch gem. § 7 StVG gegen den Halter**, einschließlich eines Schmerzensgeldes. Aufgrund der strengen Anforderungen, die der BGH an die Belehrungspflichten stellt, wäre der Anwalt ggf. – z.B. bei sich später ergebenden Schwierigkeiten mit der Regulierung des gegnerischen Haftpflichtversicherers – auch ungefragt verpflichtet, den geschädigten Insassen darüber aufzuklären, dass ihm Schadensersatzansprüche auch gegen den anderen Mandanten zustehen. Aus diesem Grunde liegt von vornherein eine abstrakte Interessenkollision vor. Dies ist eine abstruse Konsequenz, die niemandem einleuchten und Mandanten auch nicht klar zu machen sein wird. Der Gesetzgeber hat diese Folgen auch offensichtlich gar nicht gesehen. 130

Es wird die Auffassung vertreten, wonach es möglich sein soll, dass die Fahrzeuginsassen erklären, **ausschließlich gegenüber dem gegnerischen Haftpflichtversicherer** vertreten werden zu wollen. Dann müsste es als zulässig angesehen werden, dass die Parteien ihre wirkliche **Interessenlage nach ihrem Willen gestalten** können. Es ist aber sicherlich fraglich, ob eine Einwilligung des Insassen die 131

§ 1 Beginn eines Verkehrsrechtsmandates

Gleichheit der Interessen und damit eine Aufhebung des Interessengegensatzes zu begründen vermag. Zudem bleibt der genannte Schutzzweck des Verbots des Vertrauens in die Unabhängigkeit der Anwaltschaft trotz Einwilligung der Beteiligten bestehen.

132 Daher sollte zumindest in einem – möglichst unterzeichneten – **Schriftstück**, notfalls in einem Aktenvermerk, klargestellt werden, dass sich der Auftrag ausschließlich auf eine gesamtschuldnerische Inanspruchnahme des gegnerischen Versicherers unter Ausschluss der haftungsrechtlichen Ansprüche gegenüber dem eigenen Fahrer bzw. dessen Haftpflichtversicherer erstreckt. Ob das nach der neuen Rechtslage allerdings wirksam vor Strafe schützen wird, darf bezweifelt werden.

133 Im obigen Fall (siehe Rdn 5) kann der Anwalt also die Freundin F sicher nicht vertreten, wenn er von dem Fahrzeughalter mandatiert worden ist. Es ist nämlich denkbar, dass der Halter gegen die Freundin Ansprüche wegen des Teiles seines Schadens hat, der ihm aufgrund seines Gefährdungshaftungsanteils oder aufgrund Verschuldens der Freundin von der Gegenseite nicht ersetzt wird.

134 *Tipp*
Wenn auch nur die Spur einer Mithaftung des Fahrzeugfahrers oder Halters denkbar oder ersichtlich ist, sollte die Mitvertretung der Fahrzeuginsassen besonders gründlich hinsichtlich einer möglichen Interessenkollision geprüft werden.

135 Oft reicht sogar schon die gleichzeitige Vergabe von **Besprechungsterminen** aus, eine **Kollisionslage** zu schaffen. Welche groteske Situation möglich ist, zeigt sich spätestens dann, wenn sich beide Unfallkontrahenten im Wartezimmer zur gleichen Zeit gegenübersitzen. Ein **peinlicher Entscheidungsnotstand** eines Anwaltes ist wohl kaum denkbar. Außerdem ist jeder **Mandant ungehalten**, wenn er vergeblich zu einem Besprechungstermin erscheinen, vielleicht sogar **warten** musste, um dann wegen der bereits erfolgten Mandatsübernahme des Gegners wieder weggeschickt zu werden.

136 Ein Doppelmandat kann nicht nur berufs- und strafrechtliche Konsequenzen haben, sondern der Anwalt bringt sich auch noch um den **Lohn seiner Arbeit**. Sobald er die Doppelvertretung bemerkt, muss er unverzüglich ohne Honorarforderung **beide Mandate niederlegen**, was umso ärgerlicher ist, je mehr Arbeit schon in den Fall investiert wurde.

137 Darum ist in Verkehrssachen stets eine **gewissenhafte Kontrolle** der Unfallmandate erforderlich. Am besten setzt diese Kontrolle bereits **bei der ersten Terminvergabe** ein.

138 *Tipp*
Eine einfache und effektive Kontrolle zur Vermeidung von Doppelmandaten ermöglicht ein gesondert geführter Unfallkalender, in den unter jedem Ereignisdatum sämtliche verfügbaren Informationen zu den Unfallparteien, Ort und Zeit

A. Mandatsannahme § 1

eingetragen werden. Wichtig ist aber, dass dieser Kalender von Sekretärinnen und ggf. allen Chefs gleichermaßen penibel geführt wird. Ein einziges kleines Versäumnis „rächt" sich oft bitterlich, nämlich durch den Verlust eines – bereits angenommenen – guten Mandates wegen versehentlicher weiterer Annahme eines Beratungsmandates in der gleichen Sache, z.B. durch einen Kollegen in der gleichen Kanzlei.

Solange nicht sämtliche Unfallbeteiligten – nicht nur der Fahrer, sondern auch Halter und verletzte Beifahrer – bekannt sind, ist bei identischem Unfalldatum und -ort größte Vorsicht und eine gesonderte Kontrolle geboten. **139**

Tipp
Vor einer zweifelhaft erscheinenden Mandatsannahme sollte zumindest die Anwaltskammer hinsichtlich einer möglichen Kollisionslage befragt werden. Wenn die schon abwinkt, sollte von dem Mandat unbedingt Abstand genommen werden. Das zusätzlich zu verdienende Honorar wiegt die späteren Kosten und den Imageverlust eines eigenen Strafverfahrens wegen Parteiverrats oder auch nur eines berufsrechtlichen Verfahrens niemals auf!

7. Vollmacht

a) Persönliche Mandatserteilung

Ein Mandatsverhältnis wird durch einen zivilrechtlichen Vertrag begründet. Eine **Vollmachtsurkunde** ist dazu zwar nicht vorgeschrieben, jedoch in höchstem Maße sinnvoller **Nachweis für die Tatsache der Beauftragung**. Denn: (siehe oben) Der Mandant von heute ist der Feind von morgen, insbesondere dann, wenn es ggf. um das Honorar für eine Beauftragung geht. Und wenn man die dann nicht nachweisen kann, ist es schlecht darum bestellt. **140**

Gebührenrechtlich ist vor allem deren **Datum**, im heutigen Zeitalter der modernen Kommunikationsmittel wie Fax und E-Mail sogar der **genaue Zeitpunkt** der Mandatierung (!) von Bedeutung. Es empfiehlt sich daher, stets von dem **Mandanten persönlich** auf der Vollmacht neben dem Datum auch die Uhrzeit der Beauftragung vermerken zu lassen. **141**

Beispiel
Der Mandant unterzeichnet am 6.12.2011 um 15:43 Uhr die Vollmacht. Der Anwalt beauftragt einen unabhängigen Sachverständigen um 15:46 Uhr, der gibt um 15:58 Uhr ein Restwertangebot ab, der Mandant veräußert daraufhin das unfallbeschädigte Fahrzeug um 16:01 Uhr. Um 16:03 Uhr geht ein Fax der Versicherung über ein höheres Restwertangebot aus dem Internet sowie ein Gutachten eines Versicherungssachverständigen ein. Der Anwalt beruft sich darauf, dass das Restwertangebot und das Gutachten „zu spät" eingetroffen seien.

Oftmals war das Mandat aber auch schon **telefonisch** ein paar Tage zuvor erteilt worden. Dann ist es wichtig, über jedes Telefonat, das in einer Unfallsache geführt **142**

§ 1 Beginn eines Verkehrsrechtsmandates

und in dem ein Mandat erteilt wurde, einen **Aktenvermerk** mit Datum und Uhrzeit anzufertigen, der dann unbedingt in die Akte geheftet werden muss. Der Gegenstandswert anwaltlicher Tätigkeit errechnet sich nämlich grundsätzlich nach der **zur Zeit der Mandatierung offen stehenden Forderung** des Geschädigten. Zuvor geleistete Zahlungen wirken sich daher regelmäßig mindernd auf den Gegenstandswert aus.

143 *Tipp*
Im eigenen Interesse sollte der Anwalt also stets darauf achten, dass in die Vollmachtsurkunde Datum und Uhrzeit seiner Beauftragung von dem Mandanten persönlich eingetragen wird. Hilfreich ist es auch, wenn der Mandant bei seiner Neuanmeldung einen Anmeldungszettel, auf dem auch das Datum vermerkt sein sollte, selbst ausfüllt (Formular „Anmeldungszettel" Anlage 1, siehe § 14 Rdn 1). Es sollte auch der Gegenstand des Mandats vermerkt sein.

144 Meldet sich der Anwalt bei einem Versicherer, spricht zwar die **Vermutung** für seine Bevollmächtigung und er kann ggf. anwaltlich versichern, ordnungsgemäß bevollmächtigt zu sein. Kein Versicherer wird allerdings in die Regulierung eintreten oder gar Zahlungen an den Anwalt leisten ohne **Nachweis** ordnungsgemäßer Bevollmächtigung. Zahlt sie nämlich dennoch an den Anwalt und leitet der die Beträge pflichtwidrig nicht weiter, besteht die Gefahr, dass der Geschädigte bestreitet, an den Anwalt Inkassovollmacht erteilt zu haben, und er kann die Schadensumme somit ein weiteres Mal vom gegnerischen Versicherer verlangen.

145 Außerdem ist die Vorlage einer Vollmacht für die **Akteneinsicht bei der Polizei** ebenso Voraussetzung wie z.B. – wenn nicht anders möglich – bei der Ermittlung der gegnerischen Fahrzeugdaten und dessen Versicherung bei dem für das Kennzeichen zuständigen Straßenverkehrsamt, das regelmäßig den Nachweis der Berechtigung verlangt.

b) Besonderheiten bei Leasing

Literatur zu Besonderheiten bei Leasing:

Himmelreich/Andreae/Teigelack, AutoKaufRecht (hier Teil 3: Leasingvertrag), 5. Auflage 2014; *Reinking/Kessler/Sprenger*, Autoleasing und Autofinanzierung, 5. Auflage 2013.

146 Oft stellt sich dem Anwalt die Frage, inwieweit er tätig werden und beauftragt werden kann, wenn der Mandant einen Leasingwagen fährt.

Was der Leasingnehmer, also der Mandant zu tun hat, wenn er mit einem Leasingwagen einen Unfall hatte, steht umfassend in seinem **Leasingvertrag** bzw. den zugehörigen **Leasingbedingungen.** Diese Unterlagen sollten also stets vorgelegt und vom Anwalt genauestens studiert werden, um Pflichtverstöße zu vermeiden.

147 So ist der Leasingnehmer nach dem Vertrag regelmäßig verpflichtet, den **Unfall dem Leasinggeber zu melden**. Die Reparatur bzw. die Verwertung des Fahrzeuges muss mit ihm in der Regel **abgestimmt** werden.

A. Mandatsannahme § 1

Nach Eintritt eines Totalschadens darf der Leasingnehmer das Auto nicht ohne Zustimmung des Leasinggebers verwerten. Wirtschaftlicher Eigentümer ist nämlich allein der Leasinggeber, also nicht der Mandant. Er ist lediglich Nutzungsberechtigter. 148

> *Wichtig* 149
> Der Leasingnehmer ist sogar verpflichtet, im Zuge einer Schadensregulierung dem gegnerischen Versicherer mitzuteilen, dass es sich bei seinem unfallbeschädigten Fahrzeug um ein Leasingfahrzeug handelt. Das muss auch der Anwalt beachten.

Allerdings verkompliziert, verzögert und lähmt das in der Regel die Regulierung erheblich, weil die Sachbearbeiter der Versicherer mit den Besonderheiten des Leasingrechts meist nur sehr unvollkommen vertraut sind. Die Meldung an den gegnerischen Versicherer unterbleibt in der Praxis häufig. 150

Der **Grund** für eine solche Meldepflicht liegt darin, dass der geschädigte Leasingnehmer – wie später in den Kapiteln zu den einzelnen Schadenspositionen beschrieben wird – einen Großteil der fahrzeugbezogenen Ansprüche nicht selbst behalten darf, sondern sie entweder zur ordnungsgemäßen Fachreparatur verwenden muss oder sie sogar dem Leasinggeber zustehen. Der gegnerische Versicherer soll davor geschützt werden, aus Unwissenheit an den Falschen zu leisten. 151

aa) Ansprüche des Leasinggebers

Beschädigt ein Dritter ein Leasingfahrzeug, stehen die Ausgleichsansprüche – soweit sie ausnahmsweise einmal nicht per Vertrag auf den Leasingnehmer übertragen worden sind (dazu siehe Rdn 155) – grundsätzlich zunächst einmal dem Grunde nach allein dem Leasinggeber als Eigentümer, nicht dem Leasingnehmer als reinem Nutzungsberechtigten, zu. 152

Dazu gehören in einem solchen Falle die **Reparaturkosten**, die **Wertminderung** und ggf. auch die **Gutachterkosten**, sofern – was in der Praxis kaum vorkommt – der Sachverständige von der Leasingfirma beauftragt und bezahlt wurde. Ferner steht ihm die **Unkostenpauschale** jedenfalls dann zu, wenn er die Schadensregulierung durchführt, dann auch die **Anwaltskosten**, falls der Leasinggeber den Anwalt beauftragt hat. 153

All diese Schadensersatzpositionen stehen dem Leasinggeber wegen dessen Vorsteuerabzugsberechtigung lediglich **netto** zu. 154

Ein Anspruch auf **Nutzungsausfall** steht dem Leasinggeber jedoch ebenso wenig zu wie auf den **Personenschaden** des Leasingnehmers.

bb) Ansprüche des Leasingnehmers

Wie schon ausgeführt, gibt es kaum Leasingverträge, nach denen der Leasinggeber die Regulierung von Unfallschäden durchführt. Nach den üblichen Vertragsgestal- 155 tungen ist **allein der Leasingnehmer zur Reparatur von Schäden verpflichtet**. Er bleibt also diesbezüglich in jedem Falle aktivlegitimiert.

156 Das ist auch verständlich, treffen doch allein ihn alle Nachteile der zeitweisen Entbehrung des Fahrzeuges. Wenn er gemäß dem Leasingvertrag das Fahrzeug später nach Ablauf der Leasingzeit übernimmt, trifft ihn dann auch der eingetretene Wertverlust.

157 Zur Durchsetzung von Schadensersatzansprüchen gegenüber dem Schädiger und seinem Haftpflichtversicherer ist der geschädigte Leasingnehmer aber auch **unmittelbar** aufgrund seiner **eigenen Besitzverletzung** anspruchsberechtigt und benötigt insoweit eigentlich keine vertragliche Ermächtigung durch den Leasinggeber. Auch der unmittelbare Besitz gehört zu den geschützten Rechtsgütern im Recht der unerlaubten Handlung.

158 Der Leasingnehmer ist bei Teilbeschädigung seines Fahrzeuges (anders im Totalschadensfall) also nicht nur **berechtigt**, die Ansprüche gegen den Schädiger im eigenen Namen geltend zu machen, sondern aufgrund entsprechender Vertragsgestaltung dazu sogar **verpflichtet**. Der Leasingnehmer darf dann, wenn er laut Vertrag verpflichtet ist, die Reparatur selbst vorzunehmen, die Zahlung der Reparaturkosten an sich selbst verlangen.

159 In nahezu allen Fällen unfallbeschädigter Leasingfahrzeuge ist der Leasingnehmer also berechtigt, einen Anwalt seiner eigenen Wahl zu bevollmächtigen.

160 *Tipp*
Versicherer versuchen immer wieder, die Bevollmächtigung des Anwaltes zu bestreiten und/oder jedenfalls dessen Honorar nicht oder nur aufgrund eines um Reparaturkosten und Wertminderung („... stehen ausschließlich dem wirtschaftlichen Eigentümer, also dem Leasinggeber, zu.") reduzierten Gegenstandswertes zu zahlen. Das ist falsch. Ggf. muss also der Leasingvertrag vorgelegt und auf die betreffende Vertragsklausel verwiesen werden, wonach der Leasinggeber die Alleinregulierungsbefugnis auf den Leasingnehmer übertragen hat.

161 Der Anwalt braucht sich bei der Schadensregulierung eines Leasingfahrzeuges also nicht anders zu verhalten als bei jeder sonstigen Schadensregulierung auch. Er muss lediglich die oben erwähnten Pflichten des Leasingnehmers beachten, also den Schadensfall dem Leasinggeber melden, die Tatsache des Leasingverhältnisses dem gegnerischen Versicherer mitteilen und ggf. beachten, inwieweit trotz Aktivlegitimation des Leasingnehmers Zahlungen des gegnerischen Versicherers unmittelbar an den Leasinggeber zu leisten sind.

c) Empfehlung und Vollmachterteilung durch andere

162 Der Anwalt kann und sollte sich nicht dagegen wehren, dass er von außenstehenden Personen weiterempfohlen wird. In Abgrenzung dazu muss er aber das Werbeverbot und das übrige Berufsrecht beachten.

A. Mandatsannahme §1

aa) **Stapelvollmacht und Visitenkarten**

Ein Mandat, das aufgrund einer **Stapelvollmacht** (d.h. der Anwalt hat bei Werkstatt, Mietwagen- oder Abschleppunternehmen „vorsorglich" einen Stapel seiner Vollmachten zur schnellen und unmittelbaren Mandatserteilung deponiert) erteilt wurde, ist heutzutage **nach neuer Auffassung nicht mehr rechtswidrig** und deshalb auch nicht mehr **nichtig**, es sei denn, es handelt sich um eine Mandatserteilung im Rahmen eines **„Unfallhelferringes"** (BGH DAR 1994, 314; OLG Nürnberg NZV 1992, 366; AG Jena DAR 1994, 366; *Hartung*, BerufsO, 3. Aufl. 2006, Rn 180). Die früher in diesem Zusammenhang bestehende Rechtslage, die das Deponieren von Stapelvollmachten und Visitenkarten untersagt hatte, gilt allerdings noch in **Ausnahmefällen** fort. Dem Rechtsanwalt ist es nämlich unbenommen, seine Visitenkarte an eine potentielle Klientel zu verteilen. Wenn er die Karte an einen Dritten weitergibt, damit er sie verteile, dann macht der Dritte nichts, was dem Anwalt selbst verboten wäre. Auch die Weitergabe an einen größeren, sogar unbestimmten Personenkreis ist zulässig. Das Deponieren von Stapelvollmachten ist demgemäß nur dann noch unzulässig, wenn der Rechtsanwalt weiß, dass der Dritte in einer unsachlichen oder sonst für Anwälte verbotenen Weise für ihn Werbung treiben wird.

163

Es ist also **keine Frage der Seriosität** mehr, Vollmachten zu hinterlegen. Es ist auch keineswegs **mehr erforderlich**, dass der Mandant **zwingend bei dem Anwalt erscheinen** muss, um das Mandat in rechtlich einwandfreier Weise zu begründen. Die Schwellenangst der Geschädigten, von der die Werkstätten immer berichten, kann also dadurch überwunden werden, dass die Werkstatt den „Fragebogen für Anspruchsteller" gemeinsam mit dem Geschädigten ausfüllt und ihn eine Vollmacht des von der Werkstatt empfohlenen Anwaltes unterschreiben lässt. Diese Unterlagen können dann gemeinsam mit der Abtretungserklärung, dem Gutachten und der Rechnung an den **„Vertragsanwalt"** oder **„Vertrauensanwalt"** der Werkstatt übersandt werden. Wenn es Rückfragen oder Beratungsbedarf gegenüber dem Kunden/Mandanten gibt, kann das telefonisch geklärt werden. Außerdem kann die Bevollmächtigung eines Anwaltes auch nicht allein deshalb als unwirksam angesehen werden, weil sie auf eine verbotene, gegen das RBerG bzw. RDG verstoßende Rechtsbesorgung durch z.B. ein Mietwagenunternehmen zurückgeht (OLG Karlsruhe NZV 1995, 3).

164

Selbstverständlich dürfen also heute Werkstätten, Sachverständige und Mietwagenunternehmen auch bestimmte **Anwälte empfehlen**, z.B. solche, mit denen sie stets zusammenarbeiten oder mit denen sie gute Erfahrungen gemacht haben. Werbung **durch andere** ist nicht zu beanstanden.

165

Auch darf der Anwalt z.B. die **Werbemittel der Arbeitsgemeinschaft Verkehrsrecht** im DAV mit dem Aufdruck seiner eigenen Adresse verwenden und bei Werkstätten pp. auslegen. Diese Werbemittel können über das Internet unter *www.verkehrsrecht.de* „Werbemittel" bestellt werden.

166

bb) Vollmachterteilung durch andere

167 Hiervon abzugrenzen ist die **Vollmachterteilung im Auftrage** des Geschädigten durch einen anderen, z.b. weil der Geschädigte im Krankenhaus liegt und selbst nicht erscheinen kann oder aufgrund der Empfehlung eines anderen, den der Geschädigte bittet, das Mandat zu erteilen.

168 In solchen Fällen sollte allerdings stets eine **durch den Geschädigten selbst unterschriebene Vollmacht** angefordert werden, um jedem Risiko anzweifelbarer oder zweifelhafter Bevollmächtigung aus dem Wege zu gehen.

169 *Tipp*
Akquisitorische Bemühungen bei Werkstätten, Mietwagen- und Abschleppunternehmen usw. dürfen so weit gehen, dass diese den Anwalt empfehlen. Das Mandat selbst sollte aber stets aus freien Stücken erteilt und in jedem Falle durch Unterzeichnung einer Vollmacht dokumentiert werden.

d) Persönliche Mandatserteilung nicht möglich

170 Eine persönliche Mandatierung ist naturgemäß nicht möglich, wenn der Geschädigte **schwerverletzt** und/oder im **Koma** im Krankenhaus liegt.

aa) Geschäftsführung ohne Auftrag

171 Zwar können nahe Verwandte sicherlich die ersten Maßnahmen durch den Anwalt ihres Vertrauens im Rahmen einer berechtigten **Geschäftsführung ohne Auftrag** (GoA) einleiten lassen. Allerdings könnte das späteren **Streit** darüber auslösen, ob gerade die Bevollmächtigung **dieses bestimmten Anwaltes** im Sinne des Verletzten war. Auch könnte der wiedererwachte Verletzte das Mandat ex nunc oder gar ex tunc kündigen, anfechten oder widerrufen. Schon stellt sich die Frage, von wem und aufgrund welchen Rechtsverhältnisses der Anwalt sein Honorar für seine bis dahin erbrachten Bemühungen verlangen kann.

bb) Betreuer

172 *Tipp*
Wenn der Mandant zur Vollmachterteilung nicht in der Lage ist, sollte der Anwalt einen Betreuer bestellen lassen. Der Antrag ist gem. § 1896 BGB bei dem Betreuungsgericht zu stellen.

173 **Gebührenrechtlich** ist das auch insofern interessant, als durch diesen Antrag gesonderte Gebühren nach § 17 RVG i.V.m. Nr. 3100 VV RVG entstehen, da es sich insoweit um eine FGG-Angelegenheit handelt.

174 Gegebenenfalls entsteht auch eine **Terminsgebühr** nach Nr. 3104 VV RVG, wenn der Anwalt beim Betreuungsgericht auf eine entsprechende Beweiserhebung bei den Krankenhausärzten zur Feststellung der Gebrechlichkeit mitwirkt.

A. Mandatsannahme § 1

Diese Gebühren sind, obwohl sie einer Tätigkeit im Rahmen des FGG entstammen, als notwendige Vorbereitungshandlung zur Durchsetzung von Schadensersatzansprüchen im Rahmen des § 4 Abs. 1p ARB 75 von einer Rechtsschutzversicherung des Verletzten zu ersetzen (*Harbauer/Cornelius-Winkler*, § 4 ARB 75 Rn 43). Ab den ARB 94 stellt sich diese Problematik nicht mehr, weil FGG-Angelegenheiten generell nicht mehr vom Rechtsschutz ausgeschlossen sind. 175

Darüber hinaus sind die **Anwaltskosten** als notwendiger Aufwand des Geschädigten im Rahmen seines allgemeinen Anspruchs auf Erstattung seiner Anwaltskosten vom Schädiger bzw. dessen Haftpflichtversicherer zu ersetzen. 176

8. Datensammlung

Nach ordnungsgemäßer Erteilung der Vollmacht müssen nun zunächst die **wichtigsten Daten zusammengetragen** werden, um mit der Bearbeitung des Falles beginnen zu können. 177

> *Tipp* 178
> Je perfekter und vollständiger die Datensammlung ist, umso weniger bedarf es kostenintensiver Rückfragekorrespondenz mit dem Mandanten.

Der **Mandant** sollte **bei einfachen Fällen möglichst nicht mehr als einmal in die Kanzlei** kommen müssen. Jedes Mandantengespräch kostet Zeit und blockiert Besprechungskapazitäten für andere neue Mandate. 179

Außerdem soll die Abgabe der Schadensregulierung an einen Anwalt den Mandanten oder die Werkstatt so sehr entlasten, dass „**er den ganzen Fall los ist**" und nichts mehr damit zu tun hat. Je besser und professioneller die Dienstleistung des Anwaltes ist, umso größer der positive **Erinnerungseffekt** und so begeisterter die **Weitergabe von Empfehlungen** im Umfeld des Mandanten. 180

Diese **Datensammlung** sollte mittels des „**Fragebogens für Anspruchsteller**" (Anlage 2, siehe § 14 Rdn 2) erfolgen, der bei allen bekannten Zulieferfirmen für Anwaltsbedarf zu bestellen ist (z.B. Bestell-Nr. 3313500, Hans Soldan GmbH, Bocholder Str. 259, 45356 Essen, Tel.: 0180–55333, Fax: 0800–8555544). Er ist auch aus dem Internet herunterladbar. Ihn gibt es auch als vereinfachten Fragebogen für reine Sachschäden. 181

Diese Fragebögen sind das Ergebnis jahrzehntelanger Praxis und Erfahrung und demzufolge entsprechend perfekt und umfassend konzipiert. Ihre Verwendung stellt sicher, dass **keine für die Bearbeitung wichtige Frage vergessen** wird. 182

Soweit in der Anwaltskanzlei **EDV-Einsatz** erfolgt, bieten einige Softwareanbieter gesonderte, speziell auf die Abfrage am Bildschirm für deren spezielle Unfallprogramme abgestimmte „Erfassungsbögen in Unfallsachen" an (Anlage 4, siehe § 14 Rdn 5), die ebenso umfassend und geeignet sind. 183

§ 1 Beginn eines Verkehrsrechtsmandates

a) Daten der Unfallbeteiligten

184 Selbstverständlich benötigt man zunächst die Daten aller am Unfall beteiligten **Personen** und der **Fahrzeuge** nebst Kennzeichen.

Für die Bestimmung des **Nutzungsersatzes** und eventuelle Eigenberechnung der **Wertminderung** ist eine möglichst genaue Bezeichnung des Pkw des Mandanten nach Fabrikat, Typ, Hubraum und Leistung (kW oder PS) sowie Erstzulassung (Baujahr) erforderlich.

b) Daten des Unfallgeschehens

185 Ferner ist die genaue Bezeichnung des **Unfallortes** (Straßennamen und Örtlichkeit) wichtig. Diese Daten werden z.B. für die **Bestimmung des Gerichtsortes** im Falle einer Klage benötigt oder zur Ermittlung der **zuständigen Polizeistation**, wenn diese nicht bekannt sein sollte. Alsdann werden **Unfalldatum und -zeit** benötigt, einerseits für den oben erwähnten „Unfallkalender" (siehe Rdn 138), andererseits für die Ermittlung des zutreffenden Unfallereignisses bei der aufnehmenden Polizeistation.

c) Unfallschilderung

186 Besondere Sorgfalt erfordert die Erstellung der **Unfallschilderung**. Damit diese so exakt wie möglich dargestellt wird und keine Details übersehen werden, sollte dem **Mandanten** erst einmal Gelegenheit gegeben werden, **seine Unfalldarstellung ungestört zu erzählen**. Auch sollte er eine Skizze anfertigen, die oft größere Klarheit bringt als die verbale Unfallschilderung. Dann erst sollten Nachfragen gestellt und Hintergründe aufgeklärt werden.

187 Erst wenn dem Anwalt die Unfallsituation so klar geworden ist, als wäre er selbst dabei gewesen, kann die für die Schadensregulierung zugrunde zu legende Unfallschilderung schriftlich fixiert werden.

188 *Tipp*
Es empfiehlt sich, immer eine **Unfallskizze** anzufertigen.
Die Fahrzeuge können z.B. wie folgt bezeichnet werden:
- A = Mandant
- B = Gegner
- C, D, E usw. = Drittbeteiligte
- Z1, Z2, Z3 usw. = Zeugen
- F = Fahrer
- BF = Beifahrer

In den Fahrzeugsymbolen sollte die Anzahl der Insassen mit einer entsprechenden Zahl an Punkten gekennzeichnet werden, um das Beweiskraftverhältnis von vornherein deutlich zu machen.

A. Mandatsannahme § 1

Dann darf unter keinen Umständen, die **vollständige Aufzählung aller zur Verfügung stehenden Zeugen** fehlen. 189

Die Skizze für den Eingangsfall sähe also wie folgt aus: 190

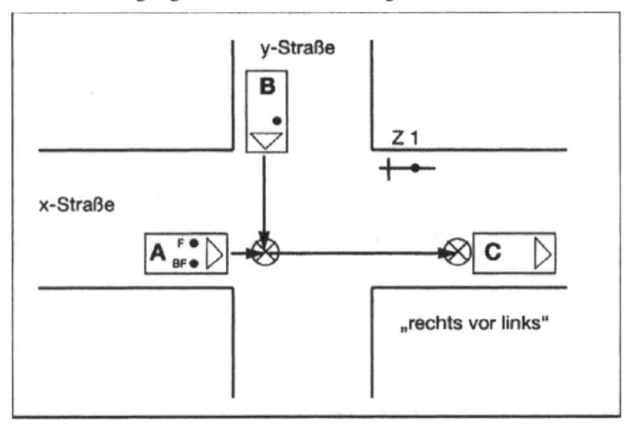

d) Unfallrekonstruktion

Literatur zur Unfallrekonstruktion:

Buck/Krumbholz, Sachverständigenbeweis im Verkehrs- und Strafrecht, 2. Auflage 2013; *Burmann/Priester*, Unfallrekonstruktion im Verkehrsprozess, 2007; *Burmann/Schmedding*, Unfallrekonstruktion im Verkehrsprozess, 2. Auflage 2015; *Hugemann* (Hrsg.), Unfallrekonstruktion, 2 Bände, 1. Auflage 2007; *Johannsen*, Unfallmechanik und Unfallrekonstruktion, 3. Auflage 2013; *Schimmelpfennig/Becke*, Unfallrekonstruktion und -gutachten in der verkehrsrechtlichen Praxis, 1. Auflage 2011; *Schmedding*, Leichtkollisionen, 2012.

aa) Grundkenntnisse

Ein Rechtsanwalt, der sich mit Verkehrsrecht befasst, muss in gewissem Umfang auch über **unfallrekonstruktive Grundkenntnisse** verfügen, um seinen Mandanten von Anfang an richtig zu beraten und im Prozessfall die erforderlichen Anknüpfungstatsachen für einen auf Einholung eines Sachverständigengutachtens gerichteten Beweisantrag stellen zu können. 191

Diese kann er z.B. durch Teilnahme an den zahlreich von **Sachverständigenbüros** angebotenen **Kursen und Seminaren** erlangen. Viel Erfahrung ist auch aus der einschlägigen Literatur und den **Fachzeitschriften** für Sachverständige zu gewinnen, insbesondere aufgrund der dortigen fotografischen Dokumentationen (sehr instruktiv, insbesondere für das frühzeitige Erkennen manipulierter Unfälle, ist auch das Buch des Sachverständigenbüros *Schimmelpfennig und Becke* in Münster: *Michael Weber*, Die Aufklärung des Kfz-Versicherungsbetruges, Schriftenreihe Unfallrekonstruktion). 192

§ 1 Beginn eines Verkehrsrechtsmandates

bb) Vermeidbarkeitsbetrachtungen

193 Das Grundwissen sollte zumindest aber **Vermeidbarkeitsbetrachtungen** umfassen. Dazu wird zunächst eine **Berechnungstabelle** für Bremsweg- und Geschwindigkeit (Bremswegrechner) benötigt, wie sie im Fachhandel und bei den einschlägigen Anwaltsbedarfsfirmen zu beziehen ist. Inzwischen gibt es sie auch reichlich als Freeware-EDV-Tabellen oder als Zubehör zu Computerprogrammen.

194 Die nachfolgenden Bremswegtabellen ermöglichen dem Verteidiger eine Grobberechnung von Geschwindigkeiten, Wegstrecken sowie Bremswegen und -zeiten.

Geschwindigkeits-, Bremszeit- und Bremswegtabelle

Anwendung der Tabelle:

1. In den ersten drei Zeilen sind die Reaktionswege (Reaktionsweg inkl. Schwellweg) in Abhängigkeit der Geschwindigkeit dargestellt. Die Schwellzeit beträgt jeweils 0,2 sec.
2. Die einzelnen Bremswege bei Berücksichtigung des Schwellweges sind in der unteren Tabellenform in Abhängigkeit zur Verzögerung 1 bis 10,0 m/s^2 dargestellt. Die Bremswege gelten je nach Geschwindigkeit bis zum Fahrzeugstillstand.
3. Gesamtanhalteweg: Der Gesamtanhalteweg ergibt sich aus der Summe von Reaktions-, Schwell- und Bremsweg.
4. Unterbrochene Bremsung: Wird das Fahrzeug aus einer gewissen Geschwindigkeit nicht zum Stillstand abgebremst, so kann der Bremsweg auch aus der Differenz der Tabellenwerte ermittelt werden.

- Z.B.: Ein Pkw wird von 100 km/h auf 50 km/h abgebremst. Der Bremsweg bei Unterstellung einer Verzögerung von 7,5 m/s^2 ergibt sich aus 48,71 − 11,53 = 37,18 m.
- Umgekehrt: Welche Geschwindigkeit hat ein Pkw, wenn er von 100 km/h bei einer Verzögerung von 7,5 m/s^2 über eine Bremsstrecke von 18,0 m voll verzögert wird?
- Vom Bremsbeginn bis zum Fahrzeugstillstand ergibt sich ein Gesamtbremsweg von 48,71 m. Wird nun die Bremsstrecke von 18 m abgezogen, so ergibt sich ein Differenzbetrag von 30,71 m.
- Jetzt braucht nur noch in der Verzögerungszeile 7,5 m/s^2 nach rechts gesucht zu werden, bis der Betrag in der gleichen Größenordnung auftaucht, was hier 30,73 m = 80 km/h ergibt.

5. Bremszeit: Die Bremszeit je nach Ausgangsgeschwindigkeit und herangezogener Verzögerung ist rechts neben dem Bremsweg jeweils in sec dargestellt. Wird die Gesamtzeit vom Reaktionspunkt bis zum Fahrzeugstillstand benötigt, so müssen die Reaktionszeit und die Schwellzeit zu der reinen Bremszeit hinzuaddiert werden.

6. Verzögerungswerte: Ohne durchgeführte Fahrversuche ist die Zuordnung des Verzögerungswertes zu einer vorliegenden Spur nicht immer einfach. Je nach Spurenbild ist somit jede Spur gesondert zu beurteilen. Nachfolgend werden Verzögerungsbereiche in Abhängigkeit zur Fahrbahnoberfläche und auch zur Reifenart angegeben:

Diagonal- und Gürtelreifen auf trockener Schwarzteerdecke	7,0 bis 9,5 m/s^2
Diagonal- und Gürtelreifen auf nasser Schwarzteerdecke	5,5 bis 8,5 m/s^2
Auf Betonfahrbahnoberflächen sind ähnliche Werte zu erwarten.	
Auf Pflasterstraßen ist in der Regel ein Abzug von 10 bis 25 % vorzunehmen.	
Schneebedeckte Fahrbahn	1,5 bis 3.5 m/s^2
Eis	1,0 bis 2,5 m/s^2
Schmierige Straße	2,0 bis 5,5 m/s^2

§ 1 Beginn eines Verkehrsrechtsmandates

Eine solche Tabelle sieht z.B. wie folgt aus:

Quelle: *Gebhardt*, Das verkehrsrechtliche Mandat, Bd. 1, 8. Auflage 2015, § 48 Rn 59.

A. Mandatsannahme §1

Alsdann gibt es **drei Vermeidbarkeitsbetrachtungen**: 195
- die **räumliche** Vermeidbarkeit,
- die **zeitliche** Vermeidbarkeit und
- die **juristische** Vermeidbarkeit.

Zur Veranschaulichung soll auf die nachfolgenden Schaubilder verwiesen werden (siehe Rdn 203 ff.).

(1) Räumliche Vermeidbarkeit

Hierbei wird überprüft, ob nicht eine Überschreitung der zulässigen Höchstgeschwindigkeit vorliegt und der Unfall bei Einhaltung der vorgeschriebenen Geschwindigkeit räumlich vermieden worden wäre. 196

Zunächst muss die **gefahrene Ausgangsgeschwindigkeit** ermittelt werden. Das ist z.B. aus der Länge der festgestellten **Bremsspur** mit Hilfe des Bremswegrechners möglich. Allerdings ist zuvor die Frage zu klären, ob die maßgeblichen Bremsspuren auch tatsächlich dem Unfallgeschehen zuzuordnen sind. 197

Eine maßgebliche Rolle spielt dabei der **Bremsverzögerungswert**. Er ist abhängig z.B. von der Art des Fahrzeuges und der Fahrbahnbeschaffenheit. Bei Pkw auf trockenem Asphalt kann in der Regel mit 6,5 bis 7,5 m/sec^2 gerechnet werden. 198

Soweit **Restenergie** durch den Zusammenprall aufgezehrt wurde, ist diese anhand der Beschädigungsbilder durch einen Sachverständigen errechenbar, mit ein wenig Erfahrung aber durchaus auch von einem Anwalt grob abschätzbar. 199

Ggf. ergibt sich die gefahrene Geschwindigkeit aber auch aus einer **Tachoscheibe** oder einem **Unfalldatenschreiber** (UDS). 200

Alsdann ist der **Reaktionspunkt** zu ermitteln. Er errechnet sich aus dem Beginn der Bremsspur zuzüglich und vorgelagert der Strecke, die der Fahrer aufgrund seiner Geschwindigkeit in der „Schrecksekunde", also einer Sekunde, gefahren ist. Diese Schrecksekunde setzt sich aus 0,8 sec Reaktionsweg und 0,2 sec Bremsschwellweg zusammen. Sie beträgt in dem folgenden Beispiel bei 70 km/h insgesamt 19,44 m. 201

Sodann ist die **Stelle** zu ermitteln, an der der Fahrer bei Einhaltung der zulässigen Geschwindigkeit zum **Stillstand** gekommen wäre. 202

Liegt der **Kollisionsort hinter diesem Punkt**, war der Unfall räumlich vermeidbar. Wäre der Fahrer jedoch auch bei Einhaltung der höchstzulässigen Geschwindigkeit erst hinter diesem Punkt zum Stehen gekommen, war der Unfall räumlich unvermeidbar. 203

§ 1 Beginn eines Verkehrsrechtsmandates

Räumliche Vermeidbarkeit

- die Betrachtung erfolgt unter der Maßgabe des gleichen Reaktionspunktes
- ist gegeben, wenn der Pkw bei erlaubter Geschwindigkeit vor dem Kollisionspunkt zum Stillstand kommt

$v = 70$ km/h (berechnete Ausgangsgeschwindigkeit des Pkw)

Gesamtanhalteweg: Bremsweg (25,1 m), Bremsschwellweg (3,8 m), Reaktionsweg (15,6 m)

Kollisionspunkt — Reaktionspunkt

$v = 50$ km/h (erlaubte Höchstgeschwindigkeit)

Gesamtanhalteweg: Bremsweg (12,4 m), Bremsschwellweg (2,7 m), Reaktionsweg (11,2 m)

Kollisionspunkt — Reaktionspunkt

t_R = Reaktionszeit
t_S = Bremsschwellzeit

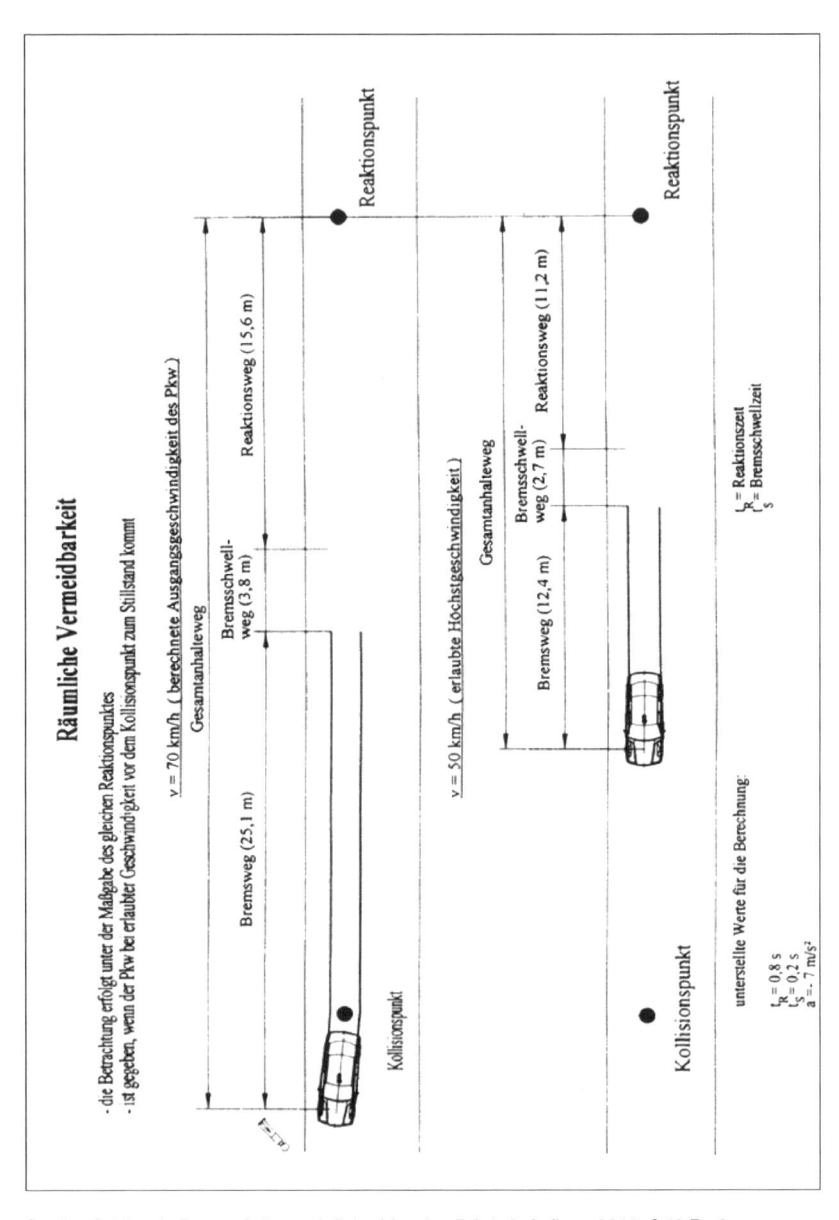

unterstellte Werte für die Berechnung:
$t_R = 0{,}8$ s
$t_S = 0{,}2$ s
$a = -7$ m/s²

Quelle: *Gebhardt*, Das verkehrsrechtliche Mandat, Bd. 1, 8. Auflage 2015, § 48 Rn 6.

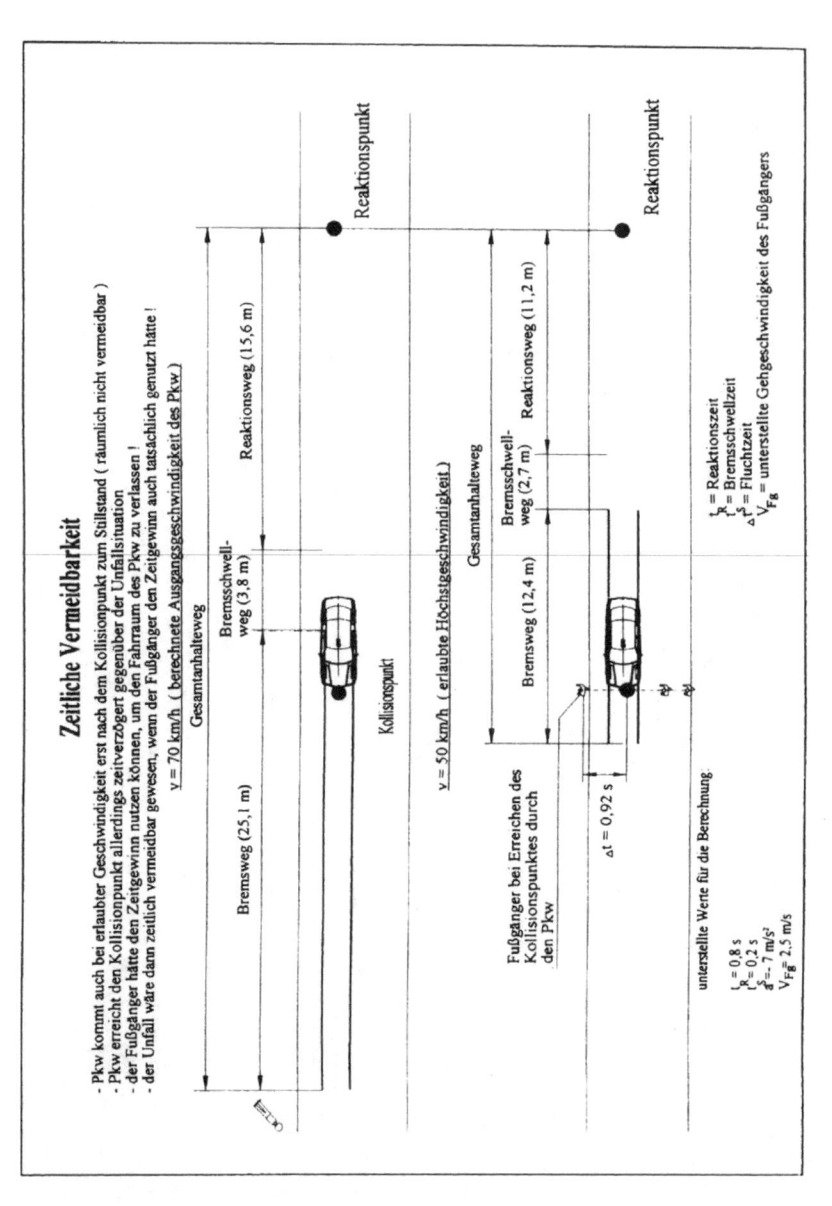

A. Mandatsannahme §1

Zeitliche Vermeidbarkeit

- Pkw kommt auch bei erlaubter Geschwindigkeit erst nach dem Kollisionspunkt zum Stillstand (räumlich nicht vermeidbar)
- Pkw erreicht den Kollisionspunkt allerdings zeitverzögert gegenüber der Unfallsituation
- der Fußgänger hätte den Zeitgewinn nutzen können, um den Fahrraum des Pkw zu verlassen !
- der Unfall wäre dann zeitlich vermeidbar gewesen, wenn der Fußgänger den Zeitgewinn auch tatsächlich genutzt hätte !

v = 70 km/h (berechnete Ausgangsgeschwindigkeit des Pkw)

Gesamtanhalteweg
Bremsweg (25,1 m) | Bremsschwellweg (3,8 m) | Reaktionsweg (15,6 m)
Kollisionspunkt
Reaktionspunkt

v = 50 km/h (erlaubte Höchstgeschwindigkeit)

Gesamtanhalteweg
Bremsweg (12,4 m) | Bremsschwellweg (2,7 m) | Reaktionsweg (11,2 m)
Reaktionspunkt

Fußgänger bei Erreichen des Kollisionspunktes durch den Pkw

Δt = 0,92 s

unterstellte Werte für die Berechnung:
$t_R = 0{,}8$ s
$t_K = 0{,}2$ s
$a = -7$ m/s²
$v_{FG} = 2{,}5$ m/s

t_R = Reaktionszeit
t_K = Bremsschwellzeit
Δt^2 = Fluchtzeit
v_{FG} = unterstellte Gehgeschwindigkeit des Fußgängers

Quelle: *Gebhardt*, Das verkehrsrechtliche Mandat, Bd. 1, 7. Auflage 2012, § 48 Rn 7.

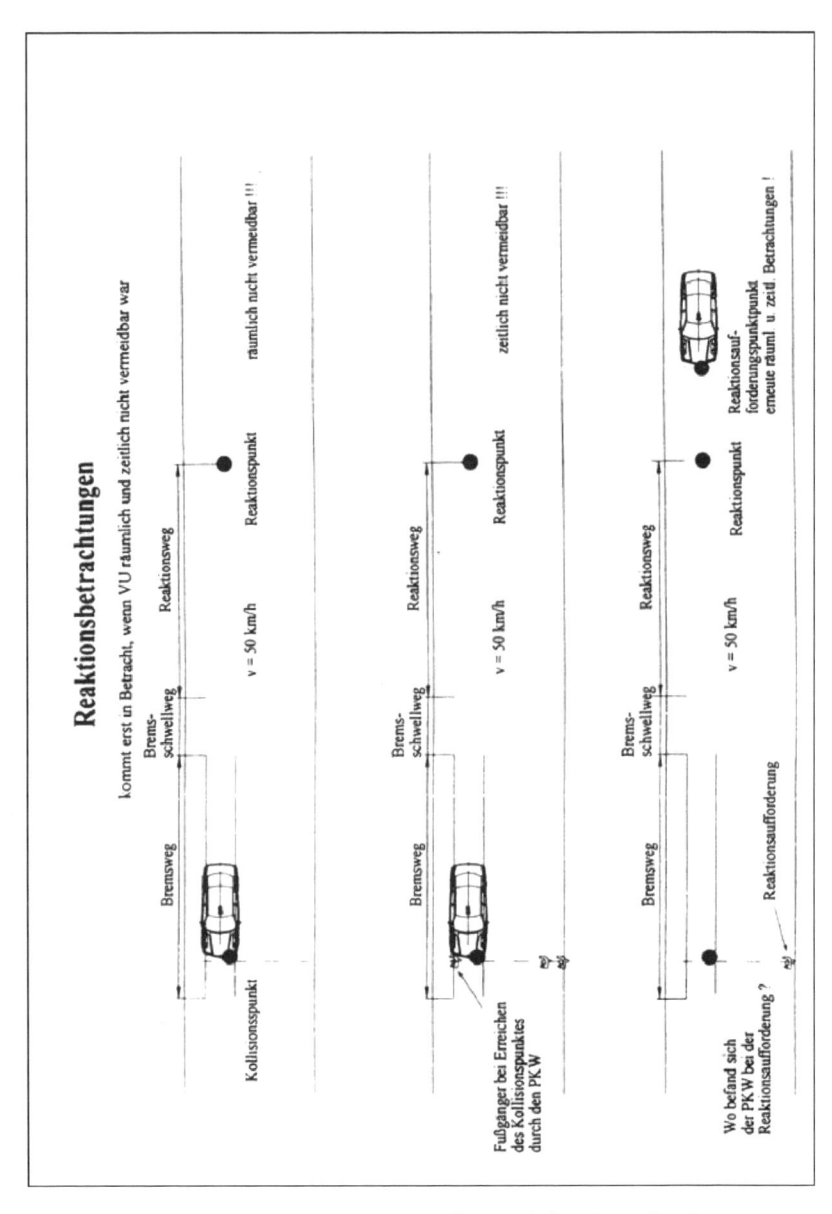

§ 1 Beginn eines Verkehrsrechtsmandates

Quelle: *Gebhardt*, Das verkehrsrechtliche Mandat, Bd. 1, 8. Auflage 2015, § 48 Rn 12.

A. Mandatsannahme § 1

(2) Zeitliche Vermeidbarkeit

Die zeitliche Vermeidbarkeitsbetrachtung ist nur dann relevant, wenn der Unfall schon **räumlich nicht vermeidbar** war, weil das Fahrzeug zwar schneller als erlaubt gefahren ist, jedoch auch bei Einhaltung der erlaubten Geschwindigkeit erst hinter dem Kollisionspunkt zum Stillstand gekommen wäre. 204

Zeitliche Vermeidbarkeit ist gegeben, wenn der andere Verkehrsteilnehmer bei geringerer Geschwindigkeit des ersten Fahrzeuges mehr Zeit gehabt und es deshalb geschafft hätte, der Unfallsituation zu entkommen. 205

(3) Juristische Vermeidbarkeit

Darunter versteht man die **Reaktionsbetrachtungen**. Es ist also zu fragen, ob der Fahrer früher hätte reagieren können und müssen. Eine verspätete Reaktion führt juristisch zur Mithaftung, und sei es auch nur aus dem Gesichtspunkt der Gefährdungshaftung. 206

Der **optimale Reaktionspunkt** ist gegeben, sobald der Fahrer die Gefahr erkennen konnte. Eine andere Frage ist aber, ob von ihm juristisch auch verlangt wird, dass er zu diesem Zeitpunkt reagiert. 207

Überquert z.B. ein Fußgänger von links kommend eine breite vierspurige Großstadtstraße, dann wird von dem Kraftfahrer nicht zu verlangen sein, ein Bremsmanöver einzuleiten, sobald der Fußgänger die gegenüberliegende erste Fahrspur betritt. Wohl ist aber eine Reaktion zu verlangen, wenn der Fußgänger konsequent auf die Mittellinie zugeht, jedenfalls aber, wenn er sie überschreitet und offensichtlich überhaupt nicht auf den herannahenden Kraftfahrer achtet. 208

cc) Haftungsverteilung

Literatur zur Haftungsverteilung:

Grüneberg, Haftungsquoten bei Verkehrsunfällen, 14. Auflage 2015; *Kuhn*, Schadensverteilung bei Verkehrsunfällen, 9. Auflage 2016.

Die Haftungsverteilung zutreffend vorzunehmen, ist ein schwieriges Kapitel anwaltlichen Abschätzungsvermögens. Dazu gehört eine gewisse Erfahrung, und wer diese (noch) nicht besitzt, kann sich der hierzu vorliegenden Literatur bedienen. 209

Einerseits ist es ungeschickt und mindert das Ansehen als Fachmann bei Versicherer und Gericht, mit 100-%-Quoten „drauflos" zu regulieren oder zu klagen. Andererseits gilt: „Wer nichts wagt, der nichts gewinnt", und Zähigkeit bei der Regulierung sowie mutige Klageerhebung zahlen sich oft aus. 210

Wichtig ist, dass die anwaltliche **Erstprognose** im Innenverhältnis zum Mandanten **möglichst zutreffend** sein muss (siehe obiger Ausgangsfall, vgl. Rdn 5: Haftungsverteilung vermutlich nur $^1/_3$ zu $^2/_3$ zugunsten des Mandanten!). Dieses ist wichtig, um dem Mandanten die erforderlichen Tipps und Ratschläge für die weiteren finanziellen und wirtschaftlichen **Dispositionen** geben zu können. 211

§ 1 Beginn eines Verkehrsrechtsmandates

212 Aus der **Unfallschilderung** des Mandanten, aufgrund der zuvor geschilderten **Vermeidbarkeitsbetrachtungen** des Anwaltes und den aus der in der vorgenannten Literatur zitierten **Rechtsprechung** gewonnenen Erkenntnissen lassen sich die erforderlichen Erstprognosen für die Haftungsverteilung meist schon zutreffend gewinnen.

213 *Tipp*
Nichts ist unangebrachter, als gebotene Vorsicht durch ungerechtfertigten Mut zu ersetzen, d.h. den Mandanten anfangs in der Sicherheit einer 100-%-Haftung zu wiegen und diese Prognose dann später revidieren oder zumindest relativieren zu müssen. Am besten sollte dem Mandanten anfänglich eine möglichst vorsichtige Haftungsprognose gestellt werden, da sich Genaueres ja ohnehin erst nach Einsichtnahme in die Ermittlungsakte sagen lässt.

214 Wenn eine **Mithaftung** zu erwarten ist, kann z.b. **Vorsicht** bei der Inanspruchnahme eines **Mietwagens** geboten sein, die Erstellung eines teuren **Sachverständigengutachtens** bedacht oder aber auch die Frage der Inanspruchnahme der Kaskoversicherung (z.B. wegen der Anwendung des **Quotenvorrechtes** – siehe dazu § 6 Rdn 1 ff.) erörtert werden müssen.

215 Ein anfänglicher Beratungsfehler ist später meist nicht mehr zu revidieren, sodass nur zu größter **Sorgfalt bei der Quotenermittlung** geraten werden kann.

e) Daten von besonderer Bedeutung

216 Die **Fragebögen** enthalten noch weitere Punkte, die alle von gewisser Bedeutung für die weitere Schadensregulierung sind.

aa) Vorsteuerabzugsberechtigung

Literatur zur Vorsteuerabzugsberechtigung:

Luttenberger, Haftungsfalle bei begrenztem Vorsteuerabzug, zfs 2002, 562 ff.

217 Die Frage nach der **Vorsteuerabzugsberechtigung** des Geschädigten ist insofern von Bedeutung (und der Geschädigte daher zur Beantwortung verpflichtet), als im Falle deren Vorliegens alle mit Mehrwertsteuer belegten Schadensersatzansprüche **lediglich netto** ausgeglichen werden, auch die Anwaltsgebühren. Wegen der Mehrwertsteuerbeträge ist dann nicht der Schädiger, sondern der **Mandant eintrittspflichtig**. Die Nichtberücksichtigung dieses Umstandes kann also eine erhebliche Regressgefahr für Anwälte darstellen. Die Benutzung von Schadenfragebögen, die hinsichtlich der Vorsteuerabzugsberechtigung nicht differenzieren, ist also gefährlich.

bb) Vollkaskoversicherung

218 Die Frage nach einer etwaig bestehenden **Vollkaskoversicherung** des Mandanten und der Selbstbeteiligung ist seit Anfang 1996 fast nur noch für den Geschädigten

und dessen Anwalt von Bedeutung, nachdem fast alle Teilungsabkommen zwischen den Haftpflicht- und Kaskoversicherern gekündigt sind und eine sich daraus ergebende interne Möglichkeit des Schadenausgleiches entfällt.

(1) Bedeutung für das Quotenvorrecht

Für den beratenden Anwalt ist diese Frage aber wegen einer **Regulierungsmöglichkeit nach dem Quotenvorrecht** (im Einzelnen dazu siehe § 6 Rdn 26 ff.) von Bedeutung. Auch in Fällen nicht unerheblicher Mithaftung auf Seiten des Mandanten kann oftmals (hinsichtlich der quotenbevorrechtigten Ansprüche) eine nahezu 100 %ige Regulierung immer noch erreicht werden, wenn die Vollkaskoversicherung in Anspruch genommen und sodann mit dem gegnerischen Haftpflichtversicherer nach dem Quotenvorrecht abgerechnet wird. 219

(2) Krankes Versicherungsverhältnis beim Unfallgegner

Eine besondere Bedeutung kommt der Vollkaskoversicherung in den Fällen zu, in denen der gegnerische Versicherer dem VN (Unfallgegner) den Versicherungsschutz entzogen hat. Das ist z.b. der Fall, wenn der Gegner seine Versicherungsprämie nicht gezahlt hat (**Prämienverzug**), das schädigende Fahrzeug gestohlen war, der Gegner keine gültige Fahrerlaubnis besaß oder der Fahrer gegen die Alkoholklausel des § 2b Abs. 1e AKB bzw. D.2.1 AKB 2008 verstoßen hat. 220

In diesen Fällen kommt **§ 117 Abs. 1 i.V.m. Abs. 3 S. 2 VVG** zur Anwendung. Das bedeutet, dass der Geschädigte, sofern er über eine **anderweitige Ersatzmöglichkeit** gegenüber Dritten verfügt, vorrangig diese in Anspruch zu nehmen hat. Eine solche anderweitige Ersatzmöglichkeit ist auch das **Bestehen einer Vollkaskoversicherung**. Der Geschädigte hat demnach seinen Schaden zunächst über seine Vollkaskoversicherung abzuwickeln, und lediglich der Restschaden ist dann vom gegnerischen Versicherer zu regulieren. 221

Durch eine Inanspruchnahme der Kaskoversicherung allein aufgrund von § 117 Abs. 3 S. 2 VVG wird der **Schadensfreiheitsrabatt** des Geschädigten in der Kaskoversicherung **nicht belastet**. 222

Tipp 223
Sobald der gegnerische Versicherer das kranke Versicherungsverhältnis des Gegners mitgeteilt hat, muss der Anwalt den Fahrzeugschaden sofort beim Vollkaskoversicherer unter Hinweis auf die Mitteilung des gegnerischen Versicherers zur Regulierung anmelden und diesen bitten, eine schriftliche Kaskoabrechnung zu erteilen. Dabei sollte er auf den Umstand einer „§-117-VVG-Inanspruchnahme" noch einmal ausdrücklich hinweisen, damit der Schadensfreiheitsrabatt in der Kaskoversicherung des Mandanten nicht belastet wird. Die schriftliche Kaskoabrechnung ist an den gegnerischen Versicherer zu übersenden, damit dieser dann die Restschadenregulierung übernehmen kann. Dazu ge-

hören auch die Anwaltskosten, die dem Mandanten für die Kaskoregulierung entstanden sind.

cc) Daten zum Fahrzeugschaden

224 Soweit ein Sachverständiger mit der Schadensschätzung beauftragt worden ist, werden die Adressangaben über den bereits beauftragten **Kfz-Sachverständigen** benötigt. Gegebenenfalls muss der Geschädigte darauf hingewiesen werden, dass ein Sachverständigengutachten erforderlich ist und ihm sind Adressen von – öffentlich bestellten – Sachverständigen zu benennen. Es empfiehlt sich, den Sachverständigen zu benennen, mit dem der Anwalt vertrauensvoll zusammenarbeitet.

225 Vorsicht ist geboten bei **hauseigenen Sachverständigen** der Assekuranz oder bei Sachverständigenorganisationen, die **der Versicherungswirtschaft nahe stehen** (z.B. der DEKRA, CarExpert). Es steht zu befürchten, dass solche Gutachten im Sinne der Auftraggeber und für den Geschädigten schlechter ausfallen könnten, als es nach der Schätzung durch einen öffentlich bestellten, unabhängigen Sachverständigen der Fall wäre.

dd) Daten der Verletzten

226 Wie z.B. im Ausgangsfall (siehe Rdn 5) sind die Fragen nach den **behandelnden Ärzten** und deren Adressen für die weitere Schadensregulierung von Wichtigkeit.

227 Bei dieser Gelegenheit sollte sich der Anwalt auch zugleich eine **Schweigepflichtentbindungserklärung** unterschreiben lassen. Diese benötigt er, um eigene Auskünfte bei den behandelnden Ärzten zu erhalten. Sie wird aber auch vom Versicherer des Unfallgegners benötigt, damit dieser die üblichen Arztberichte anfordern kann.

228 Obwohl allein der Geschädigte verpflichtet ist, Art und Umfang seiner Verletzungen nachzuweisen, sind die **Versicherer** üblicherweise bereit, die **Arztberichte von dort aus anzufordern**. Das hat **praktische Gründe**: Jeder Versicherer hat seine eigenen **Gutachtenformulare**, auf denen die Fragen stehen, die ihn speziell interessieren. Jeder Sachbearbeiter findet auf Anhieb die Fragen wieder, die ihn interessieren, weil er „sein" Formular kennt.

229 Leider sind diese Formulare von Versicherer zu Versicherer sämtlich **völlig unterschiedlich**. Zu einer einheitlichen Gestaltung – wie z.B. bei dem oben erwähnten „Fragebogen für Anspruchsteller" des DAV – konnte sich auf Versichererseite noch niemand durchringen.

230 Auf den „Homburger Tagen" 1996 (*Mutschler*, in: Schriftenreihe der Arbeitsgemeinschaft Verkehrsrecht des DAV, Bd. 18, S. 29 ff.) wurde angeregt, vereinheitlichte **EDV-kompatible Fragebögen** zu entwickeln, die in den Arztpraxen ebenso wie von Anwälten und Versicherern verwendet werden könnten. Es bleibt abzuwarten, ob sich diese gute Idee verwirklichen lässt. Bislang ist sie leider nicht realisiert

A. Mandatsannahme § 1

worden. Jeder Versicherer verwendet seine eigenen Fragebögen, was oft zu langem Suchen nach den wichtigen und oft nur allein interessierenden Punkten führt.

Einige Versicherer haben sich aber schon etwas Neues einfallen lassen und dies soll möglicherweise bald allgemeine Praxis der Versicherer werden: Sie lehnen es ab, die üblichen **Arztberichte** zur Schmerzensgeldregulierung anzufordern, sondern verlangen mit Hinweis auf die Nachweispflicht der Geschädigten, dass diese solche **Berichte selbst beibringen.** 231

Das hat katastrophale Auswirkungen für die Praxis: Der Anwalt klärt den Geschädigten über dessen (rechtlich ja tatsächlich gegebene) Nachweispflicht auf und bittet ihn, den **Arztbericht** oder auch nur ein Attest zu besorgen. Der Mandant wendet sich mit dieser Bitte an seinen Arzt. Der weiß nicht, welche Fragen er beantworten soll, dies sei, so sagt er, auch nicht seine Aufgabe. Wenn überhaupt, solle der Anwalt ihn anschreiben und den Bericht anfordern. Der Anwalt verweigert das mit Hinweis darauf, dass er ja auch nicht wisse, welche Fragen der Versicherer beantwortet haben möchte, und es sei sowieso nicht seine Aufgabe. Eine nochmalige Bitte an den Versicherer wird dort erneut abschlägig beschieden. 232

Es bleibt dann nur die Möglichkeit, das Gutachten nach einem eigenen, frei formulierten Fragenkatalog erstellen zu lassen, ggf. auch in Form eines (kostenträchtigeren) Facharztgutachtens. Dann stellt sich aber die Frage, ob der Anwalt, der ja so eine Aufgabe des Geschädigten übernimmt, zu der der Geschädigte – aus welchen Gründen auch immer – nicht in der Lage ist (wie soll der Mandant wissen, welche Fragen an den Arzt zu stellen sind und wie diese formuliert werden müssen?) dafür nicht einen eigenen und gesonderten Honoraranspruch gegenüber dem Mandanten hat, den der dann wiederum an den gegnerischen Versicherer zum Ausgleich weiterleiten kann. Dies dürfte zu bejahen sein! 233

Oder es wird sofort Klage erhoben. Diese kann dann allerdings auch nur mit sehr mageren Angaben zu Art und Umfang der Verletzungen erfolgen, ggf. auch nur als Feststellungsklage.

Wozu führen aber all diese konstruierten Schwierigkeiten? Im Falle eines Prozesses würde der Arzt vorgeladen, als Zeuge aussagen und der Prozess ginge mit einem Urteil zu Ende. Die Kosten hätten sich für den Versicherer nun mindestens verzehnfacht und der Arzt, der viele solcher Unfallopfer behandelt, würde häufig in seiner Praxis fehlen und es wohlmöglich ablehnen, solche Beurteilungen weiterhin durchzuführen. Die Geschädigten bleiben – wieder einmal – auf der Strecke. So etwas passiert, wenn die Versicherungen um jeden Preis auf Kosten Anderer sparen wollen! 234

Motiv für die Versicherer, keine Arztberichte mehr einzuholen, ist nämlich ausschließlich eine weitere **Kosteneinsparung**. Für von ihnen angeforderte Arztberichte verlangen die Ärzte angeblich vermehrt Honorarvereinbarungen, die oft doppelt oder dreifach so hoch liegen wie die Honorare für von den Patienten selbst angeforderte Berichte. Dieser Einsparung wegen provozieren leider einige Ver- 235 sicherer den zuvor beschriebenen Aufwand. Dabei ist es nach der Rechtslage vollkommen gleichgültig, wie viel ein Arztgutachten kostet: Da der Geschädigte nachweispflichtig ist, ist ihm auch der dazu erforderliche Aufwand zu ersetzen. Die Grenze wird erst wieder durch das Gebot zur Schadensgeringhaltung gesetzt. Ein solcher Verstoß wäre aber durch den Versicherer darzulegen und zu beweisen.

Tipp
Man kopiert sich ein möglichst geeignetes Formular eines Versicherers, neutralisiert es, indem man dessen Briefkopf und Logo beseitigt und verwendet ein so geschaffenes Muster für private Arztanfragen.

ee) Daten des Geldtransfers

236 Es ist auch tunlich, den Mandanten – bei mehreren jeden einzelnen – nach dessen **Kontoverbindung** (Bank, IBAN) zu befragen. Wer Schadensregulierungen im großen Stil durchführt, wird es in kürzester Zeit leid sein, womöglich auch noch unter Verstoß gegen § 49b BRAO kostenlos und ohne Gebührenerstattung gem. Nr. 1009 VV RVG (**Hebegebühr**) Schadensersatzzahlungen für die Mandanten entgegenzunehmen und wieder an diese weiterzuleiten, dafür jedes Mal die Bankgebühren (Buchungsposten) zu bezahlen, eigens eine Buchhalterin damit zu beschäftigen und auch noch das Übersendungs-(= Verlust-)risiko zu tragen.

237 Berufsrechtlich besteht außerdem bekanntlich die Notwendigkeit, **Fremdgelder** unverzüglich, möglichst noch **am gleichen Tage** des Eingangs, wieder **weiterzuleiten**, was oftmals auf unüberwindliche betriebstechnische Probleme stoßen dürfte.

238 *Tipp*
Es empfiehlt sich daher z.B. folgender **Textbaustein**:
„Ich weise Sie ausdrücklich darauf hin, dass meine Mandantschaft Sie – in Abweichung von Ziff. ... meiner Vollmacht – anweist, nicht abgetretene und demnach ihr zustehende Beträge ausschließlich an die Mandantschaft auf deren Konto bei der ABC-Bank, IBAN: ..., abgetretene Forderungen an die Abtretungsgläubiger zu leisten. Ich bitte allerdings darum, mich von jeder Zahlung zu unterrichten. Mein Mandant hat mich beauftragt, etwaige abredewidrig doch an mich gezahlte Beträge an ihn oder an die Abtretungsgläubiger gegen Erstattung der Hebegebühr gem. Nr. 1009 VV RVG weiterzuleiten, sodass er Ihnen gegenüber diese Hebegebühr als Schaden geltend machen wird."

239 Die Honoraransprüche des Anwalts sind bekanntlich gem. Ziff. 9 der gewöhnlichen Standardvollmachten (sie sollte bei der Gelegenheit einmal auf diese Abtretungsklausel hin überprüft und ggf. in die Vollmachtformulare mit aufgenommen werden) an diesen abgetreten, sodass er ebenfalls insoweit „**Abtretungsgläubiger**" gemäß dem zuvor genannten Text ist und das Honorar nicht etwa an den Mandanten gezahlt werden kann.

9. Hinweise an Mandanten

Der Mandant ist darauf hinzuweisen, dass er einen von ihm auszuwählenden öffentlich bestellten, vereidigten und vor allem **unabhängigen Sachverständigen** beauftragen kann und dies auch dann, wenn der Versicherer des Gegners bereits eine Begutachtung durch einen (ggf. hauseigenen) Sachverständigen durchgeführt hat (OLG Karlsruhe NJW 1968, 1333; KG DAR 1971, 295). 240

Das ist zunehmend von Bedeutung, weil die Versicherer alles daransetzen, die freien Sachverständigen vom Markt zu drängen, indem sie deren Gutachten durch hauseigene Sachverständige, „CarExpert" oder die DEKRA gegenbegutachten lassen, mit – wen wundert es – regelmäßig deutlich niedrigeren Werten (siehe Rdn 18 ff.). Dabei werden aber in der Regel billigere Reparaturwege gewählt (Ausbeulen statt Ersetzen) und deutlich von der Realität abweichende Stundenverrechnungssätze (mittlere Stundenverrechnungssätze statt solcher einer markengebundenen Werkstatt vor Ort). Solche „Gegengutachten" sollten daher sehr sorgfältig geprüft und dem privat beauftragten freien und unabhängigen Sachverständigen zur Überprüfung vorgelegt werden. 241

Bei einer Beauftragung eines **hauseigenen Sachverständigen des Versicherers**, der Firma „CarExpert" oder der DEKRA sollte sehr sorgfältig geprüft werden, ob dies tatsächlich „im Auftrage des Geschädigten" geschah (z.B. durch die Werkstatt, aber in Vollmacht des Geschädigten) oder ob nicht vielmehr ein **rechtlich korrektes Vertretungs- und Beauftragungsverhältnis** durch den Geschädigten **gar nicht vorlag**. Oft hat nämlich die Werkstatt oder der Versicherer eigenmächtig und ohne Einwilligung oder Kenntnis des Geschädigten gehandelt. Wenn nämlich das Gutachten dieser Institutionen gegenüber einem Gutachten eines unabhängigen Sachverständigen negativ abweichen sollte, geht es regelmäßig um die Frage, ob ein anschließend oder daneben in Auftrag gegebenes weiteres Gutachten vom gegnerischen Versicherer dennoch zu bezahlen ist und welches Gutachten bei der Schadensregulierung zugrunde zu legen ist (dazu siehe § 7 Rdn 10 ff.). 242

Ebenso darf sich der Geschädigte die **Werkstatt** zur Durchführung der Reparatur **frei auswählen** und er unterliegt unverändert keinerlei Weisungen des Gegners oder dessen Versicherers. Den Bestrebungen der Assekuranz, über die „Hintertür" des Verstoßes gegen die Schadensminderungspflicht eigene, günstigere Werkstätten (siehe Rdn 112 ff.) zur Schadensbeseitigung durchzusetzen, ist – ggf. mit gerichtlicher Hilfe – massiv entgegenzutreten. Das gilt selbst dann, wenn der Gegner zufällig Inhaber einer Reparaturwerkstatt ist. 243

Wegen der (später erörterten) **Mietwagenproblematik** (vgl. § 8 Rdn 115 ff.) sollte der Mandant auf die alternative Möglichkeit der Beanspruchung von **Nutzungsausfall** hingewiesen werden, oft für den Mandanten nützlich zum Schließen von Finanzierungslücken bei gegebener Mithaftung. 244

§ 1 Beginn eines Verkehrsrechtsmandates

245 Stets und mit aller Deutlichkeit muss der Mandant auf seine **Schadensminderungspflicht** hingewiesen werden (lesenswert: *Wortmann*, Schadensminderungspflicht nach einem unverschuldeten Unfall, zfs 1999, 1 ff., das Fazit des Autors lautet: „Im Grunde gibt es bei deliktischen Schadensersatzansprüchen nach Schadenseintritt überhaupt keine Schadensminderungspflicht des Geschädigten"). Jeder Anwalt sollte daher schon bei der ersten Besprechung darauf hinweisen, dass der Mandant bei der Schadensbeseitigung keinen Aufwand betreiben sollte, den er bei einem Eigenschaden nicht auf sich genommen hätte, er sich also im Grunde so zu verhalten hat, als müsse er den Schaden selbst bezahlen.

10. Erste Schreiben

a) Schreiben an gegnerischen Versicherer

246 Es ist unter keinem Gesichtspunkt sinnvoll (und im Übrigen auch **äußerst unprofessionell**), den Unfallgegner selbst anzuschreiben, auch dann nicht, wenn er an der Unfallstelle erklärt hat, den Schaden selbst – also ohne Einschaltung seiner Versicherung – bezahlen zu wollen. Richtigerweise muss direkt und **ausschließlich mit dem gegnerischen Versicherer korrespondiert** werden.

aa) Gegnerischer Versicherer bekannt

247 Zunächst muss der gegnerische Versicherer angeschrieben werden. Ist dieser bekannt, stellt sich allenfalls das Problem der **zutreffenden Adresse**.

248 *Tipp*
Für die **Ermittlung von Adressen in Verkehrsunfallsachen** hilfreich: „Adressbuch für die Schadensbearbeitung" (Loseblattwerk, hrsg. v. *G. P. Julich*, GPJ Verlag).

249 Darin finden sich u.a. die vollständigen Adressen aller HUK-, Sach-, Transport-, Rück- und Lebensversicherer sowie Rechtsschutzversicherer einschließlich aller regionalen und internationalen Schadenbüros, ferner der den Mofa-Kennzeichen zugeordneten Versicherer. In Zeiten des Internets sollte generell die Ermittlung der Anschrift oder der Faxnummer kein ernst zu nehmendes Problem mehr darstellen.

250 Daneben finden sich die Anschriften und die Telefonnummern des Zentralrufs der Autoversicherer, aller MPU-Stellen, der Sachverständigenorganisationen, wie z.B. TÜV, DEKRA, DAT und BVSK, des „Grüne-Karte-Büros", Listen der vereidigten Kfz-Sachverständigen etc.

251 Auch die Adressen der Sozialleistungsträger, der Behörden der Verteidigungslastenverwaltung, der Industrie- und Handelskammern, Handwerkskammern, Wehrbereichsverwaltungen und Wetterämter, aller Bundes- und Justizbehörden, der Kfz-Zulassungsstellen, der Automobilhersteller und sogar aller Autobahnpolizeistationen und Strafvollzugsanstalten, die Adressen aller Anwälte der Arbeitsgemeinschaft Verkehrsrecht im DAV (wichtig für die Erteilung von Korrespondenz-

A. Mandatsannahme § 1

mandaten, als Mitgliederliste zu beziehen bei der Arbeitsgemeinschaft Verkehrsrecht im DAV, Littenstraße 11, 10179 Berlin, oder auch im Internet unter der Adresse: *www.verkehrsrecht.de*) sowie die Anschriften von bedeutenden Detektivbüros sind dort zu finden.

bb) Gegnerischer Versicherer unbekannt

Was ist jedoch zu tun, wenn der Mandant zur Versicherung des Gegners **keinerlei Angaben machen kann?** Das ist vergleichsweise häufig der Fall, weil er in der Aufregung an der Unfallstelle vergessen hat, danach zu fragen.   252

Dankenswerterweise vergeben einige Versicherer an ihre Kunden Aufkleber oder Informationskarten, aus denen die maßgeblichen Versicherungsdaten ersichtlich sind.

(1) Unfall im Inland, Gegner Inländer

In Betracht kommt eine **Nachfrage bei der Polizei**, was aber meist ergebnislos bleibt, da derartige Daten dort nicht bekannt sind.   253

Eine **Nachfrage bei dem zuständigen Straßenverkehrsamt (Zulassungsstelle)** ist da schon geeigneter – kostet aber Gebühren und ist meist nur schriftlich möglich. Oft ist die Adresse des zuständigen Amtes nicht bekannt (jedoch leicht nachzuschlagen in den „Arbeitshilfen für die Schadensregulierung"), und es dauert meistens viel zu lange.   254

Beliebt – wenn auch völlig ungeeignet – sind dann noch anwaltliche **Schreiben an den Gegner**, in denen unter Androhung allerlei Übels Hinweise auf diesbezügliche angebliche Verpflichtungen des Gegners (unzutreffend) und des anderweitigen Verlustes des Versicherungsschutzes (ebenfalls falsch) Sieben-Tage-Fristen gesetzt werden. Das ist meist **schade ums Porto**, führt in der Regel zu keinerlei Reaktionen des Gegners und allenfalls zu verloren gegangener Regulierungszeit von mindestens zwei Wochen – ist also **völlig unprofessionell** und daher überflüssig.   255

> *Tipp*
> Zur Ermittlung der gegnerischen Versicherung ist einzig richtig die – im Übrigen: kostenfreie – Nachfrage bei dem Zentralruf der Autoversicherer.   256

Der **Zentralruf der Autoversicherer** ist wohl die – jedenfalls vom Grundsatz her – segensreichste Einrichtung des damaligen „Verbandes der Schadensversicherer" (VdS, früher „HUK-Verband"), der heute **„Gesamtverband der deutschen Versicherungswirtschaft e.V."** (GDV) heißt.   257

Der Zentralruf ist **24 Stunden täglich** unter der bundeseinheitlichen Service-Rufnummer **08 00 / 2 50 26 00** zu erreichen. Auch und **besser noch** sind Anfragen per **Fax** möglich unter der Nummer **0 40 / 3 39 65 – 4 01** bzw. per E-Mail „Anfrage@Zentralruf.de" sowie mittels Formulars im Internet *www.zentralruf.de*.   258

§ 1 Beginn eines Verkehrsrechtsmandates

259 Infolge der Umstellung auf eine eigene Datenbank des GDV entfällt nunmehr das früher zeitaufwendige Nachfragen bei den Straßenverkehrszulassungsämtern. Die zuständige gegnerische Versicherung kann also **nunmehr in wenigen Minuten ermittelt** werden.

260 Allerdings darf nicht unerwähnt bleiben, dass der Zentralruf vorrangig dazu institutionalisiert wird, die Geschädigten, die dort unmittelbar anrufen, **direkt zu dem Sachbearbeiter** des gegnerischen Versicherers durchzustellen, damit der Geschädigte möglichst gar nicht erst freie Sachverständige und Anwälte beauftragen kann. Insofern hat er sich mittlerweile auch zu einem **gezielt gegen die Interessen der Geschädigten** eingesetzten, und für sie auch u.U. schädlichen, Institut entwickelt.

261 Der Zentralruf übernimmt ab 1.1.2003, seit das „Gesetz zur Änderung des Pflichtversicherungsgesetzes und anderer versicherungsrechtlicher Vorschriften" (BGBl I 2002 S. 2586 ff.) in Kraft getreten ist, zugleich die Funktion der neu eingerichteten „**Auskunftsstelle**" (§ 8a Abs. 3 PflVG).

Deren Adresse lautet:

GDV Dienstleistungs-GmbH & Co. KG, „Zentralruf der Autoversicherer", Glockengießerwall 1, 20095 Hamburg, Tel.: 08 00 / 2 50 26 00, *www.zentralruf.de*.

Über sie erhält der Geschädigte – bzw. sein Rechtsanwalt – sämtliche Auskünfte über den Schadensverursacher, soweit dies zur Geltendmachung von Schadensersatzansprüchen im Zusammenhang mit der Teilnahme am Straßenverkehr erforderlich ist (§ 8a Abs. 1 PflVG). Das bezieht sich aber ausschließlich auf Schädiger, die ihren Wohnsitz in der Bundesrepublik Deutschland haben, bzw. auf Fälle, in denen das beteiligte Fahrzeug hier zugelassen ist.

262 Wichtig ist in diesem Zusammenhang noch folgender Umstand: Versicherungsunternehmen, denen im Inland die Erlaubnis zum Betrieb der Kraftfahrzeug-Haftpflichtversicherung für Kraftfahrzeuge und Anhänger erteilt ist, haben der Auskunftsstelle sowie den in den anderen Mitgliedstaaten eingerichteten Auskunftsstellen die Namen und die Anschriften der von ihnen bestellten Schadenregulierungsbeauftragten sowie jede Änderung dieser Angaben mitzuteilen (§ 8a Abs. 4 PflVG).

263 Erforderlich sind in jedem Fall folgende Angaben:
- Name
- Adresse des gegnerischen Fahrzeughalters
- Fahrzeugtyp
- Kennzeichen
- Datum des Unfallereignisses

Wenn diese Angaben nicht vollständig oder falsch sind, ist eine Ermittlung der gegnerischen Versicherung über den Zentralruf u.U. nicht möglich.

A. Mandatsannahme § 1

Das **Musterfax** sieht wie folgt aus: 264

An den Zentralruf der Autoversicherer – Fax Nr. ....
Absender: RA ...., Fax Nr. für Antwortfax: ...., Aktenzeichen: ....
■ Schädiger: ....
■ Schadentag: ....
■ Fahrzeugtyp: ....
■ Kennzeichen: ....
■ Geschädigter: ....

Die erforderlichen Angaben sind ggf. bei der **Polizei** zu erfragen. Sollte diese die Bekanntgabe der Daten unter Bezugnahme auf datenschutzrechtliche Bestimmungen verweigern, reicht oft der Hinweis darauf aus, dass jeder Geschädigte – und somit auch dessen Rechtsvertreter – **Anspruch auf die Bekanntgabe dieser Daten** hat, da sie anderenfalls nicht in die Lage versetzt werden, ihre Schadensersatzansprüche geltend zu machen. Außerdem steht das Datenschutzgesetz deshalb nicht dagegen, weil die Daten jedem bevollmächtigten Anwalt ja ohnehin spätestens mit der **Einsicht in die Ermittlungsakte** zugänglich werden, demzufolge also nicht vom Schutzbereich des Datenschutzgesetzes erfasst sind. 265

Nach jahrelangem Bemühen ist es jetzt in den meisten Bundesländern gelungen, das bislang unter dem Begriff „Saarländer Modell" bekannte **verkürzte Akteneinsichtsverfahren in Verkehrssachen** durchzusetzen. Der diesbezügliche Runderlass z.B. des Innenministeriums des Landes **Niedersachsen** vom 22.2.2001 – 21.1– 05140/12.3 –, veröffentlicht in Nds. MBl. Nr. 11/2001 S. 297, lautet: 266

> *„Bei Verkehrsunfällen kann die Polizei, solange sie den Vorgang noch nicht an die Bußgeldstelle übersandt hat, Versicherungen, Unfallbeteiligten und Geschädigten auf Anfrage Auskunft über Name, Anschrift und Kfz-Kennzeichen der Unfallbeteiligten erteilen; bevollmächtigten Rechtsanwälten kann darüber hinaus ein Abdruck der Verkehrsunfallanzeige (Blätter 1 bis 4) zur Verfügung gestellt werden. Zur Frage der Unfallursache oder des Verschuldens darf gegenüber Versicherungen, Unfallbeteiligten und Geschädigten nicht Stellung genommen werden."*

Diese Regelung ist **auch** vom Justizministerium (Nds. MBl Nr. 3/2002 S. 39) übernommen worden und findet daher auch Anwendung **bei Verkehrsunfällen mit strafrechtlicher Relevanz** (Körperverletzung, Unfallflucht usw.). Der Wortlaut ist ähnlich: 267

§ 1 Beginn eines Verkehrsrechtsmandates

"Bei Verkehrsstrafsachen im Rahmen von Verkehrsunfällen ist die Polizei, solange sie den Vorgang noch nicht an die Staatsanwaltschaft abgegeben hat, von den Staatsanwaltschaften ermächtigt (§ 478 Abs. 1 S. 3 StPO), bevollmächtigten Rechtsanwälten auf Anfrage Auskunft über Name, Anschrift und Kfz-Kennzeichen der Unfallbeteiligten zu erteilen und ihnen darüber hinaus einen Abdruck der Verkehrsunfallanzeige (Blätter 1 bis 4) zur Verfügung zu stellen. Zur Frage der Unfallursache und des Verschuldens darf nicht Stellung genommen werden."

268 Die beschleunigte **Akteneinsicht** ist ferner möglich durch Polizeibehörden in Thüringen und Mecklenburg-Vorpommern. Beide Länder haben die Dienststellen der Landespolizei ermächtigt, bevollmächtigten Rechtsanwälten in Ermittlungsverfahren, die einen Verkehrsunfall zum Gegenstand haben, eine Ausfertigung der Blätter 1 bis 3 der polizeilich gefertigten Unfallanzeige einschließlich der Skizze zur Verfügung zu stellen. Dies gilt, solange der Vorgang noch nicht an die Staatsanwaltschaft abgegeben ist und keine Bedenken entgegenstehen. Die Ermächtigung gilt nicht in Verkehrsunfällen, bei denen Beteiligte zu Tode gekommen sind. Dem Auskunftsersuchen ist ein adressierter und frankierter Rückumschlag beizufügen. Als Auslagen werden Kosten von 1,50 EUR erhoben.

269 Damit haben nun alle Anwälte, aber auch die Versicherer über von ihnen zu bevollmächtigende Rechtsanwälte, die Möglichkeit, **sofort**, meist schon am Unfalltage selbst, die **ersten Seiten der Unfallanzeige** per Fax zur Verfügung gestellt zu bekommen. In diesen ersten Seiten befinden sich bekanntlich stets alle personen- und fahrzeuggebundenen Daten, vor allem aber auch die von der Polizei aufgenommene **Unfallschilderung** und die **Adressen** etwaiger Zeugen. Aus der Art der Nummerierung der Unfallbeteiligten durch die Polizei (01 und 02 usw.) sowie aus der Art der vorgenommenen Ahndung lassen sich **Rückschlüsse auf die Verschuldensfrage** ziehen, jedenfalls wie sie die Polizei sieht.

270 Jeder Anwalt sollte klären, ob es in „seinem" Bundesland inzwischen eine ebensolche Regelung gibt. Sodann sollte er sich unter Bezugnahme auf einen solchen Erlass unmittelbar mit „seinem" **Verkehrsunfalldienst** in Verbindung setzen und eine Regelung für die Akteneinsicht treffen. Das kann z.B. in der Weise geschehen, dass der Rechtsanwalt seine **Vollmacht** zu dem ihm von seinem Mandanten genannten Aktenzeichen des Unfallvorganges bei der Polizei faxt und sofort die besagten Seiten aus dem Unfallprotokoll zurückgefaxt bekommt.

271 Jedenfalls kann der ständigen **Ausrede bzw. Verzögerungstaktik** der Versicherer, sie müssten erst noch die Ermittlungsakte einsehen, weil ihnen deren VN angeblich den Schaden noch nicht gemeldet habe, jetzt wirksam begegnet werden, indem der Rechtsanwalt seiner Schadensmeldung diese ihm **von der Polizei zuvor gefaxten Seiten schon gleich beifügt**. Deshalb sind diese Modelle zur beschleunigten Akteneinsicht ein **enorm wichtiger Beitrag zur schnellen und optimalen Betreu-**

58

ung der **Unfallgeschädigten**, die anderenfalls von Beginn an in die Hände der Versicherer geraten würden.

Der Vorteil einer Anfrage beim Zentralruf liegt allerdings zweifelsfrei darin, dass der **Schadensfall damit zugleich dem zuständigen Versicherer gemeldet** und dort ein Vorgang angelegt wird, was zu weiterer Zeitersparnis führt. Der gegnerische Versicherer wird dadurch nämlich veranlasst, sogleich einen Schadenmeldebogen an seinen VN zu senden, verbunden mit dem Hinweis, ihm sei ein Schadenfall gemeldet worden. 272

Sollte die Ermittlung der gegnerischen Versicherung über den Zentralruf nicht möglich sein, bleibt nur die – gebührenpflichtige – Anfrage beim zuständigen **Straßenverkehrsamt** bzw. der Zulassungsstelle. 273

Bei der weiteren Korrespondenz mit dem gegnerischen Versicherer ist unbedingt darauf zu achten, dass die **Schadennummer** aufgeführt wird, da sonst die Bearbeitung dort nur verzögert wird (siehe *Hillmann*, Das Märchen von der Schadennummer, DAR 1994, 48). 274

Tipp 275
Bei jeglicher Korrespondenz mit Versicherern niemals die zutreffende Schadennummer vergessen!

Seit dem 1.1.2003 gilt – wie oben schon gesagt (siehe Rdn 261) – das „Gesetz zur Änderung des Pflichtversicherungsgesetzes und anderer versicherungsrechtlicher Vorschriften" (BGBl I 2002 S. 2586 ff.), das die 4. KH-Richtlinie des Europäischen Parlamentes umsetzt (vgl. Rdn 292 und § 5 Rdn 13 ff.). Durch dieses Gesetz wurde ein „§ 3a" in das PflVG eingefügt, wonach der Versicherer dem Geschädigten gegenüber **unverzüglich, spätestens aber binnen drei Monaten ein mit Gründen versehenes Schadensersatzangebot** zu unterbreiten hat, wenn die Eintrittspflicht unstreitig ist und der Schaden beziffert wurde. Anderenfalls hat der Versicherer zumindest innerhalb dieser Frist eine mit Gründen versehene Antwort zu erteilen, wenn die Eintrittspflicht bestritten wird oder der Schaden nicht vollständig beziffert wurde. Die Frist beginnt mit dem Zugang des Antrages bei dem Versicherer. 276

Wird das Angebot nicht binnen der Drei-Monats-Frist vorgelegt, ist der Anspruch gem. § 3a Nr. 2 S. 1 PflVG automatisch nach § 288 Abs. 1 S. 2 BGB zu verzinsen. Das könnte bedeuten: Schluss mit den Verzögerungstaktiken der Versicherungswirtschaft. Die Praxis sieht aber leider anders aus: Irgendetwas fällt dem mit dem konkreten Fall befassten Versicherer schon noch ein, warum die Haftung angeblich doch noch strittig bzw. der Schaden noch nicht vollständig beziffert ist und deshalb die Frist noch gar nicht zu laufen begonnen hat. Außerdem ist die Sanktion im Falle des Verstoßes gegen diese Vorschrift nur ein stumpfes Schwert: Die Verzinsung beginnt ja ohnehin mit 5 Prozentpunkten über dem Basiszinssatz ab Verzug (angemessene Fristsetzung im ersten Schreiben). Es wird also vermutlich alles beim Alten bleiben. 277

§ 1 Beginn eines Verkehrsrechtsmandates

(2) Unfall im Inland, Gegner Ausländer

Literatur zum Unfall im Inland mit ausländischem Unfallgegner:

Kuhnert, Schadensregulierung mit Auslandsbezug, NJW 2011, 3347; *Ziegert*, Verkehrsunfälle mit Ausländerbeteiligung, zfs 2000, 5 ff.

278 Bei einer Beteiligung ausländischer Verkehrsteilnehmer an inländischen Verkehrsunfällen ist es in der Regel müßig, den Schaden kostenintensiv und zeitraubend mit dem ausländischen Versicherer nach deutschem Recht (wegen des sog. Tatortprinzips) zu regulieren oder gegen diesen ggf. zu prozessieren.

279 Man muss sich auf der Gegenseite nur einmal einen osteuropäischen Haftpflichtversicherer vorstellen – schon allein die Zustellung der Klage im Ausland durch das deutsche Gericht wäre mit erheblichen Schwierigkeiten verbunden.

280 Stattdessen empfiehlt es sich, die Ansprüche beim **Deutschen Büro Grüne Karte e.V.**, Wilhelmstr. 43 / 43 G, 10117 Berlin, Tel.: 030 – 20205757, Fax: 030 – 20206757, *www.gruene-karte.de*) anzumelden. Gegen diesen Verein können gem. § 6 Abs. 1 AuslPflVG i.V.m. § 115 Abs. 1 S. 1 Nr. 1 VVG Ansprüche aus Verkehrsunfallschäden, die durch **ein im Ausland zugelassenes Kfz verursacht** worden sind, unmittelbar – auch neben den Ansprüchen gegen den ausländischen Schädiger und dessen Versicherer – geltend gemacht werden.

281 Über seine eigenen wesentlichen Aufgaben, über die der Gemeinschaft der Grenzversicherer sowie die der Verkehrsopferhilfe e.V. gibt das Deutsche Büro Grüne Karte e.V. ein **empfehlenswertes informatives Merkblatt** heraus, das unter der o.a. Adresse angefordert werden kann (abgedruckt als Anlage 13, siehe § 14 Rdn 17).

282 Der Verein kann regulieren, wenn bei bestimmten Staaten zusätzlich folgende Voraussetzungen erfüllt sind, die in der ansonsten formlosen Schadensmeldung mitzuteilen sind.

Staaten: Albanien, Bosnien-Herzegowina, Iran, Israel, Marokko, Mazedonien, Moldawien, Russland, Montenegro, Tunesien, Türkei, Ukraine und Weißrussland:

- Vorlage des Doppels oder einer möglichst beglaubigten Fotokopie der **Grünen Karte** des Schädigerfahrzeugs (Pkw oder Zugmaschine, nicht Anhänger)
- Namen und Anschriften der Unfallbeteiligten
- Unfallort
- Schadendatum

Staaten: Andorra, Belgien, Bulgarien, Dänemark, Estland, Finnland, Frankreich, Griechenland, Großbritannien, Irland, Island, Italien, Kroatien, Lettland, Liechtenstein, Litauen, Luxemburg, Malta, Monaco, Niederlande, Norwegen, Österreich, Polen, Portugal, Rumänien, Schweden, Schweiz, Serbien, Slowakische Republik, Slowenien, Spanien, Tschechische Republik, Ungarn und Zypern:

- amtliches Kennzeichen des schädigenden Fahrzeugs
- Namen und Anschriften der Unfallbeteiligten

A. Mandatsannahme § 1

- Unfallort
- Schadendatum
- möglichst Name des ausländischen Haftpflichtversicherers und die Versicherungsscheinnummer
- möglichst Marke/Typ des Kfz

Wenn die Eintrittspflicht des Deutschen Büros Grüne Karte e.V. hiernach festgestellt ist, **reguliert** dieser den **Schaden jedoch nicht selbst**, sondern beauftragt hiermit einen **inländischen Haftpflichtversicherer**. Der Geschädigte hat aber **keinen Direktanspruch** gegen den im Auftrage des Büros Grüne Karte e.V. regulierenden **inländischen Versicherer** (siehe Anlage 13, vgl. § 14 Rdn 17). Dieser ist **nur Bevollmächtigter** des Büros. **283**

Tipp **284**
Nicht der beauftragte Haftpflichtversicherer, sondern das **Deutsche Büro Grüne Karte e.V.** selbst bleibt im Prozessfall **allein passivlegitimiert**.

Wichtig ist aber, dass die unmittelbare Inanspruchnahme des Büros Grüne Karte e.V. nur bis zu der in Deutschland gesetzlich vorgeschriebenen **Mindestdeckungssumme** in Höhe von zurzeit **7,5 Mio. EUR** besteht (BGH NJW 1972, 387). **285**

Da das Büro Grüne Karte e.V. jedoch nur „neben" dem „anderen Versicherer", also dem ausländischen Versicherer, die Pflichten des Haftpflichtversicherers übernommen hat, schließt der **Direktanspruch** gegen das Büro **nicht den Direktanspruch gegen den ausländischen Versicherer** aus, sofern ein solcher Direktanspruch nach dem anzuwendenden Recht gegeben ist (Literatur dazu: *Feyock/Jacobsen/Lemor*, Kraftfahrtversicherung, 3. Auflage 2009, dort: AuslPflVG § 6 Rn 6). **286**

D.h.: Wegen eines ggf. **darüber hinausgehenden Betrages** ist ausschließlich der **ausländische Versicherer** und dessen VN in Anspruch zu nehmen und ggf. zu verklagen. **287**

Ist der ausländische Kraftfahrer nicht mit der ansonsten erforderlichen „Grünen Karte", sondern mit einem „**Rosa Grenzversicherungsschein**" in die Bundesrepublik eingereist, sind die Ansprüche bei der „Gemeinschaft der Grenzversicherer" – gleiche Anschrift wie Deutsches Büro Grüne Karte – geltend zu machen. Ansonsten gilt das zuvor Gesagte. Auch in diesem Falle ist passivlegitimiert **ausschließlich die „Gemeinschaft der Grenzversicherer"**. **288**

(3) Unfall im Ausland, beide Beteiligte Inländer

Es gilt gem. Art. 41 Abs. 1 EGBGB ausnahmsweise nicht das „Tatortrecht", sondern **deutsches Schadensrecht** (BGH zfs 1992, 363). Das gilt auch dann, wenn beide Unfallbeteiligte in der Bundesrepublik jedenfalls ihren gewöhnlichen Aufenthalt haben und beide Fahrzeuge hier zugelassen und versichert sind. **289**

Die Regulierung erfolgt von hier aus mit den deutschen Versicherern. Allerdings gilt das ausländische Straßenverkehrsrecht. **290**

§ 1 Beginn eines Verkehrsrechtsmandates

Schwierig ist in derartigen Fällen oft allerdings der Nachweis der Unfallgegebenheiten und der Schuldfrage.

291 Von ausländischen Polizeistationen oder Staatsanwaltschaften ist in der Regel eine **Ermittlungsakte** nicht zu bekommen. Jedoch können **Botschaften** und **Konsulate** Aktenkopien anfertigen und gegen Kostenerstattung (Herstellungsaufwand gem. § 249 BGB, daher von der Gegenseite zu erstatten) übersenden.

(4) Unfall im Ausland, Gegner Ausländer

Literatur zum Unfall im Ausland mit ausländischem Unfallgegner:

Bachmeier (Hrsg.), Regulierung von Auslandsunfällen, 2013; *Backu/Splitter*, Schadenersatz nach Verkehrsunfällen im Ausland – Vierte Kraftfahrzeughaftpflichtrichtlinie, DAR 2000, 379; *Colin*, Grenzüberschreitende Unfallregulierung und die neue Rom II-Verordnung, zfs 2009, 242; *Huber*, Überentschädigung bei einem Verkehrsunfall mit internationalem Bezug, SVR 2009, 9; *Luckey*, Der Verkehrsunfall im Ausland, SVR 2014, 361; *Neidhart*, Unfall im Ausland, Band 1: Ost-Europa, 5. Auflage 2006; *Neidhart*, Unfall im Ausland, Band 2: West-Europa, 5. Auflage 2007; *Nissen*, Außergerichtliche Regulierung von Auslandsunfällen: Erstattungsfähigkeit von Anwaltsgebühren, DAR 2013, 568; *Notthoff*, Umsetzung der 4. KH-Richtlinie der EU durch das Gesetz zur Änderung des PflVG und anderer versicherungsrechtlicher Vorschriften, zfs 2003, 105 ff.; *Rehm*, Grundfragen der international-privatrechtlichen Abwicklung von Straßenverkehrsunfällen, DAR 2001, 531 ff.; *Riedmeyer*, Vereinfachte Regulierung von Auslandsschäden innerhalb der EU, Sonderheft der zfs 2002, 10 ff.; *ders.*, Praxis der Regulierung von Auslandsunfällen innerhalb Europas, AnwBl. 2008, 17; *ders.*, Gerichtliche Zuständigkeit und anwendbares Recht bei Unfällen im Ausland, zfs 2008, 602; *ders.*, Internationale Zuständigkeit für Klagen bei Unfällen in der EU, r+s 2011, Sonderheft zu Heft 4, 91; *Riedmeyer/Bouwmann*, Unfallregulierung nach den Kraftfahrzeughaftpflicht-Richtlinien der Europäischen Union, NJW 2015, 2614; *Schwarz*, Unfallregulierung im europäischen Ausland, zfs 1991, 361 ff. und 397 ff., *Staudinger*, Direktklage beim Auslandsunfall am Wohnsitzgericht – auch nach Inanspruchnahme der Kaskoversicherung, DAR 2014, 485; *Wilms*, Neue Anhänger-Streitfragen bei Auslandsunfällen, DAR 2012, 561.

(a) Gegner Bürger der EU und EWR-Staaten

292 Die seit dem 1.1.2003 geltenden neuen, auf der 4. KH-Richtlinie des Europäischen Parlaments beruhenden gesetzlichen Bestimmungen des „Gesetzes zur Änderung des Pflichtversicherungsgesetzes und anderer versicherungsrechtlicher Vorschriften" (BGBl I 2002 S. 2586 ff.) haben wesentliche Verbesserungen bei Unfällen im Gebiet der EU und in den EWR-Staaten Lichtenstein, Island und Norwegen gebracht.

(aa) Außergerichtliche Regulierung

293 Jeder (ausländische) Versicherer aus einem Mitgliedstaat der Europäischen Union hat einen „**Schadenregulierungsbeauftragten**" gegenüber jedem Mitgliedsland der EU, hier also gegenüber der Bundesrepublik Deutschland, zu benennen (§ 7b Versicherungsaufsichtsgesetz). Dessen **Anschrift** ist über die „**Auskunftsstelle**" zu erhalten. Die Funktion der „Auskunftsstelle" hat in Deutschland der „**Zentralruf der Autoversicherer**" (§ 8a Abs. 3 PflVG) übernommen, der unter folgender Adresse zu erreichen ist:

62

A. Mandatsannahme §1

GDV Dienstleistungs-GmbH & Co KG,
„Zentralruf der Autoversicherer",
Glockengießerwall 1,
20095 Hamburg,

Tel.: 01 80/2 50 26,
Fax: 0 40/33 96 54 01,

www.zentralruf.de

Sie ist zur Auskunft über alle Daten betreffend das gegnerische Fahrzeug verpflichtet, wenn der Geschädigte seinen Wohnsitz im Inland hat und sich der Unfall im Inland ereignet hat, unabhängig davon also, ob der Unfallgegner Deutscher oder Ausländer ist (§ 8a Abs. 1 S. 2 PflVG). Sie erhält die erforderlichen Daten von den Zulassungsbehörden und den in den Mitgliedstaaten errichteten und anerkannten dortigen Auskunftsstellen.

Mit der Umsetzung der 4. KH-Richtlinie wird im Prinzip das bekannte System der „Grünen Karte", das die Regulierung von Inlandsunfällen mit Ausländerbeteiligung regelt, auf Unfälle übertragen, die sich innerhalb der EU ereignen. Jeder ausländische Versicherer ist verpflichtet, in jedem Mitgliedstaat einen **Schadenregulierungsbeauftragten** zu benennen. Viele Versicherer haben sich hierzu ihrer im Ausland ansässigen Partnerversicherer oder sonstiger Regulierungsbüros bedient. 294

Der Geschädigte kann dann seine Ansprüche in seinem Wohnsitzstaat bei einem Regulierungsbeauftragten anmelden. Mit ihm kann stets in der Landessprache des Geschädigten korrespondiert werden. Dieser Regulierungsbeauftragte ist dann verpflichtet, die Schadensersatzansprüche **nach dem Recht des EU-Mitgliedstaates, dem der Schädiger angehört**, zu regulieren. 295

Um einen **akzeptablen zeitlichen Rahmen der Regulierung** sicherzustellen, verlangt das Gesetz, dass der Schadenregulierungsbeauftragte innerhalb einer **Frist von drei Monaten** ab Anmeldung der Ansprüche ein mit Gründen versehenes Schadensersatzangebot vorlegt, wenn die Eintrittspflicht unstreitig ist und der Schaden beziffert wurde. Oder er muss innerhalb dieser Frist die Ansprüche zurückweisen, wenn die Haftung bestritten ist oder der Schadensumfang nicht eindeutig feststeht (§ 12a Abs. 1 Nr. 1 PflVG). 296

Wird ein Repräsentant nicht benannt oder verzögert sich die Regulierung über die vorgenannte Frist hinaus bzw. kann das Fahrzeug oder das Versicherungsunternehmen nicht innerhalb von zwei Monaten nach dem Unfall ermittelt werden, sind die Ansprüche gegen die neu eingerichtete „**Entschädigungsstelle für Schäden aus Auslandsunfällen**" geltend zu machen (§ 12a Abs. 1 PflVG). Die Aufgaben und Befugnisse der Entschädigungsstelle werden von dem **Verein Verkehrsopferhilfe** in Berlin wahrgenommen (§ 13a Abs. 1 PflVG). Dessen Adresse lautet: 297

§ 1 Beginn eines Verkehrsrechtsmandates

Verkehrsopferhilfe e.V.
Wilhelmstraße 43/43 G
10117 Berlin,
Tel.: 0 30/20 20 50 00
Fax: 0 30/20 20 57 22,
www.verkehrsopferhilfe.de.

298 Die Entschädigungsstelle benachrichtigt dann unverzüglich das betroffene ausländische Versicherungsunternehmen, seinen Schadenregulierungsbeauftragten (soweit vorhanden), die Entschädigungsstelle des Mitgliedstaates, in dem die Versicherungspolice ausgestellt wurde sowie den Unfallverursacher persönlich, soweit dieser bekannt ist (§ 12a Abs. 2 PflVG). Sie weist die Beteiligten darauf hin, dass sie den Schaden auf Kosten des betroffenen Versicherers regulieren wird, wenn binnen weiterer zwei Monate keine begründete Stellungnahme erfolgt (§ 12a Abs. 3 PflVG). Reagiert der Versicherer wiederum nicht, wird die Entschädigungsstelle des Mitgliedstaates, in dem die Police ausgestellt ist, Regress nehmen (§ 13b PflVG). Der **Forderungsübergang** kann aber nicht zum Nachteil des Ersatzpflichtigen geltend gemacht werden.

299 Die **Entschädigungsstelle** im Wohnsitzstaat des Geschädigten übernimmt auch die Regulierung der Ansprüche, die gegen einen **Garantiefonds** in einem anderen EU-Staat gerichtet werden können. Jeder EU-Staat muss einen dem deutschen „**Verein Verkehrsopferhilfe**" vergleichbaren Garantiefonds eingerichtet haben. Die Anspruchsvoraussetzungen entsprechen denjenigen, unter denen bisher Ansprüche gegenüber dem Verein Verkehrsopferhilfe geltend gemacht werden konnten. Die Entschädigungsstelle muss sich auch dann mit der Regulierung befassen, wenn das Fahrzeug aus einem Drittland stammt, der Unfall sich jedoch in einem EU-Staat ereignete.

Achtung
Ob die Schadenabwicklung im Inland oder im Ausland erfolgen sollte, hängt von der Schwierigkeit des Falls und der Haftungssituation ab. In schwierigen Fällen, vor allem bei Personenschäden, dürfte allerdings dringend die Beauftragung eines ausländischen Anwalts zu empfehlen sein.

(bb) Gerichtliche Regulierung

300 Grundsätzlich konnte der ausländische Versicherer nach den Regeln des internationalen Verfahrensrechts nur im Ausland verklagt werden.

Beachte
Nach inzwischen durch den EuGH (zfs 2008, 139 = VersR 2008, 111 = NZV 2008, 133 = DAR 2008, 17) bestätigter Rechtsprechung des BGH (zfs 2007, 143 = VersR 2006, 1677 = NZV 2007, 37 = DAR 2007, 19) kann der Geschädig-

A. Mandatsannahme § 1

te gem. Art. 9 Abs. 1b EuGVVO den ausländischen Versicherer unmittelbar an seinem inländischen Wohnort verklagen. Vgl. dazu im Einzelnen § 5 Rdn 86 f.

Wann und unter welchen Voraussetzungen die Entschädigungsstelle verklagt werden kann, ist noch nicht definitiv geklärt. Zu unterscheiden ist zwischen der Frage, ob die Voraussetzungen für ein Tätigwerden der Entschädigungsstelle gegeben sind, ob also „eine mit Gründen versehene Antwort" vorlag oder nicht.

(b) Gegner außerhalb der EU

Solche Fälle sind **für einen deutschen Anwalt sehr schwer zu bearbeiten.** Es gilt das ausländische Straßenverkehrs- und Schadensrecht. Zuständig für die Schadensregulierung ist der ausländische Versicherer und nur selten verfügt dieser bislang über ein deutsches Regulierungsbüro. Aber auch ein solches würde nur **nach ausländischem Recht** regulieren mit allen dort herrschenden Besonderheiten. 301

Solche **Regulierungen dauern oft Jahre,** da sich ausländische Versicherer unendlich viel Zeit mit der Regulierung lassen. Außerdem sind die Regulierungsbemühungen hiesiger Anwälte nach den älteren ARB 75 **nicht von der Rechtsschutzversicherung abgedeckt** (§ 2 Abs. 1a S. 2 ARB 75), sondern ausschließlich diejenigen ortsansässiger ausländischer Kollegen. Ab den ARB 94 (§ 5 Abs. 1b) trägt der Rechtsschutzversicherer nach Wahl des Versicherungsnehmers entweder die vollständigen Kosten des inländischen Anwalts oder (was weitaus sinnvoller ist) die Kosten eines ausländischen Anwalts und zusätzlich die Kosten eines (inländischen) Korrespondenzanwaltes nach Nr. 3400 VV RVG. 302

Zwar geben die meisten Rechtsschutzversicherer auch nach den ARB 75 dann nachträglich Kostenschutz, wenn die Regulierung vollständig von hier aus zu Ende gebracht worden ist und es der Mithilfe eines ausländischen Kollegen nicht bedurfte. Wenn aber dessen Hilfe doch einmal erforderlich werden sollte, erfolgt **Kostenschutz nur dem ausländischen Kollegen** gegenüber. 303

Da in vielen Ländern die **Übernahme von Anwaltskosten** durch den Gegner oder seinen Haftpflichtversicherer nicht oder nur als **Ausnahme** vorgesehen ist, würde die hiesige Tätigkeit vom Mandanten selbst zu bezahlen sein, worauf er in jedem Falle ausdrücklich aufmerksam gemacht werden muss – es sei denn, er ist bereits nach den ARB 94 oder neueren Bedingungswerken versichert. 304

Oft reicht es aber aus, den Mandanten anhand des im Literaturhinweis genannten Buches über das ausländische Schadensrecht zu informieren und an den Rechtsschutzversicherer oder – nur bei ADAC-Mitgliedern möglich – an die **Juristische Zentrale des ADAC** zu verweisen, die dann weiterhelfen können. 305

Tipp
Allgemein kann nur geraten werden: Hände weg von einer Auslandsschadensregulierung, jedenfalls im nicht-deutschsprachigen Ausland und außerhalb der EU. 306

§ 1 Beginn eines Verkehrsrechtsmandates

b) Andere Anspruchsgegner

aa) Ansprüche gegen die Verkehrsopferhilfe

307 Ist der Verursacher eines Verkehrsunfalls unbekannt geblieben, bleibt nur noch die „Rettung" durch die

Verkehrsopferhilfe e.V.
Wilhelmstraße 43/43 G
10117 Berlin,

Tel.: 0 30/20 20 50 00
Fax: 0 30/20 20 57 22,

www.verkehrsopferhilfe.de.

308 Hierbei handelt es sich um einen **gesetzlichen Entschädigungsfonds**, der gem. § 12 PflVG die Schadensregulierung wie ein Pflichtversicherer übernimmt bei

- unfallflüchtigem Unfallverursacher,
- Schädigung durch ein pflichtwidrig nicht haftpflichtversichertes Kraftfahrzeug,
- vorsätzlicher Schädigung durch einen Kraftfahrer, der wegen § 103 VVG keinen Versicherungsschutz in der Kfz-Haftpflichtversicherung genießt,
- Insolvenz des leistungspflichtigen Kfz-Pflichtversicherers.

309 Er ist jedoch **stets nur subsidiär einstandspflichtig**, weshalb im Einzelfall insbesondere Ansprüche gegen einen Schadensversicherer (z.B. Kaskoversicherung für Fahrzeugschäden, private Krankenversicherung für Heilbehandlungskosten), Sozialleistungsträger, Arbeitgeber oder gegen einen solventen Halter oder Fahrer vorrangig geltend zu machen sind.

310 Hinsichtlich des Regulierungsumfangs tritt die Verkehrsopferhilfe wie ein Pflichtversicherer, d.h. also auch nur nach den Mindestversicherungssummen des PflVG, insoweit aber in vollem Umfang für alle entstandenen Schäden (subsidiär, vgl. Rdn 283 ff.) ein. Bei den sogenannten Unfallfluchtschäden wird jedoch der Fahrzeugschaden nicht ersetzt, die sonstigen Sachschäden, z.B. Ladung, Gepäck, Kleidung etc. nur, soweit dieser Schaden den Betrag von 500 EUR übersteigt (§ 12 Abs. 2 PflVG).

311 Bei Unfallfluchtschäden (§ 12 Abs. 1 Nr. 1 PflVG) wird ein **Schmerzensgeld** nur gezahlt, wenn dies wegen der besonderen Schwere der Verletzung zur Vermeidung einer groben Unbilligkeit erforderlich ist, d.h. also etwa ab einer Schmerzensgeldgröße von 10.000 EUR aufwärts.

312 Eine vergleichbare „Rettung" kommt auch für denjenigen in Betracht, der die Regulierung eines Auslandsunfalls – entgegen dem obigen Tipp – übernommen hat, denn auch in zahlreichen anderen Staaten bestehen vergleichbare Entschädigungsfonds, die auch von einem deutschen Unfallgeschädigten bei Bestehen eines Gegenseitigkeitsabkommens in Anspruch genommen werden können (eine Übersicht

A. Mandatsannahme § 1

hierzu bietet das bereits empfohlene Buch von *Neidhart*, Unfall im Ausland, Band 1: Ost-Europa, 5. Auflage 2006 und *Neidhart*, Unfall im Ausland, Band 2: West-Europa, 5. Auflage 2007).

bb) Ansprüche wegen Nachhaftung eines Versicherers

Wenn mit einem **nicht angemeldeten und nicht versicherten Fahrzeug** ein Schaden verursacht wird, dann sollte geprüft werden, ob aus irgendeinem Versicherungsverhältnis heraus noch die einmonatige Nachhaftung gem. § 117 Abs. 2 S. 1 VVG hergeleitet werden kann. Ein solches resultiert z.b. auch aus einer nur kurzfristigen Benutzung des Fahrzeuges mit einer „**Roten Nummer**" z.b. zum Zwecke einer **Überführungsfahrt**.

313

Das kann z.b. der Fall sein, wenn ein Fahrzeug gestohlen worden ist, das mit einer „Roten Nummer" vor weniger als einem Monat überführt oder zwecks Probefahrt benutzt worden ist. Wenn der Fahrer damit einen Unfall verursacht, kann voller Ersatz von demjenigen Versicherer verlangt werden, bei dem die „Rote Nummer" versichert war, mit der das Fahrzeug zuletzt benutzt wurde.

314

cc) Ansprüche wegen grober Fahrlässigkeit eines Verwahrers

Wenn ein Schaden mit einem nicht angemeldeten, nicht versicherten und auch nicht mehr in einer Nachhaftung befindlichen gestohlenen Fahrzeug verursacht wird, kann auch eine Haftung des Verwahrers in Betracht kommen. Ein solcher Fall ist z.b. gegeben, wenn ein Autohändler in den auf dem abgeschlossenen Hofgelände stehenden Fahrzeugen die Schlüssel stecken lässt. Das begründet eine Haftung wegen grober Fahrlässigkeit.

315

dd) Militärfahrzeuge

Die Aufgaben der Verteidigungslastenverwaltung (insbesondere die Regulierung von Schäden, die durch Mitglieder der ausländischen Streitkräfte verursacht wurden), die bisher ausschließlich durch Landesbehörden wahrgenommen wurden, sind zum 1.1.2005 endgültig in eine bundeseigene Verwaltung übergegangen. Einzelheiten regelt das Verteidigungslastenzuständigkeitsänderungsgesetz vom 19.9.2002 (BGBl 2002 Teil II Nr. 37). Zeitgleich wurde die Bundesvermögensverwaltung umstrukturiert und in eine neu zu errichtende Bundesanstalt für Immobilienaufgaben (BImA) überführt. Der Deutsche Bundestag hat am 29.10.2004 das BImA-Errichtungsgesetz verabschiedet. Zur Durchführung der Aufgaben der Verteidigungslastenverwaltung wurden vom Bundesministerium der Finanzen die Schadensregulierungsstellen des Bundes (SRB) mit 4 Regionalbüros eingerichtet, welche ebenfalls in die neu zu gründende Anstalt überführt wurden. Die Zuständigkeiten für Schadensfälle nach dem NATO-Truppenstatut (einschließlich Schäden durch Streitkräfte, die sich nach dem Streitkräfteaufenthaltsgesetz erlaubterweise in der Bundesrepublik aufhalten) sind wie folgt verteilt:

316

§ 1 Beginn eines Verkehrsrechtsmandates

Dienststelle/Anschrift	Zuständigkeitsbereich
Bundesanstalt für Immobilienaufgaben Schadensregulierungsstelle **Regionalbüro Ost Erfurt** Drosselbergstr. 2 99097 Erfurt Telefon: (0361) 3482–131 Telefax: (0361) 3482–366	Bayern (nur Regierungsbezirk Unterfranken), Berlin, Brandenburg, Hessen, Sachsen, Thüringen - sämtliche Schäden - Bremen, Hamburg, Mecklenburg-Vorpommern, Niedersachsen, Nordrhein-Westfalen (nur Regierungsbezirk Detmold), Sachsen-Anhalt, Schleswig-Holstein - nur Personendauerschäden -
Bundesanstalt für Immobilienaufgaben Schadensregulierungsstelle **Regionalbüro West Koblenz** Schloss (Hauptgebäude) 56068 Koblenz Telefon: (0261) 3908–0 Telefax: (0261) 3908–181	Nordrhein-Westfalen (ohne Regierungsbezirk Detmold), Rheinland-Pfalz, Saarland
Bundesanstalt für Immobilienaufgaben Schadensregulierungsstelle **Regionalbüro Süd Nürnberg** Rudolphstr. 28–30 90489 Nürnberg Telefon: (0911) 376–0 Telefax: (0911) 376–2449	Baden-Württemberg, Bayern (ohne Regierungsbezirk Unterfranken) - sämtliche Schäden - Bremen, Hamburg, Mecklenburg-Vorpommern, Niedersachsen, Nordrhein-Westfalen (nur Regierungsbezirk Detmold), Sachsen Anhalt, Schleswig-Holstein - ohne Personendauerschäden -

Örtlich zuständig ist die Behörde, in deren Bezirk das schädigende Ereignis stattgefunden hat.[1]

317

Beachte
Für die Anmeldung gilt eine **Ausschlussfrist von drei Monaten** (Art. 6 Abs. 1 des Gesetzes zum NATO-Truppenstatut und zu den Zusatzvereinbarungen vom 18.8.1961).

---

1 Quelle: Bundesfinanzministerium (*http://www.bundesfinanzministerium.de/Content/DE/Standardartikel/Themen/Bundesvermoegen/Bundesanstalt_fuer_Immobilienaufgaben/Schadensregulierungsstellen/schadensregulierungsstellen-des-bundes.html*), siehe auch: *http://www.bundesimmobilien.de*.

A. Mandatsannahme §1

Die Anmeldung erfolgt dadurch, dass ein **schriftlicher Antrag** (Antragsformular Anhang Anlage 14, siehe § 14 Rdn 18) bei der Schadensregulierungsstelle eingereicht wird.

318

Im Falle einer **Ablehnung** des Antrages muss binnen **zwei Monaten Klage** vor den ordentlichen Gerichten (Landgericht gem. § 71 Abs. 2 Nr. 2 GVG) erhoben werden (BGH NJW 1985, 1081). **Beklagte** ist ausschließlich die Bundesrepublik Deutschland, vertreten durch die örtlich zuständige Behörde.

319

Bei Militärfahrzeugen der **Bundeswehr** gelten § 839 BGB i.V.m. Art. 34 GG unmittelbar.

320

c) Schreiben an eigenen Versicherer

Gemäß § 7 I Abs. 2 S. 1 AKB bzw. E.1.1 AKB 2008 ist jeder Versicherungsfall dem Versicherer vom Versicherungsnehmer **innerhalb einer Woche** schriftlich anzuzeigen. Verletzt der VN vorsätzlich seine Anzeigepflicht, wird der Versicherer im Innenverhältnis leistungsfrei, allerdings nur bis zu einem Höchstbetrag von 2.500 EUR und seit der VVG-Reform nur im Falle der Kausalität (§ 7 V Abs. 1 und 2 AKB bzw. E.6.1 bis E.6.3 AKB 2008).

321

aa) Meldung durch VN

Es ist daher tunlich, auch den Versicherer des eigenen Mandanten anzuschreiben und den Schaden für ihn zu melden. Das gilt naturgemäß insbesondere in **Fällen eigener Mithaftung** des Mandanten. Eine Verpflichtung besteht dazu allerdings nur, wenn ein Haftungseinwand überhaupt zu erwarten steht oder wenn ein solcher – wenn auch vielleicht völlig zu Unrecht – irgendwann vom Gegner erhoben wird. Solange der Unfallgegner keine Ansprüche anmeldet, muss ein Schadensfall also nicht zwingend gemeldet werden.

322

Tipp
Ausnahme: Wenn lediglich ein **bagatellhafter** oder jedenfalls nur **geringer Schaden** (in der Regel bis etwa 500 EUR) beim Unfallgegner eingetreten ist und der **eigene Haftpflichtversicherer** wegen eines begangenen **Obliegenheitsverstoßes** (z.B. Unfallflucht, Alkohol am Steuer) mit Sicherheit später bei dem Mandanten **regressieren wird**, ist es ratsam, den eigenen Versicherer gar nicht erst in die Schadenregulierung einzuschalten. Durch die Regulierung wird nämlich unnützerweise der **Schadenfreiheitsrabatt (SFR) belastet**, der auch dann belastet bleibt, wenn der Versicherer im Zuge des Regresses den gezahlten Schadensbetrag später vom VN zurückerhält.
Anders als bei freiwilliger Rückzahlung bleibt der SFR nämlich belastet, wenn die Rückzahlung als Folge eines Regresses erfolgt.

§ 1 Beginn eines Verkehrsrechtsmandates

323 Meldet der Unfallgegner dann aber doch Ansprüche an, muss der Mandant **auf die erste Anforderung** seines Versicherers hin den Schaden **binnen Wochenfrist** melden.

324 Die **Schadenmeldung** ist allein Aufgabe und **Pflicht des Mandanten** als Versicherungsnehmer gegenüber seinem Versicherer und es sollte auch ihm überlassen bleiben, das Schadenmeldeformular seines Versicherers selbst auszufüllen. Das dürfte schon deshalb geboten sein, weil der VN seinem Versicherer gegenüber die **Obliegenheit vollständiger und vor allem wahrheitsgemäßer Schadenmeldung** hat, die nur er persönlich abgeben und mit seiner Unterschrift bestätigen kann. Würde ihm diese Verpflichtung von dem Anwalt abgenommen werden, könnte dieser von dem Mandanten in **Regress** genommen werden, wenn der Versicherer dem VN/Mandanten den Versicherungsschutz z.B. wegen wahrheitswidriger Angaben entzieht und regressiert.

Tipp
Der Anwalt sollte niemals für seinen Mandanten ein Schadenmeldeformular ausfüllen, denn es droht die Gefahr eines Regresses und die Gefahr strafrechtlicher Verfolgung als Mittäter eines möglicherweise vom Mandanten begangenen Versicherungsbetrugs! Im Übrigen hat der Anwalt regelmäßig keine ausreichende Kenntnis über Vorschäden, Kilometerleistung etc. des Fahrzeugs.

bb) Meldung durch VN-Anwalt

325 Es ist jedoch oftmals von unschätzbarem Vorteil, wenn der Anwalt den Schaden – jedenfalls neben dem Mandanten selbst – dem eigenen Versicherer des Mandanten meldet: Dann ist dem Versicherer des Mandanten dessen anwaltliche Vertretung bekannt und er kann das **Regulierungsverhalten mit dem VN-Anwalt abstimmen**. Damit wird z.B. vermieden, dass der eigene Versicherer vorschnell Haftungsquoten anerkennt oder ganz bzw. teilweise reguliert und damit Quotierungs-Fakten festschreibt, die nur schwer gegenüber dem gegnerischen Versicherer zu korrigieren sind.

326 Der eigene Versicherer kann den Anwalt auch bitten, ihm einen Ermittlungsaktenauszug zu beschaffen und – was das Wichtigste ist – er wird ihn vermutlich mit der **Prozessführung** auf der Passivseite beauftragen, falls die Gegenseite irgendwann einmal Klage erheben sollte.

cc) Regulierungs- und Prozessführungsbefugnis

327 Die alleinige **Regulierungsbefugnis** gem. § 10 Abs. 5 AKB bzw. A.1.1.4 AKB 2010 verbleibt aber stets bei dem Versicherer. Er allein entscheidet über die Art und Weise der Regulierung gegnerischer Schadensersatzansprüche. Er allein hat auch das **Prozessführungsrecht** (§ 7 II Abs. 5 AKB bzw. E.2.4 AKB 2008) und das **Recht der Bestimmung des Prozessanwalts**. Häufig wird der Versicherer im Passivprozess aber auf den ihm bekannten Anwalt des VN zurückgreifen.

A. Mandatsannahme § 1

Der Versicherungsnehmer, der auf der Passivseite einen Anwalt seiner Wahl ohne Abstimmung mit seinem Versicherer mit der Prozessführung beauftragt, begeht grundsätzlich eine **Obliegenheitsverletzung** und muss demzufolge das auf ihn entfallende Prozesskostenrisiko selbst tragen. — 328

> *Beachte* — 329
> Ein **Anwalt**, der unter Missachtung dieses Prozessführungsrechtes des Versicherers gleichwohl das Mandat annimmt und **den Mandanten über das Prozessführungsrecht seines Versicherers nicht aufklärt**, hat **keinen Gebührenanspruch** gegen den Mandanten. Es liegt dann ein klares **Beratungsverschulden des Anwaltes mit diesbezüglicher Regresspflicht** vor (BGH VersR 1985, 83).

Im Falle des Obsiegens besteht darüber hinaus kein Kostenerstattungsanspruch gegenüber dem Gegner, da es sich insoweit um nicht notwendige Prozesskosten handelt (OLG Köln zfs 1984, 107; OLG München zfs 1984, 13). — 330

Es wird aber vereinzelt auch eine **andere Auffassung** vertreten: Sind in einem Kfz-Haftpflichtprozess Halter, Fahrer und Versicherer verklagt worden und hat z.B. der Halter für sich einen eigenen Prozessbevollmächtigten bestellt, **bevor** er **Kenntnis** von der Bestellung eines gemeinsamen Prozessbevollmächtigten durch den Versicherer erlangt hat, so sollen dessen Kosten grundsätzlich erstattungsfähig sein (KG NZV 1998, 467). Voraussetzung ist allerdings, dass kein rechtsmissbräuchliches Verhalten – aus der Sicht des Gegners – vorliegt. — 331

Anders ist das allerdings, wenn die Problematik eines **gestellten Unfalls** im Raume steht. Dann kann für den Haftpflichtversicherer des Beklagtenfahrzeuges eine Vertretung des Fahrers gem. § 10 Abs. 5 AKB bzw. A.1.1.4 AKB 2008 ausscheiden. In solchen Fällen tritt dann der Versicherer zur **Vermeidung eines Versäumnisurteils** dem Rechtsstreit als **Nebenintervenient** bei und beantragt Klageabweisung (OLG Karlsruhe NZV 1998, 508). Dann benötigt der verklagte Fahrer allein schon deshalb einen eigenen Anwalt, weil der beklagte Haftpflichtversicherer seine Vertretung im Passivprozess logischerweise nicht mit übernimmt (vgl. § 5 Rdn 107 ff.). — 332

Seitens der Versicherer wird auf die **Wünsche des VN** nach Prozessführung durch den Anwalt seines Vertrauens häufig Rücksicht genommen, dies aber verständlicherweise nur dann, wenn dem Versicherer der VN-Anwalt auch bekannt gemacht worden ist. — 333

Allerdings bedienen sich die Versicherungen zunehmend einzelner, meist überregional tätiger Großkanzleien, die deren gesamtes Prozessaufkommen bearbeiten. Die wiederum bedienen sich dann, wenn Verhandlungs- und/oder Beweisaufnahmetermine bei dem örtlichen Prozessgericht wahrzunehmen sind, meist dort vor Ort tätiger Anwälte als Unterbevollmächtigte. Dabei nehmen die Versicherungen dann keinerlei Rücksicht auf die Wünsche des VN im Hinblick auf den „Anwalt seines Vertrauens", so wirtschaftlich und sachlich unsinnig das auch sein mag. In — 334 einem solchen Fall sind also alle Bemühungen, das Mandat dann auch auf der Passivseite zu führen, aussichtslos.

335 Das gilt sogar dann, wenn der VN selbst noch Widerklage erheben will oder seinerseits schon selbst aktiv klagt. Dann sind plötzlich zwei verschiedene Anwälte auf der jeweiligen Seite des VN tätig, was sicherlich wirtschaftlich und von der Sache her unsinnig sein dürfte, dem VN und meist auch dem Gericht nicht gefällt, zumal derlei auswärtige Kanzleien in der Regel weder über die oft entscheidenden Ortskenntnisse noch über die Kenntnis der örtlichen Rechtsprechung verfügen dürften. Erheblich sind dann auch später die kostenrechtlichen Probleme in Rahmen der Kostenfestsetzung.

336 Eine **Ausnahme** liegt allenfalls dann vor, wenn im schriftlichen Vorverfahren wegen der gesetzten Notfrist gem. § 276 Abs. 1 ZPO ein Versäumnisurteil droht und eine vorherige Kontaktaufnahme mit dem Versicherer nicht möglich war (z.B. wenn wegen vermeintlicher Eindeutigkeit der Rechtslage mit einer Klage des Gegners nicht gerechnet und demzufolge – entgegen vorstehender Ratschläge – auf eine Schadenmeldung an den Versicherer verzichtet wurde oder weil der Mandant seine Schadensersatzansprüche selbst reguliert hat und erst nach Erhalt der Klage anwaltlichen Rat sucht).

337 Liegt innerhalb der **Notfrist** keine **Weisung des Versicherers** vor, ist zur Vermeidung von Rechtsnachteilen gem. § 331 Abs. 3 ZPO die Verteidigungsanzeige in entsprechender Anwendung des § 7 II Abs. 4 AKB bzw. E.2.5 AKB 2008 zu erstatten. Die hierdurch entstehenden Anwaltskosten dürften dann zumindest aus dem Gesichtspunkt einer berechtigten Geschäftsführung ohne Auftrag zu Lasten des Versicherers gehen.

338 *Tipp*
Sobald ein Mandant mit einer ihm zugestellten Klage erscheint, sollte der Anwalt sofort telefonischen Kontakt mit dem Versicherer des Mandanten aufnehmen, um die Frage zu klären, wer den Prozess auf der Passivseite führen soll. Dabei kann auch geklärt werden, ob und durch wen die Notfristerklärung abgegeben werden soll. So kann vermieden werden, dass dieser Teil des Mandats an einen anderen Anwalt gerät.

339 Durch die einheitliche Vertretung auf der Aktiv- und Passivseite **verdoppelt** sich dann also nicht nur **das Mandat**, sondern dem Mandanten wird auch besser geholfen. Der eigene Anwalt ist natürlich in aller Regel sehr viel besser mit dem Fall und seinen Besonderheiten vertraut als ein etwaiger im Prozessfall vom Versicherer beauftragter Kollege, der den Fall nur aus der – oft spärlichen – Versicherungsakte kennt. Im Falle von Klage und zu erhebender Widerklage bleibt darüber hinaus alles in einer Hand.

A. Mandatsannahme § 1

> *Tipp* 340
> Es empfiehlt sich, von Anfang an auch den eigenen Versicherer des Mandanten anzuschreiben, damit dieser über die anwaltliche Vertretung des VN unterrichtet ist und das Mandat auf der Passivseite nicht verloren geht.

dd) Belastung des Schadensfreiheitsrabattes

Allerdings führt jede Schadensmeldung zur **Belastung des Schadensfreiheits-** 341
rabatts und zur entsprechenden Höherstufung der Versicherungsprämien. Der Grund dafür ist, dass die Versicherer entsprechende Rücklagen bilden müssen. Diese **Belastung bleibt so lange bestehen**, wie die Frage etwaiger Schadensersatzzahlungen **nicht endgültig geklärt** oder der Fall abgeschlossen ist, ggf. also bis zum Eintritt der Verjährung nach drei Jahren. Erst wenn feststeht, dass der Versicherer keinerlei Zahlungen leisten muss, wird der Vertrag rückwirkend wieder entlastet und zuviel gezahlte Prämien zurückerstattet.

Nur bei **offenkundig unsachgemäßer Regulierung** und Befriedigung unbegründe- 342
ter Ansprüche des Gegners ist der Versicherer verpflichtet, den VN schadensfrei zu stellen und den früheren **Schadensfreiheitsrabatt (SFR)** wieder herzustellen (OLG Köln zfs 1992, 342). Die Anforderungen hieran sind aber ausgesprochen hoch und daher nur sehr selten gerichtlich durchsetzbar (vgl. dazu § 13 Rdn 279 f.).

Es ist absolut davon abzuraten, dem Versicherer des Mandanten ein **Regulierungs-** 343
verbot aufzuerlegen oder vom Mandanten auferlegen zu lassen. Zum einen ist es völlig wirkungslos und zum anderen für den Versicherer wegen des Direktanspruchs des Geschädigten gegen den KH-Versicherer nach § 115 Abs. 1 S. 1 Nr. 1 VVG nicht bindend. Zudem führt es dazu, dass im Falle einer Klageerhebung seitens des Gegners das Prozesskostenrisiko auf den Mandanten übergeht und er dafür keinen Versicherungsschutz seiner **Rechtsschutzversicherung** erhalten kann, weil diese **ausschließlich für die Geltendmachung von (gesetzlichen) Schadensersatzansprüchen** und **niemals für deren Abwehr** eintrittspflichtig ist.

d) Schreiben an den Rechtsschutzversicherer

Auch die sofortige Meldung eines Versicherungsfalles beim Rechtsschutzversiche- 344
rer ist empfehlenswert. Zwar mag einem dies in manchem, insbesondere eindeutig gelagerten Fall überflüssig erscheinen. Außerdem hat leider jede Schadensmeldung bei einer Rechtsschutzversicherung zur Folge, dass dort ein „Fall" angelegt wird, was dann später einmal bei der Frage der Kündigung des Rechtsschutzversicherungsverhältnisses eine Rolle spielen kann. Denn einige Rechtsschutzversicherungen schauen bei dieser Frage allein darauf, wie viel Fälle gemeldet worden sind, ungeachtet der Frage, ob überhaupt jemals Versicherungsleistungen ausgekehrt oder (im Obsiegensfall) später wieder von der Gegenseite erstattet worden sind.

Die Erfahrung lehrt jedoch, dass oftmals gerade vermeintlich eindeutige Fälle eine 345
besonders **schnelle Klageerhebung** erforderlich machen. Wenn dann erst die Kos-

tendeckungszusage (KDZ) eingeholt werden muss, geht oftmals wertvolle Zeit verloren. Und das kann sich fatal auswirken, wenn die gegnerische Versicherung unglücklicher Weise genau im dem Zeitraum zahlt, in dem der Anwalt des Geschädigten noch um die KDZ bemüht ist.

e) Schreiben an die Polizei wegen Akteneinsicht

346 Es wäre sträflich, nicht in jedem Regulierungsfall sofort die **Ermittlungsakte** bei der Polizei anzufordern. Unabhängig von der Schuldfrage könnte die Akte im Verlaufe der Regulierung irgendwann einmal von Interesse sein, z.b. weil irgendein Versicherer sie anfordert oder weil der Sachverhalt mit dem Mandanten deshalb erörtert werden muss, weil neue Ermittlungserkenntnisse vorliegen, er vielleicht plötzlich doch Beschuldigter geworden ist usw. (zur verkürzten Akteneinsicht vgl. Rdn 266 ff.).

347 Wenn die Akte erst dann angefordert wird, ist wiederum wertvolle Zeit verloren gegangen. Denn wer als erster in der Akte mit einem Akteneinsichtsgesuch vermerkt ist, bekommt sie in der Regel auch zuerst.

348 *Tipp*
Stets sofort die Ermittlungsakte anfordern. Nur eine schnelle Regulierung ist eine gute Regulierung im Interesse des Mandanten. Jede Regulierungsverzögerung kostet ihn seine Zinsen. Der Anwalt hat also alles zu unterlassen, was eine Regulierungsverzögerung nach sich ziehen könnte, und vielmehr alles zur Beschleunigung zu tun.

349 Wegen der von den Verwaltungen erhobenen **Akteneinsichtsgebühr** von regelmäßig **12 EUR** und dem darüber hin und wieder entstehenden Streit mit den Versicherern wird auf Kapitel 8 – Sonstige materielle Schadenspositionen verwiesen (§ 8 Rdn 555 ff.). Aber Achtung – nicht vergessen: Diese Gebühr ist bei der Weiterberechnung mehrwertsteuerpflichtig (BGH DAR 2011, 356; BVerwG DAR 2010 mit Anm. *Schneider*)!

f) Abschriften an Mandanten

350 Von allen Schreiben erhält der Mandant selbstverständlich Abschriften. In dem Übersendungsschreiben können außerdem **fehlende Unterlagen**, die für die Regulierung wichtig sind, z.B. Rechnungen, Belege, Arztatteste o.Ä., einzeln aufgeführt und angefordert werden.

11. Erforderliche Unterlagen

a) Belege über materiellen Schaden

351 Hierunter fallen in erster Linie **alle Rechnungen**, z.B. über Reparaturkosten, Abschleppkosten und Standgeld, Taxikosten, An- und Abmeldekosten, ggf. Verschrottungskosten, Mietwagenkosten usw.

A. Mandatsannahme §1

Wenn ein Sachverständiger mit der Schadenschätzung beauftragt worden ist, werden das Gutachten und die Rechnung über die Sachverständigenkosten benötigt. 352

Tipp 353
Es hat sich als sinnvoll erwiesen, den Mandanten zu bitten, eine Aufstellung zu erstellen, in der er alles aufschreibt, was ihm an Schadensersatzansprüchen oder Aufwendungen einfällt. Dies stets unter dem Aspekt: „Was für Kosten hatte ich, die ich ohne den Unfall nicht gehabt hätte". Das rechtlich Durchsetzbare wird dann später durch den Anwalt geprüft.

Bei Gegenständen, die nur einem Zeitwertersatz unterliegen, ist die Angabe des – jedenfalls ungefähren – **Anschaffungszeitpunktes** und des damaligen Neuwertes erforderlich, soweit möglich, sind noch vorhandene Anschaffungsbelege beizufügen. 354

Versicherer verlangen meist für jede geltend gemachte Schadensposition Nachweise in Form von **Belegen**. Ohne Belege verweigern sie gern die Regulierung. Das ist aber falsch! Sollte nämlich ein Nachweis über die Schadenshöhe einer bestimmten Position nicht zu erbringen sein, ist gegenüber dem Versicherer stets darauf hinzuweisen, dass der Geschädigte den **Beweis über die Schadenshöhe** ohne weiteres nach § 287 Abs. 1 S. 3 ZPO „**als Beweisführer**" durch seine **eigene Vernehmung** führen kann. Er ist also gar nicht verpflichtet, Belege beizubringen. 355

Seine eigenen diesbezüglichen Darlegungen reichen also im Prozessfalle aus. Das Gleiche gilt demzufolge in der außergerichtlichen Regulierung. Da diese Vorschrift den Schadenregulierern der Versicherer in der Regel unbekannt ist, bedarf es oft des ausdrücklichen Hinweises darauf. Sollte das nicht ausreichen, kann oft nur eine Schadenleiterbeschwerde weiterhelfen, damit die Akte zu einem Juristen im Hause gelangt. 356

Aber Vorsicht: Niemals Originalbelege an Versicherungen versenden! Die meisten Versicherungen scannen die gesamte eingehende Post ein und vernichten sie anschließend ohne Rücksicht auf deren Wert oder Bedeutung. Wenn bei dem Scanvorgang irgendetwas schief läuft, z.B. dem Eingang eine falsche Schadennummer zugeordnet wird oder die Anlagen nicht mitgescannt werden, dann ist das Dokument in der Regel unrettbar verloren und in den Katakomben der Versicherung für alle Zeit verschwunden. Und niemand sollte sich der Illusion hingeben, dass sich dort irgendjemand die Arbeit machen wird, das verlorene Dokument aufzuspüren. 357

b) Belege über immateriellen Schaden

Hier empfiehlt es sich stets, ein **ärztliches Kurzattest** beibringen zu lassen. Auf dessen Grundlage kann jedenfalls ein erster Vorschuss geltend gemacht und die gegnerische Versicherung entsprechend in Verzug gesetzt werden. 358

§ 1 Beginn eines Verkehrsrechtsmandates

359　Manchem Verletzten ist durchaus auch aus anderen Gründen daran gelegen, möglichst rasch einen ersten **Schmerzensgeldvorschuss** zu erhalten, z.B. weil er diesen für die Ersatzbeschaffung seines Pkw gut gebrauchen kann. Ihm gebührt zudem ein möglichst unmittelbarer und zeitnaher Ausgleich für die erlittenen Schmerzen und es kann nicht richtig sein, dass sich der Versicherer des Schädigers Zinsvorteile durch verzögerte Schmerzensgeldregulierung verschafft. Ohne einen jedenfalls vorläufigen Nachweis ist aber eine Vorschusszahlung naturgemäß nicht möglich.

> *Tipp*
> Niemals Originale an Versicherungen versenden, sondern entweder Fotokopien oder eingescannte Dateien.

360　Außerdem ist der Geschädigte/Verletzte ohnehin verpflichtet, Art und Umfang seiner Verletzungen nachzuweisen. Und darüber hinaus sind – wie oben (siehe Rdn 231 ff.) ausgeführt – viele Versicherer aus Kostenersparnisgründen dazu übergegangen, jedenfalls bei geringeren Verletzungen keine ärztlichen Berichte mehr von sich aus anzufordern, sondern diese von dem Verletzten beibringen zu lassen.

361　Oft reicht es insoweit aber auch schon aus, etwaige **Arbeitsunfähigkeitsbescheinigungen** oder aber die an den weiterbehandelnden Hausarzt seitens des Krankenhauses übersandten **Notaufnahmeberichte** oder **Arztbriefe** in Fotokopie beizufügen. Auch eine auf einem Rezeptblock notierte Kurzdiagnose ist oft ausreichend und hilfreich. Meist reicht auch eine reine **Behandlungsbescheinigung** des Arztes aus, wenn er sich zur Erstellung weitergehender Bestätigungen außerstande sehen sollte. Dafür entstandene Kosten sind gegen Nachweis vom gegnerischen Versicherer zu ersetzen.

II. Nächste Schritte

1. Weitere Schreiben

362　Als Nächstes folgt nach Vorliegen aller oder jedenfalls der wichtigsten Belege das Schreiben an den gegnerischen Versicherer, mit dem die Schäden angegeben und spezifiziert werden (**Schadenspezifikation**).

a) Inverzugsetzung

363　Es ist im Hinblick auf die **Verzugsregelung** zwingend erforderlich, schon in dem ersten Aufforderungsschreiben eine kalendermäßig bestimmte **Zahlungsfrist** zu setzen, um möglichst frühzeitig den **Verzugszeitpunkt** zu begründen.

b) Fristsetzung

364　Sie sollte angemessen sein, d.h. zehn bis **maximal 14 Tage** betragen. Ob eine frühere Stellungnahme seitens des Versicherers allein aus technischen Gründen nicht möglich ist, muss zunehmend hinterfragt werden. Immerhin rühmen sich die Versicherer ja, im Rahmen ihres „Schadensmanagements" oder von „Fair Play" Schäden innerhalb von 24 Stunden regulieren zu können. Dann sollten sie auch bei anwaltlich betreuten Geschädigten einmal zeigen, dass das keine hohle Werbephrase ist.

Alsdann kann die Regulierung unter Setzen einer **weiteren Nachfrist** von ca. sieben bis **zehn Tagen** noch einmal angemahnt werden. Dabei ist darauf zu achten, dass die **Verzugszinsen** in Höhe von **fünf Prozentpunkten über dem Basiszinssatz** gem. § 288 Abs. 1 BGB auch tatsächlich geltend gemacht werden (vgl. § 5 Rdn 25 ff. und § 8 Rdn 367 ff.).

365

> *Tipp*
> Zur ordnungsgemäßen Inverzugsetzung muss die **Frist kalendermäßig bestimmt** sein (genaue Datumsangabe) und nicht etwa lauten: „binnen zwei Wochen" o.Ä.
>
> Nie vergessen, die **Verzugszinsen** auch tatsächlich geltend zu machen, auch schon im **vorgerichtlichen Regulierungsbereich**!

c) Frist bis zur Klageerhebung

Der Zeitraum zwischen erster Schadenspezifikation und frühestmöglichem Zeitpunkt zur Klageerhebung sollte drei Wochen nicht unterschreiten (OLG Saarbrücken zfs 1992, 22). Nach der – insoweit nicht ganz einheitlichen Rechtsprechung – ist dem Versicherer des Schädigers eine **Mindestzeit zur Recherche und Durchführung der Regulierung** zuzugestehen (OLG Saarbrücken zfs 1991, 16: „Eine nach **vier Wochen** eingereichte Klage ist nicht zur Unzeit erhoben"; LG Zweibrücken zfs 2016, 198: Im Regelfall Regulierungsfrist von drei bis vier Wochen).

366

Soweit demgegenüber das LG Oldenburg (DAR 1999, 76) erklärt hat, „dem Haftpflichtversicherer ist zumindest dann ein Bearbeitungs- und **Prüfungszeitraum von sieben Wochen** einzuräumen, wenn vorher eine Einsichtnahme in die Ermittlungsakten nicht möglich war", ist das nicht nur im Hinblick auf die Gefahr einer **Verzögerungstaktik** (siehe Rdn 72 ff., 271), auch in den unsinnigsten Fällen zunächst die Ermittlungsakte anzufordern, unangebracht. Eine solche Rechtsansicht ist inzwischen auch ganz sicher vollkommen überholt, haben doch auch die meisten Gerichte schon gemerkt, wie deren Arbeitsbelastung infolge der verzögerlichen Regulierungspraxis zugenommen hat, was dort zu entsprechender Verärgerung geführt hat.

367

Eine solche Regulierungstaktik hat in der Regel nur ein einziges Ziel: Die Zahlung der berechtigten Schadensersatzansprüche soll so lange wie möglich hinausgezögert werden (Stichwort: Zinsgewinn zugunsten der Versicherer). Wenn jedoch darauf geachtet wird, die zuvor erwähnten Zinsen in Höhe von fünf Prozentpunkten über dem Basiszinssatz nach Ablauf der ersten gesetzten kalendermäßig bestimmten Zahlungsfrist **auch tatsächlich geltend zu machen**, könnte diese Verzögerungstaktik vielleicht sehr schnell beendet sein.

368

369 Eine frühere Klageerhebung – also vor Ablauf von vier Wochen – ist gefährlich. Sie könnte als unangemessen gewertet werden und kann bei sofortigem Anerkenntnis der Gegenseite gem. § 93 ZPO zur vollen Kostentragungspflicht führen, sicherlich ein Regressfall für den Anwalt. Allerdings sollte den Gerichten klar gemacht werden, dass Versicherer bei anwaltlich vertretenen Geschädigten möglicherweise **bewusst langsam regulieren**, um negative Zeichen gegenüber dem Geschädigten zu setzen nach dem Motto: Das nächste Mal ohne Anwalt, dann geht es schneller. Daher kann die Antwort nur eine **rasche Klageerhebung** sein, auch wenn es die Gerichte belastet.

370 Diese überflüssige Belastung der Gerichte haben allein die verzögerlich regulierenden Versicherer zu vertreten, und das muss den Gerichten klar gemacht werden. Das gilt insbesondere, wenn nach der Klageerhebung offenbar werden sollte, dass von Seiten des Versicherers „**Klagepoker**" gespielt wurde, d.h. sich der Sachbearbeiter dachte: „Schauen wir doch mal, ob der Anwalt nur blufft und gar keine Rechtsschutzversicherung dahinter steht; dann können wir ja immer noch anerkennen!" Eine solche Art des Taktierens ist eine Zumutung für uns Anwälte, aber auch für die ohnehin schon völlig überlasteten Gerichte.

d) Volkswirtschaftlicher Schaden

371 Welcher **volkswirtschaftliche Schaden** jedoch mit der Provozierung von Klagen, welche vom Versicherer sodann nicht aufgenommen werden, hervorgerufen wird, macht sich eine solche Versicherung offenbar gar nicht klar.

1. Die Klage muss diktiert, geschrieben und zum Gericht geschickt werden.
2. Es muss zuvor die Kostendeckungszusage des Rechtsschutzversicherers eingeholt werden.
3. Dann ist der Gerichtskostenvorschuss einzuzahlen.
4. Bei Gericht muss der Eingang quittiert, die Akte angelegt und eingetragen werden. Sie wird dann dem Richter vorgelegt, der sie durcharbeiten muss. Er verfügt dann die Zustellung bei allen, bis zu drei Beklagten.
5. Es erfolgen in der Regel zumindest zwei Zustellungen.
6. Die Versicherung erklärt dann in der Regel zunächst die Verteidigungsbereitschaft. Dieser Schriftsatz wird dann nach Vorlage beim Richter dem Klägeranwalt zugestellt.
7. Dann erfolgt endlich der Schriftsatz der beklagten Versicherung, in dem sie die Forderung anerkennt.
8. Der wird dann wieder dem Klägervertreter zugestellt, der den Erlass eines Anerkenntnisurteils beantragt. Oder er nimmt die Klage nach Ausgleich seiner Kostenrechnung (inklusive **Einigungsgebühr**, denn die Rücknahme der Klage stellt einen Verzicht auf die gerichtliche Klärung und daher ein Nachgeben dar!) zurück.

A. Mandatsannahme § 1

9. Er erhält dann zwei Gerichtsgebühren zurück, die er dann – einschließlich Honorarvorschuss – wieder an die Rechtsschutzversicherung zurücküberweisen muss.
10. Auch bei der Rechtsschutzversicherung wird somit ein erheblicher Verwaltungsaufwand begründet.

Und das alles nur deshalb, weil die Versicherung ihren Job nicht ordentlich gemacht hat!

2. Wichtiges zur Klage

Jedenfalls aber dann, wenn die letzte gesetzte Frist verstrichen ist, immer noch keine oder nur eine unbefriedigende Antwort des Versicherers des Schädigers vorliegt und auch noch nichts gezahlt worden ist, bleibt nur noch der **Klageweg**. Das ist zunehmend erforderlich, da die Regulierungsgeschwindigkeit bei den Versicherern wegen übermäßiger Personaleinsparungen einerseits, bei anwaltlicher Vertretung des Geschädigten andererseits (siehe vorstehend) ohnehin merklich abgenommen hat. 372

Bei der Klageerhebung sind folgende Punkte zu **beachten**: 373

- Ist der gegnerische Versicherer wirklich ein Kfz-Haftpflichtversicherer (KH) oder ein allgemeiner Haftpflichtversicherer (AH)? – z.B., wenn Gegner Fußgänger, Radfahrer, Hundehalter, Eltern von Kindern, Kfz-Betrieb usw. sind. Nur ein Kfz-Haftpflichtversicherer ist gem. § 115 Abs. 1 S. 1 Nr. 1 VVG unmittelbar verklagbar, ein AH-Versicherer nur bei der Pflichtversicherung in den neuen Ausnahmefällen gem. § 115 Abs. 1 S. 1 Nr. 2 und 3 VVG (Insolvenz oder unbekannter Aufenthalt des Versicherungsnehmers)!
- Wenn Fahrer und Halter auf der Passivseite personenverschieden sind: Klage auf **materielle Ansprüche und** – dies ist eine **ganz wichtige Regelung**, die durch das 2. Schadensrechtsänderungsgesetz eingeführt wurde – **immaterielle Ansprüche** können sich gegen **Fahrer und/oder Halter und/oder Versicherer** richten. Es kann jetzt (dies gilt für alle Unfälle seit dem 1.8.2002) also auch der **Halter** eines Kraftfahrzeugs auf **Schmerzensgeld** verklagt werden, da nunmehr gem. § 11 StVG i.V.m. § 253 Abs. 2 BGB **Schmerzensgeldansprüche auch aus Gefährdungshaftung** herzuleiten sind.
- Wenn auf der Aktivseite ebenfalls **Halter und Fahrer personenverschieden** sind, sollte aus prozesstaktischen Gründen möglichst nicht der gegnerische Halter mitverklagt werden, um der Gegenseite die Möglichkeit zu nehmen, mit einer **Widerklage** den diesseitigen Fahrer als – wohlmöglich einzigen – Zeugen auszuschalten, es sei denn, der Halter ist zugleich Zeuge. Zwar gelingt das pfiffigen gegnerischen Anwälten dennoch, indem sie die Ansprüche des Halters an den Fahrer abtreten lassen und ihn so in die Lage einer Widerklagemöglichkeit versetzen. Aber: Nicht jeder Anwalt ist so pfiffig oder denkt daran.

374 *Tipp*
- Nur der **Kraftfahrthaftpflicht**-Versicherer kann direkt auf Schadensersatz verklagt werden.
- Nur in den neuen gesetzlichen Ausnahmefällen bei einer Pflichtversicherung (Insolvenz oder unbekannter Aufenthalt des Versicherungsnehmers gem. § 115 Abs. 1 S. 1 Nr. 2, 3 VVG) einen Allgemeinen Haftpflichtversicherer auf Schadenersatz verklagen!
- Wenn auf beiden Seiten Halter und Fahrer personenverschieden sind, prüfen, ob der gegnerische Halter verklagt werden soll.

375 Hinsichtlich des **Gerichtsstands** gilt, dass immer dann, wenn auf der Passivseite Halter und/oder Fahrer des gegnerischen Fahrzeuges und der zuständige Versicherer verklagt werden, sich der Gerichtsstand nach § 32 ZPO richtet, also der **gemeinsame Gerichtsstand der unerlaubten Handlung** (Unfallort) gegeben ist. Will man den Prozess am Kanzleiort anhängig machen, gibt es neben der – oft nur schwer zu realisierenden – **Prorogation** (§ 38 ZPO) bzw. rügelosen Verhandlung gem. § 39 ZPO nur die Möglichkeit, allein denjenigen auf der Passivseite zu verklagen, der seinen Wohnsitz im Gerichtsbezirk des Anwaltes hat.

376 *Tipp*
Oft ist es streitentscheidend, bei welchem Richter der Rechtsstreit geführt wird. Es empfiehlt sich daher ein Blick in den Geschäftsverteilungsplan des zuständigen Gerichts, um festzustellen, welcher Richter für welchen Buchstaben zuständig ist. Da sich diese Zuständigkeit oftmals nach dem Anfangsbuchstaben des ersten Beklagten richtet, kann es von entscheidender Bedeutung sein, wen man auf der Beklagtenseite als ersten benennt (Fahrer, Halter oder Versicherer).

377 Eine **Besonderheit** ist zu beachten, wenn zwei **Arbeitnehmer** des **gleichen Betriebes**, z.B. auf dem Firmenparkplatz, einen Unfall mit ihren Kraftfahrzeugen haben. Dann handelt es sich um „bürgerliche Rechtsstreitigkeiten zwischen Arbeitnehmern aus unerlaubten Handlungen", die mit dem Arbeitsverhältnis in Zusammenhang stehen (§ 2 Abs. 1 Nr. 9 ArbGG). In diesen Fällen ist für einen etwaigen Rechtsstreit das **Arbeitsgericht** ausschließlich **zuständig**, nicht das allgemeine Zivilgericht. Arbeitsgerichte haben aber regelmäßig keinerlei Ahnung vom Verkehrsrecht und vom Schadensersatzrecht. Es empfiehlt sich daher dringend, solche Rechtsstreitigkeiten möglichst zum Zivilgericht zu prorogieren.

B. Sofortmaßnahmen bei der Mandatserteilung

I. Betreuer

378 Hierzu ist bereits oben (siehe Rdn 172 ff.) ausführlich erläutert worden. Die Bestellung eines solchen Betreuers kann selbstverständlich auch erst im Verlaufe einer Regulierung erforderlich werden, z.B. wenn sich der **Gesundheitszustand** plötzlich **verschlechtert**.

II. Verfahren zur Beweissicherung

1. Zum Anspruchsgrund

a) Privatgutachten

Da einerseits auch Anwälte später oft schlauer sind als vorher und derweil wertvolle Beweise verloren gegangen sein können, andererseits sich auch niemand etwa auf eine ordnungsgemäße und vollständige Ermittlungstätigkeit der Polizei verlassen darf, insbesondere nicht darauf, dass deren angefertigte Fotografien auch tatsächlich etwas geworden sind oder zur Verfügung stehen, ist stets zu prüfen, inwieweit und wann der Anwalt selbst tätig werden kann oder muss. 379

Es kann sinnvoll sein, **Ermittlungen selbst zu veranlassen**, wenn die Gefahr besteht, dass es **Streit über die Unfallkonstellation**, die gefahrenen **Geschwindigkeiten** der beteiligten Fahrzeuge, die **Fahrbahnbeschaffenheit**, den **Pflanzenbewuchs** zur Unfallzeit wie überhaupt die etwaigen seinerzeitigen **Sichtbehinderungen** oder **Sichtverhältnisse** vor Ort geben wird. Das gilt auch, wenn etwaig gezeichnete **Brems- und Kratzspuren** zu sichern sind. 380

Dabei kommt durchaus die **unmittelbare Beauftragung eines Sachverständigen** durch den insoweit bevollmächtigten Anwalt in Betracht. Diese wäre gem. § 5 Abs. 1f ARB auch durch den **Rechtsschutzversicherer** des Mandanten zu finanzieren, sofern der beauftragte Sachverständige öffentlich bestellt und vereidigt ist und das Gutachten für die **Verteidigung in verkehrsrechtlichen Straf- und Ordnungswidrigkeitenverfahren** (Erforderlichkeit für die Schadenregulierung reicht also nicht aus) erstellt wird. 381

Ein solches Gutachten hat nur den Nachteil, dass die Gegenseite dagegen später den **Einwand des Parteigutachtens** erheben kann. Auch sind die **Kosten eines vorgerichtlich eingeholten verkehrsanalytischen Parteigutachtens** nicht ersetzbar (OLG Saarbrücken zfs 1998, 294). Ein solches Gutachten ist nämlich zur zweckentsprechenden Rechtsverfolgung ungeeignet. Eine wirtschaftlich denkende Partei hätte ein solches Gutachten deshalb nicht eingeholt, weil es als Parteigutachten im Gegensatz zum Gerichtsgutachten zu einer Überzeugungsbildung des Gerichtes nicht beitragen kann. Entweder einigt man sich deshalb mit dem gegnerischen Versicherer auf die Erstellung eines solchen Gutachtens oder besorgt es sich – wie zuvor beschrieben – mit Kostenschutz über die Rechtsschutzversicherung im Rahmen eines gegebenenfalls in gleicher Sache zeitgleich anhängigen Bußgeld- oder Strafverfahrens. 382

b) Gerichtliches selbstständiges Beweisverfahren

Es kann erforderlich werden, über den Grund des Anspruchs ein selbstständiges Beweisverfahren gem. §§ 485 ff. ZPO einzuleiten. 383

Zuständig ist einerseits das **Prozessgericht** (§ 486 Abs. 1 ZPO), andererseits aber auch das Amtsgericht der belegenen Sache (§ 486 Abs. 3 ZPO). Voraussetzung ist, 384 dass – in Abgrenzung zu einem **Ausforschungsbeweisantrag** – eine konkrete Tatsache behauptet wird, die unter Beweis gestellt wird.

385 Fraglich ist, inwieweit es ratsam ist, sogleich auch einen konkreten Sachverständigen unter Angabe seiner Adresse zu benennen, z.b. den eigenen „**Haussachverständigen**", mit dem sinnvollerweise zuvor telefonisch dessen Möglichkeit und Bereitschaft zur Begutachtung geklärt werden sollte. Häufig führt dies dazu, dass der Verfahrensgegner aufgrund nachvollziehbarer Skepsis darauf hinwirkt, dass jeder andere, jedoch gerade nicht der vom Antragsteller benannte Sachverständige ernannt wird. Die Benennung gilt daher inzwischen als sicherer Tipp, einen unliebsamen Sachverständigen auszuschalten. Anders als nach früherem Recht ist eine Benennung durch den Antragsteller prozessual auch nicht mehr vorgesehen, da gem. § 404 Abs. 1 ZPO der Sachverständige grundsätzlich vom Gericht bestimmt wird. Zugleich ist ein ausreichender Vorschuss (in der Regel dürften 500 EUR ausreichen) einzuzahlen oder Kostenbürgschaft zu übernehmen.

386 Die **Tatsachenbehauptungen** und die Dringlichkeit bzw. die Aussicht auf Förderung außergerichtlicher Klärung müssen **glaubhaft gemacht** werden.

387 Oft vergeht zwischen Antragstellung und tatsächlicher Besichtigung durch den Sachverständigen ein viel zu großer Zeitraum, in dessen Verlauf sich die Verhältnisse vor Ort schon wieder erheblich geändert haben könnten.

388 Um den **Verlust von Beweismitteln** zu **vermeiden**, bietet es sich an, dem Sachverständigen die Antragsschrift vorab per Fax zu übersenden und ihn über seine bevorstehende gerichtliche Beauftragung zu informieren sowie ihn zu bitten, unverzüglich vor Ort die erforderlichen Feststellungen zu treffen und – z.B. fotografisch – eine **Zustandsdokumentation** zu erstellen.

389 Für die Kosten eines solchen Verfahrens ist einerseits die Rechtsschutzversicherung des Mandanten eintrittspflichtig (§ 5 Abs. 1c ARB 94/2000/2008), andererseits kann ggf. Prozesskostenhilfe für ein solches Verfahren beantragt werden.

390 Die Durchführung des selbstständigen gerichtlichen Beweisverfahrens löst neben den bereits entstandenen Gebühren gem. Nr. 3100, 3104 VV RVG für das Hauptsacheverfahren zusätzlich und unabhängig von dem Hauptsacheverfahren zwar ebenfalls die Gebühr gem. Nr. 3100 VV RVG aus, die Verfahrensgebühr des selbstständigen Beweisverfahrens ist jedoch gem. Vorb. 3 Abs. 5 VV RVG voll auf die Verfahrensgebühr des Hauptsacheverfahrens anzurechnen.

2. Zur Anspruchshöhe

391 Das Gleiche gilt für die Schadenshöhe, wenn z.B. die Haftungsquote unproblematisch ist, das total- oder teilbeschädigte Fahrzeug des Mandanten aber verschrottet oder repariert werden soll und demzufolge eine **Ermittlung der Schadenshöhe anschließend nicht mehr möglich** ist.

B. Sofortmaßnahmen bei der Mandatserteilung § 1

Dem Mandanten fehlen aber oft die **Mittel für die Beauftragung eines freien Sachverständigen**. Seine Rechtsschutzversicherung ist für die Schadensbegutachtung nicht eintrittspflichtig (gem. § 5 Abs. 1f aa ARB 94/2000/2008 nur in Straf- oder Bußgeldverfahren, nicht in Schadensersatzfällen). 392

In solchen Fällen insbesondere der Mithaftung kann zunächst beim **gegnerischen Versicherer** angefragt werden, ob er über einen **hauseigenen Sachverständigen** verfügt, der die Schadensbesichtigung bei dem Mandantenfahrzeug vornimmt. Dies ist für den Mandanten dann zwar kostenfrei, nicht immer ist der Versicherer dazu aber bereit. Dies umso weniger, je wahrscheinlicher eine Null-Haftung bei ihm gegeben sein dürfte. Außerdem hat ein Versicherungsgutachten – zumindest für den Mandanten – immer den „**Ruch der Parteilichkeit**". 393

In solchen Fällen bietet sich ebenfalls das gerichtliche selbstständige Beweisverfahren an. Mit ihm können vor einer Zustandsveränderung des Fahrzeuges dessen Schadensbild und die Schadenhöhe festgestellt und gesichert werden. Hierfür wäre die **Rechtsschutzversicherung** dann auch eintrittspflichtig (§ 5 Abs. 1c ARB 94/2000/2008) bzw. es kann ggf. Prozesskostenhilfe beantragt werden. 394

III. Einstweilige Verfügung

In nicht so seltenen Fällen gerät der **Mandant in finanzielle Bedrängnis**, weil der gegnerische **Versicherer gar nicht, schleppend oder nur in Teilbeträgen** zahlt. Dieses Problem stellt sich insbesondere in Großschadensfällen. Oft werden die Geschädigten regelrecht „**ausgehungert**". Viele sind so schon in den **finanziellen Ruin** getrieben worden. 395

Zwar fängt ihn meistens das **soziale Netz** auf, und zumindest die größte und aktuellste Not lässt sich mildern. Was aber, wenn hohe Verbindlichkeiten bestehen, die mit der Sozialhilfe nicht einmal annähernd aufgefangen werden können, z.B. auch im Falle des Nichtbestehens einer Krankenversicherung und hohen Heilbehandlungskosten? Die Durchführung eines Klageverfahrens mit seiner oft jahrelangen Dauer kann in solchen Fällen nicht abgewartet werden. **Schnelle vorläufige Hilfe** ist erforderlich. 396

In solchen Fällen kann ein **Antrag auf einstweilige Verfügung** gestellt werden mit dem Ziel, jedenfalls vorläufige Zahlungen von der Gegenseite zu erhalten, welche die **unmittelbarste Not** des Mandanten lindern helfen und den Versicherer des Schädigers zur diesbezüglichen Tätigkeit veranlassen (OLG Düsseldorf VersR 1970, 331). 397

§ 2 Haftungsgrundlagen

A. Haftung aus unerlaubter Handlung

Literatur zur Haftung aus unerlaubter Handlung:

Diederichsen, Die Rechtsprechung des BGH zum Haftpflichtrecht, DAR 2011, 301; *Galke*, Neueste Rechtsprechung des BGH zur Haftung von Fahrer und Halter, zfs 2011, 2 (Teil 1) und 62 (Teil 2).

I. §§ 823 ff. BGB

Die wichtigsten Vorschriften für die Haftung eines Unfallbeteiligten sind – neben den speziellen Haftungstatbeständen des StVG – die Vorschriften der **unerlaubten Handlung** nach §§ 823 ff. BGB.

1. Voraussetzung

Voraussetzung einer Haftung aus §§ 823 ff. BGB ist die vom Geschädigten zu beweisende **rechtswidrige** und **schuldhafte Handlung** eines anderen, die zu einer **Rechtsgutsverletzung** des Geschädigten geführt hat.

2. Rechtsfolge

Rechtsfolge ist dann die **Verpflichtung zum Schadensersatz**, wobei sich der Umfang grundsätzlich aus §§ 249 ff. BGB ergibt. Diese immer wieder von Versicherern, Gerichten und Rechtsanwälten übersehene Vorschrift lädt dem Schädiger grundsätzlich zunächst die Verpflichtung auf, **den Zustand herzustellen, der bestehen würde, wenn der zum Ersatz verpflichtende Umstand nicht eingetreten wäre** (Naturalrestitution).

Im Schadensersatzrecht ist dies jedoch unüblich, sodass wesentlich größere Bedeutung dem § 249 Abs. 2 S. 1 BGB zukommt. Danach ist der Schädiger verpflichtet, den zur Wiederherstellung des ursprünglichen Zustandes erforderlichen **Geldbetrag** zu erstatten.

Aus § 249 Abs. 2 S. 1 BGB leitet sich daher auch die **Dispositionsfreiheit** des Geschädigten ab, allein zu entscheiden, ob er beispielsweise sein unfallbedingt beschädigtes Kraftfahrzeug reparieren lässt oder auf der Basis eines Sachverständigengutachtens den Sachschaden **fiktiv** erstattet verlangt.

Entgegen der Auffassung vieler Versicherungssachbearbeiter ist es nach wie vor wegen § 249 Abs. 2 S. 1 BGB gerade **nicht erforderlich**, dass eine **Reparaturkostenrechnung** vorgelegt wird.

Seit der Neuregelung in § 249 Abs. 2 S. 2 BGB durch das Zweite Schadensrechtsänderungsgesetz zum 1.8.2002 ist es allerdings erforderlich, entweder eine Reparaturkostenrechnung oder aber beispielsweise eine Teilebeschaffungsrechnung mit ausgewiesener **Mehrwertsteuer** vorzulegen, wenn neben dem Nettobetrag der Reparaturkosten eines Sachverständigengutachtens auch die Erstattung von **Mehrwertsteuerbeträgen** verlangt wird.

a) Haftungsumfang

8   Der Schädiger hat dem Geschädigten nach § 249 BGB sowohl **die unmittelbaren Schäden** als auch die **Folgeschäden** zu ersetzen.

aa) Unmittelbare Schäden und Folgeschäden

9   Reparaturkosten für den unfallbeschädigten Pkw (BGH NJW 1976, 1396), die Bergungskosten, die Wertminderung sowie der Wertersatz bei Totalschaden sind z.B. **unmittelbare Schäden**.

10 **Sachfolgeschäden** sind der Nutzungsausfall, die Mietwagenkosten und die dem Geschädigten entstehenden Rechtsverfolgungskosten, aber auch z.B. der Schaden, der anlässlich der unfallbedingten Kfz-Reparatur durch einen Monteur an dem Fahrzeug fahrlässig verursacht wird.

11 Wird ein Unfallverletzter ins Krankenhaus eingeliefert und erleidet er dort durch einen einfachen ärztlichen Behandlungsfehler einen weiteren Gesundheitsschaden, so liegt z.B. ein **Personenfolgeschaden** vor, den der Schädiger ebenfalls zu ersetzen hat.

12 Auch das Abhandenkommen wertvoller Gegenstände aus einem bei einem Verkehrsunfall beschädigten Fahrzeug ist über den Zurechnungszusammenhang dem Unfallschaden zuzurechnen (BGH DAR 1997, 157).

13 *Beachte*
    Zur Feststellung der haftungsbegründenden Kausalität kommen dem Geschädigten keine Beweiserleichterungen zugute (BGH VersR 2004, 118).

bb) Entgangener Gewinn

14 Nur klarstellende Funktion hat § 252 BGB, wonach der zu ersetzende Schaden auch den **entgangenen Gewinn** umfasst. Dieser bemisst sich danach, welcher Gewinn nach dem **gewöhnlichen Lauf der Dinge** oder nach den besonderen Umständen, insbesondere nach den getroffenen Anstalten und Vorkehrungen mit **Wahrscheinlichkeit** erwartet werden konnte.

15 *Merke*
    § 252 BGB ist somit die materiellrechtliche Grundlage für den Gewinnersatz und ermöglicht dem Gericht über § 287 ZPO die Schätzung der Schadenshöhe.

16 Ergänzt wird § 252 BGB im Bereich der unerlaubten Handlung durch § 842 BGB, der festlegt, in welchem Umfang der Schädiger bei **Verletzung einer Person** hinsichtlich des entgangenen Gewinns ersatzpflichtig ist.

Die Vorschriften der §§ 843–846 BGB regeln darüber hinaus die Ersatzpflicht hinsichtlich der weiteren Personenschäden.

cc) Immaterielle Schäden

Nach § 253 Abs. 1 BGB kann eine **Entschädigung in Geld** nur in den durch das Gesetz bestimmten Fällen gefordert werden.

Ist wegen einer Verletzung des Körpers, der Gesundheit, der Freiheit oder der sexuellen Selbstbestimmung Schadensersatz zu leisten, kann auch wegen des Schadens, der nicht Vermögensschaden ist, eine billige Entschädigung in Geld verlangt werden (§ 253 Abs. 2 BGB).

Durch die Neufassung des § 253 BGB durch das Zweite Schadensrechtsänderungsgesetz kann seit dem 1.8.2002 **immer** Ersatz des immateriellen Personenschadens (**Schmerzensgeld**) verlangt werden, und zwar nicht nur bei der Verschuldenshaftung nach den §§ 823 ff. BGB, sondern auch in allen Fällen der Gefährdungshaftung (insbesondere § 7 StVG) **und** der Vertragshaftung (siehe hierzu § 9 Rdn 34 ff.).

dd) Adäquanztheorie

Der Geschädigte kann nur den adäquat durch die Verletzungshandlung verursachten Schaden ersetzt verlangen (so genannte **Adäquanztheorie**). Danach sind dem Schädiger **besonders eigenartige** oder **ganz unwahrscheinliche** und nach dem regelmäßigen Lauf der Dinge nicht zu erwartende Umstände nicht mehr zuzurechnen.

Wann ein Schaden einer schädigenden Handlung noch adäquat kausal zugerechnet werden kann, ist in der Rechtsprechung sehr umfangreich behandelt worden. An dieser Stelle kann deshalb kein vollständiger Überblick über die Grenzfälle gegeben werden.

Zu beachten ist jedoch, dass der BGH eine eher **weite Auslegung** des adäquat verursachten Schadens vertritt.

> *Beispiel*
> Zwei Fahrzeugführer kommen sich auf einer Landstraße entgegen. Der eine kommt verkehrswidrig auf die Fahrbahn des anderen und zwingt diesen zum Ausweichen, wodurch dieser ins Schleudern gerät und einen Schaden erleidet.

Auch ohne eine Berührung der Fahrzeuge ist in derartigen Fällen der von dem verkehrswidrig entgegenkommenden Fahrer verursachte Schaden diesem **adäquat kausal zuzurechnen** (BGH NJW 1971, 1982; 1981, 570; OLG Saarbrücken zfs 1989, 286; OLG Hamm zfs 1996, 444). So wird der **rechtliche Ursachenzusammenhang** zwischen einer Überschreitung der zulässigen Höchstgeschwindigkeit und einem Verkehrsunfall auch dann noch bejaht, wenn bei Einhaltung der zulässigen Geschwindigkeit zum Zeitpunkt des Eintritts der kritischen Verkehrssituation der Unfall noch vermeidbar gewesen wäre (BGH zfs 2003, 334 ff.).

§ 2 Haftungsgrundlagen

26 Ist der Geschädigte **durch mehrere Unfälle verletzt** worden, kann oft nicht geklärt werden, ob ein verbliebener Dauerschaden auf den einen oder den anderen Unfall zurückzuführen ist. Hier hat der BGH einen **Zurechnungszusammenhang** angenommen und auch den Schädiger des Zweitunfalls zum Ersatz des Schadens verurteilt (BGH zfs 2002, 121).

27 Dagegen hat es der BGH auch für akzeptabel angesehen, wenn der Tatrichter den haftungsrechtlichen Zurechnungszusammenhang zwischen einem Erstunfall und einem Zweitunfall nach den besonderen Umständen des Einzelfalles verneint (BGH zfs 2004, 255: Der Erstunfall führte zu einer Teilsperrung der Autobahn und anschließenden erheblichen Zweitunfällen).

28 So haftet der Schädiger auch für **Schadensfolgen**, die durch eine weitere Ursache **unmittelbar** ausgelöst werden.

> *Beispiele*
> - Der Krankenwagen, der den Verletzten von der Unfallstelle abtransportiert, verunglückt auf der Fahrt ins Krankenhaus. Auch die infolge des Unfalls des Krankenwagens beim Verletzten eingetretenen Schäden sind dem Erstschädiger zuzurechnen (BGH DAR 1971, 102).
> - Ein Arzt behandelt den Geschädigten im Rahmen der unfallbedingten Heilbehandlung falsch. Auch hier haftet der Schädiger für die Folgen eines ärztlichen Behandlungsfehlers (OLG Hamm r+s 1995, 340), es sei denn, es liegt ein grober Behandlungsfehler vor (BGH VersR 1967, 381; OLG Köln zfs 1989, 78).
> - Entsprechend hat auch das OLG Braunschweig (VersR 1996, 715) die erhöhten Heilbehandlungskosten und vermehrten Verdienstausfälle eines alkoholkranken Unfallverletzten, die infolge des Alkoholverbots im Krankenhaus entstehen, als adäquat kausal durch das Unfallgeschehen verursacht gewertet, deren Ersatz aber deshalb abgelehnt, weil die Schäden nicht mehr im Schutzbereich der verletzten Norm des § 823 Abs. 1 BGB liegen.

ee) Überholende Kausalität

29 Von überholender Kausalität spricht man, wenn die Auswirkungen des Unfallgeschehens von einem neuen eigenständigen Kausalverlauf **überlagert** werden.

30 So können z.B. **besonders gravierende Fehler eines Arztes bei der Behandlung eines Unfallopfers** eine überholende Kausalität auslösen.

31 In einem anderen Fall hat der BGH jedoch einem Geschädigten Schadensersatzansprüche mit dem Argument der **überholenden Kausalität** versagt, weil der Geschädigte unfallbedingt entstandenen Verdienstausfall auch für einen Zeitraum begehrt hat, in dem sein Verdienst auch ohne Schadensereignis weggefallen wäre, weil sich **anlagebedingte Leiden des Geschädigten** zu einer Arbeitsunfähigkeit ausgewirkt hätten (BGH VersR 1968, 804).

A. Haftung aus unerlaubter Handlung §2

Entsteht dagegen bei zwei zeitlich aufeinander folgenden selbstständigen Unfällen ein Dauerschaden des Verletzten, haftet der Erstschädiger mangels abgrenzbarer Schadensteile grundsätzlich auch dann für den Dauerschaden, wenn die Folgen des Erstunfalls erst durch den Zweitunfall zum Dauerschaden verstärkt worden sind (BGH zfs 2002, 121). Gleichermaßen kann der Geschädigte vom Schädiger die **fiktiven Kosten der Reparatur** seines Pkw auch dann verlangen, **wenn das Fahrzeug bei einem späteren Unfall am gleichen Karosserieteil zusätzlich beschädigt worden ist**, die Reparatur des Zweitschadens zwangsläufig zur Beseitigung des Erstschadens geführt hat und der Kaskoversicherer des Geschädigten aufgrund seiner Einstandspflicht für den späteren Schaden die Reparaturkosten vollständig erstattet hat (BGH v. 12.3.2009 – VI ZR 88/08 – VersR 2009, 1130 = zfs 2009, 441). 32

Wird dagegen bei zwei voneinander unabhängigen Schadensfällen der Beitrag des Erstunfalls zum endgültigen Schadensbild nur **geringfügig** verstärkt, weil der Geschädigte zu einer psychischen Fehlverarbeitung neigt, reicht dies nicht mehr aus, um eine Haftung des Erstschädigers für die Folgen des Zweitunfalls zu begründen (BGH zfs 2004, 349). 33

Beachte 34
Die Beweislast für einen andersartigen Verlauf infolge überholender Kausalität obliegt dem Schädiger! Der Geschädigte soll nicht mit dem Risiko der Zweifelhaftigkeit der Entwicklung belastet werden.

ff) Schutzzweck der Norm

Als Haftungskorrektiv wird in der Rechtsprechung die so genannte **Lehre vom Rechtswidrigkeitszusammenhang** bzw. die **Lehre vom Schutzzweck der Norm** verwendet. Beide besagen im Ergebnis dasselbe. 35

Danach können nur die adäquat kausal verursachten Schäden ersetzt werden, in denen sich **genau die Gefahr verwirklicht** hat, vor der die jeweilige Verhaltensnorm schützen soll. 36

Bei dem entstandenen Schaden muss sich das **Risiko verwirklicht** haben, **vor dem die Haftungsnorm schützen will**. Es ist also eine **wertende Betrachtung** anzustellen, ob der Schaden der Pflichtwidrigkeit zugeordnet werden kann. 37

Beispiel
Die Vorschriften über die Benutzung der rechten Fahrbahn dienen lediglich der reibungslosen Abwicklung des Gegen- und Überholverkehrs, nicht aber dem Schutz eines die Straße querenden Verkehrsteilnehmers (**Schutzbereichstheorie** – BGH VersR 1964, 1069; 1975, 37).

89

§ 2 Haftungsgrundlagen

38 Ebenso wird in folgenden Fällen eine **Verletzung des Schutzzwecks der Norm verneint**:
- Anlässlich einer polizeilichen Unfallaufnahme schilderte der objektiv alleinschuldige Schädiger den Unfall so, als ob der schuldlos Geschädigte ihn verursacht hätte. Der Geschädigte erlitt wegen der falschen Schadensschilderung des Schädigers einen Schlaganfall. Der BGH verneint einen haftungsrechtlichen Zusammenhang zwischen Verkehrsverstoß des Schädigers und den Schäden des Geschädigten, die dieser infolge des Schlaganfalls erlitten hatte. Der erlittene Schlaganfall werde durch den Schutzzweck der Norm (Verkehrsverstoß) nicht mehr berührt (BGH VersR 1989, 923).
- Der Schutzzweck der verletzten Norm (Verbot der Verletzung des Körpers und der Gesundheit) ist nicht mehr als berührt anzusehen, wenn bei einem alkoholkranken unfallbedingt ins Krankenhaus eingelieferten Geschädigten wegen des im Krankenhaus bestehenden Alkoholverbots erhöhte Heilbehandlungskosten und vermehrter Verdienstausfall entstehen (OLG Braunschweig VersR 1996, 715).
- Halteverbote im Rahmen von Baustellen schützen nicht das Vermögen eines Bauunternehmers oder eines von diesem beauftragten weiteren Unternehmers (BGH zfs 2004, 111).

b) Ansprüche mittelbar Geschädigter

39 Mittelbar Geschädigte sind diejenigen, die **selbst weder körperlich verletzt** noch deren **Sachen beschädigt** worden sind, die aber dennoch einen **Vermögensschaden** erlitten haben. Ihnen stehen grundsätzlich keine Schadensersatzansprüche gegen den Schädiger und dessen Haftpflichtversicherer zu, da die Haftung gem. § 823 Abs. 1 BGB die Verletzung eines der dort genannten Rechtsgüter voraussetzt, während reine Vermögensschäden – die nicht Folge der Verletzung eines absoluten Rechts sind – nicht ersetzt werden (vgl. BGH NZV 2015, 292).

40 *Beispiel 1*
Derjenige, der infolge eines unfallbedingten Staus so lange stehen muss, dass er sein Fahrtziel am gleichen Tage nicht mehr erreicht und daher übernachten muss, erleidet lediglich einen (mittelbaren) reinen Vermögensschaden. Er hat keine Ersatzansprüche gegen den Verursacher des Staus.

Beispiel 2
Auch der Betreiber einer Autobahnrastanlage hat keine Ansprüche gegen einen Unfallverursacher wegen des durch die unfallbedingte Sperrung der Autobahn entgangenen Gewinns, da weder die Rastanlage in ihrer Sachsubstanz noch in ihrer Brauchbarkeit zur bestimmungsgemäßen Verwendung durch die Sperrung beeinträchtigt wurde (BGH NZV 2015, 292).

Beispiel 3
Wird der Partner eines erfolgreichen Eiskunstlaufpaars bei einem Verkehrsunfall verletzt, kann die Partnerin von dem Schädiger keinen Ersatz des Schadens verlangen, der ihr durch den zeitweiligen unfallbedingten Ausfall ihres Partners entsteht (BGH zfs 2003, 224).

Davon gibt es nur **drei gesetzlich normierte Ausnahmen** des Schutzes lediglich mittelbar Geschädigter:
- die zur Übernahme der Beerdigungskosten Verpflichteten (§ 844 Abs. 1 BGB)
- die Unterhaltsberechtigten (§ 844 Abs. 2 BGB)
- die Dienstleistungsberechtigten (§ 845 BGB).

Beachte
Wird bei einem Verkehrsunfall durch das Verschulden des Schädigers der Ehemann getötet und seine Ehefrau verletzt, so muss sich die überlebende Ehefrau ein eventuelles Mitverschulden ihres tödlich verunglückten Ehemanns nur bei ihren Ansprüchen auf das entzogene Recht auf Unterhalt nach § 844 Abs. 2 BGB entgegenhalten lassen. Dagegen entfällt eine Mitverschuldensanrechnung für die eigenen unmittelbaren Schadensersatzansprüche der Ehefrau aus ihrer Verletzung nach § 843 BGB (BGH VersR 1969, 636).

Weitere Ausnahmen sind diejenigen **Ansprüche, die nach gesetzlichen Vorschriften auf Dritte übergehen**.

Beispiele
- § 116 SGB X auf die Sozialleistungsträger
- § 119 SGB X für die Trägerbeiträge der Rentenversicherer
- § 6 Entgeltfortzahlungsgesetz (EFZG) auf den Arbeitgeber
- § 87a BBG auf den Dienstherren
- § 91a SVG auf den Bund
- § 86 VVG auf den Schadensversicherer

3. Begrenzung der Ersatzpflicht

Der Geschädigte hat grundsätzlich die Wahl, ob er **Naturalersatz** (§ 249 Abs. 1 BGB) oder unter den Voraussetzungen des § 249 Abs. 2 S. 1 BGB den zur Wiederherstellung erforderlichen **Geldbetrag** verlangt. Dieses Wahlrecht des Geschädigten wird begrenzt durch die so genannte **Ersetzungsbefugnis des Schädigers** im § 251 Abs. 2 S. 1 BGB. Hiernach ist es das Recht des Schädigers, dem Geschädigten **Geldersatz** zu leisten, wenn die **Wiederherstellung nur mit unverhältnismäßigen Aufwendungen möglich** ist.

Diese Vorschrift wird vor allem bei der Beurteilung eines wirtschaftlichen Totalschadens oder der so genannten **130 %-Regelung des BGH** bedeutsam (siehe hierzu § 7 Rdn 75 ff.). Die Vorschrift des § 251 BGB ist allerdings im Schadensrecht nur von minderer Bedeutung.

4. Verschulden

46 Grundsätzlich haftet der Schädiger nach § 276 BGB für **Vorsatz** und jede Form der **Fahrlässigkeit**. Bei **Vorsatztaten** des unmittelbaren Schädigers besteht jedoch nach § 103 VVG für den Kraftfahrt-Haftpflichtversicherer ein **subjektiver Risikoausschluss**. Der Kraftfahrt-Haftpflichtversicherer haftet somit nur für jede Form der Fahrlässigkeit seines Versicherungsnehmers (Schädigers) – § 115 Abs. 1 S. 1 Nr. 1 i.V.m. § 103 VVG.

47 *Beachte*
Oft vermutet der Mandant, der Gegner habe den Unfall vorsätzlich herbeigeführt. Eine solche überspitzte und oft gar nicht verifizierbare Behauptung würde wegen des subjektiven Risikoausschlusses für Vorsatztaten (§ 103 VVG) zur Leistungsfreiheit des gegnerischen KH-Versicherers führen und gehört daher keinesfalls in eine Schutzschrift oder die Sachverhaltsschilderung an den gegnerischen Kfz-Haftpflichtversicherer.

a) Allgemeine Verhaltenspflichten

48 Die Verhaltenspflichten der Verkehrsteilnehmer sind vor allem nach den Vorschriften der StVO zu beurteilen.

49 Für einen Unfallbeteiligten kann ein **Verschulden entfallen**, wenn zu seinen Gunsten der so genannte **Vertrauensgrundsatz** eingreift (BGH NZV 1998, 396). So darf ein Wartepflichtiger im Allgemeinen darauf vertrauen, dass ein rechts blinkender Vorfahrtsberechtigter auch tatsächlich nach rechts abbiegen wird, wenn nicht besondere Umstände vorliegen, die Anlass zu Zweifeln an dieser Absicht begründen (OLG München DAR 1998, 474). Hiernach kann jeder Verkehrsteilnehmer im Straßenverkehr darauf vertrauen, dass **sich andere Verkehrsteilnehmer verkehrsgerecht verhalten**. Das gilt zumindest dann, wenn vernünftigerweise mit einem Verkehrsverstoß des anderen Verkehrsteilnehmers nicht zu rechnen ist.

50 *Beispiel*
Der mit vorschriftsmäßiger Beleuchtung fahrende Kraftfahrer braucht nicht damit zu rechnen, dass ihm **auf der Straßenmitte** bei Dunkelheit plötzlich ein Fußgänger entgegenkommt (BGH VersR 1975, 1121).

Aber
Der Vertrauensgrundsatz kommt regelmäßig demjenigen nicht zugute, der sich selbst über Verkehrsregeln hinwegsetzt, die auch dem Schutz des unfallbeteiligten Verkehrsteilnehmers dienen (BGH zfs 2003, 334).

51 Dagegen wird bei **unklarer Verkehrslage** von jedem Verkehrsteilnehmer **besondere Aufmerksamkeit** verlangt. In einem solchen Fall muss jeder Verkehrsteilnehmer seine eigene Verhaltensweise darauf einstellen und **damit rechnen**, dass der

A. Haftung aus unerlaubter Handlung § 2

andere Verkehrsteilnehmer sich fehlerhaft verhalten kann (OLG Frankfurt VersR 1982, 1008).

Beispiel
Der hinter einem Lkw herfahrende Pkw-Fahrer darf einen plötzlich abbremsenden Lkw nicht überholen, solange dieser den linken Fahrtrichtungsanzeiger betätigt und dabei zum äußersten rechten Fahrbahnrand ausweicht (*Hentschel*, § 5 StVO Rn 34).

b) Erhöhte Sorgfaltsanforderung nach der StVO

Im Straßenverkehrsrecht gibt es **qualifizierte Sorgfaltsanforderungen**, welche die StVO den Verkehrsteilnehmern auferlegt und die **bei der Verschuldensprüfung** besonders zu beachten sind. Ihre Nichtbeachtung begründet regelmäßig einen **Anscheinsbeweis** für ein **Alleinverschulden**. 52

Beachte 53
Immer dann, wenn die StVO die Formulierung „Gefährdung anderer Verkehrsteilnehmer ausgeschlossen" verwendet, wird vom Verkehrsteilnehmer höchstmögliche Sorgfalt verlangt. Damit wird aber keine Gefährdungshaftung statuiert.

Die Normen qualifizierter Sorgfaltsanforderungen sind im Einzelnen:

aa) Kinder, Hilfsbedürftige und ältere Menschen

Literatur zur erhöhten Sorgfaltsanforderung bei Kindern, Hilfsbedürftigen und älteren Menschen:

Grohmann, Ältere Fußgänger im Licht des Vertrauensgrundsatzes, DAR 1997, 252; *Lang*, Die Haftung Minderjähriger – alle Fragen geklärt?, r+s 2011, Sonderheft zu Heft 4, 63; *Lemcke*, Verkehrsunfälle mit Beteiligung älterer Verkehrsteilnehmer, zfs 2004, 441; *Pardey*, Gesteigerter Schutz von Kindern bei ihrer Teilnahme am Straßenverkehr, DAR 1998, 1 ff.; *Pardey*, Verkehrsunfall mit Beteiligung von Kindern, zfs 2002, 264; *Scheffen/Pardey*, Schadenersatz bei Unfällen mit Kindern und Jugendlichen, NJW-Schriftenreihe, Heft 99; *Steffen*, Zur Haftung von Kindern im Straßenverkehr, VersR 1998, 1449 ff.

Nach § 3 Abs. 2a StVO müssen sich Fahrzeugführer gegenüber Kindern, Hilfsbedürftigen und älteren Menschen – insbesondere durch **Verminderung der Fahrgeschwindigkeit** und durch **Bremsbereitschaft** – so verhalten, dass eine Gefährdung dieser Verkehrsteilnehmer ausgeschlossen ist. 54

Die Formulierung „so verhalten, dass eine Gefährdung anderer Verkehrsteilnehmer ausgeschlossen ist" verdeutlicht, dass der Gesetzgeber in § 3 Abs. 2a StVO drastisch **erhöhte Sorgfaltsanforderungen** an jeden Kraftfahrer stellt mit der Folge, dass grundsätzlich bei einem Unfall mit einem Kind eine **Verschuldenshaftung** des Kraftfahrers bereits **immer** dann anzunehmen ist, wenn sich ein Unfall überhaupt nur ereignet. Voraussetzung ist allerdings, dass der Kraftfahrer die in § 3 Abs. 2a StVO aufgezählten „**verkehrsschwachen Personen**" überhaupt rechtzeitig wahrnehmen konnte (SchlHOLG zfs 1998, 287; LG Osnabrück zfs 1998, 286). 55

| § 2 | Haftungsgrundlagen |

56 Von einem Kind im Sinne des § 3 Abs. 2a StVO kann dabei wohl nicht mehr bei einem **erwachsen Wirkenden** gesprochen werden. Es ist also im Hinblick auf die Verkehrsschwäche auch der **äußere Anschein** wichtig.

> *Beispiel*
> Ein Kraftfahrer fährt durch eine Straße, in der rechts und links Fahrzeuge geparkt sind, die den Blick auf die Bürgersteige stark beeinträchtigen. Plötzlich springen zwei siebenjährige Kinder hinter einem Fahrzeug hervor auf die Fahrbahn. Der Kraftfahrer fährt eines der Kinder an. In diesem Fall können ihm die gesteigerten Sorgfaltspflichten des § 3 Abs. 2a StVO nur dann entgegengehalten werden, wenn für ihn konkrete Anhaltspunkte dafür bestanden, dass mit Kindern an dieser Stelle zu rechnen ist.

57 Dies wäre zu bejahen, wenn der Kraftfahrer **zuvor schon spielende Kinder gesehen** hat. Für eine Verschuldenshaftung ist es nicht ausreichend, dass **generell** Kinder in der Straße wohnen könnten, die möglicherweise auf dem Gehweg spielen (BGH NZV 1990, 227).

58 Ein Kraftfahrer darf grundsätzlich **nicht** darauf vertrauen, dass ein Kind anhalten wird, wenn es mit einem Fahrrad auf die Fahrbahn zufährt und nicht eindeutig erkennen lässt, dass es rechtzeitig abbremsen wird (BGH zfs 1997, 407).

59 Aufgrund der Neufassung des § 828 BGB durch das Zweite Schadensrechtsänderungsgesetz wurde für Unfälle ab dem 1.8.2002 im Interesse des Schutzes von Kindern bei einem Schaden, der sich bei einem **Unfall mit einem Kraftfahrzeug**, einer Schienenbahn oder einer Schwebebahn ereignet, die Altersgrenze für eine Haftung/Mithaftung von **Kindern auf das vollendete zehnte Lebensjahr** angehoben. Der Kraftfahrer kann sich bei Verletzungen von Kindern vor Vollendung ihres zehnten Lebensjahres nur noch bei Vorliegen „höherer Gewalt" nach § 7 Abs. 2 StVG entlasten.

> *Beachte*
> Das Haftungsprivileg des § 828 Abs. 2 S. 1 BGB greift nach dem Sinn und Zweck der Vorschrift nur dann ein, wenn sich eine typische Überforderungssituation des Kindes durch die spezifischen Gefahren des motorisierten Verkehrs realisiert hat (BGH std. Rspr. seit BGH zfs 2005, 174, 175 ff. und BGH zfs 2005, 177 ff.).

Vgl. zu den Anforderungen dieser Rechtsprechung im Einzelnen die Ausführungen unten (siehe Rdn 182 ff.).

bb) Überholvorgänge

60 Eine weitere gesteigerte Sorgfaltspflicht hat der Gesetzgeber in § 5 Abs. 2 StVO für den Kraftfahrer normiert. Danach **darf nur überholen**, wer übersehen kann, dass während des ganzen Überholvorgangs **jede Behinderung des Gegenverkehrs ausgeschlossen** ist.

Keine äußerste Sorgfalt zeigt: 61
- derjenige, der nicht die ganze notwendige Überholstrecke schon vor Beginn des Überholvorgangs überblicken kann,
- wer zum Überholen ansetzt, obwohl dies nur mit überhöhter Geschwindigkeit möglich ist (BGH VRS 12, 417),
- derjenige, der zum Überholen ansetzt, obwohl sich der Überholvorgang bis in den Bereich einer Kuppe erstrecken muss,
- wer eine stockende Kolonne überholt, ohne genau zu übersehen, ob sicher eine Lücke zum Einscheren zur Verfügung steht (*Hentschel*, § 5 StVO Rn 26),
- derjenige, dessen Sicht auf eine Straßenkreuzung durch ein vorausfahrendes Fahrzeug und eine Straßenkrümmung verdeckt ist und der somit den Verkehrsraum nicht vollständig übersehen kann (BGH zfs 1996, 47).

Wer zum Überholen ausscheren will, hat sich darüber hinaus so zu verhalten, dass auch jede Gefährdung des **nachfolgenden Verkehrs** ausgeschlossen ist (§ 5 Abs. 4 StVO). 62

Überall dort, wo **keine Geschwindigkeitsbeschränkungen** bestehen, muss mit hohen Geschwindigkeiten Nachfolgender gerechnet werden. Von Bedeutung sind insoweit die gefahrene Geschwindigkeit und die **Verkehrsdichte**. 63

Bei **dichtem Kolonnenverkehr** auf mehreren Fahrspuren muss grundsätzlich jeder Kraftfahrer damit rechnen, dass andere Verkehrsteilnehmer möglicherweise auch dicht vor ihm die **Fahrspur wechseln**. 64

cc) Fahrstreifenwechsel

Nach § 7 Abs. 5 StVO darf ein Fahrstreifenwechsel nur vorgenommen werden, wenn eine **Gefährdung** anderer Verkehrsteilnehmer **ausgeschlossen** ist. 65

dd) Einbiegen in Grundstück, Wenden und Rückwärtsfahren

Auch beim Abbiegen in ein Grundstück, beim Wenden und beim Rückwärtsfahren muss sich der Fahrzeugführer gem. § 9 Abs. 5 StVO so verhalten, dass eine **Gefährdung** anderer Verkehrsteilnehmer ausgeschlossen ist; **erforderlichenfalls** hat er sich **einweisen** zu lassen. 66

Gefordert wird auch hier die höchstmögliche Sorgfalt. Sie gilt grundsätzlich gegenüber allen anderen Verkehrsteilnehmern, dagegen **nicht** beim Abbiegen in ein Grundstück **gegenüber demjenigen, der aus demselben Grundstück ausfährt** (LG Aachen NZV 1989, 118). 67

ee) Ausfahren aus Grundstück

Wer aus einem Grundstück, aus einem Fußgängerbereich, aus einem verkehrsberuhigten Bereich auf die Straße oder von anderen Straßenteilen oder über einen abgesenkten Bordstein hinweg auf die Fahrbahn einfahren oder vom Fahrbahnrand anfahren will, hat sich dabei so zu verhalten, dass eine Gefährdung anderer Ver- 68

§ 2 Haftungsgrundlagen

kehrsteilnehmer ausgeschlossen ist; **gegebenenfalls** hat er sich **einweisen** zu lassen (§ 10 StVO). Das **Vorrecht des fließenden Verkehrs bezieht sich auf sämtliche Fahrspuren** (BGH VersR 2011, 1540).

ff) Ein- und Aussteigen

69 Nach § 14 Abs. 1 StVO wird schließlich ein Gefährdungsausschluss anderer Verkehrsteilnehmer auch von demjenigen verlangt, der in sein Fahrzeug ein- oder aussteigt.

Der Ein- und Aussteiger muss das Vorrecht des fließenden Verkehrs beachten. Während der Führer des Kraftfahrzeugs durch § 10 Abs. 2c AKB bzw. A.1.2 c AKB 2008 unter der bestehenden KH-Versicherung geschützt und abgedeckt ist, ist der Fahrgast, der durch ein unvorsichtiges Öffnen der Beifahrertür einen Schaden verursacht, nicht im Rahmen der KH-Versicherung mitversichert (OLG München VersR 1996, 1036). Allerdings bleibt die Halterhaftung gem. § 7 StVG auch für derartige Schäden, sodass der KH-Versicherer insoweit gem. § 10 Abs. 2a AKB bzw. A.1.2 a AKB 2008 eintrittspflichtig bleibt.

gg) Zusammenfassung zu den erhöhten Sorgfaltsanforderungen

70 *Beachte*
Erhöhte Sorgfaltsanforderungen gelten stets:
- bei erkennbar Verkehrsschwachen (Kindern, Hilfsbedürftigen, älteren Menschen)
- für den ausscherenden Überholer
- beim Fahrstreifenwechsel
- beim Abbiegen in ein Grundstück
- beim Ausfahren aus einem Grundstück
- beim Wenden
- beim Rückwärtsfahren
- für den Ein- und Aussteigenden
- an Bushaltestellen (dazu sogleich Rdn 74 ff.)

71 In all diesen Fällen obliegt die **Verantwortlichkeit** für einen sicheren Verkehrsablauf allein demjenigen, der sich derart **gefahrerhöhend** verhält.

72 Auch wenn der Wortlaut „**Gefährdung ausgeschlossen**" für die Normierung einer Gefährdungshaftung sprechen könnte, geht die ganz herrschende Meinung davon aus, dass es sich dabei lediglich um ein **Bemessungskriterium für das Verschulden** eines Verkehrsteilnehmers handelt.

73 Die erhöhte Sorgfaltsanforderung kann im Einzelfall jedoch dazu führen, dass von einem derart **groben Verkehrsverstoß** auszugehen ist, dass hinter ihm eine dem Unfallgegner evtl. anzulastende **Betriebsgefahr völlig zurücktritt**. Regelmäßig wird zumindest ein ganz überwiegendes Verschulden desjenigen anzunehmen sein, der gegen die erhöhte Sorgfaltsanforderung verstoßen hat (*Hentschel*, Einleitung Rn 50).

c) Besonderheiten an Bushaltestellen

Literatur zu Besonderheiten an Bushaltestellen:

Bouska, Mehr Sicherheit im Bereich von Omnibushaltestellen, DAR 1995, 399; *Hentschel*, Die neuen Bestimmungen über das Verhalten an Haltestellen, NJW 1996, 239; *Müller*, Verhaltensrecht an Bushaltestellen, VD 2004, 181; *Seidenstecher*, Mehr Sicherheit an Haltestellen?, DAR 1995, 42.

Im Bereich von Bushaltestellen existiert eine veränderte Gesetzeslage seit dem 1.8.1995. In § 20 StVO ist geregelt, wie sich der Kraftfahrer im Verhältnis zu **Linien- und Schulbussen** zu verhalten hat. Darüber hinaus sind darin die Pflichten des **Fahrers von Omnibussen** geregelt. 74

Nach § 20 Abs. 1 StVO darf an Omnibussen des Linienverkehrs, an Straßenbahnen und an gekennzeichneten Schulbussen, die an **Haltestellen** (Zeichen 224 = grünes „H" auf gelben Grund mit grünem Kreis) halten – auch im Gegenverkehr –, nur **vorsichtig vorbeigefahren** werden. 75

Die Vorschrift des § 20 StVO über „öffentliche Verkehrsmittel" und „Schulbusse" gilt seit dem 1.8.1995 nur noch im Bereich solcher Haltestellen, die mit Zeichen 224, bei **Schulbus-Haltestellen** daneben mit Zusatzschild „Schulbus" gekennzeichnet sind. 76

Nach § 20 Abs. 2 StVO darf, wenn **Fahrgäste ein- oder aussteigen**, rechts nur mit **Schrittgeschwindigkeit** und nur in einem solchen Abstand vorbeigefahren werden, dass eine **Gefährdung von Fahrgästen ausgeschlossen** ist. 77

Der Gesetzgeber hat die vorgeschriebene Geschwindigkeit konkretisiert, indem er ausdrücklich „**Schrittgeschwindigkeit**" vorschreibt. Darüber hinaus hat er den erhöhten Sorgfaltsmaßstab der oben erwähnten Vorschriften der StVO auch hier übernommen. Nach der Formulierung in § 20 Abs. 2 S. 3 StVO muss der **Fahrzeugführer – wenn nötig – warten**, wenn Fahrgäste aus einem öffentlichen Verkehrsmittel aussteigen. 78

Hierdurch soll jedoch **nicht** ein **Vorrang des Fußgängers** gegenüber dem Kraftfahrzeugverkehr begründet werden. 79

Gewöhnungsbedürftig ist die Regelung des § 20 Abs. 3 StVO. Danach dürfen **Omnibusse des Linienverkehrs** und gekennzeichnete **Schulbusse**, die sich einer Haltestelle (Zeichen 224) nähern und Warnblinklicht eingeschaltet haben, **nicht mehr überholt** werden. 80

An welchen Haltestellen Omnibusführer **Warnblinklicht** einzuschalten haben, ergibt sich aus § 16 Abs. 2 StVO i.V.m. der von den jeweiligen Straßenverkehrsbehörden zu erlassenden Anordnung, die festlegt, an welchen Haltestellen die Omnibusfahrer die Anforderungen des § 16 Abs. 2 StVO erfüllen müssen. Diese Fassung der 81

Vorschrift bringt gegenüber der früheren Rechtslage eine keinesfalls gerechtfertigte Einschränkung des Schutzes der Benutzer von Schulbussen, da nunmehr nicht mehr generell an jeder Schulbushaltestelle das Warnblinklicht eingeschaltet werden muss.

82 Der Fahrer eines **Linien- oder Schulbusses** darf das **Warnblinklicht** erst dann wieder **ausschalten**, wenn alle Fahrgäste den Bus verlassen haben und auch keine Fahrgäste mehr im Begriff sind, in den Bus einzusteigen. Er wird also vor dem Hintergrund des Schutzgedankens des § 16 Abs. 2 StVO das Warnblinklicht so lange eingeschaltet lassen können, **bis die ausgestiegenen Fahrgäste**, die auf die andere Fahrbahnseite gelangen wollen, die **Fahrbahn vollständig überquert** haben.

83 Wenn ein Omnibus an einer **gekennzeichneten Haltestelle** (Zeichen 224) hält, darf nach § 20 Abs. 4 StVO wiederum nur mit **Schrittgeschwindigkeit** und solchem Abstand vorbeigefahren werden, dass eine **Gefährdung von Fahrgästen ausgeschlossen** ist.

84 Problematisch und praxisrelevant bleibt die Vorschrift des § 20 Abs. 5 StVO (früher § 20 Abs. 2 StVO a.F.). Danach ist Omnibussen des Linienverkehrs und Schulbussen das **Abfahren von gekennzeichneten Haltestellen zu ermöglichen**. Wenn nötig, müssen andere Fahrzeuge warten.

85 Trotzdem räumt, entgegen der Ansicht vieler **Omnibusfahrer**, ihnen § 20 Abs. 5 StVO **kein Vorfahrtsrecht** ein, denn auch hier gilt § 10 StVO, wonach derjenige, der vom Fahrbahnrand anfährt, sich so zu verhalten hat, dass eine Gefährdung anderer Verkehrsteilnehmer ausgeschlossen ist.

86 § 20 Abs. 5 StVO schränkt lediglich den **Vorrang des fließenden Verkehrs** ein, allerdings nur unter der Voraussetzung, dass der Omnibusfahrer seine **Anfahrabsicht rechtzeitig und deutlich ankündigt**. Auch dann darf der fließende Verkehr durch das Anfahren des Omnibusses aber **nicht gefährdet** werden (OLG Düsseldorf VersR 1993, 68; BGH NJW 1979, 1894 ff.).

5. Haftung nur für eigenübliche Sorgfalt

87 Die Haftung kann in verschiedener Weise begrenzt und eingeschränkt sein.

a) Grundsatz

88 Das BGB sieht eine Haftungsbegrenzung auf die Sorgfalt in eigenen Angelegenheiten lediglich in fünf Fällen vor. Hierzu kann man sich folgenden **Repetitoren-Merksatz** einprägen: „Der Vater begattet die Gesellschafterin, die den Vorerben unentgeltlich verwahrt." In diesem Merksatz sind alle Fälle enthalten, in denen das Gesetz eine Haftungsbegrenzung vorsieht:

- „Der Vater" = § 1664 BGB Eltern gegenüber Kindern
- „begattet" = § 1359 BGB Ehegatten untereinander
- „die Gesellschafterin" = § 708 BGB Gesellschafter untereinander

A. Haftung aus unerlaubter Handlung § 2

- „den Vorerben" = § 2131 BGB Haftung des Vorerben gegenüber dem Nacherben
- „unentgeltlicher Verwahrer" = § 690 BGB Haftung des unentgeltlichen Verwahrers.

Die Haftungsbegrenzung nach § 277 BGB (Sorgfalt in eigenen Angelegenheiten) findet im Straßenverkehr grundsätzlich keine Anwendung (vgl. BGHZ 46, 313; 53, 352; 63, 750). Das BGB unterscheidet grundsätzlich **drei Stufen der Fahrlässigkeit**: 89

Die erste Stufe ist die **einfache Fahrlässigkeit**, die in § 276 BGB geregelt ist und die bei Außerachtlassung der im Verkehr erforderlichen Sorgfalt vorliegt (vgl. § 276 Abs. 1 S. 2 BGB). Diese ist gegeben, wenn der **rechtswidrige Erfolg voraussehbar** und **vermeidbar** war (Palandt-*Grüneberg*, § 276 BGB Rn 20 f.).

Die zweite Stufe ist die **Verletzung der Sorgfalt in eigenen Angelegenheiten** (diligentia quam in suis). In den **besonders durch das Gesetz geregelten Fällen** sowie bei individueller **Parteivereinbarung** wird nur für die Verletzung der Sorgfalt in eigenen Angelegenheiten und grobe Fahrlässigkeit gehaftet. 90

Die Verletzung der Sorgfalt in eigenen Angelegenheiten soll für den Schädiger grundsätzlich eine **Haftungsmilderung** bewirken. Durch § 277 BGB wird die **Haftungsbeurteilung subjektiviert.**

Der **Schädiger** selbst muss also **darlegen und beweisen**, dass er in eigenen Angelegenheiten nicht sorgfältiger verfährt als im konkreten Fall, auch wenn er von dem **objektiven Sorgfaltsmaßstab** des § 276 BGB abweicht (OLG Karlsruhe NJW 1994, 1966). Selbst wenn ihm das gelingt, haftet er auf jeden Fall für grobe Fahrlässigkeit (Palandt-*Grüneberg*, § 277 BGB Rn 4).

Die dritte Stufe ist die **grobe Fahrlässigkeit**. Sie liegt vor, wenn die **verkehrserforderliche Sorgfalt in besonders schwerem Maße verletzt** wurde. Das ist der Fall, wenn schon **einfachste, ganz nahe liegende Überlegungen nicht angestellt** wurden und der Handelnde bereits das nicht beachtet hat, was im gegebenen Fall **jedem einleuchten** musste (BGH NJW 1992, 3236). Voraussetzung einer Haftung wegen grober Fahrlässigkeit ist daher, dass den Handelnden auch in subjektiver Hinsicht ein **schweres Verschulden** trifft (BGH NJW 1988, 1265). In Einzelfällen ist von der Rechtsprechung grobe Fahrlässigkeit beispielsweise dann angenommen worden, wenn die **zulässige Höchstgeschwindigkeit um mehr als 100 % überschritten** oder **Rotlichtverstöße** begangen wurden (im Einzelnen siehe § 13 Rdn 115 ff.). 91

b) Ausnahmen

Zu dem Grundsatz, wonach § 277 BGB im Straßenverkehr keine Anwendung findet, gibt es aber **zahlreiche Ausnahmen**, die man sich merken sollte. 92

aa) Allgemeines

93 Auch im Straßenverkehrsrecht gilt, dass zumindest in **Einzelfällen** sich die Haftung eines Unfallverursachers bei der Bewertung seines Verschuldens nicht nach § 276 BGB (**einfache Fahrlässigkeit**), sondern nach § 277 BGB (**eigenübliche Sorgfalt**) richten kann.

bb) Beispiele

Literatur zur stillschweigenden Haftungsbeschränkung und Haftungsausschlüssen:

Diebold, Stillschweigende Haftungsbeschränkungen bei Gefälligkeit und Probefahrt, zfs 2011, 363; *Nugel*, Haftungsausschlüsse im Straßenverkehr, NZV 2011, 1; *Wessel*, Stillschweigende Haftungsbeschränkungen im Straßenverkehr — insbesondere bei Gefälligkeits- und Probefahrten sowie Auslandsunfällen und im Sport, VersR 2011, 569.

94 Zu den einzelnen Haftungsfällen sollen die in der Praxis wichtigsten Fallgruppen dargestellt werden.

(1) Gefälligkeitsfahrt

95 Im Rahmen einer **Gefälligkeitsfahrt** kann es unter Umständen interessengerecht sein, von einer **stillschweigenden Erklärung des Mitfahrers** auszugehen, wonach der Fahrer für die Folgen eines von ihm durch einfache Fahrlässigkeit verursachten Unfallschadens nur im Rahmen seines Versicherungsschutzes in Anspruch genommen werden soll (OLG Frankfurt VersR 1987, 912).

96 Das Vorliegen einer Gefälligkeitsfahrt oder das Fehlen ausreichenden Versicherungsschutzes rechtfertigen es allein noch nicht, im Wege ergänzender Vertragsauslegung einen Haftungsverzicht anzunehmen. Hierzu müssten noch weitere Umstände hinzutreten, nämlich a) das besondere Interesse des Fahrzeugeigentümers an der Gefälligkeitsfahrt, b) die Abnahme des Fahrrisikos durch den „Gefälligen" gegenüber dem Fahrzeugeigentümer, c) die Kenntnis des Fahrzeugeigentümers darüber, dass der „Gefällige" nur geringe Fahrpraxis hat und mit dem Fahrzeug nicht vertraut ist (OLG München DAR 1998, 17).

(2) Geschäftsführer ohne Auftrag

97 Auch in den Fällen, in denen der Fahrer als **Geschäftsführer ohne Auftrag** (§ 680 BGB) den Mitfahrer in dessen Interesse befördert, um eine dringende ihm drohende Gefahr abzuwenden, kann eine Haftungsbegrenzung des Fahrers auf Fälle der groben Fahrlässigkeit vorliegen (BGH VersR 1972, 277).

98 Der zuvor zitierten Entscheidung des BGH lag der **Fall** zugrunde, dass zwei Arbeitskollegen anlässlich einer Feier übermäßig Alkohol genossen hatten. Als sich am Ende der Feier einer der Kollegen mit einem BAK-Wert von 2,24‰ ans Steuer seines Wagens setzen wollte, entschloss sich der andere Kollege, der einen BAK-Wert von 1,5‰ hatte, ihn an der Autofahrt zu hindern und fuhr selbst.

Auf dieser Fahrt verschuldete er fahrlässig einen Unfall, bei dem sein Arbeitskollege verstarb. Der BGH wies die Klage unter Hinweis auf § 680 BGB (Haftung nur für Vorsatz und grobe Fahrlässigkeit) ab.

(3) Ehegatten

Auch unter **Ehegatten** kann im Straßenverkehr **ausnahmsweise** eine Haftungsbegrenzung auf grobe Fahrlässigkeit vorliegen.

Beschädigt die Ehefrau beispielsweise leicht fahrlässig das Kfz ihres Ehemanns, kann dieser wegen §§ 1359, 1353 Abs. 2 S. 2 BGB den **Fahrzeugschaden** von seiner Ehefrau **nicht ersetzt verlangen**, wenn sich die ansonsten haftende Ehefrau **im Rahmen ihrer wirtschaftlichen Möglichkeit** in einer der ehelichen Gemeinschaft angepassten Weise um einen **anderweitigen Ausgleich des Schadens** bemüht (BGH VersR 1970, 672; 1973, 941; 1974, 1117; 1979, 1009; 1983, 134).

In seiner Entscheidung VersR 1973, 941 hat der BGH jedoch betont, dass der mildere Haftungsmaßstab des § 1359 BGB **nicht bei Körperverletzungen zwischen Ehegatten** infolge ihrer gemeinsamen Teilnahme am Straßenverkehr eingreift (s. hierzu auch BGH VersR 1974, 1117 – trotz bestehender Haftpflichtversicherung).

(4) Probefahrt

Literatur zur Haftung bei Probefahrt:

Diebold, Stillschweigende Haftungsbeschränkungen bei Gefälligkeit und Probefahrt, zfs 2011, 363; *Jox*, Zum Haftungsausschluss bei Probefahrten, NZV 1990, 53; *Wessel*, Stillschweigende Haftungsbeschränkungen im Straßenverkehr – insbesondere bei Gefälligkeits- und Probefahrten sowie Auslandsunfällen und im Sport, VersR 2011, 569.

Bei einer **Probefahrt** anlässlich von Kaufvertragsverhandlungen kann die Haftung des kaufinteressierten Fahrers auf **Vorsatz und grobe Fahrlässigkeit** für den Fahrzeugschaden des von ihm selbst gelenkten Fahrzeugs **beschränkt** sein, da er in der Regeln annehmen kann, dass eine Vollkaskoversicherung besteht (BGH VersR 1979, 352; 1980, 426; zfs 1986, 196; a.A. OLG Saarbrücken zfs 1991, 42).

Dies gilt gleichermaßen auch für den Mieter eines Kraftfahrzeugs (OLG Köln VersR 1990, 390). Überlässt ein Kfz-Händler dem Käufer ein Fahrzeug mit einem roten Nummernschild, muss er den nach einer Kaskoversicherung fragenden Käufer ausdrücklich darauf hinweisen, dass der Kaskoschutz nur für die Überführungsfahrten, nicht aber für andere Fahrten mit dem Fahrzeug besteht (OLG Frankfurt zfs 1996, 57).

Im vorbezeichneten Fall hatte der BGH die Haftung des Beklagten für einfache Fahrlässigkeit verneint, da es bei einer Probefahrt mit einem **Vorführwagen** ebenso wie bei einer Probefahrt mit einem Gebrauchtwagen gerechtfertigt ist, eine **stillschweigend vereinbarte Haftungsbeschränkung** auf vorsätzlich oder grob fahrlässige Haftungsverursachung anzunehmen.

§ 2 Haftungsgrundlagen

106 Automobilhändler könnten nämlich durch den **Abschluss einer Fahrzeugvollversicherung** das Risiko einer Beschädigung des Vorführwagens/Gebrauchtwagens begrenzen. Der **Kunde dürfe daher darauf vertrauen, für leicht fahrlässiges Verhalten nicht zu haften**, es sei denn, der Kraftfahrzeughändler habe ihn vor Antritt der Probefahrt **darauf aufmerksam gemacht**, dass für das Fahrzeug **keine Vollkaskoversicherung** besteht (BGH NJW 1972, 1363).

(5) Anmietung eines Kfz im Ausland

107 Bei der **Anmietung eines Kfz im Ausland** durch mehrere Personen gemeinsam wird **bei vereinbarter Kostenbeteiligung** für die Fahrzeugmiete und unzureichender Haftpflichtversicherung ein **stillschweigend vereinbarter Haftungsausschluss** der Mitfahrer untereinander bei einem nicht grob fahrlässig verschuldeten Unfall mit Verletzungen der Mitfahrer angenommen (LG Schweinfurt DAR 1996, 408). Dieser setzt jedoch unter anderem voraus, dass der Schädiger, wäre die Rechtslage (z.B. völlig unzureichender Versicherungsschutz für den Fahrer nach der ausländischen Rechtsordnung) vorher zur Sprache gekommen, einen Haftungsverzicht gefordert hätte und dass sich der Geschädigte dem ausdrücklichen Ansinnen einer solchen Abmachung billigerweise nicht hätte entziehen können (BGH VersR 2009, 558).

108 Dabei wird dogmatisch von einer ergänzenden Vertragsauslegung auf der Grundlage des § 242 BGB ausgegangen, welche nur unter besonderen Umständen die Annahme eines stillschweigenden Haftungsverzichts rechtfertigt (BGH VersR 2009, 558). Voraussetzung hierfür ist grundsätzlich, „dass der Schädiger keinen Haftpflichtversicherungsschutz genießt, für ihn ein nicht hinzunehmendes Haftungsrisiko bestehen würde und darüber hinaus besondere Umstände vorliegen, die im konkreten Fall einen Haftungsverzicht als besonders nahe liegend erscheinen lassen" (BGH VersR 2009, 558 Rn 16 unter Hinweis auf BGH VersR 1993, 1092).

109 Die vorgenannten Ausnahmen der Haftung für einfache Fahrlässigkeit im Straßenverkehr nach BGB sind sachgerecht und können im Einzelfall auch auf gleich gelagerte Fälle angewendet werden. Vgl. hierzu insbesondere die soeben genannten (siehe Rdn 107 f.), in der aktuellen Entscheidung des BGH VersR 2009, 558 genannten grundsätzlichen Voraussetzungen.

(6) Fahrer – Halter

110 Der Fahrer eines **nicht kaskoversicherten Fahrzeuges** eines anderen kann sich üblicherweise gegen hierbei verursachte Schäden am selbst geführten Kraftfahrzeug nicht versichern. Eine Deckung durch die allgemeine Haftpflichtversicherung kommt wegen der so genannten **Kleinen Benzinklausel** nicht in Betracht.

111 Für den Fahrer, der möglicherweise sogar **im überwiegenden Interesse des Halters** das Fahrzeug führt, kann dies zu **ganz erheblichen wirtschaftlichen Folgen** führen, die seine Leistungsfähigkeit bei weitem übersteigen.

A. Haftung aus unerlaubter Handlung § 2

Andererseits kann sich der **Fahrzeughalter**, der das Fahrzeug einem anderen überlässt, durch den **Abschluss einer Vollkaskoversicherung** für Schäden am eigenen Kraftfahrzeug **absichern**. 112

Noch dramatischer wird es in dem oben geschilderten (siehe Rdn 107), vom LG Schweinfurt entschiedenen Fall, wenn ein **Fahrzeug im Ausland** geführt wird, für das nur eine **begrenzte Haftpflichtversicherung** besteht, die für Personenschäden der Insassen nicht eintrittspflichtig ist. Hier läuft der Fahrer Gefahr, immense Personenschäden seiner Insassen ausgleichen zu müssen. 113

(7) Leasingfahrzeuge

Das **Fehlen einer Fahrer-Haftpflichtversicherung** wirkt sich vor allem bei Leasingfahrzeugen aus. Im Rahmen des Leasingvertrages bleibt der Leasinggeber Eigentümer des Fahrzeugs. 114

Verursacht nunmehr ein **Arbeitnehmer des Leasingnehmers** leicht fahrlässig einen Unfall, bei dem das Leasingfahrzeug beschädigt oder zerstört wird, haftet er für den Schaden an dem von ihm gesteuerten Fahrzeug in **vollem Umfang**, wenn sein Arbeitgeber (möglicherweise aus wirtschaftlicher Not) es unterlassen hat, eine Vollkaskoversicherung abzuschließen. 115

Der Arbeitnehmer kann sich nämlich gegenüber dem Leasinggeber nicht auf mangelnde **wirtschaftliche Leistungsfähigkeit** des Leasingnehmers berufen und haftet somit dem Leasinggeber in vollem Umfang. 116

Ein weiteres Problem für den Fahrer besteht darin, dass auch die **Rechtsschutzversicherung** für die **Abwehr der Schadensersatzansprüche** des Eigentümers (Leasinggebers) gegen den Fahrer nach den Rechtsschutzbedingungen **keinen Deckungsschutz** gewährt (vgl. hierzu § 13 Rdn 324). 117

(8) Teilnahme an sportlichen Wettbewerben mit erheblichem Gefahrpotential

Bei sportlichen Wettbewerben mit nicht unerheblichem Gefahrenpotential (z.B. Autorennen) ist die Inanspruchnahme des schädigenden Wettbewerbers ausgeschlossen, die dieser ohne gewichtige Regelverletzungen verursacht (BGH zfs 2003, 394). 118

6. Beweislast

Der Geschädigte hat zunächst den **objektiven Tatbestand**, die haftungsbegründende **Kausalität** und das **Verschulden des Schädigers** im Rahmen des so genannten **Strengbeweises** nach § 286 ZPO zu beweisen (Palandt-*Sprau*, § 823 BGB Rn 184 f.). Insoweit kommen dem Geschädigten keine Beweiserleichterungen im Rahmen des § 287 ZPO zugute (BGH VersR 2004, 118). 119

§ 2 Haftungsgrundlagen

120 Dagegen kommen dem Geschädigten im Bereich der **haftungsausfüllenden Kausalität** und des **Schadensumfangs** die **Beweiserleichterungen** des so genannten **Freibeweises** nach § 287 ZPO zugute.

121 *Tipp*
Viel zu selten wird von der Möglichkeit der Beweisführung nach § 287 Abs. 1 S. 3 ZPO Gebrauch gemacht. Danach kann das Gericht den Geschädigten als Beweisführer über den Grund und die Höhe des entstandenen Schadens vernehmen. Darüber hinaus kann das Gericht den Beweisführer zusätzlich beeidigen, sofern ihm die unbeeidigte Aussage nicht genügt (§ 452 Abs. 1 S. 1 ZPO).

II. Geschäftsherrenhaftung nach § 831 BGB

122 Nach § 831 BGB haftet derjenige, der einen anderen zu einer Verrichtung bestellt, für den Schaden, den der andere in Ausführung der Verrichtung einem Dritten widerrechtlich zufügt.

123 Im Straßenverkehrsrecht begründet diese Vorschrift typischerweise eine **Haftung des Halters als Geschäftsherrn für das Verhalten des Fahrers**, sofern eine **objektiv widerrechtliche Handlung des Fahrers** als **Verrichtungsgehilfen** vorliegt.

1. Voraussetzungen

124 An die Geschäftsherrenhaftung knüpft das Gesetz **drei Voraussetzungen**: Der eine muss Geschäftsherr, der andere Verrichtungsgehilfe sein und die Schädigung muss in Ausführung der Verrichtung erfolgen.

a) Geschäftsherr

125 Geschäftsherr ist der Halter eines Fahrzeugs dann, wenn er ein gewisses **Weisungsrecht** hat, er also die **Tätigkeit des Fahrers jederzeit beschränken, untersagen oder nach Zeit und Umfang bestimmen** kann. Er haftet nach § 831 BGB im Falle der übrigen Voraussetzungen für **vermutetes Verschulden** bei der Auswahl, Leitung oder Überwachung des Verrichtungsgehilfen.

b) Verrichtungsgehilfe

126 Verrichtungsgehilfe ist derjenige, dem von einem anderen, in dessen Einflussbereich er allgemein oder im konkreten Fall tätig ist und zu dem er in einer gewissen **Abhängigkeit** steht, eine Tätigkeit übertragen worden ist (BGH VersR 1960, 354).

127 *Beispiel*
Der angestellte Fahrer ist Verrichtungsgehilfe seines Arbeitgebers, wenn er mit einem Firmenfahrzeug in dessen Auftrag eine Fahrt ausführt.

c) Schädigung in Ausführung der Verrichtung

Weitere Voraussetzung einer Haftung des Geschäftsherrn nach § 831 BGB ist, dass die Schädigung in Ausführung der Verrichtung geschieht. Es muss also ein unmittelbarer **innerer Zusammenhang** zwischen der dem Verrichtungsgehilfen aufgetragenen Verrichtung nach ihrer **Art und** ihrem **Zweck** und der schädigenden **Handlung** bestehen (BGH NJW 1971, 31; NZV 1989, 266). **128**

> *Beispiel* **129**
> Eine Schädigung in Ausführung der Verrichtung liegt z.B. auch dann noch vor, wenn der beauftragte Fahrer verbotswidrig mit einem angekoppelten Anhänger gefahren war, der ins Schleudern geriet und einen Dritten verletzte. Auch die Fahrt mit dem Anhänger war noch vom Auftrag des Geschäftsherrn trotz dessen Verbots erfasst (BGH NJW 1971, 31).

Diese Voraussetzung ist **nicht** erfüllt, wenn der Schaden **nur gelegentlich der Verrichtung** eintritt. Das hat der BGH in einem Fall entschieden, in dem der Fahrer als Verrichtungsgehilfe verbotswidrig bei der Ausführung der Verrichtung einen Dritten mitnahm und diesen auf der Fahrt verletzte (BGH NJW 1965, 391). **130**

2. Beweislast

Der Verletzte hat zu beweisen, dass der Schaden durch eine zu der Verrichtung bestellte Person und deren Handlungsfähigkeit zur Zeit des Schadensereignisses widerrechtlich verursacht worden ist (BGH VersR 1978, 1163). Da die Verletzung des Körpers oder die Beschädigung einer Sache die Widerrechtlichkeit der Handlung indiziert, hat der Geschäftsherr den Ausschluss der Widerrechtlichkeit zu beweisen (BGH NJW 1957, 785). **131**

Der Geschäftsherr muss sich gem. § 831 Abs. 1 S. 2 BGB vom durch das Gesetz vermuteten Verschulden exkulpieren. Er kann den **Entlastungsbeweis** durch folgenden Nachweis führen: **132**
- ordnungsgemäße Auswahl (BGH VersR 1984, 67)
- ordnungsgemäße Überwachung (BGH VersR 1984, 67)
- Nichtursächlichkeit der Sorgfaltspflichtverletzung für den Schaden
- verkehrsgerechtes Verhalten des Verrichtungsgehilfen (BGH VersR 1958, 549)

An den Beweis einer ausreichenden Auswahl und Überwachung eines angestellten Kraftfahrers sind im Interesse der Verkehrssicherheit strenge Anforderungen zu stellen. Hierzu ist eine fortdauernde, planmäßige, auch unauffällige Überwachung mit unerwarteten Kontrollen erforderlich (OLG Hamm DAR 1998, 392). **133**

> *Beispiel* **134**
> Ein Fahrer eines städtischen Omnibusbetriebes muss stark abbremsen, weil vor ihm ein Pkw, seinen Bus-Sonderfahrstreifen überquerend, in ein Grundstück einbiegt und dabei wegen eines Radfahrers seinerseits abbremsen muss. Ein

Businsasse kommt zu Fall und verletzt sich. – Der Fahrer hat sich verkehrsgerecht verhalten: Hätte er nicht gebremst, wäre er mit unabsehbaren Folgen in den abbiegenden Pkw hinein gefahren.

135 Nach früherem Recht scheiterte beispielsweise eine Schmerzensgeldklage nach § 823 BGB gegen den Omnibusfahrer, weil ihm eine schuldhafte Pflichtverletzung nicht nachgewiesen werden konnte. Andererseits konnte den auf Zahlung von Schmerzensgeld mitverklagten Halter des Omnibusses als Geschäftsherrn eine Schadensersatzverpflichtung nach § 831 BGB treffen, wenn ihm der Entlastungsbeweis nicht gelang. Durch die Neufassung des § 7 StVG durch das Zweite Schadensrechtsänderungsgesetz ist dagegen eine Schmerzensgeldklage gegen den Halter – ohne Rücksicht auf seine Stellung als Geschäftsherr – von Erfolg, weil der Halter den Nachweis höherer Gewalt nicht führen kann (§ 7 Abs. 2 StVG).

136 *Beispiel*
Eine Mofafahrerin war von einem sie überholenden Omnibusfahrer angefahren worden, sodass sie stürzte und sich verletzte. Sie nahm mit der Behauptung, der Busfahrer sei unter Verstoß gegen die Verkehrsvorschriften gefahren, neben diesem auch den Omnibusbetreiber auf Zahlung eines Schmerzensgeldes in Anspruch.

137 Das OLG Karlsruhe hatte die Klage sowohl gegen den Fahrer als auch gegen den Busbetreiber abgewiesen, da es die Auffassung vertrat, die Geschädigte hätte auch im Rahmen einer Haftung nach § 831 BGB wenigstens nachweisen müssen, dass dem Verrichtungsgehilfen (Fahrer) ein objektiver, wenn auch nicht verschuldeter Fehler, also eine Verkehrswidrigkeit, zur Last falle. Der BGH ist dieser Auffassung des OLG nicht gefolgt und hat seine **Beweislastverteilung** bekräftigt, wonach den **Geschäftsherrn die volle Beweislast für ein verkehrsrichtiges Verhalten seines Fahrers** trifft (BGH VersR 1987, 907).

138 *Beachte*
Der BGH stellt an die Exkulpationsmöglichkeit des § 831 Abs. 1 S. 2 BGB sehr strenge Anforderungen (BGH VersR 2003, 75).

139 Die Klage gegen den Fahrer blieb erfolglos, da die Geschädigte dessen Verschulden nicht nachweisen konnte. Der Busbetreiber haftete dagegen als Geschäftsherr nach § 831 BGB (BGH VersR 1987, 907), aber nach der Neufassung des § 7 Abs. 1 StVG auch als Halter auf Schmerzensgeld.

140 *Beachte*
Auch wenn grundsätzlich eine Haftungseinheit zwischen dem nach § 823 BGB haftenden Fahrer und dem nach § 831 BGB haftenden Halter möglich ist, darf dem Fahrer das mitursächliche Verschulden des Halters nicht haftungserhöhend entgegengehalten werden (BGH zfs 1995, 124 ff.).

III. Haftung aus Verkehrssicherungspflicht

1. Allgemeines

Eine Haftung/Mithaftung wegen Verletzung der Verkehrssicherungspflicht ist auch und gerade im Straßenverkehr von Bedeutung. Die Verkehrssicherungspflicht ist eine **allgemeine Rechtspflicht**, die auf dem Gedanken beruht, dass jeder, der eine **Gefahrenquelle** schafft, hierbei verpflichtet ist, sämtliche notwendigen **Vorkehrungen** dafür zu treffen, dass Dritte **nicht geschädigt** werden. 141

Hierbei sind die Vorkehrungen zu treffen, die **im Rahmen der wirtschaftlichen Zumutbarkeit** geeignet sind, Gefahren von Dritten nach Möglichkeit abzuwenden (BGH NJW 1985, 1076). Geschützt werden sowohl Dritte, die mit der Gefahrenquelle **bestimmungsgemäß** in Verbindung kommen, aber auch diejenigen, die **bestimmungswidrig** mit der Gefahrenquelle in Berührung kommen, sofern die bestimmungswidrige Berührung nicht ganz fernliegend war (BGH NJW 1978, 1629). 142

Beispiel 143
Wer eine Baustelle einrichtet, hat auch dann, wenn er das Betreten der Baustelle allgemein untersagt, dafür Sorge zu tragen, dass keine Kleinkinder beim Spielen mit den Gefahren der Baustelle (beispielsweise Baugrube o.Ä.) in Kontakt kommen.

Wer über die Gefahrenquelle derart verfügen kann, dass er in der Lage ist, Gefahren für andere zu vermeiden, ist auch **verpflichtet**, auf die **Einhaltung der Verkehrssicherungspflicht** zu achten. 144

Die **Übertragung der Verkehrssicherungspflicht auf einen anderen** ist grundsätzlich möglich, bedarf aber einer **klaren Vereinbarung**. Derjenige, der die Verkehrssicherungspflicht übernimmt, ist ab dem Zeitpunkt der Übernahme persönlich Dritten und dem Übertragenden gegenüber **deliktsrechtlich verantwortlich**. Der **Übertragende** selbst wird von seiner Verkehrssicherungspflicht gegenüber Dritten aber **nicht gänzlich befreit**. Ihn treffen nach wie vor **strenge Kontroll- und Überwachungspflichten** (BGH NJW-RR 1989, 394). 145

2. Beweislast

Der **Geschädigte** muss den **objektiven Pflichtverstoß** des Verkehrssicherungspflichtigen sowie die **kausale Herbeiführung des Schadens** beweisen. 146

Der **Verkehrssicherungspflichtige** muss sodann darlegen und beweisen, dass er **alle erforderlichen und ihm zumutbaren Maßnahmen und Vorkehrungen zum Schutze Dritter getroffen** hat. 147

Was an einzelnen Maßnahmen erforderlich ist, bestimmt sich nach der Sorgfalt, die in Anlehnung an § 276 BGB von dem Verkehrssicherungspflichtigen erwartet werden kann. Der Verkehrssicherungspflichtige hat sich hierbei insbesondere an dem 148

Personenkreis auszurichten, der **bestimmungsgemäß mit der Gefahrenquelle in Berührung** kommt.

149 *Beispiel*
Wird in einem Kaufhaus ein im Boden liegender Heizungsschacht vorübergehend zum Reinigen geöffnet, liegt eine Verkehrssicherungspflichtverletzung vor, wenn der Kaufhausbetreiber während der Ladenöffnungszeiten lediglich ein Hinweisschild aufstellt mit der Aufschrift „Vorsicht, Fallgrube". Zu den Geschäftszeiten muss damit gerechnet werden, dass das Schild z.b. von kleinen Kindern oder Sehbehinderten nicht gelesen wird.

150 Wenn nach Geschäftsschluss bestimmungsgemäß allenfalls noch Mitarbeiter im Hause sind, hat der Kaufhausinhaber der **verkehrserforderlichen Sorgfalt** mit dem Aufstellen des Schildes genügt.

3. Verkehrssicherungspflicht im Straßenverkehr

Literatur zur Verkehrssicherungspflicht im Straßenverkehr:

Burmann, Die Verkehrssicherungspflicht für den Straßenverkehr, NZV 2003, 20; *Cyrohmann*, Aktueller Überblick zur Straßenverkehrssicherungspflicht, VD 2003, 203; *von Gerlach*, Verkehrssicherungspflicht im Straßenverkehr, DAR 1994, 485; *Kärger*, Verkehrssicherungspflichten im Straßenverkehr – Inhalt und Grenzen, DAR 2003, 5; *Patzelt*, Verkehrssicherungspflicht – Umfassende Rechtsprechungsübersicht, 3. Auflage 2000; *Rebler*, Verkehrssicherungspflichten an öffentlichen Straßen, SVR 2007, 129; *Schlund*, Verkehrssicherungspflicht auf öffentlichem Grund, 3. Auflage 2001.

a) Allgemeines

151 Typischerweise spielt die Frage der **Verkehrssicherungspflichtverletzung im Straßenverkehrsrecht** in folgenden Fällen eine Rolle:
- wenn sich Verkehrsunfälle durch **unzureichende Kennzeichnung von Gefahrenstellen** ereignen
- wenn Fahrbahnunebenheiten oder übermäßig rutschige **Fahrbahnbeläge** zum Entstehen des Schadens beigetragen haben
- bei **Verletzung der Räum- und Streupflicht**
- bei **Straßenbauarbeiten**
- wenn Einrichtungen eines Straßenbaulastträgers oder von ihm verwaltete **Baumbestände** eine Unfallursache gesetzt haben

152 In all diesen Fällen ist die Eingangsüberlegung, ob eine Haftung aus § 823 BGB oder § 839 BGB in Frage kommt, seit der Entscheidung des BGH in NJW 1979, 2043 überholt, da der BGH hierzu festgestellt hat, dass das **Verweisungsprivileg** des § 839 Abs. 1 S. 2 BGB bei Verletzung der **Straßenverkehrssicherungspflicht** durch einen Träger öffentlicher Gewalt **nicht** eingreift. Gleiches gilt in den Fällen, in denen ein **Träger öffentlicher Gewalt** (Beamter) am allgemeinen Verkehr teilnimmt und hierbei einen Verkehrsunfall verursacht (BGH VersR 1994, 347).

Das Verweisungsprivileg ist hingegen anwendbar, wenn ein Amtsträger bei der dienstlichen Teilnahme am allgemeinen Straßenverkehr **Sonderrechte** nach §§ 35, 38 StVO (Einsatz von Blaulicht und Martinshorn) in Anspruch nimmt (BGH VersR 1991, 925). 153

b) Räum- und Streupflicht

Im Rahmen des Straßenverkehrs kommt eine Verletzung der Verkehrssicherungspflicht insbesondere bei Verletzung der winterlichen Räum- und Streupflicht in Betracht. 154

Die Räum- und Streupflicht **trifft** grundsätzlich **denjenigen**, der den **Verkehr eröffnet**. Dies sind bei Kreisstraßen regelmäßig die Kreise, bei Landes- und Bundesstraßen grundsätzlich die **Länder**, da die Verkehrssicherungspflicht dem obliegt, der die Verwaltung der Straßen tatsächlich inne hat (BGH VersR 1959, 228). 155

Gemäß Art. 90 Abs. 2 GG werden die Bundesstraßen kraft Auftragsverwaltung von den Ländern verwaltet. Sie üben die **Straßenaufsicht im Auftrag des Bundes** aus, was auch in § 20 Abs. 1 Bundesfernstraßengesetz (BFStrG) festgeschrieben ist. Der BGH geht daher konsequenterweise davon aus, dass auch die Länder für die Verletzung der Verkehrssicherungspflicht auf den Bundesstraßen haften (BGH VersR 1983, 639). 156

Die Verkehrssicherungspflicht für Ortsdurchfahrten von Bundesstraßen obliegt nach § 5 Abs. 2 BFStrG den **Gemeinden**, soweit sie mehr als 80.000 Einwohner haben. 157

Gemeinden mit mehr als 50.000, aber weniger als 80.000 Einwohnern können nach § 5 Abs. 2a BFStrG Träger der Straßenbaulast werden. 158

Bei **Landesstraßen** unterscheidet man Landstraßen I. Ordnung und II. Ordnung. Für Landstraßen I. Ordnung obliegt die Verkehrssicherungspflicht dem Land. Bei Landstraßen II. Ordnung kann jedes Land die Pflicht auf den Kreis oder den betroffenen Bezirk übertragen. 159

Grundsätzlich muss derjenige räumen und **streuen**, der den **Verkehr eröffnet** hat. Ist er hierzu nicht in der Lage, kann er die Verpflichtung auf eine andere Person übertragen (BGH VersR 1970, 182). Ihn trifft jedoch nach wie vor eine **Überwachungspflicht**. 160

Der Umfang der Räum- und Streupflicht richtet sich sowohl zeitlich als auch räumlich nach den **Umständen des Einzelfalls**, insbesondere also nach den **örtlichen Verhältnissen** sowie der **Art und Wichtigkeit des Verkehrsweges**. Für die **Zumutbarkeit** der Räum- und Streupflicht ist dabei auch die **Leistungsfähigkeit** des Streupflichtigen von Bedeutung. 161

Zum Schadenersatzanspruch beim Sturz eines Radfahrers auf einem ungeräumten Gehweg wegen der Verletzung der Räum- und Streupflicht durch die Gemeinde vgl. BGH zfs 2004, 66. 162

§ 2 Haftungsgrundlagen

163 Der BGH betont in ständiger Rechtsprechung, dass Gemeinden ihrer Streupflicht nur dann genügen, wenn durch das **Bestreuen mit abstumpfenden Mitteln** die Gefahren beseitigt werden, die infolge winterlicher Glätte für den Verkehrsteilnehmer bei zweckgerechter Wegebenutzung unter Beachtung der im Verkehr erforderlichen Sorgfalt bestehen (BGH NJW 1993, 2803 unter Hinweis auf BGH NJW 1991, 33).

c) Straßenbäume

Literatur zur Verkehrssicherungspflicht in Bezug auf Straßenbäume:

Schröder, Straßenverkehrssicherungspflicht: Straßenbäume, SVR 2007, 333; *Widhaup*, Verkehrssicherungspflicht der Gemeinden betreffend Hineinragen von Bäumen in öffentlichen Straßen, VersR 1973, 402 ff.; *Wittek*, Verkehrssicherungspflicht für Straßen- und Waldbäume, AUR 2012, 208.

164 Eine Verletzung der Verkehrssicherungspflicht kann auch dem Eigentümer eines Baumes angelastet werden, wenn beispielsweise durch einen **umfallenden Baum** selbst oder herabfallende **Zweige** ein Kraftfahrzeug beschädigt oder ein Mensch verletzt wird (vgl. zu den Anforderungen BGH zfs 2004, 305 = VersR 2004, 877 = NZV 2004, 454 = DAR 2004, 263).

165 Nach der überwiegenden Rechtsprechung ist es für den Eigentümer eines Baumes geboten, seinen **Baum in angemessenen Zeitabständen** zu **überprüfen**. Grundsätzlich genügt dabei eine **äußere Zustands- und Gesundheitsprüfung**. Grundsätzlich sind **zwei jährliche Sichtkontrollen** ausreichend (OLG Hamm zfs 1997, 203; OLG Hamm NJW-RR 2003, 968; OLG Düsseldorf VersR 1992, 467; OLG Brandenburg OLGR 2002, 411).

166 Bestehen allerdings **Anzeichen für eine gesteigerte Gefährdung**, die von dem Baum ausgeht (morsche Äste o.Ä.), ist eine **eingehende fachmännische Untersuchung** dahingehend erforderlich, ob von dem Baum Gefahren für Menschen oder Sachen ausgehen können (OLG Köln VersR 1993, 850; OLG Frankfurt VersR 1993, 988 und LG Aachen DAR 1996, 405; s. auch BGH zfs 2004, 305 = VersR 2004, 877 = NZV 2004, 454 = DAR 2004, 263).

167 Die Haftung eines Baumeigentümers wegen Verletzung der Verkehrssicherungspflicht kommt aber auch dann in Betracht, wenn **Äste von Bäumen in einen Verkehrsbereich hineinragen** und dadurch für Verkehrsunfälle mitverursachend sind.

d) Fahrbahnunebenheiten

168 Eine Verletzung der Verkehrssicherungspflicht kommt auch dann in Betracht, wenn in der Fahrbahn oder an Bürgersteigen **gefährliche Niveauunterschiede** vorhanden sind, mit denen der **Verkehrsteilnehmer nicht rechnen** musste.

169 So ist anerkannt, dass ein Fußgänger bei der Benutzung eines Bürgersteigs geringfügige Unebenheiten und andere kleine Mängel im Pflaster im Allgemeinen hinnehmen und durch entsprechende Gehweise ausgleichen muss. Der BGH hat eine

solche **geringfügige Unebenheit** z.B. in einem 12 mm senkrecht und scharfkantig über den Bürgersteigbelag hinausragenden Kanaldeckel gesehen (BGH VersR 1957, 371).

Von entscheidender Bedeutung ist in solchen Fällen der **Charakter des Weges**. Eine **plötzliche Vertiefung** in einem ansonsten sehr ebenen Weg kann auch bei relativ **geringfügigen Niveauunterschieden** bereits zur Haftung aus Verkehrssicherungspflichtverletzung führen (BGH VersR 1967, 281 bei einer Vertiefung von 15 mm auf dem Bürgersteig einer Hauptgeschäftsstraße einer Großstadt). 170

e) Verkehrsberuhigungsmaßnahmen

Auch städtebauliche Verkehrsberuhigungsmaßnahmen können zu Verkehrssicherungspflichtverletzungen führen. Der BGH hat hierzu festgestellt, dass **Bodenschwellen** zur Verkehrsberuhigung **so ausgestaltet** sein müssen, dass alle zulassungsfähigen Kraftfahrzeuge **bei verkehrsgerechtem Verhalten** diese **gefahrlos** passieren können. In der vorerwähnten Entscheidung hatte ein **tiefergelegtes Fahrzeug**, das lediglich eine Bodenfreiheit von 7 cm hatte, auf einer 7,3 cm hohen Straßenschwelle aufgesetzt, wodurch der Auspuffkrümmer zerbrach. Der BGH bejahte eine Verletzung der Verkehrssicherungspflicht (BGH NJW 1991, 2824). 171

Ebenso ist entschieden worden, dass ein auf der Fahrbahn aufgestellter **Blumenkübel** eine Verkehrssicherungspflichtverletzung darstellen kann, selbst wenn er zum Zwecke der Verkehrsberuhigung aufgestellt wurde (OLG Frankfurt zfs 1992, 45; OLG Düsseldorf zfs 1996, 128; OLG Düsseldorf zfs 1996, 129). 172

Zumindest nach Auffassung des OLG Hamm soll dies aber nicht in verkehrsberuhigten Bereichen gelten (OLG Hamm NZV 1993, 231). 173

4. Verkehrssicherungspflicht des Kfz-Eigentümers

Denkbar ist auch eine Verkehrssicherungspflichtverletzung des **Kfz-Eigentümers**. Die Haftung eines Fahrzeugeigentümers für einen Schaden an einem Pferd, der dadurch entstanden war, dass der Fahrzeugeigentümer sein Fahrzeug im Eingang zu einer Pferderennbahn abgestellt hat, wurde bejaht. Der Halter muss z.B. damit rechnen, dass ein auf der Trabrennbahn trainierendes Pferd aus unbekannten Gründen in Panik und außer Kontrolle gerät und infolgedessen kopflos Richtung Ausgang rennt und sich an dem Fahrzeug verletzt (BGH VersR 1995, 90). 174

5. Verkehrssicherungspflicht des Kfz-Führers/-Halters

Nach § 23 StVO trifft auch den **Kfz-Führer** (bzw. ggf. **den Halter**) eine Verkehrssicherungspflicht für das von ihm gebrauchte bzw. gehaltene Fahrzeug. 175

Er ist daher aus der Verletzung der Verkehrssicherungspflicht für einen Schaden, der durch den **geplatzten Reifen** des von ihm geführten Kraftfahrzeugs entsteht, 176 verantwortlich, wenn er zwölf Jahre alte Reifen beim Ankauf des Fahrzeugs nicht auf deren Verkehrssicherheit überprüfen ließ (BGH zfs 1995, 327).

IV. Haftung Minderjähriger – § 828 BGB
Literatur zur Haftung Minderjähriger:

Grüneberg, Die (Mit-)Haftung von Kindern und Jugendlichen bei Verkehrsunfällen, NJW 2013, 2705; *Huber*, Kinderschutz versus Opferschutz im Straßenverkehr, NZV 2013, 6; *Jahnke/Thinesse-Wiehofsky*, Unfälle mit Kindern und Arzthaftung bei Geburtsschäden, 2013; *Kreuter-Lange*, Das Kind im Straßenverkehr, SVR 2013, 41; *Kuhn*, Minderjährigenschutz versus Schutz der anderen Unfallbeteiligten – zwei sich ausschließende Prinzipien?, SVR 2013, 321; *Lang*, Die Haftung Minderjähriger – alle Fragen geklärt?, r+s 2011, Sonderheft Lemcke r+s 2011, 63; *Lang*, Beteiligung von Kindern an Verkehrsunfällen, r+s 2011, 409; *ders.*, Minderjährigenschutz versus Schutz der anderen Unfallbeteiligten – zwei sich ausschließende Prinzipien?, NZV 2013, 161 und 214; *Müller*, Privilegierung von Kindern nach der Schadenersatzreform 2002, zfs 2003, 433; *Pardey*, Reichweite des Haftungsprivilegs von Kindern im Straßenverkehr, DAR 2004, 499; *ders.*, Minderjährigenschutz bei Teilnahme am Straßenverkehr, DAR 2013, 2; *Scheffen/Pardey*, Schadensersatz bei Unfällen mit Kindern und Jugendlichen, NJW-Schriftenreihe, 1995.

1. Kinder unter sieben Jahren

177 Kinder, die das siebte Lebensjahr noch nicht vollendet haben, **haften** nach § 828 Abs. 1 BGB überhaupt **nicht für einen Schaden**, den sie einem anderen zufügen.

178 Dieser Grundsatz gilt auch im Straßenverkehr uneingeschränkt. Einem Kind unter sieben Jahren kann deshalb auch kein Mitverschulden entgegengehalten werden.

Eine unmittelbare Ersatzpflicht eines Kindes unter sieben Jahren könnte allenfalls durch § 829 BGB (der in der Praxis nahezu nie angewandt wird) begründet werden (vgl. dazu Rdn 197 ff.).

2. Kinder über sieben und unter zehn Jahren beim Unfall im motorisierten Verkehr

179 Durch das Zweite Schadensrechtsänderungsgesetz sind Kinder, die das zehnte Lebensjahr noch nicht vollendet haben, seit dem 1.8.2002 für einen Schaden, den sie bei **einem Unfall im motorisierten Verkehr**, mit einer Schienenbahn oder einer Schwebebahn einem anderen zufügen, nicht verantwortlich – es sei denn, dass sie die Verletzung **vorsätzlich** herbeigeführt haben.

180 Die Heraufsetzung der Verantwortlichkeit von Kindern bis zur Vollendung des zehnten Lebensjahres für einen Schaden, den sie im motorisierten Verkehr einem anderen zufügen, war eines der Hauptanliegen des Zweiten Schadensrechtsänderungsgesetzes zur Verbesserung der Rechtsstellung der Kinder im motorisierten Verkehr. Dies war beispielsweise bereits von den Deutschen Verkehrsgerichtstagen 1983 und 2000 gefordert worden. Diese Heraufsetzung der Verantwortlichkeit für Kinderunfälle im motorisierten Verkehr geht auf die psychologische Erkenntnis zurück, dass Kinder aufgrund ihrer physischen und psychischen Fähigkeiten nach

| | A. Haftung aus unerlaubter Handlung | § 2 |

Vollendung des zehnten Lebensjahres überhaupt erst imstande sind, die besonderen Gefahren des Straßenverkehrs zu erkennen und sich entsprechend diesen Gefahren zu verhalten. Durch die Neuregelung in § 828 Abs. 2 S. 1 BGB ist für Unfälle ab dem 1.8.2002 die Rechtstellung von Kindern sowohl als **Täter** als auch als **Opfer** im motorisierten Verkehr wesentlich verbessert worden.

Beachte 181
Die Anhebung der Verantwortlichkeitsgrenze für Kinder bis zur Vollendung des zehnten Lebensjahres gilt jedoch **nur und ausschließlich für Unfälle im motorisierten Verkehr**. Soweit beispielsweise ein neunjähriges Kind als Fußgänger, Roller- oder Radfahrer einen anderen Fußgänger oder Radfahrer schädigt, bleibt es bei der Verantwortungsgrenze von sieben Jahren gemäß § 828 Abs. 1 BGB.
Das Haftungsprivileg des § 828 Abs. 2 S. 1 BGB greift nach dem Sinn und Zweck der Vorschrift allerdings **nur dann** ein, **wenn sich eine typische Überforderungssituation des Kindes durch die spezifischen Gefahren des motorisierten Verkehrs realisiert hat** (BGH std. Rspr. seit BGH zfs 2005, 174, 175 ff. und BGH zfs 2005, 177 ff.).

Der BGH hat durch seine Rechtsprechung – gegen den Gesetzeswortlaut – eine teleologische Reduktion des Haftungsausschlusses vorgenommen. In den nachfolgend genannten inzwischen sechs Entscheidungen hat der BGH klargestellt, wann von einer solchen **Überforderungssituation**, welche allein die Anwendung des Haftungsprivilegs rechtfertigt, auszugehen ist: 182
- kein Haftungsausschluss bei der Beschädigung eines ordnungsgemäß parkenden Pkw durch einen neunjährigen Kickboardfahrer (BGH zfs 2005, 174 = VersR 2005, 376 = r+s 2005, 80 = DAR 2005, 146),
- kein Haftungsausschluss bei der Beschädigung eines ordnungsgemäß parkenden Pkw durch ein neunjähriges, mit dem Fahrrad fahrendes Kind (BGH zfs 2005, 177 = VersR 2005, 380 = r+s 2005, 82 = DAR 2005, 148; BGH VersR 2005, 378 = r+s 2006, 254 = NZV 2005, 185 = DAR 2005, 150),
- Haftungsausschluss bei Kollision eines achtjährigen Fahrradfahrers mit einem im fließenden Verkehr verkehrsbedingt haltenden Pkw, auch wenn der stehende Pkw für das Kind ein plötzliches Hindernis bildete, mit dem es nicht rechnete (BGH zfs 2007, 435 = VersR 2007, 855 = r+s 2007, 300 = DAR 2007, 454),
- Haftungsausschluss, wenn ein achtjähriges Kind auf dem Bürgersteig sein Fahrrad loslässt und dieses führungslos gegen ein vorbeifahrendes Fahrzeug rollt (BGH zfs 2008, 80 = VersR 2007, 1669 = r+s 2008, 32 = DAR 2008, 77),
- Haftungsausschluss, wenn ein Kind mit dem Fahrrad gegen einen mit geöffneten hinteren Türen am Fahrbahnrand stehenden Pkw fährt (BGH zfs 2008, 373 = VersR 2008, 701 = r+s 2008, 213 = DAR 2008, 336).

Der BGH hat insbesondere mit der letztgenannten Entscheidung klargestellt, dass es bei der Frage, ob eine typische Überforderungssituation für das Kind aufgrund der spezifischen Gefahren des motorisierten Verkehrs vorliegt, **nicht darauf an-** 183 kommt, ob sich der Unfall im **ruhenden oder fließenden Verkehr** ereignet, wenngleich die typische Überforderungssituation im fließenden Verkehr häufiger auftreten wird (BGH a.a.O.). Zudem hat der BGH klargestellt, dass es für das Eingreifen des Haftungsprivilegs **nicht darauf ankommt**, ob sich die **typische Überforderungssituation** auch **konkret ausgewirkt hat** oder das Kind aus anderen Gründen nicht in der Lage war, sich verkehrsgerecht zu verhalten (BGH zfs 2007, 435 = VersR 2007, 855 = r+s 2007, 300 = DAR 2007, 454). Der **Geschädigte**, der sich darauf beruft, trägt die **Beweislast** dafür, dass sich nach den Umständen des Falles die **typische Überforderungssituation des Kindes** durch die spezifischen Gefahren des motorisierten Verkehrs bei einem Unfall **nicht realisiert** hat (BGH v. 30.6.2009 – VI ZR 310/08 – zfs 2009, 673 = r+s 2009, 385).

184 *Beachte*
Bei Unfällen im motorisierten Verkehr wird Kindern unter zehn Jahren durch die Neuregelung des § 828 Abs. 2 BGB eine Mitverantwortung weder als Täter noch als Opfer angelastet. Das bedeutet, dass es wegen der fehlenden Deliktsfähigkeit selbst nicht haftet, jedoch als Opfer stets vollen Schadensersatz erhält, ohne dass ihm gem. § 254 Abs. 1 BGB ein Mitverschulden angelastet werden kann.

3. Haftung der Kinder und Jugendlichen im Falle der Deliktsfähigkeit

185 Bei Kindern ab sieben Jahren (§ 828 Abs. 1 BGB) bzw. bei Kindern ab zehn Jahren im motorisierten Verkehr (§ 828 Abs. 2 BGB) und bei Jugendlichen ist zu unterscheiden zwischen ihrer **Einsichtsfähigkeit** und dem **Verschulden**.

Um eine Haftung nach § 828 Abs. 1 BGB oder bei Unfällen im motorisierten Verkehr nach § 828 Abs. 2 BGB zu begründen, muss dem Kind oder Jugendlichen stets ein Verschulden angelastet werden. Darüber hinaus muss das Kind bei der Begehung der schädigenden Handlung gem. § 828 Abs. 3 BGB **die zur Erkennung der Verantwortlichkeit erforderliche Einsicht** haben.

186 Das bedeutet, dass das Kind bzw. der Jugendliche in der Lage sein muss, das **Unrecht seiner Handlung und die Verpflichtung** zu erkennen, für die **Folgen seines Handelns einzustehen**. Das Kind bzw. der Jugendliche muss also die **intellektuelle Fähigkeit** haben zu erkennen, dass sein Verhalten Gefahren auslösen und er dafür verantwortlich sein kann. Ausreichend ist das **allgemeine Verständnis** dafür, dass sein Verhalten geeignet ist, Gefahren herbeizuführen (BGH VersR 1970, 374).

187 Dabei kann es ausreichen, dass das Kind bzw. der Jugendliche zwar die Gefährlichkeit **seines Tuns altersbedingt** noch **nicht erkannte**, wohl aber wegen vorausgegangener **Verbote und Warnungen** in der Lage war zu erkennen, dass er für eine Zuwiderhandlung gegen das vorher ausgesprochene Verbot verantwortlich ist (Palandt-*Sprau*, § 828 BGB Rn 6). Maßgeblich sind jeweils die Umstände des Einzelfalls.

Die **Beweislast** für den Mangel der Einsichtsfähigkeit obliegt dem Kind bzw. Jugendlichen (BGH NJW 1984, 1958; VersR 1970, 374).

Im Gegensatz zur Einsichtsfähigkeit nach § 828 BGB, bei der allein die individuelle und intellektuelle Fähigkeit des Jugendlichen ausschlaggebend ist, muss im Rahmen der **Schuld**, die sich an § 276 BGB orientiert, geprüft werden, ob ein normal entwickelter Jugendlicher dieses Alters die Gefährlichkeit seines Tuns hätte voraussehen und dieser Einsicht gemäß hätte handeln können und müssen (BGH NJW 1970, 1038).

Die **Beweislast** für das **Verschulden** des Kindes bzw. Jugendlichen obliegt – im Gegensatz zur Beweislast für die Einsichtsfähigkeit – dem **Geschädigten**.

Beispiel
Ein erst zwei Monate vor dem Unfallgeschehen sieben Jahre alt gewordenes Kind, das einem auf die Fahrbahn rollenden Ball nachläuft, ohne auf den Kraftfahrzeugverkehr zu achten, handelt bereits nach altem Recht nicht schuldhaft (BGH VersR 1970, 375).
Seit dem 1.8.2002 kann das Kind nach § 828 Abs. 2 BGB bis zur Vollendung des zehnten Lebensjahres überhaupt nicht schuldhaft handeln.

Beachte
Die Heraufsetzung der Verantwortlichkeit von Kindern bis zur Vollendung des zehnten Lebensjahres im motorisierten Verkehr führt zwangsläufig dazu, dass auch ab Vollendung des zehnten Lebensjahres die Mitverantwortung im Sinne des § 254 BGB erst langsam ansteigt (vgl. zur erforderlichen Abwägung aktuell OLG Celle v. 8.6.2011 – 14 W 13/11 – m. Anm. *Lang*, jurisPR-VerkR 20/2011 Anm. 1).

V. Haftung bei krankhafter Störung der Geistestätigkeit – § 827 BGB

Nach § 827 BGB haften diejenigen, die im Zustand krankhafter Störung der Geistestätigkeit einem anderen Schaden zufügen, grundsätzlich nicht nach den Vorschriften der unerlaubten Handlung, soweit Haftungsvoraussetzung ein Verschulden ist.

Durch diesen **Haftungsausschluss** des § 827 BGB wird eine **Billigkeitshaftung** nach § 829 BGB (vgl. Rdn 197 ff.) ebenso wenig ausgeschlossen wie eine Haftung nach den Gefährdungshaftungsvorschriften des BGB.

Nach § 827 S. 2 BGB haftet aber derjenige, der sich schuldhaft durch geistige **Getränke** oder **ähnliche Mittel** in einen vorübergehenden Zustand der Unzurechnungsfähigkeit versetzt hat, für eine in diesem Zustand begangene unerlaubte Handlung.

Die **Beweislast** für seine **Unzurechnungsfähigkeit** obliegt dem **Schädiger**.

196 Die **Beweislast** dafür, dass sich der **Schädiger selbst in den Zustand der Unzurechnungsfähigkeit versetzt** hat, trifft den **Geschädigten**. Gelingt dem Geschädigten dieser Nachweis, muss der Schädiger wiederum beweisen, dass er ohne Verschulden in diesen Zustand geraten ist (Palandt-*Sprau*, § 827 BGB Rn 3).

VI. Billigkeitshaftung – § 829 BGB

197 Nach § 829 BGB kann ausnahmsweise aus Billigkeitsgründen eine Haftung der nach §§ 827, 828 BGB nicht verantwortlichen Personen begründet sein. **Voraussetzung** hierfür ist,
- dass der Ersatz des Schadens nicht von einem aufsichtspflichtigen Dritten erlangt werden kann,
- die Billigkeit nach den Umständen, insbesondere nach den Verhältnissen der Beteiligten, eine Schadloshaltung erfordert und
- dem Verantwortlichen nicht die Mittel entzogen werden, deren er zum angemessenen Unterhalt sowie zur Erfüllung seiner gesetzlichen Unterhaltspflichten bedarf.

198 Eine Billigkeitshaftung setzt stets ein „**wirtschaftliches Gefälle**", also erheblich bessere Vermögensverhältnisse des Schädigers voraus (BGH NJW 1979, 2096). Darüber hinaus ist die **Intensität des Eingriffs** in das geschützte Rechtsgut ebenso wie die Besonderheit der die Schadensersatzpflicht auslösenden Handlung von Bedeutung (BGH NJW 1995, 452, 454).

> *Beispiel*
> Ein fast vierjähriges Kind steigt mit seiner Tante aus einem Postomnibus aus, sieht seinen Vater auf der gegenüberliegenden Straßenseite, reißt sich von der Hand der Tante los und gerät vor einen Kraftwagen, der den haltenden Postomnibus überholen will.

199 Trotz des grob verkehrswidrigen Verursachungsbeitrags des Kindes ist **keine Mithaftung** nach § 829 BGB gegeben, da der **Verursachungsbeitrag des Kindes** im Verhältnis zur Verantwortung des Kraftfahrers für die Verletzung des Kindes so **gering** ist, dass es als **unbillig** empfunden werden müsste, wenn er für den Schaden nicht voll haftet (BGH NJW 1969, 1762 ff.). Die Billigkeitsregel des § 829 BGB ist – sozusagen spiegelbildlich – auch hinsichtlich der Ansprüche des Kindes im Rahmen des Mitverschuldens gem. § 254 BGB zu berücksichtigen (BGH a.a.O.).

200 Bei dieser Abwägung kann auch das **Bestehen einer Kfz-Haftpflichtversicherung** anspruchsbegründend berücksichtigt werden, da diese ihrer Funktion nach den Verkehrsopfern den ihnen zukommenden Schadensersatz sichern soll (BGH NJW 1995, 454).

201 Bei **allen anderen bestehenden Haftpflichtversicherungen** kann die Tatsache, dass eine Versicherung besteht, lediglich bei der **Höhe** des nach § 829 BGB zu zahlenden **Entschädigungsbetrags** berücksichtigt werden. Eine bestehende Haftpflichtversicherung begründet aber keinesfalls einen Billigkeitsanspruch nach § 829 BGB **dem Grunde nach**.

VII. Verletzung der Aufsichtspflicht – § 832 BGB

Literatur zur Verletzung der Aufsichtspflicht im Straßenverkehr:

Bernau, Die Aufsichtshaftung über Minderjährige im Straßenverkehr – Eine Übersicht der seit 2012 veröffentlichten Rechtsprechung, DAR 2015, 192; *ders.*, Die Haftung von Aufsichtspflichtigen aus § 832 BGB – Eine Übersicht der aktuellen Rechtsprechung, FamRZ 2013, 1521; *ders.*, Die Aufsichtshaftung über Minderjährige im Straßenverkehr – eine Übersicht der seit 2008 veröffentlichten Rechtsprechung, DAR 2012, 174; *Siegel*, „Gehörige Aufsichtsführung" über Kinder als Fußgänger im Straßenverkehr, SVR 2013, 259.

Nach § 832 Abs. 1 BGB haftet derjenige, der kraft Gesetzes zur **Führung der Aufsicht über eine Person verpflichtet** ist, die wegen Minderjährigkeit oder wegen ihres geistigen oder körperlichen Zustandes der Beaufsichtigung bedarf, für die Schäden, welche die beaufsichtigte Person Dritten widerrechtlich zufügt. **202**

Bei Unfällen von Personen, die nach §§ 827, 828 BGB nicht verantwortlich sind, stellt § 832 BGB **zwei Vermutungen** auf: **203**
- dass der Aufsichtspflichtige seine Aufsichtspflicht schuldhaft verletzt hat, weil er die im konkreten Fall erforderlichen Handlungen ganz oder teilweise unterließ
- dass die Verletzung der Aufsichtspflicht für den entstandenen Schaden kausal war

Die **Aufsichtspflicht** kann kraft **Gesetzes** oder durch **Vertrag** begründet werden. **204**

Kraft Gesetzes sind beispielsweise aufsichtspflichtig die **Eltern** gegenüber dem minderjährigen Kind (§§ 1626 ff. BGB), der **Vormund** gegenüber dem Mündel (§§ 1793, 1797, 1909 ff. BGB), **Ausbilder** gegenüber Auszubildenden (§§ 6, 9 Berufsbildungsgesetz), **Lehrer** an öffentlichen Schulen (Palandt-*Sprau*, § 832 BGB Rn 5) und der **Betreuer** gegenüber dem zu Betreuenden (§ 1897 BGB). **205**

Die bloße Feststellung einer Milieu-Schädigung eines Minderjährigen reicht nicht aus, um den Aufsichtspflichtigen zu einer Überwachung auf Schritt und Tritt zu verpflichten. Es müssen vielmehr Anhaltspunkte dafür vorliegen, dass bei dem Minderjährigen als Folge besonderer Aggressionsbereitschaft oder sonstiger Verhaltensstörungen mit gefährlichen Streichen zu rechnen ist (BGH zfs 1997, 290). Zu den Anforderungen an die elterliche Aufsichtspflicht bei einem geistig retardierten und schwer verhaltensgestörten Kind mit ausgeprägter Aggressionsbereitschaft siehe BGH zfs 1996, 8. **206**

Der **Inhalt der Aufsichtspflicht** bestimmt sich nach dem **Maß der objektiv gebotenen Sorgfalt**, die sich wiederum am **Alter** und dem **persönlichen Charakter** sowie nach der **Vorsehbarkeit** eines möglicherweise schädigenden Verhaltens ausrichtet. Entscheidend ist, was von einem **verständigen Aufsichtspflichtigen** üblicherweise an Vorkehrungsmaßnahmen erwartet werden kann (BGH NJW 1984, **207**

2574 u. NJW 1993, 1003). Der Aufsichtspflichtige haftet nicht für einen Exzess des Aufsichtsbedürftigen, dessen Folgen auch bei gehöriger Aufsichtsführung entstanden sein würden (OLG Frankfurt am Main NJW-RR 2002, 236).

208 Der Aufsichtspflichtige kann zwar grundsätzlich seine **Aufsichtspflicht** durch Vertrag **auf Dritte übertragen**, er wird hierdurch jedoch von seiner eigenen **Kontrollpflicht** nicht gänzlich befreit (BGH VersR 1968, 903).

209 Der Aufsichtspflichtige muss gegenüber den beiden gesetzlichen Vermutungen den Entlastungsbeweis führen, wenn er sich von der Haftung befreien will (vgl. LG Saarbrücken zfs 2004, 9).

Beachte
Die Anhebung der Haftung von Kindern im motorisierten Verkehr auf das vollendete zehnte Lebensjahr ist zum Schutz der Kinder gedacht und spricht nicht für eine Ausweitung der Aufsichtspflicht der Eltern (OLG Hamm NJW-RR 2002, 236).

VIII. Haftung des Tierhalters – § 833 BGB

210 Bei Straßenverkehrsunfällen, an denen ein Tier mittelbar oder unmittelbar beteiligt ist, kommt wegen § 833 BGB grundsätzlich eine Haftung des Tierhalters in Betracht.

211 **Tierhalter** ist derjenige, dem die **Bestimmungsmacht** über das Tier zusteht und der aus eigenem Interesse für die **Kosten des Tieres** aufkommt und das **wirtschaftliche Risiko seines Verlustes** trägt (BGH NJW-RR 1988, 656).

212 *Beachte*
- § 833 S. 1 BGB normiert eine Gefährdungshaftung für alle Tierhalter mit der Folge, dass auch ein Deliktsunfähiger nach § 833 S. 1 BGB haften kann.
- § 833 S. 2 BGB normiert dagegen eine Haftung des Tierhalters für vermutetes Verschulden bei **Haustieren**, die dem Beruf, der Erwerbstätigkeit oder dem Unterhalt des Tierhalters zu dienen bestimmt sind, mit der Möglichkeit eines Entlastungsbeweises, was zur Folge hat, dass ein Deliktsunfähiger allenfalls nach § 829 BGB zivilrechtlich haftet.

213 Entscheidend ist, dass sich für eine Haftung aus § 833 BGB die Unberechenbarkeit tierischen Verhaltens und die dadurch hervorgerufene Gefährdung für Leben, Gesundheit oder Eigentum Dritter (spezifische Tiergefahr) verwirklicht haben muss (Palandt-*Sprau*, § 833 BGB Rn 1).

214 Dies ist beispielsweise der Fall, wenn eine Radfahrerin bei dem Versuch, einem plötzlich den Radweg versperrenden Pferd auszuweichen, zu Fall kommt, denn auch eine bloß psychische Einwirkung des Tieres kann zur Haftung seines Halters nach § 833 BGB führen (OLG Düsseldorf NJW-RR 1992, 475). Stürzt eine Person aus Angst vor einem auf sie zulaufenden großen Hund, so ist der Hundehalter für den entstandenen Schaden haftbar (OLG Nürnberg VersR 1991, 741).

Besondere verkehrsrechtliche Bedeutung haben die Fälle, in denen **Tiere aus einer umzäunten Weide ausbrechen** und dabei einen Verkehrsunfall verursachen. Hier kommt eine Haftung des Tierhalters in Betracht, wenn er den **Weidezaun nicht regelmäßig auf schadhafte Stellen untersucht** hat (OLG Hamm VersR 1982, 1009).

215

Im Übrigen entscheiden die **Umstände des Einzelfalls**, inwieweit eine Haftung des Tierhalters zu bejahen ist. Maßgebend sind die **Lage der Weide** und die Größe der **Entfernung zu einer befahrenen Straße** sowie die Frage, ob weitere **natürliche oder sonstige Hindernisse** es eigentlich hätten verhindern müssen, dass die Tiere auf die Straße gelangen.

216

Ein Elektrozaun, der ordnungsgemäß errichtet ist und funktioniert, stellt eine ausreichende Maßnahme zur Erfüllung der im Verkehr erforderlichen Sorgfalt seitens des Tierhalters dar (BGH VersR 1976, 1086; OLG Frankfurt zfs 1986, 162; OLG Karlsruhe VersR 1976, 346).

217

B. Haftung nach dem Straßenverkehrsgesetz

I. Halterhaftung gem. § 7 StVG

1. Allgemeines

Im Gegensatz zur **Verschuldenshaftung** nach dem BGB enthält das Straßenverkehrsgesetz in § 7 StVG eine **reine Gefährdungshaftung**. Danach haftet der Halter für den **beim Betrieb des Kfz** entstandenen Personen- und Sachschaden (§ 7 Abs. 1 StVG).

218

Er hat seit dem 1.8.2002 nur die Möglichkeit, sich gem. § 7 Abs. 2 StVG von der Gefährdungshaftung aus der Betriebsgefahr seines Fahrzeugs durch den Nachweis zu entlasten, dass der Unfall durch **höhere Gewalt** verursacht wurde. Dieser Nachweis kann dem Kfz-Halter praktisch nie gelingen.

Haften der Halter nach § 7 Abs. 1 StVG und der Fahrer nach § 18 StVG – nicht aber auch aus Verschulden nach BGB –, sind die Schadensersatzansprüche durch die **Haftungshöchstsummen** des § 12 StVG – bzw. beim Transport gefährlicher Güter nach § 12a StVG – begrenzt. Entgegen der früheren gesetzlichen Regelung bis 31.7.2002 wird jetzt auch aus der Gefährdungshaftung des StVG Schmerzensgeld geschuldet (§ 11 S. 2 StVG; siehe § 9 Rdn 25 f.), selbstverständlich aber auch dort nur bis zu den Haftungshöchstsummen des § 12 bzw. 12a StVG.

219

2. Voraussetzungen

Voraussetzung einer Haftung nach § 7 Abs. 1 StVG ist, dass **bei dem Betrieb eines Kraftfahrzeugs** ein **Mensch getötet**, der **Körper oder die Gesundheit eines Menschen verletzt** oder eine **Sache beschädigt** wurde.

220

§ 2 Haftungsgrundlagen

221 Durch die Neufassung des § 7 StVG im Rahmen des Zweiten Schadensrechtsänderungsgesetzes wird eine Halterhaftung nicht mehr nur für den Betrieb eines Kraftfahrzeugs statuiert, sondern auch für den Betrieb eines **Anhängers**, der dazu bestimmt ist, von einem Kfz mitgeführt zu werden. Die Halterhaftung des ziehenden Kraftfahrzeuges besteht somit neben und gesamtschuldnerisch mit der Halterhaftung des Anhängers. Die von der früheren Rechtsprechung zur Halterhaftung des § 7 StVG a.F. entwickelten Grundsätze gelten seit dem 1.8.2002 entsprechend auch für die Halterhaftung des Anhängers.

222 Ein ungeschriebenes Tatbestandsmerkmal ist die **Rechtswidrigkeit** der Schädigung. Anderenfalls würde auch bei verabredeten und gestellten Unfällen eine StVG-Haftung des Halters des Schädigerfahrzeugs bestehen (Rechtfertigungsgrund der Einwilligung).

a) Halter

223 Halter eines Kraftwagens ist, wer das Fahrzeug **für eigene Rechnung** und **im eigenen Interesse** nicht nur ganz vorübergehend in Gebrauch hat und die **Verfügungsgewalt** darüber besitzt, die ein solcher Gebrauch voraussetzt (BGH NJW 1954, 1198; VersR 1978, 233; 1992, 437).

> *Beachte*
> Der Halter kann, muss aber keineswegs mit dem Eigentümer identisch sein.

224 Auch die Tatsache, auf wen das **Kfz zugelassen oder haftpflichtversichert** ist, hat für die Frage der Haltereigenschaft **keine ausschlaggebende Bedeutung** (BGH VersR 1969, 907; OLG Hamm NJW 1990, 2673).

225 Wer die **Nutzung aus dem Betrieb** zieht und die **Kosten bestreitet**, hat ein Kfz für eigene Rechnung im Gebrauch. Dies ist in erster Linie derjenige, der ein **eigenes wirtschaftliches Interesse** an dem Betrieb des Kfz hat (OLG Hamm DAR 1978, 111).

226 Derjenige, der **lediglich für kurze Zeit** oder **vorübergehend** die oben genannten Voraussetzungen erfüllt (z.B. der Kfz-Mieter), wird dadurch **nicht Halter** (BGH VersR 1956, 219; 1992, 237). Daraus folgt, dass **nicht jedes Überlassen des Fahrzeugs an einen Dritten** die **Haltereigenschaft beendet**, insbesondere dann nicht, wenn der Überlassende hieraus nach wie vor wirtschaftliche Vorteile zieht (beispielsweise bei Miete oder Leihe, BGH NZV 1992, 145).

227 Bei Urlaubsreise ins Ausland können Vermieter und Mieter gemeinsam Halter sein (OLG Hamm zfs 1990, 165).

228 Ein **Übergang der Haltereigenschaft** liegt jedoch immer dann vor, wenn der bisherige Halter für einen nicht unerheblichen Zeitraum die **Verfügungsgewalt** und damit die Möglichkeit, den Nutzen aus dem Kfz zu ziehen, **verliert** (BGH zfs 1997, 89).

B. Haftung nach dem Straßenverkehrsgesetz § 2

Bei **Leasingverträgen** ist daher regelmäßig der **Leasingnehmer** als **Halter** anzusehen (BGH NJW 1983, 1492; OLG Köln zfs 1985, 357). Ein Schadensersatzanspruch aus § 7 StVG des Leasinggebers als Eigentümer gegen den Leasingnehmer als Halter bei einer Beschädigung des geleasten Fahrzeugs besteht allerdings nicht, weil die Halterhaftung nur Schäden abdeckt, die durch den Betrieb des schädigenden Fahrzeugs bei anderen Personen oder anderen Sachen (oder in den Schadensersatzbereich einbezogenen Vermögensbestandteilen) entstehen können (BGH v. 7.12.2010 – VI ZR 288/09 – r+s 2011, 132 = NZV 2011, 179; vgl. Berz/Burmann-*Schneider*, Kap. 5 C Rn 140). 229

Zur Zurechnung des Verschuldens des Leasingnehmers als Halter im Rahmen der Haftung des Unfallgegners gegenüber dem Leasinggeber siehe die weiteren Ausführungen in diesem Band (vgl. § 3 Rdn 40 ff.).

b) Betrieb

Eine weitere Voraussetzung der Halterhaftung nach § 7 StVG ist, dass der Schaden **bei dem Betrieb** eines Kraftfahrzeugs eingetreten ist. 230

Der Schaden ist dann beim Betrieb eines Kraftfahrzeugs entstanden, wenn er durch die dem Kfz-Betrieb **innewohnende Gefährlichkeit** adäquat verursacht worden ist. Es müssen sich also die **typischerweise von dem Betrieb eines Kraftfahrzeugs ausgehenden Gefahren** bei der Entstehung des Schadens ausgewirkt haben, d.h. bei der insoweit gebotenen wertenden Betrachtung muss das **Schadensgeschehen durch das Kfz (mit)geprägt** worden sein (BGH v. 24.3.2015 – VI ZR 265/14 – zfs 2015, 495). 231

Zwar reicht die bloße Anwesenheit des Kraftfahrzeugs an der Unfallstelle nicht aus. Erforderlich ist vielmehr, dass das **Kraftfahrzeug** durch seine **Fahrweise** oder sonstige **Verkehrsbeeinflussung** – z.B. Parkweise – zu der Entstehung des Schadens in irgendeiner Weise **beigetragen hat** (BGH NJW 1972, 1808; 1988, 2802). Maßgeblich ist, dass der **Unfall in einem nahen örtlichen und zeitlichen Zusammenhang mit einem bestimmten Betriebsvorgang oder einer bestimmten Betriebseinrichtung des Kfz** steht (BGH v. 21.1.2014 – VI ZR 253/13 – VersR 2014, 396). 232

Zumindest im öffentlichen Verkehrsbereich gilt dabei nach der herrschenden **verkehrstechnischen Auffassung** eine weite Auslegung des Begriffs „beim Betrieb". 233

Der Betrieb **beginnt** mit dem **Ingangsetzen des Motors** und **endet** mit dem **Motorstillstand** außerhalb des öffentlichen Verkehrsbereichs bzw. dem vorschriftsmäßigen Parken auf ausschließlich dem ruhenden Verkehr vorbehaltenen, von der Fahrbahn getrennten Flächen (BGH VersR 1959, 157), d.h. wenn das Kraftfahrzeug sein bestimmungsgemäßes Ziel erreicht hat. Eine **Berührung** zwischen den am Unfallgeschehen beteiligten Fahrzeugen ist **nicht Voraussetzung** für eine Haftung aufgrund des Betriebs gem. § 7 Abs. 1 StVG, sodass es z.B. ausreichen kann, dass der Geschädigte durch den Betrieb eines anderen Fahrzeugs zu einem Ausweich- 234 manöver veranlasst wird, selbst wenn die Abwehr- oder Ausweichreaktion als voreilig und daher weder objektiv noch subjektiv als erforderlich anzusehen ist (BGH v. 21.9.2010 – VI ZR 263/09 – VersR 2010, 1614 = zfs 2011, 75; BGH v. 21.9.2010 – VI ZR 265/09 – SVR 2010, 466).

235 Demgegenüber ging die **früher** vom BGH vertretene engere **maschinentechnische Auffassung** davon aus, dass ein Kfz lediglich in Betrieb ist, so lange der Motor das Kfz oder eine seiner Betriebseinrichtungen bewegt. Danach konnte eine Gefährdungshaftung des Kraftfahrzeugs nur so lange greifen, wie es sich motorbetrieben etwas in Bewegung befand (BGH NJW 1975, 1886).

236 Diese Auffassung kann jedoch all diejenigen Fälle nicht erfassen, in denen beispielsweise falsch geparkte Fahrzeuge, die eine ganz erhebliche Gefahr darstellen können, einen Verursachungsbeitrag zu einem Schaden gesetzt haben (BGH VersR 1969, 668; 1995, 96).

237 Wenn der BGH in der Haftung nach § 7 StVG den Preis dafür sieht, dass die Verwendung des Kraftfahrzeugs **erlaubterweise die Eröffnung einer Gefahrenquelle** darstellt, bei der alle durch den Kraftfahrzeugverkehr beeinflussten Schadensabläufe erfasst werden sollen (BGH NJW 1988, 2802), muss konsequenterweise eine Haftung aus Betriebsgefahr unter Umständen auch dann in Betracht kommen, wenn ein **Fahrzeug im öffentlichen Verkehrsraum ordnungsgemäß geparkt** ist. Dies gilt gleichermaßen für einen im öffentlichen Verkehrsraum abgestellten Anhänger, der dazu bestimmt ist, von einem Kfz mitgeführt zu werden.

238 In all diesen Fällen ist dem Halter die Möglichkeit eines Entlastungsbeweises durch den Nachweis ermöglicht, dass der Unfall durch höhere Gewalt verursacht wurde (§ 7 Abs. 2 StVG).

239 Noch zum Betrieb eines Kfz gehörig sind die Schäden, die durch **verlorene Ladung** entstehen (BGH NJW 1964, 411). Hierzu gehören auch die Fälle der **Verschmutzung der Fahrbahn** durch ein Kfz (BGH NJW 1982, 2669).

240 Auch das **Be- und Entladen** von Ladung gehört zum Betrieb eines Kfz (BGH VersR 1965, 1149), ebenso das **Betanken** und das **Ein- und Aussteigen** aus einem Kraftfahrzeug (OLG Nürnberg NZV 1989, 354). Jüngst hat der BGH bestätigt, dass auch das **Entladen von Öl aus einem Tanklastwagen** mittels einer auf ihm befindlichen Entladevorrichtung dem Betrieb des Kfz zuzurechnen ist, wenn es wegen einer Undichtigkeit des zur Schlauchtrommel des Wagens führenden Verbindungsschlauches zu Schäden an der Straße oder einem Grundstück kommt (BGH v. 8.12.2015 – VI ZR 139/15 – r+s 2016, 143).

241 Kommt es zu einem **Brand** eines geparkten Kfz, ist der dadurch verursachte Schaden an Rechtsgütern Dritter nur dann der Betriebsgefahr im Sinne des § 7 Abs. 1 StVG zuzurechnen, wenn der Brand in einem **ursächlichen Zusammenhang mit den Betriebseinrichtungen des Kfz** steht (BGH v. 21.1.2014 – VI ZR 253/13 –

VersR 2014, 396). Keine Haftung aus der Betriebsgefahr ergibt sich dementsprechend, wenn ein Kfz vorsätzlich in Brand gesetzt wird (BGH v. 27.11.2007 – VI ZR 210/06 – VersR 2008, 656).

Nicht mehr zum Betrieb eines Kfz gehören Schäden, bei denen die Fortbewegungs- und Transportfunktion des Kfz keine Rolle mehr spielt und das **Kfz nur noch als Arbeitsmaschine** eingesetzt wird (BGH NJW 1975, 1886; BGH v. 24.3.2015 – VI ZR 265/14 – zfs 2015, 495 = NZV 2015, 327 = DAR 2015, 322). 242

Benutzt die Polizei ein Moped lediglich als Lichtquelle, ist ein hieraus entstehender Schaden nicht dem Betrieb des Kraftfahrzeugs zuzurechnen (BGH VersR 1961, 263). Beim Abschleppen ist nur das schleppende Fahrzeug in Betrieb (BGH VersR 1963, 47). 243

Beachte 244
Der Umfang der Haftung des KH-Versicherers bestimmt sich nach § 10 Abs. 1 AKB bzw. A.1.1.1 AKB 2008. Die KH-Versicherung deckt danach sämtliche Schäden, die durch den **Gebrauch** des im Vertrag bezeichneten Fahrzeugs entstehen. Der Begriff des Gebrauchs geht weiter und schließt daher den Begriff des Betriebs im Sinne des § 7 StVG ein (BGH VRS 58, 401), sodass im Rahmen der Betriebsgefahr keine Deckungsprobleme entstehen können.

Die Haftung des KH-Versicherers für einen Anhänger, der dazu bestimmt ist, von einem Kraftfahrzeug mitgeführt zu werden, tritt neben die Haftung des KH-Versicherers des Fahrzeugs, solange das Kraftfahrzeug und der Anhänger miteinander verbunden sind.

3. Höhere Gewalt

Die Ersatzpflicht ist gem. § 7 Abs. 2 StVG nur noch ausgeschlossen, wenn der Unfall durch höhere Gewalt verursacht wird. Der Begriff der höheren Gewalt wurde dem § 1 Abs. 2 S. 1 des HPflG entnommen, der für Bahnbetriebsunfälle gilt. 245

Höhere Gewalt ist danach ein betriebsfremdes, außergewöhnliches, von außen durch elementare Naturkräfte oder Handlungen dritter Personen herbeigeführtes Ereignis, das nach menschlicher Einsicht und Erfahrung nicht vorhersehbar ist, mit wirtschaftlichen Mitteln durch die äußerste, vernünftigerweise zu erwartende Sorgfalt nicht verhütet oder unschädlich gemacht werden kann und auch nicht wegen seiner Häufigkeit vom Betreiber hinzunehmen ist (BGH NJW 1986, 2312; 1990, 1167). 246

Um das Vorliegen höherer Gewalt zu bejahen, müssen **drei Voraussetzungen** erfüllt sein: 247

- Einwirken eines Umstandes außerhalb des Betriebs des Fahrzeugs
- Außergewöhnlichkeit der Einwirkung von außen, mit der nicht gerechnet werden kann

- Unabwendbarkeit des Ereignisses, das nach menschlicher Einsicht und Erfahrung unvorhersehbar ist und mit wirtschaftlich erträglichen Mitteln auch durch die äußerste, nach der Sachlage zu erwartende Sorgfalt nicht vermieden werden kann (BGH VersR 1986, 92)

248 Das bedeutet seit dem 1.8.2002, dass bei Unfällen im Straßenverkehr der Entlastungsbeweis durch den Nachweis höherer Gewalt im Sinne des § 7 Abs. 2 StVG gegenüber nicht motorisierten Verkehrsteilnehmern praktisch nicht mehr zu führen sein wird. Dies schützt und ist von Nutzen insbesondere für Kinder, aber auch sonstige Fußgänger, Radfahrer und andere nicht motorisierte Verkehrsteilnehmer.

249 Die nach außen hin bestechende Einführung einer Entlastungsmöglichkeit nur noch bei Vorliegen höherer Gewalt wird aber bei Verkehrsunfällen von Kraftfahrzeugen, Bahnen oder einem Tier untereinander durch die Haftungsausgleichungsbestimmung des § 17 Abs. 3 StVG letztlich auf den bisherigen Stand des Nachweises eines unabwendbaren Ereignisses nach bisheriger Rechtsprechung zurückgeführt.

250 Angesichts der strengen Maßstäbe, die schon die frühere Rechtsprechung zum Nachweis des Vorliegens eines unabwendbaren Ereignisses im Sinne des § 7 Abs. 2 StVG a.F. aufgestellt hat, stellt das nunmehr mit der Änderung im Jahr 2002 eingeführte Abstellen auf höhere Gewalt nach § 7 Abs. 2 StVG zwar eine Verschärfung dar, die jedoch nur nicht motorisierten Verkehrsteilnehmern (Kindern, Fußgängern, Radfahrern oder Insassen) zugute kommt.

251 Wenn aber diesen nicht motorisierten Verkehrsteilnehmern – mit Ausnahme von Kindern bis zur Vollendung des zehnten Lebensjahres – eine Mitschuld am Zustandekommen des Unfalls anzulasten ist (§ 254 BGB), kann dies trotzdem dazu führen, dass der Verursachungsbeitrag des Kraftfahrzeughalters nur sehr geringes Gewicht hat, etwa bei einem erheblichen Verschulden des Fußgängers oder Radfahrers, mit der Folge, dass dann auch die Haftung aus § 7 Abs. 1 StVG bei der Abwägung unter Zugrundelegung des § 254 BGB völlig zurücktreten kann.

252 Verletzte nicht motorisierte Verkehrsteilnehmer profitieren somit von der Verschärfung der Haftung durch die Einführung der Entlastungsmöglichkeit nur bei Vorliegen höherer Gewalt gemäß § 7 Abs. 2 StVG, wenn ihnen kein Mitverschulden nach § 254 BGB anzulasten ist. Die **Beweislast** für das Mitverschulden des nicht motorisierten Verkehrsteilnehmers trifft aber den Halter nach § 7 Abs. 1 StVG.

> *Beispiel*
> Ein Kraftfahrer erleidet einen tödlichen Herzinfarkt. Sein Kraftfahrzeug fährt infolgedessen in ein Schaufenster einer Apotheke und verletzt eine Person tödlich und mehrere Personen schwer („Ein Toter saß am Steuer").

253 Da der Kraftfahrer seinen tödlichen Herzinfarkt nicht voraussehen konnte, handelte er nicht schuldhaft, sodass eine Haftung nach § 823 BGB – und damit nach früherem Recht auch jeglicher Schmerzensgeldanspruch der Verletzten – entfallen wäre. Der tödliche Herzinfarkt des Kraftfahrers ist aber keine „höhere Gewalt" im Sinne des § 7 Abs. 2 StVG, sodass den Verletzten durch § 7 StVG i.V.m. § 253 BGB auch Schmerzensgeld geschuldet wird. Jedoch gelten auch hier, wie vorstehend ausgeführt, die Haftungshöchstgrenzen des § 12 bzw. 12a StVG.

4. Unabwendbares Ereignis

Der in der früheren Rechtsprechung entwickelte Begriff des unabwendbaren Ereignisses zu § 7 Abs. 2 StVG a.F. wurde praktisch unverändert in die Ausgleichungs- und Abwägungsvorschriften des § 17 Abs. 3 StVG übernommen, mit der zusätzlichen Erweiterung, dass der Ausgleich auch gegenüber dem Eigentümer eines Kraftfahrzeugs vorzunehmen ist, der nicht Halter ist (z.b. der Leasinggeber – § 17 Abs. 3 S. 3 StVG). 254

Zum Begriff der Unabwendbarkeit gehört **sachgemäßes, geistesgegenwärtiges Handeln**, das über die gewöhnliche Verkehrssorgfalt hinausgeht und eine **besonders überlegene und gesammelte Aufmerksamkeit und Umsicht** erfordert (BGH VersR 1957, 587). 255

Der Unabwendbarkeitsbeweis ist ausgeschlossen, wenn die Fahrweise des Kraftfahrers hinter den Möglichkeiten eines **besonders tüchtigen und gewissenhaften** Fahrzeugführers zurückbleibt – **Idealkraftfahrer** (BGH VersR 1959, 789). Dabei ist die Vermeidbarkeit **nicht zurückschauend**, sondern von der Sachlage vor dem Unfall – **ex ante** – zu beurteilen (BGH VersR 1959, 804). Die Unabwendbarkeit bedeutet nicht absolute Unvermeidbarkeit (BGH VersR 1973, 83), sondern **ein an durchschnittlichen Verkehrsanforderungen gemessenes ideales, also überdurchschnittliches Verhalten** (BGH NJW 1986, 183; VersR 1987, 1035). Nicht gedacht ist hierbei an das Verhalten eines nur theoretisch existierenden Genies, also des so genannten **Super-Kraftfahrers**. 256

Beispiel
Ein Pkw steht bereits seit 30 Sekunden an einer Rotlicht zeigenden Ampel. Plötzlich fährt völlig unvermittelt von hinten ein Lkw aufgrund eines alkoholisierten Fahrers mit erheblicher Wucht auf. Der Unfall ist für den Halter des Pkw unvermeidbar.

Der Unabwendbarkeitsbeweis wird nicht dadurch ausgeschlossen, dass ein Kraftfahrer auf das Unterlassen grober Verstöße durch andere Verkehrsteilnehmer vertraut hat (BGH NJW 1986, 183). Auch **überhöhte Geschwindigkeit** schließt den Unabwendbarkeitsbeweis nicht aus, wenn sie weder für den Unfall noch für schwerere Folgen **ursächlich war** (OLG Stuttgart VersR 1980, 341). 257

Unabwendbarkeit ist auch dann denkbar, wenn ein Kraftfahrer erst nach einem Moment des Erschreckens beginnt, ideal zu reagieren (BGH VersR 1964, 753). Bei diesen stark am **objektiven Idealfahrer** ausgerichteten Anforderungen des Entlastungsbeweises ist einem **Fahranfänger** der Unabwendbarkeitsbeweis regelmäßig 258 abgeschnitten, weil er praktisch nie über die nötige Erfahrung und Routine verfügt, es sei denn, auch der Idealfahrer hätte objektiv den eintretenden Unfall nicht vermeiden können.

259 Die **Beweislast** für die Unabwendbarkeit des Unfallgeschehens trifft allein den **Halter** (BGH NJW 1982, 1149). Für den **Halter** gehört zum Nachweis der Unabwendbarkeit auch, dass er die jeweiligen **Kraftfahrer sorgfältig ausgewählt und beaufsichtigt** hat (BGH VersR 1964, 1241).

5. Gefährdungshaftung des Anhänger-Halters

Literatur zur Gefährdungshaftung des Anhänger-Halters:

Langenick, Innenausgleich der KH-Versicherer bei durch ein Gespann aus Zugmaschine und Anhänger verursachten Drittschäden, NZV 2014, 57; *Lemcke*, Innenausgleich bei Drittschäden durch Kfz und Kfz-Anhänger, r+s 2011, 56; *Stahl*, Deckungs- und Haftungsfragen bei Unfallbeteiligung eines Anhängers, NZV 2010, 57.

260 Bedingt durch schwere Unfälle mit Lkw und Wohnwagengespannen und bedingt dadurch, dass der Geschädigte oft nur das Kennzeichen des Anhängers, nicht aber des Zugfahrzeugs kennt, sah sich der Gesetzgeber veranlasst, wegen der erhöhten Betriebsgefahr von Gespannen auch eine eigene Halterhaftung für Anhänger im Außenverhältnis zum Geschädigten einzuführen.

261 Der Anhänger wird damit haftungsmäßig der Halterhaftung des Zugfahrzeugs gleichgestellt. Im Außenverhältnis zum Geschädigten haftet somit sowohl der Halter der Zugmaschine wie auch der Halter des Anhängers.

262 Die Betriebsgefahr des im normalen Verkehrsraum abgestellten Anhängers besteht also fort, sodass beispielsweise dann, wenn ein Kind von sechs Jahren gegen einen im Verkehrsraum abgestellten Kfz-Anhänger prallt, sich der Unfall „beim Betrieb" des Anhängers ereignet hat und der Anhänger-Halter dem Kind gegenüber unmittelbar haftet. Es muss sich allerdings um einen Anhänger handeln, der dazu bestimmt ist, von einem Kraftfahrzeug mitgeführt zu werden, und zwar unabhängig davon, ob er zum Unfallzeitpunkt mit dem Kraftfahrzeug verbunden ist.

> *Beachte*
> Der Direktanspruch des § 115 Abs. 1 S. 1 Nr. 1 VVG kann inzwischen auch gegen den KH-Pflichtversicherer des Anhängers gerichtet werden.

263 Die gesetzliche Neuregelung über die Halterhaftung des Anhängers regelt allerdings nicht, ob die Haftung des Halters des Anhängers auch dann eintritt, wenn der Anhänger mit einem Fahrzeug mit einer zulässigen Höchstgeschwindigkeit von bis zu 20 km/h befördert wird (Haftungsausschluss siehe Rdn 269) und ob etwa dann die Halterhaftung des Anhängers wieder einsetzt, wenn der Anhänger von der langsam fahrenden Zugmaschine abgekoppelt ist und im Verkehrsraum steht.

B. Haftung nach dem Straßenverkehrsgesetz § 2

6. Haftung gegenüber Insassen

Nach bis zum 31.7.2002 geltendem Recht war die Gefährdungshaftung des Halters gegenüber unentgeltlich beförderten Insassen seines Pkw ausgeschlossen (§ 8a Abs. 1 S. 1 StVG a.F.). 264

Durch die Neufassung des § 8a StVG durch das Zweite Schadensrechtsänderungsgesetz wird auch den unentgeltlich beförderten Insassen eines Pkw ein Schadenersatzanspruch – auch auf Schmerzensgeld wegen der Ausdehnung der Gefährdungshaftung – gegenüber dem Halter zugestanden. Bei einer entgeltlichen geschäftsmäßigen Personenbeförderung darf die Verpflichtung des Halters zum Ersatz von Personenschäden auch vertraglich nicht ausgeschlossen werden. 265

7. Haftungsumfang

Literatur zum Haftungsumfang:

Höffmann, Neue Haftungshöchstgrenzen für alte Unfälle, DAR 2011, 447.

Auch bei voller Gefährdungshaftung nach § 7 Abs. 1 StVG haftet der Halter **nicht** unbegrenzt, sondern lediglich innerhalb der **Höchstgrenzen** des § 12 StVG. 266

Danach ist die Ersatzpflicht begrenzt: 267

- im Falle der Tötung oder Verletzung mehrerer Menschen durch dasselbe Ereignis insgesamt nur bis zu einem Kapitalbetrag von 5 Mio. EUR; bei entgeltlicher, geschäftsmäßiger Personenbeförderung erhöht sich bei der Tötung oder Verletzung von mehr als acht beförderten Personen dieser Betrag um 600.000 EUR für jede weitere getötete oder verletzte beförderte Person,
- im Falle der Sachbeschädigung, auch wenn durch dasselbe Ereignis mehrere Sachen beschädigt werden, nur bis zu einem Betrag von 1 Mio. EUR.

Weitaus höhere Haftungshöchstgrenzen wurden beim **Transport gefährlicher Güter** durch § 12a StVG eingeführt. Bei Schadensereignissen muss sich allerdings die Gefährlichkeit des beförderten Gutes für den Schaden ausgewirkt haben. 268

8. Haftungsausschlüsse

Literatur zum Haftungsausschluss:

Riedmeyer, Grenzen und Beschränkungen der Haftung aus der Betriebsgefahr des Kraftfahrzeugs, zfs 2011, 183.

a) Fahrzeuge mit bauartbedingter Höchstgeschwindigkeit bis 20 km/h

Der Halter haftet gem. § 8 Nr. 1 StVG nicht nach der Vorschrift des § 7 Abs. 1 StVG, wenn der Unfall durch ein Fahrzeug verursacht wurde, das auf ebener Bahn **bauartbedingt** keine höhere Geschwindigkeit als 20 km/h fahren kann (BGH zfs 1997, 366). 269

b) Beim Betrieb des Kfz Tätige

270 Er haftet nach § 8 Nr. 2 StVG auch dann nicht, wenn der Verletzte beim Betrieb des Kraftfahrzeugs tätig war. Beim Betrieb tätig wird z.b. jemand, der im Winter auf schneeglatter Fahrbahn ein **stehengebliebenes Fahrzeug anschiebt** (OLG Düsseldorf NZV 2015, 383).

Beachte
Wenn der Verletzte beim Betrieb des Kraftfahrzeugs tätig war, wird darüber hinaus häufig ein Haftungsausschluss nach §§ 104 ff. SGB VII in Frage kommen, weil dafür eine Tätigkeit im Bereich des Unternehmens genügt.

c) Beförderung von Sachen

271 Gem. § 8 Nr. 3 StVG besteht schließlich ein Ausschluss der Halterhaftung nach § 7 StVG, wenn eine Sache beschädigt wurde, die durch das Kraftfahrzeug oder durch den Anhänger befördert worden ist, es sei denn, dass eine beförderte Person die Sache an sich trägt oder mit sich führt.

9. Schwarzfahrt

272 Benutzt jemand das Fahrzeug **ohne Wissen und Willen des Fahrzeughalters**, so ist er an Stelle des Halters zum Ersatz des Schadens verpflichtet (§ 7 Abs. 3 S. 1 StVG).

273 Daneben bleibt der **Halter zum Ersatz des Schadens verpflichtet**, wenn die Benutzung des Fahrzeugs durch sein **Verschulden** ermöglicht worden ist. Satz 1 findet keine Anwendung, wenn der Benutzer vom Fahrzeughalter für den Betrieb des Kraftfahrzeuges angestellt ist oder wenn ihm das Fahrzeug vom Halter überlassen worden ist (§ 7 Abs. 3 StVG).

274 *Beispiel*
So entfällt die Halterhaftung eines Vaters wegen der Folgen der Schwarzfahrt seines sechzehnjährigen Sohnes, der sich die Fahrzeugschlüssel ohne Wissen angeeignet hat, nach § 7 Abs. 3 StVG. Der Vater hat als Halter die Spritztour nicht schuldhaft ermöglicht. Er konnte darauf vertrauen, dass kein Familienmitglied die Wagenschlüssel widerrechtlich an sich nehmen werde. Etwas anderes gilt jedoch dann, wenn der Vater aufgrund früherer Verhaltensweisen seines Sohnes damit rechnen musste, dass dieser möglicherweise die Fahrzeugschlüssel an sich nehmen werde (OLG Frankfurt VersR 1987, 54; OLG Hamm VersR 1987, 205).

275 Das **unverschlossene Abstellen eines Kraftfahrzeugs** kann eine Halterhaftung nach § 7 Abs. 3 StVG begründen, wenn ein Dieb das Fahrzeug entwendet und damit einen Schaden verursacht (KG VersR 1982, 45).

II. Fahrerhaftung

Der Fahrer haftet nach § 18 StVG für **vermutetes Verschulden**. Anders als der Halter, der sich nach § 7 Abs. 2 StVG nur durch den Nachweis höherer Gewalt entlasten kann, scheidet eine **Haftung des Fahrers** nach § 18 StVG **völlig** aus, wenn er darlegt und beweist, dass ihn **kein Verschulden** trifft. Es handelt sich beim § 18 StVG somit um eine **Verschuldenshaftung mit umgekehrter Beweislast** (BGH NJW 1983, 1326).

276

> *Merke*
> Die Gefährdungshaftung mit dem erforderlichen Unabwendbarkeitsbeweis bei der Haftungsabwägung und dem Haftungsausgleich im Rahmen des § 17 StVG trifft nur den Halter oder Eigentümer, nicht aber auch den Fahrer. Der Fahrer haftet nach § 18 StVG nur für vermutetes Verschulden, von dem er sich entlasten kann. Daneben bleibt eine Haftung des Fahrers aus Verschulden nach § 823 BGB unberührt (§ 16 StVG).

277

Führer des Kfz ist grundsätzlich jeder, der das **Kfz lenkt**, gleichgültig, ob er dazu berechtigt ist oder nicht (BGH VersR 1962, 1147).

278

Die **Kfz-Haftpflichtversicherung** ist im Verhältnis zum Geschädigten sowohl für den berechtigten als auch für den unberechtigten Fahrer **eintrittspflichtig** (§ 10 Abs. 2c AKB bzw. A.1.2 c AKB 2008).

279

> *Beachte*
> Bei Fahrschulen ist Fahrzeugführer im Sinne des § 18 StVG nicht der Fahrschüler, sondern der Fahrlehrer (§ 3 Abs. 2 StVG – OLG Hamm DAR 1999, 363). Der Fahrschüler ist deshalb nicht passivlegitimiert hinsichtlich einer Haftung gem. § 18 StVG (BGH VersR 1972, 455; OLG Hamm NZV 1991, 345).

280

Ausnahmsweise kann jedoch ein bereits zur Prüfung angemeldeter Fahrschüler bei unvorhersehbarem grob verkehrswidrigem Verhalten für einen entstehenden Unfallschaden haftpflichtig gemacht werden (OLG Stuttgart DAR 1999, 550). Eine **persönliche Haftung des Fahrschülers** gem. § 823 Abs. 1 BGB kommt auch dann in Betracht, wenn er einen **Fahrfehler** begeht, den er auch unter Berücksichtigung seiner Ausbildungssituation nach Maßgabe seines subjektiven Wissens und Könnens **unschwer hätte vermeiden können** (OLG Koblenz VersR 2004, 1283).

281

III. Haftungsabwägung

Literatur zur Haftungsabwägung:

Grüneberg, Haftungsquoten bei Verkehrsunfällen, 14. Auflage 2015; *Kuhn*, Schadensverteilung bei Verkehrsunfällen, 9. Auflage 2016.

In den Fällen, in denen ein **Schaden durch mehrere Kraftfahrzeuge verursacht** wurde und die beteiligten Fahrzeughalter einem Dritten kraft Gesetzes zum Ersatz des Schadens verpflichtet sind, hängt **im Verhältnis der Fahrzeughalter zueinan-**

282

§ 2 Haftungsgrundlagen

der die **Verpflichtung zum Ersatz** sowie der Umfang des zu leistenden Ersatzes von den **Umständen** ab, inwieweit der Schaden **vorwiegend von dem einen oder dem anderen Teil verursacht** worden ist. Das Gleiche gilt, wenn der Schaden einem der beteiligten Fahrzeughalter entstanden ist, für die Haftpflicht, die für einen anderen von ihnen eintritt (§ 17 Abs. 1 StVG).

283 Durch die Neufassung des § 17 StVG durch das Zweite Schadensrechtsänderungsgesetz wird der interne Schadensausgleich wie folgt geregelt:
- § 17 Abs. 1 StVG entspricht dem bisherigen § 17 Abs. 1 S. 1 StVG a.F., der den Ausgleich zwischen mehreren beteiligten Kfz-Haltern bei Verursachung eines Drittschadens regelt;
- § 17 Abs. 2 StVG enthält die bisher in § 17 Abs. 1 S. 2 StVG a.F. geregelte Ausgleichspflicht zwischen mehreren unfallbeteiligten Kfz-Haltern für die selbst erlittenen Schäden;
- § 17 Abs. 3 StVG sieht vor, dass die Ausgleichspflichten nach Abs. 1 und 2 dann ausgeschlossen sind, wenn der Unfall durch ein unabwendbares Ereignis verursacht wurde.

284 Der bis zur Änderung 2002 in § 7 Abs. 2 StVG a.F. vorgesehene Haftungsausschlussgrund des **„unabwendbaren Ereignisses"** soll nicht völlig entfallen, sondern weiterhin für den **Schadensausgleich zwischen den Haltern mehrerer unfallbeteiligter Kraftfahrzeuge oder Anhänger**, von Tieren oder der Eisenbahn gelten. Damit wird ausdrücklich klargestellt, dass dem unfallbeteiligten Kraftfahrer keine Entlastungsmöglichkeit gegenüber Kindern, aber auch nicht gegenüber anderen nicht motorisierten Verkehrsteilnehmern offen steht. Dabei muss allerdings beachtet werden, dass in entsprechender Anwendung der § 9 StVG, § 254 BGB auch der geschädigte nicht motorisierte Verkehrsteilnehmer – mit Ausnahme von nicht deliktsfähigen Kindern – über sein Mitverschulden entsprechend haften bzw. sogar voll haften kann.

285 In beiden Fällen legt § 17 StVG fest, dass die Schadensverursacher sich nach ihren **jeweiligen konkreten Verursachungsanteilen** am Schaden beteiligen müssen. Für den Ausgleich ist dabei unerheblich, ob mehrere gesetzliche Haftungsgründe zusammentreffen (BGH NJW 1962, 1394).

286 Bei der Abwägung entscheidet das **Gewicht der von den Beteiligten gesetzten Schadensursachen** so, wie sie sich im konkreten Unfall ausgewirkt haben. Bei der Frage, wer in welchem Maß den Schaden mitverursacht hat, kommen daher auch **Verschuldensgesichtspunkte** zum Tragen. Schwere Schuld des einen Beteiligten kann die Betriebsgefahr oder sogar eine geringe Schuld des anderen Beteiligten ganz zurücktreten lassen (BGH VersR 1962, 156; 1964, 168; 1964, 1113).

B. Haftung nach dem Straßenverkehrsgesetz §2

Beispiel
Das Linksabbiegen vor einem schnell herannahenden Kraftfahrzeug begründet ein derart grobes Verschulden des Linksabbiegers, dass demgegenüber auch ein etwaiges Verschulden des Entgegenkommenden aufgrund leichter Geschwindigkeitsüberschreitung zurücktritt (BGH VersR 1964, 514; 1969, 75).

Korrekterweise wird bei der Haftungsabwägung regelmäßig auch eine **erhöhte Betriebsgefahr** hinter einem **groben Verschulden** des Unfallgegners **zurückzutreten** haben (BGH VersR 1964, 1024). 287

Bei der Abwägung sind jedoch **nur bewiesene Umstände** zu berücksichtigen. Das bedeutet, nur unstreitige, zugestandene oder erwiesene Tatsachen können bei der Haftungsabwägung nach § 17 StVG dem jeweiligen Unfallbeteiligten entgegengehalten werden. Dagegen haben **Vermutungen außer Acht** zu bleiben (BGH zfs 1995, 126). 288

Beispiel
Unterläuft einem betrunkenen Fahrer ein Fahrfehler, der jedem nüchternen Fahrer gleichermaßen unterlaufen kann, ist ihm im Rahmen der Haftungsabwägung lediglich die Betriebsgefahr entgegenzuhalten.

Die Betriebsgefahr eines Kfz besteht in der Gesamtheit der Umstände, welche – durch die Eigenart als Kfz bedingt – Verkehrsgefahren begründen. Maßgebend sind also insbesondere **Fahrzeuggröße, Gewicht, Fahrzeugart, Fahrzeugbeschaffenheit, Beleuchtung, Fahrgeschwindigkeit** sowie die Frage, ob es verkehrsgerecht oder in welchem Maß es verkehrswidrig verwendet wurde (BGH DAR 1956, 328). 289

Von einer **erhöhten Betriebsgefahr** kann in den Fällen ausgegangen werden, in denen die regelmäßig und notwendigerweise mit dem Kfz-Betrieb verbundene Betriebsgefahr durch das **Hinzutreten besonderer unfallsächlicher Umstände** vergrößert wird. 290

Beispiele
Schwierige Örtlichkeiten, hohe Fahrzeugdichte, Mängel am Kraftfahrzeug, hohe Geschwindigkeiten, insbesondere bei nasser Fahrbahn oder Ähnliches.

Ist keinem der Unfallbeteiligten ein unfallsächliches Verschulden nachzuweisen, sind **allein die Betriebsgefahren gegeneinander abzuwägen**. 291

Beispiel
- Pkw – Pkw: Quote 50 zu 50
- Lkw – Pkw: Quote 60 zu 40
- Panzer – Pkw: Quote 80 zu 20
- Panzer – Mofa: Quote 90 zu 10.

292 Eine Abwägung nach Gefährdungshaftung kann **nur in den im Gesetz normierten Fällen vorgenommen** werden. Das bedeutet, dass eine **Abwägung zwischen Fahrer und Halter untereinander nicht stattfinden** kann, weil dies in § 17 StVG nicht vorgesehen ist.

> *Beispiel*
> Der schuldhaft einen Unfall verursachende Fahrer des Unfallfahrzeugs kann dem als Insassen verletzten Halter des gleichen Fahrzeugs die Betriebsgefahr nicht entgegenhalten (BGH NJW 1972, 1415).

293 Ist **ungewiss, wer von mehreren als Urheber in Betracht kommenden** Fahrzeughaltern bzw. -führern den **Unfallschaden verursacht** hat, trifft diese eine **gesamtschuldnerische Haftung** nach § 830 Abs. 1 S. 2 BGB (vgl. BGH VersR 2010, 1662). Fahrer und Halter bilden jeweils eine sog. **Haftungseinheit**. Auf sie entfällt regelmäßig nur eine **einheitliche Haftungsquote** im Verhältnis zum geschädigten Dritten (BGH VersR 1966, 664).

294 Nach § 17 Abs. 4 StVG gelten die vorstehenden Grundsätze auch, wenn der Schaden durch ein Kraftfahrzeug und ein Tier oder durch ein Kraftfahrzeug und eine Eisenbahn verursacht wird.

C. Haftung aus Vertrag

295 Eine **Haftung aus Vertrag setzt gem. § 280 Abs. 1 BGB (darunter fällt nunmehr auch die frühere pVV) stets Verschulden voraus**; sie begründet **keine Gefährdungshaftung**. Hinsichtlich des Verschuldens des Vertragspartners sieht das Gesetz seit der Schuldrechtsmodernisierung allerdings in § 280 Abs. 1 S. 2 BGB eine **Verschuldensvermutung** vor, d.h. der Schädiger muss sich vom gesetzlich vermuteten Verschulden exkulpieren. Durch die Neufassung des § 253 BGB werden neben den materiellen Schäden auch Schmerzensgeldansprüche ersetzt.

I. Beförderungsvertrag

296 Bis zum 31.7.2002 bestand eine Gefährdungshaftung des Kfz-Halters nur gegenüber Insassen, die **entgeltlich geschäftsmäßig** befördert wurden. Bei unentgeltlicher Beförderung anderer Insassen kam die Gefährdungshaftung des Halters den Insassen gegenüber nicht zum Zug. Ihnen gegenüber wurde demgemäß nur bei Verschulden nach § 276 BGB gehaftet.

297 Seit der Neufassung des § 8a StVG gilt die Gefährdungshaftung gegenüber Insassen ohne Rücksicht darauf, ob sie entgeltlich geschäftsmäßig oder unentgeltlich befördert werden (vgl. oben Rdn 264 f.). Der früher bestehende Streit darüber, ob bei einer Fahrgemeinschaft, hinsichtlich derer sich der Insasse lediglich an den Betriebskosten der Fahrt beteiligte, diese Fahrgemeinschaft eine entgeltliche oder unentgeltliche Personenbeförderung darstellt (BGH VersR 1981, 780), ist damit obsolet geworden.

Dem Insassen können nicht deshalb Schadensersatzansprüche versagt werden, weil er aus reiner Gefälligkeit mitgenommen wurde (BGH VersR 1964, 391). Nur mit unentgeltlich beförderten Personen kann und darf ein Haftungsausschluss vereinbart werden (§ 8a StVG). 298

II. Mietvertrag

Im Rahmen eines Mietvertrages kann von einem **konkludenten Haftungsverzicht** des Vermieters ausgegangen werden, wenn er dem Mieter gegenüber angibt, das vermietete Fahrzeug sei **kaskoversichert**. Dies gilt zumindest dann, wenn die Kaskoversicherung Versicherungsschutz geboten hätte (BGH VersR 1965, 508). 299

> *Beachte*
> Schadensersatzansprüche des Vermieters wegen Beschädigung der vermieteten Sache verjähren nach § 548 BGB in sechs Monaten ab Rückgabe der Mietsache.

III. Auftrag

Ein Auftragsverhältnis gemäß § 662 BGB liegt z.B. bei einer **gemeinsamen Überführung eines Kraftfahrzeugs** vor. Das gilt auch dann, wenn der Auftragnehmer den Auftraggeber **aus Gefälligkeit begleitet**, um ihn beim Fahren abzulösen. Dabei **haftet** der Auftragnehmer grundsätzlich für **jede Fahrlässigkeit**. Andererseits ist der Auftraggeber verpflichtet, für eine **ordnungsgemäße Haftpflichtversicherung** zu sorgen. Ist diese **wegen Nichtzahlung der Erstprämie notleidend**, rechtfertigt dies im Falle leichter Fahrlässigkeit die **Freistellung des Auftragnehmers** von jeglicher Haftung (BGH VersR 1969, 49). 300

IV. Werkvertrag

Schlecht erfüllte Werkverträge, die zu Körper- und Gesundheitsschäden führen, können neben den Ansprüchen aus §§ 634 ff. BGB auch Schmerzensgeldansprüche auslösen (§ 253 BGB), wobei allerdings darauf zu achten ist, dass eine Verletzung eines geschützten absoluten Rechts die Folge der werkvertraglichen Schlechterfüllung sein muss. Der Werkvertragsunternehmer kann sich nicht mehr im Rahmen des § 831 BGB entlasten, sondern muss sich ohne Exkulpationsmöglichkeit ein Verschulden seines Arbeiters über § 278 BGB an- und zurechnen lassen. So kommt nach § 253 BGB ein Schmerzensgeldanspruch auch aus Geschäftsführung ohne Auftrag oder aus Aufopferung in Betracht (siehe Rdn 315 ff.). 301

V. Arbeitsvertrag

1. Haftung des Arbeitgebers

a) Haftung für Sach- und Vermögensschäden

302 Im Rahmen eines Arbeitsvertrages kommt eine Haftung des Arbeitgebers für Schäden am Kraftfahrzeug des Arbeitnehmers dann in Betracht, wenn er den Arbeitnehmer vertraglich zur Benutzung seines Privatwagens verpflichtet oder aber der Arbeitnehmer das Fahrzeug mit Billigung des Arbeitgebers ohne besondere Vergütung im Betätigungsbereich des Arbeitgebers eingesetzt hat (BAG v. 17.7.1997, AP BGB § 611 Gefährdungshaftung des Arbeitgebers Nr. 14 = NZA 1997, 1346).

303 Ein **Einsatz im Betätigungsbereich des Arbeitgebers** kann dann angenommen werden, wenn ohne Einsatz des Fahrzeugs des Arbeitnehmers der Arbeitgeber ein eigenes Fahrzeug hätte einsetzen und damit dessen Unfallgefahr hätte tragen müssen (BAG NJW 1981, 702; BAG v. 14.12.1995, EzA § 611 BGB Arbeitgeberhaftung Nr. 4).

304 Die Ersatzpflicht umfasst dann auch regelmäßig den Nutzungsausfallschaden (BAG NZA 1996, 32). Der Arbeitgeber haftet dem Arbeitnehmer auch für Schäden, die ihm anlässlich einer Dienstfahrt durch einen unverschuldeten Verkehrsunfall entstehen, also z.b. auch für notwendige Verteidigerkosten (BAG v. 16.3.1995, AP BGB § 611 Gefährdungshaftung des Arbeitgebers Nr. 12 = NZA 1995, 836). **Geldstrafen und Bußgelder**, die wegen Verkehrsverstößen des Arbeitnehmers verhängt werden, hat der Arbeitnehmer hingegen selbst zu tragen.

305 Bei der Haftung des Arbeitgebers ist ein eventuelles **Mitverschulden des Arbeitnehmers** gemäß § 254 BGB zu berücksichtigen. Hierbei sind jedoch die Grundsätze der beschränkten Arbeitnehmerhaftung (siehe Rdn 308 ff.) zu beachten. Im Ergebnis bedeutet dies, dass der Arbeitgeber bei leichtester Fahrlässigkeit des Arbeitnehmers in voller Höhe haftet, dass er für einen Schaden, den ein Arbeitnehmer vorsätzlich oder grob fahrlässig verursacht hat, überhaupt nicht haftet und dass bei mittlerer Fahrlässigkeit des Arbeitnehmers der Schaden anteilig unter Berücksichtigung der Gesamtumstände des Einzelfalles nach Billigkeitsgrundsätzen und Zumutbarkeitsgesichtspunkten zu verteilen ist.

306 Stellt der Arbeitgeber einen **Firmenparkplatz** zur Verfügung, so hat er auch für dessen Verkehrssicherheit zu sorgen und die durch die Benutzung des Parkplatzes drohenden Gefahren für die abgestellten Fahrzeuge auf ein zumutbares Mindestmaß zurückzuführen. Der Arbeitnehmer hat Anspruch auf Ersatz seines Schadens, der seinem vereinbarungsgemäß auch für Dienstfahrten genutzten Privatwagen auf einem ihm vom Arbeitgeber zugewiesenen Parkplatz vor der Dienststelle von einem Dritten mutwillig zugefügt wird (LAG Düsseldorf VersR 1995, 1079; BAG v. 14.12.1995, EzA § 611 BGB Arbeitgeberhaftung Nr. 4).

C. Haftung aus Vertrag § 2

b) **Haftung für Personenschäden**

Bis zum 31.12.1996 galt gemäß § 636 RVO zugunsten des Arbeitgebers ein Haftungsausschluss für Personenschäden. Seit der Einführung des SGB VII ergibt sich der Haftungsausschluss aus § 104 SGB VII. Der Haftungsausschluss greift nur dann nicht, wenn der Arbeitgeber den Versicherungsfall vorsätzlich oder auf einem nach § 8 Abs. 2 Nr. 1 bis 4 SGB VII versicherten Weg herbeigeführt hat. Dieser Haftungsausschluss ist unabhängig davon, ob der Arbeitgeber Beiträge für eine gesetzliche Unfallversicherung gezahlt hat (vgl. im Einzelnen § 3 Rdn 102 ff.). 307

2. Haftung des Arbeitnehmers

a) **Haftung für Sach- und Vermögensschäden**

Der Arbeitnehmer kann dem Arbeitgeber gemäß § 280 Abs. 1 BGB für Sach- und Vermögensschäden haften, die er diesem bei einem Verkehrsunfall zugefügt hat, wenn er schuldhaft handelte. 308

Die Haftung des Arbeitnehmers richtet sich nach dem Grad seines Verschuldens. Seit 1987 geht das BAG (Urt. v. 24.11.1987, AP Nr. 16, 17 zu § 611 BGB, Gefahrgeneigte Arbeit) davon aus, dass ein Schaden, den ein Arbeitnehmer bei gefahrgeneigter Arbeit nicht grob fahrlässig verursacht hat, bei Fehlen einer individual- oder kollektivrechtlichen Vereinbarung über weiter gehende Haftungserleichterungen grundsätzlich zwischen Arbeitgeber und Arbeitnehmer quotenmäßig zu verteilen ist. Dabei sind die Gesamtumstände von Schadensanlass und Schadensfolgen nach Billigkeits- und Zumutbarkeitsgrundsätzen gegeneinander abzuwägen. Mittlerweile hält das BAG an der Gefahrgeneigtheit der Arbeit als Voraussetzung einer Beschränkung der Arbeitnehmerhaftung nicht mehr fest (vgl. BAG v. 12.6.1992, EzA § 611 BGB, Arbeitnehmerhaftung Nr. 58). Bei der Haftung für Schäden, die der Arbeitnehmer dem Arbeitgeber in Ausführung betrieblicher Verrichtungen zugefügt hat, ist nach der neueren Rechtsprechung des BAG ein **innerbetrieblicher Schadensausgleich** durchzuführen, und zwar ohne Rücksicht darauf, ob im Einzelfall gefahrgeneigte Arbeit vorliegt oder nicht. Im Ergebnis bedeutet dies, dass der Arbeitnehmer bei sog. leichtester Fahrlässigkeit regelmäßig überhaupt nicht haftet und dass ein Schaden, den ein Arbeitnehmer weder vorsätzlich noch grob fahrlässig verursacht hat, entsprechend des dem Arbeitnehmer zur Last fallenden Verschuldens zwischen Arbeitgeber und Arbeitnehmer quotenmäßig zu verteilen ist. Bei Vorsatz haftet der Arbeitnehmer in voller Höhe. 309

Schäden, die ein Arbeitnehmer **grob fahrlässig** verschuldet, sind zwar in der Regel auch vom Arbeitnehmer allein zu tragen. Jedoch sind auch insoweit Haftungserleichterungen nicht ausgeschlossen, wenn der Verdienst des Arbeitnehmers in einem deutlichen Missverhältnis zum verwirklichten Schadensrisiko steht. Liegt der zu ersetzende Schaden nicht erheblich über einem Bruttomonatseinkommen des Arbeitnehmers, besteht zu einer Haftungsbegrenzung keine Veranlassung (BAG v. 12.11.1998 – ARZ 221/97; BAG DAR 1999, 183). 310

§ 2   Haftungsgrundlagen

311   Bei der Bestimmung der Haftungsquote bei **mittlerer Fahrlässigkeit** sind nach der Rechtsprechung des BAG (BAG v. 24.11.1987, AP Nr. 16, 17 zu § 611 BGB, Gefahrgeneigte Arbeit) zahlreiche Umstände maßgeblich. Zu berücksichtigen sind der Grad des dem Arbeitnehmer zu Last fallenden Verschuldens, die Gefahrgeneigtheit der Arbeit, die Höhe des Schadens, ein vom Arbeitgeber einkalkuliertes oder durch Versicherung abdeckbares Risiko, die Stellung des Arbeitnehmers im Betrieb und die Höhe des Arbeitsentgeltes, in dem möglicherweise eine Risikoprämie enthalten ist. Auch können unter Umständen die persönlichen Lebensverhältnisse des Arbeitnehmers wie die Dauer seiner Betriebszugehörigkeit, sein Lebensalter, seine Familienverhältnisse und sein bisheriges Verhalten zu berücksichtigen sein. Im Hinblick auf die Vielzahl möglicher Schadensursachen ist je nach Lage des Einzelfalles zu entscheiden.

312   Ein innerbetrieblicher Schadensausgleich ist jedoch immer nur dann durchzuführen, wenn die Tätigkeit, die zu dem Schaden geführt hat, durch den Betrieb veranlasst und aufgrund des Arbeitsverhältnisses geleistet worden ist. Beschädigt ein Arbeitnehmer das ihm überlassene Kraftfahrzeug seines Arbeitgebers, während er es bestimmungsgemäß für eine Fahrt zur Arbeit benutzt, haftet der Arbeitnehmer dem Arbeitgeber daher wie jeder Dritte (LAG Köln NZA 1995, 1163).

313   Der Arbeitgeber ist gegenüber dem Arbeitnehmer **nicht zum Abschluss einer Kaskoversicherung** verpflichtet (BAG NZA 1988, 584). Schließt er aber eine solche mögliche Kaskoversicherung nicht ab, muss möglicherweise bei der Abwägung aller für die Schadensaufteilung in Betracht kommenden Umstände berücksichtigt werden, dass der Arbeitgeber es unterlassen hat, sein Eigentum durch den Abschluss einer Vollkaskoversicherung zu schützen, während andererseits dem Arbeitnehmer eine volle Schadensbeteiligung nicht zugemutet werden kann. Dies kann dazu führen, dass sich die Haftung des Arbeitnehmers auf die Selbstbeteiligung einer fiktiven Kaskoversicherung beschränkt. Einem Vollkaskoversicherer des Arbeitgebers ist der Regress gegenüber dem Arbeitnehmer nach § 86 Abs. 1 VVG versagt, wenn der Arbeitnehmer den Unfall nicht vorsätzlich oder grob fahrlässig verschuldet hat (§ 15 Abs. 2 AKB bzw. A.2.15 AKB 2008).

b)   Haftung für Personenschäden

314   Bis zum 31.12.1996 haftete der Arbeitnehmer seinem Arbeitgeber grundsätzlich auch für Personenschäden, die er diesem bei einem Verkehrsunfall zugefügt hatte. Hingegen galt gemäß § 636 RVO zugunsten des Arbeitgebers ein Haftungsausschluss für Personenschäden. Seit der Einführung des SGB VII gilt auch ein Haftungsausschluss zugunsten des Arbeitnehmers bei Personenschäden (vgl. § 105 SGB VII), es sei denn, der Arbeitnehmer hat den Versicherungsfall vorsätzlich oder auf einem nach § 8 Abs. 2 Nr. 1 bis 4 SGB VII versicherten Weg herbeigeführt (vgl. im Einzelnen § 3 Rdn 102 ff.).

VI. Geschäftsführung ohne Auftrag

1. Haftung des Geschäftsherrn

In der Rechtsprechung war allgemein anerkannt, dass der Geschäftsherr dem Geschäftsführer nach den **Vorschriften der GoA** nur dann zum Schadensersatz verpflichtet ist, wenn der Geschäftsführer nachweist, dass das **Unfallgeschehen für ihn selbst unabwendbar** im Sinne des § 7 Abs. 2 StVG a.f. war (BGH VersR 1957, 340; 1963, 143). 315

Beispiel 316
Ein Kraftfahrer, der einem siebenjährigen Kind auswich, konnte vom Vater des Kindes unter dem Gesichtspunkt der GoA keine Erstattung der Reparaturkosten fordern, wenn er nicht die Unabwendbarkeit nach § 7 Abs. 2 StVG a.F. bewies (BGH VersR 1957, 340; 1963, 143; OLG Celle VersR 1976, 448).

Allerdings ist aufgrund der zum 1.8.2002 erfolgten Ersetzung des unabwendbaren Ereignisses durch die höhere Gewalt in § 7 Abs. 2 StVG zu berücksichtigen, dass diese Änderung auch im Rahmen der GoA Berücksichtigung finden muss. Da der BGH ausgeführt hat, ein Anspruch aus GoA komme dann nicht in Betracht, wenn der Kraftfahrer für den Schaden gem. § 7 StVG einzustehen hat (BGHZ 38, 270 = NJW 1963, 390), bedeutet dies nach neuem Recht zum einen, dass ein **Anspruch aus GoA den Nachweis höherer Gewalt voraussetzt** (so z.B. OLG Oldenburg VersR 2005, 807 = DAR 2005, 343; *Friedrich*, NZV 2004, 227; *ders.*, VersR 2005, 1660). Zum anderen wirken sich auch die neuen Altersgrenzen der Deliktsfähigkeit von Kindern bei Unfällen im motorisierten Verkehr auf einen eventuellen Anspruch aus GoA aus, da der Kraftfahrer auch bei fehlender Deliktsfähigkeit voll gem. § 7 StVG für den Schaden einzustehen hat. 317

Beachte
Seit dem 1.8.2002 kommt ein Anspruch aus GoA nur in Betracht, wenn der Kraftfahrer das Vorliegen höherer Gewalt i.S.d. § 7 Abs. 2 StVG nachweisen kann, was praktisch nie gelingen dürfte.

Darüber hinaus setzt ein Anspruch aus GoA voraus, dass der Unfallgegner bereits deliktsfähig ist, sodass bei einem Unfall mit Kindern unter zehn Jahren im motorisierten Verkehr ein Anspruch aus GoA ausscheidet.

Im Ergebnis dürfte daher nach neuem Recht ein Anspruch auf GoA nur noch dann eine Rolle spielen, wenn jemand nach einem Unfall Hilfe leistet und dabei zu Schaden kommt, sofern sich in dem Schaden eine tätigkeitsspezifische, gesteigerte Gefahr verwirklicht hat (BGH VersR 1993, 843). 318

2. Haftung des Geschäftsführers

Im Rahmen der GoA kann die Haftung des Geschäftsführers für die Schäden des Geschäftsherrn **auf grobe Fahrlässigkeit begrenzt** sein, wenn die Geschäftsfüh- 319 rung der **Abwendung einer dem Geschäftsherrn drohenden dringenden Gefahr** dient (§ 680 BGB).

320 *Beispiel*
Ein wegen Alkoholgenusses Fahruntüchtiger übernimmt die Führung eines fremden Kraftfahrzeugs, um den wesentlich stärker betrunkenen Eigentümer am Fahren zu hindern. Bei dem anschließenden Unfall wird der Eigentümer getötet. Eine Haftung des Geschäftsführers entfällt hier. Die Beschränkung nach § 680 BGB auf grobe Fahrlässigkeit gilt nicht nur für die Unfallverursachung selbst, sondern auch für das sog. Übernahmeverschulden (BGH VersR 1972, 277).

VII. Schuldanerkenntnis

321 Bei einer an der Unfallstelle abgegebenen Erklärung eines Unfallbeteiligten, allein schuld zu sein, handelt es sich **im Zweifel** lediglich um ein **Anerkenntnis mit alleiniger Beweisfunktion**, regelmäßig jedoch nicht um ein deklaratorisches oder gar konstitutives Schuldanerkenntnis (BGH VersR 1984, 383; BGH zfs 1982, 51 = VersR 1981, 1158 = DAR 1981, 382).

322 Ungeachtet des Inhalts eines Schuldanerkenntnisses kann sich der Anerkennende aber darauf berufen, dass **eine Schuld überhaupt nicht entstanden** ist (BGH VersR 1970, 171). Stellt sich der **Inhalt des Schuldanerkenntnisses als objektiv falsch** heraus, kann sich der **Geschädigte nicht auf ein solches Schuldanerkenntnis** berufen (LG Karlsruhe VersR 1982, 810). Die **Beweislast** für die Unrichtigkeit trägt jedoch der **Anerkennende**, denn exakt darin liegt der Sinn eines solchen Anerkenntnisses mit Beweisfunktion.

D. Haftung nach dem Haftpflichtgesetz

323 Verkehrsrechtliche Bedeutung hat nach dem Haftpflichtgesetz vor allem die Haftung aus dem **Betrieb einer Schienenbahn** nach § 1 HPflG. Danach ist der Betriebsunternehmer einer Schienen- oder Schwebebahn dem Geschädigten, der beim Betrieb einer solchen Bahn verletzt oder getötet wird oder dessen Sache beschädigt wird, zum **Ersatz des daraus entstehenden Schadens** verpflichtet.

324 Das HPflG normiert damit eine **Gefährdungshaftung für Schienenbahnen**, die neben eine Verschuldenshaftung nach dem BGB tritt (§ 12 HPflG).

I. Voraussetzungen

1. Schienenbahn

325 Eine Schienenbahn ist eine dem „**öffentlichen oder privaten Verkehr dienende Bahn**, die sich auf Schienen bewegt", wobei gleichgültig ist, mit welcher Kraft die

D. Haftung nach dem Haftpflichtgesetz § 2

Bahn betrieben wird. Schienenbahnen sind also Eisenbahnen, elektrische Straßenbahnen, Schmalspurbahnen, Untergrundbahnen, aber auch Magnetbahnen. Ausdrücklich in die Haftung einbezogen sind darüber hinaus Schwebebahnen.

2. Betrieb

Die Gefährdungshaftung nach dem HPflG greift nur dann ein, wenn sich der Unfall **bei dem Betrieb** einer der vorbezeichneten Bahnen ereignet hat. Entscheidend ist dabei, dass der **Unfall dem Bahnbetrieb zuzurechnen** ist.   326

Besteht dabei zwischen einem bestimmten Betriebsvorgang oder einer Betriebseinrichtung und einem Schadensereignis ein **örtlich und zeitlich ursächlicher Zusammenhang**, hat sich der Unfall stets bei dem Betrieb ereignet (BGH NJW 1987, 2445).   327

> *Beispiel*   328
> Ein Zugreisender lehnt sich bei einer Geschwindigkeit von 100–140 km/h aus dem offenen Fenster heraus. Hierbei wird er von einem Gegenstand am Kopf getroffen, der von einem Mitreisenden aus dem Zug geworfen wurde (BGH NJW 1987, 2445).

Darüber hinaus tritt eine Haftung nach dem HPflG auch dann ein, wenn ein **innerer Zusammenhang mit einer dem Bahnbetrieb eigentümlichen Gefahr** vorliegt.   329

> *Beispiel*   330
> Ein Fahrgast wird durch die automatisch schließenden Türen verletzt, die zuschlagen, obwohl er noch zwischen ihnen steht.

II. Haftungsausschluss

1. Höhere Gewalt

Die Ersatzpflicht ist ausgeschlossen, wenn der Unfall durch **höhere Gewalt** verursacht worden ist (§ 1 Abs. 2 HPflG). Zum Begriff der höheren Gewalt siehe die Ausführungen zur Halterhaftung nach § 7 Abs. 2 StVG (vgl. oben Rdn 245 ff.).   331

Der Betreiber der Bahn kann sich allerdings nur dann auf höhere Gewalt berufen, wenn die **Folgen dieses Ereignisses mit wirtschaftlich erträglichen Mitteln** durch die äußerste, vernünftigerweise zu erwartende Sorgfalt **nicht zu verhüten** waren (BGH NJW 1986, 2312).   332

> *Beispiel*   333
> Wenn im obigen Fall des heraushlehnenden Reisenden ein außenstehender Dritter den Gegenstand gegen den Zug geworfen hätte, wäre dies dem Betreiber der Bahn nicht zuzurechnen.

2. Entlastungsbeweis

334 Auch der Schienenbahnbetreiber kann sich seit dem 1.8.2002 nach § 1 Abs. 2 HPflG nur noch bei höherer Gewalt entlasten, nicht mehr jedoch durch den Nachweis eines unabwendbaren Ereignisses.

335 Daher ist auch die frühere Voraussetzung einer Entlastung wegen unabwendbaren Ereignisses gem. § 1 Abs. 2 S. 2 HPflG a.f., dass die Schienenbahn **innerhalb des Verkehrsraums einer öffentlichen Straße** betrieben wird, seit dem 1.8.2002 obsolet geworden.

3. Mitverschulden

336 Ein mitwirkendes Verschulden des Geschädigten ist nach § 4 HPflG i.V.m. § 254 BGB zu berücksichtigen.

III. Haftungsumfang

337 Der Umfang der Schadensersatzansprüche ergibt sich aus den §§ 5 bis 8 HPflG, wobei nach § 7 HPflG die **Ersatzpflicht für Personenschäden nicht ausgeschlossen oder beschränkt** werden kann.

338 Die Haftung für **Sachschäden** ist auf 300.000 EUR begrenzt, auch wenn durch ein und dasselbe Ereignis mehrere Sachen beschädigt werden (§ 10 HPflG). Da gem. § 10 Abs. 2 HPflG auch bei mehreren geschädigten Personen die Gesamtsumme von 300.000 EUR gilt und bei einer Summe sämtlicher Sachschäden eines Schadenereignisses von über 300.000 EUR nur eine anteilige Entschädigung erbracht wird, wird deutlich, dass es sich um eine für heutige Zeiten völlig unangemessene Höchstsumme handelt.

339 Bei Personenschäden oder Tötung einer Person beträgt die Haftungshöchstgrenze für jede Person 600.000 EUR bzw. 36.000 EUR Rentenleistungen pro Jahr (§ 9 HPflG).

IV. Haftungsabwägung

Literatur zur Haftungsabwägung bei Zusammenstoß mit einer Eisenbahn:

Weber, Zusammenstoß eines Kraftfahrzeuges mit der Eisenbahn – Abwägung nach § 17 StVG oder nach § 13 HaftpflG, DAR 1984, 65.

340 Bei der Haftungsabwägung ist wegen der Schienengebundenheit und der erheblich längeren Bremswege von **Schienenfahrzeugen** die **Betriebsgefahr des Schienenfahrzeugs erheblich höher** anzusetzen **als die Betriebsgefahr eines Kraftfahrzeugs** (BGH VersR 1959, 462; OLG Hamburg VersR 1983, 740; OLG Hamm VersR 1983, 465).

Auch das HPflG kennt nämlich eine dem § 17 StVG entsprechende Norm der Haftungsabwägung in § 13 HPflG. Die Haftungsabwägung bei einem Zusammenstoß einer Eisenbahn mit einem Kraftfahrzeug führt jedoch zum gleichen Ergebnis, unabhängig davon, ob diese Haftungsabwägung nach § 17 StVG oder § 13 HPflG erfolgt. 341

E. Haftung nach dem Wasserhaushaltsgesetz

Von verkehrsrechtlicher Bedeutung kann die Gefährdungshaftung nach § 22 WHG sein. Diese kommt beispielsweise in Betracht, wenn aus einem **Tanklastzug infolge eines Unfalls Stoffe in ein Gewässer gelangen** und hierdurch ein **Sanierungsschaden** entsteht. 342

Eine Haftung aus § 22 Abs. 1 WHG ist in einem solchen Fall allerdings im Ergebnis nicht gegeben, weil hierfür ein **Einbringen oder Einleiten** erforderlich wäre. Dies ist aber nur bei **bewusstem und zielgerichtetem Handeln** der Fall oder zumindest einem Verhalten, das seiner objektiven Eignung nach auf das **Hineingelangen von Stoffen** gerichtet ist (BGH VersR 1976, 273; BVerwG NJW 1974, 815). 343

Tanklastzüge sind aber **Anlagen** im Sinne des § 22 Abs. 2 WHG (OLG Düsseldorf VersR 1965, 343; BGH VersR 1967, 374) mit der Folge, dass der Inhaber der Anlage – hier also der **Halter des Tanklastzuges** – für den **Sanierungsschaden** haftet. 344

Voraussetzung einer Haftung nach § 22 Abs. 2 WHG ist lediglich, dass Stoffe aus einer Anlage in ein Gewässer gelangen. 345

Die Haftung aus § 22 Abs. 2 WHG wird auch nicht durch die StVG-Haftung verdrängt oder beschränkt (BGH VersR 1981, 458). Es gelten also zur **Schadenshöhe keine Haftungsbegrenzungen** wie in § 12 Abs. 1 Nr. 3 StVG. 346

Die Haftung nach § 22 Abs. 2 WHG umfasst auch **alle Aufwendungen, die zur Abwendung eines bevorstehenden Gewässerschadens erforderlich** gewesen sind (BGH VersR 1981, 458). 347

F. Staatshaftung – § 839 BGB i.V.m. Art. 34 GG

Nach § 839 Abs. 1 BGB hat ein Beamter, der einem Dritten gegenüber vorsätzlich oder fahrlässig die ihm obliegenden Amtspflichten verletzt, den daraus entstehenden Schaden zu ersetzen. 348

I. Anwendbarkeit

Die **Haftung wegen Amtspflichtverletzung** nach § 839 BGB ist im Gegensatz zur Haftung aus den §§ 823 ff. BGB **vorrangig** und verdrängt daher deren Anwendbarkeit. Sie ist darüber hinaus **weiter gehend**, da sie sich nicht nur auf die durch § 823 349

BGB geschützten Rechtsgüter erstreckt, sondern darüber hinaus **alle Vermögensschäden** umfasst.

II. Verweisungsprivileg bei Beamten

350 Nach § 839 Abs. 1 S. 2 BGB kann ein **Beamter** im Falle der **fahrlässigen Schadensverursachung** nur dann in Anspruch genommen werden, wenn der **Verletzte nicht auf andere Weise Ersatz zu erlangen** vermag.

351 Bei einer Haftung nach § 839 BGB besteht damit eine **subsidiäre Staatshaftung**, die wegen Art. 34 GG aber nicht den handelnden Beamten selbst, sondern den Staat bzw. die Körperschaft trifft, in deren Auftrag der Beamte tätig war.

352 Anstelle der bisher herrschenden **Anstellungstheorie** gilt heute die **Anvertrauenstheorie**. Danach haftet nicht die Körperschaft, bei welcher der Beamte angestellt ist, sondern diejenige, die den handelnden Beamten mit der von ihm konkret ausgeübten Tätigkeit beauftragt hat (BGH VersR 1970, 750; 1984, 488).

353 *Beachte*
Bei allen Amtshaftungsfällen darf niemals der Fahrer (Beamte) klageweise in Anspruch genommen werden, da dieser wegen Art. 34 GG nicht passivlegitimiert ist.

354 Das **Verweisungsprivileg** des § 839 Abs. 1 S. 2 BGB kann dem Staat oder der Körperschaft, für die der Beamte gehandelt hat, aber nur dann zugute kommen, wenn der Beamte **in Ausführung einer hoheitlichen Tätigkeit gehandelt** hat.

355 *Beispiel*
Auch der Abschleppunternehmer, der von der Polizeibehörde durch privatrechtlichen Vertrag mit der Bergung und/oder dem Abschleppen eines Unfallfahrzeuges beauftragt wird, handelt bei Durchführung der polizeilich angeordneten Bergungsmaßnahme in Ausübung eines öffentlichen Amtes (BGH DAR 1993, 187).

356 Neben der Haftung aus § 839 BGB kommt eine **Haftung des Beamten als Fahrer** nach § 18 StVG ebenfalls **nicht** in Betracht, da § 839 BGB eine **vermutete Verschuldenshaftung** nach § 18 StVG **verdrängt** (BGH DAR 1993, 188; VersR 1991, 925, 926), wohl aber kommt daneben eine **Haftung der Körperschaft** aus der Gefährdungshaftung des § 7 StVG in Betracht (BGH DAR 1993, 188).

357 Ein Zivildienstleistender haftet dem Geschädigten nicht, da für ihn die Amtshaftung der Bundesrepublik nach Art. 34 GG eintritt (BGH VersR 1997, 967). Gleiches gilt für einen Notarzt in Bayern, wenn dort die Notfallversorgung hoheitlich organisiert ist (BGH DAR 2005, 83). Der Kfz-Haftpflichtversicherer des von einem Zivildienstleistenden geführten Sonderfahrzeugs, der als KH-Versicherer den Schaden der Geschädigten reguliert hat, erwirbt keinen Ausgleichsanspruch gegenüber dem nach Art. 34 GG eintrittspflichtigen Staat (BGH DAR 2001, 271).

III. Organe der Europäischen Gemeinschaft

Eine vergleichbare Haftungsfreistellung, wie sie Art. 34 GG vorsieht, gilt auch für Bedienstete und Organe der Europäischen Gemeinschaft (Art. 215 Abs. 2 EWG Vertrag). — 358

IV. Ausnahmen vom Verweisungsprivileg

Das Verweisungsprivileg des § 839 Abs. 1 S. 2 BGB findet jedoch **keine Anwendung**, wenn ein Amtsträger bei der dienstlichen **Teilnahme am allgemeinen Straßenverkehr** schuldhaft einen Verkehrsunfall verursacht (BGH VersR 1977, 541). — 359

Der BGH geht nämlich davon aus, dass sich für den allgemeinen Straßenverkehr ein eigenständiges Haftungssystem entwickelt hat, in dem der **Grundsatz haftungsrechtlicher Gleichbehandlung aller Verkehrsteilnehmer** gilt. In diesem Ordnungssystem gibt es daher **keine Rechtfertigung für eine haftungsrechtliche Benachteiligung** etwaiger Mitschädiger, die ansonsten bei Geltung des Verweisungsprivilegs den auf die öffentlichrechtliche Körperschaft entfallenden Haftungsanteil mittragen müssten. — 360

In gleicher Weise entfällt das Verweisungsprivileg auch dann, wenn ein Amtsträger durch **Verletzung der ihm als hoheitliche Aufgabe** obliegenden **Straßenverkehrssicherungspflicht** einen Verkehrsunfall schuldhaft verursacht (BGH VersR 1979, 1009) oder einen Schaden an einem Gebäude durch einen umstürzenden Baum verschuldet (BGH VersR 1994, 346). — 361

V. Haftung von Sonderrechtsfahrzeugen

Das Verweisungsprivileg greift jedoch ein, wenn der Amtsträger **unter Inanspruchnahme von Sonderrechten** nach § 35 Abs. 1 StVO schuldhaft einen Verkehrsunfall verursacht (BGH zfs 1983, 69). — 362

Praktisch bedeutsam ist die Amtshaftung nach § 839 BGB i.V.m. Art. 34 GG insbesondere bei Verkehrsunfällen mit Fahrzeugen der **Bundeswehr**, der **Bundespolizei**, der **Feuerwehr**, des **Katastrophenschutzes**, des **Rettungsdienstes** und **Notarztdienstes** sowie der **Polizei**, die sich im Einsatz befinden. Für Unfälle dieser Fahrzeuge wird regelmäßig nach § 839 BGB i.V.m. Art. 34 GG gehaftet. — 363

Das gilt auch für **Zivildienstleistende**, die für eine private Beschäftigungsstelle (z.B. DRK) tätig sind und in **Ausführung ihres Zivildienstes** (beispielsweise als Krankenwagenfahrer) einen Verkehrsunfall verursachen (BGH VersR 1992, 1397 ff. u. 1997, 967). — 364

Da § 839 BGB die Haftung nach § 823 BGB in derartigen Fällen verdrängt, **haftet für das Verschulden** des Zivildienstleistenden folglich gemäß Art. 34 GG die **Bundesrepublik Deutschland**, während für die nach § 7 StVG ebenfalls zu erstatten- — 365

§ 2 Haftungsgrundlagen

den **Schäden der Kfz-Halter** (beispielsweise die Beschäftigungsstelle) und deren Kraftfahrthaftpflichtversicherung in Anspruch genommen werden können (BGH VersR 1992, 1397 ff. u. 1997, 967).

366 Nach früherem Recht führte dies bei derartigen Unfällen zu der besonderen Konstellation, dass der Geschädigte Schmerzensgeld nach § 847 BGB und materielle Schäden, die über die Haftungshöchstgrenzen des StVG hinausgingen, nur gegenüber der **Bundesrepublik Deutschland** geltend machen konnte, wohingegen er **sämtliche** Schäden, für die der Halter nach § 7 StVG haftete (also die materiellen Schäden), auch von dem Halter und seinem Kfz-Haftpflichtversicherer ersetzt verlangen konnte.

367 Durch die Neufassung des § 11 S. 2 StVG durch das Zweite Schadensrechtsänderungsgesetz, der Schmerzensgeldansprüche auch im Rahmen der Gefährdungshaftung des § 7 StVG ermöglicht (siehe § 9 Rdn 25 f.), ist seit dem 1.8.2002 der Schmerzensgeldanspruch – allerdings in den Haftungshöchstgrenzen des StVG – auch gegenüber dem Kraftfahrzeug-Haftpflichtversicherer des schädigenden Fahrzeugs durchsetzbar. Fraglich erscheint, ob dann der Ausgleichsanspruch des regulierenden Kraftfahrzeug-Haftpflichtversicherers gegenüber der Bundesrepublik Deutschland, wie im Urteil des BGH in DAR 2001, 271 ausgeschlossen, weiter aufrecht erhalten bleiben kann.

368 Die Führer von Sonderrechtsfahrzeugen im Sinne des § 35 StVO dürfen diese nur unter **Beachtung der Sicherheit und Ordnung des übrigen Straßenverkehrs** in Anspruch nehmen. Hierbei ist **größtmögliche Sorgfalt** seitens desjenigen geboten, der das Sonderrecht in Anspruch nimmt. Je mehr der Sonderrechtsfahrer von den Verkehrsregeln abweicht, umso mehr muss er **Warnzeichen** im Sinne des § 38 StVO geben und sich **vergewissern**, dass der übrige Verkehr sie beachtet (BGH VRS 36, 40; OLG Köln VersR 1996, 905). Dies gilt insbesondere für zivile Einsatzfahrzeuge der Polizei, deren Martinshorn abgeschwächt wahrnehmbar ist (KG DAR 2003, 376).

369 Die Vorsicht des Sonderrechtsfahrers muss umso größer sein, je weiter er sich über die sonst geltenden Verkehrsvorschriften hinwegsetzt. Dies kann zu einer Alleinhaftung des Halters eines Notarztwagens bei hoher Geschwindigkeit führen (OLG Hamm zfs 1996, 88).

370 *Beachte*
Eigenversicherer, d.h. Haftpflichtversicherer von Fahrzeughaltern, die nach § 2 Abs. 1 Nr. 1–5 PflVG von der Versicherungspflicht befreit sind (Gemeinden mit mehr als 100.000 Einwohnern), können nicht nach § 115 Abs. 1 S. 1 Nr. 1 VVG im Wege des Direktanspruchs in Anspruch genommen werden. Die Ansprüche müssen sich vielmehr allein gegen die Fahrzeughalterin richten (OLG Frankfurt zfs 1986, 242).

G. Haftung des gerichtlich bestellten Sachverständigen – § 839a BGB

Literatur zur Haftung des gerichtlich bestellten Sachverständigen:

Illig, Haftung des gerichtlich bestellten Sachverständigen, 2007; *Lehmann*, Die Haftung des Gerichtssachverständigen nach § 839a BGB, Der Bausachverständige 2015, 69; *Schöpflin*, Probleme der Haftung des gerichtlichen Sachverständigen nach § 839a BGB, zfs 2004, 241; *Thole*, Die Haftung des gerichtlichen Sachverständigen – Haftungsfalle für den Prozessanwalt?, AnwBl. 2006, 91.

Durch den durch das Zweite Schadensrechtsänderungsgesetz eingeführten § 839a BGB werden die Voraussetzungen der Haftung des Sachverständigen wie folgt geregelt:

- ein gerichtlich bestellter Gutachter muss ein falsches Gutachten erstattet haben;
- die Folge des falschen Gutachtens muss eine falsche, das gerichtliche Verfahren abschließende Entscheidung sein;
- durch das falsche Gutachten muss einem am Verfahren Beteiligten adäquat kausal ein **Schaden** entstanden sein, z.b. im Verkehrshaftpflichtprozess ein Vermögensschaden, ggf. ist auch ein Schmerzensgeldanspruch denkbar;
- der gerichtlich bestellte Sachverständige muss sein **falsches** Gutachten **vorsätzlich oder grob fahrlässig** erstattet haben. Die zum Begriff der groben Fahrlässigkeit in der Rechtsprechung entwickelten Grundsätze gelten auch hier, d.h. der Sachverständige muss die im Verkehr erforderliche Sorgfalt bei der Erstattung seines Gutachtens in **besonders grobem Maße** verletzt haben, sodass sein Gutachten schlechthin unentschuldbar falsch ist;
- die Privilegierung des § 839 Abs. 3 BGB schützt auch den Sachverständigen. Bevor also der Sachverständige nach § 839a BGB auf Schadenersatz in Anspruch genommen werden kann, muss die geschädigte Partei alles unternommen, vor allem von allen Rechtsmitteln Gebrauch gemacht haben, um den Schaden abzuwenden;
- wegen der Subsidiaritätsvorschrift des § 839a BGB und wegen der Haftungsbegrenzung auf Vorsatz und grobe Fahrlässigkeit wird die Norm des § 839a BGB für das Verkehrshaftpflichtrecht nur geringe Bedeutung haben.

371

Eine Streitverkündung gegenüber einem gerichtlichen Sachverständigen zur Vorbereitung von Haftungsansprüchen gegen diesen aus angeblich fehlerhaften, im selben Rechtsstreit erbrachten Gutachterleistungen ist unzulässig, sodass der Streitverkündungsschriftsatz nicht zuzustellen ist (BGH NJW 2006, 3214; dazu Anm. *Geisler*, jurisPR-BGHZivilR 40/2006 Anm. 1).

372

§ 3 Haftungsbegrenzungen

A. Benzinklauseln

Von der soeben in § 2 erörterten Haftung (z.b. des Fahrers oder Halters eines Kfz) zu unterscheiden ist die **Deckung** (Eintrittspflicht) des Kfz-Haftpflichtversicherers (zu dieser Unterscheidung sowie zur Deckung vgl. im Einzelnen § 13 Rdn 272 ff.). Der **Umfang der Eintrittspflicht** der Kraftfahrzeug-Haftpflichtversicherung (KH-Versicherung) bestimmt sich nach § 10 AKB bzw. A.1.1 AKB 2008. Danach umfasst die Versicherung die **Befriedigung begründeter (Befriedigungsfunktion) und die Abwehr unbegründeter Schadensersatzansprüche (Rechtsschutzfunktion)**, die aufgrund gesetzlicher Haftpflichtbestimmungen privatrechtlichen Inhalts gegen den Versicherungsnehmer oder mitversicherte Personen erhoben werden, wenn **durch den Gebrauch** des im Vertrag bezeichneten Fahrzeugs ein **Schaden** entsteht. Der Text entspricht den Anforderungen, die § 2 KfzPflVV an die Pflichtversicherung stellt.

Entscheidend ist dabei, ob ein Schaden **durch den Gebrauch des Fahrzeugs** verursacht wurde, was dann zur Eintrittspflicht der KH-Versicherung nach § 10 Abs. 1 AKB bzw. A.1.1.1 AKB 2008 führt, oder ob der Schaden durch eine Handlung verursacht wurde, für die eine **anderweitige Haftpflichtversicherung** eintrittspflichtig wäre.

Die **Abgrenzung der Eintrittspflicht** zwischen der KH-Versicherung einerseits und der allgemeinen Haftpflichtversicherung andererseits ergibt sich im Wesentlichen aus den **Risikobeschreibungen** in den **Allgemeinen Haftpflichtversicherungsbedingungen**, die im Einzelfall von Versicherungsunternehmen zu Versicherungsunternehmen **unterschiedlich** sein können, sich aber regelmäßig auf die sog. **große Benzinklausel** und die sog. **kleine Benzinklausel** zurückführen lassen.

Der wesentliche Unterschied der **Benzinklauseln** besteht darin, dass die sog. kleine Benzinklausel für die **Abgrenzung der Eintrittspflicht** zwischen KH-Versicherung und Privat-Haftpflichtversicherung verwendet wird. Die sog. große Benzinklausel findet dagegen für die **Abgrenzung der KH-Versicherung** zu den übrigen Haftpflichtversicherungen, insbesondere den Betriebshaftpflichtversicherungen, Anwendung.

In der täglichen Praxis ist die sog. **kleine Benzinklausel** wesentlich bedeutsamer und vor allem in den privaten Haftpflichtversicherungsbedingungen einheitlich formuliert. In der privaten Haftpflichtversicherung ist nicht versichert „die Haftpflicht des Eigentümers, Besitzers, Halters oder Fahrers eines Kraft-, Luft- oder Wasserfahrzeugs gegen Schäden, die durch den Gebrauch des Fahrzeugs verursacht werden" (Nr. 3 der Besonderen Bedingungen und Risikobeschreibungen zur Privathaftpflichtversicherung – BBR).

§ 3   Haftungsbegrenzungen

6 Die sog. **große Benzinklausel** ist noch umfassender formuliert und umfasst nicht die Haftpflicht wegen Schäden, die ein Versicherungsnehmer, ein Mitversicherter oder eine von ihm gestellte oder beauftragte Person **durch den Gebrauch eines Kraftfahrzeugs oder Kfz-Anhängers** verursachen.

7 Die oft schwierig zu beantwortende Frage, wann eine **schadensstiftende Handlung** dem **Gebrauch des Kraftfahrzeugs zuzurechnen** ist, ist auch unter vielen Versicherungsgesellschaften und innerhalb der Gesellschaften unter den einzelnen Versicherungssparten streitig, sodass der frühere HUK-Verband (kurzfristig Verband der Schadensversicherer – VdS genannt, **jetzt „Gesamtverband der deutschen Versicherungswirtschaft e.V. – GDV")** eine **Paritätische Kommission** eingerichtet hat, die durch **Schiedsspruch** entscheidet, welchem Versicherer der Schadensfall zuzuweisen ist. Die hierzu ergangenen Entscheidungen der Paritätischen Kommission tendieren – ebenso wie die Rechtsprechung – zu einer **weitgehenden Eintrittspflicht des Kraftfahrthaftpflichtversicherers**. Hintergrund ist unter dem Aspekt des Opferschutzes auch der Umstand, dass es sich bei der KH-Versicherung um eine Pflichtversicherung handelt, während bei der Zuordnung in den Bereich der Privathaftpflichtversicherung nicht stets Versicherungsschutz besteht.

8 Ebenso **zahlreich** sind die hierzu ergangenen **Gerichtsentscheidungen** und Definitionsversuche zum Begriff des Gebrauchs eines Fahrzeugs. Der BGH hat in der Vergangenheit bei der Abgrenzung darauf abgestellt, welchem **Risikobereich das Schadensereignis zugeordnet** werden kann (BGH VersR 1977, 468 = DAR 1977, 243).

9 *Beispiel*
Der Eigentümer hatte seinen Pkw zum Verschrotten in einer privaten Abfallgrube abgestellt, wo es einige Tage später durch spielende Kinder zu einer Tankexplosion kam, durch die diese erheblich verletzt wurden.

10 Der BGH (a.a.O.) lehnte eine Eintrittspflicht der privaten Haftpflichtversicherung wegen der kleinen Benzinklausel ab. Er bejaht die Eintrittspflicht der Kraftfahrzeughaftpflichtversicherung, weil sich hier eine Gefahr verwirklicht hat, die im Zusammenhang mit dem Besitz eines Kraftfahrzeugs steht. Das Abstellen auf einer privaten Müllkippe beendet diese Gefahr noch nicht, sondern erst das Verbringen des Fahrzeugs zu einem zugelassenen Schrottplatz.

11 *Beispiel*
Ein Schulbusfahrer ließ Kinder aussteigen und verließ dann das Fahrzeug, um die Straße in Richtung seines Wohnhauses zu überqueren. Dabei wurde er von einem Pkw erfasst und tödlich verletzt. Der BGH hat eine Eintrittspflicht der KH-Versicherung für den Schaden am Pkw mit der Begründung abgelehnt, dass der Gebrauch des Fahrzeugs (Omnibus) durch das Verlassen des Fahrzeugs beendet worden sei (BGH VersR 1980, 1039).

Ziel der Abgrenzung ist es nach der Rechtsprechung des BGH in jedem Fall, **Deckungslücken zu vermeiden**, sodass eine nahtlose Abgrenzung vorzunehmen ist (BGH VersR 1984, 854; BGH VersR 1989, 243). 12

Der versicherungsrechtlich maßgebliche Begriff des „Gebrauchs" (eines Kraftfahrzeugs) umfasst in jedem Fall den haftungsrechtlich relevanten „Betrieb" eines Kfz i.S.d. § 7 Abs. 1 StVG, geht jedoch noch darüber hinaus (BGH r+s 1995, 44). Beispiele aus der Rechtsprechung zur Zuordnung zum Bereich der KH-Versicherung (noch „Gebrauch" des Fahrzeugs): 13

- Beseitigung von Hindernissen (Wegschieben eines im Weg stehenden anderen Pkw oder Kraftrades), um die Fahrt beginnen oder fortsetzen zu können (OLG Hamm zfs 1993, 196; LG Hannover zfs 1996, 422)
- Einkaufswagen „macht sich selbstständig" während des Öffnens von Tür/Kofferraum (LG Aachen NZV 1991, 76)
- Auffüllen eines Öltanks durch die Pumpe des Tankwagens (BGH VersR 1979, 956)
- Kaufinteressent stürzt von Leiter eines Wohnmobils wegen deren Defekts ab (OLG Hamm VersR 1999, 882)
- VN nimmt Schweißarbeiten an seinem Fahrzeug vor und verursacht über den Brand des Fahrzeugs Schäden an der Lagerhalle (BGH VersR 1988, 1283)
- Schäden beim Abschleppen eines defekten Fahrzeugs bezogen auf die Haftung des schleppenden Fahrzeugs (BGH VersR 1971, 611)

Allerdings fallen Schäden, die durch einen **Beifahrer beim versehentlichen Ingangsetzen des Fahrzeugs durch Herumdrehen des Zündschlüssels** entstehen, in den **Bereich der Privathaftpflichtversicherung**, da der Beifahrer in diesem Fall einen „Gebrauch" des Fahrzeugs nicht beabsichtigte (OLG Celle v. 3.3.2005 – 8 W 9/05 – VersR 2006, 256 = zfs 2005, 403).

B. Mitverschulden

I. Allgemeines

Das Mitverschulden nach § 254 Abs. 1 BGB setzt für eine Mithaftung des Geschädigten einen **vorwerfbaren Verstoß gegen seine eigenen Interessen** voraus. Den Geschädigten trifft also dann ein Mitverschulden im Sinne von § 254 Abs. 1 BGB, wenn er die **Sorgfalt vernachlässigt** hat, die **ein verständiger Mensch zur Vermeidung eigener Schäden anzuwenden pflegt** (BGH VersR 1979, 532, 533). 14

Ein Mitverschulden setzt nicht voraus, dass der Geschädigte gegen gesetzliche Verhaltensvorschriften verstößt. 15

§ 3 Haftungsbegrenzungen

Beispiel
Ein Motorradfahrer, der keinen Schutzhelm trägt, obwohl zum Unfallzeitpunkt noch keine allgemeine Pflicht zum Tragen eines Schutzhelmes beim Motorradfahren bestand, muss sich dennoch ein Mitverschulden anrechnen lassen (BGH VersR 1979, 369). Dies soll nach OLG Brandenburg (VersR 2009, 1284) sogar dann in Betracht kommen, wenn ein Motorradfahrer zwar einen Helm, jedoch keine Schutzkleidung getragen hat.
Zur Helmtragepflicht bei Radfahrern vgl. unten Rdn 55.

16 Ähnliches gilt dann, wenn ein **Insasse nicht angegurtet** war, es sei denn, dass für den Insassen nach §§ 21a, 46 Abs. 1 Nr. 5b StVO **gar keine Gurtanlegepflicht** bestand. Dies gilt auch, wenn die Voraussetzungen vorlagen, unter denen die **Befreiung von der Gurtanlegepflicht** bewilligt werden müsste (BGH NJW 1993, 53; vgl. im Einzelnen Rdn 56 ff.).

II. Betriebsgefahr und Mitverschulden

17 Haben sich bei einem Verkehrsunfall auf der einen Seite das **Verschulden des Schädigers**, auf der anderen Seite lediglich die **Betriebsgefahr des Kraftfahrzeugs** des Geschädigten ursächlich ausgewirkt, kann sich die Betriebsgefahr, die ja keinerlei Verschulden voraussetzt, entgegen dem Gesetzeswortlaut bei der Haftungsabwägung dennoch nach § 254 BGB bemerkbar machen.

18 *Beispiel*
Ein verletzter Kraftfahrzeughalter, der sich nicht durch den Nachweis höherer Gewalt nach § 7 Abs. 2 StVG entlasten kann und der auch im Rahmen einer Gesamtabwägung im Rahmen des § 17 StVG den Unabwendbarkeitsbeweis nicht führen kann, muss sich bei seinem Schmerzensgeldanspruch auch die **eigene mitursächliche Betriebsgefahr entgegenhalten** lassen (BGH VersR 1956, 370; 1963, 359).

III. Voraussetzungen eines Mitverschuldens

1. Deliktsfähigkeit

19 Ein Mitverschulden kann dem Geschädigten nur dann entgegengehalten werden, wenn er **deliktsfähig** ist. Dies ist bei Kindern unter sieben Jahren nach § 828 Abs. 1 BGB, **bei Kindern bis zur Vollendung des zehnten Lebensjahres bei Unfällen im motorisierten Verkehr** (§ 828 Abs. 2 BGB) überhaupt nicht, ansonsten bei Kindern und Jugendlichen zwischen dem siebten bzw. zehnten und 18. Lebensjahr nach § 828 Abs. 3 BGB nur bedingt der Fall (im Einzelnen dazu vgl. § 2 Rdn 177 ff.). Deliktsfähigkeit kann aber auch nach § 827 BGB bei **Bewusstlosigkeit** oder einem die freie Willensbestimmung ausschließenden Zustand **krankhafter Störung der Geistestätigkeit** fehlen (dazu vgl. § 2 Rdn 192 ff.).

2. Kausalität

Weitere Voraussetzung einer Mithaftung nach § 254 BGB ist, dass sich der **vorwerfbare Verstoß gegen eigene Interessen kausal auf den Schaden ausgewirkt hat** (vgl. z.B. jüngst BGH v. 24.9.2013 – VI ZR 255/12 – VersR 2014, 80).

Dies führt dazu, dass sich beispielsweise ein geschädigter Motorradfahrer, der keinen Helm trug, Abzüge nur gefallen lassen muss, soweit sich das Nichttragen des Helmes überhaupt nachweislich auf den entstandenen Schaden ausgewirkt hat. Somit sind Abzüge nicht gerechtfertigt für Fahrzeugschaden, Kleiderschaden und das Schmerzensgeld, soweit es sich um andere als Kopfverletzungen handelt, z.B. Beinbruch.

Die **Grenze des Mitverschuldensvorwurfs** gegenüber dem Geschädigten ist aber spätestens dann erreicht, wenn der Geschädigte einen Schaden erleidet, der den von ihm selbst verletzten Sorgfaltsanforderungen **nicht mehr zugerechnet** werden kann.

Beispiel
Der Geschädigte, der schuldhaft einen Verkehrsunfall mitverursacht und infolgedessen ins Krankenhaus eingeliefert wird, muss sich bei einer dort erfolgenden ärztlichen Fehlbehandlung dem behandelnden Arzt gegenüber sein Mitverschulden beim Verkehrsunfall nicht mehr schadensmindernd entgegenhalten lassen (BGH VersR 1971, 1123, 1124).

3. Rechtsfolge

Erst wenn ein Mitverschulden oder eine Mitverursachung unter den vorgenannten Voraussetzungen festgestellt oder unstreitig ist, kann eine **Haftungsabwägung** nach § 254 Abs. 1 BGB erfolgen.

4. Beweisfragen

Die **Beweislast** für das Verschulden des Geschädigten und dessen Ursächlichkeit trägt der **Schädiger** (BGH NJW 1994, 3105). Soweit es aber um Umstände aus der Sphäre des Geschädigten geht, kann dieser unter Umständen an der **Sachaufklärung mitwirken** müssen, gegebenenfalls muss er im Rahmen einer sekundären Darlegungslast darlegen, was er zur Schadensminderung unternommen hat (OLG Frankfurt NJW-RR 1994, 23).

Beweismaßstab ist der **Strengbeweis** des § 286 ZPO. Die Frage, inwieweit sich ein Mitverschulden auf den Schadensumfang ausgewirkt hat, ist nach den Regeln des **Freibeweises** nach § 287 ZPO zu beurteilen, wenn es um den Bereich der haftungsausfüllenden Kausalität im Falle des § 254 Abs. 2 BGB geht (BGH zfs 1986, 327 = VersR 1986, 1208 = DAR 1986, 356 = NJW 1986, 2946).

27 *Beachte*
Der Einwand des Mitverschuldens ist vom Gericht von Amts wegen zu beachten (BAG NJW 1971, 957). Der Schädiger muss aber die dem Mitverschulden des Geschädigten zugrunde liegenden Tatsachen vortragen und beweisen, soweit sich das Mitverschulden nicht aus dem unstreitigen Sachverhalt ergibt (BGH NJW-RR 1986, 1083).

5. Nebentäterschaft

Literatur zur Nebentäterschaft:

Lemcke, Haftung aus Verkehrsunfall mit mehreren Beteiligten, r+s 2009, 45; *Steffen*, Haftungsprobleme bei einer Mehrheit von Schädigern, Schriftenreihe der Arbeitsgemeinschaft Verkehrsrecht, Band 10, S. 7 ff.; *ders.*, Die Verteilung des Schadens bei Beteiligung mehrerer Schädiger am Verkehrsunfall, DAR 1990, 41.

28 Probleme im Rahmen des Mitverschuldens tauchen häufig auch in den Fällen der sog. **Nebentäterschaft** auf. Das sind die Fälle, in denen **mehrere Verantwortliche durch verschiedene selbstständige Verkehrsverstöße** einen Schaden herbeigeführt haben.

29 Nach § 840 Abs. 1 BGB haften sämtliche Nebentäter nebeneinander, sofern sie jeweils durch ihren Tatbeitrag den Schaden mitverursacht haben, als **Gesamtschuldner** (vgl. jüngst BGH VersR 2010, 1662).

30 Die Haftungsquoten der einzelnen Nebentäter können sich bei einem **Mitverschulden** des Geschädigten verschieben. In diesen Fällen ist das Mitverschulden des Geschädigten jedem der Schädiger gegenüber **gesondert abzuwägen**. Die Schädiger müssen insgesamt jedoch nicht mehr als den Teil des Schadens aufbringen, der bei einer Gesamtschau des Unfallgeschehens dem Anteil der Verantwortung entspricht, den sie **im Verhältnis zur Mitverantwortung des Geschädigten insgesamt zu tragen haben**.

31 *Beispiel*
Der Geschädigte erleidet bei einem Verkehrsunfall einen Schaden in Höhe von 10.000 EUR, der von ihm selbst zu $1/4$, von drei weiteren Schädigern ebenfalls zu je $1/4$ verursacht wurde. Der Geschädigte kann von jedem Schädiger entsprechend dem o.g. Grundsatz isoliert höchstens die Hälfte seines Schadens verlangen, da das Verschulden jedes einzelnen Schädigers im Verhältnis genauso hoch ist wie das Verschulden des Geschädigten. Insgesamt kann der Geschädigte von allen Schädigern gemeinsam im Endeffekt $3/4$ seines Schadens verlangen, da ihn selbst ja nur eine Mithaftung von $1/4$ trifft.

32 Wegen des im Endeffekt vorzunehmenden **Gesamtschuldnerausgleichs** nach § 426 BGB spielen derartige Fragen in der Praxis bisher kaum eine Rolle, weil hinter jedem Schadensverursacher in der Regel ein (zahlungskräftiger) Kraftfahrthaftpflichtversicherer steht.

Bisher ist der Fall der **Insolvenz einer der Schädiger** nicht entschieden. Hier könnte es aufgrund der Gesamtschuld gerechtfertigt sein, lediglich den weiteren Mitschädigern das Insolvenzrisiko aufzubürden und sie im vorgenannten Beispiel ³/₄ des Schadens des Geschädigten gesamtschuldnerisch zahlen zu lassen. Demgegenüber könnte man auch das fehlende ¹/₄ **auf alle** drei verbleibenden **Unfallbeteiligten verteilen**, sodass der Geschädigte nunmehr nur noch ²/₃ seines Schadens von den restlich verbleibenden Schädigern erhält.

33

6. Gestörte Gesamtschuld

Hiervon zu unterscheiden sind die Fälle der gestörten Gesamtschuld. Eine solche liegt beispielsweise vor, wenn **einer von zwei Schädigern dem Geschädigten gegenüber aufgrund eines besonderen Rechtsverhältnisses nicht haftet.**

34

> *Beispiel*
> Ein Gebrauchtwagenhändler überredet einen Kunden zu einer Probefahrt mit einem hochwertigen Fahrzeug. Das Fahrzeug ist nicht kaskoversichert. Der Kunde verschuldet auf dieser Probefahrt leicht fahrlässig einen Verkehrsunfall, für den er wie auch der Unfallgegner zu je 50 % haftet. Das Fahrzeug erleidet einen Totalschaden.

35

Der Händler kann vom Kunden **wegen** dessen lediglich **leichter Fahrlässigkeit keinen Schadensersatz** verlangen (vgl. § 2 Rdn 103 ff.).

36

Der Händler kann vom Unfallgegner **lediglich die Schäden** ersetzt verlangen, die dieser **im Verhältnis zum Kunden bei einem Gesamtschuldnerausgleich** nach § 426 BGB zu tragen hätte, wenn kein Haftungsprivileg zugunsten des Kunden eingreifen würde (BGH VersR 1990, 387 unter Hinweis auf BGH VersR 1973, 836; 1985, 763; 1974, 888; 1974, 1127; 1976, 991; 1988, 1276).

37

Im vorliegenden Fall hat der Händler gegen den Unfallgegner Anspruch lediglich auf Zahlung der **Hälfte des Schadens**. Die haftungsrechtliche Privilegierung des Kunden soll nicht durch ein **Heranziehen im Gesamtschuldnerausgleich** unterlaufen werden. Andererseits muss der Unfallgegner wegen der **Haftungsprivilegierung des Kunden** den Schaden nicht allein tragen (BGH VersR 1973, 836).

38

> *Beispiel*
> Wird jemand als Beifahrer in dem von seinem Arbeitskollegen gesteuerten Fahrzeug auf einer Dienstfahrt bei einem Zusammenstoß mit einem anderen Pkw verletzt und wurde der Unfall von beiden Fahrzeugführern gleichermaßen verschuldet, ist der Arbeitskollege dem Geschädigten gegenüber haftungsprivilegiert (§§ 104, 105 SGB VII). Wegen des durch § 105 SGB VII gestörten Gesamtschuldverhältnisses kann der verletzte Beifahrer seine Schadensersatzansprüche gegenüber dem Zweitschädiger nur in Höhe von 50 % durchsetzen (BGH VersR 1973, 836; 1972, 828; 1963, 34).

39

7. Besonderheiten bei Leasingfahrzeugen

Literatur zu Besonderheiten bei Leasingfahrzeugen:

Lemcke, Reformbedarf zur Haftung bei Unfällen Leasingfahrzeugen und Kfz-Anhängern, r+s 2011, 373; *Reinking*, Tücken des Kfz-Leasingvertrages – Haftungszurechnung und Mehrerlösverteilung, DAR 2011, 125; *Riedmeyer*, Grenzen und Beschränkungen der Haftung aus der Betriebsgefahr des Kraftfahrzeugs, zfs 2011, 183; *ders.*, Unfallregulierung unter Beteiligung von Leasingfahrzeugen, DAR 2012, 742; *ders.*, Ansprüche des Leasinggebers bei Verkehrsunfällen, NJW-Spezial 2014, 393; *Schmitz*, Voller Schadensersatz der Leasingfirma gegen den Unfallverursacher auch bei Mitverschulden des eigenen Fahrers?, NJW 1994, 301.

40 Nach der Entscheidung des BGH vom 10.7.2007 (VI ZR 199/06 – VersR 2007, 1387 = zfs 2007, 678 = r+s 2007, 435 = DAR 2007, 636) muss sich der **Leasinggeber** bei der Verschuldenshaftung gem. § 823 Abs. 1 BGB ein **Verschulden des Leasingnehmers** nicht anspruchsmindernd zurechnen lassen, weil er zwar **Eigentümer**, nicht aber **Halter** des Leasingfahrzeuges im Sinne der §§ 7, 17 StVG ist, sodass eine Abwägung nach § 17 Abs. 2 StVG ausscheidet. Gem. § 9 StVG muss sich der Leasinggeber als Eigentümer zwar das Mitverschulden des Leasingnehmers zurechnen lassen. Diese Zurechnung nach § 9 StVG gilt jedoch lediglich im Rahmen der Gefährdungshaftung nach §§ 7, 18 StVG, nicht jedoch bei der Verschuldenshaftung nach § 823 Abs. 1 BGB, bei der sich ein zu berücksichtigendes Mitverschulden ausschließlich nach § 254 BGB bestimmt, welcher eine Zurechnung des Verhaltens des Leasingnehmers nicht ermöglicht (BGH a.a.O.).

41 Inzwischen hat der BGH ebenfalls klargestellt, dass ein **Schadensersatzanspruch aus § 7 StVG des Leasinggebers als Eigentümer gegen den Leasingnehmer als Halter** bei einer Beschädigung des geleasten Fahrzeugs **nicht besteht**, weil die Halterhaftung nur Schäden abdeckt, die durch den Betrieb des schädigenden Fahrzeugs bei anderen Personen oder anderen Sachen (oder in den Schadensersatzbereich einbezogenen Vermögensbestandteilen) entstehen können (BGH v. 7.12.2010 – VI ZR 288/09 – r+s 2011, 132 = NZV 2011, 179; vgl. *Berz/Burmann-Schneider*, Kap. 5 C Rn 140).

42 Problematisch ist diese Rechtslage allerdings, wenn der Leasinggeber den Unfallgegner bei **ungeklärter Unfallursache** aus § 7 Abs. 1 StVG in Anspruch nimmt, wie der Fall der zitierten Entscheidung des BGH (a.a.O.) zeigt (*Berz/Burmann-Schneider*, Kap. 5 C Rn 150): In diesem Fall erhält der Leasinggeber vom Unfallgegner vollen Schadensersatz (100 %), weil ein Verschulden des Leasingnehmers – welches er sich gem. § 9 StVG anrechnen lassen müsste – nicht nachweisbar ist. Gleichwohl ist es dem Unfallgegner nicht möglich, im Wege des Gesamtschuldnerausgleichs 50 % des Schadens vom Leasingnehmer bzw. dessen Haftpflichtversicherer zu regressieren. Denn ein Gesamtschuldnerausgleich setzt eine (ursprüngliche) gesamtschuldnerische Haftung sowohl des Leasinggebers als auch des Unfallgegners gegenüber dem Leasinggeber voraus. Eine Gesamtschuld besteht jedoch nicht, weil nur der Unfallgegner gegenüber dem Leasinggeber aus § 7 Abs. 1 StVG haftet, nicht jedoch der Leasingnehmer (kein Anspruch des Eigentümers gegen den Halter aus § 7 Abs. 1 StVG wegen Beschädigung des eigenen Fahrzeugs, vgl. BGH a.a.O.). Im Ergebnis erhält somit der Leasinggeber trotz ungeklärter Unfallursache und damit an sich gegebener Haftungslage 50:50 seinen Fahrzeugschaden vom Unfallgegner voll ersetzt, während der Unfallgegner diesen ohne Regressmöglichkeit endgültig zu tragen hat (vgl. *Lemcke*, Anm. zu BGH a.a.O., r+s 2011, 134).

Da diese Rechtslage dazu führen kann, dass die Betriebsgefahr des Leasingfahrzeugs endgültig unberücksichtigt bleibt, haben sich auf dem 49. Deutschen Verkehrsgerichtstag zwei Arbeitskreise mit diesem Problem befasst und dem Gesetzgeber empfohlen, den geschädigten „Nur-Eigentümer" haftungsrechtlich dem Eigentümer, der gleichzeitig Halter ist, gleichzustellen (*Lemcke*, a.a.O.). 43

IV. Einzelprobleme der Abwägung

1. Kinderunfall

Bei der Beurteilung von Kinderunfällen im Straßenverkehr sind folgende **Besonderheiten** zu beachten: 44

- Kindern als verkehrsschwachen Personen gegenüber hat der Kraftfahrer **besondere Sorgfalt** walten zu lassen.
- Gegenüber Kindern gilt zugunsten des Kraftfahrers der **Vertrauensgrundsatz nur stark eingeschränkt**. Ergeben sich aus der allgemeinen Verkehrssituation oder dem Verhalten des Kindes **Auffälligkeiten**, die zu einer Gefahrensituation führen könnten, muss der **Kraftfahrer unverzüglich reagieren**. Sonst handelt er vorwerfbar und schuldhaft (BGH VersR 1985, 1088).
- Das Verschulden und die Zurechnungsfähigkeit für Verkehrsverstöße eines Kindes sind unter Berücksichtigung seines **Alters** und seines **Entwicklungsstandes** im Interesse des Kindes, ggf. unter Hinzuziehung eines Kinderpsychologen, sorgfältig zu prüfen.

Beachte 45
Durch die Neufassung des § 828 Abs. 2 BGB durch das Zweite Schadensrechtsänderungsgesetz ist die Altersgrenze für die Haftung/Mithaftung von Kindern im motorisierten Verkehr auf das vollendete zehnte Lebensjahr angehoben worden. Bei Kindern bis zur Vollendung des zehnten Lebensjahres kann der Halter eines Kraftfahrzeugs seine Haftung nur noch bei „höherer Gewalt" ausschließen (vgl. im Einzelnen § 2 Rdn 179 ff.).

2. Fußgängerunfälle

Bei Unfällen zwischen einem Kraftfahrzeug und einem Fußgänger ist in der Regel von einer **alleinigen oder deutlich überwiegenden Haftung des Kraftfahrers** auszugehen, wenn nicht dem **Fußgänger ein schweres Mitverschulden** anzulasten ist. Bei der Abwägung der Verursachungsanteile im Rahmen des § 254 Abs. 1 BGB 46 darf nur schuldhaftes Verhalten des Fußgängers verwertet werden, von dem fest steht, dass es mitursächlich war, wofür regelmäßig der Halter des Kfz die Beweislast trägt (BGH v. 24.9.2013 – VI ZR 255/12 – VersR 2014, 80). Geht ein Fußgänger am linken Fahrbahnrand, weil ein Gehweg fehlt, ist dies nicht zu beanstanden (BGH VersR 1967, 706).

47 Zumindest eine **deutlich überwiegende**, wenn nicht alleinige Haftung trifft den Kraftfahrer auch in den Fällen, in denen er einen nachts auf der rechten Fahrbahnseite laufenden Fußgänger anfährt (BGH VersR 1967, 977; OLG Düsseldorf VersR 1972, 793).

48 Grundsätzlich darf aber ein **Kraftfahrer darauf vertrauen**, dass **Fußgänger** nicht **plötzlich und unvorhersehbar die Fahrbahn betreten**. Dies gilt allerdings nur eingeschränkt gegenüber erkennbar **verkehrsschwachen Personen** (§ 3 Abs. 2a StVO).

49 Andererseits trifft den Kraftfahrer die Pflicht, die gesamte vor ihm liegende Fahrbahn zu beobachten. Ist hierbei für ihn ein unvorschriftsmäßiges Verhalten von Fußgängern erkennbar, muss er sich auf dieses einstellen (BGH VersR 1988, 91).

3. Radfahrerunfälle

50 Ein Verkehrsunfall zwischen einem Kraftfahrzeug und einem Radfahrer führt meist zu einer **überwiegenden Haftung des Kraftfahrers**, da dieser zusätzlich mit der **Betriebsgefahr** belastet ist.

51 Eine **Mithaftung des Radfahrers** kommt demgegenüber **nur** bei dessen festgestelltem **Verschulden** in Betracht.

> *Beachte*
> Bei Fußgängern oder Radfahrern gibt es bekanntlich keine Betriebsgefahr. Der Kraftfahrer haftet ihnen dagegen voll aus § 7 Abs. 1 StVG, jedoch mit der Möglichkeit der Mithaftung aus § 254 BGB.

52 Überquert ein Radfahrer fahrend einen Fußgängerüberweg, ist in der Regel eine **Haftungsteilung** vorzunehmen, da er in diesem Falle nach § 26 Abs. 1 S. 1 StVO gegenüber dem Kraftfahrzeugverkehr auf der Fahrbahn nicht mehr bevorrechtigt ist (OLG Hamm VersR 1993, 1290).

53 Kommt es zu einem Verkehrsunfall, weil ein Kraftfahrer mit ungenügendem Seitenabstand einen Radfahrer überholt, kommt eine Mithaftung des Radfahrers grundsätzlich nur dann in Betracht, wenn das **Fahrrad bei Dunkelheit nicht beleuchtet** ist oder wenn der Radfahrer nicht am rechten Fahrbahnrand fährt (BGH VersR 1970, 328; 1964, 653; 1962, 633).

B. Mitverschulden §3

Bei **minderjährigen Radfahrern**, die beispielsweise durch einen plötzlichen Schlenker nach links einen Unfall mitverursachen, kommt in der Regel eine geringere Mithaftung in Betracht als bei erwachsenen Radfahrern (BGH VersR 1968, 369; 1966, 1185). **54**

4. Helmpflicht bei Radfahrern

Bei Fahrrädern geht die Tendenz in der Rechtsprechung dahin, lediglich bei einem (auch hobbymäßigen) **Rennradfahrer**, bei dem die Erzielung hoher Geschwindigkeiten im Vordergrund steht, eine **Helmtragepflicht** anzunehmen, nicht jedoch beim herkömmlichen Freizeitfahrradfahrer (vgl. OLG Düsseldorf DAR 2007, 458 = NZV 2007, 619 = NJW 2007, 3075; OLG Saarbrücken VersR 2008, 982 = NZV 2008, 202 = DAR 2008, 210, dazu *Jahnke*, jurisPR-VerkR 1/2008 Anm. 3; OLG München v. 3.3.2011 – 24 U 384/10; OLG Celle DAR 2014, 199; zur gesamten Problematik *Ternig*, zfs 2008, 69 ff.). Der **BGH** hat zwischenzeitlich entschieden, dass „jedenfalls bei Unfallereignissen bis zum Jahr 2011" das **Nichttragen eines Fahrradhelms durch einen** (nicht sportlich ambitionierten) **Radfahrer**, der Kopfverletzungen erlitten hat, die durch einen Fahrradhelm hätten gemildert werden können, **nicht** zu einer **Anspruchskürzung wegen Mitverschuldens** führt (BGH v. 17.6.2014 – VI ZR 281/13 – VersR 2014, 974 = zfs 2014, 496 = DAR 2014, 520). Dies begründet der BGH damit, dass es weder eine gesetzliche Helmtragepflicht noch – jedenfalls bezogen auf das Jahr 2011 – eine entsprechende Übung der Verkehrsteilnehmer gibt, da im Jahre 2011 statistisch über alle Altersgruppen hinweg lediglich 11 % der Radfahrer einen Helm trugen. **55**

Der **Fahrer eines „Speed-Pedelec"** (mit einer Höchstgeschwindigkeit von 40 km/h und Versicherungskennzeichen im Gegensatz zu den gewöhnlichen Pedelecs mit einer Höchstgeschwindigkeit von 25 km/h) soll sich im Falle unfallbedingter Kopfverletzungen ein **Mitverschulden von 50 %** anrechnen lassen müssen, wenn er **ohne Helm** fuhr (LG Bonn NZV 2015, 395). Insoweit war für das Gericht auch entscheidend, dass die Frage der gesetzlichen Helmpflicht für diese Fahrzeugart streitig ist.

Beachte
Das Nichttragen eines Schutzhelms durch einen Radfahrer begründet grundsätzlich keinen Vorwurf des Mitverschuldens, anders allerdings nach neuerer Rechtsprechung bei einem Rennradfahrer.

5. Gurtanlege- und Schutzhelmpflicht

Einen Unfallverletzten kann ein **Mitverschulden** nach § 9 StVG, § 254 BGB treffen, wenn er entweder den **Sicherheitsgurt** entgegen §§ 21a Abs. 1, 46 Abs. 1 S. 1 Nr. 5b StVO nicht angelegt oder entgegen § 21a StVO keinen **Schutzhelm** getragen hat. Nach OLG Brandenburg (VersR 2009, 1284) soll darüber hinausgehend die **56**

§ 3   Haftungsbegrenzungen

Annahme eines schmerzensgeldmindernden Mitverschuldens trotz fehlender gesetzlicher Verpflichtung sogar dann in Betracht kommen, wenn ein Motorradfahrer zwar einen Helm, jedoch keine Schutzkleidung getragen hat. Allerdings kann das **Verschulden des Gegners** derart im Vordergrund stehen, dass der Mitverursachungsanteil aufgrund eines nicht angelegten Sicherheitsgurtes vollständig zurücktritt (BGH DAR 1994, 191). Ein Eigenverschulden tritt auch dann hinter einem überragenden Verschulden des anderen Unfallbeteiligten zurück, wenn dieser mit erheblicher Alkoholisierung in die Gegenfahrbahn gerät und dort eine Frontalkollision verursacht (OLG Hamm NZV 1997, 401).

57 Bei einer Alleinhaftung des Unfallgegners bleibt es ferner, wenn sich der Umstand, nicht angegurtet gewesen zu sein, überhaupt **nicht schadenserhöhend ausgewirkt** hat. Da über diese Frage immer häufiger gestritten wird und die Versicherer regelmäßig und ausschließlich eine Mithaftungsquote von pauschal $^1/_3$ unterstellen, sollte mittels eines **unfallrekonstruktiven Sachverständigengutachtens** der Nachweis geführt werden, dass sich der Verletzungsumfang aufgrund der konkreten Unfallsituation **nicht reduziert** hätte, wenn der Verletzte angeschnallt gewesen wäre. In einem sehr großen Teil der Fälle (z.B. seitlicher Aufprall) hätte der **Gurt keinerlei Schutzfunktion** gehabt. Oftmals war es sogar von **Vorteil, nicht angeschnallt gewesen zu sein** (z.B. die Überschlagsfälle, bei denen der Insasse ohne Gurt frühzeitig herausgeschleudert worden wäre, bevor er sich verletzen konnte). Es kommt also sehr oft auf die **individuellen Gegebenheiten** des ganz **konkreten Unfallereignisses** an, die es zunächst zu analysieren gilt, bevor überhaupt – und schon gar nicht pauschal – über eine Mithaftungsquote gesprochen werden kann.

58 *Tipp*
Ein solches unfallrekonstruktives Gutachten lässt sich oft über eine ggf. bestehende Rechtsschutzversicherung finanzieren, wenn gegen den Verletzten ein Bußgeld- oder Strafverfahren anhängig ist. In einem solchen Verfahren sind nämlich die Privatgutachterkosten eines öffentlich bestellten technischen Sachverständigen gem. § 2 Abs. 1e ARB 75 bzw. § 5 Abs. 1f aa ARB 94/2000/2008 versichert (vgl. § 13 Rdn 357).

Allerdings sollte berücksichtigt werden, dass der Schädiger beim Mitverschulden gem. § 254 BGB auch für die Mitursächlichkeit die Beweislast trägt, sodass ein entsprechender Beweisantritt im Prozess lediglich gegenbeweislich und unter Protest gegen die Beweislast erfolgen sollte.

59 **Der Schädiger** muss zur Begründung einer Mithaftung **nachweisen, dass der Schaden bei angelegtem Sicherheitsgurt oder getragenem Schutzhelm nicht oder nicht in der gleichen Schwere eingetreten wäre**. Gelingt dem Schädiger dieser Nachweis, bemisst sich die Mithaftung des Geschädigten regelmäßig auf 20 % bis maximal 40 %.

B. Mitverschulden §3

- Voraussetzung hierzu ist jedoch, dass **überhaupt eine Gurtanlegepflicht bestand** (§§ 21a Abs. 1, 46 Abs. 1 S. 1 Nr. 5b StVO). 60
- Im Rahmen des § 46 Abs. 1 S. 1 Nr. 5b StVO reicht es aus, dass eine **Ausnahmegenehmigung** bei entsprechendem Antrag **hätte erteilt werden müssen** (BGH NJW 1993, 53).
- Auch bei Fahrten mit Schrittgeschwindigkeit kann auf die Pflicht zum Anlegen des Sicherheitsgurtes verzichtet werden (§ 21a Abs. 1 Nr. 3 StVO). Darüber hinaus sind Ausnahmefälle denkbar, in denen dem Verletzten das **Nichtanlegen des Sicherheitsgurtes nicht als Verschulden gegen eigene Interessen** vorgeworfen werden kann, z.B. bei **hochschwangeren Frauen**, Trägern von **Herzschrittmachern** oder bei Personen mit **sonstigen Krankheiten**, denen der Gurt infolge ihres Zustandes unerträglich wäre (BGH VersR 1981, 550 unter Hinweis auf BGHZ 74, 25).

Beachte 61
Rein subjektive Beschwerden reichen nicht aus (BGH NJW 1993, 53). Hier muss im Einzelfall konkret und substanziiert vorgetragen und ggf. durch ärztliches Attest belegt werden, weshalb ein Ausnahmefall vorliegt.

Der Schädiger muss, wie oben dargelegt, beweisen, dass die Verletzungen ganz oder teilweise auf das Nichtangurten zurückzuführen sind. Dabei kann ihm der **Beweis des ersten Anscheins** zur Seite stehen. Dieser greift allerdings nur bei solchen Verletzungen, z.B. Verletzungen des Kopfes oder der oberen und unteren Extremitäten, vor denen die Gurtanlegepflicht **typischerweise** schützen soll. 62

Der BGH hat sich die **Empfehlungen des 16. Deutschen Verkehrsgerichtstags** zu Eigen gemacht, unter welchen Umständen von einem solchen Anscheinsbeweis ausgegangen werden kann (BGH VersR 1980, 824; BGH DAR 1990, 397). Diese sind: 63
- Es liegt ein **Unfallmechanismus** vor, bei dem der Gurt seine **Rückhaltewirkung** entfalten kann. Das sind in erster Linie Frontalzusammenstöße mit voller oder teilweiser Überdeckung, Sekundarkollisionen nach Auffahrunfällen.
- Unfälle, bei denen der Fahrer und/oder die Insassen hinausgeschleudert wurden.
- Es ist **keine wesentliche Deformierung** des vom Verletzten benutzten Teils der Fahrgastzelle eingetreten.
- Es liegen **Verletzungen des Kopfes und der oberen und unteren Extremitäten** vor.

Der **Anscheinsbeweis** greift aber **nicht bei einem starken seitlichen Aufprall**, bei dem die Fahrgastzelle erheblich deformiert wurde (OLG Hamm NZV 1989, 76). Zweifel gehen zu Lasten des Schädigers (BGH NJW 1980, 2125). 64

Trotz eines Verstoßes gegen die Anschnallpflicht ist der Tatrichter bei der Abwägung der Unfallbeiträge nach § 254 Abs. 1 BGB nicht gehindert, im Einzelfall den nicht angegurteten Geschädigten von der Anrechnung einer Mithaftung für Unfallschäden freizustellen (BGH zfs 1998, 164). 65

§ 3 Haftungsbegrenzungen

66 Hat die Verletzung der Anschnallpflicht für den Grad der Verletzung prägende Wirkung und verursacht einen Körperschaden von solcher Schwere, die den Bereich gewöhnlicher Unfallfolgen bei einem angegurteten Beifahrer weit übersteigt, kann der Mitverschuldensbeitrag des nicht angeschnallten Beifahrers auch gegenüber ganz schwerem Verschulden des Fahrers nicht völlig zurücktreten, da bei der Abwägung auf das Maß der Verursachung abzustellen ist – hier Mitverschuldensquote des nicht angeschnallten Beifahrers 20 % (OLG München DAR 1999, 264).

67 Wer auf der Liegefläche eines Wohnmobils unter Verstoß gegen die Anschnallpflicht schläft, muss sich eine Mithaftung von 20 % anrechnen lassen. Ein Mitverschulden ist zwar nach der **Rechtsprechung des BGH** (BGH NZV 1991, 305) nur ein Bemessungsfaktor unter vielen, der demnach nicht in Prozentsätzen ausgedrückt zu einer entsprechenden Reduzierung des **Schmerzensgeldes** führt. In der **Praxis** wird jedoch regelmäßig strikt nach der feststehenden oder ausgehandelten Mithaftungsquote **quotiert**, was sicher auch der praktikablere Weg ist.

68 *Tipp*
Der Hinweis auf die BGH-Rechtsprechung, wonach eine Schmerzensgeldforderung nicht einer Quotierung unterliegt, ermöglicht aber in einem Regulierungsgespräch mit dem Versicherer u.U. ein großzügiges Aufrunden des – quotierten – Betrages.

69 Wirkt sich normalerweise ein Mitverschulden eines **deliktsunfähigen Kindes** nicht schmerzensgeldmindernd aus, kann bei einem grob verkehrswidrigen Verhalten eine Reduzierung gleichwohl in Betracht kommen (OLG Celle VersR 1976, 297).

70 Auch die eigene **mitursächliche Betriebsgefahr** muss sich der verletzte Kraftfahrer auf seine Schmerzensgeldansprüche anrechnen lassen, selbst wenn ihn am Unfall kein Verschulden trifft (BGH VersR 1956, 370; 1963, 359).

6. Fahrt mit verkehrsuntüchtigem Fahrer

71 Ein Fahrgast, der sich einem verkehrsuntüchtigen Fahrer anvertraut, muss sich ein **Mitverschulden** nach § 254 BGB nur dann anrechnen lassen, wenn sich ihm **begründete Zweifel an der Fahrtauglichkeit** des Fahrers aufdrängten (BGH VersR 1972, 398; 1967, 288; 1967, 974; 1967, 282).

72 War dem verletzten Kfz-Insassen der vorangegangene Alkoholgenuss des Fahrzeugführers bekannt oder hätte er die alkoholbedingte Fahruntüchtigkeit des Fahrers erkennen und rechtzeitig von einer Mitfahrt Abstand nehmen können, kann ihm ein Mitverschulden von $^1/_3$ angelastet werden (OLG Oldenburg DAR 1998, 277).

73 Die Fahrtauglichkeit kann beispielsweise beeinträchtigt sein, wenn der Fahrer **alkoholisiert** ist, unter **Drogen** steht oder offensichtlich **übermüdet** ist. Die Kenntnis allein, dass der Fahrer Alkohol getrunken hat, rechtfertigt jedoch noch nicht Zweifel an der Fahrtüchtigkeit des Fahrers (BGH VersR 1966, 565). Selbst bei einer

BAK von 1,73‰ besteht **kein Erfahrungssatz**, dass der Mitfahrer die Trunkenheit und die daraus **resultierende Fahruntüchtigkeit erkennen** konnte (BGH NJW 1988, 2365; OLG Zweibrücken zfs 1993, 152).

Einen solchen Mitverschuldensvorwurf kann der geschädigte Beifahrer nicht mit der Begründung ausräumen, er sei wegen seines eigenen Alkoholgenusses nicht mehr in der Lage gewesen, die Alkoholisierung des Fahrers zu erkennen (§ 827 BGB, vgl. OLG Hamm zfs 1996, 4). 74

7. Fahrt mit führerscheinlosem Fahrer

Auch wer in das Fahrzeug eines Kraftfahrers einsteigt, der keine Fahrerlaubnis besitzt, muss sich im Falle eines Verkehrsunfalls unter Umständen ein **Mitverschulden** anrechnen lassen, **wenn ihm dies bekannt** war und sich dieser **Umstand auf das Unfallgeschehen ausgewirkt hat**. 75

> *Beachte* 76
> Den Fahrer trifft grundsätzlich eine größere Verantwortung am Unfallgeschehen als den Beifahrer (OLG Hamm zfs 1996, 4). Eine Haftungsverteilung 50 zu 50 ist deshalb nicht gerechtfertigt. Bei der Abwägung fällt dem Fahrer der gewichtigere Anteil an der Beherrschung des Unfallgeschehens zu (BGH VersR 1985, 965; OLG Hamm zfs 1996, 4). Grundsätzlich trägt der Fahrer für die Führung des Fahrzeugs die alleinige Verantwortung (OLG Hamm DAR 1999, 545).

Nach der vorgenannten Entscheidung des OLG Hamm wurde wegen der größeren Verantwortung des Fahrers dem Beifahrer nur eine Mithaftung von 25 % angelastet.

Einer Beifahrerin (Ehefrau) kann nicht vorwerfbare Selbstgefährdung vorgeworfen werden, wenn sie ihren Ehemann nicht zum langsameren Fahren anhält, auch wenn dieser die Autobahn-Richtgeschwindigkeit erheblich überschreitet (OLG Hamm DAR 1999, 545). 77

C. Verletzung der Schadensminderungspflicht

I. Allgemeines

Der Geschädigte muss sich auch dann ein Mitverschulden anrechnen lassen, wenn er es unterlässt, den Schädiger oder dessen Haftpflichtversicherer auf die **Gefahr eines ungewöhnlich hohen Schadens aufmerksam** zu machen, die diese weder kannten noch kennen mussten (§ 254 Abs. 2 BGB). Im Rahmen dieser Vorschrift bedeutet dies z.B.: 78

- sofortige Schadensermittlung durch Sachverständigen,
- sofortige Restwertrealisierung bzw. Erteilung des Reparaturauftrages (wegen Dauer des Standgeldes sowie ggf. des Mietwagens bzw. Nutzungsausfalls),
- Hinweis auf fehlende finanzielle Mittel, ggf. Kaskoinanspruchnahme,

§ 3   Haftungsbegrenzungen

- Reparaturbeginn nicht zur Unzeit (Freitagmittag), ggf. Notreparatur,
- Interimsfahrzeug bei absehbarer längerer Ausfalldauer, z.b. wegen Neuwagenersatzanspruchs oder langer Auslandsreise in den Urlaub.

79   *Beachte*
Regressgefahr droht dem Anwalt des Geschädigten, wenn die Verpflichtung zur Schadensgeringhaltung nach § 254 Abs. 2 BGB nicht beachtet wird.

80   Unterbreitet der Haftpflichtversicherer dem Geschädigten zu Händen seines Anwalts ein verbindliches Angebot für einen höheren Restwert, ist der Geschädigte grundsätzlich verpflichtet, dieses Angebot zum Zwecke der Schadensminderung anzunehmen (im Einzelnen dazu vgl. § 7 Rdn 250 ff.). Der Geschädigte muss sich die Kenntnis seines Prozessbevollmächtigten zurechnen lassen (LG Saarbrücken zfs 1997, 373). Auf die erhebliche Regressgefahr für den Anwalt ist hinzuweisen.

81   Der Geschädigte ist wegen seiner Verpflichtung zur Schadensgeringhaltung verpflichtet, bei Fehlen eigener Mittel einen Kredit für die Kosten der Schadensbeseitigung aufzunehmen, insbesondere wenn die Kreditkosten unter dem ansonsten zu befürchtenden Schaden liegen (OLG Düsseldorf zfs 1997, 253).

82   Viele Anwälte beachten bei der Unfallschadensregulierung zwar die Probleme, die beispielsweise bei der Inanspruchnahme eines Mietwagens entstehen und klären ihren Mandanten entsprechend auf. Es wird aber häufig übersehen, den gegnerischen Haftpflichtversicherer rechtzeitig auf die **schlechte finanzielle Situation** des Geschädigten und die **Notwendigkeit der Zahlung entsprechender Vorschüsse** zur Auslösung des Fahrzeugs aus der Reparatur oder zur Beschaffung eines Ersatzfahrzeuges hinzuweisen.

83   Daraus resultiert die **Gefahr längeren Nutzungsausfalls** oder **höherer Mietwagenkosten**. Erfolgt ein entsprechender Hinweis und reagiert der Haftpflichtversicherer nicht durch sofortige angemessene Bevorschussung, hat er auch die sodann infolge der Verzögerung entstehenden weiteren Schäden (den verlängerten Nutzungsausfall oder höhere Mietwagenkosten) zu ersetzen (OLG Nürnberg zfs 1981, 77 m.w.N.; OLG Frankfurt zfs 1984, 328; OLG Köln VersR 1973, 323).

84   Besonders zu beachten ist die **Warnpflicht** für den Anwalt vor allem aber auch bei Personenschäden, da die persönlichen Umstände eines Geschädigten es in besonderem Maße geboten sein lassen können, dass der Schädiger bzw. sein Haftpflichtversicherer zumindest auf einzelne Positionen sofortige Vorschüsse zahlt, damit sich der Schaden nicht mehr als unvermeidbar vergrößert.

Beispiel
Verdienstausfall eines Selbstständigen, der bei nicht rechtzeitiger Bevorschussung wegen fehlender finanzieller Mittel den Geschäftsbetrieb nicht aufrechterhalten kann.

C. Verletzung der Schadensminderungspflicht §3

Ist der Mandant zur Finanzierung seines Ersatzfahrzeugs oder der Reparaturkosten auf einen Unfallkredit angewiesen, muss dies **rechtzeitig** dem gegnerischen **Haftpflichtversicherer mitgeteilt** werden. 85

Beachte 86
Die Aufnahme von Fremdmitteln für Reparatur, Ersatzbeschaffung bei Totalschaden, Gutachterkosten und Mietwagenkosten, aber auch zur Abdeckung der Heilungskosten und des Lebensbedarfs eines Verletzten, sind Herstellungsaufwand i.S.d. § 249 Abs. 2 S. 1 BGB und deshalb als Folgeschaden ohne Verzug des Schädigers oder seines Haftpflichtversicherers erstattungsfähig (BGH VersR 1974, 90; 1974, 143). Dies gilt auch für eine Kreditaufnahme zur Abdeckung des Personenschadens als Personenfolgeschaden (OLG Nürnberg zfs 2000, 12).

Die Warnpflicht nach § 254 Abs. 2 BGB besteht jedoch nur, wenn der **Schädiger die Gefahr eines besondere großen Schadens weder kannte noch kennen musste.** 87

Im vorgenannten Beispiel kann der Haftpflichtversicherer des Schädigers bei Regulierung des Verdienstausfallschadens ein Mitverschulden wegen Verstoßes gegen § 254 Abs. 2 BGB daher nicht entgegenhalten, wenn er beispielsweise aufgrund der ihm vom Mitgeschäftsinhaber, der ebenfalls verletzt wurde, vorgelegten Geschäftsunterlagen die betriebliche Situation genau kannte (BGH VersR 1953, 14). 88

II. Einzelfälle

Nachstehend werden einige **Beispiele** aufgeführt, bei denen **kein Verstoß gegen die Schadensminderungspflicht** angenommen wurde: 89

- Ein Taxiunternehmer hat Anspruch auf die Erstattung der Kosten für die Anmietung eines Ersatztaxis, auch wenn die Mietkosten das 2,8-Fache des damit erwirtschafteten Gewinns betragen. Er hat ein schutzwürdiges Interesse an der ungestörten Fortführung des Taxi-Betriebes (BGH VersR 1994, 64).
- Der Geschädigte, der in Wahrnehmung seiner Ersetzungsbefugnis aus § 249 Abs. 2 S. 1 BGB das Unfallfahrzeug auf der Grundlage eines Sachverständigengutachtens verkauft hat, muss sich nicht auf die höheren Ankaufspreise spezieller Restwertaufkäufer verweisen lassen. Der Geschädigte ist somit nicht verpflichtet, auf ein Restwertangebot des Versicherers zu warten (BGH VersR 1993, 769, 770, im Einzelnen dazu vgl. § 7 Rdn 250 ff.).
- Alles, was aus der Sicht ex ante ein verständiger und wirtschaftlich denkender Eigentümer in der besonderen Lage des Geschädigten für eine zumutbare Schadensrestitution auf sich genommen hätte, stellt keinen Verstoß gegen die Schadensgeringhaltungspflicht dar (BGH VersR 1985, 283).

D. Gesetzliche Haftungsbeschränkungen

Literatur zur gesetzlichen Haftungsbeschränkung:

Buchholz, Gesetzlich unfallversichert – Fluch oder Segen?, 52. Deutscher Verkehrsgerichtstag 2014, 63; *Hauptverband der gewerblichen Berufsgenossenschaften u.a.* (Hrsg.), Erstkommentierung des Unfallversicherungs-Einordnungsgesetzes (UVEG), Oktober 1996; *Kampen*, Umfang des Versicherungsschutzes in der gesetzlichen Unfallversicherung – ein Überblick, SVR 2014, 401; *Kater/Leube*, Gesetzliche Unfallversicherung SGB VII, Vahlens-Kommentare, 1997; *Lemcke*, Die Beschränkung der Haftung nach dem Unfallversicherungsrecht, ZAP 23 vom 9.12.1998; *Lepa*, Schriftenreihe der Arbeitsgemeinschaft Verkehrsrecht, Homburger Tage 1996; *Marburger*, Haftung des Arbeitgebers oder eines Arbeitskollegen bei einem Verkehrsunfall eines Arbeitnehmers, NZV 2013, 475; *Otto*, Ablösung der §§ 636 bis 642 RVO durch das neue Unfallversicherungsrecht, NZV 1996, 473; *Plagemann*, Gesetzlich unfallversichert – Fluch oder Segen?, 52. Deutscher Verkehrsgerichtstag 2014, 113; *Stöhr*, Haftungsprivileg bei einer gemeinsamen Betriebsstätte und bei Verkehrsunfällen, VersR 2004, 809; *Waltermann*, Änderungen im Schadensrecht durch das neue SGB VII, NJW 1997, 3401.

I. RVO und SGB VII

1. Allgemeines

90 Der Gesetzgeber hatte bis 31.12.1996 Haftungsbeschränkungen in den §§ 636, 637 RVO normiert. Diese sind **seit 1.1.1997 durch das SGB VII abgelöst** worden, das im Wesentlichen das System der Haftungsbeschränkungen nach §§ 636, 637 RVO übernommen hat, teilweise aber auch Haftungsbeschränkungen erweitert hat.

91 *Beachte*
Es ist für die Praxis unverzichtbar, den Inhalt der einschlägigen Normen zu kennen, weil gerade wegen der teilweise erweiterten Haftungsbeschränkungen des SGB VII von Haftpflichtversicherern vermehrt der Einwand eines Haftungsausschlusses erfolgt.

92 Für die Zeit bis 31.12.1996 gilt noch die Vorschrift der RVO, weshalb diese Gesetzeslage nachstehend noch kurz dargestellt werden soll.

93 Die bis 31.12.1996 in den §§ 636, 637 RVO und ab 1.1.1997 im SGB VII normierten gesetzlichen Haftungsbeschränkungen wurden zur Ersetzung der Haftpflicht des Arbeitgebers seinen Mitarbeitern gegenüber eingeführt, sofern diese im Betrieb einen Unfall erlitten.

94 Um die sich aus dieser Situation ergebenden Streitigkeiten innerhalb des Betriebes im Interesse der Erhaltung des Betriebsfriedens zu vermeiden, schlossen sich die Arbeitgeber zu Berufsgenossenschaften zusammen. In diese Genossenschaften sollten die beigetretenen Arbeitgeber Beiträge abführen, aus denen die soziale Existenz der Opfer eines Arbeitsunfalls im Betrieb eines der Genossenschaftsmitglieder gesichert werden sollte. Als Gegenleistung für diese ausschließlich von den Arbeitgebern finanzierte soziale Absicherung im Falle eines Arbeitsunfalls sah es

D. Gesetzliche Haftungsbeschränkungen §3

der Gesetzgeber als gerechtfertigt an, dass das Unfallopfer im Gegenzug auf mögliche direkte Schadensersatzansprüche gegen den Schädiger, sei es der Arbeitgeber, sei es der Arbeitskollege, verzichtet.

2. Rechtslage nach der RVO

Entsprechend wurde in den §§ 636, 637 RVO geregelt, dass ein Unternehmer oder ein sonstiger Betriebsangehöriger bei einem Arbeitsunfall nicht für die Personenschäden haften sollte, die ein Mitarbeiter des gleichen Betriebes hierdurch erleidet. 95

a) Versicherte Personen

Wer über die gesetzliche Unfallversicherung versichert war, richtete sich bei der alten Gesetzeslage nach §§ 539, 540, 543–545 RVO. Von besonderer Bedeutung und Praxisrelevanz war dabei die Vorschrift des § 539 Abs. 2 RVO. Danach waren gegen Arbeitsunfall auch Personen versichert, die wie ein nach Abs. 1 Versicherter (also wie ein normaler Arbeitnehmer des Unternehmers) tätig wurden; dies galt auch bei nur vorübergehender Tätigkeit. In der Vergangenheit ist hier sehr viel über die Frage gestritten worden, wann eine Eingliederung in den Betrieb des Unternehmers vorlag mit der Folge der Haftungsbeschränkung der §§ 636, 637 RVO. 96

Die Rechtsprechung knüpfte dies im Wesentlichen an folgende Voraussetzungen: 97

- Der Geschädigte musste eine ernstliche, dem in Betracht kommenden Unternehmen dienende Tätigkeit verrichten.
- Diese Tätigkeit musste dem wirklichen oder mutmaßlichen Willen des Unternehmers entsprechen und
- ihrer Art nach auch von Personen verrichtet werden können, die in einem dem allgemeinen Arbeitsmarkt offenstehenden Beschäftigungsverhältnis stehen.
- Sie musste ferner unter solchen Umständen geleistet werden, wie sie einer Tätigkeit aufgrund eines Beschäftigungsverhältnisses ähnlich ist.

Wann diese Voraussetzungen im Einzelnen gegeben waren, war jeweils Tatfrage und für alle Prozessbeteiligten nur schwer vorhersehbar.

b) Umfang des Haftungsausschlusses

Erlitt demnach ein Arbeitnehmer oder ein in den Betrieb des Unternehmens eingegliederter Beschäftigter einen Arbeitsunfall durch das Verschulden des Unternehmers oder eines Arbeitskollegen, bestand nur bei Sachschäden, bei vorsätzlicher Herbeiführung des Arbeitsunfalls oder bei der Teilnahme am allgemeinen Verkehr für den Geschädigten die Möglichkeit, seine Schadensersatzansprüche gegenüber dem Schädiger selbst durchzusetzen. Die Frage, wann eine Teilnahme am allgemeinen Verkehr vorlag, war immer wieder Gegenstand höchstrichterlicher Entscheidungen. 98

§ 3 Haftungsbegrenzungen

99   Wann eine Teilnahme am allgemeinen Verkehr vorlag, hing davon ab, ob der Verletzte den Unfall als **normaler Verkehrsteilnehmer** oder als **Betriebsangehöriger** erlitten hat (BGH VersR 1973, 736; ebenso *von Gerlach*, Die Rechtsprechung des BGH zum Haftpflichtrecht 1995, DAR 1996, 207). Entscheidend sollte dabei sein, ob sich in dem Unfall das betriebliche Verhältnis zwischen dem Schädiger und dem Geschädigten manifestiert oder ob insoweit zu dienstlichen bzw. betrieblichen Beziehungen zwischen beiden kein oder ein nur loser Zusammenhang bestanden hat.

> *Beispiel*
> Die Hin- und Rückfahrt eines Betriebsangehörigen zu und von seiner Arbeitsstätte ist grundsätzlich Sache des Arbeitnehmers selbst und nicht die des Betriebes (BGH NJW 1981, 869). Erlitt ein Betriebsangehöriger auf einer solchen Fahrt einen Unfall, handelte es sich um eine Teilnahme am allgemeinen Verkehr. Dies hatte zur Folge, dass er einerseits Leistungen der gesetzlichen Unfallversicherung wegen des Wegeunfalls (§ 550 RVO) erhielt, andererseits seine Schadenersatzansprüche gegen den Schädiger zusätzlich geltend machen konnte – weil eine Teilnahme am allgemeinen Verkehr vorlag.

100   Etwas anderes galt, wenn ein Mitarbeiter beim Werkverkehr oder bei einem Unfall im Werksgelände einen Unfall erlitt. Hier wurde eine **Teilnahme am allgemeinen Verkehr** verneint mit der Folge, dass der Schädiger sich auf die Haftungsbeschränkung der §§ 636, 637 RVO berufen konnte (BGH DAR 1992, 40). Ebenso war in aller Regel die Beförderung des Arbeitnehmers im **firmeneigenen** Kraftfahrzeug zur Arbeitsstelle durch den Arbeitgeber keine Teilnahme am allgemeinen Verkehr (BGH VersR 1973, 736). Nach § 637 Abs. 1 RVO galt § 636 RVO bei Arbeitsunfällen entsprechend für die Ersatzansprüche eines Versicherten, dessen Angehörigen und Hinterbliebenen gegen einen in demselben Betrieb tätigen Betriebsangehörigen, wenn dieser den Arbeitsunfall durch eine betriebliche Tätigkeit verursacht hatte.

c) Regress der Berufsgenossenschaft

101   Nach § 640 RVO hatten jedoch diejenigen Personen, deren Ersatzpflicht durch §§ 636, 637 RVO beschränkt war, in den Fällen, in denen sie den Arbeitsunfall vorsätzlich oder grob fahrlässig herbeigeführt hatten, den Trägern der Sozialversicherung, insbesondere dem Unfallversicherungsträger (Berufsgenossenschaft), die ihnen infolge des Arbeitsunfalls entstandenen Aufwendungen vollständig zu ersetzen. Dabei spielte es keine Rolle, ob ein Mitverschulden des beim Arbeitsunfall Geschädigten bei der Schadensverursachung mitgewirkt hatte. Der Regressanspruch des Sozialversicherungsträgers bestand immer in voller Höhe. Dies führte für den Schädiger üblicherweise dazu, dass er aufgrund seiner Regresspflicht nach § 640 RVO erheblich höhere Zahlungen an die Sozialversicherungsträger zu leisten hatte, als er nach BGB-Haftung dem Geschädigten selbst geschuldet hätte. Die Regelung des § 640 RVO wurde aufgenommen, da die vom Unfallversicherungsträger

erbrachten Leistungen wegen der Haftungsbeschränkung der §§ 636, 637 RVO die Verantwortung des Schädigers dem Geschädigten gegenüber ersetzten, sodass nach § 116 SGB X kein Forderungsübergang vom Geschädigten auf die Träger der Sozialversicherung stattfinden konnte. Da es aber bei grobem Verschulden zumindest unbillig empfunden wurde, dem Schädiger persönlich keinerlei Zahlungsverpflichtung aufzuerlegen, wurde die Regressvorschrift des § 640 RVO geschaffen.

3. Rechtslage nach dem SGB VII

Literatur zur Rechtslage nach dem SGB VII:

Buchholz, Gesetzlich unfallversichert – Fluch oder Segen?, 52. Deutscher Verkehrsgerichtstag 2014, 63; *Dahm*, Versicherter Weg und Haftungsprivileg im Recht der gesetzlichen Unfallversicherung, NZV 2009, 70; *Diederichsen*, Die Haftungsprivilegierungen des SGB VII mit Blick auf den Unternehmer, Sonderheft Lemcke r+s 2011, 20; *Elsner*, Haftungsausschluss nach SGB VII, zfs 2000, 475; *Kampen*, Umfang des Versicherungsschutzes in der gesetzlichen Unfallversicherung – ein Überblick, SVR 2014, 401; *Kater/Leube*, Gesetzliche Unfallversicherung SGB VII, Vahlens-Kommentare, 1997; *Lepa*, Schriftenreihe der Arbeitsgemeinschaft Verkehrsrecht, Homburger Tage 1996; *Marburger*, Haftung des Arbeitgebers oder eines Arbeitskollegen bei einem Verkehrsunfall eines Arbeitnehmers, NZV 2013, 475; *Plagemann*, Verkehrsunfallschadensregulierung und Sozialrecht (1. Teil), zfs 2004, 201; *ders.*, Verkehrsunfall als Arbeitsunfall, NZV 2001, 233; *ders.*, Gesetzlich unfallversichert – Fluch oder Segen?, 52. Deutscher Verkehrsgerichtstag 2014, 113; *Stöhr*, Haftungsprivileg bei einer gemeinsamen Betriebsstätte und bei Verkehrsunfällen, VersR 2004, 809.

a) Allgemeines

Für **Schadensfälle ab dem 1.1.1997** gelten die Regelungen des SGB VII. Im 4. Kapitel des SGB VII sind die geltenden Vorschriften über die **Haftung von Unternehmen, Unternehmensangehörigen** und **anderen Personen**, die den Arbeitsunfall eines Versicherten verursacht haben, geregelt. **102**

Das 4. Kapitel beginnt mit den §§ 104 ff. SGB VII, welche die bisherigen Regelungen der §§ 636 ff. RVO ablösen. Sie beschränken die **privatrechtliche Haftung** der dort genannten Personen bei einem **nicht vorsätzlich** oder **auf einem Weg zur oder von der Arbeit herbeigeführten Unfall** gegenüber dem verletzten Arbeitnehmer in größerem Umfang als bisher. **103**

Neu ist insbesondere die Terminologie des **Versicherungsfalls**. Während früher allein der Arbeitsunfall, zu dem u.U. auch Berufskrankheiten zählen konnten, gesetzlich unfallversichert war, zählen nunmehr auch alle **Berufskrankheiten** kraft Gesetzesdefinition zu den **Versicherungsfällen** (§ 7 SGB VII). **104**

Der **Umfang der Arbeitsunfälle** ist in § 8 SGB VII festgelegt. Nicht mehr mitversichert ist jetzt das monatliche Geldabheben bei bargeldloser Lohnauszahlung im Gegensatz zum früheren § 548 Abs. 1 S. 2 RVO. **105**

Neu einbezogen in den Versicherungsschutz sind dagegen **viele Wegeabweichungen auf dem Weg von und zur Arbeit**, die früher nicht mitversichert waren (§ 8 Abs. 2 Nr. 1–4 SGB VII). **106**

b) Haftungsbeschränkung zugunsten des Unternehmers

107 Nach § 104 Abs. 1 SGB VII sind **Unternehmer** den Versicherten, die für ihre Unternehmen tätig sind oder zu ihren Unternehmen in einer sonstigen, die Versicherung begründenden Beziehung stehen, sowie deren Angehörigen und Hinterbliebenen nach anderen gesetzlichen Vorschriften zum **Ersatz des Personenschadens**, den ein Versicherungsfall verursacht hat, nur verpflichtet, wenn sie den **Versicherungsfall vorsätzlich** oder auf einem nach § 8 Abs. 2 Nr. 1–4 SGB VII **versicherten Weg** herbeigeführt haben.

108 An der Formulierung „**den Versicherten**" lässt sich dabei im Gegensatz zu der Altregelung des § 636 RVO erkennen, dass der Gesetzgeber **sämtliche Personen in den Schutz der Haftungsbeschränkung** aufnehmen wollte, die für das Unternehmen oder den Unternehmer tätig geworden sind oder zu dem Unternehmen in einer sonstigen, die Versicherung begründenden Beziehung gestanden haben.

109 Der Unfallvorgang muss dem Stammbetrieb des Schädigers zuzuordnen sein. Der Geschädigte muss in diesen Betrieb eingegliedert sein.

110 Die Haftungsbeschränkung gilt nunmehr zugunsten aller Personen, die als gesetzlich Unfallversicherte für das Unternehmen tätig werden, **unabhängig vom Umfang ihrer Tätigkeit**. Dazu gehören beispielsweise **auch die nur vorübergehend arbeitnehmerähnlichen Tätigkeiten** im Sinne des § 2 Abs. 2 SGB VII, z.B. die **unentgeltliche Mithilfe beim Ab- oder Beladen eines Kraftfahrzeugs**, **Reparaturarbeiten und Pannenhilfe** an einem Kraftfahrzeug, z.B. durch Anschieben (OLG Oldenburg VersR 2016, 461), oder auch Mithilfe in Haus und Garten.

111 Auch nach § 104 Abs. 1 S. 1 SGB VII bleibt bei **vorsätzlicher Herbeiführung** des Versicherungsfalls die Verpflichtung des Unternehmers zum Ersatz des Personenschadens erhalten, eine Vorschrift, die allerdings im Verkehrsrecht praktisch keine Bedeutung hat.

112 Zu der nach bisherigem Recht bedeutsamen Ausnahmeregelung der **Teilnahme am allgemeinen Verkehr** stellen die Vorschriften der §§ 104, 105 i.V.m. § 8 Abs. 2 Nr. 1–4 SGB VII neue Maßstäbe auf.

113 Entscheidend ist nunmehr, ob der **Unternehmer oder ein im Unternehmensbereich Tätiger den Versicherungsfall auf einem nach § 8 Abs. 2 Nr. 1–4 SGB VII versicherten Weg herbeigeführt** hat.

114 Solche Wege sind gem. § 8 Abs. 2 SGB VII:
- das Zurücklegen des mit der versicherten Tätigkeit zusammenhängenden unmittelbaren Weges nach und von dem Ort der Tätigkeit (Nr. 1),
- das Zurücklegen des von einem unmittelbaren Weg nach und von dem Ort der versicherten Tätigkeit abweichenden Weges, um Kinder von Versicherten, die mit ihnen in einem gemeinsamen Haushalt leben, wegen ihrer oder ihrer Ehegatten beruflichen Tätigkeit fremder Obhut anzuvertrauen (Nr. 2a) oder

D. Gesetzliche Haftungsbeschränkungen § 3

- mit anderen Berufstätigen oder Versicherten gemeinsam ein Fahrzeug zu benutzen (Nr. 2b),
- das Zurücklegen des von einem unmittelbaren Weg nach und von dem Ort der Tätigkeit abweichenden Weges der Kinder von Personen, die mit ihnen in einem gemeinsamen Haushalt leben, wenn die Abweichung darauf beruht, dass die Kinder wegen der beruflichen Tätigkeit dieser Personen oder deren Ehegatten fremder Obhut anvertraut werden (Nr. 3),
- das Zurücklegen des mit der versicherten Tätigkeit zusammenhängenden Weges von und nach der ständigen Familienwohnung, wenn die Versicherten wegen der Entfernung ihrer Familienwohnung von dem Ort der Tätigkeit an diesem oder in dessen Nähe eine Unterkunft haben (Nr. 4).

Beabsichtigt war nach der neuen Gesetzeslage, die Haftungsbeschränkung zugunsten des Unternehmers nicht mehr wie früher nur bei der **Teilnahme am allgemeinen Verkehr** entfallen zu lassen, sondern stattdessen bei allen sog. **Wegeunfällen**, selbst dann, wenn auf dem Weg zur oder von der Arbeit ein Umweg im Sinne des § 8 Abs. 2 Nr. 2 oder 3 SGB VII gemacht oder eine Wochenend-Familienheimfahrt nach § 8 Abs. 2 Nr. 4 SGB VII durchgeführt wurde (BT-Drucks 13/2204, S. 100). 115

Beispiel 116
Ein Angestellter arbeitet beim Unternehmer und wohnt in einer bestimmten Stadt. Da auch der Unternehmer in der gleichen Stadt wohnt, nimmt er abends den Angestellten nach von diesem geleisteten Überstunden in seinem Kraftfahrzeug mit nach Hause, wobei der Sohn des Angestellten bei der Tagesmutter abgeholt wird. Auf der Heimfahrt verschuldet der Unternehmer einen Verkehrsunfall, bei dem der Angestellte und dessen Sohn verletzt werden.

Nach § 104 Abs. 1 S. 1 SGB VII **haftet der Unternehmer und seine KH-Versicherung für die unfallbedingt entstandenen Personenschäden des Angestellten**, ohne sich auf eine Haftungsbeschränkung nach § 104 SGB VII berufen zu können, wenn es sich bei dem Schaden um einen **Wegeunfall** des Geschädigten handelt. 117

Nach alter Rechtslage wurde in diesem Fall eine Teilnahme am allgemeinen Verkehr verneint, da der Angestellte sich auf einem Dienstweg, nämlich auf der Heimfahrt von der Arbeitsstelle nach Hause im Pkw des Unternehmers befand. Demzufolge wurden die Voraussetzungen der Haftungsbeschränkung des § 636 RVO bejaht (BGH NJW 1976, 673; OLG Karlsruhe VersR 1958, 100). 118

Nach neuem Recht kann der Arbeitnehmer **Schadensersatzansprüche gegen den Unternehmer** (oder gegen Arbeitskollegen) geltend machen, weil hier ein Ausnahmetatbestand von den Haftungsbeschränkungen des § 104 Abs. 1 S. 1 SGB VII vorliegt, nämlich der **geschützte Weg** des § 8 Abs. 2 Nr. 3 SGB VII (Wegeunfall). Diese Haftungsentsperrung bei Unfällen auf einem nach § 8 Abs. 2 Nr. 3 SGB VII geschützten Weg gilt aber dann nicht, wenn sich der Unfall auf einem sog. **Betriebsweg** ereignet hat, für den die Haftungsbeschränkung des § 104 SGB VII in Ansatz zu bringen ist. Ein **Betriebsweg** ist ein Weg, den der Versicherte im Zusam- 119

169

menhang mit der versicherten Tätigkeit nach und von dem Ort seiner Tätigkeit zurücklegt (BGH zfs 2001, 63). Mit der vorgenannten einengenden Entscheidung hat der BGH letztlich wieder auf die im Rahmen des § 636 RVO ergangene Rechtsprechung zur „**Teilnahme am allgemeinen Verkehr**" zurückgegriffen. Entscheidend ist somit, ob sich auf dem Weg ein **betriebliches** oder ein **normales** Risiko verwirklicht hat.

120 § 104 SGB VII i.V.m. § 8 Abs. 2 SGB VII stellt auf das unfallversicherungsrechtliche Tatbestandsmerkmal und die Unterscheidung zwischen **Wegeunfall** und **Betriebsunfall** ab. **Wegeunfälle** des Geschädigten im Sinne des § 8 Abs. 2 Nr. 1 bis 4 SGB VII, also Unfälle auf dem geschützten Weg, unterliegen zwar, obwohl sie Privatsache des Geschädigten sind, dem gesetzlichen Unfallversicherungsschutz, sind aber unfallversicherungsrechtlich **nicht betriebsbezogen**. Deshalb wird insoweit die Haftungsfreistellung des Unternehmers oder des Arbeitskollegen aufgehoben und dem Geschädigten die zivilrechtliche Inanspruchnahme des Schädigers eröffnet.

121 Im Gegensatz hierzu entfällt die Haftungsfreistellung des Unternehmers oder Arbeitskollegen dann nicht, wenn sich der Unfall auf einem **Betriebsweg** ereignet. Zur Abgrenzung können hier nach BGH die Kriterien herangezogen werden, welche die Rechtsprechung zur „Teilnahme am allgemeinen Verkehr" nach den §§ 636, 637 RVO entwickelt hat (BGH zfs 2004, 209). Wenn dem Arbeitnehmer vom Arbeitgeber die Möglichkeit zur Mitfahrt in einem Sammeltransport in einem betriebseigenen Fahrzeug und mit einem betriebsangehörigen Fahrer eröffnet wurde, handelt es sich somit um einen **Betriebsweg** (BGH zfs 2004, 209).

122 Ein **Betriebsweg** ist aber nur dann gegeben, wenn die gemeinsame Fahrt der Arbeitskollegen als Teil des **innerbetrieblichen Organisations- und Funktionsbereichs** erscheint (BGH zfs 2004, 302). Hierzu gehört beispielsweise der Einsatz eines betriebseigenen Fahrzeugs, die Fahrt auf dem Werksgelände, der Fahrtantritt auf dem Werksgelände und der vom Werksgelände zur Arbeitsstelle bewerkstelligte Transport von Gerätschaften und Materialien (BGH zfs 2004, 312). Für den **Betriebsweg** gilt somit die Haftungsprivilegierung des § 104 Abs. 1 S. 1 SGB VII.

123 Bei allen anderen Unfällen während einer versicherten Tätigkeit greift ebenfalls die **Haftungsbeschränkung** des § 104 SGB VII ein. Dies gilt insbesondere für Arbeitsunfälle nach § 8 Abs. 1 SGB VII, also **Unfälle, die dem betrieblichen Gefahrenbereich selbst zuzurechnen** sind (BGH zfs 2001, 206; 2001, 452; 2001, 454).

124 Damit verbleibt es bei allen Unfällen, die der Geschädigte auf **Betriebswegen** erleidet, bei der Betriebsbezogenheit im Sinne des § 8 Abs. 1 SGB VII und damit bei der endgültigen Haftungsprivilegierung zugunsten des Unternehmers oder des Arbeitskollegen. Spätestens nach Durchschreiten des Betriebstors endet der geschützte Weg im Sinne des § 8 Abs. 2 SGB VII, sodass alle Unfälle hinter dem Betriebstor als betriebliche Unfälle zum einen ebenfalls dem Schutz der Unfallversicherung unterliegen, andererseits aber es weiterhin endgültig bei der Haftungsprivilegierung im Sinne des § 104 Abs. 1 SGB VII verbleibt.

Ein Betriebsweg ist haftungsprivilegiert und nicht einem Unfall auf einem nach § 8 Abs. 2 Nr. 1 bis 4 SGB VII versicherten Weg zuzuordnen. 125

Dem Haftungsprivileg des § 104 SGB VII unterliegen diese Wege nunmehr auch dann, wenn **bei dieser Gelegenheit private Dinge miterledigt** werden. Diese **privaten Abwege** dürfen im Vergleich zum Gesamtbild der Fahrt nach Anlass und Grund **nicht überwiegen** bzw. nur eine **untergeordnete Rolle** spielen. 126

Auch in den Fällen, in denen der Unternehmer den **Transport seiner Mitarbeiter** im firmeneigenen Bus selbst übernommen hat, ergibt sich entsprechend den obigen Überlegungen nach dem SGB VII eine **neue Rechtslage**. 127

Früher (RVO) ordnete die Rechtsprechung solche Fahrten dem besonderen betrieblichen Verkehr zu mit der Folge, dass keine Teilnahme am allgemeinen Verkehr vorlag, sodass der Haftungsausschluss nach § 636 RVO eingriff. 128

Nach SGB VII würden solche Fahrten wegen der Anbindung an den versicherten Weg nach § 8 Abs. 2 Nr. 1 bis 4 SGB VII und der hieraus resultierenden Haftungserweiterung nicht mehr bei einem normalen Wegeunfall vom Haftungsausschluss des § 104 Abs. 1 SGB VII umfasst. Dagegen verbleibt es bei einem Unfall auf einem **Betriebsweg** bei der Haftungsbeschränkung des § 104 SGB VII (BGH zfs 2001, 63; nochmals bestätigt durch BGH zfs 2004, 312). 129

Nach § 104 Abs. 3 SGB VII muss sich der Geschädigte alle Leistungen, die er unfallbedingt von Sozialversicherungsträgern erhält, auf seine Schadensersatzansprüche anrechnen lassen. 130

c) Haftungsbeschränkung zugunsten der im Betrieb tätigen Personen

§ 105 SGB VII entspricht im Wesentlichen dem früheren § 637 Abs. 1 RVO. Er regelt die Haftungsbeschränkung zugunsten anderer im Betrieb tätiger Personen. 131

Im Gegensatz zu § 637 RVO, der eine Haftungsbeschränkung nur zugunsten derjenigen vorsah, die demselben Betrieb des Geschädigten angehörten und die durch eine betriebliche Tätigkeit den Schaden verursacht hatten, **erweitert** § 105 SGB VII die **Haftungsbeschränkung zugunsten aller Personen**, die durch eine betriebliche Tätigkeit einen **Versicherungsfall** von Versicherten **desselben Betriebes** verursachen, also z.B. auch bei einer Hilfeleistung. Dies gilt insbesondere auch dann, wenn der Schaden auf einer **gemeinsamen Betriebsstelle** eingetreten ist (vgl. hierzu die Ausführungen zu § 106 Abs. 3 SGB VII Rdn 155). 132

Beispiel
Ein nicht zum Betrieb gehörender Dritter sieht, wie ein Angestellter des Unternehmers beim Rangieren mit einem Lkw Probleme hat. Durch Handzeichen gibt er dem Angestellten zu verstehen, dass auf der rechten Fahrzeugseite genü- 133

§ 3 Haftungsbegrenzungen

gend Platz zum Rangieren vorhanden ist. Der Angestellte, der seinen auf der rechten Seite stehenden Arbeitskollegen nicht sehen kann, fährt beim Rangieren seinen Arbeitskollegen an, der erheblich verletzt wird.

134 Nach der alten Rechtslage hätte es zugunsten des Dritten keinen Haftungsausschluss gegeben, weil er nicht Betriebsangehöriger des Betriebes war, was nach § 637 RVO Voraussetzung einer Haftungsprivilegierung war.

135 Nach § 105 SGB VII tritt **auch zugunsten des Dritten die Haftungsersetzung** ein, da nunmehr nur noch **Voraussetzung** ist, dass durch eine **betriebliche Tätigkeit** ein **Versicherungsfall** von **Versicherten desselben Betriebes verursacht** wurde.

136 Ebenfalls **neu** ist, dass die Haftungsprivilegierung zugunsten des Schädigers auch dann eingreift, wenn er **den Unternehmer selbst schädigt**. Nach § 105 Abs. 1 S. 2 SGB VII gilt S. 1 entsprechend bei der Schädigung von Personen, die für denselben Betrieb tätig und nach § 4 Abs. 1 Nr. 1 SGB VII versicherungsfrei sind.

137 Die genannte Vorschrift (S. 2) stellt damit **bestimmte versicherungsfreie Personen**, die für das Unternehmen tätig sind (z.B. Beamte), den versicherten Unternehmensangehörigen gleich. Auch zugunsten dieser Personen greift also der Haftungsausschluss des § 105 SGB VII.

138 Im vorgenannten Beispiel bedeutet dies, dass ein Haftungsausschluss zugunsten des Dritten auch dann eingreift, wenn der Verletzte ein **versicherungsfreier Beamter** nach § 4 Abs. 1 Nr. 1 SGB VII und nicht etwa ein nach § 8 Abs. 1 SGB VII versicherter Mitarbeiter des Unternehmens gewesen wäre. Der Beamte wäre in diesem Fall zwar nicht nach den **Vorschriften der gesetzlichen Unfallversicherung** zu entschädigen, sondern nach den insoweit spezielleren Vorschriften des Beamtenversorgungsgesetzes (§ 46 Abs. 2 Beamtenversorgungsgesetz). Dies ändert aber nichts an der Haftungsprivilegierung zugunsten des Dritten.

139 Die Bedeutung des § 105 Abs. 1 S. 2 SGB VII zeigt sich auch anhand folgenden Falles:

Beispiel
Ein Schüler hatte während einer Klassenwanderung fahrlässig den Sturz eines Lehrers verursacht, wodurch dieser infolge seiner Verletzungen mehrere Monate dienstunfähig war. Hier konnte sich der Schüler nicht auf die Haftungsbeschränkung der §§ 636, 637 Abs. 4 RVO berufen, weil der verletzte Lehrer als Beamter nach § 541 RVO nicht zum Kreis der in der gesetzlichen Unfallversicherung Versicherten zählte. Der BGH hat den Schüler daher nach altem Recht zur Zahlung des vollen Schadensersatzes verurteilt, weil ein beamteter und nicht ein angestellter Lehrer gestürzt war (BGH VersR 1986, 484).

140 Derartigen Zufallsergebnissen soll § 105 Abs. 1 S. 2 SGB VII nunmehr begegnen.

141 Völlig **neu** ist die Regelung des § 105 Abs. 2 SGB VII. Danach gilt Abs. 1 entsprechend, wenn ein **nicht versicherter Unternehmer geschädigt** worden ist. Soweit nach S. 1 eine Haftung ausgeschlossen ist, werden die **Unternehmer wie Ver-**

D. Gesetzliche Haftungsbeschränkungen § 3

sicherte, die einen Versicherungsfall erlitten haben, behandelt, **es sei denn**, eine Ersatzpflicht des Schädigers gegenüber dem Unternehmer ist zivilrechtlich ausgeschlossen.

§ 105 Abs. 2 S. 1 normiert damit eine Haftungsbeschränkung für alle Personen, die durch eine betriebliche Tätigkeit den **nichtversicherten Unternehmer** desselben Betriebs schädigen. Grund der Regelung ist, dass die persönliche Haftung desjenigen, der eine betriebliche Tätigkeit ausübt, nicht von dem Zufall abhängen soll, ob der **Betriebsinhaber (freiwilliges) Mitglied einer gesetzlichen Unfallversicherung ist oder nicht**. **142**

Dennoch soll in derartigen Fallkonstellationen der geschädigte nichtversicherte Unternehmer nicht gänzlich leer ausgehen. § 105 Abs. 2 S. 2–4 regelt daher den **Umfang der Ersatzansprüche**, die der Unternehmer dann gegen den Unfallversicherungsträger erwirbt. **143**

Voraussetzung ist jedoch, dass die Haftungsbeschränkung des § 105 Abs. 2 S. 1 SGB VII zugunsten des Schädigers auch tatsächlich eingreift. Dies wäre nicht der Fall bei einer vorsätzlichen Schädigung oder bei einem **Wegeunfall** auf einem nach § 8 Abs. 2 Nr. 1–4 SGB VII versicherten Weg. **144**

Daraus folgt, dass der **Geschädigte wie ein Versicherter** behandelt wird, der einen Versicherungsfall erlitten hat. § 105 Abs. 2 S. 3 SGB VII regelt die **Berechnung der Geldleistungen des Unfallversicherungsträgers** an den geschädigten Unternehmer. Sie orientieren sich am **Mindest-Jahresarbeitsverdienst** nach § 85 Abs. 1 SGB VII. **145**

Die **Höchstgrenze** der vom Unfallversicherungsträger zu erbringenden Geldleistungen wird auf die **Höhe der zivilrechtlichen Schadensersatzansprüche** begrenzt (§ 105 Abs. 2 S. 4 SGB VII). **146**

Spätestens hier erreicht der Gesetzgeber eine äußerst bedenkliche Grenze des überzogenen **Schädigerschutzes**. Der **nichtversicherte** geschädigte Unternehmer muss sich nach § 105 Abs. 2 S. 3 SGB VII mit seinen Ansprüchen selbst dann, ausgerichtet am Mindestjahresarbeitsverdienst, bescheiden, wenn er erheblich mehr verdient hätte und seine Direktansprüche gegen den Schädiger ohne die Haftungsbeschränkung wesentlich höher wären. Er und der Unfallversicherungsträger müssen sich beispielsweise in den Fällen nur vorübergehender Arbeitsunfähigkeit wegen der Begrenzung in § 105 Abs. 2 S. 4 SGB VII mit dem leidigen Problem des Nachweises der Schadenshöhe auseinandersetzen, die zumindest bei kurzzeitiger Arbeitsunfähigkeit durch einen Selbstständigen nur schwer zu ermitteln ist. **147**

Beachte **148**
Die Beweislast für die Schadenshöhe obliegt dem Sozialversicherungsträger.

§ 3 Haftungsbegrenzungen

149 Dagegen muss sich der **verletzte Unternehmer** ggf. bei seinen Ansprüchen gegenüber dem zuständigen Unfallversicherungsträger nunmehr ein **Mitverschulden** anrechnen lassen, da nach § 105 Abs. 2 S. 4 SGB VII seine **Ansprüche durch die Höhe der zivilrechtlichen Schadensersatzansprüche begrenzt** sind.

d) Erweiterung der Haftungsbeschränkung bei Aus- und Fortbildung

Literatur zur Erweiterung der Haftungsbeschränkung:

Lang, Die Beschränkung zivilrechtlicher Haftungsansprüche nach § 106 Abs. 3 Alt. 3 SGB VII, zfs 2005, 371; *Leube,* Haftungsbegrenzung auf gemeinsamer Betriebsstätte – Begriff der „Betriebsstätte" (§ 106 Abs. 3 Alt. 3 SGB VII), VersR 2005, 622.

150 § 106 SGB VII erweitert die Haftungsbeschränkung auf alle diejenigen Personen, die im Rahmen einer **Aus- und Fortbildung in Betrieben tätig** sind.

151 Einbezogen werden insbesondere:
- Lernende während der beruflichen Aus- und Fortbildung in Betriebsstätten, Lehrwerkstätten, Schulungskursen und ähnlichen Einrichtungen,
- Personen, die sich Untersuchungen, Prüfungen oder ähnlichen Maßnahmen zur Vorbereitung der Aufnahme einer versicherten Tätigkeit stellen
- sowie Kinder in Kindertagesstätten, Schüler und Studierende.

152 Die **Haftungsbeschränkung** gilt dabei gegenüber anderen Versicherten in jeder denkbaren Konstellation, ebenso wie für **Pflegepersonen** und **Pflegebedürftige** in gleicher Weise.

153 Besondere Bedeutung kommt der Vorschrift des § 106 Abs. 3 SGB VII zu. Danach gelten die Haftungsbeschränkungen der §§ 104, 105 SGB VII auch für die **bei mehreren beteiligten Unternehmen Tätigen untereinander** in den Fällen,
- in denen Unternehmen zur Hilfe bei Unglücksfällen oder Unternehmen des Zivilschutzes
- oder Versicherte mehrerer Unternehmer vorübergehend bei betrieblichen Tätigkeiten auf einer **gemeinsamen Betriebsstelle**

zusammenwirken.

154 Überholt ist damit die Rechtsprechung zu den Vorschriften der RVO, nach der nur im Rahmen von Leiharbeitsverhältnissen und Arbeitsgemeinschaften von Unternehmen eine Haftungsbeschränkung erfolgte. Nach § 106 Abs. 3 SGB VII reichen nunmehr bereits **vorübergehende betriebliche Tätigkeiten** auf einer **gemeinsamen Betriebsstätte** aus, ohne dass es besonderer Rechtsbeziehungen zwischen den Unternehmen bedarf.

155 Die Frage, was unter einer **gemeinsamen Betriebsstätte** zu verstehen ist, hat der BGH in einem Grundsatzurteil (BGH VersR 2001, 336 = zfs 2001, 64) geklärt (bestätigend BGH VersR 2001, 372 = zfs 2001, 206; BGH VersR 2011, 500 = zfs 2011, 320; VersR 2011, 1567). Voraussetzung für die Annahme einer **gemeinsamen Betriebsstätte** ist, dass Versicherte mehrerer Unternehmen – über die Fälle einer rei-

D. Gesetzliche Haftungsbeschränkungen § 3

nen Arbeitsgemeinschaft hinaus – **bewusst und gewollt** bei einzelnen Maßnahmen sich ergänzen oder unterstützen, also bewusst **zusammenarbeiten**, wobei die gegenseitige Verständigung auch stillschweigend durch bloßes Tun erfolgen kann. Eine **gemeinsame Betriebsstätte** setzt mehr voraus als **dieselbe** Betriebsstätte. Es kommt auf ein bewusstes und gewolltes **Ineinandergreifen der Tätigkeiten** der Beteiligten an. Die beiderseitigen Aktivitäten müssen **wechselseitig** aufeinander bezogen sein, ein lediglich einseitiger Bezug reicht nicht aus (BGH VersR 2004, 381). Zwischen den Tätigen verschiedener Unternehmen muss eine **Gefahrengemeinschaft** bestehen, bei der typischerweise jeder der (in enger Berührung miteinander) Tätigen gleichermaßen zum Schädiger und Geschädigten werden kann (BGH v. 3.7.2001 – VI ZR 284/00; BGH v. 23.9.2014 – VI ZR 483/12 – NZV 2015, 179). **Parallele Tätigkeiten, die sich beziehungslos nebeneinander vollziehen, genügen ebenso wenig wie eine bloße Arbeitsberührung** (BGH v. 23.9.2014 – VI ZR 483/12 – NZV 2015, 179).

Beachte
Eine Haftungsentsperrung (Wegfall des Haftungsprivilegs des Schädigers) zugunsten des Geschädigten kann nur dann erreicht werden, wenn keine gemeinsame Betriebsstätte vorliegt, sondern nur ein Nebeneinander von Aktivitäten auf derselben Betriebsstätte.

e) Freistellung des auf der Betriebsstätte selbst tätigen Unternehmers

Die Haftungsprivilegierung des § 106 Abs. 3 SGB VII kommt auch einem versicherten Unternehmer zugute, der **selbst** eine vorübergehende **betriebliche Tätigkeit auf einer gemeinsamen Betriebsstätte** verrichtet und dabei den Versicherten eines anderen Unternehmens verletzt (BGH zfs 2001, 454; BGH NZV 2015, 179). Die Haftungsprivilegierung ist ausdrücklich nur auf solche Personen – auch den Unternehmer – beschränkt, die tatsächlich auf einer gemeinsamen Betriebsstätte **tätig** sind. Daraus folgt, dass die Haftungsprivilegierung bei einer vorübergehenden betrieblichen Tätigkeit auf einer gemeinsamen Betriebsstätte einem Unternehmer, der nicht selbst dort tätig ist, nicht zugute kommt (BGH zfs 2001, 452).

156

Beachte
Eine Haftungsprivilegierung nach § 106 Abs. 3 SGB VII kommt Unternehmern auf einer gemeinsamen Betriebsstätte nur dann zugute, wenn sie tatsächlich auf der gemeinsamen Betriebsstätte tätig sind (BGH zfs 2003, 545 und BGH r+s 2004, 126).

f) Gestörtes Gesamtschuldverhältnis

Haftet neben den nach den §§ 104 bis 106 SGB VII privilegierten Erstschädigern noch ein **Zweitschädiger**, der nicht haftungsprivilegiert ist, so beschränkt sich dessen Haftung nach den Grundsätzen des gestörten Gesamtschuldverhältnisses auf

157

die Schadensquote, die er ohne Haftungsprivilegierung des Erstschädigers zu tragen hätte (BGH r+s 2004, 126 und BGH zfs 2003, 545).

g) Bindung der Gerichte

158 § 108 Abs. 1 SGB VII bestimmt, dass ein Gericht, das über Ersatzansprüche der in den §§ 104 ff. SGB VII genannten Art zu entscheiden hat, an eine **unanfechtbare Entscheidung nach SGB VII** oder nach dem Sozialgerichtsgesetz (auch des Unfallversicherungsträgers selbst, vgl. BGH VersR 2009, 1074) gebunden ist, soweit dort entschieden wurde, ob ein Versicherungsfall vorliegt, in welchem Umfang Leistungen zu erbringen sind und ob der Unfallversicherungsträger zuständig ist.

159 **Bis zur unanfechtbaren Entscheidung** des Unfallversicherungsträgers oder des Sozialgerichts haben die **Zivilgerichte das Verfahren auszusetzen** (§ 108 Abs. 2 SGB VII).

h) Regress der Sozialversicherungsträger

160 Neu geregelt ist auch der früher in § 640 RVO geregelte Regressanspruch gegen denjenigen, der einen **Versicherungsfall vorsätzlich oder grob fahrlässig herbeigeführt** hat. Dieser haftete nach § 640 Abs. 1 RVO für alles, was die Träger der Sozialversicherung nach Gesetz oder Satzung infolge des Arbeitsunfalls aufwenden mussten. Ohne Bedeutung war also, ob den Geschädigten ein Mitverschulden traf. Der Schädiger hatte für alle Aufwendungen der Sozialversicherungsträger an den Geschädigten aufzukommen. Demgegenüber sieht § 110 Abs. 1 SGB VII vor, dass diejenigen Personen, die einen **Arbeitsunfall vorsätzlich oder grob fahrlässig herbeigeführt** haben, den Sozialversicherungsträgern **nur bis zur Höhe des zivilrechtlichen Schadensersatzanspruchs** haften.

161 Auch hier liegt die **Beweislast** für die Höhe des zivilrechtlichen Schadensersatzanspruchs beim **Sozialversicherungsträger**. Aus der Begrenzung auf die Höhe des zivilrechtlichen Schadensersatzanspruchs folgt, dass ein **Mitverschulden** des Versicherten (Geschädigten) im Rahmen des § 254 BGB zu **berücksichtigen** ist.

162 § 110 Abs. 1 S. 3 SGB VII stellt klar, dass sich das **Verschulden** des vorsätzlich oder grob fahrlässig Handelnden nur auf das **den Versicherungsfall verursachende Handeln oder Unterlassen** beziehen muss, **nicht** mehr, wie nach bisheriger Rechtsprechung, auch auf die **Schadensfolgen** (BGH VersR 1980, 164).

163 Jedoch hat der BGH in zfs 2003, 284 ausdrücklich betont, dass der Schädiger dem Geschädigten nur dann haftet, wenn sein Vorsatz auch den Eintritt eines ernstlichen Personenschadens umfasst hat (sog. doppelter Vorsatz). Diesen doppelten Vorsatz hat der BGH in zfs 2003, 284 bei einem sog. schülertypischen Verhalten verneint.

164 Auch **nach neuem Recht** können die Sozialversicherungsträger nach **billigem Ermessen**, insbesondere unter **Berücksichtigung der wirtschaftlichen Verhältnisse des Schädigers, auf den Ersatzanspruch ganz oder teilweise verzichten** (§ 110 Abs. 2 SGB VII).

D. Gesetzliche Haftungsbeschränkungen § 3

Hierzu sind die Sozialversicherungsträger beim Vorliegen der Voraussetzungen nicht nur ermächtigt, sondern auch verpflichtet. Die Überprüfung ihrer Entscheidung ist durch die **ordentlichen Gerichte** – nicht die Sozialgerichte – vorzunehmen (BGH NJW 1972, 107).

165

i) Verjährung des Regressanspruchs

Literatur zur Verjährung des Regressanspruchs:

Konradi, Die Verjährung von Regressansprüchen gemäß §§ 110 ff. SGB VII – eine Betrachtung des § 113 SGB VII, BG 2010, 458; *Möhlenkamp*, Zur Verjährung von Regressansprüchen nach § 110 SGB VII – Anwendung und zur Auslegung des § 113 Abs. 1 SGB VII, VersR 2013, 544.

Durch die Regelung des § 113 SGB VII wird die **Verjährungsfrist** für den Regressanspruch nach § 110 SGB VII **der deliktischen Verjährung** nach §§ 195 ff. BGB angepasst. Auch der Regressanspruch verjährt nunmehr **in drei Jahren**, beginnend mit dem Tag, an dem die Leistungspflicht für den Unfallversicherungsträger bindend festgestellt oder ein entsprechendes Urteil rechtskräftig geworden ist. Für den Fristbeginn verweist § 113 SGB VII auf §§ 195, 199, 203 BGB, d.h., dass die Verjährung erst mit dem Schluss des Jahres beginnt (sog. Silvesterverjährung). Hinsichtlich der maßgeblichen Kenntnis des Regresssachbearbeiters vgl. die Ausführungen in diesem Band (siehe § 12 Rdn 118 ff.) sowie BGH v. 17.4.2012 – VI ZR 108/11 – VersR 2012, 1005 = zfs 2012, 440.

166

II. Haftungsbeschränkung bei Beamten und Soldaten

Entsprechende Haftungsbeschränkungen gelten auch bei **Dienstunfällen** von Beamten und Soldaten durch die den §§ 104, 105 SGB VII entsprechenden Vorschriften des § 46 Abs. 1 BeamtVersG und § 91a Abs. 1 und 2 SVG i.V.m. dem Gesetz über die erweiterte Zulassung von Schadensersatzansprüchen bei Dienst- und Arbeitsunfällen vom 7.12.1943 (RGBl I, S. 674). Danach sind Ansprüche von Beamten und Soldaten bei Dienstunfällen oder Wehrdienstschäden gegen den Dienstherrn, den Bund und Kollegen ausgeschlossen, es sei denn, die Schädigung wurde durch eine vorsätzliche unerlaubte Handlung verursacht oder ist bei der Teilnahme am allgemeinen Verkehr entstanden.

167

§ 4 Aktivlegitimation

A. Sachschäden

I. Grundsatz

Bei Sachschäden sind aktivlegitimiert sowohl der **Eigentümer** und, soweit es um den Entzug der Nutzung (sonstiges Recht i.S.d. § 823 Abs. 1 BGB) geht, auch der **Nutzungsberechtigte**.

1

Der unmittelbare Besitzer kann sich bei der Behauptung des Eigentums auf die **gesetzliche Vermutung des § 1006 Abs. 1 BGB** stützen (OLG Saarbrücken NZV 2015, 235; KG DAR 2015, 524).

II. Besonderheiten bei Leasingfahrzeugen

Literatur zu Besonderheiten bei Leasingfahrzeugen:

Bethäuser, Überlegungen zum privaten Pkw-Leasing, DAR 1987, 107, Veröffentlichungen des 25. Deutschen Verkehrsgerichtstag 1987; *Müller*, Die Risikoverteilung im Falle des Totalschadens des geleasten Fahrzeugs – Ein ergänzender Lösungsvorschlag, zfs 2000, 325 ff.; *Nitsch*, Kraftfahrzeug-Leasing – eine unendliche Geschichte?, NZV 2014, 14; *Nugel*, Schadensregulierung und Prozesstaktik bei einem Verkehrsunfall mit einem Leasingfahrzeug, NZV 2009, 313; *Reinking*, Schadensabwicklung bei Unfällen mit Beteiligung von Leasingfahrzeugen, zfs 2000, 281; *Reinking/Eggert*, Der Autokauf, 11. Auflage 2012; *Riedmeyer*, Grenzen und Beschränkungen der Haftung aus der Betriebsgefahr des Kraftfahrzugs, zfs 2011, 183; *Tomson*, Schadensersatzansprüche des nichthaltenden Fahrzeugeigentümers, NZV 2009, 577.

Bei Leasingfahrzeugen ist zu unterscheiden zwischen dem so genannten **Teilschadensfall** und dem **Totalschaden**.

2

Im **Teilschadensfall** ist entsprechend den üblicherweise vereinbarten „Allgemeinen Leasing Bedingungen" der Leasingnehmer regelmäßig verpflichtet, die Reparatur vornehmen zu lassen.

3

In diesen Fällen schuldet der Schädiger dem Leasingnehmer im Rahmen des sog. **Haftungsschadens** Ersatz der Reparaturkosten einschließlich der Mehrwertsteuer, soweit der Leasingnehmer nicht vorsteuerabzugsberechtigt ist (OLG Köln NJW 1986, 1816; OLG Saarbrücken zfs 1995, 95; OLG Hamm VersR 2002, 858; OLG Celle NJW-RR 2012, 423; LG Stade DAR 1987, 123; AG Freiburg NJW-RR 1987, 345; AG Fürstenfeldbruck DAR 1987, 59; BGH VersR 1981, 161).

4

Der **Leasingnehmer** kann ebenfalls die Abschleppkosten, die Gutachterkosten, seine Pauschalauslagen und seine Rechtsverfolgungskosten ersetzt verlangen (*Reinking/Eggert*, Rn 1494, 1509).

5

> *Beachte*
> Der Anspruch auf Ersatz der Wertminderung als Substanzschaden verbleibt dagegen stets dem Leasinggeber.

§ 4 Aktivlegitimation

6   Im **Totalschadensfall** sowie bei vorzeitiger Auflösung des Leasingvertrages steht der Anspruch auf **Erstattung der Wiederbeschaffungskosten** ebenso wie ein etwaiger Anspruch auf **Wertminderung** dem **Leasinggeber** zu. Zu den Aufwendungen für die Wiederbeschaffung zählt bei einem nicht vorsteuerabzugsberechtigten Leasingnehmer auch die **MwSt.**, sodass diese Position bei unfallbedingter vorzeitiger Beendigung des Leasingvertrages geltend gemacht werden kann (OLG Hamm NZV 2003, 334; OLG Hamm MDR 2001, 213; LG München I NZV 2002, 191; a.a. OLG München NZV 2015, 305).

7   Dem Leasingnehmer steht dagegen auch im Totalschadensfall als sog. **Haftungsschaden** der Anspruch auf **Abschleppkosten, Sachverständigenkosten, Rechtsverfolgungskosten** sowie als Folge der Störung seines Besitzrechts der **Nutzungsausfall** bzw. **Mietwagenkostenersatz** (OLG München NZV 2015, 305) zu.

8   Wenn schadensbedingt eine **Kündigung des Leasingvertrages** erfolgt und hierdurch die Pflicht zur Zahlung der Leasingraten und des Restwertes sofort ausgelöst wird, hat der Leasingnehmer **Anspruch nur für seine Mehraufwendungen** infolge der vorzeitigen Fälligstellung des Leasingvertrages (z.B. Kosten einer Kreditaufnahme), die erforderlichen Kosten für die Wiederbeschaffung eines gleichwertigen Fahrzeugs sowie Ersatz der steuerlichen Nachteile.

9   Dagegen stellen die **Kosten eines ersatzweise abgeschlossenen Leasingvertrages** keinen erstattungsfähigen Schaden dar (BGH VersR 1992, 194).

10 Der Leasingnehmer kann also keine Ansprüche auf Ersatz der noch laufenden Leasingraten, des **vertraglichen Ablösebetrages** sowie der Kosten für den Abschluss eines neuen Leasingvertrages geltend machen.

III. Fälle der Prozessstandschaft

11 In verschiedenen Konstellationen steht das materielle Recht, das der Geschädigte geltend machen möchte, rechtlich nicht ihm selbst zu. In diesen Fällen ist es erforderlich, bei den Klageanträgen den Inhaber des materiellen Rechts zu berücksichtigen. Es handelt sich hierbei um Fälle der **gewillkürten Prozessstandschaft**.

12 Deren **Zulässigkeit** setzt voraus, dass der Kläger ein **eigenes rechtliches und wirtschaftliches Interesse an der Geltendmachung des fremden Rechts** hat (BGHZ 96, 151, 152). Das ist insbesondere der Fall, wenn dem Kläger die eingeklagte Schadensersatzforderung letztlich zugute kommt, weil ein **Fall des Drittschadens** vorliegt (BGHZ 25, 250, 258). Beim Geschädigten eines Verkehrsunfalls bereiten die Zulässigkeitsvoraussetzungen der gewillkürten Prozessstandschaft daher in den nachfolgend genannten Fällen regelmäßig keine besonderen Probleme.

A. Sachschäden § 4

1. Leasingfahrzeug oder finanziertes Fahrzeug

Ist aufgrund eines Leasing- oder Finanzierungsvertrages Eigentümer des Kfz der Leasinggeber oder die finanzierende Bank, an die das Fahrzeug sicherungsübereignet wurde, kann lediglich Zahlung an den Leasinggeber bzw. die Finanzierungsbank verlangt werden. 13

2. Abgetretene Forderungen

Häufig werden im Rahmen der Schadenabwicklung **Reparaturkosten, Sachverständigenkosten, Mietwagenkosten** etc. an die jeweiligen Leistungserbringer **abgetreten**, die dafür auf eine umgehende Zahlung – bzw. die Reparaturwerkstatt auf ihr Werkunternehmerpfandrecht – verzichten. Auch in diesen Fällen stehen die Forderungen materiell-rechtlich aufgrund der Abtretung nach § 398 BGB dem Geschädigten nicht mehr zu, sodass prozessual lediglich eine Freistellung von den gegenüber den Abtretungsempfängern bestehenden Verbindlichkeiten – also eine Zahlung unmittelbar an diese – geltend gemacht werden kann. 14

Zur Unwirksamkeit einer Abtretung (z.B. an einen Sachverständigen) mangels hinreichender Bestimmbarkeit, die sich auf „sämtliche Ansprüche des Geschädigten aus dem betreffenden Verkehrsunfall" bezieht, vgl. BGH v. 7.6.2011 (VI ZR 260/10 – VersR 2011, 1008).

3. Auf den Vollkaskoversicherer gem. § 86 VVG übergegangene Forderungen

Soweit der Vollkaskoversicherer in Anspruch genommen wurde, gehen die entsprechenden Schadensersatzansprüche gegenüber dem Unfallgegner und dessen Haftpflichtversicherer gem. § 86 Abs. 1 VVG auf den Vollkaskoversicherer über. Falls in den AKB jedoch eine Klausel vereinbart ist, wonach eine Rückstufung des Vertrages vermieden werden kann, wenn der Schädiger oder dessen Haftpflichtversicherer dem Kaskoversicherer die geleistete Entschädigung in vollem Umfang erstattet, soll darin das Einverständnis des Vollkaskoversicherers mit einer klageweisen Geltendmachung der auf ihn übergegangenen Ansprüche liegen und aufgrund des eigenen schutzwürdigen Interesses des Versicherungsnehmers die **gewillkürte Prozessstandschaft zulässig** sein (OLG Celle v. 8.8.2006 – 14 U 36/06 – SP 2007, 278; LG Wuppertal zfs 2015, 397). Beim Klagantrag ist allerdings zu beachten, dass eine Leistung an den Kaskoversicherer zu verlangen ist. 15

B. Personenschäden

I. Verletzter

16 Grundsätzlich ist **nur der Verletzte selbst berechtigt**, Schadensersatzansprüche gegenüber dem Schädiger und dessen Haftpflichtversicherer geltend zu machen (§ 823 Abs. 1 BGB, § 7 Abs. 1 StVG, § 18 StVG).

II. Ausnahmen

17 Eine Ausnahme hiervon sind die Ansprüche
- derjenigen, die zur **Tragung der Beerdigungskosten** verpflichtet sind (§ 844 Abs. 1 BGB),
- der **unterhaltsberechtigten Hinterbliebenen** nach § 844 Abs. 2 BGB und
- der **Dienstleistungsberechtigten** nach § 845 BGB.

18 Dies sind die einzigen im Gesetz anerkannten Ansprüche **mittelbar Geschädigter**. Im Übrigen können **mittelbar Geschädigte** ihre Ansprüche nur im Wege des gesetzlichen Forderungsübergangs oder aufgrund einer Abtretung der Ansprüche des unmittelbar Geschädigten geltend machen.

C. Gesetzliche Forderungsübergänge

Literatur zum gesetzlichen Forderungsübergang:

Burmann/Jahnke, Die Auswirkungen der Eintrittspflicht einer gesetzlichen Unfallversicherung für die zivilrechtlichen Schadensersatzansprüche, NZV 2011, 473; *dies.*, Lohnfortzahlung und Regress des Arbeitgebers bei nicht bewiesener Verletzung des Arbeitnehmers, NZV 2013, 313; *Engelbrecht*, Der Regress des Sozialversicherungsträgers nach einem Unfall, DAR 2011, 684; *Giesen*, Unfallregress nach Spätfolgen, NJW 2012, 3609; *Groß*, Forderungsübergang im Schadensfall, Schriftenreihe der Arbeitsgemeinschaft Verkehrsrecht, Homburger Tage 1998, Band 25; *Jahnke*, Forderungsübergang im Schadensfall, Schriftenreihe der Arbeitsgemeinschaft Verkehrsrecht, Homburger Tage 1998, Band 25; *ders.*, Forderungsberechtigung und Forderungswechsel bei Verkehrsunfällen und ähnlichen Haftpflichtgeschehen, MDR 2004, 380; *ders.*, Haftpflichtereignis und Rückgriff der Drittleistungsträger – (nur) ein Überblick, Sonderheft Lemke r+s 2011, 43; *Luckey*, „Dreipersonenverhältnisse" im Personenschaden – Haftungsfallen bei Aktiv- und Passivlegitimation, DAR 20115, 563; *Marburger*, Schadensersatzansprüche der Sozialleistungsträger bei Verkehrsunfällen, NZV 2011, 477.

I. Allgemeines

19 Für die ordnungsgemäße Bezifferung der Schadensersatzansprüche eines Mandanten aus einem Verkehrsunfall ist es besonders wichtig, den **Inhalt der gesetzlich geregelten Forderungsübergänge** zu kennen. Ohne deren Kenntnis verliert der Anwalt eines Unfallgeschädigten schnell den Überblick, welche Schadensersatzansprüche für den Mandanten gegenüber dem Haftpflichtversicherer des Schädigers tatsächlich noch durchgesetzt werden können und nicht bereits im Wege der **Legalzession** auf Dritte übergegangen sind.

C. Gesetzliche Forderungsübergänge §4

Die gesetzlichen Forderungsübergänge beruhen auf **zwei Grundsätzen** des Schadensersatzrechts:

1. Verbot der Doppelentschädigung

Der Geschädigte und seine Hinterbliebenen sollen **nicht doppelt entschädigt** werden (BGH VersR 1984, 1191).

Das bedeutet, dass der Geschädigte durch das Schadensereignis **nicht besser**, aber auch **nicht schlechter gestellt** werden darf als vor dem Schadensereignis. Dies folgt unmittelbar schon aus § 249 BGB, denn nach § 249 Abs. 2 S. 1 BGB kann nur der zur Herstellung des ursprünglichen Zustands erforderliche Geldbetrag verlangt werden. Der Geschädigte soll also nicht mehr und nicht weniger erhalten, als er ohne das schädigende Ereignis gehabt hätte (**Differenzhypothese**).

2. Ersatzleistungen Dritter – nicht anrechenbar

Die Leistungen, die von **außerhalb des Schadensereignisses** stehenden Dritten erbracht werden, **sollen dem Schädiger nicht zugute kommen** und ihn **nicht entlasten** (BGH VersR 1983, 53; 1984, 639).

Vorruhestandsgeldzahlungen, die auf einem Vorruhestandsabkommen beruhen, liegen außerhalb des Schadensereignisses und sind deshalb nicht übergangsfähig und auch nicht anrechenbar.

Dieser zweite Grundsatz ist beispielhaft in § 843 Abs. 4 BGB normiert. Diese Vorschrift ist Ausdruck des allgemeinen Rechtsgedankens, wonach der Schädiger **nicht durch Leistungen Dritter** entlastet werden soll (*Steffen*, Der normative Verkehrsunfallschaden, zfs 1995, 403).

Diese beiden Grundsätze sind die tragenden Säulen für die in vielen Gesetzen normierten Forderungsübergänge.

II. Forderungsübergang auf Sozialleistungsträger

1. Umfang des Übergangs

Nach **§ 116 Abs. 1 SGB X** geht ein auf anderen gesetzlichen Vorschriften beruhender Anspruch auf Ersatz eines Schadens auf die **Sozialversicherungsträger oder Träger der Sozialhilfe** über, soweit diese aufgrund des Schadensereignisses Sozialleistungen zu erbringen haben, die der Behebung eines Schadens der gleichen Art dienen und sich auf denselben Zeitraum wie der vom Schädiger zu leistende Schadensersatz beziehen. Dazu gehören auch die **Beiträge, die auf Sozialleistungen zu zahlen sind** (§ 119 SGB X). Der Anspruch auf Ersatz des Beitragsausfalls zur Rentenversicherung (sog. Trägerbeiträge) kann sogar gegenüber dem **Entschädigungsfonds (Verkehrsopferhilfe)** im Sinne des § 12 Abs. 1 PflVG geltend gemacht werden (BGH zfs 2000, 201).

§ 4 Aktivlegitimation

2. Sozialleistungsträger

28 Sozialleistungsträger sind:
- die klassischen Sozialversicherungsträger, also die **gesetzlichen Krankenkassen**, Rentenversicherer (Deutsche Rentenversicherung, Knappschaft), die Unfallversicherungsträger und die Pflegekassen
- die **Träger der Sozialhilfe**
- die **Bundesagentur für Arbeit** wegen Arbeitsförderungsmaßnahmen (Arbeitslosengeld nach §§ 117 ff. SGB III und Förderung der Teilhabe behinderter Menschen am Arbeitsleben, §§ 97 ff. SGB III).

3. Rechtsfolgen

29 Das bedeutet, dass derjenige, der infolge eines Unfallereignisses sowohl zivilrechtliche Schadensersatzansprüche **gegen den Schädiger** als auch Ansprüche **gegen Sozialleistungsträger** erworben hat, diese **nicht nebeneinander** (kumulativ) durchsetzen kann. Soweit der Geschädigte nämlich infolge des Unfallereignisses Sozialleistungen erhält, erwirbt der Sozialleistungsträger die Schadensersatzansprüche des Geschädigten gegen den Schädiger im Wege des **gesetzlichen Forderungsübergangs** nach § 116 Abs. 1 SGB X.

30 *Beispiel*
Der Geschädigte erhält infolge des Verkehrsunfalls von seinem Rentenversicherungsträger eine Erwerbsunfähigkeitsrente nach § 44 SGB VI in Höhe von monatlich 900 EUR. Vor dem Unfall hatte er einen Nettoverdienst von 1.500 EUR. Gegen den Schädiger steht ihm damit grundsätzlich ein Verdienstausfallschaden von monatlich 1.500 EUR netto zu. Wegen der Rentenleistungen des Rentenversicherungsträgers in Höhe von 900 EUR verbleibt dem Geschädigten gegenüber dem Schädiger lediglich noch ein Schadensersatzanspruch in Höhe von 600 EUR. In Höhe der Rentenleistungen von 900 EUR ist nach § 116 Abs. 1 SGB X sein Schadensersatzanspruch nämlich auf den Rentenversicherungsträger übergegangen.

III. Voraussetzungen des Anspruchsübergangs

31 Nach § 116 Abs. 1 SGB X gehen die Schadensersatzansprüche jedoch nur insoweit auf den Sozialleistungsträger über, als diese
- der Behebung eines Schadens der gleichen Art dienen (**sachliche Kongruenz**),
- und sich auf denselben Zeitraum wie der vom Schädiger zu leistende Schadensersatz (**zeitliche Kongruenz**) beziehen.

1. Sachliche Kongruenz

Sachliche Kongruenz liegt vor, wenn die vom Sozialleistungsträger gewährten Leistungen beim Geschädigten einen **sachlichen Bedarf decken**, der infolge des vom Schädiger verursachten Schadens entstanden ist. 32

Beispiel
Die Heilbehandlungskosten, die von der gesetzlichen Krankenkasse oder der Berufsgenossenschaft zur Beseitigung der Unfallfolgen aufgewendet werden müssen, decken den sachlichen Bedarf des Geschädigten, den der Schädiger zu erstatten hat (§ 843 Abs. 1 BGB) und sind daher sachlich kongruent zu dem entstandenen Schaden.

Deshalb geht der Anspruch auf Erstattung der Heilbehandlungskosten wegen vorliegender **sachlicher und zeitlicher Kongruenz** gem. § 116 Abs. 1 SGB X auf den gesetzlichen Krankenversicherer oder die Berufsgenossenschaft über. 33

Die Leistungen der gesetzlichen Krankenkasse sind in den §§ 27–48 SGB V abschließend aufgezählt und **umfassen z.b. nicht etwaige Schmerzensgeldansprüche** des Geschädigten. 34

a) Übergangsfähige Positionen

- Krankenhaus- und ambulante Krankenbehandlungskosten einschließlich des von der Krankenkasse an den Krankenhausträger zu zahlenden Investitionszuschlages nach Art. 14 des Gesundheitsstrukturgesetzes (BGH VersR 2011, 946), 35
- Verdienstausfall und Erwerbsschaden,
- vermehrte Bedürfnisse, soweit hierauf Sozialleistungen erbracht werden (BGH zfs 1997, 12),
- Pflegebedarf eines Geschädigten (BGH zfs 2003, 181),
- Beerdigungskosten und
- **Unterhaltsschaden.**

Im Rahmen des § 116 Abs. 1 SGB X sind diese somit **übergangsfähig**. Zum Regress in der Pflegeversicherung vgl. *Budel*, zfs 1998, 81 und BGH zfs 2003, 181.

Bei **Sachschäden**: 36

- Aufwendungen einer Krankenkasse oder einer Berufsgenossenschaft für **Körperersatzstücke** und/oder **orthopädische oder andere Hilfsmittel** im Sinne des § 33 SGB V (Seh- und Hörhilfen, Körperersatzstücke, orthopädische und andere Hilfsmittel)

Bei **Personenschäden**: 37

- die **Krankenbehandlungskosten** (§ 27 SGB V), nämlich Arztkosten, Zahnarztkosten, Arzneien, Heilmittel oder Krankenhauspflege

§ 4 Aktivlegitimation

38   Bei **Erwerbsschäden**:
- Zahlung von Krankengeld, Verletztengeld, Übergangsgeld,
- Erwerbsunfähigkeitsrenten (EU-Renten),
- Berufsunfähigkeitsrenten (BU-Renten),
- Trägerbeiträge zur Kranken- und Pflegeversicherung,
- Transferkurzarbeitergeld nach § 216b SGB III
- Arbeitslosengeld II
- vorgezogene Altersruhegelder (§ 37 SGB VI) und
- Leistungen des Sozialamtes, die infolge unfallbedingter Mittellosigkeit durch dieses zu erbringen sind.

39   Bei **vermehrten Bedürfnissen**:
- Häusliche Krankenpflege,
- Haushaltshilfe i.S.d. § 38 SGB V,
- Pflegegeld nach SGB XI.

Schadensersatzansprüche auf Haushaltshilfe nach § 38 SGB V und nach SGB XI gingen im Rahmen des kongruenten Schadensersatzanspruchs auf den Sozialleistungsträger erst mit Inkrafttreten des SGB V bzw. SGB XI über (BGH zfs 1997, 295 und BGH zfs 2003, 181).

40   Bei **Beerdigungskosten**:
- das nach §§ 58, 59 SGB V a.F. bis Ende 2003 gezahlte Sterbegeld.

41   Bei **Unterhaltsschäden**:
- Witwen- und Waisenrenten sowie die Trägerbeiträge zur Renten-, Kranken- und Pflegeversicherung.

42   Bei Schäden wegen **entgangener Dienste** nach § 845 BGB:
- Erwerbsunfähigkeits- und Berufsunfähigkeitsrenten.

b) Nicht übergangsfähige Positionen

43   *Beachte*
*Nicht sachlich kongruent sind **Schmerzensgeldansprüche**, die demzufolge nicht auf Sozialleistungsträger übergehen können.*

44   Nicht sachlich kongruent und damit ebenfalls **nicht übergangsfähig** sind **Ansprüche aus privaten Versicherungs- und Versorgungsverträgen**, insbesondere Ansprüche aus privaten Unfall- und Berufsunfähigkeitsversicherungen oder Betriebsrenten, denn diese Ansprüche hat sich der Geschädigte durch eigene Leistungen erkauft. Sie können daher dem **Schädiger nicht zugute** kommen.

45   Soweit in **betrieblichen Versorgungswerken** eine Abtretung der Ansprüche des Geschädigten auf den Versorgungsträger vorgesehen ist, sind diese nur **nachrangig** zu berücksichtigen. Die Bedingungswerke der betrieblichen Alters- oder Hinterbliebenenversorgung enthalten grundsätzlich keinen gesetzlichen Forderungsübergang, sondern können höchstens Abtretungsverpflichtungen enthalten. Solange

C. Gesetzliche Forderungsübergänge § 4

eine solche **Abtretung** aber nicht erfolgt oder verlangt ist, verbleiben die Ansprüche beim unmittelbar Geschädigten ohne Anrechnung auf seine Schadensersatzansprüche. Soweit in Versorgungswerken eine Abtretung zugunsten des Versorgungsträgers vorgesehen ist, dürfte dem Geschädigten selbst ein **Quotenvorrecht** für seine eigenen Ansprüche zustehen.

Ebenfalls nicht sachlich kongruent und damit **nicht übergangsfähig** sind **freiwillige Leistungen Dritter**, beispielsweise der „**Verkehrsopferhilfe**" bei Personenschäden, die durch **Verkehrsunfälle mit Unfallflucht** entstanden sind. 46

2. Zeitliche Kongruenz

Sie liegt vor, wenn die Leistungen des Sozialleistungsträgers für den gleichen Zeitraum erbracht werden, für den der Schädiger Schadensersatz zu erbringen hat. 47

Beispiel
Entstehen Verdienstausfallschäden unfallbedingt nur für den Bruchteil eines Monats, findet auch nur für diesen Bruchteil ein Forderungsübergang statt (BGH VersR 1973, 436).

Nur beschränkt übergangsfähig sind somit die Leistungen eines Sozialleistungsträgers an einen Saisonarbeiter (z.B. Erntehelfer, Spargelstecher etc.), **weil zeitliche Kongruenz** mit Krankengeld oder Rentenleistungen nur in den Monaten vorliegt, in denen er ein Erwerbseinkommen erzielt hätte. 48

IV. Zeitpunkt des Forderungsübergangs

Der Forderungsübergang auf den Sozialversicherungsträger findet im **Zeitpunkt des Schadensereignisses**, also **in der logischen Sekunde des Schadens** statt (st. Rspr., vgl. z.B. jüngst BGH v. 23.9.2014 – VI ZR 483/12 – NZV 2015, 179). 49

Problematisch war hierbei, inwieweit bei **Schadensfällen aus früheren Jahren** nach dem oben erwähnten Grundsatz bereits Schadensersatzansprüche auf die im damaligen Zeitpunkt noch gar nicht bestehende **Pflegeversicherung** übergehen. Einen solchen Übergang hat der BGH unter Ablehnung einer Systemänderung durch die Einführung der Pflegeversicherung nach SGB XI anstelle des früher bestehenden SGB V eindeutig bejaht (BGH in zfs 2003, 181). 50

Nach der Rechtsprechung des BGH soll der Forderungsübergang auf den **Sozialhilfeträger** anders als der Forderungsübergang auf die **Sozialversicherungsträger** erst in dem Zeitpunkt stattfinden, in dem **erstmalig ein konkreter Anhaltspunkt für eine künftige Hilfsbedürftigkeit** besteht. Dies kann, muss aber nicht mit dem Zeitpunkt des Schadenseintritts zusammenfallen. 51

Der BGH hat sich bei dem Forderungsübergang auf den Sozialhilfeträger davon leiten lassen, dass der Forderungsübergang auf einen **möglichst frühen Zeitpunkt**, der mit den Besonderheiten des Sozialhilferechts in Einklang gebracht werden 52

§ 4 Aktivlegitimation

kann, vorverlegt wird (BGH VersR 1994, 1450). Maßgebend für einen Forderungsübergang auf den Sozialhilfeträger ist der **Zeitpunkt, in dem aufgrund erkennbarer Bedürftigkeit des Geschädigten mit einer Leistungspflicht des Sozialhilfeträgers ernsthaft gerechnet** werden muss (BGH VersR 1996, 349).

53 Die Sozialhilfe ist nämlich von dem **Prinzip der Subsidiarität** gekennzeichnet, da nach § 2 Abs. 1 SGB XII keine Sozialhilfe erhält, wer sich selbst helfen kann. Der BGH sah einen Forderungsübergang im Zeitpunkt des schädigenden Ereignisses daher als verfrüht an.

54 Auf der anderen Seite soll § 116 SGB X zur **Entlastung der öffentlichen Kassen** auf einen möglichst frühzeitigen Forderungsübergang und damit auf einen alsbaldigen **Anspruchsentzug beim Geschädigten** ausgerichtet sein, um zu verhindern, dass nachteilige Verfügungen über Schadensersatzansprüche zu Lasten der Sozialhilfeträger erfolgen (*Gerlach*, Die Rechtsprechung des BGH zum Haftpflichtrecht 1995, DAR 1996, 209 unten).

55 Hat der Sozialhilfeträger dem Geschädigten bereits Leistungen erbracht, steht dem Geschädigten wegen der Nachrangigkeit der Sozialhilfe eine sog. **Einziehungsermächtigung zugunsten des Sozialhilfeträgers** zu (BGH zfs 2002, 337). Der Geschädigte kann und ist sogar verpflichtet, im Wege der Prozessstandschaft die Ansprüche zugunsten des Sozialhilfeträgers zu verlangen (BGH zfs 2003, 14, 16).

56 Dagegen findet der **Forderungsübergang auf die Bundesagentur für Arbeit** bereits im **Zeitpunkt des Schadenseintritts** statt, wenn bereits zu dieser Zeit mit Leistungen nach dem SGB III ernsthaft zu rechnen ist (BGH VersR 1994, 1450).

V. Abzüge für Eigenersparnis und Forderungsübergang

57 Immer wieder sind Haftpflichtversicherer bei der Regulierung von Personenschäden bemüht, einem Geschädigten, der sich unfallbedingt beispielsweise einem mehrwöchigen Krankenhausaufenthalt unterziehen muss, für diesen Zeitraum pro Tag ersparte **Eigenaufwendungen in Höhe bis zu 15 EUR täglich** bei seinen Schadensersatzansprüchen abzuziehen.

58 Dies ist falsch und sollte **keinesfalls akzeptiert** werden, sofern ein **Anspruch auf Entgeltfortzahlung** nach § 3 EFZG während der ersten sechs Wochen nach dem Schadenseintritt besteht. Denn der **Schadensersatzanspruch** des Geschädigten geht nach § 6 EFZG **auf den Arbeitgeber** über, der dann seine Aufwendungen für die Entgeltfortzahlung beim Schädiger regressieren kann.

59 Die Entgeltfortzahlung durch den Arbeitgeber ist **sachlich und zeitlich kongruent** mit den Eigenersparnissen des Geschädigten im Krankenhaus, denn die Kosten der **Verpflegung des Geschädigten** müssen sowohl im Krankenhaus als auch zu Hause **aus dem Arbeitseinkommen des Geschädigten** bestritten werden. Dies führt dazu, dass der Haftpflichtversicherer des Schädigers die ersparten Eigenaufwendun-

gen nur beim Anspruch des Arbeitgebers nach § 6 EFZG in Abzug bringen kann (BGH VersR 1984, 583).

Soweit sich allerdings der Geschädigte während der **ersten 14 Tage der stationären Heilbehandlung** nach § 39 Abs. 4 SGB V an den Kosten beteiligen muss, ist diese **Selbstbeteiligung** sachlich und zeitlich kongruent mit den **Eigenersparnissen** des Geschädigten während der ersten 14 Tage im Krankenhaus, sodass insoweit einerseits kein Anspruch auf Kostenerstattung durch den Geschädigten besteht, andererseits während der ersten 14 Tage auch **kein Abzug beim Arbeitgeber** erfolgt (OLG Celle zfs 1985, 294). 60

> *Beachte* 61
> Für die Dauer der Entgeltfortzahlung muss sich der Geschädigte keine Eigenersparnis für Verpflegungskosten während des stationären Krankenhausaufenthaltes anrechnen lassen.

> *Beachte*
> Gegenüber Geschädigten, die keinen Verdienstausfall erleiden (Kinder, Rentner und „Nur-Hausfrauen"), kann ein Abzug für ersparte Eigenaufwendungen gegenüber ihren sonstigen Schadensersatzansprüchen mangels sachlicher Kongruenz nicht vorgenommen werden.

Insoweit können die ersparten Eigenaufwendungen nur gegenüber dem Sozialleistungsträger in Abzug gebracht werden, der die Krankenhauskosten trägt. 62

VI. Forderungsübergang und Mitverschulden

1. Frühere Gesetzeslage

Bis zum 30.6.1983 bestand zugunsten aller Sozialversicherungsträger ein absolutes Quotenvorrecht nach § 1542 RVO mit der Folge, dass die gesamten Schadensersatzzahlungen des Schädigers zunächst dem Sozialversicherungsträger für dessen Aufwendungen zugute kamen und nur der verbleibende Teil dem Geschädigten verblieb. 63

> *Beispiel*
> Der Geschädigte erleidet einen Verdienstausfallschaden von 3.000 EUR. Seine Krankenkasse zahlt ein Krankengeld von 2.400 EUR. Der Eigenschaden beträgt 600 EUR. Der Schädiger haftet nur zu 50 %, hat also von dem unfallbedingten Verdienstausfall von 3.000 EUR nur 1.500 EUR zu erstatten.

Nach der Gesetzeslage bis zum 30.6.1983 erhielt der Sozialversicherer (Krankenkasse) aufgrund seines absoluten Quotenvorrechts nach § 1542 RVO die Schädigerzahlung von 1.500 EUR uneingeschränkt. Der Geschädigte selbst ging bis zum 30.6.1983 wegen des vorerwähnten Quotenvorrechts der Krankenkasse nach § 1542 RVO leer aus. 64

§ 4 Aktivlegitimation

65 Insoweit ist die Gesetzeslage nach § 116 Abs. 3 SGB X ab **1.7.1983** für den Geschädigten wesentlich günstiger.

> *Beachte*
> Das absolute Quotenvorrecht der Sozialversicherungsträger ist aber noch bei allen Schadensfällen anzuwenden, die sich bis zum 30.6.1983 (sog. Altfälle) ereigneten. Dadurch, dass auch die Träger der Sozialhilfe ab dem 1.7.1983 in den Forderungsübergang des § 116 SGB X einbezogen wurden, können im Gegensatz zur früheren Rechtslage Schmerzensgeldansprüche des Geschädigten von den Sozialhilfeträgern auch nicht mehr nach §§ 90, 91 BSHG a.F. – jetzt §§ 93, 94 SGB XII – auf diese übergeleitet werden. § 116 SGB X ist gegenüber den §§ 90, 91 BSHG a.F. – jetzt §§ 93, 94 SGB XII – lex specialis.

2. Heutige Gesetzeslage

66 Ist der Schadensersatzanspruch durch ein **mitwirkendes Verschulden** oder eine mitwirkende Verantwortlichkeit des Geschädigten begrenzt, geht auf den Sozialleistungsträger **nur der der Haftungsquote des Schädigers entsprechende Anteil** über (relative Theorie, § 116 Abs. 3 SGB X).

> *Beachte*
> Der Schädiger haftet für den entstandenen Schaden stets nur in Höhe seiner Haftungsquote.

67 Das bedeutet, dass der Schädiger dem Sozialleistungsträger und dem Geschädigten für jede einzelne Schadensposition nur **den seiner Haftungsquote entsprechenden Teil** des Schadensersatzes schuldet. Diese der Haftungsquote des Schädigers entsprechende Zahlung müssen der Geschädigte und die Sozialleistungsträger untereinander aufteilen, soweit ein Forderungsübergang auf Sozialleistungsträger erfolgt ist.

68 > *Beispiel*
> Ein Geschädigter hat unfallbedingten Verdienstausfall in Höhe von 3.000 EUR. Das von seiner Krankenkasse gezahlte Krankengeld beträgt 2.400 EUR. Der ungedeckte Verdienstausfallschaden beträgt demnach 600 EUR.
> Der Schädiger haftet mit einer Haftungsquote von 50 %, sodass er insgesamt nur 50 % von 3.000 EUR zu erstatten hat, das sind 1.500 EUR. Hiervon erhält die gesetzliche Krankenkasse entsprechend der Haftungsquote des Schädigers 50 % ihrer Krankengeldaufwendungen, also 1.200 EUR. Der Geschädigte erhält 50 % seines verbleibenden Verdienstausfalls, also 300 EUR.

69 Diese Aufteilung der Schadensersatzzahlungen des Schädigers entspricht der so genannten relativen Theorie des § 116 Abs. 3 S. 1 SGB X. Sie gilt für sämtliche Schadensfälle ab dem **1.7.1983**.

VII. Ausnahmen vom Forderungsübergang

Literatur zu Ausnahmen vom Forderungsübergang:

Elsner, Quoten- und Befriedigungsvorrecht in der Sozialversicherung, zfs 1999, 276; *Groß*, Forderungsübergang im Schadensfall, DAR 1999, 337; *Jahnke*, Forderungsübergang im Schadensfall, Schriftenreihe der Arbeitsgemeinschaft Verkehrsrecht, Homburger Tage 1998, Band 25.

In § 116 SGB X sind jedoch vier Ausnahmen vom Forderungsübergang normiert, wobei der Gesetzgeber die bereits vom BGH entwickelten Ausnahmeregelungen zum Forderungsübergang des § 1542 RVO in das Gesetz übernommen hat. **70**

Tipp **71**
Die vier nachfolgenden Ausnahmen wirken sich zugunsten des Geschädigten aus. Sie müssen deshalb vom Vertreter des Geschädigten unbedingt beachtet werden. Es ist kaum zu erwarten, dass Sozialleistungsträger oder Haftpflichtversicherer des Schädigers von sich aus auf die den Geschädigten begünstigenden Ausnahmen hinweisen.

1. Befriedigungsvorrecht des Geschädigten nach § 116 Abs. 4 SGB X

Wenn der Durchsetzung der Ansprüche auf Ersatz eines Schadens **tatsächliche Hindernisse** entgegenstehen, hat die Durchsetzung der Ansprüche des Geschädigten oder seiner Hinterbliebenen Vorrang vor den übergegangenen Ansprüchen nach § 116 Abs. 1 SGB X. **72**

Mit dem Begriff „**tatsächliche Hindernisse**" meint der Gesetzgeber den Fall, dass der Schädiger und/oder sein Haftpflichtversicherer **nicht genügend Mittel** zur Verfügung haben, um sämtliche Ansprüche des Geschädigten und der Sozialleistungsträger befriedigen zu können. **73**

Beispiel **74**
Der mittellose Schädiger, der sein Kraftfahrzeug lediglich mit der Mindestversicherungssumme von seinerzeit 2,5 Mio. EUR (nach der Anlage 1 zu § 4 Abs. 2 PflVG, inzwischen 7,5 Mio. EUR) für Personenschäden versichert hatte, verschuldet einen Verkehrsunfall, bei dem sein Unfallgegner eine hohe Querschnittslähmung erleidet, die ihn voll pflegebedürftig werden lässt.

Hier reichen die finanziellen Mittel des Schädigers persönlich ebenso wenig wie die **Mindestversicherungssumme** von 2,5 Mio. EUR aus, um die Schadensersatzansprüche des Geschädigten und der Sozialleistungsträger insgesamt auszugleichen. In diesem Fall greift das **Befriedigungsvorrecht des Geschädigten** nach § 116 Abs. 4 SGB X ein mit der Folge, dass der Geschädigte sämtliche ihm verbliebenen Schäden **vorab** erhält und die Sozialleistungsträger wegen der auf sie übergegangenen Schadensersatzansprüche nach § 116 Abs. 1 S. 1 SGB X nur **nachrangig regressieren** können (BGH VersR 1979, 30). **75**

76 Das Befriedigungsvorrecht des Geschädigten gilt jedoch nur **gegenüber seinem eigenen Sozialleistungsträger** (BGH VersR 1979, 30). Das bedeutet, dass bei mehreren Geschädigten, die gegenüber verschiedenen Sozialleistungsträgern nach § 116 Abs. 4 SGB X bevorrechtigt sind, untereinander eine Art **Verteilungsplan** aufgestellt werden muss.

77 Reicht die Versicherungssumme zur Befriedigung mehrerer Betroffener nicht aus, führt dies natürlich nicht dazu, dass die Verteilung der Versicherungssumme generell unterbleibt. Vielmehr findet zunächst im Rahmen des **Verteilungsverfahrens** die anteilige Kürzung aller Forderungen statt. Dann erhält der Geschädigte von den Ansprüchen seiner Rechtsnachfolger im Rahmen seines Befriedigungsvorrechts den Anteil, der erforderlich ist, um seinen Ausfall infolge der Kürzung auszugleichen (BGH zfs 2003, 589).

78 Dieses **Befriedigungsvorrecht** ist im Rahmen des Rechtsstreits bereits **im Erkenntnisverfahren zu berücksichtigen** (BGH NJW 1982, 2321; OLG Koblenz FamRZ 1977, 68).

2. Quotenvorrecht des Geschädigten bei unzureichender Haftungshöchstsumme

79 Ist der Anspruch auf Ersatz eines Schadens durch Gesetz der Höhe nach begrenzt, so erfolgt ein Forderungsübergang auf den Sozialleistungsträger nur, soweit er **nicht zum Ausgleich des Schadens des Geschädigten** oder seiner Hinterbliebenen erforderlich ist (§ 116 Abs. 2 SGB X).

80 Ebenso wie das **Befriedigungsvorrecht** des § 116 Abs. 4 SGB X ist das **Quotenvorrecht** des § 116 Abs. 2 SGB X ein echtes **uneingeschränktes** Quotenvorrecht zugunsten des Geschädigten. Das bedeutet, dass seine Schadensersatzansprüche insgesamt quotenbevorrechtigt zu den Leistungen der Sozialleistungsträger zu berücksichtigen und dementsprechend **bevorrechtigt** vom Schädiger zu ersetzen sind (BGH zfs 1997, 329).

81 Praktisch bedeutsam war das Quotenvorrecht des § 116 Abs. 2 SGB X insbesondere in den Fällen, in denen der Schädiger nur nach StVG oder HPflG haftete, da hier bis zum 31.7.2002 nur die relativ **geringen Haftungshöchstsummen** des § 12 StVG und § 9 HPflG galten (hierzu im Einzelnen siehe § 2 Rdn 267, 337 ff.).

82 Durch die beachtliche Anhebung der Haftungshöchstgrenzen im StVG, HPflG und anderen gesetzlichen Vorschriften durch das Zweite Schadensrechtsänderungsgesetz seit dem 1.8.2002 und erneut zum 18.12.2007 dürfte das Quotenvorrecht des Geschädigten nach § 116 Abs. 2 SGB X nur noch in extremen Ausnahmefällen oder ggf. in Rentenfällen eines hochverdienenden Geschädigten zur Anwendung kommen.

C. Gesetzliche Forderungsübergänge §4

Die Haftungshöchstgrenzen der §§ 37, 46 Luftverkehrsgesetz (LuftVG), des § 10 ProdHaftG und des § 15 UmweltHG sind dagegen im Verkehrsrecht praktisch ohne Bedeutung. 83

Nach § 12 Abs. 1 Nr. 1 StVG in der seit dem 18.12.2007 geltenden Fassung haftet der Schädiger im Falle der Tötung oder Verletzung eines oder mehrerer Menschen beispielsweise bis zu einem Kapitalbetrag von 5 Mio. EUR. Diese beachtlich angehobenen **Haftungshöchstsummen** dürften mit Ausnahme von extrem schweren Personenschäden nunmehr ausreichen, um einerseits die Direktansprüche des Geschädigten wegen seines Verdienstausfalls und unfallbedingt notwendig werdender Pflegekosten, andererseits die auf die Sozialleistungsträger übergegangenen Ansprüche zu befriedigen. 84

> *Beachte* 85
> Diese Regelung gilt natürlich nur dann, wenn **nur aus der Gefährdungshaftung** des StVG und nicht etwa auch aus Verschuldenshaftung nach BGB gehaftet wird. Bei der Verschuldenshaftung gibt es bekanntlich **keine Haftungshöchstgrenzen**.

Hier hat § 116 Abs. 2 SGB X dem Geschädigten und seinen Hinterbliebenen für ihre gesamten Schadensersatzansprüche einen **Vorrang vor den Regressen der Sozialleistungsträger** als echtes **Quotenvorrecht** eingeräumt. 86

Trifft allerdings eine Anspruchsbegrenzung wegen **Mitverschuldens** des Geschädigten nach § 116 Abs. 3 SGB X mit einer gesetzlichen Beschränkung auf die Haftung auf Höchstbeträge, beispielsweise nach § 12 StVG, zusammen, dann steht dem Geschädigten bei einem nur teilweisen Forderungsübergang (wegen § 116 Abs. 3 SGB X) ein Quotenvorrecht **nicht** zu (BGH zfs 2001, 207). 87

3. Fälle der Sozialhilfebedürftigkeit nach § 116 Abs. 3 S. 3 SGB X

Der Anspruchsübergang auf die Sozialleistungsträger nach der **relativen Theorie** ist in **Fällen des Mitverschuldens** ausgeschlossen, soweit der Geschädigte oder seine Hinterbliebenen dadurch **hilfsbedürftig** im Sinne der Vorschriften des SGB XII **werden**. 88

Auch diese Ausnahme gewährt dem Geschädigten ein **echtes Quotenvorrecht** mit der Folge, dass sich das Vorrecht des Geschädigten auf die sachlich und zeitlich kongruenten Ansprüche beschränkt, die ansonsten auf den Sozialhilfeträger übergehen würden. 89

Diese Ausnahme spielt in der Praxis fast keine Rolle, da es mehr als unwahrscheinlich ist, dass der Geschädigte in Mithaftungsfällen durch den Forderungsübergang auf Sozialleistungsträger sozialhilfebedürftig werden könnte. 90

Zu beachten ist jedoch, dass die **regressberechtigten Sozialleistungsträger von Amts wegen verpflichtet** sind, dieses Quotenvorrecht des Geschädigten zu beach- 91 ten. Wegen der Erwägungen in der Einleitung zu diesem Abschnitt sollte man sich als Vertreter eines Geschädigten hierauf jedoch keinesfalls verlassen.

4. Quotenvorrecht nach § 116 Abs. 5 SGB X (der sog. Rentnertod)

92 Eine weitere Ausnahme vom Grundsatz der relativen Theorie sind die Schadensfälle, in denen der Sozialleistungsträger aufgrund des Schadensereignisses dem Geschädigten oder seinen Hinterbliebenen keine höheren Sozialleistungen zu erbringen hat als vor dem Unfall.

93 Müssen sich in diesen Fällen der Geschädigte oder seine Hinterbliebenen ein **Mitverschulden** anrechnen lassen, findet ein Forderungsübergang auf den Sozialleistungsträger erst dann statt, wenn der verbleibende Eigenschaden des Geschädigten oder seiner Hinterbliebenen **voll ausgeglichen** ist. Hier hat der Gesetzgeber die Rechtsprechung des BGH übernommen, der insoweit dem Geschädigten und seinen Hinterbliebenen ein Quotenvorrecht zugebilligt hatte (BGH VersR 1978, 179; 1981, 334).

94 Der Grund hierfür ist, dass beispielsweise der Rentenversicherungsträger im **Falle des Todes eines Rentners** in der Folgezeit geringere Aufwendungen hat (z.b. § 46 SGB VI – Witwenrente), sodass in derartigen Fällen vom Gesetzgeber die größere Notwendigkeit gesehen wird, die Versorgung der Hinterbliebenen und den Ausgleich ihrer Schäden zu sichern, als dem Rentenversicherungsträger zu den **ohnehin niedrigeren Aufwendungen** auch noch eine erst durch den Unfall entstehende Regressmöglichkeit (§ 844 Abs. 2 BGB) gegenüber dem Schädiger zu eröffnen.

95 *Beispiel*
Ein Rentner ist Alleinernährer der Familie und erhält von der Deutschen Rentenversicherung eine EU- oder Altersrente in Höhe von 1.500 EUR monatlich. Er wird bei einem Verkehrsunfall getötet. Die Deutsche Rentenversicherung muss nunmehr der Witwe nur noch gemäß § 46 SGB VI die Große Witwenrente, also 60 % von 1.500 EUR = 900 EUR zahlen. Die Deutsche Rentenversicherung hat somit als Folge des Schadensereignisses **niedrigere** *Rentenleistungen zu erbringen als vor dem Unfall. Darüber hinaus könnte sie ohne das Quotenvorrecht der Witwe des § 116 Abs. 5 SGB X bei der 50 %igen Mithaftung des Schädigers 50 % ihrer Aufwendungen von 900 EUR, also 450 EUR, beim Schädiger regressieren. Die Witwe dagegen erhielte wegen des Anspruchsübergangs nach § 116 Abs. 1 und 3 SGB X nur 50 % ihres verbleibenden Unterhaltsschadens gemäß § 844 Abs. 2 BGB in Verbindung mit § 116 Abs. 3 SGB X.*

96 Dies hat der BGH und im Anschluss hieran der Gesetzgeber als unbillig empfunden. Deshalb sieht § 116 Abs. 5 SGB X vor, dass die **ungedeckten restlichen Unterhaltsschäden der Witwe** nach § 844 Abs. 2 BGB den Regressforderungen der Sozialleistungsträger gegenüber quotenbevorrechtigt sind. Die Witwe erhält also ihre **Große Witwenrente** von der Deutschen Rentenversicherung und ihren restli-

chen, über die Witwenrente hinausgehenden **Unterhaltsschaden quotenbevorrechtigt vom Schädiger** ersetzt.

Beachte 97

Das Quotenvorrecht der Witwe kommt vor allem in Mitverschuldensfällen dann in Betracht, wenn entweder die fixen Haushaltskosten sehr hoch sind oder der Unterhaltspflichtige neben seinem Renteneinkommen weiteres Einkommen erzielte.

1. Beispiel 98

Renteneinkommen	1.500 EUR
Nebeneinkommen	500 EUR
Gesamteinkommen des Rentners	2.000 EUR
abzgl. fixe Haushaltskosten	– 1.000 EUR
Für Unterhaltszwecke einzusetzendes Rentnereinkommen	1.000 EUR
Hiervon beträgt der Rentneranteil	500 EUR
Anteil der Ehefrau (Witwe)	500 EUR

Der Unterhaltsschaden der Witwe nach § 844 Abs. 2 BGB berechnet sich somit wie folgt:

Fixe Haushaltskosten	1.000 EUR
Witwenanteil am verbleibenden Manneseinkommen	500 EUR
Unterhaltsschaden nach § 844 Abs. 2 BGB	1.500 EUR
Haftungsquote des Schädigers $^{1}/_{3}$ =	500 EUR
Die Witwe erhält eine Witwenrente von	900 EUR
Ihr ungedeckter Unterhaltsschaden beträgt somit	600 EUR

Wegen des Quotenvorrechts der Witwe nach § 116 Abs. 5 SGB X erhält sie die vom Schädiger aufgrund seiner niedrigen Haftungsquote von $^{1}/_{3}$ zu zahlenden 500 EUR voll.

2. Beispiel 99

Wie oben, jedoch Haftungsquote zu 50 %, sodass der Schädiger 750 EUR zu ersetzen hat.

Die nach § 116 Abs. 5 SGB X quotenbevorrechtigte Witwe erhält ihren ungedeckten Unterhaltsschaden von 600 EUR **voll**. Hinsichtlich des Restbetrages in Höhe von 150 EUR findet nach § 116 Abs. 1 und 3 SGB X ein Forderungsübergang auf die Deutsche Rentenversicherung statt.

Beachte 100

Ein Forderungsübergang auf die Deutsche Rentenversicherung oder sonstige Sozialleistungsträger findet also erst dann statt, wenn der durch die Witwenrente nicht gedeckte Unterhaltsschaden voll ausgeglichen ist.

VIII. Angehörigenprivileg

Literatur zum Angehörigenprivileg:

Bertkau, Das Gemeinschaftsprivileg im Sozial- und privaten Versicherungsrecht, zfs 2015, 604; *Dahm*, Übergang des Direktanspruchs gegen Haftpflichtversicherer ungeachtet des Angehörigenprivilegs des § 116 VI SGB X?, NZV 2009, 580; *Fleischmann*, Das Familienprivileg im Privat- und Sozialversicherungsrecht, zfs 2000, 140; *Kothe*, Familienschutz für Lebensgemeinschaften beim Forderungsübergang nach § 67 Abs. 2 VVG, § 116 Abs. 6 SGB X, NZV 1991, 89; *Lang*, Das Angehörigenprivileg bei nichtehelicher Lebensgemeinschaft, NZV 2009, 425; *Möller*, Das Angehörigenprivileg im Wandel, NZV 2009, 218; *Pohl*, Die nichteheliche Lebensgemeinschaft im Versicherungs- und Haftungsrecht des Straßenverkehrs, 2013; *Schirmer*, Ausdehnung des Familienprivilegs auf eheähnliche Lebensgemeinschaften, DAR 1988, 289.

101 Das Familienprivileg nach § 116 Abs. 6 S. 1 SGB X **schließt** einen Forderungsübergang auf einen Sozialleistungsträger bei **nicht vorsätzlichen** Schädigungen durch Familienangehörige, die mit dem Geschädigten oder seinen Hinterbliebenen in häuslicher Gemeinschaft leben, **aus**. Diese Regelung entspricht dem § 67 Abs. 2 VVG a.F. im Privatversicherungsrecht, der nunmehr aufgrund der Neufassung in § 86 Abs. 3 VVG nur noch die häusliche Gemeinschaft, nicht mehr jedoch zusätzlich die Angehörigeneigenschaft voraussetzt.

102 Der Grundgedanke des **Familienprivilegs** sowohl im Sozialleistungsrecht als auch in der privaten Schadensversicherung liegt darin, dass zum einen der Familienfrieden gewahrt werden, zum anderen die Familienkasse geschützt werden soll. Der BGH hat in seiner Entscheidung in VersR 1986, 333 ff. diese ratio legis des Familienprivilegs nochmals deutlich gemacht: Durch den Regress gegenüber einem mit dem Geschädigten in häuslicher Gemeinschaft lebenden Familienangehörigen würde bei einer nur fahrlässigen Schädigung der Familienfrieden erheblich belastet und gefährdet, wenn der Streit über die Verantwortlichkeit etwa sogar im Klageweg ausgetragen werden müsste – eine Klage, die der Geschädigte selbst niemals führen würde, um den häuslichen Frieden nicht zu stören. Zum anderen sieht der BGH die Familie als eine wirtschaftliche Einheit, sodass bei einem Rückgriff des Legalzessionars gegen den Schädiger die „Familienkasse" entgegen den Vorstellungen des Gesetzgebers direkt belastet würde, wenn der Sozialleistungsträger oder Privatversicherer mit der einen Hand Gelder in die Familienkasse legt und dann wiederum mit der anderen Hand diese Gelder aus der Familienkasse im Wege des Regresses herausholt.

103 Der Ausschluss des Anspruchsübergangs gilt auch dann, wenn der schädigende Angehörige haftpflichtversichert ist (BGH VersR 1977, 149; BGH VersR 1980, 644; OLG Hamburg NZV 1993, 71 und nochmals bestätigt durch BGH VersR 2001, 215).

C. Gesetzliche Forderungsübergänge § 4

Familienangehörige im Sinne des § 116 SGB X sind Eheleute, Verwandte auf- und absteigender Linie und Verschwägerte im Sinne der §§ 1589 und 1590 BGB. Das Familienprivileg gilt auch in den Fällen, in denen **Schädiger und Geschädigter nach dem Schadensereignis heiraten** und in häuslicher Gemeinschaft leben (BGH VersR 1976, 289). **104**

Auch das **Pflegekind** zählt bei einem länger dauernden und intensiven Pflegeverhältnis zu den Familienangehörigen im Sinne der Vorschrift (BGH VersR 1980, 526; OLG Stuttgart NJW-RR 1993, 1418). Das Familienprivileg dürfte auch den Partnern einer eingetragenen Lebenspartnerschaft nach dem Partnerschaftsgesetz zugute kommen. **105**

Dagegen wurde in der Vergangenheit angenommen, dass das Familienprivileg nicht auf **eheähnliche Lebensgemeinschaften** anzuwenden ist (BGH VersR 1988, 253), wenn auch gerade in der Literatur und Rechtsprechung hierzu gewisse Tendenzen im Interesse der Ausdehnung des Familienprivilegs auf eheähnliche Lebensgemeinschaften zu erkennen sind (LG Saarbrücken VersR 1995, 158; LG Potsdam VersR 1997, 93; OLG Hamm NJW-RR 1997, 90; OLG Brandenburg NJW 2002, 1581; ebenso *Schirmer*, Ausdehnung des Familienprivilegs auf eheähnliche Lebensgemeinschaften, DAR 1988, 289; *Pardey*, DAR 1994, 265). Sodann hatte zunächst der Versicherungssenat des BGH entschieden, dass das frühere Familienprivileg im Privatversicherungsrecht (§ 67 Abs. 2 VVG a.F.) auf langjährige, eheähnliche Lebensgemeinschaften anwendbar ist (BGH VersR 2009, 813; dazu *Terno*, zfs 2009, 362). Vor dem Hintergrund einer weiteren Entscheidung des BVerfG (v. 12.10.2010 – 1 BvL 14/09 – NJW 2011, 1793; dazu Anm. *Lang*, jurisPR-VerkR 6/2011 Anm. 11) zur verfassungskonformen Auslegung des § 116 Abs. 6 S. 1 SGB X hat inzwischen auch der Haftungssenat des **BGH** unter ausdrücklicher Aufgabe seiner bisherigen Rechtsprechung die **analoge Anwendbarkeit des Familienprivilegs** des § 116 Abs. 6 S. 1 SGB X **auf eheähnliche Lebensgemeinschaften** bestätigt (BGH v. 5.2.2013 – VI ZR 274/12 – VersR 2013, 520 = zfs 2013, 320). **106**

Häusliche Gemeinschaft im Sinne des § 116 SGB X ist gegeben, wenn die Lebens- und Wirtschaftsführung auf Dauer in einem gemeinsamen Haushalt praktiziert wird und der **Lebensmittelpunkt** sich in einem gemeinsam bewohnten Haus oder einer gemeinsamen Wohnung befindet (BGH VersR 1980, 644). Man muss miteinander „leben" (BGH VersR 1988, 333). **107**

Die häusliche Gemeinschaft muss **auf Dauer angelegt** sein. Gegebenenfalls muss die **gemeinsame Wirtschaftsführung nachgewiesen** werden (OLG Frankfurt VersR 1984, 254; BGH NJW 1996, 2934). **108**

> *Beachte* **109**
> Das **Familienprivileg** des § 116 SGB X ist aber **nicht anwendbar** auf
> ■ den Regress der Sozialhilfeträger wegen der Subsidiarität der Sozialhilfe (BGH VersR 1996, 1258),

§ 4 Aktivlegitimation

- den Beitragsregress der Sozialversicherungsträger nach § 119 Abs. 1 SGB X (BGH VersR 1989, 492),
- den Regress des KH-Versicherers nach § 116 Abs. 1 VVG (BGH VersR 1988, 1063; LG Bielefeld zfs 1998, 338).

Beachte
Das Familienprivileg des § 116 Abs. 6 SGB X steht dem **Übergang des Direktanspruchs** des Geschädigten gegen den Kraftfahrzeug-Haftpflichtversicherer des Schädigers aus § 115 Abs. 1 S. 1 Nr. 1 VVG auf den Sozialleistungsträger **entgegen.**
Deshalb sind Leistungen aus der sozialen Pflegeversicherung nach SGB XI auf die beim Geschädigten verbleibenden Schadensersatzansprüche nicht anrechenbar (BGH zfs 2001, 106).

Beachte
Die mit Wirkung zum 1.1.2003 eingeführte bedarfsorientierte Grundsicherung nach dem GSiG ist auf die Schadensersatzansprüche nicht anrechenbar. Insoweit findet auch kein Forderungsübergang nach § 116 SGB X auf die Träger der Grundsicherung statt.

D. Beitragsregress, § 119 SGB X

110 Der Beitragsregress ist relevant für Schadensfälle ab dem 1.7.1983.

Nach § 119 SGB X ist der Schädiger verpflichtet, dem Sozialversicherungsträger die **Beiträge zur Rentenversicherung zu erstatten**, soweit der Schadensersatzanspruch eines Sozialversicherten, welcher der Versicherungspflicht unterliegt, auch den Anspruch auf Ersatz von Beiträgen zur Sozialversicherung umfasst. Die Bestimmung des § 119 SGB X **will vermeiden**, dass ein Unfallgeschädigter geringere Rentenansprüche hat, weil für ihn infolge des Unfalls nur geringere oder keine Pflichtversicherungsbeiträge zur Rentenversicherung geleistet werden.

111 In der Regulierungspraxis wird von Versicherungsseite wegen dieses Beitragsregressanspruchs immer wieder eingewendet, dass sich ein Verletzter auf seinen Verdienstschaden die **Bruttoleistungen** der Sozialleistungsträger anrechnen lassen muss.

112 *Beachte*
Dieser Einwand ist nur dann gerechtfertigt, wenn auch der Verdienstausfall nach der Bruttolohnmethode und nicht, wie inzwischen meist üblich, nach der modifizierten Nettolohnmethode berechnet wird. Wenn man sich für die Abrechnung des Verdienstausfalls nach der Bruttolohnmethode entschlossen hat, muss auch hinsichtlich der Schadensermittlung die gewählte Bruttolohnmethode konsequent weiter angewendet werden.

Hinsichtlich der **Beiträge zur Unfallversicherung** (§ 150 SGB VII), zur **Pflegekasse** sowie zur **Arbeitslosenversicherung** (BGH VersR 1988, 183) ist ein Übergang auf den Sozialleistungsträger nicht möglich, weil grundsätzlich in keiner dieser Versicherungssparten die Möglichkeit zur freiwilligen Weiterversicherung besteht. 113

Während des Krankengeldbezuges hat ein Verletzter **Anspruch auf kostenfreien Versicherungsschutz** nach §§ 224, 192 SGB V. 114

Nach Ende des Krankengeldbezuges kann nach § 9 SGB V das Recht der freiwilligen **Weiterversicherung** bestehen, wenn der Verletzte aufgrund des Schadenereignisses seine **versicherungspflichtige Beschäftigung** verloren hat. Hier ist fraglich, inwieweit auch in diesen Fällen § 119 SGB X eingreift, damit der Krankenversicherungsschutz des Geschädigten weiterhin gewährleistet ist und womit wohl auch verhindert werden kann, dass der Geschädigte insoweit zu leistende Schadensersatzzahlungen des Schädigers **zweckfremd verwendet** (Geigel-*Plagemann*, Der Haftpflichtprozess, 27. Auflage 2015, Kapitel 30 Rn 134). 115

> *Beachte* 116
> Im Rahmen des § 44 SGB XI zu entrichtende Rentenversicherungsbeiträge für die Pflegeperson sind ein zusätzlicher ersatzpflichtiger Schaden des pflegebedürftigen Geschädigten, dessen Ersatzanspruch gemäß § 116 Abs. 1 SGB X auf die Pflegekasse übergeht (BGH zfs 1999, 98).

E. Sonstige gesetzliche Forderungsübergänge

Sie sind vorgesehen: 117

- in der Privatversicherung, § 86 Abs. 1 VVG
- bei der Entgeltfortzahlung durch den Arbeitgeber, § 6 EFZG
- bei den öffentlich-rechtlichen Dienstherren, § 87a BBG und § 52 BRRG
- für Soldaten, § 30 Abs. 2 Soldatengesetz.

Die vorgenannten Vorschriften sehen ebenfalls einen gesetzlichen Forderungsübergang vor, der jedoch im Gegensatz zum Zeitpunkt des Forderungsübergangs nach § 116 SGB X (logische Sekunde des Schadens) den **Forderungsübergang** auf den Neugläubiger (Zessionar) **zeitlich hinausschiebt** auf den **Zeitpunkt der erbrachten Leistung**. 118

All diesen vorgenannten Vorschriften ist gemeinsam, dass sie vorsehen, dass der **Übergang nicht zum Nachteil des Zedenten** (Geschädigten) geltend gemacht werden kann mit der Folge, dass insoweit dem unmittelbar Geschädigten ein **Quotenvorrecht** gegenüber dem Zessionar zusteht. 119

120 *Beachte*
Immer dann, wenn eine Gesetzesvorschrift vorsieht, dass der Übergang „nicht zum Nachteil" des Geschädigten geltend gemacht werden kann, ist für den Geschädigten dessen Quotenvorrecht zu beachten.

121 Auch diese Quotenvorrechte des Geschädigten sind vor allem dann bedeutsam, wenn den **Geschädigten eine Mitschuld/Mithaftung** trifft oder die Haftungshöchstsummen (z.B. § 12 StVG; §§ 9, 10 HPflG) nicht zur Befriedigung aller Ansprüche ausreichen. Bei einem Zusammentreffen von Mithaftung und Überschreitung der Haftungshöchstsummen steht allerdings dem Geschädigten bei einem teilweisen Forderungsübergang auf Sozialleistungsträger ein Quotenvorrecht nicht zu (BGH zfs 2001, 207).

122 Dagegen hat der Geschädigte ein Befriedigungsvorrecht, wenn seine Schadensersatzansprüche aus tatsächlichen Gründen (unzureichende Leistungsfähigkeit des Schädigers, vgl. Rdn 73 ff.) ansonsten nicht voll durchsetzbar sind.

F. Steuern

Literatur zu Steuern:

Dabitz, Besteuerung von Erwerbsschadensersatz bei Personenschäden, zfs 2016, 364; *Dornwald*, Sozialversicherungsbeiträge und Steuern beim Personenschaden, r+s 1986, 80; *Hartung*, Steuern beim Personenschaden, VersR 1986, 308 ff.; *Jahnke*, Steuern und Schadenersatz, r+s 1996, 205; *Kullmann/Spindler*, Schadensersatz und Steuern, Schriftenreihe der Arbeitsgemeinschaft Verkehrsrecht 1992; *Steffen*, Schriftenreihe der Arbeitsgemeinschaft Verkehrsrecht 1995.

123 Der Schädiger hat auf Entschädigungsbeträge zu leistende **Steuern voll zu übernehmen** (BGH VersR 1979, 672; 1979, 519).

124 *Beachte*
Im Rahmen jeder Klage auf Verdienstausfall oder Unterhalt muss auch ein **Feststellungsantrag** gestellt werden, dass der Schädiger bzw. sein Haftpflichtversicherer verpflichtet sind, die auf den Netto-Entschädigungsbetrag vom Geschädigten **zu leistenden Steuern gesondert zu erstatten**. Auch in jede **Abfindungserklärung** hinsichtlich Verdienstausfall und Unterhalt muss ein **entsprechender Vorbehalt** aufgenommen werden.

125 Nach § 24 Nr. 1a EStG sind **alle Entschädigungen**, die als Ersatz für entgangene Einnahmen gezahlt werden, steuerpflichtig (BGH VersR 1987, 669). Nach § 24 Nr. 1b EStG sind auch Entschädigungen, die für die Aufgabe oder **Nichtausübung einer Tätigkeit** gewährt werden, voll als Einkommen zu versteuern.

126 Das bedeutet, dass insbesondere der **Verdienstausfall** und alle wiederkehrenden **Rentenbezüge** nach §§ 843, 844 BGB mit Ausnahme der Rentenleistungen für vermehrte Bedürfnisse oder Schmerzensgeldrente **einkommensteuerpflichtig** sind (BGH VersR 1979, 670). Dies ist unbedingt zu beachten, wenn Verdienstausfall geltend gemacht wird.

F. Steuern §4

127 *Beachte*
Schadensersatzrenten zum Ausgleich vermehrter Bedürfnisse (sog. Mehrbedarfsrenten) nach § 843 BGB sind nicht einkommensteuerpflichtig (BFH BStBl II 1995, S. 121 u. 410).

128 Dies gilt gleichermaßen für **Schmerzensgeld, Schmerzensgeldrenten, Heilbehandlungskosten**, denn der durch die Verletzung höchstpersönlicher Güter eintretende Schaden und der dafür zufließende Ersatz betreffen Vorgänge der nicht **einkommensteuerpflichtigen Vermögenssphäre** (BFH BGBl II 1995, S. 124).

129 Auch **Kapitalabfindungen**, die dem Ausgleich entgangenen Gewinns dienen, sind **steuerpflichtig** nach §§ 24 Nr. 1a, 34 EStG.

Erhält ein Steuerpflichtiger Entschädigungen für mehrere gesonderte und unterschiedliche Zeiträume, steht der Zufluss der Entschädigungen in verschiedenen Veranlagungszeiträumen der tarifbegünstigten Besteuerung jeder dieser Entschädigungen nicht entgegen (BFH NJW 2004, 2616).

130 Auch **Prozesszinsen** und **Verzugszinsen** sind zu **versteuern** (BFH BStBl II 1995, S. 121)!

131 *Beachte*
Wenn eine Entschädigungsleistung einem ermäßigten Steuersatz unterliegt, kommt die Vergünstigung nicht ohne weiteres dem Schädiger zugute (BGH NJW 1993, 1643; BGH VersR 1994, 733). Es sind nämlich durchaus Fälle denkbar, in denen der Zweck der Steuervergünstigung nicht die Entlastung des Schädigers ist (BGH NJW 1986, 245; 1989, 3150).

132 **Steuervergünstigungen** nach § 34 EStG, die das Ziel haben, **Härten** zu vermeiden, die in der Regel durch erhöhte Steuerbelastungen infolge einer Zusammenballung der außerordentlichen Einkünfte entstehen (BGH NJW 1993, 1643; VersR 1994, 733), verbleiben dem Geschädigten.

133 Gleiches gilt beim Freibetrag für **Körperbehinderte** nach § 33b EStG (BGH VersR 1988, 464) oder der Steuerermäßigung nach § 34 Abs. 2 Nr. 2 EStG, der Arbeitnehmerabfindung (BGH NJW 1989, 3150).

134 Schadensersatz für **entgangenen Unterhalt** ist nur dann einkommensteuerfrei, wenn es sich **nicht um wiederkehrende Leistungen** handelt (BFH DB 1979, 529).

§ 5 Passivlegitimation und prozessuale Grundlagen

A. Materielles Recht

I. Unmittelbarer Schädiger

Passivlegitimiert ist im Rahmen der §§ 823 ff. BGB und des § 18 StVG der unmittelbare Schädiger, also z.B. der Fahrzeugführer.

1

Beachte
Einem Beklagten kann eine Klageschrift auch an seiner Arbeitsstelle zugestellt werden. Hierzu ist allerdings erforderlich, dass er sowie seine Funktion an der Arbeitsstelle konkret und genau bezeichnet werden (BGH zfs 2001, 156).

II. Halterhaftung

Darüber hinaus kann der Halter nach § 7 StVG oder ggf. auch der Geschäftsherr nach § 831 BGB für die Sach- und Personenschäden eintrittspflichtig sein.

2

Beachte
Der Halter haftete bis zum 31.7.2002 grundsätzlich nicht auf Schmerzensgeld. Deshalb darf bei Unfällen, die sich vor dem 1.8.2002 ereignet haben, der Halter nicht pauschal mit auf Schmerzensgeld verklagt werden. Er haftete bis zum 31.7.2002 zwar nach § 7 StVG aus der Gefährdungshaftung für materielle Schäden, nicht jedoch für Schmerzensgeldansprüche (vgl. § 9 Rdn 27).

3

Denkbar war allenfalls eine Geschäftsherrenhaftung des Halters aus § 831 BGB, allerdings mit der Gefahr des vom Halter und Geschäftsherrn nicht allzu schwer zu führenden Entlastungsbeweises nach § 831 Abs. 1 S. 2 BGB. Diese Konstellation hat sich durch das Zweite Schadensrechtsänderungsgesetz für Unfälle **ab dem 1.8.2002** grundlegend geändert. Seitdem haftet der Halter auch im Rahmen der Betriebsgefahr gem. § 7 StVG auf Schmerzensgeld (§ 11 S. 2 StVG; vgl. § 9 Rdn 32). Allerdings ist auch bei Schmerzensgeldansprüchen, die gegen den Halter lediglich aus der Betriebsgefahr seines Fahrzeugs gerichtet werden, die Haftungshöchstgrenze des § 12 StVG bzw. § 12a StVG zu beachten.

4

III. Passivlegitimation des KH-Versicherers

Literatur zur Passivlegitimation des KH-Versicherers:

Bauer, Die Kraftfahrtversicherung, NJW-Praxis, Band 25, 6. Auflage 2010; *Feyock/Jacobsen/Lemor*, Kraftfahrtversicherung, 3. Auflage 2009.

Ausschließlich im Bereich der **Kraftfahrzeug-Haftpflichtversicherung** kann gemäß § 115 Abs. 1 S. 1 Nr. 1 VVG der hinter dem Schädiger stehende KH-Versiche-

5

rer im Wege des **Direktanspruchs** mitverklagt oder auch allein direkt in Anspruch genommen werden.

6   Die Leistungspflicht des Versicherers erstreckt sich auf **sämtliche Schäden**, für die auch der Schädiger (sowohl der Halter gem. § 7 Abs. 1 StVG als auch der Fahrer gem. § 18 StVG, § 823 BGB als Versicherter der Kraftfahrzeug-Haftpflichtversicherung) einzustehen hat. Es handelt sich insoweit um einen gesetzlich angeordneten Schuldbeitritt des KH-Versicherers zur Schuld des Schädigers (BGH VersR 1972, 255; 1981, 323).

> *Beachte*
> Den Direktanspruch gegen den Versicherer gibt es ausschließlich in der Kraftfahrthaftpflichtversicherung. Im Rahmen sonstiger Haftpflichtversicherungen (z.b. allgemeine Haftpflicht), auch soweit es sich um Pflichtversicherungen i.S.d. §§ 113 ff. VVG handelt (z.b. Betriebshaftpflichtversicherung, Berufshaftpflichtversicherung oder Ähnliches), kann nur der Schädiger, nicht aber sein Versicherer verklagt werden. Eine Ausnahme besteht für die Pflichtversicherung seit der VVG-Reform lediglich im Falle der Insolvenz sowie bei unbekanntem Aufenthalt des Versicherungsnehmers (§ 115 Abs. 1 S. 1 Nr. 2 und 3 VVG).

7   Die **Anmeldung der Schadenersatzansprüche** beim KH-Versicherer bewirkt die **Hemmung der Verjährung** bis zum Eingang der schriftlichen Entscheidung des Versicherers (§ 115 Abs. 2 S. 3 VVG). An die Anmeldung der Ersatzansprüche sind keine strengen Anforderungen zu stellen (OLG Frankfurt DAR 1992, 60). In der Schadensanmeldung müssen nicht alle Ersatzansprüche im Einzelnen bezeichnet oder gar beziffert werden (BGH VersR 1978, 423; 1979, 915; 1982, 546; OLG München zfs 1997, 219).

> *Beachte*
> Nur die erstmalige Geltendmachung von Ansprüchen gegenüber einem Kfz-Haftpflichtversicherer bewirkt die Verjährungshemmung nach § 115 Abs. 2 S. 3 VVG (BGH zfs 2003, 174).

8   Der Hemmungstatbestand des § 115 Abs. 2 S. 3 VVG ist für die Rechtsstellung des Geschädigten von außerordentlicher Bedeutung. Die Hemmung der Verjährung endet erst mit der **schriftlichen** Entscheidung des Versicherers. Eine solche Entscheidung im Sinne des § 115 Abs. 2 S. 3 VVG liegt aber nur dann vor, wenn sie eine **eindeutige und endgültige Entscheidung** zu den angemeldeten Ansprüchen darstellt. Sie muss **eindeutig** erkennen lassen, dass der Versicherer die Regulierungsverhandlungen **beendet** (BGH VersR 1978, 423). Abrechnungsschreiben des KH-Versicherers, die einzelne Schadenspositionen betreffen, stellen keine endgültige, zum Wegfall der Verjährungshemmung führende schriftliche Entscheidung des Versicherers dar (BGH zfs 1996, 126). Die nach § 115 Abs. 2 S. 3 VVG erforderliche **schriftliche** Entscheidung des Versicherers kann nicht ersetzt werden durch ein

Schreiben des Geschädigten an den KH-Versicherer, in dem er eine mündliche Ablehnung durch den Versicherer bestätigt (BGH DAR 1997, 246). Vgl. hierzu im Übrigen Kapitel 12 – Vergleich und Verjährung (siehe § 12 Rdn 141 ff.).

Beachte 9
Aus Gründen von Treu und Glauben kann einem Haftpflichtversicherer, der nur „Schein-Haftpflichtversicherer" ist, sich aber während der Regulierungsverhandlungen als Versicherer geriert, die Berufung auf fehlende Passivlegitimation wegen unzulässiger Rechtsausübung verwehrt sein (BGH zfs 2000, 330).

IV. Ausländerschaden im Inland

Verursacht ein ausländischer Kraftfahrer mit einem im Ausland zugelassenen Kraftfahrzeug einen Schaden im Inland, richtet sich seine Ersatzpflicht nach dem Ausländer-Pflichtversicherungsgesetz vom 24.7.1956. Neben dem ausländischen Schädiger/Halter und neben seinem ausländischen Kraftfahrzeug-Haftpflichtversicherer kann in der Bundesrepublik Deutschland auch der eingetragene Verein „**Deutsches Büro Grüne Karte e.V.**" in Hamburg in Anspruch genommen werden, dessen satzungsmäßige Aufgabe „die Verbesserung des Schutzes der Opfer von Unfällen, die durch Kraftfahrzeuge außerhalb ihres Zulassungslandes verursacht worden sind", gewährleistet. Wegen der Einzelheiten eines Ausländerschadens im Inland vgl. das Merkblatt des Deutschen Büros Grüne Karte e.V. – Anhang, Anlage 13 (siehe § 14 Rdn 17; vgl. auch § 1 Rdn 280 ff.). 10

Ist der Schädiger bei einem ausländischen Versicherer versichert, der in der Bundesrepublik die KH-Versicherung betreibt, kann der Geschädigte den ausländischen Versicherer im Wege der Direktklage ebenfalls im Inland verklagen. Deshalb muss der ausländische Versicherer einen **Schadenregulierungsvertreter (Schadenrepräsentant)** bestellen, gegen den die Ansprüche im Inland gerichtlich und außergerichtlich geltend gemacht werden können (§ 8 Abs. 2 S. 2 PflVG). 11

Beachte 12
Wenn das Deutsche Büro Grüne Karte e.V. die Regulierung eines Ausländerschadens übernimmt, ist nur das Deutsche Büro Grüne Karte e.V. passivlegitimiert, niemals aber der vom Deutsche Büro Grüne Karte e.V. beauftragte Schadenregulierer (meist ein Versicherungsunternehmen).

V. Auslandsschaden und ausländischer Versicherer

Literatur zum Auslandsschaden und ausländischen Versicherer:

Bachmeier (Hrsg.), Regulierung von Auslandsunfällen, 2013; *Demenko/Nugel*, Schadensersatzansprüche und „Law Shopping" bei einem Verkehrsunfall in Polen, zfs 2011, 669; *Königer*, Checkliste Regulierung eines Auslandsunfalls, DAR 2009, 768; *Kuhnert*, Schadensregulierung mit Auslandsbezug, NJW 2011, 3347; *Luckey*, Der Verkehrsunfall im Ausland, SVR 2014, 361; *Nissen*, Außergerichtliche Regulierung von Auslandsunfällen: Erstattungsfähigkeit von Anwaltsgebühren, DAR 2013, 568; *Notthoff*, Umsetzung der 4. Kraftfahrzeughaftpflicht-Richtlinie der EU durch das Gesetz zur Änderung des Pflichtversicherungsgesetzes und anderer versicherungsrechtlicher Vorschriften, zfs 2003, 105; *Wilms*, Neue Anhänger-Streitfragen bei Auslandsunfällen, DAR 2012, 561.

13 Durch die **4. KH-Richtlinie** der EU vom 16.5.2002 sollte die Situation eines Geschädigten bei Auslandsunfällen wesentlich verbessert werden. Die 4. KH-Richtlinie der EU ist durch das Gesetz zur Änderung des Pflichtversicherungsgesetzes und anderer versicherungsrechtlicher Vorschriften vom 10.7.2002 (BGBl I, S. 2586 ff.) mit Wirkung zum 1.1.2003 umgesetzt worden. Nach § 7b VAG (Versicherungsaufsichtsgesetz) hat ein Versicherungsunternehmen in allen anderen Mitgliedstaaten der Europäischen Union und den übrigen Vertragsstaaten des Abkommens über den Europäischen Wirtschaftsraum (nachfolgend EWR genannt) einen **inländischen Schadenregulierungsbeauftragten** zu benennen. Dieser hat im Auftrag des Versicherungsunternehmens Ansprüche auf Ersatz von Personen- und Sachschäden zu bearbeiten und zu regulieren, die wegen eines Unfalls entstanden sind, welcher sich in einem anderen Mitgliedstaat als dem Wohnsitz-Mitgliedstaat des Geschädigten ereignet hat und der durch die Nutzung eines Fahrzeugs verursacht wurde, das in einem Mitgliedstaat versichert ist und dort seinen gewöhnlichen Standort hat (siehe hierzu auch § 1 Rdn 292 ff.).

14 Der **Schadenregulierungsbeauftragte** muss in dem Staat ansässig sein, für den er benannt ist, über **ausreichende Befugnisse zur Regulierung der Schadensersatzansprüche und deren Befriedigung** verfügen und die **Amtssprache** des Landes beherrschen, für das er benannt ist (§ 7b Abs. 2 VAG). Über Namen und Anschrift des Versicherers des schädigenden Fahrzeugs sowie dessen inländischen Schadenregulierungsbeauftragten erteilt eine **Auskunftsstelle** Auskunft, deren Aufgaben und Befugnisse vom „**Zentralruf der Autoversicherer**" in Hamburg wahrgenommen wird (§ 8a Abs. 3 PflVG).

15 Bei einem Auslandsschaden haben der Versicherer oder sein Schadenregulierungsbeauftragter dem Geschädigten unverzüglich, spätestens **innerhalb von drei Monaten** ein mit Gründen versehenes Schadensersatzangebot vorzulegen, wenn die Eintrittspflicht unstreitig ist und der Schaden beziffert wurde, oder eine mit Gründen versehene Antwort auf die im Antrag enthaltenen Darlegungen zu erteilen, sofern die Eintrittspflicht bestritten wird oder der Schaden nicht vollständig beziffert worden ist (§ 3a Abs. 1 PflVG). Wird das Angebot nicht binnen drei Monaten vorgelegt, ist der Anspruch des Geschädigten nach § 288 Abs. 1 S. 2 BGB zu verzinsen (§ 3a Nr. 2 PflVG).

16 Hat der ausländische Versicherer oder sein inländischer Schadenregulierungsbeauftragter nicht binnen der in § 3a Nr. 1 PflVG vorgesehenen Frist sein Angebot unterbreitet oder eine Antwort erteilt, oder aber wenn der ausländische Versicherer keinen inländischen Schadenregulierungsbeauftragten gestellt hat, kann der inländische Geschädigte aus Unfällen, die sich **seit dem 31.12.2002** ereignen, seine Ansprüche gegen die „**Entschädigungsstelle für Schäden aus Auslandsunfällen**" (Entschädigungsstelle) geltend machen (§ 12a Abs. 1 PflVG). Die Aufgaben und

Befugnisse der Entschädigungsstelle nach § 12a PflVG werden von der „**Verkehrsopferhilfe e.V.**" in Hamburg wahrgenommen.

Ein Antrag auf Erstattung durch die Verkehrsopferhilfe ist nicht zulässig, wenn der Geschädigte unmittelbar gegen das ausländische Versicherungsunternehmen gerichtliche Schritte eingeleitet hat (§ 12a Abs. 1 S. 2 PflVG). Die Entschädigungsstelle nach § 12a Abs. 1 PflVG wird binnen zwei Monaten nach Eingang eines Schadensersatzantrages des Geschädigten tätig, wenn das ausländische Versicherungsunternehmen oder dessen Schadenregulierungsbeauftragter in dieser Zeit keine auf das Schadensersatzbegehren versehene Antwort erteilt oder ein begründetes Angebot vorgelegt hat (§ 12a Abs. 3 PflVG). Das Deutsche Büro Grüne Karte e.V. bzw. die Verkehrsopferhilfe haben ihr als Anlage 13 (im Anhang, siehe § 14 Rdn 17) beigefügtes Merkblatt entsprechend ergänzt und vervollständigt. **17**

Der Arbeitskreis VI des 40. Deutschen Verkehrsgerichtstags 2002 – Kraftfahrzeug-Unfall in Europa – hat hierzu folgende Empfehlung verabschiedet: **18**
1. Der Geschädigte hat das **Wahlrecht**, seine Ansprüche beim Regulierungsbeauftragten im Inland oder beim verantwortlichen Kfz-Haftpflichtversicherer im Ausland geltend zu machen. Dieses Recht darf nicht eingeschränkt werden.
2. Im Hinblick auf die rechtlichen und praktischen Schwierigkeiten der Schadensregulierung eines Unfalls im Ausland ist Rechtsberatung und Vertretung in der Regel erforderlich.
3. Es muss im Rahmen der Umsetzung sichergestellt werden, dass bei Anrufung der Entschädigungsstelle der Versicherer nach Ablauf der weiteren Zweimonatsfrist den Fall nicht mehr an sich ziehen kann. In diesem Fall kann die Entschädigungsstelle bei Nichteinigung verklagt werden.

Beachte **19**
Auch die 4. KH-Richtlinie der EU und deren Umsetzung durch das vorgenannte Gesetz ändern nichts daran, dass der Unfall sowohl zum Grund als auch zur Höhe weiterhin nach dem **Recht des Unfall-Landes** zu regulieren und zu beurteilen ist. Allein durch die Benennung eines inländischen Schadenregulierungsbeauftragten wird kein inländischer Gerichtsstand eröffnet (zum inzwischen geklärten inländischen Gerichtsstand vgl. Rdn 22). Auch am Recht des Unfall-Landes nach Art. 40 Abs. 1 EGBGB ändert sich dadurch nichts.

Beachte
Eine wichtige Ausnahme enthält allerdings Art. 40 Abs. 2 EGBGB. Haben nämlich der Geschädigte und der Schädiger ihren gewöhnlichen Wohnsitz in einem gemeinsamen, vom Unfallort abweichenden Mitgliedstaat, kann auch das Recht des Wohnsitzes zur Anwendung kommen.

Dagegen dürfte dann, wenn unter den vorgenannten Voraussetzungen die **Entschädigungsstelle** anzurufen und zuständig geworden ist, gegen die Entschädigungsstelle bei der Verkehrsopferhilfe auch eine Klage im Inland erhoben werden, die **20**

§ 5 Passivlegitimation und prozessuale Grundlagen

allerdings den Nachteil hat, dass das dann angerufene deutsche Gericht den Unfall sowohl zum Grund als auch zur Höhe nach dem Recht des Unfall-Landes, also nach **ausländischem Recht** zu beurteilen hat. Was dies bei einem Unfall etwa in Sizilien bei streitiger Haftung bedeutet, lässt sich leicht vorstellen.

21 Inzwischen haben wohl alle ausländischen Versicherer des EWR-Raums tatsächlich einen inländischen Schadenregulierungsbevollmächtigten benannt.

22 Durch die Umsetzung der **5. KH-Richtlinie** in Deutschland zum 18.12.2007 sind die Mindestdeckungssummen deutlich angehoben worden. Eine Besonderheit gilt bei einem **Unfall im EU-Ausland:** Der bei einem Unfall im EU-Ausland Geschädigte hat gem. Art. 11 EuGVVO gegen den gegnerischen Haftpflichtversicherer, der seinen Geschäftssitz in der EU hat, einen **Direktanspruch**.

Beachte
Nach inzwischen durch den EuGH (zfs 2008, 139 = VersR 2008, 111 = NZV 2008, 133 = DAR 2008, 17) bestätigter Rechtsprechung des BGH kann der Geschädigte gem. Art. 9 Abs. 1b EuGVVO den ausländischen Versicherer unmittelbar an seinem inländischen Wohnort verklagen (BGH zfs 2007, 143 = VersR 2006, 1677 = NZV 2007, 37 = DAR 2007, 19). Dies gilt nicht nur zugunsten eines Verbrauchers als Geschädigten, sondern auch zugunsten einer juristischen Person (OLG Celle v. 27.2.2008 – 14 U 211/06 – OLGR Celle 2008, 377). Diese **internationale Zuständigkeit des deutschen Gerichts** gilt jedoch lediglich hinsichtlich des Direktanspruchs gegen den Versicherer, **nicht** jedoch **für eine Klage gegen Halter und Fahrer eines Kfz** (BGH v. 24.2.2015 – VI ZR 279/14 – zfs 2015, 689 = NZV 2015, 286 = DAR 2015, 324).

Gleiches gilt bei einem **Unfall in der Schweiz**. Denn nach den Art. 9 und 11 des Luganer Übereinkommens vom 30.10.2007 (LugÜ 2007) kann der Geschädigte einen nach dem anwendbaren nationalen Recht bestehenden **Direktanspruch gegen den Haftpflichtversicherer mit Sitz in einem ausländischen Staat im Geltungsbereich des LugÜ 2007** beim Gericht seines Wohnsitzes geltend machen (BGH v. 23.10.2012 – VI ZR 260/11 – VersR 2013, 73).

VI. Finanzierungskosten

23 Die Kosten der Aufnahme eines notwendigen Kredits zur Behebung des Schadens sind **Folgeschäden** und deshalb auch **ohne Verzug** zu erstatten. Der Geschädigte hat allerdings die Darlegungspflicht für die Notwendigkeit der Kreditaufnahme (BGH VersR 1974, 90).

24 Auch die Kreditkosten bei verspätetem Ausgleich des Verdienstausfallschadens sind als „**Personenfolgeschaden**" ohne Verzug des Haftpflichtversicherers zu erstatten (OLG Nürnberg zfs 2000, 12).

A. Materielles Recht §5

> *Beachte*
> Der Geschädigte muss aber den KH-Versicherer auf die Möglichkeit eines Kreditschadens bei Ausbleiben von Zahlungen auf den Verdienstausfall deutlich hinweisen (OLG Nürnberg zfs 2000, 12).

VII. Zinsen

Der Geschädigte kann von dem Schädiger (abstrakt) **Zinsen** (vgl. auch § 8 Rdn 367 ff.) **für die Entziehung einer Sache oder wegen der Beschädigung einer Sache** nach § 849 BGB ab dem **Zeitpunkt** verlangen, welcher der **Bestimmung des Wertes der Sache** zugrunde gelegt wird. 25

Für den Kraftfahrthaftpflichtschaden bedeutet dies, dass der **Wiederbeschaffungswert** eines **total beschädigten Fahrzeugs** oder die **Wertminderung** bei Reparaturschäden nach § 849 BGB grundsätzlich sofort, also von dem Schadenszeitpunkt an zu verzinsen ist. 26

> *Beachte* 27
> Diese Zinspflicht beginnt jedoch erst ab dem Zeitpunkt, in dem der **Anspruch auf Nutzungsausfall** endet (BGH VersR 1983, 555), d.h. solange Nutzungsausfall beansprucht wird, werden diese Schadenspositionen nicht verzinst.

Die Verpflichtung zur Verzinsung des Totalschadens oder der Wertminderung gilt auch für Ansprüche nach dem StVG (BGH VersR 1983, 555). 28

Alle **übrigen Zinsansprüche für Schäden** setzen **Verzug** des Schädigers oder des für die Regulierung zuständigen Kraftfahrthaftpflichtversicherers voraus. 29

> *Beachte*
> Durch das zum 1.5.2000 in Kraft getretene Gesetz zur Beschleunigung fälliger Zahlungen wurde in § 288 Abs. 1 BGB die auf die Geldschuld für die Dauer des Verzugs zu entrichtende Verzinsung erheblich erhöht. Es sind nunmehr 5 Prozentpunkte über dem jeweiligen Basiszinssatz nach § 247 BGB zu zahlen. Diese Neuregelung des § 288 BGB gilt sowohl für Verzugszinsen als auch gemäß § 291 S. 2 BGB i.V.m. § 288 Abs. 1 BGB für die Prozesszinsen.

Dieser Verzug liegt bei einfachen Sachverhalten aufgrund ordnungsgemäßer Fristsetzung nach ca. **drei bis vier Wochen** vor (OLG Saarbrücken MDR 2007, 1190; OLG Düsseldorf NZV 2008, 151; OLG München zfs 2011, 150 = DAR 2010, 644; AG Münsingen zfs 1997, 168; LG Aachen zfs 1983, 292; LG Düsseldorf VersR 1981, 583; AG Nürnberg zfs 1981, 44). 30

Bei der Regulierung eines Kfz-Haftpflichtschadens ist dem Haftpflichtversicherer eine **angemessene Frist zur Prüfung** von Grund und Umfang seiner Eintrittspflicht zuzubilligen. Deren Länge hängt von den Umständen des Einzelfalles ab. 31

32 Ein Zuwarten bis zur **Akteneinsicht** würde aber den berechtigten Interessen des Geschädigten an einer raschen Regulierung zuwiderlaufen (OLG Saarbrücken zfs 1991, 16; AG Münsingen zfs 1997, 168). Die Entscheidung des LG Oldenburg in DAR 1999, 76, die dem Haftpflichtversicherer eine Bearbeitungs- und Prüfungszeitraum von bis zu sieben Wochen zugesteht, wenn er vorher noch keine Möglichkeit zur Einsichtnahme in die Ermittlungsakten hatte, ist nicht zu akzeptieren, weil sie verkennt, dass die Klärung des Unfallhergangs im Einfluss- und Verantwortungsbereich des KH-Versicherers und seines Versicherungsnehmers liegt (*Gebhardt*, Bearbeitungs- und Prüfungszeitraum des Haftpflichtversicherers, DAR 1999, 140). Das OLG München hat zu Recht darauf hingewiesen, dass die **Prüffrist** für einen Kfz-Haftpflichtversicherer in der Regel **maximal vier Wochen** beträgt, jedoch „angesichts der Möglichkeiten der elektronischen Schadensbearbeitung – insbesondere **in einfachen Fällen – auch deutlich darunter liegen**" kann (OLG München zfs 2011, 150 = DAR 2010, 644). Dementsprechend ist dem OLG München folgend die Rechtsprechung, welche regelmäßige Prüffristen von bis zu sechs Wochen zuerkennt (KG VersR 2009, 1262; OLG Dresden v. 29.6.2009 – 7 U 499/09 – NZV 2009, 604 [nur Leitsatz]; OLG Saarbrücken v. 9.2.2010 – 4 W 26/10–03; OLG Stuttgart DAR 2013, 708; OLG Frankfurt VersR 2015, 1373), abzulehnen. Auch eine **fehlende Einsichtnahmemöglichkeit in die Ermittlungsakte führt nicht zu einer Verlängerung der Prüffrist**, da sich der Haftpflichtversicherer bei seinem Versicherungsnehmer und ggf. weiteren mitversicherten Personen zu unterrichten hat und zudem mit einer Einsichtnahme häufig erst nach Monaten zu rechnen ist (OLG Dresden v. 29.6.2009 – 7 U 499/09 – Rn 15; OLG Saarbrücken NZV 1991, 312; OLG Stuttgart DAR 2013, 708; zur angemessenen Prüffrist vgl. auch § 1 Rdn 367 ff.).

33 Die Unsicherheit in der Beurteilung der Haftungsfrage entlastet den Haftpflichtversicherer nicht (OLG Frankfurt VersR 1985, 294).

34 *Beachte*
Verzug setzt datumsmäßige Fristsetzung voraus. Eine Fristsetzung z.B. „zwei Wochen ab Datum dieses Schreibens" bewirkt keinen Verzug (vgl. im Einzelnen § 8 Rdn 370 ff.).

B. Prozessuale Grundlagen

I. Beweismaßstab und Beweisprobleme

Literatur zu Beweismaßstab und Beweisproblemen:

van Bühren, Besonderheiten des Unfallprozesses, zfs 2011, 549; *Burmann*, Der Sachverständigenbeweis im Haftpflichtprozess, zfs 2003, 4 ff.; *Dannert*, Beweiserleichterungen im Verkehrshaftpflichtrecht, zfs 2005, 5; zfs 2005, 64 und zfs 2005, 115; *Gehrlein*, Beweisverbote im Zivilprozess, VersR 2011, 1350.

B. Prozessuale Grundlagen § 5

1. Strengbeweis gem. § 286 ZPO

Im Rahmen eines Verkehrsunfalls ist für die konkrete Haftung des Unfallgegners dem Grunde nach der Strengbeweis gemäß § 286 ZPO zur richterlichen Überzeugung mit den von der ZPO ausdrücklich vorgesehenen **sechs Beweismitteln** zu erbringen.

Diese sind:
- Augenscheinseinnahme (§§ 371 ff. ZPO)
- Zeugen (§§ 373 ff. ZPO)
- Sachverständigengutachten (§§ 402 ff. ZPO)
- Urkunden (§§ 415 ff. ZPO)
- Parteivernehmung des Gegners (§§ 445 ff. ZPO)
- eigene Parteivernehmung (§ 448 ZPO).

Beachte
Der Europäische Gerichtshof für Menschenrechte (EUGH-MR) hat sich in Ergänzung der Parteivernehmung nach § 448 ZPO aufgrund des Gesichtspunkts der Waffengleichheit für eine Parteivernehmung auch der beweisbelasteten Partei ausgesprochen (EUGH-MR NJW 1995, 1413).

Gelingt es der beweisbelasteten Partei nicht, die haftungsbegründenden Tatsachen durch eines oder mehrere der vorgenannten Beweismittel zur Überzeugung des Gerichts zu beweisen, bleibt die Partei insoweit **beweisfällig** und die Klage ist – im Falle der Beweislast des Klägers – abzuweisen. Allerdings soll **bei Verkehrsunfallsachen** der Grundsatz gelten, dass die **unfallbeteiligten Parteien grundsätzlich gem. § 141 ZPO von Amts wegen anzuhören** sind; anderenfalls läge ein Verstoß gegen den Anspruch auf Gewährung rechtlichen Gehörs vor (OLG Schleswig NZV 2009, 79; OLG München NZV 2012, 74; OLG München NJW-Spezial 2016, 43).

Das Gericht muss dem von einer Partei **rechtzeitig gestellten Antrag**, den **gerichtlichen Sachverständigen** nach Erstattung eines schriftlichen Gutachtens zu dessen **mündlicher Erläuterung** zu laden, auch dann stattgeben, wenn es die schriftliche Begutachtung aus seiner Sicht für ausreichend und überzeugend hält, es sei denn, der Antrag ist verspätet oder rechtsmissbräuchlich gestellt worden (BGH, std. Rspr., z.B. BGH zfs 1997, 129; DAR 2001, 454; VersR 2007, 1697).

Hat das erstinstanzliche Gericht die mündliche Erläuterung des Gutachtens durch den Sachverständigen nicht im Protokoll festgehalten, ist das Berufungsgericht schon deshalb zu einer **erneuten Anhörung des Sachverständigen** verpflichtet (BGH zfs 2002, 16).

Beachte
Aber auch Privatgutachten, die eine Partei zur Untermauerung ihres Vortrags vorlegt, müssen vom Gericht beachtet werden. Ein Privatgutachten ist ein qualifizierter urkundlich belegter Parteivortrag, den das Gericht ernst nehmen muss

(BGH, std. Rspr., z.B. BGH NJW 1992, 1459; DAR 2001, 76; VersR 2011, 1202). Insoweit können auch eingeholte Privatgutachten kostenmäßig zu übernehmen sein (BGH VersR 2003, 481).

2. Freibeweis gem. § 287 ZPO

41 Abweichend hiervon hat jede Partei die Möglichkeit, sowohl die Behauptung, dass ein Schaden entstanden ist, als auch die Höhe des Schadens nach § 287 ZPO im Wege des so genannten **Freibeweises** nachzuweisen.

42 Nach § 287 Abs. 1 ZPO ist das Gericht grundsätzlich von sich aus berechtigt, bei greifbaren, vom Kläger vorzutragenden Anhaltspunkten, an deren Vorliegen nur gemäßigte Anforderungen zu stellen sind (BGH NJW 1992, 2753), die Höhe des Schadens **nach freiem Ermessen** zu schätzen.

43 Dies gilt vor allem für die Ermittlung eines **entgangenen Gewinns** (BGH NJW 1987, 909, 910), die mutmaßliche **Lebensdauer** eines getöteten Ehepartners (BGH NJW 1951, 195), die Zukunftsprognose für die Bemessung einer **Unterhaltsrente** (BGH MDR 1990, 809), den **Haushaltsführungsschaden** und alle übrigen Schäden, für deren Vorliegen der Kläger nur sehr schwer den vollen Beweis erbringen kann.

44 Es besteht daher die Möglichkeit, hinsichtlich der geltend gemachten Schadenshöhe ebenso wie hinsichtlich der behaupteten Kausalität zwischen Haftungsgrund und Schadensfolge den **Beweisführer** (also die eigene Partei) über die Schadenshöhe oder die behauptete Kausalität nach § 287 Abs. 1 S. 3 ZPO zu **vernehmen**. Reicht dem Gericht allein die Vernehmung der Partei nach § 287 Abs. 1 S. 3 ZPO zur Überzeugungsbildung nicht aus, kann darüber hinaus beantragt werden, die Aussage des Beweisführers nach § 452 ZPO **beeidigen** zu lassen.

45 Die Vernehmung des Geschädigten als **Beweisführer** nach § 287 Abs. 1 ZPO unterliegt im Gegensatz zur Parteivernehmung nach § 448 ZPO nicht der Subsidiarität gegenüber anderen Beweismitteln und auch nicht dem Erfordernis einer bereits gewissen Wahrscheinlichkeit des Schadenseintritts.

46 *Beachte*
Statt eine umfangreiche Beweisaufnahme zur Schadenshöhe und zum Schadensumfang durchzuführen, sollte stets auf Vernehmung des Klägers als Beweisführer nach § 287 Abs. 1 S. 3 ZPO gedrängt werden.

3. Parteivernehmung gem. § 448 ZPO

47 Subsidiär zu allen anderen Beweismitteln besteht für jede beweisbelastete Partei die Möglichkeit einer Parteivernehmung nach § 448 ZPO. Diese Parteivernehmung kann das Gericht **von Amts wegen** durchführen.

Voraussetzung einer Parteivernehmung nach § 448 ZPO ist, dass vorher alle angebotenen und erheblichen Beweise ausgeschöpft worden sind, diese aber noch nicht ausreichen, um beim Gericht noch verbliebene Zweifel auszuräumen. 48

Weitere Voraussetzung ist, dass eine **gewisse Wahrscheinlichkeit** für die unter Beweis gestellte Behauptung bereits vor der Parteivernehmung nach § 448 ZPO erbracht ist. Es muss also ein gewisser **Eingangsbeweis** geführt sein, der zumindest nach allgemeiner Lebenserfahrung die erforderliche Wahrscheinlichkeit begründet (BGH VersR 1991, 917, 918). 49

> *Beachte*
> Wegen des Grundsatzes der Waffengleichheit beachte das Urteil des EUGH-MR NJW 1995, 1413 (siehe Rdn 36).

Das **Gericht** ist jedoch auch in diesen Fällen **zur Parteivernehmung nicht verpflichtet**. Die Parteivernehmung nach § 448 ZPO steht im Ermessen des Gerichts und kann von keiner Partei durch Antrag erzwungen werden. Sieht das Tatsachengericht aber von einer beantragten Parteivernehmung nach § 448 ZPO ab, muss es dies in einer für das Revisionsgericht überprüfbaren Form **darlegen und begründen** (BGH NJW 1983, 2033). 50

Allerdings soll **bei Verkehrsunfallsachen** der Grundsatz gelten, dass die **unfallbeteiligten Parteien grundsätzlich gem. § 141 ZPO von Amts wegen anzuhören** sind; anderenfalls läge ein Verstoß gegen den Anspruch auf Gewährung rechtlichen Gehörs vor (OLG Schleswig NZV 2009, 79; OLG München NZV 2012, 74; OLG München NJW-Spezial 2016, 43).

4. Selbstständiges Beweisverfahren

In der Praxis wird viel zu selten von der Möglichkeit der **Einleitung eines selbstständigen Beweisverfahrens** nach §§ 485 ff. ZPO Gebrauch gemacht. Dieses Verfahren ist deshalb geschaffen worden, damit **jede Partei die Möglichkeit** hat, in einem laufenden oder späteren Rechtsstreit notwendige Beweise sichern zu lassen, die ansonsten verloren gehen oder nur sehr erschwert erbracht werden können. 51

Gerade in Verkehrsunfallsachen sind viele Konstellationen denkbar, bei denen die Einleitung eines selbstständigen Beweisverfahrens dringend geboten ist. 52

> *Beispiele*
> - Sicherung von Bremsspuren, die ansonsten verwischt oder überlagert werden könnten;
> - Sichtsituation an der Unfallstelle, die durch Rückschnitt von Bäumen und Sträuchern verändert werden könnte;
> - Schlaglöcher u.a. in der Straße, die ansonsten beseitigt werden könnten.

§ 5 Passivlegitimation und prozessuale Grundlagen

53 In derartigen Fällen kann es sich als **Lotteriespiel** erweisen, auf eine sorgfältige und korrekte **Unfallaufnahme durch die Polizei** zu vertrauen. Insbesondere dann, wenn keine Zeugen vorhanden sind, welche die Unfallschilderung des eigenen Mandanten bestätigen, kann es geboten sein, das selbstständige Beweisverfahren dahingehend einzuleiten, dass ein **Sachverständiger** anhand der beiden unfallbeschädigten Fahrzeuge damit beauftragt wird, ein **Unfallrekonstruktionsgutachten** zu fertigen.

54 Dies ist regelmäßig nämlich bereits **nach kurzer Zeit nicht mehr möglich**, wenn die unfallbeschädigten Fahrzeuge repariert bzw. veräußert sind oder sich die Situation vor Ort verändert hat.

55 Die Einleitung eines solchen selbstständigen Beweisverfahrens ist in **zwei Varianten** möglich:
- Einnahme des Augenscheins, Vernehmung von Zeugen oder Begutachtung durch einen Sachverständigen auf Antrag einer Partei, wenn der Gegner zustimmt oder der Verlust des Beweismittels oder eine Erschwerung seiner Benutzung zu besorgen ist (§ 485 Abs. 1 ZPO),
- schriftliche Begutachtung durch einen Sachverständigen (§ 485 Abs. 2 ZPO).

56 Die **schriftliche Begutachtung** durch einen Sachverständigen unterliegt nach § 485 Abs. 2 ZPO folgenden Voraussetzungen:
- Der Rechtsstreit darf in der Hauptsache noch nicht anhängig sein.
- Es muss ein **rechtliches Interesse an der Sicherung des Beweises** bestehen. Dieses ist nach dem Wortlaut des Gesetzes anzunehmen, wenn die Feststellung der **Vermeidung eines Rechtsstreites** dienen kann. Die Formulierung des Gesetzes zeigt, dass nicht nur in den Fällen, in denen möglicherweise ein Rechtsstreit vermieden wird, das rechtliche Interesse zu bejahen ist. Das rechtliche Interesse ist daher immer anzunehmen, wenn der Gegner die Tatsache der Behauptung, über die das Beweissicherungsverfahren eingeleitet werden soll, bestreitet und die Behauptung für einen späteren Prozess von Bedeutung ist (*Zöller*, ZPO, § 485 Rn 7 und 7a).

57 Weitere Voraussetzung ist, dass ein **schriftliches Sachverständigengutachten** und nicht ein sonstiges Beweismittel benannt wird, mit dessen Hilfe im selbstständigen Beweisverfahren die Beweistatsache gesichert werden soll. Das schriftliche Sachverständigengutachten kann dann auch in einem im Anschluss hieran anberaumten Verhandlungstermin nach § 492 Abs. 3 ZPO **mündlich erläutert und erörtert** werden.

58 Bei Unvollständigkeit des Sachverständigengutachtens besteht darüber hinaus die Möglichkeit nach § 397 ZPO i.V.m. § 402 ZPO, ein vom Gutachter vorgelegtes **Sachverständigengutachten ergänzen** zu lassen.

Letzte Voraussetzung ist, dass das Sachverständigengutachten zu den im Gesetz vorgegebenen Beweisfragen beantragt wird. Diese sind: 59
- der Zustand einer Person oder der Zustand oder Wert einer Sache
- die Ursache eines Personenschadens, Sachschadens oder Sachmangels
- der Aufwand für die Beseitigung eines Personenschadens, Sachschadens oder Sachmangels.

Auch im selbstständigen Beweisverfahren ist eine Streitverkündung zulässig (BGH VersR 1997, 855). 60

Beachte 61
Auch für das selbstständige Beweisverfahren nach § 485 ZPO ist eine bestehende **Rechtsschutzversicherung eintrittspflichtig**, da es sich um eine notwendige Vorbereitungsmaßnahme für die Durchsetzung der Schadensersatzansprüche handelt (*Harbauer*, ARB, 8. Aufl. 2010, § 1 ARB 2000 Rn 8).

Da es sich bei den im Rahmen des selbstständigen Beweisverfahrens entstehenden Sachverständigenkosten um gerichtliche Auslagen und damit Verfahrenskosten handelt, sind diese – anders als regelmäßig Privatgutachterkosten – vom Deckungsumfang der Rechtsschutzversicherung umfasst (vgl. § 13 Rdn 356).

Für die Durchführung des selbstständigen Beweisverfahrens erhält der Anwalt die **vollen Gebühren** (Vorbemerkung 3 Abs. 5 VV RVG). 62

Beachte
Kommt es im Beweisverfahren zu einer Einigung, so entsteht nach Nr. 1000 VV RVG eine Einigungsgebühr. Die Höhe der Einigungsgebühr beläuft sich auf 1,5, auch dann, wenn über die Gegenstände, über die sich die Parteien geeinigt haben, das Beweisverfahren anhängig ist (arg. e. Nr. 1003 VV RVG). Lediglich dann, wenn das Hauptsacheverfahren bereits anhängig ist, entsteht die Einigungsgebühr nur in Höhe von 1,0 (Nr. 1003 VV RVG). In einem Rechtsmittelverfahren beläuft sich die Einigungsgebühr sodann auf 1,3 (Nr. 1004 VV RVG).

Auch im selbstständigen Beweisverfahren ist die Bewilligung der **Prozesskostenhilfe** (§§ 114 ff. ZPO) möglich und gerechtfertigt (OLG Köln VersR 1995, 436). 63

5. Anscheinsbeweis

Literatur zum Anscheinsbeweis:

Burchot, Der Anscheinsbeweis im Straßenverkehrsrecht, NJW-Spezial 2015, 201; *Dörr*, Der Anscheinsbeweis im Verkehrsunfallprozess, MDR 2010, 1163; *Janeczek*, Der Anscheinsbeweis im Straßenverkehrsrecht, zfs 2015, 244; *Metz*, Der Anscheinsbeweis bei Kollision von Kfz und Straßenbahn, NZV 2009, 484; *Nugel*, Haftungsquote und Anscheinsbeweis beim Verkehrsunfall mit zwei Kraftfahrzeugen, NJW 2013, 193; *von Pentz*, Neuere Rechtsprechung des Bundesgerichtshofs zum Anscheinsbeweis im Verkehrsrecht, zfs 2012, 64 (Teil 1) und zfs 2012, 124 (Teil 2); *Schröder*, Der Anscheinsbeweis im Verkehrsrecht, SVR 2015, 19; *Sieger*, Der Anscheinsbeweis im Verkehrsunfallprozess, zfs 2015, 669; *Wenker*, Der Anscheinsbeweis beim Verkehrsunfall, VersR 2015, 34.

a) Voraussetzung

64 Die Rechtsgrundsätze zum Anscheinsbeweis dürfen **nur dann** herangezogen werden, wenn sich unter Berücksichtigung aller unstreitigen oder festgestellten Einzelumstände und besonderen Merkmale des Sachverhalts ein für die zu beweisende Tatsache nach der Lebenserfahrung **typischer Geschehensablauf** ergibt (BGH VersR 1986, 343, 344; zfs 1996, 250).

65 In dem in zfs 1996, 250 erörterten Fall hat der BGH die Anwendung des Anscheinsbeweises zu Lasten eines Kraftfahrers abgelehnt, der zwar von einer geraden und übersichtlichen Fahrbahn abgekommen war, was aber in unmittelbarem Zusammenhang damit stand, dass er bei Gegenverkehr von einem anderen Fahrzeug überholt wurde, das den Überholvorgang nur knapp zu Ende führen konnte (BGH VersR 1986, 343, 344; zfs 1996, 250).

b) Anscheinsbeweis und Alkohol

66 Immer wieder fehlerhaft gingen die Instanzgerichte davon aus, dass ein Anscheinsbeweis gegen denjenigen spricht, der bei **trunkenheitsbedingter absoluter Fahruntüchtigkeit** in einen Verkehrsunfall verwickelt wird (OLG Celle VersR 1988, 608 und OLG Hamm NZV 1990, 393).

67 Dem hat der BGH einen Riegel vorgeschoben. Er hat ausdrücklich festgestellt, dass auch die alkoholbedingte absolute Fahruntüchtigkeit eines Fahrers bei der Schadensverteilung nach § 17 StVG nur berücksichtigt werden kann, wenn feststeht, dass sie sich **in dem Unfall niedergeschlagen** hat (BGH zfs 1995, 126).

68 Das bedeutet, dass eine Mithaftung sowohl nach BGB als auch nach StVG nur dann in Betracht kommt, wenn ein alkoholbedingter Verursachungsbeitrag festgestellt werden kann.

69 Im oben angesprochenen Fall ging der BGH sogar von 100 %iger Haftung des Unfallgegners aus, da die den Alkoholfahrer grundsätzlich treffende Betriebsgefahr von dem groben Verschulden des Unfallgegners überlagert wurde.

c) Beispiele für den Anscheinsbeweis

70
- Bei **Auffahrunfällen** – auch auf der Autobahn – spricht der erste Anschein für ein Verschulden des Auffahrenden. Dieser erste Anschein wird nur dadurch **erschüttert**, dass der Auffahrende die Möglichkeit eines atypischen Verlaufs **darlegt und beweist** (BGH DAR 1989, 23). Gelingt es, den Anscheinsbeweis zu erschüttern, obliegt der anderen Partei wieder die volle Beweislast.
- Bei einem **Wendeunfall** spricht der Anscheinsbeweis für eine Unfallverursachung durch den Wendenden. Er kann aber beispielsweise erschüttert werden, wenn der Wendende nachweist, dass der andere Unfallbeteiligte die zulässige Höchstgeschwindigkeit wesentlich überschritten hat (BGH NJW-RR 1986, 384).

- Gegen den Fahrer, der ohne ersichtlichen Grund auf die **Gegenfahrbahn** gerät, spricht der Anscheinsbeweis des Verschuldens (BGH VersR 1986, 343).
- Anscheinsbeweis auch gegen einen Fahrer, der bei normaler Verkehrslage **von der Fahrbahn** abkommt (BGH VersR 1984, 44)
- Das Schleudern auf voraussehbar **vereister oder wasserglatter** Fahrbahn begründet einen Anscheinsbeweis für das Verschulden des Fahrers (BGH VersR 1962, 786; 1971, 439; 1971, 842; OLG Frankfurt zfs 2005, 180).

Aber: Unvermutet auftauchendes **Blitzeis** spricht gegen den Anscheinsbeweis (OLG Düsseldorf v. 18.11.2002 – 1 U 33/01). 71

- Der Beweis des ersten Anscheins spricht für ein Verschulden des **Rückwärtsfahrenden** (LG Hagen zfs 1992, 44). Zum Anscheinsbeweis bei zwei rückwärtsfahrenden Fahrzeugen auf einem Parkplatz vgl. jüngst BGH v. 15.12.2015 – VI ZR 6/15 – VersR 2016, 410 sowie BGH v. 26.1.2016 – VI ZR 179/15 – VersR 2016, 479.
- Gegen den **Zweitüberholer** spricht bei einem Unfall der Beweis des ersten Anscheins (OLG Nürnberg VersR 1962, 1115).
- Bei **Kreuzungszusammenstößen** spricht zwar der Beweis des ersten Anscheins für eine schuldhafte Vorfahrtsverletzung des Wartepflichtigen, nicht jedoch gleichzeitig für eine Unabwendbarkeit seitens des Vorfahrtsberechtigten.
- Fährt ein Kraftfahrer bei Dunkelheit einen **Fußgänger** am Fahrbahnrand an, spricht der Beweis des ersten Anscheins für sein Verschulden (BGH VersR 1967, 257).
- Beim **fehlenden Sicherheitsgurt** spricht der Anscheinsbeweis für ein Mitverschulden des Geschädigten bei bestimmten Verletzungen und Unfallkonstellationen (hierzu vgl. § 3 Rdn 59 ff.).

6. Beweis durch Dashcam-Aufzeichnungen

Literatur zur Dashcam:

Ahrens, Der Beweis des Unfallgeschehens mittels Dashcam-Videos, MDR 2015, 926; *Allendorf*, Videoüberwachung aus Fahrzeugen, SVR 2015, 171; *Atzert/Franck*, Zulässigkeit und Verwertbarkeit von Videoaufzeichnungen durch Dashcams, RDV 2014, 136; *Bachmeier*, Dash-Cam & Co. – Beweismittel der ZPO?, DAR 2014, 15; *Balzer/Nugel*, Minikameras im Straßenverkehr – Datenschutzrechtliche Grenzen und zivilprozessuale Verwertbarkeit der Videoaufnahme, NJW 2014, 1622; *Brenner*, Aktuelle verfassungsrechtliche Probleme im Verkehrsrecht, DAR 2014, 619; *Ernst*, Zur Un-Zulässigkeit von Dashcams, CR 2015, 620; *Gola*, Aus den aktuellen Berichten der Aufsichtsbehörden (14), RDV 2014, 203; *Greger*, Kamera on board – Zur Zulässigkeit des Video-Beweises im Verkehrsunfallprozess, NZV 2015, 114; *Klann*, Aktualisierung: Zur Zulässigkeit der Verwertung privater Verkehrsüberwachungskamera – Dashcams – zu Beweiszwecken, DAR 2014, 451; *Knyrim/Trieb*, Videokameras in Autos – vom Teufelszeug zum Beweismittel, ZD 2014, 547; *Nugel*, Update zur Verwertbarkeit von Filmaufnahmen aus Dash-Cams im Zivilprozess, VRR 2015, Nr. 2, 4–9; *Sanetra*, Dashcam versus Datenschutz, PinG 2015, 179; *Schwartmann/Ohr*, Datenschutzrechtliche Perspektiven des Einsatzes intelligenter Fahrzeuge, RDV 2015, 59; *Terhaag/Schwarz*, Filmen während der Fahrt – der rechtliche Umgang mit Dashcams, K & R 2015, 556; *Vahle*, „Dashcam" – Aufzeichnungen als Beweismittel im Zivilprozessrecht nicht verwertbar, DSB

2015, 90; *Vass*, Minikamera am Pkw zu Beweiszwecken – rechtliche Einordnung!, DAR 2010, 504; *Wessels*, Dashcams im Lichte des Datenschutzes – Beweissicherung vs. Informationelle Selbstbestimmung, JurPC 2015, Web-Dok. 186/2015.

72 In den vergangenen Jahren tritt vermehrt die Frage auf, inwieweit im Schadensersatzprozess aufgrund eines Verkehrsunfalls Videoaufzeichnungen, die von Kameras in Fahrzeugen – insbesondere sogenannten Dashcams – aufgezeichnet wurden, als Beweismittel verwertbar sind. Bedenken der Zulässigkeit bestehen insbesondere bei – ohne besonderen Anlass – ständig mitlaufenden Kameras vor dem Hintergrund des Rechts auf informationelle Selbstbestimmung gem. Art. 2 Abs. 1 i.V.m. Art. 1 Abs. 1 GG der dadurch anlasslos aufgezeichneten Personen. Mangels ausdrücklicher Regelung in der ZPO dürfte über die Verwertbarkeit erst nach einer umfassenden Interessen- und Güterabwägung zu entscheiden sein (BVerfG NJW 2002, 3619, 3624; BGH DAR 2003, 268).

73 In der Rechtsprechung finden sich dementsprechend sowohl Entscheidungen der Instanzgerichte **für eine Verwertbarkeit** (LG Landshut v. 1.12.2015 – 12 S 2603/15 – DV 2016, 32; AG München v. 6.6.2013 – 343 C 4445/13 – zfs 2014, 149; AG München v. 30.11.2015 – 335 C 13895/15 – DAR 2016, 275; AG Köln v. 1.9.2014 – 273 C 162/13; AG Düsseldorf v. 17.12.2004 – 24 C 6736/14; AG Nürnberg v. 8.5.2015 – 18 C 8938/14 – DAR 2015, 472) als auch **gegen eine Verwertbarkeit** (AG München v. 13.8.2014 – 345 C 5551/14 – zfs 2014, 692; LG Heilbronn v. 3.2.2015 – I 3 S 19/14 – DAR 2015, 211). In der Literatur lassen viele Stimmen unter bestimmten Voraussetzungen die Verwertbarkeit derartiger Aufnahmen auch im Rahmen einer streitigen Güterabwägung zu (*Atzert/Frank*, RDV 2014, 136; *Balzer/Nugel*, NJW 2014, 1622; *Vass*, DAR 2010, 504), andere lehnen sie grundsätzlich ab (*Vahle*, DSB 2015, 90).

> *Beachte*
> Wichtig für den Anwalt in der Praxis ist, dass er ggf. einer Verwertung des Beweismittels im Zivilprozess gem. § 295 Abs. 1 ZPO widersprechen muss. Andernfalls droht ein Verlust des Rügerechts (BGH v. 18.7.2007 – IV ZR 129/06 – VersR 2007, 1260, Rn 40 ff.).

7. Beweissituation bei Vor-/Altschäden

74 Vorsicht kann hinsichtlich der Darlegungs- und Beweislasten geboten sein, wenn Schadensersatz für Fahrzeugschäden geltend gemacht wird und das Fahrzeug im betroffenen Bereich bereits über Vor-/Altschäden verfügte.

75 Als selbstverständlich erscheint zunächst, dass die Altschäden in der Regel zu einem geringeren Wiederbeschaffungswert des Fahrzeugs (vor dem neuen Unfall) führen und bei der Kalkulation der Reparaturkosten ggf. ein Abzug neu für alt zu berücksichtigen ist, wenn durch die Instandsetzung des neuen Unfallschadens zugleich der Altschaden mitbeseitigt wird.

Ebenfalls klar dürfte sein, dass bei einer Überlagerung von bereits vor dem Unfall vorhandenen Schäden und neuen Unfallschäden nur ein Ersatz des nachweislich dem neuen Unfall zuzuordnenden Schadens in Betracht kommt. Dieser Beweis ist regelmäßig durch ein Sachverständigengutachten zu führen.   76

Darüber hinaus existiert jedoch Rechtsprechung, welche verlangt, dass der Geschädigte bei einer Überlagerung von Schäden in demselben Bereich exakt zur **Beseitigung des früheren Schadens** vorträgt und diese **nachweist**. Danach scheidet auch ein Ersatz für dem Unfall zuzuordnende (kompatible) Schäden aus, wenn feststeht, dass nicht sämtliche Schäden auf das Unfallereignis zurückzuführen sind, ohne dass durch den Geschädigten eine ausreichende Aufklärung erfolgt (OLG Frankfurt am Main r+s 2016, 97; OLG Hamm BeckRS 2013, 06732; OLG Düsseldorf r+s 2010, 107; OLG Frankfurt am Main NZV 2007, 313; KG NZV 2008, 356; KG NZV 2007, 520). Kann der Geschädigte nicht im Einzelnen zur behaupteten Reparatur des unstreitigen Vorschadens vortragen, weil er das Fahrzeug mit repariertem Vorschaden, aber ohne Nachweis über die Reparatur erworben hat, geht dies im Streitfall zu seinen Lasten (KG NZV 2008, 356; OLG Düsseldorf r+s 2016, 96). Nur dann, wenn **mit überwiegender Wahrscheinlichkeit (§ 287 ZPO) auszuschließen** ist, dass die kompatiblen Schäden auf einem anderen Unfallereignis beruhen, sind diese trotz des Vorliegens auch inkompatibler Schäden zu ersetzen (OLG Düsseldorf r+s 2016, 96; OLG Frankfurt am Main r+s 2016, 97; KG MDR 2008, 142).   77

II. Gerichtszuständigkeiten

Literatur zu Gerichtszuständigkeiten:

Riedmeyer, Internationale Zuständigkeit für Klagen bei Unfällen in der EU, Sonderheft Lemcke r+s 2011, 91; *Staudinger*, Internationale Zuständigkeit, Dreiteilung des Internationalen Privatrechts sowie Zustellung der Klageschrift bei Straßenverkehrsunfällen mit grenzüberschreitendem Bezug, DAR 2009, 738; *ders.*, Direktklage des Sozialversicherers im Verbund mit dem Geschädigten – Droht der deutschen Haftpflichtversicherungsindustrie die Gerichtspflichtigkeit im Ausland?, VersR 2013, 412.

1. Besonderer Gerichtsstand der unerlaubten Handlung

Wegen der Vorschrift des § 115 Abs. 1 S. 1 Nr. 1 VVG ist es möglich, auch den Versicherer gemeinsam mit dem Halter und Fahrer – oder aber auch allein wegen seiner gesamtschuldnerischen Haftung – im **Gerichtsstand der unerlaubten Handlung** direkt zu verklagen (§ 32 ZPO, § 20 StVG, § 115 Abs. 1 S. 1 Nr. 1 VVG – BGH VersR 1983, 586).   78

> *Beachte*
> Einem Beklagten kann eine Klageschrift auch an seiner Arbeitsstelle zugestellt werden. Hierzu ist allerdings erforderlich, dass er sowie seine Funktion an der Arbeitsstelle konkret und genau bezeichnet werden (BGH zfs 2001, 156).

79 Zwischen Schädiger und Versicherer besteht nur **einfache** und keine notwendige **Streitgenossenschaft** (BGH NJW 1982, 996, 999 unter Bezugnahme auf BGH NJW 1974, 224).

2. Allgemeiner Gerichtsstand der Beklagten

80 Andererseits ist es möglich, **isolierte Klagen** gegen Fahrer, Halter und Haftpflichtversicherer nach §§ 12 ff. ZPO an den jeweiligen **allgemeinen Gerichtsständen** zu erheben. Hiervon ist jedoch aus dem Gesichtspunkt der Prozessökonomie dringend abzuraten.

3. Gerichtsstand des Kfz-Haftpflichtversicherers

81 Gegen den Kfz-Haftpflichtversicherer kann gemäß §§ 17, 21 ZPO eine Klage sowohl beim (allgemeinen) **Gerichtsstand des Hauptsitzes** als auch am (besonderen) **Gerichtsstand der Zweigniederlassung** der Versicherungsgesellschaft erhoben werden, welche die Schadensbearbeitung übernommen hat.

82 Kfz-Haftpflichtversicherer, Fahrer und Halter können nach den vorgenannten Vorschriften auch an **verschiedenen Gerichtsständen** verklagt werden. Wird dann aber in einem dieser Verfahren ein klageabweisendes Urteil rechtskräftig, so bindet es nach § 124 Abs. 1 VVG die anderen noch mit der Sache befassten Gerichte.

83 Eine Ausnahme hiervon hat der BGH in einem Fall angenommen, in dem sich ein Kraftfahrzeug-Haftpflichtversicherer bei einer gegen ihn gerichteten Direktklage darauf berufen wollte, dass die Klage gegen den Schädiger (rechtsirrig wegen Verjährung) abgewiesen worden war. In diesem Fall hat es der BGH als **rechtsmissbräuchlich** seitens des Haftpflichtversicherers angesehen, sich auf die **materiell unrichtige Klageabweisung** gegen den Versicherungsnehmer zu berufen (BGH VersR 1979, 841).

> *Beachte*
> Bei einer Klage am allgemeinen Gerichtsstand des KH-Versicherers wird zu überlegen sein, ob dem Versicherer der Vorteil des „Heimspiels" zugutekommt.

4. Gerichtsstand bei Ausländerbeteiligung und gegen die Verkehrsopferhilfe

84 Passivlegitimiert ist **nur** das „Deutsche Büro Grüne Karte e.V." bei Ausländerschäden im Inland oder aber die „Verkehrsopferhilfe e.V." sowohl bei Schadensfällen nach § 12 Abs. 1 PflVG oder bei Klagen gegen die Entschädigungsstelle nach §§ 12a, 13a PflVG.

Beachte
Klagen gegen diese Institutionen können nur gegen diese – niemals gegen die von diesen Institutionen mit Verhandlungen beauftragten Versicherer oder Schadenregulierer – erhoben werden.

Auch das „Deutsche Büro Grüne Karte e.V." oder die „Verkehrsopferhilfe e.V." sollten zweckmäßigerweise nicht an deren Sitz in Berlin, sondern ebenfalls am **Gerichtsstand der unerlaubten Handlung** (§ 32 ZPO) verklagt werden.

85

5. Inländischer Gerichtsstand bei EU-Auslandsunfällen

Literatur zum inländischen Gerichtsstand bei EU-Auslandsunfällen:

Riedmeyer, Internationale Zuständigkeit für Klagen bei Unfällen in der EU, Sonderheft Lemcke r+s 2011, 91; *Riedmeyer/Bouwmann*, Unfallregulierung nach den Kraftfahrzeughaftpflicht-Richtlinien der Europäischen Union, NJW 2015, 2614; *Sendmeyer*, Internationale Zuständigkeit deutscher Gerichte bei Verkehrsunfällen im europäischen Ausland, NJW 2015, 2384; *Staudinger*, Internationale Zuständigkeit, Dreiteilung des Internationalen Privatrechts sowie Zustellung der Klageschrift bei Straßenverkehrsunfällen mit grenzüberschreitendem Bezug, DAR 2009, 738; *ders.*, Direktklage beim Auslandsunfall am Wohnsitzgericht – auch nach Inanspruchnahme der Kaskoversicherung, DAR 2014, 485; *Wittmann*, Kann eine durch einen Verkehrsunfall geschädigte juristische Person gegen den Kfz-Haftpflichtversicherer aus einem Mitgliedsstaat der EU an ihrem Sitz klagen?, r+s 2011, 145.

Eine Besonderheit gilt bei einem Unfall im EU-Ausland. Der bei einem Unfall im EU-Ausland Geschädigte hat gem. Art. 11 EuGVVO gegen den gegnerischen Haftpflichtversicherer, der seinen Geschäftssitz in der EU hat, einen **Direktanspruch**.

86

Nach inzwischen durch den EuGH (zfs 2008, 139 = VersR 2008, 111 = NZV 2008, 133 = DAR 2008, 17) bestätigter Rechtsprechung des BGH kann der Geschädigte gem. Art. 9 Abs. 1b EuGVVO den **ausländischen Versicherer unmittelbar an seinem inländischen Wohnort verklagen** (BGH zfs 2007, 143 = VersR 2006, 1677 = NZV 2007, 37 = DAR 2007, 19; BGH DAR 2008, 466). Dies gilt nicht nur zugunsten eines Verbrauchers als Geschädigten, sondern auch zugunsten einer juristischen Person (OLG Celle v. 27.2.2008 – 14 U 211/06 – OLGR Celle 2008, 377). Diese **internationale Zuständigkeit des deutschen Gerichts** gilt jedoch lediglich hinsichtlich des Direktanspruchs gegen den Versicherer, **nicht** jedoch **für eine Klage gegen Halter und Fahrer eines Kfz** (BGH v. 24.2.2015 – VI ZR 279/14 – zfs 2015, 689 = NZV 2015, 286 = DAR 2015, 324).

87

Gleiches gilt bei einem **Unfall in der Schweiz**. Denn nach den Art. 9 und 11 des Luganer Übereinkommens vom 30.10.2007 (LugÜ 2007) kann der Geschädigte einen nach dem anwendbaren nationalen Recht bestehenden **Direktanspruch gegen den Haftpflichtversicherer mit Sitz in einem ausländischen Staat im Geltungsbereich des LugÜ 2007** beim Gericht seines Wohnsitzes geltend machen (BGH v. 23.10.2012 – VI ZR 260/11 – VersR 2013, 73).

6. Gerichtsstand des Wohnsitzes des Versicherungsnehmers

88 Für Klagen **aus einem Versicherungsvertrag** (Klage gegen **den eigenen** Versicherer oder Klage des eigenen Versicherers) ist darüber hinaus § 215 VVG zu beachten.

89 Gem. § 215 Abs. 1 S. 1 VVG können Klagen des Versicherungsnehmers auch vor dem Gericht erhoben werden, in dessen Zuständigkeitsbereich der Versicherungsnehmer zum Zeitpunkt der Klageerhebung seinen Wohnsitz bzw. seinen gewöhnlichen Aufenthalt hat (besonderer Gerichtsstand). Der Versicherer hat gem. § 215 Abs. 1 S. 2 VVG sämtliche Klagen gegen den Versicherungsnehmer an diesem Gerichtsstand des Versicherungsnehmers zu erheben (ausschließlicher Gerichtsstand).

> *Beachte*
> Aufgrund der VVG-Reform können nunmehr sämtliche Aktiv- und müssen sämtliche Passivprozesse gegen den eigenen Versicherer am Wohnsitzgericht des Versicherungsnehmers geführt werden.
> Der neue Gerichtsstand des § 215 VVG findet – im Gegensatz zum bisherigen Agentengerichtsstand gem. § 48 VVG a.F. – auch dann Anwendung, wenn der Versicherungsvertrag durch einen Versicherungsmakler oder unmittelbar mit einem Direktversicherer abgeschlossen wurde.

90 > *Beachte*
> Der Gerichtsstand nach § 215 VVG ist nicht für deliktische (Haftungs-)Klagen gegen einen gegnerischen Haftpflichtversicherer anwendbar, sondern nur für versicherungsrechtliche Streitigkeiten mit dem eigenen Versicherer.

III. Feststellungsklagen

91 Zu erwägen ist auch bei einem Verkehrsunfall stets, ob aus taktischen Gründen – allein oder neben weiteren Leistungsanträgen – **Feststellungsanträge** sinnvoll sind.

1. Personenschäden

92 Bei Personenschäden mit möglichen Dauerfolgen entspricht es bereits seit langer Zeit dem Standard, zum Schutz gegen eine drohende Verjährung einen Feststellungsantrag hinsichtlich zukünftiger materieller und immaterieller Schäden aufzunehmen (vgl. dazu § 12 Rdn 71 ff.).

2. Durch die Reparatur/Wiederbeschaffung entstehende weitere Schäden

93 Ein weiterer häufig in Betracht kommender Fall ist, bei Klagen wegen Sachschäden an Kfz, die vor der Schadensbeseitigung erhoben werden, neben dem Leistungsantrag auf Ersatz des Netto-Reparaturaufwandes oder des Netto-Wiederbeschaffungsaufwandes einen zusätzlichen Feststellungsantrag mit aufzunehmen. Dieser kann z.b. wie folgt formuliert werden:

Formulierungsbeispiel
„Es wird festgestellt, dass die Beklagten als Gesamtschuldner verpflichtet sind, dem Kläger sämtliche zukünftigen materiellen Schäden, die dem Kläger aufgrund des Verkehrsunfalles vom ... noch entstehen werden, zu ersetzen, soweit die Ansprüche nicht auf Dritte übergegangen sind".

Ein solcher Feststellungsantrag ist bereits im Hinblick auf die durch die Reparatur/ Wiederbeschaffung entstehenden weiteren Schadenspositionen (z.B. Mehrwertsteuer, Nutzungsausfall) zulässig, wie vom BGH (BGH v. 6.3.2012 – VI ZR 167/11 – r+s 2012, 461) ausdrücklich anerkannt, weil sich der Schaden noch in der Entwicklung befindet. 94

3. Ausschließliche Feststellungsklage zum Haftungsgrund

Der BGH hat in der vorgenannten Entscheidung (BGH v. 6.3.2012 – VI ZR 167/11 – r+s 2012, 461) auch noch einmal ausdrücklich auf die ständige Rechtsprechung des BGH (BGH VersR 2003, 1256; VersR 1999, 1555; VersR 1991, 788) hingewiesen, wonach der Geschädigte bei einem **noch in der Entwicklung befindlichen Schaden** nicht gehalten ist, seine Klage in eine Leistungs- und eine Feststellungsklage aufzuspalten. Daher ist in geeigneten Fällen in Betracht zu ziehen, vorab eine **„reine" Feststellungsklage zur Klärung der Haftung dem Grunde nach** zu erheben, z.B. mit folgendem Klageantrag: 95

Formulierungsbeispiel
„Die Beklagten sind als Gesamtschuldner verpflichtet, dem Kläger sämtliche gegenwärtigen und zukünftigen materiellen (ggf. und immateriellen) Schäden aus dem Verkehrsunfall vom ... zu ersetzen, soweit die Ansprüche nicht auf Dritte übergegangen sind".

Dies kann sich taktisch insbesondere in den Fällen anbieten, in denen der gegnerische Haftpflichtversicherer trotz eindeutiger Haftungslage – seinerseits aus taktischen Gründen – nicht bereit ist, in angemessener Zeit eine verbindliche Erklärung zur Haftung dem Grunde nach (Bestätigung der vollen Einstandspflicht) abzugeben. Häufig möchte sich nämlich der Haftpflichtversicherer gerne einen Mithaftungseinwand – sei es aufgrund Mitverschuldens oder auch lediglich der Betriebsgefahr – vorbehalten, um die angeblich ungeklärte Haftung als Argument für eine vergleichsweise Einigung bei der Regulierung der Höhe nach zu verwenden. Will man dem gegnerischen Haftpflichtversicherer exakt diese (rein taktische) Argumentationsmöglichkeit nehmen, sollte frühestmöglich eine entsprechende Feststellungsklage zum Haftungsgrund erhoben werden. 96

97 Deren Zulässigkeit ergibt sich – auch hinsichtlich der bereits eingetretenen und damit grundsätzlich bezifferbaren Schäden – in zweierlei Hinsicht:

Zum einen aufgrund der bereits genannten Rechtsprechung (Rdn 95) dann, wenn der Schaden sich noch in der Entwicklung befindet. Dies kann sich im Bereich des Sachschadens daraus ergeben, dass **durch eine noch nicht erfolgte Reparatur oder Wiederbeschaffung hinsichtlich des Fahrzeugs weitere Schäden entstehen** (Nutzungsausfall, Mehrwertsteuerbeträge, Ummeldekosten etc.). Doch auch im Bereich des Personenschadens bei geringeren Verletzungen ist dies stets der Fall, wenn die **unfallbedingten Beschwerden und die daraus resultierenden Behandlungen noch nicht vollständig abgeschlossen** sind.

98 Die Entstehung noch künftiger unfallbedingter Schäden kann sich auch schlicht daraus ergeben, dass der Geschädigte beabsichtigt, erst nach einer verbindlichen Klärung der Haftungsfrage **weitere Schadenermittlungsaufwendungen** zu tätigen, die zur vollständigen Bezifferung des Schadens erforderlich sind, so zum Beispiel beim Personenschaden die Einholung ärztlicher Atteste oder Gutachten, beim Fahrzeugschaden typischerweise die Einholung eines Sachverständigengutachtens. Auch in diesen Fällen ist die umfassende (alleinige) Feststellungsklage hinsichtlich sämtlicher – das heißt auch gegenwärtiger – Schäden zulässig, weil sich der Schaden (in diesem Fall hinsichtlich der künftigen Schadensermittlungskosten) noch in der Entwicklung befindet.

99 In diesem Zusammenhang ist übrigens darauf hinzuweisen, dass nach der gefestigten Rechtsprechung des BGH allein der Zeitpunkt der Klageerhebung maßgeblich ist, während es unerheblich ist, ob während des Prozesses die Ansprüche bezifferbar werden. Auch dann ist der Geschädigte nicht verpflichtet, insoweit von der Feststellungsklage auf die Leistungsklage überzugehen (BGH VersR 1996, 1253; NJW 1986, 2507).

100 Zum anderen ergibt sich die Zulässigkeit einer Feststellungsklage selbst bei einem nicht mehr in der Entwicklung befindlichen – sondern grundsätzlich vollständig bezifferbaren – Schaden dann, wenn sich die **Klage gegen einen Versicherer richtet oder ein solcher hinter dem Beklagten eintrittspflichtig ist** (BGH NJW-RR 2005, 619). Hierbei handelt es sich um eine anerkannte Ausnahme des Grundsatzes der Subsidiarität der Feststellungsklage gegenüber der Leistungsklage, der auf dem Gedanken der Prozessökonomie beruht. Bei einem Versicherer wird – **ebenso wie bei einer öffentlichen Körperschaft oder Anstalt** (BGH NJW 1984, 1118) – davon ausgegangen, dass er sich auch einem entsprechenden Feststellungsurteil beugt, sodass nicht zusätzlich die Erhebung einer Leistungsklage und Schaffung eines vollstreckbaren Titels erforderlich wird.

Obwohl bei den Instanzgerichten gelegentlich ein wenig „Überzeugungsarbeit" zur Zulässigkeit derartiger Feststellungsklagen zu leisten ist, können sie in geeigneten Fällen empfohlen werden, da die Rechtsprechung des BGH zur Zulässigkeit eindeutig ist. Dem gegnerischen Haftpflichtversicherer wird damit ein gewisser Nachdruck bei der Geltendmachung der Schadensersatzansprüche vermittelt, der die spätere außergerichtliche Regulierung nach rechtskräftiger Feststellung der Haftungsquote durchaus fördern kann.

101

IV. Klage gegen den Halter

Häufig werden Klagen in Verkehrsunfallangelegenheiten gegen Fahrer, Halter und Kfz-Haftpflichtversicherer als **Gesamtschuldner** erhoben.

102

Dies geschieht häufig ohne **vorherige Überlegung**, ob eine Klage gegen den Halter im Einzelfall auch **sinnvoll** ist.

103

> *Beispiel*
> Ein Lkw-Fahrer fährt mit dem Lastzug seines Arbeitgebers und muss wegen eines Defektes anhalten. Ein Pkw-Fahrer fährt mit dem Fahrzeug seines Freundes gegen den abgesicherten Lkw und verletzt dessen Fahrer. Der Pkw-Fahrer haftet somit aus Verschulden (§ 823 BGB, § 18 StVG), der Halter des Pkw aus der Betriebsgefahr nach § 7 StVG. Weder für den Lkw-Fahrer noch für seinen Arbeitgeber besteht hier die Notwendigkeit, den Halter des Pkw mitzuverklagen.

104

Der Kfz-Haftpflichtversicherer ist nach § 115 Abs. 1 S. 1 Nr. 1 VVG im Rahmen seiner gesamtschuldnerischen Haftung für den Versicherungsnehmer, den Halter und alle Mitversicherten eintrittspflichtig, sodass eine **Klage gegen den schuldhaft handelnden Fahrer** (um ihn als Zeugen auszuschalten) und den Kfz-Haftpflichtversicherer (als solventen Gegner) ausreicht, um die berechtigten Schadensersatzansprüche durchzusetzen.

105

Eine Einbeziehung des **Halters** in die Klage ist **nur dann erforderlich** und taktisch auch geboten, wenn dieser hierdurch **als möglicher Zeuge ausgeschaltet** werden soll, z.B. weil er Beifahrer im gegnerischen Fahrzeug war. Ansonsten eröffnet eine Klage gegen den Halter diesem nur die Möglichkeit einer **Drittwiderklage** auch gegen den Fahrer des Mandanten-Fahrzeugs (hier des Lkw), der auf diese Weise **als Zeuge ausgeschaltet würde**.

106

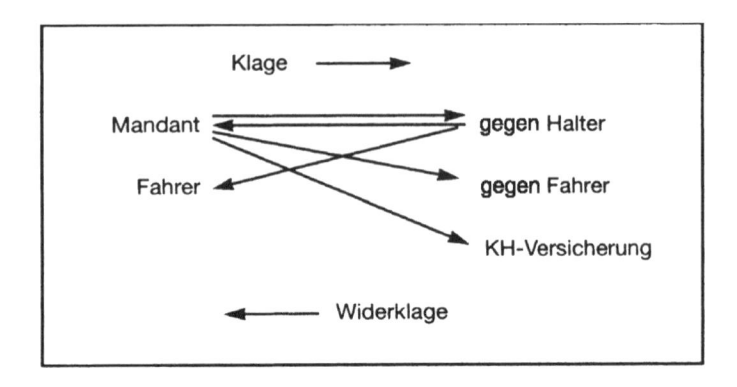

```
                Klage ──────▶
    Mandant ◀═══════╗╔═══════▶ gegen Halter
                     ╳
     Fahrer ◀═══════╝╚═══════▶ gegen Fahrer
                              ▶ KH-Versicherung
              ◀────── Widerklage
```

V. Probleme beim „gestellten Unfall"

Literatur zum „gestellten Unfall":

Berz/Burmann-*Schneider*, Kap. 5 D; *Birkner*, Der „manipulierte" Verkehrsunfall, zfs 1994, 113; *Boetzinger*, Beweislastfragen im Zusammenhang mit manipulierten Unfällen, zfs 1997, 201; *Born*, Der manipulierte Unfall im Wandel der Zeit, NZV 1996, 257; *van Bühren*, Besonderheiten des Unfallprozesses, zfs 2011, 549; *Eggert*, Beweisprobleme bei behaupteter Unfallmanipulation, r+s 2011, Sonderheft zu Heft 4, 24; *Elsner*, Prozesstaktik gegen den Versicherungsbetrug, zfs 2005, 423 und 475; *Franzke/Nugel*, Unfallmanipulationen im Kraftfahrtbereich, NJW 2015, 2071; *Höfle*, Die Interessenkollision im Verkehrsrecht und Versicherungsrecht, zfs 2002, 413; *Jökel*, Anspruch des VN auf Erstattung der Kosten des von ihm im Haftpflichtprozess beauftragten Anwalts bei Verdacht eines gestellten Unfalls, NZV 2009, 541; *Staab/Halm*, Aktuelle Rechtsprechung zum Betrug in der Kfz-Haftpflichtversicherung, DAR 2014, 66; *Verheyen*, KH-Kriterienkatalog für manipulierte Verkehrsunfälle (Stand: 31.12.1993), zfs 1994, 313; *Weber*, Die Aufklärung des Kfz-Versicherungsbetruges, c/o Schimmelpfennig & Becker, Münster.

107 Immer häufiger wird in letzter Zeit von Haftpflichtversicherern der Einwand eines angeblich **gestellten Unfalls** erhoben.

1. Interessenwiderstreit beim Klagevortrag

108 Für den betroffenen Kraftfahrthaftpflichtversicherer stellt sich dabei das Problem, wie er die **Behauptung eines gestellten Unfalls in einen Prozess einführen** kann, in dem er selbst – neben seinem an dem Unfall und der Manipulation mitbeteiligten VN – in Anspruch genommen wird. Das Dilemma ist, dass er die Klageabweisung mit dem – bis dahin noch gar nicht bewiesenen – manipulativen Fehlverhalten **seines eigenen VN** begründen müsste, obwohl er diesem zugleich **Versicherungsschutz** zu gewähren hat.

109 Auch der Anwalt, der im Auftrage des Versicherers einen solchen Prozess führen muss, steht von Anfang an in einem unauflösbaren Interessenwiderstreit, da er auch den versicherten Fahrer und ggf. Halter mitzuvertreten hat.

Beachte
Stellt sich ein solcher Interessenkonflikt erst im Laufe des Mandats heraus, ist der Anwalt gem. § 3 Abs. 4 BORA verpflichtet, beide Mandate niederzulegen!

2. Lösungswege

Die **einzige vertretbare Lösung** dürfte nach wie vor die Trennung der Mandate hinsichtlich der verklagten Parteien sein. **110**

Der Versicherer muss dazu seinem VN und/oder Fahrer den Versicherungsschutz mit der Behauptung vorsätzlichen Verhaltens versagen. VN und/oder Fahrer müssen sich dann einen **eigenen Anwalt** suchen, für dessen **Gebühren** allerdings der **Kfz-Haftpflichtversicherer** solange **eintrittspflichtig** bleibt, bis die Versagung des Versicherungsschutzes bestandskräftig wird. Denn hat der Kfz-Haftpflichtversicherer im Verkehrsunfallprozess den Vorwurf der Unfallmanipulation erhoben, so muss er den Fahrer im Rahmen seiner Rechtsschutzverpflichtung von den Kosten für die Vertretung durch einen eigenen Rechtsanwalt freihalten, obwohl er ihm als Streithelfer beigetreten ist und sein Prozessbevollmächtigter auf diesem Wege für beide Klageabweisung beantragt hat (BGH VersR 2010, 1590 = zfs 2010, 628; BGH v. 29.11.2011 – VI ZR 201/10 – zfs 2012, 325). Dem Fahrer ist für die Rechtsverteidigung durch einen eigenen Rechtsanwalt in einem solchen Fall auch Prozesskostenhilfe zu gewähren (BGH VersR 2010, 1472 = zfs 2010, 569). **111**

a) Nebenintervention

Literatur zur Nebenintervention:

Elsner, Prozesstaktik gegen den Versicherungsbetrug, zfs 2005, 423 und 475; *Freyberger*, Die Vertretung der Beklagten beim gestellten Unfall aus standesrechtlicher und prozessualer Sicht, VersR 1991, 842. *Höfle*, Prozessuale Besonderheiten im Haftpflichtprozess, zfs 2003, 325.

Es ist inzwischen anerkannt, dass der Kraftfahrthaftpflichtversicherer in einem solchen Fall dem verklagten Schädiger als **Nebenintervenient** beitreten kann, um sodann durch vom angeblichen Schädiger abweichenden Sachvortrag einen gestellten Unfall zu behaupten und für den angeblichen Schädiger Klageabweisung zu beantragen (BGH v. 29.11.2011 – VI ZR 201/10 – zfs 2012, 325; OLG Frankfurt zfs 1994, 43; OLG Hamm zfs 1996, 287 für die Allgemeine Haftpflichtversicherung; *Freyberger*, VersR 1991, 842). **112**

b) Aussageverweigerungsrecht

Problematisch dürfte darüber hinaus sein, ob der Schädiger in derartigen Fällen ein **Aussageverweigerungsrecht** hat, da er einerseits gegenüber dem Gericht verpflichtet ist, die Wahrheit zu sagen (also das Unfallgeschehen einzuräumen), auf der anderen Seite nach § 7 II Abs. 5 AKB bzw. E.2.4 AKB 2008 dem Haftpflichtversicherer gegenüber vertraglich verpflichtet ist, diesem das prozessuale Vorgehen im Falle einer Klage zu überlassen. **113**

§ 5 Passivlegitimation und prozessuale Grundlagen

c) Beweislast

114 Bei einem gestellten Unfall muss der Kläger beweisen, dass eine **Rechtsgutsverletzung** vorliegt. Dagegen muss der den gestellten Unfall einwendende KH-Versicherer beweisen, dass der Geschädigte (freiwillig) damit einverstanden war (Einwilligung als Rechtfertigungsgrund).

115 Zu den Indizien für einen manipulierten Unfall wurde das so genannte Berliner Modell entwickelt, das inzwischen weitgehend in die Rechtsprechung Eingang gefunden hat (vgl. zu den Einzelheiten *Böhme/Biela*, Kraftverkehrs-Haftpflicht-Schäden, 23. Auflage 2006, Rn A94 f. sowie Berz/Burmann-*Schneider*, Kap. 5 D „Der manipulierte Unfall").

§ 6 Quotenvorrecht

A. Allgemeine Grundsätze

Literatur zum Quotenvorrecht:

van Bühren/Held, Unfallregulierung, 6. Auflage 2012, § 4 Rn 5 ff.; *Freyberger,* Das Quotenvorrecht, DAR 2001, 385; *Hansen,* Aktuelle Rechtsprechungsübersicht zur Schadensregulierung in der Sachversicherung, VersR 2015, 548; *Himmelreich/Klimke/Bücken,* Kfz-Schadensregulierung, Loseblattkommentar, Rn 362 bis 390; *Hoffmann,* Das Quotenvorrecht in der Kaskoversicherung – 40 Jahre höchstrichterliche Rechtsprechung zur Differenztheorie und kein Ende, zfs 1999, 45 ff.; *Kreuter-Lange,* Checkliste für die Abrechnung von Fahrzeugschäden, SVR 2013, 302; *Lachner,* Das Quotenvorrecht in der Kaskoversicherung, das unbekannte Wesen, zfs 1998, 161 ff.; *ders.,* Das Quotenvorrecht in der Kaskoversicherung, zfs 1999, 184; *Sanden/Völtz,* Sachschadenrecht des Kraftverkehrs, 9. Auflage 2011.

Das so genannte Quotenvorrecht wurde von der **Rechtsprechung** schon sehr früh, nämlich vom Reichsgericht, entwickelt und vom BGH fortgeführt. Es ist eine Art **Vorrecht** des Begünstigten zu Lasten eines anderen. Die Anwendung führt im Endergebnis aber zu **keiner Mehrzahlung** des Zahlungspflichtigen. Ausgangspunkt der rechtlichen Betrachtungen ist **§ 86 VVG**. 　1

Es findet in folgenden Bereichen Anwendung: 　2
- Vollkaskoversicherung,
- Rechtsschutzversicherung,
- Sachversicherung und sonstige Schadensversicherungen,
- Arbeitsrecht,
- Beamtenrecht,
- Sozialversicherungsrecht,
- Gesamtschuldnerausgleich des BGB,
- Unterhaltsschäden,
- bei unzureichender Haftungshöchstsumme (vgl. § 4 Rdn 79 ff.).

Die überragende praktische Bedeutung und der mit Abstand häufigste Anwendungsfall des Quotenvorrechts liegt im Verkehrsrecht vor, wenn ein 　3
- **Mitverschulden** bzw. eine **Mithaftung** aus dem Gesichtspunkt der **Gefährdungshaftung** des Geschädigten, also des Mandanten, gegeben ist und er über eine
- **Vollkaskoversicherung** für sein Fahrzeug verfügt.

I. Vorbemerkungen

Es ist nicht ganz leicht, das Quotenvorrecht dogmatisch zu verstehen. Auch die Gerichte verrechnen sich ständig und wenden es falsch an. 　4

Nachstehend soll daher eine zwar knappe, aber dafür (hoffentlich) verständliche Darstellung gewählt werden, zumal es im Schadensrecht ausreicht, sich jedenfalls die **Abrechnung in der Praxis** zu merken. 　5

II. Kongruenz

6 Nimmt der Geschädigte seine **Vollkaskoversicherung** in Anspruch, gehen seine Schadensersatzansprüche gegen den Schädiger gem. § 86 Abs. 1 S. 1 VVG insoweit auf den Kaskoversicherer über.

7 Gem. **§ 86 Abs. 1 S. 2 VVG** darf sich dieser Forderungsübergang jedoch **nicht zum Nachteil des Versicherungsnehmers**, also des Geschädigten, auswirken, d.h., dass der gesetzliche Übergang der Forderung auf den Kaskoversicherer so lange nicht stattfindet, wie nicht zuvor alle in der Kaskoversicherung abgedeckten Schadenspositionen von dieser **und** alle sachlich kongruenten Schadenspositionen vom Schädiger bzw. dessen Kfz-Haftpflichtversicherer reguliert worden sind (Quotenvorrecht). Der Geschädigte kann daher seinen sachlich kongruenten Schaden auch weiterhin gegenüber dem Schädiger und dessen Versicherer geltend machen, allerdings nur bis zu dieser **Obergrenze** des kongruenten **Fahrzeugschadens** (modifizierte Differenztheorie – BGH VersR 1958, 13; 1958, 161).

8 Der hierin zum Ausdruck kommende **Grundsatz der Deckungsgleichheit** ist besonders wichtig. Er bedeutet, dass das Quotenvorrecht nur dann zum Zuge kommt, wenn der Schadensersatzanspruch den gleichen Zwecken dient wie die Versicherungsleistung (**sachliche Kongruenz**). Beachtet werden muss dabei, dass der kongruente Schaden nach der Rechtsprechung des BGH mehr umfasst als die Schadenspositionen, die der Vollkaskoversicherer nach dem Versicherungsvertrag zu ersetzen hat (siehe Rdn 14).

9 Die Regelung des § 86 Abs. 1 S. 1 VVG soll **verhindern**, dass der **Geschädigte** mehr als seinen Schaden ersetzt bekommt. Der **Schädiger** muss aber – das ist ebenfalls wichtig – nie mehr zahlen, als seiner Haftungsquote entspricht.

B. Anwendungsbereiche

10 Die Frage nach dem Quotenvorrecht stellt sich nur, wenn der Geschädigte selbst anteilig haftet. Wie sich das im praktischen Fall auswirkt, soll nachfolgend erklärt werden.

I. Praktische Auswirkungen

11 Der Geschädigte kann seine Vollkaskoversicherung in Anspruch nehmen – wenngleich auch bei Verlust seines dortigen Schadensfreiheitsrabatts – und auf diesem Wege seine unmittelbaren Fahrzeugschäden (abzüglich Selbstbeteiligung) ersetzt erhalten. Beim Ersatz der weiteren Schadenspositionen vom Schädiger bzw. dessen Kfz-Haftpflichtversicherer stellen sich nun folgende Fragen:

B. Anwendungsbereiche § 6

- Welche weiteren Schadenspositionen kann der Geschädigte vom Schädiger ersetzt verlangen, ohne dass die entsprechenden Ansprüche nach § 86 Abs. 1 S. 1 VVG auf den Kaskoversicherer übergehen? – natürlich mit der Haftungsquote des Schädigers als Obergrenze!
- Welche weiteren Schadenspositionen sind nicht vom Quotenvorrecht erfasst?

1. Quotenbevorrechtigte Schadenspositionen

Dem Geschädigten stehen also 12
- **quotenbevorrechtigte** und
- **nicht quotenbevorrechtigte**

Ansprüche zu.

a) Vier „klassische" Quotenvorrechtspositionen

Nicht jede Schadensposition ist quotenbevorrechtigt. Nur der Schaden, der **unter** 13 **das versicherte Risiko der Kaskoversicherung** fällt, ist quotenbevorrechtigt.

Hierzu gehören allerdings nicht nur die Ansprüche, die nach den Kaskoversicherungsbedingungen unter den Leistungsbereich der Vollkaskoversicherung fallen (Reparaturkosten, Wiederbeschaffungswert), sondern alle **unmittelbaren Sachschäden**, wie die dem Versicherungsnehmer verbleibende **Selbstbeteiligung** (BGH VersR 1967, 674), aber auch die **Abschleppkosten** (BGH VersR 1982, 383), **Sachverständigenkosten** (BGH NJW 1985, 1845) und die **Wertminderung** (BGH VersR 1982, 283): 14

- Die **Wertminderung** erhält man nicht aus der Vollkaskoversicherung, obwohl dieser Betrag – so die Rechtsprechung – ein „kongruenter Betrag" ist, der denknotwendig bei einem Reparaturschaden zusätzlich enthalten ist. Deshalb hat die Rechtsprechung dieser Position eine gewisse Nähe zum Schaden zuerkannt und sieht sie als „kongruenten Schaden" an. Folglich ist der Betrag quotenbevorrechtigt.
- **Sachverständigenkosten** des Versicherungsnehmers werden nach den Kaskoversicherungsbedingungen grundsätzlich ebenfalls nicht übernommen, obwohl in jedem Falle ein Sachverständigengutachten angefertigt werden muss. Eine Erstattung findet nur dann statt, wenn die Beauftragung des Sachverständigen vom Kaskoversicherer veranlasst oder mit ihm abgestimmt war (vgl. dazu § 13 Rdn 245). Gleichwohl hat die Rechtsprechung diese Position, weil sie aufgrund der erforderlichen Schadensermittlung bei jedem Fahrzeugschaden entsteht, ebenfalls als „kongruenten Schaden" bezeichnet.
- **Abschleppkosten** werden in den Kaskoversicherungsbedingungen ebenfalls erwähnt, wenngleich nicht in dem Maße wie im Schadensrecht. Abschleppkosten werden nur bis zur nächsten geeigneten Werkstatt übernommen (vgl. dazu § 13 Rdn 242), aber immerhin können sie Gegenstand der Vollkaskoversicherung

sein und es kommt gar nicht selten vor, dass der Vollkaskoversicherer diese Position auch vollständig übernimmt. Deshalb ist es ohne weiteres klar, dass es sich um einen „kongruenten Schaden" handelt.

15 Es wird viel darüber nachgedacht, ob auch noch andere Positionen unter das Quotenvorrecht fallen. So wird vertreten, dass auch die **An- und Abmeldekosten** und die **Umbaukosten für das Radio** dazugehören sollen (LG Aachen VersR 1988, 1151), nicht jedoch die Verschrottungskosten (OLG Hamm VersR 2001, 779). Möglicherweise gehören sogar die **Anwaltskosten** dazu, jedenfalls dann, wenn sich der Kaskoversicherer in Verzug befindet.

b) Fünfte Position: Abzüge „neu für alt"

16 Ferner gehören zu den quotenbevorrechtigten Schadenspositionen u.U. auch **Abzüge „neu für alt"**, das gilt aber nicht in jedem Falle. Dabei ist zunächst zu prüfen, ob diese Abzüge in gleicher Weise auch nach haftpflichtrechtlichen Gesichtspunkten begründet wären. Sollte das der Fall sein, wirkt sich der Abzug „neu für alt" beim Quotenvorrecht nicht aus.

17 Es gibt aber eine ganze Reihe derartiger Abzüge, die **ausschließlich aufgrund der strengen Maßstäbe des Vollkaskorechtes** vorgenommen werden. Im Haftpflichtrecht gilt nämlich der Grundsatz, dass Abzüge „neu für alt" nur dann vorzunehmen sind, wenn eine **echte Wertverbesserung im Ganzen** eingetreten ist. Im Kaskorecht (§ 13 Abs. 5 AKB bzw. A.2.7.3 AKB 2008, vgl. dazu § 13 Rdn 242) reicht ggf. bereits eine Wertverbesserung an einzelnen **Teilen** aus, derartige Abzüge zu rechtfertigen.

18 Abzüge „neu für alt" sind also nur dann vollständig quotenbevorrechtigt, wenn die Abzüge ihren **Grund ausschließlich im Kaskorecht** finden!

c) Sechste Position: Anwaltskosten für die Kaskoinanspruchnahme

19 Es wird die Auffassung vertreten, dass auch die **Anwaltskosten** zur Inanspruchnahme der Kaskoversicherung als Restitutionskosten des Fahrzeugs quotenbevorrechtigt sind (*Lachner*, zfs 1998, 161, 162; *N. Schneider*, Quotenvorrecht in der Kaskoregulierung erfasst auch Anwaltskosten, DAR 2008, Extra, 746). Sie sind nach herrschender Auffassung als notwendige Aufwendungen i.S.d. § 249 Abs. 2 S. 2 BGB anzusehen (Palandt-*Grüneberg*, § 249 BGB Rn 56 f.). In diesem Sinne sind nun auch die ersten Gerichtsentscheidungen ergangen (OLG Karlsruhe NZV 1990, 431; OLG Frankfurt v. 8.2.2011 – 22 U 162/08 – SP 2011, 291; AG Herford Schaden-Praxis 2002, 247; AG Ansbach AGS 2008, 411; AG Kirchhain AGS 2008, 412).

20 Die Anwaltskosten zur Inanspruchnahme der Kaskoversicherung sind Kosten, die auf die **Restitution des versicherten Gegenstandes** (des Fahrzeugs) selbst gerichtet sind und damit ebenso wie die Sachverständigenkosten zur Begutachtung des Fahrzeugs oder die Abschleppkosten aufgewendet werden müssen, um den ur-

sprünglichen Fahrzeugzustand wieder herzustellen. Sie sind damit auch der Fahrzeugsubstanz im Sinne der Kaskoversicherung zuzurechnen (§ 12 AKB bzw. A.2.1 AKB 2008) und sind daher wegen sachlicher Kongruenz vom Quotenvorrecht des Geschädigten nach § 86 Abs. 1 S. 2 VVG umfasst, auch wenn sie nach § 13 Abs. 6 AKB bzw. A.2.13.1 AKB 2008 vom Kaskoversicherer nicht zu erstatten sind.

Es wäre unbillig, wenn der Geschädigte teilweise von der Erstattung von Anwaltskosten dadurch entbunden wäre, dass der Gegenstandswert der anwaltlichen Tätigkeit durch die Inanspruchnahme der Kaskoversicherung entsprechend vermindert wird. Dann müsste der Geschädigte die durch die Inanspruchnahme der Kaskoversicherung entstandenen Rechtsanwaltskosten selbst tragen, obwohl die Leistungen der Kaskoversicherung gerade der Wiederherstellung der Fahrzeugsubstanz dienen und lediglich eine andere Form der Finanzierung der dadurch entstandenen Kosten darstellen (vgl. OLG Frankfurt v. 8.2.2011 – 22 U 162/08 – SP 2011, 291, Rn 53). **21**

d) Siebte Position: Differenz zwischen Wiederbeschaffungswert und 130 %-Regulierung

Das Gleiche gilt bei einer Abrechnung nach der 130 %-Regelung im Haftpflichtrecht (vgl. § 7 Rdn 75 ff., 311 ff.), wenn der Geschädigte – z.B. wegen einer Haftungsquote – seine Kaskoversicherung in Anspruch nimmt. Dann reguliert der Kaskoversicherer nur nach der Höchstentschädigung (also maximal den Wiederbeschaffungswert), und die Differenz in Höhe der darüber hinaus gehenden Reparaturkosten bis zur Maximalgrenze von 30 % über dem Wiederbeschaffungswert bliebe nicht erstattet. **22**

Auch hier dient der weitere Betrag, der dem Geschädigten aufgrund seines schützenswerten Integritätsinteresses ersetzt werden muss, der **Restitution des versicherten Gegenstandes**, also des Fahrzeugs. Auch diese Kosten sind daher der Fahrzeugsubstanz und seiner Erhaltung zuzurechnen und unterliegen somit wegen sachlicher Kongruenz dem Quotenvorrecht des Geschädigten. Rechtsprechung gibt es hierzu – soweit ersichtlich – aber leider noch nicht. Dieser Umstand sollte Anlass geben, diese Frage möglichst bald in geeigneten Fällen einmal entscheiden zu lassen. **23**

> *Tipp* **24**
> Die „klassischen" quotenbevorrechtigten Positionen sollte man einfach auswendig lernen, sie lauten:
> (1) **Selbstbeteiligung**
> (2) **Wertminderung**
> (3) **Sachverständigenkosten**
> (4) **Abschleppkosten**
> (5) **Abzüge „neu für alt"** (soweit ausschließlich im Kaskorecht begründet)

§ 6 Quotenvorrecht

Zusätzlich können zwei weitere Positionen diskutiert werden:
(6) **Anwaltskosten der Kaskoinanspruchnahme**
(7) **Differenz zur 130-%-Regelung**

2. Nicht quotenbevorrechtigte Schadensersatzpositionen

25 Hierzu gehören die **Sachfolgeschäden,** also bislang alle anderen Schadensersatzpositionen, wie z.B. Mietwagenkosten, Nutzungsausfall, Ladungsschaden, Kostenpauschale usw.

26 Hierunter fallen auch die **Kosten für die Geltendmachung der Vollkaskoleistung durch den hierzu beauftragten Anwalt**, sofern nicht der oben (siehe Rdn 19 ff.) geäußerten Auffassung gefolgt wird, sie seien sogar quotenbevorrechtigt. Selbstverständlich fällt auch der Schaden darunter, der aufgrund des **Verlusts des Schadensfreiheitsrabattes** in der Vollkaskoversicherung eingetreten ist.

II. Praktische Anwendung

1. Beispielsfall

27 Der Vorteil einer Abrechnung nach Quotenvorrecht einerseits wie der Nachteil für den Mandanten andererseits, wenn der Anwalt das Quotenvorrecht nicht kennt und ihn hierzu nicht berät, wird besonders deutlich, wenn ein **Beispielsfall** durchgerechnet wird. Dabei soll eine **Haftungsquote von** $^2/_3$ **zu** $^1/_3$ zu Lasten des Mandanten unterstellt werden.

Dem Geschädigten sind beispielsweise folgende einzelne Schäden entstanden:

■ Fahrzeugschaden	5.000 EUR
■ Wertminderung	500 EUR
■ Sachverständigenkosten	400 EUR
■ Abschleppkosten	250 EUR
■ Mietwagenkosten	450 EUR
■ Sonstiges (z.B. Ladungsschaden)	300 EUR
■ Kostenpauschale	25 EUR
Summe	6.925 EUR

B. Anwendungsbereiche § 6

Gegenüberstellung der Berechnung nach **Haftpflichtrecht** zur Abrechnung nach Quotenvorrecht: 28

Anspruch	Berechnung ohne Kaskoversicherung	Anwendung des Quotenvorrechts	
			100%
	Zahlung durch gegnerische Haftpflichtvers. Quote 1/3	Zahlung durch Vollkaskovers.	Zahlung durch gegnerische Haftpflichtvers.
Fahrzeugschaden	1.666 €	4.700 €	SB 300 €
Wertminderung	166 €		500 €
Sachverständigenkosten	133 €		400 €
Abschleppkosten	83 €		250 €

Quotenbevorrechtigt: 1.450 €

			Quote 1/3
Mietwagenkosten	150 €		150 €
Sonstiges	100 €		100 €
Kostenpauschale	8 €		8 €

Anspruch nach Quote: 258

Summe	2.306 €	4.700 €	+ 1.708 €
Zahlung b. Quote 1/3 insgesamt:	2.306 €		= 6.408 €

„Verlust" für Mandanten:	− 4.619 €		− 517 €

Bei einer Berechnung nach dem Quotenvorrecht tritt bei diesem Beispiel noch ein weiterer „Verlust" des Mandanten dadurch ein, dass er $2/3$ des Rückstufungsschadens in der Vollkaskoversicherung (AG Gießen DAR 1995, 29) plus $2/3$ der Anwaltskosten für die Kaskoregulierung selbst tragen muss. 29

2. Einschränkung durch die modifizierte Differenztheorie

Wie schon eingangs dieses Kapitels (vgl. Rdn 7) gesagt, darf die Anwendung des Quotenvorrechts im Endergebnis zu keiner Mehrzahlung des Zahlungspflichtigen (= Schädiger und dessen Haftpflichtversicherer) führen. Die Regelung des § 86 Abs. 1 S. 1 VVG soll verhindern, dass der Geschädigte mehr als seinen Schaden ersetzt bekommt, der Schädiger muss also nie mehr zahlen, als seiner Haftungsquote entspricht. 30

§ 6 Quotenvorrecht

31 **Das heißt**: Die Berechnungen des Ausgangsfalls können nicht auf jeden Haftungsfall angewandt werden. Wenn z.B. die Anspruchsquote des Geschädigten gering ist, kann er auch bei einer Berechnung nach dem Quotenvorrecht nie mehr erhalten als das, was der Schädiger ihm nach seiner Haftungsquote insgesamt schuldet.

32 Das wird deutlich, wenn das vorstehende **Beispiel** mit einer Haftungsquote von 80 % zu 20 % zu Lasten des Mandanten gerechnet wird:

Anspruch	Berechnung ohne Kaskoversicherung	Anwendung des Quotenvorrechts	
			100%
	Zahlung durch gegnerische Haftpflichtvers. Quote 20%	Vollkasko	gegnerische Haftpflicht
Fahrzeugschaden	1.000 €	4.700 €	SB 300 €
Wertminderung	100 €		500 €
Sachverständigenkosten	80 €		400 €
Abschleppkosten	50 €		250 €
Zwischensumme	**1.230 €**		**1.450 €**
Maximalbetrag			**1.230 €**
			Quote 20%
Mietwagenkosten	90 €		90 €
Sonstiges	60 €		60 €
Kostenpauschale	5 €		5 €
Summe	1.385 €	4.700 €	1.385 €
Zahlung bei Quote 20% insgesamt:	1.385 €		6.085 €
„Verlust" für Mandanten:	−5.540 €		−840 €

33 Das Beispiel zeigt, dass die Summe der quotenbevorrechtigten Positionen nie mehr ergeben darf als die Summe der gleichen, aber quotierten Positionen. Je geringer die Anspruchsquote des Mandanten, um so eher führt die Kontrollrechnung zu einer solchen Begrenzung der quotenbevorrechtigten Positionen.

34   *Beachte*
Die dem Geschädigten zu erstattenden quotenbevorrechtigten Schadenspositionen finden ihre Obergrenze in der Höhe des vom Schädiger nach seiner Haftungsquote zu ersetzenden, auf diese Positionen bezogenen Schadens.

35 Die aufgrund der Inanspruchnahme der Kaskoversicherung durch den Anwalt des Geschädigten entstehenden **Rechtsanwaltskosten** sowie der Anspruch auf Erstattung des verlorenen Schadensfreiheitsrabatts in der Kaskoversicherung (**Rückstufungsschaden**) sind – so jedenfalls die bisher überwiegende Rechtsansicht – als nichtquotenbevorrechtigte Sachfolgeschadenspositionen vom Schädiger nach seiner Haftungsquote zu ersetzen (OLG Hamm zfs 1983, 12 m.w.N.; BGH zfs 1992,

48). Allerdings sind die **Kosten der Beauftragung eines Anwaltes** wegen der Kaskoregulierung jedenfalls dann ein durch die Gegenseite zu erstattender Schaden, wenn sich der Kaskoversicherer in **Verzug** befand und deshalb – anschließend – anwaltliche Hilfe erforderlich wurde (Ausführungen hierzu siehe Rdn 19 ff., § 8 Rdn 436 ff.).

In der Praxis hat es sich als praktisch erwiesen, mit einem **Formular** zu arbeiten, das die **Berechnung des Quotenvorrechts** erleichtert. Deshalb haben die Autoren ein solches Formular entwickelt und als **Anlage 6** im Anhang dieses Buches beigefügt (siehe § 14 Rdn 7). **36**

III. Weitere Fälle des Quotenvorrechts

Soweit es für die Verkehrsrechtspraxis Relevanz hat, sollen noch einige Fälle des Quotenvorrechts aus anderen Bereichen erwähnt werden. **37**

1. Rechtsschutzversicherung

Literatur zum Quotenvorrecht in der Rechtsschutzversicherung:

Boon, Quotenvorrecht des Versicherungsnehmers in der Rechtsschutzversicherung bei vereinbarter Selbstbeteiligung, zfs 2003, 481 f.; van Bühren-*Schneider*, Handbuch Versicherungsrecht, 6. Auflage 2014, § 13 Rn 89 ff.; *Schneider*, Rechtsschutzversicherung für Anfänger, München 2011, Rn 476 ff.

In vielen Rechtsschutzversicherungsverträgen ist heutzutage eine **Selbstbeteiligung** vereinbart. Wenn der Mandant einen **Kostenerstattungsanspruch** gegen die Staatskasse oder den Gegner im Zivilprozess hat, geht dieser gem. § 86 VVG auf den Rechtsschutzversicherer über. Dennoch hat der Mandant auch hier ein Quotenvorrecht und daher Anspruch darauf, aus dem Erstattungsbetrag vorab befriedigt zu werden. Bis zur Höhe seiner Selbstbeteiligung ist daher ein Kostenerstattungsbetrag vorab an den Mandanten und nicht an den Rechtsschutzversicherer auszuzahlen. **38**

Fraglich ist lediglich, ob sich das Quotenvorrecht auch auf solche Positionen bezieht, die der Rechtsschutzversicherer bedingungsgemäß gar nicht zu tragen hat, z.B. **Reisekosten** oder Zahlungen aufgrund von **Honorarvereinbarungen**. **39**

a) Reisekosten

Das Quotenvorrecht hängt davon ab, ob eine sachliche Kongruenz zu der versicherten Leistung besteht. Wie zuvor schon für die bedingungsgemäß nicht auszugleichende Wertminderung bei der Vollkaskoversicherung dargestellt wurde, gehört sie dennoch zum Deckungsumfang. Sie gehört dort zum „unmittelbaren Sachschaden". Demzufolge gehören die Reisekosten als Teil der Rechtsverfolgungskosten zum „unmittelbaren Rechtsschutzschaden", also zu den von der Rechtsschutzversicherung abgedeckten Rechtsanwaltskosten, und zwar im weitesten Sinne. Sie sind daher quotenbevorrechtigt. **40**

b) Honorarvereinbarung

41 Auch hier besteht ein Quotenvorrecht des Versicherten (ausführlich hierzu *Freyberger*, Das Quotenvorrecht, DAR 2001, 385, 387). Da es hierzu noch keine Rechtsprechung oder Literatur gibt, kann nur eine Ableitung aus der Kaskorechtsprechung erfolgen. Auch die Kosten aufgrund einer Honorarvereinbarung gehören zum „unmittelbaren Rechtsschutzschaden" in Form aller entstandenen Rechtsverfolgungskosten. Außerdem dürfte in dem von einer Honorarvereinbarung umfassten (weiteren) Honorarvolumen ja in der Regel ein von dem Rechtsschutz abgedeckter Teil enthalten sein, und der ist ja in jedem Falle quotenbevorrechtigt.

Zu Einzelheiten des Quotenvorrechts in der Rechtsschutzversicherung vgl. die Ausführungen zu Kapitel 13 (siehe § 13 Rdn 303 ff.).

2. Arbeitsrecht

42 Trifft den **Arbeitnehmer eine Mithaftung** bei einem Verkehrsunfall, hat er gem. § 6 Abs. 3 EFZG gegenüber dem Arbeitgeber ein Quotenvorrecht. Der Arbeitnehmer ist demnach durch § 6 Abs. 3 EFZG gegenüber seinem Arbeitgeber privilegiert: Durch das hier **normierte Quotenvorrecht** zu seinen Gunsten kann er auch bei eigener Mithaftung verlangen, dass aus der Haftungsmasse **zunächst sein Erwerbsschaden** vollständig beglichen wird, auch soweit er über das hinausgeht, was als Entgeltfortzahlung ohnehin erbracht wird, bevor der Arbeitgeber daran gehen kann, restliche Beträge zu regressieren (Beispiel hierzu: *Küppersbusch/Höher*, 12. Auflage 2016, Rn 111). Auch in einem solchen Fall hat der Schädiger den bei dem Geschädigten verbleibenden Teil des Schadens zunächst voll abzudecken. Erst **im Anschluss daran** kommt der Arbeitgeber mit seinen Regressansprüchen gegenüber dem Schädiger zum Zuge.

43 Dies hat eine **erhebliche Privilegierung** des Arbeitnehmers in den Fällen zur Folge, in denen der Arbeitnehmer neben seiner normalen, der Entgeltfortzahlung unterliegenden Tätigkeit eine **Nebentätigkeit** ausübt, für die er keine Entgeltfortzahlung erhält (*Freyberger*, DAR 2001, 385, 387, mit Hinweis auf *Küppersbusch/Höher*, Ersatzansprüche bei Personenschaden, 12. Auflage 2016, Rn 63).

44 In einem solchen Fall beinhaltet der vom Quotenvorrecht umfasste Betrag dasjenige, was der Arbeitgeber bei dem Schädiger geltend machen könnte. Dem Bruttoeinkommen sind daher noch die **Arbeitgeberanteile** zur Sozialversicherung sowie Urlaubs- und Weihnachtsgeldanteile **zuzuschlagen**.

3. Unterhaltsschäden

45 Das Quotenvorrecht spielt bei der Berechnung von Unterhaltsschäden (*Freyberger*, DAR 2001, 385, 387, sowie ausführlich in MDR 2000, 117 ff.) dann eine Rolle, wenn den getöteten **Ernährer der Familie** bei dem Unfallereignis ein **Mitverschulden** trifft. Der Unterhaltsschaden der Hinterbliebenen wird dann der Mithaftungsquote entsprechend gekürzt. Ist der überlebende Anspruchsberechtigte selbst berufstätig, vermindert sich sein Schadensersatzanspruch, weil er nun seine eigenen Unterhaltsleistungen erspart. Dies ist im Wege des Vorteilsausgleiches abzuziehen.

Hier besteht ebenfalls ein – im Gesetz nicht vorgesehenes, aber vom BGH (VersR 1987, 70) entwickeltes – Quotenvorrecht zugunsten des überlebenden Anspruchsberechtigten. Danach kann der überlebende Anspruchsberechtigte den **ersparten Unterhalt** zunächst mit dem von ihm zu tragenden Mitverschuldensanteil verrechnen. Dieses Quotenvorrecht gilt aber **nur für den Eigenverdienst**, nicht jedoch für die Hinterbliebenenrente. Bei ihr handelt es sich um eine Sozialversicherungsleistung, bei der sich nach dem Zweck des Schadensersatzes jede Vorteilsausgleichung verbietet (BGH NZV 2001, 165 m.w.N.). Stattdessen ist in den betreffenden Sozialgesetzen, z.B. § 116 SGB X, geregelt, dass die Ersatzansprüche in Höhe der Leistung und unter Berücksichtigung des Mitverschuldens übergehen (vgl. § 4 Rdn 66 ff.).

46

§ 7 Materielle Schadenspositionen – Fahrzeugschaden

A. Vorbemerkung

Literatur zu materiellen Schadenspositionen – Fahrzeugschaden:

Becker/Biela, Kraftverkehrs-Haftpflicht-Schäden, 24. Aufl. 2009; *Himmelreich/Halm/Bücken*, Kfz Schadensregulierung, Loseblattkommentar, Handbuch für den Praktiker, 3 Bände; *Sanden/Völtz*, Sachschadenrecht des Kraftverkehrs, 9. Aufl. 2011; *Schneider*, in: Berz/Burmann, Handbuch des Straßenverkehrsrechts, Loseblatt, 34. EL, Stand: Dezember 2015, Kapitel 5: Sachschaden; *Ullmann/Pfütze*, Aktuelle Rechtsprechungsübersicht zum Fahrzeugschaden im Haftpflichtfall, DAR 2007, 622 ff.

Die Schadensersatzansprüche des Geschädigten werden üblicherweise untergliedert in 1

- **Sachschäden** (materielle Schäden) und
- **Personenschäden** (materielle und immaterielle Schäden).

Auch in der praktischen Bearbeitung eines Schadenfalles sollte diese Unterscheidung beibehalten bleiben.

Der Geschädigte kann gem. § 249 Abs. 1 BGB **Wiederherstellung des Zustandes** 2 verlangen, der ohne den Unfall bestehen würde. Dient als Haftungsgrundlage ausschließlich die Gefährdungshaftung nach § 7 StVG, ist die Haftung für Sach- und Personenschäden der Höhe nach begrenzt auf den Betrag von 1.000.000 EUR (300.000 EUR bis 17.12.2007) bei Sachschäden, § 12 Abs. 1 Nr. 2 StVG, und 5.000.000 EUR (600.000 EUR bzw. – bei mehreren Personen – 3.000.000 EUR bis 17.12.2007) bei Personenschäden, § 12 Abs. 1 Nr. 1 StVG. Zu den Haftungshöchstgrenzen vgl. die Ausführungen oben (siehe § 2 Rdn 266 ff.).

Beansprucht der Geschädigte darüber hinausgehende Beträge für den **Sachschaden** 3 oder macht er über die Haftungshöchstgrenzen des StVG hinausgehende **Personenschäden** geltend, muss auch für Unfälle, die sich nach dem 1.8.2002 ereignet haben, ein **Verschulden** gem. §§ 823 ff. BGB bzw. § 253 Abs. 2 BGB festgestellt werden.

B. Überblick zum Fahrzeugschaden

Der Fahrzeugschaden (vgl. Anlage 8 im Anhang: Berechnungsbogen Fahrzeug- 4 schaden, siehe § 14 Rdn 11) umfasst sämtliche Schäden, die unmittelbar an dem am Unfall beteiligten Fahrzeug des Mandanten – sei es Pkw, Lkw, Krad oder Fahrrad – eingetreten sind. Zum Fahrzeug gehören auch alle mit ihm fest verbundenen Teile, wie z.B. Radio- und/oder CD-Anlage, optisches oder technisches Tuning, Anhängerkupplung, Spoiler usw. Nicht dazu gehören in das Fahrzeug verbrachte Gegenstände. Sie sind schadensrechtlich getrennt zu behandeln.

5 Je nach Umfang der Beschädigungen ist das Fahrzeug noch zu reparieren und es kommt **Wiederherstellung** in Betracht, oder es liegt **Totalschaden** vor, sodass es nur um die Anschaffung einer gleichwertigen Sache gehen kann.

6 Dabei steht die Schadenregulierung stets unter dem Aspekt des **Verbotes der Besserstellung**, des **Wirtschaftlichkeitspostulats** und der **Schadensminderungspflicht** gem. § 254 Abs. 2 BGB. Die vom Schädiger zu ersetzenden Aufwendungen bemessen sich danach, was vom Standpunkt eines verständigen, wirtschaftlich denkenden Eigentümers in der besonderen Lage des Geschädigten zweckmäßig und angemessen erscheint (BGH NJW 1970, 1454; 1972, 1800; 1975, 160; NJW 1992, 302). Das ergibt sich aus dem Begriff der „**Erforderlichkeit**" des § 249 Abs. 2 BGB. Daher kann der Geschädigte unter bestimmten Voraussetzungen auch dann die Kosten einer Reparatur ersetzt verlangen, wenn sie den Wiederbeschaffungswert maßvoll, d.h. bis zu 30 %, überschreiten, und der Geschädigte zeigt, dass er sein **Integritätsinteresse** an der Erhaltung des beschädigten Gegenstandes durch eine sachgerechte Reparatur geschützt sehen will (vgl. Rdn 75 ff.).

C. Feststellung des Fahrzeugschadens

7 Grundlage jeglicher Schadensermittlung zum unmittelbaren Fahrzeugschaden sollte regelmäßig die Einholung eines Sachverständigengutachtens sein. Dessen Feststellungen sind entscheidend für die Frage, ob der Geschädigte die erforderlichen Reparaturkosten abrechnen darf oder lediglich eine Abrechnung auf Wiederbeschaffungsbasis möglich ist.

8 Soll fiktiv abgerechnet werden, muss die Höhe des Schadensersatzes ohnehin auf anderem Wege als durch Vorlage einer Reparaturrechnung erfolgen. In Betracht kommt die Vorlage eines **Sachverständigengutachtens** (BGH NJW 1989, 3009 ff.) oder eines **Kostenvoranschlages**.

I. Nachweis durch Sachverständigengutachten

Literatur zum Sachverständigengutachten:

Becker, Der Kfz-Sachverständige in der Unfallschadensregulierung, zfs 2013, 484; *Hörl*, Der Kraftfahrzeug-Sachverständige in der Unfallregulierung, zfs 2000, 422; *Jaeger*, Das Recht des Kfz-Haftpflichtversicherers zur Besichtigung des beschädigten Fahrzeugs, VersR 2011, 50; *Roß*, Rechtliche Probleme bei Kfz-Sachverständigengutachten, NZV 2001, 321 ff.; *Watzlawick*, Ersatz von Gutachterkosten bei Bagatellfällen, DAR 2009, 432.

1. Allgemeines

9 Das Sachverständigengutachten nach einem Verkehrsunfall hat zwei Funktionen:
- **Beweisfunktion**: Das Sachverständigengutachten dient dem Beweis der unfallbedingten Fahrzeugschäden.

C. Feststellung des Fahrzeugschadens §7

- **Schadensfeststellungsfunktion**: Mit Hilfe der gutachterlichen Feststellungen können die notwendigen Reparaturkosten und deren Umfang bzw. der Wiederbeschaffungsaufwand bestimmt werden.

Das Sachverständigengutachten ist in jedem Falle ein **Parteigutachten**. So lange von der Gegenseite keine konkreten Einwände gegen die Richtigkeit des Gutachtens erhoben werden, haben die Gerichte von der Richtigkeit des Sachverständigengutachtens auszugehen (LG Berlin DAR 1998, 354).

Nach der Rechtsprechung (LG Kleve zfs 1999, 239; LG München SP 1996, 82) verhält es sich ebenso bei der Frage, ob der **Geschädigte dulden** muss, dass der Versicherer sein Fahrzeug **nachbesichtigt** bzw. ein Gegengutachten erstellt. Dieses ist nur dann für den Geschädigten verpflichtend, wenn der Versicherer **beweisbare Mängel** des Gutachtens aufzeigen kann. 10

a) Kaskoschäden (Sachverständigenverfahren nach AKB)

Bei Kaskoschäden hat **der Versicherer** nach § 7 III sowie § 13 Abs. 7 S. 2 AKB bzw. A.2.8 sowie E.3.2 AKB 2008 **das Recht**, den Sachverständigen zu bestimmen (siehe auch Rdn 299 ff., § 13 Rdn 245). 11

Besteht Uneinigkeit über die vom Sachverständigen geschätzte Höhe des Schadens, ist nach § 14 AKB bzw. A.2.17 AKB 2008 das dort geregelte „**Sachverständigenverfahren**" (vgl. dazu § 13 Rdn 266 f.) durchzuführen. Es entscheidet dann ein **Sachverständigenausschuss**, der aus zwei Mitgliedern besteht, von denen der Versicherer und der Versicherungsnehmer je eines benennt. Wenn der eine Vertragsteil innerhalb **zweier Wochen nach schriftlicher Aufforderung** sein Ausschussmitglied nicht benennt, so wird auch dieses von dem anderen Vertragsteil benannt. 12

Soweit sich die Ausschussmitglieder nicht einigen, entscheidet ein von beiden zu wählender **Obmann**. Einigen sich die beiden Sachverständigen nicht auf einen Obmann, wird dieser durch das zuständige Amtsgericht ernannt. 13

Bewilligt der Sachverständigenausschuss die Forderung des Versicherungsnehmers, so hat der Versicherer die **Kosten** aller drei Sachverständigen voll zu tragen. Kommt der Ausschuss zu einer Entscheidung, wonach die von dem Versicherer angebotene Schadenssumme ausreicht, zahlt der Versicherungsnehmer die Kosten des Sachverständigenverfahrens in vollem Umfange. Liegt die Entscheidung – wie übrigens meistens – irgendwo dazwischen, so tritt eine verhältnismäßige Verteilung der Kosten ein. 14

Das Sachverständigenverfahren nach § 14 AKB bzw. A.2.17 AKB 2008 zu betreiben, macht in der Praxis meist keinen Sinn. Kaum ein Rechtsschutzversicherer deckt die mit einem solchen Verfahren verbundenen Kosten ab (Ausnahme: ADAC-Rechtsschutz, vgl. unten Rdn 305). Da meist die Entscheidung durch den Obmann fällt und dann die Kosten verhältnismäßig geteilt werden, ist der durch das Verfahren gewonnene wirtschaftliche Vorteil meist durch die mit dem Verfahren verbundenen Kosten wieder kompensiert oder die Kosten übertreffen sogar den Vorteil. 15

243

§ 7 Materielle Schadenspositionen – Fahrzeugschaden

> *Tipp*
> Das Sachverständigenverfahren nach § 14 AKB bzw. A.2.17 AKB 2008 ist in aller Regel unwirtschaftlich, d.h. es kostet meist mehr als es bringt.

> *Beachte*
> Die **Durchführung des Sachverständigenverfahrens** ist **Fälligkeitsvoraussetzung**, sodass eine **Klage bei Streit über die Höhe** der Entschädigung zuvor **unbegründet** ist, selbst wenn der Versicherer sich erst im Prozess darauf beruft!
> Ein selbstständiges Beweisverfahren soll dagegen zulässig sein (LG München I NJW-RR 1994, 216).

b) Haftpflichtschäden (Bagatellgrenze)

16 Der Geschädigte eines Verkehrsunfalls ist grundsätzlich berechtigt, ein Sachverständigengutachten einzuholen, es sei denn, er beachtet nicht das **Erforderlichkeitspostulat** und die **Schadensminderungspflicht**.

17 Die **Erforderlichkeit** eines Sachverständigengutachtens wird von den Versicherern, aber auch in der Rechtsprechung immer wieder verneint, wenn ein so genannter **Bagatellschaden** vorliegt. Diese **Bagatellschadensgrenze** wird von der Rechtsprechung zur Zeit noch bei **500 bis 1.000 EUR** angesetzt (z.B. OLG Hamm VersR 1977, 232; AG Bonn zfs 1996, 55; AG Frankfurt zfs 1997, 333; AG Berlin-Mitte DAR 1998, 73; AG Chemnitz DAR 1998, 74; AG Rostock zfs 1999, 422; AG Nürnberg zfs 1999, 517; AG Leverkusen DAR 1999, 368; AG Mainz zfs 2002, 74), sollte aber nach der Empfehlung des Arbeitskreises V des 34. Verkehrsgerichtstages 1996 auf 3.000 DM (**1.500 EUR**) angehoben werden.

18 Ein **Verstoß gegen die Schadensminderungspflicht** ist dem Geschädigten dann vorzuwerfen, wenn die Geringfügigkeit des Fahrzeugschadens **offensichtlich** ist (AG Detmold zfs 1997; AG Berlin-Mitte DAR 1998, 73). Bei **unklarem Schadensumfang** ist der Geschädigte in jedem Falle berechtigt, einen Sachverständigen mit der Begutachtung des Schadens zu beauftragen (AG Mainz NZV 2002, 193; AG Dresden zfs 2004, 314). Da für einen Laien nur in den allerseltensten Fällen auszuschließen sein wird, dass ein höherer als ein Bagatellschaden gegeben ist, wird es auch nur selten vorkommen, dass der **Laie** nicht auf die Begutachtung durch einen Sachverständigen zurückgreifen darf (*Janeczek*, Anmerkung zu AG Dresden, zfs 2004, 314). Auch hier trägt das **Prognoserisiko allein der Schädiger**!

19 Allerdings macht die Abhängigkeit einer solchen Grenze von der Erkennbarkeit des Schadenumfangs seitens des Geschädigten deutlich, dass die Bagatellgrenze nicht zu hoch angesetzt werden sollte. Eine **feste Grenze** vorzugeben setzt voraus, dass ein **Laie** die **sichere Gewissheit** haben muss, dass der Schaden mit einem Aufwand unterhalb der Bagatellgrenze behoben werden kann. Diese Einschränkung ergibt sich aus dem Grundsatz der **subjektbezogenen Schadensbetrachtung**. Ist der

C. Feststellung des Fahrzeugschadens § 7

Schadensumfang also unter Berücksichtigung der Erkenntnismöglichkeiten des Geschädigten unklar, der Geschädigte also subjektiv nicht in der Lage, den Schadensumfang verlässlich abzuschätzen, kann es keine Bagatellgrenze geben.

Da bei einem Unfall stets äußerlich nicht erkennbare Stauchungen und Verformungen eingetreten sein können, deren Umfang und Tragweite in Bezug auf tragende Teile des Fahrzeuges und deren Schadensbehebungsaufwand von einem Laien und oft auch von Fachleuten grundsätzlich nicht zuverlässig abschätzbar sind, **erscheint eine strikte Grenzziehung daher verfehlt** (*Diehl*, Anmerkung zu AG Dresden, zfs 2004, 314 f.). 20

Die Verweisung des Geschädigten auf die Einholung eines (kostengünstigeren) Kostenvoranschlags geht oft ins Leere. Tatsächlich fehlt dem Geschädigten nämlich oft die **realistische Möglichkeit**, statt der Einholung eines Sachverständigengutachtens einen Kostenvoranschlag zu beschaffen. Lehnt nämlich die Werkstatt die Erstellung eines Kostenvoranschlages ab, z.B. wegen des damit verbundenen Haftungsrisikos wegen verdeckter Schäden (AG Dortmund zfs 2002, 178), wäre der Geschädigte bei Festlegung einer festen Bagatellgrenze schutzlos. Ihm wäre jede Möglichkeit eines Nachweises über die Schadenshöhe unmöglich. Demnach kann eine Bagatellgrenze allenfalls eine **Richtlinie ohne feste Bindungswirkung** darstellen. 21

Eine Bagatellschadensgrenze im Zusammenhang mit dem Recht, einen Sachverständigen beauftragen zu dürfen, hat sich gegenwärtig auf 750 EUR bis 1.000 EUR eingependelt, ist aber – aus den vorstehenden Gründen – immer wieder streitig. 22

Oft liegt der Fall aber so, dass der Geschädigte die **Schadenshöhe falsch, also vor allem zu hoch, einschätzt**. Später stellt sich dann heraus, dass der Schaden unter der Bagatellschadensgrenze liegt. Dann wird seitens der Versicherer oft ein Verstoß gegen die Schadensminderungspflicht eingewandt. 23

Ein Verstoß gegen die dem Geschädigten obliegende Schadensminderungspflicht liegt bei Erteilung eines Gutachtenauftrages jedoch nur vor, wenn die **Geringfügigkeit des Fahrzeugschadens** sozusagen **ins Auge springt**, er also keinen vernünftigen Zweifel haben konnte, dass die Bagatellgrenze nicht überschritten werde (*Diehl*, Anmerkung zu AG Sömmerda, zfs 2002, 443). Angesichts der **geringen Sachkunde eines Laien** bei der Beurteilung der Kosten eines Schadens ist dieser schnell überfordert (AG Detmold zfs 1997, 297; AG Regensburg zfs 1996, 134; AG Bonn zfs 1996, 55; AG Berlin-Mitte DAR 1998, 73). Bei unklarem Schadensumfang ist der Geschädigte in jedem Falle berechtigt, einen Sachverständigen mit der Begutachtung des Schadens zu beauftragen (AG Mainz NZV 2002, 193; AG Hannover zfs 2002, 581). 24

Von einer **Geringfügigkeit des Schadens** ist nur bei Vorliegen offensichtlich oberflächlicher Schäden, nicht dagegen z.B. bei Auffahrunfällen mit Beschädigungen im Heckbereich auszugehen. Bei diesem Unfalltypus ist die Möglichkeit weitergehender Verformungen oder Stauchungen im Bereich des Kofferraums nicht aus- 25

245

zuschließen, sodass **für einen Laien die Beurteilung unmöglich** ist, ob lediglich ein Bagatellschaden oder ein weitergehender, ggf. durch aufwändige Reparaturen zu beseitigender Schaden vorliegt, der dann nur durch einen Sachverständigen geklärt werden kann (AG Mainz zfs 2002, 74). Bei der **Möglichkeit verdeckter und unsichtbarer weiterer Schäden**, die sich der Beurteilung durch einen Laien entziehen können, darf der Geschädigte zur Sicherung seiner Ansprüche daher in jedem Fall ein **Sachverständigengutachten** einholen und kann nicht unter dem Gesichtspunkt der Schadensminderungspflicht auf die Einholung eines weniger aussagekräftigen Kostenvoranschlages verwiesen werden (AG Frankfurt zfs 1997, 333; AG Düsseldorf zfs 1999, 60).

26   Ganz sicher liegt aber **kein Verstoß gegen die Schadensminderungspflicht** vor, wenn der Geschädigte zuvor sogar einen **Fachmann**, z.B. in einer Werkstatt, befragt und dieser ihm höhere Reparaturkosten prognostiziert hat. Auch liegt kein Verstoß gegen die Schadensminderungspflicht vor, wenn die **Möglichkeit eines wirtschaftlichen Totalschadens** ernsthaft im Raume steht (OLG Hamm zfs 1986, 326).

27   Ein Verstoß gegen die Schadensminderungspflicht liegt auch dann nicht vor, wenn eine Werkstatt die Erstellung eines Kostenvoranschlages z.B. mit der Begründung ablehnt, dass die **Möglichkeit verdeckter Schäden** bestehe (AG Dortmund zfs 2002, 178).

28   In den Fällen, in denen der **Haftungsgrund streitig**, also gerade die Frage des Umfanges des Schadensersatzes unklar ist, hat der Geschädigte ein berechtigtes Interesse an einer Begutachtung des Schadens durch einen Sachverständigen, um sich künftig eventuell erforderliche **Beweismittel** zuverlässig zu **sichern**. In solchen Fällen darf ein Geschädigter **auch bei Bagatellschäden** unter 500 EUR ein Sachverständigengutachten ohne Verstoß gegen die Schadensminderungspflicht einholen. Dessen Kosten sind vom Schädiger zu ersetzen (AG Gießen DAR 1999, 320 mit umfangreicher Judikatur).

29   Andererseits mehren sich die Fälle, in denen der Versicherer gegenüber dem Geschädigten erklärt, auf die Beauftragung eines Sachverständigen zu verzichten und sich mit einem Kostenvoranschlag zu begnügen, wenn ein Reparaturschaden bis zu einer bestimmten Summe, z.B. früher bis 7.500 DM, heute oft schon bis 5.000 EUR, vorliegt. Dieser Umstand kann aber nicht dazu führen, dass die entstandenen Gutachterkosten dann nicht mehr von dem Versicherer erstattet werden (AG Karlsruhe DAR 1999, 554).

30   Außerdem lehrt die **Erfahrung in der Praxis,** dass die Versicherer nahezu ausnahmslos, wenn ein **Kostenvoranschlag** vorgelegt wird, diesen durch hauseigene oder den Versicherern nahestehende Sachverständigeninstitutionen **überprüfen** lassen, dies mit dem offensichtlichen alleinigen Ziel, die Reparaturkosten niedriger schätzen zu lassen (vgl. unten Rdn 51). Regelmäßig wird es dann für den Geschädigten ohnehin erforderlich, (nachträglich) ein **Sachverständigengutachten** in

C. Feststellung des Fahrzeugschadens § 7

Auftrag zu geben. Die Bekundungen der Versicherer, sich bis zu einer bestimmten Summe mit einem Kostenvoranschlag einverstanden zu erklären, sind häufig unzutreffend und dienen ausschließlich dazu, einen **dem Versicherer genehmen Sachverständigen** mit der Schadensschätzung beauftragen zu können, es also zu vermeiden, dass der Geschädigte ihm zuvor kommt und einen **unabhängigen Sachverständigen** beauftragt.

Der Geschädigte hat oberhalb der Bagatellschadensgrenze **stets einen Anspruch auf die Erstellung und Bezahlung eines Sachverständigengutachtens**, zumal es um Fragen der **Wertminderung** und des **Wiederbeschaffungs- und Restwerts** gehen kann, aber auch die Gefahr besteht, dass der Versicherer später, nach Durchführung der Reparatur, entgegen dessen Ankündigung dennoch Einwendungen zur Höhe erhebt.

31

c) Gutachterauswahl

Der Geschädigte ist in der **Auswahl des Sachverständigen** frei. Er braucht sich nicht auf Anweisungen oder Empfehlungen der Versicherer oder Werkstätten einzulassen.

32

> *Tipp*
> Bei der Auswahl sollte darauf geachtet werden, dass das Gutachten sowohl einer etwaigen gerichtlichen als auch einer Überprüfung durch die Gegenseite standhält. Um dieses sicherzustellen, sollte – es gibt kein einheitliches Berufsbild des Kfz-Sachverständigen, und die Bezeichnung ist auch nicht geschützt – stets ein **öffentlich bestellter und vereidigter Sachverständiger** beauftragt werden. Nur von ihm kann größtmögliche Unabhängigkeit erwartet werden.

33

Für ein **Auswahlverschulden** betreffend die **fachliche Kompetenz** des Sachverständigen hätte der Geschädigte einzustehen, weil er allein ihn ja auch ausgewählt hat, ohne dass der Schädiger eine Einflussmöglichkeit hatte. Ein solches **Auswahlverschulden** trifft ihn aber jedenfalls dann nicht, wenn er einen **öffentlich bestellten und vereidigten Sachverständigen** beauftragt (AG Wiesbaden zfs 2001, 311).

34

Aber auch der **Versicherer hat jederzeit das Recht, ein eigenes Gutachten einzuholen**. Verweigert der Geschädigte grundlos die Besichtigung durch den Versicherer, läuft er Gefahr, Nachteile in Kauf nehmen zu müssen, z.B. das Tragen von dadurch bedingten Mehrkosten (BGH zfs 1984, 83), eine Regulierungsverweigerung oder -verzögerung seitens des Versicherers.

35

Von Seiten der Versicherer wird immer wieder das **Recht** gefordert, das Fahrzeug **nachbesichtigen** zu dürfen. Einen solchen **Anspruch** haben der Schädiger und sein Versicherer nach anderer Meinung jedoch **nicht** (LG München zfs 1991, 123; LG Kleve zfs 1999, 239). Der Geschädigte darf sich vielmehr grundsätzlich auf die **Richtigkeit** des von ihm eingeholten Sachverständigengutachtens **verlassen**, jedenfalls dann, wenn es von einem vereidigten und öffentlich bestellten unabhängi-

36

gen Sachverständigen stammt. Wird von einem Recht des gegnerischen Haftpflichtversicherers ausgegangen, eine Gegenüberstellung der Unfallfahrzeuge zu verlangen, ist der Geschädigte berechtigt, seinen Schadensgutachter zu der Gegenüberstellung hinzuzuziehen und die Kosten hierfür ersetzt zu bekommen (LG Hamburg DAR 2016, 139).

37 Hat **zunächst der Versicherer ein Gutachten eingeholt**, beeinträchtigt das nicht das Recht des Geschädigten, ebenfalls ein eigenes Gutachten eines unabhängigen Sachverständigen einzuholen (OLG Stuttgart NJW 1974, 951; KG VersR 1977, 229). Die dadurch entstehenden Kosten sind dann gleichwohl uneingeschränkt von dem Versicherer des Schädigers zu erstatten.

38 *Tipp*
Im Falle der **Alleinhaftung des Unfallgegners** ist es ratsam, stets und so schnell wie möglich einen öffentlich bestellten und vereidigten Sachverständigen mit der Schadensschätzung zu beauftragen, damit die erforderlichen Dispositionen umgehend getroffen werden können. Es dauert viel zu lange, erst auf die Begutachtung durch den gegnerischen Versicherer zu warten. Dessen Gutachten fallen außerdem oft sehr viel niedriger aus.

d) Mindestinhalt eines Schadensgutachtens

39 Es gibt keine gesetzlichen Mindestvoraussetzungen für den Inhalt eines Schadensgutachtens. Gleichwohl sollte ein Kfz-Gutachten Folgendes beinhalten:
- **individuelle Identifizierbarkeit:** Halter, amtliches Kennzeichen, Fahrzeugart, Fabrikat, Typ, Fahrzeugidentitätsnummer, also alle Angaben, die auch in der Zulassungsbescheinigung (früher: Kfz-Schein) enthalten sind;
- Angabe der **Erstzulassung**, des aktuellen **Kilometerstandes**, Lackzustand, **Allgemeinzustand** und Reifenprofiltiefe;
- Hinweise auf **Vorschäden**;
- Beschreibung der vorhandenen **wesentlichen Schäden** und Beschreibung der wesentlichen **Reparaturmaßnahmen**;
- **Anzahl der Vorbesitzer**;
- exakte Auflistung der zur Reparatur benötigten **Teile** und der voraussichtlichen Arbeitszeiten (üblicherweise als Audatex- oder DAT-Kalkulation);
- **Wiederbeschaffungswert** (einschließlich Angabe, ob regelbesteuert, differenzbesteuert oder steuerneutral) und **Restwert**;
- Angabe, ob das Fahrzeug trotz der Unfallschäden noch **fahrbereit bzw. verkehrssicher** ist (relevant für den Beginn des Nutzungsausfallzeitraumes)
- Angabe der **Nutzungsausfallklasse**;
- **Fotos** des beschädigten Fahrzeuges;
- **Schlussbemerkung** – hier wird das Ergebnis zusammengefasst, insbesondere die Angaben zu **Reparaturkosten, Wiederbeschaffungswert** (= der Preis, der bei einem seriösen Gebrauchtwagenhändler für ein dem Unfallfahrzeug gleich-

wertiges Kfz bezahlt werden muss) und **Restwert** (= der Preis, der für das Fahrzeugwrack noch erzielt werden kann). Im Falle eines offensichtlichen Totalschadens werden die Reparaturkosten in der Regel nicht beziffert, sondern nur überschlägig kalkuliert.

Früher wurden üblicherweise nur dann, wenn die Reparaturkosten 70 % des Wiederbeschaffungswertes überschreiten (siehe unten Rdn 238 f.), Wiederbeschaffungswert und Restwert im Gutachten angegeben. Das gilt nach dem Urteil des BGH vom 7.6.2005 (Az. VI ZR 192/04, DAR 2005, 508 ff.) nunmehr uneingeschränkt immer: Wenn nämlich der Geschädigte das verunfallte Fahrzeug verkauft und demnach nicht repariert bzw. weiterbenutzt, kommt es auf die 70 %-Regel nicht an und ihm werden nicht stets die fiktiven Reparaturkosten laut Gutachten vollständig, sondern nur noch bis zur Höhe des Wiederbeschaffungsaufwandes (Wiederbeschaffungswert abzüglich Restwert) ersetzt. Also sollte der Restwert stets (vorsorglich) mit angegeben werden. **40**

Wichtig ist auch, dass vom Sachverständigen angegeben wird, inwieweit der ermittelte **Wiederbeschaffungswert Mehrwertsteuerbeträge enthält** (19 % Regelsteuer, 2 % Differenzsteuer oder keine Mehrwertsteuer; vgl. dazu im Einzelnen Rdn 380 ff.). **41**

e) Mithaftung des Geschädigten

Problematisch sind die Fälle einer anfänglich noch nicht abschätzbaren **Mithaftung** des Geschädigten. In solchen Fällen würden die Kosten eines Sachverständigengutachtens ggf. nur gemäß der Haftungsquote ausgeglichen werden (zur neueren Auffassung einer Ersatzpflicht des Schädigers hinsichtlich der gesamten Sachverständigenkosten trotz Mithaftung vgl. § 8 Rdn 41). **42**

Über eine etwa bestehende **Rechtsschutzversicherung** sind Kosten der Schadensermittlung durch ein Privatgutachten **nicht abgedeckt** (Ausnahme: ARB 1994 der „Advocard" Rechtsschutzversicherung sowie generell Auslandsfälle). Demgegenüber sind die Kosten eines gerichtlichen Sachverständigen im Rahmen eines selbstständigen Beweisverfahrens nach § 485 Abs. 2 ZPO von der Rechtsschutzversicherung umfasst, da sie Teil der Gerichtskosten sind. **43**

> *Tipp* **44**
> Im Falle einer **Mithaftungsquote** ist aus Gründen des Kostenrisikos zu erwägen, den Versicherer des Schädigers um eine Begutachtung zu bitten. Es ist – gerade bei „kleineren" Schäden – häufig eher hinzunehmen, dass dessen Gutachten der Höhe nach nicht optimal ausfällt, als einen oft noch größeren Verlust wegen der Höhe der (entsprechend der Mithaftungsquote auch nur teilweise zu erstattenden) Sachverständigenkosten. Bei Beratung über die Vor- und Nachteile haben die Mandanten insoweit erstaunlich häufig eine klare Position, ob das Gutachten durch den gegnerischen Versicherer eingeholt werden soll.

45 Ist der Versicherer hierzu nicht bereit, bleibt nur die Möglichkeit, trotz des Kostenrisikos einen eigenen Sachverständigen zu beauftragen oder ein gerichtliches **selbstständiges Beweisverfahren** über die Schadenshöhe zu beantragen (dieses ist dann von einer etwaig vorhandenen Rechtsschutzversicherung zu finanzieren und dauert meist nur ein bis zwei Monate). U.U. kann bzw. muss dann auch ein Kostenvoranschlag ausreichen.

2. Haftung des Sachverständigen

46 Zwischen dem Geschädigten und dem Sachverständigen kommt ein **Werkvertrag** zustande. Bei einem fehlerhaften Gutachten hat der Geschädigte die werkvertraglichen Gewährleistungsrechte nach §§ 633 ff. BGB bzw. einen Schadensersatzanspruch aus § 280 Abs. 1 BGB.

47 Hat der Geschädigte für ein **fehlerhaftes Gutachten** bereits das Sachverständigenhonorar bezahlt, so hat er trotz Unverwertbarkeit des Gutachtens einen **Befreiungsanspruch** gegenüber dem gegnerischen Haftpflichtversicherer nach § 255 BGB. Es obliegt dann ggf. dem **Haftpflichtversicherer**, sich diesbezüglich mit den Sachverständigen auseinander zu setzen (AG Kulmbach SP 1997, 482).

48 Nach herrschender Rechtsprechung (BGH NJW 1995, 392; BGH VersR 2001, 1388; OLG Karlsruhe NJW-RR 1990, 861; OLG München r+s 1990, 273; OLG Köln VersR 2004, 1145; LG Frankenthal SP 1997, 337; AG Frankfurt zfs 1996, 256; LG Heidelberg v. 18.3.2008 – 4 S 12/07) hat das Gutachten auch eine **Schutzwirkung zugunsten Dritter**. Wird der gegnerische Haftpflichtversicherer durch falsche Angaben im Gutachten geschädigt, so kann auch er Schadensersatzansprüche gegen den Sachverständigen geltend machen. Dies ist z.B. der Fall, wenn der Sachverständige den **Restwert** zu niedrig angesetzt hat (LG Bochum SP 1992, 81; LG Heidelberg v. 18.3.2008 – 4 S 12/07; vgl. Anm. *Wenker*, jurisPR-VerkR 2/2010 Anm. 4).

49 Ein solcher **Restwertregress** gegen einen Sachverständigen scheidet aber stets aus, wenn es darum geht, dass er Angebote aus **Restwertbörsen** nicht berücksichtigt hat. Dazu ist er nämlich nicht verpflichtet (AG Landshut zfs 2002, 433). Bei der Ermittlung von Restwertangeboten darf der Sachverständige nur auf solche Angebote abstellen, die aus dem **allgemeinen, dem Geschädigten räumlich zugänglichen und zumutbaren Markt** stammen, deren Seriosität der Sachverständige überprüfen konnte (BGH VersR 2009, 413; dazu im Einzelnen und siehe unten Rdn 259, Rdn 289 ff. speziell zum Restwertregress).

50 Ggf. hat der Versicherer einen Anspruch gegen den Geschädigten auf **Abtretung dessen Schadensersatzanspruchs** gegen den von ihm gewählten Sachverständigen (AG Lünen SP 1995, 184), sodass die Schadensersatzleistung nur Zug um Zug gegen eine solche Abtretung verlangt werden kann. Wenn der Versicherer also meint,

C. Feststellung des Fahrzeugschadens §7

das Gutachten sei falsch, muss er die damit verbundenen Kosten gleichwohl übernehmen, ggf. also Zug um Zug gegen Abtretung eines etwaigen Regressanspruchs gegen den Sachverständigen.

II. Nachweis durch Kostenvoranschlag

Ein **Kostenvoranschlag** reicht allenfalls bis zur Bagatellschadensgrenze als Schadensnachweis aus. Kostenvoranschläge werden ohnehin fast immer von den Versicherern durch hauseigene Sachverständige überprüft und alsdann abgelehnt, sind also meistens wertlos (vgl. oben Rdn 30). Grundsätzlich ist aber auch ein Kostenvoranschlag wie ein Schätzgutachten eines Kfz-Sachverständigen zu bewerten, solange nicht Anhaltspunkte für gravierende Mängel bestehen (AG München zfs 1999, 329).   51

Außerdem werden die von den Werkstätten dafür geforderten **Kostenvoranschlagskosten** seitens der Versicherer oft nicht ersetzt, häufig mit dem Argument, dass diese Kosten im Falle der Reparaturerteilung angerechnet werden (anders jedoch: AG Recklinghausen zfs 1986, 104; AG Augsburg zfs 1987, 106; AG Siegburg zfs 1987, 327; AG Oberhausen zfs 1988, 279; AG München zfs 1999, 328).   52

Jedoch sind diese Kosten **als zum Zwecke der Schadensermittlung notwendig** zu übernehmen. Auch der Gesichtspunkt einer eventuellen Anrechnung im Falle der Reparatur hindert die Erstattungspflicht solange nicht, bis der **Auftrag zur Erteilung der Reparatur** – und damit die Anrechnung – **feststeht**. Anderenfalls würde dem Geschädigten unzulässigerweise sein Recht zur fiktiven Abrechnung – als Ausfluss der ihm gesetzlich zustehenden **Dispositionsfreiheit** – beschnitten. Dass der Geschädigte sich mit einer gegenüber der Einholung eines Sachverständigengutachtens **preiswerteren Methode** der Ermittlung des erforderlichen Aufwandes zur Schadensbehebung zufrieden gegeben hat, darf **nicht zu seinen Lasten** ausschlagen, insbesondere dann nicht, wenn der Haftpflichtversicherer des Schädigers den Kostenvoranschlag sogar als **akzeptable Grundlage** seiner Regulierungsberechnung angesehen hat (AG Dorsten zfs 1999, 424; AG Dortmund zfs 2000, 63).   53

Tipp   54
Aus **Beweissicherungsgründen** und um einem Sachverständigen in einem eventuellen Prozess die notwendigen Anknüpfungstatsachen für seine Schätzung an die Hand zu geben, sollte der Schaden aber in jedem Falle bestmöglich **fotografisch** festgehalten werden.

Steht auch die Frage einer **merkantilen Wertminderung** an, reicht ein Kostenvoranschlag ohnehin nicht aus. Es ist dann in jedem Falle die Einholung eines Sachverständigengutachtens zu empfehlen, da die bekannten Berechnungsmethoden zu umständlich und bei Kleinschäden oft angreifbar sind.   55

56 Nur ein Sachverständiger kann ermessen, ob **trotz eines vorliegenden Kleinschadens** eine **merkantile Wertminderung** z.B. wegen des guten Erhaltungszustandes des Fahrzeuges zuerkannt werden kann.

57 *Tipp*
Es sollten möglichst keine Kostenvoranschläge zum Schadensnachweis verwendet werden (Ausnahme: bei eindeutigen Bagatellschäden), da sie in der Regel keine hinreichende Bestandskraft haben. Zumindest sollte aber dann zusätzlich auch eine Fotodokumentation erstellt werden.

III. Vergleichsbetrachtung Reparaturfall/Wiederbeschaffungsfall

58 Zur Beurteilung der Frage, ob der Geschädigte auf **Reparaturkostenbasis** abrechnen darf oder auf eine **Abrechnung auf Wiederbeschaffungsbasis** angewiesen ist, sind die durch den Sachverständigen ermittelten Werte gegenüberzustellen. Maßgeblich sind die folgenden Werte:

59 Regelmäßig kalkuliert der Sachverständige zunächst die erforderlichen **Reparaturkosten** und stellt eine trotz Reparatur verbleibende **merkantile Wertminderung** fest. Die sich aus diesen beiden Werten ergebende Summe wird als **Reparaturaufwand** bezeichnet. Wenn ein wirtschaftlicher Totalschaden in Betracht kommt, ermittelt der Sachverständige darüber hinaus den **Wiederbeschaffungswert** (Kaufpreis eines vergleichbaren Gebrauchtfahrzeugs beim Händler) sowie den **Restwert** des Fahrzeugs (unter Berücksichtigung der unfallbedingten Beschädigungen). Die Differenz zwischen dem Wiederbeschaffungswert und dem Restwert nennt man **Wiederbeschaffungsaufwand**.

60 Bei der **Vergleichsbetrachtung** ist jeweils auf die **Bruttowerte** (einschließlich Mehrwertsteuer) abzustellen, auch wenn wegen fiktiver Abrechnung gem. § 249 Abs. 2 S. 2 BGB lediglich Nettobeträge geltend gemacht werden (BGH VersR 2009, 654 = zfs 2009, 439; OLG Düsseldorf DAR 2008, 268, 269). Inwieweit selbst dann für die Vergleichsbetrachtung Bruttobeträge maßgeblich sind, wenn der Geschädigte wegen bestehender Vorsteuerabzugsberechtigung lediglich Nettobeträge beanspruchen kann (so *Lemcke*, r+s 2002, 265; *Huber*, NZV 2004, 105, 109), ist durch die zitierte jüngste Entscheidung des BGH (VersR 2009, 654) in Zweifel gezogen worden (vgl. *Schneider,* in: Berz/Burmann, Kap. 5 A Rn 15).

61 Bei der Vergleichsbetrachtung ist zur Ermittlung des Reparaturaufwandes den **Reparaturkosten** stets eine ggf. trotz Reparatur **verbleibende Wertminderung hinzuzurechnen** (vgl. z.B. OLG Düsseldorf DAR 2008, 268, 269; LG Saarbrücken zfs 2015, 504; dazu ausführlicher *Schneider*, in: Berz/Burmann, Kap. 5 A Rn 14).

IV. Einzelne Wertkonstellationen zwischen Reparatur- und Wiederbeschaffungsfall

1. Reparaturaufwand unterhalb des Wiederbeschaffungsaufwandes

Beispiel 62

Reparaturkosten laut Gutachten, brutto	3.500 EUR
zzgl. merkantile Wertminderung	500 EUR
Reparaturaufwand, brutto	4.000 EUR
Wiederbeschaffungswert, brutto	9.500 EUR
abzgl. Restwert, brutto	5.000 EUR
Wiederbeschaffungsaufwand, brutto	4.500 EUR

Liegt der Reparaturaufwand **unterhalb des Wiederbeschaffungsaufwandes**, stellt die Reparatur des Fahrzeugs die günstigste Form der Naturalrestitution dar, sodass der Schaden in jedem Fall auf **Reparaturkostenbasis** abzurechnen ist (vgl. *Wellner*, Kfz-Schadensabrechnungs-Übersicht, NZV 2007, 401, 402). Der Geschädigte kann daher **entweder** 63

- **konkret** die tatsächlich entstandenen Reparaturkosten oder
- **fiktiv** die erforderlichen Reparaturkosten geltend machen, bei der fiktiven Abrechnung allerdings wegen § 249 Abs. 2 S. 2 BGB nur netto (ohne Mehrwertsteuer).

Die **merkantile Wertminderung** erhält der Geschädigte in beiden Fällen zusätzlich ersetzt. **Ob das Fahrzeug nach dem Unfall weitergenutzt oder verkauft wird, spielt keine Rolle.** 64

Beispiel

Der Geschädigte erhält in unserem Beispiel folglich den Reparaturaufwand in Höhe von 4.000 EUR ersetzt, bei fiktiver Abrechnung abzüglich der in den Reparaturkosten enthaltenen Mehrwertsteuer.

2. Reparaturaufwand zwischen Wiederbeschaffungsaufwand und Wiederbeschaffungswert (sog. 100-%-Fälle)

Beispiel 65

Reparaturkosten laut Gutachten, brutto	3.500 EUR
zzgl. merkantile Wertminderung	300 EUR
Reparaturaufwand, brutto	3.800 EUR
Wiederbeschaffungswert, brutto	5.500 EUR
abzgl. Restwert, brutto	2.500 EUR
Wiederbeschaffungsaufwand, brutto	3.000 EUR

66 Liegt der Reparaturaufwand **über dem Wiederbeschaffungsaufwand**, jedoch **unterhalb des Wiederbeschaffungswertes**, liegt ein sog. **100-%-Fall** vor, da der Reparaturaufwand 100 % des Wiederbeschaffungswertes nicht überschreitet. Nach der Definition des BGH liegt in diesem Fall noch **kein wirtschaftlicher Totalschaden** vor, weil der Reparaturaufwand noch unterhalb des Wiederbeschaffungswertes (ohne Abzug des Restwerts) liegt. Dennoch ist bei dieser Konstellation die Ersatzbeschaffung bereits wirtschaftlich günstiger als die Reparatur des Fahrzeugs, sodass es vom **weiteren Verhalten des Geschädigten** abhängt, ob er einen höheren Schadensersatz als den Wiederbeschaffungsaufwand erhält.

a) Konkrete Abrechnung des tatsächlichen Reparaturaufwandes

67 Wenn der Geschädigte sein Fahrzeug **tatsächlich reparieren** lässt, kann er den **tatsächlichen Reparaturaufwand konkret abrechnen**. In diesem Fall spielt es **keine Rolle**, ob der Geschädigte das Fahrzeug **weiternutzt** oder unmittelbar nach der Reparatur **verkauft** (BGH v. 5.12.06 – VI ZR 77/06 – VersR 2007, 372 = zfs 2007, 328 = r+s 2007, 122 = DAR 2007, 201 = NZV 2007, 180; BGH v. 23.11.2010 – VI ZR 35/10 – VersR 2011, 280 = zfs 2011, 264; *Wellner*, Kfz-Schadensabrechnungs-Übersicht, NZV 2007, 401, 402). Es schadet auch nicht, wenn der Geschädigte bereits zum Zeitpunkt der Reparatur beabsichtigte, das Fahrzeug anschließend zu verkaufen (z.B. Inzahlungnahme nach Reparatur durch den Händler). Dies folgt daraus, dass es sich um einen **Fall der konkreten Abrechnung der tatsächlich entstandenen Reparaturkosten** handelt und der Geschädigte bereits durch die Reparatur sein **Integritätsinteresse** nachgewiesen hat (so LG Nürnberg-Fürth zfs 2007, 444, 445 f.; vgl. *Schneider*, in: Berz/Burmann, Kap. 5 A Rn 18). Dementsprechend bedarf es gerade **nicht der sechsmonatigen Weiternutzung** des Fahrzeugs nach dem Unfall, wie vom BGH lediglich für den Fall der fiktiven Abrechnung gefordert (BGH VersR 2006, 989 = NZV 2006, 459 = r+s 2006, 343 m. Anm. *Lemcke* = zfs 2006, 625 m. Anm. *Diehl*; BGH v. 23.11.2010 – VI ZR 35/10 – VersR 2011, 280 = zfs 2011, 264).

68 *Beispiel*
In dem vorigen Beispiel (siehe Rdn 65) erhält der Geschädigte folglich den Reparaturaufwand ersetzt, aufgrund der konkreten Abrechnung unter Vorlage der Reparaturrechnung brutto in Höhe von 3.800 EUR (einschließlich der tatsächlich entstandenen Mehrwertsteuer).

69 **Repariert** der Geschädigte in **Eigenregie** und rechnet **nicht konkret aufgrund einer vorgelegten Reparaturrechnung** ab, so bleibt es beim nachfolgend (siehe Rdn 70 ff.) erörterten Erfordernis der mindestens **sechsmonatigen Weiternutzung** des Fahrzeugs (BGH v. 29.4.08 – VI ZR 220/07 – VersR 2008, 839 = zfs 2008, 503 = DAR 2008, 387 m. Anm. *Schneider*, jurisPR-VerkR 12/2008 Anm. 2; BGH v. 23.11.2010 – VI ZR 35/10 – VersR 2011, 280 = zfs 2011, 264) für eine Abrechnung des über dem Wiederbeschaffungsaufwand liegenden Reparaturaufwandes.

C. Feststellung des Fahrzeugschadens § 7

b) Weiternutzung des Fahrzeugs für mindestens sechs Monate

Auch wenn der Geschädigte nicht konkret tatsächlich entstandene Reparaturkosten abrechnet, kann er den über dem Wiederbeschaffungsaufwand liegenden **Reparaturaufwand fiktiv abrechnen**, wenn er das Fahrzeug nach dem Unfall für einen Zeitraum von **mindestens sechs Monaten weiternutzt**. Der BGH verlangt in diesem Fall lediglich eine ggf. zur **Wiederherstellung der Verkehrssicherheit des Fahrzeugs** erforderliche Teilreparatur, ohne dass es auf die Qualität dieser Reparatur ankommt (BGH VersR 2003, 918 = NZV 2003, 371; VersR 2006, 989 = NZV 2006, 459 = r+s 2006, 343 m. Anm. *Lemcke* = zfs 2006, 625 m. Anm. *Diehl*; BGH v. 23.11.2010 – VI ZR 35/10 – VersR 2011, 280 = zfs 2011, 264; *Wellner*, Kfz-Schadensabrechnungs-Übersicht, NZV 2007, 401, 402; *Schneider*, in: Berz/Burmann, Kap. 5 A Rn 22). Nach OLG Karlsruhe (Urt. v. 12.5.2009 – 4 U 173/07 – NJW-RR 2010, 96) genügt sogar die Wiederherstellung einer „Verkehrstauglichkeit" des Fahrzeugs, ohne dass eine Verkehrssicherheit i.S.d. StVZO zu verlangen wäre (vgl. dazu *Meinel*, zfs 2009, 669).

70

> *Beispiel*
> In dem vorigen Beispiel (siehe Rdn 65) erhält der Geschädigte auch in diesem Fall den Reparaturaufwand ersetzt, bei fiktiver Abrechnung ohne tatsächliche Reparatur jedoch lediglich netto, d.h. in Höhe von 3.800 EUR abzüglich der in den Reparaturkosten enthaltenen Mehrwertsteuer.

71

Beim Erfordernis der mindestens sechsmonatigen Weiternutzung bleibt es auch, wenn **der Geschädigte das Fahrzeug in Eigenregie** repariert, solange er nicht konkret aufgrund einer vorgelegten Reparaturrechnung abrechnet (BGH v. 29.4.2008 – VI ZR 220/07 – VersR 2008, 839 = zfs 2008, 503 = DAR 2008, 387 m. Anm. *Schneider*, jurisPR-VerkR 12/2008 Anm. 2; BGH v. 23.11.2010 – VI ZR 35/10 – VersR 2011, 280 = zfs 2011, 264).

72

Umstritten war der Zeitpunkt der **Fälligkeit** des oberhalb des Wiederbeschaffungsaufwandes liegenden Anspruchsteils, nämlich die Frage, ob die Fälligkeit **erst nach Ablauf der** vom BGH hinsichtlich der Weiternutzung geforderten **6-Monats-Frist** eintritt. Insoweit ist die Rechtsprechung des BGH zugrunde zu legen, wonach im Falle der Weiternutzung des Fahrzugs der **Restwert**, wenn und solange der Geschädigte ihn nicht realisiert, lediglich einen **hypothetischen Rechnungsposten** darstellt, der sich in der Schadensbilanz **nicht niederschlagen** darf (BGH v. 23.5.06 – VI ZR 192/05 – VersR 2006, 989 = zfs 2006, 625 m. Anm. *Diehl* = r+s 2006, 343 m. Anm. *Lemcke*). Zudem weist der BGH in der Entscheidung darauf hin, dass der Geschädigte im Falle des Weiterverkaufs seines Fahrzeugs vor Ablauf von sechs Monaten **sein Integritätsinteresse aufgibt** und durch den Verkauf den Restwert seines Fahrzeugs mit der Folge realisiert, „dass er sich diesen grundsätzlich **anrechnen** lassen muss" [Hervorhebung durch Autor]. Diese Ausführungen sprechen für eine **sofortige Fälligkeit des höheren Anspruchs**, da zum einen ohne den zunächst bestehenden (höheren) Ersatzanspruch begrifflich nicht von einer spä-

73

255

teren „Anrechnung" des Restwerts zum Zeitpunkt des Verkaufs die Rede sein könnte. Zum anderen spricht der BGH von einer „**Aufgabe**" des Integritätsinteresses durch den Verkauf, was darauf schließen lässt, dass es bis zum Verkauf anzunehmen ist und nicht lediglich erst nach Ablauf der 6-Monats-Frist (*Schneider*, in: Berz/Burmann, Kap. 5 A Rn 23). Daher ist von einer **sofortigen Fälligkeit** auszugehen, wie vom **BGH** inzwischen in einem 130-%-Fall bestätigt, bei dem eine vollständige und fachgerechte Reparatur bereits erfolgt war und „für einen fehlenden Weiterbenutzungswillen keine Anhaltspunkte bestanden" (grundlegend: BGH v. 18.11.2008 – VI ZR 22/08 – VersR 2009, 128 = zfs 2009, 79 m. Anm. *Schneider*, jurisPR-VerkR 1/2009 Anm. 1; bestätigend BGH v. 26.5.2009 – VI ZB 71/08 – r+s 2009, 434; so zuvor bereits OLG Nürnberg v. 7.8.07 – 2 W 1109/07 – DAR 2008, 27; OLG Frankfurt v. 2.6.08 – 12 W 24/08 – zfs 2008, 505 m. Anm. *Revilla*, jurisPR VerkR 22/2008 Anm. 2; LG Bielefeld v. 17.1.08 – 20 S 112/07; LG Bonn v. 7.11.2007 – 1 O 214/07; LG Duisburg v. 30.8.2007 – 5 S 63/07; LG Hamburg v. 24.8.2007 – 331 O 28/07 – DAR 2007, 707; LG Hamburg v. 2.5.2008 – 331 O 323/07 – DAR 2008, 481 m. Anm. *Niendorf*; LG Kiel v. 3.4.2008 – 10 S 65/07; LG Köln v. 31.8.2007 – 11 T 179/07; LG Trier v. 8.7.2008 – 1 S 76/08; AG Dortmund v. 22.4.2008 – 428 C 1173/07 – zfs 2008, 507; AG Ettlingen v. 15.4.2008 – 1 C 45/08 – zfs 2008, 507; AG Neunkirchen v. 17.7.2008 – 13 C 234/08 – DV 2008, 136; AG Trier v. 18.5.2007 – 32 C 118/07 – NJW-RR 2008, 185; AG Witten v. 16.8.2007 – 2 C 561/07; jurisPR-VerkR 1/2007, Anm. 6, *Elsner*; wohl auch *Lemcke*, Anm. zu BGH r+s 2006, 343). Zu den sich aus der sofortigen Fälligkeit ergebenden Folgen hinsichtlich der Darlegungs- und Beweislasten sowie zu den prozessualen Besonderheiten im Rückforderungsprozess des Versicherers nach Ablauf der Sechsmonatsfrist vgl. *Schneider*, Die sofortige Fälligkeit des Reparaturaufwandes vor Ablauf der Sechsmonatsfrist nach der Entscheidung des BGH vom 18.11.2008, zfs 2009, 69 ff.

c) Weder konkrete Abrechnung von Reparaturkosten noch Weiternutzung

74 Wenn der Geschädigte **weder tatsächlich entstandene Reparaturkosten** konkret abrechnet noch das Fahrzeug für einen Zeitraum von **mindestens sechs Monaten nach dem Unfall weiternutzt**, sondern durch eine Veräußerung den Restwert realisiert, besteht lediglich ein Schadensersatzanspruch in Höhe des **Wiederbeschaffungsaufwandes** (BGH VersR 2005, 1257 = NZV 2005, 453; *Wellner*, Kfz-Schadensabrechnungs-Übersicht, NZV 2007, 401, 402; *Schneider*, in: Berz/Burmann, Kap. 5 A Rn 25).

> *Beispiel*
> In diesem Fall erhält der Geschädigte im vorigen Beispiel (siehe Rdn 65) lediglich den Wiederbeschaffungsaufwand ersetzt, ohne nachgewiesene Ersatzbeschaffung lediglich netto, d.h. in Höhe von 3.000 EUR abzüglich der im Brutto-Wiederbeschaffungswert von 5.500 EUR enthaltenen Mehrwertsteuer.

3. Reparaturaufwand übersteigt den Wiederbeschaffungswert um bis zu 30 % (sog. 130-%-Fälle)

Beispiel 75

Reparaturkosten laut Gutachten, brutto	8.000 EUR
zzgl. merkantile Wertminderung	1.000 EUR
Reparaturaufwand, brutto	9.000 EUR
Wiederbeschaffungswert, brutto	7.000 EUR
abzgl. Restwert, brutto	1.000 EUR
Wiederbeschaffungsaufwand, brutto	6.000 EUR

Liegt der Reparaturaufwand zwar über dem Wiederbeschaffungswert, übersteigt diesen jedoch **um nicht mehr als 30 %** (sog. 130-%-Fälle), lässt der BGH eine Abrechnung des Reparaturaufwandes nur unter den folgenden **strengen Voraussetzungen** zu: 76

- Der Geschädigte muss eine **vollständige und fachgerechte Reparatur** in einem Umfang nachweisen, wie ihn der Sachverständige zur Grundlage seiner Kostenschätzung gemacht hat (BGH VersR 1992, 61; VersR 2003, 918; VersR 2005, 663 = NZV 2005, 243; VersR 2010, 363; NZV 2015, 591 = DAR 2015, 634; *Wellner*, Kfz-Schadensabrechnungs-Übersicht, NZV 2007, 401; *Schneider*, in: Berz/Burmann, Kap. 5 A Rn 26).
- Der Geschädigte muss seinen **Willen zur Weiternutzung** nachweisen, indem er das Fahrzeug nach dem Unfall noch für einen Zeitraum von **mindestens sechs Monaten** weiternutzt (BGH v. 13.11.2007 – VI ZR 89/07 – VersR 2008, 135 = zfs 2008, 143 = DAR 2008, 79 m. Anm. *Schneider*, jurisPR-VerkR 2/2008 Anm. 2; BGH v. 27.11.2007 – VI ZR 56/07 – VersR 2008, 135 = DAR 2008, 81 = r+s 2008, 81 m. Anm. *Schneider*, jurisPR-VerkR 2/2008 Anm. 3; BGH v. 22.4.2008 – VI ZR 237/07 – VersR 2008, 937 = zfs 2008, 504 = DAR 2008, 517 = r+s 2008, 307 = NJW 2008, 2183 m. Anm. *Schneider*, jurisPR-VerkR 14/2008 Anm. 2). Zur dennoch **sofortigen Fälligkeit des (höheren) Anspruchs schon vor Ablauf der Sechsmonatsfrist** siehe Rdn 73.

Der Geschädigte kann den **Nachweis der vollständigen und fachgerechten Reparatur auch auf anderem Wege** als durch die Vorlage einer Reparaturrechnung führen, z.B. aufgrund einer **Nachbesichtigung** durch den Sachverständigen nach einer Reparatur in Eigenregie (BGH NJW 1992, 1618; BGH VersR 2005, 663 = zfs 2005, 382 = r+s 2005, 172 = NZV 2005, 243; OLG Hamm NZV 2002, 272). Der BGH hat allerdings inzwischen klargestellt, dass es sich stets um eine **konkrete Schadensabrechnung** – d.h., der konkrete „Wert" einer Reparatur in Eigenregie ist ggf. vom Gericht gem. § 287 ZPO unter Einschaltung eines Sachverständigen zu schätzen (vgl. OLG Düsseldorf DAR 2008, 268 m. Anm. *Krall*) – handeln muss, während eine fiktive Abrechnung von Reparaturkosten in diesem Fall nicht möglich ist (BGH v. 8.12.2009 – VI ZR 119/09 – VersR 2010, 363). 77

78 *Beispiel*
Lässt der Geschädigte in unserem Beispiel (siehe Rdn 75) das Fahrzeug reparieren und behält es zudem für die Dauer von mindestens sechs Monaten, kann er den Reparaturaufwand geltend machen. Er erhält diesen in Höhe von 9.000 EUR brutto einschließlich der tatsächlich entstandenen Mehrwertsteuer ersetzt, soweit er konkret unter Vorlage einer Reparaturrechnung abrechnet, anderenfalls (bei Abrechnung nach Gutachten aufgrund durch Nachbesichtigung nachgewiesenen Werts der Reparatur in Eigenregie) abzüglich der in den kalkulierten Reparaturkosten enthaltenen Mehrwertsteuer.

79 Nach der Entscheidung des BGH VersR 2005, 665 (= zfs 2005, 385 = r+s 2005, 174 = DAR 2005, 268 = NZV 2005, 245; bestätigt durch BGH v. 8.12.2009 – VI ZR 119/09 – VersR 2010, 363) kann der Geschädigte in einem 130-%-Fall auch dann die über dem Wiederbeschaffungsaufwand liegenden Reparaturkosten beanspruchen, wenn er sein Fahrzeug **zwar nicht vollständig und fachgerecht repariert**, jedoch im Wege der konkreten Abrechnung die **tatsächlich** (durch Zahlung oder nachweisbar wertmäßig) entstandenen **Kosten einer Reparatur** geltend macht, welche den Wiederbeschaffungswert nicht übersteigen (so auch angedeutet in BGH VersR 2005, 663; ebenfalls OLG Düsseldorf v. 15.10.2007 – 1 U 45/07 – DAR 2008, 268 m. Anm. *Schneider*, jurisPR-VerkR 6/2008 Anm. 4; *Greiner*, zfs 2006, 63, 68; *Höfle*, zfs 2006, 242, 245; *Freyberger*, NZV 2005, 231, 233; *Schneider*, in: Berz/Burmann, Kap. 5 A Rn 30; kritisch hierzu: *Staab*, VersR 2005, 1589, 1600). Der „Wert" einer in Eigenregie vorgenommenen Reparatur kann durch das Gericht gem. § 287 ZPO unter Einschaltung eines Sachverständigen frei geschätzt werden (vgl. dazu OLG Düsseldorf DAR 2008, 268 m. Anm. *Krall*).

Beispiel
Investiert in unserem Beispiel (siehe Rdn 75) der Geschädigte Reparaturkosten bis zu einem Betrag in Höhe von 7.000 EUR (Wiederbeschaffungswert), erhält er diese ersetzt.

80 Liegt keiner der vorgenannten Fälle einer tatsächlichen Reparatur vor oder **veräußert** der Geschädigte trotz Reparatur sein Fahrzeug **innerhalb von sechs Monaten** nach dem Unfall, besteht lediglich ein Anspruch auf Ersatz des Wiederbeschaffungsaufwandes (BGH VersR 1992, 61; VersR 2003, 918; VersR 2005, 663 = NZV 2005, 243; *Wellner*, Kfz-Schadensabrechnungs-Übersicht, NZV 2007, 401; *Schneider*, in: Berz/Burmann, Kap. 5 A Rn 33).

81 *Beispiel*
Der Geschädigte erhält in unserem Beispiel (siehe Rdn 75) ohne den Nachweis der weiteren Voraussetzungen lediglich den Wiederbeschaffungsaufwand in Höhe von 6.000 EUR ersetzt, ohne nachgewiesene Ersatzbeschaffung nur netto, d.h. abzüglich des im kalkulierten Wiederbeschaffungswert von 7.000 EUR enthaltenen Mehrwertsteuerbetrages.

C. Feststellung des Fahrzeugschadens §7

4. Reparaturaufwand übersteigt den Wiederbeschaffungswert um mehr als 30 %

Beispiel 82

Reparaturkosten laut Gutachten, brutto	8.000 EUR
zzgl. merkantile Wertminderung	1.000 EUR
Reparaturaufwand, brutto	9.000 EUR
Wiederbeschaffungswert, brutto	6.000 EUR
abzgl. Restwert, brutto	1.000 EUR
Wiederbeschaffungsaufwand, brutto	5.000 EUR

Überschreitet der Reparaturaufwand den Wiederbeschaffungswert um mehr als 83
30 %, kann der Geschädigte lediglich **auf Ersatzbeschaffungsbasis den Wiederbeschaffungsaufwand** geltend machen, da eine Reparatur des Fahrzeugs von vornherein **wirtschaftlich unvernünftig** und der Geschädigte insoweit **nicht schutzwürdig** ist (BGH VersR 1992, 64 = NJW 1992, 305; VersR 2007, 1244 = NJW 2007, 2917 = r+s 2007, 433 m. Anm. *Lemcke; Wellner,* Kfz-Schadensabrechnungs-Übersicht, NZV 2007, 401; *Schneider,* in: Berz/Burmann, Kap. 5 A Rn 34). Da sich die Reparaturkosten nicht in einen vom Schädiger auszugleichenden wirtschaftlich **vernünftigen** (innerhalb der 130-%-Grenze liegenden) und einen vom Geschädigten selbst zu tragenden **unvernünftigen** (oberhalb der 130-%-Grenze liegenden) Teil aufspalten lassen, kommt es weder auf die tatsächliche Durchführung einer **Reparatur** noch auf die **Weiternutzung** des Fahrzeugs an.

Beispiel 84
Der Geschädigte erhält in unserem Beispiel (siehe Rdn 82) lediglich den Wiederbeschaffungsaufwand in Höhe von 5.000 EUR ersetzt, ohne nachgewiesene Ersatzbeschaffung nur netto, d.h. abzüglich des im kalkulierten Wiederbeschaffungswert enthaltenen Mehrwertsteuerbetrages.

Inzwischen höchstrichterlich geklärt ist eine Ausnahme von dem vorgenannten 85
Grundsatz: Gelingt es dem Geschädigten trotz der durch den Sachverständigen vorgenommenen Kalkulation eines oberhalb von 130 % des Wiederbeschaffungswertes liegenden Reparaturaufwandes, sein Fahrzeug auf einem **alternativen und kostengünstigeren Weg** – z.B. durch die Verwendung von Gebrauchtteilen – **vollständig und fachgerecht ohne verbleibende Defizite im Rahmen der 130-%-Grenze zu reparieren,** erhält er jedenfalls die tatsächlich entstandenen, **unterhalb des Wiederbeschaffungswertes** (also in der sog. 100-%-Grenze) liegenden Reparaturkosten ersetzt (BGH vom 14.12.2010 – VI ZR 231/09 – VersR 2011, 282 = zfs 2011, 144 = r+s 2011, 222 m. Anm. *Lemcke*; BGH v. 15.11.2011 – VI ZR 30/11 – VersR 2012, 75).

§ 7 Materielle Schadenspositionen – Fahrzeugschaden

86 *Beispiel*
Dem Geschädigten gelingt es in unserem Beispiel (siehe Rdn 82), die tatsächlichen Kosten einer vollständigen und fachgerechten Reparatur durch die Verwendung von Gebrauchtteilen in einer Werkstatt mit günstigeren Stundenverrechnungssätzen gegenüber den kalkulierten 8.000 EUR auf 4.900 EUR zu reduzieren. Er erhält sodann den Reparaturaufwand i.H.v. 5.900 EUR ersetzt (4.900 EUR tatsächliche Reparaturkosten zzgl. 1.000 EUR merkantiler Minderwert), weil dieser unterhalb des Wiederbeschaffungswerts liegt.

87 Offen gelassen hatte der BGH in einer früheren Entscheidung (BGH VersR 2007, 1244) die Frage, ob dies auch bei tatsächlichen Reparaturkosten oberhalb des Wiederbeschaffungswertes **bis zur 130-%-Grenze** gilt. Darauf lässt die jüngere Entscheidung des BGH schließen (BGH v. 8.2.2011 – VI ZR 79/10 – VersR 2011, 547 = r+s 2011, 224; so zuvor bereits OLG München NZV 1990, 69 f.; OLG Dresden DAR 1996, 54; OLG Karlsruhe DAR 1999, 313; OLG Düsseldorf DAR 2001, 303; OLG Hamm DAR 2002, 215; OLG München NZV 2010, 400; LG Oldenburg DAR 2002, 223).

88 *Beispiel*
Dem Geschädigten gelingt es in unserem Beispiel (siehe Rdn 82), die tatsächlichen Kosten einer vollständigen und fachgerechten Reparatur durch die Verwendung von Gebrauchtteilen in einer Werkstatt mit günstigeren Stundenverrechnungssätzen gegenüber den kalkulierten 8.000 EUR auf 6.500 EUR zu reduzieren. Er erhält sodann den Reparaturaufwand i.H.v. 7.500 EUR ersetzt (6.500 EUR tatsächliche Reparaturkosten zzgl. 1.000 EUR merkantiler Minderwert), weil dieser 130 % des Wiederbeschaffungswertes nicht überschreitet.
Allerdings soll dies dann nicht gelten, wenn der Geschädigte nur wegen eines ihm **gewährten Rabatts** die Reparaturkosten unter die 130-%-Grenze senken kann (BGH v. 8.2.2011 – VI ZR 79/10 – VersR 2011, 547 = r+s 2011, 224). Hierbei kommt es zu nicht ohne weiteres nachvollziehbaren Wertungswidersprüchen (vgl. im Einzelnen Rdn 342).

V. Abrechnung auf Reparaturkostenbasis

89 Ein Reparaturschaden liegt vor, wenn die Wiederherstellung des früheren Zustandes technisch möglich und nach den vorgenannten Grundsätzen der Rechtsprechung wirtschaftlich sinnvoll ist.

1. Konkrete Abrechnung

a) Voraussetzungen

90 Grundsätzlich hat der Geschädigte Anspruch auf Ersatz der konkret nachgewiesenen und tatsächlich entstandenen Reparaturkosten. Es gibt nur folgende **Einschränkungen**:

C. Feststellung des Fahrzeugschadens § 7

- Sie dürfen – zusammen mit einer eventuell trotz Reparatur verbleibenden merkantilen Wertminderung – den Wiederbeschaffungswert nicht um mehr als 30 % übersteigen („130-%-Rechtsprechung des BGH", siehe oben Rdn 75 ff.) – Ausnahme: Oldtimer;
- keine beiläufige Mitreparatur von Vorschäden, auch nicht desselben Unfallereignisses (z.B.: Der Mandant ist zunächst auf ein Fahrzeug aufgefahren, dann fuhr der Anspruchsgegner auf);
- bei Wertverbesserung: Abzüge neu für alt.

Für den Ersatzanspruch ist es unerheblich, ob das Fahrzeug in einer Fachwerkstatt oder in einer Karosserie- oder Hinterhofwerkstatt repariert wurde. Bei der konkreten Abrechnung werden allerdings auch nur die **tatsächlich nachgewiesenen Aufwendungen** ersetzt. Das bedeutet, dass sich der Geschädigte im Rahmen der konkreten Schadensabrechnung auch einen **Werksangehörigenrabatt anrechnen lassen** muss, den er auf die Reparaturkosten erhält (BGH v. 18.10.2011 – VI ZR 17/11 – VersR 2011, 1582).   91

Tipp   92
Es sollte immer versucht werden, mit der Werkstatt einen vorläufigen Verzicht auf das Werkunternehmerpfandrecht gegen Unterzeichnung einer **Sicherungsabtretungserklärung** oder Vorlage einer **Reparaturkostenübernahmeerklärung** des Versicherers auszuhandeln. Das ist für den Mandanten angenehmer, da er sein Auto nach der Reparatur abholen kann, ohne die Reparaturrechnung bezahlen zu müssen.

b) Abtretung des Reparaturkostenanspruchs

Die **Sicherungsabtretung** erfolgt nur **erfüllungshalber**, nicht an Erfüllungs statt. Sie führt also nicht zum Erlöschen der Forderung der Werkstatt gegenüber dem Kunden. Die **Werkstatt** kann jederzeit ihr **Entgegenkommen** aufgeben und auf Bezahlung durch den Kunden bestehen. Schließlich trägt die Werkstatt den Zinsverlust, ohne dass sie ihn gegenüber dem gegnerischen Versicherer durchsetzen könnte (mittelbarer Drittschaden).   93

Abhilfe für die Werkstatt böte allenfalls eine Individualabrede mit dem Kunden, nur dann eine Sicherungsabtretung zu akzeptieren, wenn im Gegenzuge der Zinsschaden dem Kunden berechnet werde, was in der Praxis aber kaum vorkommt.   94

Prozessual bedarf es daher auch keiner Rückabtretung, was immer wieder fälschlicherweise von Gegenanwälten und Gerichten verlangt wird, sondern es muss lediglich in **Prozessstandschaft** geklagt werden (**Zahlung in Höhe der Reparaturkosten an die Werkstatt**). Vgl. dazu oben § 4 Rdn 14.   95

Eine **Rückabtretung** wäre für die Werkstatt auch **unzumutbar,** solange der Kunde nicht auch im Gegenzuge gezahlt hat: Sie verlöre dann ihre Sicherheit, und bei ne-   96 gativem Prozessausgang und zwischenzeitlich eingetretener Zahlungsunfähigkeit des Kunden trüge sie allein das Ausfallrisiko.

97 Allerdings dürfte die Sicherungsabtretung tatsächlich nur als **Stundung der Forderung** gegenüber dem Geschädigten anzusehen sein (OLG Hamm zfs 1993, 158).

c) Prognoserisiko

98 Der Geschädigte kann einen ihm **tatsächlich entstandenen höheren Schaden** durch **Vorlage der Reparaturrechnung** nachweisen und beanspruchen. Ein solcher Fall kann eintreten, wenn sich erst im Zuge der Reparatur weitere, von dem Sachverständigen bis dahin nicht festgestellte oder feststellbare Schäden (z.B. erst bei vollständiger Demontage erkennbare weitere Unfallschäden) offenbaren.

99 Das so genannte **Werkstatt- und Prognoserisiko** sowohl im Hinblick auf höhere Reparaturkosten als auch auf einen längeren Werkstattaufenthalt **trägt allein der Schädiger** (BGHZ 63, 182 = NJW 1975, 160; BGH NJW 1978, 812; 1972, 1800).

100 *Tipp*
Es empfiehlt sich, durch den beauftragten Sachverständigen ein **Nachtragsgutachten** anfertigen zu lassen, sobald die Werkstatt bemerkt, dass das bis dahin geschätzte Reparaturvolumen überschritten wird. Damit kann der häufige Streit über die Erforderlichkeit der Reparaturerweiterung in der Regel vermieden werden. In jedem Falle sollte aber der ursprünglich vom Geschädigten beauftragte **unabhängige Sachverständige** die Nachbesichtigung vornehmen und nicht ein vom gegnerischen Versicherer entsandter hauseigener Sachverständiger.

2. Fiktive Abrechnung

Literatur zur fiktiven Abrechnung:

Allendorf, Die Rechtsprechung des Bundesgerichtshofs zur Erstattungsfähigkeit der Reparaturkosten im Falle einer fiktiven Abrechnung, NZV 2014, 340; *Birkmann*, Abrechnung auf Gutachtenbasis trotz durchgeführter Reparatur des Kraftfahrzeuges, DAR 1990, 3 ff.; *Buller/Figgener*, Neue Nuancen in der Kfz-Sachschadensabrechnung, NJW 2015, 2913; *Eggert*, Entschädigungsobergrenzen bei der Abrechnung „fiktiver" Reparaturkosten – ein Dreistufenmodell, DAR 2001, 20 ff.; *Gebhardt*, Die fiktive Abrechnung von Fahrzeugschäden, eine unendliche Geschichte, zfs 1990, 145 ff.; *Halm/Fitz*, Versicherungsverkehrsrecht 2014/2015, DAR 2015, 437; *Huber*, Die Ermittlung der Schwellwerte bei 100 und 130 % – und der Einfluss des Kfz-Sachverständigen, NZV 2009, 322; *Kappus*, Stundenverrechnungssätze in der fiktiven Verkehrsunfallabrechnung, NJW 2010, 582 ff.; *Lemcke*, Abrechnung des Fahrzeugschadens: Das 4-Stufenmodell des BGH, NZV 2009, 115; *Lemcke/Heß/Burmann*, Abrechnung des Fahrzeugschadens: Das Vier-Stufen-Modell des BGH, NJW-Spezial 2015, 585; *Lüthe*, Fiktive und konkrete Abrechnung von Reparaturkosten nach einem Verkehrsunfall, zfs 2010, 422; *Meinel*, Fiktive Abrechnung des Reparaturaufwandes in den sog. 100-%-Fällen nur bei verkehrssicherem Fahrzeug?, zfs 2009, 669 ff.; *Richter*, Offene Fragen der fiktiven Abrechnung von Fahrzeugschäden, VersR 2011, 1111 ff.; *Rocke*, Berechnung des Fahrzeugschadens auf der Basis fiktiver Reparaturkosten, DAR 1990, 156 f.; *Rütten*, Die Abrechnung von Fahrzeugschäden nach den fiktiven Kosten einer Reparatur, SVR 2008, 241 ff.; *Steffen*, Der normative Verkehrsunfallschaden, zfs 1995, 361 ff. und 401 ff. (gekürzte Fassung in DAR 1996, 4 ff.); *ders.*, Die Rechtsprechung des BGH zur fiktiven Berechnung des Fahrzeugschadens, NZV 1991, 1 ff.; *Woitkewitsch*, Verkehrsunfall – Das Verbot der Bereicherung im Rahmen der Schadensregulierung, MDR 2015, 61.

C. Feststellung des Fahrzeugschadens §7

Der Geschädigte hat die Möglichkeit, ein Wahlrecht auszuüben. Beansprucht er Schadensersatz, ohne eine konkrete Reparaturrechnung vorzulegen, rechnet er **fiktiv** ab. Dabei kann er jedoch nach dem seit 1.8.2002 geltenden § 249 Abs. 2 S. 2 BGB keine Mehrwertsteuer mehr ersetzt verlangen (vgl. im Einzelnen Rdn 413 ff.). 101

Anmerkung 102
Bei den Verkehrsjuristen hat sich der Begriff „fiktiver Schaden" und „fiktive Schadensberechnung" eingebürgert. **Dogmatisch richtiger** *wäre jedoch der Begriff „normativer Schaden" und „normative Schadensberechnung".*

Es gibt **viele Gründe**, fiktiv abzurechnen: 103
- Der Geschädigte will das Fahrzeug überhaupt nicht reparieren lassen, sondern es in beschädigtem Zustand weiterbenutzen;
- er will es nicht reparieren lassen, sondern sich ein anderes oder neues Fahrzeug zulegen;
- er will das Fahrzeug in Eigenreparatur wiederherstellen;
- er will es kostengünstiger in einer preisgünstigen Werkstatt reparieren lassen;
- er will es nur notdürftig, teilweise, zu einem späteren Zeitpunkt oder durch fachkundige Freunde reparieren lassen.

All das ist ihm unbenommen. Der Geschädigte hat gem. § 249 Abs. 2 S. 1 BGB Anspruch auf den zur Wiederherstellung erforderlichen Geldbetrag. **Von einer Verpflichtung zur sachgebundenen Verwendung dieses Betrages ist im Gesetz keine Rede**. Auch eine Wirtschaftlichkeitsprüfung darf dem Geschädigten nicht das Recht streitig machen, den Schaden in eigener Regie beheben zu lassen, ohne dass ihm der Schädiger in die Art und Weise der Reparaturausführung hineinredet (*Steffen*, Der normative Verkehrsunfallschaden, zfs 1995, 362). 104

a) Grundsatz der Dispositionsfreiheit

Der **BGH** hat in ständiger Rechtsprechung zur fiktiven Schadensberechnung seit dem Urteil in NJW 1976, 1390, erneut grundlegend in dem Urt. v. 20.6.1989 (NJW 1989, 3009 ff.; zfs 1989, 299; DAR 1989, 340) festgeschrieben, dass der Geschädigte als Folge seiner **Dispositionsfreiheit immer zur fiktiven Schadenabrechnung berechtigt** ist. Dem sind seitdem alle Obergerichte gefolgt (z.B. OLG Frankfurt zfs 1994, 50; OLG Hamm zfs 1993,10 f.; OLG Koblenz DAR 2015, 462). 105

Überobligationsmäßige Verzichte des Geschädigten entlasten nämlich den Schädiger nicht. Danach braucht der **Geschädigte weder nachzuweisen**, ob, noch in welchem Umfang er sein Unfallfahrzeug (oder auch die sonst noch beschädigten Gegenstände) hat reparieren lassen. Der BGH bejaht damit eine absolute **Dispositionsfreiheit** als „**magna charta des Geschädigten**" (*Steffen*, zfs 1995, 401). 106

Vielmehr kann sich der Geschädigte damit begnügen, ein **Gutachten eines Kfz-Sachverständigen** oder (bei Kleinschäden) **einen Kostenvoranschlag** vorzulegen und auf dieser Basis abzurechnen. Damit kann der Schaden auf einem an sich ein- 107

§ 7 Materielle Schadenspositionen – Fahrzeugschaden

fachen, kostengünstigen und Streit vermeidenden Weg (*Steffen*, zfs 1995, 401) abgerechnet werden, noch bevor das Kraftfahrzeug repariert ist.

108 Vgl. zur Problematik der **Stundenverrechnungssätze** die Ausführungen unten (siehe Rdn 145 ff.).

b) Pflicht zur Vorlage der Reparaturrechnung

109 Seitens der Versicherer und einiger Gerichte (z.b. OLG Köln zfs 1988, 171) wird nun oft die – unzutreffende – Rechtsauffassung geäußert, der Geschädigte könne jedenfalls dann nicht fiktiv abrechnen, wenn er **tatsächlich habe reparieren** lassen und demnach eine Reparaturrechnung vorlegen könnte. Er sei dann auch verpflichtet, die Reparaturrechnung vorzulegen.

110 Meistens verweigern übrigens die Versicherer bei Nichtvorlage der Rechnungen nicht etwa die Bezahlung der Reparaturkosten, sondern den Ausgleich des Nutzungsausfalls oder der Mietwagenkosten, den sie von der Rechnungsvorlage abhängig machen. Was hat aber die Vorlage der Reparaturrechnung mit dem Ausgleich des Nutzungsausfalls oder der Mietwagenkosten zu tun, wenn die tatsächliche Reparatur auf anderem Wege (z.B. aufgrund einer Nachbesichtigung des Sachverständigen) nachgewiesen wird?

111 Gelegentlich wird auch die Auffassung vertreten, es bestehe – wenn die Reparaturkosten bereits gemäß Gutachten ausgeglichen sind – hinsichtlich dieser Positionen ein **Leistungsverweigerungsrecht**, das auf der Grundlage von Treu und Glauben basiere, bis die Rechnung vorgelegt werde. Begründet wird diese Auffassung damit, dass sich aus der **tatsächlichen Reparatur** ergeben könne, dass diese **mit weitaus geringeren Mitteln** bei gleich gutem Resultat auszuführen war und – wie man sieht – auch vollständig und fachgerecht ausgeführt wurde (AG München, Urt. v. 21.1.2004 – 345 C 25508/03). Andernfalls würde sich der Geschädigte am Schaden bereichern.

112 **Diese Auffassung ist aber falsch.** Die Beurteilung der Frage, mit welchen Mitteln und welchem Aufwand die Reparatur unter objektiven Maßstäben auszuführen ist, bestimmt nach der Rechtsprechung des BGH **ausschließlich der unabhängige Sachverständige**. Selbst wenn es also dem Geschädigten tatsächlich möglich war, eine qualitativ **gleichwertige Reparatur mit geringeren Mitteln** herzustellen, ist dieser Umstand schadensrechtlich unbeachtlich. Überobligationsmäßige Anstrengungen oder Einsparungen des Geschädigten, wie auch der Umstand, sich mit einer günstigeren Reparaturform (z.B. Verwendung von Gebrauchtteilen, Karosseriewerkstatt statt Markenfachwerkstatt) zu begnügen, kommen allein ihm und nicht dem Schädiger zugute.

113 Allein dann, wenn der Geschädigte den **Schaden vollständig sach- und fachgerecht** in dem Umfang **repariert**, den der eingeschaltete Sachverständige für notwendig gehalten hat, und dabei geringere als die vom Sachverständigen kalkulierte Reparaturkosten entstanden sind, soll der **Schadensersatz auf die tatsächlich an-**

gefallenen Bruttokosten beschränkt sein (BGH v. 3.12.2013 – VI ZR 24/13 – VersR 2014, 214 = zfs 2014, 142). Der BGH begründet dies mit seiner Rechtsprechung zur Verweisung auf eine günstigere Fachwerkstatt und argumentiert, wenn es noch nicht einmal einer Verweisung bedurft hätte, sondern der Geschädigte selbst eine solche Möglichkeit ermittelt und sogar wahrgenommen hätte, könnten wegen des Bereicherungsverbots auch nur die tatsächlichen Kosten ersetzt werden. Daher ist **Vorsicht** geboten, wenn **fiktiv nach Gutachten abgerechnet und dann unter Vorlage der Reparaturrechnung zusätzlich die konkret entstandene Umsatzsteuer geltend gemacht wird** (dies war die Konstellation der genannten BGH-Entscheidung). Lässt sich der geringere Betrag hingegen mit einer vom Umfang oder von der Qualität minderwertigeren als der im Gutachten kalkulierten Reparatur begründen, stellt sich das Problem nicht.

> *Tipp* 114
> Es ist daher eindeutig falsch, wenn der Versicherer einen Reparaturnachweis verlangt und so lange entweder den Fahrzeugschaden oder die Mietwagenkosten bzw. den Nutzungsausfall nicht ersetzen will. Das steht im klaren Widerspruch zur gesamten Rechtsprechung des BGH zum normativen Schaden und fordert zur klageweisen Klärung geradezu heraus. Darüber hinaus kann die tatsächliche Entstehung des Nutzungsausfalls z.B. im Wege einer Nachbesichtigung durch den Sachverständigen und die Dauer des Nutzungsausfalls im Rechtsstreit jederzeit durch Zeugen bzw. Vernehmung des Geschädigten als Beweisführer gem. § 287 Abs. 1 S. 3 ZPO nachgewiesen werden.

Der Geschädigte ist nämlich – jedenfalls außergerichtlich! – gerade **nicht verpflichtet, die Reparaturrechnung vorzulegen** (BGH NJW 1989, 3009 ff.; *Steffen*, zfs 1995, 401; *Gebhardt*, zfs 1990, 146), und zwar auch dann nicht, wenn er nur eine Teil-, Billig- oder Eigenreparatur durchführen lässt (OLG Hamm zfs 1997, 371). Deutlich sagt dies das LG Aachen (NZV 1993, 274): 115

> *„Den Geschädigten trifft weder eine materiell-rechtliche noch eine prozessuale* 116
> *Pflicht, die ihm von der Fachwerkstatt erteilte Rechnung vorzulegen. Eine derartige Verpflichtung obliegt ihm auch nicht gegenüber der gegnerischen Haftpflichtversicherung aus § 3 Nr. 7 S. 2 PflVG i.V.m. § 158d Abs. 3 VVG [jeweils a.F., inzwischen § 119 Abs. 3 S. 2 VVG]."*

Allerdings könnte die Neufassung des § 142 ZPO zu diesem Problemkreis wohl **Änderungen** im Hinblick auf die **prozessuale** Vorlagepflicht mit sich gebracht haben. Danach kann das Gericht jeder Partei gegenüber anordnen, dass sie die in ihrem Besitze befindlichen **Urkunden vorlegt**. Diese Weisung kann das Gericht sogar Dritten gegenüber erteilen, z.B. **Reparaturwerkstätten** auferlegen, die Rechnungen vorzulegen. Dabei ist das Gericht **nicht auf entsprechende Beweisanträge** seitens der Parteien **angewiesen** (*Zöller*, ZPO, § 142 Rn 2), sondern kann dies von sich aus anordnen. Diese Urkunden werden dann auch **Gegenstand der Beweiswürdigung**. 117

§ 7 Materielle Schadenspositionen – Fahrzeugschaden

118 Voraussetzung ist lediglich, dass sich eine Partei oder ein Streithelfer (§ 67 ZPO) **auf die Urkunde bezogen** hat, dies unabhängig von der Darlegungslast. Dies muss noch nicht einmal ausdrücklich geschehen, sondern es reicht aus, wenn sich das sinngemäß aus dem Sachvortrag ergibt. Die Anordnung steht allein im **richterlichen Ermessen**. Die **Vorlage** ist zwar nicht erzwingbar, jedoch die **Nichtbefolgung** nach § 286 ZPO frei zu würdigen. Dritte unterliegen den Ungehorsamsfolgen wie Zeugen.

119 Allerdings ist es in der bisherigen Praxis gleichwohl nicht gehäuft zu beobachten, dass Versicherer die Rechnungsvorlage fordern und es bei Nichtvorlage auf einen Prozess ankommen lassen werden, um so die Vorlage erzwingen zu können.

120 Die nicht bestehende Verpflichtung, außergerichtlich Reparaturbelege vorzulegen, gilt selbstverständlich erst recht bei einer **Eigenreparatur**: Auch derjenige, der sein Fahrzeug selbst repariert, kann vom Schädiger nicht nur – wie oft eingewandt wird – die Ersatzteilkosten oder eine Entschädigung für etwaige Freizeit ersetzt verlangen, sondern denjenigen Geldbetrag, der ihm bei der Reparatur in einer Fachwerkstatt (laut Sachverständigengutachten) in Rechnung gestellt worden wäre (LG Landau zfs 1999, 59). Daher ist auch der oft erhobene Einwand der Assekuranz falsch, eine **Reparaturwerkstatt**, deren **eigener Firmenwagen** verunfallt ist, müsse sich die Verdienstspanne anrechnen lassen oder erhalte nur die reinen Lohnkosten ihrer Mitarbeiter für diese Reparatur ersetzt.

c) Grenzen der fiktiven Abrechnung

121 Andererseits soll der Geschädigte **am Schaden** aber auch **nicht „verdienen"**. Das ist nach der nunmehr gesicherten Rechtsprechung des BGH zur fiktiven Schadensberechnung allerdings nur noch denkbar, wenn das Sachverständigengutachten objektiv ganz oder in Teilen fehlerhaft ist.

122 Demzufolge ist es dem Schädiger auch nach der vorerwähnten Rechtsprechung des BGH unbenommen, „durch **substanziierte Einwände** die Annahme des Sachverständigen in Einzelpunkten in Zweifel zu ziehen" (BGH zfs 1989, 299; OLG Hamm zfs 1999, 16).

123 Hat der Versicherer außerdem **begründete Zweifel** an der Richtigkeit des Sachverständigengutachtens, die er aufgrund eines von ihm in Auftrag gegebenen Gegengutachtens zu substanziieren vermag, kann es zum Nachweis der Erforderlichkeit der Reparaturkostenhöhe empfehlenswert sein, eine ggf. vorhandene Reparaturrechnung tatsächlich vorzulegen.

124 In einem Rechtsstreit kann es passieren, dass das Gericht den vom BGH aufgestellten Grundsatz, wonach das **Prognoserisiko** grundsätzlich der **Schädiger** trägt, bei der fiktiven Abrechnung **ausnahmsweise** durchbricht. Das kann z.B. dann der Fall sein, wenn der Geschädigte das Fahrzeug selbst, billig oder „schwarz" repariert hat, das von ihm vorgelegte Sachverständigengutachten gerichtlich – z.B. durch ein Obergutachten – überprüft wird und sich dabei zur Überzeugung des Gerichts he-

raustellt, dass der zur Beseitigung **erforderliche Herstellungsaufwand doch geringer ausfällt**, als von dem Erstgutachter angenommen wurde. In diesem Fall muss der Geschädigte eine entsprechende Kürzung der „fiktiven" Reparaturkosten selbst dann hinnehmen, wenn die Reparatur als solche fachgerecht ausgeführt worden ist (OLG Hamm NZV 1999, 297).

Nach einer neueren Entscheidung des BGH (BGH v. 3.12.2013 – VI ZR 24/13 – VersR 2014, 214 = zfs 2014, 142) soll allerdings dann, wenn der Geschädigte den **Schaden vollständig sach- und fachgerecht** in dem Umfang **repariert**, den der eingeschaltete Sachverständige für notwendig gehalten hat, und dabei geringere als die vom Sachverständigen kalkulierte Reparaturkosten entstanden sind, der **Schadensersatz auf die tatsächlich angefallenen Bruttokosten beschränkt** sein (vgl. dazu oben Rdn 113). **125**

Die Gefahr liegt also wieder einmal in der **Unberechenbarkeit eines Prozesses**. Obwohl sich der Geschädigte nach der Rechtsprechung des BGH grundsätzlich auf die Richtigkeit eines Sachverständigengutachtens verlassen darf und sich gerade nicht darauf verweisen lassen muss, dass die Reparatur auf einem anderen Reparaturweg tatsächlich qualitativ gleichwertig, aber günstiger auszuführen war (vgl. unten Rdn 145 ff.), kann er einen Prozess verlieren, wenn das Gericht ein **anderweitiges Gutachten** einholt und diesem den Vorzug gibt. Vor einer solchen Durchbrechung des **Vertrauensgrundsatzes** gibt es leider keinen Schutz. **126**

Im Übrigen kann bei divergierenden Sachverständigengutachten nur ein **Obergutachten** die notwendige Klarheit schaffen. **127**

Tipp **128**
Die **fiktive Abrechnung ist insbesondere dann zu empfehlen**, wenn eine **Mithaftung beim Mandanten** in Frage kommt. Dann sollte auf der Basis eines Sachverständigengutachtens abgerechnet werden. Dem Mandanten bleibt es dann überlassen, die Reparatur z.B. in einer „Billigwerkstatt", in Eigenreparatur oder mit Hilfe anderer so günstig wie möglich durchzuführen, sodass der durch die Mithaftungsquote verursachte wirtschaftliche Verlust aufgefangen wird.

d) Späterer Wechsel von fiktiver zu konkreter Abrechnung

Hin und wieder wird noch die Auffassung geäußert, nach erklärter fiktiver Abrechnung sei ein „Umsteigen" auf eine konkrete Berechnung nicht mehr möglich (so OLG Köln DAR 2001, 405). Das Problem stellt sich regelmäßig dann, wenn die Reparatur später doch noch höher ausfällt, als sie von dem Sachverständigen geschätzt wurde. Eine solche **Bindung** tritt jedoch nach herrschender Meinung **nicht** ein (OLG Düsseldorf zfs 2001, 111; BGH zfs 2004, 408 ff. mit Anmerkung von *Diehl*). **129**

Der BGH hat noch einmal ausdrücklich klargestellt, dass der Geschädigte nach vorausgegangener fiktiver Abrechnung entsprechend dem Wiederbeschaffungsauf- **130** wand noch – nach Durchführung der Reparatur – **zur konkreten Abrechnung des Reparaturaufwandes wechseln** kann, solange **kein Abfindungsvergleich** geschlossen wurde (BGH v. 17.10.2006 – VI ZR 249/05 – VersR 2007, 82 = zfs 2007, 148 = r+s 2007, 37 = DAR 2007, 138 = NZV 2007, 27; BGH v. 18.10.2011 – VI ZR 17/11 – VersR 2011, 1582; *Wellner*, Kfz-Schadensabrechnungs-Übersicht, NZV 2007, 401). Insbesondere ist es kein Argument, dass es für die Versicherungswirtschaft eine verwaltungstechnische Notwendigkeit sei, andernfalls mit dem Abschluss der Schadensakte bis zum Ablauf der Verjährungsfrist warten zu müssen.

131 Missverständnisse können aber beseitigt werden, indem die zunächst vorgenommene Regulierung grundsätzlich mit dem Zusatz „**vorläufige Abrechnung**" oder „**vorerst**" versehen wird.

> *Tipp*
> Um die Diskussion über eine Bindung des Geschädigten an die Wahl einer fiktiven Schadensabrechnung zu umgehen, sollten zu Beginn einer Schadensregulierung stets der Zusatz „vorläufige Abrechnung", das Wort „vorerst" oder ähnliche Begriffe verwandt werden, und zwar so lange, bis das endgültige Schadenvolumen feststeht.

e) Verkauf in unrepariertem Zustand

132 Der Geschädigte verliert die Möglichkeit zur „fiktiven Schadensabrechnung" auch nicht etwa dadurch, dass er das Fahrzeug **unrepariert in Zahlung** gibt oder verkauft (BGHZ 66, 239 ff.; BGH NJW 1985, 2469; 1992, 903; OLG Köln NJW-RR 1993, 1437). Wird das (nicht total-)unfallbeschädigte Kfz von dem Geschädigten unrepariert veräußert, kann der Geschädigte im Rahmen der von der BGH-Rechtsprechung anerkannten Fallgruppen (siehe oben Rdn 62 ff.) ebenfalls den Ersatz der von dem Gutachter festgestellten Reparaturkosten verlangen, **ohne dass diese um den Restwert des Fahrzeuges zu vermindern sind** (AG Limburg zfs 1999, 15 mit ausführlicher Anmerkung von *Diehl*).

f) Abzüge hinsichtlich der vom Sachverständigen kalkulierten Reparaturkosten

aa) UPE-Aufschläge und Verbringungskosten

Literatur zu UPE-Aufschlägen und Verbringungskosten:

Diehl, Anmerkung zu AG Gießen zfs 1998, 51, 52; *Wellner*, BGH-Rechtsprechung zum Kfz-Sachschaden (§ 4: Stundenverrechnungssätze, UPE-Aufschläge und Verbringungskosten), 3. Auflage 2015; *Wortmann*, Ersatz der Ersatzpreisaufschläge auch bei Schadensberechnung auf Gutachterbasis, zfs 1999, 365 ff.

133 *Tipp*
Siehe auch **Anlage 7**: „Rechtsprechung zu UPE-Aufschlägen und Verbringungskosten, alphabetisch nach Gerichten und Gerichtsorten geordnet" (vgl. § 14 Rdn 8 ff.).

C. Feststellung des Fahrzeugschadens § 7

In **Verkennung der Rechtsprechung** zum fiktiven Schaden berufen sich die Versicherer immer wieder darauf, dass bei nicht durchgeführter Reparatur jedenfalls die im Sachverständigengutachten enthaltenen Aufschläge für Abweichungen von einer „Unverbindlichen Preis-Empfehlung", die so genannten **UPE-Aufschläge**, und die „**Verbringungskosten zum Lackierer**" abzuziehen seien. Leider wird die Rechtssituation aber auch hin und wieder von Amts- und auch Landgerichten verkannt (AG Gießen zfs 1998, 51; AG Mannheim zfs 1998, 53), die dann aber umso häufiger von Versicherern zitiert werden. 134

Tatsache ist jedoch, dass der Geschädigte gemäß der Rechtsprechung des BGH zum normativen („fiktiven") Schaden (BGH NJW 1989, 3009) aufgrund § 249 Abs. 2 S. 1 BGB grundsätzlich so gestellt werden soll, wie er stünde, wenn er die Reparatur in einer **Vertragswerkstatt** vorgenommen lassen hätte. 135

(1) UPE-Aufschläge

Die **UPE-Aufschläge** sind demnach **eindeutig** im Rahmen der Ersetzungsbefugnis des § 249 Abs. 2 S. 1 BGB **zu erstatten** (OLG Hamm MittBl 1998, 58; OLG Düsseldorf VersR 2002, 208 = NZV 2002, 87; OLG Düsseldorf DAR 2008, 523; OLG München v. 28.2.2014 – 10 U 3878/13 – r+s 2014, 471; AG Saarlouis zfs 1997, 95; LG Aachen DAR 2002, 72; KG v. 10.9.2007 – 22 U 224/06 – juris; LG Saarbrücken DAR 2013, 520). Sie gehören zu den „**zur Wiederherstellung erforderlichen Kosten**" im Sinne der Rechtsprechung des BGH zum normativen („fiktiven") Schaden. 136

Den **Schaden** hat der Geschädigte nämlich bereits **durch die Beschädigung der Sache** erlitten und nicht erst durch die tatsächliche Durchführung der Instandsetzung. Der **als Ersatzleistung geschuldete Geldbetrag** i.S.d. § 249 Abs. 2 S. 1 BGB bemisst sich demzufolge nach dem **erforderlichen Wiederherstellungsaufwand**, worunter allein der Aufwand verstanden werden kann, der bei der Reparatur in einer **Marken-Fachwerkstatt** entsteht. Wenn die Marken-Fachwerkstätten des Wohnortes des Geschädigten oder dessen Stamm-Werkstatt derartige Preisaufschläge zu berechnen pflegen, stellen diese zweifelsfrei auch den entsprechenden, vom Schädiger zu ersetzenden Herstellungsaufwand dar. 137

Maßgeblich ist also für die Schadensberechnung allein, ob derartige Zuschläge bei einer **Reparatur in einer Fachwerkstatt des Wohnortes des Geschädigten**, insbesondere bei seiner „**Stammwerkstatt**" angefallen wären (so auch AG Staufen zfs 1995, 373; AG Berlin Mitte zfs 1996, 179; AG Solingen DAR 1997, 249 u. 1998, 22; AG Nördlingen zfs 1999, 104; AG Gronau DAR 1998, 478; AG Darmstadt zfs 1999, 152; AG Oranienburg zfs 1999, 152; AG Dortmund zfs 1999, 152; AG Krefeld DAR 1999, 321). Dies lässt sich durch den Sachverständigen unschwer feststellen. 138

Es kann also seit dem zuvor erwähnten Urteil des BGH NJW 1989, 3009 als undiskutierbar **eindeutig** festgestellt werden, dass ein **Abzug** von UPE-Aufschlägen, 139 wie er heute noch immer wieder von Versicherern durchzusetzen versucht wird, **unzulässig** ist. Es gibt seitdem – soweit ersichtlich – auch keine anderslautende Rechtsprechung. Die von den Versicherern immer wieder zitierten Urteile sind ausnahmslos **älteren Datums** oder stammen von Gerichten, denen der Inhalt der BGH-Rechtsprechung offenbar erst verspätet zur Kenntnis gelangt war.

140 Dazu einige Beispiele aus der Rechtsprechung:
- AG Königswinter zfs 1995, 55 f.: „Bei fiktiver Abrechnung sind die Verrechnungssätze einer Fachwerkstatt maßgeblich";
- AG Staufen zfs 1995, 373: „Repariert der Geschädigte selbst, kann er auch den Ersatzteilaufschlag von 10 % verlangen";
- AG Überlingen DAR 1995, 296: „Ein vom Sachverständigen ausgewiesener Ersatzteilaufschlag von hier 15 % ist bei Eigenreparatur ebenfalls zu ersetzen";
- LG Aachen DAR 2002, 72: „Der zur Herstellung erforderliche Geldbetrag i.S.d. § 249 S. 2 BGB [a.F.] umfasst auch den UPE-Aufschlag";
- AG Frankfurt am Main DAR 2008, 92: „Ersatzteilaufschläge und Verbringungskosten sind zu ersetzen, wenn dies den örtlichen Gepflogenheiten bei Reparatur in Fachwerkstätten entspricht".

(2) Verbringungskosten

Literatur zu Verbringungskosten:

Burmann, Ersatz fiktiver Verbringungskosten zum Lackierer, zfs 1998, 121.

141 Das gilt ebenso für die im Gutachten enthaltenen und als solche gesondert ausgewiesenen **Verbringungskosten zum Lackierer**. Auch wenn keine Reparatur durchgeführt worden ist, sind diese – entgegen anders lautender Behauptungen der Versicherer – **nicht abzuziehen** (OLG Hamm MittBl 1998, 58; OLG Düsseldorf VersR 2002, 208 = NZV 2002, 87; OLG München v. 28.2.2014 – 10 U 3878/13 – r+s 2014, 471; LG Kassel zfs 2001, 359; LG Saarbrücken DAR 2013, 520; AG Überlingen DAR 1995, 296; AG Bochum NZV 1999, 518; LG Oldenburg – 1 S 651/98).

142 Dieses ist – jedenfalls seit der Entscheidung des BGH vom 20.6.1989 in NJW 1989, 3009 – nicht mehr ernstlich zu bestreiten. Deshalb sieht das seitdem – mittlerweile fast ausnahmslos – auch die übrige Rechtsprechung so.

143 Weil dieses Problem gleichwohl immer wieder thematisiert wird, ist diesem Buch als **Anlage 7** (im Anhang, siehe § 14 Rdn 8 ff.) eine alphabetisch nach Gerichtsorten geordnete Entscheidungssammlung zu der Frage der Ersetzbarkeit der Verbringungskosten beigefügt in der Hoffnung, dass der Leser eine Entscheidung seines für ihn zuständigen Gerichts findet.

144 In jedem Falle sind aber Verbringungskosten zu ersetzen, wenn die **am Ort des Geschädigten** ansässigen **Fachwerkstätten** seines Vertrauens und konkret seiner Fahrzeugmarke über **keine eigenen Lackierwerkstätten** verfügen und die Lackieraufträge dort stets fremdvergeben werden (LG Paderborn DAR 1999, 128; AG Solingen DAR 1998, 22; AG Rheda-Wiedenbrück DAR 1999, 173; AG Dorsten zfs 1999, 424; AG Mainz zfs 1999, 468; AG Westerburg zfs 2000, 63 f.). Allenfalls dann, wenn sämtliche markengebundenen Fachwerkstätten des Herstellers (im entschiedenen Fall sämtliche Daimler-Niederlassungen) des beschädigten Fahrzeugs in der Region des Geschädigten über eine eigene Lackiererei verfügen, kann die Ablehnung einer Erstattung gerechtfertigt sein (BGH v. 13.7.2010 – VI ZR 259/09 – zfs 2010, 621 = r+s 2010, 437). Allerdings wäre es in einem solchen (Ausnahme-)Fall auch bereits die Aufgabe des Sachverständigen, die Verbringungskosten nicht als bei fachgerechter Reparatur regional üblicherweise entstehend in die Kalkulation mit aufzunehmen.

bb) Stundenverrechnungssätze

Literatur zu Stundenverrechnungssätzen:

Balke, Rechtsprechung zum Verweis des Geschädigten auf eine Reparaturmöglichkeit außerhalb einer markengebundenen Fachwerkstatt, SVR 2012, 293; *Diederichsen*, Die Rechtsprechung des BGH zum Haftpflichtrecht, DAR 2014, 301; *Engel*, Das Porsche-Urteil des BGH, DAR 2007, 695; *Figgener*, Stundenverrechnungssätze bei fiktiver Schadensabrechnung, NJW 2008, 1349 ff.; *Handschumacher*, Gleichwertigkeit der Reparaturmöglichkeit im schadensrechtlichen Sinne – Markengebundene Fachwerkstatt, NJW 2008, 2622; *Höfle*, Fahrzeugschaden – Abrechnung auf Reparaturkostenbasis – Ersatzbeschaffung, zfs 2006, 242; *Kappus*, Stundenverrechnungssätze in der fiktiven Verkehrsunfallabrechnung, NJW 2010, 582 ff.; *Metz*, Stundenverrechnungssätze bei fiktiver Abrechnung – Sechs Jahre nach „Porsche", NZV 2010, 119 ff.; *Otting*, Der Gutachter im Spannungsfeld zwischen dem Recht und dem Markt, SVR 2012, 12; *Revilla*, Stundenverrechnungssätze – eine Interpretation des Porsche-Urteils aus Sicht des Geschädigten, zfs 2008, 188; *Richter*, Offene Fragen der fiktiven Abrechnung von Fahrzeugschäden, VersR 2011, 1111 ff.; *Sander*, Schwacke-Liste vs. Fraunhofer-Erhebung – und inmitten der BGH, VersR 2011, 460; *Schneider*, Die bei fiktiver Abrechnung von Reparaturkosten maßgeblichen Stundenverrechnungssätze nach der Entscheidung des BGH vom 20.10.2009, zfs 2010, 8; *Ullmann*, Stundenverrechnungssätze und kein Ende?, NZV 2009, 270; *ders.*, Das so genannte VW-Urteil – „Steine statt Brot"?, NZV 2010, 489; *Wellner*, Typische Fallgestaltungen bei der Abrechnung von Kfz-Schäden, NJW 2012, 7; *Wenker*, Die Rechtsprechung des BGH zur Verweisung auf die Stundenverrechnungssätze freier Werkstätten, VersR 2012, 290.

145 Auch liest man zunehmend in der außergerichtlichen Korrespondenz die von einigen Versicherern und oft auch in Gutachten einer Sachverständigenorganisation geäußerte Auffassung, im Falle der **nicht konkret durchgeführten Reparatur** seien nur **die mittleren Stundenverrechnungssätze** zu ersetzen. Diese werden unter Zugrundelegung der Preise aller Reparaturwerkstätten, also nicht nur der (Marken-)„Vertragswerkstätten", sondern auch reiner Karosseriewerkstätten, Tankstellen bis hin zu „Hinterhofwerkstätten" im (sehr großen) Umkreis des Wohnortes des Geschädigten ermittelt. Diese Durchschnittspreise liegen **erheblich unter den Stundenverrechnungssätzen** der Marken-Fachwerkstätten.

146 Es ist eindeutig so, dass der Geschädigte nach der Rechtsprechung des BGH auch bei fiktiver Abrechnung **grundsätzlich die Stundenverrechnungssätze einer markengebundenen Fachwerkstatt** seiner Abrechnung zugrunde legen darf

(BGH vom 29.4.2003, VersR 2003, 920 = zfs 2003, 405 = NZV 2003, 372 – „Porsche"-Urteil).

147 Allerdings hat der BGH mit seinen neueren Entscheidungen (grundlegend: BGH vom 20.10.2009 – VI ZR 53/09 – VersR 2010, 225 = zfs 2010, 143; bestätigend: BGH vom 23.2.2010 – VI ZR 91/09 – VersR 2010, 923 = zfs 2010, 494; BGH vom 22.6.2010 – VI ZR 337/09 – VersR 2010, 1097 = zfs 2010, 497; BGH vom 22.6.2010 – VI ZR 302/08 – VersR 2010, 1096 = NZV 2010, 553; BGH vom 13.7.2010 – VI ZR 259/09 – zfs 2010, 621 = NZV 2010, 553; BGH v. 28.4.2015 – VI ZR 267/14 – zfs 2015, 621 = DAR 2015, 385) zwischenzeitlich im Wesentlichen die bisher in der Instanzenrechtsprechung höchst streitig beurteilte Frage geklärt, wann der Geschädigte **ausnahmsweise bei der fiktiven Abrechnung** auf **günstigere Stundenverrechnungssätze einer (nicht markengebundenen) regionalen Fachwerkstatt verwiesen** werden darf. Danach gilt künftig ein dreistufiges Prüfungsschema (*Schneider*, zfs 2010, 8, 10):

148 1. Der Geschädigte hat gem. § 249 Abs. 2 S. 1 BGB durch Vorlage eines entsprechenden Sachverständigengutachtens die **üblichen Stundenverrechnungssätze einer markengebundenen Fachwerkstatt auf dem allgemeinen regionalen Markt** darzulegen und ggf. zu beweisen.

Folge
Grundsätzlich Anspruch auf Erstattung der Stundenverrechnungssätze der markengebundenen Fachwerkstatt.

149 2. Der Schädiger bzw. dessen Haftpflichtversicherer kann den Geschädigten im Rahmen der Schadensminderungspflicht gem. § 254 Abs. 2 BGB bei einem Alter des Fahrzeugs zum Unfallzeitpunkt von über drei Jahren konkret auf eine günstigere, ohne weiteres zugängliche „freie Fachwerkstatt" verweisen. Maßgeblich sind hierbei die (markt-)üblichen Preise der Werkstätten, nicht Sonderkonditionen von Vertragswerkstätten des Haftpflichtversicherers. Der Schädiger hat darzulegen und ggf. zu beweisen, dass eine Reparatur in dieser Werkstatt vom Qualitätsstandard der Reparatur in einer markengebundenen Werkstatt entspricht.

Folge
- **Bei Fahrzeugen mit einem Alter von bis zu drei Jahren Verweisung grundsätzlich unzumutbar**, d.h. trotz Verweisung Erstattung der Stundenverrechnungssätze der markengebundenen Fachwerkstatt.
- **Bei Fahrzeugen mit einem Alter von über drei Jahren Verweisung grundsätzlich zumutbar**, d.h. lediglich Erstattung der Stundenverrechnungssätze der konkret benannten „freien Fachwerkstatt".

150 3. Der Geschädigte kann (bei Fahrzeugen mit einem Alter von über drei Jahren) konkrete Umstände darlegen, welche zu einer **Unzumutbarkeit der Reparatur in einer nicht markengebundenen Fachwerkstatt** führen (sog. sekundäre Darle-

gungslast des Geschädigten bei verbleibender Beweislast des Schädigers hinsichtlich der Zumutbarkeit im Rahmen des § 254 Abs. 2 BGB), insbesondere
- das **Fahrzeug wurde stets in einer markengebundenen Fachwerkstatt gewartet bzw. „scheckheftgepflegt" oder ggf. nach einem Unfall repariert**,
- der Geschädigte weist durch **Vorlage der Reparaturrechnung im Rahmen der konkreten Schadensabrechnung** sein besonderes Interesse an einer Reparatur in einer markengebundenen Fachwerkstatt nach.

Folge
Erstattung der Stundenverrechnungssätze der markengebundenen Fachwerkstatt wegen Unzumutbarkeit der Verweisung im Einzelfall.

Wie der BGH inzwischen klargestellt hat, kann die **Verweisung** auf eine günstigere Reparaturmöglichkeit durch den Schädiger **auch erstmalig im Prozess** erfolgen (BGH v. 14.5.2013 – VI ZR 320/12 – zfs 2013, 446), **selbst dann** noch, wenn der Geschädigte das **Fahrzeug bereits in Eigenregie repariert** hat, solange er fiktiv abrechnet (BGH v. 15.7.2014 – VI ZR 313/13 – r+s 2014, 476). 151

Dies ist für den Geschädigten besonders unbefriedigend. Prozessual dürfte sich der Geschädigte bei einer solchen erst im Prozess erfolgten Verweisung mit einer **teilweisen Erledigung des Rechtsstreits in der Hauptsache** hinsichtlich der aufgrund der Verweisung niedrigeren Reparaturkosten behelfen können. Denn nach der vorgenannten Rechtsprechung des BGH besteht zunächst ein Anspruch in Höhe der Reparaturkosten einer markengebundenen Fachwerkstatt. Erst durch die Verweisung reduziert sich folglich der Schadensersatzanspruch, sodass der höhere Anspruch bei Klageerhebung (vor der erfolgten Verweisung) noch begründet war, wodurch dem Schädiger hinsichtlich des erledigten Teils die Kosten aufzuerlegen sein dürften. 152

Im Anschluss an die vorgenannten Grundsatzentscheidungen ist auf folgende konkretisierende Entscheidungen des BGH hinzuweisen: Eine zulässige Verweisung auf eine „mühelos und ohne weiteres zugängliche **freie Fachwerkstatt**" kann auch dann vorliegen, wenn sich die Werkstatt zwar nicht am Sitz des Geschädigten, jedoch **im „unmittelbaren Einzugsbereich"** befindet (BGH v. 13.7.2010 – VI ZR 259/09 – zfs 2010, 621 = NZV 2010, 553; vgl. *Schneider*, in: Berz/Burmann, Kap. 5 B Rn 57a a.E.). Demgemäß hat der BGH in einer weiteren Entscheidung eine Entfernung von 21 km akzeptiert, weil nicht vom Geschädigten dargelegt wurde, dass sich eine markengebundene Fachwerkstatt „in einer deutlich geringeren Entfernung zu seinem Wohnort befindet" (BGH vom 23.02.2010 – VI ZR 91/09 – VersR 2010, 923 = zfs 2010, 494; vgl. *Schneider*, in: Berz/Burmann, Kap. 5 B Rn 57a a.E.). Allein der Umstand, dass die fragliche **„freie Fachwerkstatt" mit dem Haftpflichtversicherer in Bezug auf Reparaturen von Kaskoschäden seiner Versicherungsnehmer vertraglich verbunden** ist, macht eine Verweisung auf sie **nicht unzumutbar** (BGH v. 28.4.2015 – VI ZR 267/14 – zfs 2015, 621 = DAR 2015, 385). 153

§ 7 Materielle Schadenspositionen – Fahrzeugschaden

154 Bei der **Zumutbarkeit** der Verweisung soll insbesondere der **Vergleich der Entfernungen zur markengebundenen und zur freien Werkstatt vom Wohnort** des Geschädigten maßgeblich sein, sodass bei einer Entfernung zur markengebundenen Werkstatt von 3,7 km die Verweisung auf eine 22,1 km entfernte freie Werkstatt nicht zumutbar ist (OLG Karlsruhe v. 28.7.2015 – 1 U 135/14 – zfs 2015, 623). Das Erfordernis einer Unzumutbarkeit der Verweisung im Einzelfall trotz älteren Fahrzeugs (als drei Jahre) soll nach LG Lübeck (NZV 2010, 517) verlangen, dass nicht nur während der Besitzzeit des Geschädigten, sondern bereits seit der Erstzulassung des Fahrzeugs Reparaturen und Wartungen ausschließlich in einer markengebundenen Fachwerkstatt vorgenommen wurden.

155 Die Rechtsprechung des BGH erscheint aus Sicht des Geschädigten als nicht unproblematisch, soweit das Fahrzeug älter als drei Jahre und daher eine konkrete Verweisung grundsätzlich möglich ist. Denn an sich darf der Geschädigte nicht verpflichtet sein, ein **Risiko** einzugehen, ob ihm bei einer Reparatur in einer nicht herstellergebundenen Werkstatt **Nachteile** drohen, wie z.B. in Bezug auf **Hersteller- oder Mobilitätsgarantien**. Ferner ist bei den herstellergebundenen Fachwerkstätten aufgrund entsprechender Erfahrung und **spezieller Schulungen des Personals** bezogen auf die Fahrzeuge des betreffenden Herstellers sowie Verfügbarkeit der **Original-Ersatzteile** und der **Spezialwerkzeuge** bzw. **Diagnosegeräte** für bestimmte Fahrzeugtypen die **höchste Kompetenz** und damit Reparaturqualität zu erwarten. So hat z.B. auch ein jüngerer Test der Stiftung Warentest in Zusammenarbeit mit dem ADAC ergeben, dass Reparaturen in einer freien Werkstatt nicht denen in einer markengebundenen Werkstatt gleichwertig sind (test 9/2010: „Freie reparieren schlechter"), worauf der Geschädigte als Eigentümer eines knapp über drei Jahre alten Pkw zu Recht in einer jüngsten Entscheidung des OLG Bremen – allerdings im Ergebnis vergeblich – hingewiesen hat (OLG Bremen v. 7.2.2011 – 3 U 61/10 – zfs 2011, 322; kritisch auch *Diehl*, Anm. zu OLG Bremen zfs 2011, 322, 324 f. sowie *Handschumacher*, NJW 2008, 2622, 2623 unter Bezugnahme auf KG NZV 2008, 516).

156 Insoweit ist der Geschädigte schadensrechtlich an sich nicht zu entsprechenden Nachforschungen verpflichtet, ob die vom Versicherer benannte, nicht herstellergebundene Werkstatt im Einzelfall tatsächlich eine vergleichbare Reparaturqualität gewährleisten kann. Aufgrund der neueren Rechtsprechung des BGH mit den dargelegten Beweislastverteilungen wird der Geschädigte jedoch faktisch gezwungen, sich mit der Qualifikation der vom Versicherer benannten „freien Fachwerkstatt" im Einzelnen auseinanderzusetzen und diese kritisch zu hinterfragen, wenn er sich effektiv im Prozess gegen die konkrete Verweisung wehren möchte. Hierbei besteht die erhebliche tatsächliche Schwierigkeit, dass die freien Werkstätten kaum bei einer Nachfrage des Geschädigten auf „Nachteile" gegenüber einer Reparatur in einer markengebundenen Fachwerkstatt hinweisen werden.

C. Feststellung des Fahrzeugschadens § 7

Hinzu kommt für den Geschädigten die Schwierigkeit der Überprüfung, ob es sich bei den vom Versicherer benannten Stundenverrechnungssätzen tatsächlich um die jedermann zugänglichen Sätze oder um Sonderkonditionen des Versicherers handelt. Auch diesbezüglich wird sich das praktische Problem stellen, dass die (i.d.R. mit den Versicherern zusammenarbeitenden) benannten freien Werkstätten telefonisch i.d.R. nicht explizit auf eine Diskrepanz zwischen (mit Versicherern vereinbarten) Sonderkonditionen und sonstigen Konditionen hinweisen werden. Dies insbesondere deshalb, weil auch den betroffenen freien Werkstätten der Hintergrund einer solchen Nachfrage inzwischen geläufig sein und eine zu offene Auskunftspraxis einer erfolgreichen langfristigen Zusammenarbeit mit den Versicherern eher hinderlich sein dürfte.

157

Vor diesem Hintergrund stellt die BGH-Rechtsprechung zwar einen Kompromiss zwischen den gegensätzlichen Geschädigten- und Versichererinteressen dar. Die Durchsetzung der fiktiven Erstattung der Stundenverrechnungssätze einer markengebundenen Fachwerkstatt bei einem Fahrzeug mit einem Alter von mehr als drei Jahren – welche vom BGH dogmatisch nach wie vor als Grundsatz angesehen wird – dürfte den Geschädigten in der Praxis allerdings vor einen derartigen Recherche- und Nachweisaufwand stellen, dass von der eigentlichen Maxime der Dispositionsfreiheit diesbezüglich faktisch nicht mehr viel übrig bleibt.

158

Zudem lässt es sich dogmatisch kaum rechtfertigen, dass bei einer konkreten Abrechnung tatsächlich entstandener Reparaturkosten nach der Rechtsprechung des BGH die Stundenverrechnungssätze einer markengebundenen Fachwerkstatt erstattet werden, obwohl wegen vorheriger zulässiger Verweisung dem Geschädigten an sich die Reparatur in der markengebundenen Fachwerkstatt nicht zustünde und er sie daher im Falle der fiktiven Abrechnung auch nicht erstattet erhielte. Diese Unterscheidung des Maßes der Erforderlichkeit zwischen konkreter und fiktiver Abrechnung ist unserem Schadensrecht an sich fremd. Der BGH begründet diese Differenzierung damit, dass der Geschädigte durch die entsprechende Ausführung sein „besonderes Interesse" („Integritätsinteresse") an einer Reparatur in einer markengebundenen Fachwerkstatt nachweise. Diese Argumentation erscheint jedoch inkonsequent: Der BGH meint, bei einem älteren Fahrzeug sei die konkrete Verweisung auf eine günstigere, ohne weiteres zugängliche freie Fachwerkstatt zulässig, weil der Geschädigte sein Fahrzeug zuvor nicht ausschließlich in einer markengebundenen Fachwerkstatt warten bzw. reparieren ließ, sodass dem Geschädigten fiktiv auch nur die entsprechenden Kosten bei Reparatur in der freien Werkstatt zustehen. Dann überzeugt es allerdings nicht, gleichwohl dem Geschädigten die Möglichkeit einzuräumen, durch eine Entscheidung für die markengebundene Fachwerkstatt (die er bei seinen vorangegangenen Wartungen/Reparaturen nicht ausschließlich für angemessen hielt!) die zu erstattenden Kosten erhöhen zu dürfen. Auch die neueste Rechtsprechung zu den Stundenverrechnungssätzen zeigt daher die zunehmende Schwierigkeit der BGH-Rechtsprechung, den vermeintlichen Anforderungen der Praxis gerecht zu werden, ohne die dogmatischen Grundlagen –

hier die schadensrechtliche Dispositionsfreiheit des Geschädigten – zu vernachlässigen.

cc) Vermessungskosten

159 Auch die Kosten für die **Vermessung** des unfallbeschädigten Fahrzeuges sind ersatzfähig. Sie sind Bestandteil der Reparaturaufwendungen und somit Bestandteil des zur Herstellung erforderlichen Geldbetrages, den der Geschädigte auch ohne Verwendung zur Schadensbehebung – also bei fiktiver Abrechnung – beanspruchen kann (*Diehl*, Anmerkung zu einem anders lautenden Urteil des AG Duisburg, zfs 2002, 340).

dd) Entsorgungskosten

160 In den Sachverständigengutachten ebenso wie in den konkreten Rechnungen der Werkstätten findet sich oft die Position „**Entsorgungskosten**". Seitens der Versicherer wird diese Position oft mit Hinweis darauf gestrichen, dass diese Kosten bereits in den **allgemeinen Werkstattkosten** enthalten und deshalb nicht gesondert zu ersetzen seien.

161 Auch das ist **nicht richtig**: Wenn diese Kosten nach den Feststellungen des Sachverständigen – orts- oder branchenüblich – gesondert erhoben werden, sind sie auch gesondert zu ersetzen. Wenn der Versicherer anderer Meinung ist, können ihm die diesbezüglichen vermeintlichen Regressansprüche Zug um Zug gegen Zahlung der Position abgetreten werden.

ee) In Lohnkosten enthaltene Sozialabgaben und Lohnnebenkosten

162 Hinsichtlich der in der Kalkulation der erforderlichen Reparaturkosten in den Lohnkosten zwangsläufig enthaltenen allgemeinen Kostenfaktoren, wie Sozialabgaben oder Lohnnebenkosten, hat der BGH (BGH v. 19.2.2013 – VI ZR 69/12 – zfs 2013, 502) glücklicherweise klargestellt, dass diese im Rahmen der fiktiven Schadensabrechnung ebenfalls zu erstatten sind. Bewusst hat der Gesetzgeber in § 249 Abs. 2 S. 2 BGB lediglich die nicht angefallene Umsatzsteuer bei fiktiver Schadensabrechnung vom Schadensersatzanspruch ausgenommen. Damit hat er einen – auch nach Ansicht des BGH – **systemwidrigen** (vgl. dazu unten Rdn 380 ff.) **Ausnahmetatbestand** geschaffen, der nicht analogiefähig ist (BGH a.a.O.).

ff) Zusammenfassung zu den Abzügen

163 Die Argumentation gegenüber Versicherern muss daher lauten:

Der Geschädigte hat das uneingeschränkte Recht, auf der Basis eines Sachverständigengutachtens „fiktiv" abzurechnen. Solange dieses Gutachten vom **Sachverständigen als ortsüblich bezeichnete** UPE-Aufschläge, Verbringungskosten, Vermessungskosten und Stundenverrechnungssätze enthält, stehen diese also dem Geschädigten uneingeschränkt zu.

Das Gutachten eines Sachverständigen genießt absolutes Vertrauen auf die Bestandskraft durch den Geschädigten, solange es nicht durch substanziiertes Vorbringen des Schädigers – z.b. durch Vorlage eines zutreffenderen Gegengutachtens – erschüttert ist. 164

Zur Möglichkeit der konkreten Verweisung des Geschädigten auf eine günstigere, ohne weiteres zugängliche freie Fachwerkstatt vgl. die Ausführungen oben (siehe Rdn 145 ff.).

3. Besonderheiten zur Höhe des Schadensersatzes

a) Abzüge „neu für alt" (n.f.a.)

Führt die Reparatur zu einer Wertverbesserung, weil z.B. ein altes und verschlissenes Fahrzeug oder kurzlebige Teile davon (Motor, Reifen, Auspuff, Batterie, Lack) repariert bzw. erneuert werden, muss sich der Geschädigte dieses auf den Schadenersatz als **Abzüge neu für alt (n.f.a.)** anrechnen lassen. **Grund**: Der Geschädigte soll nicht über die Wiedergutmachung hinausgehend bereichert werden. 165

Auch im Haftpflichtrecht (im Kaskorecht vgl. § 6 Rdn 16 ff.) sind die Reparaturkosten ggf. um die Position der Abzüge „neu für alt" zu korrigieren. Das erfolgt jedoch **in wesentlich geringerem Maße** als im Kaskorecht. Ausschließlich bei **älteren** oder ggf. auch bei ungepflegten **Fahrzeugen** sind – geringe – n.f.a.-Abzüge zulässig, dies ohnehin nur in dem von einem unabhängigen Sachverständigen ermittelten Maße. 166

In der Regel beziehen sich diese Abzüge lediglich auf Reifen, Lackierungskosten (nur bei größeren Flächen bzw. Mitbeseitigung von Vorschäden) und z.T. auch auf Neuteile, wenn diese z.B. bereits an- oder durchgerostet waren. 167

Ein **Abzug** neu für alt ist hingegen **unzulässig**, wenn es um den Austausch von **Kfz-Ersatzteilen** geht, die **im Allgemeinen die Lebensdauer des Kfz erreichen** (KG VersR 1985, 272; OLG München VersR 1966, 1192; AG Kappeln MittBl 1998, 84). Weitere Voraussetzung für einen Abzug „neu für alt" ist, dass dem Geschädigten der Abzug **zumutbar** ist (BGHZ 30, 29, 33f.). Diesbezüglich ist zu berücksichtigen, dass gem. § 249 BGB grundsätzlich eine Naturalrestitution geschuldet wird, sodass es sich an sich nicht zum Nachteil für den Geschädigten auswirken darf, wenn eine solche wegen der Marktgegebenheiten nicht möglich ist. Die Zumutbarkeit eines Abzugs kann daher fehlen, wenn es sich bei dem neuen Gegenstand um einen **aufgedrängten Vorteil** handelt (*Schneider*, in: Berz/Burmann, Kapitel 5 B, Rn 44 ff.). 168

> *Tipp*
> Abzüge n.f.a. können dadurch vermieden werden, dass reparaturbedürftige Verschleißteile durch Gebrauchtteile oder Ersatzteile von Billiganbietern ersetzt werden. Dann tritt eine Wertverbesserung in der Regel nicht mehr ein. Zumindest kann so der wirtschaftliche Nachteil des Abzuges wieder aufgefangen werden.

169 Bei unfallbedingtem Einbau eines **neuen Katalysators** ist die Frage, ob Abzüge „alt für neu" vorzunehmen sind, entschieden worden: Durch den Einbau eines neuen Katalysators wird weder ein höherer Verkaufserlös erzielt noch tritt eine Wertverbesserung des Fahrzeuges ein, und deshalb sind **n.f.a.-Abzüge nicht gerechtfertigt** (AG Fürstenwalde DAR 1998, 147).

b) Reparatur mit Gebrauchtteilen

170 Seit sich der Arbeitskreis VII des 37. Deutschen Verkehrsgerichtstages 1999 mit diesem Thema befasst hat, ist die **Kfz-Reparatur mit Gebrauchtteilen** offiziell im Gespräch (*Reinking*, Kfz-Reparatur mit Gebrauchtteilen, DAR 1999, 56 ff.).

171 Problematisch ist dabei sowohl die Frage der **Gleichwertigkeit** der Reparaturausführung **im Verhältnis zur Neuteilereparatur** als auch die schnelle **Verfügbarkeit** von geeigneten Gebrauchtteilen auf dem Teilemarkt, der einer computergesteuerten Logistik bedarf, die zur Zeit noch fehlt. Außerdem muss sicher ein **Risikozuschlag** berücksichtigt werden, um dem Rechtsgedanken der Restitution des § 249 BGB Genüge zu tun. Immerhin trägt das **Werkstatt- und Prognoserisiko** im gesamten Schadensrecht grundsätzlich (Ausnahme: Auswahlverschulden des Geschädigten) der **Schädiger** (BGHZ 63, 182).

172 Nicht zuletzt stellt sich die Frage des **Erlöschens von Garantieansprüchen** gegenüber dem Hersteller des Fahrzeuges sowie der **Gewährleistung** und der Garantie auf das gebrauchte Ersatzteil. Deshalb kann eine Verwendung von Gebrauchtteilen im Sinne „**zeitwertgerechter Reparatur**" gegenwärtig nur eingeschränkt in Betracht kommen.

c) Alternative Repararturmethoden („Smart Repair")

Literatur zu alternativen Reparaturmethoden („Smart repair"):

Bergmann, Benachteiligung des Geschädigten durch alternative Reparaturmethoden, Dokumentation 53. VGT 2015, S. 249 ff.; *Hermann*, Alternative Reparaturtechniken, Dokumentation 53. VGT 2015, S. 261 ff.; *Huber*, Smart repair, zfs 2015, 424; *Nugel*, Smart Repair zur Schadensbeseitigung, NZV 2015, 12; *Wern*, Alternative Reparaturmethoden bei Schäden an Kraftfahrzeugen und ihre systematische Einordnung in das Schadensersatzrecht, Dokumentation 53. VGT 2015, S. 273 ff.

173 Unter dem Stichwort „**Smart Repair**" werden in den letzten Jahren **alternative Reparaturmethoden** diskutiert, bei denen **Kleinschäden am Fahrzeug repariert** werden im Gegensatz zu einem Austausch bzw. einer Neulackierung des betroffenen Fahrzeugteils. Hierunter fallen das Ausbeulen von Metallanbauteilen, die Kunststoffreparatur an Außenteilen, die Spot Lackierung und die Steinschlagreparatur an Windschutzscheiben sowie eine Vielzahl weiterer Methoden (*Hermann*, Dokumentation VGT 2015, 261 ff.; vgl. auch *Nugel*, NZV 2015, 12 ff.).

Fraglich ist hierbei haftungsrechtlich bzw. schadensrechtlich, inwieweit sich der Geschädigte mit der oft **deutlich günstigeren Reparatur** begnügen muss oder den Austausch verlangen kann. Inwieweit es sich bei den diskutierten alternativen Reparaturmethoden tatsächlich um neue Methoden handelt oder diese Techniken schon lange Zeit praktiziert werden (so *Hermann*, VGT 2015, S. 261 ff.; vgl. dazu *Huber*, zfs 2015, 424, 425 f.), scheint unklar.

Der Arbeitskreis VI des 53. Deutschen Verkehrsgerichtstages (VGT) hat sich im Jahre 2015 mit dem Thema befasst und durch die nachfolgend genannten Empfehlungen den Streitstand wie folgt zusammengefasst: **174**

> *„1. Unabhängig vom Auftraggeber muss der Kfz-Sachverständige bei jeder Begutachtung eines Haftpflichtschadens alle zur fachgerechten Reparatur anerkannten Reparaturverfahren berücksichtigen. Von mehreren gleichwertigen Methoden zur vollständigen sach- und fachgerechten Wiederherstellung muss er in seinem Gutachten die wirtschaftlich sinnvollste dokumentieren.*
>
> *2. Eine gleichwertige Reparatur setzt voraus, dass die Garantie- und Gewährleistungsansprüche nicht beeinträchtigt werden.*
>
> *3. Der Rückgriff auf eine günstigere Reparaturmethode darf nicht zur Beeinträchtigung der begründeten Ansprüche des Geschädigten führen.*
>
> *4. Der Gesetzgeber wird erneut aufgefordert, für eine grundsätzliche berufliche Ordnung des Kfz-Sachverständigenwesens zu sorgen. Hierzu gehört insbesondere die Regelung einer entsprechenden Grundqualifikation und einer regelmäßigen Fortbildung, die nachzuweisen ist."*

Wie die Empfehlungen zu Recht deutlich machen, ist für die Regulierungspraxis die entscheidende Frage, inwieweit der technische Sachverständige in seinem Schadengutachten bei der Reparaturkostenkalkulation von einem Austausch des betroffenen Teils (ggf. mit Neulackierung) oder einer kostengünstigeren alternativen Reparaturmethode („Smart Repair") ausgeht. Sowohl außergerichtlich als auch bei Hinzuziehung eines gerichtlichen Sachverständigen bildet das Gutachten regelmäßig die Grundlage zur Beurteilung der „Erforderlichkeit" i.S.d. § 249 BGB. Ebenfalls zu Recht wird daher die Bedeutung der Qualität der Sachverständigengutachten herausgestellt und zu Maßnahmen einer grundsätzlichen Verbesserung aufgefordert. **175**

In Anbetracht der Mehrzahl der denkbaren für eine alternative Reparaturmethode geeigneten Fahrzeugschäden und der in technischer Hinsicht sehr unterschiedlichen alternativen Reparaturmethoden dürfte eine abstrakte Bewertung, inwieweit sich der Geschädigte mit einer solchen begnügen muss, schwer fallen. In rechtlicher Hinsicht sollte allerdings selbstverständlich sein, dass die Reparatur im Wege einer alternativen Reparaturmethode beim Geschädigten zu keinerlei Nachteilen und Risiken führen darf. Nur wenn die **alternative Reparaturmethode in jeglicher Hinsicht gegenüber der „klassischen" Reparaturmethode gleichwertig** ist, kann der Schadensersatzanspruch im Rahmen der Erforderlichkeit i.S.d. § 249 BGB auf die Kosten der alternativen Reparaturmethode begrenzt sein (im Ergebnis ebenso *Huber*, zfs 2015, 424 ff.; *Nugel*, NZV 2015, 12 ff.). **176**

4. Besonderheiten bei Leasing

Literatur zu Besonderheiten bei Leasing:

Himmelreich/Andreae/Teigelack, AutoKaufRecht (hier Teil 3: Leasingvertrag), 5. Auflage 2014; *Reinking/ Kessler/Sprenger*, Autoleasing und Autofinanzierung, 5. Auflage 2013.

177 Der Leasingnehmer schuldet dem Leasinggeber die **Instandhaltung des Fahrzeuges** und dessen **Rückgabe in einem intakten Zustand** bei Vertragsende. Hat sich ein Unfall ereignet und ist das Fahrzeug beschädigt worden, so kann er dieser Pflicht nicht mehr nachkommen. Er bleibt aber dem Leasinggeber leistungs- und ausgleichspflichtig. Die ihn daraus treffenden Nachteile darf und muss er auf den Schädiger abwälzen.

178 Dabei ist ihm nicht etwa nur der Netto-Reparaturbetrag mit der Begründung zu ersetzen, das Fahrzeug stehe im wirtschaftlichen Eigentum des Leasinggebers und der sei vorsteuerabzugsberechtigt. Durch den Unfall wird das zeitlich zwar begrenzte, inhaltlich aber weit angelegte Recht des Leasingnehmers zur Sachnutzung beeinträchtigt. Zur **Wiederherstellung der sachgerechten Nutzung** ist die Reparatur erforderlich.

179 Zum Ausgleich dieses **Nutzungsschadens** kann es also nur auf die persönlichen Verhältnisse des Leasingnehmers ankommen. Nur er – nicht der Leasinggeber – wird unfallbedingt in seiner Gebrauchsmöglichkeit beeinträchtigt. Nur er ist im Innenverhältnis zum Leasinggeber zur Übernahme der Reparaturkosten verpflichtet.

180 Also kommt es für die **Frage der Vorsteuerabzugsberechtigung** allein auf die Situation des Leasingnehmers an. Ist der Leasingnehmer nicht vorsteuerabzugsberechtigt, dann ist brutto zu regulieren (so auch OLG Frankfurt NZV 1998, 31; OLG Hamm NZV 2003, 334; LG Nürnberg-Fürth DAR 2001, 409; LG München I NZV 2002, 191; umfassende Darstellung bei *Reinking*, S. 180 f.).

181 Wie bereits im ersten Kapitel dargestellt (vgl. § 1 Rdn 146 ff.), ist der Leasingnehmer kraft vertraglicher Regelung verpflichtet, nach einem Unfall die Reparatur des Fahrzeuges durchführen zu lassen.

182 Da er **im Innenverhältnis** zum Leasinggeber als dem wirtschaftlichen Eigentümer aber verpflichtet ist, das Fahrzeug stets in ordnungsgemäßem Zustand zu halten und es so auch später zurückzugeben, darf er das Fahrzeug nicht etwa billig oder gar nicht reparieren und fiktiv nach Gutachten abrechnen.

183 Zwar verstößt er anderenfalls nur gegen seine vertraglichen Verpflichtungen aus dem Leasingvertrag, würde sich aber ungerechtfertigt bereichern.

184 Deshalb besteht die Verpflichtung, die Tatsache des Leasingverhältnisses dem Versicherer des Schädigers mitzuteilen. Leasinggesellschaften lassen sich deshalb oft in ihren AGB den Reparaturkostenanspruch aus einem Haftpflichtschadensfall abtreten, damit die ordnungsgemäße Verwendung sichergestellt ist.

Regelmäßig regeln jedoch die AGB, dass der Leasingnehmer das Fahrzeug reparieren und den diesbezüglichen Schadensersatz in eigenem Namen geltend machen darf. **185**

5. Wertminderung
Literatur zur Wertminderung:

Balke, Die Wertminderung bei unfallbeschädigten Fahrzeugen, SVR 2014, 371 und 408; *v. Gerlach*, Der merkantile Minderwert in der Rechtsprechung des BGH, DAR 2003, 49 ff.; *Hörl*, Minderwert, zfs 1999, 47 ff.; *ders.*, Hinweise zur Ermittlung der merkantilen Wertminderung bei der Unfallschaden-Regulierung, zfs 1991, 145 ff.; *Ladenburger*, Merkantile Wertminderung – ist die Bagatellschaden-Grenze nachvollziehbar?, DAR 2001, 295; *Splitter*, Der Merkantile Minderwert, DAR 2000, 49 ff.

Führt die Reparatur des Fahrzeuges nicht dazu, dass es in den gleichen Zustand wie vor dem Unfall versetzt wird, dann kann dem Geschädigten über den Reparaturkostenersatz hinaus ein Ausgleich für die verbleibende Wertminderung zustehen. Dabei wird zwischen **technischer und merkantiler Wertminderung** unterschieden. **186**

a) Technische Wertminderung

Eine technische Wertminderung liegt vor, wenn **trotz durchgeführter Reparatur nicht alle Schäden in technisch einwandfreier Weise beseitigt** werden konnten, wenn also trotz erfolgter Instandsetzung des Fahrzeuges noch objektiv wahrnehmbare und nicht zu beseitigende Mängel verbleiben (z.B. Schweißnähte, Passungenauigkeiten, Formabweichungen, Ausbeulspuren oder Farbunterschiede). **187**

Das ist gegeben, wenn die **Gebrauchsfähigkeit, Betriebssicherheit oder das Aussehen des Fahrzeuges nachhaltig und spürbar beeinträchtigt** ist (OLG Nürnberg NJW 1972, 2042), nicht jedoch bei geringen Farbunterschieden als Folge durchgeführter Teillackierungen (OLG Frankfurt VersR 1978, 378). **188**

In Anbetracht der optimalen Reparaturmöglichkeiten der heutigen Fachwerkstätten spielt die technische Wertminderung heute nahezu keine Rolle mehr in der Regulierungspraxis. **189**

b) Merkantile Wertminderung
Literatur zur merkantilen Wertminderung:

Gauß/Schorck, Anwaltprogramm Verkehrssachen, CD-ROM; *Halbgewachs/Berger*, Der merkantile Minderwert, 10. Auflage 1987; *Hufnagel*, Merkantile Wertminderung bei unfallbeschädigten Nutzfahrzeugen, NZV 2010, 235; *Jaeger*, Die Entschädigung des merkantilen Minderwerts bei Kraftfahrzeugen, zfs 2009, 602; *Otting*, Bemerkungen zum merkantilen Minderwert, zfs 1994, 434; *Ruhkopf/Sahm*, Über die Bemessung des merkantilen Minderwerts, VersR 1962, 539; *Zeisberger/Woyte/Schmidt/Mennicken*, Der merkantile Minderwert in der Praxis, 2011.

Trotz ordnungsgemäß durchgeführter Reparatur bzw. der Verwendung von Neuteilen (AG Chemnitz zfs 2004, 262) kann dem Fahrzeug der **Makel eines „Unfallfahrzeugs"** verbleiben, der sich im Falle des Weiterverkaufes realisieren könnte **190**

(BGH zfs 2005, 127, 129). Der Ersatz des merkantilen Minderwertes soll dem Geschädigten die auch bei Weiterbenutzung des ordnungsgemäß reparierten Fahrzeugs verbleibende Wertdifferenz ausgleichen (BGH NJW 1961, 2253).

191 Der Ersatz der **Wertminderung** ist seit dem Urteil des BGH NJW 1961, 2253 als **Herstellungsaufwand i.S.d.** § 249 Abs. 2 S. 1 BGB anerkannt. Der Eigentümer eines Fahrzeuges ist daher so zu stellen, als wenn er sich noch im Besitze der unbeschädigten Sache befände.

192 Für die Bemessung des merkantilen Minderwertes ist der **Zeitpunkt der beendeten Instandsetzung** maßgebend (BGH NJW 1967, 552). Von diesem Zeitpunkt an ist die Wertminderung auch abstrakt nach § 849 BGB zu verzinsen, falls bis zu diesem Zeitpunkt eine Nutzungsausfallentschädigung geltend gemacht wird (BGH VersR 1983, 555), anderenfalls bereits ab dem Unfalltag.

193 Merkantiler **Minderwert** und **entgangener Gewinn** wegen unfallbedingter Vereitelung eines Verkaufs des beschädigten Kfz können **nebeneinander geltend gemacht** werden (OLG Saarbrücken NZV 1992, 317).

194 Der merkantile Minderwert erlangt aufgrund immer teurer werdender Fahrzeuge zunehmend an Bedeutung. Seine Beurteilung ist jedoch aufgrund des fiktiven Charakters stets problematisch und **führt häufig zu Streitereien** mit dem gegnerischen Versicherer.

195 Im **Kaskoschadensfall** ist die Wertminderung bedingungsgemäß **nicht erstattungspflichtig** (vgl. § 13 Abs. 6 AKB bzw. A.2.13.1 AKB 2008, siehe dazu § 13 Rdn 244). Allerdings ist die unfallbedingte Wertminderung dem Bereich der der Kaskoversicherung zugeordneten unmittelbaren (= „kongruenten") Sachschäden zuzurechnen, was sie zu einer der „**quotenbevorrechtigten Schadensersatzpositionen**" gem. § 86 Abs. 1 S. 2 VVG macht (vgl. § 6 Rdn 14).

196 **Arbeitnehmer** können die mit ihrem Pkw auf betrieblich veranlasster Fahrt erlittene Wertminderung **nicht als Werbungskosten i.S.d.** EStG geltend machen, wenn das Fahrzeug tatsächlich repariert worden ist (BFH NJW 1994, 2976).

197 Auch dem Eigentümer eines **Behördenfahrzeuges**, z.B. eines Polizeifahrzeuges, entsteht eine zu ersetzende Wertminderung, wenn das Fahrzeug nach der vorgesehenen Nutzungsdauer verkauft oder versteigert wird (LG Dessau DAR 2002, 72).

198 **Im Prozess** unterliegt der Anspruch auf Wertminderung gem. § 287 ZPO der freien Schätzung durch das Gericht. Insoweit ist es – ähnlich wie beim Schmerzensgeld – möglich, die Höhe der Wertminderung in das **Ermessen des Gerichtes** zu stellen und somit einen **unbezifferten Klageantrag** zu stellen (BGH zfs 1982, 78).

199 Eine allgemein anerkannte **Methode zur Berechnung** des merkantilen Minderwerts gibt es nicht.

aa) Methode Ruhkopf/Sahm

Die überwiegend **herrschende Rechtsprechung** (BGH NJW 1980, 281, 282 – Grundsatzentscheidung; OLG Karlsruhe VersR 1983, 1065; OLG Köln zfs 1984, 101; LG Hagen zfs 1984, 326; LG Münster DAR 1984, 222; OLG Hamm zfs 1986, 324; DAR 1987, 83; LG Hanau zfs 1991, 233; LG Braunschweig DAR 1994, 202) greift insoweit auf die **Berechnungsmethode von Ruhkopf/Sahm** (VersR 1962, 593) zurück. Sie wird als „verlässliche Grundlage zur Ermittlung der merkantilen Wertminderung bei Pkw" angesehen (BGH a.a.O.). 200

Hiernach ist der **Minderwert = x % der Summe von Wiederbeschaffungswert und Reparaturkosten**. Obwohl in dem Text der Ausführungen von *Ruhkopf/Sahm* von „**Zeitwert**" die Rede ist, ist dieser Begriff als „**Wiederbeschaffungswert**" zu interpretieren (LG Köln NZV 2001, 175; Palandt-*Grüneberg*, § 251 Rn 17). Das hat seine Ursache darin, dass es im Jahre 1962, als die Tabelle veröffentlicht wurde, noch nicht üblich war, vom „Wiederbeschaffungswert" zu sprechen. Es wurde damals nur vom „Zeitwert" gesprochen. 201

Dabei ergibt sich der mit „x" bezeichnete Wert entsprechend folgender Tabelle aus dem Verhältnis vorgenannter Werte unter Berücksichtigung des Zulassungsjahres (Palandt-*Grüneberg*, § 251 Rn 17): 202

Zulassungsjahr	Verhältnis der Reparaturkosten zum Wiederbeschaffungswert		
	10–30 %	30–60 %	60–90 %
1.	5 %	6 %	7 %
2.	4 %	5 %	6 %
3. und 4.	3 %	4 %	5 %

Beispiel 203
Reparaturkosten: 5.000 EUR
Wiederbeschaffungswert: 10.000 EUR
Unfall erfolgt im zweiten Zulassungsjahr
Berechnung: Reparaturkosten = 50 % vom Wiederbeschaffungswert, Reparaturkosten 5.000 EUR + Wiederbeschaffungswert 10.000 EUR = 15.000 EUR, Minderwert = 5 % von 15.000 EUR = 750 EUR.

Nach der Tabelle *Ruhkopf/Sahm* ist ein Anspruch auf Wertminderung nicht vorgesehen, wenn der **Pkw älter als vier Jahre ist oder mehr als 100.000 km** gelaufen hat. 204

Außerdem ist eine Wertminderung nicht gegeben, wenn die **Bagatellschadensgrenze von 10 %** nicht erreicht ist. Diese Grenze ist **willkürlich gewählt** und führt daher in Einzelfällen zu **widersinnigen Ergebnissen**, die technisch und juristisch nicht zu begründen sind (*Ladenburger*, Merkantile Wertminderung – ist die Bagatellschaden-Grenze nachvollziehbar?, DAR 2001, 295). 205

bb) Reformvorschläge

206 Die Tabelle stammt allerdings aus dem Jahre 1962, also einer Zeit, als Kraftfahrzeuge noch bei weitem nicht so qualitativ gut und langlebig gebaut wurden wie heute. War seinerzeit die „Lebenserwartung" eines Pkw bei 100.000 km schon fast erreicht, sind heute Laufzeiten von 200.000 bis 300.000 km nichts Ungewöhnliches mehr. **Die Tabelle ist also dringend reformbedürftig** (so auch LG Oldenburg zfs 1990, 50; ebenso *Hörl*, Minderwert, zfs 1999, 47 m.w.N.; *Diehl*, Anm. zu AG Hamburg zfs 2014, 82). Sie muss sogar als für Pkw **völlig überholt** und hoffnungslos veraltet bezeichnet werden (*Hörl*, Anm. zu LG Köln, NZV 2001, 175).

207 Das Hauptbedenken gegen eine allzu sehr schematisierende Berechnung ist darin begründet, dass bei der Tabelle *Ruhkopf/Sahm* **nicht auf die konkrete Art der Beschädigung**, z.B. Eingriff in tragende Teile, abgestellt wird und etwa der wesentlich ungefährlichere Austausch von beschädigten Teilen einer Korrektur des Gesamtgefüges gleichgestellt wird (*Diehl*, Anm. zu AG Karlsruhe, zfs 1998, 13).

208 Die **Rechtsprechung** trägt den veränderten Umständen jedoch **nur zögernd** Rechnung, wie folgende Zitate zeigen:
- OLG Karlsruhe zfs 1990, 347: „Ein merkantiler Minderwert ist bei einem mehr als vier Jahre alten Pkw und einer Laufleistung von 100.000 km abzulehnen";
- OLG Frankfurt zfs 1984, 326; OLG Karlsruhe NZV 1990, 387 (acht Jahre alter Pkw DB 500 SEL): „Ein merkantiler Minderwert ist bei einem fünf Jahre alten Pkw und einer Laufleistung von mehr als 100.000 km abzulehnen" (so auch AG Münster zfs 2002, 527);
- OLG Frankfurt DAR 2006, 23: Selbst bei hohem Reparaturkostenaufwand kein Minderwert, wenn das betroffene Fahrzeugmodell sehr gesucht und wertstabil ist;
- **a.A.** AG Rostock DAR 2000, 169: „Auch bei einer Kilometerleistung von über 100.000 km kann ein Anspruch auf Wertminderung gegeben sein";
- **a.A.** auch AG Hohenstein-Ernstthal zfs 2001, 19: „Da auch bei einem älteren Fahrzeug Kaufinteressenten nach Unfallschäden fragen und nach mitgeteilten Unfallschäden einen Preisnachlass erwarten, kann bei einem mehr als fünf Jahre alten Fahrzeug ein merkantiler Minderwert zu berücksichtigen sein."

209 So finden sich doch mehrere von der noch immer auf *Ruhkopf/Sahm* fußenden, herrschenden Rechtsprechung abweichende Entscheidungen, die auch bei Fahrzeugen, die **älter als fünf Jahre sind und mehr als 100.000 km** gelaufen haben, einen merkantilen Minderwert zubilligen, insbesondere bei marktgängigen Fahrzeugen, bei denen der Markt einen Unfallschaden zum Anlass für einen Preisabschlag nimmt (z.B. OLG Düsseldorf DAR 1988, 159, LG Oldenburg NZV 1990, 76; LG Koblenz zfs 1990, 49; AG Essen zfs 1993, 337; AG München zfs 1998, 380). Das LG Berlin (NZV 2010, 36) hat einen merkantilen Minderwert bei einem 11 Jahre alten Fahrzeug mit einer Laufleistung von 183.000 km angenommen, das AG Hamburg (zfs 2014, 82) bei einem sieben Jahre alten Dieselfahrzeug mit einer Laufleistung von 195.000 km, das OLG Oldenburg (DAR 2007, 522) bei einem zwar noch nicht vier Jahre alten Fahrzeug, allerdings mit einer Laufleistung von über 195.000 km. Nach AG Achern (NZV 2010, 302) kann die o.g. Tabelle auf Fahrzeuge, die älter als 4 Jahre sind, in angemessener Weise übertragen werden.

Der BGH hat leider auch in einer neueren Entscheidung (BGH zfs 2005, 127, 129) über diese Frage noch nicht zu entscheiden brauchen, lässt aber wohl durchblicken, dass er in einem geeigneten Fall geneigt ist, die Grenzen nach oben hin deutlich zu öffnen. So lässt er sich schon darüber aus, dass sich die Bedeutung der Langlebigkeit der heutigen Kraftfahrzeuge maßgeblich auf die Bewertung auf dem Gebrauchtwagenmarkt auswirkt und insoweit bereits ein Wandel gegenüber der Situation früherer Rechtsprechung festgestellt werden kann. In der genannten Entscheidung stellt er vielmehr im Rahmen des tatrichterlichen Ermessens gem. § 287 ZPO auf den **Einzelfall** ab und hat es insoweit nicht beanstandet, bei einem in gutem Pflegezustand befindlichen, 16 Jahre alten Pkw mit einer Laufleistung von 164.000 km und einem Wiederbeschaffungswert von 2.100 EUR keinen merkantilen Minderwert mehr zuzuerkennen. **210**

Insbesondere bei Fahrzeugen der Luxusklasse ist daher auch der **Schätzung eines Sachverständigen** der **Vorrang vor tabellarischen Berechnungsmethoden** zu geben (OLG Köln NZV 1992, 404), weil Luxusfahrzeuge in jedem Falle langlebiger sind als z.B. Kleinfahrzeuge (so auch LG Oldenburg zfs 1999, 335). **211**

cc) Andere Berechnungsmethoden

Neben dieser Berechnungsmethode gibt es noch zahlreiche andere Modelle, die jedoch nur vereinzelt angewandt werden (wie z.B. die **Methode von** *Halbgewachs/Berger* oder das vom 13. Deutschen Verkehrsgerichtstag 1975 vorgeschlagenen sog. **Hamburger Modell**). Bei hochwertigen Fahrzeugen und nur geringer Gebrauchsdauer kann jedoch eine dieser Methoden der Methode *Ruhkopf/Sahm* vorzuziehen sein (AG Weißenfels zfs 1996, 55 f.). Vgl. hierzu im Einzelnen *Zeisberger/Woyte/Schmidt/Mennicken*, Der merkantile Minderwert in der Praxis, 2011. **212**

Gleich welchem Modell man jedoch folgt, entscheidend wird stets der Einzelfall bleiben, wobei sich folgende Bewertungsfaktoren als wichtig herausgestellt haben: **213**

- Fahrzeugalter
- Fahrleistung
- Fahrzeugzustand
- Art des Schadens
- Vorschäden
- Marktgängigkeit
- Anzahl der Vorbesitzer
- Wertverbesserung (neu für alt; EDV-Berechnung über *Gauß/Schorck*, Anwalt-Programm Verkehrssachen, CD-ROM)

dd) Berechnung durch Sachverständige

214 Da die vorgenannten Tatsachen dem Gericht soweit wie möglich darzulegen sind, hat sich in der Praxis immer mehr die **Beurteilung durch Kfz-Sachverständige** – wenngleich es sich beim Minderwertanspruch im Kern um eine Ermessensfrage des Gerichts gem. § 287 ZPO handelt – durchgesetzt, zumal diese in der Regel auch von einem der oben genannten Modelle ausgeht.

215 In aller Regel ist der Bewertung der Wertminderung durch einen **Sachverständigen** der **Vorzug** gegenüber irgendwelchen Formeln und ohnehin nicht einheitlich angewendeten Berechnungsmethoden zu geben, die auf dem Gebrauchtwagenmarkt keinerlei Entsprechung gefunden haben (so auch OLG Köln VersR 1992, 973; LG Köln NZV 2001, 175). Damit erübrigt sich in der Regel auch die Frage, ob es ab einem bestimmten **Fahrzeugalter** keine Wertminderung mehr gibt. Wenn der Sachverständige sie zuspricht, dann gibt es sie auch, und niemand kann die Frage besser beantworten als ein Sachverständiger, der die erforderliche Übersicht über den Gebrauchtwagenmarkt hat.

216 Dass im Einzelfall Gutachter zu **unterschiedlichen Ergebnissen** kommen können, spricht nicht gegen die Einschaltung von Sachverständigen. Bei Wertermittlungen ist ohnehin von vornherein kein einheitliches Ergebnis zu erwarten, wenn die **Wertermittlung auf Marktbeobachtung** beruht. Deshalb ist den Sachverständigen stets ein **sachgerechtes Ermessen** im Rahmen einer gewissen **Bandbreite** zuzubilligen.

217 *Tipp*
Es ist ratsam, stets ein Sachverständigengutachten anfertigen zu lassen, wenn es um die Wertminderung geht. Dabei kann dem Sachverständigen ggf. aufgegeben werden, die Wertminderung auf der Grundlage von Ruhkopf/Sahm zu errechnen. Die Eigenberechnungen eines Anwaltes sind regelmäßig viel zu **streitanfällig** *und werden von den Versicherern meistens durch hauseigene Sachverständige „aus den Angeln gehoben".*

218 Bei **Bagatellschäden**, die nur einzelne eng abgegrenzte Bereiche des Fahrzeugs betreffen, kann **kein Anspruch** auf merkantilen Minderwert geltend gemacht werden. Dies gilt unabhängig von einer eventuellen vertragsrechtlichen Offenbarungspflicht (AG Bremen zfs 1991, 14).

219 Bei einem **Bagatellschaden** fällt in der Regel sogar **bei einem Neufahrzeug kein merkantiler Minderwert** an (LG Zweibrücken zfs 1984, 101). Vorsichtshalber sollte dazu aber ein Sachverständiger befragt werden.

220 Eine merkantile Wertminderung kommt vor allem bei **Pkw**, aber auch bei **Motorrädern** in Betracht. Bei **Lkw** bedarf es zur Ermittlung der Wertminderung ggf. der Hinzuziehung eines auf dem Lkw-Markt erfahrenen Sachverständigen (BGH VersR 1980, 47).

Hatte das Fahrzeug bereits einen **Vorschaden**, kommt in der Regel bei einem weiteren Schaden keine (erneute) oder zumindest nur eine verminderte Wertminderung in Betracht (OLG Celle VersR 1973, 717). Auch hierzu kann ein Sachverständiger im Zweifel klärend beitragen.

221

c) Besonderheiten bei Leasing

Literatur zu Besonderheiten des Minderwertes bei Leasing:

Ball, Die Rechtsprechung des Bundesgerichtshofs zum Autokauf und Autoleasing, DAR 2011, 497; *Reinking/Kessler/Sprenger*, Autoleasing und Autofinanzierung, 5. Auflage 2013.

Eine Wertminderung steht an sich dem Eigentümer des Fahrzeuges zu, also im Falle eines Leasingfahrzeuges dem **Leasinggeber**. Andererseits handelt es sich um einen Haftungsschaden des Leasingnehmers, weil er dem Leasinggeber gegenüber bei Vertragsende zum Ausgleich des Minderwertes verpflichtet ist. Daher soll auch der Leasingnehmer vom Schädiger den Minderwert verlangen können (*Schneider*, in: Berz/Burmann, Kap. 5 C Rn 159). Stets zu prüfen ist, ob der Minderwert an den Leasinggeber zu zahlen bzw. durch den Leasingnehmer an ihn weiterzuleiten ist. Der Anwalt, der das übersieht, wird ggf., wenn der Leasinggeber Kenntnis von der gezahlten Wertminderung an den Leasingnehmer erlangt, im Zweifel dafür einzustehen haben.

222

Der Leasinggeber muss den Betrag jedoch rechnerisch bei Vertragsende zugunsten des Leasingnehmers berücksichtigen, wenn der Leasingnehmer das Restwertrisiko trägt. Bei einem **Vertrag mit Andienungsrecht** muss der Leasinggeber, wenn er von dem Recht der Andienung Gebrauch macht, die Wertminderung an den Leasingnehmer bei Vertragsende in voller Höhe auskehren.

223

Bei einem **Vertrag mit Abschlusszahlung** verringert sich der vom Leasingnehmer zu leistende Ausgleichsbetrag um die von dem Leasinggeber empfangene Wertminderung.

224

VI. Abrechnung im Totalschadenfall

Wenn eine Reparatur des Fahrzeuges nicht mehr möglich ist, sei es aus technischen, sei es aber auch nur aus wirtschaftlichen Gründen, dann spricht man von einem **Totalschaden**. Hierbei unterscheidet man wiederum den „**echten Totalschaden**" und den „**unechten Totalschaden**", also den Neuwagenersatzanspruch.

225

1. Echter Totalschaden

Ein „echter Totalschaden" liegt vor, wenn das Fahrzeug unfallbedingt entweder **technisch** nicht mehr instandgesetzt werden kann oder wenn das zumindest **wirtschaftlich** keinen Sinn mehr macht.

226

§ 7 Materielle Schadenspositionen – Fahrzeugschaden

a) Technischer Totalschaden

227 Technischer Totalschaden ist gegeben, wenn das Fahrzeug so erheblich zerstört ist, dass es von keiner Reparaturwerkstatt mehr instandgesetzt werden kann. Das zeigt sich oft daran, dass der vom Sachverständigen festgesetzte Restwert 0 EUR beträgt.

Ist Schadensersatz wegen Beschädigung eines als „**Unikat**" anzusehenden Kraftfahrzeugs zu leisten, so beschränkt sich der Ersatzanspruch in der Regel auf den Wiederbeschaffungswert (BGH v. 2.3.2010 – VI ZR 144/09 – VersR 2010, 785 = zfs 2010, 441).

b) Wirtschaftlicher Totalschaden

Literatur zum wirtschaftlichen Totalschaden:

Kuhn, Rechtsprechung zur Abrechnung des wirtschaftlichen Totalschadens, DAR 2005, 68 ff.; *Kuhnert*, Reparatur oder Totalschaden?, NJ 2015, 454.

228 Es herrscht bereits erheblicher Streit, wie der Begriff des „wirtschaftlichen Totalschadens" definiert werden soll:

- Der BGH hat sich der Auffassung angeschlossen, die Obergrenze, bis zu welcher der Geschädigte ohne Rücksicht auf seine tatsächliche Disposition auf der Basis der (geschätzten oder tatsächlichen) **Reparaturkosten** abrechnen könne, werde allein durch den **Wiederbeschaffungswert** gezogen (BGH zfs 2003, 403 ff.), d.h. erst dann, wenn die Reparaturkosten höher sind als der Wiederbeschaffungswert, liegt Totalschaden vor (AG Limburg zfs 1999, 15 m. Anm. *Diehl*; OLG Hamm zfs 1997, 371; so auch *Rötgering*, zfs 1995, 441).
- Nach anderer Auffassung liegt ein wirtschaftlicher Totalschaden vor, wenn die **Reparaturkosten plus Wertminderung** höher sind als **Wiederbeschaffungswert abzüglich Restwert** (OLG Hamm NZV 1999, 297).
- Die überwiegende Anzahl der Oberlandesgerichte vertritt die Auffassung, dass wirtschaftlicher Totalschaden dann vorliegt, wenn die **Reparaturkosten** höher sind als **Wiederbeschaffungswert abzüglich Restwert** (OLG Nürnberg NZV 1990, 465; OLG München zfs 1991, 303; OLG Düsseldorf NZV 1995, 232; OLG Saarbrücken MDR 1998, 1346; OLG Karlsruhe MDR 2000, 697; OLG Hamm VersR 2000, 1122; OLG Köln zfs 2002, 74; *Steffen*, DAR 1997, 299).

229 Durch die getroffene Entscheidung des BGH ist diese Frage nunmehr endgültig entschieden. Die vom BGH jetzt gestützte Ansicht, dem Geschädigten sei Reparaturkostenersatz bis zur Höhe des Wiederbeschaffungswertes **unter Ausklammerung des Restwertes** zuzubilligen, begründet dies damit, dass mit der Berücksichtigung des Restwertes bei der Berechnung des Schadensersatzes in die **Ersetzungsbefugnis** und die **Dispositionsfreiheit** des Geschädigten eingegriffen würde (BGH zfs 2003, 403 ff.). Hinzu komme, dass durch die Bestimmung eines fiktiven Restwertes die Schadensabrechnung mit einer weiteren Unsicherheit belastet werde, z.B. in der Praxis durch die Restwertangebote, welche die Versicherer aus dem Internet herbeischaffen (vgl. OLG Düsseldorf DAR 2001, 125 m.w.N.; *Eggert*, DAR 2001, 20 ff.).

Wird der Pkw nämlich von dem Geschädigten **tatsächlich repariert und weiter genutzt**, so stellt sich der Restwert lediglich als hypothetischer Rechnungsposten dar, den der Geschädigte nicht realisiert und der sich daher in der Schadenbilanz nicht niederschlagen darf (BGH zfs 2003, 403 ff.; BGH v. 7.6.2005 – VI ZR 192/04 – VersR 2005, 1297 = zfs 2005, 598; DAR 2005, 503 ff.). 230

Merke 231
Wenn das vom Sachverständigen geschätzte Reparaturkostenvolumen unter dem Wiederbeschaffungswert des Fahrzeuges liegt, die Reparatur tatsächlich ausgeführt wurde und das Fahrzeug weiterbenutzt wird, kommt es auf die Qualität der Reparatur nicht an. Der Geschädigte kann auf der Basis der fiktiven Reparaturkosten abrechnen, auch wenn er das Fahrzeug selbst oder billiger repariert hat (vgl. oben Rdn 70 ff.).

Ausschließlich dann, wenn der Geschädigte sein Fahrzeug **nicht repariert, sondern verkauft**, es also nicht weiterbenutzt, ist von einem Totalschaden auszugehen, wenn die geschätzten Reparaturkosten höher sind als die Differenz von Wiederbeschaffungswert und Restwert (vgl. dazu Rdn 74). 232

Nach dieser Vergleichsrechnung kann ein **Totalschaden** auch vorliegen, wenn bei einem Unfall nur **geringfügige Beschädigungen** entstanden sind und sich zugleich ein **ungewöhnlich hoher Restwert** ergibt. 233

Beispiel
Reparaturkosten 5.000 EUR liegen höher als Wiederbeschaffungswert 35.000 EUR abzüglich Restwert 32.000 EUR = 3.000 EUR.

Eine solche Konstellation kann z.B. bei **besonders beliebten und wertstabilen Pkw-Modellen** (z.B. Daimler-Benz, Porsche) eintreten. Da **kein echter Totalschaden** vorliegt, macht die Abrechnung der Reparaturkosten durch Vorlage einer Rechnung oder sonstiger Reparaturnachweise keine Schwierigkeiten. Weil jedoch ein wirtschaftlicher (rechnerischer) Totalschaden vorliegt, braucht der Schädiger bzw. dessen Versicherer bei fiktiver Schadensabrechnung (und fehlendem Nachweis der Weiternutzung) den Fahrzeugschaden grundsätzlich nur auf „Totalschadenbasis" abzurechnen, also nach der Formel „Wiederbeschaffungswert abzüglich Restwert", in obigem Beispiel also nur 3.000 EUR zu zahlen (vgl. oben Rdn 74). 234

Dieses Ergebnis erscheint wegen der **hohen Diskrepanz** zwischen Wiederbeschaffungswert und Reparaturkosten **unbillig**, da es bei dieser Fallgestaltung sehr viel näher liegt, wenn der Geschädigte seinen Pkw tatsächlich reparieren lässt als in den Fällen schwerer Beschädigungen, aber geringen Restwerts. 235

> *Beispiel*
> Reparaturkosten 12.500 EUR liegen niedriger als Wiederbeschaffungswert 15.000 EUR abzüglich Restwert 2.000 EUR.

236 In diesem zweiten Fall wird der Geschädigte sich überlegen müssen, ob die Durchführung der **Reparatur tatsächlich sinnvoll** ist oder ob er nicht doch besser einen neuen Pkw erwirbt.

237 Auf dem **Verkehrsgerichtstag** in Goslar 1990 und 2002 war einstimmig beschlossen worden, dass die erläuterte Vergleichsrechnung zur Ermittlung eines Totalschadens nur erfolgen solle, wenn überhaupt **die Schwere eines Reparaturschadens die wirtschaftliche Sinnlosigkeit nahe lege** (NZV 1990, 103; VersR 1990, 362; VersR 2002, 414).

238 Als **Faustformel** wurde vorgeschlagen, dass der Restwert unbeachtet bleiben kann, wenn die Reparaturkosten **70 % des Wiederbeschaffungswertes** nicht überschreiten (*Grunsky*, Berechnung des Fahrzeugschadens im Haftpflichtfall, Dokumentation des 28. Deutschen Verkehrsgerichtstages 1990, S. 187 ff., Deutsche Akademie für Verkehrswissenschaft, Hamburg; zu dem gleichen Thema ausführlich: *Panner*, Die so genannte 70 %-Grenze im Rahmen der normativen Schadensberechnung, NZV 2000, 490).

239 In der **Rechtsprechung** wurde diese Faustformel vielfach befürwortet (LG Osnabrück DAR 1993, 265; AG Sigmaringen MDR 2000, 1430; AG Nordhorn DAR 2000, 413), ebenfalls in der Literatur (*Huber*, Das neue Schadensersatzrecht, 2003, § 1 Rn 120; *Huber*, MDR 2003, 1334 ff.; *Lemcke*, r+s 2002, 265 ff.; *Steffen*, DAR 1997, 297 ff.; *Geigel/Knerr*, Der Haftpflichtprozess, 26. Auflage 2011, 3. Kap. Rn 36).

240 Allerdings hat sich der BGH in seiner Entscheidung vom 7.6.2005 – VI ZR 192/04 (DAR 2005, 508 ff.) dagegen gestellt. Nach dieser Rechtsprechung kann der Geschädigte zum Ausgleich des durch den Unfall verursachten Schadens die vom Sachverständigen geschätzten Reparaturkosten bis zur Höhe des Wiederbeschaffungswertes ohne Abzug des Restwertes **nur dann** verlangen, wenn er das Fahrzeug auch **tatsächlich reparieren lässt (falls zur Wiederherstellung der Verkehrssicherheit erforderlich) und weiterbenutzt**. In einem solchen Fall stellt der **Restwert** nämlich lediglich einen **hypothetischen Rechnungsposten** dar, den der Geschädigte nicht realisiert und der sich daher in der Schadensbilanz nicht niederschlagen darf (vgl. im Einzelnen Rdn 65 ff.).

241 Zwar ist der Geschädigte unverändert **nicht gehindert**, auch dann **nach den fiktiven Reparaturkosten abzurechnen**, wenn er tatsächlich nicht repariert, sondern das Fahrzeug unrepariert veräußert. In einem solchen Fall ist sein Anspruch jedoch **der Höhe nach durch die Kosten der Ersatzbeschaffung begrenzt** (so schon BGH VersR 1985, 593), sodass für die Anwendung einer sog. 70 %-Grenze kein Raum ist (BGH v. 7.6.2005 – VI ZR 192/04 – VersR 2005, 1257 = NZV 2005, 453; vgl. *Wellner*, Schadenabrechnungs-Übersicht, NZV 2007, 401, 402). Die starke Ab-

hängigkeit von der Bemessung des Restwertes gewinnt dadurch an Brisanz, dass die Versicherer zunehmend **hohe Restwertangebote** vermitteln, an welche der Geschädigte gebunden sein kann („Restwertproblematik", siehe dazu Rdn 250 ff.).

aa) Wiederbeschaffungswert

Der Wiederbeschaffungswert ist im Gegensatz zum Zeitwert der Wert, den der Geschädigte bei einem **seriösen Gebrauchtwagenhändler** unter Berücksichtigung aller wertbildenden Faktoren aufwenden muss, um einen gleichartigen Pkw zu erwerben (BGH VersR 1966, 830). Der BGH geht auch hier von einer subjektbezogenen Betrachtungsweise aus (*Hillmann*, Neue Bewertung für Wiederbeschaffungswert?, zfs 2004, 4 f.) **242**

Der **Wiederbeschaffungswert** gebrauchter Fahrzeuge kann **nicht** verlässlich aufgrund von **Anzeigen in Autozeitschriften** ermittelt werden, da diese **nicht die Preissituation in der Region des Geschädigten** wiedergeben und diese Fahrzeuge vor dem Verkauf durch Privatanbieter meist **keiner entsprechenden technischen Überprüfung** unterzogen worden sind (LG Erfurt zfs 1997, 333). Er kann daher verlässlich nur durch einen **unabhängigen Sachverständigen** vor Ort ermittelt werden. **243**

Bei der Ermittlung des Wiederbeschaffungswertes ist grundsätzlich allein der **Zeitpunkt der schädigenden Handlung** entscheidend. Ein Preis- und Wertverfall zwischen Unfall und Regulierungszeitpunkt bzw. letzter mündlichen Verhandlung geht nicht zu Lasten des Geschädigten, sondern fällt allein in den Verantwortungsbereich des Schädigers (OLG Düsseldorf NZV 1997, 483). **244**

Zum **Ausschluss versteckter Risiken** ist der Geschädigte berechtigt, das Ersatzfahrzeug einer Durchsicht durch einen Sachverständigen seiner Wahl zu unterziehen und sich zusätzlich eine entsprechende Werkstattgarantie zu erkaufen (BGH NJW 1966, 1454; VersR 1966, 830; zfs 1982, 232). **245**

bb) Restwerte

Literatur zum Restwert:

Becker, Der Restwert in der Unfallschadenregulierung, zfs 2016, 130; *Dickmann*, Restwertgutachten ohne Einbeziehung von Angeboten aus Online-Restwert-Börsen, SVR 2009, 208; *Dötsch*, Rechtsanwaltsgebühren bei Abrechnung auf Grundlage eines Totalschadens, zfs 2013, 490; *Fleischmann*, Der Restwert in der Schadenregulierung, zfs 1989, 1; *Gebhardt*, Fiktiver Schaden unter besonderer Berücksichtigung des Restwertes, DAR 2002, 395; *ders.*, Der Restwert bei der Regulierung von Fahrzeugschäden, NZV 2002, 249; *Huber*, Der Restwert, DAR 2002, 337 u. 385; *Kempgens*, Ruhe an der Restwertfront, NZV 1992, 307; *Marcelli*, Ruhe an der Restwertfront?, NZV 1992, 432; *Nickel*, Der Restwert-Regress, zfs 1998, 409; *Rode*, Restwertfragen im Lichte der neuen Restwertbörsen, DAR 1998, 52 ff.; *Schmidt*, Der Restwert in der Schadenregulierung, SVR 2010, 96; *N. Schneider*, Gegenstandswert der Verkehrsunfallregulierung bei Restwertanrechnung, DAR 2015, 177; *Steffen*, Die Haftung des Kfz-Sachverständigen für sein Bewertungsgutachten unter besonderer Berücksichtigung der Ermittlung des Restwertes, DAR 1997, 297 ff.; *Wellner*, BGH-Rechtsprechung zum Kfz-Sachschaden (§ 3: Restwertproblematik), 3. Auflage 2015.

246 Bei einer Totalschadensabrechnung ergibt sich die Entschädigungsleistung regelmäßig aus der **Differenz zwischen Wiederbeschaffungswert und dem Restwert** des beschädigten Fahrzeuges. Der Restwert wird entweder aufgrund eines **konkret** erzielten Betrages oder einer **Schätzung** des Restwertes durch einen Sachverständigen bestimmt.

247 *Die Definition des Begriffes „Restwert" lautet:*
*Restwert eines Unfallfahrzeugs ist der Betrag, den der Geschädigte im Rahmen der Ersatzbeschaffung nach § 249 S. 2 BGB a.F. (nunmehr § 249 Abs. 2 S. 1 BGB) bei einem **seriösen Gebrauchtwagenhändler** ohne weitere Anstrengung auf dem für ihn zugänglichen, örtlichen **Bereich** oder bei dem Kraftfahrzeughändler seines Vertrauens bei Inzahlunggabe des beschädigten Fahrzeugs, also auf dem sog. allgemeinen Markt noch erzielen könnte (BGH DAR 2000, 159; AG Homburg/Saar zfs 2004, 212 ff.).*

(1) Voller Schadensersatz ohne Restwertanrechnung

248 In der Praxis wohl immer seltener wird problematisiert, inwieweit der Geschädigte auch das Recht hat, den ungekürzten Wiederbeschaffungswert geltend zu machen und im Gegenzug dem Schädiger bzw. seinem Versicherer das Unfallfahrzeug zu überlassen. Diese Möglichkeit soll trotz § 115 Abs. 1 S. 3 VVG auch im Verhältnis zum Haftpflichtversicherer (BGH NJW 1983, 2694) jedenfalls dann bestehen, wenn der Schädiger dem Grunde nach im vollen Umfang haftet (BGH VersR 1965, 901; VersR 1976, 732; VersR 1983, 758; OLG Köln VersR 1993, 374; OLG Köln v. 19.6.2009 – 19 U 8/09; OLG Düsseldorf v. 1.4.2014 – 1 U 87/13 – r+s 2015, 470; LG Stuttgart NJW-RR 1993, 672).

Diese Abwicklungsvariante erscheint bereits in Anbetracht der für einen Geschädigten durchaus bestehenden rechtlichen Risiken eines Fahrzeugverkaufs (zutreffende Regelungen zu Gewährleistungsausschluss, Fahrzeugübergabe, Barzahlung, Ummeldung etc.) durchaus vorteilhaft. Insoweit ist nicht einzusehen, warum ein schuldlos in einen Unfall verwickelter Geschädigter diese Risiken selbst tragen soll. Hinzu kommt die immer häufiger erfolgende Benennung konkreter Restwertangebote durch den Versicherer. Da derartige Restwertangebote nach der Rechtsprechung des BGH durchaus für den Geschädigten zu beachten sein können (vgl. dazu Rdn 256 ff.), erscheint es als konsequent, den Restwertverkauf dann auch gleich dem Versicherer zu überlassen, der die Restwertangebote eingeholt hat.

249 Hat der **Versicherer zu Unrecht verweigert**, dem Geschädigten die **Verwertung des Unfallfahrzeugs** abzunehmen, gerät er in Annahmeverzug gem. §§ 293, 295 BGB, sodass er auch die in der Folge entstehenden **längeren Standgebühren zu erstatten** hat (BGH VersR 1983, 758; OLG Köln v. 19.6.2009 – 19 U 8/09 – Rn 55; OLG Düsseldorf v. 1.4.2014 – 1 U 87/13 – r+s 2015, 470).

(2) Ermittlung des Restwerts

Der gegnerische Versicherer wendet oft ein, der Sachverständige habe den Restwert zu niedrig eingeschätzt und es lägen **höhere Restwertangebote** spezieller **Restwertaufkäufer** vor. 250

Nach der Rechtsprechung des BGH, der die Rechtsprechung seitdem nahezu einhellig folgt, kann der Schädiger den Geschädigten nicht auf einen höheren Restwerterlös verweisen, der nur auf einem erst durch den Schädiger **eröffneten Sondermarkt**, etwa durch Einschaltung spezieller **Restwertaufkäufer** oder Nutzung einer Internetbörse, zu erzielen wäre (BGH NJW 1992, 903 ff. = zfs 1992, 116 = DAR 1992, 172; VersR 1993, 769 = NZV 1993, 305; NJW 2005, 357 = NZV 2005, 140; OLG Hamm DAR 1992, 431 f.; OLG München DAR 1992, 344; OLG Dresden DAR 2000, 566; LG Koblenz zfs 2005, 17 f.). In einer jüngeren Entscheidung hat der BGH (VersR 2010, 130 = r+s 2010, 36) insoweit konkretisiert, dass eine **korrekte Restwertermittlung** durch den Sachverständigen im Regelfall als Schätzgrundlage die **Ermittlung und konkrete Benennung dreier Restwertangebote auf dem maßgeblichen regionalen Markt** voraussetzt. 251

Der Geschädigte darf bei der Ausübung der **Ersetzungsbefugnis** des § 249 Abs. 2 S. 1 BGB die Veräußerung seines beschädigten Fahrzeuges grundsätzlich **zu dem Preis** vornehmen, den ein von ihm beauftragter **Sachverständiger als Wert auf dem allgemeinen Markt ermittelt hat** (BGH v. 13.10.2009 – VI ZR 318/08 – VersR 2010, 130; BGH v. 1.6.2010 – VI ZR 316/09 – VersR 2010, 963; BGH v. 15.6.2010 – VI ZR 332/09 – VersR 2010, 1197; OLG Düsseldorf zfs 1993, 338; LG Kleve zfs 1996, 451; OLG Hamm zfs 1997, 371; LG Hildesheim zfs 1998, 462; LG Hannover zfs 1999, 195; LG Köln zfs 1999, 238; LG Wuppertal zfs 1999, 518; AG Flensburg zfs 2001, 210). 252

Das OLG Köln hat sich in seinem Urt. v. 11.5.2004 (22 U 190/03 – VersR 2004, 1145) mit der so genannten BVSK-Richtlinie befasst, die außerordentlich kontrovers diskutiert wurde (*Fuchs*, DAR 2002, 189; *Riedmeyer*, DAR 2002, 43; *Gebhardt*, DAR 2002, 395; *Huber*, DAR 2002, 337, 385). Maßgeblich für die Restwertbeurteilung ist demnach der „allgemeine Markt", nicht der Sondermarkt der Verwertungsbetriebe und der Restwerthändler, der dem Geschädigten nicht ohne weiteres zugänglich ist. Insbesondere hat das OLG Köln die vom BVSK propagierte Restwertrichtlinie als unvereinbar mit der BGH-Rechtsprechung abgelehnt. In dem vom OLG Köln entschiedenen Fall hatte ein Sachverständiger den Restwert ermittelt. Der Haftpflichtversicherer des Unfallgegners regulierte den Schaden auf dieser Basis, nachdem der Eigentümer das Fahrzeug zu diesem Preis verkauft hatte. Anschließend klagte der Haftpflichtversicherer gegen den Sachverständigen, weil er den von diesem angegebenen Restwert für zu niedrig hielt. Er beanstandete, dass der Sachverständige bei der Schätzung des Restwerts nicht den überregionalen Markt und die Restwertbörse des Internets berücksichtigt habe.

Der Geschädigte braucht sich nicht auf einen, ihm nicht ohne weiteres zugänglichen „Sondermarkt" verweisen zu lassen. Bestandteil dieses Sondermarkts sind aber auch die Anbieter der elektronischen Restwertbörsen. Die Kriterien, die für den Geschädigten gelten, finden auch Anwendung auf den vom Geschädigten eingeschalteten Sachverständigen. Dieser hat auf denjenigen Kaufpreis abzustellen, der auf dem allgemeinen Markt für das unfallgeschädigte Fahrzeug zu erzielen ist (BGH VersR 2007, 1145 = zfs 2007, 382 = DAR 2007, 325 m. Anm. *Poppe*; BGH VersR 2007, 1243 = zfs 2007, 631 = DAR 2007, 634; AG Oldenburg zfs 2004, 512 m. Anm. *Diehl*).

Das OLG Köln lehnt die Ansicht von *Fuchs* (DAR 2002, 189) ab, dass die Einbeziehung von Sondermärkten eine kaufmännische Selbstverständlichkeit ist, die für den Geschädigten gleichsam ergebnisneutral ist. Sollten die Richtlinien des BVSK – so das OLG – dahin zu verstehen sein, dass der Sachverständige verpflichtet sei, auch Angebote aus dem Sondermarkt zu berücksichtigen, wäre dies mit der Rechtsprechung des BGH (auf die sich auch die Richtlinien ausdrücklich beziehen) unvereinbar. Für den Sachverständigen sind sie deshalb unverändert rechtlich unverbindlich.

253 Auf höhere Ankaufpreise spezieller Restwertaufkäufer braucht er sich in aller Regel nicht verweisen lassen. Er braucht auch keine eigene Marktforschung zu betreiben. Er braucht auch **nicht** ein höheres **Restwertangebot oder Übernahmeangebot des Versicherers abzuwarten** (BGH NJW 1993, 1849 = zfs 1993, 229 = DAR 1993, 251 ff.; BGH v. 12.7.2005 – VI ZR 132/04 – VersR 2005, 1448 = zfs 2005, 600; OLG München DAR 1999, 48; OLG Köln v. 30.7.2015 – 3 U 46/15 – DAR 2015, 697). Dem gegen diese Rechtsprechung des BGH ergangenen vereinzelten Beschluss des 13. Senats des OLG Köln v. 16.7.2012 (13 U 80/12 – DAR 2013, 32), wonach dem Versicherer Gelegenheit zur Einholung eines Restwertangebotes zu geben ist, ist nach nahezu einhelliger Meinung auch in der Literatur (vgl. z.B. *Bergmann*, DAR 2013, 33; *Lemcke*, r+s 2013, 101; *Becker*, zfs 2016, 130, 133) nicht zu folgen.

254 Der BGH begründet das damit, dass der Geschädigte nach § 249 Abs. 2 S. 1 BGB **Herr des Restitutionsgeschehens** ist und der Schädiger ihm deshalb die Art der Schadensbehebung nicht durch Hinweis auf anderweitige Verwertungsmöglichkeiten, insbesondere durch spezialisierte Restwertaufkäufer, aus der Hand nehmen darf. Die Situation ist also **aus der Sicht des Geschädigten** zu sehen. Dieser hat in der Regel keine Möglichkeit, auf überregionale Firmen oder gar spezialisierte Restwertaufkäufer via Internet zurückzugreifen. Von dem **durchschnittlichen Geschädigten** kann auch nicht erwartet werden, dass er überhaupt über EDV-Kenntnisse verfügt, einen Internetanschluss besitzt und die einschlägigen Restwertaufkäufermärkte im Internet kennt.

255 Dem Geschädigten bei gegenüber dem Preisniveau der Region höheren Preisen im Internet einen Verzicht auf die Inzahlunggabe abzuverlangen, ihm gar Verhandlungen mit Restwertaufkäufern zuzumuten, höhlt die ihm zugewiesene Stellung als **Herr des Restitutionsgeschehens** aus (OLG Köln VersR 2004, 1145 f.). Ob sich diese Ansicht auch noch in Zukunft vertreten lässt, wenn die junge Generation herangewachsen ist, deren Leben fest mit der Nutzung von Internet verknüpft ist, wird sich dann zeigen.

(3) Berücksichtigung konkreter Restwertangebote
Beginnend mit einem weiteren Urteil hat der BGH (zfs 2000, 103 = DAR 2000, 159 = NVZ 2000, 162) seine Rechtsprechung noch weiter konkretisiert. Danach bestätigt er zunächst, dass der Geschädigte im Allgemeinen dem Gebot der Wirtschaftlichkeit genügt, wenn er im Totalschadensfall das Unfallfahrzeug **zu dem in einem Sachverständigengutachten ausgewiesenen Restwert verkauft** oder in Zahlung gibt (so auch LG Köln zfs 2003, 184; AG Oldenburg zfs 2004, 512). Weist der Sachverständige ihm jedoch eine ohne weiteres zugängliche, konkrete **günstigere Verwertungsmöglichkeit** nach, kann der Geschädigte im Interesse der Schadensminderungspflicht gehalten sein, davon Gebrauch zu machen (BGH zfs 2005, 184 = VersR 2005, 381 = NZV 2005, 140 = DAR 2005, 152; BGH v. 1.6.2010 – VI ZR 316/09 – VersR 2010, 963; BGH v. 15.6.2010 – VI ZR 332/09 – VersR 2010, 1197). Allerdings müssen derartige – vom Schädiger zu beweisende – Ausnahmen in engen Grenzen gehalten werden, weil anderenfalls die dem Geschädigten nach § 249 Abs. 2 S. 1 BGB zustehende Ersetzungsbefugnis unterlaufen wird (jüngst BGH v. 23.11.2010 – VI ZR 35/10 – VersR 2011, 280 = zfs 2011, 264). Voraussetzung für eine ausnahmsweise Berücksichtigung eines konkreten Restwertangebots des Versicherers ist danach, dass

- der Geschädigte den **höheren Erlös mühelos erzielen** kann
- oder die ihm vom Schädiger nachgewiesene günstigere Verwertungsmöglichkeit **ohne weiteres zugänglich** ist (BGH, a.a.O.).

Der **bloße** allgemeine **Hinweis** auf eine preisgünstigere Möglichkeit der Verwertung, um deren **Realisierung sich der Geschädigte erst noch bemühen muss**, genügt danach jedoch nicht, um seine Pflicht zur Schadensminderung auszulösen (*Schneider*, in: Berz/Burmann, Kap. 5 B Rn 81). Vielmehr ist als **Mindestvoraussetzung ein verbindliches Restwertangebot** zu verlangen. Als zu weitgehend erscheint die Entscheidung des BGH v. 15.6.2010 (VI ZR 232/09 – VersR 2010, 1197 = NZV 2010, 443), in der sich der Geschädigte einen tatsächlichen Restwerterlös anrechnen lassen musste, den er aufgrund einer Internetrecherche seines eigenen Kaskoversicherers in einer Restwertbörse erzielt hat.

Gleichwohl ist der Geschädigte weiterhin **selbst dann nicht verpflichtet, dem gegnerischen Haftpflichtversicherer Gelegenheit zur Einholung von Restwertangeboten zu geben**, wenn der Geschädigte **nach Verstreichen der Angebotsfrist** der vom Versicherer vorgelegten Restwertangebote eine Teilreparatur des Fahrzeugs vorgenommen hat und er **das Fahrzeug** nunmehr **teilrepariert zu verkaufen beabsichtigt**. Auch in diesem Fall ist lediglich der vom Sachverständigen für den

256

257

allgemeinen Markt ermittelte Restwert der Regulierung zugrunde zu legen (BGH v. 23.11.2010 – VI ZR 35/10 – VersR 2011, 280 = zfs 2011, 264).

258 Interessant ist in diesem Zusammenhang die jüngere Entscheidung des für das Urheberrecht zuständigen Senats des BGH (zfs 2010, 554 = NZV 2010, 448), wonach der Versicherer aus Gründen des Urheberrechts nicht befugt ist, die Lichtbilder des vom Geschädigten eingeholten Sachverständigengutachtens in eine Restwertbörse im Internet einzustellen, um den vom Sachverständigen ermittelten Restwert zu überprüfen.

259 Wenn die Verwertung des Restwertes noch nicht erfolgt ist und der Geschädigte **ohne überobligationsmäßige Anstrengungen höhere Restwerte erzielen könnte**, ist er verpflichtet, auf ein entsprechendes Übernahmeangebot des Versicherers einzugehen (OLG Hamm NZV 1993, 432 f.; OLG Hamm NZV 2009, 183). Das gilt jedenfalls dann, wenn ihm ein höheres Restwertangebot förmlich „in den Schoß gefallen" ist, ohne dass er etwas dazu beigetragen hat. Der Geschädigte braucht jedoch nur solche Restwertangebote zu berücksichtigen, bei denen das Fahrzeug **kostenfrei** von dem Abnehmer **am Standort abgeholt** und **bar bezahlt** wird und zur Vereinbarung des Abholtermins lediglich **ein einziges Telefongespräch erforderlich** ist (AG Flensburg zfs 2001, 210). Tritt allerdings eine **Verzögerung** bei der Anschaffung des Ersatzfahrzeugs ein, weil es beim Verkauf des Unfallfahrzeugs an den Restwertaufkäufer mit dem höchsten Angebot ohne Verschulden des Geschädigten zu Schwierigkeiten kommt, hat der Schädiger auch die dadurch entstehenden Mehrkosten (Standgelder, Nutzungsausfall) zu erstatten (LG Hannover v. 23.3.2011 – 11 S 56/10 – NZV 2011, 547).

260 Bundesweit eingeholte, gegenüber der Schätzung des Sachverständigen höhere Angebote von **Restwertbörsen** sind hingegen dann nicht aussagekräftig, wenn sie von Anbietern stammen, die ganz oder teilweise **weit entlegen** sind oder die **erst einen Monat später** nach dem Schadensfall abgegeben werden (LG Essen zfs 2001, 310). Nach KG NZV 2010, 300 muss sich der Geschädigte nicht an einem solchen Restwertangebot festhalten lassen, wenn der Restwerthändler außerhalb des dem Geschädigten allgemein zugänglichen regionalen Markts ansässig ist.

261 Ein **höheres Restwertangebot** kann dem Geschädigten **nur** entgegengehalten werden, wenn er es erhält und in zumutbarer Weise realisieren kann, **bevor er sich im üblichen Verlauf der Dinge** unter Inzahlunggabe des Unfallwagens zum Schätzwert **ein Ersatzfahrzeug besorgt hat** (BGH VersR 2005, 381 = zfs 2005, 184 = DAR 2005, 152; OLG Oldenburg NZV 1993, 233, Aufgabe der Rspr. OLG Oldenburg zfs 1991, 86 f.: „Dem KH-Versicherer muss Gelegenheit gegeben werden, ein Restwertangebot abzugeben."; OLG Düsseldorf NZV 1998, 285). Später, also **nach dem Verkauf eingehende Angebote** der Versicherer **kommen für die Verwertung zu spät** und müssen unberücksichtigt bleiben. Auch besteht keine Rechtspflicht für den Geschädigten (und wohl auch kaum eine Erfolgsaussicht), den erfolgten Verkauf nachzuverhandeln.

C. Feststellung des Fahrzeugschadens §7

An dieser Stelle soll noch einmal auf die Stellungnahme des früheren Vorsitzenden des 6. Zivilsenates des BGH, *Dr. Steffen*, in zfs 2002, 161 ff. hingewiesen werden:

*"Die Angebote von Restwertaufkäufern, seien es auch solche aus dem Internet (sog. Restwertbörse), haben nach der BGH-Rechtsprechung **in dem Bewertungsgutachten des Kfz-Sachverständigen nichts zu suchen**. [...]*
*Die von dem Kfz-Sachverständigen zu verlangende Plausibilitätsprüfung in Bezug auf die Angebote aus dem allgemeinen, dem Geschädigten räumlich zugänglichen und zuzumutenden Markt hat der Kfz-Sachverständige nicht anhand von Angeboten von Restwertaufkäufern oder aus der Restwertbörse anzustellen, sondern **aufgrund einer gewissenhaften Beurteilung der Seriosität der von ihm befragten Kfz-Gebrauchtwagenhändler** unter Berücksichtigung ihrer (legalen) technischen Verwertungsmöglichkeiten für den von ihm in Zahlung genommenen Unfallwagen."*

262

Kannte der Geschädigte bei dem Verkauf des Unfallfahrzeuges weder das Angebot des Versicherers noch die Schätzung eines Sachverständigen und gab es für ihn keine Anhaltspunkte, dass der von ihm erzielte Verkaufspreis nicht dem entsprach, was für ein solches Fahrzeug noch zu erlösen war, dann ist der vom Geschädigten erzielte Restwert anzusetzen. Es liegt **dann kein Verstoß gegen die Schadensminderungspflicht** vor (LG Freiburg DAR 1999, 408).

263

Allerdings löst **nicht jedes höhere Angebot** des Versicherers eine Pflicht des Geschädigten zur Annahme eines solchen Angebotes aus. In einer Verwertung des Fahrzeuges zu einem niedrigeren Schätzpreis laut Gutachten muss daher auch **nicht zwangsläufig eine Verletzung der Schadensminderungspflicht** liegen. Entscheidend sind die konkreten Umstände des Einzelfalles unter besonderer Berücksichtigung des Gesichtspunktes der **Zumutbarkeit**. Je mehr allerdings die Beträge auseinander klaffen, umso mehr hat der Geschädigte Anlass, den Wertansatz des Sachverständigen kritisch zu hinterfragen und den höheren Betrag in die Verhandlungen mit seinem Abnehmer einzubringen (OLG Düsseldorf NZV 1998, 285).

264

Hier liegt ein besonderes Problem des **Verstoßes gegen die Schadensminderungspflicht**: Der liegt nämlich bei einer trotz rechtzeitig abgegeben Restwertangebotes des gegnerischen Versicherers erfolgten Veräußerung durch den Geschädigten vor, wenn der Geschädigte vor der Weiterveräußerung **eigene Kenntnis** von dem höheren Restwertangebot des Versicherers hatte, wie auch dann, wenn er sich die **Kenntnis seines Prozessbevollmächtigten** nach § 166 BGB **zurechnen lassen muss** (LG Saarbrücken zfs 1997, 373).

265

Das macht die **Haftungsgefahr** deutlich, in der sich der mit der Regulierung befasste **Anwalt** befindet. Gibt der nämlich ein ihm zugegangenes Restwertangebot nicht unverzüglich (Telefon) an seinen Mandanten weiter und veräußert dieser in entsprechender Unkenntnis „gutgläubig" das unfallbeschädigte Fahrzeug zwischenzeitlich weiter, erleidet der Mandant einen entsprechenden Verlust und wird seinen Anwalt in Regress nehmen.

266

267 *Tipp*
Der beauftragte Anwalt sollte daher den gegnerischen Haftpflichtversicherer schon im ersten Schreiben ausdrücklich darauf hinweisen, dass eine **Empfangsvollmacht für Restwertangebote nicht bestehe**, eine Entgegennahme solcher Restwertangebote abgelehnt werde und diesbezüglich ausschließlich der Mandant zu unterrichten sei. Es sollte allerdings darauf geachtet werden, dass der Versicherer nicht an dem Anwalt vorbei hinter dessen Rücken mit dem Mandanten unmittelbar korrespondiert. Der Mandant muss also darauf aufmerksam gemacht werden, dass er etwaige Restwertangebote des Versicherers sofort an den Anwalt weiterleitet.

268 Andererseits ist der Geschädigte **nicht verpflichtet, die Restwertrealisierung zu betreiben**. Er hat Anspruch auf Ersatz des vollen Fahrzeugwertes. Er kann daher sein unfallgeschädigtes Fahrzeug dem Schädiger zur Verfügung stellen, wenn er sich nicht um die Verwertung kümmern will oder die vom Sachverständigen errechneten Werte nicht zu erzielen sind (vgl. oben Rdn 248).

269 *Tipp*
Das wirkt sich auch auf den Streitwert aus. Dieser errechnet sich dann nach dem Brutto-Wiederbeschaffungswert.

(4) Zu berücksichtigender tatsächlich niedrigerer/höherer Restwerterlös

270 Ferner kann unter Umständen **auch bei fiktiver Abrechnung** ein **niedrigerer als der vom Sachverständigen für den regionalen Markt ermittelte Restwert** zugrunde zu legen sein, wenn der Geschädigte das Fahrzeug **nur zu diesem niedrigeren Preis veräußern** konnte (BGH zfs 2006, 568 = VersR 2006, 1088 = DAR 2006, 496). Der BGH führt aus, dass in diesem Fall keine unzulässige Kombination konkreter und fiktiver Abrechnung vorläge, sondern lediglich – bei ausschließlich fiktiver Abrechnung – im Rahmen des § 287 ZPO der Restwert anhand des tatsächlichen Verkaufspreises bestimmt würde.

271 Ein Problem könnte es möglicherweise darstellen, wenn der Geschädigte seinen Schaden zunächst über seinen **Vollkaskoversicherer** abrechnet. Dieser ist bekanntlich dazu berechtigt, einen **eigenen Sachverständigen** zu beauftragen (vgl. Rdn 11, Rdn 299, § 13 Rdn 245), dem es natürlich unbenommen ist, ein Restwertangebot aus dem Internet einzuholen. Dies folgt daraus, dass dann nicht allgemeines Schadensrecht, sondern Vertragsrecht gilt, wodurch die Rechtsprechung des BGH zu dieser Frage nicht anzuwenden ist. Es stellt sich sodann die Frage, ob der Geschädigte nach Abschluss der Kaskoregulierung gegenüber dem Haftpflichtversicherer des Schädigers unverändert auf der Basis eines ggf. vorliegenden Haftpflichtgutachtens abrechnen, also eine etwaige Differenz geltend machen kann, die sich aus den unterschiedlichen Restwertermittlungen zwischen Kaskogutachten und dem im Haftpflichtgutachten verzeichneten Restwert aus dem allgemein zugänglichen örtlichen Restwertmarkt ergibt. Der Haftpflichtversicherer könnte demgegenüber die

Auffassung vertreten, dass sich der Geschädigte den Restwert des Kaskogutachtens entgegenhalten lassen muss mit der Folge, dass ihm ein Verstoß gegen die Schadensminderungspflicht vorgeworfen werden kann, wenn er nicht nach den Werten des Kaskogutachtens abrechnet.

Es dürfte wohl so sein, dass sich der **Geschädigte im Haftpflichtfall** auch ausschließlich nach den dort geltenden Regeln behandeln lassen muss und ihm Grundsätze aus dem **Vertragsrecht mit seinem Kaskoversicherer nicht entgegengehalten** werden können. Der BGH hat allerdings entschieden, dass der Geschädigte sich einen tatsächlich erzielten Restwerterlös anrechnen lassen muss, den er aufgrund einer Internetrecherche seines Vollkaskoversicherers in einer Restwertbörse erzielt hat (BGH v. 15.6.2010 – VI ZR 232/09 – VersR 2010, 1197 = NZV 2010, 443). 272

(5) Überobligationsmäßige Restwertrealisierung

Wenn der Geschädigte **tatsächlich** über das Internet einen Erlös erzielt hat, der den vom Sachverständigen geschätzten Restwert ganz **erheblich übersteigt**, stellt sich die Frage der Berücksichtigung. Es gilt zwar der Grundsatz, dass ein überdurchschnittlicher Erlös, den der Geschädigte für seinen Unfallwagen aus Gründen erzielt, der mit dem Zustand seines Fahrzeuges nichts zu tun hat, dem Schädiger nicht gutzubringen ist (BGH NJW 1992, 903). Auch ist der Geschädigte nach der Rechtsprechung des BGH nicht verpflichtet, einen **Sondermarkt für Restwertaufkäufer** im Internet in Anspruch zu nehmen (BGH DAR 2000, 159; BGH zfs 2005, 184 ff.). Nimmt er jedoch einen solchen Sondermarkt **tatsächlich** in Anspruch und erzielt er dabei **ohne besondere Anstrengungen** einen höheren Erlös, so muss er sich den bei der Ermittlung des Schadens anrechnen lassen (BGH zfs 2005, 184 m. Anm. *Diehl* = DAR 2005, 152 ff.). 273

Da der Schädiger und sein Haftpflichtversicherer aber die **Darlegungs- und Beweislast** dafür tragen, dass ein höheres Restwerterlös erzielt wurde und zudem, dass dieser **ohne überobligationsmäßigen Aufwand** erzielt worden ist (BGH NJW 1992, 903; VersR 2000, 137 = zfs 2000, 103), befindet sich der Haftpflichtversicherer bei einem „mauernden" Geschädigten, der keine Auskunft über seine Anstrengungen zur Veräußerung und zu dem erzielten Preis gibt, in einer **Beweisnot** (*Diehl*, Anmerkung zu BGH, zfs 2005, 186). 274

Eine Erklärungspflicht des Geschädigten dürfte daher unter dem Blickwinkel der **sekundären Behauptungslast** anzunehmen sein. Ein **einfaches Bestreiten** des von dem Haftpflichtversicherer des Schädigers behaupteten Umfanges der Absatzaktivitäten und des behaupteten erzielten Preises des Schrottfahrzeuges genügt nicht. Der besser informierte Geschädigte muss **detaillierte Gegenangaben** hinsichtlich seiner Anstrengungen zur Verwertung des Restwertes und zum erzielten Preis machen (BGH NJW 1990, 3151 ff.; BGH NJW 1987, 2008). Kommt er dem nicht 275 nach, **gilt das Vorbringen** des Haftpflichtversicherers zu den Aktivitäten des Geschädigten bei Absatz des Restwertes und zum erzielten Preis **als zugestanden** (§ 138 Abs. 3 ZPO; *Diehl*, Anmerkung zu BGH, zfs 2005, 186).

276 Ferner gilt etwas anderes, wenn der Geschädigte über verschiedene **Zeitungsanzeigen** Kontakt zu **ausländischen Restwertaufkäufern** (z.B. Holländern) aufnimmt, sich mit denen wiederholt trifft und das Fahrzeug besichtigen lässt, **längeres Feilschen** um den Kaufpreis stattfindet oder wenn der höhere Restwert nur deshalb realisiert werden kann, weil der Geschädigte einen **Neuwagen** kauft und der Händler ihm allein deshalb ein besseres Restwertangebot unterbreitet. Besonderes **kaufmännisches Geschick** des Geschädigten kommt demnach nicht dem Schädiger zugute (OLG Düsseldorf zfs 1993, 338).

277 **Andererseits** kann auch die Auffassung vertreten werden, dass schon wenige Telefonate und sogar der bloße Verkauf der Restwerte an eine andere Firma als den Abschleppunternehmer sehr wohl als **überobligationsmäßig** angesehen werden darf. Läge darin nämlich keine überobligationsmäßige Anstrengung des Geschädigten, würde man zu der Annahme gelangen, dass der Geschädigte sich trotz der Angaben in dem Sachverständigengutachten um die Verwertung seines total beschädigten Fahrzeuges zu einem gegenüber dem Ansatz des Sachverständigen höheren Preis selbst kümmern müsste.

278 Das aber würde zu einer **Überspannung der Verpflichtung zur Schadensminderung** führen. Außerdem würde die Regulierungspraxis mit einer solchen immer wieder auftretenden Streitfrage erheblich belastet, was der BGH in seiner Restwertentscheidung gerade verhindern wollte (so *Diehl*, Anmerkung zu LG Mainz, zfs 1999, 239).

279 Oft verweigern die Versicherer die Zahlung der Differenz zwischen deren Restwertangebot und dem von dem Sachverständigen ermittelten Restwert, hin und wieder auch die Zahlung von anderen Positionen, wie z.B. Nutzungsausfall, solange der **Vertrag über den Verkauf nicht vorgelegt** wird. Sie wollen damit das Argument an die Hand bekommen, jedenfalls auf der Basis des tatsächlich erzielten Restwertes abzurechnen. Das ist jedenfalls dann **unzulässig**, wenn das Restwertangebot des Versicherers den Geschädigten bzw. seinen Anwalt **nach dem Verkauf** der Restwerte erreicht. Denn dann durfte sich der Geschädigte auf die Richtigkeit seines Gutachtens verlassen und braucht über die Restwertrealisierung keinerlei Rechenschaft abzulegen.

Tipp
Die Vorlage des Kaufvertrages mit einem gegenüber der Schätzung des Sachverständigen höheren Erlös löst regelmäßig eine endlose außergerichtliche Diskussion mit dem gegnerischen Versicherer darüber aus, ob der erzielte Kaufpreis das Ergebnis überobligationsmäßiger Bemühungen war oder dem Geschädigten quasi „in den Schoß gefallen" ist. Selbst wenn der Vertrag dann vorgelegt und die überobligationsmäßigen Anstrengungen dokumentiert sind,

ändert das an der Weigerung, die Differenz zu zahlen, meistens nichts und der Prozess um diese Frage ist unverändert fällig. **Der Kaufvertrag sollte also bei einem höheren Verkaufserlös mangels diesbezüglicher Verpflichtung grundsätzlich nicht dem gegnerischen Versicherer vorgelegt werden.**

Der Geschädigte ist nicht verpflichtet, die Restwertrealisierung offen zu legen. Dies sollte er allerdings tun, wenn der Versicherer mit einem höheren Angebot aufwartet, der Geschädigte aber tatsächlich – ohne Verstoß gegen die Schadensminderungspflicht – nur weniger hat realisieren können. 280

Tipp 281
Um die Restwertstreiterei zu vermeiden, sollte nach Kenntnis des Sachverständigengutachtens **unverzüglich** und möglichst noch am gleichen Tage der **Restwertverkauf** zu den aus dem Gutachten ersichtlichen Restwerten erfolgen. Der Verkauf sollte aus Gründen der Dokumentation des Verkaufsdatums stets **schriftlich** festgehalten werden. Ein erst anschließend eintreffendes Restwertangebot des Versicherers ist dann in jedem Falle unbeachtlich, da verspätet.

Etwas anderes gilt jetzt aber in der **prozessualen Auseinandersetzung** vor Gericht: Durch die Neufassung des § 142 ZPO kann das Gericht jeder Prozesspartei und Dritten auferlegen, **Urkunden vorzulegen**. Es ist dabei noch nicht einmal an Beweisanträge der Parteien gebunden (zu den Einzelheiten vgl. oben Rdn 117 ff.). Dadurch wird jedenfalls in der gerichtlichen Auseinandersetzung der Restwerterlös offen zu legen sein, wenn sich eine Partei – regelmäßig der gegnerische Versicherer – darauf beruft. Allerdings lässt sich in der bisherigen Praxis keine nennenswerte Anwendung der Vorlagepflicht des § 142 ZPO feststellen. 282

(6) Versteckter Rabatt

Gibt der Geschädigte das beschädigte Fahrzeug beim Kauf eines Neuwagens in Zahlung und erzielt er dabei eine Gutschrift, die den von einem Sachverständigen geschätzten Restwert übersteigt, so braucht er sich im Verhältnis zum Schädiger diesen Mehrerlös nicht anrechnen zu lassen. Ein **versteckter Rabatt steht dem Geschädigten, nicht dem Schädiger zu** (OLG Köln NZV 1994, 24). 283

(7) Restwertberücksichtigung bei Weiternutzung des Fahrzeugs

Streitig ist in der Regulierung häufig, **welcher Restwert** bei der Abrechnung eines wirtschaftlichen Totalschadens auf Wiederbeschaffungsbasis zugrunde zu legen ist, wenn der Geschädigte das beschädigte **Fahrzeug nicht verkauft**, sondern (repariert, teilrepariert oder unrepariert) **weiternutzt**. Dieses Problem stellt sich regelmäßig dann, wenn der Versicherer ein gegenüber der Restwertschätzung des Sachverständigen **höheres konkretes Restwertangebot** vorgelegt hat. Dieses kommt in diesen Fällen nicht zu spät, weil das Fahrzeug ja noch nicht verkauft wurde, sodass es – wie dargestellt – **grundsätzlich zu berücksichtigen** wäre. Andererseits nützt 284 es dem Geschädigten, welcher sein Fahrzeug nicht verkaufen möchte, nichts. Bei dieser Konstellation legen die Versicherer regelmäßig den Wert des höheren Restwertangebotes zugrunde.

285 Der BGH hat glücklicherweise mit zwei Entscheidungen geklärt, welcher Restwert bei einer **Weiternutzung des Fahrzeugs trotz wirtschaftlichen Totalschadens** maßgeblich ist. In diesem Fall ist bei der Abrechnung **lediglich der in einem Sachverständigengutachten für den regionalen Markt ermittelte Restwert in Abzug zu bringen** (Fall mit einem über der 130-%-Grenze liegenden Reparaturaufwand: BGH v. 6.3.2007 – VI ZR 120/06 – VersR 2007, 1145 = zfs 2007, 382 = r+s 2007, 259 = NZV 2007, 291 = NJW 2007, 1674 = DAR 2007, 325 m. Anm. *Poppe*; 130-%-Fall mit erfolgter Teilreparatur: BGH v. 10.7.07 – VI ZR 217/06 – VersR 2007, 1243 = zfs 2007, 631 = r+s 2007, 434 = NZV 2007, 565 = DAR 2007, 634 = NJW 2007, 2918).

286 Demgegenüber sind **weder Angebote des Sondermarktes** für Restwertaufkäufer im Internet **noch konkrete Restwertangebote** des Versicherers maßgeblich, da der Geschädigte diese **wegen der Weiternutzung gerade nicht realisieren** kann. Vielmehr bleibt der Geschädigte auch in diesem Fall **Herr des Restitutionsgeschehens**, was bedeutet, dass er nicht vom Versicherer über ein höheres Restwertangebot zum Verkauf seines Fahrzeugs gezwungen werden kann (BGH a.a.O.).

287 Die Entscheidungen des BGH sind als **sachgerecht** zu begrüßen, denn im Falle eines erst irgendwann **später erfolgenden Weiterverkaufs** stehen dem Geschädigten die höheren Restwertangebote des Sondermarktes gerade **nicht mehr** zur Verfügung. Die dem Geschädigten durch den Unfall hinsichtlich seines Fahrzeugs eingetretene Vermögenseinbuße wird daher allein unter Zugrundelegung des Restwerts auf dem allgemein zugänglichen regionalen Markt zutreffend ermittelt, der dem Geschädigten **bei einem späteren Verkauf ohne überobligationsmäßige Anstrengungen** lediglich zur Verfügung steht (*Schneider*, in: Berz/Burmann, Kap. 5 B Rn 82).

288 *Tipp*
Bereits wegen des stets denkbaren Falls der Weiternutzung des Fahrzeugs durch den Geschädigten trotz wirtschaftlichen Totalschadens sollte kein Sachverständiger beauftragt werden, der im Rahmen der Restwertermittlung auch konkrete Restwertangebote über das Internet einholt. Denn in diesem Fall hat der Geschädigte keine Möglichkeit, der (fiktiven) Berechnung des Wiederbeschaffungsaufwandes den nach der BGH-Rechtsprechung allein maßgeblichen (und regelmäßig niedrigeren) auf dem allgemeinen regionalen Markt erzielbaren Restwert zugrunde zu legen. **Es ist daher stets darauf zu achten, dass der Sachverständige allein diesen Restwert ohne Berücksichtigung spezieller Restwertbörsen ermittelt.**

(8) Restwertregress gegen Sachverständige

Unter Zugrundelegung verschiedener Rechtsgrundlagen versuchen Haftpflichtversicherer zunehmend, den jeweiligen Sachverständigen wegen angeblich fehlerhafter Restwertermittlung in Regress zu nehmen. Dies hat sich inzwischen zu einem regelrechten **„Stellvertreterkrieg"** ausgeweitet.

289

Zwischen den Parteien „Versicherer" und „Sachverständiger" bestehen unbestreitbar **keinerlei vertragliche Beziehungen**. Jedoch ist es einhellige Rechtsprechung, dass der regulierende Haftpflichtversicherer in den **Schutzbereich** der werkvertraglichen Pflichten aus dem Rechtsverhältnis zwischen dem Geschädigten als Kunden des Gutachters und dem Gutachter selbst einbezogen ist (BGH VersR 2001, 1388 f.; OLG Karlsruhe NJW-RR 1990, 861; OLG München r+s 1990, 273; OLG Köln VersR 2004, 1145 f.; LG Stuttgart zfs 1992, 861; LG Mainz zfs 1999, 379; LG Gießen zfs 2001, 496; (BGH VersR 2001, 1388 f.; OLG Karlsruhe NJW-RR 1990, 861; OLG München r+s 1990, 273; OLG Köln VersR 2004, 1145 f.; LG Stuttgart zfs 1992, 861; LG Mainz zfs 1999, 379; LG Gießen zfs 2001, 496; siehe auch *Steffen*, DAR 1997, 297 ff.; *Nickel*, zfs 1998, 409 ff.). Es liegt also ein **„Vertrag mit Schutzwirkung zugunsten Dritter"** vor, der einen Regressanspruch seitens des Versicherers rechtfertigen kann.

290

Der Haftpflichtversicherer ist zum einen den **Gefahren eines falschen Gutachtens** ausgesetzt, weil er sich in Leistungsnähe befindet. Angesichts der zentralen Rolle, die das Gutachten für die Regulierung spielt, muss er sich auf die Ermittlungen des Sachverständigen verlassen können (*Diehl*, Anmerkung zu LG Gießen, zfs 2001, 496).

291

Die Haftung des Gutachters setzt allerdings gem. § 280 Abs. 1 BGB eine Pflichtverletzung sowie ein (gem. § 280 Abs. 1 S. 2 BGB gesetzlich vermutetes) Verschulden voraus. Der Sachverständige **genügt aber seinen Sorgfaltspflichten**, wenn er Angebote einiger seriöser Gebrauchtwagenhändler **aus der örtlichen Nähe des Geschädigten** eingeholt hat (*Steffen*, DAR 1997, 297 ff.). Im Gegenteil hat der BGH (BGH VersR 2010, 130 = r+s 2010, 36) konkretisiert, dass eine korrekte Restwertermittlung durch den Sachverständigen im Regelfall als Schätzgrundlage die Ermittlung und konkrete Benennung dreier Restwertangebote auf dem maßgeblichen regionalen Markt voraussetzt. Dementsprechend hat der mit der Schadensschätzung beauftragte Sachverständige bei der Ermittlung des Restwerts auch nur solche Angebote einzubeziehen (BGH VersR 2009, 413).

292

Bei der Ermittlung des Restwertes sind allein die Angebote maßgebend, auf die der **Geschädigte** bei einer Schadensbehebung in eigener Regie verwiesen werden kann. Der Geschädigte braucht sich nur an dem **ihm zugänglichen Markt seiner Umgebung** zu orientieren. Er ist nicht verpflichtet, besondere Anstrengungen zur Ermittlung des preisgünstigsten Angebotes zu unternehmen, wie etwa eine Befragung des **Internets** nach Angeboten von Restwertaufkäufern (BGH zfs 2005, 186 ff.; LG Koblenz zfs 2005, 17 f.).

293

294 Damit steht fest, dass eine **Pflicht des Sachverständigen zur Ermittlung eines möglichst hohen erzielbaren Restwertes** durch Nutzung von Restwertbörsen im Internet **ausdrücklich verneint** wird. Ein Interesse des Schädigers bzw. seines Versicherers, einen besonders hohen Restwert ermitteln zu lassen, hat hinter dem Recht des Geschädigten, ausschließlich auf seinen **unmittelbar zugänglichen Restwertmarkt** zugreifen zu dürfen, zurückzutreten (*Diehl*, Anmerkung zu AG Homburg/Saar, zfs 2004, 212, 214; *Diehl*, Anmerkung zu AG Oldenburg, zfs 2004, 512 f.). Letztgenannte Methode der Gewinnung von Preisen durch den Sachverständigen ist unverändert eine **mangelfreie Erfüllung des Werkvertrages**.

295 Regressansprüche bestehen demzufolge also nur dann, wenn der Sachverständige mit seiner Restwertermittlung **schuldhaft und nennenswert** unter dem Marktniveau der Angebote des **örtlichen allgemeinen Kfz-Marktes** liegt, also eine erhebliche Fehleinschätzung vorliegt (AG Dorsten zfs 1998, 421; LG Mainz zfs 1999, 379; AG Landshut zfs 1999, 423; AG Homburg/Saar zfs 2004, 212 ff. mit Anmerkung von *Diehl*).

296 Es begründet dagegen **keine Fehlerhaftigkeit des Gutachtens**, den allein der Versicherungswirtschaft offen stehenden – erst recht nicht den überörtlichen – **Sondermarkt** nicht berücksichtigt zu haben (*Nickel*, Der Restwertregress, zfs 1998, 409).

297 Für etwaige Fehler des Privatgutachters bei der Restwertermittlung hat jedenfalls der Geschädigte nicht einzustehen. Der Gutacher ist **nicht dessen Erfüllungsgehilfe** bei der Beachtung der Schadensminderungspflicht (LG Köln zfs 2003, 184). Der Geschädigte darf auf die Richtigkeit des vom Sachverständigen ermittelten Restwerts vertrauen (BGH DAR 1993, 251).

(9) Restwertfragen bei Vollkasko, Sachverständigenverfahren nach AKB

Literatur zu Restwertfragen bei Vollkasko und Sachverständigenverfahren nach AKB:

Otting, Querschnitt durch Kfz-Kasko, DAR 1998, 34 ff.

298 Nahezu alle Versicherungsgesellschaften haben das Weisungsrecht aus § 7 III AKB auch auf die Verwertung des Restwertes ausgedehnt (ebenso nunmehr ausdrücklich E.3.2 AKB 2008). Anders als beim Haftpflichtfall ist **bei Kaskoschäden** also **stets die Weisung des Versicherers abzuwarten**, bevor eine Restwertrealisierung vorgenommen werden kann.

299 Auch ein weiterer Unterschied besteht zum Haftpflichtrecht: Es ist zunächst einmal alleiniges **Recht der Versicherers**, einen – ggf. versicherungseigenen – **Sachverständigen** mit der Bewertung des Fahrzeugschadens, insbesondere des Restwertes zu beauftragen.

300 *Tipp*
Es ist daher **gefährlich**, wenn der Versicherungsnehmer ohne Rücksprache mit seinem Kaskoversicherer **von sich aus einen Sachverständigen beauftragt**. In

der Regel wird der Kaskoversicherer dessen Gutachten nicht akzeptieren. Er ist auch nicht verpflichtet, das dadurch entstandene Sachverständigenhonorar zu ersetzen (so nunmehr ausdrücklich A.2.8 AKB 2008).

Zwar kann der Versicherungsnehmer anschließend einen eigenen Sachverständigen mit der Schadensschätzung beauftragen. Da dessen Gutachten aber jedenfalls dann nicht vom Kaskoversicherer akzeptiert wird, wenn es **von den Werten** des versicherungseigenen Sachverständigen nennenswert **abweicht**, ist dann stets und allein nur der Weg über das **Sachverständigenverfahren** gem. § 14 AKB bzw. A.2.17 AKB 2008 möglich (vgl. dazu § 13 Rdn 266 f.). 301

D.h., der Versicherungsnehmer muss gegenüber seinem Kaskoversicherer das Sachverständigenverfahren schriftlich **formell eröffnen** und seinen Sachverständigen benennen, verbunden mit der Aufforderung an den Kaskoversicherer, dessen Sachverständigen binnen einer Frist von 14 Tagen ebenfalls zu benennen. Versäumt er die Frist, gilt allein das Gutachten des Sachverständigen des Versicherungsnehmers. Ein Mitarbeiter einer Partei (z.B. beim Versicherer angestellter Sachverständiger) kann nicht als Sachverständiger für den Sachverständigenausschuss benannt werden (BGH v. 10.12.2014 –' IV ZR 281/14 – NZV 2015, 184). 302

Ansonsten setzen sich die beiden Sachverständigen zusammen und versuchen eine **einvernehmliche Einigung**, was in der Regel scheitert. Dann bestimmen beide einen **Obersachverständigen**, der oft salomonisch zu einem Ergebnis gelangt, das in der Mitte zwischen beiden Sachverständigen liegt. 303

Entsprechend dem prozentualen Ergebnis von Obsiegen zu Unterliegen werden dann alle insgesamt entstandenen **Sachverständigenkosten** auf Versicherungsnehmer und Versicherer **verteilt**. Das hat dann oft die Konsequenz, dass der mühsam erreichte Mehrerlös durch die Sachverständigenkosten wieder aufgezehrt wird, weshalb sich das Sachverständigenverfahren aus praktischen Erwägungen heraus in der Regel nicht lohnt und nur noch selten durchgeführt wird. 304

Soweit bekannt, gewährt nur die ADAC-Rechtsschutzversicherung für ein solches Sachverständigenverfahren Kostenschutz (vgl. § 5 Abs. 1g ADAC-VRB 2008), sodass der Versicherungsnehmer in der Regel das volle Kostenrisiko allein trägt. 305

c) Ummeldekosten

Im Falle eines Totalschadens sind auch die Kosten zu erstatten, die im Zusammenhang mit der **Abmeldung** des beschädigten und der **Anmeldung** des Ersatzfahrzeuges entstehen. Die Kosten können konkret nachgewiesen werden; die **Pauschale** beträgt regelmäßig **ca. 70 EUR** (vgl. § 8 Rdn 359 ff.). 306

Es wird auch die Auffassung vertreten, dem Geschädigten stünde im Falle eines Totalschadens eine so genannte **Wiederbeschaffungspauschale** zu, also ein Pauschalbetrag dafür, dass er sich nun einen anderweitigen Gebrauchtwagen kaufen muss, über dessen technischen Zustand er nichts weiß und den er daher von einem Sachverständigen auf die Qualität hin untersuchen lassen müsste. 307

§ 7 Materielle Schadenspositionen – Fahrzeugschaden

308 Hierfür werden in der Regel **75 EUR** veranschlagt (so z.B. OLG Frankfurt zfs 1990, 48). Eine solche – fiktive – Pauschale wird sowohl **zugesprochen** (OLG Oldenburg zfs 1983, 361; OLG Frankfurt zfs 1982, 363 u. 1990, 48; OLG Hamburg zfs 1986, 296) als auch **abgelehnt** (so OLG Oldenburg zfs 1990, 303; LG Flensburg zfs 1989, 409 m.w.N.).

309 Anders ist es jedoch, wenn die Untersuchungskosten **konkret** angefallen sind. Dann sind sie auch zu ersetzen (OLG Oldenburg zfs 1990, 303). Erhält der Erwerber bei der Anschaffung eines Ersatzfahrzeuges **keine Werkstattgarantie**, kann er die **Kosten der Überprüfung** des gekauften gebrauchten Pkw durch einen Sachverständigen **ersetzt verlangen** (OLG Frankfurt zfs 1985, 10; OLG Karlsruhe VersR 1979, 384; OLG Saarbrücken NZV 1990, 186).

d) Resttreibstoff im Tank

310 Wenn sich bei einem Totalschaden mit vorgesehener Verschrottung des Unfallfahrzeugs noch Resttreibstoff im Tank befindet, steht dem Geschädigten ein entsprechender Ersatz zu (LG Regensburg NZV 2005, 49; LG Darmstadt zfs 1990, 343; AG Solingen zfs 2015, 563; AG Berlin Charlottenburg zfs 1989, 80). Es ist ihm **nicht zumutbar**, diesen etwa **absaugen** zu lassen und anderweitig zu verwerten. Bei der Restwertrealisierung dürfte sich der Wert des Kraftstoffes nicht erhöhend auswirken. Allerdings dürfte es sicher **Nachweisprobleme** hinsichtlich der restlichen Kraftstoffmenge im Tank geben.

2. Reparatur trotz wirtschaftlichen Totalschadens (130-%-Regelung)

Literatur zur Reparatur trotz wirtschaftlichen Totalschadens:

Korch, Zur Effizienz der 130-%-Rechtsprechung, VersR 2015, 542; *Lipp*, Der Ausgleich des Integritätsinteresses im Kfz-Schadensrecht, NZV 1996, 7 ff.; *Otting*, 130-%-Problematik und Prognoserisiko, zfs 1994, 154; *Revilla*, Zur Fälligkeit des Anspruchs auf Ersatz der Reparaturkosten in den 130-%-Fällen, zfs 2008, 668; *Röttgering*, 130 % auch bei Selbstreparatur und nicht nachgewiesenem erhöhten Kostenaufwand?, zfs 1995, 441 ff.; *Rütten*, Grundsätze und Ausnahmen zu wirtschaftlichen Totalschäden nach der 130-%-Rechtsprechung, SVR 2009, 167; *Schwab*, Schuldrecht: Gebrauchte Ersatzteile und die 130-%-Grenze, JuS 2012, 1123; *Weber*, Die 30-%-Grenze bei Kraftfahrzeug-Reparaturkosten, DAR 1991, 11 ff.

311 Repariert der Geschädigte im Bereiche des Verhältnisses der Reparaturkosten zu dem Wiederbeschaffungswert zwischen 100 % und 130 %, dann dokumentiert er, dass er an dem Erhalt seines Fahrzeuges ein schützenswertes Interesse hat, das so genannte **Integritätsinteresse**. Das ist so seit zwei gleichlautenden Entscheidungen des BGH vom 15.10.1991 (BGH zfs 1992, 8 und 9). Er billigt dem Geschädigten einen **Integritätszuschlag** von **30 % auf den Wiederbeschaffungswert** zu.

Es werden insgesamt **drei verschiedene Formen der „130-%-Regelung"** unterschieden: 312
- Das Gutachten und die tatsächlich ausgeführte Reparatur weisen ein Reparaturkostenvolumen von weniger als 130 % des Wiederbeschaffungswertes aus („**geborene konkrete Abrechnung**", vgl. Rdn 313 ff.).
- Das Gutachten weist ein Reparaturkostenvolumen von weniger als 130 % des Wiederbeschaffungswertes aus, eine Reparaturrechnung wird aber nicht vorgelegt, weil die Reparatur selbst oder durch andere günstiger, aber fachgerecht und nach den Vorgaben des Gutachters ausgeführt worden ist („**fiktive Abrechnung**", vgl. Rdn 324 ff.).
- Das Gutachten weist ein Reparaturkostenvolumen von mehr als 130 % des Wiederbeschaffungswertes aus, es wird aber eine Reparaturrechnung vorgelegt, wonach das Fahrzeug fachgerecht und nach den Vorgaben des Gutachters repariert worden ist, wenngleich auch mit einem Kostenvolumen unter 130 % des Wiederbeschaffungswertes („**gekorene konkrete Abrechnung**", vgl. Rdn 341 ff.).

a) Bei konkret ausgeführter Reparatur

Tatsächlich entstandene Reparaturkosten sind dem Geschädigten zu erstatten, wenn 313
diese einschließlich etwaiger Wertminderung **den Wiederbeschaffungswert** um nicht mehr als 30 % übersteigen.

aa) Integritätsinteresse

Der hohe Stellenwert des **Integritätsinteresses** rechtfertigt es, dass der Geschädig- 314
te für die Reparatur des ihm vertrauten Fahrzeugs Kosten aufwendet, die einschließlich des etwaigen Minderwerts den Wiederbeschaffungswert bis zu einer regelmäßig **auf 130 % zu bemessenden Opfergrenze** reichen (BGH NJW 1992, 302 ff. = zfs 1992, 8 = DAR 1992, 22 ff.; OLG Oldenburg zfs 2000, 339 = DAR 2000, 359). Der **Restwert bleibt** dabei stets **außer Betracht** (BGH NJW 1992, 305 ff.; OLG Düsseldorf zfs 2001, 111). Der 30-%ige Aufschlag wird also **ausschließlich auf den ungekürzten Wiederbeschaffungswert** berechnet.

Das **Integritätsinteresse** des Geschädigten erschöpft sich jedoch nicht nur in dem 315
Wunsch auf reine Herstellung der Mobilität mit einem gleichwertigen Pkw. Ihm liegen durchaus wirtschaftliche Gesichtspunkte zugrunde (vgl. BGHZ 115, 364, 371 mit Anmerkung von *Lipp*, NZV 1992, 70 ff.; BGH VersR 1985, 865, 866). Selbst wenn bei voller Berücksichtigung des Vorteilsausgleichs „neu für alt", insbesondere bei älteren Fahrzeugen, die Reparaturkosten die Kosten der Wiederbeschaffung in aller Regel deutlich übersteigen, ist eine **Abrechnung von Reparaturkosten in solchen Fällen nicht generell ausgeschlossen**. Denn der Eigentümer eines Kraftfahrzeugs weiß, wie dieses ein- und weitergefahren, gewartet und sonst behandelt worden ist, ob und welche Mängel dabei aufgetreten und auf welche Weise sie behoben worden sind. Demgegenüber sind dem Käufer eines Gebraucht-

wagens diese Umstände, die dem Fahrzeug ein individuelles Gepräge geben (vgl. *Jordan*, VersR 1978, 688, 691), zumeist unbekannt.

316 Dass diesen Umständen ein wirtschaftlicher Wert zukommt, zeigt sich auch darin, dass bei dem Erwerb eines Kraftfahrzeugs **aus erster Hand regelmäßig ein höherer Preis** gezahlt wird. Hierbei handelt es sich somit keineswegs um immaterielle Erwägungen, wie etwa die Anerkennung einer „eigentlich unsinnigen emotionalen Bindung des Geschädigten an einen technischen Gegenstand" (*Freundorfer*, VersR 1992, 1332, 1333). Ein derartiges Affektionsinteresse könnte schadensrechtlich keine Anerkennung finden (BGH DAR 2005, 266 ff.).

317 Bei der „Integritätsspitze" von 30 % ist aber zu beachten, dass es sich um **keine starre Grenze**, sondern um einen Richtwert handelt, der bei den Massenfällen der Kraftfahrzeugschäden **in der Regel** zu einem gerechten Ergebnis führt, der aber je nach den Besonderheiten des Einzelfalles **auch einmal über- oder unterschritten** werden kann (BGH NJW 1992, 302, 305; *Weber*, Die 30-%-Grenze bei Kraftfahrzeug-Reparaturkosten, DAR 1991, 12.).

318 Die 130-%-Grenze gilt aber nur, **wenn die Reparatur wirtschaftlich vernünftig ist** (BGH NJW 1992, 305 ff. = zfs 1992, 9 = DAR 1992, 25 ff.). Das Gebot zu wirtschaftlich vernünftiger Schadensbehebung verlangt vom Geschädigten allerdings nicht, zugunsten des Schädigers zu sparen oder sich in jedem Fall so zu verhalten, als ob er den Schaden selbst zu tragen hätte (BGHZ 63, 295, 300; BGH VersR 1961, 707, 708; BGH VersR 1976, 732, 734).

bb) Anwendbarkeit der 130-%-Regelung bei gewerblich genutzten Fahrzeugen

319 Dabei kommt es nicht darauf an, ob das Fahrzeug **privat oder gewerblich genutzt** wird (BGH NJW 1999, 500 = DAR 1999, 165 = NZV 1999, 159 m. Anm. *Völtz*; OLG Düsseldorf SP 1997, 194; OLG Düsseldorf DAR 2001, 303; OLG Dresden NZV 2001, 346; LG Mühlhausen DAR 1999, 29; OLG Celle NZV 2010, 249 für einen Lkw-Anhänger). Der dem Geschädigten zugebilligten „Integritätsspitze" liegen nämlich durchweg **wirtschaftliche Erwägungen** zugrunde. Das hierauf beruhende, schadensrechtlich besonders zu gewichtende Interesse des Geschädigten an einer Reparatur des ihm vertrauten Fahrzeuges besteht grundsätzlich auch bei einem gewerblich eingesetzten Fahrzeug.

320 Das gilt nach der Rechtsprechung des BGH jedenfalls dann, wenn das **Fahrzeug von einem überschaubaren Kreis ausgewählter Fahrer benutzt** wird, z.B. bei einem Taxiunternehmer. Auch bei der Beschädigung eines **gewerblich genutzten Taxis** bilden die Wiederbeschaffungskosten daher nicht von vornherein die Obergrenze des Herstellungsaufwandes i.S.d. § 249 Abs. 2 S. 1 BGB, sondern das Integritätsinteresse kann auch hier den Ersatz von Reparaturkosten im Rahmen der 130-%-Grenze rechtfertigen (OLG Düsseldorf NZA 97, 355; OLG Hamm NZV 2001, 349). Das gilt aber dann nicht, wenn sich der Geschädigte **unmittelbar nach**

dem **Unfall** ein Ersatzfahrzeug anschafft und das beschädigte Taxi unmittelbar nach dem Unfall **veräußert** (OLG Hamm NVZ 2001, 349). Nach OLG Celle (NZV 2010, 249) gilt die 130-%-Regel auch bei der Beschädigung eines **Lkw-Anhängers.**

Offengelassen hat der BGH diese Frage bislang im Hinblick auf **Mietwagen.** Mit Rücksicht auf die durch die Vielzahl der Nutzer veranlassten Besonderheiten wird bei ihnen wohl etwas anderes gelten und ein schützenswertes Integritätsinteresse in der Regel zu verneinen sein. Dabei ist zu berücksichtigen, dass das Integritätsinteresse regelmäßig gegenüber einer Ersatzbeschaffung Vorrang genießt.

cc) Prognoserisiko

In der Regulierungspraxis kommt es immer wieder zu Konstellationen, wonach laut Gutachten die 130-%-Grenze nicht überschritten ist, die konkret ausgeführte Reparatur sie aber – teils nicht unerheblich – übersteigt. Auch hierzu hat die Rechtsprechung auf eine **Ex-ante-Betrachtung** abgestellt: Das diesbezügliche **Prognoserisiko trägt ausschließlich der Schädiger** (BGH NJW 1992, 305 ff. = zfs 1992, 9 = DAR 1992, 25 ff.; OLG München zfs 1992, 304; OLG Frankfurt NZV 2001, 348).

> *Tipp*
> Wenn die Reparaturkostenprognose gemäß Sachverständigengutachten eine Reparatur zulässt, weil die 130-%-Grenze nicht überschritten wird, die tatsächlichen Reparaturkosten aber diese Grenze dann letztlich doch übersteigen, sind gleichwohl die konkreten Reparaturkosten zu ersetzen. Der Geschädigte kann sich also stets auf die Prognose laut Sachverständigengutachten verlassen.

Eine Ausnahme ist nach OLG Bremen (zfs 2010, 499) allerdings dann anzunehmen, wenn sich noch vor Erteilung des Reparaturauftrages durch eine Zerlegung des Fahrzeugs herausstellt, dass die 130-%-Grenze entgegen der ursprünglichen Prognose überschritten wird. In diesem Fall hat der Geschädigte von der Reparatur Abstand zu nehmen und kann lediglich den Wiederbeschaffungsaufwand zuzüglich der Kosten der Zerlegung des Fahrzeugs ersetzt verlangen.

b) Bei fiktiver Abrechnung

Der Geschädigte kann auch in den 130-%-Fällen fiktiv abrechnen, wenngleich auch unter etwas anderen und strengeren Voraussetzungen.

aa) Eigenreparatur

Bei einer durchgeführten Eigenreparatur ist nach der Rechtsprechung des BGH wie folgt zu unterscheiden:

§ 7 Materielle Schadenspositionen – Fahrzeugschaden

(1) Reparaturkosten kleiner als Wiederbeschaffungswert

326 *Hinweis*
Vgl. hierzu zunächst Rdn 70 ff.

327 Die **Abrechnung auf Gutachtenbasis** bei durchgeführter Reparatur bis zu einem Wert von 100 % des Wiederbeschaffungswertes stellt **keinen Verstoß** gegen den Grundsatz dar, dass der Geschädigte **nicht am Schaden verdienen** soll (BGH zfs 2003, 403). Dieses **Bereicherungsverbot** will lediglich verhindern, dass der Geschädigte aufgrund der Schadensabwicklung nach dem Unfall wirtschaftlich besser steht als vorher, bezweckt aber nicht, den Schädiger an überobligationsmäßigen Leistungen des Geschädigten teilhaben zu lassen (OLG Oldenburg zfs 2000, 339 = DAR 2000, 359).

328 Allein der Geschädigte ist bekanntlich Herr des Restitutionsgeschehens. Diese Stellung findet Ausdruck in der sich aus § 249 Abs. 2 S. 1 BGB ergebenden **Ersetzungsbefugnis** und **freien Wahl der Mittel** zur Schadensbehebung. Der Geschädigte ist nach den anerkannten schadensrechtlichen Grundsätzen der Dispositionsfreiheit in der Verwendung der Mittel frei, die er vom Schädiger zum Schadensausgleich verlangen kann (BGH VersR 1989, 1056 ff. m.w.N.). Es bleibt daher allein ihm überlassen, **ob und wie** er sein Fahrzeug repariert.

329 Die schadensrechtlichen Grundsätze der Dispositionsfreiheit einerseits und das Bereicherungsverbot andererseits stehen zueinander in einer **Wechselbeziehung** (*Steffen*, NJW 1995, 2057 ff.). Demzufolge darf in der Verfolgung des Wirtschaftlichkeitspostulates das **Integritätsinteresse** des Geschädigten, das aufgrund der gesetzlich gebotenen Naturalrestitution **Vorrang** genießt, nicht verkürzt werden. Die Schadensregulierung darf nicht beschränkt werden auf die kostengünstigste Wiederherstellung der beschädigten Sache; ihr Ziel ist es vielmehr, den Zustand wiederherzustellen, der wirtschaftlich gesehen der hypothetischen Lage ohne Schadensereignis entspricht (BGHZ 115, 375 ff. m.w.N.).

330 Wird also der Pkw mit einem Kostenvolumen bis zur – vom Sachverständigen – geschätzten Höhe des Wiederbeschaffungswertes repariert und vom Geschädigten weiter benutzt, so stellt der **Restwert** einen lediglich **hypothetischen Rechnungsposten** dar, den der Geschädigte nicht realisiert und der sich deshalb in der Schadensbilanz nicht niederschlagen darf. Erst die **Unverhältnismäßigkeit** bildet bei einer möglichen Naturalrestitution die Grenze, oberhalb derer der Ersatzanspruch des Geschädigten nicht mehr auf Wiederherstellung (= Restitution), sondern auf Wertausgleich (= Kompensation) gerichtet ist (*Müller*, Aktuelle Fragen des Haftungsrechts, zfs 2005, 54, 57).

(2) Reparaturkosten größer als Wiederbeschaffungswert

331 *Hinweis*
Vgl. hierzu zunächst Rdn 77 ff.

C. Feststellung des Fahrzeugschadens §7

Bei **Eigenreparatur** des beschädigten Fahrzeuges **muss der tatsächliche Anfall des** vom Sachverständigen geschätzten **Reparaturvolumens bis zur 130-%-Grenze nachgewiesen werden** (BGH DAR 2005, 266 ff.). Der Geschädigte kann Ersatz eines den Wiederbeschaffungswert übersteigenden Reparaturaufwands nur dann verlangen, wenn die Reparatur fachgerecht und in einem Umfang durchgeführt wird, wie ihn der Sachverständige zur Grundlage seiner Kostenschätzung gemacht hat. **332**

Umfang und Qualität der Reparatur können nicht schon deshalb außer Betracht bleiben, weil der Geschädigte sein Fahrzeug selbst instand setzen darf, also nicht in einer anerkannten Fachwerkstatt reparieren lassen muss. Insoweit ist nicht maßgebend, ob dem Geschädigten der entsprechende finanzielle Aufwand tatsächlich entstanden ist. Auch eine **Eigenreparatur** kann eine Abrechnung auf der Basis fiktiver Reparaturkosten bis zu 130 % des Wiederbeschaffungswerts rechtfertigen, wenn der Geschädigte mit ihr sein Integritätsinteresse bekundet hat. Das aber ist nur dann der Fall, wenn er durch eine **fachgerechte Reparatur** zum Ausdruck bringt, dass er das Fahrzeug in einen Zustand wie vor dem Unfall versetzen will. Nur unter diesen Umständen hat der Schädiger Reparaturkostenersatz bis zur Grenze von 130 % des Wiederbeschaffungswerts zu leisten (BGH DAR 2005, 266 ff.). **333**

Setzt jedoch der Geschädigte nach einem Unfall sein Kraftfahrzeug **nicht vollständig und fachgerecht instand**, ist regelmäßig die Erstattung von Reparaturkosten über dem Wiederbeschaffungswert nicht gerechtfertigt. Im Hinblick auf den Wert der Sache wäre eine solche Art der Wiederherstellung im allgemeinen **unverhältnismäßig** und kann dem Geschädigten nur ausnahmsweise im Hinblick darauf zugebilligt werden, dass der für ihn **gewohnte und von ihm gewünschte Zustand des Kraftfahrzeugs** auch tatsächlich wie vor dem Schadensfall erhalten bleibt bzw. wiederhergestellt wird (BGH VersR 1972, 1024 f.; BGH VersR 1985, 593, 594; siehe auch *Lipp*, NJW 1990, 104, 105). **334**

Stellt der Geschädigte lediglich die Fahrbereitschaft, nicht aber den früheren Zustand des Fahrzeugs wieder her, so beweist er dadurch zwar ein Interesse an der Mobilität durch sein Fahrzeug, das jedoch in vergleichbarer Weise auch durch eine Ersatzbeschaffung befriedigt werden könnte. Der für die Zubilligung der „Integritätsspitze" von 30 % ausschlaggebende weitere Gesichtspunkt, dass der Geschädigte besonderen Wert auf das **ihm vertraute Fahrzeug** lege, verliert bei einer unvollständigen und vor allem nicht fachgerechten Reparatur eines total beschädigten Fahrzeugs in entscheidendem Maß an Bedeutung (BGH VersR 1972, 1024 f.; BGH VersR 1985, 593, 594). **335**

Daher kann in diesem Fall eine fiktive Schadensabrechnung auf der Grundlage eines Sachverständigengutachtens **nur bis zur Höhe des Wiederbeschaffungsaufwands** erfolgen. Ein darüber hinausgehender Schadensausgleich ließe das Gebot der Wirtschaftlichkeit und das Verbot der Bereicherung außer Acht (BGH DAR 2005, 268 ff.). **336**

§ 7 Materielle Schadenspositionen – Fahrzeugschaden

337 Ein Geschädigter, der selbst repariert, kann vom Schädiger nicht nur die verauslagten Ersatzteilkosten und eine Entschädigung für aufgewandte Freizeit, sondern denjenigen Geldbetrag verlangen, der ihm bei Reparatur in einer Fachwerkstatt entstanden wäre. Besondere Anstrengungen des Geschädigten kommen dem Schädiger nicht zugute (BGH NJW 1992, 1618 ff. = zfs 1992, 156 = DAR 1992, 259 ff.).

338 Voraussetzung ist daher stets der **Nachweis fachgerechter Reparatur** (OLG Hamm DAR 2002, 215), d.h. nach den **Vorgaben des Sachverständigengutachtens** ausgeführt, also keine Billig- oder Sparreparatur (OLG Karlsruhe zfs 1997, 53; LG Kleve zfs 1997, 94 m. Anm. *Diehl*).

339 Eine fachgerechte Reparatur kann auch dann vorliegen, wenn der Geschädigte eine weniger aufwendige Reparatur vornimmt – etwa **Gebrauchtteile statt Neuteile** verwendet (OLG Düsseldorf DAR 2001, 499; OLG Oldenburg NZV 2000, 469; LG Oldenburg DAR 2002, 223; AG Hagen DAR 2000, 411) –, aber im Wesentlichen durch die Eigenreparatur bis auf unwesentliche Ausnahmen eine Wiederherstellung des Fahrzeuges herbeiführt und hierdurch sein Integritätsinteresse dokumentiert (so auch LG Kassel zfs 1996, 13 ff.). **Entscheidend** ist also der **Erfolg, nicht der Weg** (OLG Oldenburg NZV 2000, 469).

340 Hiervon zu unterscheiden ist der Fall, bei dem die geschätzten Reparaturkosten **unterhalb des Wiederbeschaffungswertes** liegen (vgl. oben Rdn 65 ff., BGH zfs 2003, 403 ff.) In einem solchen Fall sind dem Geschädigten bei **nachgewiesener Durchführung** der Reparatur oder **Weiterbenutzung** des Fahrzeuges die geschätzten Reparaturkosten unabhängig von der Qualität der Reparaturausführung in jedem Falle fiktiv zu ersetzen. Dann ist das Integritätsinteresse also ungeachtet einer dem Sachverständigengutachten entsprechenden Reparaturausführung gegeben.

bb) Schätzung über 130 %, tatsächliche Reparatur niedriger

341 Der Geschädigte kann auch dann 130 % des Wiederbeschaffungswertes beanspruchen, wenn die geschätzten Reparaturkosten über diesem Betrag liegen, das **Unfallfahrzeug aber auf einem alternativen und kostengünstigeren Weg – auch unter Verwendung von Gebrauchtteilen – vollständig und fachgerecht und ohne verbleibende Defizite repariert** wurde. In diesem Fall erhält der Geschädigte jedenfalls die tatsächlich entstandenen, **unterhalb des Wiederbeschaffungswertes** liegenden Reparaturkosten ersetzt (BGH v. 14.12.2010 – VI ZR 231/09 – VersR 2011, 282 = zfs 2011, 144 = r+s 2011, 222 m. Anm. *Lemcke*; BGH v. 15.11.2011 – VI ZR 30/11 – VersR 2012, 75). Offen gelassen hatte der BGH in einer früheren Entscheidung (BGH VersR 2007, 1244) die Frage, ob dies auch bei tatsächlichen Reparaturkosten oberhalb des Wiederbeschaffungswertes **bis zur 130-%-Grenze** gilt. Darauf lässt die jüngste Entscheidung des BGH schließen (BGH v. 8.2.2011 – VI ZR 79/10 – VersR 2011, 547 = r+s 2011, 224; zuvor bereits OLG München NZV 1990, 69 f.; OLG Dresden DAR 1996, 54; OLG Karlsruhe DAR 1999, 313; OLG Düsseldorf

C. Feststellung des Fahrzeugschadens §7

DAR 2001, 303; OLG Hamm DAR 2002, 215; OLG München NZV 2010, 400; LG Oldenburg DAR 2002, 223).

Dies soll allerdings dann nicht gelten, wenn es dem Geschädigten nur aufgrund eines ihm auf die Reparatur gewährten Rabatts gelingt, die tatsächlichen Reparaturkosten entgegen der Schätzung des Sachverständigen auf einen Betrag unterhalb von 130 % des Wiederbeschaffungswertes zu senken (BGH v. 8.2.2011 – VI ZR 79/10 – VersR 2011, 547 = r+s 2011, 224). Aufgrund dieser Differenzierung kommt es zu nicht ohne weiteres nachvollziehbaren Wertungswidersprüchen (*Schneider*, in: Berz/Burmann, Kap. 5 B Rn 10; *Lemcke*, Anm. zu BGH r+s 2011, 222). Entweder es wird ausnahmslos bei einer entsprechenden Schätzung des Sachverständigen eines Reparaturaufwandes oberhalb 130 % des Wiederbeschaffungswertes das Fahrzeug für (endgültig) reparaturunwürdig erklärt und ein schützenswertes Integritätsinteresse an einer (wirtschaftlich nicht vernünftigen) Weiternutzung abgelehnt mit der Folge, dass lediglich der Wiederbeschaffungsaufwand ersetzt wird. Oder es wird dem Geschädigten die Möglichkeit eingeräumt, trotz der Prognose des Sachverständigen sein Fahrzeug auf einem alternativen Weg vollständig und fachgerecht ohne verbleibende Defizite mit tatsächlichen Kosten bis zu 130 % des Wiederbeschaffungswertes zu reparieren. Dann kann es keinen Unterschied machen, ob ihm dies aufgrund der Verwendung von Gebrauchtteilen, der Beauftragung einer (hinsichtlich Material- und/oder Lohnkosten) besonders günstigen Werkstatt oder besonderen sonstigen Verhandlungsgeschicks – wie z.B. durch eine Rabattgewährung auf den Gesamtpreis – gelingt.

342

Zwar hat der BGH eine **Aufspaltung** des objektiv erforderlichen Reparaturbetrages in einen **wirtschaftlich vernünftigen** – also bis zur 130-%-Grenze – und einen **unwirtschaftlichen Teil**, den der Geschädigte selbst zahlen muss, ausdrücklich **verneint** (BGH NJW 1992, 305). Der Geschädigte kann also dann, wenn die tatsächlichen Reparaturkosten die 130-%-Grenze übersteigen, nicht jedenfalls den 130-%-Anteil verlangen und den darüber hinaus gehenden Teil selbst tragen. Es gilt vielmehr das „**Alles-oder-Nichts-Prinzip**".

343

Wenn der Geschädigte es aber aufgrund seines **persönlichen Verhandlungsgeschicks** erreicht, dass die 130-%-Grenze nicht überschritten wird, die Reparatur also mit bescheideneren Mitteln, aber **technisch völlig einwandfrei** und nach den Vorgaben des Sachverständigengutachtens ausgeführt wurde, dann muss ihm dieser Erfolg auch zugutekommen, ähnlich den **überobligationsmäßigen Anstrengungen** bei der Restwertrealisierung. Entscheidend ist nur, ob das **Integritätsinteresse** des Geschädigten schützenswert ist und mit der tatsächlich ausgeführten Reparatur geschützt werden kann.

344

cc) Teil- oder Billigreparatur, Verwendung von Gebrauchtteilen

Das **Integritätsinteresse** ist nur dann schutzwürdig, wenn der Geschädigte – sei es in Eigenregie oder in einer Fachwerkstatt – das Fahrzeug entsprechend der Kalku-

345

lation des Sachverständigen in einen dem früheren Zustand vor dem Unfall qualitativ und quantitativ **gleichwertigen Zustand** versetzt hat. Auch wenn der Geschädigte sein Fahrzeug tatsächlich repariert hat, ist ihm nach der Rechtsprechung die Schadensberechnung auf Reparaturkostenbasis innerhalb des Toleranzrahmens von 130 % daher versagt, wenn eine **Not-, Teil- oder Billigreparatur** durchgeführt worden ist, d.h. lediglich die Fahrbereitschaft, nicht aber der frühere Zustand wiederhergestellt wurde (BGH VersR 1992, 61; VersR 2003, 918; VersR 2005, 663; NZV 2015, 591 = DAR 2015, 634; OLG Hamm zfs 1993, 10f. = NZV 1993, 432 f. = DAR 1994, 24; OLG Düsseldorf NZV 1994, 479 f.; OLG Düsseldorf SP 1997, 194).

346 Allerdings schadet es nicht, wenn die **Ersatzteilkosten** tatsächlich **niedriger** ausgefallen sind, als der Sachverständige vorgegeben hat (vgl. BGH v. 14.12.2010 – VI ZR 231/09 – VersR 2011, 282 = zfs 2011, 144; siehe auch Rdn 341). Dann muss es sich keineswegs um eine unzulässige Billigreparatur handeln. Das gilt jedenfalls dann, wenn die tatsächlich ausgeführte Reparatur zu 80 % fachgerecht erfolgt ist und sich die Abweichungen im Wesentlichen lediglich auf optische Beeinträchtigungen beziehen (LG Freiburg DAR 1998, 477).

347 Es ist überhaupt keine Frage, dass repariert werden darf, wenn die **Reparaturkosten** einschließlich der Wertminderung bereits nach dem Gutachten **unterhalb des Wiederbeschaffungswertes**, also sogar unter 100 % liegen und nur aufgrund des Restwertes sich **rechnerisch** ein **Totalschaden** ergibt (AG Limburg zfs 1999, 15).

Beispiel
Reparaturkosten: 8.683,43 EUR + 2.000 EUR Wertminderung = Reparaturaufwand: 10.683,43 EUR;
Wiederbeschaffungswert: 16.000 EUR – Restwert: 6.000 EUR = Wiederbeschaffungsaufwand: 10.000 EUR.

348 Die Annahme einer **fachgerechten Reparatur** kann nicht mit der Begründung in Zweifel gezogen werden, dass zur Reparatur **nicht ausschließlich Originalersatzteile** verwendet worden sind. Entscheidend dafür, ob eine fachgerechte Reparatur vorliegt, ist allein die Frage, ob der **vor der Beschädigung bestehende Zustand** des Fahrzeuges auch durch den Einbau von gebrauchten Teilen **erreicht** worden ist, also von einer Teil- oder Billigreparatur **nicht** gesprochen werden kann (BGH v. 14.12.2010 – VI ZR 231/09 – VersR 2011, 282 = zfs 2011, 144; OLG Oldenburg zfs 2000, 339 = DAR 2000, 359; OLG Düsseldorf DAR 2001, 499; AG Hagen DAR 2000, 411).

349 Andererseits soll eine **vollständige und fachgerechte Reparatur** nach den Vorgaben des Sachverständigen **nicht** vorliegen, wenn der **Austausch von Zierleisten und eines Kniestücks unterblieben** ist, selbst wenn dies zu keinen optischen Mängeln führt (BGH v. 2.6.2015 – VI ZR 387/14 – VersR 2015, 1267 = r+s 2015, 523 =

NZV 2015, 591 = DAR 2015, 634). Vor dem Hintergrund dieser Entscheidung bleibt der Maßstab des BGH im Einzelfall doch unberechenbar.

dd) Alsbaldiger Verkauf

Das OLG Hamm vertritt in dem zuvor zitierten Urteil (zfs 1993, 10) darüber hinaus die Auffassung, das Integritätsinteresse des Geschädigten sei nicht schützenswert, wenn er das reparierte **Fahrzeug alsbald veräußert**, d.h. nach ein bis drei Monaten weiterverkauft (so auch OLG Hamm zfs 1995, 415 und OLG Karlsruhe zfs 1997, 53). Für die Abrechnung auf Reparaturkostenbasis sei ein Weiterbenutzungswille erforderlich. Das Integritätsinteresse sei nicht mehr schützenswert, wenn der Geschädigte unmittelbar nach dem Unfall ein Ersatzfahrzeug anschafft und den beschädigten Wagen **sofort nach der Reparatur veräußert** (im konkreten Fall ein **Taxi**, OLG Hamm DAR 2000, 406).

350

Der **BGH** hat diese Frage geklärt. Wenn der Geschädigte in einem 130-%-Fall den Reparaturaufwand abrechnen will, muss er als Teil seines Integritätsinteresses seinen **Willen zur Weiternutzung nachweisen**, indem er das Fahrzeug nach dem Unfall noch für einen Zeitraum von **mindestens sechs Monaten weiternutzt** (BGH v. 13.11.07 – VI ZR 89/07 – VersR 2008, 135 = zfs 2008, 143 = r+s 2008, 35 = DAR 2008, 79 m. Anm. *Schneider*, jurisPR-VerkR 2/2008 Anm. 2; BGH v. 27.11.07 – VI ZR 56/07 – VersR 2008, 135 = r+s 2008, 81 = DAR 2008, 81 m. Anm. *Schneider*, jurisPR-VerkR 2/2008 Anm. 3; BGH v. 22.4.08 – VI ZR 237/07 – VersR 2008, 937 = r+s 2008, 307 = NJW 2008, 2183 m. Anm. *Schneider*, jurisPR-VerkR 14/2008 Anm. 2). Anderenfalls kann er lediglich den Wiederbeschaffungsaufwand ersetzt verlangen. Zur **Fälligkeit des aufgrund der Weiternutzung höheren Anspruchs** vgl. die Ausführungen oben (siehe Rdn 73).

351

c) Besonderheiten bei Leasing

Die 130-%-Rechtsprechung des BGH ist **auch bei Leasingfahrzeugen** anzuwenden (*Reinking*, 130% Reparaturkosten auch für Leasingfahrzeuge, DAR 1997, 425 ff.). Allerdings gibt es zu diesem Thema bislang **kaum Rechtsprechung** (Ausnahme siehe unten Rdn 356), was dazu führt, dass die Praxis wegen der ungeklärten Rechtslage eine solche Reparatur bei Leasingfahrzeugen scheut.

352

Die Urteilsgründe der BGH-Rechtsprechung zu dem Fragenkreis der 130-%-Grenze enthalten aber keinerlei Hinweise darauf, dass der Ersatzanspruch etwa nur einem bestimmten Kreis von Geschädigten vorbehalten bleiben soll. Da der **Leasingnehmer** – sicherlich im Gegensatz zum Leasinggeber – ein elementares Interesse daran haben kann, dass sein Fahrzeug instandgesetzt wird, ist ein **Integritätsinteresse** seinerseits grundsätzlich **zu bejahen**. Dieses hat Vorrang gegenüber gegenläufigen Interessen des Leasinggebers.

353

§ 7 Materielle Schadenspositionen – Fahrzeugschaden

3. Unechter Totalschaden (Abrechnung auf Neuwagenbasis)

Literatur zur Abrechnung auf Neuwagenbasis:

Berr, Abrechnung auf Neuwagenbasis, DAR 1990, 313 ff. (komplette Rechtsprechungsübersicht); *Burmann*, Abrechnung eines Kfz-Sachschadens auf Neuwagenbasis, zfs 2000, 329 ff.; *Eggert*, Alte und neue Probleme der Schadensabrechnung auf Neuwagenbasis, DAR 1997, 129 ff.; *Huber*, Zu den Voraussetzungen einer Schadensregulierung auf Neuwagenbasis, NZV 2008, 558; *ders.*, Die Abrechnung auf Neuwagenbasis – was ist (durch den BGH) geklärt, was ist weiterhin offen?, VersR 2009, 1336; *Lemcke*, Die Abrechnung auf Neuwagenbasis, NJW-Spezial 2013, 457.

354 Es handelt sich beim unechten Totalschaden um die Fallgruppe, bei der die Wiederherstellung „nicht genügend" i.S.d. § 251 Abs. 1 BGB ist. Das ist dann der Fall, wenn die Reparatur des beschädigten Fahrzeuges dem Geschädigten unter Berücksichtigung der besonderen Interessenlage **nicht zugemutet** werden kann.

355 Der Geschädigte kann einen solchen Anspruch bei **erheblicher Beschädigung** eines **neuwertigen Fahrzeuges** haben, sodass ihm der Schädiger ein identisches Neufahrzeug zu verschaffen hat (BGH VersR 1976, 732). Das gilt allerdings nur für Pkw, nicht für Nutzfahrzeuge (OLG Stuttgart VersR 1983, 92).

356 Die Grundsätze über die Schadensabrechnung auf Neuwagenbasis sind auch dann anwendbar, wenn es sich um ein Leasingfahrzeug handelt (OLG Nürnberg NZV 1994, 430).

a) Erhebliche Beschädigung

357 Wann von „erheblicher Beschädigung" gesprochen werden kann, ist in der Rechtsprechung streitig. Nach der weitest gehenden Auffassung reicht es aus, dass es sich **nicht um einen bloßen Bagatellschaden handelt**, nämlich **einen Schaden, der sich durch bloßes Auswechseln von Teilen folgenlos beheben lässt** (OLG Oldenburg zfs 1997, 136; OLG Dresden SP 2001, 55; OLG Hamm DAR 1989, 188; OLG Hamm NZV 2001, 478; OLG Nürnberg NZV 2008, 559; OLG Schleswig NZV 2009, 298; LG Mönchengladbach NZV 2006, 211).

358 Sie liegt nach Auffassung weiterer Gerichte vor, wenn die weitere Benutzung des unfallgeschädigten Pkw auch bei Zahlung einer Wertminderung bei objektiver Abwägung der Interessenlage dem Geschädigten **nicht zugemutet** werden kann (BGH VersR 1982, 163; OLG Celle zfs 1992, 300; OLG Karlsruhe zfs 1992, 249). Das ist z.B. der Fall, wenn die Reparaturkosten mindestens 30 % des Neupreises ausmachen (OLG Frankfurt VersR 1980, 235; OLG Karlsruhe zfs 1986, 38; OLG München DAR 1982, 70). Die Wiederherstellung ist auch dann unzumutbar, wenn Teile beschädigt wurden, die für die Sicherheit des Fahrzeuges von besonderer Bedeutung sind (LG Saarbrücken zfs 2002, 282).

359 Nach OLG Celle (NZV 2004, 586) liegt eine „erhebliche Beschädigung" vor, wenn **nicht nur Montageteile** auszutauschen, sondern **Karosserie und Fahrwerk in wesentlichen Teilen** wieder **aufzubauen** sind, ohne dass es auf das Verhältnis zwischen Reparaturkosten und Neupreis oder die Offenbarungspflicht des Unfallschadens bei einem Weiterverkauf ankäme. Ähnlich OLG Hamburg (NZV 2008, 555), wonach die Reparatur tragender Teile, die am Fahrzeug verbleiben und durch Richten und Schweißen instandgesetzt werden müssen (im dortigen Fall merkantile Wertminderung von 3.500 EUR bei Reparaturkosten von nur 5.400 EUR und Neupreis von 97.000 EUR), für eine „erhebliche Beschädigung" ausreichen. Bei einem **erst 15 Tage alten Fahrzeug** mit einer Laufleistung von 412 km kann bereits dann eine Abrechnung auf Neuwagenbasis gerechtfertigt sein, wenn **lediglich ein Heckabschlussblech** neu eingeschweißt und eine neue Fahrzeug-Ident-Nummer eingeschlagen werden müssen und dadurch Reparaturkosten von 1.700 EUR (13 % des Neupreises) entstehen (LG Mönchengladbach DAR 2006, 331).

Andere meinen, eine „erhebliche Beschädigung" läge nicht vor, wenn die Reparaturkosten weniger als 15 % des Neuwertes ausmachten bzw. bei reinen Blechschäden (OLG Celle zfs 1989, 340; OLG Köln zfs 1989, 158; OLG Düsseldorf zfs 1983, 38; OLG Hamm zfs 1989, 409; OLG Nürnberg zfs 1991, 45; OLG München zfs 1989, 158; vgl. zu weiteren Beispielen aus der Rechtsprechung *Schneider*, in: Berz/Burmann, Kap. 5 B Rn 23). 360

b) Neuwertigkeit

Neuwertigkeit wird in der Rechtsprechung nur bei einem Alter von nicht mehr als **einem Monat** und einer Fahrleistung bis zu **1.000 km** bejaht, auch wenn seit der Zulassung erst wenige Tage vergangen sind (BGH zfs 1982, 108 = NJW 1982, 433; zfs 1983, 268; VersR 2009, 1092, 1094; OLG Karlsruhe zfs 1992, 12; OLG Hamm VersR 1973, 1072; OLG Oldenburg zfs 1997, 136; OLG Hamm zfs 2000, 63; OLG Nürnberg NZV 2008, 559 = r+s 2009, 301; OLG Celle NZV 2013, 85). 361

In Ausnahmefällen hat die Rechtsprechung Neuwertigkeit bis zu **3.000 km** angenommen (BGH NJW 1982, 433; KG zfs 1986, 365; OLG Hamm VersR 1986, 1196; OLG Celle NZV 2013, 85; LG Braunschweig DAR 2011, 332 trotz Fahrleistung von 2.000 km wegen Beschädigung sicherheitsrelevanter Teile und Wertminderung von 2.000 EUR), wenn besonders schwerwiegende Schäden und bleibende Mängel eingetreten sind. 362

Bei einer Laufleistung **zwischen 1.000 und 3.000 km** kommt ein Neuwagenersatzanspruch nur dann in Betracht, wenn der **frühere Zustand** des Fahrzeuges durch eine Reparatur **auch nicht annähernd wiederhergestellt** werden kann (BGH zfs 1982, 108; 1984, 74; OLG Stuttgart zfs 1994, 49; OLG Hamm zfs 2000, 63) bzw. Teile beschädigt wurden, die für die Sicherheit des Fahrzeuges von besonderer Bedeutung sind und bei denen trotz Reparatur ein Unsicherheitsfaktor bleibt (LG Saarbrücken zfs 2002, 282). 363

364 Das kann der Fall sein, wenn
- sicherheitsrelevante Teile beschädigt sind und Unsicherheitsfaktoren bleiben;
- nach durchgeführter Reparatur erhebliche Schönheitsfehler verbleiben (z.B. sichtbare Schweißnähte, nicht sauber schließende Fahrzeugtüren, sichtbare Restverformungen);
- durch den Umfang der Beschädigung die Herstellergarantie zumindest beweismäßig gefährdet ist und der Haftpflichtversicherer des Schädigers nicht alsbald nach dem Unfall verbindlich seine Einstandspflicht für einen solchen Fall anerkennt.

365 Das ist jedoch z.B. nicht der Fall, wenn nach dem **spurlosen Auswechseln** von zwei Türen nur noch **geringfügige Karosseriearbeiten** ausgeführt werden müssen (OLG Hamm NZV 2001, 478). Dabei kommt es also auf das Merkmal der „**erheblichen Beschädigung**" an (so auch OLG Oldenburg zfs 1997, 136). Bloße „Unlustgefühle" sind nicht ersatzfähig. Allerdings können auch **irrationale Vorurteile** schadensrechtlich relevant werden, wenn sie allgemein verbreitet sind und sich **auf den Verkehrswert des Fahrzeuges** auswirken (BGH NJW 1967, 1202).

366 Die Möglichkeit folgenloser Schadensbeseitigung ist durch die Fortentwicklung der Reparatur- und Lackiertechnik so weit fortgeschritten, dass – wird auf die Einschätzung eines „**verständigen Kraftfahrzeughalters**" abgestellt – geringfügige Karosserie- oder Lackarbeiten an einem neuwertigen Fahrzeug nicht mehr ausreichen, um einen Neuwagenersatzanspruch zu bejahen.

367 *Tipp*

*Wenn ein Neuwagenersatzanspruch besteht, sollte immer **sofort telefonischer Kontakt** mit dem gegnerischen Versicherer aufgenommen werden, um zu klären, ob der Anspruch anerkannt wird (erfordert sofortiges Übermitteln des Sachverständigengutachtens über die Schadenshöhe an den Versicherer per Fax) und wie die Zeit bis zur Neulieferung überbrückt werden soll. Zu erörtern ist auch, durch wen die Restwertrealisierung und durch wen die Neubeschaffung erfolgen soll. Das Besprechungsergebnis sollte stets schriftlich per Fax bestätigt werden (vgl. § 8 Rdn 490 f.).*

368 Der Geschädigte ist zwar **berechtigt, nicht aber verpflichtet**, die **Verwertung des verunfallten Neuwagens** dem Schädiger bzw. seinem **Versicherer** zu überlassen. Der Schädiger/Haftpflichtversicherer hat – soweit bislang in der Rechtsprechung entschieden – gegen den Geschädigten **keinen Anspruch auf Herausgabe des beschädigten Fahrzeuges** (KG NJW-RR 1987, 16).

369 Entgegen einiger Argumentationsversuche der Versicherer lässt sich ein solcher Anspruch **nicht** aus der Entscheidung des BGH in NJW 1983, 2694 herleiten, auch nicht, dass gar die **Abrechnung auf Neuwagenersatzbasis von einer solchen Herausgabe abhängig** ist. Der BGH hat nämlich in der genannten Entscheidung ausschließlich die Frage behandelt, ob der Geschädigte stets verpflichtet ist, sich den Restwert des Unfallfahrzeuges anrechnen zu lassen, oder ob er statt dessen berechtigt sein kann, dem Haftpflichtversicherer gegen Erstattung des vollen Neubeschaffungspreises das Fahrzeugwrack anzubieten. Daraus folgt aber keineswegs umgekehrt, dass der Versicherer in jedem Falle der Neuwagenabrechnung die Ersatzleistung nur gegen Rückgabe des unfallbeschädigten Fahrzeuges zu erbringen hat.

Bei der Abrechnung ist ferner ein **zu erzielender Preisnachlass** (Rabatt) abzusetzen (OLG Karlsruhe DAR 1989, 106; OLG München VersR 1975, 916 – Werksangehörigenrabatt). Hier ist besonders auf die **Schadensminderungspflicht** des Geschädigten zu achten: Er muss alles daransetzen, mindestens den ortsüblichen Rabatt zu realisieren. 370

c) Ansprüche bei Neuwagenersatz

Art und Umfang der konkreten Ausgestaltung der Neuwagenersatzansprüche sind immer wieder streitig. Unstreitig ist, dass ein Neufahrzeug auch tatsächlich angeschafft werden muss (BGH VersR 2009, 1092; OLG Nürnberg zfs 1991, 45). **Einen fiktiven Neuwagenersatzanspruch gibt es also nicht.** 371

aa) Farbe und Ausstattung

Streitig ist oft, inwieweit der Geschädigte Anspruch auf ein exakt identisches anderweitiges Neufahrzeug hat oder ob und inwieweit er aus Gründen der Schadensminderungspflicht gehalten ist, andere **Fahrzeugfarben** und **Ausstattungen** zu akzeptieren. Das wird grundsätzlich zu verneinen sein, weil ihm in der Regel nicht zuzumuten ist, sich auf ein anderes als sein gerade neu erworbenes Wunschfahrzeug verweisen zu lassen. 372

Etwas anders könnte aber z.B. dann gelten, wenn der Geschädigte das beschädigte Fahrzeug „aus dem Schaufenster heraus" gekauft und damit dokumentiert hatte, dass es ihm auf ein individuell ausgestattetes Fahrzeug gar nicht ankommt. 373

bb) Händlerauswahl

Auf jeden Fall ist dem Versicherer in der Regel Gelegenheit zu geben, durch Abfrage bei den Händlern ein gleiches Fahrzeug aus einer Ausstellung oder von einem Lager zu beschaffen. Der Geschädigte hat im Rahmen seiner Schadensminderungspflicht grundsätzlich keinen Anspruch auf ausschließliche Lieferung durch den Händler seines Vertrauens, wenn dieser zu einer solchen schnellen Ersatzbeschaffung nicht in der Lage ist. Berechtigte und schwerwiegende **Einwände** gegen den (Ersatz-)Händler sind aber zu berücksichtigen. 374

cc) Beschaffungsprobleme

Probleme gibt es stets, wenn ein Ersatzfahrzeug nicht innerhalb vertretbarer Zeit zu beschaffen ist. Dann bieten sich folgende Lösungswege an: 375
- Mit Zustimmung und auf Kosten des Versicherers wird das verunfallte Fahrzeug **repariert** und der Geschädigte fährt es bis zur Lieferung des Neufahrzeuges

weiter (Abzug für Gebrauchsvorteile: 1–1,5 % des Listenpreises pro 1.000 km, OLG Schleswig VersR 1985, 373; KG DAR 1980, 245; OLG Karlsruhe VersR 1973, 471; OLG Nürnberg DAR 1980, 345).
- Der Geschädigte schafft sich zur Überbrückung ein **Interimsfahrzeug** an. Den Wertverlust, soweit er die vom Geschädigten zu tragenden Gebrauchsvorteile übersteigt, sowie Zulassungs- und Abmeldekosten trägt der Schädiger bzw. sein Versicherer.
- Der Schädiger bzw. sein Versicherer zahlen für die gesamte Zeitdauer bis zur Neulieferung **Nutzungsausfall** (OLG Koblenz r+s 2014, 46: 66 Tage zugesprochen).

376 *Tipp*
Wegen dieser Schwierigkeiten beim Neuwagenersatzanspruch empfiehlt es sich – besonders in Zweifelsfällen –, mit dem Mandanten und dem gegnerischen Versicherer besser eine **kaufmännische Lösung** zu vereinbaren: Erhöhung der von dem Sachverständigen errechneten **Wertminderung** (üblich ist Verdoppelung bis Verdreifachung) gegen Verzicht auf den Neuwagenersatzanspruch.

dd) Bemessung des Neupreises

377 Für die **Bemessung des Neupreises** kommt es auf den Zeitpunkt der Neulieferung bzw. im Prozess auf den Zeitpunkt der letzten mündlichen Verhandlung an, sodass zwischenzeitlich eingetretene **Preiserhöhungen** zu Lasten des Schädigers gehen (OLG Köln r+s 1993, 139).

378 Wird der Anspruch auf Neuwagenersatz klageweise geltend gemacht und das beschädigte Fahrzeug dem Schädiger oder seinem Haftpflichtversicherer zur Verfügung gestellt, muss ein Zug-um-Zug-Antrag gestellt und ferner die Feststellung beantragt werden, dass die Beklagten sich in Annahmeverzug befinden.

379 *Beachte*
Beim Neuwagenersatzanspruch ist der volle Neupreis der Gegenstandswert für die Gebührenberechnung des Anwalts. Beauftragt der Versicherer den Anwalt, die Verwertung des beschädigten Fahrzeuges zu übernehmen, handelt es sich gebührenrechtlich um eine neue Angelegenheit i.S.d. § 15 RVG, die vom Versicherer gesondert zu honorieren ist.

VII. Mehrwertsteuererstattung aufgrund des „2. Gesetzes zur Änderung schadensrechtlicher Vorschriften"

1. Historie

Literatur zur Mehrwertsteuererstattung vor dem 1.8.2002:

Bollweg, 2. Schadensrechtsänderungsgesetz, zfs-Sonderheft 2002, 1 ff.; *Heß*, Die MwSt-Abrechnung nach dem 2. Schadensrechtsänderungsgesetz, zfs 2002, 367; *Höfle*, Die abstrakte (fiktive) Schadensabrechnung soll abgeschafft und der Schmerzensgeldanspruch gekürzt werden, MittBl 1998, 35 ff.; *Kleine-Cosack*, Systembruch zu Lasten des Geschädigten, DAR 1998, 180 ff.; *Menken*, Die Abschaffung der Naturalrestitution – ein Geschenk für die Versicherungswirtschaft, DAR 1998, 250 ff.; *Otto*, Neue Grenzziehungen im Schadensersatzrecht, NZV 1998, 433 ff.; *Riedmeyer*, Umsatzsteuer beim wirtschaftlichen Totalschaden, DAR 2003, 159 ff.; *Schirmer/Marlow*, Die Erstattungsfähigkeit der Umsatzsteuer nach § 249 Abs. 2 S. 2 BGB n.F., DAR 2003, 441 ff.; *Wagner*, Das Zweite Schadensersatzrechtsänderungsgesetz, NJW 2002, 2049 ff.

Ursprünglich sollte das Recht auf fiktiven Schadensersatz qua Gesetz völlig beschnitten werden (2. Schadensrechtsänderungsgesetz vom 19.7.2002, BGBl I S. 2674 ff.). Der fragliche Passus sollte lauten: „Im Falle des Verzichts auf eine Wiederherstellung oder bei einer Wiederherstellung in sonstiger Weise bleiben die in den Kosten nach Satz 1 enthaltenen öffentlichen Abgaben bei der Feststellung des Schadensersatzes außer Ansatz. Ein zusätzlicher Minderwert kann nicht geltend gemacht werden."

380

Wie in der Begründung des Referentenentwurfes ausgeführt, hatte der Gesetzgeber also erwogen, die fiktive Abrechnung vollständig abzuschaffen und den Schadensausgleich danach zu bemessen, was tatsächlich zur Schadensbeseitigung aufgewandt wird (Referentenentwurf, Begründung, S. 8). Dies war jedoch **politisch nicht durchsetzbar** und erschien dem Gesetzgeber als ein zu weitgehender Eingriff in die von der Rechtsprechung anerkannte Form der umfassenden fiktiven Abrechnung der Reparaturkosten (Referentenentwurf, Begründung, S. 8).

381

Mangels Handhabbarkeit ist auch die Möglichkeit verworfen worden, nicht nur die Mehrwertsteuer, sondern alle öffentlichen Abgaben (z.B. auch Lohnnebenkosten, Steuern, Abgaben etc. – als sog. durchlaufende Posten –) von der Neuregelung zu erfassen (dies war noch in dem Entwurf aus der 13. Legislaturperiode vorgesehen, s. Begründung S. 7). Dies hätte geschätzt einen Betrag von 25–30 % ausgemacht, was aber praktisch nicht handhabbar war, sodass der Gesetzgeber sich bei seinem Entwurf auf den großen Faktor unter den durchlaufenden Posten, den abgrenzbaren Betrag der Umsatzsteuer (derzeit 19 %) beschränkt hat (Referentenentwurf, Begründung, S. 8).

382

Damit würde der Geschädigte nicht mehr den Marktpreis erhalten, der zur Schadensbehebung erforderlich ist. Erfreulicherweise ist dieser Gesetzesentwurf nicht verabschiedet worden. Ein **Bruch mit der rechtssystematisch überzeugenden Rechtsprechung zu Lasten des Geschädigten** konnte damit **zunächst vermieden** werden (mehr dazu bei *Kleine-Cosack*, Systembruch zu Lasten des Geschädigten, DAR 1998, 180 ff.; *Menken*, Die Abschaffung der Naturalrestitution – ein Geschenk für die Versicherungswirtschaft, DAR 1998, 250).

383

Der 38. Verkehrsgerichtstag 2000 hatte sich wiederum mit diesem Problemkreis zu befassen. **Auf Betreiben der Versicherer** wurde erneut diskutiert, ob § 249 BGB nicht vollständig geändert bzw. um einen Satz 3 ergänzt werden sollte, damit der fiktiven Schadensabrechnung entgegengewirkt werden kann. Die Versicherer dach-

384

ten dabei an einen pauschalen Abzug von 25 %, zumindest aber 16 %, also in Höhe der seinerzeitigen Mehrwertsteuer, bei nicht durchgeführter Reparatur.

385 Das hat der Arbeitskreis III mit folgender Entschließung **abgelehnt**:

„Eine Änderung der Berechnung des Schadensersatzes (§ 249 BGB) wird abgelehnt. Der Geschädigte darf auch in Fällen der so genannten fiktiven Reparaturkostenabrechnung nicht in seiner Freiheit, über den vollen ungeschmälerten Entschädigungsbetrag verfügen zu dürfen, eingeschränkt werden."

2. Seit dem 1.8.2002 geltendes Recht
Literatur zur Mehrwertsteuererstattung nach dem 1.8.2002:

Gebhardt, Totalschaden bzw. Ersatzbeschaffung und Mehrwertsteuer, zfs 2003, 157 f.; *Goebel/Wilhelm-Lenz/Arnold*, Das neue Verkehrszivilrecht, 2002; *Heinrich*, Die MwSt-Erstattung im Totalschadensfall, zfs 2004, 145 ff.; *ders.*, Die Mehrwertsteuer-Erstattung bei fiktiver Reparaturkostenabrechnung und Ersatzbeschaffung, DAR 2013, 487; *Heß*, Die MWSt-Abrechnung nach dem 2. Schadensrechtsänderungsgesetz, zfs 2002, 367 ff.; *Huber*, Das neue Schadensersatzrecht, 2003; *Kröger*, Ersatz von Umsatzsteuer bei Ersatzanschaffung trotz wirtschaftlich gebotener Abrechnung auf Reparaturkostenbasis?, NZV 2013, 328; *Kuhn*, Rechtsprechung zur Abrechnung des wirtschaftlichen Totalschadens, DAR 2005, 68 ff.; *Queiser*, Notwendigkeit und Bestimmung des Umsatzsteueranteils im Wiederbeschaffungswert, zfs 2003, 482 ff.; *Riedmeyer*, Umsatzsteuerersatz beim wirtschaftlichen Totalschaden, DAR 2003, 159 ff.

386 Gleichwohl und **gegen die dringenden Empfehlungen bedeutender Schadensrechtler** ist aber folgende Änderung des Gesetzestextes eingeführt worden:

§ 249 BGB

(1) Wer zum Schadensersatze verpflichtet ist, hat den Zustand herzustellen, der bestehen würde, wenn der zum Ersatze verpflichtende Umstand nicht eingetreten wäre.

(2) Ist wegen Verletzung einer Person oder wegen Beschädigung einer Sache Schadensersatz zu leisten, so kann der Gläubiger statt der Herstellung den dazu erforderlichen Geldbetrag verlangen. Bei der Beschädigung einer Sache schließt der nach Satz 1 erforderliche Geldbetrag die Umsatzsteuer nur mit ein, wenn und soweit sie tatsächlich angefallen ist.

387 Schon diese Änderung barg **nicht unerheblichen Zündstoff**. Zwar wurden die von der Rechtsprechung entwickelten Grundsätze zur Abrechnung des Kfz-Schadens nicht verändert. Zu den bisherigen Streitfragen und Problemfällen sind jedoch durch das Gesetz neue hinzukommen.

388 Mit dieser Änderung ist der **Umfang des Schadensersatzes** neu gestaltet worden. Dabei sollte zwar der Grundsatz der Naturalrestitution auch weiterhin das bestimmende Prinzip bleiben. Der Geschädigte sollte – wahlweise – auch weiterhin die Herstellung des ursprünglichen Zustands durch den Schädiger (§ 249 Abs. 1 BGB) oder den hierfür erforderlichen Geldbetrag (§ 249 Abs. 2 S. 1 BGB) verlangen können.

C. Feststellung des Fahrzeugschadens §7

Ein Schwerpunkt der Änderung lag jedoch in einer **Modifizierung der Abrechnung von Sachschäden**. Ausgangspunkt der Überlegungen des Gesetzgebers waren die **drei wesentlichen Grundsätze**, die das Schadensersatzrecht bestimmen: 389

- der Grundsatz der **Totalreparation**, der einen vollständigen Schadensausgleich für den Geschädigten vorsieht,
- der Grundsatz der **Wirtschaftlichkeit**, nach dem von mehreren gleichwertigen Wegen zur Schadensbeseitigung der wirtschaftlich vernünftigste zu wählen ist,
- und das **Verbot einer Überkompensation**, nach dem der Schadensersatz nicht über die Wiederherstellung des ursprünglichen Zustands hinausgehen oder zu einer **Bereicherung** des Geschädigten führen darf.

Der Gesetzgeber verfolgte – so der Wortlaut seiner Begründung – bei Erhaltung der Dispositionsfreiheit des Geschädigten das Anliegen, den **Grundgedanken einer konkreten Schadensabrechnung** wieder stärker in den Mittelpunkt zu rücken und die Gefahr einer Überkompensation dadurch zu verringern, dass der Umfang des Schadensersatzes stärker als bisher daran ausgerichtet wird, welche Dispositionen der Geschädigte **tatsächlich** zur Schadensbeseitigung trifft. Zu diesem Zweck sollte **Umsatzsteuer** nur noch dann und in dem Umfang als Schadensersatz erstattet werden, als sie zur Schadensbeseitigung **tatsächlich angefallen** ist. **Der Ersatz „fiktiver" Umsatzsteuer wurde ausgeschlossen**. 390

Schon die namentliche Aufführung der Umsatzsteuer in der grundlegenden Schadensersatznorm des BGB, nämlich der des § 249 BGB, stellt aber einen erheblichen und **rechtsdogmatisch nicht nachvollziehbaren Eingriff** in die Gesetzessystematik des allgemeinen Schuldrechts dar. 391

Der Bundesrat wies bereits darauf hin, dass der Begriff „**angefallen**" u.U. in Verbindung mit der Entwurfsbegründung (Seite 53 Mitte und 54) missverständlich sein kann. Er geht davon aus, dass der Schadensersatzanspruch die Umsatzsteuer nicht mit einschließt, wenn diese lediglich nach § 14 Abs. 3 UStG a.F. (aufgrund unberechtigten Umsatzsteuerausweises) geschuldet wird oder der Geschädigte **lediglich einen umsatzsteuerpflichtigen Auftrag erteilt** hat. Es darf aber nicht sein, dass die Umsatzsteuer bereits dann zum Schadensumfang zu rechnen ist, wenn lediglich ein umsatzsteuerpflichtiger Rechnungsauftrag erteilt ist (Manipulationsgefahr). Es soll – so der Bundesrat – klargestellt werden, dass entsprechend der Begründung Umsatzsteuer **nicht schon dann** erstattet wird, wenn sie lediglich geschuldet bzw. lediglich ein umsatzsteuerpflichtiger **Auftrag erteilt** worden ist. 392

Nach der früheren Rechtslage (§ 249 BGB a.F.) konnte der Geschädigte, der einen Körper- oder Sachschaden erlitten hat, frei darüber entscheiden, ob er die **Herstellung** des ursprünglichen Zustands durch den Schädiger ausführen lässt oder ob er **statt der Herstellung** durch den Schädiger den **dafür erforderlichen Geldbetrag** verlangt. Der Gesetzgeber meint nun, dem Gesetzeswortlaut könne angeblich nicht eindeutig entnommen werden, ob unter dem „dafür erforderlichen Geldbetrag" der Betrag für eine **wirklich durchgeführte** oder auch der Betrag für eine **nur gedach-** 393 te Schadensbeseitigung zu verstehen ist. Seine **Dispositionsfreiheit war uneingeschränkt** gegeben. Er brauchte nicht in die Reparatur des geschädigten Gegenstandes zu investieren bzw. keine Ersatzbeschaffung betreiben, insbesondere nicht für Ersatz des **gleichen** Gegenstandes sorgen, sondern konnte frei disponieren, sich also von dem Geldbetrag auch einen **anderen** Gegenstand kaufen.

394 Die **höchstrichterliche Rechtsprechung** (siehe oben Rdn 105 ff.) hat sich bei der Abrechnung des reinen Sachschadens – im Unterschied zu der Abrechnung von Personenschäden und Sachfolgeschäden (z.b. Sachverständigenkosten, Kosten für die Anmietung einer Ersatzsache während der Dauer der Schadensbeseitigung) – für die zuletzt genannte Betrachtungsweise entschieden und räumt dem Geschädigten insoweit die **Möglichkeit einer fiktiven Schadensabrechnung** ein. Nach dieser Rechtslage konnte der Geschädigte – unabhängig von seinem Umgang mit der beschädigten Sache – fiktiv auf Gutachtenbasis abrechnen und erhielt z.B. die Kosten, die bei einer Reparatur in einer Fachwerkstatt anfallen würden, **auch dann in vollem Umfange**, also inklusive Mehrwertsteuer ersetzt, wenn er eine **Reparatur billiger durchführen** ließ, selbst reparierte oder sogar ganz auf eine Behebung des Sachschadens verzichtete.

395 Der Gesetzgeber meint nun, diese Form der abstrakten Schadensabrechnung könne insoweit zu einer **Überkompensation** führen, als dem Geschädigten Schadensposten ersetzt werden, die nach dem von ihm selbst gewählten Weg zur Schadensbeseitigung **gar nicht angefallen** sind. Das liege an der Bezugsgröße, welche die Rechtsprechung der fiktiven Abrechnung von Sachschäden zugrunde lege, nämlich „die für die Behebung des Schadens üblicherweise erforderlichen Reparaturkosten" (vgl. z.B. BGH NJW 1973, 1647; VersR 1985, 865; NJW 1989, 3009; NJW 1992, 1618).

396 Diese Kosten – so meinte der Gesetzgeber ursprünglich sogar – würden zu einem erheblichen Teil durch **preisbildende Faktoren** geprägt, deren Wert den an dem Reparaturvorgang direkt Beteiligten in keiner Weise zugutekommt, da es sich um „**durchlaufende Posten**" in Form von Steuern, Abgaben und Lohnnebenkosten handelt. Als Bestandteile des Preises gehen sie in die Schadensersatzsumme ein. Der Geschädigte habe jedoch, wenn er selbst repariert oder auf eine Beseitigung des Sachschadens ganz verzichtet, aus dem ihm zufließenden Schadensersatz **keinerlei Ausgaben** dieser Art zu entrichten. Sehe man einmal von den reinen Sachkosten einer Reparatur ab, so vereinnahme der Geschädigte, der seinen Schaden selbst repariert, für seine Mühewaltung in Form dieses Schadensersatzes einen ungleich höheren Betrag als der mit der Reparatur beauftragte Arbeitnehmer netto erhält sowie das Reparaturunternehmen an Gewinn aus diesem Geschäft erzielt.

397 Die Änderung bestimmt nun lediglich noch, dass **Umsatzsteuer** nur noch dann und insoweit zu ersetzen ist, als sie **tatsächlich anfällt**. Damit bleibt zwar die Möglichkeit einer fiktiven Abrechnung bei der Beschädigung von Sachen erhalten. Aber ihr **Umfang mindert sich**, da die fiktive Umsatzsteuer als zu ersetzender Schadensposten entfällt. Umsatzsteuer soll nur noch dann ersetzt verlangt werden können, wenn und soweit sie **zur Wiederherstellung des ursprünglichen Zustands** durch Reparatur oder Ersatzbeschaffung eines **gleichen** Gegenstandes auch **tatsächlich anfällt**, d.h. wenn und soweit sie der Geschädigte zur Wiederherstellung aus seinem Vermögen **aufgewendet** oder er sich hierzu verpflichtet hat. Sie soll hingegen nicht mehr ersetzt verlangt werden können, wenn und soweit sie nur fiktiv anfällt, weil es zu einer umsatzsteuerpflichtigen Reparatur oder Ersatzbeschaffung bei einem Fachbetrieb oder einem anderen umsatzsteuerpflichtigen Unternehmer i.s.d. § 2 UStG nicht kommt.

Auf diese Weise soll der **Ersatz des reinen Sachschadens** von einer abstrakten Berechnung gelöst und mehr an dem konkreten Schaden ausgerichtet werden, der davon abhängt, ob eine Beseitigung des Schadens erfolgt und welchen Weg der Geschädigte zur Schadensbeseitigung wählt. 398

In der **Begründung zu dem Gesetzesentwurf** heißt es dazu: 399

„Mit der Neuregelung soll der Tatsache Rechnung getragen werden, dass im Falle eines Verzichts auf eine umsatzsteuerpflichtige Wiederherstellung Umsatzsteuer tatsächlich nicht anfällt und damit keinen Gegenwert in der wiederhergestellten Sache findet, sondern als bloßer Rechnungsposten in die Berechnung des zur Herstellung erforderlichen Geldbetrags eingeht. Andernfalls erhielte der Geschädigte einen Ausgleich für einen Schaden, der sich konkret bei ihm nicht so realisiert hat. Zwar ließe sich der Einwand erheben, dass der Geschädigte regelmäßig auch dann Umsatzsteuer entrichten muss, wenn er den als Schadensersatz erhaltenen Geldbetrag zu einem anderen Zweck als zur Schadensbeseitigung verwendet (so z.B. wenn der Geschädigte von dem Geld in den Urlaub fährt, anstatt die beschädigte Sache reparieren zu lassen). Dieser Einwand übersieht jedoch die originäre Funktion des Schadenersatzes, die in der Wiederherstellung des früheren Zustands liegt und nicht darin, dem Geschädigten anlässlich des Schadensfalles eine Neuverteilung seines Vermögens zu ermöglichen. Es steht deshalb im Einklang mit dem Restitutionsprinzip, die Umsatzsteuer nur dann zu ersetzen, wenn sie zur Wiederherstellung des früheren Zustands eingesetzt wird und nicht dann, wenn es um eine – aus der Sicht des Schadensersatzrechts – zweckfremde Verwendung geht."

Der Gesetzgeber stellt sich damit in **Widerspruch zu der Ansicht aller namhaften Schadensrechtler**, soweit sie nicht aus den Reihen der Versicherer stammen. Insbesondere verlangt der Gesetzgeber zum Werterhalt nunmehr die vollumfängliche Re-Investition. Damit **schränkt der Gesetzgeber die Dispositionsfreiheit des Geschädigten** in rechtsdogmatisch inakzeptabler Weise ein, indem er ihm vorschreibt, dass er zu reinvestieren habe, ansonsten erhalte er nicht den vollen Schadensersatz. Diese **Re-Investition** muss sogar **in den gleichen Gegenstand erfolgen**, was einen **inakzeptablen Eingriff in die Dispositionsfreiheit** des Geschädigten darstellt. 400

§ 7 Materielle Schadenspositionen – Fahrzeugschaden

401 Die Begründung, der Geschädigte solle am Schaden nicht verdienen, was im Hinblick auf die Mehrwertsteuer der Fall sei, wenn er nicht reinvestiere, ist falsch. Denn der infolge eines Schadensereignisses erlangte Geldbetrag wird von dem Geschädigten ja unzweifelhaft wieder ausgegeben und so fließt dem Staat in jedem Falle die Mehrwertsteuer wieder zu.

402 Denn das **gilt ja nicht nur für Kraftfahrzeuge**: Wer sich z.B. eine Uhr, eine Glasvase, einen Hund gekauft hat, die bzw. der von einem Schädiger beschädigt, zerstört oder getötet wird, erhält die Mehrwertsteuer nur, wenn er in die Reparatur oder die Wiederbeschaffung **des gleichen Gegenstandes** investiert, nicht, wenn er sich für das Geld etwas anderes kauft. Damit ist die **Dispositionsfreiheit** des Geschädigten derartig **massiv beschnitten**, dass sie im konkreten Fall schlicht **nicht mehr existiert**. Ein solcher massiver Eingriff in dieses gesetzlich verbriefte Recht des Geschädigten ist **rechtsdogmatisch vollkommen unbegreiflich**. Das deckt sich lediglich mit den **wirtschaftlichen Interessen der Versicherer**, sich selbst die alleinige Dispositionsbefugnis zuweisen zu lassen (vgl. § 1 Rdn 107 ff.).

403 Dazu ein **Beispiel**, das zeigt, dass das Gesetz zumindest als dogmatisch und steuerrechtlich schlichtweg „verunglückt" bezeichnet werden muss:

> *Beispiel*
> Der Geschädigte hat unmittelbar vor dem Unfall einen bestimmten Gegenstand (z.B. eine wertvolle Uhr) gekauft und dafür z.B. 10.000 EUR zuzüglich 19 % Mehrwertsteuer, also 11.900 EUR bezahlt. Durch einen Unfall unmittelbar nach Verlassen des Geschäftes wird der Gegenstand sogleich zerstört. Der Geschädigte will aber nicht in den Kauf des gleichen Gegenstandes oder dessen Reparatur investieren, sondern sich einen anderen, vollkommen gleichwertigen, aber nicht identischen Gegenstand (z.B. ein wertvolles Schmuckstück) kaufen. Das verwehrt ihm aber der Gesetzgeber! Wenn er nicht wieder in eine Uhr re-investiert, verliert er 1.900 EUR; er erhält nur 10.000 EUR vom Versicherer des Schädigers ersetzt, obwohl er für den anderen Gegenstand (Schmuckstück) exakt den gleichen Mehrwertsteuerbetrag zahlen muss wie für den ursprünglichen Gegenstand (Uhr). Und wer entscheidet eigentlich, ob eine Re-Investition vorliegt oder nicht, ob „Uhr" gleich „Schmuck" zu setzen ist oder nicht? Der Versicherer?
>
> Wenn der Geschädigte nun für den Netto-Schadensersatzbetrag einen anderen Gegenstand erworben hat, der dann ebenfalls sofort wieder durch ein Unfallereignis zerstört wird, erhält er – wenn er nicht re-investiert – nur noch 8.403 EUR, beim nächsten Unfall nur noch 7.062 EUR usw., bis er nach entsprechender Anzahl von Unfällen und nicht getätigter Re-Investitionen **eines Tages gar nichts mehr** hat.

404 Den gesamten ursprünglichen Betrag in Höhe von 11.900 EUR hat dann letztlich – wirtschaftlich betrachtet – die **Versicherungswirtschaft** erhalten, die diesen Betrag gespart hat. Das sei nur zu der Intention des Gesetzgebers angemerkt, eine **Berei-**

cherung des Geschädigten zu vermeiden. Geschaffen wurde damit lediglich eine **ungerechtfertigte Bereicherung der Versicherungswirtschaft.**

Das Kuriose ist dann noch, dass der **Staat die Mehrwertsteuer auch nicht erhält,** also fiskalisch betrachtet sich selbst einen Bärendienst erwiesen hat. Denn: Was hätte der Geschädigte des ersten Unfalls mit den 11.900 EUR getan, wenn er nicht re-investiert hätte? Er hätte den Betrag **ausgegeben.** Und bei jeder Ausgabe wäre dann die **Mehrwertsteuer** für den Staat **angefallen.** 405

Die Dispositionsfreiheit des Geschädigten muss vielmehr stets **innerhalb der Grenzen der Erforderlichkeit unangetastet** bleiben. Er soll frei entscheiden können, wie er mit der beschädigten Sache verfahren will, ob er sie in einer Fachwerkstatt reparieren lässt, ob er sie selbst repariert, ob er eine Ersatzbeschaffung vornimmt oder den Sachschaden überhaupt nicht behebt. Trifft er aber seine Disposition im Geltungsbereich der neuen Regelung, wird er berücksichtigen müssen, dass er die in den Reparatur- oder Ersatzbeschaffungskosten enthaltene **Umsatzsteuer nicht mehr** unabhängig von ihrem tatsächlichen Anfall erhält. 406

Im Einzelnen bedeutet die Neuregelung für die verschiedenen **Dispositionsmöglichkeiten** des Geschädigten Folgendes: 407

- Wenn für eine Reparatur des Sachschadens Umsatzsteuer anfällt, ist diese in vollem Umfang zu ersetzen. Damit entstehen dem Geschädigten, der seine beschädigte Sache durch eine Fachwerkstatt oder einen anderen umsatzsteuerpflichtigen Unternehmer reparieren lässt, gegenüber der derzeitigen Rechtslage keine Nachteile. Neu ist für ihn lediglich, dass er im Bestreitensfalle **nachzuweisen** hat, dass die von ihm geforderte Umsatzsteuer zur Reparatur auch tatsächlich angefallen ist. Dazu genügt die **Vorlage** einer entsprechenden **Rechnung.**

- Entscheidet sich der Geschädigte dafür, die beschädigte Sache außerhalb einer Fachwerkstatt oder eines umsatzsteuerpflichtigen Unternehmens zu reparieren, sei es durch Eigenleistung, sei es unter Zuhilfenahme fremder Arbeitsleistung, erhält er die **Umsatzsteuer genau in der Höhe** ersetzt, in der sie zur Reparatur angefallen ist: Kauft er z.B. die zur Reparatur erforderlichen **Ersatzteile** und ist im Kaufpreis Umsatzsteuer enthalten, repariert er die beschädigte Sache aber selbst, so kann er die Ersatzteilkosten in dem **nachgewiesenen Umfang** vollständig, also unter Einschluss der Umsatzsteuer, die Arbeitskosten indes nur in dem nach § 249 Abs. 2 S. 2 BGB reduzierten Umfang ersetzt verlangen.

- Diese Grundsätze gelten auch für den Fall, dass die Wiederherstellung durch **Ersatzbeschaffung** erfolgt. Wird eine gleichwertige Sache als Ersatz beschafft und fällt dafür Umsatzsteuer an, so ist die **Umsatzsteuer im angefallenen Umfang** zu ersetzen. Fällt für die Beschaffung einer gleichwertigen Ersatzsache – etwa beim Kauf von Privat – keine Umsatzsteuer an, ist sie auch nicht zu ersetzen. Eine Ausnahme gilt nach der neueren Rechtsprechung des BGH dann, wenn der Geschädigte ein Ersatzfahrzeug zu einem Preis erwirbt, der dem im

Sachverständigengutachten ausgewiesenen (Brutto-)Wiederbeschaffungswert entspricht oder diesen übersteigt. Dann erhält der Geschädigte im Wege konkreter Schadensabrechnung die Kosten der Ersatzbeschaffung bis zur Höhe des (Brutto-)Wiederbeschaffungswerts des unfallbeschädigten Fahrzeugs (unter Abzug des Restwerts) ersetzt unabhängig davon, ob in dem bei der Ersatzbeschaffung aufgewendeten Kaufpreis die Regelumsatzsteuer, eine Differenzsteuer oder keine Umsatzsteuer enthalten ist (BGH VersR 2005, 994, 995; BGH VersR 2006, 238, 239; vgl. Rdn 454 ff.).

- Der Geschädigte kann auch wie bisher auf eine Reparatur oder Ersatzbeschaffung der beschädigten Sache ganz verzichten und stattdessen den hierfür erforderlichen Geldbetrag verlangen. In diesem Fall erhält er jedoch – entgegen der bisherigen Rechtslage – nicht mehr den vollen, sondern den **um die Umsatzsteuer reduzierten Geldbetrag**. Dies gilt sowohl für den Fall, dass sich der erforderliche Geldbetrag nach den fiktiven Reparaturkosten richtet, als auch für den Fall, dass er sich nach den fiktiven Kosten für die Beschaffung einer gleichwertigen Ersatzsache richtet, weil die Reparaturkosten die Ersatzbeschaffungskosten unverhältnismäßig übersteigen würden. Wird in letzterem Fall der fiktiven Abrechnung auf Ersatzbeschaffungsbasis eine **Differenzbesteuerung nach § 25a UStG** zugrunde gelegt, wie es heute insbesondere im Handel mit gebrauchten Kraftfahrzeugen weit verbreitet ist, so ist Bemessungsgrundlage für die bei Wiederherstellungsverzicht in Abzug zu bringende Umsatzsteuer die Differenz zwischen Händlereinkaufs- und Händlerverkaufspreis. Im Bereich der Kraftfahrzeugschäden finden sich die hierzu notwendigen Angaben über Händlereinkaufs- und Händlerverkaufspreise in den Veröffentlichungen der einschlägigen Informationsdienste (DAT, Schwacke usw.). Sie können dem Gutachten, das regelmäßig der fiktiven Abrechnung auf Ersatzbeschaffungsbasis zugrunde gelegt wird, als Orientierung dienen. In der Praxis wird im Falle der Differenzbesteuerung regelmäßig pauschal davon ausgegangen, dass im Bruttowiederbeschaffungswert 2 % Umsatzsteuer (sog. Differenzsteuer) enthalten sind.
- Nach der Neuregelung bleibt auch die Möglichkeit bestehen, dem von der Rechtsprechung konkretisierten Wirtschaftlichkeitspostulat nicht zu folgen, sondern eine **andere Art der Wiederherstellung** zu wählen und auf der Basis der wirtschaftlich gebotenen Wiederherstellung fiktiv abzurechnen. So kann der Geschädigte nach wie vor etwa **eine höherwertige Ersatzsache** anschaffen. Er kann auch statt einer wirtschaftlich gebotenen Reparatur Ersatz beschaffen oder statt einer wirtschaftlich gebotenen Ersatzbeschaffung eine Reparatur vornehmen. In jedem Fall kann er jedoch wie bisher nur die Kosten für die wirtschaftlich gebotene Wiederherstellung verlangen.
- In diesen Fällen kommt es für den Ersatz der Umsatzsteuer nur darauf an, ob sie zur Wiederherstellung des ursprünglichen Zustands **angefallen** ist, nicht aber darauf, welchen Weg der Geschädigte zur Wiederherstellung beschritten hat.

Auch wenn der Geschädigte das **Gebot der Wirtschaftlichkeit** verletzt und nicht den zumutbaren Weg zur Schadensbeseitigung wählt, der den geringeren Aufwand erfordert, so verliert er damit nicht den Anspruch auf Ersatz der Umsatzsteuer, wenn auf dem von ihm gewählten Weg Umsatzsteuer anfällt. Sein Anspruch ist jedoch auf den Umsatzsteuerbetrag begrenzt, der bei dem wirtschaftlich günstigeren Weg angefallen wäre: Fällt bei der konkreten Wiederherstellung Umsatzsteuer auf das Entgelt für die Reparatur oder Ersatzbeschaffung an (§ 10 Abs. 1 UStG), kann sie bis zur Höhe des Umsatzsteuerbetrages verlangt werden, der bei der wirtschaftlich günstigeren Wiederherstellung angefallen wäre, gleichviel, ob bei dieser Abrechnung auf der Basis des wirtschaftlich günstigeren Weges ebenfalls das Entgelt für die Reparatur oder Ersatzbeschaffung (§ 10 Abs. 1 UStG) oder die Differenz zwischen Händlereinkaufs- und Händlerverkaufspreis (§ 25a UStG) als Bemessungsgrundlage der Umsatzsteuer zugrunde gelegt wird (BGH zfs 2004, 408 ff.).

- Gleiches gilt, wenn bei der konkreten Wiederherstellung Umsatzsteuer nur auf die **Differenz zwischen Händlereinkaufs- und Händlerverkaufspreis** anfällt (§ 25a UStG). Zwar lässt sich in diesem Fall die konkret angefallene Umsatzsteuer wegen § 25a Abs. 6 UStG nicht in einer Rechnung ausweisen. Sie kann aber gleichwohl im Rahmen der **Schadensschätzung nach § 287 ZPO** ermittelt werden. Als Orientierung kann die Umsatzsteuer auf die gutachterlich bestimmbare Differenz zwischen Händlereinkaufs- und Händlerverkaufspreis der konkret angeschafften Ersatzsache dienen. Der so ermittelte Betrag ist bis zur Höhe des Umsatzsteuerbetrages zu ersetzen, der bei dem wirtschaftlich günstigeren Weg angefallen wäre. Fällt schließlich bei der konkreten Wiederherstellung überhaupt keine Umsatzsteuer an, ist Umsatzsteuer auch nicht ersetzbar. Unbelassen bleibt dem Geschädigten schließlich die Möglichkeit, seinen Schadensersatzanspruch abzutreten. Die Geltendmachung der Umsatzsteuer durch den Zessionar richtet sich in diesem Falle danach, ob und in welchem Umfang dieser umsatzsteuerpflichtige Maßnahmen zur Wiederherstellung ergreift.

Es besteht aber noch Klärungsbedarf, wann die Mehrwertsteuer tatsächlich i.S.d. Neuregelung „**angefallen**" ist: **408**

- Reicht es aus, dass der Geschädigte einen umsatzsteuerpflichtigen Auftrag erteilt hat, obwohl es sich nicht um eine umsatzsteuerpflichtige Reparatur handelt?
- Reicht es aus, dass der Rechnungsaussteller die Umsatzsteuer in seine Rechnung aufgenommen hat, obwohl er dazu nicht berechtigt ist?
- Reicht es aus, dass der Geschädigte eine derartige Rechnung vorlegt, oder muss die Rechnung bezahlt sein und ein Zahlungsnachweis vorgelegt werden?

Es ist von folgenden Grundsätzen auszugehen: **409**

- Der Geschädigte, dem unberechtigt Mehrwertsteuer in Rechnung gestellt wird und der sie dann – unwissend – auch bezahlt, hat einen Anspruch gegen den Schädiger auf Erstattung. Wie auch sonst haftet der Schädiger grundsätzlich

- auch für nachträgliches Fehlverhalten eines Dritten, das zur Schadensausweitung führt (Werkstattfehler, überhöhte Mietwagenpreise usw.).
- Zweifelhaft ist, ob der Versicherer vom Geschädigten den **Nachweis** verlangen kann, dass er die Mehrwertsteuer auch **tatsächlich bezahlt** hat. Das würde nämlich bedeuten, dass jeder Geschädigte bei Rechnungsvorlage zunächst lediglich deren Nettobetrag ausgezahlt bekommen würde. Erst nach Vorlage eines Zahlungsnachweises (Quittung) würde er dann die Mehrwertsteuer erhalten. Das würde die Regulierung weiter verzögern, einen zusätzlichen Verwaltungsaufwand mit sich bringen und einen Zinsnachteil für den Geschädigten sowie einen entsprechenden Zinsvorteil für den Versicherer bedeuten. Aus der Begründung des Gesetzentwurfes – es soll keine Überkompensation beim Geschädigten eintreten – kann das Gesetz nur so ausgelegt werden, dass das Anfallen der Mehrwertsteuer bedeutet, dass der Geschädigte diesen Betrag zur Wiederherstellung aus seinem Vermögen auch tatsächlich aufgewandt hat (LG Aurich DAR 2005, 221 f.; *Bollweg*, Sonderheft zfs 2002, 3). Dies dürfte aber ein Problem sein, mit dem sich die Rechtsprechung zu befassen haben wird. Jedenfalls wird der Geschädigte aber einen Anspruch auf **Befreiung von der Mehrwertsteuerverbindlichkeit** haben.

410 In der Praxis der **Schadenregulierung** wird so verfahren, dass bei seriösen Rechnungen mit ausgewiesener Mehrwertsteuer diese zur schnelleren, unkomplizierten Abrechnung auch **ohne Zahlungsnachweis** erstattet wird. Die Rechnungen werden (falls die Zahlung nicht ohnehin schon unmittelbar an die Werkstatt erfolgt) auch ohne Zahlungsnachweis durch den Geschädigten an diesen gezahlt. Bestehen aber ernsthafte **Zweifel** daran, dass die Mehrwertsteuer, die in der Rechnung ausgewiesen ist, auch **tatsächlich bezahlt** wird, dann ist es möglich und durch den Schädiger auch ausreichend, wenn er den Nettobetrag bezahlt und gleichzeitig die verbindliche Erklärung zur **Freistellung von der Mehrwertsteuerzahlung** abgibt. Auf eine solche Freistellungserklärung hat der Geschädigte in jedem Fall einen Anspruch.

3. Mehrwertsteuererstattung im Reparaturfall

a) Abrechnung nach tatsächlich entstandenen Reparaturkosten

411 Die einschließlich Mehrwertsteuer **tatsächlich bezahlte Reparaturkostenrechnung** wird beim Versicherer eingereicht und muss dann einschließlich der gezahlten Mehrwertsteuer erstattet werden. Es ergibt sich keine Änderung zur bisherigen Abrechnungspraxis. Im Falle des Bestreitens muss der Geschädigte den „Anfall der Mehrwertsteuer" nachweisen.

412 Das gilt im Übrigen auch für den **Staat und seine eigenen Schadensersatzansprüche**, z.B. bei den üblichen Schäden an **Leitplanken** u.Ä. Der BGH hat diese Frage inzwischen entschieden (BGH zfs 2005, 124 ff. = DAR 2005, 19 ff. mit Anmerkung von *Halm*, der sich kritisch mit diesem Urteil auseinandersetzt). Danach steht auch

dem Staat ein Anspruch auf Ersatz der Mehrwertsteuer zu, wenn er die Reparaturrechnung an eine Fachfirma bezahlt hat, obwohl die Umsatzsteuer letztlich über die Abführung an das Finanzamt mittelbar wiederum dem Staate zufließt. Es liegt **kein Fall des Vorteilsausgleichs** vor. Dies würde nämlich voraussetzen, dass sich ein durch den Schadensfall ausgelöster Vorteil **dauerhaft** im Vermögen des Geschädigten niederschlägt und dadurch die endgültige Schadensbilanz verringert. Demgegenüber ergibt sich der Anspruch der Bundesrepublik auf die Umsatzsteuer aus der **Steuerhoheit des Staates**, und zwar unabhängig davon, auf welchem umsatzsteuerpflichtigen Geschäft er beruht (*Müller*, Aktuelle Fragen des Haftungsrechts, zfs 2005, 54, 56).

b) Abrechnung des Reparaturaufwandes fiktiv auf Gutachtenbasis

Dieser Fall ist ebenfalls unproblematisch. Hier kann der Geschädigte nur noch den **Nettobetrag** verlangen. Sind die geschätzten Kosten im Gutachten inkl. Mehrwertsteuer errechnet, ist der angegebene Reparaturkostenbetrag um die darin enthaltenen 19 % Mehrwertsteuer, also um ca. 15,97 %, zu kürzen.   **413**

Die Frage, ob der Geschädigte, der später (nach der Abrechnung auf Nettobasis) unter der Vorlage von Belegen Mehrwertsteuer verlangt, diese dann noch ersetzt bekommt, wird nachstehend behandelt.   **414**

c) Abrechnung des Reparaturaufwandes fiktiv auf Gutachtenbasis unter Vorbehalt der Nachforderung

Der Geschädigte, der den Unfallschaden erst später beheben lassen will, kann sich die Nachforderung der Mehrwertsteuer **offen halten**. Eine andere Frage ist es, ob er dies sogar auch tun **muss** (siehe Rdn 129 ff.). Es wird dann zunächst auf Nettobasis abgerechnet. Wird dann später von dem Geschädigten die bezahlte Rechnung mit Mehrwertsteuer vorgelegt, hat dieser einen Anspruch auf Erstattung der Mehrwertsteuer. Es können sich dann folgende Varianten ergeben: **415**

aa) Rechnungsbetrag höher als geschätzter Kostenaufwand

Hat sich die **Kostenschätzung als zu niedrig** erwiesen, ergibt sich der erforderliche Herstellungsaufwand i.S.d. § 249 BGB aus der Rechnung. Der Geschädigte kann jetzt im Wege der Nachberechnung den gesamten Rechnungsbetrag einschließlich der Mehrwertsteuer abzüglich des schon erhaltenen Nettobetrages verlangen.   **416**

Beispiel   **417**

Reparaturkosten laut Gutachten, brutto	5.950 EUR
Reparaturkosten laut Rechnung, brutto	6.500 EUR
abzgl. bereits erstatteter Nettobetrag	5.000 EUR
Noch zu ersetzender Betrag	1.500 EUR

Die Schätzung der Schadenhöhe durch das Gutachten hat sich in diesem Fall als nicht zutreffend herausgestellt. Die Reparaturkosten sind daher in vollem Umfang zu ersetzen.

bb) Rechnungsbetrag niedriger als geschätzter Kostenaufwand

418 Hat sich die **Kostenschätzung als zu hoch** erwiesen, ergibt sich ebenfalls der erforderliche Herstellungsaufwand i.S.d. § 249 BGB aus der Rechnung. Dies gilt zumindest dann, wenn es sich nicht um eine Rechnung für eine so genannte Teil- oder Billigreparatur (siehe dazu Rdn 425 f.), sondern um die Rechnung für eine in jeder Hinsicht fach- und sachgerechte Reparatur handelt. In diesem Fall ist der **Schadensersatz auf die tatsächlich angefallenen Bruttokosten beschränkt** (BGH v. 3.12.2013 – VI ZR 24/13 – VersR 2014, 214 = zfs 2014, 142). Jetzt kann der Geschädigte zwar ebenfalls im Wege der Nachberechnung den gesamten Rechnungsbetrag verlangen, muss aber hinnehmen, dass die ursprünglich nach dem Gutachten gezahlte Nettovergütung in vollem Umfang gegengerechnet wird. Dies ist dann die notwendige Konsequenz daraus, dass die Abrechnung auf Gutachtenbasis nur als vorläufige Abrechnung bzw. als Abrechnung unter Vorbehalt anzusehen ist.

419 *Beispiel*

Reparaturkosten laut Gutachten, brutto	5.950 EUR
Reparaturkosten laut Rechnung, brutto	5.500 EUR
abzgl. bereits erstatteter Nettobetrag	5.000 EUR
Noch zu ersetzender Betrag	500 EUR

Bei nachträglicher Erstattung auf Reparaturkostenbasis werden demnach nur die tatsächlichen Reparaturkosten ausgeglichen. Keinesfalls erfolgt eine Erstattung der gesamten Mehrwertsteuer aus dem Gutachten. Der Schaden hat sich vorliegend auf die tatsächlich gezahlten 5.500 EUR **konkretisiert**.

d) Vorbehaltlose fiktive Abrechnung auf Gutachtenbasis mit späterem Ersatz der Mehrwertsteuer unter Vorlage des entsprechenden Zahlungsbeleges

420 Hier stellt sich das schon oben (siehe Rdn 129 ff.) angesprochene Problem, inwieweit sich der **Schaden** durch die zuerst erfolgte Abrechnung **konkretisiert** hat. Wertet man die Abrechnung des Geschädigten als die Ausübung eines Wahlrechtes, so würde eine Konkretisierung auf die zuerst vorgenommene Abrechnung (fiktiv oder konkret) eintreten.

421 *Lemcke* (Gefährdungshaftung im Straßenverkehr unter Berücksichtigung der Änderungen durch das 2. SchadÄndG, zfs 2002, 318) tendiert dahin, dass derjenige, der zunächst vorbehaltlos fiktiv abrechnet, nicht noch nachträglich Nachforderungen (etwa Mehrwertsteuerersatz) stellen kann, ebenso wenig wie der Versicherer zur

(Teil-)Rückforderung berechtigt ist, wenn er erfährt, dass die Reparatur billiger gewesen ist. Zwar sind nachträgliche Schadensentwicklungen zu berücksichtigen, aber nur bis zu einer gerichtlichen Entscheidung oder bis zur außergerichtlichen Schadensabrechnung.

Man wird aber wohl – soweit man keine anders lautenden Erklärungen hat – in der bloßen Abrechnung noch **nicht notwendigerweise einen Verzicht** auf Nachberechnungen sehen können. Auch weil die Anforderungen der Rechtsprechung an einen Verzicht hoch sind, wird man i.d.R. in einer bloßen Abrechnung noch nicht notwendigerweise die bindende Ausübung eines Wahlrechtes entweder für eine fiktive oder eine konkrete Abrechnung sehen können. 422

In diesem Sinne hat der **BGH bestätigt**, dass der **Geschädigte** grundsätzlich auch nach vorangegangener fiktiver Abrechnung entsprechend dem Wiederbeschaffungsaufwand **noch zur konkreten Abrechnung des Reparaturaufwandes nach Durchführung der Reparatur wechseln kann**, es sei denn, es ist bereits ein Abfindungsvergleich geschlossen worden (BGH VersR 2007, 82 = NZV 2007, 27; *Wellner*, Kfz-Schadensabrechnungs-Übersicht, NZV 2007, 401). Das hat allerdings die wenig praxisnahe **Auswirkung**, dass u.U. noch Jahre später (soweit noch nicht verjährt) Nachberechnungen erfolgen können, d.h. dass derjenige, der bisher nach Gutachten fiktiv den Nettobetrag abgerechnet hat, nun unter Vorlage der mit Mehrwertsteuer gezahlten Reparaturrechnung den Mehrwertsteuerbetrag **nachfordern kann**. 423

Allerdings gilt dann wiederum das bereits Ausgeführte (siehe Rdn 418 f.). Sind die Kosten der ordnungs- und fachgerechten Reparatur niedriger, dann wird dies auch zu berücksichtigen sein (wie auch umgekehrt). Allerdings kann die Akte so lange auch nicht abgeschlossen werden, u.U. also bis zum Eintritt der Verjährung, folglich mindestens drei Jahre lang (den Umstand der Verjährung erst zum Jahresende sowie die Hemmung während der Verhandlungen noch nicht eingerechnet)! 424

e) Billig- oder Teilreparatur des Fahrzeugs (durch Dritte oder in Eigenregie)

Auch nach der neuen Regelung kann der Geschädigte Mehrwertsteuer ersetzt verlangen, wenn und **soweit** er nachweist, dass er **Mehrwertsteuer gezahlt** hat. Es werden die niedrigere Reparaturrechnung (für die Teilreparatur) oder z.B. bei einer Eigenreparatur die Einkaufsrechnung für die Ersatzteile vorgelegt. Die Mehrwertsteuer für diese vorgelegten und bezahlten Rechnungen ist zu erstatten. Diese hat der Geschädigte ja auch tatsächlich gezahlt. Der Geschädigte erhält die Umsatzsteuer (nur) in der Höhe ersetzt, in der diese angefallen ist (also nicht wie bisher nach dem vollen Gutachtenbetrag). 425

Beispiel 426
Der Geschädigte lässt nach der Abrechnung auf Gutachtenbasis nur die zur Aufrechterhaltung der Verkehrssicherheit notwendigen Reparaturen in einer Werkstatt durchführen, wobei Mehrwertsteuer anfällt. Für die durchgeführte Teilre-

paratur werden dem Geschädigten 2.000 EUR zzgl. 19% Mehrwertsteuer, mithin 2.380 EUR in Rechnung gestellt. Über die durchgeführte Reparatur hinaus bleiben weitere Schäden unrepariert.

Der Geschädigte hat nun, da er durch Vorlage der Rechnung den Anfall der Mehrwertsteuer für eine Teilreparatur nachgewiesen hat, Anspruch auf Erstattung der angefallenen Mehrwertsteuer

Reparaturkosten laut Gutachten, brutto	5.950 EUR
Abrechnung auf Gutachtenbasis, netto	5.000 EUR
zzgl. 19% Mehrwertsteuer auf 2.000 EUR	380 EUR
Gesamterstattung	5.380 EUR

Die gleiche Rechtsfolge tritt bei einer Eigenreparatur durch den Geschädigten ein, wenn er Ersatzteile kauft und hierbei Mehrwertsteuer anfällt. Wenn er z.B. für die Ersatzteile 1.000 EUR zzgl. 19% Mehrwertsteuer, mithin 1.190 EUR zahlen muss, ergibt sich bei Vorlage der Kaufbelege durch den Geschädigten folgende Abrechnung:

Reparaturkosten laut Gutachten, brutto	5.950 EUR
Abrechnung auf Gutachtenbasis, netto	5.000 EUR
zzgl. 19% Mehrwertsteuer auf 1.000 EUR	190 EUR
Gesamterstattung	5.190 EUR

4. Mehrwertsteuererstattung im Wiederbeschaffungsfall

427 Da etwa ein Drittel aller Unfallschäden als Totalschäden abgewickelt wird, ergibt sich daraus eine besondere Bedeutung der Ersatzbeschaffung bei wirtschaftlichem Totalschaden (*Schneider*, in: Berz/Burmann, Kap. 5 B Rn 82).

a) Konkrete Ersatzbeschaffung zu einem mindestens dem Wiederbeschaffungswert entsprechenden Preis

428 Beschafft sich der Geschädigte ein Ersatzfahrzeug, welches mindestens so viel gekostet hat, wie es dem (Brutto-)Wiederbeschaffungswert seines verunfallten Fahrzeugs entspricht, kommt es auf die Frage, ob und in welcher Höhe der Sachverständige in seinem Gutachten hinsichtlich des Wiederbeschaffungswertes Mehrwertsteuer ausgewiesen hat, nicht mehr an. In diesem Fall kann der Geschädigte im Wege der konkreten Schadensabrechnung den vollen im Gutachten festgestellten Brutto-Wiederbeschaffungswert (abzüglich Restwert) ersetzt verlangen (BGH v. 1.3.2005 – VI ZR 91/04 – DAR 2005, 500 mit Anm. *Riedmeyer*; BGH v. 15.11.2005 – VI ZR 26/05 – zfs 2006,149).

Denn wenn der Geschädigte ein völlig **gleichartiges und gleichwertiges Fahrzeug** differenzbesteuert (oder auch nur von Privat gänzlich ohne Umsatzsteuer, siehe Rdn 454 ff.) zu dem vom Sachverständigen genannten (Brutto-)Wiederbeschaffungswert **erwirbt**, würde eine Kürzung dieses Betrages um eine „fiktive Mehrwertsteuer" von 19 % im Rahmen der konkreten Schadensabrechnung der originären Funktion des Schadensersatzes widersprechen, die in der **Wiederherstellung des früheren Zustandes** liegt, und den Geschädigten schlechter stellen, als er vor dem Schadensereignis gestanden hat. Stellt der Geschädigte durch eine **konkrete Ersatzbeschaffung** eines gleichartigen Fahrzeuges zu dem vom Sachverständigen genannten (Brutto-)Wiederbeschaffungswert **wirtschaftlich den Zustand wieder her**, der vor dem Unfallereignis bestand, so kann er nach § 249 BGB den tatsächlich hierfür aufgewendeten Betrag **unabhängig davon ersetzt verlangen**, ob in ihm die Regelumsatzsteuer i.S.d. § 10 UStG, eine Differenzsteuer i.S.d. § 25a UStG **oder gar keine Umsatzsteuer enthalten** ist.

Durch die Neuregelung des § 249 Abs. 2 S. 2 BGB wollte der Gesetzgeber – nach der Interpretation des BGH – nichts an der Möglichkeit des Geschädigten ändern, den für die Herstellung **erforderlichen Geldbetrag stets und insoweit** zu verlangen, als er zur Herstellung des ursprünglichen Zustandes **tatsächlich angefallen** ist (vgl. BT-Drucks 14/7752, S. 22). Lediglich bei der **fiktiven** Schadensabrechnung soll sich der Umfang des Schadensersatzanspruchs mindern, indem die fiktive Umsatzsteuer als zu ersetzender Schaden entfällt. **429**

Beispiel **430**

Wiederbeschaffungswert lt. Gutachten (irrelevant, ob regelbesteuert, differenzbesteuert oder steuerneutral)	10.000 EUR
Kaufpreis des gleichartigen Ersatzfahrzeugs (irrelevant, ob regelbesteuert, differenzbesteuert oder von privat)	mindestens 10.000 EUR
Zu berücksichtigender Wiederbeschaffungswert (abzgl. Restwert)	**10.000 EUR**

Hat der Sachverständige festgestellt, dass der Wiederbeschaffungswert keine Umsatzsteuer enthält (steuerneutral), weil vergleichbare Fahrzeuge überwiegend am Privatmarkt angeboten werden, so kann der Geschädigte auch dann, wenn er ein (regelbesteuertes) Neufahrzeug erwirbt und dementsprechend erhebliche Umsatzsteuerbeträge tatsächlich gezahlt hat, lediglich den (steuerneutralen) Wiederbeschaffungswert abzüglich Restwert erstattet verlangen (OLG Düsseldorf r+s 2015, 470). Eine Mehrwertsteuererstattung kommt in diesem Fall nicht in Betracht, weil eine Ersatzbeschaffung hinsichtlich des beschädigten Unfallfahrzeugs keinen Mehrwertsteueraufwand erfordert. Entsprechendes gilt, wenn der Sachverständige einen differenzbesteuerten Wiederbeschaffungswert ermittelt und sich der Geschädigte einen teureren (regelbesteuerten) Neuwagen beschafft. Auch dann erhält der Geschädigte lediglich den Brutto-Wiederbeschaffungswert (einschließlich Differenzsteuer) abzüglich Restwert (BGH VersR 2006, 238 = zfs 2006, 149). **431**

432 Eine Verpflichtung des vorsteuerabzugsberechtigten Geschädigten aus dem Gesichtspunkt der Schadensminderungspflicht, bei der Wiederbeschaffung ein regelbesteuertes – und kein differenzbesteuertes – Fahrzeug zu erwerben, besteht jedenfalls dann nicht, wenn auf dem maßgeblichen Markt vergleichbare Fahrzeuge nur zu 30 % angeboten werden (BGH VersR 2009, 516 = zfs 2009, 326).

b) Ersatzbeschaffung zu einem unterhalb des Wiederbeschaffungswertes liegenden Preis

433 Erwirbt der Geschädigte ein Ersatzfahrzeug zu einem geringeren Preis als dem im Gutachten festgestellten (Brutto-)Wiederbeschaffungswert, war bislang unklar, inwieweit neben dem Netto-Wiederbeschaffungswert (abzüglich Restwert) zusätzlich Mehrwertsteuerbeträge zu erstatten sind. Inzwischen hat der BGH klargestellt, dass es sich in diesem Fall um eine **fiktive Abrechnung** handelt, bei der gem. § 249 Abs. 2 S. 2 BGB Mehrwertsteuerbeträge nur insoweit zu erstatten sind, als sie bei der Ersatzbeschaffung konkret angefallen sind (BGH v. 2.7.2013 – VI ZR 351/12 – zfs 2013, 629). Demnach ist je nach Erwerb des Fahrzeugs vom Händler oder privat wie folgt zu differenzieren:

aa) Erstattung bei Erwerb eines Neufahrzeugs beim Händler

434 Der Geschädigte kann dann gem. § 249 Abs. 2 S. 2 BGB die tatsächlich gezahlte Mehrwertsteuer ersetzt verlangen (BGH v. 2.7.2013 – VI ZR 351/12 – zfs 2013, 629), allerdings begrenzt auf den vom Sachverständigen für die Ersatzbeschaffung als **erforderlich** festgestellten Mehrwertsteuerbetrag (regelbesteuert, differenzbesteuert oder steuerneutral).

Ein **Problem** kann die Frage darstellen, bis zu welchem **Zeitpunkt die Anschaffung eines neuen Fahrzeugs noch als Ersatzbeschaffung** für das verunfallte Fahrzeug anzusehen ist.

bb) Erwerb eines Gebrauchtfahrzeugs vom Händler

Literatur zum Erwerb eines Gebrauchtfahrzeugs vom Händler:

Gebhardt, Totalschaden bzw. Ersatzbeschaffung und Mehrwertsteuer, zfs 2003, 157 f.; *Heinrich*, Die MwSt-Erstattung im Totalschadensfall, zfs 2004, 145 ff.; *Kröger*, Ersatz von Umsatzsteuer bei Ersatzanschaffung trotz wirtschaftlich gebotener Abrechnung auf Reparaturkostenbasis?, NZV 2013, 328; *Queiser*, Notwendigkeit und Bestimmung des Umsatzsteueranteils im Wiederbeschaffungswert, zfs 2003, 482 ff.; *Riedmeyer*, Umsatzsteuersatz beim wirtschaftlichen Totalschaden, DAR 2003, 159 ff.

435 Hatte der Händler das Gebrauchtfahrzeug von einem **Vorsteuerabzugsberechtigten** erworben, ändert sich nichts; der Geschädigte kann die tatsächlich gezahlte und ihm auch ausgewiesene Mehrwertsteuer ersetzt verlangen (BGH v. 2.7.2013 – VI ZR 351/12 – zfs 2013, 629).

C. Feststellung des Fahrzeugschadens §7

Hatte der Händler das Gebrauchtfahrzeug aber aus **Privathand** erworben, ergibt sich das Problem der **Differenzbesteuerung nach § 25a UStG**. Wenn ein Händler z.b. ein Gebrauchtfahrzeug **436**
- aus privater Hand für 7.000 EUR einkauft und
- für 10.000 EUR an den Geschädigten weiterverkauft, hat er
- nur aus dem **Differenzbetrag** von 3.000 EUR **Mehrwertsteuer abzuführen**.

Der Geschädigte zahlt also beim Erwerb dieses Fahrzeugs
- nur 3.000 EUR / 1,19 × 0,19 = 479 EUR Mehrwertsteuer.

Nur diesen Mehrwertsteuerbetrag kann der Geschädigte ersetzt verlangen; so steht es auch in der amtlichen Gesetzesbegründung.

Beispiel **437**

Wiederbeschaffungswert gem. Gutachten: 10.000 EUR netto zzgl. 19 % USt	11.900 EUR
Verkaufspreis Händler Ersatzwagen	10.000 EUR
Einkaufspreis Händler Ersatzwagen	7.000 EUR
Differenz Einkaufspreis/Verkaufspreis	3.000 EUR
In der Differenz enthaltene MwSt. gem. § 25a UStG 3.000 EUR / 1,19 × 0,19	479 EUR
Abrechnung auf Gutachtenbasis, netto	10.000 EUR
zzgl. Mehrwertsteuer aus Differenz	479 EUR
Gesamterstattung	**10.479 EUR**

Hier ist tatsächlich nur Mehrwertsteuer in Höhe von 479 EUR angefallen, mithin ist auch nur diese zu ersetzen, nicht die im Gutachten kalkulierte.

Wenn es also auf die Frage der im Kaufpreis enthaltenen Mehrwertsteuer ankommt, lautet das Problem: In der Rechnung wird die **Mehrwertsteuer nicht ausgewiesen**, allenfalls erfolgt ein Hinweis auf § 25a UStG. Der – beweispflichtige – Geschädigte weiß also nicht, wie viel Mehrwertsteuer er bezahlt hat, und der Händler wird sicherlich nicht bereit sein, den Geschädigten darüber aufzuklären, mit welcher Gewinnspanne er das Kfz veräußert hat. **438**

In der amtlichen Gesetzesbegründung wird insoweit ausgeführt, notfalls sei die angefallene **Umsatzsteuer gem. § 287 ZPO zu schätzen**. Evtl. müssen **durchschnittliche Händlerspannen** zugrunde gelegt werden. Diese können durch Gegenüberstellung der Schwacke-Listen für den Händler-Einkauf und -Verkauf gewonnen werden. **439**

Viele **Versicherer** vertreten die Auffassung, der von dem Sachverständigen ermittelte Wiederbeschaffungswert enthalte stets **19 % Mehrwertsteuer. Das ist so aber falsch!** Zwar ist grundsätzlich in dem in einem Schadengutachten angegebenen Wiederbeschaffungswert die Mehrwertsteuer (Regelsteuer oder Differenzsteuer) **440**

337

kalkulatorisch enthalten. Etwas anders gilt aber schon dann, wenn vergleichbare Fahrzeuge nicht mehr im Gebrauchtwagenhandel angeboten werden. Insbesondere bei bereits zehn Jahre alten und älteren Fahrzeugen ist nicht davon auszugehen, dass vergleichbare Fahrzeuge noch im Gebrauchtwagenhandel angeboten werden (LG Bochum zfs 2004, 117 ff.). Inzwischen wird vom Sachverständigen daher regelmäßig im Gutachten ausgewiesen, ob der von ihm ermittelte Wiederbeschaffungswert die Regelbesteuerung, die Differenzbesteuerung oder keinen Mehrwertsteueranteil (bei überwiegender Wiederbeschaffung insbesondere älterer Fahrzeuge auf dem Privatmarkt) enthält.

441 Der Geschädigte hat Anspruch auf Erstattung des **Wiederbeschaffungswertes**, gemindert – jedenfalls zunächst – durch die darin enthaltene Mehrwertsteuer. Der Wiederbeschaffungswert wiederum ist definiert als der **Betrag, den der Geschädigte bezahlen muss, um von einem seriösen Gebrauchtwagenhändler ein vergleichbares Fahrzeug** erwerben zu können (BGH VersR 1966, 830).

442 Abzustellen ist also auf den durchschnittlichen Verkaufspreis eines **Gebrauchtwagenhändlers**. Seit der Änderung des Umsatzsteuergesetzes im Jahre 1980 brauchen Gebrauchtwagenhändler Mehrwertsteuer jedoch nur noch auf die Differenz zwischen Ankaufs- und Verkaufspreis zu bezahlen (§ 25a UStG). Dessen Preis enthält aber nur die Differenzbesteuerung gem. § 25a UStG. Das sind aber nicht 19 %, sondern maximal ca. **2 % des Kaufpreises** (AG Oldenburg zfs 2003, 498; LG Frankenthal zfs 2004, 17 f.; LG Bochum zfs 2004, 117 ff.; *Riedmeyer*, DAR 2003, 159 ff.; *Gebhardt*, zfs 2003, 157 f.; *Heinrich*, zfs 2004, 145 ff.).

Das zeigt, wie wenig ausgereift und übereilt der Gesetzgeber ein schlichtweg **nicht praktikables Gesetz** erlassen hat.

cc) Erwerb eines Ersatzfahrzeugs aus privater Hand

443 Beschafft sich der Geschädigte das Ersatzfahrzeug privat, so entsteht keine Umsatzsteuer, so dass eine solche auch nicht zu ersetzen ist (BGH v. 2.7.2013 – VI ZR 351/12 – zfs 2013, 629).

444 Dies hat zur Folge, dass beim Erwerb identischer Fahrzeuge, die zum gleichen Endpreis erworben werden, die Erstattung aufgrund der nicht ausweisbaren Mehrwertsteuer bei Erwerb von privater Hand geringer ausfällt. Dadurch kann es wirtschaftlich für den Geschädigten sogar günstiger sein, ein teureres regelbesteuertes Fahrzeug zu erwerben (*Schneider*, in: Berz/Burmann, Kap. 5 B Rn 94).

445 Nicht zu verwechseln mit der vorliegenden Fallgestaltung (Ersatzbeschaffung zu einem Preis unterhalb des (Brutto-)Wiederbeschaffungswertes) ist das bereits zitierte Urteil des BGH v. 1.3.2005 (DAR 2005, 500 ff.).

c) Fiktive Abrechnung ohne Ersatzbeschaffung

Rechnet der Geschädigte beim wirtschaftlichen Totalschaden fiktiv ab, weist also keine Ersatzbeschaffung nach, ist der vom Sachverständigen ermittelte Wiederbeschaffungswert um den darin konkret enthaltenen **Mehrwertsteueranteil** zu **kürzen** (BGH VersR 2006, 987 = r+s 2006, 303 = DAR 2006, 439). **446**

5. Ersatzbeschaffung trotz Reparaturwürdigkeit (unterhalb des Wiederbeschaffungsaufwandes liegender Reparaturaufwand)

Falls der Geschädigte das Fahrzeug, was durchaus bei größeren Reparaturen und bei neuwertigeren Fahrzeugen häufig vorkommt, nicht reparieren lässt, sondern verkauft bzw. in Zahlung gibt, kann der Geschädigte gleichwohl auf eine vorgenommene **Ersatzbeschaffung** die Mehrwertsteuer vom Schädiger ersetzt verlangen. Dieser Erstattungsbetrag ist aber – wenn der Preis für das neu angeschaffte Fahrzeug den unfallbedingten Reparaturbetrag übersteigt – auf die Mehrwertsteuer für den unfallbedingten Reparaturbetrag begrenzt, wie der BGH inzwischen ausdrücklich bestätigt hat (BGH v. 5.2.2013 – VI ZR 363/11 – zfs 2013, 383). Dies folgt daraus, dass durch das Schadensereignis nur Ersatz der zur Wiederherstellung des ursprünglichen Zustandes angefallenen Umsatzsteuer geschuldet wird, so dass die Ersatzpflicht stets auf den Betrag begrenzt ist, der bei dem wirtschaftlich günstigsten Weg angefallen wäre (*Schiemann/Haug*, VersR 2006, 160, 165 f.; *Bollweg*, Sonderheft zfs, 2002, 4). **447**

Mehrwertsteuer bei einer Ersatzbeschaffung wird aber nur ersetzt, wenn und soweit diese anfällt. Dazu folgende Fälle: **448**

a) Erwerb eines Neufahrzeugs beim Händler

Der Geschädigte kann dann bis zur Höhe der geschätzten Reparaturkosten die Mehrwertsteuer ersetzt verlangen; der Anspruch auf Erstattung der tatsächlich gezahlten Mehrwertsteuer ist also auf die Höhe der Mehrwertsteuer begrenzt, die bei Durchführung der Reparatur angefallen wäre (BGH v. 5.2.2013 – VI ZR 363/11 – zfs 2013, 383). **449**

Reparaturkosten laut Gutachten, brutto	5.950 EUR
Kaufpreis Neuwagen, brutto	30.000 EUR
Im Kaufpreis enthaltene Mehrwertsteuer	
30.000 EUR / 1,19 × 0,19	4.790 EUR
bereits gezahlt, netto	5.000 EUR
noch zu ersetzender Betrag (in kalkulierter Reparatur enthaltene MwSt.)	
5.950 EUR / 1,19 × 0,19	950 EUR
Gesamterstattung	5.950 EUR

§ 7 Materielle Schadenspositionen – Fahrzeugschaden

450 In diesem Fall ist somit der Schaden laut Gutachten brutto zu ersetzen, da bei der Ersatzbeschaffung Mehrwertsteuer mindestens in Höhe des im Gutachten enthaltenen Betrages tatsächlich angefallen ist (bestätigend BGH v. 5.2.2013 – VI ZR 363/11 – zfs 2013, 383; ebenso AG Aschaffenburg zfs 2011, 563 m. zust. Anm. *Diehl*, zfs 2011, 564 f.; ebenso LG Arnsberg NZV 2011, 310 = NJW 2011, 158; *Seibel*, VersR 2010, 736; a.A. LG Paderborn SP 2008, 442). Da auch die **Ersatzbeschaffung** eine Form der **Naturalrestitution** i.S.d. § 249 BGB ist, unterfällt diese auch der gesetzlichen Neuregelung, nach der Mehrwertsteuer nur erstattet wird, wenn und soweit sie auch gezahlt wird.

b) Erwerb eines Gebrauchtfahrzeugs vom Händler

451 *Hinweis*
Vgl. zunächst oben Rdn 435 ff.

452 Hatte der Händler das Gebrauchtfahrzeug von einem **Vorsteuerabzugsberechtigten** erworben, ändert sich nichts; der Geschädigte kann **bis zur Höhe der in der Reparaturkostenkalkulation enthaltenen Mehrwertsteuer** diese ersetzt verlangen (vgl. BGH v. 5.2.2013 – VI ZR 363/11 – zfs 2013, 383).

453 Hatte der Händler das Gebrauchtfahrzeug aber aus **Privathand** erworben, ergibt sich das Problem der **Differenzbesteuerung nach § 25a UStG**. Wenn ein Händler z.B. ein Gebrauchtfahrzeug

- aus privater Hand für 7.000 EUR einkauft und
- für 10.000 EUR an den Geschädigten weiterverkauft, hat er
- nur aus dem **Differenzbetrag** von 3.000 EUR **Mehrwertsteuer abzuführen**.

Der Geschädigte zahlt also beim Erwerb dieses Fahrzeugs

- nur 3.000 EUR / 1,19 × 0,19 = 479 EUR Mehrwertsteuer.

Nur diesen Mehrwertsteuerbetrag kann der Geschädigte ersetzt verlangen; so steht es auch in der amtlichen Gesetzesbegründung (vgl. BGH v. 5.2.2013 – VI ZR 363/11 – zfs 2013, 383).

Beispiel

Reparaturkosten laut Gutachten, brutto	5.950 EUR
Verkaufspreis Händler Ersatzwagen	10.000 EUR
Einkaufspreis Händler Ersatzwagen	7.000 EUR
Differenz Einkaufspreis/Verkaufspreis	3.000 EUR
In der Differenz enthaltene MwSt. gem. § 25a UStG 3.000 EUR / 1,19 × 0,19	479 EUR
Abrechnung auf Gutachtenbasis, netto	5.000 EUR
zzgl. Mehrwertsteuer aus Differenz	479 EUR
Gesamterstattung	5.479 EUR

Hier ist tatsächlich nur Mehrwertsteuer in Höhe von 479 EUR angefallen, mithin ist auch nur diese zu ersetzen, nicht die im Gutachten kalkulierte.

c) Erwerb eines Ersatzfahrzeugs aus privater Hand

Rechnet der Geschädigte auf der Basis der im Sachverständigengutachten ausgewiesenen Reparaturkosten ab und kauft er gleichzeitig **von privat** ein Ersatzfahrzeug, kann er keinen Ersatz von Mehrwertsteuer beanspruchen (BGH v. 5.2.2013 – VI ZR 363/11 – zfs 2013, 383). Beim Kauf eines Ersatzfahrzeuges von privat fällt nämlich – unstreitig – keine Mehrwertsteuer an. 454

> *Beispiel*
>
> | | |
> |---|---:|
> | Reparaturkosten laut Gutachten, brutto | 5.950 EUR |
> | Kaufpreis Ersatzwagen aus privater Hand | 10.000 EUR |
> | Gesamterstattung, netto | 5.000 EUR |

Die in den Reparaturkosten enthaltene Mehrwertsteuer in Höhe von immerhin 950 EUR ist nicht zu ersetzen, da bei der Ersatzbeschaffung durch den Geschädigten keine Mehrwertsteuer angefallen ist.

Dies hat auch bei dieser Fallkonstellation (an sich Reparaturfall) zur Folge, dass beim Erwerb identischer Fahrzeuge, die zum gleichen Endpreis erworben werden, die Erstattung aufgrund der nicht ausweisbaren Mehrwertsteuer bei Erwerb von privater Hand geringer ausfällt (vgl. oben Rdn 444). Nach der vom BGH vertretenen Systematik ist dieses Ergebnis hinzunehmen, weil sich der Geschädigte wegen des unterhalb des Wiederbeschaffungsaufwandes liegenden Reparaturaufwandes „nach dem Wirtschaftlichkeitsgebot für eine Abrechnung auf Reparaturkostenbasis [hätte] entscheiden müssen" (BGH VersR 2009, 1554). 455

6. Geschädigter tritt seinen Ersatzanspruch ab

Unbelassen bleibt dem Geschädigten auch die Möglichkeit, seinen Schadensersatzanspruch abzutreten. Dies kann etwa durch eine **Sicherungszession** an die Reparaturwerkstatt oder durch Veräußerung des unreparierten Unfallwagens unter **Abtretung** des Ersatzanspruchs an einen Käufer erfolgen. Die **Erstattungsfähigkeit der Umsatzsteuer** durch denjenigen, an den der Anspruch abgetreten wird, richtet sich grundsätzlich danach, ob und in welchem Umfang dieser umsatzsteuerpflichtige Maßnahmen zur Wiederherstellung ergreift. 456

Im Falle der **Sicherungsabtretung** hat der Inhaber der Werkstatt gegen den Geschädigten einen Anspruch auf Bezahlung der Reparaturkosten nebst Mehrwertsteuer. Bei durchgeführter Reparatur schließt der Ersatzanspruch die Mehrwertsteuer mit ein. Weil der Geschädigte gegen den Haftpflichtversicherer einen Anspruch auf Ersatz des Bruttobetrages hat, kann auch der Inhaber der Werkstatt als Zessionar den Bruttobetrag vom Haftpflichtversicherer fordern, auch wenn er selbst vorsteuerabzugsberechtigt ist. 457

§ 7 Materielle Schadenspositionen – Fahrzeugschaden

458 Übersteigt der **Reparaturaufwand den Wiederbeschaffungsaufwand**, ist zusätzlich Folgendes zu beachten: In diesem Falle darf nur der Geschädigte persönlich die Reparatur zum Zwecke der Weiterbenutzung zu Lasten des Schädigers durchführen; nur **sein** Integritätsinteresse wird geschützt. Der Geschädigte kann dieses nicht dadurch unterlaufen, dass er das Unfallfahrzeug unter **Abtretung der Ersatzansprüche an einen Dritten veräußert**, der dann das Fahrzeug repariert und die Rechnung vorlegt. Der Dritte kann jetzt Ersatz nur in Höhe des Wiederbeschaffungsaufwandes verlangen (AG Siegburg MDR 2000, 332 mit zutr. Anmerkung *Freyberger*) und auch in diesem Fall nur Ersatz des Nettobetrages, weil in der Hand des Geschädigten nur ein Anspruch auf Ersatz des Nettobetrages bestand.

459 Im Falle der **Veräußerung des Unfallwagens** kann der Geschädigte, weil bei ihm keine Mehrwertsteuer anfällt, auch keine Mehrwertsteuer vom Haftpflichtversicherer ersetzt verlangen. Tritt der Geschädigte den Ersatzanspruch an den – ebenfalls nicht vorsteuerabzugsberechtigten – Erwerber ab und lässt dieser das Fahrzeug reparieren, hat er Mehrwertsteuer zu zahlen. Nach der amtlichen Begründung (S. 57) soll der Zessionar jetzt einen Anspruch auf Mehrwertsteuer haben. Dies ist zweifelhaft. Der **Zessionar** kann den Ersatzanspruch immer nur in dem Umfang erwerben, in dem er in der Hand des unmittelbar Geschädigten besteht. Durch die Abtretung kann sich der Anspruch nicht erhöhen.

7. § 251 BGB: Völliger Untergang/Zerstörung der Sache

460 Der Fall des § 251 BGB, d.h. **völlige Zerstörung** der Sache (z.B. **Unikat/Oldtimer**; BGHZ 92, 85), fällt nicht unter die gesetzliche Regelung des § 249 Abs. 2 S. 2 BGB. § 249 BGB betrifft nur die Fälle, in denen die Herstellung der beschädigten Sache selbst oder die Beschaffung einer gleichartigen oder gleichwertigen Ersatzsache möglich ist. Das bedeutet, dass derjenige, der über § 251 BGB aufgrund der Zerstörung der Sache abrechnen kann, nach wir vor seinen **Schadensersatzanspruch** auf **Wertersatz einschließlich Umsatzsteuer** auch dann verlangen kann, wenn diese nicht gezahlt wird. Dies hat zum Teil schon zu Kritik geführt (Stellungnahme des DAV, NZV 2001, 339, 340; *Otto*, NZV 2001, 335, 337).

8. Folgen der gesetzlichen Neuregelung

461 Da bei einer fiktiven Abrechnung auf Gutachtenbasis die 19% Mehrwertsteuer nicht erstattet werden, wird es zu einem **höheren Anteil ordnungsgemäß in Fachwerkstätten reparierter Fahrzeuge** kommen. **Verkehrssicher reparierte Fahrzeuge** bzw. weniger „Schwarzreparaturen" sind **kein unerwünschter Nebeneffekt**.

462 Vergegenwärtigt man sich die auch nach der gesetzgeberischen Neuregelung weiter vorhandenen Möglichkeiten, auch bei einer ansonsten fiktiven Abrechnung auf Nettobasis zusätzlich (zumindest teilweise) Mehrwertsteuer zu realisieren, hält sich die **Reduzierung des Sachschadensvolumens** insgesamt in Grenzen. Der für die Versicherungswirtschaft eingesparten Mehrwertsteuer steht ein enormer **Verwal-**

tungsmehraufwand gegenüber, und zwar sowohl bei den Anwälten und den Gerichten als auch bei den Versicherern selbst, die ja jedes Mal den **Nachweis anfordern** müssen, dass die Mehrwertsteuer auch tatsächlich angefallen ist.

In jedem Fall wird die ohnehin schon komplizierte Sachschadensabrechnung **noch komplizierter**. Vor allem nutzen die Versicherer alle sich ihnen bietenden **Verzögerungs- und Verweigerungseffekte** aus. Es ist zu einer enormen **Prozessflut** gekommen, weil eine ungeheure Zahl von neuen Rechtsproblemen erst noch gerichtlich geklärt werden musste und allenfalls in ganz seltenen Fällen eine übereinstimmende Rechtsauffassung zwischen Versicherer und Geschädigtenvertreter bestanden hat. Alle in der Vergangenheit durch jahrzehntelange Prozesspraxis und Rechtsprechung erarbeite **Rechtssicherheit** war obsolet geworden. Es musste vieles noch einmal ausprozessiert werden. Ein wirklicher **volkswirtschaftlicher Vorteil** ist beim besten Willen in diesem Gesetz **nicht zu erblicken**. 463

9. Mehrwertsteuer bei Kaskoregulierung

Dem nicht vorsteuerabzugsberechtigten Geschädigten steht **nach einhelliger Rechtsauffassung** auch die Mehrwertsteuer zu (BGH NJW 1973, 1647), jedenfalls nunmehr, „soweit sie angefallen ist". Das gilt nicht nur im Haftpflichtrecht, sondern auch bei einer **Kaskoregulierung** (BGH NJW 1985, 1222), wobei zu berücksichtigen ist, dass die schadensrechtliche Einschränkung des § 249 Abs. 2 S. 2 BGB im Versicherungsrecht nicht anwendbar ist, weil es sich beim Entschädigungsanspruch aus der Kaskoversicherung um einen versicherungsvertraglichen, nicht jedoch einen Schadensersatzanspruch i.S.d. § 249 BGB handelt. Daher ist die Mehrwertsteuer bei Altverträgen ohne entsprechende Mehrwertsteuerklausel auch bei fiktiver Abrechnung zu erstatten. 464

Es ist **stark umstritten**, ob im Kaskorecht die Klausel des § 13 Abs. 5 S. 1 AKB, wonach die Mehrwertsteuer nur dann ersetzt wird, wenn sie **tatsächlich angefallen** ist, nach § 305c BGB (§ 3 AGBG a.F.) unwirksam ist (so LG Deggendorf zfs 2002, 245; Stellungnahme des DAV, NZV 2001, 339, 340; *Otto*, NZV 2001, 335, 337). Es wird die Auffassung vertreten, die Klausel sei ungewöhnlich und **überraschend**. Die vor langen Jahren eingeführte Fassung der AKB sowie die diesbezüglich gefestigte höchstrichterliche Rechtsprechung hat den maßgeblichen Empfängerhorizont eines durchschnittlichen Versicherungsnehmers derart geprägt, dass dieser mit einer die Mehrwertsteuererstattung ausschließenden Regelung bei fiktiver Abrechnung nicht zu rechnen braucht (LG Braunschweig VersR 2001, 1279). 465

Seit dem 1.8.2002 ist dieser Grundsatz jedoch im Schadensrecht gem. § 249 Abs. 2 S. 2 BGB eingeschränkt (siehe oben Rdn 386 ff.). Die Mehrwertsteuer wird nur noch in dem Umfange ersetzt, wie sie auch **tatsächlich angefallen** ist. Daher dürften nun auch in der Kaskoregulierung die entsprechenden Klauseln in den AKB nicht mehr als „überraschend" zu beanstanden sein. Der **BGH** hat allerdings in letzter Zeit eine **Mehrwertsteuerklausel wegen Intransparenz für unwirksam er- 466 klärt, wonach die Mehrwertsteuer nur ersetzt wird, wenn der Versicherungsnehmer sie tatsächlich bezahlt hat, weil der Versicherungsnehmer nicht deutlich erkennen konnte, dass bei einer Ersatzbeschaffung die Erstattung der dafür gezahlten Mehrwertsteuer ausgeschlossen sein sollte (BGH VersR 2006, 1066 = zfs 2006, 575 = NJW 2006, 2545).

467 Zugleich hat der BGH jedoch in der vorgenannten Entscheidung deutlich gemacht, dass ein **Ausschluss der Mehrwertsteuererstattung** bei fiktiver Abrechnung der Reparaturkosten im Kaskorecht **grundsätzlich zulässig** ist, wenn er entsprechend transparent formuliert ist. Dementsprechend wurde zwischenzeitlich durch den BGH von einer grundsätzlichen Wirksamkeit einer solchen Klausel ausgegangen (BGH VersR 2010, 208). Die Klausel bezieht sich auf sämtliche Kaskoentschädigungsfälle, also auch den des Fahrzeugverlusts (OLG Celle VersR 2008, 1204). Wegen der durch die Versicherer in der Praxis zunehmend verwendeten unterschiedlichen Individualklauseln ist daher im Einzelfall stets die Mehrwertsteuerklausel der dem konkreten Versicherungsvertrag zugrundeliegenden AKB kritisch anhand der vorgenannten Rechtsprechung in ihrer Wirksamkeit zu überprüfen. Vgl. im Übrigen zur Entschädigungsleistung bei der Kaskoversicherung die weiteren Ausführungen in § 13 (siehe § 13 Rdn 239 ff.).

10. Mehrwertsteuer bei Vorsteuerabzugsberechtigung

468 Wenn der Geschädigte gem. § 15 UStG **vorsteuerabzugsberechtigt** ist, ist er verpflichtet, den Schädiger in Höhe der Mehrwertsteuer zu entlasten und netto abzurechnen. Das gilt für alle Schadenspositionen, auch für die **Anwaltskosten**. Ein Nachteil entsteht dem Geschädigten dadurch nicht, da er in Höhe der Mehrwertsteuer seine eigene Steuerlast gegenüber dem Finanzamt durch Verrechnung verkürzen kann.

469 **Wichtig:** Es ist aber stets beim Mandanten nachzufragen, ob sich die Vorsteuerabzugsberechtigung auch wirklich auf den streitbefangenen Pkw bezieht, dieser also steuerrechtlich im **Betriebsvermögen** geführt wird. Oft besteht nur ein **Gewerbe im Nebenbetrieb**, für das der Pkw gar nicht im Betriebsvermögen geführt wird.

470 Eine Verpflichtung des vorsteuerabzugsberechtigten Geschädigten aus dem Gesichtspunkt der Schadensminderungspflicht, bei der Wiederbeschaffung ein regelbesteuertes – und kein differenzbesteuertes – Fahrzeug zu erwerben, besteht jedenfalls dann nicht, wenn auf dem maßgeblichen Markt vergleichbare Fahrzeuge nur zu 30 % angeboten werden (BGH VersR 2009, 516 = zfs 2009, 326).

471 *Tipp*
Im Streitfalle darüber, ob und ggf. mit welchem Prozentsatz eine Vorsteuerabzugsberechtigung betreffend das Kfz besteht, sollte immer eine **Bescheinigung des Steuerberaters** oder des zuständigen **Finanzamtes** vorgelegt werden.

Falsch ist die immer wieder anzutreffende Unterstellung der Versicherer, sie gingen von Vorsteuerabzugsberechtigung des Geschädigten aus und regulieren daher nur auf Nettobasis. Der Normalfall ist die nicht bestehende Vorsteuerabzugsberechtigung. Das Gegenteil wäre übrigens vom Versicherer zu beweisen, nicht vom Geschädigten.

D. Besonderheiten bei Leasing
Literatur zu Besonderheiten bei Leasing:

Reinking/Kessler/Sprenger, Autoleasing und Autofinanzierung, 5. Auflage 2013.

Nach der Rechtsprechung kann der Leasinggeber die Sach- und Leistungsgefahr nur dann durch AGB auf den Leasingnehmer verlagern, wenn er ihm gleichzeitig für den Fall des Totalschadens ein **kurzfristiges Kündigungsrecht** einräumt (BGH NJW 1992, 683). Während der Bestand des Leasingvertrages im Falle einer Teilbeschädigung nicht berührt wird, führt ein Totalschaden in der Regel durch Kündigung zum Vertragsende. — 472

Im Falle eines Totalschadens endet das Leasingverhältnis also in der Regel nicht automatisch, sondern muss ggf. gekündigt werden. Anderenfalls bleibt der Leasingnehmer zur weiteren Zahlung der Leasingraten verpflichtet. — 473

Eine **Ersatzbeschaffungspflicht** des Leasinggebers gibt es nicht. Allerdings wird das Leasingverhältnis in der Regel mit einem aus der Entschädigungssumme angeschafften Ersatzfahrzeug fortgesetzt. Dazu wird dann ein modifizierter Vertrag über das Ersatzfahrzeug abgeschlossen. Sofern für den Leasingnehmer dadurch kein Nachteil entsteht, erleidet er auch keinen ersatzpflichtigen Schaden. — 474

Kraft des regelmäßigen Wortlautes des Leasingvertrages kann der Leasingnehmer, dessen Ansprüche an den Leasinggeber zur Sicherheit abgetreten sind (Sicherungsschein), als Versicherungsnehmer auch die Ansprüche aus der Kaskoversicherung geltend machen. — 475

Er besitzt darüber hinaus auch ein eigenes schutzwürdiges Interesse an der Verfolgung seiner Rechte aus dem Kaskoversicherungsverhältnis. Allerdings kann er Leistung nur an den Leasinggeber verlangen. Demzufolge ist der Leasingnehmer nur zur Klage in Prozessstandschaft aktivlegitimiert (vgl. dazu § 4 Rdn 13). — 476

Hat der Leasingnehmer für das geleaste Fahrzeug eine Vollkaskoversicherung abgeschlossen, handelt es sich um eine sog. Fremdversicherung i.S.d. §§ 43 ff. VVG, so dass es bei einem Schaden des Fahrzeugs für die Frage der Erstattungsfähigkeit der **Mehrwertsteuer** allein auf die Verhältnisse des Leasinggebers (Vorsteuerabzugsberechtigung) ankommt (BGH VersR 1993, 1223; NJW-RR 1991, 1149; OLG Hamm VersR 2013, 178). — 477

§ 8 Sonstige materielle Schadenspositionen

A. Vorbemerkung

Neben den Schäden am Fahrzeug selbst (sog. unmittelbarer Fahrzeugschaden) sind eine ganze Reihe von Schäden denkbar, die sich nach einem Unfallereignis sozusagen **„um das Fahrzeug herum"** entwickeln, d.h. die sog. **Sachfolgeschäden**. Derartige Schadenspositionen beziehen sich zum einen auf das beschädigte Fahrzeug, zum anderen betreffen sie die Regulierung des Schadens.

B. Fahrzeugbezogene Sachschäden

Hierunter fallen zunächst einmal die Kosten, die der Ermittlung des Schadensumfanges dienen, dann die Kosten für den Entzug der Nutzungsmöglichkeit des Fahrzeugs für die Dauer der Reparatur bzw. bis zur Neuanschaffung, Standgeld und Abschleppkosten, Ersatz für Schäden an im Fahrzeug befindlichen Gegenständen (Ladungsschäden), Entsorgungs- und Umbaukosten sowie An- und Ummeldekosten.

I. Schadensermittlungskosten

Zur Schadensermittlung gehören die Kosten, die der Geschädigte zum **Nachweis des Schadensumfanges** aufwenden muss, also in erster Linie **Sachverständigenkosten**, aber auch Kosten des **Kostenvoranschlages**.

1. Sachverständigenkosten

Literatur zu Sachverständigenkosten:

Gerber, Die Haftung des Kfz-Sachverständigen, NZV 1991, 29; *Hörl*, Der Technische Sachverständige in Verkehrssachen – Unabhängigkeit, Qualifikation und Zertifizierung, Haftung, zfs 2003, 269 ff.; *Volze*, Die Haftung des Sachverständigen, zfs 1993, 217; *Watzlawick*, Ersatz von Gutachterkosten bei Bagatellfällen, DAR 2009, 432.

Beauftragt der Geschädigte einen Sachverständigen, geschieht das im Rahmen seiner Darlegungs- und Beweislast zur Höhe seines Schadensersatzanspruchs. Nach einhelliger Meinung gehören daher die Kosten eines Sachverständigengutachtens zu dem vom Schädiger zu tragenden **Herstellungsaufwand gem. § 249 Abs. 2 S. 1 BGB**.

Zur Frage der sog. Bagatellgrenze, der Gutachterauswahl und zu den Mindestinhalten eines Sachverständigengutachtens vgl. oben § 7 Rdn 16 ff.

a) Reparaturbescheinigung

Zu den zu ersetzenden Sachverständigenkosten zählen auch die Kosten einer **Reparaturbescheinigung** des Sachverständigen aufgrund einer Nachbesichtigung, soweit der Geschädigte einen solchen Nachweis für die Geltendmachung eines Nutzungsausfallschadens benötigt, so insbesondere, wenn er das Fahrzeug in Eigenregie repariert hat (AG Aachen NZV 2006, 45; AG Kaiserslautern zfs 2014, 559; AG Fulda NZV 2015, 509; AG Berlin-Mitte v. 12.11.2014 – 104 C 3098/13 – DV 2015, 42).

b) **Qualität und Brauchbarkeit**

7   Der Geschädigte kann, sofern ihn weder bei der **Auswahl** noch bei der Abnahme des Gutachtens eines Sachverständigen ein Verschulden trifft, die Kosten eines zur Schadensbezifferung notwendigen Gutachtens **unabhängig von dessen Richtigkeit und Brauchbarkeit** ersetzt verlangen (OLG Hamm NZV 1993, 149; 1994, 393; OLG Saarbrücken zfs 2003, 308 ff.).

8   Selbst wenn das Gutachten **mangelhaft** sein sollte, hat der Geschädigte Anspruch auf Ersatz der von ihm aufgewandten Kosten für ein solches Gutachten (OLG Hamm DAR 2001, 506; OLG Düsseldorf DAR 2006, 324; OLG Köln DAR 2012, 638; AG Dortmund DAR 2006, 283). Das Risiko eines Falschgutachtens trägt allein der Schädiger (AG Tecklenburg zfs 1990, 372; AG Saarlouis zfs 1997, 96).

9   Allerdings kann es Streit geben, wenn das **Gutachten offenkundig falsch** ist oder es sich um ein **Gefälligkeitsgutachten** handelt. Selbst die Kosten für ein derart unverwertbares Gutachten sind allerdings vom Schädiger grundsätzlich zu tragen (LG Heilbronn zfs 1989, 195; AG Augsburg zfs 1990, 194 und 228; AG Tecklenburg zfs 1990, 372).

10 Es wird aber auch die gegenteilige Ansicht vertreten (OLG Hamm r+s 1993, 102; LG Bochum zfs 1990, 346), vor allem dann, wenn der Sachverständige mit dem Inhaber einer Werkstatt identisch ist (AG Köln zfs 1986, 236).

11 Eine Ausnahme kommt stets dann in Betracht, wenn der Geschädigte die **mangelnde Qualifikation** des Sachverständigen **kannte**, ihn also ein **Auswahlverschulden** trifft (hierzu OLG Saarbrücken zfs 2003, 308 ff.) oder er dem Sachverständigen **unrichtige oder lückenhafte Auskünfte erteilt** hat, z.B. durch Verschweigen von Vorschäden, was zur Unrichtigkeit des Gutachtens geführt hat (OLG Hamm NZV 1993, 149; OLG Hamm NZV 1993, 228; OLG Koblenz VersR 2016, 671). Solche Fälle dürften aber kaum praxisrelevant sein. Allerdings wird die Auffassung vertreten, der Geschädigte könne verpflichtet sein, sich vor der Beauftragung eines Sachverständigen über die **fachliche Qualifikation eines Sachverständigen** zu erkundigen, wenn dieser nicht öffentlich bestellt und vereidigt und auch nicht Dipl.-Ing. für Kfz-Technik ist (LG Paderborn zfs 2003, 75). Das würde aber die Anforderungen überspannen, die an den Geschädigten hinsichtlich der Auswahl des Sachverständigen zu stellen sind. Insoweit ist zu berücksichtigen, dass nicht nur **Diplom-Ingenieure**, sondern gelegentlich auch **Kfz-Meister** zu Sachverständigen

B. Fahrzeugbezogene Sachschäden §8

öffentlich bestellt und vereidigt werden, sodass bereits aus diesem Grunde nicht davon auszugehen ist, dass allein Diplom-Ingenieure über die erforderliche Qualifikation verfügen.

Nach dem **Begriff der subjektbezogenen Schadensbetrachtung** kommt es bei der Prüfung der Erforderlichkeit der Beauftragung eines bestimmten Sachverständigen auf die **speziellen Kenntnisse des Geschädigten** auf dem ihm in der Regel fremden Markt der Sachverständigenleistungen an. Für den Geschädigten ist die Qualifikation eines Sachverständigen in der Regel nicht erkennbar. Die **Risiken einer fehlerhaften Auswahl des Sachverständigen** können daher regelmäßig nicht dem Geschädigten zugeschoben werden, weil er kaum die Möglichkeit hat, die Qualifikation eines Sachverständigen zu überprüfen. Hinzu kommt, dass derartige Erkundigungen Zeit kosten, was sich wiederum auf die Nutzungsausfalldauer auswirkt (*Diehl*, zfs 2003, 75). 12

So muss der vom Geschädigten beauftragte Sachverständige also **keineswegs öffentlich bestellt und vereidigt** sein, damit die Kosten dessen Gutachtens als erforderlich und zweckmäßig anzuerkennen sind. Es genügt vielmehr regelmäßig, dass die Qualifikation durch eine mit einer Prüfung abgeschlossenen Berufsausbildung im Kfz-Bereich nachgewiesen wird (AG Siegburg zfs 2003, 237 f.). 13

c) Angemessenheit des Sachverständigenhonorars

Literatur zur Angemessenheit des Sachverständigenhonorars:

Engelbrecht, Das Honorar des Kfz-Sachverständigen – Abrechnung nach Schadenshöhe oder nach Zeitaufwand?, Jahrbuch Verkehrsrecht 2000, S. 413 ff.; *Grunsky*, Zur Ersatzfähigkeit unangemessen hoher Sachverständigenkosten, NZV 2000, 4 ff.; *Heßeler*, Erforderlichkeit von Sachverständigenhonoraren, NJW 2014, 1916; *Schanz*, Honorare der Kfz-Sachverständigen, zfs 2003, 577 f.

Hinsichtlich der **Angemessenheit der Sachverständigengebühren** besteht Streit. Eine allgemeingültige Gebührenordnung für Sachverständige gibt es nicht. Soweit die Kosten nach dem BVSK-Gebührenrahmen (BVSK = Bundesverband der freiberuflichen und unabhängigen Sachverständigen für das Kraftfahrzeugwesen e.V.) abgerechnet werden, dürfte es keine Probleme geben (AG Dortmund zfs 1986, 169; AG Köln zfs 1990, 346). 14

Halten sich die **Kosten**, die für die Erstellung eines Gutachtens verlangt werden, aus der Sicht des Geschädigten **im Rahmen des Üblichen**, sind sie vom Schädiger zu ersetzen (OLG Frankfurt zfs 1997, 271; AG Lüdenscheid zfs 1998, 293; AG Westerburg zfs 2002, 72). 15

Zur seit Jahren in der Praxis zu erheblichem Streit führenden Frage der **Erstattungspflicht bei einem vermeintlich überhöhten Honorar** ist inzwischen eine **Grundsatzentscheidung des BGH** ergangen (BGH v. 11.2.2014 – VI ZR 225/13 – VersR 2014, 474 = zfs 2014, 388 = NZV 2014, 255 = DAR 2014, 194; bestätigt durch BGH v. 22.7.2014 – VI ZR 357/13 – VersR 2014, 1141 = zfs 2015, 85 = NZV 2014, 445 = DAR 2014, 578). Danach gilt das Folgende: 16

- Der Geschädigte ist **nicht verpflichtet**, vor der Beauftragung eines Sachverständigen **Marktforschung nach dem honorargünstigsten Sachverständigen** zu betreiben.
- Er darf sich damit begnügen, den ihm in seiner Lage ohne Weiteres erreichbaren Sachverständigen zu beauftragen.
- Die **vorgelegte Rechnung des Sachverständigen** ist ein **wesentliches Indiz** zur Bestimmung des zur Herstellung „erforderlichen" Betrags i.S.v. § 249 Abs. 2 S. 1 BGB.
- Wissensstand und Erkenntnismöglichkeiten des Geschädigten spielen bereits bei der Prüfung der Erforderlichkeit des Schadensaufwands gem. § 249 Abs. 2 S. 1 BGB eine maßgebende Rolle.
- Daher können auch die Kosten einer objektiv überhöhten Rechnung gleichwohl „erforderlich" sein, wenn diese nicht auch „**für den Geschädigten deutlich erkennbar erheblich über den üblichen Preisen liegt**".
- Dementsprechend ist das **Ergebnis einer Honorarumfrage eines Sachverständigenverbands (BVSK-Honorarbefragung) nicht maßgeblich**, da dem Geschädigten regelmäßig das Ergebnis einer solchen Umfrage nicht bekannt sein muss.
- Sodann kann der Schädiger (bzw. sein Versicherer) lediglich auf der zweiten Stufe im Rahmen der **Schadensminderungspflicht** des § 254 Abs. 2 S. 1 BGB geltend machen, dass der **Geschädigte bei der Schadensbeseitigung „Maßnahmen unterlassen hat, die ein ordentlicher und verständiger Mensch zur Schadensminderung ergriffen hätte"**.
- Auch bei dieser Prüfung führt ein Abweichen von den Höchstsätzen der BVSK-Honorarbefragung noch nicht zur Annahme eines Verstoßes gegen die Schadensminderungspflicht.

17 Im Ergebnis bleibt damit nach der BGH-Entscheidung offen, welche Argumentationsmöglichkeiten dem Versicherer gegenüber dem Geschädigten faktisch noch verbleiben sollten. Bei strikter Anwendung dieser Grundsätze dürfte dem haftpflichtigen Versicherer wohl regelmäßig keine Möglichkeit mehr verbleiben, erfolgreich den Einwand eines überhöhten Honorars zu erheben. Gleichwohl ist festzustellen, dass die gerichtlichen Streitigkeiten gleichsam unbeeindruckt von dieser höchstrichterlichen Entscheidung weitergehen und die Instanzgerichte zum Teil weiterhin Kürzungen entsprechend der BVSK-Honorarbefragung vornehmen (z.B. KG DAR 2015, 524, allerdings nach Abtretung an den Sachverständigen).

18 In seiner späteren Entscheidung vom 22.7.2014 (VI ZR 357/13 – VersR 2014, 1141 = zfs 2015, 85) hat der BGH allerdings in einem Fall, in dem der **Sachverständige selbst aus abgetretenem Recht** geklagt hat, ausgeführt, dass es in Anbetracht der vom Geschädigten zu keinem Zeitpunkt beglichenen Sachverständigenrechnung nicht zu beanstanden sei, wenn der **Rechnung „keine maßgebliche Indizwirkung für die Erforderlichkeit der geltend gemachten Kosten** beigemessen" wird. In diesem Fall wurde vom BGH z.B. die **Kürzung von Nebenkosten des Gutachtens**

B. Fahrzeugbezogene Sachschäden § 8

(Kilometergeld von 1,05 EUR pro Kilometer und Kosten von 2,45 EUR für ein Foto) als „erkennbar deutlich überhöht" bestätigt. Dennoch hat der BGH in der Entscheidung darauf hingewiesen, dass die grundsätzliche Kürzung der Nebenkosten in Routinefällen auf eine „Nebenkostenpauschale" i.H.v. 100 EUR losgelöst von den tatsächlich entstandenen Aufwendungen einer hinreichend tragfähigen Grundlage entbehrt (BGH a.a.O., Rn 21). Nach einer jüngeren Entscheidung des KG (DAR 2015, 524) bleibt jedoch auch bei Zugrundelegung der Rechtsprechung des BGH bei einer Klage des Sachverständigen aus abgetretenem Recht eine Kürzung auf die Werte der BVSK-Honorarbefragung zulässig.

Das **Prognoserisiko** hinsichtlich der Höhe der Sachverständigengebühren trägt daher – wie immer – der **Schädiger**. **19**

Bei der Frage des Anknüpfungskriteriums für die Berechnung des Honorars war in der Vergangenheit streitig, ob die **Höhe des entstandenen Schadens** ein sachgerechtes Kriterium darstellt (bejahend die h.M., vgl. z.B. AG Brühl DAR 1998, 73; AG Eschweiler zfs 1998, 292; AG Essen NZV 1999, 255, AG Lingen zfs 1999, 336 m. umfangreicher Anm. *Diehl*; AG Halle-Saalkreis zfs 1999, 337; AG Darmstadt zfs 2000, 65; AG Siegburg zfs 2003, 237 f.; vgl. auch *Hiltscher*, NZV 1998, 488 f.). **20**

Inzwischen hat der X. Senat des BGH geklärt, dass der Sachverständige vertragsrechtlich gegenüber seinem Auftraggeber berechtigt ist, ein **pauschaliert an der Schadenshöhe orientiertes Sachverständigenhonorar** zu berechnen (BGH VersR 2006, 1131 = zfs 2006, 564 m. Anm. *Diehl* = r+s 2006, 524; vgl. ebenfalls BGH VersR 2007, 218 = NZV 2007, 182). Dies folgt daraus, dass beim Fehlen einer vertraglichen Vereinbarung über den Werklohn bei Routinegutachten eine solche Pauschalierung die Grenzen des dem Sachverständigen durch § 315 Abs. 1 BGB eingeräumten Gestaltungsspielraumes nicht überschreitet (BGH a.a.O.). Die Entscheidung ist zu begrüßen, da immerhin **97 % aller Kfz-Sachverständigen** ihr Honorar nach dem **Gegenstandswert** abrechnen, also die **Schadenshöhe** als Ausgangsgröße heranziehen, so auch der **TÜV**, die **DEKRA, CarExpert** und die **Versicherungswirtschaft** (NZV 1998, 488, 490). Für die Richtigkeit dieser Methode spricht auch, dass in vielen Bereichen freier Berufe (Rechtsanwälte, Notare, Steuerberater und Architekten) ebenfalls dieser Maßstab für die Berechnung des Honorars gilt (so auch *Otting*, VersR 1997, 1328, 1330). Dieser vom **X. Senat** für das Vertragsverhältnis zwischen Geschädigtem als Auftraggeber und Sachverständigem festgestellten Rechtslage folgend hat sodann auch der für das Haftungsrecht zuständige **VI. Senat des BGH** entschieden, dass nach einem Verkehrsunfall grundsätzlich ein **in Relation zur Schadenshöhe berechnetes Sachverständigenhonorar** als erforderlicher Herstellungsaufwand im Sinne des § 249 Abs. 2 BGB erstattet verlangt werden kann (BGH VersR 2007, 560 = zfs 2007, 507 = r+s 2007, 169 = DAR 2007, 263 = NJW 2007, 1450). Der bisherige Streit dürfte damit der Vergangenheit angehören. **21**

22 Es ist auch nicht zu beanstanden, wenn der Sachverständige Pauschalbeträge für Fahrt-, Post- und Telefonkosten sowie Schreib- und EDV-Kosten zusätzlich zum Grundhonorar in Rechnung stellt (AG Herne-Wanne NZV 1999, 256).

23 Vereinzelt wird die Angemessenheit auf der Basis der aufgewendeten **Arbeitszeit** des Sachverständigen beurteilt (AG Schwerin MittBl 1998, 26 = NZV 1998, 291; AG Dortmund NZV 1999, 254). Dazu wird zuweilen gefordert, dass der Geschädigte zur Substanziierung des Sachverständigenhonorars im Einzelnen darlegt, welcher konkrete Zeitaufwand für die Erstellung des Gutachtens erforderlich und angemessen war, eine sicherlich **unzumutbare Forderung**. Schließlich liegt die Beweislast für einen Verstoß gegen die Schadensminderungspflicht beim Schädiger und nicht beim Geschädigten.

24 Die **Stundensätze des JVEG** (früher ZSEG) sind jedenfalls für die Beurteilung der Angemessenheit des Honorars ungeeignet, da es nicht um eine Entschädigung, sondern um die Vergütung einer werkvertraglichen Leistung geht (AG München zfs 1998, 133).

25 Im Zweifel hat der Geschädigte aber jedenfalls dann Anspruch auf Erstattung der vollen Sachverständigengebühren, wenn er seine etwaigen **Regressansprüche** gegenüber dem von ihm beauftragten Sachverständigen wegen des Inhaltes des Gutachtens oder der Höhe des Honorars gem. § 255 BGB an den gegnerischen Versicherer **„Zug um Zug" abtritt** (OLG Nürnberg VRS 103, 321; OLG Naumburg NZV 2006, 546; LG Kaiserslautern DAR 2013, 517, *Grunsky*, NZV 2000, 4 ff.).

26 Von der Versicherungswirtschaft wird immer wieder behauptet, dass es **Honorartabellen** für Sachverständigenkosten gäbe. Diese Tabellen sind rechtlich jedoch keine „Gebührentabellen", sondern nur eine Ermittlung von durchschnittlichen Gebühren in Abhängigkeit von einer bestimmten Schadenshöhe, daher sind die Mittelwerte dieser Tabellen **nicht bindend** (AG Gelsenkirchen DAR 1996, 409).

27 Im Übrigen haftet der vom Geschädigten beauftragte Sachverständige dem regulierenden Versicherer auf Schadensersatz, wenn dieser aufgrund fehlerhafter Begutachtung überhöhte Leistungen erbringt (vgl. dazu im Einzelnen § 7 Rdn 46 ff.).

d) Überprüfungsberechtigung

28 Problematisch ist es, wenn der Geschädigte die **Überprüfung** „seines" Sachverständigengutachtens durch den gegnerischen Haftpflichtversicherer nicht zulässt oder gar **bewusst verhindert.** Dann kann er unter Umständen keinen Ersatz der Sachverständigenkosten verlangen (OLG Düsseldorf VersR 1995, 107).

29 Allerdings kann das nur in engen Grenzen und bei offenkundiger Berechtigung zu einer Überprüfung gelten und außerdem nur dann, wenn die Nachbesichtigung noch möglich, also die Reparatur noch nicht beendet ist.

30 Grundsätzlich hat der Geschädigte einen **Anspruch auf Ersatz der Sachverständigengebühren** unabhängig von einer Überprüfungsberechtigung des Versicherers.

Gelegentlich meinen Haftpflichtversicherer, zur Erstattung der Sachverständigenkosten dann nicht verpflichtet zu sein, wenn das Gutachten dem Versicherer nicht **im Original** – sondern lediglich **in Kopie** – vorgelegt wird. Diese Auffassung ist unzutreffend, denn der Geschädigte lässt das Gutachten weder für den gegnerischen Versicherer erstellen noch „verkauft" er es diesem. Es handelt sich bei den zu erstattenden Sachverständigenkosten vielmehr um Kosten des Geschädigten, die **diesem** – adäquat kausal durch den Unfall verursacht – zur **für ihn** erforderlichen **Schadensermittlung** entstehen. Die Erstattungspflicht ist daher unabhängig von der Vorlage beim Schädiger. **31**

Im Übrigen existiert **keine rechtliche Verpflichtung**, dem Gegner das entscheidende Beweismittel **im Original** zu überlassen (vgl. LG Dresden DAR 2011, 332). Daher gibt es gute Gründe, dem Versicherer lediglich eine Kopie zu übersenden, um das Original als Urkunde in jedem Fall für eine eventuell erforderliche gerichtliche Auseinandersetzung zur Verfügung stehen zu haben. **32**

Dieser Gesichtspunkt hat vor allem auch deshalb an Bedeutung gewonnen, weil mittlerweile fast alle Versicherer eine **aktenlose Bearbeitung** der Vorgänge eingerichtet haben. Das bedeutet, dass alle in Papierform eingehenden Schriftstücke eingescannt und anschließend **vernichtet** werden, also auch die so eingereichten **Originalurkunden**. Somit wäre dann später in einem Rechtsstreit der Urkundsbeweis u.U. nicht mehr zu führen. **33**

Tipp
Es wird daher dringend davor gewarnt, Originalurkunden an Versicherer zu übersenden.

Unberührt bleibt davon selbstverständlich das dem Versicherer einzuräumende Recht, das Original auf Wunsch in der Kanzlei einzusehen. **34**

Tipp
Das Problem entsteht nicht, wenn der Sachverständige zwei im Original unterzeichnete Ausfertigungen seines Gutachtens einschließlich der Lichtbilder erstellt. Hierauf sollte zur Vermeidung entsprechender lästiger Auseinandersetzungen geachtet werden.

e) Auswahlrecht des Geschädigten

Abwegig ist die oft anzutreffende Rechtsauffassung von Versicherern, die **Reisekosten des Sachverständigen** zu einem von seinem Büroort entfernt gelegenen Schätzungsort seien deshalb nicht zu ersetzen, weil im Rahmen der Schadensminderungspflicht entweder ein näher gelegener Sachverständiger oder die DEKRA hätten beauftragt werden müssen, die in der Regel alle Gutachtenaufträge des Tages auf einer Rundfahrt erledigten und deshalb die Fahrtkosten lediglich anteilig berechneten. Das kann und braucht der Geschädigte nicht zu wissen, und außerdem ist er **in der Auswahl des Sachverständigen frei**. **35**

§ 8 Sonstige materielle Schadenspositionen

36 Einige Versicherer haben seit kurzem eine eigene Sachverständigenorganisation gegründet, die bundesweit unter dem Namen „**Car-Expert**" firmiert. Dabei handelt es sich zwar nach außen um eine GmbH, in Wahrheit aber lediglich um einen Zusammenschluss einiger **versicherungseigener Haussachverständiger**, also um eine aus Kostengründen vorgenommene Ausgliederung hauseigener abhängiger Sachverständigengruppen. Über die fachliche Qualifikation dieser Sachverständigen ist nicht viel bekannt. Ihre Unabhängigkeit steht in Zweifel.

37 Es ist klar, dass sich kein Geschädigter darauf einlassen muss, sein Gutachten ausschließlich dort erstellen zu lassen. Er bleibt selbst dann in der Auswahl des Sachverständigen frei, wenn ihm „Car-Expert" durch den Versicherer frühzeitig und mit günstigeren Gebührensätzen angeboten werden sollte.

38 Oft veranlassen Versicherer die Geschädigten, dass diese um jeden Preis die **DEKRA** mit der Begutachtung beauftragen sollen. Bei Gutachten der DEKRA ist **Vorsicht** geboten: Die DEKRA operierte bereits früher gegen die Rechtsprechung des BGH immer wieder nicht mit den Preisen markengebundener Fachwerkstätten. Wenn der Geschädigte nicht erklärte, er wolle sein Fahrzeug in einer bestimmten Kfz-Fachwerkstatt reparieren lassen, legte die DEKRA bei den Reparaturlohnkosten (auch **AW = Arbeitswerte** genannt; 1 Stunde hat 10 AW, 1 AW sind also 6 Arbeitsminuten) in Verkennung der BGH-Rechtsprechung zum normativen Schaden, wonach grundsätzlich die Kosten einer **markengebundenen Fachwerkstatt** zugrunde zu legen sind, lediglich die Durchschnittslohnkosten aller Werkstätten (nicht nur markengebundene Fachwerkstätten) in der Region zugrunde, was durchaus zu **Unterschieden pro AW in Höhe von mehreren EUR** führen kann.

39 *Beispiel*
AW DEKRA = 4,70 EUR, AW Fachwerkstatt = 6,30 EUR, Differenz bei nur 100 AW schon 160 EUR netto.

Auf eine solche Abrechnung braucht sich der Geschädigte nicht einzulassen (AG Clausthal-Zellerfeld zfs 1997, 135). Diese Art der Berechnung des Schadens durch die DEKRA ist falsch (siehe § 7 Rdn 145 ff.). Der BGH wendete sich bereits in seiner Entscheidung vom 29.4.2003 (zfs 2003, 405 ff., sog. Porsche-Urteil) expressis verbis gegen die von der DEKRA jahrelang praktizierte und stets kritisierte Praxis, statistische Mittelwerte zugrunde zu legen, indem er ausführt, dass solche Werte „den zur Wiederherstellung erforderlichen Betrag erkennbar nicht repräsentieren". Bei fiktiver Abrechnung stehen dem Geschädigten demnach grundsätzlich die in einer **markengebundenen Vertragswerkstatt** anfallenden Kosten zu, sodass er sich **nicht** darauf verweisen lassen muss, seinen Schaden auf der Grundlage „**mittlerer ortsüblicher Stundenverrechnungssätze**" abzurechnen (vgl. dazu im Einzelnen § 7 Rdn 324 ff.).

40 Außerdem hält sich die DEKRA nicht an die Rechtsprechung des BGH, wonach zur **Restwertermittlung** ausschließlich die Restwertangebote des dem Geschädigten unmittelbar zugänglichen regionalen Marktes (50 km Umkreis des Wohnortes, siehe § 7 Rdn 250 ff.) herangezogen werden dürfen. Die DEKRA betreibt stets eine (vom BGH nicht gebilligte) **Internetrecherche**, was ihre besondere Nähe zur Assekuranz dokumentiert!

Neuerdings werden in der **Zusammenfassung des Gutachtens bei der DEKRA** zudem die erforderlichen **Reparaturkosten ohne Berücksichtigung** der in der Kalkulation jedoch – weil ortsüblich – enthaltenen **Verbringungskosten und UPE-Aufschläge** ausgewiesen. Auch dies widerspricht der überwiegenden Rechtsprechung (vgl. dazu im Einzelnen § 7 Rdn 133 ff.) und dient allein dem Zweck, dass bei einer fiktiven Abrechnung nur die Reparaturkosten ohne die Verbringungskosten und die UPE-Aufschläge reguliert werden, obwohl der Sachverständige durch deren Aufnahme in die eigentliche Kalkulation die Ortsüblichkeit festgestellt hat.

f) Vollständige Erstattung der Sachverständigenkosten trotz quotaler Haftung

Literatur zur Erstattung der Sachverständigenkosten trotz quotaler Haftung:

Janetz, Erstattung von Kosten des Kfz-Sachverständigen bei Mithaftung, SVR 2011, 213; *Kappus*, Neues zur Schadensberechnung bei der Verkehrsunfallregulierung, DAR 2010, 727; *Poppe*, Erstattbarkeit der Gutachterkosten bei anteiliger Mithaftung des Geschädigten, DAR 2005, 669; *Stöber*, Umfang der Ersatzfähigkeit von Sachverständigenkosten ein Mitverschulden des Geschädigten, DAR 2011, 625; *Winnefeld*, Gutachterkosten bei mitverschuldetem Unfall, DAR 1996, 75; *Wortmann*, Quotelung von Sachverständigenkosten im Mitverschuldensfall?, NJW 2011, 3482.

Zwischenzeitlich wurde die Frage aufgeworfen, ob bei einer nur **quotalen Haftung** gleichwohl die **Sachverständigenkosten vollständig zu ersetzen** sind (vgl. *Schneider*, in: Berz/Burmann, Kap. 5 C Rn 72c). In der Vergangenheit wurde nahezu selbstverständlich davon ausgegangen, dass auch die Sachverständigenkosten – ebenso wie allen anderen Schadenspositionen – lediglich anteilig nach Quote erstattet werden (diese Praxis ausdrücklich bestätigend OLG Düsseldorf v. 15.3.2011 – 1 U 152/10 – zfs 2011, 384 m. Anm. *Diehl* = r+s 2011, 268; OLG Celle v. 24.8.2011 – 14 U 47/11 – SP 2011, 399; AG Landshut v. 23.8.2010 – 3 C 1392/10 – SP 2010, 404; AG Bad Segeberg v. 28.4.2011 – 17 C 388/09). Immer häufiger wird jedoch argumentiert, dass dem Geschädigten keine Möglichkeit bliebe, nur den ersatzfähigen (quotalen) Fahrzeugschaden durch einen Sachverständigen feststellen zu lassen, sodass die erforderliche Schadensermittlung auch bei der nur quotalen Haftung die gesamten Sachverständigenkosten mit einschließe (so OLG Rostock DAR 2011, 263; r+s 2011, 269; *Poppe*, DAR 2005, 669; *Kappus*, DAR 2010, 727). Eine „vermittelnde" Auffassung nimmt bei den Sachverständigenkosten – wie bei den Anwaltskosten – eine Erstattungspflicht jedenfalls in der Höhe an, in der sie entstanden wären, wenn sich das Gutachten nur auf den nach Quote erstattungsfähigen Teil der Reparaturkosten bezogen hätte (AG Siegburg NJW 2010, 2289; vgl. *Schneider*, in: Berz/Burmann, Kap. 5 C Rn 72c). Der **BGH** (Urt. v. 7.2.2012 – VI ZR 133/11 – VersR 2012, 504) hat den Streit dahingehend entschieden, dass im

41

Falle einer nur quotenmäßigen Haftung **auch die Sachverständigenkosten nur im Umfang der Haftungsquote zu erstatten** sind.

2. Kosten eines Kostenvoranschlags

Literatur zur Ersatzfähigkeit eines Kostenvoranschlags:

Notthoff, Ersatzfähigkeit der Kosten eines Kostenvoranschlages im Falle der Abrechnung eines Verkehrsunfallschadens nach fiktiver Reparatur, DAR 1994, 417 ff.

42 Die Werkstätten erheben inzwischen regelmäßig für ihre Kostenvoranschläge Kosten. Das hat seinen Grund darin, dass die Werkstätten keine kostenlosen „Ersatzgutachten" erstellen wollen und der Kunde dann keinen Folgeauftrag erteilt, sondern fiktiv abrechnet oder selbst bzw. in Eigenregie (z.B. „Billigwerkstatt") repariert.

43 Die Werkstätten verrechnen deshalb diese „**Schutzgebühr**", wenn der Kunde später einen Reparaturauftrag erteilt, mit den Reparaturkosten. Der Geschädigte hat also keinen Schaden mehr in Höhe der **Kostenvoranschlagsgebühr**, wenn er in der besagten Werkstatt tatsächlich reparieren lässt.

44 Jedenfalls dann aber, wenn der Geschädigte **fiktiv abrechnet** und der Werkstatt definitiv keinen Reparaturauftrag erteilt, steht fest, dass ihm die Kosten des Kostenvoranschlags als Schadensermittlungskosten entstanden sind, und sie sind demnach gem. § 249 Abs. 2 S. 1 BGB ebenso zu ersetzen wie die Sachverständigenkosten (AG Oldenburg, Urt. v. 29.10.1997 – E4 C 4198/97 XVIII).

45 *Tipp*
Der Mandant sollte eine schriftliche Erklärung des Inhaltes abgeben, dass er nicht beabsichtige, sein Fahrzeug bei der den Kostenvoranschlag ausstellenden Werkstatt reparieren zu lassen und dass er sich verpflichtet, die Kostenvoranschlagsgebühr zurückzuzahlen, falls er entgegen dieser Absicht dort doch eine Reparatur durchführen werde.

46 Es ist nämlich **nicht einzusehen**, weshalb die Erstattbarkeit der Sachverständigenkosten **unterschiedlich** zu denen eines Kostenvoranschlages gehandhabt werden sollte, vor allem dann, wenn sich der Geschädigte in Erfüllung seiner Schadensminderungspflicht mit einem viel billigeren Kostenvoranschlag begnügt hat (AG Aachen DAR 1995, 295; AG Essen zfs 1990, 156). Dies gilt erst recht, wenn sich der Geschädigte bei einem Schaden oberhalb der Bagatellgrenze mit einem Kostenvoranschlag begnügt, obwohl die Einholung eines teureren Sachverständigengutachtens gerechtfertigt wäre (LG Hildesheim zfs 2009, 681 = DAR 2009, 651).

47 Wenn der Schaden des Geschädigten die Bagatellschadensgrenze (siehe dazu § 7 Rdn 17) von zzt. 500 bis 750 EUR nicht erreicht, die Beauftragung eines Sachverständigen also gegen die Schadensminderungspflicht verstieße, kann der Geschädigte, dem ja grundsätzlich die fiktive Schadensberechnung gestattet ist, seinen Schaden nicht anders als durch einen Kostenvoranschlag nachweisen. In diesem Falle sind ihm auch die Gebühren für den Kostenvoranschlag zu ersetzen (AG

Recklinghausen zfs 1986, 104; AG Augsburg zfs 1987, 106; AG Siegburg zfs 1987, 327; AG Oberhausen zfs 1988, 279).

II. Ersatz für Nutzungsentgang

Fällt die Nutzungsmöglichkeit des Fahrzeugs unfallbedingt aus, hat der Geschädigte Anspruch auf Wiederherstellung des früheren Zustandes. Ihm muss also entweder im Wege der Naturalrestitution ein Ersatzfahrzeug zur Verfügung gestellt werden (**Mietwagen**) oder er hat Anspruch auf finanziellen Ersatz des geldwerten Gebrauchsvorteils (**Nutzungsausfall**). 48

Prozessual ist es selbstverständlich möglich, die Kosten für einen Mietwagen ohne einen gesonderten Hilfsantrag im Hinblick auf einen pauschalen Nutzungsausfall für den Fall geltend zu machen, dass das Gericht der Ansicht ist, ein Mietwagen wäre (z.B. wegen zu geringer Kilometerleistung) nicht erforderlich gewesen (vgl. dazu unten Rdn 123 ff.). Denn der Anspruch auf pauschalen Nutzungsausfall ist als Minus in den (in der Regel höheren) Mietwagenkosten enthalten und darf nicht vom Gericht mit dem Argument zurückgewiesen werden, dass wegen des tatsächlich zur Verfügung stehenden Mietwagens tatsächlich kein Nutzungsausfall eingetreten wäre und damit auch die Zusprechung pauschalen Nutzungsausfalls ausscheide (BGH v. 5.2.2013 – VI ZR 290/11 – zfs 2013, 322).

Beide Ansprüche haben zunächst einmal **gemeinsame Anspruchsvoraussetzungen**.

Der Anspruch auf Mietwagenkosten bzw. Nutzungsausfall ist an folgende Voraussetzungen geknüpft: 49
- Nutzungswille
- Nutzungsmöglichkeit
- nachgewiesener Nutzungsausfallzeitraum, der sich unterteilt in
- Schadensermittlungszeitraum
- Überlegungszeitraum
- Reparaturdauer bzw. Wiederbeschaffungszeitraum
- kein Verstoß gegen die Schadensminderungspflicht

1. Nutzungswille

Der Geschädigte muss den **tatsächlichen Willen** haben, ein Fahrzeug zu nutzen. Ein solcher Wille ist nach der Lebenserfahrung bis zum Beweis des Gegenteils durch den Schädiger zu unterstellen (OLG Celle VersR 1973, 717; OLG Düsseldorf DAR 2006, 269). 50

Einen solchen vor dem Unfall vorhandenen Willen kann der Geschädigte jedoch z.B. unfallbedingt („... habe seitdem Angst vorm Autofahren...") oder aus anderen Gründen (z.B. altersbedingt oder aus finanziellen Gründen) aufgegeben haben. 51

52 Das zeigt sich aus Sicht der Versicherer meist daran, dass er sein Fahrzeug nicht mehr reparieren lässt bzw. verkauft und kein neues Fahrzeug mehr anschafft. Der Nutzungswille sei also offenkundig nicht (mehr) gegeben, wenn der Geschädigte ganz, für immer oder jedenfalls bis auf weiteres **auf eine Reparatur** des Fahrzeugs **oder** eine **Ersatzbeschaffung verzichtet**.

53 Es ist jedoch bereits grundsätzlich fraglich, ob derjenige, der **zum Unfallzeitpunkt** offenkundig ein **Kfz gefahren** hat, das nun unfallbedingt nicht mehr fahrfähig ist, den weitergehenden **Nutzungswillen** überhaupt noch darlegen und beweisen muss oder ob dieser angesichts der zuvor tatsächlich stattgefundenen **Nutzung indiziert** ist (letzteres LG Nürnberg-Fürth DAR 2000, 72; LG Kaiserslautern DAR 2013, 517; AG Heilbronn SP 1999, 381; AG Berlin-Mitte SP 1999, 382). Es wäre dann Aufgabe des Schädigers, den Nachweis zu führen, dass der Geschädigte seinen grundsätzlich stets zu unterstellenden Nutzungswillen (aus welchem Grunde auch immer) nunmehr aufgegeben hat.

54 Darüber gibt es regelmäßig Streit mit den Versicherern, die ohne **Neuanschaffungs- bzw. Reparaturnachweis** den Ausgleich der Mietwagenkosten oder des Nutzungsausfallschadens verweigern. Nach der regelmäßig von den Versicherern vertretenen Auffassung ist der Nutzungswille stets durch eine Neuanschaffung (oder im Reparaturfalle: den Nachweis der Reparatur) zu **dokumentieren** (so auch OLG Hamm zfs 2002, 132).

55 Dem Geschädigten ist es aber nicht anzulasten, dass er sich z.B. aus finanziellen Gründen nicht in der Lage sieht, ein Ersatzfahrzeug anzuschaffen oder die Reparatur vorzufinanzieren. Immerhin hätte der Geschädigte ohne den Unfall sein bisher genutztes Fahrzeug weiternutzen können (Gedanke der Naturalrestitution), d.h. bis zum Unfall lässt sich der Nutzungswille kaum bestreiten. Dieser grundsätzlich vorhandene **Nutzungswille wird nicht dadurch beseitigt, dass der Geschädigte aufgrund des Unfalls kein Ersatzfahrzeug anschafft**, denn hierfür kann es unterschiedliche Gründe geben (KG VersR 2004, 1620 = NZV 2004, 470; OLG Düsseldorf NZV 2003, 379; OLG Stuttgart DAR 2000, 35; LG Braunschweig VersR 2006, 1139 = NZV 2006, 41). Dies ist inzwischen auch vom **BGH ausdrücklich bestätigt** worden, wonach „der Ersatzpflichtige für den vorübergehenden Verlust der Nutzungsmöglichkeit eines Kraftfahrzeugs grundsätzlich auch dann eine Entschädigung zu leisten [hat], wenn sich der Geschädigte einen Ersatzwagen nicht beschafft hat" (BGH v. 10.6.2008 – VI ZR 248/07 – Rn 8, VersR 2008, 1086 = zfs 2008, 501).

56 Es wäre wesentlich praktikabler, wenn in solchen Fällen der Nutzungsausfallanspruch – zumindest im Rahmen der Ausfallschätzung des Sachverständigen – ohne Neuanschaffungsnachweis gezahlt würde. Nur ganz wenige Versicherer verzichten aus Gründen der Reduzierung des Verwaltungsaufwandes auf den **Nachweis** und regulieren auf der Basis der Angaben im Sachverständigengutachten.

B. Fahrzeugbezogene Sachschäden § 8

Wenn der Nutzungsausfallzeitraum dann darüber hinausgeht, muss er allerdings unverändert nachgewiesen werden.

Schafft sich der Geschädigte erst einige Zeit nach dem Unfall ein Ersatzfahrzeug an, beurteilt die Rechtsprechung die Frage aufgegebenen Nutzungswillens höchst unterschiedlich. Während einerseits die Auffassung vertreten wird, bei einem Erwerb eines Ersatzfahrzeugs erst mehrere Monate nach dem Unfall sei ein Nutzungswille offenbar aufgegeben worden (OLG Köln VersR 2004, 1332; AG Frankfurt zfs 2002, 339 mit Anmerkung von *Diehl*; *Boetzinger*, zfs 2000, 45), wird das durchaus auch anders gesehen: Erwirbt der Geschädigte ein anderweitiges Fahrzeug erst **ein halbes Jahr nach dem Unfall**, lässt dies **keinen Schluss auf einen fehlenden Nutzungswillen** zu (LG Oldenburg zfs 1999, 288; AG Stuttgart zfs 2002, 579). Die Erfahrung spricht auch in einem solchen Fall vielmehr dafür, dass ohne den Unfall ein entsprechender **Nutzungswille vorhanden** gewesen wäre. 57

Aber auch ein Familienangehöriger, der noch **nicht einmal über eine Fahrerlaubnis** verfügen muss, kann einen **Mitbenutzungswillen** in der Form haben, als **Beifahrer** von dem unfallbedingt verletzt ausgefallenen Fahrer – wie zuvor auch stets – dorthin gefahren zu werden, wohin der Beifahrer (z.B. Ehegatte) auf seinen jeweiligen Wunsch hin gefahren werden möchte. Der Benutzungswille muss also keineswegs in der Person des Geschädigten selbst bestehen. 58

War das Fahrzeug jedoch trotz eines Totalschadens **noch fahrbereit** und seine **Benutzung** dem Geschädigten **zumutbar**, kann der Geschädigte Mietwagenkosten bzw. Nutzungsausfall nach frühzeitiger, also vor der Lieferung des Ersatzfahrzeugs erfolgter Abmeldung nicht beanspruchen (AG Hannover zfs 2002, 133). 59

Ein „**Sonntagsfahrer**" hat – wenn er diese Eigenschaft selbst einräumt – Nutzungswillen nur an Wochenenden oder Feiertagen. Er kann demnach auch nur für solche Tage einen Mietwagen oder Nutzungsersatz verlangen. 60

Etwas Ähnliches gilt unter Umständen bei **reinen Sommerfahrzeugen,** wie **Cabrios**, aber auch **Motorrädern**. Werden sie im Spätherbst beschädigt, aber erst im kommenden Frühjahr wieder angemeldet, war offenkundig in der Zwischenzeit kein Nutzungswille gegeben. 61

Steht dem Geschädigten – **allein** – ständig ein **Zweitwagen** zur Verfügung, dann entfällt u.U. der Nutzungswille bezogen auf den unfallbeschädigten Pkw und damit auch der Nutzungsausfallanspruch insgesamt. 62

> *Tipp* 63
> Es ist wichtig, wie zu diesen Fragen vorgetragen wird. Zuviel Vortrag kann schädlich sein und begründet nur überflüssigen Erklärungsaufwand. Aufgabe eines Versicherungssachbearbeiters scheint es oft zu sein, Schadenspositionen oder Forderungen zu kürzen, mit Abstand am meisten aber beim Nutzungsausfall. Die Nutzungsausfalldiskussion kann sich oft wochenlang und Akten füllend hinziehen, wenn sich der Sachbearbeiter erst einmal „festgebissen" hat.

§ 8 Sonstige materielle Schadenspositionen

2. Nutzungsmöglichkeit

64 Der Geschädigte muss auch die Möglichkeit haben, das Fahrzeug zu nutzen. Sie entfällt z.b., wenn der Geschädigte durch den Unfall derart **verletzt** worden ist, dass er ein Kraftfahrzeug – ganz oder auch nur vorübergehend – nicht mehr führen kann (BGH VersR 1966, 497; BGH VersR 1985, 736 = zfs 1985, 296; KG NZV 2006, 157) = DAR 2006, 151). Das gilt selbstverständlich auch bei unfallunabhängiger – aber unmittelbar nach dem Unfall aufgetretener – Erkrankung (OLG München VersR 1991, 324; LG Berlin zfs 1991, 46).

65 Allerdings gilt das nicht, wenn der Geschädigte den Nachweis erbringt, dass das Fahrzeug **gleichermaßen und regelmäßig** nach einer vor dem Unfall getroffenen Zweckbestimmung von einem **Familienangehörigen** oder einem – nicht unbedingt nahe stehenden – **Dritten** (z.B. Car-Sharing) mitbenutzt wird (OLG Oldenburg zfs 1988, 73; OLG Frankfurt DAR 1995, 23; OLG Düsseldorf DAR 2011, 580). Nach insoweit einschränkender Auffassung soll der Anspruch bei einem nicht zum Kreis der Familienangehörigen zählenden Dritten eine vor dem Unfall mit dem Fahrzeugeigentümer getroffene **Vereinbarung** voraussetzen (KG NZV 2006, 157 = VersR 2006, 806 [nur Leitsatz]), was dann nachgewiesen werden muss.

66 *Tipp*
Wenn nachweislich nur ein Fahrzeug in der Familie vorhanden ist, kann der Mitbenutzungsnachweis durch Vorlage einer Fotokopie des Führerscheins des Ehepartners oder der Kinder geführt werden. Danach sollte schon beim ersten Mandatsgespräch gefragt und die Fotokopie dem Schreiben an den Versicherer sogleich beigefügt werden, um die Diskussion darüber gar nicht erst aufkommen zu lassen.

67 *Tipp*
Aber auch dann, wenn der Familienangehörige **nicht über eine Fahrerlaubnis** verfügt, besteht eine **Mitbenutzungsmöglichkeit** in der Form, als **Beifahrer** von dem unfallbedingt verletzt ausgefallenen Fahrer – wie zuvor auch stets – dorthin gefahren zu werden, wohin der Beifahrer (z.B. Ehegatte) auf seinen jeweiligen Wunsch hin gefahren werden möchte. Das Bestehen einer Fahrerlaubnis entscheidet also nicht darüber, ob ein Nutzungswille besteht oder nicht.

68 Streit herrscht immer wieder über die Frage, ob der Geschädigte mit den von ihm erlittenen Verletzungen hätte Kraftfahrzeuge führen können. Dabei wird der Begriff des „**Führen-Könnens**" oft mit dem des „**Führen-Dürfens**" verwechselt (vgl. auch Rdn 200).

69 Mit einem Gipsbein oder -arm **darf** der Geschädigte – aus medizinischer Sicht und allgemeinen Sicherheitsgesichtspunkten heraus – sicherlich nicht fahren. Er **kann** damit zweifelsfrei auch nicht Motorrad oder Fahrrad fahren. Er **kann** aber ggf. einen Pkw fahren, wenn z.B. sein linkes Bein betroffen und das Fahrzeug mit Automatikgetriebe ausgestattet ist. Bei Anmietung eines Ersatzfahrzeugs ist der Beweis des „Führen-Könnens" unmittelbar erbracht. Bei der Geltendmachung von Nutzungsausfall müsste der Beweis ggf. noch erbracht werden.

Problematisch ist immer die Frage des **Fahrens mit einer Schanz'schen Krawatte**. Auch wenn die Ärzte eine Fahrfähigkeit oftmals verneinen, ist es natürlich **möglich**, trotz Schanz'scher Krawatte Auto zu fahren, was schon die im Wartezimmer der Kanzlei sitzenden, mit einem Miet- oder Zweitwagen angereisten Mandanten mit offensichtlichem HWS-Schleudertrauma beweisen. Ein solches „ärztliches Verbot" ist auch nicht anders zu sehen als die immer wieder verordnete „Bettruhe": Der Patient **soll** zwar nicht aufstehen, **kann** das aber zweifelsfrei sehr wohl tun. Es handelt sich bei solchen ärztlichen Verordnungen ganz offenkundig lediglich um **vorsorgliche Empfehlungen** und nicht etwa um Feststellungen einer tatsächlichen Unmöglichkeit. Daher lässt sich auch allein aus dem Umstand der **Krankschreibung** die fehlende Nutzungsmöglichkeit nicht herleiten. 70

Diese Frage muss also stets **individuell dargelegt** und **gut begründet** werden, wobei sich der Anwalt nicht mit pauschalen Hinweisen auf angebliche Rechtsprechung beeindrucken lassen sollte. Eine in der Kanzlei vorgehaltene (Digital-)Kamera ermöglicht die Beweisführung, indem man den anlässlich der Mandatierung gegenübersitzenden Mandanten fotografiert und das Foto mit einem Datum und der anwaltlichen Bestätigung versehen, der Anwalt habe mit eigenen Augen gesehen, wie der Mandant mit dem Fahrzeug weggefahren ist, an den Versicherer schickt. 71

Eine Nutzungsmöglichkeit für den Geschädigten besteht dann nicht, wenn der unfallbeschädigte Pkw **nicht** (mehr) **versichert** ist und demzufolge auch nicht (mehr) genutzt werden darf oder dem Geschädigten aus Anlass des Unfalls bzw. danach die **Fahrerlaubnis entzogen** worden ist. 72

Auch wenn der Geschädigte unmittelbar nach dem Unfall eine **Flugreise** geplant hatte, entfällt die Nutzungsmöglichkeit für den Zeitraum der Abwesenheit. 73

3. Dauer des Nutzungsausfalls und Schadensminderungspflicht
Literatur zur Dauer des Nutzungsausfalls und Schadensminderungspflicht:

Bär, Anspruch auf Nutzungsausfall und Schadensminderungspflicht des Geschädigten, DAR 2001, 27 ff.

Grundsätzlich besteht ein Anspruch auf Nutzungsausfallentschädigung für den **Zeitraum vom Schadenseintritt (Unfall) bis zur Beseitigung der Schadensursache**, also regelmäßig Reparatur bzw. Ersatzbeschaffung (OLG Düsseldorf DAR 2006, 269). Dieser so nachgewiesene Nutzungsausfallzeitraum unterteilt sich in folgende Einzelzeiträume: 74

- Schadensermittlungszeitraum = Unfallzeitpunkt bis zum Eingang des Sachverständigengutachtens
- Überlegungszeitraum = nach Eingang des Sachverständigengutachtens Zeit zum Überlegen, ob. z.B. noch repariert werden oder besser ein anderweitiges

Fahrzeug angeschafft werden soll, Marktanalyse und Recherchen, Klärung von Finanzierungsfragen usw.
- Tatsächliche Reparaturdauer bzw. Wiederbeschaffungszeit

Dabei ist auch hier jeweils die **Schadensminderungspflicht** des Geschädigten zu beachten.

75 Der Geschädigte muss also **schnellstmöglich** nach dem Unfall den Sachverständigen **beauftragen**. Dabei ist auf Wochenend- bzw. Feiertage zu achten. Er darf allerdings **zunächst einen Anwalt** mit seiner Interessenwahrnehmung **beauftragen**, selbst wenn sich die Beauftragung des Sachverständigen dadurch verzögert (LG Saarbrücken DAR 2011, 592 = NZV 2011, 497). Ggf. muss sich der Geschädigte nach dem **Verbleib des Gutachtens** erkundigen und dessen Erstellung Nachdruck verleihen, sich ggf. auch schon vor dem Zugang des Gutachtens telefonisch nach den Ergebnissen erkundigen.

76 Er muss sodann möglichst **schnell überlegen**, wie die Restitution erfolgen soll, wobei aber die **konkrete berufliche oder auch tatsächliche Situation** des Geschädigten zu beachten ist (wer beruflich am Tage nach dem Zugang des Gutachtens ins Ausland muss, aber auch wer – unfallbedingt oder unfallunabhängig – im Krankenhaus liegt, kann sich u.U. nicht um eine Reparatur oder die Wiederbeschaffung eines Ersatzfahrzeuges kümmern).

77 Sodann muss die Reparatur **unverzüglich** in Auftrag gegeben bzw. ein anderweitiges Ersatzfahrzeug angeschafft werden. Diesbezügliche **Angaben in Sachverständigengutachten** stellen allerdings lediglich **bloße Schätzungen** dar und sind so lange **unbeachtlich**, wie tatsächlich – ohne Verstoß gegen die Schadensminderungspflicht – ein längerer Zeitraum erforderlich war.

78 Wenn der Nutzungsausfallzeitraum aber länger, als z.B. von dem Sachverständigen geschätzt wurde, ausfällt, übersehen die Versicherer immer wieder, dass ein Verstoß gegen die Schadensminderungspflicht gem. § 254 BGB **von dem Schädiger darzulegen und zu beweisen** ist. So streichen sie immer wieder unberechtigt die Mietwagenkosten wie auch den Nutzungsausfall auf das vom Sachverständigen zuerkannte Maß ohne Rücksicht auf die Beweislast und die **tatsächlichen Gegebenheiten** des Einzelfalles zusammen.

79 *Merke*
Das ist grob falsch: Nutzungsausfall und Mietwagenkosten sind nicht aufgrund fiktiver Schätzungen, sondern allein auf der Basis der tatsächlichen Gegebenheiten im Einzelfall zu regulieren!

80 Wenn also z.B. laut Sachverständigengutachten sieben Tage für angemessen erachtet wurden, dann kürzen die Versicherer oftmals die Mietwagenrechnung einfach auf diese sieben Tage Inanspruchnahme, obwohl ein Blick in den Kalender zeigen würde, dass der Unfall z.B. an einem Freitag geschah und Feiertage dazwischen lagen.

B. Fahrzeugbezogene Sachschäden § 8

Tipp
Ein **Blick in den Kalender** hilft beim Streit über die Dauer der Mietwageninanspruchnahme und des Nutzungsausfalls („Tipp" siehe unten Rdn 288).

Auch hat möglicherweise der Sachverständige ausweislich seiner diesbezüglichen Angaben in dem Gutachten **Zeit zur Ermittlung der Ersatzteilpreise** benötigt oder aus anderen Gründen sein Gutachten nicht sofort fertig stellen können, sodass auch eine unverzügliche Nachfrage durch den Geschädigten zu keiner schnelleren Klärung geführt hätte. 81

a) Reparaturschaden

Zum Gebot des Geschädigten, den Schaden gering zu halten, gehört, dass der Geschädigte im Falle der **Reparaturwürdigkeit** für eine möglichst **rasche und zügige Reparaturdurchführung** Sorge zu tragen hat. Der Geschädigte darf also auch nicht etwa den **Eingang einer Reparaturkostenübernahmebestätigung** durch den gegnerischen Versicherer abwarten (OLG Hamm VersR 1986, 43), es sei denn, der Versicherer hat dies ausdrücklich angeordnet. Im Einzelfall kann es allerdings nicht zu beanstanden sein, wenn der Geschädigte mit dem Beginn der Instandsetzungsarbeiten in Eigenregie wartet, bis das Unfallfahrzeug durch einen Sachverständigen des gegnerischen Versicherers nachbesichtigt wurde (OLG Düsseldorf DAR 2006, 269). 82

Der Geschädigte darf auch nicht unbedingt bei erkennbarer Reparaturwürdigkeit den Eingang des schriftlichen Sachverständigengutachtens (BGH zfs 1986, 327) abwarten, bis er sich entscheidet. Er bzw. sein Anwalt muss sich vielmehr ggf. **telefonisch bei dem Sachverständigen** nach dem Ergebnis der Begutachtung (Reparaturwürdigkeit) erkundigen, sobald er weiß, dass dieser die Besichtigung vorgenommen hat. 83

Der Geschädigte hat bei der Auftragserteilung an seine Werkstatt darauf zu achten, dass er ein noch fahrfähiges und verkehrssicheres Fahrzeug nicht etwa **vor einem Wochenende oder vor Feiertagen** zur Reparatur bringt, sondern im Interesse der Schadensminderung solange benutzt, bis die Reparatur am schnellsten durchgeführt werden kann. 84

Ist das Fahrzeug durch eine **Behelfs- oder Notreparatur** notdürftig und vorübergehend instandsetzbar, muss er eine solche Reparatur zunächst einmal durchführen lassen, wenn z.B. die Kapazitäten bei seiner Stammwerkstatt ausgelastet, eine baldige Reparatur dort also nicht ausführbar ist und er sein Fahrzeug nicht in eine andere Werkstatt zur Reparatur geben will. 85

Dabei ist aber – wie stets – besonders auf die **Zumutbarkeit** für den Geschädigten und dessen Interessen zu achten. Schließlich war es ja der Schädiger, der die im Verkehr erforderliche Sorgfalt nicht hat walten lassen und den Unfall verursacht hat. Im Rahmen der Nutzungsausfallentschädigung ist es dem im **Urlaub** befindlichen Geschädigten daher auch **nicht** etwa **zuzumuten**, seine **Urlaubsplanung zu** 86

363

§ 8 Sonstige materielle Schadenspositionen

ändern oder sich während der Urlaubszeit **um die Beschaffung eines Ersatzfahrzeugs** zu bemühen (OLG Stuttgart DAR 2000, 36).

87 Der Geschädigte soll also **nicht überobligationsmäßig Rücksicht** auf die Interessen des Schädigers und unzumutbare Unannehmlichkeiten hinnehmen müssen, die er ohne den Unfall nicht gehabt hätte. Die Frage, was zumutbar ist, ist also eng und im Zweifel für den Geschädigten auszulegen.

88 Wenn der Geschädigte ein **Zweitfahrzeug** zur Verfügung hatte, es jedoch bewusst nicht genutzt hat, obwohl er es problemlos hätte nutzen können, liegt ebenfalls in der Regel ein Verstoß gegen die Schadensminderungspflicht vor. In diesen Fällen entfällt somit ein Mietwagen- bzw. Nutzungsausfallanspruch, es sei denn, der **Zweitwagen wird ausschließlich von dem Lebenspartner oder anderen Familienangehörigen genutzt** und/oder ist nur aus versicherungstechnischen Gründen auf den Namen des Geschädigten angemeldet.

89 Eine solche Nutzung ist aber nicht möglich bei dem sog. **Lady-Tarif** in der Kfz-Haftpflichtversicherung (oder bei entsprechenden anderen Tarifen, bei denen der Kreis der Nutzer eingeschränkt ist). Dieser bestimmt eine **ausschließliche Nutzung des Fahrzeugs durch Frauen**. Die Benutzung durch Männer führt im Schadensfall zu einer Vertragsstrafe der Versicherungsnehmerin. Damit entfällt bereits jedenfalls die zulässige Nutzungsmöglichkeit durch den (männlichen) Partner.

90 *Tipp*
Als Nachweis für eine ausschließliche Nutzung des Zweitfahrzeugs durch einen Dritten genügt meist eine entsprechende (schriftliche) Erklärung des Nutzers. Oft ist das Fahrzeug auch nur versicherungstechnisch auf den Geschädigten angemeldet, ausweislich der in Fotokopie beizufügenden Fahrzeugpapiere jedoch auf den Dritten unmittelbar zugelassen.

91 Kann der Geschädigte wegen der **Höhe der Reparaturkosten** sein Fahrzeug bei der Werkstatt **nicht bezahlen**, erhält er es also wegen des Werkunternehmerpfandrechtes nicht heraus, muss er einen **Kredit** in Anspruch nehmen (OLG Frankfurt VersR 1980, 235; einschränkend – Pflicht zur Kreditaufnahme nur ausnahmsweise – jüngst OLG Düsseldorf DAR 2011, 380), so lange die Zinsbelastung geringer ist als der tägliche Nutzungsausfall. Stehen ihm jedoch nachgewiesenermaßen keine Kreditierungsmöglichkeiten zur Verfügung, ist ihm ein Nutzungsausfall bis zur vollständigen Zahlung seitens des Versicherers von diesem zu ersetzen (OLG Düsseldorf DAR 2011, 380; OLG Karlsruhe NZV 2011, 546; so auch LG Oldenburg zfs 1999, 288).

92 Macht die Werkstatt ihr **Werkunternehmerpfandrecht** geltend und kann der Geschädigte auch keinen Kredit aufnehmen, muss er dies zur Erhaltung des ihm dann dem Grunde nach zustehenden Nutzungsausfallanspruchs allerdings dem Versicherer rechtzeitig mitteilen und von ihm einen **Vorschuss verlangen** (OLG Frankfurt DAR 1984, 318; LG Oldenburg zfs 1983, 141).

B. Fahrzeugbezogene Sachschäden §8

Zahlt der Haftpflichtversicherer diesen Vorschuss nicht, besteht entsprechend lange ein **Anspruch auf Zahlung** des Nutzungsausfalls, **auch für z.T. sehr lange Zeiträume**:

- LG Hagen MDR 77, 666: **270 Tage**
- OLG Nürnberg zfs 1981, 77: **208 Tage**
- AG Essen DAR 2007, 655: **168 Tage**
- AG Magdeburg NZV 1998, 162: **138 Tage**
- LG Hanau zfs 1985, 358: **130 Tage**
- OLG München VersR 1996, 1098: **107 Tage**
- AG Neunkirchen zfs 1983, 7: **100 Tage**
- OLG Karlsruhe NZV 2011, 546 **90 Tage**
- OLG Frankfurt zfs 1984, 328: **75 Tage**
- LG Saarbrücken VersR 1976, 475: **74 Tage**
- LG Münster zfs 1989, 81: **68 Tage**

Tipp 93
Es ist wichtig, dem gegnerischen Versicherer schon in dem ersten Schreiben, mit dem der Schaden spezifiziert wird, ggf. mitzuteilen, dass der Mandant zur Kreditierung der Reparaturkosten mangels Bonität nicht in der Lage ist und daher so lange Nutzungsausfall zu zahlen ist, wie der Versicherer nicht leistet (§ 254 Abs. 2 BGB). Das führt oft zu einer erstaunlichen Regulierungsbeschleunigung. In jedem Falle empfiehlt sich die sofortige telefonische Kontaktaufnahme mit dem Versicherer, wenn wegen sich abzeichnender Kreditierungsprobleme ein verlängerter Nutzungsausfall droht.

Der Einwand des **Verstoßes gegen die Schadensminderungspflicht** des Geschädigten ist besonders oft und hartnäckig zu hören, wenn der geltend gemachte Nutzungsausfallzeitraum das aus der Sicht eines Versicherungssachbearbeiters offensichtlich gerade noch zu verkraftende Maß von maximal 21 Tagen überschreitet. **Verzögert** aber **der Haftpflichtversicherer** über Monate hinweg die **Auszahlung der Ersatzleistung** (Stichwort: Ermittlungsakteneinsicht, VN hat noch nicht gemeldet, weitere Ermittlungen erforderlich, Zweifel an der Einstandspflicht und dergleichen), ist er dem Geschädigten jedenfalls dann zum **Ersatz des gesamten Zeitraums seines Nutzungsausfalls** verpflichtet, wenn der Geschädigte auf seine **Unfähigkeit zur Vorfinanzierung** der Ersatzbeschaffung oder Reparatur **hingewiesen** hat (vgl. KG v. 9.4.2009 – 12 U 23/08 – NZV 2010, 209; dazu *Wenker*, jurisPR-VerkR 23/2009 Anm. 2; AG Magdeburg zfs 2009, 199). Das können dann auch – siehe vorstehende Rechtsprechungsübersicht – durchaus 100 Tage und mehr sein. 94

95 Auch hier ist wieder die Frage der **Beweislast** entscheidend:
- Der **Geschädigte** muss nachweisen, dass er bei seiner Hausbank **keinen Kredit** erhält und auch über **keinen Vollkaskoversicherungsschutz** verfügt (OLG Naumburg DAR 2005, 158 ff.). Das geschieht durch Vorlage einer entsprechenden Bestätigung. Vielleicht kann man von ihm noch verlangen, sich bei ein oder zwei weiteren Kreditinstituten vor Ort um eine **Kreditaufnahme** zu bemühen, wenngleich das in der heutigen Zeit **zunehmender Insolvenzen** wohl ziemlich unsinnig und wenig Erfolg versprechend sein dürfte.
- Der **Schädiger** bzw. sein Versicherer, der demgegenüber einen Verstoß gegen die Schadensminderungspflicht **behauptet**, hat diesen zu **beweisen**. Er muss also den Nachweis führen, dass der Geschädigte die finanziellen Mittel zur Vorfinanzierung gehabt hätte, wenn er sich nur ausreichend um eine Kreditaufnahme bemüht hätte. Er muss also eine konkrete Finanzierungsmöglichkeit vor Ort nachweisen – ein wohl hoffnungsloses und verwaltungsaufwandtreibendes Unterfangen.

96 Er muss demzufolge ein **Kreditinstitut nennen** und den **Nachweis führen**, dass der Geschädigte dort einen Kredit erhalten hätte. Also ist es auch Aufgabe des Versicherers, dem Geschädigten, der auf seine mangelnden Kreditmittel hinweist und die Geltendmachung eines entsprechenden Nutzungsausfalls in Aussicht stellt, den **Kreditweg aufzuzeigen** bzw. ggf. selbst unter Rückforderungsvorbehalt oder darlehensweise zu zahlen.

97 *Tipp*
Die Versicherer verweisen immer wieder lapidar auf die Schadensminderungspflicht des Geschädigten und verweisen ihn auf die Kreditinanspruchnahmemöglichkeit. Damit verweigern sie die Zahlung von langen Nutzungsausfall- bzw. Mietwagenzeiträumen. **Das ist falsch!** *Umgekehrt ist es richtig: Die Schädigerseite hat den von ihr behaupteten Verstoß gegen die Schadensminderungspflicht darzulegen und zu beweisen. Den Geschädigten trifft insoweit allenfalls eine sekundäre Darlegungslast.*

98 Außerdem kann mit Fug und Recht der – von der Rechtsprechung leider noch nicht bestätigte, aber doch wohl logische – **Grundsatz** aufgestellt werden: Der **Schadensminderungspflicht des Geschädigten** steht eine gleichartige **Regulierungsbeschleunigungspflicht des Versicherers** gegenüber (so dem Sinn nach: OLG Saarbrücken zfs 1991, 16). Das wird einigen Versicherern viel zu selten vor Augen gehalten.

aa) Werkstattwahl

99 Soweit in der Rechtsprechung sogar die Auffassung vertreten wurde, die Schadensminderungspflicht des Geschädigten gebiete es, notfalls eine andere Werkstatt als die seines Vertrauens auszuwählen, wenn letztere über **keine freien Werkstattkapazitäten** verfüge (LG Duisburg r+s 1987, 163), geht das sicher zu weit.

B. Fahrzeugbezogene Sachschäden § 8

Das **Recht auf freie Werkstattwahl** ist insbesondere im Hinblick auf die **Werkstatt des Vertrauens** zu schützen und kann allenfalls dann zu einer anderen Beurteilung führen, wenn ganz besonders massive Gründe ein Ausweichen auf eine andere Werkstatt gebieten (z.b. Ersatzteile in absehbarer Zeit bei der „Hauswerkstatt" nicht beschaffbar, bei anderer, ebenso renommierter Werkstatt sind sie jedoch sofort verfügbar). 100

Es stellt aber **keinen Verstoß gegen die Schadensminderungspflicht** dar, wenn sich im Verlauf der Reparatur herausstellt, dass der Werkstatt ein erforderliches **Ersatzteil fehlt**. Das begründet auch **nicht** den Vorwurf eines **Auswahlverschuldens** die Werkstatt betreffend. Selbst wenn die Werkstatt dies hätte vorhersehen können und müssen, ist deren Verschulden dem Geschädigten nicht anzulasten. Ggf. kann der Geschädigte Zahlung **Zug um Zug gegen Abtretung** eines entsprechenden Schadensersatzanspruchs gegen die Werkstatt verlangen (siehe § 7 Rdn 50). 101

Im Übrigen trägt allein der Schädiger das **Werkstatt- und Ersatzteilbeschaffungsrisiko** (BGHZ 63, 182 = NJW 1975, 160; BGH NJW 1978, 812). Wenn also allein daraus eine längere Mietwageninanspruchnahme oder ein längerer Nutzungsausfallzeitraum folgt, berührt das den Ersatzanspruch des Geschädigten nicht. 102

bb) Notreparatur

Soweit möglich, ist der Geschädigte verpflichtet, zunächst mittels einer **Notreparatur** das Fahrzeug in einen vorübergehend fahrfähigen Zustand zu versetzen und es so lange weiter zu benutzen, bis eine endgültige Reparatur möglich ist (OLG Köln NZV 1990, 429; OLG München zfs 1985, 330). 103

Die Kosten der Notreparatur sind ggf. den Kosten einer Mietwageninanspruchnahme in der fraglichen Zeit gegenüber zu stellen (OLG Oldenburg zfs 1990, 227). In jedem Falle sind die **Kosten der Notreparatur** vom Schädiger gesondert zu übernehmen. 104

b) Totalschaden

Im Falle eines **Totalschadens** richtet sich der Wiederbeschaffungszeitraum ebenfalls in erster Linie nach den Angaben in einem Sachverständigengutachten, maximal beträgt er aber bis etwa drei Wochen (*König*, in: Hentschel/König/Dauer, Straßenverkehrsrecht, 43. Auflage 2015, § 12 StVG Rn 37). Im Falle einer **Abrechnung auf Neuwagenbasis** kommt auch ein Ersatz über einen deutlich längeren Zeitraum bis zur Lieferung des Neuwagens in Betracht (OLG Koblenz r+s 2014, 46: im dortigen Fall 66 Tage). 105

Wenn der Wiederbeschaffungszeitraum gleichwohl weiter überschritten worden ist, muss der Geschädigte darlegen und beweisen, dass er trotz aller diesbezüglichen zumutbaren **Bemühungen** ein gleichwertiges Fahrzeug nicht schneller beschaffen konnte, die Prognose des Sachverständigen bezüglich des Wiederbeschaffungszeitraums also unzutreffend war. 106

107 Dazu muss er darlegen, welche Bemühungen er unternommen hat, welche Kfz-Händler er aufgesucht hat, welchen Zeitungsinseraten er nachgegangen ist usw. und diese Bemühungen ggf. nachweisen. Auch hier genügt als **Beweismittel** die **Vernehmung des Geschädigten als Beweisführer** nach § 287 Abs. 1 S. 3 ZPO.

108 Dabei ist oft der Nachweis der **Gleichwertigkeit** des Ersatzfahrzeugs problematisch: Was ist noch als gleichwertig für den Geschädigten zumutbar? Generelle Antworten hierauf gibt es nicht – allein der individuelle Fall ist maßgeblich. Allerdings hat der Geschädigte sicher keinen Anspruch darauf, aufgrund der Beschädigung eines 9 Jahre alten Fahrzeugs mit einer Laufleistung von 133.000 km Nutzungsausfall für den Zeitraum der Beschaffung eines Neuwagens zu erhalten (LG Frankfurt/Oder NJW 2010, 3455).

109 Auch hier gilt: Verlängert sich die Wiederbeschaffungsdauer im Totalschadensfall wegen einer **verzögerlichen Regulierung** des Haftpflichtversicherers und zeigt der Geschädigte an, dass es ihm wegen der unterbliebenen Regulierung nicht möglich sei, den Kaufpreis eines Ersatzfahrzeugs vorzufinanzieren, steht dem Geschädigten bis zur vollständigen Regulierung und damit herbeigeführten Möglichkeit der Ersatzbeschaffung eine Nutzungsausfallentschädigung zu (LG Mühlhausen zfs 2001, 362).

c) Prüfungs- und Überlegungszeit

Literatur zur Prüfungs- und Überlegungszeit:

Otting, Überlegungsfristen im Haftpflichtschadenrecht, zfs 1995, 322.

110 Wenn ausweislich des Sachverständigengutachtens theoretisch auch der 130-%-Fall (siehe § 7 Rdn 75 ff.) möglich ist, der Geschädigte also auch reparieren lassen könnte, obwohl eigentlich ein Totalschaden vorliegt, dann hat er in jedem Falle das Recht, zunächst den **Eingang des schriftlichen Gutachtens abzuwarten**, um anhand dessen eine Entscheidung zu treffen.

111 Ferner steht dem Geschädigten eine gewisse **Prüfungszeit** zu, innerhalb der er anhand eines Sachverständigengutachtens prüfen kann, ob eine Instandsetzung des beschädigten Fahrzeugs mit einem wirtschaftlich vertretbaren Aufwand in zumutbarer Weise möglich ist oder ob ein Totalschaden vorliegt.

112 Steht Letzterer eindeutig und für jeden Laien sofort ersichtlich fest, gibt es natürlich nichts mehr zu überlegen, ebenso, wenn eindeutig ein Reparaturschaden gegeben ist. Dann wird vom Geschädigten sofortiges Handeln verlangt.

113 Ist aber z.B. die 130-%-Regelung denkbar, ist dem Geschädigten eine **Überlegungsfrist** zuzubilligen, die von der Rechtsprechung in der Regel auf ca. fünf (AG Aschaffenburg zfs 1999, 103) bis sieben Tage (BGH NJW 1975, 160), sogar auf bis zu zehn Tage (AG Gießen zfs 1995, 93) angesetzt wird (vgl. dazu unten Rdn 284).

114 Auch dann, wenn sich der Geschädigte **erst nach begonnener Reparatur** dazu entschließt, statt der weiteren Durchführung der Reparatur des unfallbeschädigten

Fahrzeugs ein **anderweitiges Ersatzfahrzeug anzuschaffen**, kann er die zusätzlich angefallenen Mietwagenkosten bzw. den Nutzungsausfall ebenfalls ersetzt verlangen (LG Hagen zfs 1999, 517).

III. Mietwagenkosten

Literatur zum Ersatz der Mietwagenkosten:

Bültmann, Zur Erkundigungspflicht des Geschädigten bei Anmietung eines Mietwagens, zfs 1994, 1 ff.; *Chemnitz*, Neue Tendenzen der Rechtsprechung zur Abrechnung der Kfz-Werkstätten und der Mietwagenunternehmen mit Haftpflichtversicherern der Schädiger?, zfs 1993, 325 ff.; *Etzel/Wagner*, Anspruch auf Mietwagenkosten bei Straßenverkehrsunfällen, VersR 1993, 1192 ff.; *Franzen*, Die Ersatzwagentarife – ein funktionaler Ansatz, NZV 2015, 57; *Greger*, Rechtliche Grundlagen des Mietwagenkostenersatzes, NZV 1994, 337 ff.; *Greger*, Zum aktuellen Stand der Mietwagenrechtsprechung, NZV 1996, 430; *Grüneberg*, Zum Anspruch auf Erstattung der Mietwagenkosten bei unfallbedingtem Ausfall eines Taxis, NZV 1994, 135; *Harneit*, Restwerterlös und Mietwagenkosten – Inhalt und Grenzen der Schadenminderungspflicht, DAR 1994, 93 ff.; *Hillmann*, Mietwagenkostenübernahme durch Versicherer, zfs 1993, 397 ff.; *Lüthe*, Die Erstattungsfähigkeit von Mietwagenkosten – Eine Bestandsaufnahme, zfs 2009, 2 ff.; *Notthoff*, Die Entwicklung des Mietwagenkostenersatzrechts im Jahre 1995, VersR 1996, 1200; *ders.*, Erforderlichkeit von Mietwagenkosten, zfs 1996, 121.; *Otting*, Mehrere Gruppen kleiner angemietet: Was ist der Maßstab der Erforderlichkeitsprüfung?, MRW 2013, 46; *ders.*, Der Anspruch auf den Mietwagen dem Grunde nach, MRW 2013, 62; *Schneider*, in: Berz/Burmann, Handbuch des Straßenverkehrsrechts, Loseblatt, Stand: November 2011, Kapitel 5: Sachschaden.

1. Privatfahrzeuge

a) Einführung

aa) „Mietwagenkrieg" von 1991–1996

Zur Einführung soll als Beispiel für die Intensität, mit der gewaltsam wirtschaftliche Interessen durchgesetzt werden, ein **kurzer historischer Überblick** gegeben werden: **115**

Zum 31.10.1992 hatte der damalige „HUK-Verband" das bis dahin gültige, seit Jahren erfolgreich praktizierte **Mietwagenabkommen** mit den Autovermietern, wonach bei Anmietung eines um eine Preisgruppe niedrigeren Mietfahrzeugs und Anwendung der Mietwagenpreistabelle auf den Abzug ersparter Eigenkosten verzichtet wurde, gekündigt. Damit wurde eine Prozesslawine in noch nicht dagewesenem Ausmaß ausgelöst. Seinerzeit sollen fast 150.000 Mietwagenprozesse bei deutschen Gerichten anhängig gewesen sein, und man sprach sogar von einem regelrechten **„Mietwagenkrieg"**. **116**

Problematisch war von Anfang an die **Einseitigkeit** der damaligen „HUK-Empfehlung 1.11.1992" bzw. später des „Preistableaus 15.4.1993". Sie führte zu dem Vorwurf des „Preisdiktates" des HUK-Verbandes gegenüber den wirtschaftlich schwächeren Mietwagenunternehmen. Durch Beschluss des Bundeskartellamtes vom 22.6.1993 wurde die „HUK-Empfehlung 1.11.1992" als **„wettbewerbswidrig"** aufgehoben und die sofortige Vollziehung des Kartellamtsbeschlusses verfügt. **117**

118 Das Kammergericht hatte dann in einem Beschl. v. 16.7.1993 (Az.: Kart 11/93) die Anordnung der sofortigen Vollziehung wieder aufgehoben und vertrat die Auffassung, das öffentliche Interesse oder die überwiegenden Interessen der Beteiligten geböten i.S.d. § 63a Abs. 1 GWB a.F. diese Anordnung nicht.

119 Jedenfalls **gelten diese** alten und bewährten **Vereinbarungen nicht mehr**. An die Stelle des „Mietwagenabkommens" ist eine unübersehbare Zahl von bilateralen **Einzelvereinbarungen** getreten, die kein Anwalt mehr überblicken kann.

120 Infolge der nachstehend beschriebenen neuen Rechtsprechung des BGH (vgl. unten Rdn 137 ff.) zu dem Ersatz von Mietwagenkosten haben die Versicherer jetzt ihre eigenen Mietwagenpreise regelrecht „erfunden". Was unter dem Begriff des „**ortsüblichen Mietwagenpreisniveaus**" zu verstehen ist, **bestimmen die Versicherer**. Denn überprüfen kann das außergerichtlich niemand, es bleibt also in der Regel nichts anderes übrig, als diese Fragen im gerichtlichen Verfahren durch ein Sachverständigengutachten klären zu lassen. Das führt zu einer gigantischen **Mehrbelastung der Gerichte** infolge dadurch bedingter Prozessflut. Somit entsteht ein enormer **volkswirtschaftlicher Schaden** nur deshalb, weil es der Versicherungswirtschaft um ihre eigenen wirtschaftlichen Vorteile geht, die gnadenlos durchgeboxt werden. Dabei funktionierte das damalige Mitwagenabkommen vollkommen reibungslos und erfreute sich der einhelligen Akzeptanz aller Beteiligten.

bb)   Versicherungseigene Mietwagenunternehmen „Car-Partner"

121 Im Zuge des – auch gegenwärtigen – Mietwagenstreits gründeten einige Versicherer eigene Mietwagenunternehmen, z.B. die Firma **„Car-Partner"**, und begannen, zu Tiefstpreisen Fahrzeuge – teilweise aus eigenen Beständen – zu vermieten (AG Mannheim zfs 1996, 215). In den ersten Kontaktaufnahmeschreiben der Versicherer an die Geschädigten wird für „Car-Partner" oder ähnliche Mietwageninstitutionen geworben. All das ist den Versicherern inzwischen **untersagt** worden (Beschluss des Bundeskartellamtes zur Untersagung von „Car-Partner", NZV 1995, 346 ff.; OLG Düsseldorf zfs 1995, 333 ff. = NZV 1995, 450 f. = DAR 1995, 252: wettbewerbswidriger Hinweis auf versicherungseigenen Autovermieter durch Haftpflichtversicherer). **Auch der BGH hat** mittlerweile den Geschäftsbetrieb von „**Car-Partner**" wegen Verstoßes gegen das Kartellverbot **untersagt** (BGH DAR 1998, 311).

122 Praktiziert wird das aber unverändert, nun jedoch in anderen Formen. Dem **Geschädigten wird vorgespiegelt**, er würde gegen seine **Schadensminderungspflicht** verstoßen, wenn er nicht die von dem Versicherer angebotenen günstigen Mietwagenangebote annehme, ggf. würde ein Ersatz der konkret bei ihm entstandenen Mietwagenkosten jedoch nur auf dem aufgeführten Niveau des Angebotes der Versicherer erfolgen. Somit würde er im Falle der Anmietung bei einer freien Mietwagenfirma auf einem Teil seiner Kosten sitzen bleiben. Ergebnis – ganz im Sinne der Versicherer – ist, dass der Geschädigte freie Mietwagenanbieter meidet. Das

B. Fahrzeugbezogene Sachschäden § 8

wiederum führt – ebenfalls gewollt – zu massiven wirtschaftlichen Verlusten der Mietwagenbranche. Auf der anderen Seite **verdienen die Versicherer** wiederum an der Vermietung ihrer eigenen Fahrzeugparks, und sei es auch nur indirekt durch deren Beteiligungen an den billig anbietenden Mietwagenfirmen.

b) Erforderlichkeit eines Mietwagens (Kilometerleistung)

Keinen Mietwagen darf der Geschädigte in Anspruch nehmen, der vorhersehbar einen nur **geringen Fahrbedarf** hat (BGHZ 45, 219; OLG Hamm NZV 1995, 356; DAR 2001, 458; LG Wuppertal NJW 2012, 1971). In manchen Fällen stellt sich heraus, dass die Benutzung eines **Taxis statt eines Mietwagens** günstiger ist. 123

Die Rechtsprechung hat hierzu eine **20-km-Grenze** entwickelt: Bei einem Fahrbedürfnis von **weniger als 20 km** täglich verstößt der Geschädigte in der Regel gegen die **Schadensminderungspflicht,** wenn er Mietwagen statt Taxi benutzt (OLG München zfs 1993, 120 f.), denn bei höherer Kilometerleistung hätte eine Verweisung auf ein Taxi als Ersatzfahrzeug für den Geschädigten den Nachteil nicht ständiger Verfügbarkeit und Inkaufnahme von unzumutbaren Wartezeiten zur Folge (LG Baden-Baden zfs 2003, 16). 124

> *Tipp* 125
> Auf diese Grenze ist der Mandant so früh wie möglich hinzuweisen. Da es sich lediglich um einen Durchschnittswert handelt (Strecke lt. Mietvertrag ./. Tage der Nutzung), kann oft schon **eine einzige längere Strecke** dazu führen, dass dieser **Durchschnittswert** überschritten wird.

Diese Grenze ist aber nicht starr zu handhaben, sondern ist vielmehr von den persönlichen Gegebenheiten abhängig, z.B. Nachtdienste, Ruf- oder Einsatzbereitschaft u.Ä., die ggf. dargelegt werden müssen. Das **Prognoserisiko** für den Nutzungsumfang liegt ausschließlich beim **Schädiger** (OLG Hamm NZV 1995, 356). 126

Es **verbietet** sich also stets eine **retrospektive Betrachtungsweise**. Niemand weiß genau zu Beginn einer Fahrzeuganmietung, wie viele Kilometer er damit zurücklegen wird. Es kann ein **ungewöhnlicher Minderbedarf** ebenso eintreten wie ein durch eine plötzlich erforderlich gewordene lange Reise entstehender Mehrbedarf. 127

Auch bei geringer Fahrleistung können daher im Einzelfall Mietwagenkosten z.B. dann ersatzfähig sein, wenn der Geschädigte **auf die ständige Verfügbarkeit eines Kfz angewiesen** ist (BGH v. 5.2.2013 – VI ZR 290/11 – zfs 2013, 322; AG Bremen v. 13.12.2012 – 9 C 330/11) oder das Ersatzfahrzeug **aus betrieblichen Gründen** für in ihrem Umfang **nicht vorhersehbare Auslieferungsfahrten** bereitgehalten werden musste (AG Brühl zfs 1998, 380). 128

Demnach sind Mietwagenkosten als angemessen anzusehen, wenn der Geschädigte sich so verhält, wie sich ein **verständiger, wirtschaftlich vernünftig denkender Fahrzeugeigentümer** in der Lage des Geschädigten verhalten würde. Dabei kommt es aber ausschließlich auf die Erkenntnismöglichkeiten im Zeitpunkt der 129

Disposition an (**Ex-ante-Betrachtung**). Das Prognoserisiko trägt – wie stets – ausschließlich der Schädiger (BGH NJW 1986, 2945).

130 Die Inanspruchnahme eines Mietwagens ist aber dann unvertretbar und unverhältnismäßig gem. § 251 Abs. 2 BGB, wenn die zu erwartende geringe Fahrleistung auch mit dem **Pkw des Lebensgefährten** hätte ausgeführt werden können (OLG Karlsruhe NZV 1994, 316).

c) Höhe der erstattungsfähigen Mietwagenkosten

Literatur zur Höhe der erstattungsfähigen Mietwagenkosten:

Diehl, Checkliste nicht gewerblicher Mietwagen, zfs 1995, 123; *Notthoff*, Erforderlichkeit von Mietwagenkosten, zfs 1996, 121.

131 Die Mietwagenkosten sind nach einhelliger Rechtsauffassung **Herstellungsaufwand** des Geschädigten gem. § 249 Abs. 2 S. 1 BGB und demzufolge im Wege der Naturalrestitution grundsätzlich zu ersetzen (BGH NJW 1985, 793 u. NJW 1985, 2639 = VersR 1985, 283 u. 1090). Ausnahmen gelten bei einem Verstoß gegen die Schadensminderungspflicht (siehe oben Rdn 75 ff.).

132 Als Folge des zuvor erwähnten „Mietwagenkrieges" hat sich aber die Rechtsprechung mannigfach zur Frage der Schadensminderungspflicht im Hinblick auf die **Höhe der Mietwagenkosten** geäußert.

aa) Rechtsprechung pro und contra

133 Ein Teil der Rechtsprechung meinte: Wenn der Geschädigte die Höhe der Kosten beeinflussen kann, sei er unter dem Gesichtspunkt der Schadensminderungspflicht gehalten, im Rahmen des Zumutbaren den wirtschaftlich sinnvollsten Weg der Schadensbeseitigung zu gehen.

134 Demnach bestehe eine Pflicht zur Einholung von zwei bis drei **Konkurrenzangeboten**. Die Anmietung sei gegebenenfalls zu **Langzeittarifen und Pauschaltarifen** vorzunehmen. Die Existenz derartiger Tarife sei jedermann bekannt (OLG Nürnberg NZV 1994, 24 ff.; OLG Hamm zfs 1993, 10 f. und NZV 1994, 358 f.; OLG München NZV 1994, 359; OLG Celle zfs 1990, 190; OLG Düsseldorf zfs 1991, 374; OLG Frankfurt zfs 1991, 374; OLG Hamm zfs 1990, 191 und 1991, 195 und 377; OLG Koblenz zfs 1992, 119; OLG Köln zfs 1991, 15; OLG Oldenburg zfs 1991, 377).

135 Andere Gerichte sahen das anders: Der Geschädigte sei gerade nicht verpflichtet, Vergleichsangebote einzuholen und „Marktforschung" zu betreiben. Es reiche aus, wenn die Mietwagenkosten **nicht aus dem Rahmen üblicher Preisgestaltung** fallen. Langzeittarife und dergleichen seien gerade nicht jedermann bekannt (OLG Frankfurt zfs 1995, 174; OLG Nürnberg DAR 1994, 498 ff.; OLG Stuttgart zfs 1994, 206).

Der Geschädigte geriet so regelrecht zwischen die Fronten! Derartige Streitigkeiten dürfen aber zweifellos nicht auf dem Rücken des Geschädigten ausgetragen werden. 136

bb) Neuere BGH-Rechtsprechung

Literatur zur BGH-Rechtsprechung hinsichtl. der Erstattungsfähigkeit von Mietwagenkosten:

Alexander, Die Erforderlichkeit von Aufwendungen des Geschädigten für schadensausgleichende Maßnahmen gem. § 249 Abs. 2 S. 1 BGB, VersR 2006, 1168 ff.; *Brabec*, Rechtsprechung zur Erschütterung einer Schätzgrundlage für Mietwagenkosten, MRW 2012, 27; *ders.*, Preissteigerungen in der Schwacke-Erhebung?, MRW 2013, 63; *ders.*, Der Normaltarif in der Rechtsprechung, MRW 2014, 22; *ders.*, Das Ausmaß der Erosion der Rechtsprechung zur Schadenersatzposition Mietwagenkosten, MRW 2015, 2; *Braun*, Schätzgrundlage für die Bestimmung der erstattungsfähigen Mietwagenkosten – Schwacke-Mietpreisspiegel oder Fraunhofer-Erhebung?, zfs 2009, 183 ff.; *Bücken*, Der Unfallersatztarif – Gibt der BGH dem Geschädigten „Steine statt Brot"?, DAR 2006, 475 ff.; *Freymann/Vogelgesang*, Schwacke-Liste und Fraunhofer-Tabelle in der Rechtsprechung der Berufungsgerichte, zfs 2014, 544 sowie zfs 2015, 543; *Gilch*, Schwacke-Liste und Fraunhofer-Liste als Schätzungsgrundlage für die Erstattung von Mietwagenkosten – eine unendliche Geschichte?, VersR 2012, 1485; *Göhringer*, Unfallersatztarif/Normaltarif, zfs 2004, 437 ff.; *Greger*, Zum aktuellen Stand der Mietwagen-Rechtsprechung, NZV 1996, 430 ff.; *ders.*, Kurskorrekturen beim Kraftfahrzeugschaden – Die neue Rechtsprechung des BGH zu Reparatur-, Wiederbeschaffungs- und Mietwagenkosten, NZV 2006, 1 ff.; *Greiner*, Die Rechtsprechung des Bundesgerichtshofs (VI. Zivilsenat) zum Fahrzeugschaden seit dem Zweiten Schadensrechtsänderungsgesetz, zfs 2006, 63 ff. und 124 ff.; *Griebenow*, Unfallersatzwagentarif und kein Ende – oder doch? NZV 2005, 113 ff.; *ders.*, Erstattungsfähigkeit von unfallbedingten Mietwagenkosten – Erste Erfahrungen mit der neuen BGH-Rechtsprechung, NZV 2006, 13 ff.; *Halbgewachs*, Mietwagenkosten – ein Überblick, NZV 1997, 467 ff.; *Herrler*, Schadensminderungsobliegenheit (§ 254 II 1 BGB) – (K)ein geeigneter Weg zur Bewältigung der Problematik des „Unfallersatztarifs", NZV 2007, 337 ff.; *ders.*, Erstattungsfähigkeit von Mietwagenkosten bei Verkehrsunfällen – Unfallersatztarif versus Normaltarif, JuS 2007, 103 ff.; *Kuhnert*, Zur Beweislast für einen günstigeren Tarif bei Mietwagenkosten des Unfallgeschädigten, NJ 2010, 297 ff.; *Lüthe*, Die Erstattungsfähigkeit von Mietwagenkosten – eine Bestandsaufnahme, zfs 2009, 2; *Metz*, Ausgewählte Probleme der Mietwagenrechtsprechung, NZV 2009, 57; *Notthoff*, Anmietung eines Unfallersatzwagens zum Unfallersatztarif – grundsätzlich (k)ein Verstoß gegen die Schadensminderungspflicht, zfs 1998, 1 ff.; *Otting*, BGH, Abtretung und RDG: Letzter Akt oder mit Zugabe?, MRW 2012, 2; *ders.*, BGH, Abtretung, RDG und Bestimmtheit: Letzter Akt, MRW 2012, 69; *ders.*, Ein altes Thema, noch immer aktuell: Der Eigenersparnisabzug bei der Mietwagenkostenerstattung, MRW 2013, 2; *ders.*, Wenn der Mieter den Mietwagen nur für wenige Kilometer pro Tag genutzt hat, MRW 2013, 25; *ders.*, „Mietwagenpreisvorgaben" und deren rechtliche Bedeutung, MRW 2014, 25; *Quaisser*, Der „Marktpreis-Spiegel Mietwagen Deutschland 2008" des Fraunhofer Instituts, NZV 2009, 121; *Rehberg*, Paradigmenwechsel in der Mietwagenrechtsprechung?, MRW 2014, 4; *Reitenspiess*, Aktuelle Rechtsprechung des BGH zum Unfallersatztarif, DAR 2007, 345 ff.; *ders.*, „Schwacke ist tot! Es lebe Schwacke?" – Anmerkungen zum neuen „Marktpreisspiegel Mietwagen" des Fraunhofer-Instituts für Arbeitswirtschaft und Organisation, DAR 2008, 546; *ders.*, Schwacke ist tot! Es lebe Schwacke? 2. Teil, DAR 2010, 356; *ders.*, Schwacke ist tot! Es lebe Schwacke? 3. Teil, DAR 2011, 571; *Richter*, Die Regulierung von Mietwagenkosten im Unfallersatzgeschäft, zfs 2005, 109 ff.; *Riedmeyer*, Ersatz von Mietwagenkosten – (k)ein Ende der Diskussion in Sicht?, DAR 2014, 72; *Schwab*, Schuldrecht: Ersatz von Mietwagenkosten und Abtretbarkeit des Ersatzanspruchs, JuS 2013, 67; *Stalinski*, Mietwagenkosten – Wer trägt die Beweislast?, NZV 2014, 337; *Unberath*, Ersatz „überhöhter" Mietwagenkosten nach einem Unfall?, NZV 2003, 497 ff.; *Wagner*, Der Unfallersatztarif im Schadensersatz- und Mietrecht, NJW 2007, 2149 ff.; *Wellner*, BGH-Rechtsprechung zum

§ 8 Sonstige materielle Schadenspositionen

Sachschaden (Kapitel 5: Mietwagenkosten, insbesondere Unfallersatztarife), 2012; *Wenning*, Unfallersatztarif – ein Ausweg aus dem Dilemma über den Nutzungsausfall, NZV 2005, 169 ff.; *ders.*, Die Erstattungsfähigkeit von Unfallersatzwagentarifen – eine unendliche Geschichte? NZV 2004, 609 ff.; *ders.*, Regulierung von Mietwagenkosten – Auftrag des Verkehrsgerichtstages 2006 erfüllt?, NZV 2007, 173 ff.; *ders.*, Prüfungsschema für Mietwagenkosten nach einem Verkehrsunfall unter Berücksichtigung der BGH- und Instanzrechtsprechung, NZV 2009, 62 ff.; *ders.*, Fraunhofer und die Rechtsprechung, NZV 2009, 473; *ders.*, Aktuelle Mietwagen-Rechtsprechung des BGH und der Instanzen, MRW 2013, 22; *ders.*, Mietwagenkosten: Schwacke/Fraunhofer/arithmetisches Mittel/pauschaler Aufschlag/Alternativangebot, MRW 2015, 22; *Wittschier*, Die Schwacke-Liste als Schätzungsgrundlage für die Erstattung von Mietwagenkosten zum Normaltarif, NJW 2012, 13; *Woitkewitsch*, Erstattungsfähige Kosten bei Anmietung eines Unfallersatzfahrzeugs, MDR 2013, 437; *Wolff*, Erstattungsfähigkeit des Unfallersatztarifes, zfs 2006, 248 ff.

(1) Entscheidung des BGH 1996

137 Der **BGH** hat diesen **Meinungsstreit dann 1996** erfreulicherweise zunächst einmal **beendet** (BGH NJW 1996, 1958 = zfs 1996, 293 = DAR 1996, 314): Er hob das Urteil des OLG München auf, in dem noch die Ansicht vertreten wurde, die **Erkundigungspflicht des Geschädigten** entfalle nicht deshalb, weil ihm eine **Mietwagenübersicht** durch den Vermieter vorgelegt wurde (OLG München DAR 1995, 254 ff.).

138 Das OLG München hatte zuvor die **Erforderlichkeit der Mietwagenkosten** begrenzt auf den dreifachen Nutzungswert der Nutzungsausfalltabelle *Sanden/Danner/Küppersbusch*.

139 Als **erforderliche Aufwendungen** sind jedoch nach der Entscheidung des BGH diejenigen anzusehen, die ein **verständiger, wirtschaftlich denkender Mensch** in der Lage des Geschädigten für geboten halten durfte (BGH NJW 1985, 2637). Das **Gebot zu wirtschaftlich vernünftiger Schadensbehebung** verlangt jedoch von dem Geschädigten nicht, zugunsten des Schädigers zu sparen oder sich so zu verhalten, als ob er den Schaden selbst zu tragen hätte (BGH NJW 1992, 302).

140 Deshalb ist eine **subjektbezogene Betrachtungsweise** anzustellen, d.h. Rücksicht auf die spezielle Situation des Geschädigten, insbesondere auf seine **individuellen Erkenntnis- und Einflussmöglichkeiten**, sowie auf die möglicherweise gerade für ihn bestehenden Schwierigkeiten zu nehmen (so auch OLG Köln NZV 1997, 181; LG Osnabrück zfs 2004, 359). Der Geschädigte braucht sich bei der Anmietung eines Ersatzfahrzeugs nur auf den ihm **in seiner Lage ohne weiteres offenen Markt** zu begeben.

141 Selbst dann, wenn ein **Unternehmen** – in dem entschiedenen Fall sogar eine Versicherungsmaklerfirma – nach unfallbedingtem Ausfall eines **Geschäftswagens** ein Ersatzfahrzeug zum Unfallersatztarif anmietet, ist die **Unternehmereigenschaft allein noch kein hinreichender Grund**, das geschädigte Unternehmen **auf günstigere Konditionen zu verweisen**. Nur die **konkreten Umstände des Einzelfalles**, wie beispielsweise spezielle Kenntnisse und besondere Erfahrungen im Anmieten von Fahrzeugen nach einem Unfall, können im Einzelfall eine Erkundigungspflicht begründen (OLG Düsseldorf DAR 1998, 103).

Der Geschädigte darf demnach zu einem **Unfallersatztarif** anmieten. Er braucht keine „**Marktforschung**" zu betreiben, um das preisgünstigste Mietwagenunternehmen ausfindig zu machen. Halten sich die **Mietwagenkosten im Rahmen des Üblichen**, sind sie vom Schädiger auch zu ersetzen. Nur dann, wenn die Mietwagenkosten für den Geschädigten erkennbar deutlich aus dem Rahmen des Üblichen fallen, ist der Schädiger nicht eintrittspflichtig (AG Oldenburg zfs 2000, 16 m. Anm. *Diehl*). 142

Allerdings hat sich der BGH in diesem Urteil ausschließlich mit dem Rechtsverhältnis zwischen Schädiger und Geschädigtem befasst. Auf die vertraglichen Ansprüche des Mieters gegenüber dem Vermieter ist diese Rechtsprechung hingegen nicht anwendbar. 143

Die **Korrektur überhöhter und ungerechtfertigter Unfallersatztarife** erfolgt nach dieser Rechtsprechung ausschließlich durch die Pflicht des Geschädigten zur Abtretung seiner etwaigen Regressansprüche gegenüber dem von ihm ausgewählten Autovermieter an den Schädiger und seinen Versicherer. Der Vermieter haftete dann ggf. wegen Verletzung seiner Pflicht, den Mieter darüber aufzuklären, dass der Unfallersatztarif über dem Normaltarif liegt, zu dem der Geschädigte das Fahrzeug ebenfalls mieten könne (dann allerdings regelmäßig gegen vollständige Vorkasse bzw. Absicherung über eine Kreditkarte). 144

(2) Entscheidungen des BGH 2004/2005

Dieser Grundsatz des BGH aus der Entscheidung aus dem Jahre 1996 kann jedoch nach den seit dem Jahre 2004 ergangenen **neueren Urteilen des BGH** (BGH VersR 2005, 239 = r+s 2005, 41 = DAR 2005, 21 = NZV 2005, 32; BGH VersR 2005, 241 = zfs 2005, 75 ff. = r+s 2005, 43 = DAR 2005, 73 ff. m. krit. Anm. *Reitenspiess*; BGH VersR 2005, 568 = zfs 2005, 390 = r+s 2005, 217 = DAR 2005, 270 f.) **keine uneingeschränkte Geltung** mehr beanspruchen. Der BGH stellt in dieser jüngeren Rechtsprechung darauf ab, ob der so genannte **Unfallersatztarif** nicht mehr maßgeblich von Angebot und Nachfrage bestimmt wird, sondern durch weitgehend gleichförmiges Verhalten der Anbieter geprägt ist. Wenn also diese „Unfallersatztarife" erheblich über den „Normaltarifen" für Selbstzahler liegen – in dem entschiedenen Fall ging es immerhin um eine Erhöhung von 89%; der BGH hatte 1996 lediglich über 25% Unterschied zu entscheiden! –, dann kann aus schadensersatzrechtlicher Sicht der zur Herstellung erforderliche Geldbetrag nicht ohne weiteres mit dem Unfallersatztarif gleichgesetzt werden. Deshalb ist zu prüfen, ob und inwieweit ein solcher Tarif **seiner Struktur nach als erforderlicher Aufwand** zur Schadenbeseitigung angesehen werden kann. 145

Dies kann nur insoweit der Fall sein, als die Besonderheiten dieses Tarifs mit Rücksicht auf die Unfallsituation (Ausfallrisiko wegen unzutreffender Einschätzung der Haftungsquote durch den Geschädigten, Vorfinanzierungsaufwand) einen gegenüber dem Normaltarif höheren Preis aus betriebswirtschaftlicher Sicht rechtfer- 146 tigen, weil sie auf Leistungen des Vermieters beruhen, die zu dem von § 249 BGB erfassten, für die Schadensbeseitigung erforderlichen Aufwand gehören (inzwischen std. Rspr., vgl. z.B. BGH VersR 2005, 850 = zfs 2005, 435 = r+s 2005, 351 = DAR 2005, 438; *Müller*, Aktuelle Fragen des Haftungsrechts, zfs 2005, 54, 58).

147 Der BGH hat die Frage offen lassen müssen, **welche Preise** in diesem Rahmen berücksichtigungsfähig, nämlich „**erforderlich**" sind. Die **Beweislast** hierfür trägt nach der Auffassung des BGH jedenfalls der Geschädigte. Die Fragen müssen in der Tatrichterinstanz aufgrund des **Vortrages des Geschädigten** oder jedenfalls der von ihm gewählten Mietwagenfirma zur Kalkulation des Tarifes und ggf. durch Sachverständigengutachten geklärt werden. Das bedeutet, dass der Geschädigte den Prozess verliert, wenn ihn sein Mietwagenunternehmer nicht mit den erforderlichen **betriebswirtschaftlichen Daten** seines Unternehmens und mit seiner Kalkulation versorgt! Dessen Preise müssen nämlich auf Leistungen beruhen, die durch die besondere Unfallsituation veranlasst und infolgedessen zur Schadensbehebung nach § 249 BGB erforderlich sind.

148 Problematisch ist sodann weiter, dass es nach Auffassung des BGH darauf ankomme, ob dem Geschädigten im konkret zu entscheidenden Fall ein günstigerer Normaltarif „zugänglich" gewesen sei. Was darunter zu verstehen ist, bleibt unklar.

(3) Gegenwärtige Rechtslage

(a) Dreistufiges Prüfungsschema des BGH

149 Aus der Rechtsprechung des BGH ergibt sich ein dreistufiges Prüfungsschema (*Schneider*, in: Berz/Burmann, Kap. 5 C Rn 29c f.):

- Der Geschädigte hat die **objektive Erforderlichkeit** des gegenüber dem Normaltarif höheren Tarifs darzulegen und ggf. zu beweisen. Dies bedeutet, dass die besonderen Leistungen des Unfallersatztarifs mit Rücksicht auf die Unfallsituation (Vorfinanzierung, Verzicht auf Sicherheiten, Bring- und Abholservice etc.) zur Schadensbehebung erforderlich sind und aus betriebswirtschaftlicher Sicht den höheren Preis rechtfertigen (std. Rspr., z.B. BGH VersR 2005, 239; BGH VersR 2005, 231; BGH VersR 2005, 569; BGH VersR 2005, 850).

- Auch wenn die objektive Erforderlichkeit des höheren Tarifs nach vorgenannten Kriterien nicht vorliegt, ist er dennoch zu erstatten, wenn dem Geschädigten unter Berücksichtigung seiner **individuellen Erkenntnismöglichkeiten** sowie der gerade für ihn bestehenden Schwierigkeiten unter zumutbaren Anstrengungen auf dem in seiner Lage zeitlich und örtlich relevanten Markt **kein wesentlich günstigerer Tarif zugänglich** war (std. Rspr., vgl. z.B. BGH VersR 2005, 850; BGH VersR 2005, 569; BGH VersR 2005, 568).

- Trotz Feststellung der objektiven Erforderlichkeit auf der ersten Prüfungsstufe ist in einem weiteren Schritt zu prüfen, ob die **Schadensminderungspflicht** einer Erstattungspflicht entgegensteht. Dies ist dann der Fall, wenn dem Geschädigten der **Normaltarif**, der einen geringeren Leistungsumfang als der Unfaller-

B. Fahrzeugbezogene Sachschäden § 8

satztarif bietet, **verfügbar und im Einzelfall zumutbar** war (neuere std. Rspr., BGH VersR 2006, 564 = zfs 2006, 384; BGH VersR 2006, 1245; BGH VersR 2006, 1425 = zfs 2006, 682. m. Anm. *Diehl*; BGH VersR 2007, 515 = zfs 2007, 333; BGH VersR 2007, 706, 707; BGH VersR 2008, 1370, 1372 = NJW 2008, 2910).

Nach diesem dreistufigen Prüfungsschema liegt folglich eine Erstattungspflicht hinsichtlich des Unfallersatztarifs vor, wenn **150**

- entweder eine **objektive Erforderlichkeit** (1. Stufe) festzustellen ist **und** zusätzlich der Normaltarif nicht verfügbar oder nicht zumutbar war (kein Verstoß gegen die Schadensminderungspflicht entsprechend der 3. Stufe)
- oder der Normaltarif dem Geschädigten **in der konkreten Situation** nicht zugänglich war (2. Stufe).

(b) Offenlassen der Frage der objektiven Erforderlichkeit in der jüngsten BGH-Rechtsprechung

In seinen neuesten Entscheidungen tendiert der BGH dazu, die Frage der **objektiven Erforderlichkeit** (1. Stufe) **offen zu lassen**, weil entweder dem Geschädigten der Normaltarif in der konkreten Situation nicht zugänglich war (2. Stufe) – dann besteht eine Erstattungspflicht unabhängig von der objektiven Erforderlichkeit – oder umgekehrt dem Geschädigten der Normaltarif zugänglich und zumutbar war (3. Stufe) – dann besteht keine Erstattungspflicht unabhängig von der objektiven Erforderlichkeit (BGH VersR 2006, 1425; BGH VersR 2007, 515 = zfs 2007, 333 = DAR 2007, 260 = NZV 2007, 232 = NJW 2007, 1123; BGH VersR 2007, 706 = r+s 2007, 342 = NZV 2007, 290 = DAR 2007, 328 = NJW 2007, 1676 m. Anm. *van Bühren*; BGH VersR 2008, 235 = zfs 2007, 497 = r+s 2007, 343; BGH VersR 2007, 1144 = r+s 2007, 345 = DAR 2007, 510 = NJW 2007, 2758; BGH VersR 2007, 1286 = zfs 2007, 628 = NZV 2007, 563 = DAR 2007, 699 = NJW 2007, 2916; BGH VersR 2007, 1577 = zfs 2008, 22 = r+s 2008, 37 = DAR 2007, 700; BGH VersR 2008, 1370 = zfs 2008, 622; vgl. *Schneider*, in: Berz/Burmann, Kap. 5 C Rn 29d). **151**

Der Hintergrund ist offensichtlich, da die **Klärung der betriebswirtschaftlichen Rechtfertigung durch Sachverständigengutachten** einen **für die gerichtliche Praxis nicht vertretbaren Aufwand** verursacht. Nach Wagner, NJW 2007, 2149, 2150 ist sogar von einer Aufgabe des betriebswirtschaftlichen Kriteriums in der BGH-Rechtsprechung auszugehen. Die Praxis fokussiert sich daher zunehmend auf die Frage der **subjektiven Zugänglichkeit und Zumutbarkeit des Normaltarifs**. **152**

Grundsätzlich trägt die **Beweislast** für die ersten beiden Stufen des dreistufigen Prüfungsschemas **der Geschädigte**, für einen Verstoß gegen die Schadensminderungspflicht (3. Stufe) hingegen **der Schädiger** (Versicherer). Dies müsste an **153** sich dazu führen, dass es wegen der Darlegungs- und Beweislast einen Unterschied macht, ob die subjektive Zugänglichkeit im Rahmen der 2. Stufe oder im Rahmen der Schadensminderungspflicht problematisiert wird.

154 Allerdings **relativieren sich die Darlegungsanforderungen** des Versicherers auch im Rahmen der **Schadensminderungspflicht** dadurch, dass der BGH dem **Geschädigten eine sekundäre Darlegungslast auferlegt.** Soweit der Geschädigte keine Umstände vorträgt, „aus denen sich die Unzumutbarkeit schadensmindernder Maßnahmen ergibt", geht der BGH von einer Verletzung der Schadensminderungspflicht aus (BGH VersR 2007, 706, 707 = zfs 2007, 505 = r+s 2007, 342 = DAR 2007, 328). Nach einer neueren Entscheidung des BGH (BGH v. 14.10.2008 – VI ZR 308/07 – VersR 2008, 1706 = zfs 2009, 82) liegt sogar die vollständige Darlegungs- und Beweislast für die fehlende Zugänglichkeit eines günstigeren Tarifs beim Geschädigten.

155 Im Ergebnis unterscheidet sich in der praktischen Anwendung durch den BGH daher die Prüfung der subjektiven Zugänglichkeit auf der 2. Stufe sowie im Rahmen der Schadensminderungspflicht letztlich nicht, sodass für die Praxis von einer einheitlichen Voraussetzung der **subjektiven Zugänglichkeit und Zumutbarkeit des Normaltarifs** ausgegangen werden kann, von der die Erstattungspflicht eines höheren als des Normaltarifs allein abhängt (*Schneider*, in: Berz/Burmann, Kap. 5 C Rn 29d).

(c) Anforderungen an die subjektive Zugänglichkeit und Zumutbarkeit des Normaltarifs

156 In der neueren Rechtsprechung geht der BGH von einer **Erkundigungspflicht** des Geschädigten aus. In seiner Entscheidung vom 19.4.2005 – VI ZR 37/04 – (BGH VersR 2005, 850 = zfs 2005, 435 = r+s 2005, 351) führt der BGH aus:

„Zu einer solchen Nachfrage nach einem günstigeren Tarif ist ein vernünftiger und wirtschaftlich denkender Geschädigter schon unter dem Aspekt des Wirtschaftlichkeitsgebots gehalten, wenn er Bedenken gegen die Angemessenheit des ihm angebotenen Unfallersatztarifs haben muss, die sich aus dessen Höhe sowie der kontroversen Diskussion und der neueren Rechtsprechung zu diesen Tarifen ergeben können. [...] Dabei kann es je nach Lage des Einzelfalls auch erforderlich sein, sich anderweitig nach günstigeren Tarifen zu erkundigen."

157 Zudem verweist der BGH in der vorgenannten Entscheidung auf drei frühere Entscheidungen (BGH VersR 1985, 1090; VersR 1985, 1092; BGHZ 132, 373, 378), wonach der Geschädigte unter Umständen zur **Einholung von ein oder zwei Konkurrenzangeboten** gehalten sein könne (so jüngst bestätigend BGH v. 19.1.2010 – VI ZR 112/09 – VersR 2010, 494, 496 = zfs 2010, 260; vgl. auch *Wellner*, BGH-Rechtsprechung, § 5 Rn 104 ff.).

B. Fahrzeugbezogene Sachschäden § 8

Entscheidend für den Umfang der Erkundigungspflichten ist auch, wie **schnell der** **158** **Geschädigte ein Ersatzfahrzeug benötigt** (BGH VersR 2005, 850; VersR 2006, 986; VersR 2006, 1273 = DAR 2006, 682; VersR 2006, 1425).

Demgegenüber rechtfertigt nach der Rechtsprechung des BGH (BGH VersR 2006, **159** 986; VersR 2006, 1273) das **allgemeine Vertrauen** darauf, der dem Geschädigten vom Autovermieter angebotene Tarif sei *„auf seine speziellen Bedürfnisse zugeschnitten"*, es nicht, zu Lasten des Schädigers und dessen Haftpflichtversicherers **ungerechtfertigt überhöhte** und nicht durch unfallbedingte Mehrleistungen des Vermieters gedeckte **Unfallersatztarife** zu akzeptieren (*Schneider*, in: Berz/Burmann, Kap. 5 C Rn 29g). Dementsprechend besteht eine **Erkundigungspflicht** hinsichtlich Angeboten anderer Anbieter auch (oder gerade) dann, wenn der Vermieter dem Geschädigten nur einen Tarif angeboten hat (BGH VersR 2006, 1273 = zfs 2006, 686; BGH VersR 2007, 516, 517; VersR 2010, 494, 496). Hierbei reicht es nicht aus, wenn sich der Geschädigte bei Konkurrenzunternehmen Vergleichsangebote einholt, soweit ihm jeweils nur ein (Unfallersatz-) Tarif angeboten wurde, denn er ist verpflichtet, sich beim jeweiligen Anbieter **ausdrücklich nach günstigeren Tarifen zu erkundigen** (BGH v. 2.2.2010 – VI ZR 7/09 – VersR 2010, 683, 685 = zfs 2010, 561; BGH v. 12.4.2011 – VI ZR 300/09 – VersR 2011, 769 = zfs 2011, 441; *Schneider*, in: Berz/Burmann, Kap. 5 C Rn 29g).

Beispiele aus der BGH-Rechtsprechung zu den **Erkundigungs- bzw. Nachfra-** **160** **gepflichten** des Geschädigten in **Abgrenzung zur Eil- oder Notsituation**, welche zur Unzumutbarkeit einer solchen Erkundigung führt (vgl. auch *Wellner*, BGH-Rechtsprechung, § 5 Rn 72 ff.):

- Erkundigungspflicht bejaht bei einer erst zwei Wochen nach dem Unfall erfolgten Anmietung (BGH VersR 2006, 1273 = zfs 2006, 686)
- Erkundigungspflicht bejaht bei einer zwei Tage nach dem Unfall erfolgten Anmietung (BGH VersR 2005, 850 = zfs 2005, 435)
- Erkundigungspflicht bejaht bei einer am Tag nach dem Unfall erfolgten Anmietung mitten in der Woche (BGH VersR 2006, 986 = zfs 2006, 684; VersR 2008, 699; VersR 2013, 730)
- Erkundigungspflicht bejaht bei Anmietung bereits am Unfalltag (Werktag) in einer mittleren Universitätsstadt (BGH VersR 2007, 516 = zfs 2007, 330 m. Anm. *Diehl* = NZV 2007, 179)
- Konkrete Nachfragepflicht selbst dann, wenn dem Geschädigten unter Offenlegung der Unfallsituation auch im Bereich einer Stadt zunächst ausschließlich der Unfallersatztarif angeboten worden wäre (BGH VersR 2007, 516 = zfs 2007, 330 m. Anm. *Diehl*; BGH VersR 2007, 661 = r+s 2007, 341 = NZV 2007, 351)
- Pflicht zur Einholung von weiteren Vergleichsangeboten bei Konkurrenzunternehmen trotz des vom Autovermieter gewährten Einblicks in Preislisten anderer Anbieter (BGH v. 14.10.2008 – VI ZR 210/07 – VersR 2009, 83 = r+s 2009, 37)

- Erkundigungspflicht bejaht trotz eines Unfalls am 23.12., weil der „Geschädigte genügend Zeit hatte, Angebote anderer Mietwagenunternehmen einzuholen" (BGH v. 12.4.2011 – VI ZR 300/09 – VersR 2011, 769 = zfs 2011, 441)

161 Die vorgenannten Rechtsprechungsbeispiele zeigen, dass der BGH von **strengen Voraussetzungen** ausgeht und in nahezu allen Fällen eine **Erkundigungs- bzw. Nachfragepflicht** annimmt. Nur in wenigen Fällen hat der BGH bisher eine **fehlende Zugänglichkeit des Normaltarifs** angenommen, so in einem Fall, in dem der Geschädigte der Empfehlung seiner ihm vertrauten Fachwerkstatt gefolgt ist, weil er das Fahrzeug umgehend nach dem Unfall kurz vor den Weihnachtsfeiertagen aus dringenden beruflichen Gründen anmieten musste (BGH VersR 2007, 514 = zfs 2007, 332 = r+s 2007, 214 = DAR 2007, 261). Die **Annahme einer Eil- oder Notsituation** kommt auch dann in Betracht, wenn dem Geschädigten zwischen Unfall und Anmietung wegen des bevorstehenden Arbeitsbeginns nur etwa 3 1/2 Stunden Zeit verbleiben (BGH v. 9.3.2010 – VI ZR 6/09 – VersR 2010, 1053 = r+s 2010, 303). In diesem Zusammenhang ist zu berücksichtigen, dass dem Geschädigten auch **ein späterer Wechsel des Tarifs** bei sich später ergebender längerer Mietzeit zumutbar sein kann (BGH VersR 2006, 986). Dies gilt allerdings dann nicht, wenn die voraussichtliche verbleibende Ausfallzeit lediglich max. vier Tage beträgt (BGH v. 13.1.2009 – VI ZR 134/08 – VersR 2009, 801 = r+s 2009, 481; *Schneider*, in: Berz/Burmann, Kap. 5 C Rn 29g).

162 Der BGH geht selbst dann von der **Zumutbarkeit des Normaltarifs** aus, wenn der Geschädigte eine **Kaution (ggf. durch Kreditkarte) oder Vorkasse** zu leisten hat (BGH VersR 2006, 564 = zfs 2006, 384; BGH VersR 2007, 706 = zfs 2007, 505 = NJW 2007, 1676 m. Anm. *van Bühren*), es sei denn, der Geschädigte legt konkret dar, dass ihm diese Möglichkeiten nicht zur Verfügung standen (BGH v. 20.3.2007 – VI ZR 254/05 – VersR 2008, 235; v. 12.4.2011 – VI ZR 300/09 – VersR 2011, 769 = zfs 2011, 441; v. 5.3.2013 – VI ZR 245/11 – VersR 2013, 730; vgl. auch *Wellner*, BGH-Rechtsprechung, § 5 Rn 141 ff.).

163 Auch die Rechtsprechung der Instanzgerichte geht regelmäßig davon aus, dass der Geschädigte verpflichtet ist, **mindestens ein oder zwei Angebote anderer Anbieter** einzuholen (OLG Hamm NZV 1993, 189; r+s 1996, 24, 25; OLG Köln NJW-RR 1993, 1053; OLG Nürnberg VersR 1994, 235; OLG München NJW 1994, 359; AG Saalfeld NZV 2003, 339) bzw. sich nach anderen Tarifen des Vermieters zu erkundigen (OLG Hamm VersR 1994, 1441; NZV 1994, 358). Andererseits liegt kein Verstoß gegen die Schadensminderungspflicht vor, wenn der Geschädigte, der nicht Inhaber einer Kreditkarte ist, aufgrund eines **Unfalls am 2. Weihnachtsfeiertag** zu einem überhöhten Tarif anmietet (OLG Köln DAR 2006, 691). Auch einem unfallchirurgischen Notarzt, der aufgrund seiner familiären Verpflichtung gegenüber seiner pflegebedürftigen Mutter auf einen sofortigen Ersatzwagen angewiesen ist, kann eine Marktrecherche unzumutbar sein (OLG Frankfurt zfs 2013, 84). Da für die Zugänglichkeit die besonderen örtlichen Verhältnisse maßgeblich sind, kann im

Einzelfall eine weitere Erkundigungspflicht ausscheiden, wenn sich am Ort nur ein einziges Mietwagenunternehmen befindet (LG Zwickau v. 14.3.2008 – 6 S 34/05 – DV 2008, 168). Auch wenn der Geschädigte – dem anwaltlichen Rat folgend – ausdrücklich zu einem „Normaltarif" anmietet, kann im Einzelfall eine Pflicht zur Erkundigung nach weiteren Tarifen entfallen (LG Dortmund DAR 2009, 466). Die beiden vorgenannten Entscheidungen zeigen, dass es sich wegen der Maßgeblichkeit der subjektiven Zugänglichkeit und Zumutbarkeit lohnt, stets die besonderen Umstände des Einzelfalles zu ermitteln und ggf. im Prozess auch im Detail vorzutragen.

In jedem Fall ist der Geschädigte dann gehalten, **Vergleichsangebote** einzuholen und sich nach **Sondertarifen** zu erkundigen, wenn er eine **längere Urlaubsreise geplant** hat. In diesem Fall muss er unter Umständen sogar ein Interimsfahrzeug anschaffen (vgl. OLG Schleswig DAR 1991, 24), wenn er eine **mehrwöchige Mietwageninanspruchnahme** (Faustregel: 14 Tage und mehr) von vornherein absehen kann (BGH NJW 1985, 2637; OLG Saarbrücken zfs 1994, 289). **164**

Interessant ist der Ansatz zur subjektbezogenen Schadensbetrachtung des OLG Dresden (VersR 2008, 1128 = DAR 2008, 521 = NZV 2008, 455), wonach ein Unfallgeschädigter dann **keine Bedenken** gegen die Angemessenheit eines ihm angebotenen Unfallersatztarifs haben muss, wenn er **anlässlich eines früheren**, nicht allzu lange zurückliegenden weiteren **Unfalls** (im dortigen Fall ca. 3 Jahre) einen Mietwagen zu ähnlichen Konditionen angemietet und der seinerzeitige **Versicherer** die **Kosten ohne Beanstandungen ausgeglichen** hatte. Ferner nicht ganz auf der „strengen" Linie der herrschenden Rechtsprechung liegt das OLG Dresden mit seiner Entscheidung vom 29.6.2009 (7 U 499/09 – NZV 2009, 604), wonach der Geschädigte unter dem Aspekt des Wirtschaftlichkeitsgebots nur dann zur Nachfrage nach günstigeren Angeboten verpflichtet ist, wenn der ihm angebotene Tarif mindestens 50 % über dem Modus der Schwacke-Liste liegt (*Schneider*, in: Berz/Burmann, Kap. 5 C Rn 32). **165**

(d) Aufklärungspflicht des Autovermieters

Der für das Mietrecht zuständige XII. Zivilsenat des BGH hat inzwischen die bisher streitige Frage der **Aufklärungspflicht des Autovermieters** bei Anmietung eines Fahrzeugs zum Unfallersatztarif geklärt. Danach muss der Vermieter zwar nicht über den gespaltenen Tarifmarkt aufklären, also weder über die eigenen unterschiedlichen Tarife noch die Angebote der Konkurrenz. Der BGH führt jedoch aus (*Schneider*, in: Berz/Burmann, Kap. 5 C Rn 29h): **166**

> *„Der Vermieter muss aber dann, wenn er dem Unfallgeschädigten einen Tarif anbietet, der deutlich über dem Normaltarif auf dem örtlich relevanten Markt liegt und deshalb die Gefahr besteht, dass die Haftpflichtversicherung nicht den vollen Tarif übernimmt, den Mieter darüber aufklären. Danach ist es erforderlich, aber auch ausreichend, den Mieter **deutlich und unmissverständlich***

> *darauf hinzuweisen, dass die (gegnerische) Haftpflichtversicherung den angebotenen Tarif möglicherweise nicht in vollem Umfang erstattet"* [Hervorhebung durch Autor] *(BGH VersR 2006, 1274, 1277 m. Anm. Tomson = zfs 2006, 621 m. Anm. Diehl = r+s 2006, 391 = DAR 2006, 571; BGH VersR 2007, 1427 = r+s 2007, 304 = NJW 2007, 1447 = NZV 2007, 236; BGH VersR 2007, 809 = NJW 2007, 2181; BGH VersR 2007, 1428 = zfs 2007, 630 = NZV 2007, 515 = DAR 2007, 702 = NJW 2007, 2759; BGH VersR 2008, 267 = DAR 2008, 86; BGH v. 21.11.07 – XII ZR 128/05; BGH VersR 2008, 269; BGH v. 25.3.2009 – XII ZR 117/07 – VersR 2009, 1243 = zfs 2009, 501; vgl. den umfassenden Überblick von Herrler, VersR 2007, 582).*

167 Nach der Rechtsprechung steht dem Mieter bei einem **Verstoß gegen diese Aufklärungspflicht** ein **Schadensersatzanspruch aus c.i.c.** zu, den er der geltend gemachten Mietforderung entgegenhalten kann (BGH r+s 2007, 304 = NZV 2007, 236; vgl. *Schneider*, in: Berz/Burmann, Kap. 5 C Rn 29g).

168 **Unterschiedlich** gesehen wird, wie sich dieser Schadensersatzanspruch des Geschädigten gegen den Vermieter auf den vom Schädiger zu ersetzenden Schaden auswirkt. Während zum Teil darauf hingewiesen wird, dass der Geschädigte nur einen Schaden in Höhe des **Normaltarifs** habe, der vom Versicherer des Schädigers zu erstatten sei (*Tomson*, Anm. zu BGH VersR 2006, 1274, 1278), geht der BGH in seinen jüngeren Entscheidungen davon aus, dass es für die Frage der Erstattungspflicht hinsichtlich eines Unfallersatztarifs nicht darauf ankomme, ob dieser zwischen Mieter und Vermieter **wirksam vereinbart** ist. Der BGH führt hierzu aus (vgl. *Schneider*, in: Berz/Burmann, Kap. 5 C Rn 29i):

> *„Der Schädiger und sein Haftpflichtversicherer können sich in einem solchen Fall nicht im Hinblick auf möglicherweise bestehende vertragliche Ansprüche des Geschädigten gegen den Vermieter von der Schadensersatzverpflichtung befreien. In ihrem Verhältnis zum Geschädigten spielen solche Ansprüche angesichts der Regelung des § 249 Abs. 2 S. 1 BGB keine Rolle"* (BGH VersR 2007, 1577 = zfs 2008, 22 = r+s 2008, 37 = DAR 2007, 700 unter Bezugnahme auf BGH VersR 2005, 969; bestätigend BGH v. 16.9.2008 – VI ZR 226/07 – r+s 2009, 261 = DAR 2009, 325).

169 Der BGH hat inzwischen klargestellt, dass der Versicherer des Schädigers trotz voller Schadensersatzverpflichtung über **keinen Anspruch auf Abtretung der diesbezüglichen Ersatzansprüche** verfügt (BGH v. 16.9.2008 – VI ZR 226/07 – r+s 2009, 261 = DAR 2009, 325; anders noch OLG Hamm SP 1994, 214; OLG Karlsruhe DAR 1993, 229; OLG Koblenz zfs 1992, 120).

> *Tipp*
> Aufgrund dieser Rechtsprechung sollte sich der Geschädigte keineswegs vom gegnerischen Versicherer unter Hinweis auf einen dem Geschädigten gegen den Vermieter zustehenden Schadensersatzanspruch auf die Erstattung des Normaltarifs verweisen lassen, wenn dieser im konkreten Fall dem Geschädigten nicht

zugänglich oder zumutbar war. Auch bei dieser Konstellation käme allenfalls die Abtretung des Schadensersatzanspruchs an den Versicherer gegen vollständigen Ausgleich der tatsächlich entstandenen Kosten des Unfallersatztarifs in Betracht. Ist im Haftpflichtprozess in Bezug auf die Mietwagenkosten ein Teilunterliegen zu befürchten, sollte eine **Streitverkündung** gegenüber dem Mietwagenunternehmen erfolgen.

Allerdings ist zu berücksichtigen, dass in der Praxis ein Mietwagen wohl in aller Regel nur dann in Anspruch genommen wird, wenn bei der Anmietung von einer **vollen Einstandspflicht des Schädigers** ausgegangen werden kann. Sobald eine **Mithaftung** denkbar ist, wird regelmäßig entweder ganz auf die Mietwageninanspruchnahme verzichtet oder seitens des Vermieters von sich aus schon der Normaltarif angeboten. 170

Ob daraus allerdings ein **Anspruch des Versicherers** folgt, Nachfragen betreffend die Umstände bei der Anmietung des Fahrzeugs zu beantworten (so *Richter*, zfs 2005, 109, 110), um ihm die Möglichkeit der Prüfung von Regressansprüchen gegenüber dem Vermieter zu geben, dürfte – nunmehr vor dem Hintergrund der soeben zitierten Entscheidung des BGH (siehe Rdn 169) sogar eindeutig – zu verneinen sein. Der Geschädigte und sein Anwalt sind demzufolge auch **nicht verpflichtet**, die in der Praxis verwendeten **Fragebögen der Versicherer** auszufüllen. Auch die in der Rechtsprechung vereinzelt vertretene Auffassung (AG Freiburg SP 2004, 195; LG Karlsruhe SP 2004, 52 ff.; LG Nürnberg-Fürth SP 2004, 19), der Versicherer habe bis zur Beantwortung derartiger Fragen ein **Zurückbehaltungsrecht** hinsichtlich des Ausgleichs der Mietwagenrechnung aufgrund der Abtretungserklärung an den Vermieter, ist durch die zitierte Entscheidung des BGH (siehe Rdn 169) überholt. 171

(e) Ermittlung des „Normaltarifs"

In den neueren Entscheidungen geht der BGH davon aus, dass die Ermittlung des Normaltarifs **nicht zwingend die Einholung eines Sachverständigengutachtens** voraussetzt, sondern im Rahmen des tatrichterlichen Ermessens nach § 287 ZPO auch auf der Grundlage des **„Schwacke-Mietpreisspiegels"** im Postleitzahlengebiet des Geschädigten **geschätzt** werden könne (BGH VersR 2006, 986 = zfs 2006, 684 = r+s 2006, 390 = DAR 2006, 438; VersR 2007, 516 = zfs 2007, 330 = r+s 2007, 306 = NZV 2007, 179; VersR 2007, 661 = r+s 2007, 341 = DAR 2007, 327; VersR 2007, 1144 = r+s 2007, 345 = DAR 2007, 510; VersR 2007, 1286 = zfs 2007, 628 = r+s 2007, 476 = DAR 2007, 699; VersR 2008, 1370 = zfs 2008, 622; VersR 2012, 874). In einer weiteren Entscheidung hat der BGH zum örtlich relevanten Markt konkretisiert, dass bei der Prüfung der Wirtschaftlichkeit von Mietwagenkosten grundsätzlich das **Preisniveau an dem Ort** maßgeblich sei, **an dem das Fahrzeug angemietet und übernommen wird** (BGH VersR 2008, 699 = zfs 2008, 383 = r+s 2008, 258 m. Anm. *Lemcke* = DAR 2008, 331 = NZV 2008, 339 = NJW 2008, 1519). 172

§ 8 Sonstige materielle Schadenspositionen

173 Den ursprünglichen Entscheidungen des BGH lag jeweils der Schwacke-Mietpreisspiegel 2003 zugrunde. Erheblicher Streit bestand darüber, inwieweit der neuere **Schwacke-Mietpreisspiegel 2006** eine geeignete Schätzungsgrundlage darstellt. Die Kritiker berufen sich darauf, dass die Art der Ermittlung (insbesondere keine anonyme Befragung) zu überhöhten Werten geführt habe (*Richter*, VersR 2007, 620; skeptisch auch *Reitenspiess*, DAR 2007, 345; a.A. z.B. *Wenning*, NZV 2007, 173). Demgegenüber haben bereits eine Mehrzahl der Instanzgerichte den Schwacke-Mietpreisspiegel 2006 ihrer Schätzung zugrunde gelegt (so z.B. OLG Karlsruhe VersR 2008, 92; OLG Karlsruhe NZV 2008, 456 m. Anm. *Schneider*, jurisPR-VerkR 8/2008 Anm. 3; OLG Köln v. 3.3.2009 – 24 U 6/08 – NZV 2009, 447; OLG Köln v. 22.12.2009 – 15 U 98/09 – NZV 2010, 144; LG Bielefeld NJW 2008, 1601; LG Bonn NZV 2007, 362; LG Nürnberg-Fürth zfs 2007, 444 m. Anm. *Diehl*; LG Hof NZV 2008, 459; LG Dortmund NZV 2009, 83; LG Arnsberg NZV 2009, 397; vgl. *Schneider*, in: Berz/Burmann, Kap. 5 C Rn 29f). Andere Gerichte verwenden demgegenüber bewusst weiterhin den **Schwacke-Mietpreisspiegel 2003** mit unterschiedlichen **Inflationszuschlägen** (LG Chemnitz NZV 2008, 458: 6 %; LG Siegen NZV 2010, 146: 7 %; AG Erfurt NZV 2009, 396: 10 %; LG Chemnitz NZV 2010, 147: 13 %; vgl. *Schneider*, in: Berz/Burmann, Kap. 5 C Rn 29f).

174 Auch die Anwendung des **Schwacke-Mietpreisspiegels 2006** hat der BGH inzwischen gebilligt mit dem Hinweis, dass durch den bei der Schadenschätzung gem. § 287 ZPO besonders freigestellten Tatrichter eine weitergehende Klärung der **Eignung der Schätzungsgrundlage** nur dann erfolgen müsse, wenn **konkrete Tatsachen** dafür aufgezeigt werden, dass sich geltend gemachte Mängel auf den konkreten Fall auswirken (BGH v. 11.3.2007 – VI ZR 164/07 – VersR 2008, 699 = zfs 2008, 383 = NZV 2008, 339; BGH v. 11.3.2008 – VI ZR 164/07 – VersR 2008, 699 = zfs 2008, 383 = r+s 2008, 258 m. Anm. *Lemcke* = DAR 2008, 331 = NZV 2008, 339 = NJW 2008, 1519; BGH v. 24.6.2008 – VI ZR 234/07 – VersR 2008, 1370 = NJW 2008, 2910, Rn 23; BGH v. 14.10.2008 – VI ZR 308/07 – VersR 2008, 1706 = zfs 2009, 82; BGH v. 13.1.2009 – VI ZR 134/08 – VersR 2009, 801 = r+s 2009, 481; BGH v. 19.1.2010 – VI ZR 112/09 – VersR 2010, 494 = zfs 2010, 260; BGH v. 2.2.2010 – VI ZR 7/09 – VersR 2010, 683 = zfs 2010, 561; BGH v. 2.2.2010 – VI ZR 139/08 – VersR 2010, 545, 547 = zfs 2010, 381; BGH v. 9.3.2010 – VI ZR 6/09 – VersR 2010, 1053 = r+s 2010, 303; BGH v. 22.2.2011 – VI ZR 353/09 – VersR 2011, 643 = r+s 2011, 264). Es reicht daher nicht aus, nur generell die Geeignetheit des Schwacke-Mietpreisspiegels 2006 anzugreifen, ohne jedoch konkret darzulegen, dass und inwieweit der nach der Liste ermittelte Normaltarif nicht zutrifft. Für die Praxis überaus bedeutsam ist es, dass sich nach der Rechtsprechung des BGH derartige **konkrete Bedenken gegen die Anwendung einer Tabelle** insbesondere daraus ergeben können, dass der Versicherer im Prozess **konkrete günstigere Angebote** vorlegt (BGH v. 2.2.2010 – VI ZR 7/09 – VersR 2010, 683, 685 = zfs 2010, 561; BGH v. 18.5.2010 – VI ZR 293/08 – VersR 2010, 1054 = zfs 2010, 565; BGH v. 22.2.2011 – VI ZR 353/09 – VersR 2011, 643, 644 = r+s 2011, 264; BGH v.

17.5.2011 – VI ZR 142/10 – VersR 2011, 1026 = r+s 2011, 356; BGH v. 18.12.2012 – VI ZR 316/11 – VersR 2013, 330). Nicht zu berücksichtigen sind solche Angebote allerdings, wenn sie mit der Anmietsituation nicht vergleichbar sind, z.b. bei der Vorlage lediglicher „Screenshots" von Internetangeboten, aus denen sich die Details des Tarifs nicht ergeben (OLG Köln v. 18.8.2010 – 5 U 44/10 – NZV 2010, 614; vgl. *Schneider*, in: Berz/Burmann, Kap. 5 C Rn 29f). **Grundsätzliche Bedenken** bestehen **gegen die Berücksichtigung von Internetangeboten** (so LG Kempten NZV 2009, 82 sogar ausschließlich statt der Verwendung einer allgemeinen Tabelle) bereits deshalb, weil nicht für jedermann die Möglichkeit der Recherche über das Internet unterstellt werden kann (*Schneider*, in: Berz/Burmann, Kap. 5 C Rn 29f; vgl. LG Karlsruhe NZV 2009, 230), während der BGH (BGH v. 18.12.2012 – VI ZR 316/11 – VersR 2013, 330 = DAR 2013, 196) inzwischen die **Berücksichtigung von Preisen aufgrund von Onlineanfragen bei großen Anbietern bezogen auf deren Stationen am Wohnort des Geschädigten** für erforderlich hält, allerdings ausdrücklich zubilligt, den abweichenden Preisen durch Zu- oder Abschlägen vom sich aus der Liste ergebenden Normaltarif gerecht zu werden.

Dem Tatrichter steht es gleichwohl frei, weiterhin auf den Schwacke-Mietpreisspiegel 2003 zurückzugreifen (BGH v. 14.10.2008 – VI ZR 308/07 – VersR 2008, 1706 = zfs 2009, 82). Auch die Verwendung **neuerer Fassungen des Schwacke-Mietpreisspiegels** durch die Instanzenrechtsprechung (Fassung **2007**: OLG Stuttgart v. 8.7.2009 – 3 U 30/09 – VersR 2009, 1680; OLG Köln v. 18.3.2011 – 19 U 145/10 – NZV 2011, 450; LG Landshut v. 24.11.2008 – 13 S 126/08 – NZV 2009, 397; LG Bonn v. 16.12.2008 – 18 O 242/08 – NZV 2009, 147; LG Mönchengladbach v. 6.8.2010 – 5 S 111/09; LG Frankfurt v. 12.5.2010 – 2–16 S 9/10; Fassung **2008**: OLG Köln v. 29.6.2010 – 25 U 2/10 – NZV 2011, 249; OLG Köln v. 20.7.2010 – I-25 U 11/10 – NZV 2010, 514) wird grundsätzlich vom BGH gebilligt (so BGH v. 17.5.2011 – VI ZR 142/10 – VersR 2011, 1026 = r+s 2011, 356 für die Fassung 2007; vgl. *Schneider*, in: Berz/Burmann, Kap. 5 C Rn 29f), so inzwischen auch die Verwendung des **Schwacke-Mietpreisspiegel 2010** (BGH v.18.12.2012 – VI ZR 316/11 – VersR 2013, 330 = DAR 2013,196).

175

Zwischenzeitlich ist im Auftrag der Versicherungswirtschaft (GDV) ein „Marktpreisspiegel Mietwagen Deutschland 2008" des Fraunhofer-Instituts für Arbeitswirtschaft und Organisation („**Fraunhofer Liste**") erstellt worden, dessen Vorteil darin liegen soll, dass die Mietpreise – im Gegensatz zum Schwacke-Mietpreisspiegel 2006 – durch eine anonyme Befragung erhoben wurden (vgl. dazu *Reitenspiess*, DAR 2008, 546 ff.). Zunehmend wird seitdem durch die Instanzenrechtsprechung diese Fraunhofer Liste angewandt (OLG München v. 25.7.2008 – 10 U 2539/08 – r+s 2008, 439 = DAR 2009, 36; OLG Köln v. 10.10.2008 – 6 U 115/08 – r+s 2008, 528; OLG Köln v. 21.8.2009 – 6 U 61/09 – NZV 2009, 600; Thüringer OLG v. 27.11.2008 – 1 U 155/07 – NZV 2009, 181 = r+s 2009, 40; OLG Hamburg v. 15.5.2009 – 14 U 175/08 – r+s 2009, 299 = NZV 2009, 394; OLG Stuttgart v. 3.8.2009 – 7 U 94/09 – DAR 2009, 705; LG München I v. 3.8.2009 – 19 S 687/08 –

176

NZV 2009, 604; LG Göttingen NZV 2011, 250). Allerdings bestehen auch gegen die Fraunhofer Liste Bedenken, weil dort die Regionalbereiche wesentlich gröber als beim Schwacke-Mietpreisspiegel eingeteilt und auch ausschließlich über das Internet buchbare Angebote berücksichtigt werden, obwohl eine generelle Möglichkeit einer Internetrecherche für jedermann kaum unterstellt werden kann (aus letztgenanntem Grund die Anwendung der Fraunhofer Liste ablehnend LG Karlsruhe NZV 2009, 230).

177 Um den jeweiligen Schwächen sowohl des Schwacke-Mietpreisspiegels als auch der Fraunhofer Liste gerecht zu werden, findet sich zunehmend eine Auffassung in der obergerichtlichen Rechtsprechung, welche den **arithmetischen Mittelwert beider Tabellen** der Schätzung zugrunde legt (vgl. z.B. OLG Saarbrücken v. 22.12.2009 – 4 U 294/09 – NZV 2010, 242; OLG Köln SP 2010, 396; OLG Köln NZV 2014, 314; OLG Hamm v. 20.7.2011 – 13 U 108/10 – r+s 2011, 536; OLG Karlsruhe v. 11.8.2011 – 1 U 27/11 – VersR 2012, 875; OLG Celle v. 9.10.2013 – 14 U 51/13; OLG Zweibrücken v. 22.1.2014 – 1 U 165/11 – zfs 2014, 619). Der BGH akzeptiert diese Vorgehensweise ebenso wie die Zugrundelegung nur einer der beiden Tabellen als gem. § 287 ZPO grundsätzlich im Rahmen des tatrichterlichen Ermessens liegend (BGH v. 18.5.2010 – VI ZR 293/08 – VersR 2010, 1054, 1055 = zfs 2010, 565; BGH v. 12.4.2011 – VI ZR 300/09 – VersR 2011, 769 = zfs 2011, 441; BGH v. 17.5.2011 – VI ZR 142/10 – VersR 2011, 1026 = r+s 2011, 356; *Schneider*, in: Berz/Burmann, Kap. 5 C Rn 29f).

> *Hinweis*
> Eine Übersicht über die Rechtsprechung der bundesweiten Oberlandesgerichte und Landgerichte findet sich bei *Freymann/Vogelgesang*, zfs 2015, 543.

178 Eine Schätzung der Höhe der Mietwagenkosten unter Bezugnahme auf die Nutzungsausfalltabelle nach *Sanden/Danner/Küppersbusch* liegt allerdings nicht mehr im Bereich des tatrichterlichen Ermessens gem. § 287 ZPO, sodass der BGH eine Schätzung des „Normaltarifs" nach dem dreifachen Satz der Nutzungsausfallentschädigung abgelehnt hat (BGH VersR 2007, 1286, 1287).

179 Selbstverständlich sollte prozessual sein, dass die **Ermittlung des regionalen Mietwagenmarktes** nicht dem Zeugenbeweis, sondern **allein dem Sachverständigenbeweis zugänglich** ist (BGH zfs 2007, 497 = r+s 2007, 343).

(f) Ermittlung des objektiv erforderlichen „Zuschlags"

180 In seiner Grundsatzentscheidung vom 12.10.2004 (BGH VersR 2005, 239) und den unmittelbar nachfolgenden Entscheidungen war der BGH noch davon ausgegangen, dass der **Tatrichter im Rahmen des § 287 ZPO** aufgrund der konkret vom Geschädigten vorzutragenden **Kalkulationsgrundlagen** des Vermieters – ggf. nach sachverständiger Beratung – die Höhe der **konkret erforderlichen Kosten** zu schätzen habe. In seinen späteren Entscheidungen hat der BGH demgegenüber ausgeführt, dass der Tatrichter nicht (mehr) gezwungen sei, die Kalkulationsgrund-

B. Fahrzeugbezogene Sachschäden § 8

lagen des konkreten Anbieters im Einzelnen betriebswirtschaftlich nachzuvollziehen, sondern im Rahmen des § 287 ZPO auch die Schätzung eines **pauschalen Aufschlages auf den Normaltarif** möglich sei (BGH VersR 2005, 239 = r+s 2005, 41 = DAR 2005, 21 = NZV 2005, 32; BGH VersR 2005, 239 = DAR 2005, 21 = NZV 2005, 34 m. Anm. *Buller*; BGH VersR 2005, 568 = zfs 2005, 390 = r+s 2005, 217 = DAR 2005, 270 = NZV 2005, 301; BGH VersR 2005, 850 = zfs 2005, 435 = DAR 2005, 438 = NZV 2005, 357; BGH VersR 2006, 133 = DAR 2006, 83; BGH VersR 2006, 669 = zfs 2006, 385 = r+s 2006, 214 = NJW 2006, 1506, 1507; BGH VersR 2006, 853 = zfs 2006, 505 = NJW 2006, 1726; BGH VersR 2006, 1273 = zfs 2006, 686 = DAR 2006, 681; BGH VersR 2007, 514 = zfs 2007, 332 = NJW 2007, 1122; BGH VersR 2007, 515 = zfs 2007, 333 = DAR 2007, 260 = NJW 2007, 1123; BGH VersR 2007, 516, 517 = zfs 2007, 330 m. Anm. *Diehl* = NJW 2007, 1124, 1125; BGH VersR 2007, 661 = DAR 2007, 327 = NZV 2007, 351; BGH v. 24.6.2008 – VI ZR 234/07 – VersR 2008, 1370 = NJW 2008, 2910; vgl. *Schneider*, in: Berz/Burmann, Kap. 5 C Rn 29e).

Der vorgenannten Rechtsprechung des BGH folgend haben die **Instanzgerichte** beispielsweise folgende **pauschale Zuschläge** anerkannt (ein umfangreicher Überblick über die Rechtsprechung zu den Aufschlägen findet sich bei *Wenning*, NZV 2007, 173, 174 f.): 181

- 20 % auf den Schwacke-Mietpreisspiegel 2003 (OLG Köln, 19. Senat, NZV 2007, 199; OLG Frankfurt v. 24.7.2006 – 1 U 80/06 – OLGR Frankfurt 2007, 399; LG Dortmund zfs 2007, 565 = NZV 2008, 93; LG Chemnitz DAR 2007, 336; LG Hof NZV 2008, 459; LG Dortmund NZV 2009, 83; LG Siegen NZV 2010, 146)
- 20 % auf den Schwacke-Mietpreisspiegel 2006 (OLG Karlsruhe VersR 2008, 92; LG Hof NZV 2008, 459)
- 20 % auf den Schwacke-Mietpreisspiegel 2007 (OLG Stuttgart VersR 2009, 1680)
- 20 % auf den Schwacke-Mietpreisspiegel 2008 (OLG Köln, 25. Senat, NZV 2010, 514)
- 20 % auf die Fraunhofer Liste (OLG Köln, 6. Senat, r+s 2008, 528; NZV 2009, 600)
- 25 % auf den Schwacke-Mietpreisspiegel 2006 (LG Bonn NZV 2007, 362)
- 30 % auf den Schwacke-Mietpreisspiegel 2003 (LG Köln NZV 2007, 82; LG Bonn v. 6.11.2006 – 6 S 110/06; LG Bielefeld v. 25.10.2006 – 21 S 211/05; LG Bielefeld v. 26.9.2006 – 20 S 34/06 – n.v.)

Der **BGH** hat bereits einen **Aufschlag von 15 %** auf den Schwacke-Mietpreisspiegel 2003 (BGH v. 24.6.2008 – VI ZR 234/07 – VersR 2008, 1370 = zfs 2008, 622) sowie einen **Aufschlag von 20 %** auf den Schwacke-Mietpreisspiegel 2006 (BGH v. 9.3.2010 – VI ZR 6/09 – VersR 2010, 1053 = r+s 2010, 303) gebilligt. Auch insoweit ist von einem weiten tatrichterlichen Ermessen im Rahmen der nach § 287 ZPO vorzunehmenden Schadensschätzung auszugehen.

387

(g) Kritik an der Rechtsprechung des BGH

182 Nachvollziehbar ist sicherlich das Bestreben, **deutlich überhöhten Mietwagenpreisen** im Unfallersatzgeschäft **entgegenzuwirken**, die allein deshalb durchsetzbar sind, weil der Mieter als Vertragspartner letztlich nicht persönlich dafür aufzukommen hat. Allerdings rechtfertigt es dieser Anlass nicht, die **Streitigkeiten auf dem Rücken des Geschädigten** auszutragen.

183 Problematisch ist insoweit bereits die Annahme des BGH, der **Geschädigte** trage grundsätzlich auch für die erforderliche Höhe der Mietwagenkosten gem. § 249 BGB die **Darlegungs- und Beweislast.** Näher hätte es gelegen, bei zunächst unzweifelhaft adäquat kausal allein durch den Unfall tatsächlich entstandenen Mietwagenkosten die Angemessenheit der Kosten allein im Rahmen der **Schadensminderungspflicht** des § 254 BGB zu problematisieren. Dann würde der Schädiger grundsätzlich die Darlegungs- und Beweislast dafür tragen, dass der Geschädigte **schuldhaft und vermeidbar** überhöhte Kosten verursacht hat. Die BGH-Rechtsprechung führt demgegenüber für den schuldlos in einen Unfall verwickelten Geschädigten zu erheblichen Risiken, seinen Schaden nicht vollständig ersetzt zu erhalten.

184 Durch die neuere Rechtsprechung hat der BGH die einstmals im Jahre 1996 scheinbar geklärte Frage der Erstattung von Mietwagenkosten wieder zur Diskussion gestellt und damit eine **neue Prozesswelle** veranlasst. Leider ist dadurch eine Entfernung von der in der Praxis so dringend benötigten Eindeutigkeit der Klärung der Mietwagenfrage eingetreten. Die Auseinandersetzung um die Frage der **Ersatzfähigkeit des Unfallersatztarifs** ist lediglich in andere Bahnen gelenkt worden; eine nachhaltige und absehbare Lösung ist wieder in die Ferne entschwunden (*Reitenspiess*, Anmerkung zu BGH DAR 2005, 76 ff.).

185 Es fragt sich daher, ob der BGH sich und den am Schadensfall Beteiligten damit einen Gefallen getan hat, dass er die klare Regelung aus dem Jahre 1996 jetzt wieder aufgeweicht hat. Die damalige Abwicklungstechnik (vgl. Rdn 137 ff.) hatte nämlich ihren guten Grund:

- Zum einen kann nicht unterstellt werden, dass dem Geschädigten bei der Anmietung des Ersatzfahrzeugs die **Tarifstrukturen** überhaupt **bekannt** sind oder hätten bekannt werden können. Auch die vom BGH zur Rechtfertigung herangezogene Annahme, aufgrund der „kontroversen Diskussion und der neueren Rechtsprechung" müssten sich dem Geschädigten Bedenken gegen die Angemessenheit des ihm angebotenen Unfallersatztarifs aufdrängen (vgl. z.B. BGH VersR 2005, 850), erscheint alles andere als lebensnah.

- Bei dem ihm unterbreiteten Angebot eines Unfallersatztarifs wird der Geschädigte zum anderen regelmäßig davon ausgehen, dass dieser Tarif auf die speziellen **Bedürfnisse nach einem Unfall zugeschnitten** ist und ihm deshalb auch erstattet wird, sodass dessen Annahme **nicht vorwerfbar** ist (OLG Düsseldorf NZV 2000, 366 ff.). Ohne Nachweis einer **allgemeinen Kenntnis** der hier bestehenden Unterschiede in den Tarifstrukturen wird dem Geschädigten kein Vorwurf zu machen sein.

- Daraus folgt, dass der **Geschädigte** nicht vorwerfbar seine Schadensminderungspflicht verletzt. Es gilt auch hier die **subjektbezogene Betrachtungsweise**, sodass es allein auf die Erkenntnis- und Verhaltensmöglichkeiten des Geschädigten ankommt. Die neue Rechtsprechung des BGH zu dieser Frage könnte also durchaus einen Bruch mit diesem Rechtsgrundsatz darstellen, je nachdem, wie der BGH diese Frage zukünftig weiterbehandelt.
- Schließlich steht regelmäßig nicht fest, dass der Autovermieter in Kenntnis des Unfallereignisses ein Ersatzfahrzeug zum Normaltarif überhaupt vermieten wird (vgl. zu allen vier Punkten *Diehl*, Anmerkung zu BGH zfs 2005, 78 f.).

Erfreulich ist, dass der BGH inzwischen die für die Praxis nicht zu bewältigende und vom Aufwand in keinem Verhältnis zum Streitgegenstand stehende **Klärung der betriebswirtschaftlichen Rechtfertigung** des konkreten Tarifs durch Sachverständigengutachten zugunsten der für die Praxis einzig **praktikablen Lösung** eines **pauschalen Zuschlags** aufgegeben hat (vgl. oben Rdn 180). 186

Ein gewisser „Trost" mag für den Geschädigten auch in der inzwischen vom BGH bestätigten **Aufklärungspflicht des Vermieters** bei Vereinbarung eines Unfallersatztarifs liegen (vgl. oben Rdn 166 ff.). 187

Dennoch bleiben gerade im Dreiecksverhältnis zwischen dem Vermieter als Vertragspartner und dem erstattungspflichtigen Versicherer dem Geschädigten erhebliche Rechtsunsicherheiten und daraus resultierende Prozessrisiken mit ggf. erforderlicher Streitverkündung etc. **Es ist nicht einzusehen, dass der schuldlos in einen Unfall verwickelte Verkehrsteilnehmer mit einem derartigen Abwicklungsaufwand und entsprechenden Risiken belastet wird.** 188

d) Dauer der Mietwageninanspruchnahme

Vgl. zur Dauer des Nutzungsausfalls zunächst die allgemeinen Ausführungen oben (siehe Rdn 74 ff.). 189

Die Dauer der Mietwageninanspruchnahme richtet sich in erster Linie nach den **Angaben im Sachverständigengutachten**. Der Geschädigte muss daher unverzüglich nach Kenntnis von dem Gutachten Reparaturauftrag erteilen oder sich – im Totalschadensfall – um ein anderweitiges Fahrzeug kümmern.

Aber auch die Angaben in dem Gutachten stellen lediglich eine **Prognose** des Sachverständigen zum Wiederherstellungszeitraum dar, die dem Nachweis eines abweichenden realen Verlaufes zugänglich ist. 190

In jedem Falle ist der Geschädigte aber hinsichtlich der Dauer der Mietwageninanspruchnahme an die von ihm getroffene Entscheidung gebunden, auf der Basis eines Sachverständigengutachtens (fiktiv) abzurechnen. Er bekommt daher die Kosten für die Anmietung eines Mietfahrzeugs dann auch nur für die Dauer des von dem Sachverständigen ermittelten Reparaturzeitraums ersetzt (BGH zfs 2003, 191

591 ff.). Wenn er also infolge selbst, „schwarz" oder durch Inanspruchnahme einer „Billigwerkstatt" durchgeführter Reparatur konkret einen längeren Reparaturzeitraum beansprucht hat, sind ihm die zusätzlichen Kosten einer dadurch begründeten längeren Mietwageninanspruchnahme nicht zu ersetzen.

e) Interimsfahrzeug

192 Bei **unzumutbar langer Dauer der Reparatur** oder der Ersatzbeschaffung kommt ein besonderer Aspekt der Schadensminderungspflicht bei Mietwageninanspruchnahme ins Spiel: Dann kann dem Geschädigten nämlich u.U. zugemutet werden, sich ein „Interimsfahrzeug" anzuschaffen (BGH VersR 1982, 548; OLG Hamm r+s 1991, 266). Das gilt insbesondere bei einem **Neuwagenersatzanspruch** (siehe § 7 Rdn 354 ff.) des Geschädigten, wenn der Ersatzwagen lange Lieferzeiten hat. Aber auch dann, wenn sich der Geschädigte unmittelbar nach dem Unfall vor dem Antritt einer besonders weiten **Urlaubsreise** (OLG Schleswig DAR 1991, 24) mit folglich hoher Kilometerleistung befindet, kann ein Interimsfahrzeug die preisgünstigere Alternative zur Mietwageninanspruchnahme sein.

193 Allerdings wird in der Praxis häufig nicht ausreichend der **erhebliche Abwicklungsaufwand** berücksichtigt, welchen die Anschaffung eines Interimsfahrzeugs mit sich bringt (Ummeldung, Versicherung, Steuern; Anzeigenschaltung, Terminvereinbarungen mit Kaufinteressenten und verbleibende Haftungsrisiken beim Verkauf etc.). Zudem ist es für den hinsichtlich der Marktgepflogenheiten unsicheren **Laien** nur schwer einzuschätzen, inwieweit er das Fahrzeug später **ohne einen größeren Verlust wieder verkaufen** kann, sodass ihm ein **erhebliches Risiko** verbleibt.

194 Vor diesem Hintergrund dürfte dem Geschädigten die Anschaffung eines Interimsfahrzeugs häufig nicht zumutbar sein. Der BGH hat in einer neueren Entscheidung diesen Gesichtspunkt berücksichtigt, indem er ausführte, dass **eine Nutzungsausfallentschädigung auch für einen längeren Zeitraum** noch erstattungsfähig sein kann, wenn sie die wirtschaftlichen Nachteile, welche durch den An- und Verkauf eines Interimsfahrzeugs entstehen, nicht wesentlich übersteigt. „In einem solchen Fall kann dem Geschädigten Aufwand und Risiko, die mit dem An- und Verkauf eines Gebrauchtwagens verbunden sind, nicht zugemutet werden" (BGH VersR 2008, 370 = zfs 2008, 201 = r+s 2008, 82 = DAR 2008, 139). Anderseits besteht dann, wenn nach diesem wirtschaftlichen Vergleich ein Interimsfahrzeug als günstigere Alternative anzuschaffen wäre, auch kein Ersatzanspruch einer pauschalen Nutzungsentschädigung begrenzt auf die (fiktiven) Kosten der Anschaffung eines Interimsfahrzeugs, wenn der Geschädigte eine solche Anschaffung nicht vornimmt (BGH v. 10.3.2009 – IV ZR 211/08 – VersR 2009, 697 = zfs 2009, 564).

195 Sämtliche mit der Anschaffung und dem Wiederverkauf dieses Interimsfahrzeugs verbundenen **Kosten** (An- und Abmeldekosten, Wertverlust, Versicherungsmehrkosten usw.) hat selbstverständlich **der Schädiger** zu tragen.

B. Fahrzeugbezogene Sachschäden §8

f) Nutzungsfähigkeit bei Mietwageninanspruchnahme

Literatur zur Nutzungsfähigkeit bei Mietwageninanspruchnahme:
Boetzinger, Nutzungsausfall trotz fehlender Nutzungsmöglichkeit, zfs 2000, 45 ff.

Vgl. zunächst die allgemeinen Ausführungen zum Nutzungswillen (siehe Rdn 50 ff.) sowie zur Nutzungsmöglichkeit (siehe Rdn 64 ff.). 196

Der Geschädigte muss grundsätzlich in der Lage sein, das Mietfahrzeug auch tatsächlich zu nutzen. Die Lebenserfahrung spricht für den Nutzungswillen des Halters, der **Gegenbeweis obliegt dem Schädiger** (OLG Celle VersR 1973, 717).

Liegt der Geschädigte unfallbedingt im Krankenhaus, ist seine Nutzungsfähigkeit nicht gegeben. Logischerweise – so könnte man meinen – mietet ein im Krankenhaus Liegender auch keinen Mietwagen an. Erstaunlich oft gibt es aber in solchen Fällen Streit mit dem Versicherer, weil dort die tatsächlich erfolgte Anmietung nicht nachvollzogen werden kann. 197

Mietwagenersatz gibt es aber z.B. dann, wenn der Geschädigte zwar verletzt und die Pkw-Nutzung ihm grundsätzlich unmöglich ist, die **Nutzung** aber tatsächlich **durch Familienangehörige** oder andere nahe stehende Personen schon vor dem Unfall üblich war und konkret auch nach dem Unfall erfolgte (OLG Frankfurt DAR 1995, 23). 198

> *Tipp* 199
> Wenn der Mandant unfallbedingt vorübergehend nicht in der Lage ist, ein Fahrzeug zu führen und die Frage der Geltendmachung von Mietwagenkosten oder Nutzungsausfall relevant ist, sollte sogleich nach **Familienangehörigen** gefragt werden, die den verunfallten Pkw in gleichem Maße benutzt haben wie der Verletzte selbst. Ist das der Fall, sollte auch sogleich eine **Fotokopie von den Führerscheinen dieser Personen** angefordert werden, damit deren grundsätzliche Fahrfähigkeit und Nutzungsmöglichkeit dokumentiert werden können (vgl. oben Rdn 66 f.).

Allerdings steht dem bei einem Unfall Geschädigten auch dann ein Mietwagen zu, wenn ihm vom Arzt eine Halskrawatte und Bettruhe verordnet wurden (OLG Hamm NZV 1994, 431), er oder seine Familie das Fahrzeug aber tatsächlich nutzen. Dem Geschädigten darf z.B. der Ersatz der Mietwagenkosten nicht etwa deshalb verwehrt werden, weil ihm der Arzt **Bettruhe** verordnet hat oder die Benutzung eines Pkw **aus ärztlicher Sicht** nicht befürwortet werden kann. Ob sich der Geschädigte nämlich danach richtet, ist **allein seine Sache** (OLG Hamm NZV 1994, 431, vgl. dazu oben Rdn 68 ff.). 200

g) Schadensminderungspflicht bei Mietwageninanspruchnahme

Bei der Prüfung, ob ein Geschädigter den Aufwand zur Schadensbeseitigung in vernünftigen Grenzen gehalten hat, ist eine subjektbezogene Betrachtungsweise vor- 201 zunehmen, somit also auf seine individuellen Erkenntnis- und Einflussmöglichkeiten abzustellen (BGH zfs 1996, 293 ff.; AG Dresden zfs 2003, 452).

202 Dementsprechend ist dem Geschädigten bei späterer Kenntnis über die notwendige Anmietungszeit sogar ein **Tarifwechsel** während der laufenden Mietzeit zuzumuten, um den Schaden möglichst gering zu halten (BGH VersR 2006, 986 = zfs 2006, 684 = r+s 2006, 390 = DAR 2006, 438).

> *Tipp*
> Auch in der anwaltlichen Erstberatung des Geschädigten, der bereits einen Mietwagen genommen hat, ist die Frage eines möglichen Tarifwechsels anzusprechen. Dies ist insbesondere in den Fällen relevant, in denen zunächst zu einem überhöhten Unfallersatztarif angemietet wurde, oder wenn sich bei zunächst angenommener nur kurzer Mietdauer herausstellt, dass doch eine längere Ausfallzeit zu überbrücken ist. Dann kann nach der Rechtsprechung durchaus der Wechsel auf einen Normal- bzw. Langzeittarif zumutbar sein.

203 Unterlässt jedoch der Mietwagenunternehmer den von ihm im Verhältnis zu dem Geschädigten geschuldeten Hinweis auf gegenüber dem Unfallersatztarif günstigere Tarifgestaltung, kann dies dem Geschädigten von dem Schädiger nicht entgegengehalten werden. Ein Autovermieter ist im Rahmen der Schadensabwicklung **nicht Erfüllungsgehilfe** des geschädigten Mieters.

204 Der Ausfall des unfallbeschädigten Fahrzeuges muss zu einer **fühlbaren Entbehrung** geführt haben. Das ist nicht der Fall, wenn er es vor dem Unfall derart wenig benutzt hat (Tachostand laut Gutachten geteilt durch Dauer bisheriger Nutzung), dass der Gebrauchsentzug durch die **Nutzung öffentlicher Verkehrsmittel** oder eine Taxi-Inanspruchnahme kompensiert werden kann.

205 **Aber Achtung**: Die Rechnung „Tachostand geteilt durch Nutzungsdauer" ist abhängig davon, wann und mit welchem Tachostand der Geschädigte das Fahrzeug **gekauft** hat. Wenn der Versicherer Geringnutzung einwendet, ist diese Frage also mit dem Mandanten zu klären.

h) Abzug ersparter Eigenkosten

Literatur zum Abzug ersparter Eigenkosten:

Meinig, Gutachten zur Erstellung eines Modells zur Berechnung des Eigenersparnisanteils im Unfallersatzwagengeschäft der Universität Bamberg, DAR 1993, 281 ff.; *Otting*, Eigenersparnis bei Mietwagenkosten, zfs 1993, 400.

206 Der Geschädigte darf **grundsätzlich ein Fahrzeug gleichen Typs** anmieten (BGH NJW 1982, 519). Er braucht sich auch seit der Kündigung des ehemaligen „Mietwagenabkommens" nicht auf „niedrigere Fahrzeugklassen" o.Ä. verweisen zu lassen.

207 Allerdings wird nach der Rechtsprechung in der Regel ein **Abzug für ersparte Eigenkosten** vorgenommen, also Ersparnisse dafür, dass das unfallbeschädigte

B. Fahrzeugbezogene Sachschäden   § 8

Fahrzeug während der Reparatur bzw. des Wiederbeschaffungszeitraumes gewisse Kosten nicht verursacht, z.b. während dieser Zeit keiner Abnutzung unterliegt, keine Pflegekosten und kein Ölverbrauch entstehen und sich die Lebensdauer des Fahrzeugs um die reparaturbedingte Standzeit verlängert.

Das gilt grundsätzlich sogar dann, wenn der Geschädigte **freiwillig ein Fahrzeug einer niedrigeren Klasse** anmietet (OLG Karlsruhe VersR 1980, 636 und DAR 1990, 20 f.; OLG Koblenz zfs 1989, 48; OLG Hamm NZV 1993, 189 f.; OLG Hamm NZV 1999, 379). Nach ständiger Praxis der meisten Obergerichte entfällt ein Abzug für ersparte Eigenkosten auch nicht schon deshalb, weil der Geschädigte sich ein andersartiges oder **leistungsschwächeres Fahrzeug** als Mietwagen genommen hat (OLG Düsseldorf DAR 1998, 103).   208

Allerdings geht die Rechtsprechung zunehmend dazu über, **bei Anmietung eines klasseniedrigeren Fahrzeugs auf den Abzug ersparter Eigenbetriebskosten zu verzichten** (OLG Celle VersR 1994, 741; NJW-RR 2012, 802; OLG Nürnberg VersR 1995, 675; OLG Frankfurt VersR 1996, 211; OLG Hamm VersR 1999, 769; OLG Stuttgart VersR 2009, 1680). Ein solcher Abzug sei in derartigen Fällen unbillig. Die Vorteilsausgleichung, die eine ausgewogene Schadensersatzregelung bewirken soll, habe nämlich zur Voraussetzung, dass der Schädiger durch sie nicht unbillig entlastet wird. Das wäre aber der Fall, wenn der Geschädigte, obwohl er nach den Grundsätzen des vollen Schadensausgleichs für die Reparatur- oder Wiederbeschaffungsdauer ein gleichwertiges Mietfahrzeug beanspruchen kann, seine **Ansprüche an Komfort, Leistung und Repräsentation zurückschraubt** und sich mit einem klasseniedrigeren Mietfahrzeug bescheidet, gleichwohl aber einen Abzug wegen ersparter Eigenkosten hinnehmen müsste (vgl. *Schneider*, in: Berz/Burmann, Kap. 5 C Rn 51). Zur Begründung verweist die Rechtsprechung ferner zutreffend auf die jahrzehntelang geübte Praxis der Versicherer, bei Anmietung eines klassetieferen Fahrzeugs auf den Abzug für ersparte Eigenkosten zu verzichten, weshalb sich diese Auffassung in Kraftfahrerkreisen nun so verbreitet habe, dass von einem **widersprüchlichen Verhalten der Versicherer** gesprochen werden müsse, wenn sie das jetzt nicht mehr gelten lassen wollten. Der **BGH** hat zwischenzeitlich ausdrücklich diese obergerichtliche Rechtsprechung als im Rahmen des tatrichterlichen Ermessens nach § 287 ZPO liegend **gebilligt** (BGH v. 5.3.2013 – VI ZR 245/11 – VersR 2013, 730 = DAR 2013, 378).   209

Jedenfalls dann, wenn ein **deutlich geringerwertiges Fahrzeug** angemietet wird, kann der Abzug für ersparte Eigenkosten gänzlich entfallen (BGH NJW 1985, 2639 und VersR 1994, 741; OLG Frankfurt NJW-RR 1996, 984 bei Anmietung eines zwei Preisklassen niedrigeren Fahrzeugs; OLG Nürnberg NZV 1994, 357 bei Anmietung eines vier Klassen niedrigeren Fahrzeugs). Einen Anspruch auf Ersatz des Ausgleiches zu der Rangklasse seines geschädigten Fahrzeugtyps hat er aber in keinem Falle (OLG Frankfurt VersR 1978, 1044).   210

§ 8 Sonstige materielle Schadenspositionen

211 Die vom Geschädigten ersparten Eigenkosten können **wahlweise** mit Hilfe der ADAC-Tabellen (in „Autokosten und Steuern") **konkret** berechnet werden oder **pauschal** mit einem bestimmten Prozentsatz der Mietwagenkosten (OLG Düsseldorf DAR 1998, 103). Dabei kann davon ausgegangen werden, dass der BGH der **konkreten Berechnungsmethode** den **Vorzug** gibt (BGH NJW 1969, 1477).

212 Die Mietwagenrechnung wird also nahezu immer um den **Abzug für ersparte Eigenkosten** gekürzt und demzufolge vom gegnerischen Versicherer nicht vollständig übernommen. Die **Höhe des Pauschal-Abzuges** schwankt von Gericht zu Gericht zwischen:
- **15 %** (KG zfs 1988, 171 = NZV 1988, 23; OLG Nürnberg NZV 1994, 106; OLG Hamm SP 1993, 83; OLG Köln NJW-RR 1993, 913; OLG Hamm VersR 1996, 1358; KG NZV 2005, 46; LG Berlin NZV 2004, 635)
- **10 %** (OLG Düsseldorf zfs 1997, 53; OLG Düsseldorf DAR 1998, 103; OLG Hamm r+s 1998, 106; OLG Hamm DAR 2000, 405; NZV 2001, 217; LG Oldenburg zfs 1994, 244; LG Baden-Baden zfs 2003, 16), vom BGH (VersR 2010, 545 = zfs 2010, 381) ausdrücklich als im tatrichterlichen Ermessen gem. § 287 ZPO liegend gebilligt
- **7 %** (AG Lüdinghausen zfs 1998, 14)
- **5 %** (OLG Düsseldorf DAR 1998, 103; LG Freiburg DAR 1994, 404 f.; AG Brühl zfs 1998, 380; AG Rosenheim DAR 1994, 37)
- **4 %** (OLG Köln NZV 2014, 314; LG Baden-Baden zfs 2001, 18)
- **3 %** (OLG Karlsruhe DAR 1996, 56 [3 %]; OLG Nürnberg zfs 2001, 17 [3 %]; AG Fürth zfs 1994, 88 [3 %]; OLG Stuttgart zfs 1994, 206 ff. und DAR 2000, 36 [3,5 %]; LG Paderborn MittBl 1995, 62 [3,5 %]; LG Saarbrücken zfs 1996, 453 [3–10 %]; AG Ahlen zfs 2003, 450 [3 %])

213 Eigentlich müsste der Abzug je nach Fahrzeugtyp, der individuellen Nutzung des Fahrzeugs und der wirtschaftlichen Situation des Halters einzeln errechnet werden. Eine interessante Abrechnungsvariante bietet das AG Zossen (zfs 1997, 135 mit Anm. *Diehl*) an: 0,67 % des Neupreises pro 1.000 km Nutzung.

214 Diese Auffassung stellt auf den **„ersparten Wertverzehr"** ab (OLG Frankfurt zfs 1996, 214; OLG Hamm NJW-RR 1994, 375; OLG Köln NJW-RR 1991, 1340). Der ersparte Verschleiß wird anhand der für bestimmte Fahrzeugtypen erstellten **Kostentabellen** (z.B. ADAC-Tabelle „Was kostet mein Pkw") bestimmt. Dann kann – dem Gewährleistungsrecht bei einer Rückabwicklung entsprechend (siehe AG Zossen zfs 1997, 135) – nach linearer Abschreibung vorgegangen werden.

215 Die **Praxis** erspart sich aber derartige genaue und zeitraubende Berechnungen und **pauschaliert** stattdessen. Die gegenwärtig exakteste Pauschalberechnung bietet das im Literaturhinweis genannte **Gutachten der Universität Bamberg**, das lediglich einen **Pauschalabzug von 3 %** errechnet. Auch das oben zitierte Urteil des BGH (NJW 1996, 1958 = zfs 1996, 293 = DAR 1996, 314) tendiert offensichtlich zu einem verminderten Abzug i.S.d. vorzitierten Gutachtens.

B. Fahrzeugbezogene Sachschäden § 8

Auch eine **sehr hohe Fahrleistung** rechtfertigt es nicht, den Prozentsatz für Eigenersparnisse zu erhöhen, wenn sich die hohe **km-Zahl** bereits **entscheidend in der Mietwagenrechnung niedergeschlagen** hat (OLG Nürnberg zfs 1994, 49 = NZV 1994, 106). 216

Der Abzug kann entfallen, wenn das Mietfahrzeug **nur unerheblich genutzt** wurde, was bei einer Laufleistung von unter 1.000 km regelmäßig der Fall ist (BGH NJW 1963, 1400; AG Arnsberg MittBl 1998, 118). 217

Tipp 218
Vorsicht bei der Beratung hinsichtlich Mietwageninanspruchnahme: Wegen des **Abzuges für ersparte Eigenkosten**, der **Mithaftungsproblematik** und der **Schadensminderungspflicht** können erhebliche finanzielle Verluste auf den Mandanten zukommen. **Daher** ist immer mit dem Mandanten **zu erörtern**, ob er sich hinsichtlich des Fahrzeugausfalls irgendwie anderweitig behelfen kann und stattdessen **Nutzungsausfall** geltend macht.

Der Geschädigte ist andererseits aber auch nicht etwa gehalten, allein wegen des **Alters seines Fahrzeugs** ein **klassenniedrigeres Mietfahrzeug** anzumieten (OLG Hamm NZV 2001, 217: zwölf Jahre altes Fahrzeug). Das verlangt nicht etwa die Schadensminderungspflicht. Das Alter eines Fahrzeugs **mindert nicht** ohne weiteres dessen **Gebrauchswert**. Etwas anderes könnte allenfalls dann gelten, wenn sich das unfallbeschädigte Fahrzeug des Geschädigten darüber hinaus auch noch in einem weitestgehend verschlissenen Zustand befunden hätte und der Mietwagen demgegenüber eine echte Komfortsteigerung darstellt. 219

i) Versicherungsschutz des Mietwagens

Soweit der Geschädigte für sein eigenes unfallbeschädigtes Fahrzeug keine **Vollkaskoversicherung** oder **Rechtsschutzversicherung** abgeschlossen hatte, wird die Meinung vertreten, er könne derartige, in den Mietwagenkosten enthaltene Beträge nicht erstattet verlangen (OLG Oldenburg zfs 1983, 203; OLG Hamm NZV 1994, 431). 220

Kosten einer für ein Ersatzfahrzeug abgeschlossenen **Vollkaskoversicherung** können jedoch auch dann ersatzfähig sein, wenn das **eigene Fahrzeug** des Geschädigten zum Unfallzeitpunkt **nicht vollkaskoversichert** war (BGH VersR 2005, 568 = zfs 2005, 390 = r+s 2005, 217 = DAR 2005, 270; OLG Frankfurt NZV 1995, 108; OLG Hamm NZV 1994, 188; OLG Hamm r+s 2011, 536; LG Gera r+s 1999, 507). Nach der Rechtsprechung des BGH kann der durch einen fremdverschuldeten Unfall geschädigte Kfz-Eigentümer bei Inanspruchnahme eines Mietwagens die Aufwendungen für eine der Vollkaskoversicherung ohne Selbstbeteiligung entsprechende Haftungsfreistellung grundsätzlich insoweit ersetzt verlangen, als er während der Mietzeit einem **erhöhten wirtschaftlichen Risiko** ausgesetzt war (BGHZ 61, 325, 331 ff.; BGH VersR 1974, 657). Ein solches Risiko sieht der BGH z.B. darin, dass der Mieter ein für ihn **ungewohntes Fahrzeug** fahren muss, was 221 mit erhöhten Gefahren verbunden ist (BGH VersR 2005, 568 = zfs 2005, 390 = r+s 2005, 217 = DAR 2005, 270). Das wird insbesondere anzunehmen sein, wenn das beschädigte Fahrzeug schon älter war und als Ersatzfahrzeug ein wesentlich höherwertigeres Fahrzeug angemietet wird. Im Übrigen wird die Anmietung eines Ersatzfahrzeugs mit Vollkaskoschutz in der Regel eine adäquate Schadensfolge sein. Ob im Einzelfall Abzüge unter dem Gesichtspunkt eines Vorteilsausgleichs in Betracht kommen, unterliegt der tatrichterlichen Beurteilung gemäß § 287 ZPO.

222 Daraus wird nun gefolgert, der Geschädigte habe dann keinen Anspruch auf Ersatz der Vollkaskoversicherungsprämie, wenn er selbst eine Vollkaskoversicherung für sein eigenes, unfallbeschädigtes Fahrzeug hatte, weil er dann ja die Prämie erspart. Das gilt aber selbstverständlich ausschließlich im Totalschadensfall, weil ja die Prämienzahlungspflicht mit dem Untergang der versicherten Sache endet und ab dann keine Prämie gezahlt zu werden braucht. Im Reparaturschadensfall hat der Geschädigte in jedem Fall Anspruch auf Ersatz seiner mit den Mietwagenkosten gezahlten Vollkaskoprämie (BGH VersR 2005, 568 = zfs 2005, 390 = r+s 2005, 217 = DAR 2005, 270).

223 Da die meisten Mietwagenunternehmen jedoch wegen des Schadensrisikos ohne Abschluss einer Vollkaskoversicherung nicht mehr vermieten, dürfte sich die Rechtsprechung zu dieser Problematik wohl bald ändern, da dann diese Kosten zwingend zu den grundsätzlich in vollem Umfange zu erstattenden Mietwagenkosten zählen und für den Geschädigten dann gar nicht vermeidbar sind.

j) Zuschläge für weitere Nebenleistungen (Winterreifen, Zustell-/Abholkosten)

Literatur zu Zuschlägen für weitere Nebenleistungen:

Otting, Winterreifen als Bestandteil der Mietwagenrechnung im Schadenersatzrecht, MRW 2013, 27.

224 Grundsätzlicher Streit entsteht immer wieder zu der Frage, inwieweit Kosten für Winterreifen gesondert zu ersetzen sind. Richtig ist zwar, dass nach der Neuregelung des § 2 Abs. 2, Abs. 3a StVO Winterreifen zu der für die Wintermonate erforderlichen Ausstattung eines Kfz und daher zur entsprechenden Verpflichtung des Vermieters gehören, dem Mieter ein verkehrstaugliches Fahrzeug zur Verfügung zu stellen. Gleichwohl haben die Vermieter erhöhte Aufwendungen dadurch, dass sie für ihre Mietfahrzeuge sowohl Sommer- als auch Winterreifen vorrätig halten müssen. Da diese erhöhten Anschaffungs- und Vorratskosten im Normaltarif nicht berücksichtigt werden und ein pauschaler Zuschlag bei Ausstattung des Fahrzeugs mit Winterreifen üblich ist, sind sie daher gesondert zu ersetzen (BGH v. 5.3.2013 – VI ZR 245/11 – VersR 2013, 730; OLG Köln v. 18.3.2011 – 19 U 145/10 – NZV 2011, 450; OLG Köln v. 30.7.2013 – 15 U 186/12 – NZV 2014, 314; OLG Stuttgart v. 18.8.2011 – 7 U 109/11 – NZV 2011, 556; OLG Celle NJW-RR 2012, 802, 807; OLG Dresden v. 4.5.2012 – 1 U 1797/11; LG Bonn NZV 2011, 452).

B. Fahrzeugbezogene Sachschäden § 8

Gleiches gilt für tatsächlich entstehende **Zustell- und Abholkosten** jedenfalls dann, wenn diese nach der verwendeten Tabelle im Normaltarif nicht mit einkalkuliert sind und daher typischerweise entsprechende Nebenkosten berechnet werden (OLG Hamm r+s 2011, 536, 539; OLG Köln NZV 2014, 314). Unter dieser Voraussetzung sind auch sonstige Nebenleistungen (Zusatzfahrer, besondere Ausstattung des Fahrzeugs) im Rahmen der Erforderlichkeit zu ersetzen (vgl. OLG Stuttgart NZV 2011, 556; OLG Köln NZV 2014, 314).

225

k) Sicherungsabtretung

Auch bei den Mietwagenunternehmen ist es üblich, die diesbezüglichen Ansprüche des Geschädigten an das Mietwagenunternehmen zur Sicherheit abzutreten. Das ist bekanntlich unschädlich, führt aber im Prozessfalle immer wieder zu Problemen wegen der Aktivlegitimation des geschädigten Klägers.

226

Veranlasst aber ein Mietwagenunternehmen, dass seine unfallgeschädigten Kunden ihre Ansprüche auf Ersatz der Mietwagenkosten an ein zur Rechtsberatung zugelassenes Inkassobüro abtreten, welches die Forderung seinerseits an das Mietwagenunternehmen zur Sicherung abtritt, so sind derartige **Abtretungen nichtig**, wenn dieses Vorgehen eine Schadensregulierung – insbesondere die Durchsetzung des **Unfallersatztarifes** – durch das Mietwagenunternehmen unter Umgehung des § 3 RDG (früher: Art. 1 § 1 RBerG) und der dazu entwickelten Rechtsprechungsgrundsätze bezweckt (BGH zfs 2003, 344 f.; BGH zfs 2004, 457 ff.).

227

Zur Zulässigkeit der Abtretung an ein Mietwagenunternehmen nach dem RDG im Einzelnen vgl. oben § 1 Rdn 56.

Bei abgetretener Forderung kann Klage in **Prozessstandschaft** (Zahlung an das Mietwagenunternehmen, vgl. dazu § 4 Rdn 14) erhoben oder diese durch **Rückabtretung** rückgängig gemacht werden. Die Sicherungsabtretung dürfte regelmäßig nur als **Stundung der Forderung** gegenüber dem Geschädigten anzusehen sein (OLG Hamm zfs 1993, 158 = NZV 1993, 109).

228

> *Beachte*
> Auch bei einer Sicherungsabtretung zugunsten des Mietwagenunternehmens ist die Höhe der Mietwagenrechnung dem Gegenstandswert der anwaltlichen Tätigkeit hinzuzurechnen.

229

2. Gewerblich genutzte Fahrzeuge

Dem Halter eines gewerblich genutzten Fahrzeugs kommt es darauf an, seinen **Gewerbebetrieb aufrechtzuerhalten, Gewinnausfall zu vermeiden** und seine **Kunden nicht zu verlieren**. Daher liegt hier in wesentlich großzügiger zu betrachtender Weise die Anmietung eines Ersatzfahrzeugs nahe als bei Privatleuten. Entsprechend den nachstehenden Ausführungen zu Taxifahrzeugen ist es dem gewerb-

230

lichen Halter eines Fahrzeugs also möglich, auf einen Mietwagen zurückzugreifen und die dafür entstandenen konkreten Kosten ersetzt zu verlangen. Das alles gilt auch dann, wenn der **Unternehmer** das Taxi **selbst repariert** hat (LG München NZV 1998, 35).

231 Es stellt jedoch einen **Verstoß gegen die Schadensminderungspflicht** dar, wenn dem geschädigten Gewerbetreibenden, z.B. einem **Kraftfahrzeughändler,** mehrere andere Pkw in Form von **Vorführwagen** zur Verfügung stehen, die ohne weiteres hätten genutzt werden können und von einem wirtschaftlich handelnden und verständigen Menschen auch genutzt worden wären (OLG Köln DAR 2000, 309). Etwas anderes ist es, wenn der einzige Vorführwagen des Händlers bei dem Unfall beschädigt wurde und dieser nun den potentiellen Käufern nicht zu Probefahrten zur Verfügung steht, sondern bei einem anderen Händler angemietet werden muss.

a) Ausfall von Taxifahrzeugen

Literatur zum Ausfall von Taxifahrzeugen:

Grüneberg, Zum Anspruch auf Erstattung der Mietwagenkosten bei unfallbedingtem Ausfall eines Taxis, NZV 1994, 135 ff.; *Leng,* Rechtsfragen beim Taxi, DAR 2001, 43 ff.

232 Problematisch und streitig ist beim Ausfall von Taxifahrzeugen immer wieder die Frage der **Unverhältnismäßigkeit** der dadurch entstandenen Kosten i.S.d. § 251 Abs. 2 BGB (dazu OLG Hamm NZV 1993, 392; KG zfs 2004, 560 ff.). Grundsätzlich hat der geschädigte Taxieigentümer ein Wahlrecht, ob er den Verdienstausfall oder die Mietwagenkosten für ein Ersatztaxi verlangt (AG Hannover zfs 2002, 477).

233 Mietwagenkosten, die sich am **Marktpreis** ausrichten, sind nach der Rechtsprechung üblicherweise nicht unverhältnismäßig (BGH VersR 1994, 64 = zfs 1994, 12 = DAR 1994, 16 = NZV 1994, 21). Bei gewerblich genutzten Fahrzeugen ist die Obergrenze nicht starr bei 200 % des Verdienstentgangs zu ziehen, wie es teilweise gefordert wurde, sondern die Grenze der Unverhältnismäßigkeit ergibt sich aufgrund des **schützenswerten wirtschaftlichen Interesses** des Geschädigten im Rahmen einer Gesamtschau (BGH a.a.O.; OLG Köln zfs 1993, 82 f.; OLG Köln NZV 1997, 181; OLG Hamm NZV 1997, 310). Die Stichworte lauten: **Goodwill – Stammkundschaft – Geschäftsaussichten – Hochsaison** usw.

234 Werden aber Mietwagenkosten für ein Ersatztaxi beansprucht, ist es Sache des Geschädigten, die **betrieblichen Umstände** darzulegen, deren Kenntnis für die Beurteilung der **Verhältnismäßigkeit** erforderlich ist (OLG Hamm NZV 1997, 310; OLG Celle NZV 1999, 209 f.; OLG Köln r+s 1997, 287). Das wird den Vorgaben der zuvor zitierten Entscheidung des BGH nur dann gerecht, wenn die von ihm vorgegebenen Parameter – wie Umsatzgröße, Entwicklung, Kostenstruktur, Art der Kundschaft, Marktverhältnisse, Dauer und Art der Reparatur, Einsatzmöglichkeiten der vorhandenen Fahrer – umfassend berücksichtigt werden. Die damit verbundene

B. Fahrzeugbezogene Sachschäden §8

juristische Sisyphusarbeit wird jedoch in der Regel ein Sachverständigengutachten erforderlich machen, das weitere Kosten verursacht, was die Errechnung dieser Schadensposition für die Versicherer in der Regel unwirtschaftlich machen dürfte.

Sind z.B. Kosten für die Anmietung eines Ersatztaxis angefallen, die um 370 % höher sind als die Einnahmen, sind diese Kosten nur dann ersatzpflichtig, wenn ohne die Anmietung **eine ganz außergewöhnliche Härte** für den Taxiunternehmer entstanden wäre (LG München NZV 2000, 88). **235**

Grundsätzlich kann der Geschädigte bei durchschnittlicher Reparaturzeit und Auslastung im betrieblichen Rahmen die Kosten eines Ersatztaxis verlangen, die sich am Marktpreis ausrichten. Erst wenn die **wirtschaftliche Gesamtbetrachtung aller Umstände des Einzelfalles** – in deren Rahmen neben allen schützenswerten Interessen des Geschädigten auch dem Vergleich zwischen den Mietkosten und dem **voraussichtlichen Gewinnentgang** des Taxiunternehmens, aber auch der Höhe des Mietpreises als solcher eine bedeutsame Rolle zukommen kann – zu dem Ergebnis führt, dass ausnahmsweise die auf Anmietung des Ersatzwagens gerichtete **kaufmännische Entscheidung** nicht mehr vertretbar ist, ist der Ersatz solcher Kosten zu versagen (BGH NJW 1993, 3321; 1996, 1958; OLG Hamm NZV 1997, 310). **236**

Problematisch sind allerdings die Anforderungen an die **Prognose des voraussichtlichen Gewinnentgangs**. Diese wird sich nicht immer aus den Jahresdurchschnittszahlen begründen lassen, sondern es ist vielmehr **individuell und speziell auf den fraglichen Zeitraum** des Gewinnentgangs abzustellen. Fand z.B. in dem Zeitraum ein großes Volksfest statt oder entging dem Unternehmer der besonders hohe Gewinn über die Weihnachts- und Neujahrsfeiertage, ist die Frage anders zu bewerten als in einer voraussichtlichen „Saure-Gurken-Zeit". **237**

Mietwagenkosten für ein Ersatztaxi, die den entgangenen Gewinn des Taxiunternehmers um fast das **3,5-fache** (OLG Celle NZV 1999, 209) oder gar das **Fünffache** übersteigen, sind jedenfalls dann als **wirtschaftlich unvertretbar** zu bezeichnen und deshalb **auch nicht zu ersetzen**, wenn der Unternehmer über eine große Zahl weiterer Taxis (hier: 19) verfügt und die Ausfallzeit nur wenige Tage (hier: drei Tage) beträgt (AG Kassel NZV 1997, 362). Andererseits sind Miettaxikosten, die annähernd das **Dreifache** des entgangenen Gewinns betragen, noch nicht unbedingt als unverhältnismäßig anzusehen (dazu *Diehl* in einer Anmerkung zu AG Hannover zfs 2002, 477; *Diehl* in einer Anmerkung zu KG zfs 2004, 562). **238**

Der geschädigte Taxiunternehmer muss sich allerdings bei Anmietung eines Ersatztaxis regelmäßig **ersparte Eigenaufwendungen** in Höhe von 20 % der Miettaxikosten anrechnen lassen (OLG Hamm DAR 2001, 165). **239**

b) Reisebus

240 Ein angemessener Mietzins ist auch für ein angemietetes Ersatzfahrzeug für einen unfallbedingt ausgefallenen **Reisebus** zu zahlen (OLG Hamm NZV 1994, 356). Hier gelten ebenfalls die vorgenannten Erwägungen zur wirtschaftlichen Angemessenheit.

IV. Nutzungsausfallentschädigung

Literatur zur Nutzungsausfallentschädigung:

Bär, Anspruch auf Nutzungsausfall und Schadensminderungspflicht des Geschädigten, DAR 2001, 27 ff.; *Balke*, Nutzungsausfallentschädigung und Vorhaltekosten, SVR 2012, 406; *Berr*, Tabellarische Rechtsprechungsübersicht über den Nutzungsausfall bei verschiedenen Straßenfahrzeugarten und -teilen, DAR 1990, 475 ff.; *Fielenbach*, Fühlbarkeit und Schadenminderungspflicht bei der Nutzungsausfallentschädigung, NZV 2015, 272; *Hillmann*, Der Nutzungsausfall, Streit ohne Ende, zfs 2001, 341 ff.; *Kuhn*, Nutzungsausfall-Tabelle 2005, DAR 2005, 1 ff.; *Otting*, Kuriose Fortsetzung: Nutzungsausfallentschädigung nur so hoch wie (angebliche?) Mietwagenkosten?, MRW 2012, 46; *Otting/Brabec*, Nutzungsausfallentschädigung geltend machen und daraus den Mietwagen bezahlen?, MRW 2015, 6; *Quaisser*, Nutzungsausfallentschädigung bei Reparatur in Eigenregie, NJW-Spezial 2014, 73

241 Als Alternative zu den Mietwagenkosten bietet es sich an, eine Nutzungsausfallentschädigung (kurz: Nutzungsausfall) geltend zu machen. Der Anspruch auf Nutzungsausfall basiert auf reinem **Spruchrecht**, nämlich auf Entscheidungen des BGH, und hat sich endgültig durchgesetzt durch die Entscheidung des Großen Zivilsenats des BGH in NJW 1987, 50 = zfs 1986, 362.

1. Konkreter Nutzungsausfall

242 Das Wichtigste vorweg: Nutzungsausfall ist nach ständiger Rechtsprechung **niemals fiktiv** zu beanspruchen, sondern **nur bei tatsächlichem Ausfall** des Fahrzeugs (BGH NJW 1976, 1396). Bei Abrechnung auf fiktiver Reparaturkostenbasis ist also so lange kein Nutzungsausfall zu zahlen, wie die Reparatur bzw. der Totalschadensfall nicht **nachgewiesen** ist, weil das Fahrzeug ggf. sogar noch in unfallbeschädigtem Zustand weiter benutzt wird.

a) Art und Umfang der potenziellen Nutzung

243 Allerdings braucht der Geschädigte nicht etwa nachzuweisen, ob, in welchem Umfange und zu welchem Zweck er sein unfallbeschädigtes Fahrzeug tatsächlich benutzt hätte. Es genügt der **Nachweis**, dass das Fahrzeug ohne das Unfallereignis **zur Verfügung und Benutzung gestanden hätte**. Anders als bei den Mietwagenkosten kommt es also nicht darauf an, in welchem Umfang der Geschädigte laut Tachostand durchschnittlich auf die Nutzung seines Fahrzeugs zurückgreift. Ersatz wird nämlich ausschließlich für die – ggf. auch nur theoretische – **ständige Verfügbarkeit** des Fahrzeugs geleistet.

B. Fahrzeugbezogene Sachschäden § 8

Für Nutzungsmöglichkeit und Nutzungswille spricht der Beweis des ersten Anscheins (OLG Celle VersR 1973, 718), dazu vgl. die Ausführungen oben (siehe Rdn 50). **244**

b) Nutzungsausfallnachweise

Der Nutzungsausfall und seine Dauer müssen stets nachgewiesen werden. Es ist also nicht zu beanstanden, wenn die Versicherer darauf bestehen, einen solchen tatsächlichen **Nutzungsausfallnachweis** beizubringen und bis dahin die Zahlung von Nutzungsausfall (ebenso wie von Mietwagenkosten) verweigern. **245**

Jedoch kann der Beweis für die Dauer des Nutzungsausfalls, d.h. die Unmöglichkeit der Fahrzeugnutzung, durch jedes geeignete Beweismittel (Zeugenbeweis, Vernehmung des Geschädigten als Beweisführer gem. § 287 Abs. 1 S. 3 ZPO) erbracht werden. **246**

aa) Bei Werkstattreparatur

Bei durchgeführter Reparatur kann dieser Nachweis entweder durch die **Rechnung** oder durch eine isolierte Bescheinigung der Werkstatt über die Dauer der Reparatur – **Reparaturdauerbescheinigung** – geführt werden. **247**

bb) Bei Eigenreparatur

Grundsätzlich kann der Geschädigte auch bei durchgeführter Eigenreparatur Nutzungsausfall für die Dauer der in dem Sachverständigengutachten ausgewiesenen erforderlichen Reparaturzeit verlangen (AG Gelnhausen zfs 1996, 336). **248**

Problematisch ist allerdings der Beweis der **Selbstreparatur** durch den Geschädigten: Entweder legt er eine **Bescheinigung** etwaiger **Mithelfer** oder von **Familienangehörigen** über die Reparaturdauer vor oder er fertigt ein **Foto** (LG Oldenburg DAR 1993, 437) an, welches das Fahrzeug in repariertem Zustand zeigt (zum Nachweis der Aktualität des Fotos sollte eine auffällige Tageszeitung mit abgebildet sein). In Betracht kommt auch die Vernehmung des Geschädigten als Beweisführer gem. § 287 Abs. 1 S. 3 ZPO. **249**

Wenn das Fahrzeug von einem Sachverständigen besichtigt worden ist, kann es nach erfolgter Reparatur dort wieder vorgeführt werden; der **Sachverständige** stellt dann über die **Nachbesichtigung** eine entsprechende **Reparaturbescheinigung** aus. Deren Kosten hat der Versicherer des Schädigers dann zu tragen, wenn der Geschädigte einen solchen Nachweis für die Geltendmachung seines Nutzungsausfallschadens benötigt (AG Aachen NZV 2006, 45), z.B. weil ein Foto als Nachweis vom Versicherer nicht akzeptiert wird. **250**

Verfügt der gegnerische Versicherer über einen **Schadenschnelldienst**, kann das Fahrzeug auch dort vorgeführt werden. **251**

cc) Bei Totalschaden

252 Im **Totalschadensfall** ist der Nutzungsausfall bereits aus der Natur der Sache heraus gegeben: Ein – zumindest technisch – total beschädigtes Fahrzeug ist nicht zu benutzen. Beim wirtschaftlichen Totalschaden kann das im konkreten Fall anders und eine Weiterbenutzung durchaus möglich – ggf. sogar aus Schadensminderungsgesichtspunkten heraus geboten – sein.

253 Der Nachweis des tatsächlichen Nutzungsausfalls ist also u.U. gesondert zu erbringen und kann oft durch Vorlage einer **Fotokopie der Zulassungsbescheinigung des Ersatzfahrzeugs** erfolgen. Die Anschaffung eines Neuwagens oder anderweitigen Ersatzwagens spricht für die Nutzungsmöglichkeit und den Nutzungswillen des Geschädigten (LG Saarbrücken zfs 2002, 282). Vgl. zur Problematik bei zunächst nicht vorgenommener Ersatzbeschaffung die Ausführungen oben (siehe Rdn 52 ff.).

254 Schon im ersten Gespräch sollte der Mandant daher zunächst mündlich, dann noch einmal schriftlich in dem mandatsbestätigenden Schreiben darauf hingewiesen werden, diesen Nachweis beizubringen.

255 *Tipp*
Der Mandant muss stets auf das **Erfordernis eines konkreten Nutzungsausfallnachweises** hingewiesen werden. Der **Nachweis** kann wie folgt erbracht werden bei
- **Reparaturschaden**:
  - Vorlage der Rechnung
  - Reparaturdauerbescheinigung der Werkstatt
  - bei Selbstreparatur:
    – Bescheinigung von Mithelfern
    – Foto des Fahrzeugs in repariertem Zustand
    – Reparaturbescheinigung des Sachverständigen
- **Totalschaden**:
  - Fotokopie der Zulassungsbescheinigung des Ersatzfahrzeugs
- **Im Prozess**:
  - Vernehmung von Zeugen oder des Geschädigten als Beweisführer nach § 287 Abs. 1 S. 3 ZPO

2. Nutzungsausfall bei Privatfahrzeugen

256 In der ständigen **Gebrauchsmöglichkeit** eines Pkw ist ein geldwerter Vermögensvorteil zu sehen, der zu einem Schadensersatzanspruch führt, wenn die Gebrauchsmöglichkeit durch einen Unfall entzogen wird.

B. Fahrzeugbezogene Sachschäden § 8

a) Höhe des Nutzungsausfallanspruchs

Literatur zur Höhe des Nutzungsausfallanspruchs:

Sanden/Danner/Küppersbusch, Nutzungsausfalltabellen und Vorhalte- und Betriebskosten für Pkw, Geländewagen, Transporter, Wohnmobile und Krafträder 2005, EurotaxSchwacke GmbH, Wilhelm-Röntgen-Str. 7, 63477 Maintal, 435 Seiten, ca. 60 EUR; (Kurzfassung:) *Kuhn*, Nutzungsausfall für Pkw, Geländewagen, Transporter, Wohnmobile und Krafträder, DAR 2005, 1 ff.

Die hohe Anzahl an Verkehrsunfällen hat es erforderlich gemacht, zur schnellen und unkomplizierten Schadensbearbeitung Tabellen zu Hilfe zu nehmen. **257**

aa) Nutzungsausfalltabellen

Seit über 20 Jahren ist daher Grundlage der Berechnung die Tabelle *Sanden/Danner*, jetzt herausgegeben von *Danner/Küppersbusch*. Das in dem Literaturhinweis genannte Gesamttabellenwerk von **EurotaxSchwacke** erstreckt sich auf die Nutzungsausfallwerte der letzten zehn Jahre und umfasst über 11.000 Pkw-Typen. **258**

Eine Kurzfassung der Tabelle, bezogen auf die aktuellen Fahrzeugtypen, wurde früher nahezu jährlich in den meisten einschlägigen Fachzeitschriften veröffentlicht, primär in der DAR als **DAR-Service-Beilage (zuletzt DAR 1/2013, Seite 1 ff.)**, die vorangegangenen Tabellen der letzten Jahre sind abgedr. in DAR 1994, 101; DAR 1995, 133; DAR 1996, 253 dort mit umfangreicher Kasuistik zum Nutzungsausfall; DAR 1997, 89 ff.; DAR 1998, 125 ff.; DAR 1999, 97 ff.; DAR 2000, 146 ff.; DAR 2001, 97 ff.; DAR 2002, 1 ff.; DAR 2003, 1 ff., DAR 2004, 1 ff.; DAR 2005, 1 ff.; DAR 2007, 47 ff.; DAR 2008, 39 ff; Beilage zu DAR 1/2010; Beilage zu DAR 1/2011. Leider ist dieser Service der regelmäßigen Veröffentlichung der aktuellen Kurzfassungen – wohl aus Lizenzgründen – eingestellt worden. Inzwischen werden regelmäßig nur kostenpflichtige Einzelauskünfte aus den aktuellen Tabellen erteilt, soweit nicht kostenpflichtig das Gesamtwerk erworben wird. **259**

Tipp **260**
Wer nicht über die Tabelle von EurotaxSchwacke verfügt, für den empfiehlt es sich, einen **Aktenordner „Nutzungsausfalltabellen"** der DAR-Kurzfassungen anzulegen. In ihm sollten die jährlich herausgegebenen Tabellen gesammelt werden. **Grund:** Ältere Fahrzeugtypen erscheinen in den aktuellen Tabellen oft nicht mehr. Um sie dennoch aktuell einordnen zu können, sucht man sich in derjenigen alten Tabelle, in der das Fahrzeug zuletzt aufgeführt worden ist, die Gruppe (z.B. „G") heraus und ermittelt in der aktuellen Tabelle die Preise für die Gruppe (also z.B. „G"). So ermittelt sich der aktuelle Ausgangswert für die weitere Nutzungsausfallberechnung.

bb) Ältere Fahrzeuge

Literatur zum Nutzungsausfall bei älteren Fahrzeugen:

Brand, Weniger Nutzungsausfall für ältere Fahrzeuge?, zfs 1990, 217 f.; *Rasche*, Minderwert als Schadensausgleich auch bei älteren Unfallwagen, DAR 2000, 332 f.

§ 8 Sonstige materielle Schadenspositionen

261 Die Nutzungsausfalltabelle *Sanden/Danner/Küppersbusch* stellt auf neue bzw. neuere (maximal zehn Jahre alte) Fahrzeuge ab. Bei **älteren Fahrzeugen** – nach der Rechtsprechung und der Auffassung der Autoren vorgenannter Tabelle sind das solche Fahrzeuge, die **älter als fünf Jahre** sind – sind jedoch Abzüge vorzunehmen. In der Praxis geschieht das regelmäßig durch **Reduzierung auf die nächst niedrigere Gruppe** (BGH zfs 1988, 134; OLG Karlsruhe VersR 1989, 58; OLG Karlsruhe zfs 1993, 304; AG Aschaffenburg zfs 1998, 379).

262 Bei Fahrzeugen, die **über zehn Jahre** alt sind, werden unterschiedliche Auffassungen vertreten: Einerseits wird auf die reinen **Vorhaltekosten** (AG Düsseldorf zfs 1993, 266) bzw. doppelten Vorhaltekosten (OLG Düsseldorf zfs 1991, 15) verwiesen, andererseits Halbierung des Nutzungsausfallsatzes vorgeschlagen (LG Koblenz zfs 1988, 170) oder aber der Tabellenwert ein bis zwei Stufen tiefer für richtig gehalten (LG Fulda VersR 1989, 814; LG Mainz VersR 2000, 111; AG Aschaffenburg zfs 1998, 379; AG Dieburg zfs 1999, 468; AG Waiblingen NZV 1999, 339). Auch bei einem 42 Jahre alten **Oldtimer** in sehr gepflegtem Allgemeinzustand und mit einer Laufleistung von 67.200 km soll der Tabellenwert eines vergleichbaren Fahrzeugs um zwei Gruppen herabgestuft heranzuziehen sein (LG Berlin DAR 2008, 706). Beim Oldtimer soll allerdings nur dann überhaupt eine Nutzungsausfallentschädigung in Betracht kommen, wenn es zu einer **fühlbaren Beeinträchtigung der alltäglichen Mobilität** kommt, was nicht der Fall sein soll, wenn dem Geschädigten ein weiteres Fahrzeug uneingeschränkt zur Verfügung steht, so dass der zeitweilige Verlust der Gebrauchsmöglichkeit eines reinen Freizeitzwecken dienenden Fahrzeugs keinen Anspruch auf eine Nutzungsausfallentschädigung begründet (OLG Düsseldorf DAR 2012, 254 m. Anm. *Wenker*, jurisPR-VerkR 5/2012 Anm. 2).

263 **Allerdings überzeugen diese Auffassungen nicht:** Das **Alter eines Fahrzeugs** hat – dogmatisch betrachtet – nach mittlerweile herrschender Meinung in Rechtsprechung und Literatur grundsätzlich **keinerlei Einfluss** auf die **Nutzungsmöglichkeit** und den **Nutzungswert** für den Geschädigten (*König*, in: Hentschel/König/Dauer, Straßenverkehrsrecht, 43. Auflage 2015, § 12 StVG Rn 44 mit zahlreichen w.N.; so auch OLG Hamm MDR 2000, 639; LG Düsseldorf DAR 1991, 183; OLG Karlsruhe DAR 1989, 67 ff. m.w.N.; OLG Naumburg OLG-NL 1995, 220; KG VerkMitt 1993, Nr. 118 m.w.N.; LG Berlin DAR 1998, 354; AG Aschaffenburg zfs 1998, 379; AG Bonn zfs 1998, 380; AG Waiblingen NZV 1999, 339, 340; AG Hanau zfs 1995, 415; AG Dorsten zfs 2001, 69; AG Flensburg zfs 2001, 362; siehe auch *Hillmann*, zfs 2001, 341 f).

264 Im Hinblick auf die **konstruktionsbedingte Langlebigkeit heutiger Kraftfahrzeuge** kann ohne Hinzutreten besonderer Umstände nicht ohne weiteres von einem lediglich eingeschränkten Nutzwert bei älteren Fahrzeugen ausgegangen werden. Abzustellen ist vielmehr auf die eigenwirtschaftliche Nutzung (AG Dorsten zfs 2001, 69). Der Erhaltungszustand eines Fahrzeugs ist also nur dann zu berücksich-

B. Fahrzeugbezogene Sachschäden § 8

tigen, wenn sein Nutzungswert mit demjenigen eines neueren Fahrzeugs gleichen Typs nicht mehr vergleichbar ist (BGH NJW 1988, 484).

Es wird daher die Auffassung vertreten, dass auch bei einem über zehn Jahre alten Fahrzeug eine Beschränkung auf die Vorhaltekosten nur dann zulässig ist, wenn das unfallbeschädigte Fahrzeug schon vor dem Unfall erhebliche Beschädigungen und Mängel aufwies, die seine Nutzungsmöglichkeit erheblich eingeschränkt haben (AG Moers zfs 2002, 478). **265**

Dem hat sich zwischenzeitlich der **BGH** angeschlossen (BGH VersR 2005, 284 = zfs 2005, 126 = DAR 2005, 78 = NZV 2005, 82): Sogar bei einem Unfallschaden eines **16 Jahre alten**, aber gut gepflegten Pkw kommt nicht nur der Ersatz von Vorhaltekosten, sondern sehr wohl auch der Ersatz von **Nutzungsausfall** nach den einschlägigen Tabellen in Betracht (im dortigen Fall mit einer Herabstufung der Gruppierung um zwei Stufen). Spielt das **Alter eines Pkw** eine wesentliche Rolle, so ist der Tatrichter aus Rechtsgründen nicht gehalten, in jedem Einzelfall bei der Beurteilung der entgangenen Gebrauchsvorteile eine aufwändige Berechnung anzustellen, sondern darf grundsätzlich im Rahmen des ihm nach § 287 ZPO bei der Schadensschätzung eingeräumten **Ermessens** aus Gründen der Praktikabilität und der gleichmäßigen Handhabung typischer Fälle weiterhin mit den in der Praxis anerkannten Tabellen arbeiten, selbst wenn das streitbefangene Fahrzeug darin nicht mehr aufgeführt ist (BGH a.a.O.; BGH VersR 2005, 570 = zfs 2005, 437 = DAR 2005, 265). **266**

Einer derartigen Schadensschätzung steht auch nicht etwa eine **besonders lange Dauer des Nutzungsausfalls** entgegen (BGH VersR 2005, 570 = zfs 2005, 437 = DAR 2005, 265 f.). Die Höhe der Nutzungsausfallentschädigung wird auch nicht schematisch durch den **Wert des Fahrzeugs** begrenzt. Wenn also der Wert des Fahrzeugs durch den Nutzungsausfallschaden überschritten wird, ist dafür nicht der Geschädigte, sondern allein der Schädiger verantwortlich; denn er hätte es in der Hand gehabt, den Geschädigten durch **schnellere Ersatzleistung** oder durch **Zahlung eines Vorschusses** finanziell in die Lage zu versetzen, eine Reparatur oder Ersatzbeschaffung zu einem früheren Zeitpunkt vorzunehmen (BGH a.a.O.). **267**

Da der **Nutzungsausfall allein** den **Verlust der Gebrauchsvorteile**, also die ständige Verfügbarkeit eines Gegenstandes (BGH NJW 1987, 50 = zfs 1986, 362), ausgleichen, nicht hingegen einen Ersatz für die Nutzungsqualität darstellen soll, kann auch aus diesem Grunde das **Alter eines Fahrzeugs grundsätzlich keinerlei Einfluss auf den Gebrauchswert** und somit auf die **Höhe des Nutzungsentgangs** haben, es sei denn, das Fahrzeug hat sich in einem besonders schlechten Zustand befunden (so auch OLG Karlsruhe DAR 1989, 67; OLG Hamm NZV 2001, 217: zwölf Jahre altes Fahrzeug) bzw. hatte ein besonders hohes Alter und/oder ist erheblich mängelbehaftet gewesen, sodass sein Nutzungswert mit dem eines neueren Fahrzeugs überhaupt nicht zu vergleichen ist (*Hentschel*, Straßenverkehrsrecht, 43. Auflage 2015, § 12 StVG Rn 44 mit zahlreichen w.N.). **268**

§ 8   Sonstige materielle Schadenspositionen

269 Dass das Alter eines Fahrzeugs **zwangsläufig eine Herabsetzung** der Nutzungsausfallentschädigung zur Folge hat, lässt sich auch nicht etwa den Ausführungen des BGH in der Entscheidung in NJW 1988, 484 entnehmen. Dort hatte das Unfallfahrzeug nämlich gerade derartige gravierende Mängel und befand sich in einem sehr schlechten Erhaltungszustand.

270 Wird ein etwas über zehn Jahre altes Fahrzeug beschädigt, das sich **in einem jedenfalls normalen und technisch mängelfreien Zustand** befindet, ist **voller Nutzungsausfall** zu gewähren. Da es um den Ersatz beeinträchtigter Gebrauchsvorteile geht, sind Überlegungen zum sicherlich geminderten Substanzwert des Fahrzeugs nicht in die Bewertung einzubeziehen (*Diehl*, Anm. zu AG Aschaffenburg zfs 1998, 379).

271 Zu berücksichtigen ist daher bei der Schätzung des Nutzungswertes eines älteren Fahrzeugs stets im **Einzelfall** vor allem der **Erhaltungszustand** des Fahrzeugs und der **Fahrkomfort,** den es bietet (BGH VRS 1974, Band-Nr. 47, 241). Dieser muss bei einem älteren Fahrzeug nicht zwingend geringer sein als bei einem jüngeren. Dies gilt insbesondere bei **Fahrzeugen höherer Qualität.**

cc)   Spezialfahrzeuge

272 Ist ein unfallbeschädigtes Fahrzeug mit einer speziellen Ausstattung für Behinderte ausgerüstet, z.B. Handbremsgerät, Automatikgetriebe und dergleichen, ist ein **über der üblichen Nutzungsentschädigung** liegender Nutzungswert gegeben. Dieser Wert ist ggf. **richterlich** nach § 287 ZPO **zu schätzen.** Er kann z.B. einen **Zuschlag** in Höhe von 4,50 EUR (9 DM, LG Chemnitz DAR 1999, 507) und mehr rechtfertigen. Zu vertreten wäre wohl auch, den Satz einer Rangklasse höher in der Nutzungsausfalltabelle zu verwenden.

dd)   Einzelfragen zum Nutzungsausfall

273 Benutzt der Geschädigte an einzelnen Tagen während der unfallbedingten Nutzungsausfallzeit ein **Taxi** oder – z.B. für einige Stunden – einen **Mietwagen**, steht ihm nicht etwa ein um diesen Preis reduzierter Nutzungsausfallschaden zu. Weil er den Ausfall seines eigenen Fahrzeugs ausreichend kompensiert hat, steht ihm gar kein Nutzungsausfall mehr zu. Er erhält lediglich die Taxi- oder Mietwagenkosten ersetzt. Ob er jedoch darauf verzichtet, die Taxiquittung einzureichen und stattdessen lieber den – höheren – Nutzungsausfall geltend macht, ist ihm selbstverständlich unbenommen. Grundsätzlich kann der Geschädigte daher für einen bestimmten Zeitraum entweder nur den Ersatz von Mietwagenkosten **oder** einer Nutzungsausfallentschädigung verlangen (OLG Karlsruhe NZV 1989, 231).

274 Nutzungsausfall ist also **nicht neben** Mietwagenkostenersatz oder Ersatz von Taxikosten, **wohl aber anstelle** dessen möglich (Ausnahme: z.B. Taxifahrt von der Unfallstelle zum Mietwagenunternehmer oder nach Hause). Der BGH hat (BGH

B. Fahrzeugbezogene Sachschäden §8

VersR 2008, 369 = zfs 2008, 267 = r+s 2008, 127 = DAR 2008, 140 = NZV 2008, 192) noch einmal klargestellt, dass dann, wenn dem Geschädigten ein **gleichwertiges Ersatzfahrzeug zur Verfügung** steht und die Kosten für dessen Anmietung erstattet werden, eine **Nutzungsentschädigung** schon **mangels fühlbaren wirtschaftlichen Nachteils nicht** zugebilligt werden kann. **Prozessual** ist es jedoch selbstverständlich möglich, die **Kosten für einen Mietwagen ohne einen gesonderten Hilfsantrag im Hinblick auf einen pauschalen Nutzungsausfall** für den Fall geltend zu machen, dass das Gericht der Ansicht ist, ein Mietwagen wäre (z.b. wegen zu geringer Kilometerleistung) nicht erforderlich gewesen (vgl. dazu oben Rn 122 ff.). Denn der Anspruch auf pauschalen Nutzungsausfall ist als Minus in den (in der Regel höheren) Mietwagenkosten enthalten und darf nicht vom Gericht mit dem Argument zurückgewiesen werden, dass wegen des tatsächlich zur Verfügung stehenden Mietwagens tatsächlich kein Nutzungsausfall eingetreten wäre und damit auch die Zusprechung pauschalen Nutzungsausfalls ausscheide (BGH v. 5.2.2013 – VI ZR 290/11 – zfs 2013, 322).

Hat der Geschädigte einen **Zweitwagen** genutzt, ist jedenfalls mindestens der Ersatz von **Vorhaltekosten** gerechtfertigt. Meistens wird der Nutzungsausfallanspruch jedoch ebenfalls versagt, wenngleich auch zu Unrecht: Wer zwei Fahrzeuge besitzt, will sie in ihrer jeweiligen Eigenschaft unterschiedlich nutzen oder von verschiedenen Personen, z.B. den Familienangehörigen, nutzen lassen. Er hat also einen entsprechend differenzierten Nutzungswillen. Ihm muss daher auch ein Nutzungsausfallanspruch für den konkret ausgefallenen Pkw zustehen. **275**

Eine **Ausnahme** kann vorliegen, wenn dem Geschädigten von einem Dritten ein **Fahrzeug zeitweilig zur Verfügung** gestellt wird. Bekommt nämlich ein Unfallgeschädigter **durch seine Reparaturwerkstatt** wegen Verzögerungen bei der Reparaturausführung für die Dauer der Verzögerung kostenlos einen Ersatzwagen gestellt, so braucht sich der Geschädigte **diesen Vorteil** gegenüber dem Schädiger **nicht anrechnen zu lassen** und hat gleichwohl Anspruch auf Nutzungsausfallentschädigung für die gesamte Reparaturdauer. Das Opfer anderer soll den Schädiger nicht entlasten (LG Kaiserslautern DAR 2013, 517; AG Görlitz DAR 1998, 20). **276**

b) Dauer des Nutzungsausfalls

Hartnäckig wird meist über die Dauer des geltend gemachten Nutzungsausfalls gestritten. Das gilt insbesondere bei **fiktiver Abrechnung** des Fahrzeugschadens in Kombination mit der ausschließlich konkreten Nutzungsausfallberechnung. Immer wieder wird seitens der Versicherer auf die **Schadensminderungspflicht** verwiesen, meistens aber gänzlich zu Unrecht. Vgl. hierzu zunächst die Ausführungen oben (siehe Rdn 74 ff.). **277**

§ 8 Sonstige materielle Schadenspositionen

aa) Reparaturschaden

278 Grundsätzlich geht der **konkret nachgewiesene Nutzungsausfallzeitraum** immer der bloßen **Schätzung eines Sachverständigen** vor. Das ignorieren die Versicherer oft. Soweit darüber Streit entsteht, wird jeder Sachverständige in einer – ggf. anzufordernden – gesonderten Stellungnahme zu dem konkret entstandenen Nutzungsausfallzeitraum im Rahmen gewisser Schätzungsimponderabilien bestätigen, dass es diesbezügliche und zuzugestehende **Schätzungstoleranzen** gibt.

279 Auch für eine **länger dauernde Ersatzteilbeschaffung**, z.B. bei einem ausländischen Fahrzeug, steht dem Geschädigten eine Nutzungsausfallentschädigung zu (OLG Köln DAR 1999, 264: 75 Tage). Allerdings hat der Geschädigte bei monatelanger Wartezeit den Versicherer zu warnen und eine Interimsreparatur zu erwägen (OLG Frankfurt DAR 2006, 23).

280 Ein Anspruch auf Ersatz des Nutzungsausfalls kann z.B. für **52 Tage** bestehen, wenn die Reparaturdauer für den Geschädigten nicht vorhersehbar war (AG Saarbrücken zfs 1999, 289). In dem gegebenen Fall hatte der Geschädigte unmittelbar nach Erhalt des Sachverständigengutachtens den Reparaturauftrag erteilt. Für ihn war aber **nicht erkennbar**, dass die von ihm beauftragte Werkstatt zu einer zügigen Reparaturausführung nicht in der Lage war, weil es **unvorhersehbare Schwierigkeiten bei der Ersatzteilbeschaffung** gab. Außerdem hatte sich der Geschädigte **regelmäßig** auch unter Erörterung anderweitiger Ersatzteilbeschaffung nach dem Fortgang der Arbeiten **erkundigt**. Er hatte damit das Erforderliche zur Beschleunigung der Fertigstellung der Reparatur unternommen (vgl. oben Rdn 82 ff.). Das **Prognoserisiko** einer Fehleinschätzung der Reparaturdauer trifft grundsätzlich allein den Schädiger.

281 Soweit der Nutzungsausfallzeitraum allerdings davon mitbestimmt ist, dass der Geschädigte sein Fahrzeug statt in einer schnell arbeitenden, weil spezialisierten Fachwerkstatt in einer **Karosserie- oder Hinterhofwerkstatt** oder von Bekannten bzw. **selbst repariert** hat und dadurch tatsächlich ein längerer konkreter Nutzungsausfallschaden entstanden ist, geht die Verzögerung verständlicherweise nicht zu Lasten des Schädigers und ist von ihm auch nicht zu ersetzen.

282 **Selbstreparaturen** werden oft auch nur sukzessive durchgeführt, d.h. an Wochenenden und abends und immer so viel, dass das Fahrzeug anderntags oder in der folgenden Woche in dem teilreparierten Zustand jedenfalls benutzt werden kann. Dann ist zwar oft vier Wochen an dem Fahrzeug repariert worden, es ist aber tatsächlich nur ein begrenzter oder gar kein Nutzungsausfall entstanden.

bb) Totalschaden

283 Bei Totalschäden gilt ebenfalls das zuvor Gesagte. Es gibt allerdings **Besonderheiten** im Hinblick auf die Wiederbeschaffungsfrist. Diese errechnet sich nämlich nicht nur aus dem von dem Sachverständigen in seinem Gutachten genannten Wie-

derbeschaffungszeitraum, sondern aus insgesamt **drei Zeiträumen** (vgl. oben Rdn 74):
- **Schadensermittlungszeitraum,**
- **Überlegungszeitraum,**
- **Wiederbeschaffungszeitraum.**

Der **Schadensermittlungszeitraum** errechnet sich ab Unfalldatum bis zum Erhalt des Sachverständigengutachtens. Der **Überlegungszeitraum** kann je nach Fall zwischen drei (LG Wiesbaden zfs 1995, 215) und zehn Tagen (AG Gießen zfs 1995, 93) liegen, insbesondere, wenn ein Grenzfall zwischen noch sinnvoller Reparatur und wirtschaftlichem Totalschaden vorliegt, also z.b. eine Abrechnung nach der 130-%-Regelung in Betracht kommt. Üblich, angemessen und nicht zu beanstanden dürfte eine **Überlegungsfrist** von etwa **fünf Tagen** sein (AG Aschaffenburg zfs 1999, 103). Der **Wiederbeschaffungszeitraum** ergibt sich unter anderem aus dem Sachverständigengutachten. 284

Es wird von Seiten der Versicherer immer wieder übersehen, dass der **Nutzungsausfall** stets und **ausschließlich konkret** nachgewiesen werden muss. Das bedeutet gerade nicht, dass er sich allein nach der im Sachverständigengutachten (ja nur) **geschätzten** Zeitdauer bemisst, sondern nach dem tatsächlich nachgewiesenen Umfang. Dagegen ist allein der Einwand des **Verstoßes gegen die Schadensminderungspflicht** zulässig, der aber dann auch noch **bewiesen** sein muss. Die **Beweislast** hierzu liegt also allein bei der Schädigerseite! 285

Seitens der Versicherer wird immer wieder gern ein solcher **Verstoß gegen die Schadensminderungspflicht** eingewandt, z.B. der Geschädigte habe sich nicht um die Ergebnisse des Sachverständigengutachtens durch telefonische Nachfrage erkundigt. Der hierzu von dem Schädiger zu erbringende **Nachweis** fehlt aber regelmäßig, wird noch nicht einmal auch nur zu erbringen versucht, sondern schlichtweg lediglich behauptet. Der Geschädigte ist aber gerade nicht verpflichtet, sich zu entlasten. 286

Versicherer versuchen auch immer wieder, den Schadensfeststellungs- und den Überlegungszeitraum zu ignorieren. Sie gewähren Nutzungsausfall lediglich nach den Angaben in dem Gutachten. Das ist eindeutig falsch, wie z.B. der nachfolgende Tipp zeigt. 287

Tipp 288
Ein Blick in den Kalender erleichtert stets die korrekte Nutzungsausfallberechnung.

Beispiel
Unfalldatum: 13.4.2006, 15:30 h, Reparaturkosten: 6.300 EUR, Wiederbeschaffungswert: 5.000 EUR, Restwert: 1.000 EUR, Wiederbeschaffungszeitraum laut Gutachten: 10 Werktage, Zulassung Ersatzfahrzeug: 15.5.2006 = **33 Tage Nut-**

zungsausfall. Der Versicherer wendet einen Verstoß gegen die Schadensminderungspflicht ein und zahlt nur **14 Tage Nutzungsausfall**.
Falsch: Der Blick in den Kalender zeigt (**Schadensermittlungszeitraum**): 13.4.2006 = Gründonnerstag, frühestmögliche Beauftragung des Sachverständigen wegen der Osterfeiertage: 18.4.2006; tatsächliche Begutachtung wegen Überlastung aller Sachverständigen (zahlreiche Unfälle über Ostern): Mittwoch, 19.4.2006; Gutachten fertig und berechnet: Donnerstag, 20.4.2006; zugesandt Freitag, 21.4.2006; (**Überlegungszeitraum**) eine Woche Überlegungsfrist wegen möglicher Abrechnung auf 130-%-Basis statt Totalschadensabrechnung: Freitag, 28.4.2006; dann Entschluss zur Totalschadensabrechnung; von nun an also 10 Werktage (**Wiederbeschaffungszeitraum**) einschließlich Wochenenden = bis (1.5.2006 ist Feiertag) 15.5.2006 = 33 Tage!

Zur Problematik der erforderlichen **Anschaffung eines Interimsfahrzeugs** bei längeren Nutzungsausfallzeiträumen vgl. die Ausführungen oben (siehe Rdn 192 ff.).

3. Lkw und andere gewerblich genutzte Fahrzeuge

Literatur zum Nutzungsausfall bei Lkw und anderen gewerblich genutzten Fahrzeugen:

Born, Schadensersatz bei Ausfall gewerblich genutzter Kraftfahrzeuge, NZV 1993, 1 ff.; *Danner/Echtler*, Tabelle, Rechnerische Verfahren zur Ermittlung der Betriebskosten für Fahrzeuge im Güterkraft- und Personenverkehr, VersR 1990, 1066 ff.; *Fielenbach*, Nutzungsausfallentschädigung für gewerblich genutzte Kraftfahrzeuge, NZV 2013, 265

289 Bei **gewerblich genutzten Fahrzeugen** gibt es in der Regel **keinen Nutzungsausfall** im zuvor beschriebenen Sinne. Während es für Lkw inzwischen eine Berechnungsmethode gibt, ist die Ersatzberechnung bei den übrigen gewerblich genutzten Fahrzeugen schwierig.

290 Zu der Frage des Nutzungsersatzes gewerblich genutzter Fahrzeuge gilt eine differenzierte Betrachtung (*Diehl*, Anm. zu KG zfs 1996, 415).

291 Wird das gewerblich genutzte **Fahrzeug unmittelbar zur Erzielung von Einnahmen** eingesetzt, z.B. Taxi oder Lkw, ist der Schaden entweder durch Bestimmung der hierauf zurückzuführenden Minderung des Gewerbeertrages oder über die mit der Ersatzbeschaffung verbundenen Kosten zu bestimmen (BGH VersR 2008, 369 = zfs 2008, 267 = r+s 2008, 127 = DAR 2008, 140 = NZV 2008, 192, Rn 6; BGH r+s 2014, 153; OLG Köln NZV 1997, 311; OLG Düsseldorf NZV 1999, 472).

292 Fällt dagegen ein **nicht unmittelbar der Gewinnerzielung dienendes Fahrzeug** aus, wie z.B. ein **Direktionswagen**, erscheint die Zuerkennung eines Nutzungsausfallschadens zwingend geboten, wenn das geschädigte Unternehmen durch „zeitraubende und lästige Sonderbemühungen" diese Entbehrungen auffängt (KG zfs 1996, 415; *Reitenspiess*, DAR 1993, 142 ff.). Der **BGH** hat in seinen Entscheidungen vom 4.12.2007 (BGH VersR 2008, 369 = zfs 2008, 267 = r+s 2008, 127 = DAR 2008, 140 = NZV 2008, 192) und vom 21.1.2014 (VI ZR 366/13 – r+s 2014, 153)

B. Fahrzeugbezogene Sachschäden §8

auch für gewerblich genutzte Fahrzeuge eine pauschale **Nutzungsausfallentschädigung** nicht ausgeschlossen, sondern die Rechtsfrage ausdrücklich offen gelassen, wenn das Fahrzeug **nicht unmittelbar zur Erbringung gewerblicher Leistungen dient** (wie z.b. Taxi/Lkw) und in der fehlenden Nutzungsmöglichkeit ein fühlbarer wirtschaftlicher Nachteil liegt. **Möglichst konkreter Vortrag** ist jedoch zur **fühlbaren wirtschaftlichen Beeinträchtigung** erforderlich. Diese scheidet nach Ansicht des BGH aus, wenn dem Geschädigten ein Ersatzfahrzeug zur Verfügung gestellt wurde (BGH VersR 2008, 369) oder wenn z.b. bei Ausfall eines VW-Busses lediglich vorgetragen wird, der Geschädigte „habe Aufträge zurückgestellt und einen Gewinnausfall durch vermehrte Anstrengungen kompensiert, indem er seinen zweiten Bus vermehrt eingesetzt und erhebliche zeitaufwendige logistische Anstrengungen unternommen habe, um seinen Betrieb weiterzuführen" (BGH r+s 2014, 153).

Dementsprechend bejaht ein zunehmender Teil der Rechtsprechung die Erstattung einer pauschalen Nutzungsausfallentschädigung bei gewerblich genutzten Fahrzeugen, die nicht unmittelbar zur Erbringung gewerblicher Leistungen dienen (OLG Naumburg v. 13.3.08 – 1 U 44/07 – NZV 2008, 464 = NJW 2008, 2511 m. Anm. *Berg*; dazu *Revilla*, jurisPR-VerkR 9/2008 Anm. 1; OLG München DAR 2009, 703; OLG Zweibrücken zfs 2015, 141; AG Bremen NZV 2009, 512). So hat z.B. das OLG Zweibrücken (zfs 2015, 141) einem Dachdeckerbetrieb eine Nutzungsausfallentschädigung für ein Fahrzeug zugesprochen, welches als Verkehrsmittel eingesetzt wird, mit dessen Hilfe Orte erreicht werden, an denen ein Gewinn zu erwirtschaften ist. Die teilweise Überlassung eines Ersatzwagens durch die Ehefrau führte als überobligationsmäßige Leistung ausdrücklich nicht zur Versagung der Nutzungsausfallentschädigung.

Auch bei Ausfall eines **Rettungswagens** eines gemeinnützigen Vereins kommt eine pauschale Nutzungsausfallentschädigung in Betracht (OLG Naumburg DAR 2009, 464). 293

Wird bei einem Verkehrsunfall ein **Geschäftswagen** beschädigt, den der Berechtigte **teils geschäftlich, teils privat nutzt**, ist ein Anspruch der geschädigten Gesellschaft gegen den Schädiger auf Ersatz der entgangenen Gebrauchsvorteile (Nutzungsausfall) **nicht ausgeschlossen** (OLG Düsseldorf zfs 2001, 545 mit Anm. *Diehl*), jedenfalls für den Anteil der privaten Nutzung (OLG Düsseldorf zfs 1993, 338). 294

Darüber hinausgehend hat das OLG Stuttgart (VersR 2007, 962 = DAR 2007, 33 = NZV 2007, 414) dem Inhaber eines Dentallabors, welcher sich unter Verzicht auf einen Mietwagen überobligationsmäßig hinsichtlich der erforderlichen Fahrten zu Kunden beholfen hatte, trotz gemischter Nutzung insgesamt eine pauschale Nutzungsentschädigung nach der Tabelle *Sanden/Danner/Küppersbusch* zugesprochen 295 (ebenso OLG Naumburg NZV 2008, 464 bei Verzicht auf kostenintensivere Anmietung eines Ersatzfahrzeugs bei einem ganz oder teilweise gewerblich genutzten Pkw).

296 *Tipp*
Oft läuft der Wagen des Chefs und dessen Familienangehöriger, aber auch der Wagen führender Angestellter oder Außendienstmitarbeiter als **Firmenwagen**, die aber mindestens in gleichem Maße geschäftlich wie privat genutzt werden. Soweit **auch eine private Nutzung** gegeben ist, ohne dass daneben noch ein anderer Privatwagen zur Verfügung steht, ist **Nutzungsausfall nach der Tabelle für Privat-Pkw** zu zahlen.

297 *Tipp*
Vorgeschlagen wird in diesen Fällen auch, die **Kosten der Miete eines gleichwertigen Fahrzeugs** zum Ausgangspunkt der Berechnung zu machen und unter Abzug der kalkulatorisch enthaltenen Positionen (des Gewinns des Vermieters und seiner Verwaltungskosten) **60 %** für ersatzfähig zu halten (OLG Düsseldorf zfs 1981, 168; vgl. auch OLG Celle VersR 1975, 188; *Diehl*, Anm. zu KG zfs 1996, 415).

a) Transporter

298 Für die gängigen Kastentransporter, Kombifahrzeuge und Kleinbusse gibt es – wie bei den Pkw – inzwischen eine identisch aufgebaute **Nutzungsausfalltabelle**, nämlich die im Literaturhinweis genannte Tabelle *Danner/Echtler* und die Kurz-Tabelle. Ihr sind die Nutzungsausfallwerte tabellarisch zu entnehmen.

b) Lkw

299 Auch hier hat der Ruf nach einer Arbeitshilfe für eine vereinfachte Schadensberechnung zur Entwicklung einer **Berechnungsmethode** geführt, die recht einfach zu handhaben ist, wenngleich auch nicht in Form einer Tabelle im zuvor beschriebenen Sinne. Bei der Anwendung dieser Methode, die ebenfalls von den Autoren *Danner/Echtler* kreiert wurde (VersR 1990, 1066 ff.), werden lediglich einige Grundinformationen benötigt, die bei dem Mandanten abzufragen sind:
- Art des Fahrzeugs (**Kraftomnibus** im (a) Linienverkehr, (b) Werk- und Schulverkehr oder (c) Gelegenheits- und Hotelverkehr – **Lastkraftwagen** – **Sattelzugmaschine** – **Anhänger/Auflieger**)
- Neuwert
- Nutzungsdauer
- Einsatztage
- Gesamtgewicht
- Platzzahl bzw. Nutzlast
- Einsatzart

Mit den in den Tabellen angegebenen Formeln lässt sich dann der Tagessatz in EUR errechnen.

Beispiel (Dannen/Echtler, VersR 1990, 1066, 1078) **300**
Das sieht bei einem Lastkraftwagen dann so aus:

Neuwert:	184.000 DM (94.000 EUR)
Nutzungsdauer:	7 Jahre
Einsatztage:	250
Gesamtgewicht:	22 t
Nutzlast:	11,8 t
Einsatzart:	Fernverkehr
Berechnung:	
Tabelle I: 6,10 × 18,4 =	112,24 DM
Tabelle II:	30,83 DM
Tabelle III:	43,76 DM
Tagessatz in DM:	186,83 DM, entspricht 95,52 EUR

c) Andere gewerblich genutzte Fahrzeuge

Auch bei sonstigen gewerblichen bzw. behördlichen Fahrzeugen gibt es eine Ersatzpflicht für entgangene Gebrauchsvorteile. Die Berechnung bzw. der konkrete Ersatzanspruch ist jedoch komplizierter zu ermitteln als bei nicht gewerblich genutzten Fahrzeugen. **301**

Wegen der unterschiedlichen Ausnutzung und Auslastung gewerblich genutzter Fahrzeuge lassen sich dort unfallbedingte Ausfallschäden **nicht pauschalieren**. Es bedarf daher nach völlig einhelliger Rechtsprechung stets einer **konkreten Berechnung im Einzelfall**. **302**

Die in Betracht kommenden **Bemessungsgrundlagen** sind: **303**
- entgangener Gewinn gem. § 252 BGB
- Vorhaltekosten eines ggf. vorhandenen Reservefahrzeugs
- Miete eines Ersatzfahrzeugs

aa) Entgangener Gewinn

In den seltensten Fällen wird in der Praxis ein entgangener Gewinn geltend gemacht, weil dieser meist nur **schwer zu errechnen** und nachzuweisen ist. Möglich ist aber, den Gewinn in den letzten Monaten vor dem Unfall zu ermitteln und hiervon die durch den Stillstand des Fahrzeugs eingetretenen Ersparnisse abzuziehen. Oft wird eine solche Berechnung wegen der unterschiedlichen betriebswirtschaftlichen Gegebenheiten ohne **Sachverständigengutachten** gar nicht möglich sein. **304**

Sofern ein **konkreter Gewinnentgang** nachgewiesen werden kann, weil z.B. mit dem unfallbeschädigten Fahrzeug – und nur mit diesem – bestimmte Transporte durchgeführt werden sollten, die sich auch nicht anderweitig nachholen ließen (Ter- **305** mingeschäfte), der Auftraggeber also „abgesprungen" ist, lässt sich der Gewinnausfall auch konkret berechnen. Teilweise fordert die Rechtsprechung sogar, dass ausschließlich konkret, nie abstrakt abgerechnet werde (so OLG Köln zfs 1997, 136).

bb) Vorhaltekosten

306 Wenn sich der Ausfall der Nutzungsmöglichkeit des Geschädigten nicht unmittelbar in einem Gewinnentgang niederschlägt, er aber über Reservefahrzeuge für Ausfälle im Fahrzeugpark verfügt, steht dem Geschädigten jedenfalls der Ersatz der **Vorhaltekosten** zu. Dabei ist es nicht erforderlich, dass die Reservefahrzeuge speziell für fremdverschuldete Unfälle vorgehalten werden (BGH NJW 1978, 812). Vielmehr reicht es aus, dass das Reservefahrzeug in einem nicht ganz unerheblichen Umfang **auch** wegen fremdverschuldeter Ausfälle vorgehalten wird, ohne dass die Reservehaltungskosten auf den darauf entfallenden Anteil zu kürzen wären (OLG Koblenz NZV 2015, 552; vgl. BGH a.a.O.).

307 Bei gewerblich genutzten **Pkw** und **Lkw** lässt sich der diesbezügliche Betrag der Vorhaltekosten aus der jeweiligen aktuellen **Tabelle Sanden/Danner/Küppersbusch** bzw. **EurotaxSchwacke** entnehmen.

308 Werden keine Reservefahrzeuge vorgehalten, bleibt nur der Anspruch auf nachzuweisenden Gewinnentgang oder konkret entstandene Mietwagenkosten.

4. Krafträder

Literatur zum Nutzungsausfall bei Krafträdern:

Sanden/Danner/Küppersbusch, Nutzungsausfallentschädigung für Krafträder, in Tabelle EurotaxSchwacke.

309 Auch für Krafträder gibt es Nutzungsausfallersatz. Die diesbezügliche Tabelle, die inzwischen auch nach Herstellern und Typen unterscheidet, wird jedoch nicht so oft überarbeitet wie die Pkw-Tabelle. Seit der jahrzehntelang gültigen Tabelle in VersR 1989, 573 ist die von *Sanden/Danner/Küppersbusch* überarbeite Fassung nun veröffentlicht in **DAR 2009, 230 ff**. Sie befindet sich aber auch in den von EurotaxSchwacke herausgegebenen jährlich erscheinenden Tabellen (vgl. Literaturempfehlung zu Beginn dieses Kapitels, siehe Rdn 257).

310 Allerdings werden Motorräder in der Regel in der **Freizeit** eingesetzt, dies auch meist nur während der Sommermonate (sollte das im Einzelfall anders sein, muss es dargelegt und ggf. nachgewiesen werden). Aber auch Motorräder, die lediglich zu Freizeitzwecken genutzt werden, sind einer Nutzungsentschädigung zugänglich. Dem Eigentümer eines privat genutzten Fahrzeugs wird immerhin die Möglichkeit der Nutzung genommen. Die Aufwendungen für dieses Fahrzeug, dem während der Zeit der Entziehung der Nutzungsmöglichkeit kein Gegenwert gegenübersteht, sind von der Nutzungsabsicht und der Nutzungsart unabhängig (LG München zfs 1988, 103).

Streit gibt es stets dann, wenn ein **Pkw als Ersatzfahrzeug** zur Verfügung steht, der für den Nutzungsausfallzeitraum genutzt werden könnte. In diesem Fall lehnt der BGH (Urt. v. 13.12.2011 – VI ZA 40/11 – r+s 2012, 151) eine Nutzungsausfallentschädigung ab, weil – anders als beim Pkw – nicht die Mobilität im Vordergrund stünde, sondern vergleichbar einem Hobby ein die Lebensqualität erhöhender Vorteil, der jedoch nicht die alltägliche Nutzbarkeit zur eigenwirtschaftlichen Lebensführung betrifft und sich damit einer vermögensrechtlichen Bewertung entzieht. Allerdings ist der Gebrauchswert eines Motorrades wegen der Art und des Anlasses seines Gebrauches („just for fun" oder ausschließlich in den Sommermonaten) etwas Grundverschiedenes von der Benutzung eines Pkw und nach anderer Ansicht Nutzungsausfall auch bei Vorhandensein eines Pkw zu ersetzen (OLG Düsseldorf NZV 2008, 460 = DAR 2008, 521 mit dem ausdrücklichen Hinweis, dass die Nutzungsmöglichkeit eines „Luxus-Motorrads" nicht der eines als Zweitfahrzeug vorhandenen Pkw entspricht). 311

Das ergibt sich auch aus folgender Überlegung: Niemand käme im Rahmen der Schadensregulierung eines Pkw-Schadens auf den Gedanken, nach der Existenz eines Motorrades zu fragen, um damit den Nutzungsausfallanspruch des Pkw-Besitzers im Hinblick auf eine anderweitige Nutzungsmöglichkeit (nämlich die des Motorrades) zu negieren. 312

Tipp 313
Die **übliche jährliche Nutzungsdauer** eines bestimmten Motorrades in den vergangenen Jahren ist leicht anhand der An- und Abmeldungen im Kfz-Brief (jetzt: Zulassungsbescheinigung Teil II) nachzuweisen. Motorradfahrer sollten daher immer die alten Fahrzeugbriefe kopieren, wenn sie ein Motorrad verkaufen.

Beim Nutzungsausfall eines Motorrades wird weit häufiger als bei Pkw der Einwand durchgreifen, der Fahrer sei verletzungsbedingt nicht in der Lage gewesen, ein Motorrad zu fahren und es entfalle daher die **Nutzungsmöglichkeit**. Auch dürfte der **Nutzungswille** bei bevorstehenden Wintermonaten oft nicht gegeben sein. An dieser Stelle muss seitens des Geschädigten stets sehr sorgfältig vorgetragen und ggf. Beweis geführt werden. 314

5. Wohnmobil

Für ein **Wohnmobil** kann nach der aktuellen Entscheidung des BGH (VersR 2008, 1086 = zfs 2008, 501 = r+s 2008, 352 = DAR 2008, 465 = NZV 2008, 453) **keine abstrakte Nutzungsausfallentschädigung** verlangt werden, wenn das Wohnmobil reinen Freizeitzwecken dient und **für die alltägliche Lebensführung ein Pkw zur Verfügung steht** (so auch OLG Hamm NZV 1989, 230; OLG Celle NZV 2004, 471). 315

Nach anderer Auffassung stellt der unfallbedingte Ausfall eines Wohnmobils demgegenüber grundsätzlich einen **ersatzfähigen Vermögensschaden** dar. Die konkre- 316 ten Nutzungsgewohnheiten des Geschädigten haben danach lediglich Einfluss auf die **Höhe** der abstrakten Nutzungsausfallentschädigung, nicht auf den Schaden als solchen (OLG Düsseldorf VersR 2001, 208 = zfs 2001, 66 = DAR 2001, 214).

317 Der Anspruch auf Zahlung einer Entschädigung für entgangene Nutzungen beim Ausfall eines Kraftfahrzeugs ist nach der Rechtsprechung des BGH **nicht auf Personenkraftwagen beschränkt**. Wohnmobile stehen ihrem Verwendungszweck nach den Pkw und anderen Fahrzeugen, wie z.B. Vans, Kombis, Geländewagen, Kleintransportern, weitaus näher als etwa Lkw oder Busse. Nur mit Wohnanhängern sind sie nicht zu vergleichen.

318 Die Abgrenzung zwischen solchen Fahrzeugen und einem Wohnmobil ist durchaus fließend. Von Mehrzweckfahrzeugen dieser Art heben sich Wohnmobile nach der Verkehrsauffassung nur **unwesentlich** ab. Es ist jedenfalls kein Grund ersichtlich, weshalb allein die Tatsache der in Wohnmobilen vorhandenen **Kocheinrichtungen** zu einer schadensrechtlichen Differenzierung Anlass geben sollte. Bei mindestens der Hälfte aller Halter werden sie als Alleinfahrzeuge genutzt (*Berr*, Wohnmobile und Wohnanhänger, 1985, Rn 651).

319 Die **ständige Verfügbarkeit** eines Wohnmobils ist als **geldwerter Vorteil** anzusehen. Es steht bei dem Nutzer die Erfüllung individueller, aber objektivierbarer praktischer und wirtschaftlicher Bedürfnisse im Vordergrund. Ebenso wie bei einem Auto werden **Mobilität und Unabhängigkeit** erreicht, wobei es grundsätzlich ermöglicht wird, jederzeit Reisen mit Übernachtungen anzutreten und Aufwendungen für Hotel und Verpflegung einzusparen bzw. zu senken.

320 Das sind nach der Verkehrsauffassung handfeste **wirtschaftliche Vorteile**, für die es einen **Kaufmarkt**, aber auch einen **Mietmarkt** gibt. Der Entzug der Nutzungsmöglichkeit ist fühlbar. Die Verweisung auf ein **Zweitfahrzeug** setzt voraus, dass dessen ersatzweise Nutzung **zumutbar** ist. Der Geschädigte muss sich nicht auf die potentielle Nutzbarkeit von Motorrädern oder Geschäftswagen verweisen lassen (OLG Düsseldorf zfs 2001, 66 f. = DAR 2001, 214).

321 Für den Nutzungsausfall von Wohnmobilen gibt es die oben zitierte Tabelle, in Kurzfassung abgedr. in **DAR 1997, 99** sowie die alljährlich herausgegebenen EurotaxSchwacke-Tabellen. Richterliche Schätzungen gem. § 287 ZPO können zu einem Tagessatz von 62,50 EUR und mehr führen (OLG Düsseldorf zfs 2001, 66 f. = DAR 2001, 214).

322 In jedem Falle ist hinsichtlich der entgangenen Nutzung eines Wohnmobils für eine geplante **Urlaubsreise** eine konkrete Schadensberechnung vorzunehmen (BGH DAR 1983, 76). Das ergibt sich aus der Besonderheit der Kombination zwischen Transportmittel und Wohn- bzw. Übernachtungsmöglichkeit. Während einer Urlaubsreise ist der Nutzungswert daher höher als bei reiner Transportnutzung. Bei unfallbedingtem Ausfall während solcher Nutzung ist eine ersatzweise angemessene **Hotelnutzung** zulässig und neben dem Transportmittelverlust zu ersetzen.

6. Fahrrad

Auch **für Fahrräder gibt es Nutzungsausfall** (KG NZV 1994, 393; LG Stade r+s 1980, 13; AG Lörrach DAR 1994, 501), was meistens von Anwälten übersehen bzw. von den Versicherern negiert wird. Für manche stellt das Fahrrad sogar das einzige vorhandene tägliche Fortbewegungsmittel dar.

323

Die Rechtsprechung billigt zwischen 2,50 EUR und 6 EUR pro Tag als Nutzungsausfall zu (*Splitter*, DAR 1996, 254). Es kann der Einfachheit halber und bislang nicht angegriffen stets mit **5 EUR** gerechnet werden (10 DM: AG Mülheim DAR 1991, 462). Neuerdings werden auch schon **10 EUR** zugesprochen (20 DM: AG Paderborn zfs 1999, 195), was in Anbetracht des Preisanstieges bei Fahrrädern sicher auch gerechtfertigt ist.

324

Oft wenden die Versicherer ein, ein vergleichbares Fahrrad sei nach Erkundigungen ihres Haussachverständigen zum Unfallzeitpunkt **bei einem bestimmten Händler sofort lieferbar** gewesen und Nutzungsausfall werde deshalb wegen Verstoßes gegen die Schadensminderungspflicht abgelehnt. Das ist jedoch kein zwingendes Argument; denn woher soll der Geschädigte in Ermangelung hellseherischer Fähigkeiten über diese Informationen verfügen, wenn der Versicherer sie ihm nicht mitteilt? Allerdings wird der Geschädigte schon den Nachweis führen müssen, dass er sich jedenfalls bei **seinem Händler** und bei ein oder zwei weiteren Händlern nach einem gleichwertigen Ersatzfahrrad umgesehen hat, ohne dass dort ein solches zu finden gewesen ist. Der **Erkundigungspflicht des Geschädigten** steht also in gleichem Maße eine **Mitteilungspflicht des Versicherers** gegenüber.

325

7. Sonstige nutzungsausfallfähige Gegenstände

Literatur zu sonstigen nutzungsausfallfähigen Gegenständen:

Splitter, Nutzungsentschädigung für Pkw, Geländewagen und Wohnmobile, DAR 1995, 134 m.w.N.

In dem vorzitierten Aufsatz wird eine Reihe von Nutzungsausfallbeträgen für Gegenstände aufgezählt, die nicht unmittelbar mit einer Pkw-Benutzung in Zusammenhang stehen, wie z.B.:

326

- Autotelefon: 12,50 EUR/Tag (25 DM)
- Blindenhund: 25 EUR/Tag (50 DM)
- Elektrorollstuhl: 15 EUR/Tag (30 DM)
- Farbfernseher: 30 EUR/Monat (60 DM)
- Luxus-Pkw Rolls-Royce 1988: 128 EUR/Tag (256 DM)
- Privatflugzeug: 188,50 EUR/Tag (377 DM).

> *Tipp*
> Es wird viel zu oft vergessen, dass es nicht nur Nutzungsausfall für Fahrzeuge gibt, sondern auch viele Gegenstände des täglichen Lebens, die einen messbaren Nutzungswert haben, einen Anspruch auf Ersatz für Nutzungsentgang be-

327

gründen. Solche Ersatzansprüche müssen vermehrt angemeldet und ggf. streitig entschieden werden, um die bislang nur dürftige Kasuistik zu erweitern.

V. Abschleppkosten

328 Die Kosten für das Abschleppen eines unfallbedingt fahrunfähig gewordenen Fahrzeugs sind **adäquater Folgeschaden** und daher grundsätzlich zu ersetzen.

329 Streit herrscht immer wieder über die **Entfernung** bei zu erstattenden Abschleppkosten. Die Assekuranz wendet immer wieder einen Verstoß gegen die Schadensminderungspflicht ein, wenn das Fahrzeug nicht zur **nächstgelegenen Fachwerkstatt**, sondern gar über lange Strecken in die heimische Werkstatt des Vertrauens des Geschädigten transportiert wird.

330 Eine allgemeingültige Rechtsprechung gibt es zu diesem Problemkreis nicht. Entscheidend ist die Frage der **Zumutbarkeit** unter Berücksichtigung der **Schadensminderungspflicht** des Geschädigten und der Gesamtumstände des Falles. Allerdings wird sehr wohl auch die Auffassung vertreten, dass stets dann, wenn der Wohnort des Geschädigten und der Unfall- bzw. Reparaturort nicht identisch sind, der Geschädigte auch nicht verpflichtet ist, Freizeit zu opfern, um das reparierte Fahrzeug selbst abzuholen. Er hat dann vielmehr das Recht, sich auf Kosten des Schädigers das Fahrzeug zuführen zu lassen (AG Freiburg DAR 1999, 554).

331 Hat sich der Unfall in einer vertretbaren **Nähe zum Wohnort** des Geschädigten ereignet (Vorschlag: bis 100 km), dann wird ein Abschleppen in die Werkstatt des Vertrauens nicht zu beanstanden sein.

332 Wenn das Fahrzeug von einem Abschleppunternehmer untergestellt wurde, er aber nur eine „Billigwerkstatt" betreibt oder die Gesamtumstände dort nicht vertrauenerweckend sind, ist der Geschädigte berechtigt, ein **weiteres Abschleppen** z.B. zu einer Fachwerkstatt zu veranlassen, zumal er auf die Auswahl des Abschleppunternehmers vor Ort meist keinen Einfluss hat, weil dieser in der Regel von der Polizei herbeigerufen wird.

333 *Tipp*
Achtung: Es gibt Abschleppunternehmer, die sich die Folgereparaturaufträge mit abenteuerlicher Dreistigkeit „ergaunern": Sie beginnen ohne Auftrag sofort die Reparatur und erklären dann dem erstaunten Kunden, sie hätten gedacht, das sei in seinem Interesse oder sie hätten diese und jene Erklärung des Kunden als Auftrag verstanden. Nun sei es aber doch das Beste, die Reparatur so schnell wie möglich fertig zu stellen. Außerdem würden sie das Fahrzeug ohne Bezahlung der bisher durchgeführten und nützlichen Reparaturverwendungen nicht herausgeben. Sie machen von ihrem Werkunternehmerpfandrecht Gebrauch. Das Herausklagen des Fahrzeugs dauert viel zu lange, einstweilige Verfügungen bewirken nur eine Herausgabe an einen Sequester und so kann allenfalls der Staatsanwalt helfen. Jedenfalls dürften die Kosten für den dadurch bedingten

B. Fahrzeugbezogene Sachschäden §8

Nutzungsausfall von dem Schädiger Zug um Zug gegen Abtretung der Regressansprüche gegen den Abschleppunternehmer zu tragen sein, wenn den Geschädigten kein Auswahlverschulden bezüglich des Abschleppunternehmers trifft (z.B. bei Bestellung durch die Polizei oder Vertrauensvorschuss, weil ADAC-Vertragsunternehmen).

Wenn die **Reisekosten von der Unfallstelle nach Hause** (z.B. wenn mehrere Personen im Fahrzeug mitgefahren sind) höher sind als die Abschleppkosten von der Unfallstelle nach Hause (z.B. durch das Mitfahren im Abschleppfahrzeug), dann sind die vollen Abschleppkosten u.U. auch dann zu ersetzen, wenn die Fahrt über sehr große Distanzen führt. 334

Tipp 335
Oft hilft die **Gegenüberstellung** von tatsächlichen Abschleppkosten zu potentiellen Reisekosten einschließlich des zu ersetzenden Zeitverlustes des Geschädigten und etwaiger Übernachtungskosten für die ganze Familie, den Versicherer zu überzeugen, dass das Abschleppen billiger war. Das gilt insbesondere bei Reparaturfällen, bei denen der Geschädigte wieder zu der Werkstatt vor Ort zurückreisen muss, um sein Fahrzeug abzuholen.

Liegt erkennbar ein **Totalschaden** vor, ist das Fahrzeug zum **nächstgelegenen Schrottplatz** oder einem Abstellplatz zu schleppen. Ein Transport nach Hause zum Händler des Vertrauens der besseren Verwertbarkeit wegen wäre wohl in der Regel ein Verstoß gegen die Schadensminderungspflicht. Stellt sich aber doch noch eine Reparaturwürdigkeit heraus (z.B. 130-%-Regelung), dann wird ein weiteres Abschleppen erforderlich und ist auch zu ersetzen. 336

Ausnahme: Wenn ein **Neuwagen** angeschafft werden soll und der Hersteller im Rahmen einer **Werbeaktion** besonders hohe Preise für ein in Zahlung zu nehmendes Altfahrzeug zahlt (z.B. Opel und Ford 1996: 3.000 DM bei Neukauf für Altfahrzeug mit nicht geregeltem Kat), dann ist der Rücktransport zum Händler des Vertrauens gerechtfertigt. Dem Geschädigten ist nicht zuzumuten, auf diesen **wirtschaftlichen Vorteil** nur deshalb zu verzichten, weil er – durch den Schädiger verursacht – nun sein verunfalltes Fahrzeug nicht mehr bei dem Händler in Zahlung geben kann. Auch hier ist der Geschädigte so zu stellen, wie er ohne den Unfall stünde. 337

Wenn der Geschädigte das Fahrzeug in **Eigenregie** reparieren will und er es allein deshalb über eine lange Strecke nach Hause abschleppen lässt, dürften dadurch entstehende unverhältnismäßig hohe Abschleppkosten nicht zu ersetzen sein, es sei denn, das schützenswerte Integritätsinteresse des Geschädigten rechtfertigt den Transport. 338

Problematisch ist es, ein Fahrzeug nur deshalb überführen zu lassen, weil es am **Heimatort** von einem **Sachverständigen begutachtet** werden soll. Kann die Begutachtung des total beschädigten Fahrzeugs auch durch einen Sachverständigen 339 am **Unfallort** durchgeführt werden, hat der Geschädigte keinen Anspruch auf die Überführungskosten (AG Hildesheim NZV 1999, 212).

VI. Standgeld

340 Die Abschleppunternehmen beanspruchen oft horrende Standgelder zwischen 5 EUR und 10 EUR pro Tag, neuerdings sogar darüber. Aus diesem Grunde gebietet der Grundsatz der Schadensminderungspflicht einen besonders kritischen Umgang mit der **Dauer** der Unterstellung. **Unnötige Standzeiten sollten unbedingt vermieden werden.**

341 Erteilt der Geschädigte z.B. verspätet einen Gutachterauftrag und fallen hierdurch erhöhte Standgeldkosten an, kann er deren Ersatz nicht beanspruchen (AG Oldenburg zfs 1997, 16).

342 *Tipp*
Ist das Fahrzeug des Mandanten bei einer Werkstatt oder einem Abschleppunternehmer untergestellt, muss der Mandant darauf hingewiesen werden, das Fahrzeug dort so schnell wie möglich nach durchgeführter Begutachtung durch einen Sachverständigen wegzuholen und entweder kostenfrei anderweitig unterzustellen, reparieren oder verschrotten zu lassen.

343 Der Geschädigte kann aber auch den Ersatz der **Unterstellkosten** verlangen, die ihm dadurch entstanden sind, dass er das Fahrzeug wegen eines **Streits über den Unfallhergang** bereitgehalten hat, um eine **Begutachtung** durch einen Sachverständigen zu ermöglichen (AG Hildesheim NZV 1999, 212). Ggf. müsste dann allerdings ein selbstständiges Beweisverfahren bei Gericht durchgeführt werden.

VII. Ersatz für sicherheitsrelevante Gegenstände

1. Sicherheitsgurt

344 Es kommt fast nie zum Streit über den Ersatz der Kosten für neue **Sicherheitsgurte** in verunfallten Pkw, da dies stets aus Sicherheitsgründen für erforderlich gehalten wird. Und niemand kommt insoweit auf den Gedanken, hier Abzüge „neu für alt" vorzunehmen.

2. Motorradschutzhelm

345 Anders ist das bei **Motorradschutzhelmen**. Hier wird fast immer eingewandt, es sei nur der Zeitwert zu ersetzen. Das ist umso unverständlicher, als es sich bei einem Motorradhelm – wie beim Sicherheitsgurt – um einen **reinen Sicherheitsgegenstand** handelt.

346 Durch den Austausch eines Helms tritt **keinerlei messbare Vermögensvermehrung** bei dem Geschädigten ein, weil ihm die Art und der Zustand des Helmes so lange gleichgültig sein dürfte, wie er nur unbeschädigt und gegen die Folgen eines

Sturzes zu schützen in der Lage ist (AG Bad Schwartau DAR 1999, 458). Zudem empfiehlt jeder Sachverständige aus reinen Sicherheitsgründen den Austausch eines unfallbeschädigten Helms.

Bei einem Helm handelt es sich gerade **nicht um ein Verschleißteil**, das von Zeit zu Zeit ausgetauscht wird. Deshalb erspart der Geschädigte auch keine Aufwendungen, wenn er sich unfallbedingt einen neuen Helm zulegt. Ein Motorradhelm dient **keinerlei Schönheitszwecken** (AG Oldenburg – 17 C 84/95 V). Deshalb gibt es bei Motorradhelmen grundsätzlich **keinen Abzug neu für alt** (so auch LG Darmstadt DAR 2008, 89; AG Bad Schwartau zfs 2000, 488). 347

3. Motorradhandschuhe und -kleidung

Das Gleiche gilt für **Motorradhandschuhe und sonstige Motorradkleidung** (AG Bad Schwartau zfs 2000, 488; AG Montabaur zfs 1998, 192; AG Lahnstein zfs 1998, 294; LG Oldenburg DAR 2002, 171). Auch sie dienen **ausschließlich Sicherheitszwecken** und unterliegen daher in der Regel keiner Zeitwertabschätzung. Sie unterliegen nicht den für normale Kleidung geltenden Bewertungsmaßstäben, sondern sie **dienen** vornehmlich der **Sicherheit des Fahrers** und sind daher – jedenfalls wenn sie noch relativ neuwertig sind – mit dem **Neuwert** zu erstatten (LG Oldenburg DAR 2002, 171; AG Lahnstein DAR 1998, 240). 348

Generell kann also gesagt werden, dass bei einer bei einem Unfall beschädigten **reinen Schutzkleidung** eines Motorradfahrers **kein Abzug neu für alt** vorzunehmen ist, weil durch eine Neuanschaffung von Schutzkleidung **keine Vermögensvermehrung** des Geschädigten eintritt (LG Darmstadt DAR 2008, 89; AG Lahnstein zfs 1998, 294; AG Oldenburg – 17 C 84/95 V; AG Bad Schwartau DAR 1999, 458; AG Essen DAR 2006, 218 trotz fünf Jahre alter Motorradbekleidung). Allein dieser Schutz – und nicht der Gegenstand selbst – muss wieder hergestellt werden, damit die Schutzkleidung bei einem etwaigen weiteren Unfall ihre Schutzfunktion voll erfüllt. 349

4. Kindersitze

Das Gleiche gilt sicher auch für Auto-Kindersitze. Sie dienen ebenfalls allein dem Zweck der **Sicherheit des Kindes während der Autofahrt**. Sie verlieren ihren Wert mit zunehmendem Alter des Kindes und werden dann irgendwann automatisch nutz- und demzufolge auch wertlos. Der von Seiten der Versicherer immer wieder erbrachte Hinweis auf einen Second-Hand-Markt für solche Sitze überzeugt demgegenüber nicht, da ein **Wertunterschied** beim Wiederverkauf **kaum nennenswert** sein dürfte und im Übrigen niemand verpflichtet ist, einen Kindersitz weiter zu verkaufen. 350

VIII. Entsorgungskosten

1. Beim Totalschaden

351 Im Gegensatz zu den vergangenen Jahren ist ein **Schrottpreis** für totalbeschädigte Fahrzeuge heute kaum noch zu erzielen, weil sich die Gesetzgebung zum Umweltrecht erheblich geändert hat. Meistens fallen im Gegenteil noch **Entsorgungskosten** an, die auf Nachweis zu ersetzen sind.

352 Bei Verrechnung der Abschleppkosten mit dem vom Sachverständigen errechneten Restwert benötigt der Geschädigte eine entsprechende **Bescheinigung** des Abschleppunternehmers.

2. Bei Reparaturschäden

353 **Entsorgungspauschalen** finden sich auch oft in den Reparaturrechnungen der Werkstätten. Versicherer vertreten hierzu vermehrt die Auffassung, diese Pauschalen seien in den Allgemeinkosten der Werkstätten enthalten und eine gesonderte Berechnung sei nicht zulässig. Solange der Geschädigte die Kosten jedoch zahlen muss, weil die Werkstätten sie nun einmal erheben, hat sie der Schädiger auch zu ersetzen, gegebenenfalls gegen Abtretung seines etwaigen Regressanspruchs gegen die Werkstatt.

IX. Umbaukosten

354 Umbaukosten fallen an und sind zu ersetzen, soweit sie nicht schon in dem **Sachverständigengutachten** mitberücksichtigt worden sind.

1. Radioanlagen

355 Das ist aber meistens bei Umbaukosten der Fall, die sich auf **Radioanlagen** beziehen. Bei Totalschäden schätzt der Sachverständige die Kosten, die zur **Wiederbeschaffung eines gleichwertigen Fahrzeugs** erforderlich sind, also ggf. auch **einschließlich entsprechender Radioanlage**.

356 Dabei fallen zugestandenermaßen Theorie und Praxis oft auseinander, insbesondere bei **hochwertigen Anlagen**, da es gleichwertige Fahrzeuge mit derartigen „Superanlagen" kaum gibt. In solchen Fällen sollte auf den **gesonderten Ausgleich** der Umbaukosten bestanden werden. Wenn sich die Gegenseite weigert, möge sie oder der Sachverständige ein konkretes Vergleichsfahrzeug mit einer solchen Radioausstattung nachweisen.

2. Behindertengerechte Ausstattungen

357 Umbaukosten sind aber stets zu ersetzen, wenn es sich um **Spezialeinrichtungen für Behinderte** handelt. Da sie ebenfalls **keine Wertverbesserungen** herbeiführen

B. Fahrzeugbezogene Sachschäden §8

und allein der Bedienbarkeit des Fahrzeugs durch den speziellen Geschädigten dienen, unterliegen sie auch keiner Zeitwertabschätzung oder Abzügen „neu für alt".

X. An- und Abmeldekosten

1. Pauschalabrechnung

Bei Totalschäden entstehen Kosten für die Abmeldung des verunfallten Fahrzeugs und die Anmeldung des angeschafften Ersatzfahrzeugs. 358

Die übliche **An- und Abmeldekostenpauschale** beträgt nahezu bundeseinheitlich zwischen **50 EUR und 75 EUR** (OLG Naumburg DAR 1998, 18: 140 DM; OLG Stuttgart zfs 1996, 414 und DAR 2000, 35: 150 DM; LG Hannover DAR 1999, 219: 150 DM). Diese Pauschale beinhaltet auch die Kosten für **neue amtliche Kennzeichen**. 359

Die **Pauschalabrechnung** wird aber zunehmend von den Versicherern ganz abgelehnt oder zumindest mit viel zu geringen Beträgen reguliert. Da nützt es auch nicht mehr, sich die üblicherweise anfallenden Belege für Abmeldegebühr, Anmeldegebühr und Preis neuer Kennzeichen zu kopieren und der Versicherungskorrespondenz als Nachweis für derartige „**übliche Kosten**" beizufügen. Denn der Einwand, es könne ja ein Ersatzfahrzeug mit den daran befestigten (alten) Nummernschildern lediglich umgemeldet worden sein, sodass Kosten für neue Schilder ja entfielen, ist nicht von der Hand zu weisen. 360

Vereinzelt wird auch eine so genannte **Wiederbeschaffungspauschale** zuerkannt. Dabei handelt es sich um einen Betrag, der erforderlich ist, um das als Ersatz für das total beschädigte Fahrzeug angeschaffte Fahrzeug von einem **Sachverständigen** auf seine **Gleichwertigkeit** und vor allem **Unfallfreiheit** hin zu untersuchen (AG Delmenhorst – 4C 599/97 IV; weitere Zitate siehe § 7 Rdn 307 ff.). 361

2. Konkrete Abrechnung

Es ist daher die konkrete Nachweismethode in der Regel vorzuziehen. Die erforderlichen Belege sollten stets im ersten Gespräch bei dem Mandanten angefordert werden. Das erspart später eine verwaltungsaufwandtreibende Korrespondenz. 362

Soweit die **Kosten höher** sind, z.B. bei Anmeldung des Neufahrzeugs durch den Händler, bei teuren Kennzeichen usw., müssen diese konkret unter **Nachweis** gestellt werden und sind dann auch **konkret zu ersetzen**. Diese Kosten können durchaus erheblich sein, da der Händler diese Dienstleistung gesondert und oft „recht ordentlich" berechnet. 363

Oft sind auch neue Nummernschilder erforderlich. Die Mehrkosten für **Wunschkennzeichen** sind jedenfalls dann zu ersetzen, wenn das Nummernschild am unfallbeschädigten Pkw ebenfalls eine Wunschkombination aufwies. Diese Kosten sind konkret nachzuweisen. 364

365 Oft entfällt aber die Notwendigkeit neuer Kennzeichen, wenn ein anderweitiges Gebrauchtfahrzeug erworben wird, dessen vorhandene Kennzeichen weiterverwendet werden.

366 Das alles gilt aber nicht, wenn eigentlich nur ein **Reparaturschaden** vorliegt und der Geschädigte sich auf eigenen Wunsch ein neues Fahrzeug angeschafft hat. Er ist nur so zu behandeln, wie er ohne Unfallereignis gestanden hätte. Im Falle einer Reparatur wären An- und Abmeldekosten aber nicht entstanden.

C. Regulierungskosten

I. Zinskosten und Finanzierungsschaden

1. Sofortige Verzinsung

367 Ausschließlich der **Wertersatz beim Totalschaden** und die **Wertminderung** sind Schadenspositionen, die der **sofortigen Verzinsung** nach § 849 BGB unterliegen (BGH NJW 1983, 1614), allerdings erst nach Ablauf des Zeitraums der Nutzungsausfallentschädigung (BGH VersR 1983, 555; siehe oben § 5 Rdn 25 ff.).

368 **Finanzierungskosten** (Kreditzinsen) sind adäquat kausal auf die Eigentumsverletzung zurückzuführende Folgeschäden und setzen deshalb **keinen Verzug** voraus (BGH VersR 1974, 90 und 143). Die Darlegungspflicht für die Notwendigkeit der Kreditaufnahme obliegt allerdings dem Geschädigten (BGH VersR 1974, 90).

2. Verzugsschäden

369 Bei allen übrigen Ansprüchen kommt es darauf an, ob sich der Schädiger in **Verzug** befunden hat.

a) Verzugsvoraussetzungen

370 Verzug verlangt gem. §§ 281, 286 BGB **Fälligkeit** der geschuldeten Leistung und **Mahnung**. Der Schuldner kommt nur dann nicht in Verzug, wenn er den Verzug nicht zu vertreten hat (§ 286 Abs. 4 BGB). Einer Mahnung bedarf es zwar gem. § 286 Abs. 2 Nr. 1 BGB nicht, wenn für die Leistung eine Zeit nach dem Kalender bestimmt ist.

371 Allerdings muss die **Bestimmung durch Rechtsgeschäft** (i.d.R. durch Vertrag), durch Gesetz oder in einem Urteil getroffen worden sein, sodass die einseitige Bestimmung durch den Gläubiger nicht ausreicht, sofern diesem nicht ausnahmsweise ein Leistungsbestimmungsrecht nach § 315 BGB zusteht (std. Rspr., z.B. BGH NJW 2005, 1772; NJW 2006, 3271; BGH VersR 2008, 132, 133).

372 Jedoch kann eine **Mahnung mit der erst die Fälligkeit begründenden Handlung** verbunden werden (BGH RGZ 50, 255, 261; BGH WM 1970, 1141; BGH VersR 2008, 132, 133). In der einseitigen Bestimmung einer Zahlungsfrist liegt regelmäßig eine Mahnung, wenn der Gläubiger die für eine Mahnung erforderliche eindeutige Leistungsaufforderung zum Ausdruck bringt (BGH NJW 2006, 3271 Rn 10).

Wenn also in dem ersten Spezifikationsschreiben an den Versicherer bereits eine **kalendermäßig bestimmte Frist zur Zahlung** des geforderten Betrages enthalten ist, gerät der Versicherer ohne weitere Mahnung am Tage des Fristablaufs in Verzug. 373

Allerdings muss die **Zahlungsfrist angemessen** sein, denn der Verzug setzt gem. § 286 Abs. 4 BGB ein Verschulden des Gläubigers voraus (BGH NJW 2006, 3271 Rn 11). Die Rechtsprechung gesteht dem **Versicherer unterschiedlich lange Prüfungsfristen** zu (OLG Saarbrücken zfs 1992, 22: drei Wochen; LG Zweibrücken zfs 2016, 198: drei bis vier Wochen; OLG Saarbrücken zfs 1991, 16 sowie LG Köln VersR 1989, 303: ein Monat; LG Berlin VersR 1968, 906: sechs Wochen). Soweit in OLG Oldenburg DAR 1999, 76 eine Prüfungsfrist von sieben Wochen als noch angemessen beurteilt wurde, weil sich der Versicherer vergeblich um Akteneinsicht bemüht habe, ist eine derart lange Frist abzulehnen. 374

Vgl. zur angemessen Prüfungs- bzw. Regulierungsfrist im Einzelnen § 1 Rdn 366 ff. sowie § 5 Rdn 30 ff.

Hinweis
Das – taktisch sicherlich häufig gebotene – Setzen einer eher knapp bemessenen Frist ist insofern unproblematisch, als durch eine zu knapp bemessene Frist regelmäßig eine angemessene Frist in Lauf gesetzt wird (std. Rspr., z.B. BGH NJW 1982, 1279; WM 1970, 1421; NJW 1985, 991). Soweit man dogmatisch davon ausgeht, dass innerhalb der angemessenen Prüfungsfrist (noch) das gem. § 286 Abs. 4 BGB erforderliche Verschulden des Versicherers fehlt, dürfte dieses nach Ablauf der im Einzelfall angemessenen Prüfungsfrist vorliegen, sodass dann sozusagen „automatisch" Verzug eintritt. 375

b) Zinsen

Eine wichtige Bestimmung findet sich in § 288 Abs. 1 BGB. Danach ist eine Geldschuld während des Verzuges mit **fünf Prozentpunkten über dem Basiszinssatz** zu **verzinsen**. Das bedeutet also, dass der gegnerische Versicherer für jede von ihm nicht bezahlte Schadensersatzforderung ab der ersten gesetzten Zahlungsfrist ohne weiteres verpflichtet ist, fünf Prozentpunkte über dem Basiszinssatz **Verzugszinsen** zu zahlen. Das können **ganz erhebliche Beträge** sein, die dem Geschädigten zustehen und die sofort ab dem zweiten Schreiben an den Versicherer auch geltend gemacht werden müssen. 376

377 *Tipp*
Das jetzige Recht ermöglicht die Geltendmachung vergleichsweise hoher Zinsen gleich nach Ablauf der ersten Zahlungsfrist. Ab diesem Zeitpunkt darf nicht mehr vergessen werden, diese Zinsen geltend zu machen!

378 Vielleicht hat diese Regelung – so sie **von den Geschädigtenvertretern auch angewendet** wird – endlich den Erfolg, dass das verzögerliche Regulierungsverhalten der Versicherer aufhört. Der von ihnen damit beabsichtigte eigene Zinsgewinn entfällt nun sicherlich. Der Erfolg wird aber nur dann eintreten, wenn alle Anwälte diese Zinsen auch nachhaltig für ihre Mandanten fordern und nicht aus Bequemlichkeit oder Rechtsunkenntnis versäumen, sie geltend zu machen.

379 *Tipp*
Versicherer vertreten oft die Meinung, sie könnten sich so lange nicht in Verzug befunden haben und seien zur Übernahme von Zinsverlusten oder Finanzierungskosten nicht verpflichtet, wie sie nicht über alle für sie **entscheidungsrelevanten Informationen** verfügen. Das ist besonders oft der Fall, wenn der VN den Schaden nicht oder mit einer abweichenden Sachverhaltsschilderung gemeldet hat. Diese Auffassung ist falsch: Der Direktanspruch gegen den Kraftfahrzeughaftpflichtversicherer gem. § 115 Abs. 1 S. 1 Nr. 1 VVG hängt nicht von der Erfüllung der Obliegenheiten durch den Versicherungsnehmer ab. Diese sind allein für das Innenverhältnis, nicht jedoch für die Außenhaftung gegenüber dem Geschädigten relevant. Zudem ist der **VN** verpflichtet, den Schaden binnen Wochenfrist vollständig und wahrheitsgemäß zu melden. Es kommt also nicht auf den **Wissens-Horizont des Versicherers**, sondern allein auf den **des VN** an. Auch für ihn handelt der Versicherer, für auf ihn zurückzuführende Informationsdefizite ist er also gleichermaßen eintrittspflichtig (OLG Saarbrücken zfs 1991, 16).

3. Finanzierung grundsätzlich zunächst aus eigenen Mitteln

380 Finanzierungskosten werden nur dann geschuldet, wenn der Geschädigte die Rechnungen **nicht aus eigenen verfügbaren Mitteln** begleichen kann. Er hat darüber hinaus zunächst die Leistung durch den Versicherer abzuwarten, und erst dann, wenn er seine Rechnungen bezahlen muss, der Versicherer aber nicht gezahlt hat, darf Kredit in Anspruch genommen werden.

381 Problematisch wird es, wenn der Geschädigte von Anfang an erkennen konnte, dass er einen erheblichen, weit über den Verlust des Schadensfreiheitsrabattes in der bestehenden Kaskoversicherung hinausgehenden Teil des Schadens selbst tragen muss und dennoch Kredit in Anspruch nimmt statt seine **Kaskoversicherung**. Das könnte dann als ein Verstoß gegen die **Schadensminderungspflicht** angesehen werden (OLG München zfs 1984, 136).

C. Regulierungskosten §8

Tipp 382
Ist die Haftung der Gegenseite nach deren Ansicht fraglich und will diese erst die Ermittlungsakte abwarten, weil z.B. deren VN den Unfall anders schildert, bietet sich an, eine Zahlung „**unter Rückforderungsvorbehalt**" zu verlangen. Dabei handelt es sich rechtlich um ein **zinsloses** und vorübergehendes **Darlehen** des Versicherers. Lehnt der Versicherer das ab, steht einer Kreditaufnahme nichts mehr im Wege und deren Notwendigkeit ist unmittelbar gegeben.

Allerdings ist der Geschädigte im Rahmen des Zumutbaren verpflichtet, ihm zur 383
Verfügung stehende **eigene Gelder** auch zur Finanzierung des Schadens zu verwenden, soweit er sich in seiner Lebensführung nicht einzuschränken braucht. Unter Umständen, d.h. wenn der betreffende Gläubiger sich nicht mit einer Sicherungsabtretung zufrieden gibt, muss er wegen fälliger Rechnungen in Vorlage treten (BGH VersR 1974, 331), soweit er dazu finanziell in der Lage ist. Ihm ist es auch zuzumuten, einen **Überziehungskredit** auf seinem **Girokonto** einrichten zu lassen. Dadurch entstandene Kontoführungsgebühren und Zinsen sind ihm als Folgeschaden zu erstatten.

Er erhält dann den **Kontoführungsschaden ersetzt**. Es wäre aber ein Verstoß ge- 384
gen die Schadensminderungspflicht, wenn er – insbesondere ohne Zinsvergleich – einen (teureren) Ratenzahlungskredit in Anspruch nähme, statt sein Konto zu überziehen.

Die Höhe des Zinsschadens bzw. der Finanzierungskosten ist durch Vorlage einer 385
Bankbescheinigung oder der Kontoauszüge nachzuweisen.

Tipp 386
Bei erheblichen Schäden, die notwendigerweise in Ermangelung eigener Geldmittel finanziert werden müssen, empfiehlt es sich für den Mandanten, ein gesondertes Konto (**Unfall-Sonderkonto**) einrichten zu lassen. Die gesamten, mit der Einrichtung und Führung dieses Kontos entstandenen **Kosten und Gebühren** sind durch die Vorlage der Kontoauszüge dieses Sonderkontos einfach und problemlos nachzuweisen. So wird auch die Problematik der Geheimhaltung des eigentlichen Kontos des Mandanten umgangen.

Es wird die Auffassung vertreten, die **Kosten der Kreditaufnahme** (Kontofüh- 387
rungsgebühren, Bereitstellungszinsen, Kosten für Bescheinigungen) seien keine erforderlichen Aufwendungen i.S.v. § 249 BGB (so LG Düsseldorf zfs 1984, 331).

Da diese aber ausschließlich durch das schädigende Ereignis und/oder das Regulie- 388
rungsverhalten des Versicherers erforderlich geworden sind, handelt es sich um **Folgeschäden** (BGH VersR 1974, 90 und 143), die regelmäßig zum Herstellungsaufwand im Sinne vorgenannter Vorschrift zählen und deshalb zu ersetzen sind, es sei denn, es handelt sich um vermeidbare oder unverhältnismäßige Kosten (Verstoß gegen die **Schadensminderungspflicht**).

§ 8 Sonstige materielle Schadenspositionen

389 Der Geschädigte trägt die **Darlegungs- und Beweislast** dafür, dass die von ihm veranlasste Kreditaufnahme erforderlich und wirtschaftlich vernünftig war (BGH VersR 1974, 90 und 143).

4. Rechtzeitige Unterrichtung von beabsichtigter Kreditaufnahme

390 In der Regel kann der Geschädigte Finanzierungskosten nicht ersetzt verlangen, wenn der Versicherer ihn bei **rechtzeitiger Unterrichtung** über die Notwendigkeit der Kreditaufnahme von seinen Aufwendungen freigestellt (Vorschuss unter Rückforderungsvorbehalt bzw. zinsloses Darlehen) haben würde (LG München zfs 1985, 266).

391 Auch wenn der Geschädigte **keine Marktanalyse** im Hinblick auf die Kosten einer Finanzierung zu betreiben braucht, so ist er doch gehalten, nicht etwa einen „Kredithai" oder eine bekanntermaßen teure Kreditvermittlung zu bemühen. Auch hierbei hat er sich also **wirtschaftlich vernünftig** zu verhalten.

392 Nimmt der Geschädigte bei seinem **eigenen und vertrauten Kreditinstitut** einen Unfall-Sonderkredit auf, ist ihm auch dann nicht der Vorwurf des Verstoßes gegen die Schadensminderungspflicht entgegenzuhalten, wenn die Zinsen dieses Kreditinstitutes als überhöht angesehen werden sollten.

393 *Tipp*
Es ist außerordentlich wichtig, den Versicherer des Gegners unter Hinweis auf § 254 Abs. 2 BGB (Gefahr des außergewöhnlichen Schadens) so früh wie möglich von etwaigen Finanzierungsengpässen des Mandanten zu unterrichten und auf die Notwendigkeit der Kreditaufnahme bzw. der Inanspruchnahme einer Kaskoversicherung hinzuweisen. Sonst werden Kreditkosten ohne Rechtsstreit meistens ebenso wenig übernommen wie der Verlust des Schadensfreiheitsrabattes in der Kaskoversicherung bei deren Inanspruchnahme.

5. Inanspruchnahme der Vollkaskoversicherung

Literatur zur Inanspruchnahme der Vollkaskoversicherung:

Lemcke, Der Ersatz des Rückstufungsschadens, NJW-Spezial 2013, 393; *Staab*, Rückstufungsschaden in der Kaskoversicherung bei Haftungsquoten, DAR 2007, 349; *Tomson*, Prämiennachteile als unfallbedingter Schaden, VersR 2007, 923; *Wilms*, Kasko-Regulierung ist stets zumutbar, DAR 2013, 252.

394 Wenn der Versicherer des Schädigers nicht schnell genug reguliert, der Schaden von dessen VN nicht gemeldet wird oder der Versicherer erst Akteneinsicht benötigt, um regulieren zu können, ist der Geschädigte u.U. gehalten, **zur Vermeidung** eventuell **höherer Kreditkosten** zunächst seine bestehende Kaskoversicherung in Anspruch zu nehmen (OLG München zfs 1984, 136).

395 Der Geschädigte ist aber **nicht** etwa zur Inanspruchnahme seiner Vollkaskoversicherung **verpflichtet**. Das gilt selbst dann, wenn ein hoher Nutzungsausfallschaden droht, weil der Ersatzpflichtige bzw. sein Versicherer trotz klarer Haftungslage

C. Regulierungskosten §8

die zur Auslösung des Unfallfahrzeugs in der Reparaturwerkstatt erforderliche Zahlung verweigert (LG Limburg NZV 1997, 444).

Allerdings ist zu beachten, dass eine **einmal in Anspruch genommene Kaskoleistung** – anders als in der Haftpflichtversicherung – **in der Regel nicht wieder zurückgezahlt** werden kann, um den Schadensfreiheitsrabatt (SFR) noch zu retten. Die Kaskoinanspruchnahme ist dann also **endgültig**, mit allen damit verbundenen und dem gegnerischen Versicherer klugerweise vorher anzukündigenden Folgen (§ 254 Abs. 2 BGB: Gefahr des außergewöhnlichen Schadens). Es gilt der Satz: „Einmal Kasko – immer Kasko". 396

Es gibt allerdings in letzter Zeit Verträge, die eine Rückzahlungsmöglichkeit mit Erhalt des SFR in der Kaskoversicherung in den Versicherungsbedingungen vorsehen. Es empfiehlt sich daher, sich ggf. danach beim jeweiligen Versicherer zu erkundigen. 397

Wird eine **Vollkaskoversicherung lediglich vorschusshalber in Anspruch genommen**, also eine Rückzahlung nach schließlich erfolgter Zahlung seitens des gegnerischen Haftpflichtversicherers vereinbart, soll kein Rechtsübergang der Forderung des Geschädigten gem. § 86 Abs. 1 VVG vorliegen, was zur Folge hat, dass die **Aktivlegitimation** des Geschädigten im Prozessfalle nicht verloren geht (LG Mühlhausen zfs 2002, 384). Das muss dann dem gegnerischen Haftpflichtversicherer gegenüber angezeigt werden. 398

Grundsätzlich ist der gegnerische Haftpflichtversicherer auch gehalten, den **Rückstufungsschaden** zu ersetzen (BGH zfs 1992, 48). 399

Der BGH hat inzwischen klargestellt, dass – jedenfalls in Mithaftungsfällen – **keine Verpflichtung des Geschädigten** besteht, vor einer Inanspruchnahme seiner Kaskoversicherung die **Regulierungsbereitschaft des gegnerischen Haftpflichtversicherers abzuwarten** (BGH VersR 2007, 81 = zfs 2007, 87 = DAR 2007, 21 = NZV 2007, 30). Den ihm anschließend durch die Inanspruchnahme seiner Vollkaskoversicherung entstandenen **Prämienschaden** kann er – unter Berücksichtigung seiner Mithaftungsquote – vom Versicherer des Schädigers ersetzt verlangen (LG Aachen DAR 2000, 36). 400

Das gilt selbst dann, wenn die unter Einbeziehung des Prämienschadens vom Versicherer des Schädigers insgesamt zu leistenden Zahlungen den ohne Kaskoabwicklung nach der Haftungsquote zu ersetzenden Betrag deutlich übersteigen, der Geschädigte also infolge der Inanspruchnahme seiner Vollkaskoversicherung einen wirtschaftlichen Vorteil erzielt hat. 401

Die Übernahme des Rabattverlustes wurde – somit fälschlicherweise – oft abgelehnt, wenn die Kaskoinanspruchnahme dem Geschädigten **Vorteile** bringt, die er – z.B. wegen einer hohen Mithaftung – **anderenfalls nicht hätte**. Dieser Streit ist inzwischen vom **BGH** ebenfalls dahingehend entschieden, dass der **Schadensfreiheitsrabattverlust auch dann zu ersetzen** ist, wenn die Vollkaskoversicherung 402 bei nur anteiliger Haftung auch wegen des vom Geschädigten anderenfalls zu tragenden Schadenteils in Anspruch genommen wird (BGH VersR 2006, 1139 = zfs 2006, 680 m. Anm. *Diehl* = DAR 2006, 574).

403 Der durch die Inanspruchnahme der Kaskoversicherung entstandene Anspruch auf Erstattung des verlorenen Schadensfreiheitsrabatts in der Kaskoversicherung (**Rückstufungsschaden**) ist dementsprechend vom Schädiger nach seiner Haftungsquote zu ersetzen (BGH zfs 1992, 48; OLG Hamm zfs 1983, 12 m.w.N.).

> *Tipp*
> Es ist zu berücksichtigen, dass der Rückstufungsschaden prozessual – mit Ausnahme des bereits aufgelaufenen rückständigen Prämienverlusts – lediglich in Form einer **Feststellungsklage** geltend gemacht werden kann (BGH zfs 1992, 48), da es sich bei den in den Folgejahren zu erwartenden Prämiennachteilen um zukünftige (noch nicht fällige) Leistungen handelt, deren konkrete Höhe von weiteren noch nicht beurteilbaren Faktoren abhängig ist (Prämienentwicklung, weiterer Schadenverlauf). Außergerichtlich lässt sich hingegen regelmäßig eine sinnvolle Regulierung anhand der vom Kaskoversicherer zu beschaffenden Kalkulation des Rabattverlusts bezogen auf die gegenwärtige Prämienhöhe erzielen, da auch der gegnerische Versicherer – ebenso wie der Geschädigte und dessen Anwalt – kein Interesse an einer künftigen jährlichen Geltendmachung hat.

404 Vorteile, die dem Geschädigten wegen seines Quotenvorrechts nach § 86 Abs. 1 S. 2 VVG auch bei eigener hoher Mithaftungsquote zugutekommen, werden dadurch berücksichtigt, dass er sowohl den **Rückstufungsschaden** als auch die eigenen **Anwaltskosten** für die Inanspruchnahme der eigenen Kaskoversicherung nur entsprechend der Haftungsquote des Schädigers prozentual erstattet erhält (es sei denn, es wird der Meinung gefolgt, dass die Anwaltskosten der Kaskoinanspruchnahme quotenbevorrechtigt sind, vgl. § 6 Rdn 19 ff.).

405 Bei den in früheren Entscheidungen erwähnten „höheren Leistungen infolge bestehender Kaskoversicherungen" handelte es sich um die sog. **Neupreisentschädigung** innerhalb der ersten zwei Zulassungsjahre, die jedoch durch die Streichung des § 13 Abs. 2 i.V.m. § 13 Abs. 10 AKB seit Jahren entfallen ist. Lediglich in **Individualklauseln** einiger Versicherer finden sich noch entsprechende Regelungen, zum Teil auf sechs Monate beschränkt.

II. Zeitaufwand, Fahrtkosten

406 Nach einhelliger Rechtsprechung ist die Unfallregulierung **persönliche Sache** des Geschädigten (BGH NJW 1976, 1256; 1980, 119 und 1518; 1990, 2060). Sie gehört zu seinem Pflichtenkreis. Deshalb erhält er **grundsätzlich keinen Ersatz** für seinen **Zeitaufwand** in Form von Arbeitsstunden, solange dabei der übliche Rahmen nicht

C. Regulierungskosten §8

überschritten wird (vgl. auch im Anhang Anlage 9, siehe § 14 Rdn 12; BGH NJW 1976, 1256; OLG Köln VersR 1982, 585).

Dies gilt auch für Großbetriebe, die sich eine eigene Unfallabteilung leisten. Auch die dafür berechenbaren „Vorhaltekosten" sind nicht ersetzbar (BGH VersR 1976, 857). **407**

Selbst wenn der Geschädigte sich einen **Urlaubstag** nimmt, um sich um die Unfallregulierung zu kümmern (z.b. Anwaltstermin, Suche nach anderweitigem Ersatzfahrzeug, Ab- und Anmeldung der Fahrzeuge), erhält er hierfür **keine Entschädigung**. Von ihm wird verlangt, derartige Besorgungen in der Freizeit durchzuführen. **408**

Soweit das nicht möglich ist, kann und sollte er sich diesbezüglicher Dienstleistungen Dritter gegen Kostenerstattung bedienen. Z.B. kann er sich das anderweitig angeschaffte Ersatzfahrzeug von dem Händler anmelden lassen, bei dem er es gekauft hat. Die konkreten Kosten werden ihm erstattet. **409**

Anwaltstermine können z.b. von der Ehefrau wahrgenommen werden. Wenn diese jedoch z.b. ihr Kleinkind nicht allein lassen kann, werden ihr die Kosten für einen Babysitter ersetzt (LG Bielefeld VersR 1981, 888). **410**

Ganz generell gibt es im Schadensersatzrecht **keinen Anspruch auf Ersatz von Zeitverlusten, insbesondere nicht von Freizeit.** Freizeit hat **keinen Vermögenswert.** Als Vermögensschaden werden sie erst ersatzfähig, wenn sie sich in der Vermögenssphäre objektivierbar niederschlagen (BGH NJW 1970, 1411; 1983, 1107), z.B. im Verdienst- oder Gewinnentgang oder in den Kosten für Dienste, die der Geschädigte zur Schadensregulierung in Anspruch nimmt (z.B. Rechtsanwalt). **411**

Tipp **412**
Der Mandant muss daher frühzeitig darauf hingewiesen werden, dass er die persönliche Unfallabwicklung auf eigene Kosten durchzuführen hat. Nur die rechtliche Schadensregulierung durch einen Rechtsanwalt wird vom Schädiger erstattet. Dies ist eines der entscheidenden Argumente, weshalb Geschädigte die Schadensregulierung nicht selbst auf eigene Kosten und entsprechend unprofessionell durchführen, sondern sie dem Anwalt als Fachmann überlassen sollten.

Fahrtkosten, die nicht im Zusammenhang mit der Unfallregulierung stehen, z.B. Fahrten zum Arzt, zur Krankengymnastik, Besuchsfahrten zu mitverletzten nahen Angehörigen ins Krankenhaus usw. werden ersetzt (im Anhang Anlage 9, vgl. § 14 Rdn 12). Der km-Satz wird zunehmend entsprechend § 5 Abs. 2 Nr. 1 JVEG (Zeugenentschädigung) mit **0,25 EUR pro km** angesetzt (OLG Hamm DAR 1994, 496; 1997, 56; SP 1997, 322). Es sollte jedoch versucht werden, unter Hinweis auf die gestiegenen Verbrauchskosten einen Wert von 0,30 bis 0,50 EUR durchzusetzen. Dabei kann es hilfreich sein, auch die tatsächlichen Verbrauchskosten des konkret benutzen Fahrzeugs nach der ADAC-Tabelle „Was kostet mein Fahrzeug" zu errechnen. **413**

III. Kostenpauschale

414 Der Geschädigte hat Anspruch auf Ersatz der ihm im Zusammenhang mit der Schadensregulierung entstehenden Kosten, z.B. für **Porti, Telefonkosten und Fahrtkosten**. Sie stehen auch einer Behörde zu (LG Dessau DAR 2002, 72).

415 Diese sind ihm auf Nachweis konkret zu erstatten. Aber: Wer notiert sich schon jedes Telefonat, jedes Porto oder jeden gefahrenen Kilometer? Daher hat sich eine pauschalierte Abrechnung durchgesetzt.

416 Diese Position wird gemeinhin als „**Unkostenpauschale**" bezeichnet; **besser** und jedenfalls ökonomisch richtiger ist sicherlich „**Kostenpauschale**". Sie ist von Gerichtsort zu Gerichtsort höchst unterschiedlich. Früher betrug sie überwiegend 40 DM (20 EUR). Neuerdings werden wegen der allgemeinen Preissteigerungen insbesondere bei den Fahrtkosten regelmäßig **25 EUR** zugesprochen (OLG Celle NJW-RR 2004, 1673 = NdsRpfl. 2004, 347; LG Saarbrücken zfs 1989, 377; LG München zfs 1985, 200; OLG Frankfurt zfs 1982, 319; AG Oldenburg zfs 1997, 375; zfs 1999, 288; OLG Frankfurt zfs 1989, 265; LG Lübeck SP 1997, 285; LG Verden SP 1992, 44; LG Augsburg zfs 1991, 48; LG Zweibrücken zfs 1989, 303; LG Köln zfs 1989, 266; AG Dillingen zfs 1991, 48; AG Neu-Ulm zfs 1991, 48; AG Aalen zfs 1990, 229; AG Augsburg zfs 1989, 410; AG Köln zfs 1990, 124; AG Darmstadt zfs 1987, 267; AG Gronau, DAR 2000, 37). Gelegentlich wird auch eine Auslagenpauschale in Höhe von **30 EUR** als angemessen erachtet (LG Aachen v. 11.2.2005 – 9 O 360/04; LG München I – 19 O 11081/02; AG Frankfurt a.M. v. 21.5.2009 – 29 C 1465/08–46 – DAR 2009, 468).

417 Die **Höhe der Kostenpauschale** kann auch von **Besonderheiten des Falles** (besonders umfangreicher Großschaden, Unfall im Ausland) oder der **Person des Geschädigten** abhängen. Einem Taubstummen kann z.B. im Rahmen einer Unfallregulierung eine Auslagenpauschale von mindestens 50 EUR zustehen (AG Düsseldorf DAR 2003, 322).

418 Kurioserweise knüpfen einige Gerichte die Höhe der Kostenpauschale an Nr. 7002 VV RVG und argumentieren, dass die Kosten des Geschädigten bei einer Schadensregulierung nicht höher sein könnten, als sie einem Anwalt kraft Gesetzes zugebilligt werden. Deshalb betrügen sie maximal 20 EUR. Diese **Auffassung** ist natürlich **unzutreffend**, da mit der dem Geschädigten zustehenden Kostenpauschale im Gegensatz zur Auslagenpauschale gem. Nr. 7002 VV RVG nicht lediglich Auslagen für Post und Telekommunikation, sondern **auch für Fahrten zur Werkstatt, zum Anwalt etc.** abgegolten werden.

419 Bei **Großschäden** werden ohne weiteres **100 EUR bis 150 EUR** angemessen sein.

IV. Anwaltskosten

Literatur zur Erstattungsfähigkeit von Anwaltskosten:
Greißinger, Erstattbarkeit von Rechtsanwaltskosten bei der Kfz-Schadensregulierung, zfs 1999, 504 ff.; *Höfle*, zfs 1995, 50.

Angesichts der Komplexität heutiger Schadensregulierung und der mannigfaltigen Regulierungserschwernisse seitens der Assekuranz benötigt der Geschädigte **anwaltliche Hilfe** bei der Beurteilung der Haftungslage, für das Wissen um die ersatzfähigen Schadensposten und zur **sachgerechten Durchsetzung** seiner Ansprüche. **420**

Soweit die Auffassung vertreten worden ist, es stelle einen Verstoß gegen die **Schadensminderungspflicht** dar, wenn der Geschädigte noch einen Anwalt beauftragt, obwohl sich der Versicherer schon bereit erklärt hat, zu 100 % zu regulieren (AG Hannover zfs 1983, 363), ist das nicht zu Ende gedacht: Das vollständige Haftungseingeständnis zum Haftungsgrund besagt nichts über die Regulierung zur Höhe des Anspruchs. Und da gibt es oft die meisten Probleme und heftig diskutierten Meinungsverschiedenheiten (*Madert*, zfs 1999, 488, Anm. zu AG Kusel zfs 1999, 487; *ders.*, zfs 2002, 300, Anm. zu AG Balingen zfs 2002, 299). **421**

Verkehrsunfälle sind **prinzipiell geeignet**, Streitigkeiten mit dem gegnerischen Haftpflichtversicherer sowohl im Tatsächlichen, als auch im Rechtlichen nach sich zu ziehen (AG Pforzheim zfs 2002, 300). Für einen Geschädigten ist es daher erforderlich, um einen solchen Streit möglichst von **vornherein auszuschließen oder jedenfalls in geregelte Bahnen zu lenken,** fachkundige Hilfe in Anspruch zu nehmen. Dazu ist die Beiziehung eines **Rechtsanwaltes** ein geeignetes Mittel (AG Frankfurt zfs 1995, 148; AG Pforzheim zfs 2000, 301; AG Darmstadt zfs 2002, 71). „Gerade die immer unüberschaubarere Entwicklung der Schadenspositionen und der Rechtsprechung zu den Mietwagenkosten, Stundenverrechnungssätzen u.Ä. lässt es geradezu als fahrlässig erscheinen, einen Schaden ohne Einschaltung eines Rechtsanwalts abzuwickeln", so dass **auch bei einfachen Verkehrsunfallsachen die Einschaltung eines Rechtsanwalts von vornherein als erforderlich anzusehen** ist (OLG Frankfurt DAR 2015, 236). **422**

Das gilt auch, wenn es sich bei dem Geschädigten um eine **Autovermietung** (AG Bernkastel-Kues zfs 2003, 201) handelt. Das ergibt sich unter anderem aus dem **Grundsatz der Waffengleichheit**, da der Haftpflichtversicherer meist über ein juristisch geschultes und erfahrenes Personal bezüglich der Abwicklung von Schadensfällen verfügt (AG Darmstadt zfs 2002, 71 u. 300). Ebenso ist für ein geschädigtes **Taxiunternehmen** entschieden worden (AG Saarburg zfs 2003, 200 f.). Etwas anderes könnte allenfalls dann gelten, wenn der Geschädigte über eine Rechtsabteilung oder zumindest über Regulierungserfahrungen mit Haftpflichtversicherern verfügt. **423**

Außerdem: Von sich aus wird kein Versicherer dem Geschädigten alle ihm nach der objektiven Rechtslage zustehenden Ansprüche freiwillig auszahlen, z.B. korrekt berechneten Nutzungsausfall, Kostenpauschale oder 130-%-Abrechnung statt To- **424** talschaden. Entgegen anders lautenden Beteuerungen seitens der Assekuranz wird in der Praxis immer wieder unter juristisch falscher Bezugnahme auf angeblich „herrschende" oder „eindeutige" Rechtsprechung versucht, dem Geschädigten das vermeintliche Nichtbestehen seiner Ansprüche zu „verkaufen". Gerade deshalb ist grundsätzlich **anwaltliche Hilfe geboten**.

425 Die gelegentlich von Gerichten zitierte Auffassung, der Anwalt habe sich statt eines Auftrages zur außergerichtlichen Tätigkeit **sofort einen Klageauftrag** erteilen zu lassen (OLG Hamm (24. ZS) NJW-RR 2006, 242), ist auf den Bereich der Verkehrsunfallregulierung nicht übertragbar und erscheint geradezu abwegig, wie der 6. ZS des OLG Hamm (OLG Hamm v. 19.6.08 – 6 U 48/08 – zfs 2008, 587 = NZV 2008, 521) erfreulicherweise noch einmal ausführlich klargestellt hat. Alleiniger Maßstab ist insoweit, ob der Versuch einer außergerichtlichen Regulierung mit Hilfe eines Anwalts Aussicht auf Erfolg bietet, was im Bereich der Verkehrsunfallregulierung regelmäßig der Fall ist (OLG Hamm a.a.O.; OLG Celle v. 25.10.2007 – 13 U 146/07 – AGS 2008, 161 = JurBüro 2008, 319). Jeder Anwalt weiß, dass in Unfallsachen zunächst die der Höhe nach geltend zu machenden Ansprüche festgestellt und belegt werden müssen, sodass ein sofortiger Klageauftrag ausscheidet.

> *Tipp*
> Zögerlichen Mandanten, die es sich noch überlegen wollen, ob sie anwaltliche Hilfe in Anspruch zu nehmen beabsichtigen, oder solchen, die den Fall erst selbst regulieren und nur bei später auftretenden Problemen auf den Anwalt zurückkommen wollen, sollte mit größtem Nachdruck klar gemacht werden, dass sie dann keinen qualifizierten Anwalt mehr finden werden, der bei gebotenem gleichen Arbeitsaufwand, aber deutlich reduziertem Streitwert derart „ausgelaugte Fälle" übernehmen will. Es gilt der **Grundsatz: Entweder gleich und von Anfang an oder gar nicht**. Derart unwirtschaftliche Mandate sollten daher abgelehnt werden.

426 Die Anwaltskosten stehen auch dem **Rechtsanwalt in eigener Sache** zu, der sich wegen eines erlittenen Unfalls bei der außergerichtlichen Abwicklung selbst vertritt (BGH DAR 1995, 67; LG Mannheim AnwBl 1975, 68; AG Fulda DAR 1999, 270; AG Moers zfs 2002, 478 mit Anm. *Diehl*; AG Germersheim zfs 2003, 37 m. Anm. *Madert* und w.N.; AG Halle NZV 2011, 354).

427 > *Tipp*
> Sobald der geschädigte Rechtsanwalt seine Sozietät (GbR oder Partnerschaftsgesellschaft) beauftragt, liegt im rechtlichen Sinne bereits keine Tätigkeit mehr in eigener Sache vor, da seit der Änderung der BGH-Rechtsprechung zur Teilrechtsfähigkeit der GbR und bei der Partnerschaftsgesellschaft ohnehin gem. § 7 Abs. 4 PartGG die Gesellschaft als solche für den Gesellschafter tätig wird. Es empfiehlt sich daher zur Vermeidung leidiger Diskussionen, von Anfang an durch ordnungsgemäße Vorlage einer entsprechenden Vollmacht klarzustellen, dass die Sozietät mit der Interessenwahrnehmung beauftragt wurde. Dadurch

stellt sich die Problematik des Anwalts in eigener Sache lediglich noch beim Einzelanwalt.

1. Grundlage der Anwaltsbeauftragung

Die Beauftragung eines Anwaltes ist **adäquate Schadensfolge**, d.h. der Geschädigte hat stets das Recht, sich bei der Schadensregulierung von Anfang an anwaltlicher Hilfe zu bedienen. Die durch den Auftrag entstandenen Kosten sind daher **stets zu erstatten** (BGH VersR 1970, 41). Es bedarf **keiner vorherigen Inverzugsetzung** seitens des Geschädigten gegenüber dem Schädiger oder dessen Versicherer (OLG Hamm zfs 2008, 587 = NZV 2008, 521; OLG Frankfurt DAR 2015, 236). 428

Ausnahmen können jedoch bei **Bagatellschäden** (unter 500 EUR) gelten: Nur dann, wenn die Haftungsquote von vornherein kein Thema ist und wenn auch der Schaden nach Art und Umfang für jeden ganz klar ist, dann muss der Geschädigte für das **erste Schreiben** an den Versicherer auf anwaltliche Unterstützung verzichten (BGH NJW 1995, 446 für „einfach gelagerte Routinefälle" eines Autobahnbetriebsamts aufgrund von Beschädigungen der Leitplanken/Verkehrszeichen). Dies gilt aber **nur ganz ausnahmsweise** (*Hildebrand*, NJW 1995, 1944; *Schneider*, in: Berz/Burmann, Kap. 5 C Rn 82) und allein dann**, wenn der Versicherer daraufhin sofort und ohne Abstriche reguliert**. 429

> *Tipp* 430
> Bei **Bagatellschäden** bis etwa 500 EUR Schadensvolumen und wirklich von vornherein eindeutig klarer Sachlage (in der Praxis wohl kaum vorkommender Ausnahmefall) sollte der Mandant das erste Schreiben an den Versicherer inkl. Spezifikation selbst anfertigen und versenden. Erst wenn der Versicherer nicht innerhalb gesetzter angemessener Fristen oder nicht vollständig reguliert, sind die Anwaltskosten ersatzbar.

Wird die Regulierung eines **einfach gelagerten Schadensfalls** jedoch durch den Haftpflichtversicherer **verzögert**, ist trotz der Zweifelsfrage, ob die Beauftragung eines **Rechtsanwaltes** ohne die Verzögerung erforderlich und die hierdurch entstandenen Kosten ersatzfähig sind, von der **Erforderlichkeit allein aufgrund der Verzögerung** auszugehen (AG Oldenburg zfs 1999, 288). Für die Fälle des **Verzuges des Schuldners** hat der BGH jüngst (BGH v. 17.9.2015 – IX ZR 280/14 – zfs 2016, 44) nicht nur bestätigt, dass generell – d.h. nicht nur bei der Verkehrsunfallregulierung – **auch in rechtlich einfach gelagerten Fällen die Beauftragung eines Rechtsanwalts zweckmäßig und erforderlich** ist, sondern darüber hinaus auch, dass das Mandat im Regelfall nicht auf ein Schreiben einfacher Art beschränkt zu werden braucht, so dass generell auch die Geschäftsgebühr gem. Nr. 2300 VV RVG vom Schuldner zu erstatten ist. 431

Auch wenn die **Haftung des Schädigers unstreitig** ist, darf der Geschädigte einen Rechtsanwalt mit der Schadensabwicklung beauftragen, wenn der Schädiger oder dessen Haftpflichtversicherer **nicht von vornherein bereit sind, ihre Einstands- 432 pflicht anzuerkennen (AG Gießen zfs 1999, 306). Das ist auch dann von Bedeutung, wenn bei **Bagatellschäden** der Schädiger zunächst an Ort und Stelle sein Alleinverschulden einräumt und Zahlung des Schadens „aus eigener Tasche" zusichert, sich dann aber angesichts der nachgewiesenen Höhe „quer stellt".

433 **Selbst bei rechtzeitiger Zahlung** des Haftpflichtversicherers des Schädigers **an Zessionare** verstößt der Geschädigte nicht gegen seine **Schadensminderungspflicht**, wenn ihm nicht bekannt war, dass der Versicherer des Schädigers die sicherungshalber abgetretene **Forderung bereits erfüllt** hat (AG Erfurt zfs 1999, 487).

434 Soweit nur **mittelbar geschädigte Dritte** Schadensersatzansprüche (aus übergegangenem oder abgetretenem Recht) geltend machen, ist Inverzugsetzung zwingende Voraussetzung für die Erstattung von Anwaltskosten.

435 Das gilt insbesondere bei Ansprüchen des **Arbeitgebers** aus Entgeltfortzahlung an den verletzungsbedingt ausgefallenen Arbeitnehmer nach § 6 EFZG (anderer Auffassung hierzu AG Köln zfs 1982, 300: Der Arbeitgeber darf sich auch ohne Verzug des Schädigers anwaltlicher Hilfe bedienen).

Bei **Leasingfirmen** und **Mietwagenunternehmen** kann nicht generell davon ausgegangen werden, dass die Beauftragung eines Rechtsanwalts nicht erforderlich ist. Eine solche Annahme kommt allenfalls bei **Großbetrieben** mit eigener Rechtsabteilung in Betracht (BGH NJW 1995, 446; NJW-RR 2004, 856) – jedenfalls bei Fällen ohne besondere Schwierigkeiten und ohne Regulierungsprobleme mit der Assekuranz.

2. Kaskoregulierung bei Haftpflichtschaden

436 Auch die Anwaltsgebühren, die im Zusammenhang mit der **Kaskoregulierung** entstehen, sind ersatzpflichtiger Schaden des Geschädigten (siehe Rdn 394 ff., § 6 Rdn 19 ff.; OLG Celle AnwBl 1983, 141; OLG Stuttgart DAR 1989, 27; OLG Karlsruhe r+s 1989, 150; OLG Karlsruhe r+s 1990, 303; KG VersR 1973, 926; OLG Hamm AnwBl 1983, 141; OLG Karlsruhe VRS 1977, 6; OLG Schleswig v. 2.4.2009 – 7 U 76/08; OLG Frankfurt v. 2.12.2014 – 22 U 171/13 – DAR 2015, 236; LG Bielefeld VersR 1990, 398; LG Gießen VersR 1981, 963; LG Stuttgart DAR 1989, 27; LG Offenburg zfs 1990, 347; AG Marburg VersR 1974, 71; AG Saarbrücken AnwBl 1982, 38; AG Erfurt zfs 1999, 31 mit Anm. *Madert*), jedoch begrenzt auf den Gegenstandswert des Gesamtschadens (OLG Karlsruhe DAR 1990, 478). Das ist erst recht der Fall, wenn der gegnerische Versicherer die Regulierung ablehnt, vom Ausgang des Ermittlungsverfahrens abhängig macht oder in sonstiger Weise die Regulierung verzögert und noch nicht einmal Vorschüsse zahlt (OLG Stuttgart zfs 1989, 83), er also in **Verzug** kommt, d.h. er zahlt z.B. den geforderten Vorschuss nicht alsbald oder es verzögert sich die Schadensregulierung aus anderen, von dem Geschädigten nicht zu vertretenden Gründen. Jedenfalls dann kann der Geschädigte auch die durch die Inanspruchnahme der Kaskoversicherung entstandenen Anwaltskosten erstattet verlangen (*Madert*, zfs 1999, 32).

C. Regulierungskosten §8

Auch in diesem Zusammenhang ist die neuere Rechtsprechung des BGH zu berücksichtigen, wonach – jedenfalls in Mithaftungsfällen – keine **Verpflichtung des Geschädigten** besteht, vor einer **Inanspruchnahme seiner Vollkaskoversicherung** die Regulierungsbereitschaft des gegnerischen Haftpflichtversicherers abzuwarten (BGH VersR 2007, 81 = zfs 2007, 87 = DAR 2007, 21 = NZV 2007, 30; vgl. dazu Rdn 400). Da der BGH zudem entschieden hat, dass der Schadensfreiheitsrabattverlust **auch dann zu ersetzen** ist, wenn die Vollkaskoversicherung **bei nur anteiliger Haftung** auch wegen des vom Geschädigten anderenfalls zu tragenden Schadenteils in Anspruch genommen wird (BGH VersR 2006, 1139 = zfs 2006, 680 m. Anm. *Diehl* = DAR 2006, 574), dürften grundsätzlich auch die durch die Kaskoregulierung entstehenden Anwaltskosten zu erstatten sein. Dies deckt sich auch mit zwei Entscheidungen des BGH (BGH v. 18.1.2005 – VI ZR 73/04 – VersR 2005, 558; BGH v. 10.1.2006 – VI ZR 43/05 – VersR 2006, 521), nach denen auch **Kosten der Geltendmachung von Ansprüchen gegenüber dem eigenen Versicherer einen vom Schädiger zu ersetzenden Schaden** darstellen. Allerdings vertritt der BGH in einer jüngeren Entscheidung explizit zur Vollkaskoregulierung die Auffassung, dass eine Erstattung wegen des Erfordernisses der Erforderlichkeit dann nicht in Betracht komme, wenn es sich um einen einfach gelagerten Fall handelt, der Geschädigte die ihm entstandenen Schäden gegenüber dem beklagten Haftpflichtversicherer zunächst selbst und ohne Einschaltung eines Rechtsanwalts geltend gemacht hat und keine Anhaltspunkte dafür bestehen, dass der Kaskoversicherer seine Leistungspflicht aus dem Versicherungsvertrag in Abrede stellen würde (BGH v. 8.5.2012 – VI ZR 196/11 – NZV 2012, 475; ebenso kritisch hinsichtlich der Erforderlichkeit OLG Celle v. 3.2.2011 – 5 U 171/10 – NZV 2011, 505). Interessant ist insoweit eine Entscheidung des OLG Frankfurt (Urt. v. 2.12.2014 – 22 U 171/13 – DAR 2015, 236), welche unter ausdrücklicher Zugrundelegung dieser Rechtsprechung des BGH Rechtsanwaltskosten für die Vollkaskoregulierung trotz eines „einfach gelagerten Falles" deshalb zugesprochen hat, „weil der Haftungsumfang der Kaskoversicherung beschränkt ist und deshalb zu prüfen war, auf welche Positionen der Vorschuss [des gegnerischen Haftpflichtversicherers] zu verrechnen war", was „eine eingehende rechtliche Prüfung und Kenntnis" erforderte, da im zugrunde liegenden Fall ein Mitverursachungsanteil des Geschädigten im Raum stand, „was die Abrechnung mit der Kaskoversicherung im Hinblick auf das Quotenvorrecht des Versicherungsnehmers verkomplizieren konnte".

Bei ausschließlicher Inanspruchnahme des Kaskoversicherers – ohne später ganz oder teilweise beabsichtigte Inanspruchnahme auch des gegnerischen Haftpflichtversicherers – ist aber wichtig, dass die anwaltliche Tätigkeit erst **nach dem Verzugseintritt** begonnen wird. Anderenfalls wären schon alle Gebühren durch die Beauftragung seitens des Mandanten **vor** dem Verzugseintritt entstanden und durch den Verzugseintritt wären anschließend keine neuen oder weiteren Gebühren angefallen.

437

§ 8 Sonstige materielle Schadenspositionen

438 *Tipp*
Der Mandant sollte bei ausschließlicher Kaskoinanspruchnahme unbedingt den Kaskoversicherer zunächst selbst durch ein eigenes Forderungsschreiben mit konkreter Fristsetzung in Verzug setzen. Erst nach Ablauf der Frist sollte die anwaltliche Tätigkeit im Hinblick auf die Kaskoregulierung beginnen. Gleiches gilt im Hinblick auf eine bestehende **Rechtsschutzversicherung**, da für die erstmalige Geltendmachung der Versicherungsleistung **mangels Versicherungsfalls** noch keine Deckung zu gewähren ist. Erst wenn dem Kaskoversicherer ein Rechtsverstoß vorgeworfen werden kann – sei es auch nur aufgrund Untätigkeit –, liegen die Voraussetzungen des Versicherungsfalls und damit einer Rechtsschutzdeckung bezogen auf die Kaskoabwicklung vor (vgl. im Einzelnen § 13 Rdn 418 ff.).

439 Ist aber beabsichtigt, neben dem Kaskoversicherer oder anschließend nach dessen Inanspruchnahme **auch** den gegnerischen Haftpflichtversicherer in Anspruch zu nehmen, wäre es **gebührentechnisch unklug**, die anwaltliche Tätigkeit nicht von Anfang an, also mit dem ersten Schreiben auch an den Kaskoversicherer des eigenen Mandanten, beginnen zu lassen. Immerhin ist der gegnerische Versicherer ja verpflichtet, die Gebühren **nach dem vollen Gegenstandswert der anwaltlichen Tätigkeit** zu bezahlen, wenn er in voller Höhe haftet, bei quotenmäßiger Höhe immerhin noch nach der Quote des **Gesamtgegenstandswertes**, nicht nur nach dem gezahlten Betrag, wenn eine Kaskoversicherung den Schaden teilweise bezahlt hat.

440 In solchen Fällen muss die Kaskoversicherung allein aus Kreditierungsgründen in Anspruch genommen werden, und der beauftragte Anwalt führt im Rahmen seines Gesamtauftrages, die Regulierung vollständig abzuwickeln, auch die Kaskoregulierung durch. Das gilt ferner bei allen Fällen des § 117 VVG, also bei einer Leistungsfreiheit des Haftpflichtversicherers im Innenverhältnis gegenüber seinem Versicherten (LG Gießen zfs 1981, 175).

441 Bei den dabei anfallenden Anwaltskosten handelt es sich um eine gesonderte Angelegenheit im Sinne des § 15 RVG aus Versicherungsvertragsrecht (Kasko), die mit den Anwaltsgebühren aus dem Haftpflichtschaden nichts zu tun haben.

442 Die Gebühren richten sich nach dem **Gegenstandswert der Kaskoregulierung**. Sie richten sich ferner danach, ob auch eine Besprechung mit dem Kaskoversicherer oder ein Vergleich zustande gekommen ist. Die daraus errechneten Gebühren gehören zu dem spezifizierten Gesamtschaden der übrigen Schadensregulierung und erhöhen den dortigen Gegenstandswert entsprechend.

443 *Tipp*
Bei Inanspruchnahme der Kaskoversicherung ist stets zu bedenken, dass dafür gesonderte Gebühren entstehen und zu erheben sind. Sie sind gegenüber dem gegnerischen Versicherer als Schadensfolgekosten geltend zu machen und dem Gesamtgegenstandswert der Endabrechnung hinzuzusetzen.

Die für die Regulierung eines Kaskoschadens entstehenden Anwaltsgebühren sind **444** jedoch **nur entsprechend der Quote zu erstatten** (es sei denn, die Anwaltskosten der Kaskoinanspruchnahme werden als quotenbevorrechtigt angesehen, vgl. § 6 Rdn 19 ff.), wenn die Kaskoversicherung wegen des Quotenvorrechts nach § 86 Abs. 1 S. 2 VVG in Anspruch genommen wird (LG Offenburg zfs 1990, 347).

3. Erstattung der Rechtsanwaltskosten für die Einholung der Deckungszusage beim Rechtsschutzversicherer

Literatur zu Erstattung der Rechtsanwaltskosten für die Einholung der Deckungszusage beim Rechtsschutzversicherer:

Bierschenk, Nochmals: Die Einholung der Deckungszusage beim Rechtsschutzversicherer – ein Schadensposten?, zfs 2011, 603; *Meinel*, Die Erstattungsfähigkeit von Gebühren für die Einholung einer Deckungszusage beim Rechtsschutzversicherer gegenüber dem Unfallverursacher, zfs 2010, 312; *Möhlenkamp*, Haftungsrechtliche Erstattungsfähigkeit der Anwaltsgebühren für die Einholung einer Deckungszusage beim Rechtsschutzversicherer?, VersR 2011, 190; *Schmitt*, Rechtsschutzversicherung: Zur Ersatzfähigkeit von Anwaltsgebühren für die Einholung der Deckungszusage als Rechtsverfolgungskosten im Lichte der Rechtsprechung des BGH, r+s 2011, 148; *Schneider*, Rechtsschutzversicherung für Anfänger, München 2011; *Tomson*, Kosten für die Einholung einer Deckungszusage der Rechtsschutzversicherung bei der Schadensregulierung, VersR 2010, 1428.

In der Rechtsprechung wird uneinheitlich beurteilt, inwieweit der rechtsschutzver- **445** sicherte Geschädigte vom gegnerischen Haftpflichtversicherer **Rechtsanwaltskosten** ersetzt verlangen kann, welche ihm **für die Einholung der Deckungszusage bei seinem Rechtsschutzversicherer** entstehen (*Schneider*, Rechtsschutzversicherung für Anfänger, S. 205 Rn 508). Während zum Teil eine Erstattungspflicht angenommen wird (OLG Frankfurt v. 2.12.2014 – 22 U 171/13 – DAR 2015, 236; LG Amberg v. 26.5.1993 – 24 S 1492/92 – AGS 1993, 58; LG München v. 6.5.2008 – 30 O 16917/07; LG Nürnberg-Fürth v. 8.9.2009 – 2 O 9658/08 – AGS 2010, 257; LG Ulm v. 8.4.2010 – 6 O 244/09; LG Amberg v. 19.2.2009 – 24 O 826/08 – NJW 2009, 2610; LG Göttingen v. 26.1.2010 – 6 O 127/09; LG Hamburg v. 16.2.2010 – 319 O 75/09; LG Duisburg v. 3.5.2010 – 2 O 229/09; LG Frankenthal v. 30.7.2010 – 3 O 313/09; AG Hersbruck v. 26.11.2009 – 2 C 474/09 – AGS 2010, 257; AG Karlsruhe v. 9.4.2009 – 1 C 36/09 – AGS 2009, 355; LG Berlin v. 9.12.2009 – 42 O 162/09; AG Oberndorf v. 12.11.2009 – 3 C 698/08), lehnt die Gegenmeinung eine Ersatzpflicht – häufig mit dem Argument, sie sei nicht vom Schutzzweck der Norm umfasst – ab (BGH v. 9.3.2011 – VIII ZR 132/10 – NJW 2011, 1222 m. Anm. *Nugel*, jurisPR-VerkR 9/2011 Anm. 2; OLG Celle v. 12.1.2011 – 14 U 78/10 – AGS 2011, 152 m. Anm. *Revilla*, jurisPR-VerkR 3/2011 Anm. 3; LG Erfurt v. 27.11.2009 – 9 O 1029/09; AG Rastatt v. 9.10.2009 – 20 C 146/09 – SP 2010, 90; LG Berlin v. 17.4.2000 – 58 S 428/99 – VersR 2002, 333; LG Nürnberg-Fürth v. 9.9.2010 – 8 O 1617/10).

Aufgrund des Urteils des VI. Zivilsenats des BGH v. 10.1.2006 (VI ZR 43/05 – **446** VersR 2006, 521 = zfs 2006, 448) erscheint die Annahme einer Ersatzpflicht durchaus nicht als abwegig. In der Entscheidung hat der BGH bei einem Verkehrsunfall die Erstattungspflicht des gegnerischen Haftpflichtversicherers hinsichtlich der Rechtsanwaltskosten, die einem Geschädigten für die Inanspruchnahme seiner privaten Unfallversicherung entstanden sind, für möglich gehalten. Denn auch die für die Schadenmeldung bei einem eigenen Versicherer entstehenden Rechtsanwaltskosten könnten erstattungsfähig sein, „wenn sie adäquat kausal auf dem Schadensereignis beruhen und die Inanspruchnahme anwaltlicher Hilfe unter den Umständen des Falles erforderlich war" (BGH a.a.O., Rn 6). Die Ersatzpflicht kommt demnach sogar bei der anwaltlichen Anmeldung von Ansprüchen in Betracht, „die den von dem Schädiger zu erbringenden Ersatzleistungen weder ganz noch teilweise entsprechen" (BGH a.a.O., Rn 7 f.). Eine Übertragung dieser Grundsätze auf die Einholung der Deckungszusage beim Rechtsschutzversicherer (ebenfalls Anmeldung von Ansprüchen bei einem eigenen Versicherer) erscheint daher denkbar.

447

Tipp
Im Ergebnis dürfte es eher eine Geschmacksfrage sein, inwieweit unter Hinweis auf die einschlägige Rechtsprechung derartige Ansprüche klageweise geltend gemacht werden. Problematisch dürfte neben den Rechtsfragen des Schutzzwecks der Norm sowie der objektiven Notwendigkeit im Sinne des § 249 BGB der Einschaltung eines Rechtsanwalts für die Rechtsschutzabwicklung auch sein, dass die Erstattung von Rechtsanwaltskosten beim Unfallgegner eingeklagt wird, welche typischerweise beim Mandanten selbst nicht geltend gemacht werden (*Schneider*, Rechtsschutzversicherung für Anfänger, S. 205 Rn 508).

4. Art und Höhe der RA-Gebühren nach dem RVG
Literatur zu RA-Gebühren:

Braun, Das neue Gebührenrecht für Verkehrsrechtler, DAR 2004, 61 ff.; *Gerold/Schmidt*, Rechtsanwaltsvergütungsgesetz, 21. Auflage 2015; *Madert*, Anwaltsgebühren für die Regulierung von Verkehrsunfallschäden, zfs 1990, 289 ff., 361 ff., 398 ff.; *Madert*, Die Mittelgebühr nach Nr. 2400 VV, zfs 2004, 301 ff.; *Poppe*, Der Gegenstandswert in der außergerichtlichen Unfallregulierung, NJW 2015, 3355; *N. Schneider*, Die Vergütung des Anwalts in der Verkehrsunfallschadensregulierung nach dem RVG, zfs 2004, 396 ff.; *ders.*, Gegenstandswert der Verkehrsunfallregulierung bei Restwertanrechnung, DAR 2015, 177.

a) Beratung
aa) Gebührenvereinbarung

448 Lässt sich der Mandant zunächst beraten, **ob Erfolgsaussichten bestehen**, Schadensersatzansprüche geltend zu machen, so existiert seit dem 1.7.2006 keine gesetzliche Vergütung mehr, da die bisherige Gebühr nach Nr. 2100 VV RVG a.F. ersatzlos weggefallen ist, nach der ein Gebührenrahmen von 0,5 bis 1,0 mit einer Mittelgebühr von 0,55 galt.

449 Die neue Fassung des § 34 Abs. 1 S. 1 RVG sieht vor, dass der Rechtsanwalt auf eine Gebührenvereinbarung hinwirken soll. Tut er dies nicht, gilt gem. § 34 Abs. 1 S. 2 RVG über § 632 Abs. 2 BGB die **übliche Vergütung** als vereinbart.

C. Regulierungskosten § 8

Tipp 450
Zur Vermeidung späterer Streitigkeiten hinsichtlich der „üblichen" Vergütung sowie auch im Hinblick auf die Transparenz für den Mandanten sollte mit diesem **vor der Beratung eine schriftliche Vergütungsvereinbarung** getroffen werden. Für die Mandantschaft am Transparentesten dürfte die Vereinbarung eines Stundenhonorars (mit Vereinbarung, in welchen „Schritten" abgerechnet wird) oder eines Pauschalhonorars sein.

bb) Kappungsgrenzen bei Fehlen einer Gebührenvereinbarung

Hat der Rechtsanwalt mit dem Mandanten **keine Gebührenvereinbarung** getroffen und gilt daher gem. § 34 Abs. 1 S. 2 RVG i.V.m. § 632 Abs. 2 BGB die **übliche Vergütung** als vereinbart, sind **gesetzliche Kappungsgrenzen** zu berücksichtigen. Der Anwalt darf dann nämlich gem. § 34 Abs. 1 S. 3 RVG gegenüber einem **Verbraucher i.S.d. § 13 BGB** maximal 190 EUR für ein erstes Beratungsgespräch sowie 250 EUR für eine darüber hinausgehende Beratung (jeweils zzgl. MwSt.) berechnen. Dabei ist darauf abzustellen, **in welcher Eigenschaft** der Auftraggeber das beschädigte Fahrzeug genutzt hat. Lässt sich der Auftraggeber wegen eines **betrieblich genutzten Fahrzeugs** beraten, so ist er nicht Verbraucher i.S.d. § 13 BGB; der Anwalt kann dann unbeschränkt abrechnen. Wurde das Fahrzeug dagegen **privat genutzt**, ist der Beratungsauftrag vom Mandanten in seiner Eigenschaft als Verbraucher erteilt worden, sodass die Begrenzungen nach § 34 Abs. 1 S. 3 RVG gelten. 451

Tipp 452
Auch zur Vermeidung der Geltung der gesetzlichen Kappungsgrenzen bei der Beratung eines Verbrauchers empfiehlt es sich, eine Honorarvereinbarung zu treffen. Denn dann gelten die Kappungsgrenzen aufgrund der ausdrücklichen Regelung in § 34 Abs. 1 S. 3 RVG nicht.

cc) Anrechnung

Kommt der Anwalt zu dem Ergebnis, dass **Erfolgsaussichten bestehen**, die Schadensersatzansprüche des Mandanten geltend zu machen, und erhält er daraufhin den Auftrag zur außergerichtlichen oder gar gerichtlichen Tätigkeit, so ist die Beratungsgebühr nach § 34 Abs. 2 RVG auf die Gebühr der nachfolgenden Angelegenheit **in voller Höhe anzurechnen, wenn in der Gebührenvereinbarung nichts anderes vereinbart ist**. 453

Tipp 454
Es ist daher zu erwägen, (zunächst) einen Ausschluss der Anrechnung in der Gebührenvereinbarung vorzusehen, um insbesondere bei kleinen Streitwerten nach einer Beratung mit Stundenhonorar die nachfolgende außergerichtliche Tätigkeit nicht ohne zusätzliche Vergütung erbringen zu müssen.

Sodann lässt sich später im Rahmen der Frage einer weitergehenden außergerichtlichen Tätigkeit bei einer dem Anwalt angemessen erscheinenden Vergütung immer noch im Verhandlungswege nachträglich vereinbaren, dass die Beratungsgebühr abweichend von der Regelung in der Gebührenvereinbarung doch angerechnet wird.

455 *Beachte*
Ein **häufiger Fehler** liegt darin, dass die Beratungsgebühr nicht abgerechnet wird, weil sie vermeintlich in der nachfolgenden Geschäfts- oder Verfahrensgebühr infolge der Anrechnung untergehe. Dies ist nicht zutreffend, da nur die Gebühr, nicht aber auch Auslagen angerechnet werden, insbesondere nicht die Auslagenpauschale nach Nr. 7002 VV RVG, soweit sie im Rahmen der Beratung unter Berücksichtigung der Anmerkung zu Nr. 7001 VV RVG bereits entstanden ist (z.B. aufgrund eines zur Beratung erforderlichen Rückrufs des Anwalts).

b) Seinerzeitige Besprechungsgebühr gem. § 118 Abs. 1 Nr. 2 BRAGO

456 Nach dem Inkrafttreten des RVG mit Wirkung ab dem 1.7.2004 ist die frühere Unterteilung nach Geschäftsgebühr gem. § 118 Abs. 1 Nr. 1 BRAGO und **Besprechungsgebühr** gem. § 118 Abs. 1 Nr. 2 BRAGO **weggefallen**. Damit ist auch der Streit um das Entstehen der Besprechungsgebühr obsolet geworden. Wenn hierzu noch Informationen benötigt werden, wird auf die Vorauflagen und auf die hierzu ergangene Literatur verwiesen (*Fleischmann*, Die häufig in Verkehrsunfallsachen nicht geforderte Besprechungsgebühr, MittBl 1998, 16; *Madert*, Anwaltsgebühren für die Regulierung von Verkehrsunfallschäden zfs 1990, 289 ff. und zfs 1994, 223 ff.; *Jahnke*, Anfall und Erstattung der Besprechungsgebühr bei der Regulierung von Schadensfällen, VersR 1991, 264; *Madert*, Die Besprechungsgebühr des § 118 Abs. 1 Nr. 2 BRAGO in der außergerichtlichen Regulierung von Schäden aus Verkehrsunfällen, zfs 2002, 415). Damit erübrigte sich auch das damalige so genannte DAV-Abkommen, korrekt als „Regulierungsempfehlung *Gebhardt/Greißinger*" bezeichnet. Ferner haben sich damit auch die lästigen und ärgerlichen Nachfragen der Versicherungssachbearbeiter vor Beginn eines Telefonates erübrigt, ob eine Besprechungsgebühr entsteht.

457 Die **damalige Judikatur** hat aber z.T. noch **Bedeutung für die Bemessung der Höhe der heutigen Geschäftsgebühr** gem. Nr. 2300 VV RVG (siehe unten Rdn 486 ff.). Auch wenn es jetzt eine gesonderte Gebühr für Besprechungen nicht mehr gibt, wird eine angefallene Besprechung doch ein gewichtiges Indiz für den Umfang und die Schwierigkeit der Sache sein. Wenn jetzt die Besprechungsgebühr weggefallen ist, dann kann also allein die Tatsache einer Besprechung – soweit es sich dabei nicht um belanglose Nachfragen gehandelt hat – dazu führen, dass die Mittelgebühr in Höhe von 1,5 oder mehr gerechtfertigt ist (*Madert*, Die Mittelgebühr nach Nr. 2400 VV, zfs 2004, 302).

C. Regulierungskosten § 8

Die Geschäftsgebühr nach Nr. 2300 VV RVG wird mit der ersten Tätigkeit ausgelöst, in der Regel mit der Entgegennahme der Information (Vorbem. 4.2 Abs. 3 VV RVG). — 458

c) Begriff der „Angelegenheit"

Die Gebühr nach Nr. 2300 VV RVG erhält der Anwalt **in jeder Angelegenheit** (§ 15 Abs. 2 S. 1 RVG) gesondert. Wird der Anwalt für mehrere Auftraggeber tätig, so liegt in der Regel nur eine Angelegenheit vor (§ 7 Abs. 1 RVG). — 459

aa) Grundsatz

Wann eine Angelegenheit vorliegt und wann mehrere Angelegenheiten gegeben sind, richtet sich nach den allgemeinen Regeln. Ist der Anwalt außergerichtlich tätig, so ist von einer einheitlichen Angelegenheit auszugehen, wenn der Tätigkeit des Anwalts — 460

- ein einheitlicher Auftrag zugrunde liegt,
- die Tätigkeit des Anwalts sich im gleichen Rahmen hält und
- zwischen den einzelnen Handlungen oder Gegenständen der anwaltlichen Tätigkeit ein innerer Zusammenhang besteht (ausführlich AnwK-RVG/*N. Schneider*, § 15 Rn 21 ff.).

bb) Regulierung des Haftpflichtschadens und die Regulierung des Kaskoschadens

Die Regulierung des Haftpflichtschadens und die Regulierung des Kaskoschadens stellen **zwei verschiedene Angelegenheiten** dar. Muss z.B. der Kaskoversicherer in Anspruch genommen werden, weil der Haftpflichtversicherer sich mit der Zahlung in Verzug befindet oder weil er darauf verweist, leistungsfrei zu sein und der Geschädigte vorrangig seinen Kaskoversicherer in Anspruch nehmen muss, und wird daraufhin der Anwalt mit der Kaskoregulierung beauftragt, liegt eine zweite **selbstständige Gebührenangelegenheit** vor, die gesondert zu vergüten ist (OLG Zweibrücken AnwBl 1968, 363; OLG Hamm AnwBl 1983, 141; LG Flensburg Jur-Büro 1986, 723; AG Lippstadt AnwBl 1966, 405; 1967, 67; AG Erfurt zfs 1999, 31; AnwK-RVG/*N. Schneider*, § 13 Rn 34, 66; ausführlich auch *N. Schneider*, Haftpflicht- und Kaskoabrechnung – zwei verschiedene Angelegenheiten, AGS 2003, 292; a.A. AG Bad Homburg zfs 1987, 173). Soweit der Haftpflichtversicherer dem Grunde nach haftet, muss er auch diese doppelten Regulierungskosten übernehmen, da sie adäquate Schadensfolge sind (vgl. dazu oben Rdn 436 ff.). — 461

cc) Streitigkeiten mit dem eigenen Haftpflichtversicherer

Kommt es zu Streitigkeiten mit dem eigenen Kfz-Haftpflichtversicherer des Mandanten, z.B. wegen einer **Regressforderung** aufgrund einer vom Versicherer behaupteten **Obliegenheitsverletzung**, so handelt es sich hierbei ebenfalls um eine — 462 selbstständige Angelegenheit (versicherungsvertragsrechtlicher Art), zu trennen von der Geltendmachung von Schadensersatz beim gegnerischen Haftpflichtversicherer. Zur Problematik des Vorliegens eines diesbezüglichen Versicherungsfalls in der Rechtsschutzversicherung vgl. die Ausführungen unten (siehe § 13 Rdn 415 ff.).

dd) Abänderung einer Schadensrente

463 Verschiedene Angelegenheiten liegen auch dann vor, wenn der Anwalt eine Unfallrente ausgehandelt hat und er später mit der **Abänderung** der Rente beauftragt wird (AG Siegburg AGS 2003, 345, m. Anm. *N. Schneider*; ebenso bereits LG Kleve AnwBl 1981, 509; AnwK-RVG-*N. Schneider*, § 15 Rn 66.

ee) Mehrere Schäden aus demselben Ereignis

464 Mehrere Angelegenheiten können auch dann vorliegen, wenn der Anwalt aus demselben Schadensereignis sukzessive beauftragt wird, die Schäden an verschiedenen Fahrzeugen zu regulieren (AG Herborn AGS 2003, 447 m Anm. *N. Schneider* = zfs 2003, 361).

d) Außergerichtliche Gebühren

aa) Begriff der außergerichtlichen „Mittelgebühr"

Literatur zur Mittelgebühr:

Riedmeyer, Höhe der Mittelgebühr bei zivilrechtlichen Ansprüchen aus Verkehrsunfällen, DAR 2004, 262 f.

465 Streit herrschte von Anfang an darüber, mit welchem Wert die **Mittelgebühr** nach Nr. 2300 VV RVG für die Abwicklung von Kfz-Schadensfällen anzusetzen ist (vgl. hierzu *Madert*, Die Mittelgebühr nach Nr. 2400 VV, zfs 2004, 301 ff.). Diese Frage hat erhebliche wirtschaftliche Bedeutung für die Versicherungswirtschaft. Wurden früher 7,5/10 nach § 118 Abs. Nr. 1 BRAGO gezahlt und der Anfall der Besprechungsgebühr tunlichst vermieden, beträgt die Mittelgebühr nach dem Wortlaut des RVG nunmehr – mathematisch genau gerechnet – **1,5**.

466 Was bedeutet „Mittelgebühr" nach dem RVG in der Praxis? In der Gesetzesbegründung heißt es dazu:

> *„Die vorgeschlagene Regelung soll an die Stelle des § 118 BRAGO treten, soweit dieser für die außergerichtliche Vertretung anwendbar ist. ... Für alle in einer Angelegenheit anfallenden Tätigkeiten soll **nur eine Gebühr** anfallen. Vorgesehen ist eine Geschäftsgebühr mit einem **Gebührenrahmen von 0,5 bis 2,5**. ... Die künftig allein anfallende Gebühr soll das Betreiben des Geschäftes einschließlich der Information und der Teilnahme an Besprechungen sowie das Mitwirken an der Gestaltung eines Vertrages abgelten. ... **Die Regelgebühr liegt bei 1,3**. ... In durchschnittlichen Angelegenheiten ist grundsätzlich von der Mittelgebühr (1,5) auszugehen. In der Anmerkung soll aber bestimmt wer-*

*den, dass der Rechtsanwalt eine **Gebühr von mehr als 1,3 nur fordern kann, wenn die Tätigkeit umfangreich oder schwierig** war. Damit ist gemeint, dass Umfang oder Schwierigkeit über dem Durchschnitt liegen. In anderen Fällen dürfte **die Schwellengebühr von 1,3 zur Regelgebühr** werden. ... Nach der neuen Regelung löst die Besprechung keine weitere Gebühr aus, kann allenfalls im bestehenden Rahmen zu einer Erhöhung der angemessenen Gebühr führen. Ein einzelnes kurzes Telefongespräch würde hier kaum ins Gewicht fallen."*

(1) Keine Mittelgebühr von 0,9

Vereinzelt wurde die **Auffassung** vertreten, die **Mittelgebühr betrage 0,9** (*Braun*, Das neue Gebührenrecht für den Verkehrsrechtler, DAR 2004, 61 ff.). Dabei ging der Autor von 0,5 als Mindestgebühr und 1,3 als Höchstgebühr aus und errechnete so eine Mittelgebühr von 0,9. Zur Begründung verweist *Braun* darauf, dass die amtliche Begründung zum Gesetzesentwurf bewusst nicht davon spreche, dass die Gebühr in Höhe von 1,3 eine Mittelgebühr sei. Das Gesetz spreche vielmehr von einer „Regelgebühr". 467

Diese Auffassung ist aber unzutreffend und mittlerweile wohl vollständig aufgegeben worden, da von der Rechtsprechung einhellig überholt. Zu Recht: In der Begründung der Drucksache 15/1971 heißt es auf Seite 207 – wie vorstehend bereits zitiert – ausdrücklich: „... Die Regelgebühr liegt bei 1,3 ..." und weiter: „... In anderen Fällen dürfte die Schwellengebühr von 1,3 zur Regelgebühr werden. ... Sind auch Umfang und Schwierigkeit der Sache jedoch nur von durchschnittlicher Natur, verbleibt es bei der Regelgebühr (1,3). ..." 468

Die Mittelgebühr beträgt also bei einem Gebührensatzrahmen von 0,5 bis 2,5 mathematisch 1,5. Folgerichtig kommt in der amtlichen Begründung der Begriff einer „Mittelgebühr von 0,9" auch gar nicht vor (*N. Schneider*, Die Vergütung des Anwalts in der Verkehrsunfallschadensregulierung nach dem RVG, zfs 2004, 396 ff.). 469

(2) Regelgebühr von 1,3

In der amtlichen Begründung heißt es, dass **die Regelgebühr bei 1,3 liegt**. In normal gelagerten Fällen wird die **Schwellengebühr von 1,3** somit zur **Regelgebühr**. 470

Welche Gebühr der Rechtsanwalt für seine Tätigkeit im Einzelfall verdient hat, ist gem. § 14 RVG unter Berücksichtigung aller Umstände zu bestimmen. Dies sind vor allem: 471

- Umfang und Schwierigkeit der anwaltlichen Tätigkeit
- Bedeutung der Angelegenheit für den Mandanten
- Vermögens- und Einkommensverhältnisse des Mandanten
- u.U. das besondere Haftungsrisiko des Anwaltes

Die **Mindestgebühr** kommt nur für eine denkbar einfachste außergerichtliche Tätigkeit des Anwaltes in Betracht, die **Höchstgebühr** wiederum ist nur bei überdurchschnittlichen wirtschaftlichen Verhältnissen angezeigt und/oder wenn der 472

Umfang oder die Schwierigkeit der Tätigkeit des Anwaltes weit über den Normalfall hinausgehen.

473 Da die meisten Schadensfälle lediglich **durchschnittlichen** anwaltlichen Aufwand erfordern, ist in der Regel die Geschäftsgebühr mit **1,3** angemessen, bei leicht überdurchschnittlicher Angelegenheit aber auch durchaus mehr, z.B. **1,5**.

474 In Fällen, in denen es im Rahmen der Erteilung eines Mandats zur außergerichtlichen Interessenwahrnehmung **lediglich zur Entgegennahme der Information** durch den Anwalt im ersten Besprechungstermin kommt und der Mandant sich später nicht wieder meldet, dürfte regelmäßig die Mindestgebühr von **0,5** anzusetzen sein.

475 Da es noch immer wieder vereinzelt mit Versicherern Streit über die Höhe der „Mittelgebühr" gibt, hat die Arbeitsgemeinschaft Verkehrsrecht des DAV eine **Musterklage** entworfen, die im Internet als „musterklage.pdf" unter *www.verkehrsanwaelte.de*, Rubrik: „Für Verkehrsanwälte", Unterrubrik: „Arbeitshilfen", abrufbar ist.

(3)   Rechtsprechung zur Angemessenheit einer Gebühr von 1,3

476 Inzwischen hat auch der **BGH** bestätigt, dass es nicht unbillig ist, wenn der Rechtsanwalt für seine **Tätigkeit bei einem durchschnittlichen Verkehrsunfall eine 1,3 Geschäftsgebühr** bestimmt (BGH v. 31.10.06 – VI ZR 261/05 – VersR 2007, 265 = zfs 2007, 102 = r+s 2007, 439 = DAR 2007, 234 = NZV 2007, 181; ebenso OLG Frankfurt DAR 2015, 236; AG Iserlohn zfs 2005, 258; AG Kehlheim zfs 2005, 200; AG München – 343 C 32462/04; AG Ingolstadt – 10 C 1856/04; AG Landstuhl – 4 C 189/04; AG Bielefeld – 41 C 1221/04 und 5 C 1041/04; AG Hagen – 19 C 572/04; AG Gießen – 46 C 2379/04; AG Gelsenkirchen – 32 C 692/04; AG Karlsruhe – 5 C 440/04; AG Frankenthal – 3 C 252/04; AG Lingen – 4 C 1361/04; AG Aachen – 84 C 591/04 und 84 C 591/04; AG Oldenburg – E1 C 1308/04). Der BGH verweist in seiner Urteilsbegründung auf die Vorstellungen des Gesetzgebers, wonach „in durchschnittlichen Fällen die Schwellengebühr von 1,3 eine Regelgebühr darstellt", welche in Einklang mit der Bestimmung stehen, „dass bei überdurchschnittlichen, weil umfangreichen oder schwierigen Tätigkeiten des Rechtsanwalts eine Geschäftsgebühr über 1,3 gerechtfertigt ist" (BGH a.a.O.).

477 Das **AG Berlin-Mitte** hat durch Urt. v. 12.4.2005 (Az.: 3 C 3491/04) festgestellt, dass bei der Unfallabwicklung grundsätzlich eine Gebühr von 1,3 angemessen ist. „Das Gericht geht davon aus, dass es bei der Abwicklung von Verkehrsunfällen heutzutage überhaupt keinen einfach gelagerten Fall mehr gibt, da die Geschädigten eines Verkehrsunfalls in Folge zahlreicher Neuerungen der Gesetzeslage sowie umfangreicher Rechtsprechung zum Schadensersatz gehalten sind abzuschätzen, in welchem Umfang und wie sie ihren Schaden geltend machen dürfen."

Das **AG Hamburg** hat in seinem Urt. v. 18.3.2005 (Az.: 52 C 79/04) festgestellt, dass eine Unfallregulierung trotz unstreitiger Verschuldensfrage nicht denkbar geringfügig ist, sondern vielmehr die Regelgebühr von 1,3 rechtfertigt, wenn der Regulierung ein Sachverständigengutachten zugrunde liegt und die Problematik des Nutzungsausfalls beachtet werden muss.

Das Urteil des **AG Karlsruhe** vom 4.3.2005 (Az.: 11 C 570/04) stellt fest, dass die Abfassung von drei Schriftsätzen, die Besprechung des Falls und die Einholung eines Sachverständigengutachtens sowie die Einsicht in die Ermittlungsakte mindestens zu einer durchschnittlichen Angelegenheit führen und eine Gebühr von **1,3** rechtfertigen. Das Gericht stellt nochmals klar, dass sich aus der Schwellengebühr von 1,3 kein neuer Gebührenrahmen mit einer Mittelgebühr von 0,9 ergibt. 478

Nach dem Urteil des **AG Gelsenkirchen** (zfs 2005, 255 f.) handelt es sich bei der Abwicklung eines üblichen Verkehrsunfalls grundsätzlich um eine durchschnittliche Angelegenheit, bei der eine Regelgebühr von 1,3 zugrunde gelegt werden kann. Mit dem Geschädigten sei regelmäßig eine Vielzahl der möglichen Schadenspositionen mit jeweiligen Besonderheiten zu besprechen und zu klären. Der Rechtsanwalt ist gehalten, Hinweise auf Verpflichtungen der Geschädigten zur Schadensminderung in verschiedenen Bereichen zu erteilen. Die Gesamttätigkeit rechtfertige bei der Unfallabwicklung mindestens die Regelgebühr. 479

Nach zum Teil vertretener Ansicht ist der Anwalt **selbst bei einfach gelagerten Fällen** nicht verpflichtet, seine Gebühren im unteren Rahmen anzusiedeln (AG Lüdenscheid – 92 C 321/04; AG Lörrach – 4 C 2400/04; AG Coburg – 11 C 1347/04; AG Köln – 123 C 654/04). 480

(4) Gebühr von 1,5 und mehr

Im Gesetz heißt es, dass der Rechtsanwalt eine **Gebühr von mehr als 1,3 nur fordern kann, wenn die Tätigkeit umfangreich oder schwierig** war. Damit ist gemeint, dass Umfang oder Schwierigkeit über dem Durchschnitt liegen. 481

> *Tipp*
> Es wird von Rechtsschutzversicherern oder erstattungspflichtigen Haftpflichtversicherern gern argumentiert, eine über dem Satz von 1,3 liegende Geschäftsgebühr komme nur dann in Betracht, wenn die Angelegenheit umfangreich **und** schwierig ist. Nach dem eindeutigen Gesetzeswortlaut reicht es hingegen aus, dass die Angelegenheit umfangreich **oder** schwierig ist, um die Kappungsgrenze von 1,3 entfallen zu lassen und von einer Mittelgebühr von 1,5 auszugehen.

(a) Angelegenheit „umfangreich oder schwierig"

In Fällen, die schon vom Aktenumfang her einer Prozessakte gleichkommen, ist mindestens eine **1,5 Gebühr** angemessen, in der Regel sicher auch eine **2,0** Gebühr, vereinzelt sogar eine **2,5** Gebühr jedenfalls dann, wenn mindestens eine ausführliche Besprechung stattgefunden hat (vergleichbar früher einer 10/10 Geschäftsgebühr und einer 10/10 Besprechungsgebühr). Das gilt bei **Großschadensfällen immer**, aber auch bei außerordentlich **hartnäckigem oder verzögerlichem Regu-** 482

§ 8 Sonstige materielle Schadenspositionen

lierungsverhalten des Versicherers. In solchen Fällen sollte der Anwalt verstärkt die maximale **2,5** Geschäftsgebühr beanspruchen, ggf. auch prozessual durchsetzen.

483 Die Gebühr Nr. 2300 VV RVG ist als **Rahmengebühr** ausgestaltet. Nach der Rechtsprechung wird aber stets eine **Karenz von 20 %** angenommen, bis zu deren Überschreitung nicht von „Unangemessenheit" und demzufolge von einer Überschreitung dieses Karenzrahmens gesprochen werden kann (früher zu § 118 Abs. 1 Nr. 1 BRAGO: 8/10 AG Betzdorf zfs 2004, 130 f., ja sogar bis 9/10 in durchschnittlichen Fällen). Gleichwohl bedeutet dies nach inzwischen geklärter höchstrichterlicher Rechtsprechung nicht, dass in durchschnittlichen Fällen die Regelgebühr von 1,3 um eine nicht gerichtlich überprüfbare Toleranz von 20 % überschritten werden dürfte. Vielmehr ist eine Erhöhung der Geschäftsgebühr über die für durchschnittliche Fälle geltende Regelgebühr von 1,3 hinaus nach Nr. 2300 VV RVG nur gerechtfertigt, wenn die Tätigkeit umfangreich oder schwierig und damit überdurchschnittlich war (BGH zfs 2012, 584; zfs 2013, 288; zfs 2014, 499).

484 Was im Einzelnen unter **umfangreich oder schwierig** zu verstehen ist, wird in der Rechtsprechung zurzeit herausgearbeitet. Eine generelle Aussage, wie abzurechnen ist, wird sich erst mit der Zeit geben lassen. Es wird – wie bisher auch – stets auf den Einzelfall ankommen. Der Anwalt sollte – solange nur geringe Erfahrungswerte vorliegen – an Hand der einzelnen Kriterien des § 14 Abs. 1 RVG seine Bestimmung treffen und herausarbeiten, wo die Besonderheiten seines Falles liegen. Die Rechtsprechung ist hier zum Teil anwaltfreundlich. So sind u.a. zu berücksichtigen:

- verzögerliche Bearbeitung durch den Versicherer (AG Ettlingen VersR 1982, 1157)
- eventuelle Beweisauswertungen
- überdurchschnittlich viele einzelne Schadenspositionen
- rechtliche Probleme (OLG München AnwBl 1975, 252)
- Fremdsprachenkenntnisse (LG Nürnberg-Fürth AnwBl 1969, 208; AG Darmstadt AnwBl 1970, 80; AG Köln AnwBl 1988, 76)
- mangelnde Deutschkenntnisse des Mandanten (AG Bühl Mittbl 2004, 72 = AGS 2004, 287)
- die Vertretung mehrerer Geschädigter, ohne dass eine Gebührenerhöhung nach Nr. 1008 VV RVG vorliegt – nämlich bei unterschiedlichen Ansprüchen der Geschädigten (vgl. Rn 495)
- umfangreiches Studium der Ermittlungsakten (Gerold/Schmidt/*Mayer*, § 14 RVG Rn 15)
- Besprechungstermine außerhalb der gewöhnlichen Bürozeiten
- Umfang der Handakten (AG Köln AnwBl 1974, 51)
- Einkommens- und Vermögensverhältnisse des Auftraggebers; das Bestehen einer Rechtsschutzversicherung darf insoweit bei den Vermögensverhältnissen berücksichtigt werden (LG Kaiserslautern AnwBl 1964, 289)

- die Höhe des Sachschadens und die damit verbundene besondere Bedeutung der Angelegenheit für den Mandanten (LG Kiel JurBüro 1992, 602; AG Celle VersR 1967, 1130)
- Spezialkenntnisse (z.B. Fachanwalt für Verkehrsrecht)

Nach dem Urteil des **LG Saarbrücken** vom 3.3.2005 (14 O 458/04 – VerkehrsR aktuell 2005, 57; RVGreport 2005, 146 f.) handelt es sich um eine **schwierige Angelegenheit** i.S.d. Nr. 2300 VV RVG, wenn der Geschädigte verletzt wurde und **Verdienstausfallansprüche** im Raum stehen. Deren Feststellung sei erfahrungsgemäß mit Schwierigkeiten tatsächlicher und rechtlicher Art verbunden und gebe regelmäßig Anlass zu Kontroversen zwischen Geschädigtem und dem involvierten Versicherer. Im konkreten Fall hat das Gericht eine **Gebühr von 1,8** für angemessen erachtet. **485**

(b) Gebührenerhöhung durch „Besprechung"

Das RVG hat die Besprechungsgebühr des § 118 Abs. 1 Nr. 2 BRAGO a.F. durch Nr. 2300 VV RVG beseitigt. Die zur damaligen **„Besprechungsgebühr"** ergangene **Judikatur** hat noch **Bedeutung für die Bemessung der Höhe der heutigen Geschäftsgebühr** gem. Nr. 2300 VV RVG. Wenn jetzt die Besprechungsgebühr weggefallen ist, dann kann allein die Tatsache einer Besprechung dazu führen, dass die Mittelgebühr in Höhe von 1,5 oder auch darüber gerechtfertigt ist (*Madert*, Die Mittelgebühr nach Nr. 2400 VV, zfs 2004, 302). **486**

Bloße Nachfragen beim Sachbearbeiter eines Versicherers nach dem Stand der Regulierung oder danach, ob bestimmte Tätigkeiten ausgeführt worden sind (z.B. Arztgutachten angefordert), lösen eine Gebührenerhöhung **nicht** aus. Das Gleiche gilt bei bloßen Nachfragen bei der Polizei, dem Zentralruf der Autoversicherer (LG Düsseldorf zfs 1992, 311) oder der Werkstatt, z.B. ob der Versicherer bereits gezahlt hat (AG Niebüll zfs 1993, 423). **487**

Eine Gebührenerhöhung kommt wohl in der Regel ebenfalls nicht bei einem Gespräch mit der Ehefrau als Fahrerin des Fahrzeugs des Geschädigten in Betracht (AG Ibbenbüren zfs 1998, 269; AG Wismar zfs 2000, 32; a.A. AG Hattingen zfs 2000, 78; AG Wertheim zfs 2000, 79; AG Freiburg zfs 2000, 80), es sei denn, sie wird in ihrer Funktion als Zeugin zum Unfallgeschehen befragt (vgl. Rdn 489), oder bei bloßen Telefonaten mit dem Sachbearbeiter des Versicherers und dem Sachverständigen (AG Hamburg zfs 1998, 269; AG Hof zfs 2000, 32), in denen es um **bloße Sachstandsanfragen** geht. **488**

Die Frage, wer als **„Dritter"** einer Besprechung i.S.d. Kriteriums einer Gebührenerhöhung anzusehen ist, ist unwichtiger geworden. Die Besprechung ist lediglich noch ein Kriterium zur Bemessung der Gebührenhöhe. Dritter einer Besprechung ist **nicht** der **Auftraggeber** selbst, dessen Vertreter oder Bevollmächtigter. Dritte sind aber z.B.: **489**

§ 8   Sonstige materielle Schadenspositionen

- der Sachbearbeiter des **gegnerischen Haftpflichtversicherers** (OLG Karlsruhe zfs 1994, 223; LG Wiesbaden zfs 1995, 71; AG Stuttgart zfs 1995, 390 und AG Itzehoe zfs 1993, 422; AG Hof zfs 2002, 38; AG Hof zfs 2003, 609);
- **Zeugen**, auch der **Fahrer des Unfallfahrzeugs** des Geschädigten (AG Münster zfs 1983, 422; AG Itzehoe zfs 1993, 422; AG Homburg zfs 1993, 207; AG Düsseldorf zfs 1995, 390; AG Schwabach zfs 1997, 1901 und AG Kassel zfs 1997, 1901; AG Wiesbaden zfs 1998, 270; AG Frankfurt/Main zfs 2002, 36; AG Ludwigsburg zfs 2000, 551; AG Düsseldorf zfs 2000, 551; AG Iserlohn zfs 2000, 552; LG Hamburg zfs 2003, 608 f.; LG Bonn zfs 2004, 229; vgl. auch Gerold/Schmidt/*Madert*, 13. Aufl., § 118 BRAGO Rn 8; *ders.*, in einer Anm. zu einem anderslautenden Urteil des AG Aschaffenburg zfs 1998, 349 f.), sofern eine regelrechte Zeugenbefragung mit dem Ziel stattfindet, den Unfallhergang zu ergründen (AG Saarbrücken zfs 1999, 489 mit lesenswerter Anm. *Madert*; AG Berlin-Mitte zfs 2000, 77; a.A. AG Norden zfs 2000, 33);
- der **Beifahrer des Geschädigten** (AG Bergheim zfs 2002, 36);
- die **Ehefrau des Geschädigten** (AG Nürnberg zfs 2000, 551);
- der **Kaskoversicherer** (AG Bensheim zfs 2000, 552);
- der **Unfallgegner**, der den Schaden nicht rechtzeitig gemeldet hat (AG Waldkirch zfs 1995, 72);
- der **Sachverständige** – auch wegen unfallrekonstruktiver Fragen – (LG Limburg zfs 2003, 610) und die **Reparaturwerkstatt** wegen Art und Umfang der Schäden, Reparaturweg oder vorläufigen Verzichts auf das Werkunternehmerpfandrecht gegen Sicherungsabtretung (AG Hameln zfs 1995, 71; AG Solingen zfs 1993, 351; AG Lüdenscheid zfs 1993, 422 und zfs 1997, 348; AG Lüneburg zfs 1994, 182; AG Saarlouis zfs 1998, 270; AG Bonn zfs 1998, 270; AG Stuttgart zfs 1998, 271; AG Euskirchen zfs 2000, 79; AG Freising zfs 2000, 79; AG Bad Segeberg zfs 2000, 80; AG Ludwigshafen zfs 2002, 37; AG Kaiserslautern zfs 2000, 552) oder wegen Stundung der in Rechnung gestellten Reparaturkosten (LG Lüdenscheid zfs 1997, 348) oder wegen Abgrenzung der Unfallschäden zu später beim Transport entstandenen weiteren Schäden (AG Freising MittBl 1999, 52), auch der **medizinische Sachverständige** (AG Düsseldorf zfs 2003, 610);
- der **polizeiliche Sachbearbeiter** bei ausführlichem Gespräch zur Klärung des Unfallhergangs (AG Strausberg zfs 2000, 79);
- der **Mietwagenunternehmer**, z.B. wegen Stundungsvereinbarung (OLG Frankfurt zfs 1995, 389; AG Lüdenscheid zfs 1993, 421);
- die **Hausbank** wegen Verhandlungen betreffend die Unfallfinanzierung (AG München AnwBl 1975, 275; 1777, 259).

490   Eine **sachbezogene Besprechung** ist stets erforderlich und begründet eine deutliche Erhöhung der Regelgebühr von 1,3, wenn es um das Problem eines **Neuwagenersatzanspruchs** geht (vgl. § 7 Rdn 354 ff.). In einem solchen Fall ist vor allem zu Beginn der Schadensregulierung Schnelligkeit angezeigt, auch für den Versicherer.

C. Regulierungskosten §8

Deshalb ist dann eine sofortige **Besprechung** sogar **dringend geboten**, damit nicht der Vorwurf des Verstoßes gegen die Schadensminderungspflicht begründet werden kann.

Es muss z.B. die Frage geklärt werden, **ob überhaupt** ein **Neuwagenersatzanspruch** gegeben ist, d.h. das Schadensvolumen muss durch einen Sachverständigen geklärt werden. Sodann muss geklärt werden, wie der Zeitraum bis zur Beschaffung eines Ersatzfahrzeugs überbrückt wird (Reparatur und vorläufiger Verbleib des beschädigten Fahrzeugs beim Geschädigten oder Interimsfahrzeug oder verlängerter Nutzungsausfallersatz oder Mietwagen), es muss die Frage geklärt werden, wann und wo ein Ersatzfahrzeug geordert werden kann (Computerrecherche beim Hersteller) usw. 491

Ähnliches gilt auch dann, wenn der Geschädigte trotz aller Bemühungen **keinen Kredit seitens einer Bank** erhält und deshalb – auch bei Beachtung seiner Schadensminderungspflicht – nichts anderes tun kann, als auf die Zahlung seitens des Versicherers zu warten. 492

Dieser Umstand **muss dem Versicherer deshalb so schnell wie möglich mitgeteilt werden** und es ergibt sich daher die Notwendigkeit, auch die Frage der Überbrückung der Zwischenzeit zu erörtern. Auch hier kommt ein Interimsfahrzeug, verlängerter Nutzungsausfall oder eine – darlehensweise – Zahlung des Versicherers unter Rückforderungsvorbehalt in Betracht. 493

Voraussetzung ist jedoch stets, dass die Gespräche **sach- und regulierungsfördernd** waren. Das dürfte stets zu bejahen sein, wenn mit dem gegnerischen Versicherer über ein Haftungsanerkenntnis betreffend den Grund des Anspruchs (OLG Karlsruhe zfs 1994, 223) oder über einzelne Schadenspositionen gesprochen wird. 494

> *Tipp* 495
> Allgemein gilt: Bei jeder Besprechung sollten im unmittelbaren Anschluss daran sogleich **Datum, Uhrzeit, Name des Gesprächspartners** sowie **Dauer und Inhalt des Gespräches** in einem **Vermerk** notiert werden. Das vermeidet späteren Streit über den Inhalt des Gespräches. Versicherer „vergessen" sehr leicht, den Inhalt stattgefundener Besprechungen zu notieren. **Besser** ist es noch, dem Gesprächspartner den Inhalt des Gespräches sogleich **schriftlich zu bestätigen**. Das macht keine große Mühe und erspart dem Anwalt Beweisschwierigkeiten.

Die Gebührenerhöhung infolge stattgefundener Besprechung bewirkt, dass dann in der Regel mindestens eine **1,5** Gebühr gerechtfertigt ist, oft – z.B. in Großschadenssachen – aber sogar bis zu **2,0** oder gar zur Höchstgebühr von **2,5**. 496

(c) Mehrere Auftraggeber

Bei mehreren Auftraggebern erhöht sich die Geschäftsgebühr unter der Voraussetzung des Nr. 1008 VV RVG je weiterem Auftraggeber um 0,3. So beläuft sich der Gebührenrahmen bei zwei Auftraggebern von 0,8 bis 2,8 (Mittelgebühr 1,8). 497

§ 8 Sonstige materielle Schadenspositionen

498 *Hinweis*

Allerdings ist Voraussetzung, dass sich die Vertretung der mehreren Auftraggeber auf **denselben Gegenstand** bezieht, was z.B. der Fall bei einer Vertretung als Gesamtschuldner (im Passivprozess) ist, nicht jedoch bei einer Vertretung mehrerer Geschädigter mit unterschiedlichen Ansprüchen, die jeweils nur einer Person zustehen. Dann wird beim **Vorliegen nur eines Mandats** lediglich ein **Gesamtstreitwert** als Summe der einzelnen Ansprüche gebildet, ohne dass zusätzlich Nr. 1008 VV RVG anwendbar ist.

Auch die Schwellengebühr nach der Anm. zu Nr. 2300 VV RVG ist nach Nr. 1008 VV RVG zu erhöhen. Sie beläuft sich bei zwei Auftraggebern auf 1,6, bei drei Auftraggebern auf 1,9 usw.

(d) Anrechnung bei anschließendem Gerichtsverfahren

499 Auch wenn sich ein Gerichtsverfahren anschließt, weil der Versicherer die Forderung ganz oder teilweise nicht begleicht, ist die für die außergerichtliche Tätigkeit angefallene Gebühr abzurechnen. Die für diese Tätigkeit entstandene Geschäftsgebühr wird gem. Vorbem. 3 Abs. 4 VV RVG nur **zur Hälfte**, höchstens jedoch mit einem Gebührensatz von 0,75, angerechnet.

500 Das bedeutet, dass der nicht angerechnete Teil der Geschäftsgebühr sowie die Auslagenpauschale in voller Höhe an den Rechtsanwalt zu zahlen sind. Im gerichtlichen Kostenfestsetzungsverfahren sind jedoch nur gerichtlich angefallene Gebühren festsetzbar. In Höhe der außergerichtlich angefallenen Anwaltskosten entsteht für den Mandanten damit ein **Gebührenschaden**, der mit der Klage geltend zu machen ist. Die Kosten anwaltlicher Tätigkeit sind ein Schaden gem. § 249 Abs. 2 S. 1 BGB (Palandt-*Grüneberg*, BGB, § 249 Rn 57).

Nach neuerer Rechtsprechung des BGH (vgl. z.B. BGH VersR 2007, 1098; NJW 2007, 2050) ist nicht lediglich der nicht anzurechnende Anteil der Geschäftsgebühr als Nebenforderung mit einzuklagen, sondern die **gesamte vorgerichtlich entstandene Geschäftsgebühr**. Die teilweise Anrechnung ist sodann erst im Kostenfestsetzungsverfahren zu berücksichtigen.

501 *Beispiel*

Wenn außergerichtlich 10.000 EUR geltend gemacht und sodann eingeklagt werden:

1,3 Geschäftsgebühr gem. Nr. 2300 VV RVG aus 10.000 EUR	725,40 EUR
+ Auslagenpauschale gem. Nr. 7002 VV RVG	20,00 EUR
Gebührenschaden netto	745,40 EUR

Bei nicht vorsteuerabzugsberechtigten Geschädigten ist noch die **Mehrwertsteuer** hinzuzurechnen. Da es sich bei diesem Betrag um vorgerichtliche Kosten handelt, wirkt er gem. § 4 Abs. 1 ZPO nicht streitwerterhöhend (std. Rspr. des BGH seit BGH VersR 2007, 1102 = zfs 2007, 284; z.B. BGH NJW-RR 2008, 374; BGH v.

C. Regulierungskosten § 8

12.3.2008 – VI ZB 9/06 – NZV 2008, 455) und sollte zur besseren Übersichtlichkeit im Antrag auch gesondert ausgewiesen werden: „... zzgl. vorgerichtlicher Kosten i.H.v. 335,90 EUR ...".

Wenn der Versicherer außergerichtlich einen Teil der Forderung gezahlt hat, schuldet und zahlt er die außergerichtliche Gebühr mit dem Wert des gezahlten Betrages. Diese Zahlung mindert den Gebührenschaden und ist in Abzug zu bringen. Zu beachten ist weiterhin, dass die Anrechnung gem. Vorbem. 3 Abs. 2 VV RVG nur in Höhe des gerichtlichen Streitwerts erfolgt. **502**

Wenn also im obigen Beispiel der Versicherer außergerichtlich 3.000 EUR gezahlt hat, ist der Gebührenschaden so zu errechnen: **503**

1,3 Geschäftsgebühr Nr. 2300 VV RVG aus 10.000 EUR	725,40 EUR
+ Auslagenpauschale Nr. 7002 VV RVG	20,00 EUR
Zwischenergebnis netto	745,40 EUR
Davon ist die Zahlung des Versicherers	
1,3 Geschäftsgebühr Nr. 2300 VV RVG aus 3.000 EUR	261,30 EUR
+ Auslagenpauschale Nr. 7002 VV RVG	20,00 EUR
Zahlungsbetrag	281,30 EUR
abzuziehen, also:	
Zwischenergebnis netto	745,40 EUR
./. Zahlungsbetrag	281,30 EUR
Gebührenschaden	464,10 EUR

Bei nicht vorsteuerabzugsberechtigten Geschädigten sind jeweils die Zwischenbeträge (oder der Endbetrag) um die Mehrwertsteuer zu erhöhen.

Weil der Auftraggeber auf den angerechneten Kosten nicht „sitzen bleiben" will, wird der Anwalt regelmäßig den nicht ausgeglichenen Teil der Geschäftsgebühr im Wege des **materiell-rechtlichen Schadensersatzanspruchs** (Verzug, Vertragsverletzung, Delikt o.Ä.) mit einklagen müssen. So werden insbesondere Rechtsschutzversicherer darauf bestehen, dass diese Kosten geltend gemacht werden. **504**

Die Anspruchsgrundlagen hierzu bieten bei der Verkehrsunfallregulierung §§ 7, 18 StVG und § 823 BGB. Die außergerichtlichen Regulierungskosten sind **adäquate Schadensfolge** und daher vom Schädiger gem. §§ 249 ff. BGB zu ersetzen, soweit er haftet. **505**

Der Anwalt muss daher in diesen Fällen die vorgerichtlichen Rechtsanwaltskosten als materiell-rechtlichen Schadensersatzanspruch mit **einklagen**. Für den Verkehrsrechtler ist dies kein Neuland, musste er bislang doch häufig auch eine außergerichtlich angefallene Besprechungsgebühr nebst nicht anzurechnender außergerichtlicher Auslagenpauschale mit einklagen. **506**

Ob es allerdings tatsächlich **immer erforderlich** sein sollte, diese Gebühren mit einzuklagen, ist **fraglich**. Soweit der Haftpflichtversicherer nämlich im nachfolgenden Rechtsstreit unterlegen ist, wird er vernünftigerweise anschließend keine **507**

453

Einwände erheben, auch die Geschäftsgebühr zu übernehmen. Will der Anwalt jedoch **sichergehen**, so klagt er diesen Anspruch sogleich mit der Hauptsache ein.

508 Nimmt der Geschädigte außergerichtlich den Haftpflichtversicherer in Anspruch und **verklagt** er dann aber **später lediglich den Schädiger**, ist die Geschäftsgebühr nicht auf die im Verfahren gegen z.B. den Fahrer angefallene Verfahrensgebühr anzurechnen (AG Bergheim zfs 2002, 247). Die anwaltliche Tätigkeit bezieht sich dann ja auf unterschiedliche Gegner (so auch OLG München AnwBl 1990, 325).

509 Die dem Versicherer gem. § 10 Abs. 5 AKB bzw. A.1.1.4 AKB 2008 obliegende umfassende Regulierungsvollmacht führt zu keiner anderen Beurteilung, da nicht die rechtsgeschäftliche oder gesetzliche Vertreterstellung, sondern die formale Parteistellung entscheidend ist (vgl. hierzu auch *N. Schneider*, Die Anrechnung der Geschäftsgebühr im Verkehrsunfallprozess, zfs 2002, 163 f.).

bb) Einigungsgebühr gem. Nr. 1000 VV RVG

510 Die „Einigungsgebühr" entspricht in etwa der früheren „Vergleichsgebühr" gem. § 23 BRAGO, hat aber einen erweiterten Anwendungsbereich dadurch, dass die Bezugnahme auf § 779 BGB weggefallen ist (Gerold/Schmidt-*Müller-Rabe*, 21. Aufl., Nr. 1000 VV RVG Rn 1). Sie ist eine **reine Erfolgsgebühr**. Der Erfolg ist die **Entlastung der Gerichte** und die Bemühung um möglichst weitgehende Herstellung des Rechtsfriedens. Sie entsteht **zusätzlich zu den Tätigkeitsgebühren** „Geschäftsgebühr" bzw. „Verfahrensgebühr".

511 Eine **Einigung** liegt auch dann vor, wenn **kein gegenseitiges Nachgeben** stattgefunden hat. Dieses Tatbestandsmerkmal ist also entfallen. Es ist vorrangig darauf abzustellen, ob durch die Vereinbarung **Streit und Ungewissheit beseitigt** worden sind. Selbstverständlich genügen alle Vergleiche i.S.d. § 779 BGB auch dem Tatbestandsmerkmal der „Einigung" und lösen die Gebühren nach Nr. 1000 VV RVG aus, wenn die sonstigen Tatbestandsmerkmale **Vertrag, zur Beseitigung von Streit und Ungewissheit über ein Rechtsverhältnis, ursächliche Mitwirkung des Rechtsanwaltes** erfüllt sind und das negative Merkmal „lediglich auf Anerkenntnis oder Verzicht beschränkt" nicht vorliegt (Gerold/Schmidt-*Müller-Rabe*, 21. Aufl., Nr. 1000 VV RVG Rn 34 ff.).

512 Wird zum Abschluss der Regulierung eine **Abfindungserklärung** unterzeichnet, liegt in jedem Fall eine Einigung vor und die Gebühr gem. Nr. 1000 VV RVG fällt an (AG Neuss zfs 1991, 160 zu der früheren Vergleichsgebühr).

513 Die Gebühr beträgt im Falle einer **außergerichtlichen** Einigung **1,5**, bei einem anhängigen gerichtlichen Verfahren (insbesondere beim **gerichtlichen** Vergleich) gem. Nr. 1003 VV RVG **1,0**.

514 Fraglich ist, was unter dem Begriff der „**Mitwirkung des Rechtsanwaltes beim Abschluss des Vergleiches**" zu verstehen ist. Das setzt nicht voraus, dass der Rechtsanwalt persönlich mit der Gegenpartei verhandelt hat oder dass er bei dem endgültigen Abschluss der Einigung anwesend war. Es genügt vielmehr die Prü-

fung und Begutachtung des Einigungsvorschlages und die Beratung der eigenen Partei (Gerold/Schmidt-*Müller-Rabe*, 21. Aufl., Nr. 1000 VV RVG Rn 247 ff.). Ferner ist es ausreichend, wenn die anwaltlichen Bemühungen zumindest mitursächlich für das Zustandekommen der Einigung waren.

Als Mitwirkung genügen nicht: 515
- Allgemeiner Rat zur gütlichen Einigung
- Erfolgloses Bemühen, das entweder zu keiner Einigung geführt hat oder auf die später zustande gekommene Einigung keinen Einfluss hatte
- Bloße Mitteilung von Einigungsvorschlägen der Gegenpartei oder Stellungnahme
- Abraten vom Abschluss einer Einigung, es sei denn, der Rechtsanwalt schließt trotz seines Abratens die Einigung auf Anweisung des Mandanten ab
- Abschluss unter Abweichung von Weisungen der Partei, denn die Tätigkeit muss durch den erteilten Auftrag gedeckt sein

Gegenstandswert ist der Betrag, **über den** – nicht auf den – die Einigung erfolgt ist, also ggf. weniger als der anfängliche Geschäftswert bei einem Teilvergleich. Bei **Abfindungsvergleichen** ist nach dem Wortlaut der Erklärung aber meistens eine Einigung über den Gesamtstreit erzielt worden, sodass dann auch mindestens der **Gesamtabfindungsbetrag** den Gegenstandswert darstellt. 516

Eine gebührenrechtliche Besonderheit besteht, wenn der Mandant bereits **Klageauftrag erteilt** hat und der Anwalt in einem Telefonat zur Abwendung des Prozesses noch einen Vergleich schließt: Dann fällt die 1,2 Termingebühr gem. Nr. 3104 VV RVG an, auch wenn die Klage noch nicht anhängig ist. Hinzu kommt die 0,8 Gebühr gem. Nr. 3101 VV RVG sowie die 1,5 Einigungsgebühr gem. Nr. 1000 VV RVG. Voraussetzung ist aber der erteilte Klageauftrag, der schriftlich dokumentiert sein sollte. 517

Tipp 518
Oft spielt der Versicherer so genannten **Klagepoker**, d.h. er reguliert verzögerlich und wartet ab, ob der Anwalt des Geschädigten klagt. Sobald die Klage zugestellt ist, erfolgt der Anruf des Schadenleiters, in dem Anerkenntnis und sofortige Zahlungsbereitschaft signalisiert werden. Zugleich wird um Rücknahme der Klage gebeten und Kostenübernahme zugesichert. Auch im Falle einer **Klagerücknahme** auf Bitten des Versicherers liegt ein **Vergleich** bzw. eine **Einigung** vor (AG Dortmund zfs 2002, 196). Das Beseitigen von Streit durch den Geschädigten liegt im Verzicht auf die Weiterverfolgung und Titulierung des Anspruchs, das Nachgeben der Beklagten liegt im Verzicht auf ein die Klage abweisendes Urteil und in der Übernahme der Kosten.

Der Geschädigte und der Versicherer verzichten also auf die Klärung der Haftungsfragen im Rechtsstreit (AG Wiesbaden zfs 1992, 310; AG Dortmund zfs 2002, 196). Voraussetzung dabei ist jedoch, dass die Klage gerade in Erfüllung der durch die Einigung übernommenen Verpflichtungen zurückgenommen wird.

§ 8 Sonstige materielle Schadenspositionen

> *Merke*
> Klagerücknahme immer nur gegen Gebührenvereinbarung mit dem gegnerischen Versicherer in Form der Zahlung von mindestens einer 1,3 Verfahrensgebühr plus 1,0 Einigungsgebühr plus ggf. 1,2 Terminsgebühr bei Telefonat sowie des nicht anrechenbaren Teils der außergerichtlich entstandenen Geschäftsgebühr! Ist der Versicherer damit nicht einverstanden, bleibt allerdings nur die (i.d.R. übereinstimmende) Erledigungserklärung des Rechtsstreits in der Hauptsache.

cc) Regulierungsempfehlungen einiger Versicherer

519 Das ehemalige so genannte **DAV-Abkommen** (zutreffender als „Regulierungsempfehlung *Gebhardt/Greißinger*" bezeichnet) ist mit Wirkung ab 1.7.2004, dem Inkrafttreten des RVG, **entfallen**. Gerade auch nach Geltung des RVG ist es aber ein wichtiges Anliegen, die Abwicklung von Schadensfällen möglichst unkompliziert und unbürokratisch zu gestalten. Überflüssige Diskussionen bei der Abrechnung mit Versicherern sollten, wenn möglich, vermieden werden. Vor diesem Hintergrund haben verschiedene Versicherer unabhängig voneinander mitgeteilt, dass sie unternehmensintern ihre Schadenbüros angewiesen haben, Rechtsanwaltsgebühren nach bestimmten Grundsätzen abzurechnen. Gleichzeitig haben sie mitgeteilt, dass sie diese Verfahrensweise nur gegenüber solchen Rechtsanwälten anwenden, die sich mit ihnen in allen Fällen uneingeschränkt einverstanden erklären.

520 Bei den Versicherern handelt es sich um (Stand: Juni 2016)
- DEVK Versicherungen
- Öffentliche Versicherung Oldenburg.

Die Württembergische Versicherung AG, die VHV Versicherungen, die Allianz Versicherungen und (für Mandatierungen seit dem 1.1.2016) auch die VGH Versicherungen (Landschaftliche Brandkasse Hannover) sind inzwischen **ausgeschieden**.

521 Der Wortlaut orientiert sich an den Regelungen der früheren Gebührenempfehlung *Gebhardt/Greißinger* unter Berücksichtigung einer Erhöhung des jeweiligen Gebührensatzes um 0,3 (entspricht beim niedrigsten Gebührensatz von früher 1,5 und jetzt 1,8 einer linearen Gebührenerhöhung um 20%) und ist – im Wesentlichen gleich lautend – Folgender:

1. Bei **vollständiger außergerichtlicher Regulierung** von Haftpflichtschäden (also nicht nur Kraftfahrthaftpflichtschäden, sondern auch allgemeinen Haftpflichtschäden) wird zur Abgeltung der Gebühren nach den Nr. 1000, 2300 VV RVG eine Gebühr von 1,8 aus dem Entschädigungsbetrag ohne Rücksicht darauf gezahlt, ob der Fall einfach abgerechnet, verglichen oder besprochen wurde.
2. Sind Gegenstand der Regulierung (auch) **Körperschäden**, erhöht sich die Gebühr ab einem Gesamterledigungswert von 10.000 EUR auf 2,1.

C. Regulierungskosten §8

3. Vertritt der Rechtsanwalt **mehrere** durch ein Unfallereignis **Geschädigte**, so errechnet sich der Gegenstandswert aus der Summe der Erledigungswerte. Die Gebühr erhöht sich dann auf 2,4.
4. Sind Gegenstand der Regulierung in den Fällen zu Ziffer 3 (auch) **Körperschäden**, so erhöht sich die Gebühr ab einem Gesamterledigungswert von 10.000 EUR auf 2,7.
5. Die Abrechnungsgrundsätze finden **Anwendung auf alle Schadensfälle**, die sich ab dem 1.7.2004 ereignet haben und zum 30.10.2004 noch nicht abgerechnet sind.

Der Wortlaut der jeweiligen Erklärungen befindet sich im Anhang (Anlage 3, siehe § 14 Rdn 3 ff.). Der jeweils aktuelle Stand ist auf der Internetseite der Arbeitsgemeinschaft Verkehrsrecht des DAV unter *www.verkehrsanwaelte.de*, Rubrik: „Für Verkehrsanwälte: Arbeitshilfen", als „abrechnung-kfz-haftpflichtschaeden.pdf" abrufbar.

Alle diese Versicherer gehen von einer **individuellen Gebührenvereinbarung** bei einem Gesamterledigungswert von **über 200.000 EUR** aus. Das alles gilt nur für den Fall **vollständiger außergerichtlicher Regulierung**. Wird auch nur wegen eines kleinen Teilbetrages Klage erhoben, entfällt die Abmachung, wenn über einen Teilanspruch, sei es auch nur über die Kosten, **gerichtlich entschieden** worden ist. Wird jedoch nach Klageerhebung anerkannt oder verglichen, bleibt es wieder bei der Abrechnung nach der Regulierungsempfehlung. 522

Hinweis
Dies führt bei einer erforderlichen Klageerhebung und sodann Nichtaufnahme des Prozesses durch den gegnerischen Versicherer mit vollständiger Regulierung zu einer besonders unangemessenen Rechtsanwaltskostenerstattung, weil dann das gesamte Klageverfahren im Ergebnis unvergütet bleibt (der Anwalt erhält in diesem Fall nur die 1,8 Gebühr, welche er ohnehin für die außergerichtliche Tätigkeit erhalten hätte, nicht jedoch eine Verfahrens- oder ggf. Terminsgebühr für den erheblichen Aufwand der Fertigung der Klageschrift). Dies macht den sogenannten Klagepoker (vgl. oben Rdn 518) für den Versicherer besonders reizvoll, weil er im Falle der tatsächlichen Klageerhebung und dann erst erfolgenden Regulierung im Ergebnis nur eine Gerichtsgebühr zusätzlich zu zahlen hat. Aus diesem Grunde sollte der Anwalt sich gut überlegen, ob er sich tatsächlich mit einer Abrechnung nach der Gebührenempfehlung einverstanden erklärt.

Problematisch ist der Begriff **vollständiger außergerichtlicher Regulierung von Haftpflichtschäden**, wie er schon zu den Zeiten der früheren Regulierungsempfehlung *Gebhardt/Greißinger* verwandt wurde, unter einem weiteren Aspekt. Es wurde die Auffassung vertreten, dass in der **Übersendung der Schlussrechnung** durch den Rechtsanwalt des Geschädigten, in der er die Gebührensätze der Empfehlung zugrunde legt, ein Indiz für den Abschluss eines „**Erlassvertrages**" des Inhaltes 523 gesehen werden könne, dass damit die Schadenregulierung vollständig abgeschlossen ist, sodass eine weitergehende, erst später aktuell werdende Geltendmachung von Schadensersatzansprüchen dadurch abgeschnitten sein könnte (verneinend: LG Bonn zfs 2005, 238 f.). Das sollte jedenfalls dann gelten, wenn feststeht, dass die streitigen Positionen nicht weiter verfolgt werden sollen, also mitgeteilt wird, dass die Angelegenheit erledigt ist oder der Rechtsstandpunkt des Bestehens weiterer Ansprüche nicht mehr aufrechterhalten wird (LG Bonn zfs 2005, 238 f.).

524 Zwischenzeitlich hat der BGH jedoch zutreffend entschieden, dass aus einer nach teilweiser Regulierung bei einem Verkehrsunfallschaden erfolgten Abrechnung durch einen Rechtsanwalt gegenüber dem gegnerischen Haftpflichtversicherer „nach Maßgabe des DAV-Abkommens" allein **nicht** der Schluss gezogen werden kann, der Rechtsanwalt **verzichte** namens seines Mandanten auf die Geltendmachung weiterer Ansprüche (BGH VersR 2006, 659 = zfs 2006, 408 = DAR 2006, 497; BGH VersR 2007, 71 = DAR 2007, 140 = NZV 2007, 74). Der BGH führt zu den Voraussetzungen eines Erlasses aus (BGH a.a.O., gleichlautend in beiden Entscheidungen):

> *„Hierfür ist vielmehr erforderlich, dass über die bloße Kostenabrechnung hinaus mit hinreichender Deutlichkeit zum Ausdruck kommt, es solle eine materiell-rechtlich wirkende Erklärung abgegeben werden. Insoweit kommt es auf die konkreten Umstände des Einzelfalles an. Das Angebot auf Abschluss eines Erlassvertrages muss jedenfalls unmissverständlich erklärt werden. An die Feststellung eines Verzichtswillens sind strenge Anforderungen zu stellen, er darf nicht vermutet werden. Selbst bei einer eindeutig erscheinenden Erklärung des Gläubigers darf ein Verzicht nicht angenommen werden, ohne dass bei der Feststellung zum erklärten Vertragswillen sämtliche Begleitumstände berücksichtigt worden sind."*

Obwohl der BGH folglich zu Recht sehr **strenge Anforderungen** an die Annahme eines **Erlasses** stellt, empfiehlt es sich dennoch zur Klarstellung, bei der Abrechnung einen entsprechenden Vorbehalt mit aufzunehmen.

525 *Merke*
Um Auseinandersetzungen mit dem Haftpflichtversicherer wegen restlicher, u.U. derzeit noch gar nicht bekannter Schadensersatzansprüche des Mandanten zu vermeiden, sollte im Rahmen der Abrechnung nach einer Regulierungsempfehlung darauf hingewiesen werden, dass mit ihr kein Verzicht auf unverändert streitige oder erst später zu berechnende Forderungen verbunden ist. Bereits die Formulierung „rechnen wir vorläufig wie folgt ab:" dürfte nach der aktuellen Rechtsprechung des BGH ausreichend und daher völlig unproblematisch sein.

526 Die **HUK-Coburg Versicherungs-AG** hat seit dem 9.5.2005 eine „Gebührenvereinbarung" für den Bereich Kfz-Haftpflicht und allgemeine Haftpflicht angeboten. Die dort angebotene Gebührenhöhe entspricht den Pauschalbeträgen des alten Merkblatts zur Abwicklung von Kfz-Haftpflichtschäden (Modell *Gebhardt/Grei-*

C. Regulierungskosten § 8

ßinger). Anstelle der nach RVG entstandenen Gebühren wird grundsätzlich ein Pauschalbetrag in Höhe einer 1,5-Gebühr aus dem Gesamterledigungswert gezahlt. **Das Angebot der HUK-Coburg ist jedoch nicht akzeptabel.** Im Ergebnis wird mit der vorgeschlagenen Vereinbarung die Gebührenerhöhung, welche durch Einführung des RVG in Anbetracht der seit dem Jahre 1994 nicht gestiegenen Rechtsanwaltsgebühren erzielt werden sollte, völlig ausgehebelt. Die HUK-Coburg hat in der Vergangenheit eine wahrhaft beispiellose Prozessflut um die Mittelgebühr nach Nr. 2300 VV RVG, die sie mit 0,9 angesetzt hatte, veranlasst.

Mit solchen Regulierungsvereinbarungen sollen zwar erneut die dauernden Meinungsverschiedenheiten darüber, welche Gebühren in welcher Höhe angefallen sind, vermieden werden. Das bedeutet aber auch, dass in vielen Fällen **weder gegenüber dem Mandanten** noch gegenüber dessen **Rechtsschutzversicherer** eine etwaige **Differenzgebühr** abgerechnet werden kann, wenn sie über das nach der Regulierungsempfehlung gezahlte Honorar hinausgeht. 527

Merke 528
Wenn der Anwalt, was seine freie Entscheidung ist, die Gebührenempfehlung gegenüber dem gegnerischen Haftpflichtversicherer anwendet, dann wirkt das grundsätzlich auch gegenüber dem Mandanten bzw. seinem Rechtsschutzversicherer (dazu ausführlich: *Beck*, DAR 1998, 41).

Allerdings hat der Anwalt – wenn **tatsächlich auch eine Einigung** stattgefunden hat – Anspruch auf z.B. 1,5 Gebühr nach dem **vollen Gegenstandswert** seiner Bemühungen gegenüber dem Mandanten und seinem Rechtsschutzversicherer, wohingegen der gegnerische Versicherer ja nur 1,5 nach dem **gezahlten Betrag** abrechnet. **Diese Differenzgebühr** bleibt dem Anwalt also in jedem Falle (vgl. im Einzelnen Rdn 537 ff.). 529

Tipp 530
Es gab zur Zeit der Gültigkeit der Regulierungsempfehlung *Gebhardt/Greißinger* Versicherer, die – insbesondere bei hohen Gegenstandswerten – bewusst einen geringen Restschaden nicht regulierten, um so eine Klageerhebung zu provozieren, damit die Regulierungsempfehlung nicht zur Anwendung kam, sie also für den großen außergerichtlich gezahlten Betrag nur 7,5/10 zahlen mussten und für den geringen Restbetrag bewusst die Prozesskosten in Kauf nahmen.

Merke 531
Wenn das „Regulierungsangebot" entfällt, gilt das RVG, d.h.: Ist im außergerichtlichen Teil der Regulierung tatsächlich eine Einigungsgebühr angefallen, sind 1,5 zusätzlich ohnehin fällig. Dann finden Klageprovokationen regelmäßig auch nicht statt.

dd) Differenzgebühren bei gesetzlicher Vergütung

532 Die Höhe der vom gegnerischen Haftpflichtversicherer **zu erstattenden Rechtsanwaltsgebühren** richtet sich nach dem Betrag, der von dem Schädiger als berechtigt anerkannt, auf den man sich geeinigt hat oder in dessen Höhe der Geschädigte klaglos gestellt wird, sog. **Erledigungswert** (BGH VersR 1970, 573). Im Falle einer Einigung (gegenseitiges Nachgeben) ist ausschließlich der Wert des Einigungsbetrages zugrunde zu legen.

533 Demgegenüber richtet sich **gebührenrechtlich** der Gegenstandswert der entstandenen Rechtsanwaltskosten nach dem **Auftrag. Gegenüber seinem Mandanten** (und demzufolge auch gegenüber dessen Rechtsschutzversicherer) kann der Rechtsanwalt daher stets den (vollen) **Gegenstandswert seines Auftrages** zugrunde legen. Das bedeutet, dass er z.B. stets nach dem vollen Gegenstandswert abrechnen darf, wenn der Mandant ihm Mandat erteilt hat, die Ansprüche auf der Basis von 100 % geltend zu machen, auch wenn letztlich nur eine Quote herausgekommen ist.

534 Gegenüber seinem Mandanten (oder dessen **Rechtsschutzversicherer**) hat der Anwalt daher nach erfolgter quotenmäßiger oder der Höhe nach reduzierter Regulierung **Anspruch auf die Differenzgebühren**.

535 *Beispiel*
Anwaltskosten gegenüber Haftpflichtversicherer des Schädigers

(Gegenstandswert der Erledigung: 12.000 EUR)
1,3 Geschäftsgebühr gem. Nr. 2300 VV RVG	785,20 EUR
1,5 Einigungsgebühr gem. Nr. 1000 VV RVG	906,00 EUR
Auslagenpauschale gem. Nr. 7002 VV RVG	20,00 EUR
19 % MwSt. gem. Nr. 7008 VV RVG	325,13 EUR
Summe	2.036,33 EUR

Anwaltskosten gegenüber Mandanten und dessen Rechtsschutzversicherer

(Gegenstandswert des Auftrags: 20.000 EUR)
1,3 Geschäftsgebühr gem. Nr. 2300 VV RVG	964,60 EUR
1,5 Einigungsgebühr gem. Nr. 1000 VV RVG	1.113,00 EUR
Auslagenpauschale gem. Nr. 7002 VV RVG	20,00 EUR
19 % MwSt. gem. Nr. 7008 VV RVG	398,54 EUR
Summe	2.496,14 EUR
abzüglich Kostenerstattung Haftpflichtversicherer	2.036,33 EUR
Differenzgebühr Mandant/Rechtsschutzversicherer	459,81 EUR

Tipp
Nie vergessen, die **Differenzgebühr** gegenüber dem Mandanten oder seinem Rechtsschutzversicherer geltend zu machen, wenn der gegnerische Versicherer nur teilweise gezahlt hat.

C. Regulierungskosten §8

ee) Differenzgebühren bei Abrechnung nach Regulierungsempfehlung

Fraglich ist, inwieweit noch beim Mandanten bzw. dessen Rechtsschutzversicherer Differenzgebühren geltend gemacht werden können, wenn zuvor gegenüber dem gegnerischen Haftpflichtversicherer nach einer der neuen Regulierungsempfehlungen abgerechnet wurde (vgl. oben Rdn 519 ff.). **536**

In diesem Falle ist wie folgt zu **differenzieren** (die nachfolgenden Ausführungen erfolgen entsprechend der vergleichbaren Rechtslage zu Zeiten der BRAGO bei Anwendung der Regulierungsempfehlung *Gebhardt/Greißinger* nach *Madert* in Gerold/Schmidt/v. Eicken/Madert, BRAGO, 12. Auflage, München 1995, Anhang 13 und basieren auf einer Abhandlung von *Matzen*, AnwBl 1973, 60): **537**

(1) Differenz resultiert aus den unterschiedlichen Gegenstandswerten der Geltendmachung und der Erledigung

Soweit sich eine Differenz zwischen Abrechnung der gesetzlichen Vergütung und der nach der Regulierungsempfehlung pauschalierten Vergütung daraus ergibt, dass der Gegenstandswert der Geltendmachung **höher** als der Erledigungswert ist, ist eine Differenzgebühr vom Mandanten bzw. dessen Rechtsschutzversicherer zu erstatten. **538**

Beispiel **539**
Es wurden 9.000 EUR geltend gemacht, der gegnerische Haftpflichtversicherer hat 7.000 EUR gezahlt. Ein Vergleich (Abfindung o. Ä.) wurde nicht geschlossen. Die gesetzliche Vergütung beträgt aufgrund umfangreicher und schwieriger Verhandlungen, Besprechungen etc. 1,8 Geschäftsgebühr.

Anwaltskosten gegenüber Haftpflichtversicherer des Schädigers nach Regulierungsempfehlung:

(Gegenstandswert der Erledigung: 7.000 EUR)
1,8 Gebühr gem. Regulierungsempfehlung	729,00 EUR
Auslagenpauschale gem. Nr. 7002 VV RVG	20,00 EUR
19 % MwSt. gem. Nr. 7008 VV RVG	142,31 EUR
Summe	891,31 EUR

Gesetzliche Vergütung:

(Gegenstandswert der Geltendmachung: 9.000 EUR)
1,8 Geschäftsgebühr gem. Nr. 2300 VV RVG	912,60 EUR
Auslagenpauschale gem. Nr. 7002 VV RVG	20,00 EUR
19 % MwSt. gem. Nr. 7008 VV RVG	177,19 EUR
Summe	1.109,79 EUR

Der Anwalt kann gegenüber seinem Mandanten bzw. dessen Rechtsschutzversicherer die Differenz i.H.v. 1.109.79 EUR abzgl. 891,31 EUR = 218,48 EUR geltend machen.

(2) Differenz resultiert aus den unterschiedlichen Gebührensätzen der gesetzlichen und der pauschalierten Vergütung

540 Soweit eine Gebührendifferenz zwischen gesetzlicher Vergütung und der nach der Regulierungsempfehlung pauschalierten Regulierung darauf zurückzuführen ist, dass die vom Schädiger nach der Regulierungsempfehlung ersetzten Anwaltsgebühren (z.B. 1,8) ihrer Art nach oder vom Gebührensatz **geringer** sind als die nach dem Gesetz gegenüber dem Mandanten entstandenen Gebühren, kann der Anwalt diese Differenz **nicht geltend machen**. Dies liegt daran, dass Sinn der Regulierungsempfehlung gerade die Vermeidung des Streits ist, welche Gebühren konkret unter Zugrundelegung welchen Gebührensatzes entstanden sind. Wird die Regulierungsempfehlung angewandt, wirkt sie insoweit auch zugunsten des Mandanten.

541 *Beispiel*
Es wurden 9.000 EUR geltend gemacht, der gegnerische Haftpflichtversicherer hat aufgrund eines Vergleichs 7.000 EUR gezahlt. Die gesetzliche Vergütung beträgt 1,3 Geschäftsgebühr sowie 1,5 Einigungsgebühr.

Anwaltskosten gegenüber Haftpflichtversicherer des Schädigers nach Regulierungsempfehlung:

(Gegenstandswert der Erledigung: 7.000 EUR)

1,8 Gebühr gem. Regulierungsempfehlung	729,00 EUR
Auslagenpauschale gem. Nr. 7002 VV RVG	20,00 EUR
19 % MwSt. gem. Nr. 7008 VV RVG	142,31 EUR
Summe	891,31 EUR

Gesetzliche Vergütung:

(Gegenstandswert der Geltendmachung: 9.000 EUR)

1,3 Geschäftsgebühr gem. Nr. 2300 VV RVG	659,10 EUR
1,5 Einigungsgebühr gem. Nr. 1000 VV RVG	760,50 EUR
Auslagenpauschale gem. Nr. 7002 VV RVG	20,00 EUR
19 % MwSt. gem. Nr. 7008 VV RVG	273,52 EUR
Summe	1.713,12 EUR

Der Anwalt kann gegenüber seinem Mandanten nur die aufgrund des höheren Gegenstandswertes (9.000 EUR statt 7.000 EUR) höhere Gebühr geltend machen, nicht jedoch aufgrund des höheren Gebührensatzes (2,8 statt 1,8). Das bedeutet, dass er lediglich eine 1,8 Gebühr (pauschaliert) aus einem Wert von

C. Regulierungskosten §8

9.000 EUR (Geltendmachung) berechnen darf. Im Ergebnis ergibt sich daher folgende Differenzgebühr:

(Gegenstandswert des Auftrags: 9.000 EUR)	
1,8 Gebühr gem. Gebührenempfehlung	912,60 EUR
Auslagenpauschale gem. Nr. 7002 VV RVG	20,00 EUR
19 % MwSt. gem. Nr. 7008 VV RVG	177,19 EUR
Summe	1.109,79 EUR
abzüglich Kostenerstattung Haftpflichtversicherer	891,31 EUR
Differenzgebühr Mandant/Rechtsschutzversicherer	218,48 EUR

Ist bei Zugrundelegung der gesetzlichen Vergütung ein **geringerer Gebührensatz** entstanden als bei der Abrechnung nach der **Regulierungsempfehlung**, ist bei der Berechnung der Differenzgebühren lediglich vom gesetzlichen Gebührensatz (aber nach dem Wert der Geltendmachung) auszugehen. Hierbei wird häufig keine abrechenbare Differenzgebühr verbleiben, weil die aufgrund des höheren Gegenstandswertes entstehende Differenz vollständig von den aufgrund des höheren Gebührensatzes höheren erstatteten Gebühren aufgezehrt wird. **542**

Beispiel **543**
Es wurden 9.000 EUR geltend gemacht, der gegnerische Haftpflichtversicherer hat 7.000 EUR gezahlt. Ein Vergleich (Abfindung o.Ä.) wurde nicht geschlossen. Die gesetzliche Vergütung beträgt 1,3 Geschäftsgebühr.

Anwaltskosten gegenüber Haftpflichtversicherer des Schädigers nach Regulierungsempfehlung:

(Gegenstandswert der Erledigung: 7.000 EUR)	
1,8 Gebühr gem. Regulierungsempfehlung	729,00 EUR
Auslagenpauschale gem. Nr. 7002 VV RVG	20,00 EUR
19 % MwSt. gem. Nr. 7008 VV RVG	142,31 EUR
Summe	891,31 EUR

Gesetzliche Vergütung:

(Gegenstandswert der Geltendmachung: 9.000 EUR)	
1,3 Geschäftsgebühr gem. Nr. 2300 VV RVG	659,10 EUR
Auslagenpauschale gem. Nr. 7002 VV RVG	20,00 EUR
19 % MwSt. gem. Nr. 7008 VV RVG	129,03 EUR
Summe	808,13 EUR

Der Anwalt hat aufgrund der Regulierungsempfehlung also bereits mehr bekommen, als an gesetzlicher Vergütung entstanden ist, sodass keine Differenzgebühr mehr gegenüber dem Mandanten bzw. dessen Rechtsschutzversicherer geltend gemacht werden kann.

> *Merke*
> Bei Anwendung von Regulierungsempfehlungen mit Haftpflichtversicherern können gegenüber dem Mandanten bzw. dessen Rechtsschutzversicherer abrechenbare Differenzgebühren dann verbleiben, wenn der Erledigungswert geringer ist als der Wert der Geltendmachung (des Auftrags). Bei der Berechnung der gesetzlichen Vergütung nach dem (höheren) Gegenstandswert der Geltendmachung ist zu berücksichtigen, dass die Gebühren insgesamt höchstens mit dem der Regulierungsempfehlung entsprechenden pauschalierten Gebührensatz (z.B. 1,8) angesetzt werden dürfen.

ff) Verschiedene Angelegenheiten

544 § 15 Abs. 5 RVG entspricht dem früheren § 13 Abs. 5 BRAGO a.F. Die anwaltliche Unfallschadensregulierung und die jährliche Neuberechnung und Geltendmachung einer Unterhaltsschadensrente in den folgenden Jahren sind demnach gebührenrechtlich verschiedene Angelegenheiten (so auch LG Kleve AnwBl 1981, 509; LG Stuttgart zfs 2005, 201; AG Siegburg zfs 2003, 465).

gg) Hebegebühr gem. Nr. 1009 VV RVG

545 Die Hebegebühr erhält der Anwalt, wenn er für seinen Mandanten und **in dessen Auftrag** Gelder vereinnahmt und an ihn oder Abtretungsgläubiger weiterleitet. Die Prozessvollmacht ermächtigt nach § 81 ZPO den Rechtsanwalt zur Empfangnahme der vom Gegner zu erstattenden Kosten, nicht aber stets auch zur Empfangnahme der Streitsumme. Ist allerdings in der Vollmacht die Ermächtigung zur Entgegennahme der Streitsumme aufgenommen, liegt darin regelmäßig der Auftrag, der bei Erfüllung des Tatbestandes des VV 1009 die Hebegebühr entstehen lässt. Der Auftrag kann auch stillschweigend erteilt werden (Gerold/Schmidt-*Mayer*, RVG, 21. Auflage, 1009 VV Rn 3).

546 Die Versicherer machen es sich einfach: Sie verweisen auf die aus dem vorgelegten Vollmachtsformular ersichtliche Inkassovollmacht des Anwaltes und zahlen stets an diesen. Die Anwälte haben dann den entsprechenden **Verwaltungsaufwand**, die Gelder an die Mandanten oder Abtretungsgläubiger weiterzuleiten.

547 Sie übernehmen damit dann auch das **Versendungsrisiko** und haften, wenn z.B. ein Scheck beim Postversand verloren geht. Allein wegen dieses Risikos und des zu leistenden Verwaltungsaufwandes sollte diese Tätigkeit des Anwaltes nur gegen Erstattung der Hebegebühr erfolgen.

548 Die meisten Anwälte verzichten überraschenderweise auf die Geltendmachung dieser Gebühren gegenüber dem Mandanten. Sie leisten – für ihn kostenlos – Dienste, obwohl die **mit dieser Inkassotätigkeit verbundenen Kosten erheblich** sind (jede Buchung – Eingang und Ausgang – kostet Bankgebühren, hinzu kommen die anteiligen Kosten der Buchhalterin, welche die Akte suchen, den Eingang zuordnen und gegebenenfalls hinterhertelefonieren muss usw.).

C. Regulierungskosten § 8

Problematisch erscheint allerdings die Annahme eines konkludenten (oder in der Vollmacht „versteckt" enthaltenen) Auftrages, wenn der **Mandant nicht darüber aufgeklärt** wird, dass ebenso die Möglichkeit besteht, dass die Zahlungen vom Schuldner unmittelbar an ihn geleistet werden. Bekanntlich ist der Rechtsanwalt im Rahmen der Beratung grundsätzlich verpflichtet, den Mandanten über verschiedene mögliche Vorgehensweisen **aufzuklären** bzw. im Zweifel den für den Mandanten **kostengünstigsten Weg** einzuschlagen. Denn würden dem Mandanten die Alternativen offen gelegt und er darüber aufgeklärt, dass er im Falle der Zahlung über den Rechtsanwalt sein Geld später erhält und er dafür eine Hebegebühr zu zahlen hat, dürfte die Entscheidung des Mandanten in der Regel – von Ausnahmefällen wie z.B. der fehlenden Möglichkeit des Mandanten zur zuverlässigen Überwachung des Zahlungseingangs abgesehen – wohl klar sein (*Schneider*, Rechtsschutzversicherung für Anfänger, Rn 246 f.).

549

Häufig lässt der Anwalt (bei nicht rechtsschutzversicherten Mandanten) ja allein deswegen bewusst **Zahlungen an die Kanzlei** leisten, damit er hinsichtlich seines **Honorars abgesichert** ist, also ggf. gem. § 9 RVG einen Kostenvorschuss einbehalten kann. Es erscheint fraglich, ob dieses **allein im Interesse des Anwalts** erfolgende Vorgehen tatsächlich eine **Hebegebühr** rechtfertigt oder bei fehlender Aufklärung des Mandanten über die zur Verfügung stehenden Zahlungswege im Zusammenhang mit der (vermeidbaren) Entstehung der Hebegebühr nicht ein entsprechender Schadensersatzanspruch des Mandanten in gleicher Höhe wegen **Aufklärungspflichtverletzung** in Betracht kommt, wenn sich der Anwalt tatsächlich lediglich auf einen „versteckt" in der Vollmacht enthaltenen oder konkludenten Auftrag zur kostenpflichtigen Vereinnahmung des Streitgegenstandes beruft.

550

> *Tipp*
> Jedenfalls im Interesse eines fairen Umgangs sowie einer Transparenz für den Mandanten sollte daher der Zahlungsweg unter Offenlegung der gesetzlichen Hebegebühr klar mit dem Mandanten vereinbart werden, wenn sich der Anwalt die Berechnung der Hebegebühr ohne vermeidbaren Ärger mit der Mandantschaft vorbehalten will.

551

Da eine **Erstattungspflicht** des Schädigers nur dann besteht, wenn die Einschaltung eines Anwaltes wegen des Inkassos zur zweckentsprechenden Rechtsverfolgung **notwendig** ist i.S.v. § 91 Abs. 2 ZPO i.V.m. § 254 Abs. 2 BGB, entfällt regelmäßig eine Erstattungspflicht des Schädigers bzw. seines Versicherers. Nur wenn der Schuldner, ohne vom Gläubiger oder dessen Anwalt dazu aufgefordert zu sein, an den Anwalt zahlt, ist er verpflichtet, die durch sein Verhalten erst ausgelöste Hebegebühr zu ersetzen (OLG Frankfurt MDR 1981, 856; OLG Düsseldorf AnwBl 1980, 264; LG Hagen AnwBl 1982, 541). Zahlt der Versicherer also auf ausdrückliches Verlangen den Betrag an den Rechtsanwalt, ist die Hebegebühr von ihm nicht zu ersetzen. Zahlt er jedoch **aus freien Stücken** an den Rechtsanwalt, ist die **Hebegebühr erstattungsfähig** (AG Gronau zfs 1997, 147 m. Anm. *Madert* und einem

552

465

Hinweis auf weitere Rechtsprechung; AG Steinfurt AGS 1996, 135). Gem. § 49b BRAO ist es sogar **unzulässig**, auf die Hebegebühr zu **verzichten**.

553 *Tipp*
Klarheit schafft eine entsprechende **Anweisung** an den gegnerischen Versicherer, **ausschließlich an den Geschädigten** oder an Abtretungsgläubiger zu zahlen, **nicht an den Anwalt** mit Hinweis darauf, dass der Geschädigte den Anwalt angewiesen hat, abredewidrig doch an ihn gezahlte Beträge gegen Erstattung der Hebegebühr an den Geschädigten oder die Abtretungsgläubiger weiterzuleiten („Tipp" siehe § 1 Rdn 238). Regelmäßig erstatten die Versicherer auch ohne Probleme die **Hebegebühr**, wenn bei der Abrechnung explizit auf die erfolgte klare Anweisung **hingewiesen** wird.

554 Dann wird die Hebegebühr zu einem dem Geschädigten erwachsenen, vom gegnerischen Versicherer zu vertretenden Schaden (Hebegebührenanspruch des Anwaltes gegen den Mandanten), der dem Geschädigten zu ersetzen ist.

hh) Akteneinsichtsgebühr

555 Für das **Beschaffen der Ermittlungsakte im Auftrage des Versicherers** wird unverändert ein Pauschalhonorar von **26 EUR**, für den ergänzenden Aktenauszug von **13 EUR** zugrunde gelegt. Hinzu kommen die Fotokopierkosten, die von den Behörden erhobene Auslagenpauschale für die Aktenversendung (in der Regel 12 EUR) und die Mehrwertsteuer (auch auf die Aktenversendungspauschale aufgrund der Weiterberechnung durch den Anwalt, vgl. BGH VersR 2011, 877 = zfs 2011, 402). Die **Auslagen** für Post und Telekommunikation sind hingegen bereits in der Pauschalgebühr von 26 EUR enthalten, sodass die Auslagenpauschale gem. Nr. 7002 VV RVG **nicht gesondert zu berechnen** ist.

556 In letzter Zeit gibt es vermehrt **Streit mit den Versicherern**, wenn der Anwalt für sich und seine Aktenbearbeitung – sozusagen rein vorsorglich (vgl. § 1 Rdn 349 ff.) – die Ermittlungsakte angefordert hat und nun die dafür entstandenen Fotokopierkosten und vor allen Dingen die **Auslagenpauschale der Behörden** ersetzt werden sollen. Die Versicherer wenden dann stets einen vom Geschädigten zu vertretenden Verstoß gegen seine Schadensminderungspflicht ein.

557 Dieses **Argument** der Versicherer kann **keinen Bestand** haben. Auch ein Anwalt verfügt über keine hellseherische Fähigkeit in Bezug auf das zukünftige Regulierungsverhalten der Assekuranz in dem zu bearbeitenden Fall. Es gilt als **„anwaltlicher Kunstfehler"**, zunächst das **Regulierungsverhalten abzuwarten** und sich erforderlichenfalls erst dann um die Ermittlungsakte zu bemühen, wenn dies wegen der Einwände der Versicherer doch noch erforderlich wird. Dadurch geht **viel Zeit verloren**, was vermeidbar ist, und das nicht im – allein im Vordergrund stehenden – Interesse des Geschädigten. Zu diesem **erheblichen Verzögerungsrisiko** steht die Vermeidung der verhältnismäßig geringen Kosten der Akteneinsicht in keinem ansatzweise vernünftigen Verhältnis.

C. Regulierungskosten §8

Außerdem **verzögern manche Versicherer** die **Schadenregulierung ganz bewusst**, sogar in eindeutigen und klaren Fällen, mit dem Hinweis darauf, sie benötigten erst die Ermittlungsakte, bevor sie etwas zur Frage der Schadenshöhe und der Regulierung sagen könnten. Sie wissen nämlich, dass die **Ermittlungsakte oft erst in zwei bis drei Monaten** vorliegt. Wenn sie dann einmal ausnahmsweise ohne das Vorliegen der Ermittlungsakte sogleich reguliert, kann sich die Assekuranz nicht auf einen Verstoß des Geschädigten gegen die Schadensminderungspflicht berufen. 558

Vgl. zu diesem Problemkreis: AG Freising MittBl 1999, 52. 559

Dem Versicherer steht nach Prozessende **kein Anspruch auf Erstattung** der für die Akteneinsicht gezahlten Gebühren zu. Erstattbar sind nur die zur zweckgerichteten Rechtsverfolgung oder Rechtsverteidigung notwendigen Kosten der sie aufwendenden Partei. Nicht darunter fallen jedoch die Kosten, die der KH-Versicherer vorprozessual für **Ermittlungsaktenauszüge** (gleichfalls auch für **Arztatteste**) verwandt hat, mit denen er sich lediglich über seine Erfolgsaussichten in einem späteren Prozess unterrichten wollte (LG Bielefeld MittBl 2001, 77). 560

e) Gerichtliche Gebühren

Im Rechtsstreit erhält der Anwalt die Gebühren nach Nr. 3100 ff. VV RVG. Es gibt jetzt nur noch eine **Verfahrensgebühr** (Nr. 3100 VV RVG) sowie eine **Terminsgebühr** (Nr. 3104 VV RVG). Die Beweisgebühr, wie es sie noch nach der BRAGO gab (§ 31 Abs. 1 Nr. 3 BRAGO a.F.), ist entfallen. Daneben kann der Anwalt lediglich noch die **Einigungsgebühr** nach Nr. 1000 ff. VV RVG verdienen. 561

aa) Verfahrensgebühr

Nach Nr. 3100 VV RVG erhält der Anwalt eine 1,3 Verfahrensgebühr. Diese Gebühr entsteht nach Abs. 2 Vorbem. 3 VV RVG für das **Betreiben des Geschäfts** einschließlich der Entgegennahme der Information. Der Anwendungsbereich entspricht damit also dem der früheren Prozessgebühr. 562

(1) Vorzeitige Erledigung

Erledigt sich der Auftrag vorzeitig, etwa weil es nicht mehr zur Klageeinreichung kommt, so erhält der Anwalt nach Nr. 3101 Ziff. 1 VV RVG lediglich eine 0,8 Verfahrensgebühr (bisher § 32 Abs. 1 BRAGO: $^{5}/_{10}$-Gebühr). 563

§ 8 Sonstige materielle Schadenspositionen

564 *Beispiel*
Der Anwalt erhält den Auftrag, Klage auf Schadensersatz i.H.v. 10.000 EUR zu erheben. Bevor er die Klage einreicht, zahlt der Versicherer. Es entsteht nach Nr. 3101 Ziff. 1 VV RVG nur eine 0,8 Gebühr. Abzurechnen ist also wie folgt:

0,8 Verfahrensgebühr gem. Nr. 3101 Ziff. 1 VV RVG (Wert: 10.000 EUR)	446,40 EUR
Auslagenpauschale gem. Nr. 7002 VV RVG	20,00 EUR
Zwischensumme	466,40 EUR
19 % Umsatzsteuer, Nr. 7008 VV RVG	88,62 EUR
Gesamt	555,02 EUR

(2) Protokollierung weiter gehender nicht anhängiger Ansprüche

565 Kommt es im gerichtlichen Verfahren zur Protokollierung einer Einigung über weitergehende nicht anhängige Ansprüche, so entsteht nach Nr. 3101 Ziff. 2 Alt. 1 VV RVG zusätzlich eine 0,8 Verfahrensgebühr, wobei allerdings § 15 Abs. 3 RVG zu berücksichtigen ist. Insgesamt kann der Anwalt nicht mehr als eine 1,3 Verfahrensgebühr aus dem Gesamtwert verlangen.

Beispiel
Eingeklagt ist der Sachschaden i.H.v. 10.000 EUR. Im Termin einigen sich die Parteien über die Klageforderung sowie über eine nicht anhängige Schmerzensgeldforderung i.H.v. 2.000 EUR. Aus dem Wert des Schmerzensgeldanspruchs entsteht jetzt zusätzlich unter Beachtung des § 15 Abs. 3 RVG eine 0,8 Verfahrensgebühr nach Nr. 3101 Ziff. 2 VV RVG.

Die Verfahrensgebühr(en) berechnen sich wie folgt:

1,3 Verfahrensgebühr gem. Nr. 3100 VV RVG (Wert: 10.000 EUR)	725,40 EUR
0,8 Verfahrensgebühr gem. Nr. 3101 Ziff. 2 VV RVG (Wert: 2.000 EUR)	120,00 EUR
gem. § 15 Abs. 3 RVG nicht mehr als 1,3 aus 12.000 EUR	785,20 EUR

(3) Verhandlungen über weiter gehende nicht anhängige Ansprüche

566 Neu ist, dass der Anwalt auch dann eine 0,8 Verfahrensgebühr nach Nr. 3101 Ziff. 2 VV RVG erhält (2. Alt.), wenn es **nicht zu einer Protokollierung der nicht anhängigen Gegenstände** kommt, sondern die Parteien lediglich Verhandlungen oder Erörterungen vor Gericht zur Einigung über solche Ansprüche führen.

C. Regulierungskosten § 8

(4) Gebührenerhöhung bei mehreren Auftraggebern

Vertritt der Anwalt mehrere Auftraggeber, so erhöht sich die Verfahrensgebühr der Nr. 3100 VV RVG um 0,3 je weiteren Auftraggeber, soweit diese an dem zugrunde liegenden Gegenstand gemeinschaftlich beteiligt sind (Nr. 1008 VV RVG). 567

Problematisch ist insbesondere in Verkehrsunfallsachen die Berechnung, wenn die verschiedenen Auftraggeber nur **teilweise gemeinschaftlich** beteiligt sind. Eine solche Konstellation ergibt sich in der Regel bei **Klage und Widerklage**. Während die Klage nur im Namen eines Auftraggebers geführt wird, richtet sich die Widerklage in aller Regel zumindest gegen Fahrer und Versicherer, gelegentlich auch zusätzlich gegen den Halter, also u.U. gegen drei Auftraggeber, sodass sich die Verfahrensgebühr insoweit erhöht. 568

Wichtig ist, dass es auch nach dem RVG **keine „Erhöhungsgebühr"** gibt, sondern **nur erhöhte Gebühren**. Die Erhöhung darf daher nicht selbstständig als eigene Gebühr berechnet werden. Auch wenn die Erhöhung bei mehreren Auftraggebern bei den „allgemeinen Gebühren" steht, darf dies nicht dazu verleiten, sie als eigene Gebühr anzusehen. Der Wortlaut der Nr. 1008 VV RVG ist eindeutig. Es wird keine neue zusätzliche Gebühr gewährt. Vielmehr findet nur eine Erhöhung anderer Gebühren statt. 569

> *Beispiel* 570
> Der Fahrzeugeigentümer beauftragt seinen Anwalt, gegen den Unfallgegner Klage auf Schadensersatz in Höhe von 12.000 EUR zu erheben. Nach Zustellung der Klage erhebt der Unfallgegner Widerklage gegen den Fahrzeugeigentümer sowie gegen den Fahrer und den Haftpflichtversicherer auf Ersatz seines Schadens in Höhe von 7.000 EUR. Der Anwalt des Fahrzeugeigentümers erhält auch das Mandat für die Verteidigung gegen die Widerklage.

Die überwiegende Rspr. will in solchen Fällen eine nicht erhöhte Gebühr aus dem Gesamtwert abrechnen sowie eine Erhöhung aus dem Wert der gemeinschaftlichen Beteiligung (OLG Köln Rpfleger 1987, 175; OLG Frankfurt MDR 1983, 764; OLG Saarbrücken JurBüro 1988, 189; LG Berlin Rpfleger 1981, 123; LG Freiburg Rpfleger 1982, 393; Gerold/Schmidt-*Müller-Rabe*, RVG, 21. Auflage, Nr. 1008 VV Rn 228 ff.). 571

Danach wäre wie folgt zu rechnen: 572

1,3 Verfahrensgebühr gem. Nr. 3100 VV RVG (Wert: 12.000 EUR)	785,20 EUR
0,6 Erhöhungsgebühr gem. Nr. 1008 VV RVG (Wert: 7.000 EUR)	243,00 EUR
Gesamt	1.028,20 EUR

Die Berechnung **ist jedoch unzutreffend**, da es – wie bereits ausgeführt – **keine Erhöhungsgebühr** gibt, sondern nur erhöhte Gebühren. Zutreffend ist vielmehr, aus dem Wert der einfachen Beteiligung die nicht erhöhte Verfahrensgebühr zu berechnen und aus dem Wert der mehrfachen Beteiligung eine erhöhte Gebühr. Das Gesamtaufkommen ist dann nach § 15 Abs. 3 RVG zu begrenzen (OLG Hamburg 573

MDR 1978, 767; LG Bonn AGS 1998, 115; LG Bonn Rpfleger 1995, 384 m. Anm. *N. Schneider*; AnwK-RVG/*Schnapp*, 4. Auflage, 2008, VV 1008 Rn 48 f.; *Lappe*, Rpfleger 1981, 94; *N. Schneider*, MDR 1998, 1439; *Hergemünder*, AGS 2007, 53, 55, Ziff. V; *Engels*, MDR 2001, 355).

Zu rechnen ist also wie folgt:

1,9 Verfahrensgebühr gem. Nr. 3100, 1008 VV RVG (Wert: 7.000 EUR)	769,50 EUR
1,3 Verfahrensgebühr gem. Nr. 3100 VV RVG (Wert: 12.000 EUR) gem. § 15 Abs. 3 RVG nicht mehr als eine 1,9 Gebühr aus 19.000 EUR	785,20 EUR
	1.322,40 EUR

574 Der Gebührenunterschied ist also erheblich. Wer nach der ersten Berechnungsmethode verfährt, führt hier eine Degression ein, die nicht vorgesehen ist und verschenkt damit wertvolle Gebühren.

bb) Terminsgebühr

575 Neben der Verfahrensgebühr erhält der Anwalt eine **Terminsgebühr** nach Nr. 3104 VV RVG. Daneben kommt eine weitere Gebühr für eine eventuelle **Beweisaufnahme nicht** in Betracht mit Ausnahme der neu eingeführten **0,3 Zusatzgebühr für besonders umfangreiche Beweisaufnahmen gem. Nr. 1010 VV RVG**, die entsteht, wenn mindestens drei gerichtliche Termine stattfinden, in denen Sachverständige oder Zeugen vernommen werden. Die Terminsgebühr entsteht insgesamt nur einmal (§ 15 Abs. 2 S. 1 RVG), unabhängig davon, wie viele Beweis-, Verhandlungs- oder sonstige Termine der Anwalt wahrnimmt.

(1) Voraussetzungen der Terminsgebühr

(a) Verhandlungs-, Erörterungs- oder Beweisaufnahmetermin

576 Die Terminsgebühr erhält der Anwalt zum einen für die Teilnahme an einem Verhandlungs-, Erörterungs- oder Beweisaufnahmetermin vor Gericht (Abs. 3 Alt. 1 Vorbem. 3 VV RVG). Dies entspricht dem bisherigen Anwendungsbereich des § 31 Abs. 1 Nr. 3 und 4 BRAGO a.F.

(b) Von einem Sachverständigen anberaumter Termin

577 Darüber hinaus erhält der Anwalt die Terminsgebühr auch dann, wenn er lediglich an einem von einem Sachverständigen anberaumten Termin teilnimmt (Abs. 3 Alt. 2 Vorbem. 3 VV RVG). Hierzu zählt u.a. die Teilnahme an Terminen in einem **selbstständigen Beweisverfahren**. Aber auch Termine bei einem vorbereitenden Sachverständigengutachten nach § 358a ZPO werden hier erfasst.

C. Regulierungskosten §8

Beispiel 578
Das Gericht erlässt nach § 358a ZPO einen vorbereitenden Beweisbeschluss zur Aufklärung des Unfallhergangs und beauftragt einen Sachverständigen. Dieser ordnet einen Ortstermin an der Unfallstelle an, zu dem die Anwälte erscheinen. Hiernach erstellt der Sachverständige ein schriftliches Gutachten, worauf die Klage (Wert: 10.000 EUR) zurückgenommen wird. Obwohl ein gerichtlicher Verhandlungstermin nicht stattgefunden hat, haben die Anwälte nach Nr. 3104 VV RVG i.V.m. Abs. 3 Vorbem. 3 VV RVG eine Terminsgebühr verdient.

Zu rechnen ist wie folgt:

1,3 Verfahrensgebühr gem. Nr. 3100 VV RVG (Wert: 10.000 EUR)	725,40 EUR
1,2 Terminsgebühr gem. Nr. 3104 VV RVG (Wert: 10.000 EUR)	669,60 EUR
Auslagenpauschale gem. Nr. 7002 VV RVG	20,00 EUR
Zwischensumme	1.415,00 EUR
19 % Umsatzsteuer, Nr. 7008 VV RVG	268,85 EUR
Gesamt	1.683,85 EUR

(c) Besprechungen ohne Beteiligung des Gerichts

Neu gegenüber der BRAGO ist darüber hinaus, dass der Anwalt die Terminsgebühr 579
auch dann erhält, wenn lediglich Besprechungen ohne Beteiligung des Gerichts **zur Vermeidung oder Erledigung** des Verfahrens geführt werden (Abs. 3 Alt. 3 Vorbem. 3 VV RVG). Auch in diesem Fall erhält der Anwalt eine 1,2 Terminsgebühr.

Beispiel 580
Nach Klageerhebung ruft der Sachbearbeiter des beklagten Versicherers beim Anwalt an, um sich mit ihm zu einigen. Für diese Besprechung ist bereits die Terminsgebühr nach Nr. 3104 VV RVG i.V.m. Abs. 3 Alt. 3 Vorbem. 3 VV RVG) angefallen. Ob es zu einer Einigung kommt oder nicht, ist dabei unerheblich.

Zu rechnen ist ebenso wie im vorstehenden Beispiel.

Die Klage muss auch noch nicht erhoben sein. Es reicht aus, dass **Klageauftrag** 581
erteilt war (BGH DAR 2007, 551 = NJW-RR 2007, 720 = AGS 2007, 166 = AnwBl 2007, 381).

Beispiel 582
Der Anwalt hat den Auftrag, die Klage einzureichen. Bevor dies geschieht, ruft der Sachbearbeiter des zu verklagenden Versicherers an, um einen Rechtsstreit zu vermeiden. Auch hier entsteht die Terminsgebühr nach Nr. 3104 VV RVG.

§ 8 Sonstige materielle Schadenspositionen

Zu rechnen ist wie folgt (falls der Versicherer die Ansprüche voll anerkennt und es daher nicht mehr zur Klageerhebung kommt):

0,8 Verfahrensgebühr gem. Nr. 3101 Ziff. 1 VV RVG (Wert: 10.000 EUR)	446,40 EUR
1,2 Terminsgebühr gem. Nr. 3104 VV RVG (Wert: 10.000 EUR)	669,60 EUR
Auslagenpauschale gem. Nr. 7002 VV RVG	20,00 EUR
Zwischensumme	1.136,00 EUR
19 % Umsatzsteuer, Nr. 7008 VV RVG	215,84 EUR
Gesamt	1.351,84 EUR

583 Die Besprechung muss auch nicht mit der Partei des Rechtsstreits geführt sein. **Besprechungen mit Dritten** reichen aus.

Beispiel
Der Anwalt hat nur Fahrer und Halter verklagt, nicht aber auch den Versicherer. Dieser meldet sich aber nach Klageerhebung, um eine Erledigung herbeizuführen. Obwohl der Versicherer nicht Partei ist, entsteht für die Besprechung mit ihm die Terminsgebühr nach Nr. 3104 VV RVG.

Zu rechnen ist wie im vorstehenden Beispiel.

(d) Schriftliches Verfahren

584 Auch in schriftlichen Verfahren nach §§ 128, 495 a, 307 Abs. 2 ZPO erhält der Anwalt die volle 1,2 Terminsgebühr (Abs. 1 Nr. 1 Anm. zu Nr. 3104 VV RVG).

(e) Schriftlicher Vergleich

585 Die Terminsgebühr entsteht auch dann, wenn ein schriftlicher **Vergleich** geschlossen wird, ohne dass es zu einem Termin gekommen ist. Sie entsteht daher z.B. jetzt auch, wenn das Gericht einen Einigungsvorschlag unterbreitet und dieser dann schriftsätzlich nach § 278 Abs. 6 ZPO **angenommen** und durch Beschluss festgestellt wird, ohne dass es darauf ankommt, ob der Vergleich in einem der in Abs. 1 Nr. 1 Anm. zu Nr. 3104 VV RVG genannten schriftlichen Verfahren geschlossen wird (BGH NJW 2006, 157 = AGS 2006, 540 = AnwBl 2006, 71; BGH NJW-RR 2006, 1507 = AGS 2006, 488 = AnwBl 2006, 676; BGH NJW-RR 2007, 1149 = AGS 2007, 341 = AnwBl 2007, 462).

586 *Beispiel*
Nach Klageerhebung über 10.000 EUR schlägt das Gericht den Parteien vor, sich auf eine Zahlung von 7.500 EUR zu einigen. Beide Parteien nehmen diesen Vorschlag schriftsätzlich an. Für die schriftsätzliche Annahme des Vergleichsvorschlags entsteht sowohl die Terminsgebühr nach Nr. 3104 VV RVG als auch die Einigungsgebühr nach Nr. 1000, 1003 VV RVG.

Zu rechnen ist wie folgt:

1,3 Verfahrensgebühr gem. Nr. 3100 VV RVG (Wert: 10.000 EUR)	725,40 EUR
1,2 Terminsgebühr gem. Nr. 3104 VV RVG (Wert: 10.000 EUR)	669,60 EUR
1,0 Einigungsgebühr gem. Nr. 1000, 1003 VV RVG (Wert: 10.000 EUR)	558,00 EUR
Auslagenpauschale gem. Nr. 7002 VV RVG	20,00 EUR
Zwischensumme	1.973,00 EUR
19 % Umsatzsteuer, Nr. 7008 VV RVG	374,87 EUR
Gesamt	2.347,87 EUR

(2) Höhe der Terminsgebühr

Die Höhe der Terminsgebühr beläuft sich grundsätzlich auf 1,2. Unerheblich ist, ob streitig oder nicht streitig verhandelt wird. Diese Unterscheidung wird nach dem RVG nicht mehr getroffen (Ausnahme: Versäumnisurteil, siehe Rdn 588). So erhält der Anwalt auch bei einem Anerkenntnis oder einem Antrag auf Erlass eines Anerkenntnisurteils die volle 1,2 Terminsgebühr. **587**

(3) Versäumnisurteil

Nach Nr. 3105 VV RVG entsteht die Terminsgebühr lediglich in Höhe von 0,5, wenn in der mündlichen Verhandlung **weder die Partei erscheint noch ordnungsgemäß vertreten ist** und daraufhin ohne jegliche Erörterung ein Versäumnisurteil nach § 331 Abs. 1 ZPO ergeht oder nur ein Antrag zur Prozess- und Sachleitung gestellt wird oder das Gericht von Amts wegen zur Prozess- und Sachleitung entscheidet (Abs. 1 Nr. 1 Anm. zu Nr. 3105 VV RVG). Gleiches gilt, wenn im schriftlichen Vorverfahren nach § 331 Abs. 3 ZPO ein Versäumnisurteil ergeht (Abs. 1 Nr. 2 Anm. zu Nr. 3105 VV RVG). **588**

Erscheint allerdings der Gegner und verhandelt nicht oder erörtert das Gericht vor Erlass des Versäumnisurteils mit dem Kläger, verbleibt es bei der vollen 1,2 Terminsgebühr (AnwK-RVG-*Gebauer*, Nr. 3105 Rn 8 ff.; *Schneider/Mock*, § 14 Rn 82 ff.). **589**

(4) Gegenstandswert

Der Gegenstandswert der Terminsgebühr bemisst sich nach dem Gesamtwert aller Gegenstände, über die verhandelt, erörtert oder Beweis erhoben worden ist (*Schneider/Mock*, § 14 Rn 77). Dazu gehören auch nicht anhängige Gegenstände, sofern diese in die Erörterungen mit einbezogen werden. Eine Anhängigkeit, wie noch bei § 31 Abs. 1 Nr. 2 BRAGO, ist nicht (mehr) erforderlich. **590**

591

Beispiel
Eingeklagt ist der Sachschaden i.H.v. 10.000 EUR. Im Termin erörtern die Parteien zum Zwecke einer Gesamtbereinigung auch eine nicht anhängige Schmerzensgeldforderung i.H.v. 2.000 EUR. Eine Einigung kommt jedoch nicht zustande oder wird später widerrufen. Aus dem Gesamtwert von 12.000 EUR entsteht jetzt die volle 1,2 Terminsgebühr.

Zu rechnen ist wie folgt:

1,3 Verfahrensgebühr gem. Nr. 3100 VV RVG (Wert: 10.000 EUR)	725,40 EUR
0,8 Verfahrensgebühr gem. Nr. 3101 Ziff. 2 VV RVG (Wert: 2.000 EUR)	120,00 EUR
gem. § 15 Abs. 3 RVG nicht mehr als 1,3 aus 12.000 EUR	785,20 EUR
1,2 Terminsgebühr gem. Nr. 3104 VV RVG (Wert: 12.000 EUR)	724,80 EUR
Auslagenpauschale gem. Nr. 7002 VV RVG	20,00 EUR
Zwischensumme	1.530,00 EUR
19 % Umsatzsteuer, Nr. 7008 VV RVG	290,70 EUR
Gesamt	1.820,70 EUR

5. Besonderheiten bei Leasing

592 Macht der Leasingnehmer eigene Ansprüche oder solche für den Leasinggeber aufgrund vertraglicher Abtretung in den AGB des Leasingvertrages geltend, hat der Schädiger ihm ebenfalls die Kosten seiner anwaltlichen Vertretung zu erstatten (LG Kaiserslautern DAR 1993, 196; AG München zfs 1984, 101). Dem Leasingnehmer ist angesichts der komplizierten Rechtskonstruktion des Leasingrechts nicht zuzumuten, ohne anwaltliche Hilfe auszukommen. Das gilt auch für die Anwaltskosten im Hinblick auf eine Kaskoregulierung.

D. Sonstige Schadenspositionen

I. Kleidungsschaden

Literatur zum Kleidungsschaden:

Pruns, Zum rechtlichen Versicherungs- und Zeitwert von Kleidung, zfs 1969, 558; *Schmidt*, Handbuch des Textilreinigungs- und Kleidungsschadensrechts, 1968.

593 Als Schadensersatz (vgl. auch Anhang, Anlage 10, siehe § 14 Rdn 13) ist der Betrag zu zahlen, der sich aus dem Anschaffungspreis unter Berücksichtigung des Alters der Kleidung errechnet (**Zeitwert**). Einen Wiederbeschaffungswert für (gebrauchte) Kleidungsstücke kann es nicht geben, da ein solcher Markt nur eingeschränkt (Second-Hand-Läden) existiert. Der Kleidungsschaden ist also ebenfalls fiktiv abrechenbar.

D. Sonstige Schadenspositionen §8

Dabei ist der **Neuwert** zu ersetzen, wenn die Kleidung gerade erst kurz vor dem Unfall (maximal eine Woche, ein- bis zweimal getragen) angeschafft worden ist. 594

Bei **älterer Kleidung** sind Abzüge „neu für alt" vorzunehmen. In der Praxis werden von dem Versicherer des Gegners gerne erhebliche derartige Abzüge vorgenommen (z.B.: „Pauschalentschädigung Kleidungsschaden: 100 EUR" bei nachgewiesenen Anschaffungspreisen von mehr als dem Doppelten). 595

> *Tipp* 596
> Der Kleidungsschaden ist möglichst anhand von Anschaffungsbelegen nachzuweisen. Wenn das nicht möglich ist: Anschaffungsmonat/Jahr und damaliger Anschaffungspreis angeben, ggf. durch Zeugenbeweis verifizieren, voraussichtliche Nutzungsdauer in Monaten darlegen und prozentual gemäß vergangener Nutzungsdauer reduzieren.

> *Beispiel*
> Hose, neu 3/05, Neupreis 75 EUR, voraussichtliche Nutzungsdauer 24 Monate, Unfall: 9/05, ergibt Berechnung: 75 / 24 * 6 = 18,75 EUR Abzug = 56,25 EUR Schadensersatz für die Hose.

Oft entsteht Streit, ob die **Wiederherstellung**, d.h. Reparatur, **möglich** ist. Wenn das der Fall ist, muss sich der Geschädigte darauf verweisen lassen, eine Reparatur in Form von Kunststopfen o.Ä. durchführen zu lassen, **soweit das zumutbar** ist. Um diese Frage klären zu lassen, ist ggf. ein **Sachverständigengutachten** beizuziehen, u.U. im Wege eines selbständigen Beweisverfahrens nach §§ 485 ff. ZPO. Die Adressen der in Frage kommenden Sachverständigen können bei der zuständigen Industrie- und Handelskammer angefordert werden. 597

Entgegen der seitens der Versicherer oft vertretenen Auffassungen ist es dem Geschädigten an sich nicht zuzumuten, die **Kleidung auf Kosten des Versicherers an diesen einzusenden**. Für die Wiederherstellungsfrage kommt es nicht auf die Auffassung des Versicherers, sondern auf die objektive Lage an. Um jedoch Streit über derartige Bagatellpositionen zu vermeiden, empfiehlt es sich, auf derartige Versicherungsverlangen einzugehen. 598

II. Verlust des Schadensfreiheitsrabattes

1. In der Haftpflichtversicherung

Bereits mit der Meldung eines Schadensfalles wird der Schadensfreiheitsrabatt bei der eigenen Haftpflichtversicherung belastet. Der Versicherer muss **Rückstellungen** in noch nicht genau absehbarem Umfang bilden. 599

Soweit der Versicherer in einem Schadensfall dann tatsächlich reguliert hat, **verbleibt es bei der Belastung** und es entsteht für den Geschädigten ein entsprechender Rückstufungsschaden. 600

§ 8   Sonstige materielle Schadenspositionen

601 Da der Haftpflichtversicherer jedoch die alleinige Regulierungsbefugnis hat (§ 10 Abs. 5 AKB bzw. A.1.1.4 AKB 2008), ist dieser Schaden allein auf dessen Veranlassung zurückzuführen und demzufolge als reiner Vermögensschaden **vom Schädiger** als adäquat verursachte Schadensfolge **nicht zu ersetzen**.

602 Der Verlust des Schadensfreiheitsrabatts in der Kfz-Haftpflichtversicherung stellt einen Vermögensnachteil dar, der seine Ursache nicht in der Beschädigung des eigenen Fahrzeugs, sondern darin hat, dass ein fremdes Fahrzeug beschädigt oder ein Mensch verletzt wurde und der Schädiger dafür haftpflichtig gemacht worden ist. Daher wird dieser Schaden vom **Schutzzweck der Haftungsnorm** nicht umfasst.

603 Die Belastung mit einer höheren Versicherungsprämie in der Kfz-Haftpflichtversicherung stellt somit keinen nach StVG oder BGB ersetzbaren Schaden dar (BGH VersR 1978, 235; 1977, 767). Es ist dann nämlich kein (absolutes) Recht des Geschädigten, sondern ein (fremdes) Recht des Versicherers betroffen.

2.   In der Kaskoversicherung

a)   Als reines Kreditmittel

604 Anders ist das in der Kaskoversicherung: Wenn der Geschädigte seine Kaskoversicherung **allein wegen verzögerlichen Regulierungsverhaltens** des Versicherers des Schädigers in Anspruch nimmt, ist der dadurch bedingte **Rückstufungsschaden** eine adäquate Folge des Unfallgeschehens und demnach ein vom Schädiger zu ersetzender Schaden (BGH zfs 1992, 48). Der BGH hat allerdings inzwischen klargestellt, dass – jedenfalls in Mithaftungsfällen – **keine Verpflichtung des Geschädigten** besteht, vor einer Inanspruchnahme seiner Kaskoversicherung die **Regulierungsbereitschaft des gegnerischen Haftpflichtversicherers abzuwarten** (BGH VersR 2007, 81 = zfs 2007, 87 = DAR 2007, 21 = NZV 2007, 30).

605 Dabei ist aber stets zu beachten, dass die Kaskoinanspruchnahme nicht gegen die Schadensminderungspflicht verstößt. Sie muss demzufolge in einem **vernünftigen Verhältnis** zu alternativ in Betracht kommenden Kreditkosten und zum übrigen Gesamtschaden stehen. Bei vergleichsweise geringen Schäden dürfte sich die Kaskoinanspruchnahme daher verbieten.

b)   Bei Leistungsverbesserungen

606 Wenn der Geschädigte jedoch die Kaskoversicherung auch **wegen des höheren Leistungsumfanges** in Anspruch nimmt, hatte er nach einem Teil der Rechtsprechung keinen Anspruch auf Ersatz des Rückstufungsschadens (OLG Saarbrücken zfs 1986, 70; LG Bremen zfs 1993, 267).

607 Einen höheren Leistungsumfang gab es zum einen bei der sog. **Neupreisentschädigung**, die inzwischen in den AKB kaum noch vereinbart wird. In Betracht kommt aber immer noch eine Kaskoinanspruchnahme anstelle einer durch die Haftungsquote belasteten Haftpflichtregulierung. In solchen Fällen führt die Kaskoregulierung zu einem höheren Leistungsumfang als bei quotenbelasteter Haftpflichtregulierung.

Der **BGH** hat inzwischen entschieden, dass der Schadensfreiheitsrabattverlust **auch dann zu ersetzen** ist, wenn die Vollkaskoversicherung bei nur anteiliger Haftung auch wegen des vom Geschädigten anderenfalls zu tragenden Schadenteils in Anspruch genommen wird (BGH VersR 2006, 1139 = zfs 2006, 680 m. Anm. *Diehl* = DAR 2006, 574). 608

Erfolgt die Inanspruchnahme der Kaskoversicherung aus Gründen der Mithaftung wegen des Quotenvorrechts des § 86 Abs. 1 S. 2 VVG, kann der Rückstufungsschaden auch nur entsprechend der **Mithaftungsquote** ausgeglichen werden. 609

Da die künftige Beitragsentwicklung jedoch z.B. auch davon abhängig ist, inwieweit der Geschädigte in den nächsten Jahren schadenfrei bleibt, ist eine zuverlässige Prognose für den Zukunftsschaden nicht möglich. Demzufolge kann der Zukunftsschaden auch nur im Wege einer **Feststellungsklage** geltend gemacht werden (BGH zfs 1992, 48). Vgl. dazu bereits die Ausführungen oben (siehe Rdn 403). 610

III. Transportschaden

Unter Transportschaden versteht man die Schäden, die an den im Fahrzeug **mitgeführten Gegenständen** eingetreten sind. Das können z.B. sein: 611

- Lebensmittel
- Kleidungsstücke und Reisebedarf in Koffern und die Koffer selbst
- mitgeführtes Werkzeug und Materialien aller Art
- Fahrräder auf Dachträgern oder im Kofferraum
- mitgeführte Geschenke
- Skiausrüstung

Der Geschädigte hat selbstverständlich Anspruch auf Ersatz dieser Schäden.

1. Existenznachweis

Schwierig ist oft schon der **Nachweis der Existenz** und **der Anzahl** der mitgeführten Gegenstände. Unter Umständen kann der Geschädigte **Fotos** vorlegen, die er nach dem Unfall noch an der Unfallstelle angefertigt hat und aus deren Vergrößerungen sich der Fahrzeuginhalt ermitteln lässt. Denkbar ist auch, auf entsprechende **polizeiliche Feststellungen** in der Verkehrsunfallanzeige hinzuwirken. Gelegentlich schätzt auch der **Sachverständige**, der mit der Ermittlung des Fahrzeugschadens beauftragt war, den Transportschaden gleich mit. Ansonsten bleibt nur der **Zeugenbeweis** seitens der mitfahrenden Insassen oder die Vernehmung des Geschädigten als Beweisführer nach § 287 Abs. 1 S. 3 ZPO übrig. 612

2. Schadenshöhe

613 Noch problematischer ist oftmals der Nachweis **der Schadenshöhe**. In der Regel kann auch hier nur der **„Zeitwert"** (Wiederbeschaffungswert) ersetzt verlangt werden. Zu dessen Bestimmung ist es vorteilhaft, wenn die **Anschaffungsbelege** noch vorgelegt werden können. Ansonsten sind zumindest der Anschaffungszeitpunkt und der Anschaffungspreis anzugeben, ggf. ist beides mittels Angabe von Zeugen oder deren schriftlichen Bestätigungen unter Beweis zu stellen. Im Übrigen ist der Wiederbeschaffungswert entweder durch einen **Sachverständigen** zu ermitteln oder gem. § 287 ZPO zu **schätzen**.

IV. Ersatz von orthopädischen, akustischen und optischen Hilfsmitteln

614 Beliebte Streitpunkte in der Schadensregulierung sind regelmäßig die orthopädischen, akustischen oder optischen Hilfsmittel, die bei dem Unfall zerstört oder beschädigt wurden. Neben Handstock oder Gehhilfen anderer Art, Hörgeräten, Zahnprothesen (dazu OLG Frankfurt VersR 1979, 38) usw. liegt das Schwergewicht bei den **Brillen**.

615 Vorab sei darauf hingewiesen, dass bei **gesetzlich krankenversicherten Geschädigten** wegen des Forderungsüberganges nach § 116 SGB X selbstverständlich **zunächst eine Abrechnung über die Krankenkasse** zu erfolgen hat und dann nur noch die restliche Differenz als eigener Schadensersatzanspruch des Geschädigten geltend gemacht werden kann.

616 Aber diese Differenz – wie auch der vollständige Anspruch auf Ersatz der unfallbedingt beschädigten oder zerstörten Brille bei Privatversicherten – ist in der außergerichtlichen wie gerichtlichen Korrespondenz oft **heftig umstritten**. Nahezu ausnahmslos wird allenfalls dann gezahlt, wenn der **Anschaffungsbeleg** der streitgegenständlichen Brille vorgelegt wird. Der Neuanschaffungsbeleg reicht meist nicht aus, um den Versicherer zur Zahlung zu bewegen. Im Übrigen braucht entgegen weit verbreiteter Meinung bei den Versicherern der Neuanschaffungsbeleg wegen § 249 Abs. 2 S. 1 BGB und der Rechtsprechung des BGH zum normativen („fiktiven") Schaden überhaupt nicht vorgelegt zu werden.

617 Darüber hinaus werden meist horrende **Abzüge „neu für alt"** vorgenommen. Dies wird mit der Behauptung begründet, Brillen seien im Wesentlichen Gegenstände der Mode und würden nach maximal ein bis zwei Jahren ausgetauscht werden.

618 **Daran ist nur so viel richtig**: Wenn sich seit der Anschaffung die **Sehstärke** und damit die Beschaffenheit der Gläser **so sehr verändert** hat, dass eine – nun unfallbedingt angeschaffte – neue Brille eine wesentliche Verbesserung gegenüber dem früheren Zustand vor dem Unfall darstellt, sind derartige Abzüge – in Maßen – wohl gerechtfertigt (OLG Nürnberg v. 23.12.2015 – 12 U 1263/14). Das kann aber nur bei einer gewissen Erheblichkeit der Fall sein, worunter sicherlich mehr als nur

0,25 bis 0,5 Dioptrien verstanden werden müssen, die von einem Betroffenen nach der Lebenserfahrung kaum registriert, geschweige denn als störend empfunden werden.

Das gilt aber nicht, wenn die Glasstärke nahezu gleich geblieben ist und allenfalls **Gründe der Mode** ins Feld geführt werden könnten. Statistisch betrachtet wird nämlich eine **Brille** nach Angaben des Optikerverbandes durchschnittlich **4,5 Jahre** getragen. Nur selten wird eine Brille allein aus modischen Gründen gekauft. **619**

Wenn sogar das **gleiche Brillengestell mit den gleichen Gläsern** wiederbeschafft wurde, gibt es überhaupt kein Argument mehr, Abzüge zuzulassen, da dann ausschließlich der Gesichtspunkt des „optischen Hilfsmittels" in den Mittelpunkt rückt und keinerlei Modegesichtspunkte mehr zu berücksichtigen sind. Dann findet auch keine Zeitwertabschätzung statt, da der alleinige Zweck eines solchen Hilfsmittels in seiner **medizinisch bedingten Korrekturfunktion** zu suchen ist, die keinem Zeitwert unterliegt. **620**

Eines der wenigen **veröffentlichten Urteile**, das sich mit dieser Problematik befasst hat, ist das des AG Montabaur zfs 1998, 132. Dort heißt es im Leitsatz: „Wählt der Geschädigte nach der unfallbedingten Zerstörung der Brille den Weg der Ersatzbeschaffung, kommt ein Abzug 'neu für alt' nicht in Betracht." Zur Begründung verweist das Gericht darauf, dass **keine messbare Vermögensverbesserung** eingetreten ist, weil eine Brille kaum einer Abnutzung unterliegt. Eine Brille erfüllt für ihren Träger über Jahre hinaus unverändert die gleiche Funktion. Es verbleibt auch kein Restwert, da es für gebrauchte Brillen keinen Markt gibt. Die Zwangsläufigkeit des **notwendigen Ersatzes**, für den schon allein aus **hygienischen und humanitären Gründen** ein Markt für Gebrauchtteile nicht vorhanden ist, liefe bei einem Abzug auf einen unzulänglichen Schadensausgleich hinaus (so *Diehl*, Anm. AG Montabaur zfs 1998, 132). **621**

Eine weitere zwischenzeitlich veröffentlichte Entscheidung stammt vom AG St. Wedel (zfs 2000, 340): „Es ist kein Abzug 'neu für alt' bei Beschaffung eines Ersatzes für eine unfallbeschädigte, noch nicht fünf Jahre alte Brille vorzunehmen." Eine **Vermögensvermehrung** ist schon deshalb **nicht festzustellen**, weil **objektiv** feststehen müsste, wie lange der Geschädigte die unfallbeschädigte Brille getragen hätte. Ein **natürlicher Verschleiß** ist bei Brillen nicht gegeben. Ob sie ein paar Jahre oder ein Leben lang getragen werden, hängt allein von den **subjektiven Bräuchen** des jeweiligen Trägers ab und ist **nicht objektivierbar**. Eine „durchschnittliche Tragedauer" gibt es nicht. Auf einen wie auch immer gearteten **durchschnittlichen, statistisch zu ermittelnden Wiederbeschaffungsrhythmus** für gleichartige Brillen kann es also nicht ankommen. Inzwischen lehnt die Rechtsprechung regelmäßig einen Abzug „neu für alt" bei einer Brille ab (AG Heidelberg SVR 2014, 268; AG München ZMR 2012, 880; 268; mit ausführlicher Begründung LG Münster NZV 2009, 513; AG Coesfeld NZV 2009, 233; AG Weinheim NJW- **622**

RR 2003, 307; AG St. Wendel zfs 2000, 340; AG Arnstadt zfs 2000, 340; AG Montabaur zfs 1998, 132; a.A. OLG Nürnberg v. 23.12.2015 – 12 U 1263/14; LG Stendal v. 24.7.2013 – 21 O 151/11).

623 Abzüge „neu für alt" sind aus den vorstehenden Gründen auch bei allen anderen denkbaren Hilfsmitteln, wie z.B. **Prothesen**, unzulässig. Wird z.B. durch einen Unfall die **Goldkrone** eines Zahnes so beschädigt, dass sie erneuert werden muss, ist **kein Abzug „neu für alt" zulässig**. Das gilt selbst dann, wenn die unfallbeschädigte Krone schon ein Alter von 25 bis 30 Jahren hatte (LG Hanau DAR 1999, 365). Es ist nämlich grundsätzlich nicht ersichtlich, dass durch den Ersatz einer solchen Goldkrone (bzw. auch entsprechender Prothesen) eine **messbare Vermögensvermehrung** bei dem Geschädigten eintritt. Anders liegt der Fall allenfalls dann, wenn Zahnersatz ohnehin erneuerungsbedürftig, weil verschlissen war.

§ 9 Ersatzansprüche bei Verletzungen

A. Vorbemerkung zur Personenschadenregulierung

Literatur zu Ersatzansprüchen bei Verletzungen:

Diehl, Aktuelle Probleme des Schmerzensgeldes im Verkehrsrecht, zfs 2007, 10 ff.; *Hacks/Wellner/Häcker*, SchmerzensgeldBeträge 2016, 34. Auflage 2016; *Heß*, Das Schmerzensgeld, zfs 2001, 532 ff.; *Küppersbusch/Höher*, Ersatzansprüche bei Personenschaden, 12. Auflage 2016; *Müller*, Das reformierte Schadensersatzrecht, VersR 2003, 1 ff.; *Pardey*, Berechnung von Personenschäden, 4. Auflage 2010; *Schah Sedi/Schah Sedi*, Das verkehrsrechtliche Mandat, Band 5: Personenschäden, 2. Auflage 2014; *Scheffen*, Aktuelle Fragen zur Höhe des Schmerzensgeldes, NZV 1994, 417 ff.; *dies.*, Tendenzen bei der Bemessung des Schmerzensgeldes für Verletzungen aus Verkehrsunfällen, ärztlichen Kunstfehlern und Produzentenhaftung, ZRP 1999, 189 f.; *Steffen*, Das Schmerzensgeld im Wandel eines Jahrhunderts, DAR 2003, 201 ff.

Die **Regulierung von Personenschäden** ist grundsätzlich verschieden von der Sachschadenregulierung. Bereits die fachliche Qualität der Sachbearbeiter der Versicherer ist eine wesentlich Bessere. Aber es findet auch viel mehr „orientalischer Basar" statt, es wird mehr taktiert und gepokert. Dies alles muss der Anwalt beherrschen. 1

Es ist ein fundamentaler Irrtum, die **Schwierigkeit einer Personenschadenregulierung** zu unterschätzen. Es bedarf weit **überdurchschnittlicher Fachkenntnisse** des mit einem solchen Fall befassten Anwalts auf dem Gebiet des Schadensrechts. Denn vor allem die Großschadensachbearbeiter der Versicherer, aber auch deren Außenregulierer sind in aller Regel exzellente Spezialisten und profunde Kenner der Materie. Und es bedarf **enormer Erfahrung** – auch Lebenserfahrung – und **psychologischen wie auch taktischen Geschicks**. Denn solche Schadenregulierer sind mit allen Wassern gewaschen und normalerweise jedem noch so spezialisierten Anwalt **haushoch überlegen**. 2

Die meisten Buchautoren zum Thema Personenschaden sind **Spitzenjuristen in Versicherungen**, deren Mitarbeiter infolge intensiver Schulung perfekt ausgebildet sind und die vor allem auch mit anderen Fachleuten, nicht nur innerhalb der Assekuranz, bestens vernetzt sind. Während der normale Anwalt verschiedenartige Mandate auch verschiedener juristischer Fachgebiete betreut, befassen sich solche Leute ausschließlich mit einem ganz kleinen Teil des Verkehrsrechts und dort wiederum innerhalb des Schadensrechts ausschließlich mit Personenschäden. **Also beherrschen sie selbstverständlich die dazugehörige Rechtsprechung und Literatur wie kein anderer.** Solche Spezialjuristen sollten einem forensisch tätigen Anwalt gehörigen Respekt abverlangen. 3

Das **Personenschadensrecht** in Deutschland wird in allererster Linie **von den Versicherern geprägt**, was ja auch ohne weiteres nachvollziehbar ist, spielt doch gerade auf diesem Gebiet finanziell und wirtschaftlich „die Musik". Deshalb wird auch 4 nirgendwo so unerbittlich auf beiden Seiten gekämpft wie auf dem Gebiet des Personenschadens.

5 Wenn am Ende einer Regulierungsverhandlung der Regulierer der Versicherung stöhnt, seine nicht enden wollenden Bedenken mit gequälter Stimme zum Ausdruck bringt und größte Zweifel daran äußert, das es ihm gelingen wird, seinen Vorgesetzten oder gar Vorstand zu einer Zustimmung zu diesem Vergleich zu bewegen, dann müssen alle **Alarmglocken** läuten: Dann hat der Anwalt irgendetwas übersehen und ist zu einem viel zu niedrigen Verhandlungsergebnis gelangt. Dann war vielleicht noch reichlich „Luft drin"!

6 Das zuvor erwähnte **psychologische Einfühlungsvermögen** ist aber auch im Verhältnis zu dem ganz speziellen Mandanten gefordert. Insbesondere bei Schwerverletzten oder Hinterbliebenen Getöteter ist oft auch **viel zeitliche Investition** erforderlich, um den Problemen gerecht zu werden. Es ist erforderlich, sich in die persönliche und wirtschaftliche Lage des Geschädigten hineinzuversetzen, um z.B. die **Zukunftsrisiken** zutreffend erfassen und verarbeiten zu können. Der Anwalt muss sich also viel Zeit nehmen, um sich einen **Eindruck von der häuslichen und beruflichen Lebenssituation des Mandanten** zu verschaffen. Er muss den Mandanten sehr gründlich kennen lernen und dies auch **wollen**.

7 Es ist zudem sehr viel **kaufmännisches Wissen** erforderlich, um z.B. den Verdienstausfallschaden oder den Haushaltsführungsschaden zutreffend berechnen zu können. Daneben ist ein umfassendes Wissen darüber erforderlich, **welcher Gutachter für welche Sachfrage** in Deutschland den besten Ruf und die höchste fachliche Qualifikation hat. Wichtig ist auch zu wissen, welchen Gutachter man besser ablehnen sollte, da er bekanntermaßen ausschließlich für Versicherer arbeitet. Und es ist von Vorteil, wenn die Bearbeitungsweise des Gutachters bekannt ist, nämlich wer langsam – aber vielleicht gründlich – und wer schnell – aber vielleicht nicht minder gründlich – arbeitet.

8 Bei einem derart großen, aber auch erforderlichen Aufwand stellt sich natürlich auch die **Frage nach der Wirtschaftlichkeit** eines solchen Großschadenmandats. Und vor allen Dingen: Zu dessen Beginn ist in aller Regel nicht abzusehen, wie umfangreich sich der Fall entwickeln wird. Man kennt zu dem Zeitpunkt ja oft noch nicht einmal den Namen des gegnerischen Versicherers und weiß daher nicht, ob man es dort mit einem angenehmen oder unangenehmen Versicherer zu tun haben wird.

9 Es hat sich erwiesen, dass ein **Großschadenmandat mit gesetzlichen Gebühren in aller Regel nicht wirtschaftlich zu bearbeiten** sein wird. Denn das Honorar richtet sich immer nur nach dem Gesamtgegenstandswert. Bei wiederkehrenden Leistungen (z.B. Verdienstausfall, Haushaltsführungsschaden, vermehrte Bedürfnisse) ist das nur der 5-fache Jahreswert (§ 42 Abs. 1 GKG). Ohne **abschließende Kapitalabfindung** rechnet sich der Fall also oftmals nicht. Aber eine Kapitalabfindung ist ja keinesfalls immer zweckdienlich im Sinne des Mandanten.

A. Vorbemerkung zur Personenschadenregulierung § 9

Und noch **unwirtschaftlicher** ist es, wenn die bekannten fünf Leitzordner eines einzigen Großschadenmandates jeweils zum Jahresende auf den Schreibtisch kommen, um eine korrigierte Verdienstausfallschadenberechnung für das vergangene Jahr und eine vorschussweise für das bevorstehende Jahr zu errechnen, was den Gegenstandswert dann um oft nur wenige hundert EUR vorantreibt, sich aber oft honorarmäßig noch nicht einmal auswirkt. Abgesehen davon muss immer wieder vor dem Jahresende die **Frage der Verjährung** geprüft werden. 10

Es ist also anzuraten, in solchen Fällen immer eine **Honorarvereinbarung** abzuschließen, und sei es auch nur eine solche, die z.B. unter der **Bedingung** steht, dass sie ab einer bestimmten zeitlichen oder betragsmäßigen Bestimmung in Kraft tritt. 11

Um bei einem Großschadenmandat nicht den **Überblick** zu verlieren, empfiehlt es sich, für **jede einzelne Anspruchsart eine eigene Beiakte** oder einen faktisch getrennten Aktenteil anzulegen. In ihnen werden dann die jeweiligen Dokumente und Einzelaufstellungen geheftet. Bei der Übersicht hilft es auch, frühzeitig **Excel-Tabellen** anzulegen und diese sorgfältig fortzuführen. Nur so ist eine geordnete, sachlich strukturierte und zeitökonomisch vertretbare Korrespondenz zu führen. Das **erspart viel Sucharbeit** in den Akten und erleichtert auch die Vorbereitung auf die Regulierungsgespräche mit den Versicherungssachbearbeitern. Gemäß einer solchen Struktur ist dann auch die Korrespondenz mit der Gegenseite zu führen. Dabei können auch die **im Anhang befindlichen Muster** hilfreich sein (siehe § 14 Rdn 14 f.). Der Mandant sollte schon gleich zu Beginn mit solchen Formularen ausgestattet werden, die sinnvollerweise er selbst ausfüllt. Diese Arbeit sollte schon aus Zeitgründen unbedingt auf die Mandanten delegiert werden. 12

Personenschäden werden in den meisten Fällen **außergerichtlich** reguliert. Und das ist auch gut so, weil die Gerichte bei der Schmerzensgeldbemessung in der Regel wesentlich zurückhaltender sind und – man muss es so platt sagen – die ZPO ganz einfach stört. Sie **verzögert die Verfahren** ungemein (die dauern oft viele Jahre – pro Instanz!), weil immer neue, oft noch nicht einmal weiterführende Gutachten angefordert werden, häufige Richterwechsel die Verfahren verzögern und natürlich auch die Prozessparteien aus Angst davor, irgendetwas vermeintlich Wichtiges nicht vorgetragen zu haben, mit immer umfangreicher werdenden Schriftsätzen nerven, in denen alles behauptet wird, was dann nicht minder umfangreich wieder bestritten wird. 13

Und viele **gerichtliche Verfahren** scheitern bekanntlich auch an der oft komplizierten und von den Mandanten vielfach falsch beurteilten **Darlegungs- und Beweislast** der klagenden Partei. Wer jemals versucht hat, nach den – oft natürlich auch übertriebenen – gerichtlichen Anforderungen in Bezug auf den faktischen Nachweis eines Haushaltsführungsschadens vorzutragen und die sich dann anschließenden stundenlangen Beweisaufnahmen kennt, weiß, dass viele Ansprüche an dieser Stelle scheitern, auch wenn die betroffene Partei das nicht begreifen will. Anders im **außergerichtlichen Bereich**: Da arbeiten alle Beteiligten vollkommen 14 unproblematisch mit der Tabelle „*Schulz-Borck/Hofmann* (*Pardey*)", oft gern auch mit früheren Auflagen als der aktuellen 8. Auflage, und in aller Regel werden vertretbare und daher gute Ergebnisse in einem einzigen Regulierungsgespräch von oft nur kurzer Dauer erzielt.

15 Natürlich wissen das auch die Anwälte, die auf der Versichererseite tätig sind. Nur die haben es ja ganz einfach: Sie bestreiten einfach den gesamten Prozessvortrag des Geschädigten und wenn es auch noch so pragmatische und einfache Lösungswege gäbe, sie scheiden allein schon deshalb aus, weil die **Zeit ja in aller Regel für den Versicherer arbeitet**, die es daher naturgemäß auch gar nicht eilig hat, den Prozess zum Ende zu bringen. Die wartet auf den zwangsläufig irgendwann einmal kommenden gerichtlichen Vergleichsvorschlag und dabei kann sie nur gewinnen.

16 Aber auch die **fachliche Kompetenz** der Richter lässt oft zu wünschen übrig. Junge Einzelrichter verfügen faktisch nicht über die Erfahrung altgedienter Anwälte oder Versicherungsregulierer. Sie sind mit einem Großschaden oft schlichtweg auch juristisch überfordert, gerieren sich aber oft in einer **unangemessenen Hybris**. Wissensdefizite überspielen sie oft, statt sich belehren zu lassen oder fachkundig zu machen.

17 Irgendwann spürt man die **schwindende Lust aller Beteiligten** an der Fortführung des Verfahrens, eine gewisse **Zermürbung** ist ja oft auch gewollt und dann kommt es – wie fast immer in solchen Verfahren, mal früher, mal später – zum **Vergleich**. Und es lehrt die Erfahrung, dass die dann dabei vereinbarte Summe bestenfalls ebenso hoch ausgefallen ist, wie sie schon bei dem Abbruch der außergerichtlichen Regulierung zur Diskussion stand, oft aber sogar noch geringer, sodass sich die jahrelange Prozessiererei absolut nicht gelohnt hat.

18 Also ist auch hier wieder psychologisches und taktisches Geschick, aber auch **Weitsicht des Anwaltes** gefordert, den Mandanten davon zu überzeugen, einen **Abfindungsvergleich** des gegnerischen Versicherers frühzeitig zu akzeptieren und dies ggf. auch dann, wenn der Mandant meint, dabei nicht ausreichend entschädigt worden zu sein. Dies gilt nahezu immer dann, wenn der Mandant nicht rechtsschutzversichert ist, weil ein solcher Prozess finanziell schlichtweg unkalkulierbar ist. Aber auch einem rechtsschutzversicherten Mandanten nützt es nichts, wenn er nach zehn Jahren Prozessdauer eine Vergleichssumme akzeptieren muss, ohne dass diese – wie bei Vergleichen üblich – eine **Verzinsung** berücksichtigt, er also einen zehnjährigen Zinsverlust hinnehmen muss.

19 Ein wichtiges Argument gegenüber dem Mandanten ist oft der Hinweis darauf, dass jegliches Bauen auf eine verlässliche Zukunft risikobehaftet ist. Juristisch ist das die **„überholende Kausalität"**. Wenn es das Schicksal will und der Mandant verunfallt in naher Zukunft erneut, dann ist sein Anspruch auf Zahlung monatlicher Rente (Verdienstausfallschaden, Haushaltsführungsschaden usw.) unter Umständen wertlos geworden. Dann wäre es naturgemäß sinnvoller gewesen, den vielleicht nicht ganz optimalen Abfindungsvorschlag des Versicherers doch akzeptiert zu ha-

ben. Zu denken ist in diesem Zusammenhang beispielsweise auch an den Wiederverheiratungsfall einer Witwe im Hinblick auf den Unterhaltsschaden oder Haushaltsführungsschaden. Sämtliche **allgemeinen Lebensrisiken** bzw. Lebensveränderungen sind also bei einem Vergleichsabschluss zu berücksichtigen.

Nur in der **außergerichtlichen Regulierung** hat es der Geschädigtenanwalt in der Hand, wie schnell die Regulierung vorankommt, was aber angesichts des oft mehrfachen leitzordnerdicken Aktenumfangs ungeheure Disziplin erfordert. Ein weiterer Vorteil außergerichtlicher Regulierung ist es, dass sich Anwalt und Versicherer auf bestimmte, qualifiziert erscheinende Gutachter einigen können. Im **gerichtlichen Verfahren** wird oft die örtliche Ärztekammer gebeten, einen Gutachter zu benennen, dessen Qualität in aller Regel nicht ausreichend erscheint, den man aber auch nicht ablehnen kann, weil es – mit Ausnahme von Einwänden gegen seine fachliche Qualifikation – nichts einzuwenden gibt. Und wenn das Gericht dann dennoch an dem Sachverständigen festhält, hat die Prozesspartei ein ausgewachsenes Problem, die dem Gutachter unzureichende Qualifikation vorgeworfen hat.

Andererseits ist es im gerichtlichen Verfahren auch nicht unproblematisch, von Seiten einer Partei einen besonders hochqualifizierten Gutachter vorzuschlagen: Die Gegenseite wird ihn in aller Regel schon aus Prinzip als potentiell parteilich, weil von einer Partei vorgeschlagen, ablehnen und dann ist der „verbrannt", auch wenn er möglicherweise der einzig qualifizierte Sachverständige gewesen wäre.

Im **außergerichtlichen Bereich** ist es üblich und auch ganz einfach praktisch, dass der gegnerische Versicherer den Sachverständigen, der einvernehmlich ausgewählt wurde, beauftragt und vor allem bezahlt. Es entfällt somit die Kostentragungspflicht des von Rechts wegen darlegungs- und beweispflichtigen Geschädigten.

Zusammenfassend muss demnach nahezu uneingeschränkt empfohlen werden, einer **außergerichtlichen Regulierung so lange wie irgend möglich den Vorzug zu geben.** Auch wenn der Abbruch einer solchen Regulierung unumgänglich zu sein scheint, die Sturheit des gegnerischen Versicherers nicht aufzubrechen ist und sich einfach nichts mehr bewegt, sollte nach einer gewissen Zeit einkehrender Ruhe ein neuer Versuch unternommen werden. Denn auch für den Schadensregulierer eines Versicherers ist erst eine abgeschlossene Akte eine gute Akte! Oft reicht es, ein wenig aufeinander zuzugehen und dazu muss sich der Mandant dann unter Umständen auch ein wenig bewegen. **Die gerichtliche Klärung ist aus den dargestellten Gründen jedoch in aller Regel die weitaus schlechtere Variante!**

B. Schmerzensgeld

I. Allgemeines

Schmerzensgeld ist der Anspruch eines Verletzten auf eine „billige Entschädigung in Geld" (§ 253 BGB).

§ 9 Ersatzansprüche bei Verletzungen

25 Seit dem 1.8.2002 wird Schmerzensgeld **nicht mehr nur auf der Grundlage deliktischer Haftung** gewährt, sondern auch dann, wenn **auf anderer rechtlicher Grundlage** – insbesondere der Gefährdungshaftung des § 7 StVG oder bei vertraglichen Ansprüchen – wegen einer Verletzung des Körpers, der Gesundheit, der Freiheit oder der sexuellen Selbstbestimmung Schadensersatz zu leisten ist.

26 Für den Bereich des Straßenverkehrsrechts wiederholt § 11 Abs. 2 StVG im Bereich der Gefährdungshaftung für die Fälle der Verletzung von Körper und Gesundheit den Anspruch auf Ersatz des immateriellen Schadens. Nachfolgend werden zunächst die allgemeinen Voraussetzungen dargestellt, die bei der Schmerzensgeldregulierung von Bedeutung sind.

1. Anspruchsvoraussetzung

Literatur zu Anspruchsvoraussetzungen für Schmerzensgeld:

Jahnke, Auswirkungen des Schuldrechtsmodernisierungsgesetzes und des (geplanten) 2. Schadensrechtsänderungsgesetzes auf die Regulierung von Personenschadenansprüchen, zfs 2002, 105 ff.

27 Ein Anspruch auf Schmerzensgeld setzte früher gem. §§ 823 ff. i.V.m. § 847 BGB ein deliktisches und damit i.d.R. ein **schuldhaftes Verhalten** des Schädigers voraus. Schuldhaft konnte allerdings **nur der Fahrer** eines Fahrzeuges, nie der Halter, handeln, es sei denn, der Halter haftete als Geschäftsherr i.S.d. § 831 BGB. Deshalb konnte früher der Halter eines Kraftfahrzeuges grundsätzlich nicht auf Zahlung von Schmerzensgeld mitverklagt werden.

28 Ein Schmerzensgeld (vgl. auch *Heß*, zfs 2001, 532 f.) soll Beeinträchtigungen des körperlichen und seelischen Wohlbefindens ausgleichen, d.h. einen Schaden, der nicht Vermögensschaden ist. Es ersetzt also **nur** den immateriellen Schaden.

§ 253 BGB lautet:

(1) Wegen eines Schadens, der nicht Vermögensschaden ist, kann Entschädigung in Geld nur in den durch das Gesetz bestimmten Fällen gefordert werden.

(2) Ist wegen einer Verletzung des Körpers, der Gesundheit, der Freiheit oder der sexuellen Selbstbestimmung Schadensersatz zu leisten, kann auch wegen des Schadens, der nicht Vermögensschaden ist, eine billige Entschädigung in Geld verlangt werden.

29 Die Vorschrift des § 253 BGB bedeutet zweierlei:
- Erstens verdeutlicht die Streichung des § 847 BGB a.F. und die im Wortlaut erweiterte Aufnahme dieser Vorschrift in § 253 Abs. 2 BGB: Es besteht ein **Schmerzensgeldanspruch nicht mehr nur auf der Grundlage deliktischer Haftung** nach §§ 823 ff. BGB, sondern auch dann, wenn auf anderer rechtlicher Grundlage, z.B. auf vertraglicher oder auch aus §§ 311 Abs. 2, 241 Abs. 2, 280 BGB (c.i.c.), „wegen einer Verletzung des Körpers, der Gesundheit, der Freiheit oder der sexuellen Selbstbestimmung Schadensersatz zu leisten" ist (§ 253 Abs. 2 BGB).

B. Schmerzensgeld § 9

- Zweitens hat die unverändert gebliebene Aussage des § 253 BGB a.F. (jetzt Abs. 1) als Ausnahme vom Grundsatz des lediglich materiellen Schadensersatzes dadurch größere Relevanz erlangt, dass die **Zahl der gesetzlichen Ausnahmen gestiegen ist, die einen Ersatz des immateriellen Schadens vorsehen** (neben § 11 S. 2 StVG z.B. auch § 6 S. 2 HaftpflG, § 36 S. 2 LuftVG, § 32 Abs. 5 S. 2 GenTG). Die für das Verkehrszivilrecht bedeutsame Erweiterung der Gefährdungshaftung auch auf Schmerzensgeld findet sich in § 11 S. 2 StVG, welcher eine billige Entschädigung in Geld auch wegen des Schadens gewährt, der nicht Vermögensschaden ist.

Anmerkung 30
Zu § 11 S. 2 StVG, wie auch zu den entsprechenden neuen Schmerzensgeldregelungen in den anderen Fällen der speziellen Gefährdungshaftung, wird die Auffassung vertreten, sie würden nur das klarstellen, was durch § 253 Abs. 2 BGB ohnehin zum Ausdruck komme: Dass bei der Verletzung der dort genannten Rechtsgüter ein Schmerzensgeldanspruch auch aus Gefährdungshaftung gegeben sei (*Wagner*, Das Zweite Schadensersatzrechtsänderungsgesetz, NJW 2002, 2049, 2053). Dies ist jedoch zweifelhaft, da § 11 S. 2 StVG sich offenbar auf seinen S. 1 bezieht, der lediglich von der Verletzung des Körpers und der Gesundheit spricht, nicht dagegen von der Freiheit und der sexuellen Selbstbestimmung. Dies spricht dafür, dass § 11 S. 2 StVG eine gegenüber § 253 Abs. 2 BGB spezielle Vorschrift ist und keine bloße Klarstellung, zumal sich § 11 StVG auf die Haftung aus § 7 StVG bezieht mit den sich z.B. aus § 12 StVG ergebenden Haftungs(umfangs)beschränkungen. Nicht völlig aus der Luft gegriffen ist daher der Fall, dass jemand durch einen Autounfall in seinem Pkw ohne Verschulden des Unfallgegners stundenlang eingeschlossen ist, diese Freiheitsverletzung aber nicht über § 11 S. 1 u. 2 StVG durch Schmerzensgeld ausgeglichen wird. Ob in diesem Fall ein Rückgriff auf die allgemeine Regel des § 253 Abs. 2 BGB möglich ist, ist fraglich!

Der Vorteil der neuen Haftung auf Schmerzensgeld auch auf vertraglicher Grundlage liegt dabei insbesondere darin, dass sich der **Halter auch für eingesetzte Gehilfen nicht mehr entlasten kann**, da § 278 BGB anwendbar ist. 31

Geht es um Schmerzensgeldansprüche aufgrund eines **Verkehrsunfalls**, hat die Frage, ob der Unfallgegner den Unfall **verschuldet** hat oder ob er sich nur nicht entlasten kann und deshalb **nur aus der Betriebsgefahr** haftet, allenfalls Bedeutung für die **Schmerzensgeldhöhe**. Dem Grunde nach besteht jetzt gegen den gegnerischen Kfz-Halter praktisch immer ein Schmerzensgeldanspruch, zumal auch die Entlastungsmöglichkeit für den Kfz-Halter weiter erschwert wird. 32

Das hat nicht nur Bedeutung in den Fällen, in denen das **Verschulden des Kraftfahrers nicht feststellbar** ist, sondern auch in den Fällen, in denen nicht feststellbar ist, **welcher von den beteiligten Kraftfahrern den Unfall verschuldet** hat. 33

a) Schmerzensgeld ohne Verschulden (Gefährdungshaftung)

34 Ob der Schmerzensgeldbetrag bei Verwirklichung eines Tatbestandes der Gefährdungshaftung niedriger zu bemessen ist als bei einer Verschuldenshaftung, ist ein durch die Reform „hausgemachtes" Problem (*Diehl*, zfs 2007, 10). Der BGH vertrat seit je her die Auffassung, dass sowohl die **Ausgleichs- als auch die Genugtuungsfunktion** die Schmerzensgeldhöhe bestimme (BGH VersR 1955, 615 ff.). Bei einer Verwirklichung lediglich eines Tatbestandes der **Gefährdungshaftung** kann die Genugtuungsfunktion wegen **fehlenden Verschuldens** des Schädigers kein Bewertungsgesichtspunkt sein, sodass sich die Frage stellt, ob damit die Bemessung des Schmerzensgeldes **niedriger** auszufallen hat.

35 Dagegen sprechen gute Gründe: Zweifelhaft war schon die Richtigkeit der von dem Großen Zivilsenat angenommenen **Doppelfunktion des Schmerzensgeldes** (*Diehl*, a.a.O., siehe Rn 98 ff.). Bis zu dieser Entscheidung ging die Rechtsprechung davon aus, dass es sich bei dem Schmerzensgeld um eine auf dem Ausgleichsgedanken beruhende Entschädigung handele. Die Befürworter einer Reduzierung des Schmerzensgeldes bei einem Wegfall der Genugtuungsfunktion verkennen, dass die **Genugtuungsfunktion** bei der Schmerzensgeldbemessung eines durchschnittlichen Verkehrsunfalls **keine Rolle** spielt.

36 Allenfalls bei vorsätzlichem oder grob fahrlässigem Verhalten im Straßenverkehr erscheint eine Berücksichtigung dieser Begehensweisen bei der Bestimmung der Höhe des Schmerzensgeldes angezeigt (*Diehl*, a.a.O.).

37 Hinzu tritt ein pragmatisches Argument:

Ziel der Reform des Schmerzensgeldanspruchs war es auch, dem Gericht die zeitaufwändige Aufklärung von Verschuldensfragen zu ersparen. Es ist für die Schmerzensgeldbemessung sicher ohne Bedeutung, ob dem Kraftfahrer ein **Versehen** i.S.v. – regelmäßig: leichter – Fahrlässigkeit unterlaufen ist oder ob er **nur nicht entlastet** ist. In diesen Fällen kann deshalb die – oft sehr teure – Aufklärung, ob den Kraftfahrer ein Verschulden trifft oder nicht, unterbleiben. Etwas anders ist es jedoch, wenn es nicht nur um die Schmerzensgeldhöhe, sondern bei beiderseitiger Verantwortlichkeit um die Ermittlung der Haftungsquote geht.

38 Wäre mit einer Ableitung des Schmerzensgeldanspruchs aus Gesichtspunkten der Gefährdungshaftung ein Abschlag verbunden, müsste der Anwalt des Geschädigten bei pflichtgemäßer Erfüllung seines Mandats auf einer **Klärung der Verschuldensfrage** bestehen, um seinem Mandanten den höheren Anspruch zu erhalten. Der vom Gesetz gewollte Effekt einer **prozessökonomischen Behandlung** des Schmerzensgeldanspruchs würde nicht erreicht werden.

39 Insoweit ist auch darauf hinzuweisen, dass die Rechtsprechung schon bisher z.B. bei der **Tierhalterhaftung aus § 833 S. 1 BGB** dem Gesichtspunkt, dass es sich um eine reine **Gefährdungshaftung** handelt, im Rahmen der Schmerzensgeldbemessung kaum eine Bedeutung beigemessen hat.

B. Schmerzensgeld § 9

40 Es ist inzwischen als geklärt anzusehen, dass bei einer Haftung ohne Verschulden (reine Gefährdungshaftung) das Schmerzensgeld nicht geringer zu bemessen ist (*Heß/Burmann*, in: Berz/Burmann, Kap. 6 F Rn 28 unter Hinweis auf OLG Celle NJW 2004, 1185; *Lemcke*, zfs 2002, 318 ff.).

41 Die Ausweitung des Schmerzensgeldes bei Verletzung der aufgeführten absoluten Rechtsgüter (Körper, Gesundheit) auch **ohne Nachweis eines Verschuldens** führt im Straßenverkehr sicherlich zu einer nicht unerheblichen **Ausweitung des Schadensvolumens**. Während die materiellen Schäden schon immer im Rahmen der Gefährdungshaftung ausgeglichen wurden und im Zweifel die Haftungsbeiträge der beteiligten Fahrzeuge nach dem Straßenverkehrsrecht aufgeteilt wurden, war bislang ein Schmerzensgeld bei Nichtaufklärbarkeit des Unfallgeschehens, d. h. wenn keine Feststellung zu einem schuldhaften Verursachungsbeitrag getroffen werden konnte, nicht zu zahlen.

42 Der durch die neue Regelung eingetretene **Mehraufwand** sollte im Bereich des Schmerzensgeldes ursprünglich dadurch kompensiert werden, dass die Gewährung des Schmerzensgeldes nach der Neuregelung davon abhängig gemacht wird, dass der Schaden unter Berücksichtigung von Art und Dauer „nicht unerheblich" ist. Das Ziel des Gesetzgebers war es seinerzeit, die zur Verfügung stehenden Geldmittel auf die schwerer Verletzten zu konzentrieren.

43 Die Ausweitung des Schmerzensgeldes auf Fälle der Gefährdungshaftung und der Vertragshaftung sollte durch die Einführung einer **Erheblichkeitsschwelle** von 1.000 DM = 500 EUR kompensiert werden (Referentenentwurf, Begründung, S. 34). Diese Erheblichkeitsschwelle, die für die nach wie vor aktuelle HWS-Diskussion Bedeutung gehabt hätte, ist in der letzten Lesung des BT ersatzlos gestrichen worden. Es gilt somit weiterhin wie bisher, dass ein Schmerzensgeldanspruch des Geschädigten allenfalls nur bei einer extremen **Bagatellverletzung** ausscheidet.

b) Kinderhaftung

Literatur zu Kinderhaftung:

Heß/Buller, Der Kinderunfall und das Schmerzensgeld nach der Änderung des Schadensrechtes, zfs 2003, 218 ff.

44 Auch ein **nicht deliktsfähiges Kind** kann nicht schuldhaft handeln, weshalb ein Schmerzensgeldanspruch stets dann entfällt, wenn der Anspruch nicht wegen Aufsichtspflichtverletzung gegen die Eltern gerichtet werden kann. Eine Ausnahme wäre allenfalls die **Billigkeitshaftung** gem. § 829 BGB.

45 Allerdings ist das Alter der **Deliktsfähigkeit im Kraftfahrzeugverkehr neu geregelt worden**. Nach dem durch das 2. Schadensersatzrechtsänderungsgesetz neu gefassten § 828 Abs. 2 BGB ist ein Kind, welches das siebente, aber nicht das zehnte Lebensjahr vollendet hat, für den Schaden, den es bei einem **Unfall mit einem Kraftfahrzeug**, einer Schienenbahn oder einer Schwebebahn einem anderen zufügt, nicht verantwortlich – es sei denn, es hat die Verletzung vorsätzlich herbeigeführt (vgl. dazu § 2 Rdn 179 ff.). Kinder bis zum vollendeten zehnten Lebensjahr werden damit in diesem Rahmen sowohl von einer Haftung für von ihnen verursachte Unfallschäden befreit als auch von einer Reduzierung eigener Ansprüche wegen Mitverschuldens (auch dafür gilt § 828 BGB, BGH NJW 1962, 1065), gleichviel ob diese Ansprüche aus dem allgemeinen Deliktsrecht hergeleitet werden oder aus den Gefährdungshaftungstatbeständen des StVG oder des HPflG.

46 Bei einem auch nur partiell schuld- und deliktsunfähigen Erwachsenen gilt ebenfalls, dass ein Schmerzensgeldanspruch aus Haftungstatbeständen, die ein Verschulden voraussetzen, entfällt.

2. Vererblichkeit

Literatur zur Vererblichkeit von Schmerzensgeld:

Huber, Schmerzensgeld ohne Schmerzen bei nur kurzzeitigem Überleben des Verletzten im Koma – eine sachlich gerechtfertigte Transferierung von Vermögensschäden an die Erben?, NZV 1998, 345.

47 Seit der zum 1.7.1990 erfolgten Streichung des ehemaligen § 847 Abs. 1 S. 2 BGB sind Schmerzensgeldansprüche **vererblich** und **übertragbar**. Es ist also nicht mehr erforderlich, bei lebensgefährlichen Verletzungen einen Verzicht auf die Einrede mangelnder Rechtshängigkeit vom Versicherer einzuholen oder überstürzt zu klagen. Der Wille des Verletzten, Schmerzensgeld geltend machen zu wollen, braucht von ihm auch nicht mehr irgendwie artikuliert zu werden, z.B. durch Vollmachtserteilung zu Lebzeiten.

48 Der Schmerzensgeldanspruch kann auch frei übertragen werden.

Das bedeutet für Dritte aber auch:
- Der Schmerzensgeldanspruch ist gem. § 851 Abs. 1 ZPO pfändbar
- Der Schmerzensgeldanspruch gehört zur Insolvenzmasse
- Der Schmerzensgeldanspruch fällt bei vereinbarter Gütergemeinschaft in das Gesamtgut
- Der Schmerzensgeldanspruch kann sofort verpfändet oder mit einem Nießbrauchsrecht belastet werden
- Die Aufrechnung ist nicht ausgeschlossen

3. Prozessuales

Literatur zu prozessualen Fragen:

Frahm, Keine Beschränkung durch § 308 Abs. 1 ZPO beim unbezifferten Schmerzensgeldantrag, VersR 1996, 1212.

49 Ausgangspunkt bei der Verfolgung eines Schmerzensgeldanspruchs ist der Grundsatz der **Einheitlichkeit des Schmerzensgeldanspruchs** (BGH zfs 2006, 381). Er gebietet es, die Höhe des dem Geschädigten zustehenden Anspruchs aufgrund einer **ganzheitlichen Betrachtung** der den Schadensfall prägenden Umstände unter **Ein-**

beziehung der absehbaren künftigen Entwicklung des Schadensbildes zu bemessen (BGH VersR 1961, 164 f.). Lediglich solche Verletzungsfolgen, die zum Beurteilungszeitpunkt noch nicht eingetreten waren und deren Eintritt objektiv nicht vorhersehbar war, mit denen also **nicht oder nicht ernstlich gerechnet** werden musste und die deshalb zwangsläufig bei der Bemessung des Schmerzensgeldes unberücksichtigt bleiben müssen, werden von der vom Gericht ausgesprochenen Rechtsfolge nicht umfasst und können deshalb Grundlage für einen Anspruch auf **weiteres Schmerzensgeld** sein (BGH a.a.O.; *Prütting/Gielen*, NZV 1989, 329, 330).

Ob Verletzungsfolgen im Zeitpunkt der Zuerkennung eines Schmerzensgeldes erkennbar waren, beurteilt sich **nicht nach der subjektiven Sicht der Parteien** oder der Vollständigkeit der Erfassung des Streitstoffes durch das Gericht, sondern allein nach **objektiven Gesichtspunkten**, das heißt nach den Kenntnissen und Erfahrungen eines insoweit Sachkundigen (BGH a.a.O.; OLG Köln zfs 1992, 82; OLG Oldenburg VersR 1997, 1541; OLG Köln VersR 1997, 1551; OLG Düsseldorf OLGZ 1994, 546, 548 f.; OLG Koblenz OLGR 2005, 120, 121). 50

Maßgebend ist, ob sich bereits in jenem Verfahren eine Verletzungsfolge als **derart nahe liegend** darstellte, dass sie schon damals bei der Bemessung des Schmerzensgeldes berücksichtigt werden konnte (BGH a.a.O.; OLG Stuttgart NJW-RR 1999, 1590, 1591; *Kreft*, in: BGB-RGRK, 12. Aufl., § 847 Rn 51). 51

Der Anspruch ist grundsätzlich **unteilbar**. Der Schmerzensgeldanspruch darf damit **nicht in zeitliche Teilabschnitte** zerlegt werden (OLG Düsseldorf NJW-RR 1996, 927), etwa dergestalt, dass lediglich die bis zum Ende der letzten mündlichen Verhandlung eingetretenen Beschwerden zu berücksichtigen sind. 52

Hiervon zu unterscheiden ist jedoch die zulässige sog. **offene Schmerzensgeldteilklage**. Diese bedeutet, dass **sämtliche bereits eingetretenen Schadensfolgen berücksichtigt** werden, und zwar bei Dauerschäden auch für die Zukunft, und **nur bestimmte ungewisse Verschlechterungen ausgeklammert** werden, die für die Zukunft zusätzlich als möglich erscheinen (dazu *Terbille*, VersR 2005, 37 unter Hinweis auf BGH VersR 2004, 1334, 1335 sowie BGH VersR 2001, 876). Wegen der grundsätzlichen Einheitlichkeit des Schmerzensgeldanspruchs muss der Kläger in seiner Klagebegründung das Vorliegen einer solchen offenen Schmerzensgeldteilklage ausdrücklich betonen (*Terbille*, a.a.O.). 53

Der **Schmerzensgeldantrag** umfasst damit alle **vergangenen** und die **künftigen Schadensfolgen**, die aus der Sicht eines Fachmanns mit Sicherheit eintreten werden, wobei Beurteilungszeitpunkt der der letzten mündlichen Verhandlung ist (*Diehl*, zfs 2008, 14 mit Hinweis auf OLG Stuttgart NJW-RR 2003, 969; OLG Oldenburg NJW-RR 1988, 615). Bei **nicht abgeschlossener Schadensentwicklung** ist der Geschädigte damit zur Sicherung seiner Ansprüche gehalten, auf Leistung des Schmerzensgeldes insoweit zu **klagen**, als die hierfür erforderlichen Bemes- 54 sungsfaktoren gesichert sind, im Übrigen die Einstandspflicht für die Zukunft feststellen zu lassen.

55 **Riskant** für den Geschädigten ist dabei der Umstand, dass die Frage der **Vorhersehbarkeit von Spätschäden** aus der Sicht eines Fachmanns beurteilt wird, sodass dem Gericht, den Parteien und ihren Anwälten der Abgeltungsumfang nicht mit letzter Gewissheit bekannt ist (*Diehl*, a.a.O.; BGH VersR 1982, 703 f.). Für den weiten Bereich möglicher, aber nicht gewisser **Spätschäden** sichert die oben genannte offene Schmerzensgeldteilklage in Verbindung mit einem **Feststellungsantrag** Nachforderungsrechte und verhindert den Eintritt der Verjährung des zusätzlichen Schmerzensgeldanspruchs.

56 Ob mögliche Zukunftsschäden statt ihrer Sicherung durch ein Feststellungsbegehren zur Vorbereitung eines Nachforderungsrechtes mit einem Zuschlag von 25 % auf das im Zeitpunkt der letzten mündlichen Verhandlung als angemessen angesehene Schmerzensgeld abgegolten werden können, ist umstritten (*Diehl*, a.a.O. m.w.N.). Statt eines die **Verjährung hindernden Feststellungsurteils** können die Parteien ein **titelersetzendes schriftliches Anerkenntnis** wählen. Haben die Parteien vereinbart, dass der Geschädigte die Stellung erhalten solle, die er bei einem rechtskräftigen Feststellungsurteil hätte, ist der Geschädigte ausreichend gegen den Eintritt der Verjährung gesichert (*Diehl*, a.a.O. m.w.N.).

a) Unbezifferter Klageantrag

57 Nach ständiger Rechtsprechung kann das Schmerzensgeld im Rahmen eines **unbezifferten Klageantrages** gem. § 253 Abs. 2 Nr. 2 ZPO geltend gemacht werden, d.h. die Höhe des Schmerzensgeldes kann **in das Ermessen des Gerichtes gestellt** werden.

b) Schmerzensgeldvorstellungen

58 Allerdings benötigt der Richter als Schlüssigkeitsvoraussetzung (OLG München zfs 1986, 175) für eine Schmerzensgeldklage jedenfalls Angaben zu den **Vorstellungen** des Geschädigten über die **Größenordnung** des Schmerzensgeldes. Es müssen also in jedem Falle in der Klagebegründung dem Gericht ein Mindest- oder Ungefährbetrag und zugleich die tatsächlichen Grundlagen für die Ermessensausübung genannt werden (BGH NJW 1984, 1807 ff.; BGH zfs 1996, 290; BGH zfs 2003, 14 ff.; dazu auch *v. Gerlach*, VersR 2000, 525 ff.).

59 Bei der Festsetzung des vom Geschädigten als angemessen bezeichneten Schmerzensgeldes sind dem Tatrichter im Rahmen des § 308 ZPO durch die Angabe eines Mindestbetrages nach oben keine Grenzen gesetzt (BGH zfs 1996, 290). Das **Gericht ist also nicht an die Vorstellungen des Klägers gebunden**, solange er keine Obergrenze angibt. Es hat die Möglichkeit, auch ein höheres Schmerzensgeld zuzusprechen, als sich der Geschädigte vorgestellt hat. Andererseits trägt der Kläger

B. Schmerzensgeld § 9

kein Prozessrisiko, wenn das Gericht lediglich die Mindestforderung zuspricht, sondern nur dann, wenn das Gericht sie unterschreitet.

Tipp 60
Der Klageantrag lautet daher z.B.: „... die Beklagten als Gesamtschuldner zu verurteilen, ein in das Ermessen des Gerichtes gestelltes Schmerzensgeld nebst Zinsen in Höhe von fünf Prozentpunkten über dem Basiszinssatz seit dem ... zu zahlen"; oder: „..., die Beklagten als Gesamtschuldner zu verurteilen, ein über bereits gezahlte 10.000 EUR hinausgehendes weiteres, in das Ermessen des Gerichtes gestelltes Schmerzensgeld nebst Zinsen in Höhe von fünf Prozentpunkten über dem Basiszinssatz seit dem ... zu zahlen."

Es ist **nicht zwingend** notwendig, eine **Mindestvorstellung im Klageantrag** selbst zu nennen. Es wird durchaus die Meinung vertreten, das sei **sogar schädlich**, weil damit eine Bindung hinsichtlich des Gegenstandswertes eintrete, die ja gerade nicht gewünscht werde. Dies folge aus dem Urteil des BGH vom 30.4.1996 (VersR 1996, 990). Diese Schlussfolgerung ist aber falsch. 61

Im Gegenteil: Gerade um sich die **Möglichkeit eines Rechtsmittels** zu erhalten, ist dem Anwalt dringend anzuraten, weiterhin die Größenordnung so präzise wie möglich anzugeben. Deshalb sollte nicht so sehr die – ungefähre – Größenordnung, sondern besser – weil präziser – der **Mindestbetrag** genannt werden (*Hacks/Wellner/Häcker*, 34. Auflage, S. 28). In der Praxis wird ohnehin regelmäßig durch das Gericht der Gegenstandswert entsprechend den Angaben des Klägers festgesetzt unabhängig davon, ob ein Mindestbetrag oder eine Größenordnung im Antrag oder in der Klagebegründung genannt wird. 62

Im Rahmen des Bestimmtheitsgebotes gem. § 253 Abs. 2 Nr. 2 ZPO ist es daher erforderlich, eine möglichst genaue **Betragsvorstellung** anzugeben, wenn der Kläger sich die **Möglichkeit** offen halten will, ein **Rechtsmittel** einzulegen. Benennt er nur eine Größenordnung, ohne deutlich zu machen, dass es sich dabei um einen **Mindestbetrag** handeln soll, dann ist er durch ein Urteil nicht beschwert, mit dem ihm gerade dieser Betrag zugesprochen wurde, und er kann das Urteil nicht mit dem alleinigen Ziel anfechten, ein höheres Schmerzensgeld zu erhalten (BGH zfs 1999, 192; BGH zfs 2004, 354). 63

Der Kläger, der ein angemessenes Schmerzensgeld unter Angabe eines **Mindestbetrages** begehrt hat, ist aber **nicht beschwert**, wenn das Gericht ihm diesen Betrag zugesprochen, aber abweichend von seiner Auffassung ein **Mitverschulden** bejaht hat (BGH zfs 2002, 69 = DAR 2002, 33). 64

Etwas anderes gilt nur dann, wenn der Geschädigte wegen zunächst aus sachverständiger Sicht nicht erkennbar eingetretener Verletzungsfolgen ein **weiteres Schmerzensgeld** fordert. Das ist nicht ausgeschlossen, weil diese Bemessungstatsache nicht zum Streitgegenstand der ersten Schmerzensgeldklage gehören konnte (BGH VersR 1988, 929 ff.; BGH VersR 1995, 471 f.). Besser ist es also, wenn der 65

Geschädigte einen höheren Betrag sofort verlangt, was aber wegen des höheren **Prozesskostenrisikos** problematisch sein kann. Es kann daher empfehlenswert sein, bei der Erhebung der Schmerzensgeldklage deutlich zu machen, dass nur ein Teil des dem Geschädigten nach seiner Meinung zustehenden Schmerzensgeldes geltend gemacht werde (*Diehl*, Anm. zu BGH zfs 2004, 354 f. mit Hinweis auf *Lepa*, VersR 2001, 265 ff.).

66 Es ist also **höchste Vorsicht** bei der **Formulierung des Klageantrages** geboten. In der vorgenannten Entscheidung des BGH (zfs 1999, 192) hatte der Antrag – vermeintlich völlig korrekt – wie folgt gelautet: „Der Kläger begehrt ein Schmerzensgeld in Höhe von 40.000 DM. Er beantragt, den Beklagten zu verurteilen, an ihn ein Schmerzensgeld zu zahlen, dessen Höhe in das Ermessen des Gerichtes gestellt wird."

67 Das Gericht sprach diese 40.000 DM zu und der BGH lehnte das Rechtsmittel mangels Beschwer mit der Begründung ab, dass derjenige Kläger, der sich die Möglichkeit eines Rechtsmittels offen halten will, den Betrag nennen muss, den er auf jeden Fall zugesprochen haben will und bei dessen Unterschreitung er sich nicht als befriedigt ansehen würde (BGH zfs 1999, 192 = DAR 1999, 215).

68 Schmerzensgeldklagen bergen daher **erhebliche prozessuale Risiken** in sich. Ein zu hoch bemessener Mindestbetrag führt dazu, dass die Kosten des Verfahrens teilweise dem Mandanten auferlegt werden können. Andererseits lässt es sich nicht ausschließen, dass die Gerichte nur den geforderten Mindestbetrag zusprechen und selbst dann nicht diesen Betrag übersteigen, wenn sich das geradezu anbietet. Beachtet das Gericht den Grundsatz seiner fehlenden Bindung an den genannten Mindestbetrag des Schmerzensgeldes nicht, wird die vom Prozessbevollmächtigten gezeigte Vorsicht bei der Benennung des Schmerzensgeldes zu einem erheblichen, nicht mehr zu reparierenden Nachteil für seinen Mandanten (*Diehl*, Anm. zu dem vorgenannten Urteil des BGH zfs 1999, 193 f.).

69 Der Anwalt muss also, um Risiken für seinen Mandanten und für sich selbst gering zu halten, neben dem Mindestbetrag **deutlich** darauf hinweisen, dass das Gericht **an den Mindestbetrag nach oben hin nicht gebunden** ist, er den Mindestbetrag also nicht als Obergrenze ansieht. Der zuvor (siehe Rdn 66) genannte Klageantrag hätte also **richtig lauten** müssen:

> „*Der Kläger begehrt ein Schmerzensgeld in Höhe von mindestens 40.000 DM. Er beantragt, den Beklagten zu verurteilen, an ihn ein Schmerzensgeld zu zahlen, dessen Höhe in das Ermessen des Gerichtes gestellt wird, wobei der zuvor genannte Betrag auch nach oben hin überschritten werden kann (BGH DAR 1996, 351).*"

70 Dann kann auch **keine Verjährung** wegen eines in der ersten Instanz geltend gemachten, niedrigeren Betrages eintreten, wenn in der zweiten Instanz dann höhere Schmerzensgeldvorstellungen verfolgt werden. Der BGH (Urt. v. 10.10.2002, zfs 2003, 14 ff.) hat hierzu entschieden, dass die Angaben einer höheren Größenord-

B. Schmerzensgeld § 9

nung in der Berufungsinstanz **nicht als eine Änderung des Streitgegenstandes** anzusehen ist, an die selbstständige verjährungsrechtliche Folgen geknüpft werden können, wenn der Geschädigte in der ersten Instanz unter Angabe einer Größenordnung, die **nicht zugleich eine Obergrenze enthält**, einen unbezifferten Klageantrag zum Schmerzensgeld gestellt hat. Das gilt aber dann nicht, wenn es um die Frage einer verjährungshemmenden Wirkung einer Teilklage gem. § 204 Abs. 1 Nr. 1 BGB geht: Eine nachträgliche Mehrforderung muss dann verjährungsrechtlich selbstständig beurteilt werden (BGH NJW 2002, 2167 f.).

Vor allem **Rechtsschutzversicherer** bestehen bei der Kostenzusage für eine Schmerzensgeldklage sogar darauf, dass die Mindestvorstellungen nicht im Klageantrag, sondern nur in der Begründung genannt werden. Es reicht aus, wenn sie irgendwo innerhalb der Klageschrift verbalisiert worden sind. Dies ist allerdings auch **Schlüssigkeitsvoraussetzung**. 71

Nach dem geforderten Mindestbetrag ist auch der – vorläufige – **Gerichtskostenvorschuss** einzuzahlen. Wahlweise kann auch vor der Einzahlung der Gerichtskosten zunächst Streitwertfestsetzung beantragt werden. 72

Vorsicht aber bei erforderlicher **Verjährungshemmung:** Wenn die Klage am letzten Tage eingereicht und noch kein Kostenvorschuss eingezahlt worden ist, weil erst noch **Streitwertfestsetzung** erfolgen soll, kann u.U. nicht mehr von „alsbaldiger Zustellung" gesprochen werden, mit der Folge, dass dann die Verjährung dennoch eingetreten sein könnte. Eine Einzahlung des angeforderten Gerichtskostenvorschusses spätestens innerhalb von **14 Tagen wird allerdings noch als ausreichend** angesehen, um eine alsbaldige Zustellung zum Zwecke der Verjährungshemmung zu bewirken. Ggf. empfiehlt es sich in solchen Fällen, die vorläufige **Befreiung von der Einzahlung des Gerichtskostenvorschusses** als Zustellungsvoraussetzung gem. § 14 Nr. 3b GKG zu beantragen. 73

c) Kostenrisiko und Beschwer

Das **Kostenrisiko** eines Prozesses ist also auch mit einem unbezifferten Klageantrag nie ganz oder auch nur zum größten Teil ausschließbar. Es kann so aber zumindest **minimiert** werden. So sieht ein Teil der Rechtsprechung bereits die in der Klagebegründung enthaltenen Größenvorstellungen des Geschädigten als maßgeblich zur Bestimmung des Gegenstandswertes an (LG Itzehoe zfs 1996, 109). 74

Eine **Beschwer** im Falle eines Rechtsmittels ist nur dann gegeben, wenn die Mindestvorstellung des Geschädigten unterschritten wurde. Spricht das Gericht ein Schmerzensgeld auf der Grundlage der Vorstellungen des Geschädigten zu oder geht es darüber hinaus, entspricht dieser Betrag zugleich dem **Gegenstandswert** des Prozesses. 75

d) Wirkung der Rechtskraft

76 Die **Rechtskraft eines Schmerzensgeldurteils** erstreckt sich auf alle Verletzungsfolgen, die entweder – objektiv betrachtet, d.h. nach den Erkenntnissen und Erfahrungen eines Sachkundigen (z.B. Arztes) – **bereits eingetreten oder objektiv erkennbar** waren oder deren Eintritt jedenfalls **vorhergesehen** und bei der Entscheidung **berücksichtigt** werden konnte (ständige Rechtsprechung, zuletzt BGH DAR 2006, 444 ff.; vgl. auch Staudinger/*Schiemann*, BGB, Neubearbeitung 2005, § 253 Rn 50; *Diederichsen*, VersR 2005, 433, 439; *Heß*, zfs 2001, 532, 534).

77 Der **Grundsatz der Einheitlichkeit des Schmerzensgeldes** gebietet es, die Höhe des dem Geschädigten zustehenden Anspruchs aufgrund einer **ganzheitlichen Betrachtung** der den Schadensfall prägenden Umstände unter Einbeziehung der **absehbaren zukünftigen Entwicklung** des Schadensbildes zu bemessen (BGH VersR 1961, 164 f., BGH DAR 2006, 445). Solche Verletzungsfolgen, die zum Beurteilungszeitpunkt noch nicht eingetreten waren und deren Eintritt objektiv nicht vorhersehbar war, mit denen also nicht oder nicht ernstlich gerechnet werden musste und die deshalb zwangsläufig bei der Bemessung des Schmerzensgeldes unberücksichtigt bleiben müssen, werden von der vom Gericht ausgesprochenen Rechtsfolge nicht umfasst und können deshalb Grundlage für einen Anspruch auf weiteres Schmerzensgeld sein (BGH 2006, 445 m.w.N.).

78 Ob Verletzungsfolgen im Zeitpunkt der Zuerkennung eines Schmerzensgeldes erkennbar waren, beurteilt sich nicht nach der subjektiven Sicht der Parteien, sondern **nach objektiven Gesichtspunkten**, das heißt nach den Kenntnissen und Erfahrungen eines insoweit **Sachkundigen** (OLG Köln zfs 1992, 82; OLG Oldenburg VersR 1997, 1541; OLG Köln VersR 1997, 1551, OLG Koblenz). Maßgebend ist, ob sich bereits in jenem Verfahren eine Verletzungsfolge als derart **nahe liegend** darstellte, dass sie schon damals bei der Bemessung des Schmerzensgeldes berücksichtigt werden konnte (*Kreft*, in: BGB-RGRK, 12. Aufl., § 847 Rn 51).

e) Schutz vor Spätfolgen

79 Wenn diese Voraussetzungen gegeben sind, kann ein weiteres Schmerzensgeld später einmal nur für solche **Spätfolgen** verlangt werden, die auch ein solcher Sachkundiger nicht ernstlich vorhersehen konnte (BGH NJW 1980, 2754; BGH zfs 2006, 381 ff.; OLG Oldenburg zfs 1985, 72; *Müller*, VersR 1993, 909 ff.).

Denn ist eine später eintretende Verletzungsfolge aus objektiver Sicht noch nicht so nahe liegend, dass sie bei der Bemessung des Schmerzensgeldes berücksichtigt werden konnte, steht ein vorausgegangenes Urteil der Zubilligung eines weiteren Schmerzensgeldes nicht entgegen (BGH zfs 1995, 172).

80 Im Rahmen von **Abfindungsvergleichen** wird häufig die Bestimmung aufgenommen, dass die Geltendmachung bezifferbarer Spätschäden vorbehalten werde. Das hat lediglich zur Folge, dass ein **Anerkenntnis** vorliegt, das zum **Wiederbeginn des Laufs der Verjährungsfrist** führt (§ 212 Abs. 1 Nr. 1 BGB). Treten die Spät-

B. Schmerzensgeld §9

folgen erst mehr als drei Jahre nach dieser Vereinbarung ein, ist Verjährung eingetreten.

Davor schützt auch ein **Feststellungstitel** nicht unbedingt: Auch er betrifft nur unvorhersehbare Spätfolgen. Voraussetzung für einen Feststellungsanspruch ist außerdem, dass nach ärztlichen Bekundungen überhaupt mit unfallbedingten Spätfolgen zu rechnen ist, da ansonsten der Geschädigte kein **Feststellungsinteresse** hat. 81

Da rechtskräftig festgestellte Ansprüche **in dreißig Jahren verjähren** (§ 197 Abs. 1 Nr. 3 BGB), bietet sich die Feststellungsklage bei noch nicht abgeschlossener Schadensentwicklung zur Sicherung der Ansprüche auf Schmerzensgeld für künftige Ansprüche an. Da für die Spätschäden nur eine **gewisse Wahrscheinlichkeit** bestehen muss (OLG Celle OLGR 2003, 264) und hierfür auf die Sicht des Geschädigten abgestellt wird BGH NJW 2001, 1431), dürfte im Regelfall die Feststellungsklage erfolgreich sein. Sie ist allerdings nicht erforderlich, wenn ein titelersetzendes Anerkenntnis des Haftpflichtversicherers vorliegt. 82

Bei einem Feststellungsantrag ist ein **Feststellungsinteresse** gem. § 253 Abs. 2 Nr. 2 ZPO aber bereits dann zu bejahen, wenn die Entstehung des Schadens jedenfalls **auch nur entfernt möglich** erscheint und der Schaden daher noch nicht abschließend beziffert werden kann (BGH NJW 1991, 2707). Es ist jedoch zu **verneinen**, wenn bei verständiger Würdigung kein Grund besteht, mit dem Eintritt eines Schadens wenigstens zu rechnen (BGH DAR 2007, 390). 83

Muss der Verletzte mit **Spät- oder Dauerschäden** rechnen, entfällt sein Feststellungsinteresse nicht schon dadurch, dass sich der gegnerische Haftpflichtversicherer zum Verzicht auf die **Verjährungseinrede** für einen bestimmten – eventuell auch längeren – Zeitraum bereit erklärt hat (OLG Hamm SP 2000, 304). Der Geschädigte hat **keine andere Möglichkeit** zur Sicherung seiner Zukunftsschäden, als entweder den heute grundsätzlich **zulässigen Verjährungsverzicht** des Haftpflichtversicherers (§ 202 Abs. 2 BGB) einzuholen, ein titelersetzendes Anerkenntnis zu erlangen oder ein **Feststellungsurteil** zu erstreiten, um den Eintritt der Verjährung zu verhindern (OLG Hamm r+s 1993, 456, 461). 84

> *Tipp* 85
> Die Angst der Mandanten vor eventuellen Spätfolgen lässt sich oft nur durch Hinweis darauf nehmen, dass selbst im Falle eines Prozesses nur die aktuelle, von den Ärzten attestierte gegenwärtige Gesundheitssituation bewertet wird. Wenn diese keine negative Zukunftsprognose enthält, kann sie auch nicht berücksichtigt werden.

Je mehr Zeit seit dem Unfall vergangen ist, umso mehr kann der Anspruch ohnehin an dem mangelnden **Nachweis der Unfallkausalität** scheitern. Deshalb sind bei der Bemessung des Schmerzensgeldes nicht nur die Primärverletzung und die bekannten Dauerfolgen maßgeblich, sondern auch bereits **vorhersehbare Spätfolgen**, unabhängig davon, ob sie schon eingetreten sind. Verletzungsimmanente Spät- 86 folgen, wie z.B. **Arthrose** bei Gelenksbeteiligungen, sind **immer objektiv vorhersehbar** und daher **schmerzensgelderhöhend** zu berücksichtigen. Deshalb sollten abschließende **ärztliche Gutachten** immer auch die Frage nach **vorhersehbaren Spätschäden** behandeln.

f) Zeitliche Beschränkung

87 Eine zeitliche Begrenzung des Schmerzensgeldanspruchs **auf einen in der Vergangenheit liegenden Zeitraum ist nicht zulässig** (OLG Düsseldorf VersR 1996, 984; OLG Oldenburg NJW-RR 1988, 615; OLG Hamm zfs 2000, 247). Es ist auch unzulässig, ihn auf den Zeitpunkt des Schlusses der letzten mündlichen Verhandlung zu begrenzen.

88 Der Schmerzensgeldanspruch ist ein **einheitlicher Anspruch**, der grundsätzlich nicht nach einzelnen Beeinträchtigungen und Zeitabschnitten aufgespalten werden darf (OLG Karlsruhe OLGR 1998, 214). Allerdings ist eine **zeitliche Aufspaltung** dann zulässig, wenn und soweit sich zum Zeitpunkt der letzten mündlichen Verhandlung Schadensfolgen noch nicht als derart nahe liegend darstellen, dass sie bei der Bemessung des Schmerzensgeldes schon berücksichtigt werden können (BGH NJW 1995, 1614).

4. Zinsen

89 Der Schmerzensgeldanspruch entsteht mit dem Schadensereignis. Das schließlich – gerichtlich oder außergerichtlich – als angemessen zuerkannte Schmerzensgeld gilt als **von Anfang an** geschuldet (BGH 1965, 380). Zinsen sind demnach vom Verzugszeitpunkt an zu zahlen (BGH NJW 1965, 1374). Der Schädiger bzw. sein Haftpflichtversicherer kann erst durch Fristsetzung in Verzug gesetzt werden, wenn er anhand von objektiven Unterlagen, die er sich allerdings **nach besten Kräften schnellstmöglich zu beschaffen hat**, den Umfang der Verletzungsfolgen kennt. Das kann durch anzufordernde Arztgutachten geschehen. Allerdings ist der Geschädigte nach § 287 Abs. 1 S. 3 ZPO als **Beweisführer** berechtigt, den Umfang der Verletzungsfolgen auch durch eigenen Vortrag zu beweisen. Daneben hat er auch die Möglichkeit, auf das **Zeugnis seiner Familienangehörigen** zu verweisen.

90 *Tipp*
*Wegen des Zinsanspruchs sollte stets schon im ersten Schreiben unter Beifügung eines ärztlichen Kurzattestes oder einer Bestätigung naher Angehöriger als Zeugen, notfalls auch in Form einer eidesstattlichen Versicherung des Geschädigten selbst, ein vertretbar hoher **Schmerzensgeldbetrag unter Fristsetzung gefordert** werden. Dann darf der Zinsanspruch ab Verzugszeitpunkt später bei der abschließenden Regulierung oder der Klage aber auch nicht vergessen werden. Er beträgt gem. § 288 Abs. 1 BGB stets 5 Prozentpunkte über dem Basiszinssatz.*

B. Schmerzensgeld **§ 9**

Keinesfalls darf aber der Prozesszinsantrag vergessen werden (BGH DAR 1965, 98; OLG Köln VersR 1972, 1150, 1152).

II. Doppelfunktion des Schmerzensgeldes

Das Schmerzensgeld hat eine **Doppelfunktion** (BGH NJW 1955, 1675; OLG München NZV 1993, 232): Es dient als Ausgleich für nichtvermögensrechtliche Schäden (**Ausgleichsfunktion**) und der Genugtuung für das dem Geschädigten angetane Leid (**Genugtuungsfunktion**). 91

Die **Genugtuungsfunktion** hat vor allem bei **vorsätzlichen** Schädigungen Bedeutung. Bei **fahrlässigen** Körperverletzungen steht bei der Schmerzensgeldbemessung die **Ausgleichsfunktion im Vordergrund** (BGHZ 128, 117 = NZV 1995, 225 = r+s 1995, 97 m. Anm. *Lemcke*). In der Praxis kommt der **Ausgleichsfunktion** regelmäßig die **größere Bedeutung** zu. Dahinter tritt bei Verkehrsunfällen zwar meistens, allerdings nicht immer, die Genugtuungsfunktion zurück, wenn eine Genugtuung bereits durch strafrechtliche oder bußgeldrechtliche Ahndung erfolgt ist. Es kommt dabei auf die Gesamtumstände des Geschehens an, z.B. auch auf die Höhe der Bestrafung (BGH zfs 1996, 132). 92

Die **Genugtuungsfunktion** ist zwar auch bei Verletzungen durch fahrlässigen Verkehrsverstoß nicht völlig bedeutungslos; ein grobes Verschulden (Unfall durch Alkohol, Leichtsinn, Rücksichtslosigkeit) wirkt **schmerzensgelderhöhend** (BGH NJW 1982, 985 = r+s 1982, 71 = VersR 1982, 400). In der Regel geht es aber bei Verkehrsunfällen um ein **leichteres oder allenfalls mittleres Verschulden**. 93

III. Bemessungskriterien

Bei der Bestimmung des angemessenen Schmerzensgeldes sind eine ganze Reihe von Bemessungskriterien (siehe die Darstellung in der Einleitung zur Tabelle *Hacks/Wellner/Häcker*, SchmerzensgeldBeträge, 34. Auflage 2016) zu beachten. 94

1. Art und Umfang der Verletzungen

Zunächst ist die **Art der erlittenen Verletzungen** bestimmend. Sie ergibt sich aus den ärztlicherseits attestierten Verletzungsbildern, der **Diagnose**. 95

Alsdann sind die **Intensität** der Verletzungen und Schmerzen, d.h. deren Dauer und Heftigkeit, aber auch **Umfang und Anzahl operativer Maßnahmen**, Dauer einer etwaigen **stationären Krankenhausbehandlung**, Art und Umfang der medizinischen **Therapie** und der ambulanten Heilbehandlung schmerzensgeldbestimmend. 96

Zur Schmerzensgeldregulierung sind stets ärztliche Atteste erforderlich. Wenn der Versicherer diese aber nicht einholt oder dies wegen zu hoher Honoraransprüche der Ärzte ablehnt, muss der Geschädigte die Atteste zunächst auf eigene Kosten 97

§ 9 Ersatzansprüche bei Verletzungen

einholen. Die **Attestkosten** sind aber in jedem Falle ihm erwachsene und demzufolge **ersetzbare Schadenspositionen**.

98 Bei **Streit über die Höhe des Arzthonorars** hat der Versicherer dieses zwar zunächst zu ersetzen, erhält im Gegenzuge jedoch einen Anspruch auf Abtretung der Regressansprüche gegen den Arzt („Zug um Zug gegen Zahlung").

Tipp
Oft verweigern die Versicherer, ein Gutachten eines behandelnden Arztes beizuziehen, mit der Begründung, der Arzt habe erklärt, er werde das Gutachten nur gegen ein bestimmtes – nach Ansicht des Versicherers überhöhtes – Honorar erstellen. In einem solchen Fall bleibt nichts anderes übrig, als den Mandanten zu bitten, das Gutachten auf einem Blankoformular, das sich an den üblichen Versicherungsformularen orientiert, gegen Zahlung des geforderten Honorars erstellen zu lassen. Das tatsächlich geforderte und gezahlte Honorar ist dann als selbstständige Schadensposition (vgl. Sachverständigenhonorar, siehe § 8 Rdn 4 ff.) im Rahmen des erforderlichen Herstellungsaufwandes – ggf. nach der Quote – zu verlangen und vom Versicherer auch zu bezahlen, was ggf. mittels eines Prozesses durchzusetzen ist (allerdings nur „Zug um Zug gegen Abtretung eines Regressanspruchs" gegen den Arzt).

2. Minderung der Erwerbstätigkeit und Dauerschäden

99 Zur Schmerzensgeldbemessung gehören auch die **Dauer der Minderung der Erwerbstätigkeit (MdE)**, ein eventueller **Dauerschaden** oder **dauernde Entstellungen** oder **psychische Beeinträchtigungen**.

100 **Narben erheblichen Umfangs** können – vor allem bei einer Frau – verminderte Heiratschancen bedeuten. Bei Frauen kann die Art der Verletzungen – z.B. Beckenverletzungen – auch **Probleme bei der Geburt** hervorrufen. **Wesensveränderungen** können ebenso schmerzensgeldbestimmend sein wie **Angstzustände** und **Einschränkungen bei der Berufswahl**.

101 Besonderes Augenmerk ist auf **entstellende Narben** zu richten. Sie werden in den ärztlichen Berichten in der Regel nur unvollkommen beschrieben und von der Schädigerseite daher **oft ignoriert oder zumindest bagatellisiert**.

102 Selbst der Anwalt macht sich oft keine Vorstellung über Art und Umfang der Entstellungen, insbesondere bei verdeckten Narben. Der Schadenregulierer oder der Richter, der den Geschädigten ja in der Regel nicht zu Gesicht bekommt, kann sich also erst recht kein zutreffendes Bild machen.

103 *Tipp*
Von Verletzungs- und Operationsnarben wie von den Verletzungen selbst sollte möglichst frühzeitig, solange sie noch deutlich zu sehen sind, eine möglichst professionelle Fotodokumentation erstellt werden. Die zum Nachweis des Verletzungsumfanges erforderlichen Kosten solcher Fotografien hat der Schädiger

zu tragen. Später kann dann u.U. ein weiterer Fotosatz erstellt werden, um ggf. bestehende dauernde Entstellungen zu dokumentieren. Der Mandant sollte ermuntert werden, bei der Erstellung der Fotodokumentation „Mut zur Hässlichkeit" zu haben. Bei gerichtlichen Auseinandersetzungen sollte bei Entstellungsschäden stets auf die Einnahme des gerichtlichen Augenscheins hingewirkt werden.

3. Entgangene Lebensfreuden

Auch verletzungsbedingter **Entgang von Lebensfreuden**, wie z.B. dauernde oder zeitweilige Unmöglichkeit oder Behinderung beim Tanzen, Sport treiben, Discobesuchen, Ausübung von Hobbys, Autofahren o.Ä. ist schmerzensgelderhöhend zu berücksichtigen. 104

4. Entgangener Urlaub

Entgegen weit verbreiteter Auffassung begründen unfallbedingt entgangene Urlaubsfreuden **keinen eigenen Schadensersatzanspruch** (BGH NJW 1983, 1107; vgl. auch *Stoll*, JZ 1975, 252.). Für das **vertragliche Schadensersatzrecht** hat der VII. Senat des BGH dem Geschädigten neben den nutzlos gewordenen Aufwendungen nur dann einen weiteren Schadensersatz zugesprochen, wenn der **Urlaub** eines Arbeitnehmers wesentlich beeinträchtigt wurde (BGH VersR 1975, 82). Zu Recht hat es der VI. Senat abgelehnt, die Grundsätze des Reisevertragsrechts auf das Deliktsrecht zu übertragen. Nach dem **Zweck des Deliktsrechts** ist die Beeinträchtigung oder der Wegfall des Urlaubs **kein Vermögensschaden**, dies kann lediglich bei der Bemessung des Schmerzensgeldes – in „erheblich" geringerem Umfang – berücksichtigt werden. Die im Reisevertragsrecht entwickelten Grundsätze sind auf das **gesetzliche Schadensersatzrecht** nicht übertragbar. 105

Der **deliktische Urlaubserstattungsanspruch** ist ein Fall, bei dem die „Genussenthebung" wegen der vereitelten Urlaubszeit nur durch die **Verletzung eines anderen Rechtsgutes** vermittelt wird, sodass entsprechend dem Zweck des § 253 BGB ein **ersatzfähiger Vermögenswert zu verneinen** ist (Anm. von *Diehl* zu einem – insoweit falschen – Urteil des AG Tuttlingen zfs 1999, 153). Dass im Vertragsrecht vereitelter Urlaub Ersatzansprüche auslösen kann (vgl. § 651 Abs. 2 BGB), kann für das Recht der unerlaubten Handlungen schon deshalb nicht herangezogen werden, weil hierfür eine die Vorschrift des § 253 BGB beschränkende Norm fehlt (*Diehl*, zfs 1999, 153). 106

Es ist demnach auch nicht möglich, den Schaden etwa anhand des Verdienstes pro Tag multipliziert mit den unfallbedingt beeinträchtigten Tagen zu errechnen. Auch wenn der Ehemann wegen Verletzung seiner Frau den Urlaub nicht antreten kann, entsteht ihm deshalb kein Schadensersatzanspruch. 107

Entgangene Urlaubsfreuden können sich daher **allein schmerzensgelderhöhend** auswirken (BGH NJW 1975, 40; NJW 1980, 1947). Nur bei der Schmerzensgeld- 108 regulierung – wenn auch nur als ein Bemessungskriterium unter vielen – wirkt sich somit eine Urlaubsbeeinträchtigung aus.

5. Freizeiteinbuße

109 Die Einbuße an Freizeit ist nach ständiger Rechtsprechung und überwiegender Meinung im Schrifttum ebenso wie der Zeitverlust bei der **Abwicklung des Schadens** schadensersatzrechtlich nicht relevant (BGH VersR 1976, 857; OLG Köln VersR 1982, 585). Etwas anderes gilt lediglich hinsichtlich des Zeitaufwandes zur **Beseitigung des Schadens** (BGH VersR 80, 675 = NJW 80, 1518).

6. Verzögerliches Regulierungsverhalten

Literatur zum Regulierungsverhalten:

Schreier, Zögerliches Regulierungsverhalten von Versicherern – Eine Bestandsaufnahme der Schadensregulierung nach geltendem Recht, VersR 2013, 1232; *Wiedemann*, Verzögerte Schmerzensgeldzahlung durch Haftpflichtversicherer, NVersZ 2000, 14.

110 Zu den Reizvokabeln des Verkehrsrechtes gehört der gegen Haftpflichtversicherer erhobene Vorwurf der verzögerlichen Regulierung (*Diehl*, zfs 2008, 12). Oft genug besteht aber begründeter Anlass, eine deutliche Schmerzensgelderhöhung wegen **verzögerlicher Schadensregulierung** durch den Versicherer oder gar dessen Zermürbungstaktik zu fordern (BGH VersR 1970, 134; OLG Saarbrücken zfs 2015, 683; OLG Braunschweig zfs 1995, 90; OLG Köln SP 1995, 267; OLG Frankfurt NVersZ 99, 144; OLG Nürnberg zfs 1995, 452; LG Saarbrücken zfs 2001, 255; OLG Frankfurt DAR 1994, 21; LG Frankfurt/Oder SP 2005, 376). Das gilt auch bei unzureichender oder gar unterbliebener **Vorschusszahlung** auf das zu erwartende Schmerzensgeld.

111 Die Rspr. gelangt zu einer Erhöhung des Schmerzensgeldbetrages in den Fällen, in denen der Haftpflichtversicherer durch **Ausnutzung seiner wirtschaftlichen Machtstellung** den Ausgleich unvertretbar verzögert. Tragende Erwägung ist hierbei die hierdurch verursachte **Erhöhung des Leids des Geschädigten** (OLG Hamm VersR 2003, 780 f.; OLG Saarbrücken zfs 2015, 683). Das **schleppende Regulierungsverhalten** eines Versicherers und dessen **Prozessverhalten** können nämlich beim Geschädigten eine **weitere seelische Beeinträchtigung** erzeugen, die sich auf die Höhe des Schmerzensgeldes auswirken kann (OLG Nürnberg zfs 1995, 452; OLG Nürnberg DAR 1998, 276; *Geigel-Pardey*, Der Haftpflichtprozess, 27. Auflage 2015, § 7 Rn 51; Palandt-*Grüneberg*, BGB, § 253 Rn 17). Eine Schmerzensgelderhöhung rechtfertigt es ferner, wenn das Regulierungs- bzw. Prozessverhalten des gegnerischen Haftpflichtversicherers vom Geschädigten als **herabwürdigend** empfunden wird, z.B. weil **grundlose Behauptungen** des Inhaltes aufgestellt worden sind, der Geschädigte habe **unter Alkohol gestanden** und trage daher eine Mithaftung (OLG Nürnberg NZV 1997, 358).

B. Schmerzensgeld § 9

Auch bei **kleinlichem Regulierungsverhalten** des Haftpflichtversicherers des Schädigers, der in nicht nachvollziehbarer oder offenkundig unbegründeter Weise Einwendungen gegen die Haftung oder die Höhe des Schmerzensgeldes erhebt, ist eine Erhöhung des angemessenen Schmerzensgeldbetrages möglich (OLG Frankfurt DAR 1994, 21; OLG Nürnberg zfs 1995, 452). **112**

Fraglich ist allerdings, wie hoch der „Säumnis-Zuschlag" gehen sollte. Eine Begrenzung auf 20 % wird vielfach angenommen (LG Saarbrücken zfs 2001, 255: Bei einem Basisschmerzensgeld von 250.000 DM Erhöhung um 50.000 DM). Aber auch eine **Verdoppelung des an sich angemessenen Schmerzensgeldes** ist vertreten worden (OLG Frankfurt NVersZ 1999, 144). Der Haftpflichtversicherer, der vorprozessual keinerlei Schmerzensgeld gezahlt hatte, machte die Zahlung davon abhängig, dass die Geschädigte eine **Abfindungserklärung** bezüglich sämtlicher weiterer, insbesondere auch unbekannter zukünftiger Ansprüche unterzeichnete, was nach Auffassung des Senats an den **Tatbestand der Nötigung** grenzte. Weiterhin war das in der ersten Instanz zugesprochene Schmerzensgeld von 10.000 DM bis zum Ende des Berufungsverfahrens **nicht gezahlt** worden, obwohl die Verurteilung nicht angegriffen worden war. **113**

Das OLG Frankfurt führt in seiner Entscheidung zu dem Problemkreis wörtlich aus: **114**

„Der Haftpflichtversicherer des Beklagten hat in vorliegendem Fall in nicht mehr verständlicher und in hohem Maße tadelnswerter Weise sich dem berechtigten Entschädigungsverlangen der Klägerin entgegengestellt. ... Hierin (nämlich, in der zweiten Instanz noch nicht einmal das erstinstanzlich ausgeurteilte Schmerzensgeld an den Verletzten bezahlt zu haben) zeigt sich ganz besonders die gehäuft zu beobachtende Einstellung mancher Haftpflichtversicherer, den Gläubiger unzweifelhaft berechtigter Ansprüche geradezu als lästigen Bittsteller zu behandeln und mit kaum zu überbietender Arroganz die Regulierung selbst berechtigter Ansprüche zum eigenen wirtschaftlichen Vorteil in die Länge zu ziehen."

Die Entscheidung des OLG Frankfurt ist unter dem Gesichtspunkt kritisiert worden, dass das **Schmerzensgeld keine Abschreckungsfunktion** entfalten solle (*Wiedemann*, NVersZ 2000, 14 ff.). Kreative Versuche, den Geschädigten um seinen Schmerzensgeldanspruch zu bringen, rechtfertigen jedoch eine Erhöhung des Schmerzensgeldanspruchs (*Diehl*, zfs 2007, 12). **115**

Ein Versicherer hatte im Falle einer auch von ihm erkannten Schadensersatzverpflichtung durch Übersendung von Schecks mit **gänzlich unzulänglichen Abfindungsbeträgen**, einmal sogar **unter Umgehung des Anwalts** des Geschädigten, versucht, dem Geschädigten eine „Erlassfalle" zu stellen. Der Versicherer hegte die Erwartung, dass der Geschädigte oder sein Anwalt die **Schecks einlösten**, das darin nach der Vorstellung des Versicherers enthaltene Vergleichsangebot einer allzu niedrigen Schmerzensgeldzahlung annehmen würde und weitere Forderungen **116** damit ausgeschlossen wären (LG Berlin, NZV 2006, 206; zur Erlassfalle: *Frings*, BB 1996, 809). Das Landgericht ließ es offen, ob dieser recht plumpe Versuch einer **Erlassfalle** hätte glücken können und erhöhte den Schmerzensgeldbetrag um 3.000 EUR auf 22.000 EUR.

117 Sehr schön zitierfähig ist in diesem Zusammenhang auch eine Passage aus einem Urteil des OLG Karlsruhe in NJW 1973, 851:

> *„Die Haftpflichtversicherungen sind verpflichtet, die Schadensregulierung von sich aus zu fördern und angemessene Abschlagszahlungen zu leisten, sobald ihre Einstandspflicht bei verständig-lebensnaher, objektiver Betrachtungsweise erkennbar wird. Verstoßen sie hiergegen unter Verletzung von Treu und Glauben in der Weise, dass dies auf den Geschädigten als Zermürbungsversuch wirken kann, so sind die Gerichte nach Gesetz und Verfassung dazu verpflichtet, einem Missbrauch wirtschaftlicher Macht dadurch entgegenzuwirken, dass sie dem Geschädigten als Genugtuung ein erhöhtes Schmerzensgeld zusprechen."*

118 *Tipp*
Bei Regulierungsverzögerungen oder kleinlichem Feilschen sollte frühzeitig auf die Tatsache dadurch bedingter deutlicher Schmerzensgelderhöhung hingewiesen werden. Um dem Versicherer den Einwand zu nehmen, er müsse erst auf den Eingang der von ihm angeforderten Arztberichte warten, sollte schon zur Begründung der ersten Schmerzensgeldforderung ein etwas umfassenderes ärztliches Kurzattest beigefügt werden. Die dafür entstandenen Attestkosten sind vom Versicherer zu ersetzen.

7. Sonstige schmerzensgeldbestimmende Umstände

a) Wirtschaftliche Situation

119 Natürlich spielt auch die **wirtschaftliche Situation** im Vergleich von Schädiger zu Geschädigtem sowie das **Bestehen einer** (weil wirtschaftlich potenten) **Haftpflichtversicherung** des Schädigers eine Rolle. So findet das Bestehen eines Haftpflichtversicherungsschutzes Berücksichtigung für Schmerzensgeldansprüche aus **Billigkeitsgründen** nach § 829 BGB (BGH DAR 1995, 69 ff.; vgl. § 2 Rdn 197 ff.).

b) Soziale Belastungen

120 Bei der Bemessung des Schmerzensgeldes können zudem auch die daraus resultierenden **sozialen Belastungen**, wie z.B.
- Störung der Ausbildung,
- verminderte Heiratsaussichten,
- Beeinträchtigung des gesellschaftlichen Lebens oder
- Aufgabe eines Sports

bestimmend sein.

c) Alter des Verletzten

Auch ist das **Alter des Verletzten** (vgl. Rdn 259 ff.) schmerzensgeldbeeinflussend zu berücksichtigen. Die Rechtsprechung ist sich einig, dass ein schwer verletzter **junger Mensch** wegen seines Alters mehr Schmerzensgeld zu beanspruchen hat, weil er noch **lange unter den Verletzungsfolgen zu leiden** hat (OLG Hamm DAR 2001, 267). Andererseits kann ein **hohes Alter** auch schon deshalb schmerzensgelderhöhend zu berücksichtigen sein, weil sich gerade dann die Verletzung und ihre Folgen besonders schwerwiegend auswirken, weil das fortgeschrittene Alter den **Heilungsverlauf erschwert** und sich ein jüngerer Mensch eher an neue Gegebenheiten anpassen kann (OLG Köln VersR 2006, 259). Jedenfalls ist die oft von Regulierern geäußerte Ansicht, ein älterer Mensch leide ja nicht mehr so lange unter den Verletzungsfolgen, makaber und völlig unpassend zugleich.

121

d) Nutznießer Erben

Das Schmerzensgeld ist auch **nicht deshalb geringer** zu bemessen, weil es im Falle des Todes des Geschädigten nicht mehr ihm, sondern **seinen Erben** zukommt (KG VersR 1974, 249). Es ist vielmehr in der Höhe festzustellen, wie es unter Würdigung aller Umstände als angemessen zu bezeichnen ist, unabhängig davon, wer es letztlich tatsächlich erhält.

122

e) Gewöhnlicher Wohnsitz im Ausland

Die Höhe des Schmerzensgeldes wird auch nicht etwa grundsätzlich dadurch bestimmt, dass der Geschädigte **seinen gewöhnlichen Wohnsitz im Ausland** hat (*Huber*, Höhe des Schmerzensgeldes und ausländischer Wohnsitz des Verletzten, NZV 2006, 169). Allerdings ist bei einer **signifikant unterschiedlichen Kaufkraftparität** ggf. zu differenzieren (OLG Naumburg VersR 2016, 265). Diese kann es durchaus gebieten, dass das Schmerzensgeld sowohl nach oben, wie aber auch nach unten angepasst werden muss. Diese Anpassung folgt dem Charakter des Schmerzensgeldes als billige Entschädigung in Geld und unter Berücksichtigung des subjektbezogenen Schadensbegriffes.

123

Zwar beurteilt sich die Höhe des Schmerzensgeldes wegen des **anzuwendenden deutschen Rechts** nach deutscher Gerichtspraxis. Die Tatsache unterschiedlicher Einkommens- und Lebensverhältnisse muss jedoch berücksichtigt werden, wenn der Ausländer in sein Heimatland zurückkehrt (*Küppersbusch/Höher*, Ersatzansprüche bei Personenschäden, Rn 467). Ab dem Zeitpunkt der tatsächlichen Rückkehr reduziert sich meist auch die Höhe der **vermehrten Bedürfnisse**. Insbesondere sind die Pflegekosten, aber auch die Kosten für Hilfsmittel etc. im Heimatland möglicherweise wesentlich niedriger. Sicher gilt das aber nicht etwa – wie es anfänglich einige Versicherer ernstlich versucht haben – im Verhältnis zu den „neuen Bundesländern" der Bundesrepublik Deutschland.

124

f) Beeinträchtigte Nutzungsmöglichkeit von Vermögenswerten

125 Bei Beschädigung eines Kraftfahrzeuges steht dem Eigentümer ein Anspruch auf Zahlung einer Entschädigung wegen entgangener Nutzungsmöglichkeit (**Nutzungsausfall**) zu. Auch infolge einer **Körperverletzung** kann die Möglichkeit, mit Vermögensaufwendungen „erkaufte" Sachen und Gegenstände (Kraftfahrzeug, Jagdpacht, Urlaub etc.) entsprechend ihrer Zweckbestimmung zu gebrauchen, beeinträchtigt oder ausgeschlossen sein. Im Gegensatz zur Nutzungsentschädigung beim Kraftfahrzeug wird hier jedoch **nicht der Gegenstand der Nutzung als solcher** betroffen. Der BGH (VersR 1971, 444 für Jagdpacht) hat es daher auch abgelehnt, die Rechtsprechung zum Kfz-Nutzungsausfall entsprechend auszudehnen. Um einer ungerechtfertigten und unübersehbaren Ausuferung des Schadensersatzes vorzubeugen, hat er einen **ersatzpflichtigen Schaden verneint**.

g) „Frustrierte" Aufwendungen

126 Zweifelhaft ist, ob Vermögensaufwendungen des Geschädigten, die wegen des Unfalles **nutzlos** werden, einen ersatzpflichtigen Schaden bilden. Der BGH verneint für das Deliktsrecht einen allgemeinen Rechtssatz, nach dem solche **„frustrierten" Aufwendungen** (vgl. auch Rdn 737 ff.) zu ersetzen seien (BGH VersR 1971, 444; VersR 1976, 47; VersR 1976, 956; VersR 1978, 838). Er lehnt einen Schadensersatzanspruch jedenfalls in solchen Fällen ab, in denen es um **fortlaufende Aufwendungen** geht, die **nur für einen vorübergehenden Zeitraum nutzlos** werden.

127 Schadensersatz ist aber dann zuzusprechen, wenn zusätzliche Geldaufwendungen für einen **bestimmten Zeitraum** erbracht worden waren (BGH VersR 1976, 956). Der BGH bejaht außerdem eine Ersatzpflicht für den Fall, dass der Geschädigte finanzielle Aufwendungen für einen **Urlaub** gemacht hat, die nutzlos werden, weil der Urlaub nicht angetreten werden kann, abgebrochen werden muss oder seinen Erholungszweck gänzlich verfehlt (BGH NJW 1973, 747; OLG Celle VersR 77, 1104.). Gleiches gilt für vor dem Unfall bereits erworbene Eintrittskarten zu Veranstaltungen, die aufgrund unfallbedingter Verletzungen nicht wahrgenommen werden können.

8. Verschulden und Mitverschulden

Literatur zu Verschulden und Mitverschulden:

Pauker, Die Berücksichtigung des Verschuldens bei der Bemessung des „Schmerzensgeldes", VersR 2004, 1391.

a) Grad des Verschuldens

128 Das **Maß des Verschuldens** des Schädigers ist im Rahmen der **Genugtuungsfunktion** des Schmerzensgeldes zu berücksichtigen. Bei grober Fahrlässigkeit ist also ein höheres Schmerzensgeld festzusetzen als bei leichter (OLG Saarbrücken zfs 2015, 683). Das ist insbesondere bei einem alkoholisierten Schädiger der Fall

(OLG Frankfurt zfs 2005, 597; siehe auch oben Rdn 92). In solchen Fällen ist ohne weiteres eine Verdoppelung des „Basisschmerzensgeldes" gerechtfertigt!

Auf der andern Seite wirkt es sich **reduzierend** aus, wenn sich der Unfall im Rahmen einer **Gefälligkeitsfahrt** ereignet hat (BGH NJW 1955, 1775). 129

Auch wenn ein **Ehepartner** oder sonstiger **Familienangehöriger** dem anderen wegen schuldhafter Körperverletzung ersatzpflichtig ist, schuldet er grundsätzlich ein angemessenes Schmerzensgeld. Der mildere Haftungsmaßstab des § 1359 BGB greift bei einer Körperverletzung infolge gemeinsamer Teilnahme am Straßenverkehr nicht (siehe § 2 Rdn 102). 130

b) Mitverschulden

Das Mitverschulden (hierzu vgl. auch § 3 Rdn 14) des Geschädigten an dem Eintritt seiner Schädigung soll nach der Auffassung des BGH nicht in der Weise berücksichtigt werden, dass das – ohne berücksichtigtes Mitverschulden – angemessene Schmerzensgeld bestimmt wird und dann eine Kürzung um die Mithaftungsquote erfolgt. Vielmehr sei das Schmerzensgeld unter Berücksichtigung der Haftungsquote zu bestimmen (BGH NZV 1991, 305). Die **Praxis** verfährt indes anders, ohne jedoch zu einem abweichenden Ergebnis zu gelangen (*Diehl*, zfs 2008, 13). Zunächst wird das an sich angemessene Schmerzensgeld bestimmt, sodann die Kürzung um die Quote vorgenommen. 131

Bei **hohen Mitverschuldensquoten** stellt sich die Frage, ob ein Schmerzensgeldanspruch zu versagen ist. Ein etwa 80 %-iger Mitverschuldens- bzw. Mithaftungsanteil des Geschädigten schließt dessen Anspruch auf billige Entschädigung nicht von vornherein aus, sondern nur dann, wenn die Berücksichtigung des Mitverschuldens dazu führen würde, dass das Schmerzensgeld unter die Geringfügigkeitsgrenze fiele (*Diehl*, a.a.O.; OLG Hamburg OLGR 2006, 133). 132

Als Tatbestände des Mitverschuldens kommen in der Praxis neben eigenem **Alkoholgenuss** auch das Mitfahren bei einem **erkennbar fahrunfähigen Fahrer** (OLG Hamm zfs 2006, 257) in Betracht. Das gilt auch dann, wenn sich **Zweifel** an der Fahrfähigkeit des Fahrers jedenfalls **aufdrängen** mussten (BGH NJW 1988, 2365; OLG Hamm zfs 2006, 257). Allein die Kenntnis, dass der Fahrer alkoholische Getränke zu sich genommen hat, reicht hierzu jedoch nicht (BGH VersR 1970, 624). Nur wenn der Fahrgast weiß, dass der Fahrer **erhebliche Mengen** Alkohol zu sich genommen hat, oder wenn Ausfallerscheinungen wahrzunehmen sind, ist eine Mitverantwortung zu bejahen. Einem Mitfahrer kann grundsätzlich nicht vorgeworfen werden, dass er nicht prüft, ob der Fahrer fahrtüchtig ist (OLG Hamm zfs 2006, 257). 133

Der Tatbestand des Mitverschuldens kommt aber vor allem bei einem **Nichtanlegen des Sicherheitsgurtes** in Betracht (BGH DAR 2001, 117). Dabei werden in der Rechtsprechung Mithaftungsquoten in der Regel um 25 % bis $^1/_3$ zugrunde gelegt. 134

135 Der **Grad der Mithaftung** ist dabei nach § 254 Abs. 1 BGB umso höher, je mehr die Unfallverletzungen und die materiellen Folgen des Unfalls durch das Nichtanlegen des Gurtes verursacht worden sind (vgl. OLG Düsseldorf, Urt. v. 15.9.2000 – 14 U 7/00). Der Grad der Mithaftung kann **bis zu 50 %** betragen, wenn durch das Nichtanlegen des Gurtes der Geschädigte gerade solche Verletzungen erlitten hat, die bei einem angelegten Gurt vermieden worden wären.

136 Bei Vorliegen **grob pflichtwidrigen Verhaltens des Schädigers** tritt jedoch ein mögliches Nichtanlegen des Gurtes durch den Getöteten – bezogen auf dessen Mitverschulden – nicht etwa zurück. Selbst bei einem grob pflichtwidrigen Verhalten des Unfallverursachers ist dem Verletzten ein **erhebliches Mitverschulden** an der Entstehung der gravierenden Unfallverletzungen aufgrund der Tatsache anzulasten, dass er die Anlegung des Sicherheitsgurtes unterlassen hat (LG Meinigen DAR 2007, 708).

137 Hat die **Verletzung der Gurtpflicht** für den Grad der Verletzung jedoch eine so **prägende Wirkung** und verursacht sie einen Körperschaden von solcher Schwere, die den Bereich gewöhnlicher Unfallfolgen bei angegurteten Personen weit übersteigt, dann kann der Verursachungsbeitrag auch gegenüber ganz schwerem Verschulden nicht zurücktreten, da bei der Abwägung in erster Linie das Maß der Verursachung maßgeblich ist (OLG München DAR 1999, 264). Dann kommt es für die **Haftungsverteilung** ganz entscheidend darauf an, ob das Verhalten des Schädigers oder das des Geschädigten den Eintritt des Schadens in wesentlich höherem Maße wahrscheinlich gemacht hat (siehe § 3 Rdn 16 und 53 ff.).

138 Allerdings kommt eine Mithaftung nicht in Betracht, wenn sich der Umstand, nicht angegurtet gewesen zu sein, überhaupt **nicht schadenserhöhend ausgewirkt** hat. Da über diese Frage immer häufiger gestritten wird und die Versicherer regelmäßig und ausschließlich eine Mithaftungsquote von pauschal $^1/_3$ unterstellen, sollte mittels eines **unfallrekonstruktiven Sachverständigengutachtens** der Nachweis geführt werden, das sich der Verletzungsumfang aufgrund der konkreten Unfallsituation **nicht reduziert** hätte, wenn der Verletzte angeschnallt gewesen wäre. In einem sehr großen Teil der Fälle (z.B. seitlicher Aufprall) hätte der **Gurt keinerlei Schutzfunktion** gehabt. Oftmals war es sogar von **Vorteil, nicht angeschnallt gewesen zu sein** (z.B. die Überschlagsfälle, bei denen der Insasse ohne Gurt frühzeitig herausgeschleudert worden wäre, bevor er sich verletzen konnte). Es kommt also sehr oft auf die **individuellen Gegebenheiten** des ganz **konkreten Unfallereignisses** an, die es zunächst zu analysieren gilt, bevor überhaupt – und schon gar nicht pauschal – über eine Mithaftungsquote gesprochen werden kann.

> *Hinweis*
> Die Beweislast auch für die Mitursächlichkeit des Nichtanlegens des Sicherheitsgurtes trägt grundsätzlich gem. § 254 Abs. 1 BGB der Schädiger.

Schließlich kann ein **Mitverschulden** darin bestehen, dass ein Geschädigter nicht „zur Heilung oder Besserung seiner Krankheit oder Schädigung die nach dem Stande der ärztlichen Wissenschaft sich darbietenden Mittel anwendet" (BGH v. 10.2.2015 – VI ZR 8/14 – DAR 2015, 261), also eine **erforderliche und ihm zumutbare Behandlung unterlässt**.

Ein Mitverschulden ist zwar nach der **Rechtsprechung des BGH** (BGH NZV 1991, 305) nur ein Bemessungsfaktor unter vielen, der demnach nicht in Prozentsätzen ausgedrückt zu einer entsprechenden Reduzierung des Schmerzensgeldes führt. 139

In der **Praxis** wird jedoch regelmäßig strikt nach der feststehenden oder ausgehandelten Mithaftungsquote **quotiert**, was sicher auch der praktikablere Weg ist. 140

Tipp 141
Der Hinweis auf die BGH-Rechtsprechung, wonach eine Schmerzensgeldforderung nicht einer Quotierung unterliegt, ermöglicht aber in einem Regulierungsgespräch mit dem Versicherer u.U. ein großzügiges Aufrunden des – quotierten – Betrages.

Wirkt sich normalerweise ein Mitverschulden eines **deliktsunfähigen Kindes** nicht schmerzensgeldmindernd aus, kann bei einem grob verkehrswidrigen Verhalten eine Reduzierung gleichwohl in Betracht kommen (OLG Celle VersR 1976, 297). 142

Auch die **mitursächliche Betriebsgefahr** des eigenen Fahrzeuges muss sich der verletzte Kraftfahrer auf seine Schmerzensgeldansprüche anrechnen lassen, selbst wenn ihn am Unfall kein Verschulden trifft (BGH VersR 1956, 370; 1963, 359). 143

9. Schmerzensgeldbemessung bei Schwerstfällen

Schwerste Verletzungen im Straßenverkehr, die etwa zu Hirnverletzungen und Querschnittslähmungen geführt haben, führen innerhalb einer kontinuierlichen Entwicklung dazu, dass zunehmend **gesteigerte Schmerzensgeldbeträge** zugesprochen werden (vgl. *Diehl*, zfs 2007, 11 f.). Nachdem zunächst jahrzehntelang eine „unsichtbare Grenze" dahingehend bestand, dass Schmerzensgelder stets unter 1.000.000 DM lagen, wurde diese Grenze im Jahre 2001 erstmals mit einem Schmerzensgeld i.H.v. ca. 1.000.000 DM (aufgeteilt in Kapital und Rente) überschritten (LG München I VersR 2001, 1124). Dieser Betrag wurde durch das LG Kleve mit **520.000 EUR** im Jahre 2005 noch einmal überschritten (zfs 2005, 235). Das LG Kiel hat inzwischen einen Gesamtbetrag von **614.306 EUR** als Schmerzensgeldgesamtbetrag ausgewiesen (DAR 2006, 396). Zugrunde liegt eine Unfallschädigung eines damals 3 ½ Jahre alten Kindes, das unfallbedingt gelähmt, bei voller Empfindungsfähigkeit und Bewusstsein, großen medikamentös unterdrückten Schmerzen mit starken Depressionen und Angstvorstellungen sich in einer **ausweglosen Situation** befindet. Vereinzelte noch etwas höhere Schmerzensgeldbeträge finden sich lediglich im Bereich der ärztlichen Behandlungsfehler (vgl. *Hacks/Wellner/Häcker*, Schmerzensgeldbeträge 2016, 34. Auflage). 144

145 Nur noch vereinzelt wird gegen eine solch hohe Schmerzensgeldbemessung das Argument angeführt, damit werde zu Lasten der Versichertengemeinschaft das Schmerzensgeldniveau aufgebläht, der Aufwand sei nur durch Prämienerhöhungen finanzierbar (*Halm*, DAR 2001, 430 ff.; dagegen überzeugend *Diehl*, a.a.O. S. 12). Richtig ist das nicht, weil **Einzelfälle** dieser Schwere der Verletzungen einen **nicht zwangsläufig zur Prämienerhöhung** führenden Aufwand begründen, im Übrigen auch aus humanitären Gründen ein Nachrechnen und Begrenzen von Schmerzensgeldansprüchen nicht vermittelbar erscheint (*Diehl*, a.a.O.).

146 *Tipp*
In Fällen von Schwerstverletzungen ist dem Trend der oben angeführten Entscheidungen zu folgen. In geeigneten Fällen sollte ein kräftiger „Schub nach oben" versucht werden. Dabei sind die Gerichte zu überzeugen, dass nicht die Pflege der Tarifstruktur und der Preisstabilität die Aufgabe des Richters, sondern allein der ihm auferlegte Schutz der geschädigten Persönlichkeit (*Steffen*, DAR 2003, 201 ff.) und der Einzelfallgerechtigkeit ist.

IV. Konkrete Schmerzensgeldbemessung

Literatur zur konkreten Schmerzensgeldbemessung:

Hacks/Wellner/Häcker, SchmerzensgeldBeträge, 34. Auflage 2016; *Pschyrembel*, Klinisches Wörterbuch, 266 Auflage 2014; *Slizyk*, Beck'sche Schmerzensgeldtabelle IMM DAT, 12. Auflage 2016.

1. Richterliche Schätzung

147 Die Bemessung des Schmerzensgeldes erfolgt **nicht starr** nach vorgegebenen Kriterien, sondern innerhalb eines erheblichen **Ermessensspielraums** des Tatrichters.

148 Dabei sind zum einen die zuvor genannten Bemessungskriterien zu berücksichtigen. Zum anderen sind diese Kriterien aber auch innerhalb des Spannungsverhältnisses zwischen den Interessen des Geschädigten, dem wirtschaftlich Zumutbaren und dem Maß des Verschuldens gegeneinander abzuwägen.

149 *Tipp*
Bei Regulierungsverhandlungen mit Versicherern übernehmen die Verhandelnden die tatrichterliche Arbeit der Ermessensausübung. Daher ist es wichtig, die Besprechung sorgfältig vorzubereiten und dabei alle Ermessenskriterien, die für ein Regulierungsgespräch wichtig sind, gründlich herauszuarbeiten. Dabei ist es dienlich, eine Argumentationsliste zu erstellen.

2. Schmerzensgeldtabellen

150 Der Schmerzensgeldanspruch ist von dem Gesetz zwar als **Schadensersatzanspruch** bezeichnet, aber nicht von einer „rechenhaften" Struktur (*Diehl*, zfs

B. Schmerzensgeld §9

2007, 11). Da immaterielle Schäden sich **nicht in Geld ausdrücken** lassen, ist die **angemessene Höhe** nicht exakt bestimmbar.

Als **Hilfsmittel** für die Bestimmung der angemessenen Schmerzensgeldbeträge werden Entscheidungssammlungen herangezogen, in denen **Vergleichsentscheidungen** aufgeführt sind. Methodisch ist bei der Heranziehung solcher Vergleichsentscheidungen zu beachten, dass sich eine Übernahme der ausgewiesenen Beträge älterer Entscheidungen verbietet. Vielmehr ist zugunsten des Geschädigten die seit dem Entscheidungszeitpunkt verstrichene **Geldentwertung** ebenso zu berücksichtigen wie die **allgemeine Tendenz**, bei der Bemessung von Schmerzensgeld großzügiger als früher zu verfahren (*Diehl*, a.a.O.). 151

Bei der Ermessensausübung hilfreich und als **Orientierungsrahmen** dienen die so genannten Schmerzensgeldtabellen. Die führenden Tabellen sind im Literaturhinweis aufgeführt. 152

a) „Tabelle Hacks/Wellner/Häcker"

Sie ist nach wie vor die **gebräuchlichste** unter den **Schmerzensgeldtabellen**. 153

Das **Zitieren** nach den **Nummern** dieser Tabelle ermöglicht einfaches und rationelles Korrespondieren mit Versicherer und Gericht. Sie gehört daher zwingend in jede Kanzlei, die sich mit Schadensersatzrecht befasst, da anderenfalls die numerischen Zitate in den Schreiben der Versicherer oder den Schriftsätzen bei Gericht nicht nachvollziehbar sind. 154

Die „Hacks" (wie sie heute noch in der Kurzform nach ihrer Begründerin genannt wird) oder früher „ADAC-Tabelle" ermöglicht über die hinten im Buch mitgelieferte **CD-ROM** eine Mitnennung der Nummern und Entscheidungen früherer Auflagen. Außerdem sind auf der CD-ROM weitere Urteile verfügbar, die aufgrund ihrer Aktualität nicht mehr im Buch abgedruckt wurden (im Buch mehr als 3.000, auf beiliegender CD-ROM etwa 5.000 Urteile deutscher Gerichte). Mit der CD-ROM erhalten Sie gleichzeitig einen **Online-Zugang** (per Freischalt-Code), mit dem Sie über *www.juris.de* ebenfalls Zugriff auf die Tabelle erhalten. Mit der Online-Nutzung besteht zudem der Vorteil, dass Sie über eine Verlinkung der Urteile mit der juris-Rechtsprechungsdatenbank zur **Volltext-Ansicht des Urteils** gelangen. CD-ROM und Online-Zugang sind auch alleine erhältlich. 155

b) „Tabelle IMM-DAT"

Sie ist eine einfach zu gebrauchende **EDV-Schmerzensgeldtabelle**. Die Suchfunktion ist sehr gut und auch einfach zu handhaben. Das Anwenderhandbuch ist zur Handhabung gar nicht notwendig. Diese Schmerzensgeldtabelle kann daher vor allem EDV-Anwendern empfohlen werden. Diese Tabelle ist auch als Print-Version erhältlich. 156

c) Gemeinsames der Schmerzensgeldtabellen

157 Der Begriff „Tabelle" ist eigentlich falsch. Es handelt sich immer nur um eine **Rechtsprechungssammlung**. Sie bildet lediglich Anhaltspunkte und einen **Orientierungsrahmen** zur Schätzung der Schmerzensgeldhöhe gem. § 287 ZPO.

158 Für die außergerichtliche und gerichtliche Schmerzensgeldregulierung sind derartige „Tabellen" aber von unschätzbarem Wert. Allerdings lassen sich auch in ihnen **nie völlig identische Verletzungsbilder** finden. Daher können die darin genannten Entscheidungen wiederum ihrerseits nur als **Orientierungshilfen** dienen, einen angemessenen Schmerzensgeldbetrag zu ermitteln und Argumentationshilfen zu schaffen.

159 Ob bei **älteren Entscheidungen** allein eine sich an der Geldentwertung orientierende **Indexierung** genügt, eine brauchbare Bewertung von vergleichbaren Fällen zu gewinnen, kann nur eingeschränkt bejaht werden. Damit würde nicht der Tendenz zur zusätzlichen Erhöhung von Schmerzensgeldbeträgen entsprochen.

160 Als zusätzliche Fehlerquelle kommt bei Altentscheidungen in Betracht, dass damals die Gerichte noch irrig davon ausgingen, den von dem Schmerzensgeldkläger genannten Betrag nicht überschreiten zu dürfen. Die dem **Richter eingeräumte Möglichkeit** zur Überschreitung des als **Mindestbetrag** des Schmerzensgeldes angegebenen Antrages ist erst im Jahre 1996 durch den BGH klargestellt worden (BGH VersR 1996, 990; BGH VersR 1999, 902; *v. Gerlach*, VersR 2002, 525 ff.; *Diehl*, zfs 2007, 11). Es wäre daher zu begrüßen, wenn die Herausgeber von Schmerzensgeldtabellen **ältere Entscheidungen nicht mehr aufführen** würden, weil deren Aussagekraft für heutige Fallkonstellationen nur begrenzt ist.

161 *Tipp*
Bei der Heranziehung von Vergleichsfällen zur Begründung von Schmerzensgeldforderungen, die älter als 10 Jahre sind, sollte sorgfältig deren Anpassung an Geldentwertung und geänderte Vorstellungen geprüft werden.

In den Computerversionen ermöglichen es die Tabellen sogar, ältere Entscheidungen nach dem **Lebenshaltungsindex** automatisch auf den heutigen Stand hochzurechnen und Entscheidungen mit **Haftungsquoten** der konkreten Quotierung und den Gegebenheiten des Falles anzupassen. Manuell erfolgt die Anpassung bei der Bezugsgröße 2010 = 100 wie folgt (aus: *Hacks/Wellner/Häcker*, 34. Auflage, S. 22):

Urteile aus den Jahren	Faktor
1991	70,2
1992	73,8
1993	77,1
1994	79,1
1995	80,5
1996	81,6

B. Schmerzensgeld §9

Urteile aus den Jahren	Faktor
1997	83,2
1998	84,0
1999	84,5
2000	85,7
2001	87,4
2002	88,6
2003	89,6
2004	91,0
2005	92,5
2006	93,9
2007	96,1
2008	98,6
2009	98,9
2010	100
2011	102,1
2012	104,1
2013	105,5
2014	106,6
2015	106,71

Quelle: Statistisches Bundesamt, *https://www.destatis.de/DE/ZahlenFakten/Indikatoren/Konjunkturindikatoren/Basisdaten/VerbraucherpreiseKategorien.html?cms_gtp=145110_slot%253D2&https=1*

Beispiel 162
Urteil von 2002 über einen Schmerzensgeldbetrag von 15.000 EUR entspricht im Jahre 2009:

$$\text{Schmerzensgeld} \times \frac{\text{Faktor 2009}}{\text{Faktor 2002}}$$

ergibt $15.000 \times \dfrac{98,9}{88,6}$

= 16.744 EUR

Tipp 163
Es ist ausgesprochen hilfreich, wenn der Anwalt vor einer Regulierungsbesprechung die laufenden Nummern der für ihn relevant erscheinenden Vergleichsurteile aus den Tabellen herausschreibt oder Ausdrucke aus den EDV-Tabellen erstellt. Ein Schadenregulierer der Versicherer ist in der Regel sehr gut vorbereitet. Es ist daher erforderlich, dass der Anwalt mindestens ebenso gut, wenn nicht sogar noch erheblich besser vorbereitet ist.

V. Schadensminderungspflicht

164 Der Verletzte ist u.U. verpflichtet, **operative Maßnahmen** an sich vornehmen zu lassen, die geeignet sind, seine **gesundheitliche Situation zu verbessern**. Daher kann ein **Mitverschulden** darin bestehen, dass ein Geschädigter nicht „zur Heilung oder Besserung seiner Krankheit oder Schädigung die nach dem Stande der ärztlichen Wissenschaft sich darbietenden Mittel anwendet" (BGH v. 10.2.2015 – VI ZR 8/14 – DAR 2015, 261), also eine **erforderliche und ihm zumutbare Behandlung unterlässt**.

165 Dies gilt allerdings nur dann, wenn derartige Maßnahmen **einfach, erfolgversprechend und gefahrlos** sind (BGH zfs 1994, 354 = NZV 1994, 271). Ferner dürfen sie nicht mit besonderen Schmerzen verbunden sein und es muss eine hinreichende Aussicht auf Heilung und Besserung bestehen.

166 Allerdings ist die **Zumutbarkeit** stets besonders zu prüfen. Keine Operation ist risikolos, kein Arzt kann eine hinreichend sichere Prognose hinsichtlich der Chancen einer Verbesserung abgeben und **keine Operation ist schmerzlos**. Da im Übrigen der Schädiger im Hinblick auf einen Verstoß gegen die Schadensminderungspflicht darlegungs- und beweispflichtig ist, wird sich der Geschädigte nur selten auf eine Nachoperation verweisen lassen müssen.

167 Dem Verletzten kann die fehlende Durchführung einer **Psychotherapie** z.B. nicht nach § 254 BGB vorgeworfen werden, wenn er gerade wegen seiner psychischen und intellektuellen Anlage die Notwendigkeit einer Therapie nicht erkennen kann (OLG Hamm NZV 1997, 272). Wohl muss der Geschädigte dabei mitwirken, zum schnellen und positiven Heilungsverlauf beizutragen. Er hat sich aber auch **ärztlichen Therapieempfehlungen** nur im Rahmen des Zumutbaren zu unterwerfen.

VI. Sonderfälle

Literatur zu Sonderfällen des Schmerzengeldes:

Jaeger, Höhe des Schmerzensgeldes bei tödlichen Verletzungen im Lichte der neueren Rechtsprechung, VersR 1996, 117.

1. Bagatellverletzungen

168 Grundsätzlich gibt es bislang keine Einschränkungen im Hinblick auf die Höhe von Schmerzensgeldern aufgrund des Umfanges der Verletzungen. Den **Begriff der „Bagatellverletzung"** oder deren besondere Behandlung kennt das Gesetz weder in § 847 BGB a.F. noch nach der neuen Fassung des § 253 BGB.

169 Gleichwohl mehrten sich die Stimmen und ließen sich zunehmend Gerichtsurteile finden, die bei **leicht fahrlässig verursachten Bagatellverletzungen** kein Schmerzensgeld mehr zuerkennen wollen. Der Gesetzgeber beließ es aber bewusst bei der bisherigen Gesetzeslage.

B. Schmerzensgeld §9

Die Rechtsprechung stützt sich bei der zuvor erwähnten Rechtsprechung auf den Begriff der „Billigkeit" in § 847 BGB a.f. Bei geringfügigen Verletzungen des Körpers ohne wesentliche Beeinträchtigung der Lebensführung und ohne Dauerfolgen hält sich der Tatrichter im Rahmen des durch § 287 ZPO eingeräumten Ermessens, wenn er prüft, ob es unter den Umständen des Einzelfalles der Billigkeit entspricht, den immateriellen Schaden durch ein Schmerzensgeld auszugleichen (BGH zfs 1992, 114; OLG München VersR 1979, 726). **170**

An den Begriff einer **„Bagatelle"** i.S.d. BGH-Rechtsprechung sind aber ganz besonders **strenge Anforderungen** zu stellen. Der BGH setzte diese Schwelle in der Vergangenheit wesentlich niedriger an, als dies in der Regel die Instanzgerichte taten. **171**

Bei der Frage der Geringfügigkeit ist auf die bei dem Unfall erlittene **Primärverletzung** abzustellen. **172**

Von einer **Bagatelle** kann nur dann die Rede sein, wenn es sich um „vorübergehende, im Alltagsleben typische und häufig auch aus anderen Gründen als einem Unfall entstehende Beeinträchtigungen [handelt], die sowohl von der **Intensität** als auch von der **Art** her **ganz geringfügig** sind und üblicherweise den Verletzten nicht nachhaltig beeindrucken, weil er schon aufgrund des Zusammenlebens mit anderen Menschen daran gewöhnt ist, vergleichbaren Störungen seiner Befindlichkeit ausgesetzt zu sein" (BGHZ 137, 142 = NJW 1998, 810 = r+s 1998, 20 = VersR 1998, 20; BGH zfs 1992, 114; BGH zfs 1998, 93). **173**

Dies sind demnach Verletzungen, die einen **geringen, nur vorübergehenden Einfluss** auf das Allgemeinbefinden haben, wie z.B. Kopfschmerzen oder Schleimhautreizungen (vgl. BGH NJW 1992, 1043 f.). Darüber hinaus dürften im Regelfall auch leichtere oberflächliche Weichteilverletzungen, wie **Schürfwunden**, Schnittwunden und **Prellungen** sowie leichtere Verletzungen des Bewegungsapparates, wie Zerrungen und Stauchungen, als Bagatellverletzungen einzustufen sein. **174**

Die Bestimmung eines angemessenen Schmerzensgeldes ist unverändert originäre **Aufgabe der Gerichte**, die hierbei die besonderen **Umstände jedes Einzelfalles** berücksichtigen müssen. Eine feste „**Erheblichkeitsschwelle**", wie die im Regierungsentwurf zunächst noch vorgesehenen 1.000 DM = 500 EUR **gibt es also nicht**. **175**

Unter diesen Voraussetzungen sind z.B. eine **Schädelprellung** und ein **HWS-Trauma** zwar als grundsätzlich geringfügig anzusehen. Sie können somit **Bagatellverletzungen** sein (anders noch früher *v. Gerlach* in seiner Anm. zu dem Urteil des BGH vom 11.11.1997, DAR 1998, 213.). Sie begründen aber unverändert **auch nach dem neuen Recht Schmerzensgeld** in den bekannten Beträgen. **176**

Schon auf den **Verkehrsgerichtstagen 1977 und 1996** sind im Kern Empfehlungen ausgesprochen worden, die mit den (nun doch nicht realisierten) Überlegungen des Gesetzgebers gleich lautend waren, nämlich zugunsten der Anhebung der **177**

Schmerzensgelder Schwerstverletzter auf die Zuerkennung von Bagatellschmerzensgeldern zu verzichten. In den dort gehaltenen Referaten ist aber zutreffend darauf hingewiesen worden, dass es **ohne Änderung der gesetzlichen Norm nicht zu rechtfertigen** ist, bei geringen Verletzungen generell kein Schmerzensgeld zuzuerkennen. Es ist auch kein einziger praktizierbarer Vorschlag bekannt, wie diese Verschiebung zugunsten der Schmerzensgelder Schwerstverletzter in der Praxis erfolgen soll. Denn eines ist wohl auch dem Gesetzgeber klar geworden: Wenn eine Erheblichkeitsschwelle eingeführt wird, führt das noch lange nicht zur Ausschüttung der dadurch eingesparten Gelder an Schwerverletzte. Die Gefahr, dass dann wieder ausschließlich eine Minimierung der auszuzahlenden Schadenssummen der Versicherer eintritt, hat wohl sogar der Gesetzgeber gesehen.

178 Solange das in der Praxis nicht gewährleistet ist, ist es grundsätzlich **abzulehnen, bei Bagatellverletzungen kein Schmerzensgeld zuzuerkennen**. Bis die Spruchpraxis der Gerichte so weit wäre, würden Jahre vergehen. Bis dahin – so ist zu befürchten – würden zwar die Bagatellschmerzensgelder gekappt werden, ohne dass sich aber bei den Schmerzensgeldern der Schwerstverletzten etwas ändert. Den Profit würden die Versicherer einstreichen. Jeder **Geschädigtenvertreter ist also schon jetzt dringend aufgerufen**, auf der Basis der damaligen Gesetzesbegründung zu argumentieren, dass die Schmerzensgelder bei Schwerverletzten angehoben und deutlich höhere Schmerzensgelder durchgesetzt werden müssen. Eine **Steigerung um ca. 25 bis 30 %** dürfte durchaus angemessen sein.

179 Allerdings kann der **Nachweis** darüber, ob überhaupt eine Verletzung eingetreten sein kann, zweifelhaft sein, wenn die Kollision bei nur sehr **geringer Aufprallgeschwindigkeit** stattgefunden hat. Bei Aufprallgeschwindigkeiten von **5–7 km/h** ist eine darauf beruhende Verletzung (z.B. HWS-Syndrom, vgl. dazu aber die kritischen Anm. von *Castro/Becke*, zfs 2002, 365 f.) in der Regel ausgeschlossen (OLG Hamm zfs 1996, 51 ff.). Vgl. dazu im Einzelnen § 9 Rn 288 ff.

2. Kurze Überlebenszeit

Literatur zum Schmerzensgeld bei kurzzeitigem Überleben:

Huber, Schmerzensgeld ohne Schmerzen bei nur kurzzeitigem Überleben der Verletzung im Koma – eine sachlich gerechtfertigte Transferierung von Vermögenswerten an die Erben?, NZV 1998, 345 ff.

180 Für die Herbeiführung des Todes sieht § 253 Abs. 2 BGB keinen Schmerzensgeldanspruch vor. Hat der Verletzte noch eine gewisse Zeit gelebt, kann das einen Schmerzensgeldanspruch begründen (*Huber*, NZV 1998, 345). Ein nur kurzes Leiden wegen nur kurzer Überlebenszeit wirkt sich verständlicherweise **schmerzensgeldmindernd** aus (BGH VersR 1976, 660; OLG Hamm NZV 1997, 233; OLG Koblenz zfs 2003, 73 ff.). Das gilt umso mehr, wenn der Verletzte aus einer **unfallbedingten Bewusstlosigkeit** gar nicht mehr erwacht ist, also seine Schmerzen und seinen Zustand nicht mehr bewusst erleben konnte.

B. Schmerzensgeld §9

Dabei setzt die Zubilligung von Schmerzensgeld aber nicht stets voraus, dass der Geschädigte die ihm **zugefügten Verletzungen** überhaupt **empfunden** hat. Vielmehr kann eine ausgleichspflichtige immaterielle Beeinträchtigung gerade darin liegen, dass die Persönlichkeit ganz oder weitgehend zerstört ist (BGH NJW 1998, 2741 = zfs 1998, 330 = DAR 1998, 351). Je schneller jedoch der Tod eingetreten ist, umso weniger wird ein Schmerzensgeld in Betracht kommen (OLG München NZV 1997, 440). Dann ist die Zahlung eines Schmerzensgeldes oft nur ein **symbolischer Akt der Wiedergutmachung** (OLG Düsseldorf VersR 1989, 1203). **181**

In derartigen Fällen stellt sich die Frage, ob der das **Bewusstsein des Verletzten auslöschenden Körperverletzung** gegenüber dem alsbald und ohne zwischenzeitliche Wiedererlangung der Wahrnehmungsfähigkeit eintretenden Tod **überhaupt noch die Bedeutung** einer abgrenzbaren **immateriellen Beeinträchtigung** zukommt. Deshalb kann ein Schmerzensgeldanspruch selbst **bei schwersten Verletzungen** entfallen, wenn diese bei durchgehender Empfindungslosigkeit des Geschädigten alsbald den Tod zur Folge gehabt haben und dieser nach den konkreten Umständen des Falles, insbesondere der Kürze der Zeit zwischen Schadensereignis und Tod sowie nach dem Ablauf des Sterbevorganges derart im Vordergrund steht, dass eine immaterielle Beeinträchtigung durch die Körperverletzung als solche **nicht fassbar** ist (KG NZV 2002, 38). **182**

Die **Bemessung des Schmerzensgeldes** wegen einer Körperverletzung, an deren Folgen der Verletzte alsbald verstirbt, erfordert jedoch stets eine **Gesamtbetrachtung der immateriellen Beeinträchtigung**. Dabei sind insbesondere Art und Schwere der Verletzungen, das hierdurch bewirkte Leiden und dessen Wahrnehmung durch den Verletzten, wie aber auch der Zeitraum zwischen Verletzung und Eintritt des Todes zu berücksichtigen (BGH NJW 1998, 2741 = zfs 1998, 330 = DAR 1998, 351). **183**

Das wirkt sich insbesondere bei den so genannten **Hirnschadensfällen** aus, die dadurch gekennzeichnet sind, dass durch ein Verschulden des Schädigers die Persönlichkeit des Verletzten vollständig oder weitgehend zerstört worden ist. In solchen Fällen muss der Geschädigte mit der Zerstörung seiner Persönlichkeit leben und erhält ein entsprechendes Schmerzensgeld. **184**

Anders ist das aber, wenn der Verletzte in ein **künstliches Koma** versetzt wurde und aus diesem nicht mehr erwacht, sondern verstirbt. Ein solches künstliches Koma stellt eine **Heilmaßnahme** dar und hat mit der Frage der Zerstörung einer Persönlichkeit nichts zu tun. In solchen Fällen kommt der Dauer der verletzungsbedingten Beeinträchtigung bis zum Tode eine nur geringere Bedeutung für die Höhe des Schmerzensgeldes zu. Immerhin können aber gleichwohl auch in solchen Fällen **ganz erhebliche Schmerzensgelder** fällig werden. So wurde z.B. für ein Unfallopfer, das **23 Tage** nach dem Unfall verstorben ist und sich bis zu diesem Tage in einem **künstlichen Koma** befand, ein Schmerzensgeld in Höhe von 20.000 DM zugesprochen (OLG Braunschweig DAR 1999, 404). **185**

§ 9 Ersatzansprüche bei Verletzungen

186 Soweit Zweifel daran bestehen, ob und inwieweit der Verletzte noch bewusst Schmerzen erlebt hat, trägt der Anspruchsteller (z.b. der Erbe) die **Beweislast**. In solchen Fällen kann es erforderlich sein, den Namen des/der **Rettungssanitäter** zu erfragen, die den Transport ins Krankenhaus durchgeführt haben. Sie können zu dieser Frage ggf. etwas aussagen.

187 Grundsätzlich setzt die Zubilligung eines Schmerzensgeldes allerdings **nicht** stets voraus, dass der Geschädigte die ihm zugefügten **Verletzungen tatsächlich empfunden** hat. Allerdings kann der Anspruch auf Schmerzensgeld zu verneinen sein, wenn die Körperverletzung nach den Umständen des Falles gegenüber dem alsbald eintretenden Tod **keine abgrenzbare immaterielle Beeinträchtigung** darstellt, die aus Billigkeitsgesichtspunkten einen Ausgleich in Geld erforderlich macht (BGH DAR 1998, 330).

188 Das kann neben den Fällen, in denen die **Verletzungshandlung zum sofortigen Tode** führt, z.B. auch dann der Fall sein, wenn diese bei durchgehender Empfindungslosigkeit des Geschädigten alsbald den Tod zur Folge hat und dieser nach den konkreten Umständen des Falles, insbesondere wegen der **Kürze der Zeit** zwischen Schadensereignis und Tod sowie nach dem Ablauf des Sterbevorganges derart im Vordergrund steht, dass eine immaterielle Beeinträchtigung durch die Körperverletzung als solche nicht fassbar ist und folglich auch die **Billigkeit keinen Ausgleich in Geld** gebietet (BGH DAR 1998, 330).

189 Die Frage, ob einem Unfallopfer, das infolge seiner schweren Verletzungen nur noch „kurze Zeit" überlebt hat, überhaupt ein **Schmerzensgeldanspruch** zusteht und ggf. in welcher Höhe, ist in Schrifttum und Rechtsprechung bislang **noch nicht abschließend geklärt**.

190 Seit der Entscheidung des BGH (VersR 1998, 1034), der für eine nach 14 Tagen zum Tode führende Unfallverletzung ein Schmerzensgeld von 14.000 EUR, für einen Tod nach einer Stunde 1.500 EUR zugebilligt hat, ist Rechtsprechungsmaterial nicht aufzufinden. Das lässt den Schluss zu, dass die Regulierung außergerichtlich erfolgt oder in Unkenntnis der Vererblichkeit der Schmerzensgeldforderung eine Regulierung unterbleibt (*Diehl*, zfs 2008, 13).

191 Ein Schmerzensgeldanspruch entsteht dann nicht, wenn die schädigende Handlung unmittelbar den Tod herbeigeführt hat (BGH NJW 1976, 1146; KG NZV 1996, 445). Wenn der Verletzte nur wenige Minuten überlebt hat, hängt es von den Umständen des Einzelfalles ab, ob ihm ein solcher Schmerzensgeldanspruch zusteht (verneint bei weniger als elf Minuten vom KG NZV 2002, 38; bejaht bei **neun Minuten** mit **7.500 DM Schmerzensgeld** vom OLG Saarbrücken, *Hacks/Wellner/Häcker*, SchmerzensgeldBeträge, 34. Auflage, lfd. Nr. 2417).

192 Weitere Beispiele aus der Rechtsprechung:
- 10.000 DM bei Tod nach 16 Tagen Bewusstlosigkeit: OLG Schleswig v. 22.10.1987, NJW 1988, 569 = VersR 1988, 523 (*Hacks/Wellner/Häcker*, SchmerzensgeldBeträge, 34. Auflage, nur auf CD-ROM)

B. Schmerzensgeld § 9

- 10.000 DM bei Tod nach sieben Tagen Bewusstlosigkeit: OLG Schleswig DAR 1998, 354 (*Hacks/Wellner/Häcker*, SchmerzensgeldBeträge, 34. Auflage, lfd. Nr. 2412)
- 5.000 DM bei Tod nach drei Tagen Bewusstlosigkeit: OLG Hamm v. 19.4.1988, NJW-RR 1988, 1301 (*Hacks/Wellner/Häcker*, SchmerzensgeldBeträge, 34. Auflage, nur auf CD-ROM)
- 30.000 DM bei Tod nach acht Tagen Bewusstlosigkeit mit phasenweisen Schmerzempfindungen: OLG Hamm DAR 2000, 570 (*Hacks/Wellner/Häcker*, SchmerzensgeldBeträge, 34. Auflage, lfd. Nr. 2425)
- 12.000 DM bei Tod nach acht Tagen Bewusstlosigkeit: OLG Koblenz zfs 2003, 73 ff. (*Hacks/Wellner/Häcker*, SchmerzensgeldBeträge, 34. Auflage, lfd. Nr. 2416)
- 10.000 EUR bei Tod nach zehn Tagen, OLG Hamm v. 21.1.1997, zfs 1998, 330 (*Hacks/Wellner/Häcker*, SchmerzensgeldBeträge, 34. Auflage, nur auf CD-ROM)
- 35.000 EUR bei Tod nach dreieinhalb Monaten, OLG Oldenburg VersR 1996,726 (*Hacks/Wellner/Häcker*, SchmerzensgeldBeträge, 34. Auflage, nur auf CD-ROM)
- 45.000 EUR bei Tod nach sechs Monaten aufgrund schwerer Hirnverletzungen mit apallischem Syndrom: OLG Naumburg zfs 2015, 619.

Das Schmerzensgeld ist aber nicht etwa deshalb niedriger zu bemessen, weil es nur noch den Erben zufällt und dem Verletzten gegenüber eine Ausgleichsfunktion nicht mehr bewirkt (OLG München VersR 1970, 643; KG NJW 1974, 607). **193**

3. Persönlichkeitsbeeinträchtigung

Ist durch den Unfall auch die **Persönlichkeit** des Verletzten **beeinträchtigt** worden, ist dieser Umstand ebenfalls schmerzensgelderhöhend zu berücksichtigen. **194**

Sind alle geistigen Funktionen des Verletzten erloschen und ist eine völlige **Zerstörung der Persönlichkeit** des Verletzten durch weitgehenden Verlust der Wahrnehmungs- und Empfindungsfähigkeit eingetreten, lebt er also nur noch als „menschliche Hülle" weiter, dann begründet das nach BGH-Rechtsprechung eine eigenständige Schmerzensgeldbewertung (BGH zfs 1993, 189 = DAR 1993, 228; zfs 1998, 330). Je nach dem Grad verbliebener Empfindungsfähigkeit und Persönlichkeitsstruktur ist das zu zahlende Schmerzensgeld abzustufen. **195**

4. Neurosen und andere psychische Schäden

Literatur zu Neurosen und anderen psychischen Schäden als Unfallfolge:

Bischoff, Psychische Schäden als Unfallfolgen, zfs 2008, 122 ff.; *Burmann/Heß*, Die Ersatzfähigkeit psychischer (Folge-)Schäden nach einem Verkehrsunfall, zfs 2004, 348 f.; *Clemens/Hack/Schottmann/ Schwab*, Psychische Störungen nach Verkehrsunfällen – Implikationen für das Personenschadenmanagement, DAR 2008, 9 ff.; *Heß*, HWS und die posttraumatische Belastungsstörung, NZV 2001, 287 ff. mit umfangreicher Literatur- und Rechtsprechungsübersicht; *Ziegert*, Die medizinische Begutachtung von Verkehrsunfällen in Fällen eines HWS-Schleudertraumas und bei Unfallneurosen, DAR 1994, 257.

a) Allgemeines

196 **Abnorme Fehlverarbeitungen** von Unfallereignissen sind nicht sogleich auch als Neurosen (neuerdings auch gern als **„posttraumatische Belastungsstörung"** bezeichnet) mit Krankheitswert anzusehen. Sie führen daher nicht immer zu einer Erhöhung des Schmerzensgeldes.

197 Im Bereich des **Personenschadens** hat die Rechtsprechung inzwischen aber den Grundsatz entwickelt, dass die so genannte **Konversionsneurose** (im Gegensatz zur so genannten Tendenz-, Renten- bzw. **Begehrensneurose**) und die hieraus folgenden gesundheitlichen Schädigungen adäquat kausal durch das Unfallgeschehen verursacht sein können, sodass die sich hieraus ergebenden **körperlichen Beeinträchtigungen** erstattungsfähig sind (BGH VersR 1986, 241; zfs 1993, 190; 1996, 290; DAR 1998, 66 u. 1998, 67; zur Kausalität und Zurechenbarkeit psychischer Folgeschäden siehe auch *v. Gerlach*, Die Rechtsprechung des BGH zum Haftpflichtrecht, DAR 1998, 213, 214).

aa) Primärverletzung

198 Grundsätzlich ist stets Voraussetzung, dass eine **mehr als nur geringfügige Primärverletzung** feststeht und die geltend gemachte Beeinträchtigung einen **eigenen Krankheitswert** besitzt, es sei denn, die Verletzung trifft gerade speziell die **Schadensanlage** des Verletzten (OLG Hamm DAR 2001, 360). Maßstab für die Beurteilung der Geringfügigkeit sind die Grundsätze, welche hinsichtlich der Versagung eines Schmerzensgeldes bei **Bagatellverletzungen** Anwendung finden (BGH DAR 1996, 351; 1998, 63; 2000, 117). Bei der Frage, ob eine **Körperverletzung stattgefunden** hat, kommt die technische und medizinische Diskussion über eine **Harmlosigkeitsgrenze** zum Tragen.

199 Auch der **Unfall** selbst darf **nicht als Bagatelle** einzustufen sein mit der Folge, dass die behauptete psychische Reaktion in einem groben Missverhältnis zum schädigenden Ereignis steht, sodass diese Reaktion nicht mehr verständlich ist (BGH NZV 1996, 353; 1998, 65 ff.; OLG Hamm DAR 2001, 360).

bb) Unmittelbarkeit

200 Wird eine psychische Gesundheitsbeeinträchtigung auf das **Miterleben eines schweren Unfalls** zurückgeführt, so kommt eine Haftung des Schädigers regelmäßig nicht in Betracht, wenn der Geschädigte nicht selbst unmittelbar an dem Unfall beteiligt war (BGH zfs 2007, 626 ff.).

201 Durch ein Unfallgeschehen ausgelöste, **traumatisch bedingte psychische Störungen von Krankheitswert** können eine Verletzung des geschützten Rechtsguts Gesundheit i.S.d. § 823 Abs. 1 BGB darstellen (BGHZ 132, 341, 344 m.w.N.; BGH

VersR 2001, 874, 875). Etwas anderes ist es aber, wenn z.b. ein Polizeibeamter in Ausübung seines Dienstes mit ansehen muss, wie Personen in einem Fahrzeug verbrennen und er das Erlebnis psychisch nicht verkraften kann.

Der BGH hat eine Haftpflicht des Unfallverursachers ausschließlich in Fällen anerkannt, in denen der Geschädigte als **direkt am Unfall Beteiligter** infolge einer psychischen Schädigung eine schwere Gesundheitsstörung erlitten hat (BGH VersR 1986, 240, 241; BGH VersR 1991, 704, 705; BGH VersR 1993, 589, 590). Maßgeblich für die **Zurechnung** war in diesen Fällen stets, dass der Schädiger dem Geschädigten die **Rolle eines unmittelbaren Unfallbeteiligten aufgezwungen** hat und dieser das Unfallgeschehen psychisch nicht verkraften konnte (BGH VersR 1986, 240, 242). Solche Umstände sind aber nicht gegeben, wenn ein Polizeibeamter an dem eigentlichen Unfallgeschehen, das zu seiner psychischen Schädigung geführt haben soll, nämlich der Kollision, nicht beteiligt war.

202

Der BGH (VersR 1986, 240) hatte früher einmal offen gelassen, ob auch **völlig fremde**, mit den eigentlichen Unfallbeteiligten nicht in einer näheren Beziehung stehende Personen bei besonders schweren Unfällen Schadensersatz für eine psychische Gesundheitsbeeinträchtigung erhalten können. Diese Frage ist aus den vorstehend dargelegten und nunmehr vom BGH festgeschriebenen Gründen zu **verneinen**.

203

Dabei spielt es keine entscheidende Rolle, ob es sich bei den Geschädigten um Polizeibeamte oder andere Personen handelt, die zufällig das Unfallgeschehen miterleben. In beiden Fällen ist eine Schädigung, die aus der bloßen Anwesenheit bei einem schrecklichen Ereignis herrührt, dem allgemeinen Lebensrisiko zuzurechnen.

204

b) Konversionsneurose

Unter einer **Konversionsneurose** versteht man eine **unangemessene Fehlverarbeitung** des Unfallgeschehens, bei der das Unfallgeschehen **unbewusst** zum Anlass genommen wird, ungelöste innere Konflikte zu kompensieren. Die Energien aus der Konfliktbewältigung werden verschoben (Konversion). Aus dieser Verschiebung entstehende gesundheitliche Schäden sind **ersatzfähig** (BGH zfs 1998, 92; *v. Gerlach*, Die Rechtsprechung des BGH zum Haftpflichtrecht 1993, DAR 1994, 228.).

205

Von einer „**Konversionsneurose**" spricht man vor allen Dingen, wenn die psychische Fehlverarbeitung des Unfallgeschehens **nicht mit dem Streben nach finanzieller Absicherung**, sondern mit der **Kompensation latenter innerer Konflikte** zu erklären ist.

206

aa) Einzelfälle der Konversionsneurose

207 Hierunter fallen folgende **Einzelfallgruppen**:

(1) Posttraumatische Belastungsstörung (PTBS)

208 Eine der häufigsten psychischen Folgestörungen nach Verkehrsunfällen ist die posttraumatische Belastungsstörung (PTBS). Der Begriff umschreibt einen spezifischen Syndromkomplex mit folgenden **typischen Symptomen** (vgl. im Folgenden ausführlich *Clemens/Hack/Schottmann/Schwab*, Psychische Störungen nach Verkehrsunfällen, DAR 2008, 9 ff.):

- Eindringlich wiederkehrende, stark belastende Erinnerungen an das Erlebte. Am häufigsten sind bildhafte Erinnerungen, die unwillkürlich und blitzhaft auftreten oder in denen wie in einem Film das Geschehen wiedererlebt wird. Aber auch Geräusche, Gerüche oder taktile Reize aus der Unfallsituation werden oft sehr lebhaft erinnert, beispielsweise das Aufprallgeräusch, Schreie von Verletzten oder Brandgeruch.
- Physiologische Übererregtheit, also eine starke Angespanntheit, die sich unter anderem in starken Schlafstörungen, Konzentrations- und Gedächtnisstörungen, übermäßiger Schreckhaftigkeit, schneller Gereiztheit und Muskelverspannungen äußern kann.
- Vermeidung von Dingen, Aktivitäten oder Gedanken, die an das Trauma erinnern können, um die damit verbundenen negativen Gefühle nicht wiedererleben zu müssen. Bei Autounfallopfern kann sich die Vermeidung darauf beziehen, dass sie die Unfallstelle meiden oder gar nicht mehr Auto fahren bzw. nur, wenn unbedingt notwendig.

209 Weitere typische posttraumatische Belastungssymptome von Verkehrsunfallopfern sind eine **gestörte Wahrnehmung im Straßenverkehr** (z.B. falsche Einschätzung von Entfernungen, Gefühl von Beinaheunfällen), die Einschätzung des Straßenverkehrs als bedrohlich (ängstlich-angespanntes Fahren) oder (zumeist irrationale) Schuldgefühle, zum Unfallzeitpunkt nicht aufgepasst zu haben.

210 Allein bei der normalen **Abwicklung eines Verkehrsunfalls** werden Unfallopfer regelmäßig an das Geschehen erinnert, sei es durch die Zeugenaussage bei der Polizei, die Schadenmeldung beim Versicherer, beim Arztbesuch, der Meldung bei der Krankenkasse und natürlich auch durch die Fragen des Rechtsanwaltes.

211 Das **strafrechtliche Ermittlungsverfahren** und auch ein **zivilrechtlicher Rechtsstreit** oder auch nur die **Auseinandersetzungen mit den Versicherern** stellen für viele Geschädigte eine massive Zusatzbelastung dar: Neben den finanziellen Unsicherheiten, die damit verbunden sind, spielt hierbei das **Gefühl der Nichtanerkennung** des Leidens („Ich bin Opfer eines schlimmen Unfalls und jetzt wollen die mir noch nicht einmal das zahlen, was mir zusteht!") eine große Rolle. Bei den Betroffenen wird das oft als mangelndes Verständnis und fehlende Unterstützungsbereitschaft empfunden. Das ist dann aber ebenfalls schmerzensgelderhöhend zu berücksichtigen.

Im Zuge **langwieriger juristischer Auseinandersetzungen** ist der Betroffene auch gezwungen, sich immer wieder mit dem Trauma neu zu konfrontieren (Briefverkehr, Unfallrekonstruktion, Kontakt mit dem Unfallgegner während einer Verhandlung, Beweise für erlittene Schäden zusammentragen), was letztlich eine **ständige Reaktivierung des traumatischen Erlebnisses** bedeutet und damit wiederum das „Heilen" der seelischen Wunde verhindert. An dieser Stelle muss man sich als Rechtsanwalt darüber im Klaren sein, dass selbst eine erneute Unterredung in den Kanzleiräumen, sei sie für den Verfahrensfortgang auch noch so wichtig, auch psychische Nachteile für den Mandanten haben kann, die daher nach Möglichkeit vermieden werden sollte.

(2) Angststörungen

Neben posttraumatischen Belastungsstörungen sind Angststörungen als **große Gruppe psychischer Störungen** nach Unfällen zu nennen (vgl. *Clemens/Hack/Schottmann/Schwab*, a.a.O. S. 11 ff.). Am häufigsten treten spezifische **Reiseängste** auf, und zwar bei rund 30 % der Unfallopfer. Es handelt sich hierbei um eine Gruppe **phobischer Ängste**, die sich beispielsweise in der unangemessenen Angst, einen erneuten Unfall zu erleiden, oder überhaupt am Verkehr teilzunehmen, manifestieren können. Bestimmte unfallassoziierte Situationen lösen dann körperliche und psychische Angstreaktionen aus.

Wenn der Unfall z.B. an einer Kreuzung passiert ist, kann der Betroffene später mit heftigem Zittern, Schweißausbrüchen, Verkrampfungen und panikartigen Ängsten reagieren, wenn er sich einer Kreuzung nähert. Diese Ängste führen zu **Vermeidungsverhalten**; in der extremen Form wird das Autofahren dann komplett vermieden, bei milderen Formen kann sich die Vermeidung darin äußern, z.B. keine langen oder unbekannten Strecken zu fahren, Autobahn oder Stadtverkehr zu vermeiden, nur als Beifahrer mitzufahren oder **extrem vorsichtig und langsam** zu fahren.

Das Symptombild dieser Reiseängste überschneidet sich zum Teil mit dem der **posttraumatischen Belastungsstörung**, insbesondere in Bezug auf das **Vermeidungsverhalten**. Bei den phobischen Ängsten ist jedoch die massive situationsbezogene Angst und die damit verbundene Vermeidung vorherrschend, während bei der PTBS weitere Symptome wie Intrusionen und eine physiologische Übererregtheit, auch in nicht unfallassoziierten Situationen, hinzukommen.

Ein gewisses Vermeidungsverhalten nach einem Unfall ist erst einmal normal und sogar „gesund"! Je länger die Symptomatik jedoch andauert, umso langwieriger gestaltet sich der therapeutische Prozess, bis ein ausreichender Behandlungserfolg erzielt werden kann.

217 Nach einem Unfall können sich aber nicht nur phobische Ängste ausbilden, sondern auch **andere Angststörungen** wie die **Panikstörung** oder die generalisierte Angststörung. Wesentliches Merkmal der Panikstörung sind wiederkehrende schwere Angstattacken (Panik), die sich nicht auf spezifische Situationen oder Umstände beschränken und deshalb für die Personen nicht vorhersehbar sind. Typisch ist der plötzliche Beginn der Angstattacke, die von starken körperlichen Symptomen wie Herzrasen, Schwindel, Erstickungsgefühlen und Furcht zu sterben begleitet sind.

218 Bei einer **generalisierten Angststörung** leiden die Betroffenen unter ausgeprägten Befürchtungen und Sorgen, sind ständig angespannt, was sich in Spannungskopfschmerz, Nervosität, Zittern, Herzklopfen oder Oberbauchbeschwerden äußern kann.

(3) Somatoforme Störungen

219 Dieser Begriff bezeichnet eine Gruppe von Störungsbildern, bei der die Betroffenen über **körperliche (somatische) Beschwerden** klagen, die Symptome aber nach ärztlicher Einschätzung **nicht** oder nicht ausreichend **körperlich begründbar** sind. Allerdings ist es häufig sehr schwer zu beurteilen, ob der somatische Befund die Beschwerden „ausreichend" erklärt oder nicht (vgl. *Clemens/Hack/Schottmann/Schwab*, a.a.O. S. 11 ff.).

220 Die Schmerzwahrnehmung kann stark durch psychosoziale Faktoren moderiert werden. Beispielsweise können **unverarbeitete traumatische Unfallerfahrungen**, eine depressive Stimmungslage, aber auch das Gefühl der Nichtanerkennung des Leidens durch andere die Schmerzintensität verstärken.

221 Wenn es Anzeichen gibt, dass das Schmerzerleben eines Verunfallten stark **psychisch überlagert** ist, besteht eine Indikation für eine psychotherapeutische **Behandlung** der Schmerzsymptomatik. Das allerdings stößt bei den Betroffenen häufig auf Unverständnis oder Abwehr, da sie typischerweise anfangs stark auf eine somatische Erklärung und Behandlung fixiert sind und sich als „Simulanten" abgestempelt fühlen, wenn ihnen eine Psychotherapie angeraten wird.

(4) Depressive Störungen

222 Depressive Störungen sind eine weitere **häufige Folge** nach Verkehrsunfällen. Das depressive Syndrom ist gekennzeichnet durch **gedrückte Stimmung**, Interesseverlust, Antriebsmangel und schnelle Ermüdbarkeit. Die Betroffenen **ziehen sich sozial zurück**, schränken ihre Aktivitäten ein, leiden oft unter Schlafstörungen und Appetitmangel. Charakteristisch sind auch **starke Schuldgefühle**, Gefühle der Wertlosigkeit und Suizidgedanken bis hin zu suizidalen Handlungen.

223 Für Außenstehende ist das Verhalten Depressiver häufig schwer nachvollziehbar oder führt zu Missverständnissen. So kann z.B. ein Nichteinhalten von Fristen oder fehlende Initiative des Geschädigten als mangelnde Bereitschaft („Nicht-Wollen") interpretiert werden, ist aber eventuell im Rahmen einer Depression Ausdruck der

B. Schmerzensgeld § 9

Antriebsschwäche bzw. der geringen Belastbarkeit („Nicht-Können"). Auch können **juristische Auseinandersetzungen** im Zuge der Schadensregulierung, die für die professionellen Beteiligten als normal empfunden werden, für depressiv Erkrankte eine **massive Belastung** darstellen, da sie den Betroffenen überfordern und starke Befürchtungen auslösen können (vgl. im Folgenden ausführlich *Clemens/Hack/Schottmann/Schwab*, a.a.O. S. 11 ff.).

Ein ganz zentraler Punkt ist die Beschäftigung mit der Schuldfrage: **Schuldgefühle** sind typischerweise Teil des depressiven Syndroms, unabhängig davon, ob der Verunfallte im juristischen Sinne schuldig ist oder nicht. Schon Fragen der „**Mithaftung aufgrund der Betriebsgefahr**" eines Fahrzeugs nach § 7 StVG sollten daher nicht mit dem Begriff „**Mitschuld**" verwechselt, sondern dem Mandanten klar erläutert werden. **224**

Für alle diese Störungen gilt: Je früher sie adäquat behandelt werden, desto besser sind die Erfolgschancen. Zuerst ist hier an eine **psychotherapeutische Behandlung** zu denken; unter Umständen kommt auch eine medikamentöse Behandlung mit Antidepressiva in Betracht bzw. eine Kombination von beidem. Die damit verbundenen **Behandlungskosten** sind ein ersatzpflichtiger Schaden. **225**

bb) Schadensersatz bei Konversionsneurose

Wird durch ein Schadensereignis bei dem Verletzten jedoch eine solche „**Konversionsneurose**" ausgelöst, so umfasst die Ersatzpflicht des Schädigers regelmäßig auch die auf den psychischen Beeinträchtigungen beruhenden Schadensfolgen (BGH zfs 1993, 190 = DAR 1993, 226; DAR 1996, 353 = VersR 96, 990). **226**

Das gilt auch dann, wenn die Neurose auf einer **abnormen Erlebnisverarbeitung** aufgrund **spezieller Schadensanlage** des Geschädigten beruht (OLG Hamm NZV 1998, 413; 2002, 36; 2002, 37; 2002, 171). Allerdings ist die besondere Schadensanfälligkeit des Verletzten anspruchsmindernd zu berücksichtigen. **227**

Auch der BGH hat mehrfach seine Rechtsprechung bekräftigt, nach der ein **Schädiger grundsätzlich** auch **für eine psychische Fehlverarbeitung** als haftungsausfüllende Folgewirkung des Unfallgeschehens **einzustehen** habe, jedenfalls dann, wenn eine **hinreichende Gewissheit** besteht, dass diese **Folge ohne den Unfall nicht eingetreten wäre** (BGH zfs 1998, 93 = DAR 1998, 63 = NJW 1998, 810; DAR 1998, 66; 1998, 67). **228**

Das kann aber auf den ersten Blick **zweifelhaft** sein, wenn es ursprünglich nur um einen **vergleichsweise leichten Unfall** ging (in dem vom BGH entschiedenen Fall handelte es sich lediglich um ein HWS-Schleudertrauma und eine Schädelprellung am Türrahmen, Arbeitsunfähigkeit nur für fünf Tage attestiert). Auch der BGH macht die Einschränkung, dass eine solche Zurechnung nicht in Betracht kommt, wenn das Schadensereignis im Sinne einer **Bagatelle** (nur unter strengen Anforderungen – vgl. oben Rdn 168 ff.) ganz geringfügig ist und nicht gerade ganz speziell auf die **Schadensanlage des Geschädigten** trifft (BGH DAR 1996, 353). **229**

230 Der BGH bekräftigt in der Regel die Haftung für seelisch bedingte Folgeschäden. Er neigt dazu, die **Kausalität** grundsätzlich zu bejahen und Schadensersatz für psychische Folgeerkrankungen zuzuerkennen, wenn der **Unfall** den **Auslöser für die psychischen Reaktionen** des Geschädigten bildet (so BGH zfs 1998, 92 = DAR 1998, 66 = NJW 1998, 813).

231 Von der Verursachung zu unterscheiden ist aber die rechtliche **Zurechenbarkeit** der Schadensfolge, bei der es sich um eine wertende Frage handelt. Auch hier stellt der BGH klar, dass die Zurechnung konstitutionsbedingter psychischer Folgen nur in Ausnahmefällen verneint werden könne, nämlich wenn das schädigende Ereignis ganz geringfügig sei (Bagatelle) und nicht gerade eine etwa vorhandene spezielle Schadenslage des Verletzten treffe (BGH zfs 1998, 92 = DAR 1998, 66 = NJW 1998, 813). Dabei **kommt es nicht darauf an**, ob die **psychische Reaktion** des Geschädigten **gemeinhin unverständlich** ist.

232 Die Frage, ob die Voraussetzungen für eine Ausnahme von der Haftung für psychische Folgeschäden vorliegen, kann in der Regel nur unter Einschaltung eines **Sachverständigen** beantwortet werden (BGH zfs 1997, 249 = DAR 1998, 67 = NJW 1997, 1640). Die Frage nämlich, ob das schädigende Ereignis ganz geringfügig i.S.d. vorgenannten Kriterien des BGH war, nicht gerade eine spezielle Schadensanlage des Verletzten getroffen wurde, die psychische Reaktion des Geschädigten in einem groben Missverhältnis zum Anlass stand, also Ausdruck einer offensichtlich unangemessenen Erlebnisverarbeitung ist (KG DAR 2002, 211) und deshalb schlechterdings nicht mehr verständlich war, oder ob eine **Begehrensneurose** (nachstehend siehe Rdn 235 ff.) vorliegt, kann in der Regel nicht ohne besondere Sachkunde beantwortet werden (vgl. *v. Gerlach* in seiner Anm. zu den beiden Urteilen des BGH vom 11.11.1997, DAR 1998, 213 f.).

233 Löst der Unfall bei dem Geschädigten jedoch eine solche psychische Gesundheitsstörung nur **rein zufällig** aus und hätte sie auch ohne den Unfall aus geringfügigeren anderen Anlässen jederzeit ebenfalls auftreten können, scheidet eine Haftung des Schädigers mangels **Zurechnungszusammenhanges** aus (OLG Hamm zfs 1996, 51 ff.; NZV 2002, 171; 2002, 172).

234 Besteht bei zwei voneinander unabhängigen Schadensfällen (HWS-Verletzung) der Beitrag des Erstunfalls zum endgültigen Schadensbild nur darin, dass eine anlagebedingte Neigung des Geschädigten zur psychischen Fehlverarbeitung geringfügig verstärkt wird, reicht dies nicht aus, um eine Haftung des Erstschädigers für die Folgen des Zweitunfalls zu begründen (BGH zfs 2004, 349).

c) Renten- bzw. Begehrensneurose

235 Ganz anders sieht das aber aus, wenn eine so genannte **Tendenz-, Renten-** bzw. **Begehrensneurose** vorliegt. Das ist dann der Fall, wenn der Geschädigte an einer zwar durch das Unfallerlebnis ausgelösten, letztlich aber charakterlich bedingten und in **abartigen Rechts- und Sicherheitsvorstellungen** oder in **unangemessenen**

Wunsch- und Begehrenstendenzen wurzelnden seelischen Reaktion leidet (BGH VersR 1968, 396; 1979, 718, 719; 1986, 240).

Charakteristisch ist also, dass der seelische Versagenszustand des Betroffenen im Wesentlichen nur durch das – bewusste oder unbewusste – **Streben nach Versorgung und Sicherheit** oder durch ein starres Anklammern an eine vorgestellte Rechtsposition zu erklären ist, durch das erst das Bestehen eines Unfallschadens **psychisch fixiert** wird. Das ist dann der Fall, wenn der Geschädigte den Unfall **in neurotischem Bestreben nach Versorgung und Sicherheit** lediglich zum Anlass nimmt, den Schwierigkeiten und Belastungen des Erwerbslebens auszuweichen. **236**

In solchen Fällen ist es dem Schädiger nicht mehr zuzumuten, durch Ersatzleistungen zu der Verfestigung dieses Zustandes beizutragen (BGH VersR 1968, 396; 1979, 718, 719; 1986, 240). Deshalb gibt es in solchen, außerhalb des Verantwortungsbereichs des Schädigers liegenden Fällen **keinen Ersatz**. Im **Gegensatz** zu der Konversionsneurose führt eine **Begehrensneurose** also nicht zu einem Schadensersatzanspruch (herrschende Rechtsprechung des BGH, BGH zfs 1998, 93 = DAR 1998, 63 = NJW 1998, 810). **237**

> *Beachte*
> Die Beweislast für das Fehlen eines solchen Zurechnungszusammenhangs obliegt dem Schädiger (BGH VersR 1986, 240). Erkenntnisunsicherheiten gehen zu Lasten des Schädigers.

Die Versagung von Schadensersatz bei derartigen Neurosen beruht auf der Erwägung, dass bei ihnen zwar ein unmittelbarer ursächlicher Zusammenhang mit dem vorausgegangenen Unfallereignis besteht, die psychische Störung jedoch ihr Gepräge durch die **bewusste oder unbewusste Begehrensvorstellung nach einer Lebenssicherung** oder die **Ausnutzung einer vermeintlichen Rechtsposition** erhält und derart im Vordergrund steht, dass der erforderliche Zurechungszusammenhang mit dem Unfallereignis nicht mehr bejaht werden kann (vgl. *v. Gerlach* in seiner Anm. zu dem Urteil des BGH v. 11.11.1997, DAR 1998, 213, 214). **238**

Voraussetzung ist demnach ein **Rechtswidrigkeitszusammenhang** zwischen der Verletzungshandlung und den psychischen Folgen. Schmerzensgeld ist demnach nur dann zu zahlen, wenn die Neurose nicht auch ohnehin bei jedem beliebigen anderen Anlass in Kürze ausgebrochen wäre. **239**

> *Tipp* **240**
> Der Anwalt sollte stets von dem Vorliegen einer allein unfallbedingten Konversionsneurose ausgehen. Die Beweislast für das Vorliegen lediglich einer Rentenneurose trägt nämlich der Schädiger (BGH NJW 1986, 777; KG DAR 2002, 211). Diese Frage kann nur durch einen Psychiater beurteilt werden. Vorsicht aber bei der Auswahl des sachverständigen Arztes: Für manche Ärzte ist offenbar jeder Verletzte nach gewisser Zeit ein Rentenneurotiker!

241 Die Schadensersatzpflicht für **psychische Unfallauswirkungen** setzt nicht voraus, dass sie eine organische Ursache haben (BGH DAR 1991, 259).

d) Kritische Stellungnahme

242 Derartige psychische Reaktionen müssen, damit sie haftungsrechtlich relevant sind, jedenfalls **nach der Lebenserfahrung geeignet und nachvollziehbar** sein. Das Unfallereignis muss daher zumindest von einer **intensiven, objektiv verständlichen Schwere** geprägt sein. Deshalb muss der Tatrichter stets eine **wertende Betrachtung** vornehmen und die Besonderheiten des Falles umfassend würdigen. Sonst droht eine **Ausuferung** behaupteter posttraumatischer Belastungsstörungen. Bei **Allerweltsunfällen**, bei denen es nur zu einem **normalen Schreckerlebnis** kommt (OLG Köln NJW-RR 2000, 760; OLG Hamm r+s 2000, 62), dürfte daher in der Regel der **haftungsrechtliche Zurechnungszusammenhang** fehlen. Eine Haftung kann dann nicht bestehen, ein Schadensersatzanspruch entfällt.

5. Gesundheitlich Vorgeschädigte

243 Wenn der Geschädigte **vorerkrankt** oder durch eine frühere Verletzung **vorgeschädigt** ist, haftet der Schädiger für alle Schäden, auch wenn diese **durch das neue Schadensereignis gerade erst ausgelöst** worden sind.

244 Auch **durch den Unfall ausgelöste Krankheitserscheinungen**, die auf vorhandenen Anlagen beruhen, bleiben daher im Rechtssinne **Folgen des Unfalls**. Der Schädiger muss eine schon im Unfallzeitpunkt vorhandene Minderung der Erwerbsfähigkeit des Geschädigten hinnehmen.

245 Wer demnach einen **gesundheitlich geschwächten oder anfälligen Menschen** verletzt, kann nicht verlangen, so gestellt zu werden, als habe er einen **gesunden Menschen** geschädigt (BGH VersR 1960, 1092 u. NJW 1986, 2762; zfs 1996, 290).

246 Oder anders ausgedrückt: Der **Schädiger kann sich den Verletzten** bezüglich seiner Konstitution **nicht aussuchen**. Der **Schädiger trägt das Risiko** dafür, dass sich aus einem verhältnismäßig geringen Unfall ein bedeutender Schaden entwickelt (OLG Köln MDR 68, 1008).

247 Der Schädiger hat auch dafür einzustehen, dass **relativ geringfügige Unfallverletzungen** zu länger anhaltenden Schmerzen und Beeinträchtigungen in der Haushaltsführung bei einer erheblich degenerativ vorgeschädigten Hausfrau führen (OLG München DAR 1999, 407).

248 Jedoch kann eine beim Geschädigten **bereits vorhandene Schadensbereitschaft** und eine daraus resultierende Auswirkung dieser Schadensanfälligkeit bei der **Bemessung des Schmerzensgeldes** berücksichtigt werden (BGH zfs 1997, 51).

249 Grundsätzlich können sich konstitutionelle Schwächen des Verletzten also ebenso schmerzensgeldvermindernd auswirken wie die Alterssituation.

B. Schmerzensgeld §9

Eine weit verbreitete Praxis der Versicherer ist es, bei (ggf. erneuter) Schädigung einer **vorgeschädigten HWS** (vgl. Rdn 274 ff., 316 ff.) die nunmehr festgestellten Beschwerden nur noch für eine **begrenzte Zeit** dem neuen **Schadensereignis zuzurechnen** und dementsprechend für die Folgezeit eine alleinige Verursachung durch die Vorschädigung anzunehmen. **250**

Sie berufen sich dabei auf die Rechtsprechung: Erleidet ein Verkehrsteilnehmer mit degenerativ vorgeschädigter Halswirbelsäule einen Unfall, sind die daraufhin eintretenden Beschwerden nicht unfallbedingt, wenn sie ohne den Unfall alsbald durch **ein beliebiges Alltagsereignis** ebenfalls ausgelöst worden wären (OLG Hamm zfs 2002, 177). Dabei wird aber schon übersehen, dass die Rechtsprechung nur diejenigen Ausnahmefälle vor Augen hat, bei denen gleichsam der sprichwörtliche Tropfen, der das Fass zum Überlaufen bringt, gefehlt hat, um – wie jedes andere zufällige Alltagserlebnis ebenfalls – das Ereignis auszulösen (OLG Hamm zfs 2002, 177). **251**

Seitens der Versicherer wird der Haftungsausschluss regelmäßig damit begründet, dass die bei einem Unfall geschädigte HWS in den meisten Fällen ohnehin schon **degenerativ**, also infolge altersbedingten Verschleißes **vorgeschädigt** ist. Die Verschleißerscheinungen waren lediglich latent vorhanden und der Geschädigte fühlte sich nur subjektiv beschwerdefrei. **252**

Eine **zeitliche Begrenzung** der Unfallbedingtheit beruht jedoch auf einer schadensrechtlich unzutreffenden Kausalitätsbetrachtung (*Dannert*, Erneute Schädigung einer bereits vorgeschädigten Halswirbelsäule, NZV 2000, 9 ff.). **253**

Es bleibt nämlich der einmal **festgestellte Kausalzusammenhang** zwischen einem Unfall und bestimmten Beschwerden grundsätzlich bestehen. Er entfällt nicht wegen bloßen Zeitablaufs. War der **Zustand vor dem Unfall** mit keinerlei Schmerzen verbunden und sind **nachher Schmerzen** zu beklagen, dann ist der Unfall eine **Bedingung, die nicht hinweggedacht werden kann**, ohne dass der Erfolg entfällt. Das gilt auch für eine etwaige **Verschlimmerung** zuvor schon bestehender Schmerzen (*Dannert*, Erneute Schädigung einer bereits vorgeschädigten Halswirbelsäule, NZV 2000, 9 ff.). Der **Ersatzpflichtige** muss daher **beweisen**, dass im Ausnahmefall einmal ein Austausch der Ursachen stattgefunden hat. Das gilt auch in den Fällen der „**überholenden Kausalität**". **254**

> *Tipp* **255**
> Es gilt daher in besonderem Maße zu klären, ob diese degenerativen Vorerkrankungen tatsächlich irgendeine Auswirkung auf die Verletzungsfolgen hatten oder ob die Schmerzsituation im Hinblick auf Intensität und Behandlungsdauer davon weitestgehend unabhängig war. Diese Frage kann in solchen Fällen ausschließlich der diesbezüglich gesondert zu befragende behandelnde Arzt beantworten.

Ist z.B. eine HWS-Distorsion nur auf eine **massive Vorschädigung** bzw. eine erhebliche Schadensanlage zurückzuführen, so **entfällt dadurch nicht der Zurech-** **256** nungszusammenhang. Allerdings führt die vorhandene Schadensbereitschaft zu einer **Reduzierung des Schmerzensgeldes** (OLG Hamm DAR 1998, 392; AG Norderstedt DAR 1998, 396; AG Waldkirch DAR 1999, 129; *Ziegert*, DAR 1998, 336).

257 Problematisch sind die Fälle, bei denen **zwei Unfälle nacheinander stattgefunden** haben, deren jeweilige Verursachungsanteile nicht voneinander abgrenzbar sind, und jetzt Streit über die jeweilige **Kausalität** der beklagten Verletzungsfolgen herrscht. Diese Frage hat der BGH entschieden (BGH zfs 2002, 121 = DAR 2002, 115):

> *„1. Entsteht nach zwei zeitlich aufeinanderfolgenden Unfällen ein Dauerschaden des Verletzten, haftet der Erstschädiger mangels abgrenzbarer Schadensteile grundsätzlich auch dann für den Dauerschaden, wenn die Folgen des Erstunfalls erst durch den Zweitunfall zum Dauerschaden verstärkt worden sind.*
>
> *2. Der Zweitschädiger haftet für den Dauerschaden mangels abgrenzbarer Schadensteile schon dann, wenn der Zweitunfall lediglich mitursächlich für den Dauerschaden ist."*

258 Der **Zurechnungszusammenhang** kann demnach allenfalls dann als **unterbrochen** anzusehen sein, wenn sich bei wertender Betrachtung im Zweiteingriff nicht mehr das Schadensrisiko des Ersteingriffs verwirklicht hat, vielmehr dieses **Risiko schon gänzlich abgeklungen** war und deshalb zwischen beiden Eingriffen nur ein äußerlicher, gleichsam **zufälliger Zusammenhang** besteht, sodass vom Erstschädiger billigerweise nicht verlangt werden kann, dem Geschädigten gegenüber auch für die Folgen des Zweiteingriffs einzustehen (BGH VersR 1992, 498 f.; 1997, 458 m.w.N.).

259 Im Hinblick auf das **Lebensalter des Verletzten** (vgl. Rdn 121 ff.) wird oft eingewandt, dass ein älterer Mensch keinen so langen Leidensweg mehr habe wie ein junger Mensch. Dieses **Argument wird kompensiert** durch die Tatsache, dass ein älterer Mensch infolge seiner schon ohnehin gegebenen altersbedingten Beschwernisse die Verletzungsfolgen weit weniger gut „wegstecken" kann als ein jüngerer und demzufolge sein „Traum von einem unbeschwerten Lebensabend" jäh ausgeträumt sein kann.

260 Konnte er z.B. vor dem Unfall noch gut seinen **Haushalt allein versorgen**, kann er es danach vielleicht nicht mehr. Auch ist er in seiner **Reisefähigkeit** behindert oder verliert die **sozialen Kontakte** zur Umwelt, vor allem zu Freunden und Verwandten, findet verletzungsbedingt **keine Freude mehr** an Gartenarbeit oder Spaziergängen usw. Aufgrund von **Bewegungsmangel** kann sogar die Gefahr einer Lebensverkürzung und der Zunahme von Altersgebrechen gegeben sein.

261 *Tipp*
Es gibt keinen vernünftigen Grund, sich im Hinblick auf das Alter des Mandanten mit einer Reduzierung des Schmerzensgeldes einverstanden zu erklären. Das gilt für jüngere wie für ältere Menschen gleichermaßen. Einer derartigen

Argumentation der Versicherer ist daher mit den zuvor genannten Argumenten nachdrücklich entgegenzutreten.

Es gibt aber auch Fälle, in denen eine **vergleichsweise geringe Verletzung** eine **neurotische Fehlverarbeitung** hervorruft, weil der Geschädigte **vorgeschädigt und psychisch labil** war. Das kann z.b. bei einem HWS-Trauma der Fall sein, was dann sogar zu einer Erwerbsunfähigkeit führen kann. Es ist aber nicht fern liegend, dass sich bei einer psychisch labilen Persönlichkeit infolge einer derart geringen Verletzung eine Neurose entwickeln kann mit der Folge einer Vielzahl von Beschwerden, die körperlich nicht begründbar sind. Der **Schädiger** hat also auch **dafür einzustehen** (OLG Köln VersR 1996, 1551). 262

6. Überholende Kausalität

Von überholender Kausalität spricht man, wenn die Auswirkungen des Unfallgeschehens von einem neuen eigenständigen Kausalverlauf **überlagert** werden (vgl. auch Rdn 322 ff.). 263

So können z.b. nur **besonders gravierende Fehler eines Arztes bei der Behandlung eines Unfallopfers** (grober Behandlungsfehler) eine überholende Kausalität auslösen. 264

In einem anderen Fall hat der BGH jedoch einem Geschädigten Schadensersatzansprüche mit dem Argument der **überholenden Kausalität** versagt, weil der Geschädigte unfallbedingt entstandenen Verdienstausfall auch für einen Zeitraum begehrt hat, in dem sein Verdienst auch ohne Schadensereignis weggefallen wäre, weil sich **anlagebedingte Leiden des Geschädigten** zu einer Arbeitsunfähigkeit ausgewirkt hätten (BGH VersR 1968, 804). 265

Entsteht dagegen bei zwei zeitlich aufeinander folgenden selbstständigen Unfällen ein Dauerschaden des Verletzten, haftet der Erstschädiger mangels abgrenzbarer Schadensteile grundsätzlich auch dann für den Dauerschaden, wenn die Folgen des Erstunfalls erst durch den Zweitunfall zum Dauerschaden verstärkt worden sind (BGH zfs 2002, 121), vgl. dazu oben Rdn 257. Wird dagegen bei zwei voneinander unabhängigen Schadensfällen der Beitrag des Erstunfalls zum endgültigen Schadensbild nur **geringfügig** verstärkt, weil der Geschädigte zu einer psychischen Fehlverarbeitung neigt, reicht dies nicht mehr aus, um eine Haftung des Erstschädigers für die Folgen des Zweitunfalls zu begründen (BGH zfs 2004, 349). 266

Beachte 267
Die Beweislast für einen andersartigen Verlauf infolge überholender Kausalität obliegt dem Schädiger! Der Geschädigte soll nicht mit dem Risiko der Zweifelhaftigkeit der Entwicklung belastet werden.

§ 9 Ersatzansprüche bei Verletzungen

7. Herausforderungs- und Verfolgungsfälle

268 Adäquat verursacht ist der Schaden auch in den so genannten Herausforderungs- und Verfolgungsfällen. Damit sind diejenigen Fälle gemeint, in denen der eingetretene Schaden erst durch ein eigenes Verhalten des Geschädigten bedingt wird.

269 *Beispiel*
Ein Autofahrer wird von einem anderen gerammt. Da sich der Verursacher nach der Kollision unerlaubt entfernt und der Geschädigte das Kfz-Kennzeichen nicht erkennen konnte, nimmt er die Verfolgung auf. Als der Flüchtende dies bemerkt, fährt er besonders riskant, um zu entkommen. Der Geschädigte verunglückt bei der Verfolgung. Nach BGH NJW 1990, 2885 haftet der flüchtende Unfallverursacher auch für die weitergehenden Schäden des Geschädigten, da er ihn in vorwerfbarer Weise zu der selbstgefährdenden Reaktion herausgefordert hat und sich bewusst war oder zumindest bewusst sein musste, dass sein Verfolger infolge der durch die Verfolgung gesteigerten Gefahr einen Schaden erleiden könnte (BGH NJW 1990, 2885).

270 Wer sich einer polizeilichen Festnahme durch Flucht entzieht, haftet für einen bei der Verfolgung eintretenden Körperschaden des Polizeibeamten, wenn dieser Schaden auf der gesteigerten Gefahrenlage beruht und die Risiken der Verfolgung nicht außer Verhältnis zu deren Zweck standen (BGH zfs 1996, 245).

Merke
Gleichermaßen haftet der Angreifer für die Schäden, die sich ein Angegriffener bei der Flucht vor dem Angreifer zufügt (BGH zfs 2002, 329).

8. HWS-Schleudertrauma

Literatur zum HWS-Schleudertrauma:

ADAC-Expertengespräch, HWS-Verletzung in der Schadensregulierung DAR 1998, 55 ff.; *Böhm*, Das leidige Problem der HWS-Verletzung nach einem Verkehrunfall und die Entwicklung der Rechtsprechung nach den Urteilen des BGH im Jahr 2008, zfs 2011, 423 ff. (Teil 1) und 483 ff. (Teil 2); *Bachmeier*, Die aktuelle Entwicklung bei der HWS-Schleudertrauma-Problematik, DAR 2004, 421 ff.; *Castro/Becke*, Das „HWS-Schleudertrauma" – einige kritische orthopädische/unfallanalytische Anmerkungen, zfs 2002, 365; *Castro/Hein/Lepsien/Mazzotti*, Die interdisziplinäre Begutachtung am Beispiel „HWS-Schleudertrauma", NZV 2013, 525; *Dannert*, Rechtsprobleme bei der Feststellung und Beurteilung unfallbedingter Verletzungen der Halswirbelsäule, NZV 1999, 453; *ders.*, Schadensersatzforderungen nach unfallbedingter Verletzung der Halswirbelsäule (HWS), zfs 2001, 2 ff. und zfs 2001, 50 ff.; *v. Hadeln*, Das Trauma mit der HWS, NZV 2001, 457; *Kuhn*, HWS-Verletzungen in der Schadenregulierung, DAR 2001, 344; *v. Hadeln/Zuleger*, Die HWS-Verletzung im Niedriggeschwindigkeitsbereich, NZV 2004, 273; *Krumbholz*, HWS-Verletzungen in der gerichtlichen Praxis, DAR 2004, 434 ff.; *Löhle*, HWS-Problematik, zfs 1997, 441 ff.; *ders.*, Verletzungen der Halswirbelsäule (HWS) – neuester Stand, zfs 2000, 524; *Ludolph*, Das sogenannte Schleudertrauma der Halswirbelsäule – Aktuelle Rechtsprechung und sich daraus ergebende Fragen an den ärztlichen Gutachter, Der medizinische Sachverständige 2013, 178; *Schröter*, HWS-"Schleudertrauma" – faktenorientierte rationale Begutachtung, Der medizinische Sachverständige 2011, 69; *Wessel*, HWS-Schleudertrauma und Verkehrsunfall, zfs 2012, 364; *Staab*, Die Entwicklung der BGH-Rechtsprechung zum HWS-Schleudertrauma seit 1996, r+s 2011, Sonderheft zu Heft 4, 107; *Ziegert*, Das

B. Schmerzensgeld §9

HWS-Schleudertrauma im Haftpflichtprozess, DAR 1998, 336; *ders.*, Zu den Beweisanforderungen im Haftpflichtprozess im Zusammenhang mit einem HWS-Schleudertrauma, MittBl 1998, 110.

Ein besonderes Problem innerhalb der Schmerzensgeldregulierung stellt das HWS-Trauma dar. Es stößt immer wieder auf Skepsis bei Richtern, ob nicht viele dieser behaupteten Verletzungen in Wahrheit überhaupt nicht existieren, sondern vielmehr zum **Zwecke der Maximierung von Schadensersatzansprüchen** schlichtweg erfunden werden. **271**

Auf der anderen Seite sind die **tatsächlich eingetretenen HWS-Verletzungen** oft sogar **ganz erheblich**. Während zwar etwa 80 % aller Schleudertraumata innerhalb weniger Wochen abklingen, verbleiben bei immerhin etwa 20 % der Opfer teils erhebliche und dauernde Schäden. In den meisten Fällen liegen die **Schmerzensgelder** im Bagatellbereich, in Extremfällen jedoch sind Schmerzensgelder bis zu 10.000 EUR erzielbar (OLG Stuttgart – 19 U 200/94: sogar 100.000 DM). **272**

Eine **Besonderheit** dieses Verletzungsbildes liegt dann auch noch darin, dass es meistens nicht unmittelbar nach dem Unfall, sondern erst **bis zu 24 Stunden später auftritt**. Das ist typisch für ein HWS-Trauma/-Syndrom (LG Braunschweig DAR 1999, 218). Andererseits ist eine unfallbedingte Schädigung der Halswirbelsäule auszuschließen, wenn der Unfallgeschädigte erst **fünf Tage** nach dem Unfall über Nackenschmerzen klagt (OLG Karlsruhe NZV 1998, 153). **273**

Sind die nach einem Unfall aufgetretenen Wirbelsäulenbeschwerden nicht allein durch die eigentlichen Unfallverletzungen verursacht, sondern zu einem wesentlichen Teil durch eine **degenerativ vorgeschädigte Wirbelsäule** (vgl. Rdn 224 ff., 316 ff.) des Verletzten mitbedingt, so sind für die Bemessung des Schmerzensgeldes dennoch **sämtliche Beschwerden zu berücksichtigen**, wenn auslösender Faktor der Schmerzen das Unfallgeschehen war (OLG Frankfurt VersR 1996, 864). **274**

> *Tipp* **275**
> Gerade bei HWS-Verletzungen wird im Falle gleichzeitig bestehender degenerativer Vorschäden bei zögerlichem Heilverlauf von Versichererseite pauschal eingewendet, dieser sei nicht unfallbedingt, sondern auf die Vorschäden zurückzuführen. Das ist eindeutig falsch. Dem kann und muss unter Bezugnahme auf die oben genannte Rechtsprechung entgegengetreten werden.

Der **Schweregrad** wird in der Regel in **drei Gruppen** unterteilt: **276**
- **Grad I:** leichte Fälle mit Nacken-Hinterkopfschmerzen und geringer Bewegungseinschränkung der HWS, kein röntgenologisch oder neurologisch abnormer Befund, u.U. längere Latenzzeit;
- **Grad II:** mittelschwere Fälle mit röntgenologisch feststellbaren Veränderungen der HWS (z.B. Gefäßverletzungen oder Gelenkkapseleinrissen), Latenzzeit maximal eine Stunde;
- **Grad III:** schwere Fälle mit Rissen, Frakturen, Verrenkungen, Lähmungen und ähnlich schweren Folgen, keine Latenzzeit.

a) Nachweis durch Angaben des Geschädigten

277 Die **Beweislast** liegt beim **Geschädigten**. Er muss, bevor die Beweismaßsenkung der haftungsausfüllenden Kausalität des § 287 ZPO zugunsten des Geschädigten eingreift, also zunächst einmal die Grundvoraussetzungen eines eingetretenen HWS-Traumas (haftungsbegründende Kausalität) beweisen. Er muss dazu gem. § 286 ZPO die **Tatsachen** und **Kausalverläufe** zum Haftungsgrund, die „haftungsbegründende Kausalität", so umfassend darlegen und beweisen, dass das Gericht von dem Eintritt der Verletzung **überzeugt** ist (hierzu auch OLG Karlsruhe DAR 2001, 509). Besonders unerfreulich ist dies für den Geschädigten vor dem Hintergrund des jüngst vom BGH bestätigten Umstandes, wonach dann, wenn dieser Nachweis nicht gelingt, auch Behandlungskosten für Kontrolluntersuchungen nach einem Unfall nicht zu erstatten sind (BGH v. 17.9.2013 – VI ZR 95/13 – VersR 2013, 1406), vgl. dazu unten Rdn 391.

278 Jedoch reicht der **zeitliche Zusammenhang** zwischen Unfallereignis und Auftreten von Beschwerden **allein** nicht aus (OLG Hamm r+s 2000, 154; LG Berlin zfs 2001, 108). Es müssen noch **weitere Umstände** hinzukommen, z.B. die Intensität des Aufpralls oder die ärztliche Feststellung von pathologischer Muskelverspannung in der Nackenregion mit Einschränkung der HWS-Beweglichkeit bei der Beugung und Rotation (AG Ludwigshafen zfs 2001, 452).

279 Die Schwierigkeit liegt in der Problematik des objektiven Nachweises eines HWS-Traumas, das nur selten **objektiv diagnostizierbar** ist. Die Mediziner sind – insbesondere bei den leichten HWS-Traumata – oft ausschließlich auf die **Angaben des Geschädigten** angewiesen bzw. sie verzichten einfach auf weitergehende Diagnostik.

280 Deshalb ist eine ärztliche Diagnose nicht immer relevant (OLG Hamm NZV 2001, 468). Die Bewertung eines solchen Attestes hängt im Rahmen der Beweiswürdigung vielmehr von den **Umständen des Einzelfalles** ab. Beruht die ärztliche Diagnose eines HWS-Traumas nämlich allein auf den vom Arzt für glaubhaft gehaltenen **Angaben des Geschädigten**, nicht aber auf der Erhebung eigener Anknüpfungs- und Befundtatsachen, ist die **Diagnose** als Beleg für die behauptete Körperverletzung **wertlos** (AG Biedenkopf zfs 1998, 375; a.A. AG Hanau zfs 1998, 376).

281 Wenn jedoch ein Arzt eine **Schanz'sche Krawatte**, Massagen und Fangopackungen verordnet oder einen „Hartspann der Halsmuskeln" bzw. „**deutliche Muskelverhärtungen**" (AG Lingen zfs 2001, 406) festgestellt hat, dann muss von einer unfallbedingten HWS-Verletzung ausgegangen werden (LG Limburg zfs 2002, 19; LG Lübeck zfs 2000, 436). Das gilt auch bei ärztlicher Diagnose „HWS-Distorsion" und Verordnung verschreibungspflichtiger Medikamente (OLG Bamberg DAR 2001, 121 = NZV 2001, 470).

282 **Allein der behandelnde Arzt kann** etwas über die von ihm getroffenen Feststellungen sagen. Wenn er dann sogar solche **Therapien verordnet**, dann verbietet es sich, später im Prozess mit irgendwelchen Gutachten oder Untersuchungen zu argumentieren, die mit dem konkret zu beurteilenden Fall nichts zu tun haben und deren Untersuchungsanordnung unbekannt ist.

Die durch ein **ärztliches Attest** und darüber hinaus durch **überzeugende Bekundungen des behandelnden Arztes** festgestellte Verletzung wird daher in der Regel nicht durch ein Kfz-technisches Gutachten erschüttert. Aus medizinischer und biomechanischer Sicht gibt es keine gesicherten traumatotechnischen Grenzwerte, unterhalb derer Verletzungen an der HWS ausgeschlossen werden können (LG Bonn DAR 2003, 72; AG Bremen DAR 2003, 76 ff.).

283

Solche Untersuchungen basieren nämlich oftmals auf **Tests mit Freiwilligen**. Erkenntnisse aus solchen Untersuchungen können aber nicht ohne weiteres auf den Realunfall übertragen werden, weil Freiwillige mit dem Aufprall rechnen und eine muskulöse Reaktion auf die Kollision kontrollieren können (LG Limburg zfs 2002, 19).

284

b) Nachweis durch Sachverständigengutachten

Literatur zum Sachverständigengutachten:

Castro/Hein/Lepsien/Mazzotti, Die interdisziplinäre Begutachtung am Beispiel „HWS-Schleudertrauma", NZV 2013, 525; *Claussen*, Medizinisch neurootologische Wege zum Lösen von Beweisfragen beim HWS-Schleudertrauma, DAR 2001, 337 ff.; *Schröter*, HWS-„Schleudertrauma" – faktenorientierte rationale Begutachtung, Der medizinische Sachverständige 2011, 69.

Das Vorliegen eines HWS-Schleudertraumas zu **bestreiten**, macht nur dann Sinn, wenn die **Verletzungswahrscheinlichkeit** aufgrund biomechanischer Überlegungen von vornherein **nur sehr gering** erscheint. Dann müsste ein **unfallanalytisches**, besser sogar interdisziplinäres, also **auch medizinisches Gutachten** beigezogen werden, was jedoch meist finanziell sehr aufwendig ist. Außerdem tobt ein regelrechter **Glaubenskrieg** innerhalb der Sachverständigen, die sich zur Beantwortung dieser Frage berufen fühlen. Einige schließen in einem Großteil der Fälle das Entstehen eines Schleudertraumas rundweg aus.

285

Dabei geht es nach den neueren wissenschaftlichen Erkenntnissen nicht mehr um die Frage, wie hoch die Kollisions- und Aufprallgeschwindigkeit war, sondern welche **kollisionsbedingte Geschwindigkeitsänderung** (Δv = ? km/h) stattgefunden hat (umfassend dazu *Löhle*, HWS-Problematik, zfs 1997, 441 ff.). Wenn diese nur **gering** war, gelangen einige Gerichte aufgrund entsprechender Gutachten immer wieder zu der Erkenntnis, die Entstehung eines HWS-Traumas zu verneinen. Dazu eine Rechtsprechungsübersicht:

286

- **5 km/h**: LG Heilbronn zfs 1998, 173
- **6 km/h**: OLG Hamm zfs 2001, 160 = NZV 2001, 303
- **7 km/h**: OLG Hamm zfs 1996, 51
- **6 bis 9 km/h**: OLG Hamburg NZV 1998, 415
- **8 bis 12 km/h**: LG Stuttgart zfs 1997, 15; LG Paderborn zfs 1998, 376

- **10 km/h**: KG zfs 1998, 13; OLG Karlsruhe zfs 1998, 375 OLG Hamm NZV 1999, 292, LG Berlin zfs 2001, 108; LG Hildesheim NZV 2001, 305
- **19 km/h**: AG Kiel SP 1996, 382.

287 Es wurde und wird in einer Vielzahl von Entscheidungen leider immer noch die – vom BGH nun nicht mehr geteilte (BGH Urt. v. 28.2.2003, zfs 2003, 287 ff., siehe unten Rdn 290) – Auffassung vertreten, eine **kollisionsbedingte Geschwindigkeitsänderung** von Δv = **10 km/h** könne heute als **gesicherte Untergrenze** für das Entstehen eines HWS-Traumas gelten, allerdings **nur bei einem Heckaufprall** (OLG Karlsruhe zfs 1998, 375; OLG Hamm zfs 1998, 460, OLG Hamm NJW 2000, 878, OLG Hamm DAR 2001, 361; LG Berlin zfs 2001, 108; *Löhle*, HWS-Problematik, zfs 1997, 441 ff.). Damit sind aber die Postulate der Versicherer, eine „**Harmlosigkeits- bzw. Unmöglichkeitsgrenze**" von 15 km/h zu begründen, in dieser Schlichtheit jedenfalls überholt (vgl. dazu auch *Castro/Becke*, zfs 2002, 365, 366).

288 Die in dieser Rechtsprechung zu verzeichnende Zustimmung zu einer „**Harmlosigkeitsgrenze**" im Bereich um Δv = 10 km/h darf allerdings **nicht** zu dem Schluss verleiten, eine solche Grenze sei **wissenschaftlich tatsächlich eindeutig abgesichert** und über jeden Zweifel erhaben und Gerichte, die ihnen nicht folgen, verstießen gegen Denkgesetze (*Dannert*, Schadensersatzforderungen nach unfallbedingter Verletzung der Halswirbelsäule (HWS), zfs 2002, 2 ff.). Eine solche Auffassung verkürzt das physikalische Geschehen auch allzu sehr. Auch bei einer anstoßbedingten Geschwindigkeitsänderung von unter 10 km/h kann nämlich sehr wohl ein HWS-Syndrom eintreten (AG Ludwigshafen zfs 2001, 452).

289 Die Auffassung, wonach bei Heckunfällen mit einer bestimmten, im Niedriggeschwindigkeitsbereich liegenden kollisionsbedingten Geschwindigkeitsänderung eine HWS-Verletzung generell auszuschließen sei, ist aber insbesondere **aus orthopädischer Sicht so nicht richtig** (*Castro/Becke*, zfs 2002, 365 f.). Gegen die schematische Annahme einer solchen „Harmlosigkeitsgrenze" spricht auch, dass die Kausalitätsfrage nicht allein von der kollisionsbedingten Geschwindigkeitsänderung, sondern daneben von einer **Reihe anderer Faktoren** abhängt. Das gestoßene Fahrzeug erfährt zwar als System eine Geschwindigkeitsänderung; entscheidend für die auf den Körper des Insassen einwirkende Belastung ist jedoch zusätzlich die **Überdeckungszeit** beider Fahrzeuge, der **Zustand des Sitzes** und die **eingenommene Sitzposition** (vgl. *Manzotte/Castro*, NZV 2002, 499; OLG Frankfurt, zfs 2008, 264 ff.).

290 Der BGH hat zu dieser Frage zwischenzeitlich in der Weise Stellung bezogen, dass „allein der Umstand, dass sich ein Unfall mit einer geringen kollisionsbedingten Geschwindigkeitsänderung („**Harmlosigkeitsgrenze**") ereignet hat, die tatrichterliche Überzeugungsbildung nach § 286 ZPO von seiner Ursächlichkeit für eine HWS-Verletzung nicht ausschließt" (BGH zfs 2003, 287 ff.; BGH DAR 2008, 587 ff.; DAR 2008, 590). Damit hat sich der BGH ausdrücklich gegen die verbreite-

te Praxis der Untergerichte gewandt, wegen der – oft sogar nicht ausreichend gesicherten – Feststellung einer geringen kollisionsbedingten Geschwindigkeitsänderung zwischen 4 und 10 km/h durch den Unfall eine Verletzung der Halswirbelsäule auszuschließen. Es liegen nämlich **keinerlei gesicherte medizinische Erkenntnisse** zu einer solchen Harmlosigkeitsgrenze vor. Wegen des Ursachenbündels eines HWS-Syndroms ist es nicht möglich, das Problem auf einen einzigen Faktor zu reduzieren. Deshalb ist **stets** eine **Einzelfallprüfung** vorzunehmen.

Erfreulicherweise hat sich die Meinung zu diesem Themenkomplex in der Rechtsprechung weitestgehend und zugunsten des Geschädigten geändert. **Aufwendige technische Untersuchungsverfahren** zum Unfallhergang zur Klärung der Frage, ob ein röntgenologisch nicht nachweisbares HWS-Trauma eingetreten ist, sind nämlich ebenso **fragwürdig** wie medizinische Sachverständigengutachten zu der Frage, **welcher Belastung** Insassen eines Pkw ausgesetzt sein müssen, um eine HWS-Distorsion hervorrufen zu können. Abgesehen davon, dass derartige Gutachten eine **wirkliche Aufklärung nicht leisten** können, ist mittlerweile medizinisch allgemein anerkannt, dass **bei gleichen oder ähnlichen Ausgangsbedingungen** nach einem Unfall häufig **nur ein oder mehrere Fahrzeuginsassen** HWS-Beschwerden aufweisen, während andere unverletzt bleiben (BGH DAR 2008, 587 ff.; LG Kempten DAR 2006, 512). 291

Die Frage, ob eine HWS-Distorsion eingetreten ist, beantwortet sich daher entscheidend nach einem **Vergleich** des (zu objektivierenden) Zustandes eines Unfallbeteiligten **vor und nach dem Unfallgeschehen** und weniger danach, welche – im Übrigen innerhalb der Ärzteschaft und der Kraftfahrzeugsachverständigen äußerst strittigen – Belastungen eingewirkt haben müssen, um eine HWS-Verletzung hervorzurufen (LG Kempten DAR 2006, 512). 292

Da ein **Anscheinsbeweis** für die Ursächlichkeit eines Auffahrunfalls für ein behauptetes HWS-Syndrom wegen fehlender Typizität verneint wird (vgl. BGH zfs 2003, 287; *Lemcke*, NZV 1998, 415), bedarf es einer **Objektivierung** der behaupteten Unfallfolge (*Diehl* in einer Anmerkung zu OLG Frankfurt, zfs 2008, 265, 267). Mit einem Röntgenbild lässt sich das nicht erreichen, sodass das zum Beleg eines HWS-Syndroms vorgelegte **Attest** in den Mittelpunkt des Interesses rückt. 293

Grundsätzlich bedarf es **sachverständiger Feststellungen** einer unfallbedingten Primärverletzung. Eine ausreichende Objektivierung eines unfallursächlichen HWS-Syndroms ist nur dann anzunehmen, wenn **eigenständige Feststellungen des Arztes** dokumentiert werden (vgl. OLG Hamm OLGR 2001, 379; LG Landau NZV 2002, 121; LG Lübeck zfs 2000, 436). Häufig beruhen „Feststellungen" in dem Attest lediglich auf Angaben des Patienten, die der Arzt nach dem Selbstverständnis seines Berufes als **Helfer des Patienten** ungeprüft übernimmt. Dem kommt ein Beweiswert nicht zu (OLG Frankfurt r+s 2001, 65; OLG Hamm OLGR 2001, 379; LG Berlin zfs 2001, 168; NZV 1996, 337). 294

295 Es entspricht aber in vollem Umfang der gesamten neueren Rechtsprechung, dass Unfälle selbst mit geringerer kollisionsbedingter Geschwindigkeitsänderung (d.h. unterhalb der früher angenommenen sog. Harmlosigkeitsgrenze) geeignet sein können, HWS-Verletzungen hervorzurufen. Es sind nämlich vorrangig **stets die Umstände des Einzelfalles** zu prüfen (OLG Frankfurt zfs 2008, 264 ff.). Hierbei kommt dem Erscheinungsbild eines Unfallbeteiligten vor und nach dem Unfall entscheidende Bedeutung zu.

296 **Sachverständigengutachten zur kollisionsbedingten Geschwindigkeitsänderung** und biomechanische Gutachten zu der Frage, ob der Unfall geeignet war, eine HWS-Distorsion hervorzurufen, haben demgegenüber nur eine sehr **eingeschränkte Aussagekraft** und sind in aller Regel nicht geeignet, Aufklärung über ein tatsächliches Unfallgeschehen und einen tatsächlichen Verletzungsablauf zu schaffen (vgl. OLG Bamberg, DAR 2001, 121 m. Anm. *Heinrich*; BGH, DAR 2003, 218 m. Anm. *Steiger* sowie Beitrag von *Krumbholz*, DAR 2004. 434; DAR 2008, 587 ff. m. Anm. *Wedig*).

297 *Beachte*
Allein der Umstand, dass sich ein Unfall mit einer geringen kollisionsbedingten Geschwindigkeitsänderung (Harmlosigkeitsgrenze) ereignet hat, schließt die tatrichterliche Überzeugungsbildung nach § 286 ZPO von seiner Ursächlichkeit für eine HWS-Verletzung nicht aus (BGH zfs 2003, 287). Der BGH hat also dem Einwand der Harmlosigkeitsgrenze eine eindeutige Absage erteilt.

298 Aber auch dann, wenn mit **hoher Wahrscheinlichkeit ausgeschlossen** ist, dass der Geschädigte durch das Unfallgeschehen ein HWS-Trauma erlitten haben kann, rechtfertigt das alleine noch nicht, die von dem Geschädigten geschilderten **Beschwerden als nicht unfallbedingt zu qualifizieren** und einen Schmerzensgeldanspruch zu verneinen (OLG Köln DAR 2006, 325 f.). Es ist durchaus möglich, dass der Geschädigte eine „**somatoforme Schmerzstörung**" entwickelt haben kann, deren Auftreten durch das Unfallgeschehen erklärbar ist, aber auf einer lebensgeschichtlich ableitbaren Disposition zur somatoformen Verarbeitung kritischer Lebensereignisse fußt.

299 Sie ist dann als die **unfallbedingte Primärverletzung** anzusehen, welche die Geltendmachung der geltend gemachten Ansprüche dem Grunde nach rechtfertigt. Hat jemand schuldhaft die Körperverletzung oder Gesundheitsbeschädigung eines anderen verursacht, für die er haftungsrechtlich einzustehen hat, so erstreckt sich die Haftung grundsätzlich auch auf die daraus resultierenden Folgeschäden. Dies gilt gleichviel, ob es sich dabei um **organisch** oder **psychisch** bedingte Folgewirkungen handelt. Die Schadensersatzpflicht für psychische Auswirkungen einer Verletzungshandlung setzt nicht voraus, dass sie eine **organische Ursache** haben (OLG Köln DAR 2006, 325 f) Es genügt vielmehr die hinreichende Gewissheit, dass die psychisch bedingten Ausfälle **ohne den Unfall nicht aufgetreten** wären. Nicht er-

B. Schmerzensgeld § 9

forderlich ist, dass die aus der Verletzungshandlung resultierenden (haftungsausfüllenden) Folgeschäden für den Schädiger **vorhersehbar** waren (vgl. BGHZ 132, 341 bis 353 m.w.N.). Handelt es sich bei den psychisch vermittelten Beeinträchtigungen nicht um schadensausfüllende Folgewirkungen einer Verletzung, sondern treten sie haftungsbegründend erst durch die psychische Reaktion auf das Unfallgeschehen ein, etwa bei **Schockschadensfällen** oder **Unfallneurosen**, so kommt eine Haftung nur in Betracht, wenn die **Beeinträchtigung selbst Krankheitswert** besitzt, also eine Gesundheitsbeschädigung i.S.d. § 823 Abs. 1 BGB darstellt und für den Schädiger vorhersehbar war (vgl. BGHZ a.a.O. m.w.N.).

Es kommt nicht darauf an, ob auch die **besondere Schadensanfälligkeit** des Geschädigten hierfür mitursächlich geworden ist. Der Schädiger, der einen gesundheitlich geschwächten Menschen verletzt, kann bekanntlich nicht verlangen, so gestellt zu werden, als wenn der Betr. gesund gewesen wäre. Dies gilt auch im Falle eines psychischen Schadens (vgl. OLG Hamm NJW-RR 2001, 1676 f. m.w.N.). 300

Vielmehr stellt es durchaus noch eine **einzukalkulierende Schadensentwicklung** dar, wenn auch bei einem nur leichten Verkehrsunfall aufgrund eines schadensanfälligen Geschädigten **größere Gesundheitsschäden** eintreten, als dies nach dem **Normalfall** zu erwarten wäre. Dabei ist insbesondere zu berücksichtigen, dass bei Unfällen gesundheitliche Beeinträchtigungen an der HWS nicht generell ausgeschlossen werden können (vgl. insoweit auch BGH DAR 2003, 218 m. Anm. Steiger). Für die Verarbeitung eines solchen Unfallgeschehens spielen insbesondere auch **psychische Gesichtspunkte** eine Rolle. Insoweit ergibt sich auf Seiten des Unfallverursachers grundsätzlich eine besonders risikobehaftete Situation, die aber **nicht außerhalb des Vorhersehbaren** liegt (OLG Köln DAR 2006, 325 f.). 301

Der Nachweis des **Haftungsgrunds** unterliegt den strengen Anforderungen des **Vollbeweises**. Die nach § 286 ZPO erforderliche Überzeugung des Richters erfordert keine absolute oder unumstößliche Gewissheit und auch keine „an Sicherheit grenzende Wahrscheinlichkeit", sondern nur einen für das praktische Leben brauchbaren Grad von Gewissheit, der Zweifel Schweigen gebietet (BGH VersR 1989, 758 ff.). Es kommt also allein darauf an, ob unter Berücksichtigung der **Umstände des Einzelfalls** nach den Angaben des **Geschädigten** und seines **behandelnden Arztes** aufgrund freier Überzeugung des Gerichtes das Unfallereignis eine HWS-Distorsion im Sinne einer Körperverletzung ausgelöst hat (vgl. dazu auch AG Titisee-Neustadt zfs 2003, 289 ff. mit Anm. *Diehl*). 302

Deshalb ist es in aller Regel auch nicht erforderlich, ein Gutachten über die kollisionsbedingte Geschwindigkeitsänderung einzuholen. Es kann in der Regel gar nicht zu einer weiteren Aufklärung des Geschehensablaufes beitragen. Vielmehr reicht es zur Rechtsfindung regelmäßig aus, den **Geschädigten ausführlich anzuhören** und die objektiven Befunde vorhandener ärztlicher Gutachten zugrunde zu legen (so auch BGH VersR 1989, 758 ff.). 303

§ 9 Ersatzansprüche bei Verletzungen

304 Eine gewisse **Skepsis** gegen eine Grenzziehung muss sich auch schon daraus ergeben, dass die medizinische Wissenschaft **noch keine gefestigten Vorstellungen** darüber hat, in welcher Weise Unfallereignisse, die im HWS-Bereich des Geschädigten keine morphologisch fassbaren Veränderungen hervorgerufen haben, gleichwohl zu Beschwerden geführt haben können. Solange man jedoch **nicht sicher weiß**, wie es zu HWS-Beschwerden kommt, können schwerlich allgemeingültige Aussagen darüber getroffen werden, mit welcher Wucht Fahrzeuge zusammenstoßen müssen, damit solche Folgen eintreten.

305 Die **Skepsis** gegen eine wie auch immer angenommene Harmlosigkeitsgrenze wächst, wenn man bedenkt, wie **schwierig** es sein kann, die kollisionsbedingte Geschwindigkeitsänderung eines Unfallfahrzeuges überhaupt zu ermitteln. In vielen Fällen werden in Ermangelung aussagekräftiger Fakten (z.B. Unfalldatenschreiber, Spurenfakten, Fotos usw.) allenfalls mehr oder weniger **vage Schätzungen** möglich sein. Es wird also stets sehr sorgfältig zu prüfen sein, ob die Ausführungen des – ausreichend kompetenten? – Sachverständigen plausibel und wirklich fehlerfrei sind (mehr dazu bei *Dannert*, Schadensersatzforderungen nach unfallbedingter Verletzung der Halswirbelsäule (HWS), zfs 2002, 2 ff.).

306 Jedenfalls kann gesagt werden, dass Auffahrunfälle aufgrund allgemeiner Lebenserfahrung jedenfalls dann geeignet sind, eine HWS-Beeinträchtigung herbeizuführen, wenn die unfallbeteiligte Geschwindigkeitsänderung **mehr als 15 km/h** beträgt. Gleichwohl kann auch nicht etwa gesagt werden, dass auffahrbedingte Geschwindigkeitsänderungen von z.B. **unter 7 km/h** das Auftreten einer HWS-Distorsion schlechthin ausschließen (LG Limburg zfs 2002, 19, so aber bei 6 km/h OLG Hamm zfs 2001, 160).

307 Bei einem **Front- oder Seitenaufprall** gelten allerdings völlig andere physikalische Gesetze. Diese sind im Einzelfall ausschließlich im Rahmen eines unfallrekonstruktiven Sachverständigengutachtens zu ermitteln. **Problematisch** wird das Entstehen eines HWS-Traumas z.B. bei einem **reinen Seitenaufprall** (LG Landau zfs 1999, 421 – sehr ausführlich; AG Mannheim SP 1996, 280, Ausnahmen bei *Löhle*, zfs 1997, 441 ff.; *Ziegert*, DAR 1998, 336.) oder – was tatsächlich auch immer wieder vorgetragen wird – bei einem **bloßen Abbremsen** (LG Bochum zfs 1997, 14).

308 Insbesondere scheidet ein HWS-Trauma in der Regel aus, wenn der Betroffene die nachfolgende **Kollision auf sich zukommen sieht** und die **Halsmuskulatur** zur Abwehr des Aufprallereignisses **anspannt**. Dann kann die Schleuderbewegung nicht eine entspannte Halswirbelsäule treffen und der Kopf kann nicht unkontrolliert hin- und herschleudern.

c) Autoscooter-Argument

309 Im Zusammenhang mit der HWS-Schleudertrauma-Diskussion wird oft das so genannte **Autoscooter-Argument** verwendet: Auf jedem Jahrmarkt passieren in den

Autoscooter-Fahrgeschäften Unfälle mit geringer Auffahrgeschwindigkeit von unter 10 km/h, wobei der Aufprall oft auch nicht vorhergesehen worden ist, sodass sich der Betroffenen ebenfalls nicht auf das bevorstehende Aufprallereignis durch Anspannen der Halsmuskulatur eingestellt hat.

Sicherlich wird kein Teilnehmer an einer Autoscooterfahrt deshalb Schmerzensgeldansprüche auch nur in die Überlegungen einbeziehen und geltend zu machen versuchen, selbst wenn er unter Schmerzen leidet, weil die Durchsetzung aussichtslos ist. Das spricht aber keineswegs dafür, dass im unteren Bereich kollisionsbedingter Geschwindigkeitsänderungen tatsächlich grundsätzlich keine HWS-Traumata entstehen können. 310

d) Beweisanforderungen und Prozesstaktik

Der Verletzte muss den **Vollbeweis** des Eintritts der sog. **Primärverletzung** erbringen. Eine Beweislastumkehr gibt es nicht. Verletzungsstatistiken gibt es ebenfalls nicht. Also muss das Gericht nach den Regeln des **Strengbeweises** von Fall zu Fall beurteilen, ob und bei welcher kollisionsbedingten Geschwindigkeitsänderung (oder Aufprallgeschwindigkeit) es den Eintritt einer solchen Verletzung für wahrscheinlich hält. 311

Es kommt also sehr darauf an, den **Unfallhergang** im Prozess **so ausführlich wie möglich vorzutragen**. Im Bereich der außergerichtlichen Schadensregulierung reicht in der Regel die Vorlage eines Arztattestes aus, wenngleich viele Versicherer zunehmend dazu übergegangen sind, bei geringen Fahrzeugschäden auf geringe kollisionsbedingte Geschwindigkeitsänderung zu schließen und den Ersatz von Schmerzensgeld mit dieser Begründung abzulehnen. 312

Daher ist die **richtige Auswahl** des oder der interdisziplinären **Sachverständigen** von besonderer Wichtigkeit, womit oft schon die Vorentscheidung fällt, ob der Anspruch durchgesetzt werden kann oder nicht. Man sollte sich also vorher mit den zu bestellenden Sachverständigen über ihre Einstellung zu dieser Frage ausführlich unterhalten und diejenigen ablehnen, deren negative Einstellung zu dieser Frage bekannt geworden ist. 313

Im außergerichtlichen Bereich ist ein solches interdisziplinäres Gutachten nur **auf Kosten des Mandanten** zu erhalten, es sei denn, dieses Gutachten spielt auch im Straf- oder Bußgeldverfahren gegen den Mandanten eine Rolle (was sicherlich nur sehr selten der Fall sein wird; zu denken ist allenfalls an den Rechtsgedanken des § 60 StGB). Dann kann ein solches Gutachten dort auf Kosten eines etwaig vorhandenen Rechtsschutzversicherers eingeholt werden (§ 5 Abs. 1f aa ARB 94/2000/2008/2010 bzw. § 2 Abs. 1e ARB 75, vgl. dazu § 13 Rdn 357). 314

Selbst wenn ein HWS-Trauma zunächst unbestreitbar vorgelegen hat, können im Einzelfall die **behaupteten besonders schweren und langwierigen Unfallfolgen nicht mehr unfallkausal** sein (OLG Celle DAR 1998, 473). Das ist umso mehr der Fall, als das Unfallgeschehen selbst nicht schwerwiegend und die Verletzung 315 nur relativ geringfügig war, die behaupteten Spätfolgen also in einem besonders krassen Missverhältnis dazu stehen. Bei der Beurteilung dieser Frage spielt die richterliche Überzeugung eine nicht unerhebliche Rolle. Eine **übertriebene und unglaubwürdige Darstellung** der angeblich eingetretenen Verletzungsfolgen **schadet daher nur.**

e) Erneute Schädigung einer bereits vorgeschädigten HWS

316 In den ärztlichen Gutachten wird oft von einer bereits vor dem Unfall „**degenerativ vorgeschädigten Halswirbelsäule**" (vgl. auch Rdn 224 ff., Rdn 274 ff.) gesprochen. Gemeint sind damit ausschließlich **altersbedingte Verschleißerscheinungen**. In Betracht kommen aber auch noch nicht ausgeheilte Vorschädigungen. Diese Verschleißerscheinungen sind nicht immer mit körperlichen Beschwerden verbunden. Der Geschädigte berichtet glaubhaft, dass er sich vor dem Unfall vollkommen beschwerdefrei gefühlt habe und **erst seit dem Unfall** unter den **HWS-Schmerzen** leide. Deshalb neigen Ärzte dazu, die Schmerzerscheinungen **nur vorübergehend als Unfallfolge** zu beurteilen. Daher werden die Schmerzen dann nur für einen gewissen Zeitraum dem Unfallereignis zugeordnet, anschließend jedoch dem nicht mehr unfallkausalen Vorschädigungsbereich.

317 Rechtlich ist die Frage der Vorschädigung meist kein Problem, weil nach allgemeinen Grundsätzen der Schädiger die konkrete Beschaffenheit des Geschädigten hinnehmen muss, also **keinen Anspruch auf einen nicht Vorgeschädigten** hat, weil er im Gegenteil überhaupt niemanden schädigen darf. Die Schwierigkeit liegt vielmehr im tatsächlichen Bereich, weil sich der Zustand gerade der HWS durch Zeitablauf und insbesondere bis zur Begutachtung durch einen Sachverständigen im Prozess sowohl zum Guten wie auch zum Schlechten hin verändern kann.

318 In der juristischen Praxis wird diesen ärztlichen Kausalitätsbetrachtungen fast immer **bedenkenlos und kritiklos** gefolgt. Es werden dann regelmäßig die über einen bestimmten Zeitraum hinausgehenden Beschwerden nicht mehr dem Schadensereignis zugeordnet und Schmerzensgeld ab einem bestimmten Zeitpunkt nicht mehr zugesprochen (so z.B. OLG Frankfurt/M. NZV 1994, 26; ähnlich OLG Hamm r+s 1994, 379). Der BGH hat sich mit diesem Problem bislang – leider – nicht befasst.

319 Hier ist **Kritik** angebracht und dieser Praxis kann **keinesfalls beigepflichtet** werden. Ursache eines bestimmten Erfolges ist jede Bedingung, die nicht hinweggedacht werden kann, ohne dass der Erfolg entfällt. Ergibt demnach ein Vergleich des Zustandes **vor** dem Unfall mit dem **danach**, dass sich der Zustand erst eingestellt oder jedenfalls verschlimmert hat, dann ist diese **Verschlechterung** ein dem Unfallereignis zuzuschreibender Erfolg. Zwar mag der Vorschaden **latent vorhanden** und „klinisch stumm" gewesen sein. War der vorherige Zustand aber nicht mit Schmerzen verbunden und sind die Beschwerden erst nach dem Unfall aufgetreten,

also durch diesen erst ausgelöst worden, dann sind sie komplett auf das Unfallereignis zurückzuführen und daher auch vollständig unfallkausal.

Die von den **Medizinern** vorgenommene Kausalitätsbetrachtung ist somit **juristisch falsch**. Sie verstößt gegen die im Zivilrecht anzuwendende **Adäquanztheorie** und darf demzufolge auch nicht Eingang in die rechtliche Beurteilung finden (so auch *Dannert*, Schadensersatzforderungen nach unfallbedingter Verletzung der Halswirbelsäule (HWS), zfs 2002, 50 ff.). Danach dürfen nur ganz **außergewöhnliche Bedingungen** als nicht mehr kausal angesehen werden. Möglicherweise lassen sich Ärzte in ihren Gutachten von dem im Sozialrecht geltenden Kausalitätsprinzip leiten, der „Theorie der wesentlichen Bedingung". 320

Rechtsprechung gibt es in diesem Sinne bislang noch nicht sehr zahlreich (andeutungsweise: OLG Hamm DAR 1994, 155). Das sollte aber nicht daran hindern, in diesem Sinne Entscheidungen herbeizuführen und entsprechend zu argumentieren. 321

f) Überholende Kausalität und Kausalitätsaustausch

Es ist möglich, dass einerseits ein latent gebliebener Vorschaden durch eine neue Verletzung verschlimmert wird (**überholende Kausalität**) oder andererseits im Laufe eines Heilungsprozesses ein bestimmtes Schadensereignis als Ursache bestimmter Beschwerden zurücktritt und die gleichwohl verbleibenden Beschwerden nunmehr auf ein **anderes** Ereignis zurückgeführt werden müssen (**Ursachenaustausch**). Siehe hierzu auch die Ausführungen oben (vgl. Rdn 263 ff.). 322

In solchen Fällen braucht der Schädiger unter bestimmten Voraussetzungen für die nunmehrigen Beschwerden und Folgen **nicht mehr einzustehen** (BGHZ 29, 215). Der BGH hat klargestellt, dass der Zweitschädiger für einen durch den Erstunfall verursachten Dauerschaden dann mithaften kann, wenn der Zweitunfall für diesen lediglich mitursächlich war, die Schadensteile jedoch nicht abgrenzbar sind (BGH zfs 2002, 101). Wegen der bislang regelmäßig **falsch praktizierten rechtlichen Behandlung der Vorschäden** ist die Frage der überholenden Kausalität in diesem Zusammenhang kaum noch diskutiert worden. Bei zutreffender rechtlicher Kausalitätsbewertung müsste sich das aber zukünftig wieder ändern. Ursächlichkeitszweifel schlagen nur in den Fällen der Überholung zum Nachteil des Ersatzpflichtigen aus. Dagegen ist die reale Kausalität – außer in den Fällen des Ursachentausches – vom Geschädigten zu beweisen, sodass diesbezügliche Zweifel ihn und nicht den Ersatzpflichtigen belasten (*Dannert*, Schadensersatzforderungen nach unfallbedingter Verletzung der Halswirbelsäule (HWS), zfs 2002, 50 ff.). 323

g) Abgrenzung zu anderen Verletzungen

Problematisch ist oft die **Abgrenzung** eines HWS-Syndroms zu einem behaupteten **Bandscheibenvorfall** aufgrund eines Auffahrunfalls. Der Bandscheibenvorfall kann in der Regel nur dann dem Unfallereignis zugerechnet werden, wenn sich ein **gesicherter ursächlicher Zusammenhang** zwischen dem Unfall und den späteren 324

Beschwerden des Geschädigten feststellen lässt. Gegen eine unfallbedingte Auslösung eines Bandscheibenvorfalles spricht es hingegen, wenn strukturelle Verletzungen der Halswirbelsäule nicht erkennbar sind, die allein die Aktualisierung eines Bandscheibenvorfalles in ein akutes Beschwerdebild erklärten (LG Paderborn zfs 1998, 376).

325 Oft stellt sich auch die Frage der Ursächlichkeit eines HWS-Traumas für **psychopathologische Beeinträchtigungen** (dazu OLG Celle DAR 1998, 473). Bei nicht schwerwiegendem Unfallgeschehen und relativ geringfügigen Verletzungen wird in der Regel diese Kausalität verneint werden müssen, wenn die behaupteten Unfallverletzungen in einem groben Missverhältnis zu dem Schadensereignis stehen.

9. Extremverletzungen

326 In Fällen extremer Verletzungsfolgen, deren Ausmaß durch nichts mehr zu übertreffen ist, ist nun auch erstmals die **1-Millionen-DM-Grenze** (entspricht 500.000 EUR) für Schmerzensgeld überschritten worden (LG München DAR 2001, 368 = NZV 2001, 263; anschließend nun auch OLG Hamm VersR 2004, 386 und NJW-RR 2002, 1604). Der Geschädigte erlitt ein schweres organisches Psychosyndrom mit Funktionsausfall der Großhirnrinde, eine zentrale Sprachstörung, eine inkomplette Lähmung aller vier Extremitäten, ein Schädel-Hirn-Trauma 3. Grades, multiple Frakturen im Bereich von Unterarm, Hüfte, Wirbelsäule und Knie, Lungenquetschung und Zwerchfelllähmung. Der Geschädigte ist zwar wach, aber kaum ansprechbar, nahezu unfähig zu sprechen, auf einem Auge erblindet, komplett immobil. Eine selbstständige Nahrungsaufnahme ist nicht möglich und das physische und psychische Leistungsvermögen völlig unzureichend. Es besteht Stuhl- und Urininkontinenz.

VII. Kapital und Rente

1. Kapitalentschädigung

327 Schmerzensgeld wird **grundsätzlich** nur in **Kapital**, also in einer einmaligen Summe entschädigt.

328 *Tipp*
Bei besonders später Regulierung des Schmerzensgeldanspruchs sollte bei einer Kapitalabfindung der zwischenzeitlich eingetretene Zinsverlust mit eingerechnet werden. Dieser sollte natürlich nicht dem Versicherer – quasi als Belohnung für besonders zögerliches Regulierungsverhalten – zustehen, sondern dem Verletzten.

329 Auch dann kommt nur eine **Kapitalabfindung** in Betracht, wenn ein durchschnittlich Verletzter mit einer Dauer-MdE leben muss, sich ein Arthroserisiko realisiert hat bzw. realisieren könnte oder der Geschädigte mit einem psychisch belastenden Amputationsrisiko leben muss, lebenslange Restschmerzen verbleiben oder er nie

wieder richtig gehen, greifen oder Sport treiben kann. All diese Faktoren sind also bei der Bemessung des Kapitalbetrages zu berücksichtigen und argumentativ einzuarbeiten.

Tipp 330
Auch hier kann der Angst der Mandanten vor der abschließenden Schadensregulierung nur mit Hinweis auf die Rechtslage begegnet werden. Immer wieder auftretende Restbeschwerden oder Dauerschmerzen bzw. -behinderungen sind von dem Schmerzensgeldkapital mit umfasst und berechtigen allenfalls zu einem Zukunftsschadensvorbehalt, der allerdings auch nur dann möglich ist, wenn mit unvorhersehbaren Spätfolgen gerechnet werden muss.

2. Rentenentschädigung

Daneben kommen aber durchaus auch **Rentenzahlungen** in Betracht. Um ihren 331
Zweck zu erreichen, dem Geschädigten einen Ausgleich für die immer wieder neu empfundene Beeinträchtigung zu gewähren, muss die Rente einen monatlichen Betrag von 50 EUR deutlich überschreiten. Da die Schmerzensgeldrente **nicht durch Koppelung an den Lebenshaltungskostenindex dynamisch ausgestaltet** werden darf (BGH VersR 1973, 1087), weist sie **bei hoher Inflationsrate** einen deutlichen Nachteil auf.

Die Forderung einer Schmerzensgeldrente kann in **Regulierungsverhandlungen** 332
den Haftpflichtversicherer zu einem für den Geschädigten **günstigen Vergleichsabschluss** bewegen: Der Versicherer ist an einem **endgültigen Abschluss der Regulierung** interessiert und wird für den Ausschluss der Rentengewährung eine höhere Kapitalzahlung erbringen.

Tipp 333
Der beratende Anwalt hat bei der Klärung, ob eine in Kapital und Rente aufgespaltene Schmerzensgeldzahlung begehrt werden soll, erhebliche Beratungsleistungen zu erbringen. Insbesondere sollte er auch die Möglichkeit einer Abänderungsklage bezüglich des Rentenbezuges erörtern.

Wegen des **Ausnahmecharakters** ist eine Rente aber nur dann denkbar, wenn le- 334
benslange und **schwere Dauerschäden** gegeben sind, die bei dem Verletzten immer wieder aufs Neue schmerzliche Empfindungen auslösen, ihn also **immer wieder schmerzhaft** die konkrete Situation seiner Behinderung erleben lassen (BGH MDR 1976, 1012; OLG Frankfurt VersR 1992, 621; OLG Hamm zfs 2005, 122 ff.; LG Hildesheim zfs 2002, 219 ff.). Eine Schmerzensgeldrente sollte – neben einem auf alle Fälle zuzubilligenden Kapitalbetrag – erst ab einer **Dauer-MdE von 40 %** in Betracht gezogen werden.

Voraussetzung ist also, dass der Verletzte die Rente als Genugtuung überhaupt 335
empfinden kann. Das ist demzufolge bei **Querschnittsgelähmten** oder ähnlich

schwer Verletzten der Fall, **nicht aber** bei schwer **Hirngeschädigten**, die nicht dauernd und immer wieder **fühlbar** unter den Verletzungsfolgen leiden.

336 Ein Rentenanspruch lässt sich auch nicht aus Sorge vor **drohender Geldentwertung** rechtfertigen. Sie kann aber denkbar sein, wenn z.B. bei einem **Minderjährigen** wegen der angespannten Finanzsituation der Eltern die Sorge besteht, dass er nicht mehr in den Genuss des Kapitals kommen wird (OLG Frankfurt DAR 1956, 188) oder der Verletzte wegen eines geistigen Defektes mit einem großen Kapitalbetrag **verschwenderisch** umgehen könnte.

337 Kapital und Rente müssen in einem **ausgewogenen Verhältnis** zueinander stehen. Sofern eine **Schmerzensgeldrente** gezahlt wird, **reduziert** sich insoweit der **Kapitalbetrag**. Der sich bei einer Kapitalisierung der Rente ergebende Betrag zuzüglich Kapitalentschädigung soll grundsätzlich den Betrag nicht übersteigen, der für vergleichbare Verletzungen sonst üblicherweise in Betracht kommt (BGH DAR 1976, 244). Bei einer derartigen Gesamtentschädigung aus Schmerzensgeldkapital und Schmerzensgeldrente muss der monatliche Rentenbetrag so bemessen sein, dass er – kapitalisiert – zusammen mit dem zuerkannten Kapitalbetrag einen Gesamtbetrag ergibt, der in seiner Größenordnung einem ausschließlich in Kapitalform zuerkannten Betrag zumindest annähernd entspricht (BGH VersR 1976, 967 ff.; OLG Düsseldorf VersR 1997, 65 ff.; OLG Hamm zfs 2005, 122 ff.).

338 Schmerzensgeldrenten unterliegen **nicht** der **Einkommensteuerpflicht** (BFH DB 1995, 19). Sie sind grundsätzlich dann **nach § 323 ZPO abänderbar**, wenn die allgemeine gesellschaftliche und soziale Bewertungssituation sich so stark geändert hat, dass die bisherige Rente nicht mehr als angemessen angesehen werden kann.

339 Fraglich ist allerdings, ob auch ein **Anstieg des Lebenshaltungskostenindexes** Auslöser für eine Abänderung der Schmerzensgeldrente nach Maßgabe des § 323 ZPO sein kann.

340 Dies wurde in der Vergangenheit **teilweise bejaht** (z.B. OLG Nürnberg VersR 1992, 623; MüKo-BGB/*Oetker*, a.a.O.; *Halm/Scheffler*, DAR 2004, 71, 76), teilweise verneint (z.B. OLG Düsseldorf, zfs 1986, 5; *Küppersbusch/Höher*, Ersatzansprüche bei Personenschaden, Rn 301; *Diehl*, zfs 2002, 431).

341 Die **ablehnende Ansicht** stützte sich u.a. auf das Urteil des BGH (VersR 1973, 1067, 1068), in dem ausgeführt ist, eine „**dynamische" Schmerzensgeldrente** durch Koppelung mit dem amtlichen Lebenshaltungskostenindex könne schon deshalb nicht zugebilligt werden, weil sie die Funktion der Rente als eines billigen Ausgleichs in Geld nicht zu gewährleisten vermöge; die Koppelung der Schmerzensgeldrente an die Werte des Lebenshaltungsindexes sei als untaugliches Mittel dafür zu erachten, dieser Rente im Zuge der künftigen Währungsentwicklung den Charakter der gesetzlich vorgesehenen „billigen Entschädigung in Geld" zu erhalten, weil Vermögenswerte einerseits und der Wert von Gesundheit und seelischem Wohlbefinden andererseits ihrer Natur nach von vornherein inkommensurabel seien.

B. Schmerzensgeld §9

Die Erwägungen, die für die Ablehnung einer von „vornherein dynamisierten" Schmerzensgeldrente sprechen, sind nicht unmittelbar auf die Frage zu übertragen, ob eine **wesentliche Veränderung der Lebenshaltungskosten** die der Rentenzahlung zugedachte Funktion wesentlich entwerten und deshalb eine Anpassung der Rente geradezu fordern kann (BGH DAR 2007, 513, 514 = zfs 2007, 442). 342

Deshalb wird diese Frage vom BGH jetzt **grundsätzlich bejaht** (BGH DAR 2007, 513 ff. = zfs 2007, 442 ff.). Der BGH hat bereits früher im Zusammenhang mit der Erörterung der Anforderungen an die Kapitalisierung einer Verdienstausfallrente darauf hingewiesen, dass die **wirtschaftliche Entwicklung** für einen gerechten Schadensausgleich durchaus in Betracht gezogen werden muss (BGHZ 79, 187, 199 f.). Dies gilt grundsätzlich **auch für Schmerzensgeldrenten**. Auch wenn der Wert von Gesundheit und seelischem Wohlbefinden mit Vermögenswerten grundsätzlich inkommensurabel ist, soll doch der Geschädigte durch die Zubilligung von Schmerzensgeld in die Lage versetzt werden, sich Erleichterungen und andere Annehmlichkeiten zu verschaffen, die Beschwernisse, die er durch die immaterielle Beeinträchtigung erfährt, lindern (BGH DAR 2007, 513, 514). Diese **Ausgleichsmöglichkeit** kann aber für den Geschädigten gemindert oder gar wertlos werden, wenn der Geldwert in erheblichem Maße sinkt (vgl. OLG Nürnberg VersR 1992, 623 f.; *Halm/Scheffler*, a.a.O., S. 76). 343

Doch ist der Auffassung zuzustimmen, dass eine Abänderung **nur unter besonderen Umständen** in Betracht kommt (BGH DAR 2007, 513, 514). Erforderlich ist, dass eine **ganz erhebliche Steigerung der Lebenshaltungskosten** vorliegt und die zugesprochene Rente deshalb nicht mehr als „billiger" Ausgleich der immateriellen Beeinträchtigungen des Geschädigten angesehen werden kann. Dabei lässt sich die Frage, ob ein Abänderungsgrund vorliegt, nicht ohne weiteres durch den Rückgriff auf bestimmte Prozentsätze beantworten. Auch mathematische Berechnungen zeigen, dass eine aus einem Kapitalbetrag abgeleitete Rente den künftigen Kaufkraftschwund nicht oder nur unzureichend berücksichtigen kann, und werden der Problematik daher nicht gerecht. 344

Es kommt darauf an, ob bei **Abwägung aller Umstände des Einzelfalls**, insbesondere unter Berücksichtigung der Rentenhöhe, des zugrunde liegenden Kapitalbetrages und der bereits gezahlten und voraussichtlich noch zu zahlenden Beträge, die gezahlte Rente ihre Funktion eines „**billigen**" **Schadensausgleichs** noch erfüllt oder ob dies nicht mehr der Fall ist. Nur in dem letztgenannten Fall ist eine Anpassung gerechtfertigt (BGH DAR 2007, 513, 514). Bei der vorzunehmenden Abwägung kann auch angemessen berücksichtigt werden, ob die Zahlung einer erhöhten Rente dem Schädiger billigerweise zugemutet werden kann, etwa weil die Haftungshöchstsumme des Versicherers „erschöpft" ist (*Halm/Scheffler*, a.a.O., S. 75), wobei allerdings darauf hinzuweisen ist, dass Rentenzahlungen grundsätzlich nicht zu einer „Erschöpfung" der Versicherungssumme führen können (vgl. BGH DAR 2007, 203 = VersR 2006, 1679 f., m.w.N.). 345

346 Falls nicht besondere zusätzliche Umstände vorliegen, ist daher die Abänderung einer Schmerzensgeldrente bei einer **unter 25 %** liegenden Steigerung des Lebenshaltungsindexes in der Regel **nicht gerechtfertigt** (BGH DAR 2007, 513, 514 = zfs 2007, 442).

347 *Tipp*
Der Streitwert für einen Schmerzensgeld-Rentenantrag bestimmt sich nach dem fünfjährigen Rentenbezug (§ 42 Abs. 2 GKG).
Beachte: Wegen der finanziellen Auswirkungen einer Schmerzensgeld-Rentenregulierung sollte deshalb mit dem Mandanten unbedingt eine Gebührenvereinbarung getroffen werden.

3. Anrechenbarkeit des Schmerzensgeldes

348 Auf Zahlungen zur Grundsicherung nach **Hartz IV** ist Schmerzensgeld nach § 11 Abs. 3 Nr. 2 SGB II nicht anzurechnen.

349 Auf **Prozesskostenhilfe** ist Schmerzensgeld ebenfalls nicht anzurechnen. Nach § 90 Abs. 3 SGB XII würde der Einsatz von Schmerzensgeld eine „Härte" bedeuten, die zur Unzumutbarkeit einer solchen Anrechnung führt. Dem steht § 115 Abs. 3 ZPO, wonach eine Partei zur Prozessführung ihr Vermögen einzusetzen hat, wegen der mangelnden Zumutbarkeit nicht entgegen.

350 Schmerzensgeld ist allerdings in den **ehelichen Zugewinnausgleich** mit einzubeziehen (BGH NJW 1981, 1836). Eine Ausnahme ergibt sich allenfalls aus § 1381 BGB. Voraussetzung ist, dass eine **unzumutbare Härte** vorliegt. Das ist z.B. der Fall, wenn bei einem Unfall ein mitfahrender Ehegatte von dem anderen Ehegatten schwer verletzt wurde und die Ehe dann infolge des Unfalls auseinanderbricht (Beispiel: Schwere Entstellungen, Psychosen, sexuelle Inaktivität). Immer dann, wenn der Unfall die letzte Ursache für das Auseinanderbrechen der Ehe darstellt, ist eine Härtefallregelung nach § 1381 BGB gegeben. Aber Vorsicht: Wenn das Schmerzensgeld in eine gemeinsame Kapitalanlage (z.B. gemeinsames Haus) investiert wurde, fällt das auch uneingeschränkt in den Zugewinnausgleich.

C. Materielle Ansprüche

I. Ansprüche des unmittelbar Verletzten

Literatur zu Ansprüchen des unmittelbar Verletzten:

Haas, Der Pflegebedarf querschnittsgelähmter Menschen, zfs 2006, 254 ff.; *Höfle*, Vermehrte Bedürfnisse und Heilungskosten, Homburger Tage 1995, Schriftenreihe der Arbeitsgemeinschaft Verkehrsrecht, Band 20; *Plagemann/Probst*, Personenschaden – Anspruch auf Sozialleistungen, DAR 2012, 61 ff.

C. Materielle Ansprüche § 9

1. Vermehrte Bedürfnisse

a) Definition

Alle **unfallbedingten und ständig wiederkehrenden Aufwendungen**, die den Zweck haben, die Nachteile auszugleichen, die dem Verletzten infolge dauernder Beeinträchtigungen seines körperlichen Wohlbefindens entstehen (Definition gem. BGH VersR 1974, 162), nennt man „vermehrte Bedürfnisse". Sie sind geregelt in § 843 Abs. 1 BGB. Sie sind Ausfluss des Anspruchs des Verletzten auf Wiederherstellung seiner körperlichen Integrität. Er ist so zu stellen, wie er ohne den Unfall stehen würde. Davon abzugrenzen sind die **normalen Lebenshaltungskosten**, die unfallunabhängig ohnehin entstanden wären. Diese können sich sogar als ersparte Aufwendungen anspruchsmindernd auswirken (z.B. die 10,00 EUR Krankenhauspauschale pro Tag stationären Aufenthalts = vermehrte Bedürfnisse – im Verhältnis zu ersparter häuslicher Verpflegung in mindestens gleicher Höhe – siehe auch unten Rdn 423). 351

Voraussetzung ist stets, dass der **Mehrbedarfsschaden** konkret und nachvollziehbar **dargelegt** und unter Beweis gestellt wird. Das gilt insbesondere dann, wenn er unentgeltlich von anderen, z.B. Familienangehörigen, erbracht wird. Über solche Leistungen sollte daher sehr genau **Buch geführt** werden. 352

Es ist immer wieder festzustellen, dass Versicherer im Rahmen der Regulierungsverhandlungen den **Nachweis der Anschaffung** für Hilfsmittel in Form von Belegen und Quittungen verlangen. Dazu besteht **keinerlei rechtliche Veranlassung**. Der Anspruch auf Ersatz vermehrter Bedürfnisse entsteht unmittelbar mit dem Eintritt der Bedürfnisse und nicht erst mit der Anschaffung (BGH NJW 1970, 1411). Somit muss das entsprechende Hilfsmittel gar nicht konkret angeschafft werden. Der Geschädigte kann darauf verzichten, sich also anderweitig behelfen und stattdessen den zur Anschaffung erforderlichen Geldbetrag verlangen. 353

b) Einzelne Positionen

Nachstehend soll eine Auswahl an Einzelbeispielen für „vermehrte Bedürfnisse" aufgelistet werden (umfassende alphabetische Auflistung bei *Schah Sedi/Schah Sedi*, Das verkehrsrechtliche Mandat, Band 5: Personenschäden, § 3 Rn 304): 354

- Automatikgetriebe und behindertengerechte Kfz-Umrüstung, Sonderfahrzeug
- erhöhte verletzungsbedingte Kfz-Mehrbetriebskosten
- Aufzug
- Begleitpersonen für Fahrten zum Arzt, Krankengymnastik, Konzerte, Urlaubsreisen etc.
- Badezimmer-Sondereinrichtung
- Kosten einer Begleit- und/oder Pflegeperson
- Blindenhund samt Futter
- Hilfskraft für die Gartenarbeit
- Heizungs-, Wasser- und Strommehrverbrauch

- Lifteinbau, Treppenlift
- Lebensmittelmehrbedarf, Sonderernährung
- WC-Sondereinrichtungen
- höhere Versicherungsprämien
- elektronische Schreib- und Lesehilfen
- Kleidungsmehrbedarf (z.B. bei schweren Verletzungen an den Extremitäten)
- Körperpflegemittelsonderbedarf
- Kuren
- orthopädische Hilfsmittel (ggf. Abzug für ersparte Eigenkosten, z.B. Schuhe)
- Pflegekosten, Pflegeheim bzw. Pflegekraft, aber auch Pflegeleistungen der Familienangehörigen (siehe Rdn 370 ff.)
- Privatunterricht für Schüler
- behindertengerechter Umbau oder Rückbau einer Wohnung bzw. Neubau, soweit erforderlich und mit den Grundsätzen der Schadensminderungspflicht vereinbar

aa) Behindertengerechter Fahrzeugumbau

355 Die Frage, inwieweit ein infolge eines Verkehrsunfalls Querschnittsgelähmter neben den Kosten für den behindertengerechten Umbau seines Pkw auch den **Ersatz der Kosten für den Umbau seines Motorrades** beanspruchen kann, hat der BGH in einem Fall verneint (BGH zfs 2004, 258 f.). Der Wunsch des Geschädigten, wieder nach Belieben zwischen der Benutzung seines Pkw und Motorrades wählen zu können, beruht nicht auf seinem Bedürfnis nach Wiederherstellung seiner früheren Mobilität, sondern entspricht seinem **verständlichen und grundsätzlich auch berechtigten Bestreben nach möglichst weit gehender Wiederherstellung der ursprünglichen Lebensqualität**. Der Geschädigte ist grundsätzlich so zu stellen, wie er vor dem Unfall stehen würde. Da dies bei irreversiblen körperlichen Beeinträchtigungen nicht möglich ist, hat der Schädiger dafür zu sorgen, dass die **materielle Lebensqualität des Geschädigten nicht unter den früheren Standard sinkt** (OLG Köln VersR 1988, 61).

356 Dennoch hat der Geschädigte jedenfalls dann und in dem vom BGH entschiedenen Fall deshalb keinen Anspruch auf Ersatz der begehrten Umbaukosten, weil die mit der Querschnittslähmung verbundenen Beeinträchtigungen und Benachteiligungen, zu denen auch die entgangene Freude am Motorradfahren zählt, schon bei der Bemessung des an den Geschädigten in jenem Fall konkret gezahlten Schmerzensgeldes berücksichtigt worden ist.

357 Der unfallbedingt auf die Benutzung eines **behindertengerechten Fahrzeuges** angewiesene Geschädigte hat darüber hinaus lebenslang Anspruch auf die Anschaffung eines dementsprechenden Spezialfahrzeuges einschließlich aller damit verbundenen **Unterhaltungskosten**. Gegenzurechnen sind allenfalls die ersparten

Eigenkosten für den Transportvorteil. Solange keine anderweitigen Umstände in dem speziellen Fall vorliegen, errechnen sich diese allenfalls anhand von Busfahrkosten.

bb) Behinderungsbedingter bzw. räumlicher Mehrbedarf

Benötigt der Geschädigte – z.b. als Querschnittsgelähmter – verletzungsbedingt die Ausstattung einer **behindertengerechten Wohnung**, so hat er Anspruch auf Zahlung aller damit verbundenen Kosten. Deren Höhe richtet sich zum einen nach der Erforderlichkeit und medizinischen Notwendigkeit, zum anderen aber auch nach der Angemessenheit. Ersparte Eigenaufwendungen und der „Sowiesobedarf" sind gegenzurechnen und abzusetzen. 358

> *Tipp*
> Die Kosten für derartigen Mehrbedarf können nur durch einen für den Ausbau behindertengerechter Wohnungen spezialisierten Architekten oder Sachverständigen berechnet werden. Es macht keinen Sinn, über die Höhe derartiger Kosten lange mit der Assekuranz schriftlich zu korrespondieren.

359

In jedem Falle steht ihm die **Differenz** zwischen der **Miete** einer „Normalwohnung" und einer „behindertengerechten Wohnung" zu. 360

Derartige Kosten können naturgemäß **mehrfach im Leben** eines Geschädigten anfallen: Wegen Familienzuwachses ist eine neue, größere Wohnung erforderlich, das behindertengerechte Spezialfahrzeug muss im Rahmen des Üblichen gegen ein Neufahrzeug ausgetauscht werden. 361

Der Geschädigte, dem derartiger **Mehrbedarf** im Rahmen **vermehrter Bedürfnisse** grundsätzlich im Rahmen einer **Rente** oder bedarfsorientierter wiederkehrender Leistungen zu erbringen ist, ist aber auch berechtigt, zum Ausgleich derartigen Mehrbedarfs die Zahlung eines **Kapitalbetrages** zu verlangen (OLG Stuttgart VersR 1998, 366). Dabei darf er vor allem diesen Mehrbedarf auch in der Weise befriedigen, dass er diesen Kapitalbetrag in das Haus seiner Eltern, die ihn betreuen, investiert. Für eine Kapitalabgeltung der vermehrten Bedürfnisse ist insbesondere dann Raum, wenn die einmalige Anschaffung eines Hilfsmittels das anhaltende vermehrte Bedürfnis ausreichend zu befriedigen in der Lage ist (BGH VersR 1982, 238). 362

Das trifft zum einen für den **ausstattungsbedingten Mehrbedarf** zu, bei dem es sich um **bauliche Einrichtungen** (Aufzug, Verbreiterung der Türen, besondere sanitäre Ausstattungen) handelt. 363

Zum andern gilt das für den **flächenmäßigen Mehrbedarf,** bei dem es dem Geschädigten nicht verwehrt ist, sich eine seiner Behinderung entsprechende Wohnung durch Ersatz eines einmalig aufzubringenden Kapitalbetrages zu beschaffen, statt über § 843 Abs. 1 BGB laufend den Betrag zu fordern, den er für die Anmie- 364 tung eines seinen besonderen Verhältnissen genügenden Wohnraums über die Normalmiete hinaus aufwenden müsste (BGH VersR 1982, 138).

365 Dabei ist es nicht erforderlich, dass der Geschädigte vor dem Unfall bereits Eigentümer einer Immobilie war. Es kommt allein darauf an, ob es angesichts der **konkreten Lebenssituation zweckmäßig und sinnvoll** ist, dem Geschädigten die Geltendmachung seines Mehrbedarfs anhand der für ihn getroffenen Aufwendungen nach dem Rechtsgedanken eines „würdigen Schadensausgleichs" in einem **Kapitalbetrag** zu gestatten.

366 Allerdings dürfen mit der Zubilligung eines Kapitalbetrages **keinerlei Vorteile** verbunden sein, die über den Zweck, ein dauerndes, auf die Lebenszeit des Verletzten begrenztes erhöhtes Bedürfnis zu befriedigen, hinausgehen. Als Vorteil ist es aber zu sehen, dass Immobiliareigentum begründet werden kann, das sogar über die Lebenszeit des Verletzten hinaus genutzt werden kann.

367 Bezüglich der **behindertengerechten Mehrausstattung** kommt eine solche **Korrektur nicht** in Betracht, da sie keinen derartigen, über das Leben des Verletzten hinausgehenden Vorteil darstellt. Ganz im Gegenteil wird die Wohnung/das Haus nach dessen Tod auf die Normalnutzung zurückzubauen sein.

368 **Anders** ist das allerdings bei der erforderlichen **Mehrfläche** zu sehen, die in jedem Falle vermögensmehrend verbleibt. Der diesbezügliche Anteil an der Kapitalabfindung ist angemessen zu kürzen, und zwar – gem. § 287 ZPO zu schätzen – vorschlagsweise mit **10 %** (OLG Stuttgart VersR 1998, 366).

c) Häusliche Pflege

aa) Kommerzielle Pflegepersonen

369 In einer Vielzahl der Fälle wird eine erforderliche und medizinisch notwendige Pflegeleistung von **kommerziellen Pflegeinstituten** erbracht. Diese Fälle sind unproblematisch, weil die dadurch entstandenen **konkreten Kosten** selbstverständlich vollständig vom Schädiger und dessen Versicherer nach Rechnungslegung zu übernehmen sind.

bb) Pflege durch Familienangehörige

370 Problematisch sind hingegen die Fälle, in denen ein **Familienangehöriger** die Pflegeleistung erbringt. Der Schädiger ist gem. § 843 Abs. 1 BGB verpflichtet, einem Geschädigten im Rahmen des Ersatzes vermehrter Bedürfnisse die ihm gegenüber unentgeltlich erbrachte Pflegetätigkeit angemessen abzugelten.

371 Bei dem Ersatz der Kosten häuslicher **Pflege durch Familienangehörige** kann als Orientierungsrahmen der Betrag gelten, der für eine gewerbliche Pflegekraft aufzuwenden ist. Da häusliche Pflege aber mit weniger Aufwand zu betreiben und in keiner Weise zu versteuern ist, musste bislang (BGH VersR 1989, 1273 m.w.N.) von dem **Nettobetrag einer vergleichbaren Ersatzkraft nach TVÖD** ausgegangen werden. Als Grundlage diente meistens TVÖD E.-Gr. 1 bis 5, je nach Größe des Hauhaltes und der sozialen Stellung.

Der Geschädigte muss sich aber keinesfalls auf das beschränkte Maß des Leistungsumfanges verweisen lassen, welches die Träger für **Sozialleistungen** als durchschnittlich ausreichend gewähren. Er hat gegenüber dem Schädiger Anspruch auf **Ersatz des vollen erforderlichen Aufwandes** zum Ausgleich seines individuellen Schadens (LG Würzburg DAR 2002, 74). 372

Die von der **unterhaltspflichtigen Mutter** erbrachten Pflegeleistungen für ein durch einen Unfall geschädigtes Kind lassen auch dann dessen Anspruch gegen den Schädiger wegen vermehrter Bedürfnisse gem. § 843 BGB unberührt, wenn bei dem Unfall eine Verletzung der Obhutspflicht der Mutter mitgewirkt hat. Die Mutter erfüllt durch ihre Pflegeleistungen nicht eine deliktische Haftung aufgrund ihrer Obhutspflichtverletzung, sondern erbringt die Leistungen zur Pflege ihres Kindes allein aufgrund ihrer **unterhaltsrechtlichen Verpflichtung**. Die Erfüllungswirkung bei Leistung auf eine Gesamtschuld nach § 422 Abs. 1 BGB kommt deshalb nicht in Betracht (BGH zfs 2004, 506 f.). 373

Im Verhältnis zwischen dem Schadensersatzanspruch wegen vermehrter Bedürfnisse und dem Unterhaltsanspruch fehlt es an der inhaltlichen Gleichheit der geschuldeten Leistung. Zwischen den Ansprüchen besteht auch **keine Gleichstufigkeit** und sie dienen nicht demselben Zweck. Während der Unterhalt den laufenden Lebensbedarf des Unterhaltsgläubigers decken soll, deckt die Schadensrente schadensbedingte Mehraufwendungen. 374

cc) Rentenversicherungsbeiträge für familiäre Pflegeleistung

Es kann jedoch nicht mehr von einer Beschränkung auf den Nettolohn ausgegangen werden, weil durch § 3 S. 1 Nr. 1a SGB VI seit dem 1.4.1995 auch **Familienangehörige des Geschädigten** in der **gesetzlichen Rentenversicherung versicherungspflichtig** sind, wenn sie als nicht erwerbsmäßige Pflegepersonen den Verletzten wenigstens 14 Stunden wöchentlich in seiner häuslichen Umgebung pflegen und der Pflegebedürftige Anspruch auf Leistungen aus der Pflegeversicherung hat. 375

Sind diese Voraussetzungen erfüllt, ist die der Befriedigung der vermehrten Bedürfnisse des Geschädigten dienende innerfamiliäre Pflegeleistung nunmehr ebenso wie die Dienste fremder, entgeltlich tätiger Hilfskräfte mit **gesetzlich geregelten Versicherungsbeiträgen belastet**. Solche Dienste sind Teil des der Schadensbehebung dienenden Aufwandes. Wird für den Pflegebedürftigen nämlich eine Hilfskraft im Rahmen eines Arbeitsverhältnisses eingestellt, fallen die entsprechenden **Arbeitnehmer- und Arbeitgeberanteile zur Sozialversicherung** an. 376

Es kann nicht zweifelhaft sein, dass der Schädiger in diesen Fällen unmittelbar oder mittelbar den Aufwand für die sozialversicherungsrechtliche Absicherung der für die Behebung der vermehrten Bedürfnisse des Geschädigten eingestellten Pflegeperson tragen muss. Nichts anderes kann im Ergebnis aber für die Kosten gelten, 377 die im Falle der innerfamiliären Pflege durch einen Familienangehörigen als Pflegeperson entstehen.

378 Demzufolge kann auch die Pflegekasse vom Haftpflichtversicherer des Schädigers Ersatz der Rentenversicherungsbeiträge verlangen, die sie für den als Pflegeperson tätigen Familienangehörigen des Geschädigten gezahlt hat (LG Hannover NZV 1998, 253).

379 *Tipp*
Wenn Familienangehörige die Pflege des unfallverletzten Angehörigen übernehmen, muss eine Anmeldung zur Sozialversicherung erfolgen. Der Verletzte ist dann quasi der Arbeitgeber seiner Pflegeperson. Alle sich daraus ergebenden finanziellen Konsequenzen hat der Schädiger bzw. sein Versicherer zu tragen.

Beachte § 44 SGB XI zur sozialen Sicherung der Pflegepersonen: Hierbei handelt es sich laut BGH (NZV 1999, 76 = VersR 1999, 252) um einen erstattungsfähigen Schaden!

380 Gibt ein **Familienangehöriger** allerdings seine ursprüngliche **berufliche Tätigkeit vollständig auf**, um sich nur noch der Pflege des Verletzten zu widmen, ist der entgangene Nettoverdienst zuzüglich der Beiträge zur Rentenversicherung zu ersetzen, allerdings nur, soweit er nicht die Kosten einer professionellen Kraft übersteigt (dann wäre eine solche nach den Grundsätzen der Schadensminderungspflicht einzustellen).

d) Rente und Kapital

381 Die vermehrten Bedürfnisse werden in der Regel als **Rente** gezahlt. Diese unterliegt nicht der Einkommensbesteuerung (BFH DB 1995, 19). Eine solche Rente ist quartalsweise vorschüssig zu zahlen (§§ 843 Abs. 2 S. 1, 760 BGB). Bei nicht fristgemäßer Zahlung gerät der Versicherer ohne Mahnung in Verzug, da die Leistung datumsmäßig bestimmt ist.

382 Eine **Kapitalisierung** kommt nur dann in Betracht, wenn durch die einmalige Anschaffung von Hilfsmitteln der zukünftige erhöhte Lebensbedarf ausreichend befriedigt werden kann oder wenn sich die Parteien auf eine Kapitalabfindung einigen. Ansonsten kommt sie nur noch in Betracht, wenn ein wichtiger Grund i.S.d. § 843 Abs. 3 BGB vorliegt, z.B. wenn die Kapitalisierung wirtschaftlich vernünftig ist.

e) Pflegeversicherung

383 Abzusetzen sind in jedem Falle etwaige Leistungen der **Pflegeversicherung** nach SGB XI. Diese gehen stets kraft Gesetzes auf den Versicherungsträger (Pflegekasse) über (§ 116 SGB X).

C. Materielle Ansprüche § 9

Tipp 384
Vermehrte Bedürfnisse geltend zu machen, wird immer wieder vergessen. Oft handelt es sich nur um kleine Positionen immer wiederkehrender Kosten, an die keiner denkt, z.b. lebenslange Busbenutzung, wenn der Geschädigte unfallbedingt kein Kfz mehr fahren kann oder darf. Der Anwalt sollte zusammen mit dem Mandanten in den Gesprächen immer wieder nach solchen Posten fragen. Verrentet oder kapitalisiert machen sie oft erhebliche Summen aus.

f) Pflegeheim-Unterbringung

Der Geschädigte hat Anspruch auf Erstattung sämtlicher mit der Unterbringung in einem Pflegeheim verbundenen Kosten. Allerdings hat ein **Vorteilsausgleich** im Hinblick auf die **Aufwendungsersparnis** für Wohnungskosten stattzufinden. Dieser berechnet sich aber ausschließlich nach der Höhe des **tatsächlichen Wertes** der durch das Heim bereitgestellten Wohnungseinheit (Unterbringungsleistung und Verpflegung), nicht nach den höheren hypothetischen Wohnungskosten, die dem Geschädigten bei einer durchschnittlichen Lebensführung ohne das schädigende Ereignis entstanden wäre (OLG Hamm NZV 2001, 474). Einen durch den Schadensfall **erzwungenen Konsumverzicht** muss er sich also nicht anrechnen lassen. 385

Die Vorteilsausgleichung von Ersparnissen setzt daher voraus, dass der Geschädigte die Ersparnis nicht durch **überobligationsmäßige Entbehrungen** erkauft hat. Dann würde dem Vorteil ein weiterer Nachteil gegenüberstehen. Deshalb darf auch nicht auf die **Vergleichskosten** einer **fiktiven durchschnittlichen Lebensführung** abgestellt werden, weil die Einschränkung der Wohnverhältnisse des Geschädigten gegenüber Durchschnittsverhältnissen allein auf seinem **überobligatorischen**, ihm von dem Schädiger mit der Verletzung **aufgezwungenen Verzicht** beruht (OLG Hamm NZV 2001, 474). 386

Das Gleiche gilt im Hinblick auf die Kosten einer **Unterbringung in einer Behindertenwerkstatt**. Auch die damit verbundenen unfallbedingten Betreuungskosten sind aus dem Gesichtspunkt des **vermehrten Bedürfnisses** von der Schädigerseite zu tragen (OLG Hamm MittBl 2001, 21). 387

g) Fälligkeit

Der Anspruch auf Ersatz von „vermehrten Bedürfnissen" entsteht nicht erst mit deren Ausgleich, sondern schon zum **Zeitpunkt des Eintritts der Minderung der Bedürfnisse** (BGH NJW 1970, 1411). Entgegen der insoweit rechtlich unzutreffenden Ansicht der Versicherer, erst nach Vorlage der Anschaffungsbelege zur Zahlung verpflichtet zu sein, ist eine konkrete Anschaffung oder eine entsprechende Verwendung der Gelder überhaupt nicht erforderlich. Es kann normativ (fiktiv) abgerechnet werden (KG VersR 1982, 978). 388

> *Tipp*
> Wenn ein Versicherer seine Zahlungen von der Vorlage von Anschaffungsbelegen abhängig machen will, muss er darauf hingewiesen werden, dass er dazu kein Recht hat, der Geschädigte insbesondere nicht verpflichtet ist, insoweit in Vorlage zu treten.

389 Werden die „vermehrten Bedürfnisse" in Rentenform gezahlt, weil es sich um wiederkehrende Leistungen handelt, sind diese **für drei Monate vorschüssig** zu zahlen (§§ 843 Abs. 2 S. 1, 760 BGB).

2. Heilbehandlungskosten

Literatur zu Heilbehandlungskosten:

Küppersbusch/Höher, Ersatzansprüche bei Personenschaden, 12. Aufl. 2016, Rn 226 ff.; *Plagemann/Probst*, Personenschaden – Anspruch auf Sozialleistungen, DAR 2012, 61 ff.

390 **Voraussetzung jeder Erstattung von Heilbehandlungskosten** ist, dass der Unfall tatsächlich (nachweislich) zu einer **Körperverletzung** geführt hat. Untersuchungen oder Behandlungen, welche aufgrund eines Unfalls im Sinne einer Kontrolluntersuchung gerade erst zur Feststellung der Frage vorgenommen werden, ob der Unfall zu Verletzungen geführt hat, sind dann nicht erstattungsfähig, wenn im Ergebnis keine Körperverletzung vorliegt (BGH v. 17.9.2013 – VI ZR 95/13 – VersR 2013, 1406 = NZV 2014, 23). Dies ist für den vermeintlich Geschädigten gerade in den Fällen nur schwer einzusehen, in denen nach dem Unfall auftretende Symptome aus medizinischer Sicht abklärungsbedürftig sind. Denn an sich sind die Kosten für die Kontrolluntersuchung adäquat kausal dem Unfall zuzurechnen, weil sie ohne ihn nicht entstanden wären. Demgegenüber verneint der BGH strikt dogmatisch eine Erstattungspflicht aufgrund der fehlenden Rechtsgutsverletzung im Sinne der Haftungstatbestände der § 823 BGB, § 11 StVG und weist darauf hin, dass der bloße Verletzungsverdacht einer Verletzung haftungsrechtlich nicht gleichstehe (BGH a.a.O.). Gerade der Extremfall einer Schwangeren, die nach dem Unfall durch eine Kontrolluntersuchung abklären lässt, ob mit dem noch ungeborenen Leben „alles in Ordnung" ist, macht die Problematik dieser Entscheidung besonders anschaulich.

391 Die Heilbehandlungskosten werden in der Regel und zum überwiegenden Teil von den **Sozialleistungsträgern** (Krankenkassen, Berufsgenossenschaft) getragen, sodass sie nur zum Teil bei der anwaltlichen Schadensregulierung eine Rolle spielen.

392 > *Tipp*
> Arztrechnungen usw. sind bei Kassenpatienten stets bei den Krankenkassen einzureichen und von dort abzurechnen. Bei Privatpatienten verlangen die Versicherer ebenfalls stets, die Rechnungen zunächst beim privaten Krankenversicherer einzureichen, und weigern sich oft, die vorgelegten Rechnungen von

dort zu regulieren. Das ist falsch, weil kein gesetzlicher Forderungsübergang mit Behandlungsbeginn stattfindet, sondern erst mit Erstattung der Rechnung durch den privaten Krankenversicherer (§ 86 VVG).

Die oft ganz erheblichen Schadenspositionen der Heilbehandlungskosten bei **Privatpatienten** gehen dem Anwalt als **Gegenstandswert seiner Tätigkeit** nicht verloren. Wegen des zeitlich aufgeschobenen Forderungsübergangs auf den privaten Krankenversicherer gem. § 86 Abs. 1 S. 1 letzter Halbsatz VVG ist der Anspruch auf Erstattung der Heilbehandlungskosten auch bei späterer Erstattung durch den privaten Krankenversicherer dem **Gegenstandswert** der anwaltlichen Tätigkeit **voll** hinzuzurechnen. 393

Tipp 394
Es darf nicht vergessen werden, die gesamten später vom privaten Krankenversicherer erstatteten Kosten dem späteren Gegenstandswert der anwaltlichen Tätigkeit hinzuzurechnen.

Nimmt der Geschädigte dann über seinen Anwalt auf Drängen des gegnerischen Haftpflichtversicherers, der ihn hierzu allerdings nicht zwingen kann, seine private Krankenversicherung in Anspruch, entstehen dem Anwalt des Geschädigten hierfür gesonderte Gebühren (§ 17 RVG), die vom Haftpflichtversicherer ebenso zu erstatten sind wie eine unterbliebene Beitragsrückgewähr bei Nichtinanspruchnahme der privaten Krankenversicherung. Hier gilt das Gleiche, was vorstehend zur Inanspruchnahme der Kaskoversicherung gesagt wurde (siehe § 6 Rdn 35 ff. und § 8 Rdn 436 ff.). 395

3. Hilfsmittelverzeichnis

Von den vermehrten Bedürfnissen sind auch diejenigen **Hilfsmittel** abzusetzen, die vom Sozialversicherungsträger nach § 31 SGB VII gewährt werden können. Um welche Hilfsmittel es sich dabei handelt, ergibt sich aus dem **Hilfsmittelverzeichnis** des § 139 SGB V. Es lässt sich im Internet unter *www.rehadat.de* finden. Es handelt sich dabei um alle ärztlich verordneten Dinge, die der Heilbehandlung dienen. Daher ist bei jedem Hilfsmittel, das bei einem sozialversicherten Geschädigten unter dem Gesichtspunkt der „vermehrten Bedürfnisse" geltend gemacht wird, zuvor die Frage des **gesetzlichen Forderungsübergangs** gem. § 116 SGB X zu prüfen. 396

a) Medizinische Notwendigkeit

Alle erforderlichen und tatsächlich angefallenen Kosten sämtlicher Heilbehandlungsmaßnahmen und Hilfsmittel sind dem Geschädigten grundsätzlich zu ersetzen. Erforderlich ist, was **medizinisch notwendig** und objektiv betrachtet **zweckmäßig** ist. Auf den tatsächlich eingetretenen Heilerfolg kommt es nicht an, eine retrospektive Betrachtungsweise ist also unzulässig. 397

b) Unzulässigkeit fiktiver Abrechnung

398 Allerdings sind **nur die konkret angefallenen Kosten** zu ersetzen, nicht etwa fiktive. Das gilt insbesondere auch bei **Schönheitsoperationen,** die zwar medizinisch geboten erscheinen, von dem Geschädigten aber tatsächlich nicht durchgeführt wurden. Der Geschädigte kann sich dann nicht etwa diese Heilbehandlungskosten im Vorgriff auf die Zukunft schon jetzt auszahlen lassen. **Heilbehandlungskosten sind stets zweckgebunden** (BGH NJW 1986, 1538).

399 Unterbleibt eine solche kosmetische Nachoperation aus verständlichen und akzeptablen Gründen (z.b. hat der Verletzte nach einer Vielzahl komplizierter Operationen einfach keine Lust mehr, sich erneut operieren zu lassen), kann ein Ausgleich nur über die Höhe des Schmerzensgeldes erfolgen. Natürlich ist auch eine Feststellungsklage für die Kosten etwaiger künftiger Operationen möglich.

c) Besuchskosten

400 Immer wieder gibt es Streit über den Ausgleich der Besuchskosten naher Angehöriger im Krankenhaus.

aa) Medizinische Notwendigkeit

401 Alleiniges Bemessungskriterium ist die Frage der **medizinischen Notwendigkeit** derartiger Besuche im Hinblick auf den **Heilungsprozess** (BGH DAR 1991, 220). Diese Frage kann nur der Arzt beurteilen (OLG Hamm NZV 1993, 151), nicht der Versicherer des Schädigers.

402 *Tipp*
Versicherer versuchen immer wieder, die Anzahl der für erforderlich gehaltenen Besuchsfahrten so weit wie möglich zu kürzen, oft mit Pauschalierungen wie: 1. Woche Krankenhaus = jeden Tag einmal; 2. Woche = alle zwei Tage; 3. Woche = einmal pro Woche, dann gar nicht mehr. Das ist so lange unzulässig, wie der Arzt die Notwendigkeit der Besuche im Heilungsinteresse des Patienten anders beurteilt. Daher: Stets den Krankenhausarzt anschreiben und sich diese Frage gesondert beantworten lassen. Das dadurch bedingte Arzthonorar hat der Schädiger zu ersetzen.

403 Wichtig ist, dass es sich bei diesem Anspruch nicht etwa um einen mittelbaren Drittschaden handelt, sondern er **dem Geschädigten unmittelbar selbst** – als Heilbehandlungsmaßnahme – zusteht (BGH NJW 1979, 598). Die **Anzahl** der als erforderlich anzusehenden Besuche hängt u.a. von der **Schwere der Verletzungen** und dem **Verwandtschaftsgrad** des Besuchers ab. Eltern, Kinder, Ehepartner, Verlobte und Lebensgefährten (vgl. Rdn 413 ff.) haben also besondere Priorität, dann Geschwister und Großeltern.

C. Materielle Ansprüche § 9

Auch ohne förmlichen Beweis kann die **Anwesenheit des Ehepartners/Lebens-gefährten** am Krankenbett einer schwer verletzten Person als **medizinisch notwendig** indiziert angesehen werden, weil der psychische Beistand aus medizinischer Sicht einen **wesentlichen Beitrag zur Rekonvaleszenz** zu leisten pflegt (OLG Hamm DAR 1998, 317).   404

bb) Grundsätze der BGH-Rechtsprechung

Der BGH (NZV 1991, 225 = VersR 1991, 559) hat diese Rechtsprechung später noch weiter konkretisiert und die Besuchskosten an folgende Voraussetzungen geknüpft: 405
- nur für nächste Angehörige,
- nur bei stationärem Krankenhausaufenthalt,
- nur bei medizinischer Notwendigkeit, Steigerung des allgemeinen Wohlbefindens reicht nicht,
- nur unvermeidbare Kosten.

cc) Einzelne Positionen

Hinsichtlich der **Fahrtkosten** ist stets die wirtschaftlichste Beförderungsart zu wählen. Bei der Benutzung des eigenen Kfz können nur die **reinen Betriebskosten** ersetzt verlangt werden, die z.B. der ADAC-Tabelle „Was kostet mein Pkw" entnommen werden können.   406

Als Richtschnur können – je nach Größe des benutzten Pkw (ist also stets anzugeben) – die steuerlich anerkannten km-Sätze, d.h. bis zu 0,25 EUR angesetzt werden. In letzter Zeit werden vermehrt einheitlich **0,20 EUR** angesetzt (OLG Schleswig und LG Dortmund zfs 1990, 259; OLG Hamm DAR 1994, 496; 1994, 496; 1997, 56; 1998, 317). Angesichts der Kostensteigerungen allein schon bei den Treibstoffen dürfte heute mindestens 0,30 EUR bis 0,40 EUR gerechtfertigt sein (vgl. § 8 Rdn 413).   407

Übernachtungskosten sind nur ersetzbar, soweit sie sich zumutbar nicht vermeiden lassen.   408

Verpflegungsaufwand ist ebenfalls nur in den engen Grenzen der Schadensminderungspflicht ersetzbar.   409

Verdienstausfall ist nur insoweit zu ersetzen, als zeitliche Umdispositionen nicht möglich oder zumutbar waren. Die Rechtsprechung mutet in solchen Fällen im Rahmen des Machbaren Nacharbeit zu, z.B. bei Hausfrauen (BGH DAR 1991, 220).   410

Kinderbeaufsichtigungskosten sind nur zu ersetzen, wenn sie konkret und nachweisbar angefallen sind. Wenn z.B. die **Mutter** aus Gründen medizinischer Notwendigkeit ganztägig und nachts bei ihrem Kind in der Klinik bleiben muss, zu Hause aber noch ein weiteres Kleinkind versorgt werden muss, kann es gerechtfertigt sein, dass sich der **Vater** hierfür **unbezahlten Urlaub** nimmt und den Verdienst-   411 entgang ersetzt verlangt, solange dieser die Kosten einer kommerziellen Kinderfrau (Maßstab wieder: TVÖD E.-Gr. 1 bis 5, je nach Haushaltsgröße und sozialem Standard) nicht übersteigt und eine anderweitige Versorgung des Kindes, z.b. durch Großeltern oder Verwandte, nicht realisierbar war.

412 Der **Zeitaufwand** des Besuchenden ist nie ersetzbar. Ebenso gibt es in der Regel keinen Ersatz für **Besuchsgeschenke**. Allerdings kann es unter dem Gesichtspunkt der medizinischen Notwendigkeit im Einzelfall gerechtfertigt sein, Blumen oder Bücher mitzubringen, um die allgemeine Lebensfreude wiederherzustellen oder von Zukunftsängsten abzulenken.

dd) Besuchskosten des nichtehelichen Lebenspartners

413 Die Besuchskosten des Partners könnte der Verletzte als Teil der Heilungskosten nach § 249 Abs. 2 S. 1 BGB ersetzt verlangen. Nach der h.M. sind die Besuche von nahen Angehörigen ersatzfähig, wenn sie zur Förderung der Heilung notwendig sind (siehe oben Rdn 403). Die Frage ist aber, ob ein „Lebenspartner" als „**naher Angehöriger**" anzusehen ist. Dies hängt davon ab, ob von einem **familienrechtlichen Angehörigenverhältnis** auszugehen ist (das sieht die Rechtsprechung nicht so) oder ob ein **Näheverhältnis zum Verletzten** ausreichend ist. Nach einer Entscheidung des LG Oldenburg (zfs 1989, 78) ist die Eigenschaft eines „nahen Angehörigen" unverzichtbar, die persönliche Beziehung im Rahmen einer Lebensgemeinschaft demnach nicht ausreichend. Diese Auffassung ist aber eindeutig zu eng, da die Besuchskosten ausschließlich ein Teil der **Heilbehandlung** sind, die vorrangig die **Genesung des Verletzten unterstützen** sollen (LG Münster NJW 1998, 1801). Eine Begrenzung ausschließlich auf Familienangehörige ist unangebracht, da verletzte Personen mit sehr schlechten Beziehungen zum familiären Umfeld benachteiligt würden. Anknüpfungspunkt für den Ersatz von Besuchskosten muss daher weniger das rechtliche Personenverhältnis sein als vielmehr die **medizinische Indikation**, also die Förderlichkeit für die Patientengenesung (so auch *Schirmer*, DAR 1007, 10).

414 Hierfür kann es aber keinen Unterschied machen, ob der besuchende Partner mit dem Verletzten verheiratet ist oder nicht. Der Heilungseffekt tritt immer dann ein, wenn nahestehende **Personen** (das können auch nur **gute Freunde** sein) den Verletzten besuchen, und nicht allzu selten ist es der Heilung eher abträglich, wenn **unliebsame nahe Angehörige** zu Besuch erscheinen. Allein auf die Tatsache abstellen zu wollen, der Besuch müsse dem Kreis der Angehörigen zuzurechnen sein, dient also keinesfalls grundsätzlich auch der Heilung. Die Formel „Besuch durch Angehörigen = Heilung" ist unschlüssig, da die Umkehrung „Besuch durch Lebenspartner oder Freund = Nicht-Heilung" falsch ist und im Einzelfall sogar die einzig richtige Formel sein kann. Insoweit ist auch die inzwischen geänderte Rechtsprechung zur Anwendung des Angehörigenprivilegs gem. § 86 VVG und § 116 Abs. 6 SGB X heranzuziehen, welche nunmehr die eheähnliche Lebensgemeinschaft der Ehe gleichstellt (BGH VersR 2009, 813; BGH VersR 2013, 520; vgl. dazu im Einzelnen § 4 Rdn 106).

Daher können jedenfalls auch die Besuchskosten des Partners einer nichtehelichen Lebensgemeinschaft (vielleicht sogar von engen Freunden, wenn das im Einzelfall der Heilung ebenso dient) geltend gemacht werden. Zu den Besuchskosten können dann auch **Übernachtungskosten** sowie ein **Verdienstausfall** des besuchenden Partners gerechnet werden, jedoch nur, sofern diese auf einer medizinischen Indikation beruhen und unvermeidbar sind (*Schirmer*, a.a.O.). 415

d) Nebenkosten im Krankenhaus

Als Heilbehandlungskosten ersetzbar sind auch die nachgewiesenen Kosten für **Telefonate** (soweit notwendig und nicht nur der Vertreibung von Langeweile dienend), auch bei einem den gewöhnlichen Telefonverkehr **übersteigenden Gesprächsbedarf**, soweit die persönlichen Lebensumstände häufigere Telefonkontakte nahe legen (OLG Hamm DAR 1998, 317; OLG Düsseldorf VersR 1995, 548). Dann muss sich der Geschädigte aber lediglich einen **Abzug von 25 %** wegen auch ohne den Unfall angefallener Telefonkosten gefallen lassen (OLG Hamm DAR 1998, 317). Ferner gehören dazu **Trinkgelder** und **Geschenke** an das **Pflegepersonal**. Dazu gehören auch sämtliche **Krankentransportkosten**, soweit sie nicht von der Krankenkasse getragen werden (*Küppersbusch/Höher*, Ersatzansprüche bei Personenschaden, Rn 239). 416

Nicht dazu gehören **Verpflegungskosten**, die über die ohnehin vorhandene und als ausreichend angesehene Krankenhauskost hinausgehen, z.B. Süßigkeiten, Kuchen usw. 417

Vor allem sind die Kosten nicht zu ersetzen, die allein der **Vertreibung von Langeweile** dienen, also nicht medizinisch notwendig sind. Dazu könnten möglicherweise die Kosten für **Zeitschriften** oder Kosten eines **Fernsehapparates** (Mietgebühr oder gar Extraanschaffung) gehören, soweit diese nicht als medizinisch notwendig bezeichnet werden, das ist ggf. durch ein Gutachten des behandelnden Arztes im Krankenhaus zu verifizieren. 418

Allerdings ist auch hier stets die Frage der **medizinischen Notwendigkeit** zu prüfen. Von niemandem ist außerdem zu verlangen, dass er wegen einer Unachtsamkeit des Schädigers nun wochenlang im Krankenhaus geistig dahindämmern muss und sich mit nichts beschäftigen darf. Mit diesem Argument lassen sich viele derartige unfallbedingt erforderlich gewordenen Kosten durchsetzen. 419

e) Ersparte Kosten häuslicher Verpflegung
aa) Allgemeines

Solange sich der Verletzte im Krankenhaus befindet, erspart er Kosten, die er zu Hause ebenfalls gehabt hätte. Auch dort hätte er z.B. essen und trinken müssen. Diese häuslichen Verpflegungskosten können nur geschätzt werden. Die Rechtspre- 420 chung geht von täglichen Beträgen zwischen 4 EUR (Kinder und alte Leute) und **5 bis 10 EUR** aus, je nach Lebensstandard.

421 Solange jedoch der Verletzte im Rahmen der Kostendämpfung im Gesundheitswesen eigene **Anteile an den Verpflegungskosten im Krankenhaus** zu tragen hat (täglich **10 EUR** für längstens 28 Tage je Kalenderjahr gem. § 39 Abs. 4 i.V.m. § 61 S. 2 SGB V), sind diese Kosten von den vorgenannten ersparten Kosten häuslicher Verpflegung abzuziehen. Diese Ansprüche gehen nämlich nicht auf den Sozialleistungsträger über, sondern verbleiben dem Geschädigten.

422 Der Geschädigte braucht sich also für die **ersten 28 Tage** des stationären Krankenhausaufenthaltes **nur die Differenz** zwischen tatsächlicher häuslicher Ersparnis und den Verpflegungskostenanteilen im Krankenhaus anrechnen zu lassen (Ausnahme: Arbeitnehmer, vgl. Rdn 424 ff., § 4 Rdn 60 ff.).

423 *Tipp*
Die Mandanten kommen immer wieder mit den Rechnungen der Krankenhäuser wegen der Eigenbeteiligungskosten. Es ist daher zweckmäßig, ihnen gleich zu Anfang mit leicht verständlichen Worten zu erklären, warum diese Kosten von ihnen selbst getragen werden müssen.
Beispiel: „Zu Hause hätten Sie doch auch mindestens für 5 bis 7 EUR am Tag gegessen und getrunken. Dort hätten Sie solche Kosten ja auch aus eigener Tasche bezahlen müssen. Nun kann nicht der Unfallgegner für Ihre Ernährung zuständig werden, nur weil Sie im Krankenhaus versorgt werden."

bb) Besonderheiten beim Arbeitnehmer
Literatur zu Besonderheiten beim Arbeitnehmer:

Diehl, Entgeltfortzahlung des Arbeitgebers nach Unfall seines Arbeitnehmers im Straßenverkehr und Regress gegen Drittschädiger, zfs 2007, 543 ff.; *Jahnke*, Entgeltfortzahlung und Regress des Arbeitgebers im Schadensfall seines Arbeitnehmers, NZV 1996, 169 ff.

424 Wegen der nachfolgend beschriebenen Besonderheiten kommt es immer wieder zu Auseinandersetzungen mit den Arbeitgebern der Geschädigten, die nicht einzusehen vermögen, weshalb sie de facto den Abzug der ersparten häuslichen Verpflegung zu tragen haben, ohne Ersatz vom Schädiger erhalten zu können.

425 Das ist auch kompliziert und sollte am besten in weiterführender Literatur vertieft werden (gut beschrieben bei *Küppersbusch/Höher*, Ersatzansprüche bei Personenschaden, Rn 245 ff.). Hier soll daher nur ein kurzer Abriss gegeben werden, Grundlage ist die diesbezügliche Rechtsprechung des BGH (NJW 1984, 2628).

426 Übernimmt ein Sozialleistungsträger die Kosten stationärer Heilbehandlung, kann er wegen der Eigenersparnisse des Verletzten auf dessen Erwerbsschaden zurückgreifen. Dieser Rückgriff bezieht sich auf die Differenz zwischen seiner Leistung und dem um die häuslichen Ersparnisse geminderten Schaden des Verletzten. Die ersparten Verpflegungskosten sind daher im Falle der Entgeltfortzahlung beim Arbeitgeber abzuziehen.

Beispiel (aus Küppersbusch/Höher, Ersatzansprüche bei Personenschaden, 12. Aufl. 2016, Rn 242 ff.)   427

Kosten stationärer Heilbehandlung täglich	300 EUR
ersparte Verpflegungskosten	– 10 EUR
Schaden Heilbehandlung	290 EUR
Erwerbsschaden	100 EUR
Leistung Krankenkasse Heilbehandlung	300 EUR
Regress Krankenkasse	
■ auf Schadensersatz wegen Heilbehandlung	290 EUR
■ auf Erwerbsschaden	+ 10 EUR
	300 EUR
Verbleibender Erwerbsschaden	100 EUR
	– 10 EUR
	90 EUR

Bei **Entgeltfortzahlung** an einen **sozialversicherten Arbeitnehmer** bedeutet das, dass der Abzug beim Arbeitgeber erfolgt. Das rührt daher, dass der Anspruch des Verletzten auf Verdienstausfall in Höhe der häuslichen Ersparnisse schon im Zeitpunkt des Unfalls auf den Sozialleistungsträger übergegangen ist und der Arbeitgeber daher beim zeitlich späteren Übergang seiner Ansprüche nach § 6 EFZG nur noch den restlichen Anspruch erwerben kann (vgl. § 4 Rdn 60 ff.).   428

Bei **Entgeltfortzahlung** an einen privat versicherten **Beamten** wird der Abzug beim privaten Krankenversicherer vorgenommen. Hier erwirbt der Dienstherr als Beihilfeverpflichteter zum Unfallzeitpunkt den gesamten Anspruch und der Krankenversicherer erst zum Zeitpunkt und auch nur im Umfange seiner tatsächlichen Leistung.   429

f) Mehrkosten für Chefarztbehandlung und Einzelzimmer

Derartige Kosten sind ohnehin nur dann zu ersetzen, wenn sie der Verletzte auch ohne unfallbedingten Anspruch gegenüber dem Schädiger aufgewendet hätte.   430

Das ist jedenfalls dann der Fall, wenn der verletzte Geschädigte seinen **privaten Versicherungsschutz schon vor dem Unfall** so gestaltet hatte, dass er Chefarztbehandlung und/oder Einzelzimmer hätte in Anspruch nehmen können. Es ist ihm auch unbenommen nachzuweisen, dass er unabhängig vom Versicherungsschutz in der Vergangenheit stets derartige Sonderbehandlungen in Anspruch genommen und **ggf. privat getragen** hat (BGH NZV 2005, 629; OLG Hamm r+s 2004, 343).   431

432 Ansonsten sind derartige Zusatzkosten stets nur dann zu ersetzen, wenn sie **medizinisch notwendig** sind, der behandelnde Arzt sie also z.b. wegen der Schwere der Verletzungen und den dadurch bedingten Spezialkenntnissen eines Chefarztes einerseits, dem besonderen Ruhebedürfnis unmittelbar nach einer solchen Operation andererseits für erforderlich erachtet.

433 Dabei sind in Anbetracht des **heutigen Versorgungsstandards der Krankenhäuser** zwar strengere Maßstäbe anzusetzen als noch vor Jahren. Es kann aber nicht generell gesagt werden, dass es Fälle medizinisch begründeter Sonderversorgung nicht mehr gibt. Es ist also eine sorgfältige Einzelfallbetrachtung erforderlich.

g) Anspruch auf qualifizierten Zahnersatz

434 Der Anspruch auf Zahnersatz eines durch einen Unfall Geschädigten ist nicht in jedem Fall auf den **Leistungsumfang eines gesetzlichen Krankenversicherers** beschränkt. Der Geschädigte braucht sich nicht auf einen kostengünstigeren konventionellen Zahnersatz, dessen Kosten zunächst von der Krankenkasse getragen werden, verweisen zu lassen (OLG Hamm DAR 2001, 359).

435 Bei der Frage, ob der Geschädigte von dem Schädiger die Einbringung von **Zahnimplantaten** verlangen kann, statt sich mit einer von der Krankenkasse bezahlten **Brückenversorgung** begnügen zu müssen, liegt eine solche **Unverhältnismäßigkeit** zwischen den beiden Behandlungsmethoden vor, dass dem Geschädigten im Rahmen der **Naturalrestitution** die höherwertigere Behandlungsmethode jedenfalls dann zusteht, wenn er noch vergleichsweise jung ist und unter der Verwendung einer Zahnprothese leiden würde und die Zahnimplantation auch medizinische Vorteile bietet.

h) Kosmetische Operation

436 Kosten für kosmetische Operationen sind **grundsätzlich zu ersetzen**. Eine Ausnahme könnte allenfalls dann gelten, wenn diese Aufwendungen **unverhältnismäßig hoch** ausfallen. Die Anforderungen sind hierbei aber sehr hoch. Zu denken wäre dabei an die Verbesserung der optischen Situation bei einer kaum sichtbaren kleinen Narbe an verdeckter Stelle und Kosten in Höhe von mehreren Tausend EUR (BGH NJW 1975, 640).

i) Heilbehandlung im Ausland

437 Erhebliche Mehrkosten, die durch eine **Spezialbehandlung im Ausland** entstehen, sind grundsätzlich nicht zu erstatten. Das gilt allerdings nur so lange, wie nachweislich ausreichend qualifizierte Ärzte in Deutschland zur Verfügung stehen. Im Einzelfall kann es bei besonders komplizierten Verletzungen dennoch erforderlich und daher angemessen sein, wenn im Ausland **besondere Spezialisten** mit hier nicht bekannter, erfolgreicher Behandlungsmethodik vorhanden sind. Das gilt insbesondere dann, wenn die bisherige Behandlung in Deutschland erfolglos geblieben ist und die Behandlung im Ausland dagegen hinreichenden Erfolg verspricht (BGH VersR 1969, 1040). Sie sind stets zu ersetzen, wenn die Behandlung im Ausland **auf ärztlichen Rat** wegen der Kompliziertheit der Verletzung und der überragenden Behandlungsmethoden in einer ausländischen Klinik besonders indiziert ist. Vorsichtshalber sollten derartige Kosten aber zuvor mit dem Versicherer des Schädigers abgestimmt werden.

4. Haushaltsführungsschaden

Literatur zum Haushaltsführungsschaden:

Burmann, Schadensersatz bei verletzungsbedingtem Ausfall in der Haushaltsführung, zfs 1995, 201; *Kuhn*, Methoden zur Bewertung des Haushaltsführungsschadens, 48. VGT 2010, 123 ff.; *Pardey*, Der Haushaltsführungsschaden, Basiswerk, 8. Auflage 2013; *ders.*, Haushaltsführungsschaden bei Verletzung oder Tötung, DAR 2006, 671 ff.; *ders.*, Neues zum Haushaltsführungsschaden, DAR 2010, 14 ff.; *ders.*, Bemessung des Haushaltsführungsschaden, VersR 2010, 26 ff.; *Pardey/Schmitz-Borck*, Angemessene Entschädigung für die zeitweise oder dauernde, teilweise oder vollständig vereitelte unentgeltliche Arbeit im Haushalt, DAR 2002, 289; *Reichenbach/Vogel*, Berechnungsmethode „Münchner Modell", DAR 1991, 401 ff.; *Schah Sedi/Schah Sedi*, Das verkehrsrechtliche Mandat, Band 5: Personenschäden, 2. Auflage 2014; *dies.*, Der Haushaltsführungsschaden in der gerichtlichen und außergerichtlichen Regulierung, zfs 2009, 541 ff.; *Scheffen/Pardey*, Die Rechtsprechung des BGH zum Schadensersatz beim Tod einer Hausfrau und Mutter, 3. Auflage 1994; *Schulz-Borck/Günther*, Der Haushaltsführungsschaden, Entgelttabellen TVöD, 2010; *Schulz-Borck/Hofmann*, Schadensersatz bei Ausfall von Hausfrauen und Müttern im Haushalt, 6. Auflage 2004; *Schulz-Borck/Pardey*, Der Haushaltsführungsschaden – Basiswerk, 7. Auflage 2009.

a) Allgemeines

Der Haushaltsführungsschaden (HFS; vgl. auch Anlage 11 – siehe § 14 Rdn 14 f.) ist die am häufigsten vergessene oder zumindest falsch berechnete Schadenposition überhaupt, sodass hierbei oft **gigantische Summen „verschenkt"** werden. Dabei geht es regelmäßig um weit höhere Summen als z.B. beim Schmerzensgeld. Das eröffnet zum einen eine enorme **Regressgefahr** für den Anwalt, zum anderen bringt er sich dadurch auch um einen großen Teil seiner Honoraransprüche.

438

Auf dem 48. Verkehrsgerichtstag in Goslar 2010 wurde dem Thema umfassend Rechnung getragen, sodass es sich lohnt, alle vier damals gehaltenen Referate von *Jahnke, Kuhn, Warlimont* und *Wessel* in der offiziellen Dokumentation (ab Seite 99) nachzulesen.

Dogmatisch ist – worauf *Schah Sedi/Schah Sedi*, Das verkehrsrechtliche Mandat Band 5: Personenschäden, § 3 Rn 149 ff., zutreffend hinweisen – eine differenzierte Betrachtung geboten: Haushaltsführungstätigkeit im **Ein-Personen-Haushalt** und hinsichtlich des **Eigenanteils** des Verletzten innerhalb einer Familie sind als „**vermehrte Bedürfnisse**" i.S.d. § 843 Abs. 1 Alt. 2 BGB einzuordnen. Soweit die verletzte Person im Haushalt darüber hinaus **auch für andere Familienmitglieder** tätig ist, ist dieser Anteil an Haushaltsführungstätigkeit als „**Erwerbsschaden**" anzusehen (siehe unten Rdn 454 ff.).

439

§ 9 Ersatzansprüche bei Verletzungen

440 Haushaltsführungsschaden steht demzufolge Frauen wie Männern **gleichermaßen zu** (BGH NJW 1985, 735; OLG Rostock zfs 2003, 133 ff.). Im Verletzungs- wie im Tötungsfall handelt es sich um einen **echten Schadenersatzanspruch** der Berechtigten (KG DAR 2008, 520). Das führt im Rahmen unseres Haftungssystems dazu, dass der **Umfang des Anspruchs** den auch sonst gegebenen **Einschränkungen** unterworfen ist. Aus diesem Grund bleibt der Ersatzanspruch vielfach hinter den tatsächlichen Aufwendungen zurück. Mit der finanziellen oder gar moralischen Bewertung der Arbeit der/des Haushaltführenden hat dies nichts zu tun.

441 Da dem Haushaltsführenden kein konkretes, bezifferbares Einkommen entgeht, ist die Höhe des Schadens schwer zu berechnen. Er ist daher nach §§ 252 BGB, 287 ZPO zu **schätzen**. Dabei ist Folgendes zu berücksichtigen:

Der verletze Haushaltsführende muss darlegen und – im Rahmen der Beweiserleichterungen des § 287 ZPO – **beweisen**, welche Tätigkeiten er ohne den Unfall im Haushalt **ausgeübt hätte** und welche er infolge der konkreten gesundheitlichen Beeinträchtigungen infolge des Unfalls nicht mehr oder nur noch in reduziertem Umfang **ausüben kann**.

442 Zunächst ist zu ermitteln, welche **Arbeitsleistung** der Haushaltsführende ohne den Unfall **tatsächlich** erbracht hätte (BGH VersR 74, 1016 = NJW 74, 1651; OLG Stuttgart VersR 77, 1038; OLG Frankfurt VersR 82, 981; OLG Stuttgart zfs 83, 166; OLG Frankfurt DAR 88, 24; OLG Oldenburg VersR 93, 1491). Insoweit besteht also ein Unterschied zu § 844 Abs. 2 BGB, wo es auf den **rechtlich geschuldeten Unterhalt** ankommt. Die **Mithilfepflicht von Familienangehörigen** kann daher nur insofern berücksichtigt werden, als diese Hilfe **tatsächlich erbracht** wurde.

443 Dabei kommt es auch darauf an, ob eine **Haushaltshilfe auch ohne den Unfall eingestellt** worden wäre. Es besteht aber eine Art Vermutung, dass die tatsächliche Arbeitsleistung der rechtlich geschuldeten entspricht (OLG Stuttgart zfs 83, 166). Mit einzubeziehen sind auch Tätigkeiten, die nicht unterhaltsberechtigten Angehörigen der familiären Wirtschaftsgemeinschaft zugutekommen.

444 Der verletzte Haushaltsführende ist allerdings im Rahmen seiner **Schadenminderungspflicht** verpflichtet, durch den Einsatz technischer Hilfsmittel, durch **Umorganisation** des Haushalts, durch andere Einteilung und – bei einem mitarbeitenden Partner – Umverteilung der Hausarbeit die **Auswirkungen der Behinderung möglichst gering** zu halten (vgl. *Küppersbusch/Höher*, Ersatzansprüche bei Personenschäden, 12. Aufl. Rn 186). Insbesondere bei einem kurzfristigen Ausfall ist der Verletzte auch – soweit möglich – zur Verschiebung von Arbeiten verpflichtet (AG Göttingen SP 01, 236; AG Köln SP 96, 171).

445 Sodann sind die **Kosten einer Ersatzkraft** in dem Umfange heranzuziehen, wie sie erforderlich wären, um den Ausfall der Hausfrau auszugleichen und den Haushalt in seinem bisherigen Standard aufrechtzuerhalten. Dabei spielt es im Prinzip

C. Materielle Ansprüche §9

keine Rolle, ob die Ersatzkraft tatsächlich eingestellt wird oder nicht, jedoch kann dies die Höhe des Schadensersatzes (brutto oder netto) beeinflussen (*Küppersbusch/Höher*, a.a.O.).

Ist der Haushaltsführende auch in **persönlichen Verrichtungen behindert**, also Waschen, Körperpflege, Kleidung, selbstständiges Bewegen, Nahrungsaufnahme u.ä., kommt zusätzlich noch ein Anspruch wegen erforderlicher **Pflegeaufwendungen** in Betracht. Hier kann es jedoch zu **Überschneidungen** kommen. Generell gilt: Soweit eine tatsächlich eingestellte Hilfs- oder Pflegekraft in beiden, nicht immer genau abgrenzbaren Arbeitsbereichen Haushaltsführung und Pflege tätig wird oder soweit dies dem erforderlichen Zeitaufwand für eine fiktive Hilfskraft zugrunde gelegt wird, wird mit dem Ersatz der danach berechneten Kosten der gesamte Schaden ausgeglichen (*Küppersbusch/Höher*, a.a.O.). 446

Es gibt **erhebliche Unterschiede in der Berechnung** des HFS, je nachdem, ob es sich um den Fall einer **Verletzung** oder um die **Tötung** des Geschädigten handelt. Aus diesem Grunde wird im Folgenden ausschließlich die Handhabung bei Verletzten beschrieben. Die Berechnung eines Haushaltsführungsschadens bei Getöteten erfolgt unten (siehe § 10 Rdn 135 ff.). 447

Tipp 448
In der Praxis übersehen Anwälte die Schadensposition des Haushaltsführungsschadens mit geradezu sträflichem Leichtsinn. Wer diese Position geltend zu machen vergisst, hat den sicheren Haftungsregress vor Augen, wenn der Geschädigte auf diesen Schadensersatzanspruch nach Eintritt der Verjährung aufmerksam gemacht wird. Der Anwalt schadet sich darüber hinaus im Hinblick auf den Gegenstandswert seiner Tätigkeit und demzufolge hinsichtlich seiner Honoraransprüche in erheblichem Maße selbst. Oft beläuft sich nämlich das Schmerzensgeld nur in fünfstelliger Höhe, der kapitalisierte Haushaltsführungsschaden jedoch in sechsstelliger Höhe. Das wird noch eindrucksvoll unter Beweis gestellt.

aa) Unterhaltsbeitrag – vermehrte Bedürfnisse

Die Haushaltsführung einschließlich Kindererziehung stellt eine eigene **Erwerbstätigkeit** dar. Sie wird als wirtschaftlich sinnvolle Verwertung der Arbeitskraft **für den Familienunterhalt,** also als gleichwertige **Unterhaltsleistung** erbracht. Die Behinderung bei der Hausarbeit findet aber auch bei der **Führungs- bzw. Leitungsaufgabe** des Verpflichteten statt. Es genügen alle begleitenden, unterstützenden, helfenden Tätigkeiten, **geschlechtsneutral** und grundsätzlich auch **altersunabhängig.** 449

Die Arbeiten im häuslichen, familiären Umfeld müssen für sich gesehen **Vermögenswert** haben. Deshalb ist nur der nachhaltige, ernsthafte, „produktive", also **mehr als geringfügige Beitrag** schadensrechtlich relevant. Unterhalb der Schwelle der Erheblichkeit der Arbeit geht es nicht um wirtschaftliche Momente. 450

567

451 Schon innerhalb **primärer Tätigkeitsbereiche** (Beschaffen benötigter Güter und Nahrungsmittel; Zubereitung der Nahrung; Instandhaltung der Wäsche; Reinigung der Wohnräume und des Geschirrs sowie der Wäsche und Kleidung; Aufräumen; Organisieren, Betreuung von anderen Haushaltsangehörigen) gibt es Unterschiede in der Handhabung. Andererseits können **sekundäre Tätigkeiten**, wie die Gartenpflege, Hobby sein. Eine Beeinträchtigung bei der **Gartenarbeit** führt dann nicht zwangsläufig zum Mehrbedarf und kaum zum Erwerbsschaden, sondern allein zum **Schmerzensgeldausgleich**. Gartenarbeiten jeder Art können aber auch als Unterhaltsbeitrag empfunden werden. Der tatsächliche **Aufwand** kann von Saison zu Saison, nach Geschmack und anderen Einflussfaktoren unterschiedlich sein. Des Weiteren ist z.B. die Frage ungeklärt, ob die **Haltung von Kleintieren** und/oder eines (kleinen) Hundes Hausarbeit sein kann, die Haltung eines Ponys oder (erst?) von (zwei?) Reitpferden aber Hobby ist (*Pardey*, Haushaltsführungsschaden bei Verletzung oder Tötung, DAR 2006, 672).

452 **Zeitangaben** zur Hausarbeit sind deshalb stets bezogen auf den **Einzelfall** zu hinterfragen. Nur Häufigkeitswerte, die einen **Erfahrungswert** erkennen lassen, können Basis einer Schätzung sein. Ein entsprechendes antizipiertes Sachverständigengutachten sind die Tabellenangaben von *Schulz-Borck/Pardey* (siehe unten Rdn 513 ff.) zum Arbeitszeitaufwand nicht, wohl aber enthalten sie verwertbare, auf statistischen Erhebungen beruhende **Erfahrungswerte**. Dass z.B. die nichtberufstätige Frau mehr Zeit mit Hausarbeit verbringt als die berufstätige Frau, liegt nahe. Das Gleiche gilt für den Mann. Ob eine Frau/ein Mann 5, 6 oder 7 Tage wöchentlich auf sich und/oder andere bezogene Hausarbeiten erledigt, ist jedoch rein **individuell zu bestimmen**. Geschlechtsneutrale Untersuchungen gibt es nicht. Der statistische Zeitanteil für die Frau ist keine belegte Zeitgröße für einen Mann – und umgekehrt, auch nicht für Partner in gleichgeschlechtlicher Gemeinschaft. Die Tabelle *Schulz-Borck/Pardey* bezieht sich – im Gegensatz zu der Vorgängerauflage von *Schulz-Borck/Hofmann* – demzufolge nicht mehr in erster Linie auf den Haushaltsführungsschaden einer Frau und Mutter, sondern ist nun gleichermaßen auch für den Mann angepasst worden.

453 In dem teilweisen Verlust der Fähigkeit, den Haushalt zu führen, liegt also ein ersatzfähiger Schaden des Geschädigten. Darunter fällt jeder noch so kleine Handgriff und jede haushaltsbezogene Überlegung, wie z.B.:
- sämtliche unmittelbaren Haushaltsaufgaben wie Einkaufen, Reinhaltung der Wohnung und der Wäsche, Geschirrspülen, Aufräumen,
- die gesamte Planung der Haushaltsführung,
- Herrichten von Möbeln,
- Pkw-Pflege,
- Führung des Schriftverkehrs,
- Instandhaltungsarbeiten in der Wohnung/Haus, Schönheitsreparaturen,
- Verbesserungsmaßnahmen, Um- und Anbauten,
- Veränderungen der Ausstattung und Einrichtung,

C. Materielle Ansprüche § 9

- Gartenarbeiten,
- Sämtliche handwerklichen Arbeiten.

Dabei ist aber zu unterscheiden: 454
- Soweit die Haushaltstätigkeit des Geschädigten (auch) sein **Beitrag zum Familienunterhalt** gewesen ist, stellt sich sein Schaden als **Erwerbsschaden** i.S.v. § 843 Abs. 1 Alt. 1 BGB dar (also bei mehrköpfigen Familien der Teil der Haushaltstätigkeiten, der die Betreuung von Angehörigen betrifft).
- Soweit die Haushaltstätigkeit jedoch allein der **Befriedigung der eigenen Bedürfnisse** gedient hat, gehört der teilweise Ausfall dieser Tätigkeit zur Schadensgruppe der **vermehrten Bedürfnisse** i.S.v. § 843 Abs. 1 Alt. 2 BGB (bei Alleinstehenden bzw. der Teil der Haushaltstätigkeit, welcher der Eigenversorgung dient).
- Die **Aufteilung** des Schadens in Mehrbedarf und Erwerbsschaden erfolgt **nach Kopfteilen** der dem Haushalt angehörenden Personen.

Der Haushaltsführungsschaden teilt sich somit bei einer mehrköpfigen Familie auf 455
in:
1. einen **Teilbereich der vermehrten Bedürfnisse**, bezogen auf die verletzte berufstätige Hausfrau einerseits sowie
2. im Übrigen als **Minderung der Erwerbsfähigkeit** bezogen auf die Versorgung der übrigen Familienmitglieder.

Demzufolge kann eine **quotenmäßige Aufteilung nach Kopfteilen** (z.B. vierköpfige Familie) mangels weiterer Anhaltspunkte ohne weiteres vorgenommen werden (z.B. $3/4$ vermehrte Bedürfnisse sowie $1/4$ als Erwerbsschaden).

Pflegegeldleistungen sind dann im vollen Umfange kongruent mit den vermehrten 456
Bedürfnissen und insoweit voll **anrechnungspflichtig**, andererseits wird der geltend gemachte Erwerbsschaden vollumfänglich auch von der Verletztenrente der Berufsgenossenschaft erfasst und ist anzurechnen.

Grundlage für den Anspruch des Geschädigten ist die Vorschrift des § 843 Abs. 1 457
BGB. Danach ist dem Verletzten durch Entrichtung einer Geldrente Schadensersatz zu leisten, wenn infolge einer Verletzung des Körpers oder der Gesundheit die **Erwerbsfähigkeit** des Verletzten aufgehoben oder gemindert ist oder eine **Vermehrung seiner Bedürfnisse** eintritt.

Dabei gehört der **Ausfall der Haushaltstätigkeit** zur Alternative der „**vermehrten** 458
Bedürfnisse", soweit er sich auf die **eigene Bedarfsdeckung** bezieht, zur Alternative der „**Minderung der Erwerbsfähigkeit**", soweit er die **Unterhaltsleistung an Familienangehörige** betrifft (BGH NJW-RR 90, 34). Im letztgenannten Fall hat also der verletzte Ehegatte einen eigenen Anspruch gegen den Schädiger auf Ersatz seines Schadens hinsichtlich der Verminderung seiner häuslichen Arbeitsleistung (OLG Nürnberg MDR 2006, 93). Ausgangspunkt aller Überlegungen betreffend einen Schadensersatzanspruch nach § 843 Abs. 1 BGB ist ein Vergleich des Zu-

schnitts der Arbeitsaufteilung im Haushalt **vor dem Unfall** mit der Sachlage, die sich infolge der Verletzung **nach dem Unfall** ergeben hat.

459 Wenn davon auszugehen ist, dass beide Ehepartner, d.h. die Klägerin und ihr Ehemann, sich in jeweils **gleichem Umfang** an der Hausarbeit beteiligt haben, dann ist zu prüfen, ob der so errechnete Anteil im Hinblick auf Art und Umfang der Verletzungen des Geschädigten ohne jede Einschränkung entfallen ist oder ob der Geschädigte trotz seiner Verletzungen auch nach dem Unfall zu häuslichen Arbeitsleistungen beitragen kann (LG Frankfurt/Oder DAR 2008, 29).

460 Hierauf muss sich die Klägerin allerdings Zahlungen, die unfallursächlich von dritter Seite geleistet werden, **anrechnen lassen** (KG DAR 2008, 520). Hinsichtlich der insoweit erhaltenen Geldbeträge ist wiederum zu differenzieren:

461 Das seitens des Geschädigten bezogene Pflegegeld ist kongruent mit seinen „**vermehrten Bedürfnissen**". Der entsprechend erhöhte häusliche Pflegebedarf wird ggf. vom Ehepartner erbracht. Rechtlich hat dies zur Folge, dass im Umfange der Leistung von **Pflegekosten** der entsprechende Anspruch auf die Berufsgenossenschaft übergeht (vgl. BGH NJW 1985, 735). Mithin ist der Geschädigte insoweit nicht mehr aktivlegitimiert.

462 Soweit sich der Schaden der Geschädigten darauf bezieht, dass er die Haushaltsführung für den Ehepartner und die Kinder unfallbedingt nicht weiterführen kann, handelt es sich um einen **Erwerbsschaden**, auf den sich die Klägerin die von der Berufsgenossenschaft an sie bezahlte Verletztenrente anrechnen lassen muss. Was die Aufteilung zwischen „Erwerbsschaden" und „vermehrte Bedürfnisse" betrifft, so ist von der Anzahl der Personen, die im Haushalt des Geschädigten leben, auszugehen. Handelt es sich z.b. um vier Personen, fällt der Haushaltsführungsschaden zu $^{3}/_{4}$ in den Bereich des **Erwerbsschadens** und zu $^{1}/_{4}$ in den Bereich der **vermehrten Bedürfnisse** (LG Frankfurt (Oder) DAR 2008, 29).

463 Das kann dazu führen, dass der errechnete Gesamtschaden keine eigene Bedeutung mehr entwickelt. Vielmehr kann er durch Pflegegeld und Rente aufgezehrt werden.

464 Zwar ist in dem einen wie dem anderen Fall der Schaden des/der Geschädigten messbar an der **Entlohnung**, die für die verletzungsbedingt in eigener Person nicht mehr ausführbaren Hausarbeiten an eine **Hilfskraft** gezahlt wird oder gezahlt werden müsste (BGH NJW 1989, 2539). Die Unterscheidung ist aber von praktischer Bedeutung u.a. für die Frage, ob und in welchem Umfange Zahlungen eines Sozialleistungsträgers den Anspruch wegen Forderungsüberganges mindern können (dazu später unter „Legalzession", vgl. Rdn 556 ff.).

465 Dabei kommt es auf die spezielle familiäre Arbeitsaufteilung an, wer und in welchem Umfange er/sie beruflicher Tätigkeit nachgeht und wie die Haushaltsführungsaufgaben verteilt sind. Das Bild der „Hausfrauenehe" gibt es nicht mehr. Neben der „**Hausfrau**" kann auch der „**Hausmann**" den Haushalt führen oder beide gemeinsam (Stichwort: **Doppelverdienerehe**).

C. Materielle Ansprüche §9

bb) Alleinstehende und nichteheliche Lebensgemeinschaft

Literatur zu Alleinstehenden und nichtehelichen Lebensgemeinschaften:
Grziwotz, Nichteheliche Lebensgemeinschaft. 3. Auflage 1999; *Delank*, Sind nichteheliche Partner im Verkehrs- und Versicherungsrecht den ehelichen Partnern gleich zu stellen?, zfs 2007, 183; *Pardey*, Der Haushaltsführungsschaden bei Lebensgemeinschaften, DAR 1994, 265 ff.; *Pardey*, Die nichteheliche Lebensgemeinschaft im Versicherungs- und Verkehrsrecht, zfs 2007, 243 ff. und 303 ff.; *Pohl*, Die nichteheliche Lebensgemeinschaft im Versicherungs- und Haftungsrecht des Straßenverkehrs, 2013; *Schirmer*, Nichteheliche Lebensgemeinschaft im Versicherungs- und Verkehrsrecht, DAR 2007, 1 ff.

(1) Alleinstehende

Selbstverständlich stehen auch **Alleinstehenden** Ersatzansprüche wegen der Haushaltsführung zu. Ein solcher Anspruch scheitert auch nicht daran, dass der Geschädigte eine **Ersatzkraft tatsächlich nicht eingestellt** hat (KG DAR 2008, 25 mit Kommentierung von *Forster*). 466

Für eine **schlüssige Darlegung des Haushaltsführungsschadens** genügt es nicht, wenn ein Zeitaufwand in Stunden **nur behauptet** und eine Berechnung vollzogen wird (LG Köln DAR 2008, 388, 390). 467

Die Möglichkeit einer **fiktiven Abrechnung** entbindet den Geschädigten nicht von der **Darlegung des konkreten Schadens** (vgl. KG Berlin KGR 2006, 749; OLG München SVR 2006, 180; OLG Koblenz OLGR 2006, 385; OLG Celle OLGR 2007, 41). Zum schlüssigen und der **Schadensschätzung zugänglichen** Klagevortrag gehört daher, welche Tätigkeiten vor dem Schadensereignis ausgeübt wurden und welche schadensbedingt nicht mehr ausgeübt werden (OLG Düsseldorf VersR 2004, 120). 468

Bei einem **Single-Haushalt** besteht in einem höheren Maße als in einem Mehrparteienhaushalt die Möglichkeit, zeitlich disponible Arbeiten (Rasenmähen, Fensterputzen), die aufgrund einer vorübergehenden Beeinträchtigung nicht ausgeführt werden können, „nach hinten" zu verschieben (vgl. KG NZV 2007, 43). Außerdem kann bei der Beeinträchtigung der Haushaltsführung nicht von dem **Grad der Arbeitsunfähigkeit** bzw. **Minderung der Erwerbsfähigkeit** ausgegangen werden, wenn es um die **Frage der Höhe einer unfallbedingten Beeinträchtigung** geht (OLG Köln SP 2000, 306). Die abstrakte Minderung der Erwerbstätigkeit, ein Wert aus dem Sozialversicherungsrecht, hat keine Aussagekraft für den Umfang des Schadensersatzes (ebenso KG Berlin KGR 2006, 749; LG Saarbrücken zfs 2006, 500). 469

Ob bei **nicht dauerhaften Beeinträchtigungen** eines **Single-Haushalts** überhaupt ein Haushaltsführungsschaden nach § 843 BGB fiktiv berechnet werden kann, wird teilweise streitig diskutiert (**bejahend** z.b. KG, NZV 2007, 43 = OLGR 2006, 749; KG, MDR 2007, 887; OLG Rostock, zfs 2003, 233; **verneinend** OLG Düsseldorf, Urt. vom 2.9.2003 – 4 U 238/02 – unveröffentlicht (nur bei dauerhaft vermehrten Bedürfnissen); insoweit **offen** BGH DAR 1992, 262; OLG München OLGR 2000, 91, das eine fiktive Abrechnung in einem Dauerschadensfall bejaht hatten). 470

§ 9 Ersatzansprüche bei Verletzungen

(2) Nichteheliche Lebensgemeinschaft

471 Im Zuge der zunehmenden Gleichstellung der **nichtehelichen Lebensgemeinschaft** sind die Grundsätze des Haushaltsführungsschadens zumindest analog auch auf diese anzuwenden, wenngleich das – soweit ersichtlich – bislang höchstrichterlich noch nicht entschieden (bejahend bislang lediglich OLG Karlsruhe DAR 1993, 391; LG Zweibrücken zfs 1994, 363; AG Bad Säckingen zfs 1996, 370), jedoch vom Verkehrsgerichtstag 1989 (VGT 1989, Arbeitskreis V, Veröffentlichungen der gehaltenen Referate, S. 189 ff.) und 2007 (VGT 2007, Arbeitskreis I, Veröffentlichungen der gehaltenen Referate, S. 189 ff.) so empfohlen worden ist. Insoweit ist auch die inzwischen geänderte Rechtsprechung zur Anwendung des Angehörigenprivilegs gem. § 86 VVG und § 116 Abs. 6 SGB X heranzuziehen, welche nunmehr die eheähnliche Lebensgemeinschaft der Ehe gleichstellt (BGH VersR 2009, 813; BGH VersR 2013, 520; vgl. dazu im Einzelnen § 4 Rdn 106).

472 In der gleichgeschlechtlichen, **eingetragenen Lebenspartnerschaft** schulden nach der Neufassung des Gesetzes die Lebenspartner sich gegenseitig nicht nur Barunterhalt, sondern **auch Haushaltsführung**. Die Situation ist daher rechtlich mit der Ehe gleichgesetzt.

473 Bei der **nicht eingetragenen nichtehelichen Lebensgemeinschaft** muss unterschieden werden zwischen dem Ersatz für die Beeinträchtigung in der **Eigenversorgung** und für die Betreuung des **Partners**.

(a) Eigenversorgung

474 Unstreitig steht dem verletzten Partner ein eigener Anspruch aus § 843 Abs. 1 Var. 2 BGB zu, wenn es wegen der Verletzung zu einer **Vermehrung seiner eigenen Bedürfnisse** gekommen ist. Die Schadensberechnung erfolgt auf Basis des **Arbeitslohns**, der brutto an eine **Hilfskraft** gezahlt wird. Wird keine Aushilfskraft eingestellt, etwa weil ein Familienangehöriger oder der Partner einspringt, so berechnet sich der Schaden auf Basis des **fiktiven Nettolohns einer Aushilfskraft**. Zu beachten ist jedoch, dass über § 843 Abs. 1 Var. 2 BGB nur die Kosten der Eigenversorgung ersetzt werden (*Schirmer*, Nichteheliche Lebensgemeinschaft im Versicherungs- und Verkehrsrecht, DAR 2007, 1 ff.).

(b) Betreuung des Partners

475 Hier ist es **umstritten**, ob der verletzte Partner einer nichtehelichen Lebensgemeinschaft auch die Kosten geltend machen kann, die dadurch entstehen, dass er nicht mehr zur **Fremdversorgung** in der Lage ist, also nicht mehr die Haushaltsführung für den Lebensgefährten bewerkstelligen kann.

476 Der Verletzte, der einen Gesundheits- oder Körperschaden erleidet, hat grundsätzlich nach § 843 Abs. 1 BGB einen **Anspruch auf Ersatz wegen der Beeinträchtigung seiner Erwerbsfähigkeit**.

C. Materielle Ansprüche § 9

Die Rechtsprechung billigt der **verletzten Ehefrau** einen Schadensersatzanspruch **477**
für die Einschränkung in der Haushaltsführung zu. Dieser Anspruch richtet sich auf
den Kostenersatz für die Einstellung einer entsprechenden Arbeitskraft oder auf die
fiktiven Kosten unter Anwendung der **Lehre vom normativen Schaden**, wenn
eine solche Kraft nicht eingestellt wird. Es sind jedoch nicht nur die Kosten der
Eigenversorgung zu ersetzen, sondern auch die der sonstigen Haushaltsführung.

Ob diese Grundsätze auch auf die nichteheliche Lebensgemeinschaft übertragen **478**
werden können, wird unverändert lebhaft diskutiert (*Schirmer*, Nichteheliche Lebensgemeinschaft im Versicherungs- und Verkehrsrecht, DAR 2007, 1 ff.; *Pardey*,
Die nichteheliche Lebensgemeinschaft im Versicherungs- und Verkehrsrecht, zfs
2007, 243 ff. und 303 ff.). Bei der Beurteilung, ob die Tätigkeit im Haushalt innerhalb einer **Ehe** als Erwerbstätigkeit einzuordnen ist, stellt der BGH in seinen Entscheidungen maßgeblich auf die rechtliche Verpflichtung aufgrund von Unterhaltspflichten ab (BGH NJW 1974, 41; BGH NJW 1962, 2248). Die Tätigkeit im
Haushalt muss mit einer **sonstigen Erwerbstätigkeit vergleichbar** sein. Die Haushaltsführung ist einer solchen Tätigkeit aber nur vergleichbar, wenn mit ihr die **gesetzliche Unterhaltspflicht** nach § 1360 BGB erfüllt wird.

In **Tötungsfällen** scheidet die Anwendbarkeit der §§ 844 Abs. 2 BGB, 10 Abs. 2 **479**
StVG aus, da es an dem in diesen Bestimmungen vorausgesetzten Entzug eines gesetzlichen Rechts auf Unterhalt fehlt (BGH, BGHZ 91, 357 = VersR 84, 936 =
NJW 84, 2520; *Pardey*, DAR 94, 265). Der Kreis der Anspruchsberechtigten kann
nicht ohne Weiteres im Wege der Analogie auf vertragliche Beziehungen erweitert werden, die einer sittlichen Pflicht oder einer auf den Anstand zu nehmenden
Rücksicht entsprechen, weil dies nicht Aufgabe der Rechtsprechung sein kann, sondern dem **Gesetzgeber** vorbehalten bleiben muss. Ausnahmeregelungen, wie die
§§ 844 Abs. 2 BGB, 10 Abs. 2 StVG sie darstellen, können nicht erweitert ausgelegt
werden und sind **einer Analogie nicht zugänglich**.

Wenn dieser Ansatz zur Begründung eines Erwerbsschadens auf die **nichteheliche** **480**
Lebensgemeinschaft übertragen wird, muss ein Erwerbsschaden verneint werden,
da eine **entsprechende Unterhaltspflicht nicht besteht**. Der Einsatz der Arbeitskraft für den Partner in einer nichtehelichen Lebensgemeinschaft erfolgt grundsätzlich zunächst einmal **vollkommen freiwillig**. Entscheidend ist, dass die Arbeit
nach Belieben geleistet werden kann oder auch nicht. Daher wird die Vermögenssphäre des Verletzten nicht berührt und ein Schadensersatzanspruch bestehe nicht
(OLG Nürnberg DAR 2005, 629; KG SVR 2011, 102). Diese Einschränkung der
Ersatzpflicht wird auch damit begründet, dass der **Kreis der Berechtigten eingeschränkt** werden muss.

Der wohl **überwiegende Teil der Lehre und ein Teil der Rechtsprechung** billigt **481**
dagegen dem verletzten nichtehelichen Lebensgefährten den Ersatz des Haushaltsführungsschadens zu (*Pardey*, Berechnung von Personenschäden, 4. Auflage, 2010,
S. 267; *ders.*, Die nichteheliche Lebensgemeinschaft im Versicherungs- und Ver-

kehrsrecht, zfs 2007, 243 ff. und 303 ff.; *Strätz*, in: Staudinger, 2000. Anhang zu §§ 1297 ff., Rn 223: *Grziwotz*, Nichteheliche Lebensgemeinschaft. 3. Auflage 1999, § 18, S. 278 mit weiteren Nachweisen; AG Bad Säckingen FamRZ 1997, 293; LG Zweibrücken NJW 1993, 3207). Teilweise wird dies mit damit begründet, dass die nichtehelichen Lebensgefährten **einvernehmlich gegenseitige Unterhaltsleistungen** erbringen. Damit wird ein **Vertragsverhältnis** oder zumindest ein vergleichbares Verhältnis zwischen den Partnern unterstellt. Die einvernehmliche Führung des gemeinsamen Haushalts ist demnach als ein **Äquivalent für die Unterhaltsleistungen** des anderen Partners anzusehen. Damit wird eine Rechtspflicht zur Haushaltsführung konstruiert und ein Erwerbsschaden bejaht.

482 Nach einer anderen Ansicht (*Röthel*, NZV 2001, 329) soll für die Begründung eines Schadens i.S.v. § 843 Abs. 1 Alt. 1 BGB die **fassbare wirtschaftliche Beeinträchtigung des Verletzten** in den Vordergrund gestellt werden. Eine solche ist unabhängig von einer vertraglichen oder gesetzlichen Verpflichtung zum Tätigwerden. Ausreichend ist, dass der Tätigkeit ein **Vermögenswert** zuzurechnen ist. Ein solcher Vermögenswert besteht schon, wie ein Vergleich mit § 252 BGB zeigt, wenn eine **konkrete Entgeltaussicht** besteht. Diese Entgeltaussicht bestehe gerade im Hinblick auf die vom anderen Partner **im Gegenzug erbrachten Leistungen**. Für einen solchen wirtschaftlichen Wert spricht weiter die Auffassung der Rechtsprechung (BGH NJW 1980, 124), dass Versorgungsleistungen durch einen nichtehelichen Lebenspartner im Rahmen des nachehelichen Unterhalts gemäß §§ 1569 ff., 1577 BGB angerechnet werden können. Zudem wird darauf hingewiesen, dass auch die Rechtsprechung die Berechnung des Haushaltsführungsschadens eines Ehegatten von dem tatsächlich ausgefallenen Arbeitseinsatz abhängig macht und nicht davon, wie hoch die Unterhaltspflicht nach § 1360 BGB gewesen wäre.

(c) Stellungnahme

483 Ob ein Erwerbsschaden im Rahmen einer nichtehelichen Lebensgemeinschaft zuzuerkennen ist oder nicht, wird noch einige Zeit **ungeklärt** bleiben. Problematisch bleibt es nämlich, ob die nach einer Verletzung eines Haushaltführenden weggefallene Betreuung des Partners und der Kinder ersatzfähig ist. Weil hierzu eine gesetzliche Verpflichtung nicht bestanden hat, liegt es nahe, eine Gleichstellung mit der Erwerbsarbeit insoweit abzulehnen (OLG Düsseldorf VersR 92, 1418; KG SVR 2011, 102; zur Gleichstellung: BGH VersR 85, 356 = NJW 85, 735 = DAR 85, 119). Es muss auch dabei bleiben, dass der Verlust der Arbeitskraft als solcher nicht als Erwerbsschaden angesehen werden kann. Das Argument, der Haushaltsführende könnte (und würde) sonst durch eine andere entlohnte Tätigkeit auf dem Arbeitsmarkt Einkünfte erzielen, ist zweifelhaft, da ein **Verzicht auf Erwerbseinkommen** noch nicht mit dem **konkreten Nachweis eines Erwerbsschadens** gleichgesetzt werden kann.

484 Ein erster Ansatzpunkt ergibt sich aber aus dem **Empfang von Naturalleistungen** (Wohnung, Beköstigung, Kleidungs- und sonstiger Unterhaltsbedarf), die **geldwer-**

C. Materielle Ansprüche § 9

ten **Charakter** haben und die Gegenleistung für die erbrachte Haushaltsführung für die Partner der nicht ehelichen Lebensgemeinschaft sind. Damit wird die Haushaltsführung für fremde Personen zu einer **entlohnten Tätigkeit**. Eine Weitergewährung dieses Entgelts nach dem Schadensereignis trotz Ausfalls der Haushaltsführung entlastet den Schädiger nicht (§ 843 Abs. 4 BGB). Es besteht dann ein Ersatzanspruch auch im **Umfang der Fremdversorgung**, allerdings der Höhe nach begrenzt durch den Wert der empfangenen geldwerten Vorteile.

Die Konstruktion einer Rechtspflicht zur Haushaltsführung über ein **Einvernehmen** oder eine **stillschweigende Vereinbarung** wird vielfach noch als eine bloße **Fiktion** angesehen (*Schirmer*, a.a.O. S. 9). Die Haushaltsführung im Rahmen einer nichtehelichen Lebensgemeinschaft kann aber durchaus als eine **freiwillige Leistung** angesehen werden. Eine **schlichte Aufgabenaufteilung** etwa dergestalt, dass der eine Partner die Miete zahlt und der andere den Haushalt führt, kann durchaus in ein (stillschweigendes) **Vertragsverhältnis** umgedeutet werden. Problematisch ist vielleicht, ob die Partner einen entsprechenden **Rechtsbindungswillen** zum Ausdruck gebracht haben müssen. Das kann möglicherweise nur dann gelten, wenn die nichtehelichen Lebensgefährten einen – schriftlichen oder durch Zeugenbeweis nachgewiesenen mündlichen – **Partnerschaftsvertrag** abschließen. Jedenfalls aber dann, wenn die nichtehelichen Partner durch einen solchen Vertrag eine Rechtspflicht zur gemeinsamen Haushaltsführung begründen, ist der Ersatz des Haushaltsführungsschadens des verletzten Partners anzuerkennen. 485

Außerdem kann durchaus eine **fassbare wirtschaftliche Beeinträchtigung** festgestellt werden (a.A. *Schirmer*, a.a.O. S. 10). Dies würde auch keineswegs zu einer „grenzenlosen Ausweitung der Ersatzpflicht" (*Schirmer*, a.a.O.) führen. In der Tat kann und muss mit dieser Begründung jede Tätigkeit erfasst werden, die freiwillig einem nahestehenden Menschen erbracht wird. **Warum soll es den Schädiger entlasten**, wenn der Geschädigte zufälligerweise (noch) nicht verheiratet ist oder es sich um eine gleichgeschlechtliche, im Übrigen mit der Ehe vollkommen identische Lebensgemeinschaft handelt? 486

Somit ist der Ersatz von Haushaltsführungsschäden keinesfalls auf verletzte Ehegatten zu beschränken. Bei einer **Verletzung** des Haushaltführenden ist zweifelsfrei ein Ersatzanspruch wegen des Wegfalls der Eigenversorgung (**unfallbedingter Mehrbedarf**) und der Betreuung der von ihm abstammenden Kinder (Erwerbsschaden) gegeben (*Hofmann*, Haftpflichtrecht f. d. Praxis, München 1989, S. 486 Rn 83). 487

Der Grundsatz, dass aus einer nichtehelichen Lebensgemeinschaft keine Unterhaltsleistungen geschuldet werden, **muss dringend durch die Rechtsprechung oder den Gesetzgeber modifiziert** und den heutigen Gegebenheiten angepasst werden (so auch *Pardey*, a.a.O. S. 310). Das gilt nicht nur für den Fall der Regelung der Rechtsbeziehungen zwischen den Partnern durch einen Partnerschaftsvertrag. 488

§ 9 Ersatzansprüche bei Verletzungen

489 Bei dem Schaden wegen Beeinträchtigung der Hausarbeitsfähigkeit geht es um den **Geldausgleich für die verletzungsbedingte Erschwernis** bei Erledigung der Hausarbeit ohne wirtschaftlich ungünstige Veränderung im Vermögen der betroffenen Person. Letztlich hat der Schädiger für die **geldwerte Differenz** zwischen dem geplanten Zeiteinsatz und der verletzungsbedingt noch leistbaren Zeit aufzukommen.

490 Zur unentgeltlichen Arbeit im Haushalt sollte die Rechtsprechung eine **eigene Schadensgruppe** anerkennen, die bei den Elementen eigennützig und fremdnützig in einer gewissen Nähe einerseits zum **Mehrbedarf** und andererseits zum **Erwerbsschaden** steht, ohne mit diesen Schadensgruppen identisch zu sein (*Pardey*, a.a.O. S. 310). Der Blick auf die Ehe als Verfassungsinstitut erleichtert die Antwort auf die Wertungsfrage, dass **schadensrechtlich die Familienarbeit der Erwerbsarbeit gleichzustellen** ist. Zur Beurteilung der Beeinträchtigung als vermögenswertem Hausarbeitsschaden ist zwischen der ehelichen und der nichtehelichen Lebensgemeinschaft aber nicht zu trennen. Denn es kommt auf den inneren Charakter der vereitelten Arbeit und – anders als zur Beurteilung des Unterhaltsschadens – nicht auf eine gesetzliche Unterhaltspflicht an (*Pardey*, a.a.O.).

b) Voraussetzungen

491 Es gibt zwei anerkannte Berechnungsmethoden für den Schadensersatzanspruch:
- Die **konkrete Berechnung** anhand tatsächlich erbrachter Aufwendungen für Ersatzkräfte nach dem Schadensereignis, wobei diese Aufwendungen in der besonderen Lage des Geschädigten erforderlich gewesen sein müssen, und die
- fiktive oder **normative Berechnung**, wenn solche Aufwendungen nicht vorgenommen wurden, weil entweder der Geschädigte ohne fremde Hilfe ausgekommen ist oder weil dritte Personen unentgeltlich tätig wurden, was den Schädiger nach dem Grundsatz des § 843 Abs. 4 BGB nicht entlasten darf.

492 Die bei einem Unfall **verletzte Person**, die ganz oder teilweise mit der Haushaltsführung betraut ist, hat gem. §§ 842, 843 BGB einen **eigenen Schadensersatzanspruch** gegenüber dem Schädiger. Die Höhe des Schadens bemisst sich nach der **tatsächlich zu leistenden Arbeit** im Haushalt und nicht danach, zu welchem Ausmaß von Haushaltstätigkeit eine familienrechtliche Verpflichtung bestanden hätte (BGH NJW 1974, 1651; NZV 1997, 71).

493 Zur Bemessung des Schadens ist also **nicht** der **Arbeitszeitbedarf** entscheidend, **sondern** allein, welche Tätigkeit die Geschädigte ohne den Unfall künftig geleistet haben würde, also der **tatsächliche bzw. potentielle Arbeitszeitaufwand**. Dieser ist in jedem Einzelfall konkret festzustellen (OLG Koblenz zfs 2003, 444 f.).

494 Die **Mithilfe** von im Haushalt vorhandenen **Kindern** und des **Ehepartners**/Lebensgefährten ist daher – anders als im Tötungsfall – auch nur in dem Umfang zu berücksichtigen, wie er ohne den Unfall tatsächlich erbracht worden wäre (BGH NJW 1974, 1651; NZV 1997, 71).

C. Materielle Ansprüche §9

Rechtlich anders ist das hinsichtlich des Anspruchs auf Haushaltsführungsschaden bei einem Getöteten: Die Ersatzansprüche wegen des Wegfalls einer bei einem Unfall **getöteten** haushaltsführenden Person regeln sich nach § 844 Abs. 2 BGB. Es handelt sich um Ansprüche eines nur mittelbar Geschädigten. Der Schädiger muss nicht nur den Wegfall der den anderen Familienangehörigen geschuldeten Unterhaltsleistung, sondern den Wert der tatsächlich erbrachten Arbeitsleistung ersetzen.   495

Die Höhe des Schadens bemisst sich dort also lediglich nach der **Höhe des rechtlich geschuldeten Unterhalts**.   496

c) Berechnung Haushaltsführungsschaden

Wie schon vorstehend (siehe Rdn 442) gesagt, kommt es darauf an, welche Arbeitsleistung die Hausfrau ohne den Unfall konkret, also tatsächlich erbracht hätte. Eine etwaige **Mithilfeverpflichtung von Familienangehörigen** kann demnach nur insoweit Berücksichtigung finden, wie diese Mithilfe vor dem Unfall auch **tatsächlich erbracht** wurde (BGH NJW 1974, 1651; OLG Stuttgart zfs 1983, 166). **Unerheblich** bleibt allein schon aus Rechtsgründen, inwieweit die übrigen Familienmitglieder zur Mitarbeit im Haushalt **verpflichtet gewesen wären** (BGH NZV 1997, 71).   497

Beispiel   498
Wenn der Mann Fernfahrer oder Seemann ist, der oft wochenlang nicht nach Hause kommt, ist seine tatsächliche Mithilfemöglichkeit gleich Null, gleiches gilt für ein behindertes Kind.

Es ist aber auch die Frage von Bedeutung, ob und inwieweit schon vor dem Unfall eine **tatsächliche Haushaltshilfe** eingestellt und tätig oder deren Einstellung beabsichtigt war. Sie mindert den tatsächlichen Arbeitszeitbedarf der verletzten Person entsprechend.   499

Tipp   500
Wichtig ist, dass im Verletzungsfall kein Abzug der Eigenversorgung des Haushaltsführenden in Betracht kommt. Im Gegenteil können bei bestehender Pflegebedürftigkeit des Verletzten Zuschläge zur Arbeitszeit einer fiktiven Ersatzkraft aus dem Gesichtspunkt des unfallbedingten Mehrbedarfs gem. § 843 BGB vorzunehmen sein.

aa) Kosten einer Ersatzkraft

Wird unfallbedingt eine Ersatzkraft eingestellt, sind deren Kosten **konkret** im nachgewiesen Umfang – **brutto**, einschließlich sämtlicher Sozialabgaben und Arbeitgeberanteile – auszugleichen (OLG Köln VersR 1990, 1285; OLG Köln r+s 2015, 422). Voraussetzung ist, dass sie im tatsächlichen Umfang **erforderlich und angemessen** sind. Dies ist regelmäßig ein heftiger Streitpunkt in der Regulierungspraxis mit Versicherern. Die Angemessenheit richtet sich nach der Größe und Art   501 des Haushaltes. Unter Berücksichtigung der Schadensminderungspflicht darf die zu ersetzende Vergütung nicht höher sein als bei einer mit der verletzten (oder getöteten) Hausfrau vergleichbaren Ersatzkraft (LG Saarbrücken zfs 1997, 412, 414). Also vertreten Versicherer oftmals die Auffassung, der erforderliche Arbeitsaufwand sei mit **weniger Stunden** zu bewerkstelligen gewesen und außerdem sei der gezahlte **Stundenlohn** zu hoch. Das führt dann regelmäßig dazu, dass der Geschädigte, der ja wegen der Kosten der Ersatzkraft tatsächlich in Vorlage getreten ist, auf Geldbeträgen sitzen bleibt, die er dann wieder in kostenträchtigen und langwierigen Prozessen einklagen muss, oft nach eingeholten Sachverständigengutachten jedoch nur teilweise realisieren kann. Um dem Vorwurf des Verstoßes gegen die **Schadensminderungspflicht** zu entgehen, sollten daher stets mehrere Angebote auf dem regionalen Markt eingeholt werden.

502 Wer auf der sicheren Seite sein will, sollte eine Ersatzkraft erst nach Abklärung mit dem gegnerischen Versicherer einstellen oder es ganz ihm überlassen, die Ersatzkraft auszuwählen, zu bestellen und zu bezahlen.

Tipp
Diese Kosten sind dem Gegenstandwert der anwaltlichen Tätigkeit auch dann hinzuzurechnen, wenn sie tatsächlich vom gegnerischen Versicherer bezahlt wurden. Denn der Anspruch entsteht ausschließlich in der Person des Geschädigten. Also sollte sich der Geschädigtenanwalt die Gesamtkosten vom gegnerischen Versicherer mitteilen lassen.

503 Wenn eine **konkrete Ersatzkraft** allerdings **nicht in vollem Umfang**, sondern nur für eine geringere Zahl von Arbeitsstunden beschäftigt wird, als nach dem konkreten Arbeitszeitaufwand eigentlich erforderlich ist, dann verbleibt ein **teilweise fiktiv zu errechnender Schaden**, welcher der Höhe nach in der verbleibenden **Zeitdifferenz** besteht und gem. den nachfolgenden Ausführungen zu errechnen ist.

bb) Keine Einstellung einer Ersatzkraft

504 Oft wird eine Ersatzkraft tatsächlich nicht eingestellt, und die **Familie behilft sich** durch unentgeltliches Zurückgreifen auf Großeltern, Nachbarn oder Freunde bzw. die übrigen Familienmitglieder leisten **überobligationsmäßige Mehrarbeit** im Haushalt, z.B. neben ihrem Beruf. Die verletzte Person kann durch **überobligationsmäßige** Anstrengungen ebenfalls selbst den Haushaltsführungsschaden auffangen. Das darf sich nicht zugunsten des Schädigers auswirken.

505 Wird der Ausfall oder die Behinderung der Hausfrau durch Mehrarbeit der Familienmitglieder, unentgeltliche Hilfeleistungen Dritter oder überobligationsmäßige Anstrengungen des Verletzten aufgefangen, ist der Schaden **fiktiv**, besser: **normativ** zu berechnen. Anhaltspunkt für die Schadensschätzung im Rahmen des § 287 ZPO ist der **Nettolohn** einer **erforderlichen und geeigneten Hilfskraft**.

C. Materielle Ansprüche § 9

Tipp 506
Versicherer tun oft so, als wüssten sie nichts von einer abstrakten Berechnung des Haushaltsführungsschadens, der für sie ja auch teuer werden kann. Sie verlangen dann immer wieder den Nachweis einer konkret eingestellten Ersatzkraft. Es genügt oft der bloße Hinweis darauf, dass der BGH immerhin schon seit 1979 (VersR 1979, 670; BGHZ 86, 372) normativ abrechnet und sich das auch bei der Versicherungswirtschaft herumgesprochen haben sollte.

(1) Haushaltsspezifische Minderung der Erwerbstätigkeit

Zur Darlegung des Haushaltführungsschadens genügt es nicht, auf die unfallbedingte (allgemeine) Minderung der Erwerbstätigkeit (MdE) hinzuweisen. Maßgeblich ist demgegenüber allein die **haushaltsspezifische MdE, auch als MdH (Minderung der Fähigkeit zur Arbeit im Haushalt) bezeichnet** (OLG Köln r+s 2015, 422). Insoweit ist die konkrete Lebenssituation des Geschädigten vor und nach dem schädigenden Ereignis darzustellen, damit dessen wesentliche Auswirkungen auf die Hausarbeit und der sich daraus ergebende Haushaltführungsschaden bestimmt werden können (BGH NJW 1985, 7 f. und 35 f.; OLG Koblenz zfs 2003, 444 f.; OLG Köln r+s 2015, 422). Hierzu ist es erforderlich, dass der Geschädigte **qualifizierte Angaben zur konkreten Lebenssituation, zum Zuschnitt der Familie, der Wohnung sowie zu Art und Umfang der im Einzelnen ausgeführten Haushaltstätigkeiten** macht, wobei **ausreichend** ist, wenn der Geschädigte seine **wesentlichen Lebensumstände** vorträgt, die unter Zuhilfenahme anerkannter Tabellen eine Eingruppierung bzw. Klassifizierung zulassen (OLG Köln r+s 2015, 422). 507

Beispiel 508
Wer einen gebrochenen Arm hat, kann zwar in seinem Beruf als Mechaniker nicht arbeiten, jedoch noch eine ganze Menge im Haushalt tun, ihn zumindest leiten und organisieren. Die Erschwernisse bei der Haushaltsführung sind prozentual zu bezeichnen.

Tipp 509
Zwar gibt es zur Ermittlung der haushaltsspezifischen MdE Tabellenwerke (z.B. die im Literaturhinweis genannte Tabelle *Reichenbach/Vogel* bzw. die Tabelle 6 in der nachstehend beschriebenen Tabelle *Schulz-Borck/Pardey*). Genauer und meist günstiger für den Geschädigten ist jedoch die Bestimmung durch den behandelnden Arzt, u.U. im Rahmen eines speziell zur Klärung dieser Frage in Auftrag zu gebenden Sachverständigengutachtens. Dabei ist zu ermitteln, welche Arbeiten im Haushalt unfallbedingt nicht mehr möglich oder nicht mehr zumutbar sind. Sodann ist die Zeit zu schätzen, die eine Hilfskraft für die Erledigung der Arbeiten benötigen würde.

§ 9 Ersatzansprüche bei Verletzungen

510   Es ist also zu **schätzen**, welcher Anteil der Arbeitszeit von einer Hilfskraft übernommen werden müsste, um die Behinderung des Haushaltsführenden auszugleichen. Hier kommt es auf die **konkrete** Behinderung in der Haushaltsführung an. Die **abstrakte** MdE ist ein Begriff aus dem Sozialversicherungsrecht und hat keine Aussagekraft für den Umfang des Schadensersatzes (OLG Hamm VersR 2002, 1430; OLG Koblenz VersR 2004, 1011). Die konkrete Behinderung im Haushalt (MdH) ist i.d.R. **niedriger** (OLG Köln r+s 2015, 422), wobei die Auswirkungen in den einzelnen Tätigkeitsbereichen unterschiedlich groß sind.

511   Ein **normativer Schaden wegen Beeinträchtigung der Haushaltsführung** setzt eine **konkrete und spürbare**, nicht nur unerhebliche Beeinträchtigung voraus. Während der Zeit eines **stationären Aufenthalts** ist ein völliger Ausfall der Haushaltsführung zu unterstellen, soweit sie für die Familienangehörigen erbracht wird. Allerdings ist insoweit der **Wegfall der Eigenversorgung** zu berücksichtigen. Dies gilt auch für eine ärztlich attestierte „Minderung der Erwerbsfähigkeit" von 100 %.

512   Die Einschätzung der konkreten haushaltsspezifischen Behinderung nach den Tabellen 200 des Münchner Modells sollte insbesondere dann erfolgen, wenn sich der Gesundheitszustand stabilisiert und die Dauer der MdE feststeht. Für den **Krankenhausaufenthalt** und die **Rekonvaleszenz** gelten Besonderheiten. Während des Krankenhausaufenthaltes fällt der Haushaltsführende völlig aus. Zudem kommt es für diese Zeit einerseits auf die Kosten einer höher qualifizierten Ersatzkraft an, da der Haushaltsführende wegen seiner Abwesenheit auch **keine Leitungsfunktion** ausüben kann. Andererseits entfällt der Anteil der Eigenversorgung. Auch während des Krankenhausaufenthalts eines alleinstehenden Haushaltsführenden kommt ebenfalls ein – geringer – normativer Schaden in Betracht, wenn die Wohnung durch Dritte betreut werden muss. Während Zeiten der Arbeitsunfähigkeit ist zu berücksichtigen, dass die **Leitungsfunktion** meist noch möglich ist. Im Übrigen ist genau zu prüfen, ob konkret einzelne Tätigkeiten verrichtet werden können und ob dies auch zumutbar ist. Bei Arbeitsunfähigkeit eines **erwerbstätigen Verletzten** besteht nicht notwendig 100 %-ige Behinderung in der Haushaltsführung. Dabei ist auch zu bedenken, dass der Haushaltsführende die ihm zur Verfügung stehende zusätzliche Zeit nutzt, um leichtere Hausarbeiten langsamer und mit Pausen zu erledigen. Schwerere Arbeiten können bei einer vorübergehenden Behinderung verschoben werden.

(2) „Tabelle Pardey"

Literatur zur Tabelle Pardey:

Schah Sedi/Schah Sedi, Das verkehrsrechtliche Mandat, Band 5: Personenschäden, 2. Auflage 2014, § 3 Rn 158 ff.

513   Früher, bis zur 6. Auflage, hieß die Tabelle *„Schulz-Borck/Hofmann"* (Schadensersatz bei Ausfall von Hausfrauen und Müttern im Haushalt, VVW Karlsruhe, Verlag für Versicherungswirtschaft e.V., 6. Auflage 2000, jährlich ergänzt durch neue

C. Materielle Ansprüche § 9

TVÖD-Tabellen), ab der 7. Auflage im Jahre 2009 ist Herr VRiLG *Frank Pardey* für den verstorbenen *Prof. Hofmann* als Co-Autor tätig. Der entscheidende **Unterschied** besteht darin, dass ab den Tabellen 8 bis 13.3 eine stärkere Differenzierung vorgenommen worden ist. Der Handhabung der Tabelle hat dieser Wechsel nicht in allen Teilen gut getan – sie ist in der stark differenzierten Unterteilung viel umständlicher zu handhaben – und viele arbeiten daher noch heute lieber mit der 6. Auflage. Andererseits vermag die 7. Auflage letztendlich alle Arten haushaltsmäßigen Zusammenlebens genauer zu betrachten und es ist auch klarer herausgearbeitet, wie sich die Haushaltsführungstätigkeiten bei einer Frau und bei einem Mann darstellen. In der inzwischen vorliegenden 8. Auflage (2013) ist eine grundlegende Überarbeitung der Darstellung vorgenommen worden. Die Irritationen, die in der 7. Auflage durch die Schaffung neuer Tabellen entstanden ist, konnte dadurch aufgelöst werden (vgl. im Einzelnen *Schah Sedi/Schah Sedi*, § 3 Rn 159).

Nach diesem Tabellenwerk wird der Haushaltsführungsschaden in der Regulierungspraxis im Verhältnis zu Versicherern berechnet und es gehört ebenso wie die anderen bislang genannten Tabellen in jede Kanzlei eines mit Schadensrecht befassten Anwaltes. Es ist **zur Berechnung des Haushaltshilfeschadens unentbehrlich** und in der Praxis nahezu alleinige Grundlage außergerichtlicher Berechnung dieser Schadensposition (KG DAR 2008, 520). Sofern Versicherer gern einwenden, die Arbeitszeitberechnungen in der Tabelle stimme mit den tatsächlichen Gegebenheiten nicht mehr überein, weil das **Fortschreiten der Technisierung** viele Abläufe in modernen Haushalten vereinfacht habe und der Verzehr von Fertig- oder Halbfertigprodukten den Aufwand in der Küche reduziert hätte, trifft das bei der aktuellen Tabelle nicht (mehr) zu. Außerdem ist der größte Teil der Haushaltsarbeit immer noch manuell zu erledigen.

514

In der gerichtlichen Praxis begegnet die Tabelle leider immer wieder Vorurteilen und richtertypischen Individualbetrachtungen, sodass die Tabelle leider nicht immer zur **Verfahrensvereinfachung** herangezogen kann. Richter beharren oft auf der umständlichen und zeitraubenden Darstellung der konkreten Situation im speziellen Verletztenhaushalt und einer ressourcenraubenden diesbezüglichen Beweisführung. Deshalb sollte nach aller Möglichkeit versucht werden, den **Haushaltsführungsschaden stets außergerichtlich** zu regulieren, statt das insoweit nahezu unkalkulierbare Risiko einer gerichtlichen Entscheidung einzugehen. Richter neigen immer wieder dazu, ihre ganz persönlichen häuslichen Erfahrungen und Lebenserkenntnisse an die Stelle objektiver Erhebungen zu setzen. Wenn ein Richter seiner Putzfrau 6 EUR die Stunde zahlt, dann führt das oft auch dann nicht zu einem darüberhinausgehenden Haushaltsführungsschaden, wenn die Tabelle 12 EUR ausweist.

515

Da der haushaltsführenden Person kein konkretes, bezifferbares Einkommen entgeht, muss eine **Schätzung** gem. § 252 BGB, § 287 ZPO erfolgen. Der Geschädigte ist nämlich grundsätzlich berechtigt, die fiktiven Kosten einer adäquaten Ersatz-

516

§ 9 Ersatzansprüche bei Verletzungen

kraft in Ansatz zu bringen. Bei dieser Schätzung ist die Tabelle *Pardey* lediglich ein Hilfsmittel, nicht mehr! Sie dient auch zur **Plausibilitätskontrolle** der von der Mandantschaft angegebenen Angaben zum Arbeitszeitaufwand im Haushalt. *Pardey* selbst meint, dass bei der Schadensregulierung die Zeitangaben aus den Tabellen 8 bis 13 für den entsprechenden Haushalt lediglich als Mindestansatz helfen können (*Pardey*, VersR 2010, 33).

517 Der BGH und die obergerichtliche Rechtsprechung haben diese Tabelle mehrfach als eine solche **geeignete Schätzungsgrundlage** anerkannt (BGH VersR 1979, 670; NZV 1988, 61; VersR 2009, 515; OLG Düsseldorf DAR 1988, 24 ff.; OLG Rostock zfs 2003, 233 ff.; OLG Oldenburg zfs 1989, 340; OLG Oldenburg VersR 1993, 1491; OLG Düsseldorf VersR 2004, 120; KG DAR 2008, 520), von welcher der Tatrichter daher nur in Ausnahmefällen und mit besonderer Begründung abweichen soll. Leider ist das in der gerichtlichen Praxis aber oft nicht der Fall.

518 Bereits die 7. Auflage der Tabelle geht nicht mehr von der überholten Rollenverteilung aus, wonach die Frau vornehmlich den Haushalt führt und der Mann das Geld verdient. Die Begriffe „Frau" und „Mann" in der Tabelle sind nur noch bis zur 6. Auflage in einem von einem „Hausmann" geführten Haushaltstyp entsprechend umgekehrt zu verwenden. Ab der 7. Auflage wird der Arbeitszeitaufwand im Haushalt bei Verletzung der Frau erfasst und spiegelbildlich die gleiche Konstellation für den Mann dargestellt.

519 Bei der aktuellen **8. Auflage** gilt Folgendes: Die Familienhaushalte mit und ohne Kinder werden nunmehr in Tabellen 1 und 2 erfasst, **Tabelle 10** enthält Aufteilungen zum Arbeitszeitaufwand der Frau und des Mannes, jeweils unterteilt in „erwerbstätig" oder „nicht erwerbstätig". Darüber hinaus werden diejenigen Sachverhalte erfasst, in denen beide Partner berufstätig sind und sich die Haushaltsführung teilen, sowie gekreuzte Situationen dargestellt, z.B. verletzte Frau nicht erwerbstätig, aber der Mann bzw. verletzter Mann nicht erwerbstätig, aber die Frau usw.

520 In der **Tabelle 11** wird der Arbeitszeitaufwand im Haushalt von Alleinerziehenden erfasst, jeweils dargestellt anhand unterschiedlicher Kinderzahlen. Die **Tabelle 9** gibt die entsprechenden Auskünfte für Single-Haushalte. Für alle Tabellen gilt: Etwaige Abweichungen im konkreten Haushalt lassen sich nach den Tabellen 3 und 4 ermitteln.

521 *Wichtig*
Soweit die Tabelle Angaben zur Übernahme der Haushaltsführung durch übrige Personen enthält, ist nach der Rechtsprechung des BGH darauf abzustellen, ob diese Mithilfe von dem betreffenden Familienangehörigen auch **tatsächlich erbracht** wird. Eine bloße gesetzliche Mithilfeverpflichtung ist solange irrelevant, wie sich diese Mithilfe nicht auch tatsächlich realisiert oder realisieren lässt (BGH NJW 1974, 1651; OLG Stuttgart zfs 1983, 166).

C. Materielle Ansprüche § 9

Beispiel **522**
Wenn es in traditionell aus religiösen Gründen patriarchisch geführten Familien unter der männlichen Würde ist, Arbeiten im Haushalt auszuführen, dann wird eine Mithilfe auch nicht geschuldet, weil es diese in der Realität nicht gibt. Oder wenn der Mann monatelang auf See ist, dann kann er in dieser Zeit eine Mithilfe tatsächlich nicht erbringen.

Andererseits ist eine etwaige schon vor dem Unfallereignis im Haushalt beschäftigte **Haushaltshilfe** anspruchsmindernd zu berücksichtigen. **523**

(3) Praktischer Umgang mit der Tabelle

Auf der Basis des Werks von *Pardey* kann wie folgt gerechnet werden: **524**
- Ermittlung des objektiv erforderlichen **Zeitaufwands** für die Weiterführung des Haushalts (einschließlich Kinderbetreuung und der notwendigen Gartenpflege) durch eine Hilfskraft im bisherigen Standard,
- multipliziert mit dem Prozentsatz der **konkreten Behinderung** (dies ergibt die Stundenzahl, die eine Ersatzkraft arbeiten müsste),
- multipliziert mit dem Netto-Stundenlohn einer erforderlichen **Hilfskraft** (berechnet nach TVÖD),

ergibt die Schadenshöhe
- **abzüglich Rente** eines Sozialversicherungsträgers von dem Teil des Schadensersatzes, der sich auf den Ausfall in der Haushaltsführung für die Familienangehörigen bezieht (Aufteilung nach Kopfzahl),
- multipliziert mit der **Haftungsquote**

ergibt den persönlichen Schadensersatz.

Merke **525**
Die **Rechenformel** lautet daher:
Zeitaufwand wöchentlich × Grad der konkreten Behinderung in % × Stundenlohn netto ./. kongruente Leistungen Dritter × Haftungsquote = persönlicher Schadensersatz.

Nachfolgend soll der praktische **Umgang mit der Tabelle** kurz dargestellt werden: **526**
- **Datenermittlung:** Zur Ermittlung aller für den Umgang mit der Tabelle erforderlichen Daten sind die **Fragebögen 2–5** der 8. Auflage (Tabellen 5.1 bis 5.4 der 7. Auflage) gedacht. Das Einfachste ist es, diese Fragebögen zu fotokopieren, dem Mandanten mitzugeben und von ihm ausgefüllt zurücksenden zu lassen. Sie lassen sich aber neuerdings auch ganz einfach unter *www.vvw.de* kostenfrei aus dem Internet herunterladen.
- **Arbeitszeitaufwand:** Alsdann ist der Arbeitszeitaufwand in den unterschiedlichen Haushaltstypen (erwerbstätig/nicht erwerbstätig, wie viele Personen im Haushalt?) zu ermitteln. Zur Darlegung und für den Nachweis des Umfangs dieser Tätigkeit kann sich die Verletzte auf die Erleichterungen des § 287 ZPO be-

rufen, die auch für die Darlegungslast gelten (OLG Oldenburg VersR 93, 1491; BGH VersR 92, 618). Dazu dienen die **Tabellen 1, 9 und 11**. Aus ihnen sind maßgebliche Ansatzpunkte zu ersehen, wie viele Stunden pro Woche im Haushalt insgesamt geleistet werden und wie viele auf die Frau, den Mann und die Kinder bzw. übrige Personen verteilt sind. Aussagen der Betroffenen selbst oder von Verwandten und Nachbarn helfen in der Regel nicht viel, da es um subjektive Wertungen geht und eine **realistische Einschätzung der Hausarbeit** praktisch nicht möglich ist. Allerdings kann sich die Frage stellen, ob sie im Zeitalter der Tiefkühlkost und des „Fast-food" und geänderter Prioritäten im privaten Bereich noch absolute Gültigkeit haben können. Insbesondere bei Berufstätigkeit des verletzten Haushaltsführenden könnte es erforderlich werden, die angegebenen Tabellenwerte etwas nach unten zu korrigieren. Zu unterscheiden ist möglicherweise auch zwischen der älteren und der jüngeren Generation und städtischen und ländlichen Haushalten.

- **Zu- und Abschläge** lassen sich aus den **Tabellen 3 und 4** der 8. Auflage (Tabellen 2.1 und 2.2 der 7. Auflage) ableiten und sind entsprechend zu berücksichtigen. **Besonderheiten des konkreten Haushaltes**, die einen erhöhten Haushaltsführungsaufwand mit sich bringen, sind gesondert zu berücksichtigen, z.B. aufwändige Nutz- und Ziergärten, aufwändige Tierhaltung, Nahrungsmittelunverträglichkeiten, Allergien, ADS/ADHS bei einem oder mehreren Kindern.

- **Eingruppierung nach TVÖD:** Anhaltspunkt für die Schadensschätzung ist der Nettolohn einer entsprechenden Ersatzkraft. Welche Ersatzkraft als „entsprechend" anzusehen ist, lässt sich aus den **Tabellen 7_1 und 7_2 der 8. Auflage** (Tabellen 4, 5 und 14 der 7. Auflage) ablesen. Dort wird beschrieben, welche TVÖD-Gruppe für den jeweiligen Haushalt unter Berücksichtigung der sozialen Stellung (einfacher, durchschnittlicher und gehobener Haushalt) und der Anzahl vorhandener Kinder sowie deren Alter zugrunde zu legen ist. Sie wird unterteilt in überwiegenden und völligen bzw. teilweisen Ausfall des Haushaltsführenden.

- **TVÖD-Tabelle:** Die Höhe der Nettokosten der Ersatzkraft nach TVÖD lässt sich dann aus der **Tabelle 7_3 der 8. Auflage** ablesen. **Wichtig** ist, dass der aus den Tabellen 1, 9 und 11 ermittelte Stundenbedarf in „pro Woche" angeben ist, während die TVÖD-Entgelttabelle das Entgelt pro Stunde benennt (die Entgelttabelle zur 7. Auflage Entgelt „pro Monat"). Weiter ist **wichtig**, dass die Quote der Minderung der haushaltsspezifischen Erwerbstätigkeit bei der Anzahl der Stunden vorzunehmen ist, nicht vom Nettolohn nach TVÖD. Ergänzend dazu enthält Tabelle 8 der 8. Auflage eine Übersicht über die von den Oberlandesgerichten in der bisherigen Regulierungspraxis zugrunde gelegten Stundensätze.

- **Haushaltsspezifische MdE:** Die **Tabellen 5_1, 5_2 und bzw. 6 der 8. Auflage** (Tabellen 6 bzw. 7.1 und 7.2 der 7. Auflage) können herangezogen werden,

C. Materielle Ansprüche §9

wenn die haushaltsspezifische MdE nicht durch Arztgutachten oder ein einzuholendes Sachverständigengutachten belegt ist.

Aber: Vorsicht 527
Ärzte, vor allem Klinikärzte, kennen in der Regel nicht den juristischen Begriff der „**haushaltsspezifischen MdE**". Sie verwenden stattdessen die ihnen geläufigen Werte aus der sozialversicherungsrechtlichen Materie, was dann zwangsläufig zu Lasten des Geschädigten gehen wird. Außerdem fehlt den Ärzten in aller Regel die erforderliche Kenntnis von haushaltsspezifischen Abläufen, speziell in dem Haushalt des konkreten Patienten. Deshalb sollte immer nur ein solcher Arzt oder – besser noch: öffentlich bestellter und vereidigter Sachverständiger – die Frage nach der haushaltsspezifischem MdE beantworten, der erwiesenermaßen über hinreichende **Sach- und Fachkompetenz** verfügt.

Vgl. hierzu auch die Übersicht „konkrete und fiktive Berechnung des Haushaltsführungsschadens" im Anhang dieses Buches, (Anlage 11, siehe § 14 Rdn 14 f.).

Das Ganze soll einmal an einem konkreten **Beispiel** anhand der 7. Auflage durchgerechnet werden: 528

Beispiel
Haushaltstyp aufgrund des Fragebogens der Tabellen 5.1 bis 5.3: Drei-Personen-Haushalt, verletzte Frau nicht erwerbstätig, Mann berufstätig, ein ünfjähriges Kind, mittlere technische Ausstattung des Haushaltes, Durchschnittshaushalt, zeitweiliger überwiegender Ausfall der Hausfrau, Verletzung: Beinamputation im Kniegelenk, prothesenfähig:

Tabelle 8, Ziffer 4:		Haushalt insgesamt:	63,5 Stunden
		davon Frau:	43,2 Stunden
		davon Mann:	20,3 Stunden
		davon Kind:	0 Stunden
Tabelle 14, Buchstabe B:			
Vergütungsgruppe TVÖD E.-Gr. 6			
Tabelle 6 (alle Einzelbehinderungen in % addieren und durch 9 dividieren), durchschnittliche haushaltsspezifische MdE: 36 %			
Arbeitszeitbedarf bei dieser Behinderung:			
		43,2 Stunden × 36 % = 15,55 Stunden/Woche	
Entgelttabelle (Stand TVÖD-Tabelle 2010) bei aufgerundet 16 Stunden pro Woche:			
			782,76 EUR pro Monat

585

§ 9 Ersatzansprüche bei Verletzungen

Übrigens: Die gleiche Berechnung nach der alten Tabelle *Schulz-Borck/Hofmann*, 6. Auflage, kam auf 869,49 EUR (vgl. die Berechnung in der Vorauflage dieses Buches), also deutlich mehr! Es sollte also dem Bestreben manchen Versicherungsregulierers, aus Bequemlichkeit die 6. Auflage zu benutzen, nicht widersprochen werden!

529 Hier wird auch der Fehler deutlich, der entsteht, wenn die haushaltsspezifische MdE nicht bei der Anzahl der Wochenstunden, sondern bei dem Nettolohn nach TVÖD berücksichtigt wird: 43 Stunden pro Woche nach TVÖD E.-Gr. 6 (Stand TVÖD-Tabelle 2010) ergibt 1.722,00 EUR, davon 36 % ergibt 619,92 EUR, also immerhin 162,84 EUR pro Monat weniger.

530 *Hinweis*
Die **haushaltsspezifische MdE** wird bei der Anzahl der Stunden des Arbeitszeitbedarfs reduzierend berechnet.

Eine Mithaftungsquote wirkt sich hingegen anspruchsmindernd bei der errechneten (End-)Summe des Nettolohnes nach TVÖD aus.

531 *Wichtig*
Diese Berechnung bezieht sich **nur auf die Dauer-MdE**. Selbstverständlich ist für die **vorgelagerten Zeiträume** 100 %-iger und anschließend bis zum Erreichen der Dauer-MdE prozentual abgestufter MdE eine jeweilige Abrechnung für die einzelnen Zeiträume vorzunehmen und vorab hinzuzurechnen.

(4) Auswirkungen einer Fehlberechnung

532 Die **Bedeutung der Schadensposition „Haushaltsführungsschaden"** einerseits und die vorerwähnte Falschberechnung anderseits werden deutlich, wenn kapitalisiert wird (zu den Kapitalisierungstabellen und deren Anwendung siehe § 11 Rdn 70 ff.):

533 Ist die verletzte Hausfrau in dem vorstehenden Beispiel 25 Jahre alt, beträgt der Berechnungsfaktor für den Haushaltshilfeschaden als lebenslange Leibrente (Tabelle I/8 bei *Küppersbusch/Höher*, Ersatzansprüche bei Personenschäden, 12. Auflage 2016) und bei einem Zinsfuß von 3,0 % gem. Kapitalisierungstabelle 27,3. Der oben errechnete monatliche Haushaltshilfeschaden von 782,76 EUR errechnet sich für das Jahr auf 9.393,12 EUR, multipliziert mit dem Kapitalisierungsfaktor 27,3 ergibt dies **256.432,18 EUR** als Kapitalabfindung.

534 Der vorerwähnte Rechenfehler (Rdn 524, 529) führt zu einem Betrag in Höhe von lediglich 203.085,79 EUR, also immerhin **53.346,39 EUR weniger.**

535 Interessant ist auch die seit der Tabelle *Schulz-Borck/Pardey* mögliche Berechnung des **Haushaltsführungsschadens** des (Ehe-)Mannes. Darunter fällt sowohl die allgemeine Mitwirkungspflicht des Ehemannes im Haushalt, aber auch dessen rollenspezifische besondere Betätigung als „Heimwerker" und „Gärtner". Sein Haus-

haltshilfeschaden ist **neben seinem Verdienstausfall** zu berechnen und wird deshalb oft genug völlig vergessen.

Die Berechnung erfolgt nach der Tabelle 9 und ergibt beispielsweise für eine sechsmonatige 100 %-ige haushaltsspezifische MdE des verletzten berufstätigen Ehemannes in der Beispielfamilie: 19,6 Stunden, aufgerundet: 20 Stunden bei TVÖD E.-Gr. 6 = 943,48 EUR (Stand TVÖD-Tabelle 2010) pro Monat × 6 = **5.660,88 EUR**. 536

Noch deutlicher wird die Bedeutung auch dieser Position bei durchgeführter Kapitalisierung: Dauer-MdE 36 % bei 20 Stunden pro Woche = (7,2) aufgerundet 8 Stunden = 398,23 EUR pro Monat nach TVÖD E.-Gr. 6 = 4.778,76 EUR pro Jahr × Kapitalisierungsfaktor (25 Jahre, Männer, lebenslange Leibrente (Tabelle I/1 bei *Küppersbusch/Höher* a.a.O.), 3,0 % Zinsfuß) 26,122 = **124.830,77 EUR**. 537

Tipp 538
Wie schon in einem vorangegangenen Tipp gesagt, ist es gefährlich und schädlich – nicht nur für den Honoraranspruch –, den Haushaltshilfeanspruch zu vergessen oder auch nur falsch zu berechnen. Beklagenswert oft wird vor allem der **Haushaltsführungsschaden des Mannes** vergessen. Auch **Alleinstehende** haben einen solchen Ersatzanspruch. Selbst für **mithilfeverpflichtete Kinder** lässt sich ein solcher Anspruch errechnen (§ 845 BGB; BGH VersR 1983, 458; 1973, 940; 1974, 601).

d) Rente und Kapital

Auch ein Haushaltsführungsschaden ist grundsätzlich in **Rentenform** zu leisten (§ 843 Abs. 1 BGB). Die vorstehend errechnete **Kapitalisierung** (Technik der Kapitalisierung siehe § 11 Rdn 1 ff.) kommt also nur dann in Betracht, wenn beide Parteien es vereinbaren. 539

Die Rente wird **längstens für die mutmaßliche Lebensdauer** der unterhaltspflichtigen Person geschuldet, die sich aus der allgemeinen **Sterbetafel** herleiten lässt. Die Behauptung, der Geschädigte wäre **früher verstorben** (z.B. bei zum Unfallzeitpunkt bereits vorhandener schwerer Erkrankung), muss der **Schädiger** darlegen und **beweisen**. 540

Oft wird von Seiten der Versicherer argumentiert, die Fähigkeit zur Haushaltsführung könne auch schon früher, z.B. mit Vollendung des 75. Lebensjahres, enden (so z.B. OLG Zweibrücken VersR 1978, 356 bei einer Frau; LG Essen VersR 1977, 674 bei einem Mann mit 70 Jahren). Dieses Argument ist grundsätzlich in seiner Allgemeinheit **nicht zutreffend** und kann allenfalls im individuellen Fall ausnahmsweise einmal zutreffen. Die **Beweislast** trifft hier aber ebenfalls den **Schädiger**. Vielleicht ist es ganz praktikabel, die **statistische Lebenserwartung minus zwei Jahre** als Formel zugrunde zu legen (so eine nicht veröffentlichte Ansicht des OLG Oldenburg). 541

542 Grundsätzlich ist der Haushaltsführungsschaden ein **Rentenschaden**, also ein vom Gesetz her nicht zeitlich begrenzter Anspruch. Demzufolge besteht der Anspruch grundsätzlich auch weit über das 75. Lebensjahr hinaus (OLG Rostock zfs 2003, 235). Die heutigen demoskopischen Zahlen lassen den Rückschluss auf eine deutlich verlängerte durchschnittliche Lebenserwartung zu. Demzufolge muss eine **Einzelfallbetrachtung** durchgeführt werden. Dabei ist auch das schon erreichte tatsächliche Alter zugrunde zu legen, wobei dann die **allgemeine Sterbetafel** bei der Ermittlung des mutmaßlichen Lebensalters herangezogen werden kann. Jedenfalls kann bei der Bestimmung des Haushaltsführungsschadens kein allgemein gültiges Höchstalter zugrunde gelegt werden (so auch die Entschließung des 48. VGT in Goslar, AK IV).

543 Schadensersatzrenten für **minderjährige Kinder** sind in der Regel auf das 18. Lebensjahr zu begrenzen. Eventuell weitergehende Ansprüche sind durch ein Feststellungsurteil bzw. einen gleichwertigen Vorbehalt in einer Abfindungserklärung abzusichern.

e) Einschränkung des Haushaltsführungsschadens

aa) Mithaftung

544 Eine etwaige **Mithaftungsquote** muss ggf. noch **bei der errechneten Endsumme** korrigierend berücksichtigt werden.

bb) Geringe Beeinträchtigungen

545 Eine **haushaltsspezifische MdE von unter einem bestimmten Prozentsatz** wirkt sich im Haushalt unter Umständen kaum noch oder gar nicht mehr aus (z.b. OLG Oldenburg VersR 1993, 1491; OLG München zfs 1994, 48). Das kann auch bei zeitlich kurz befristeten Unfallfolgen gelten.

546 Die **Rechtsprechung** zu den Prozentsätzen ist **uneinheitlich**. Sie kann im Wesentlichen eingeteilt werden in solche von **10 % bis 20 %**. Ältere Entscheidungen ziehen die Grenze bei 20 %. Generell kann nach der **neueren Rechtsprechung** eine abstrakte MdE bis 10 % unberücksichtigt bleiben, wobei einige Gerichte der Auffassung sind, dass nur eine MdE **unter** 10 % kompensierbar ist, andere sind demgegenüber der Meinung, dass eine MdE von 10 % **einschließlich** die Kompensationsgrenze darstellt (LG Braunschweig SVR 2007, 99).

547 Aber auch bei einer abstrakten MdE von 10 % bis einschließlich 20 % ist u.U. zu prüfen, ob konkrete, nicht unerhebliche Auswirkungen auf die Haushaltsführung vorliegen. Wegen der **Kompensationsmöglichkeiten** beim Einsatz der Arbeitskraft und dem Einsatz technischer Hilfsmittel im Haushalt wird dies nur ausnahmsweise der Fall sein.

548 Es könnte der Einwand erfolgen, der Haushaltsführende könnte im Rahmen der **Schadensminderungspflicht** gehalten sein, seinen Haushalt so **umzuorganisieren**, dass er diejenigen Tätigkeiten übernimmt, zu denen er trotz seiner unfallbedingten Behinderungen noch in der Lage ist (*Küppersbusch/Höher*, Rn 199). Dabei müsse er u.U. auch Haushaltsgeräte und andere Rationalisierungsmaßnahmen einsetzen. In der Doppelverdienerehe mit beiderseitiger Haushaltsführung müssten die Eheleute durch eine Umverteilung der Haushaltsarbeit dafür sorgen, dass sich die Behinderung des Verletzten möglichst geringfügig auswirke (*Küppersbusch/ Höher*, Rn 199).

Das alles kann aber sicher nicht so weit gehen, dass der Geschädigte regelrechte „Verrenkungen" ausführen muss, um den Schädiger zu entlasten. Es ist im besonderen Maße die **Grenze des Zumutbaren** zu beachten und nicht alles, was den Schädiger entlastet, ist dem Geschädigten zuzumuten. Auch hier kommt es auf die konkreten Umstände des Einzelfalles an. 549

Die Rechtsprechung hierzu im Einzelnen: 550

MdE unter 10% kompensierbar:

- OLG Düsseldorf DAR 1988, 24; OLG München zfs 1994, 48; Palandt-*Sprau*, BGB, § 843 Rn 8; *Küppersbusch/Höher*, Ersatzansprüche bei Personenschäden, Rn 199.

MdE einschließlich 10% kompensierbar:

- OLG Oldenburg VersR 1993, 1491; *Becker/Böhme/Biela*, Kraftverkehrs-Haftpflicht-Schäden, 22. Auflage 2002; OLG Rostock zfs 2003, 233 ff.

MdE bereits bei 20% kompensierbar:

- BGH VersR 1965, 461 für Erwerbsschaden; LG Kaiserslautern VersR 1979, 633; LG Itzehoe VersR 1973, 1080; OLG Nürnberg zfs 1983, 165; LG Augsburg zfs 1984, 266; KG zfs 2005, 183.

Allerdings dürfte den ersten beiden Auffassungen zu folgen sein, dass eine Behinderung von 20% sicher nicht ohne fühlbare Beeinträchtigung zu kompensieren ist (OLG Rostock zfs 2003, 233 ff.). 551

Bei nur **kurzfristigen oder kaum messbaren Behinderungen** in der Haushaltsführung sollte eine aufwändige Berechnung nach der Tabelle unterbleiben. Stattdessen empfiehlt sich dann eine **Pauschalberechnung**, indem eine Einigung mit dem Versicherer herbeigeführt wird, ggf. auch in Form einer angemessenen Erhöhung des Schmerzensgeldes. 552

cc) Altersbedingte Einschränkungen

Zu beachten ist ferner, dass die **Arbeitskraft mit zunehmendem Alter nachlässt**, was eventuell Korrekturen an der Höhe des Anspruchs notwendig macht. Allerdings kann der Ansicht des OLG Celle (zfs 1983, 291) – jedenfalls in Anbetracht der gestiegenen Lebenserwartung – nicht gefolgt werden, die Dauer der Rente und ein Kapitalanspruch seien wegen nachlassender Arbeitskraft auf das 75. Lebensjahr zu begrenzen. 553

dd) Schadensminderungspflicht

554 Zu berücksichtigen ist ferner, dass die in der Haushaltsführung beeinträchtigte Person im Rahmen der **Schadensminderungspflicht** gehalten sein kann, geringfügige körperliche Beeinträchtigungen u.U. durch eine andere Einteilung der Arbeit oder durch Anschaffungen von arbeitserleichternden Haushaltsgeräten (die der Schädiger auf Nachweis als Mittel zur Schadensreduzierung selbstverständlich konkret zu ersetzen hat) bzw. durch Rationalisierungsmaßnahmen zu kompensieren. Begrenzt wird der Anspruch somit auch durch eine ggf. gegebene **Pflicht zur schadensmindernden Umorganisation** (OLG Hamm NZV 2002, 570 f.).

555 Auch hier ist aber selbstverständlich die **Zumutbarkeitsgrenze** zu beachten.

ee) Legalzession

556 Krankengeld, Verletztengeld, Übergangsgeld und Arbeitslosengeld sind als Entgeltzahlungen **kongruent** mit dem Teil der unfallbedingt ausgefallenen Haushaltsführungstätigkeit, der für die anderen Familienmitglieder geleistet wird (OLG Hamm r+s 2001, 506; OLG Köln r+s 2015, 422). Das gilt dann selbstverständlich nur bis zum Eintritt des Rentenalters. Sobald die Erwerbsminderungsrente in eine Altersrente umschlägt, kompensiert sie nicht mehr einen Verdienstausfall. Der Haushaltsführungsschaden ist ab dann neu zu berechnen.

Soweit also ein **Sozialleistungsträger** (z.B. Krankenkasse oder Pflegekasse) Haushaltsführungskosten übernommen hat, ist dieser Anspruch insoweit gem. § 116 SGB X auf den Sozialleistungsträger übergegangen und daher von einem abstrakten Haushaltsführungsschaden abzuziehen (OLG Köln r+s 2015, 422).

557 Oft stellt die Frage der Legalzession bei Pflegekosten ein Problem dar. Derartige Pflegeleistungen können z.B. solche aus den §§ 53 ff. SGB V a.F. wegen **häuslicher Pflegehilfe** sein.

558 Sie verringern **dann aber nur den Teil des Anspruchs** des Geschädigten, der **auf vermehrten Bedürfnissen** beruht, während der Anspruch auf Ersatz des Erwerbsschadens mangels sachlicher Kongruenz hiervon unberührt bleibt (BGH NZV 1997, 71).

559 Das Gleiche gilt im Hinblick auf das Pflegegeld aus der **Pflegeversicherung**. Auch hier erfolgt ein Anspruchsübergang gem. § 116 SGB X infolge sachlicher Kongruenz ausschließlich wegen der vermehrten Bedürfnisse.

560 **Anders** ist das bei einer **Sozialversicherungsrente**: Sachliche Kongruenz und demzufolge ein Forderungsübergang nach § 116 SGB X erfolgt ausschließlich hinsichtlich des Teils des Haushaltsführungsschadens, der sich auf die Versorgung der Familienangehörigen bezieht und demzufolge als **Erwerbsschaden** anzusehen ist. Mit dem Teil der vermehrten Bedürfnisse besteht keine Kongruenz, demzufolge erfolgen kein Rechtsübergang und auch keine Anrechenbarkeit.

C. Materielle Ansprüche § 9

Tipp 561
Es bedarf also stets der Feststellung, in welchem Umfang dem Geschädigten wegen eines Erwerbsschadens einerseits und wegen vermehrter Bedürfnisse andererseits gegen den Schädiger Ansprüche zustehen.

ff) Reha-Management

Literatur zum Reha-Management:

Budel/Buschbell, Neue Wege bei der Rehabilitation Schwerverletzter, VersR 1999, 158; *Domes*, Personenschadenmanagement – Case-Management aus medizinischer Sicht, NZV 2008, 232; *Fleischmann*, Erste Erfahrungen mit dem Personenschaden-Management, MittBl 2002, 61 ff.; *Gräfenstein*, Aktuelle Fragen aus der Praxis des Rehabilitationsmanagements, zfs 2015, 192; *v. Hadeln/Riedl*, Reha-Management – die moderne Form der Personenschadensbearbeitung, NZV 2000, 34 ff.; *Höfle*, Schadensmanagement beim Personenschaden, zfs 2001, 197 ff.; *Hugemann*, Erster Workshop zum Personenschaden-Management in Münster, NZV 2002, 22; *Lauer*, Case Management in der Rehabilitation von Unfallverletzten, DAR 2006, 712; *Schneider*, Personenschadensmanagement aus der Sicht des Geschädigten, zfs 2008, 303 ff.; *Schröder*, Personenschadenmanagement der Haftpflichtversicherer, SVR 2008, 89; *Schwarz/Albert*, Reha-Management – Möglichkeiten und Grenzen in der Umsetzung des Konzepts, BG 2011, 172; *Steffen*, Erste Erfahrungen mit dem Personenschaden-Management, zfs 2001, 389 ff.; *Tille/Budel*, Berufliche Rehabilitation von Schwerstverletzten, zfs 1998, 321.

Seit dem 1.7.2001 ist das 9. Buch des Sozialgesetzbuchs (SGB IX) „Rehabilitation und Teilhabe behinderter Menschen" in Kraft getreten, durch das sowohl die **medizinische wie auch die berufliche Rehabilitation behinderter Menschen** gefördert und die Zusammenarbeit der einzelnen Rehabilitationsträger (§ 6 SGB IX) **gefördert und koordiniert** wird. So ist in § 8 Abs. 2 SGB IX erneut der Grundsatz niedergelegt, dass Rehabilitation den Vorrang vor Rentenleistungen hat. 562

§ 26 SGB IX fasst die Leistungen zur medizinischen Rehabilitation, § 33 SGB IX die Leistungen zur beruflichen Rehabilitation (Teilhabe am Arbeitsleben) zusammen. Die Vorschriften der §§ 10–12 SGB IX sehen die Koordinierung der Leistungen und die Zusammenarbeit der Rehabilitationsträger vor. 563

Wichtig erscheint auch die Vorschrift des § 15 SGB IX, wonach der Leistungsberechtigte unter Beachtung der in § 15 SGB IX vorgesehenen Fristen berechtigt ist, sich die erforderlichen Leistungen selbst zu beschaffen und hierfür Kostenerstattung von den Rehabilitationsträgern zu erhalten. 564

Ungeachtet dessen ist dem Verkehrsrechtsanwalt bei Schwer- und Schwerstverletzten dringend zur **Mitwirkung** beim **Personenschadens-Management** der Haftpflichtversicherer zu raten, zumal die Erfahrungen der Vergangenheit gezeigt haben, dass die medizinische und ggf. auch berufliche Rehabilitation des Geschädigten unter Einschaltung der Sozialleistungs- und Rehabilitationsträger bis zu eineinhalb/zwei Jahren in Anspruch nehmen kann. Bis dahin aber ist es gerade bei Schwer- und Schwerstverletzten oft schon zu spät. 565

Der Anwalt als Vertreter des Geschädigten erkennt häufig als erster, dass zur Vermeidung einer für den Geschädigten verhängnisvollen Entwicklung medizinisches und/oder berufliches Rehabilitationsmanagement erforderlich ist. 566

§ 9 Ersatzansprüche bei Verletzungen

567 Eine enge **Einbindung des Rechtsanwalts des Geschädigten** in das Reha-Management erscheint in zweierlei Hinsicht als sinnvoll: Zum einen, um dem besonderen **Beratungsbedürfnis des Geschädigten** in den verschiedenen Phasen der Rehabilitation gerecht werden zu können (*Fleischmann*, MittBl. der Arge VerkR 2001, 61,63; *Steffen*, VersR 2000, 793, 796), welches sich auf spezifisch dort auftretende Fragen und zu treffende Entscheidungen bezieht, so z.b. die Abwägung der **Vor- und Nachteile der Zustimmung** zu einer konkret vorgeschlagenen Reha-Maßnahme. Zum anderen übt der Rechtsanwalt im Interesse des Geschädigten **wichtige Kontrollfunktionen** hinsichtlich der an ein Reha-Management zu stellenden Anforderungen an Leistung, Objektivität und Unabhängigkeit aus. Dementsprechend kommen auf den im Rahmen eines Reha-Managements tätigen Rechtsanwalt gegenüber der herkömmlichen Schadenregulierung ganz neue Aufgaben zu (*Schneider*, zfs 2008, 303, 308).

568 Mit der Einbindung des Rechtsanwalts in sämtliche Informations- und Entscheidungsprozesse stellt sich fast zwangsläufig die (selbstkritische) Frage nach den **vom Rechtsanwalt selbst zu erfüllenden Anforderungen** hinsichtlich Qualifikation und Engagement (*Schneider*, zfs 2008, 303, 308). Für den Rechtsanwalt bedeutet allerdings die Tätigkeit in den Fällen, in denen ein Reha-Management durchgeführt wird, einen **erheblichen Mehraufwand** gegenüber der sonstigen Regulierungspraxis, weil er seinem Mandanten neben der spezifischen Beratung in sämtlichen Phasen des Reha-Managements oft über Jahre insbesondere mit folgenden Aufgaben zur Seite stehen muss:
1. Abschluss und Überwachung der Einhaltung der Rehabilitationsvereinbarung,
2. Prüfung des Erfolgs der Reha-Maßnahmen sowie dessen Nachhaltigkeit anhand der Berichte des Reha-Dienstes,
3. Berechnung verbleibender Verdienstausfallschäden oder verletzungsbedingten Mehrbedarfs unter Anpassung an die jeweiligen Erfolge der Reha-Maßnahmen,
4. Überwachung und Verhinderung des Eintritts der Verjährung hinsichtlich der Ersatzansprüche des Geschädigten.

569 Darüber hinaus erscheint durchaus auch eine **möglichst enge Einbindung** des Anwalts in den **tatsächlichen Ablauf des Reha-Managements** als im Interesse des Geschädigten liegend. Zu denken ist hierbei z.b. an die Teilnahme des Anwalts am ersten **Gesprächstermin** zwischen Reha-Dienst und Geschädigtem. Dadurch kann erreicht werden, dass kein Informationsdefizit zwischen dem Geschädigten und dessen Anwalt entsteht.

570 Diese umfassende Mitwirkung des Rechtsanwalts beim Personenschadensmanagement fordert diesen sachlich und zeitlich erheblich und ist mit einer hohen Verantwortung verbunden (*Schneider*, zfs 2008, 303, 308). Dementsprechend ist auch von einem erhöhten Haftungsrisiko auszugehen.

571 Das Personenschadensmanagement wurde erstmals durch die Arbeitsgemeinschaft Verkehrsrecht anlässlich der **Homburger Tage 1997** den Verkehrsrechtsanwälten

C. Materielle Ansprüche § 9

vorgestellt und empfohlen. Inzwischen hat sich auch der **Arbeitskreis II des 38. Deutschen Verkehrsgerichtstags 2000** – Schadensmanagement beim Personenschaden – mit diesem Thema befasst und dazu folgende **Empfehlung** ausgesprochen:

„In vielen Fällen reichen die Instrumentarien des sozialen Sicherheitssystems allein nicht aus, für Unfallopfer zeitnah individuell und bestmöglich die schnelle und berufliche Wiedereingliederung zu gewährleisten.

Deshalb empfiehlt der Arbeitskreis die Einschaltung eines privaten Rehabilitationsmanagements in geeigneten Fällen auf freiwilliger Basis. Zum Schutz der Verletzten und zur Sicherung seines Rechts auf Selbstbestimmung sollten dabei folgende Grundsätze beachtet werden:

a) Der beauftragte Rehabilitationsdienst muss vom Versicherer personell und organisatorisch unabhängig und in der Bearbeitung weisungsfrei sein.

b) Die vom Rehabilitationsdienst über den Verletzten erhobenen Daten dürfen nur zum Zwecke der Rehabilitation weitergegeben werden.

c) Zur Sicherung der Qualität, der Objektivität und Wahrung der Unabhängigkeit des Rehabilitationsdienstes wird die Errichtung eines Beirates oder einer vergleichbaren Einrichtung empfohlen. Dieser soll aus mindestens drei Personen aus den Bereichen Medizin, Recht und Arbeits-/Sozialwesen bestehen."

Erneut hat sich der Arbeitskreis I des 46. Deutschen Verkehrsgerichtstags 2008 im Sinne einer Bestandsaufnahme mit dem Personenschadensmanagement befasst und folgende Empfehlungen gefasst:

1. Das privat organisierte Reha-Management ist geeignet, die gesundheitliche Situation von Unfallopfern zu optimieren und zur sozialen und beruflichen Reintegration beizutragen. Es ersetzt allerdings nicht die Sozialversicherungsleistungen, sondern ergänzt diese.
2. Der Verkehrsgerichtstag appelliert an die anwaltliche Vertretung der Verletzten, in geeigneten Fällen frühzeitig die Einleitung des Reha-Managements initiativ vorzuschlagen und zu begleiten.
3. Die für die effektive Arbeit des Reha-Managements erforderliche Unabhängigkeit sollte dadurch sichergestellt werden, dass dem Handeln des Reha-Managers die von der Arbeitsgemeinschaft Verkehrsrecht im Deutschen Anwaltverein (DAV) im Jahre 2001 verabschiedeten Grundsätze („Code of Conduct des Reha-Managements", MittBl. der Arge VerkR 2002, 86) zugrunde gelegt werden.

Die Rückversicherer haben inzwischen **Rehabilitationsdienste** institutionalisiert, und zwar wie folgt:
1. Mercur RehaCare GmbH, München, der Münchner Rückversicherung
2. ReIntra in München der Bayerischen Rückversicherung AG und
3. Rehabilitationsdienst der General Cologne Re (Kölner Rück), Köln.

572

573

| §9 | Ersatzansprüche bei Verletzungen |

574 Diese drei auf dem Gebiet des Personenschadensmanagements tätigen Rehabilitationseinrichtungen erfüllen inzwischen die Voraussetzungen und Anforderungen, die der vorerwähnte Arbeitskreis II des 38. Verkehrsgerichtstages 2000 gestellt hat.

575 Die Mitwirkung beim Personenschadensmanagement sollte **frühestmöglich** und auf der Basis **absoluter Freiwilligkeit** vereinbart werden. Die Beauftragung eines solchen selbstständigen Reha-Dienstes hat durch den Haftpflichtversicherer des Schädigers **auf dessen Kosten** unabhängig von einer **etwaigen Haftungsquote** zu erfolgen.

576 Die dem Reha-Dienst zu erteilende **Entbindungserklärung** über die Befreiung von der Schweigepflicht darf **ausschließlich vom Reha-Dienst** und nur zum Zwecke der medizinischen und/oder beruflichen Rehabilitation verwendet und nicht dem Haftpflichtversicherer zur eigenen Benutzung übergeben werden. Dies gilt insbesondere auch für sog. Zufallsbefunde.

577 Der Reha-Dienst muss sich jeglicher Beurteilung und Einflussnahme auf die Regulierung des Schadens zum Grund oder zur Höhe der Ansprüche enthalten. Sämtliche im Zusammenhang mit der medizinischen und/oder beruflichen Rehabilitation gegebenen Empfehlungen des Reha-Dienstes sind **zeitgleich dem Anwalt des Geschädigten** in Abschrift zu **übersenden**. Einseitige Mitteilungen des Reha-Dienstes an den Haftpflichtversicherer oder mündliche einseitige Informationen an den Haftpflichtversicherer sind unzulässig und haben zu unterbleiben.

578 Sowohl der Haftpflichtversicherer als auch der Anwalt des Geschädigten verpflichten sich, in einem etwaigen Rechtsstreit auf die Benennung des Reha-Beraters als **Zeugen oder sachverständigen Zeugen zu verzichten**.

579 Der Haftpflichtversicherer und der Anwalt des Geschädigten vereinbaren, dass eine etwaige **Verjährung** der Schadenersatzansprüche des Geschädigten während des Laufs des Schadensmanagements beim Personenschaden als **gehemmt** gilt.

580 Für die aktive Mitwirkung beim Personenschadensmanagement ist der Anwalt des Geschädigten im Rahmen der Gebühr gem. Nr. 2300 VV RVG **angemessen zu entschädigen**.

581 *Tipp*
Es empfiehlt sich, zur Vermeidung späterer Streitigkeiten in der mit dem gegnerischen Haftpflichtversicherer zu treffenden Vereinbarung über die Einschaltung eines Reha-Managements auch die Vergütung des Rechtsanwalts verbindlich zu regeln, z.B. in Höhe von insgesamt 3,5 Gebühren nach dem Wert der Aufwendungen des Haftpflichtversicherers.

582 Gerade der **Anwalt des Geschädigten** ist mit als erster in der Lage zu erkennen, ob sich bei einem Verletzten infolge der beim Unfall erlittenen Verletzungen etwa eine neurotische Entwicklung, auch im Sinne einer **Konversionsneurose**, abzeichnet.

C. Materielle Ansprüche § 9

Um einer Verschlimmerung einer solchen Entwicklung entgegenzuwirken, will beispielsweise der Rehabilitationsdienst der General Cologne Re auch ein **psychologisches Beratungs-Frühmanagement** anbieten.

Die Einschaltung eines privaten Personenschadensmanagements ist auch **dringend geboten** und erforderlich, wenn es z.b. um die **Errichtung einer behindertengerechten Wohnung** oder eines Neubaus, um **behindertengerechte Kraftfahrzeuge** oder um die entsprechende Vorbereitung und Koordination von Pflegeleistungen geht. 583

Im Gegensatz zu dem **von der Anwaltschaft zu Recht absolut abgelehnten Schadensmanagement der Versicherer auf dem Gebiet des Sachschadens** (siehe § 1 Rdn 10) ist abschließend die **Mitwirkung des Anwalts** der Schwer- und Schwerstgeschädigten beim vorbeschriebenen Personenschadensmanagement dringend **ratsam und zu empfehlen**. 584

In den Bereichen der Haushaltsführung, der Betreuung von Familienangehörigen und der Erwerbsschäden Verletzter hat sich demnach das von den Versicherern initiierte Reha-Management als **eine ausgesprochen segensreiche Einrichtung** erwiesen, die nach Kräften gesucht und unterstützt werden muss. Das Reha-Management hilft in exzellenter Weise mit teilweise **großem Erfolg** bei der Wiedereingliederung vor allem Schwerverletzter in den Arbeitsprozess („**berufliches Schadensmanagement**"), sodass diese nach entsprechender Zeit ggf. wieder „auf eigenen Beinen stehen" können (ausführlich dazu *Höfle*, zfs 2001, 197 ff.). 585

Daneben organisieren diese Institutionen das „**medizinische Management**", also die optimale medizinische Rehabilitation mit allen damit in Zusammenhang stehenden Problemen. Die speziell auf die Belange Behinderter geschulten Fachkräfte derartiger Institutionen organisieren, regeln die Abrechnung mit Krankenkassen oder anderen Sozialleistungsträgern („**soziales Management**"), planen und führen z.b. die **Errichtung behindertengerechter Bauten** oder Umgestaltung von Wohnungen durch, begutachten die Erforderlichkeit **behindertengerechter Kraftfahrzeuge**, vermitteln deren Anschaffung und kümmern sich um die erforderlichen Pflegeeinrichtungen und den Pflegebedarf („**pflegerisches Management**"). 586

Das Reha-Management kann also nahezu uneingeschränkt als ein **wichtiger Beitrag zur erfolgreichen Bearbeitung von Personenschäden** angesehen werden. Im Gegensatz zum „Schadensmanagement" beim Sachschaden (vgl. § 1 Rdn 10 ff.), bei dem es allein um die Einsparung von Geldern auf Kosten der Geschädigten geht, haben die Versicherer im **Personenschadensmanagement** ein erhebliches wirtschaftliches Interesse an einer schnellen und erfolgreichen Rehabilitation der Verletzen, damit sie von fortlaufenden Zahlungen im Hinblick auf Verdienstausfall, Pflegegeldern, Betreuungs- und Haushaltsführungsschäden schnellstmöglich und möglichst umfangreich entlastet oder gar vollständig befreit werden. 587

Das ist allerdings in der Tat eine höchst humane und sozialökonomische Aufgabe aller mit der Personenschadensregulierung Beteiligten. Deshalb ist das **Reha-Ma-** 588 nagement der Versicherer in allen erdenklichen Bereichen grundsätzlich **unterstützenswert**.

589 Leider gibt es nun aber zunehmend auch hier wieder Schwierigkeiten, die von einigen Versicherern inszeniert werden, nämlich bei der **Auswahl des Reha-Managers**. Vermehrt ist zu beobachten, dass ausschließlich solche Institutionen „durchgedrückt" werden sollen, die offensichtlich **im Lager der Assekuranz** stehen, von ihr möglicherweise sogar abhängig sind und jedenfalls von ihr gesteuert werden. Ob das der Fall ist, ist leicht und schnell zu erkennen: Lehnt ein Geschädigter oder dessen Anwalt die vom Versicherer vorgeschlagene Institution ab und schlägt einen anderen Reha-Manager vor, weigert sich der Versicherer dann regelmäßig, den zu beauftragen und es kommt ein Reha-Management in aller Regel nicht zustande. Auch hier wird also wieder die beklagenswerte Entwicklung sichtbar: Entweder der Geschädigte „tanzt nach der Pfeife" des Versicherers, oder der Versicherer verweigert die Leistung ganz. Es bleibt dann nur wieder der Weg, den vom Geschädigten als genehm empfundenen Reha-Manager auch ohne Zustimmung des Versicherers zu beauftragen und die dafür angefallenen **Kosten einzuklagen**. Der normale Geschädigte wird aber nicht die ganz erheblichen Kosten eines Reha-Managements vorfinanzieren können, sodass erst eine Verpflichtungsklage vorgeschaltet werden muss. Oder der Geschädigte gibt auch hier wieder nach und stimmt der Auswahl des Reha-Managers durch den Versicherer notgedrungen zu.

5. Erwerbsschaden des Verletzten

Literatur zum Erwerbsschaden:

Debudey, Erwerbsschadenermittlung bei Verletzung kurz vor oder nach dem Berufseinstieg, SVR 2013, 368; *Eilers*, Erwerbsschadensermittlung bei Verletzung vor oder kurz nach dem Berufseinstieg – Anforderungen an die Darlegungen bei der Geltendmachung von Ansprüchen, zfs 2013, 244; *Freymann*, Der Erwerbsschaden bei Kindern und Jugendlichen, DAR 2013, 752; *ders.*, Darlegungs- und Beweiserleichterungen zur Erwerbsschadensermittlung bei Verletzung vor oder kurz nach dem Berufseinstieg, zfs 2013, 125; *Herkenhoff*, Erwerbsschadensermittlung bei Verletzung vor oder kurz nach dem Berufseinstieg, NZV 2013, 11; *Heß/Burmann*, Umfang des Erwerbsschadens, NJW-Spezial 2016, 41; *Jahnke*, Der Verdienstausfall im Schadensersatzrecht, Handbuch für die tägliche Regulierungspraxis, 3. Auflage 2008; *Kendell*, Maßnahmen zur Regulierung des Erwerbsschadens bei Selbstständigen und Freiberuflern, zfs 2007, 372; *Küppersbusch/Höher*, Ersatzansprüche bei Personenschaden, 12. Auflage 2016; *Nugel/Wenker*, Erwerbsschadensermittlung bei Verletzungen kurz vor oder nach dem Eintritt ins Berufsleben, VRR 2013, 4; *Pardey*, Berechnung von Personenschäden, 4. Auflage 2010; *Schah Sedi/Schah Sedi*, Das verkehrsrechtliche Mandat, Band 5, Personenschäden, 2. Auflage 2014; *Schrader/Straube*, Die Anhebung der Regelaltersgrenze, NJW 2008, 1025.

a) Allgemeines

590 Ein breites Feld, das oft sträflich nachlässig bearbeitet wird, ist der Verdienstausfallschaden (vgl. auch Anlage 12, siehe § 14 Rdn 16). Selbst für erfahrene Schadensspezialisten ist die Errechnung gar nicht so leicht. Man sollte sich dazu also Zeit nehmen und sich immer wieder fallbezogen mit der Spezialliteratur befassen.

C. Materielle Ansprüche §9

Oftmals ist es unerlässlich, ein auf die **Berechnung von Verdienstausfallschäden** spezialisiertes **Sachverständigenbüro** zu konsultieren. Denn der normale Anwalt ist kein Diplomkaufmann, Steuerberater oder Wirtschaftsprüfer und verfügt daher in aller Regel nicht über die erforderlichen Kenntnisse. Die im Zusammenhang mit der Übernahme der dadurch anfallenden Kosten seitens der Versicherer oftmals geäußerte Rechtsansicht, eine solche Begutachtung sei angesichts qualifizierter anwaltlicher Beratung **nicht erforderlich** und deshalb bestünde **keine Verpflichtung, derartige Kosten zu übernehmen**, ist eindeutig falsch. Im Rahmen der hier allein zu diskutierenden **Schadensminderungspflicht** kommt es allein auf die **Fähigkeiten und Möglichkeiten des Geschädigten**, nicht auf die Qualifikation anwaltlicher Vertretung an, zumal eine solche Schadensberechnung durch einen Anwalt selbstverständlich nicht von der normalen Anwaltsvergütung umfasst ist und daher ohnehin zusätzlich zu vergüten wäre. Außerdem wird sicherlich kein Anwalt das mit einer möglichen Falschberechnung verbundene Haftungsrisiko zu tragen bereit sein. 591

aa) Definition

Der Erwerbsschaden gem. §§ 842, 843 Abs. 1 BGB umfasst **alle wirtschaftlichen Beeinträchtigungen**, die der Geschädigte erleidet, weil und soweit er seine Arbeitskraft verletzungsbedingt nicht mehr einsetzen kann. Zu ersetzen ist daher sowohl der **Verlust von Einkommen** jeglicher Art als auch aller **Vermögensnachteile**, die im Zusammenhang mit jeder Art von **Verwertung der Arbeitskraft** stehen. Der Verdienstausfallschaden setzt aber stets eine **konkrete Vermögenseinbuße** voraus. Eine fiktive Berechnung ist also unzulässig (BGH NJW 1970, 1411). 592

Der Anspruch ist in Rentenform **quartalsweise vorschüssig** (§§ 843 Abs. 2, 760 BGB) zu zahlen. Er ist ausschließlich **konkret** auszugleichen. Eine **abstrakte** Minderung der Erwerbstätigkeit ist kein Erwerbsschaden (BGH NJW 1970, 1411), eine fiktive Abrechnung ist aber möglich (siehe unten Rdn 692 ff.). 593

Hierzu gehören alle Einkünfte des Verletzten **vor dem Unfall**, die dieser zur Bestreitung seines Lebensunterhalts erzielt hat, also **auch Nebeneinnahmen** aus Schwarzarbeit, auch wenn sie unter Umgehung steuerlicher oder sozialversicherungsrechtlicher Bestimmungen erzielt wurden (BGH VersR 1967, 1068). 594

Dazu gehören aber auch etwaig erzielbare höhere Einkünfte **nach dem Unfall**, die Folge einer zu erwartenden **zukünftigen Karriere des Verletzten** sein werden (so genannter **Karriereschaden**). Nachweispflichtig hierfür ist selbstverständlich allein der Geschädigte. Ihm steht aber im Rahmen der haftungsausfüllenden Kausalität ein erheblicher „**Schätzungsbonus**" zur Seite, der von der Rechtsprechung stets großzügig ausgelegt wird. Der Geschädigte kann z.B. auf die Karriere von **Kollegen** verweisen, die mit ihm zusammen zeitgleich in der gleichen Position beschäftigt waren. 595

Der Erwerbsschaden wird nach der **Differenzmethode** berechnet (BGH 1999, 3625), was bedeutet, das der „Hätte-Verdienst" dem „Ist-Einkommen" gegenüber 596

597

zu stellen ist. Davon **abzusetzen** sind dann etwaige **tatsächlich erzielte Einkünfte**, auch Rentenleistungen etc., sowie etwaiger **Vorteilsausgleich** (z.b. eingesparte Fahrtkosten zum Arbeitsplatz). Ggf. hat dann noch eine Korrektur nach den Grundsätzen des **Verstoßes gegen die Schadensminderungspflicht** stattzufinden (z.b. schuldhaft nicht erzieltes, aber erzielbares Einkommen).

597 In der Praxis ist also zunächst das „**Hätte-Einkommen**" darzustellen. Ihm gegenüberzustellen ist das tatsächliche „**Ist-Einkommen**", also die Summe aller ersatzweise tatsächlich geleisteten Zahlungen, von wem auch immer sie stammen. Die Differenz ergibt den Verdienstausfallschaden.

bb) Einzelpositionen

598 Der „Hätte-Verdienst" ist stets das erzielbare **Nettoeinkommen** (mehr dazu siehe Rdn 602). Zum „Hätte-Einkommen" gehören beispielsweise auch folgende Zulagen:

(1) Voller Ersatz

599
- Beim Nichtselbstständigen: Löhne und Gehälter einschließlich aller Zusatzzahlungen
- Erschwerniszulagen (OLG Hamm zfs 1996, 211)
- Auslandsverwendungszulagen (BGH v. 27.10.2015 – VI ZR 183/15 – VersR 2015, 1569 = zfs 2016, 200; OLG Hamm DAR 2006, 274)
- Beim Selbstständigen: Gewinn und Gesellschafterbeteiligung
- Nebeneinkünfte aller Art, Trinkgelder (OLG München zfs 1983, 229), Studentenjobs
- Unentgeltliche Tätigkeit im Familienbetrieb, Haushaltsführung (siehe oben Rdn 438 ff.), freie Kost und Logis
- Ausfall von Eigenleistungen beim Hausbau (OLG München zfs 1990, 154)
- Versicherungsrechtliche Nachteile, z.B. Prämienerhöhungen, Risikozuschläge, Verlust von Beitragsrückerstattung
- Schichtarbeitszeitvergütung (OLG Hamm zfs 1996, 211)
- Überstundenvergütung (LG Saarbrücken zfs 2006, 500)
- Weihnachtsgeld
- Urlaubsgeld
- Mitarbeiterrabatte (*Scheffen*, VersR 1990, 929)

(2) Teilweiser Ersatz

600
- Spesen, Auslösung, Trennungsentschädigung (Anm. von *Diehl* zu OLG Hamm zfs 1996, 211)
- Zulagen, z.B. Ministerialzulage, Bordzulage
- Einkommen einer Prostituierten (Existenzdeckendes Einkommen gem. BGH NJW 1976,1883).

(3) Kein Ersatz

- Freizeiteinbuße, Urlaubsbeeinträchtigung
- Einkünfte aus verbotenen Geschäften, Schwarzarbeit (soweit sie gegen ein gesetzliches Verbot verstößt), Bestechungsgelder.

601

b) Abhängig Beschäftigte

Der altbekannte Theorienstreit ist nun weitestgehend beendet. Der BGH (NZV 1995, 63; DAR 2000, 62 f.) hat klargestellt, dass die beiden bekannten Theorien (Bruttolohntheorie und modifizierte Nettolohntheorie) nur Berechnungstechniken darstellen. In der Praxis hat sich aus **Zweckmäßigkeitserwägungen** die modifizierte **Nettoberechnung** durchgesetzt.

602

Tipp
Um den Nettoverdienst errechnen zu können, sollten die **Dezember-Monatsabrechnungen** vorschlagsweise **der letzte drei bis fünf Jahre** herangezogen werden. Wenn die gleichmäßig sind, kann ein Jahresmittelwert leicht errechnet werden. Bei unregelmäßigen monatlichen Einkünften sollten alle Monatsabrechnungen der letzten Jahre herangezogen werden. Es ergibt sich dann vielleicht ein wiederkehrendes Muster, das dann zur Argumentation herangezogen werden kann. Auch sind so Einkommenssteigerungen darstellbar.

aa) Lohn- und Gehaltsfortzahlung

Literatur zur Lohn- und Gehaltsfortzahlung:

Diehl, Entgeltfortzahlung des Arbeitgebers nach Unfall seines Arbeitnehmers im Straßenverkehr und Regress gegen Drittschädiger, zfs 2008, 543 ff.

In den ersten sechs Wochen findet bekanntlich die Lohn- und Gehaltsfortzahlung nach dem **Entgeltfortzahlungsgesetz** (§ 3 EFZG) vom 1.6.1994 statt. Der geschädigte Arbeitnehmer hat in dieser Zeit keinen eigenen Schadensersatzanspruch im Hinblick auf den Erwerbsschaden, mit Ausnahme des Ersatzes von Nebeneinkünften, die nicht dem EFZG unterliegen. Der Schadensersatzanspruch geht nämlich nach § 6 EFZG **kraft Gesetzes** auf den Arbeitgeber über.

603

§ 6 EFZG sieht zwar vor, dass der Anspruch des Arbeitnehmers auf Ersatz seines Erwerbsschadens „insoweit" auf den Arbeitgeber übergeht, als dieser die Entgeltfortzahlung vornimmt. Dies bedeutet jedoch **keinen Automatismus zwischen Entgeltfortzahlung und Regress.**

604

Da es sich um eine – gesetzliche – Abtretung handelt, **behält** der Schädiger **sämtliche Einwendungen,** die er dem Arbeitnehmer selbst entgegenhalten konnte, auch gegenüber dem Arbeitgeber. Dies bezieht sich nicht lediglich auf die Haftung dem Grunde, sondern auch der Höhe nach: So muss sich der Arbeitgeber etwa anrechenbare Vorteile, die dem Arbeitnehmer aus dem Unfallereignis entstanden sind, abzie-

605

§ 9 Ersatzansprüche bei Verletzungen

hen lassen. Es können dies beispielsweise ersparte **Fahrtkosten, Bekleidungskosten** oder **sonstige Spesen** sein (**Vorteilsausgleichung**, BGH NJW 1980, 1787).

606 Hinsichtlich der **Fahrtkosten** ist aber zu beachten, dass es gerade bei erheblichen Fahrtkosten, etwa bei Berufspendlern („Pendlerpauschale"), durch die **Steuerrückvergütungen** mit dem Steuerbescheid vorkommen kann, dass Fahrtkosten tatsächlich gar nicht „erspart" werden, da die Rückvergütung umso kleiner ausfällt, je geringer die jährliche Kilometerleistung ist. Regelmäßig geschieht es also, dass der Arbeitgeber nicht erhält, was er an Lohnkosten ausgegeben hat. Auch sind verringerte Abzüge zu berücksichtigen, wenn der verletzte Arbeitnehmer vor dem Unfall an einer **Fahrgemeinschaft** teilgenommen hatte. Je nach Anzahl der Teilnehmer der Fahrgemeinschaft ist der rechnerische Abzug entsprechend zu **quotieren**.

607 Da der Anspruch erst mit Zahlung auf den Arbeitgeber übergeht, muss weiter beachtet werden, dass die verstrichene Zeit vor dem Forderungsübergang regelmäßig auch die **Verjährungsfrist** des Regressanspruches betrifft. Gefährlich kann es auch werden, wenn der Arbeitnehmer vor dem Forderungsübergang bereits **Abfindungsvereinbarungen** mit dem Haftpflichtversicherer des Schädigers schließt, da diese bei ungeschickter Formulierung (vgl. § 12 Rdn 6 ff.) auch die Regressforderung beschneiden (OLG München zfs 1987, 364).

608 Der Arbeitnehmer ist im Übrigen durch § 6 Abs. 3 EFZG gegenüber seinem Arbeitgeber privilegiert: Durch das hier **normierte Quotenvorrecht** zu seinen Gunsten kann er auch bei eigener Mithaftung verlangen, dass aus der Haftungsmasse **zunächst sein Erwerbsschaden** vollständig beglichen wird, auch soweit er über das hinausgeht, was als Entgeltfortzahlung ohnehin erbracht wird, bevor der Arbeitgeber daran gehen kann, restliche Beträge zu regressieren (Beispiel hierzu: *Küppersbusch/Höher*, Rn 111; vgl. auch § 6 Rdn 42).

609 Um das hieraus resultierende wirtschaftliche **Risiko für kleinere Betriebe** abzufangen, garantiert § 11 EFZG diesen eine Erstattung der geleisteten Entgeltfortzahlungen zu 80 % durch die zuständige Krankenkasse, Zug um Zug gegen Abtretung des Regressanspruches.

610 Der Rechtsanwalt, der mit der Durchsetzung eines Entgeltfortzahlungsregresses betraut werden soll, muss jedenfalls seinen Auftraggeber darüber aufklären, dass – anders als bei Vertretung des Geschädigten selbst – die entstehenden **Anwaltskosten** nur dann vom Schädiger bzw. dessen Haftpflichtversicherer zu tragen sind, wenn dieser sich bereits in **Verzug** befindet oder anwaltliche Tätigkeit noch nach der Inverzugsetzung entfaltet wird.

bb) Krankengeld-/Verletztengeldzahlungen

611 Nach den ersten sechs Wochen beginnen normalerweise die Krankengeldzahlungen. Die Krankenkasse gleicht auch die Rentenversicherungsbeiträge aus, sodass der Geschädigte lediglich noch Anspruch auf die **Differenz** zwischen seinem fiktiven **Nettolohn** und den konkreten **Krankengeldzahlungen** (§ 44 SGB V) hat. Han-

C. Materielle Ansprüche § 9

delte es sich jedoch um einen Wege-/Arbeitsunfall, leistet die zuständige Berufsgenossenschaft stattdessen **Verletztengeld** (§ 45 SGB VII). Es wird also entweder Krankengeld **oder** Verletztengeld gezahlt, beides nebeneinander ist ausgeschlossen. Beides wird bis zu 78 Wochen gezahlt, kann aber auch schon früher enden und in eine Rentenzahlung übergehen.

Tipp 612
Es bereitet oft Schwierigkeiten, den fiktiven Nettolohn zu ermitteln. Zum Nachweis in Betracht kommen insoweit:
- Lohnbescheinigung des Arbeitgebers
- Vorlage der letzten sechs bis zwölf Lohn- und Gehaltsabrechnungen, Steuerbescheide
- bei Gehaltsschwankungen: Jahresdurchschnitt errechnen
- Einkommen anhand Abrechnungen eines „Vergleichsmannes" bei demselben Arbeitgeber nachweisen.

cc) Gesetzliche Altersrente

Jeglicher Erwerbsschaden endet mit dem Eintritt des gesetzlichen Rentenalters. 613
Dieses ist in § 35 SGB VI für die Geburtsjahrgänge ab 1965 nunmehr auf das 67. Lebensjahr (bei Soldaten und Polizisten früher) angehoben worden. Die gestaffelte Anpassung für die Jahrgänge 1947 bis 1964 ergibt sich aus § 7a SGB II (für jedes Jahr ab 1947 bis 1957 **einen** Monat, für die Jahrgänge 1958 bis 1964 für jedes Jahr **zwei** Monate mehr).

Es ist stets zu überprüfen (stets ein neues und unabhängiges Mandat des Anwaltes 614
mit gesonderter Vergütung! Sinnvollerweise – Stichwort: Haftungsrisiko! – durch Fachanwälte für Sozialrecht abarbeiten lassen!), ob der Geschädigte dagegen ausreichend geschützt ist, dass sich die Rente wegen eines gegebenen **Mithaftungseinwandes** möglicherweise **vermindert** hat. Nach §§ 116 Abs. 1, 119 SGB X ist der Anspruch des Rentenversicherers im Zeitpunkt des Unfalls auf den Rentenversicherungsträger übergegangen. Kommt es zu **Fehlern im Rahmen des Rentenversicherungsregresses** gegenüber dem gegnerischen Haftpflichtversicherer, merkt das der Geschädigte zunächst also gar nicht, weil er nicht mehr aktivlegitimiert ist. Ihm steht auch keine Möglichkeit offen, insoweit gegen den gegnerischen Versicherer vorzugehen. Der Geschädigte müsste dann also gegen den Rentenversicherer gerichtlich vorgehen und seinen Rentenanspruch beim Sozialgericht durchsetzen.

Gegenüberzustellen sind also stets das **Soll-Einkommen** und das **Ist-Einkommen**. 615
Abzuziehen sind dabei nicht nur Krankengeld-/Verletztengeldzahlungen, sondern – nach Beendigung dieser Zahlungen – auch **Arbeitslosengeld**, Umschulungsgeld, Überbrückungsgeld oder Sozialhilfeleistungen und eine Erwerbsminderungsrente (§ 33 SGB VI) bzw. im Falle eines Arbeitsunfalls Verletztenrente (§ 56 Abs. 1 SGB VII), später dann die gesetzliche Altersrente. Eine **Grundrente nach § 31**

BVG ist als **nicht mit dem Verdienstausfallschaden kongruente Leistung** nicht zu berücksichtigen, weil sie keine Lohnersatzfunktion hat und ihrer Zweckbestimmung nach – anders als die Ausgleichsrente und der Berufsschadensausgleich – nicht der Bestreitung des Lebensunterhalts dient (BGH v. 12.1.2016 – VI ZR 491/14 – r+s 2016, 205).

616 Abzuziehen sind also der Reihe nach:
1. Entgeltfortzahlung
2. Krankengeld/Verletztengeld
3. Erwerbsminderungs-/Verletztenrente
4. Gesetzliche Altersrente
5. Sonstige anzurechnende Zuwendungen

617 *Tipp*
Zum Nachweis dieser Zahlungen genügt die Vorlage der jeweiligen Bescheide. Bei den in Tagen errechneten und angegebenen Zahlungen ist zu berücksichtigen, dass immer nur mit 30 Tagen pro Monat gerechnet wird. Bei wöchentlichen Zahlungen ist mit dem Faktor 4,33 auf das Monatseinkommen umzurechnen.

618 Erleidet der Geschädigte somit unfallbedingt einen **Minderverdienst**, hat er ebenfalls Anspruch auf die Differenz zwischen dem entgangenen und dem tatsächlich erzielten Einkommen.

dd) Arbeitslosenunterstützung/Hartz IV

619 Auch demjenigen, der Arbeitslosengeld, ALG II, Übergangsgeld oder Hartz IV bezieht, steht ein Anspruch auf Ersatz seines Verdienstausfalles zu (BGH DAR 2008, 467). Allerdings sind Sozialleistungen mit dem Schaden wegen Minderung bzw. Aufhebung der Erwerbsfähigkeit gem. § 843 BGB **kongruent**, sodass der Anspruch auf die Schadensersatzzahlung in Höhe der geleisteten Sozialhilfe nach § 116 SGB X auf den Träger der Sozialhilfe **übergeht** (*Diederichsen*, DAR 2009, 301, 313).

620 Dabei ist aber der **Grundsatz des Nachranges der Sozialhilfe** gem. § 2 SGB XII (früher § 2 BSHG) zu beachten (BGH zfs 2003, 14 ff., 16). Ebenso wie durch ein ausreichendes Erwerbseinkommen vermieden werden kann, dass Hilfsbedürftigkeit im Sinne des Sozialhilferechts entsteht, kann auch derjenige Sozialhilfe nicht beanspruchen, dem wegen eines eingetretenen Erwerbsschadens gegen den Schädiger ein Schadensersatzanspruch zusteht, der laufend erfüllt wird oder zu erfüllen ist. Der Schädiger kann sich somit nicht damit entlasten, dass er den Geschädigten auf den Bezug von Sozialhilfe verweist.

621 Der Anspruchsübergang auf den Sozialhilfeträger nach § 116 SGB X schließt also nicht aus, dass der Geschädigte seinen Erwerbsschadensanspruch gegenüber dem Schädiger selbst weiterverfolgt. Der BGH hat aus dem Grundsatz der Nachrangigkeit der Sozialhilfe und dem Zusammenspiel des § 116 SGB X mit dem § 2

C. Materielle Ansprüche § 9

SGB XII (früher § 2 BSHG) eine **Ermächtigung des Geschädigten** entnommen, die Ersatzleistung nach dem Rechtsübergang auf den Sozialhilfeträger zur Vermeidung der Hilfsbedürftigkeit **im eigenen Namen einzufordern** (BGH zfs 2003, 14 ff., 16). Danach könnte der Geschädigte mit seiner Ersatzleistung erreichen, dass ihm, in Höhe des Erwerbsschadens, Sozialhilfe nicht mehr gewährt werden müsste.

Zum Nachweis solcher unter das „Ist-Einkommen" zu subsumierender Einkünfte reicht die Vorlage der jeweiligen Abrechnungsschreiben der Sozialversicherungsträger aus. Oft kann auch der tatsächliche Zahlungseingang mittels Vorlage der Kontoauszüge des Geschädigten nachgewiesen werden. 622

Tipp 623
Demgegenüber fallen Leistungen aus der **Berufsunfähigkeitszusatzversicherung** (BUZ) oder einer **privaten Unfallversicherung** nicht unter das anrechenbare „Ist-Einkommen". Dabei handelt es sich um reine Summenversicherungen, die **nicht anzurechnen** sind.

ee) Vorteilsausgleich

Neben den oben (siehe Rdn 605 f.) bereits erwähnten **Fahrtkosten** zum Arbeitsplatz führen auch diverse andere Positionen zu einem anrechenbaren Vorteilsausgleich. Zu nennen sind z.B. die **Kosten doppelter Haushaltsführung** (diese allerdings auch nur so lange, wie eine solche noch besteht und nicht infolge des Unfalls aufgegeben wurde, die Kosten der **Haushaltsauflösung** sind dann wiederum vom Schädiger zu ersetzen), ersparte **Arbeitsmittel** (Fachliteratur, Berufskleidung, Werkzeug), **Beiträge an Berufsverbände** und Gewerkschaften, **ersparte Verpflegungsaufwendungen** (10,00 EUR pro Tag im Krankenhaus) und Einsparungen hinsichtlich unfallbedingt nicht mehr stattfindender teurer Außer-Haus-Essen. **Nicht** anzurechnen ist aber eine **kündigungsbedingte Abfindung** (BGH NZV 1990, 225). 624

Tipp
Versicherer sind immer wieder bemüht, den Vorteilsausgleich pauschal mit 5 bis 10 % des Verdienstausfallschadens zu berechnen. Vorsicht: Das ist nicht in jedem Falle gerechtfertigt. Der Arbeitnehmer z.B., der sich einer Fahrgemeinschaft aus 5 Kollegen angeschlossen hat, hat nur $^1/_5$ Fahrtkostenersparnis anrechenbar. Es kommt also sehr auf die **konkreten Umstände des Einzelfalles** an, die ggf. sehr genau dargelegt werden müssen.

Fahrtkosten sollen überhaupt nicht mehr als „ersparte Eigenkosten" abzuziehen sein, weil diese Kosten als „**Pendlerpauschale**" vom ersten Kilometer an steuerlich abzugsfähig sind (BFH 26.2.2009, Az. VI R 17/07). Somit entstehe dem geschädigten Arbeitnehmer in keinem Falle ein finanzieller Nachteil (vgl. *Schah Sedi/Schah Sedi*, Das verkehrsrechtliche Mandat, Band 5: Personenschäden, § 3 Rn 86). Aller- 625 dings ist zu berücksichtigen, dass die steuerliche Absetzbarkeit nicht zur vollständigen Kompensation der entstandenen Kosten, sondern lediglich in Höhe des persönlichen (Grenz-)Steuersatzes führt. Folglich verbleiben auch bei steuerlicher Absetzbarkeit tatsächliche Fahrtkosten und entsprechend beim unfallbedingten Wegfall ein zu berücksichtigender Vorteil.

ff) Steuern

626 Unfallbedingte **Steuererleichterungen und -ersparnisse entlasten den Schädiger nicht**, soweit es nicht dem Zweck der Steuervergünstigung widerspricht (BGH NZV 1995, 63). Hat der Verletzte aber – wie sich oft erst später, u.U. nach einer Steuerprüfung herausstellt – Steuern nachzuzahlen, hat ihn der **Schädiger von** dieser **Steuerpflicht freizustellen**.

627 Vor Fälligkeit der Steuerschuld hat der Geschädigte daher nur einen **Feststellungsanspruch**. Den sollte er allerdings vor allem bei **Abfindungsvergleichen** betreffend Erwerbsschäden beachten und durch einen entsprechenden ausdrücklichen **Vorbehalt** in der Erklärung sichern. Dabei ist unbedingt auf die Verjährung zu achten. Da gezahlte Einkommensteuern wiederum zu versteuern sind und dies mit unendlicher Folge auch für jede weitere Zahlung, sollte das Finanzamt in die Verhandlungen mit eingebunden werden und hinsichtlich der Steuer ggf. eine Vereinbarung mit dem Finanzamt getroffen werden, um das ewige Versteuern praktikabel zu halten.

Tipp
In eine etwaige Abfindungserklärung sollte stets ein „Steuervorbehalt" aufgenommen werden. Der könnte z.B. lauten: „Der Schädiger und sein Versicherer verpflichten sich, dem Geschädigten auf Nachweis sämtlichen vergangenen, gegenwärtigen und zukünftigen Schaden zu ersetzen, der dadurch entsteht, dass auf die gezahlte Leistung Steuern zu zahlen sind. Das gilt auch für darauf wiederum zu zahlende weitere Steuern."

gg) Rentenfragen

Literatur zu Rentenfragen:

Elsner, Quoten- und Befriedigungsvorrecht in der Sozialversicherung, zfs 1999, 276 ff.

628 Insbesondere in Fällen **lang anhaltender verletzungsbedingter Arbeitsausfälle** taucht immer wieder die Frage auf, ob später, bei Erreichen der Altersgrenze, die Rente unverändert gesichert ist, der Geschädigte/Verletzte also so gestellt ist, als ob er durchgängig weitergearbeitet hätte.

629 Für Schadensfälle nach dem 1.7.1983 ist das jetzt eindeutig geregelt: Ein Rentenminderungsschaden wird bei **abhängig Beschäftigten** stets über den Regress des Rentenversicherers nach § 119 SGB X aufgefangen (*Küppersbusch*, NZV 1992, 58). Das bedeutet aber auch, dass dieser Anspruch **kraft Gesetzes** auf den Kran-

C. Materielle Ansprüche § 9

kenversicherungsträger, der die Beiträge an den Rentenversicherungsträger abführt, **übergegangen** ist und nicht mehr vom Geschädigten selbst geltend gemacht werden kann (BGH DAR 2000, 62).

Voraussetzung ist, dass der Verletzte **im Unfallzeitpunkt sozialversichert** war und zwar als **pflichtversicherter** Beitragszahler. 630

Pflichtmitglieder gem. §§ 1 ff. SGB VI sind u.a.:
- Arbeiter
- Angestellte
- Auszubildende
- ggf. Scheinselbstständige
- Landwirte
- Künstler
- Publizisten
- in die Handwerksrolle eingetragene Handwerker
- Wehrpflichtige und Zivildienstleistende
- in Behindertenwerkstätten tätige Behinderte

Nicht versicherungspflichtig in der Rentenversicherung sind:
- Bezieher von Altersrenten
- Beamte, Richter, Staatsanwälte
- Soldaten
- Mitglieder berufsständischer Versorgungseinrichtungen
- geringfügig Beschäftigte, 450 EUR-Jobs (Minijobs)
- Schüler und Studenten
- Hausfrauen/-männer
- Freiberufler, Selbstständige
- freiwillig Versicherte

Zu ersetzen ist der Ausfall derjenigen Rentenversicherungsbeiträge (Arbeitnehmer- und Arbeitgeberanteil), die ohne den Unfall für den Verletzten geleistet worden wären. Die obere Grenze des Regresses ist immer die **Beitragsbemessungsgrenze**. 631

Die **fehlenden Beiträge** fordert also der **Rentenversicherungsträger** – treuhänderisch für den Geschädigten – für den Zeitraum, in dem eine rentenversicherungspflichtige Tätigkeit von dem Geschädigten ausgeübt worden wäre, vom Versicherer des Schädigers ein. Die Rentenversicherer holen regelmäßig **Bescheinigungen** bei dem früheren Arbeitgeber des Verletzten ein, um das **hypothetische Bruttoeinkommen** einschließlich potentieller Lohn- oder Gehaltserhöhungen, z.B. anhand von vergleichbaren Arbeitskollegen, festzustellen. Auf der Basis dieser Bescheinigungen wird das Rentenversicherungskonto fortgeführt und beim Versicherer des Schädigers regressiert, sodass stets die volle spätere Rente des Geschädigten garantiert ist. 632

Bei gegebener **Mithaftung** gilt ein **Quotenvorrecht** zugunsten des nach § 116 SGB X regressierenden Lohnersatzleistungsträgers (so jedenfalls *Jahnke*, Der Ver- 633 dienstausfall im Schadensersatzrecht, Handbuch für die tägliche Regulierungspraxis, 2002, Kapitel 3 Nr. 6 ff.).

634 Ist der Anspruch gegen den Schädiger in solchen Mithaftungsfällen auf eine Quote beschränkt, dann gilt die **relative Theorie** nach § 116 III SGB X (Einzelheiten dazu § 4 Rdn 88 ff.). Danach erfolgt eine **anteilige und gleichrangige Befriedigung** von Geschädigtem und Sozialversicherungsträger. So erhält der Geschädigte einen Anteil von seinem nicht gedeckten Restschaden und der Sozialversicherungsträger dieselbe Quote aus der von ihm erbrachten Leistung, jeweils in Höhe der Haftungsquote. Es verbleibt in solchen Fällen also eine gewisse Differenz beim Geschädigten, der insoweit später eine geminderte Rente erhält (*Elsner*, Quoten- und Befriedigungsvorrecht in der Sozialversicherung, zfs 1999, 276, 277).

hh) Beweislast und Beweiserleichterungen

635 Der Geschädigte hat zunächst einmal den Kausalzusammenhang zwischen Verletzung und Einkommensverlust zu beweisen. Er muss also nachweisen, „**ob**" er Erwerbseinkünfte gehabt hätte. Er kann auch etwaige **Lohn- und Gehaltserhöhungen** geltend machen. Hierfür ist er allerdings ebenfalls beweispflichtig, ebenso im Hinblick auf geltend gemachte **Beförderungen**.

636 Soweit er sich also auf eine „**Sollprognose**" beruft, muss er alle dafür in Betracht kommenden Anknüpfungstatsachen darlegen und beweisen. Das kann z.b. durch den schon oben erwähnten „**Vergleichsmann**" (Arbeitskollege, der zum Unfallzeitpunkt eine gleichartige und gleichbezahlte Tätigkeit hatte) geschehen. Voraussetzung ist aber stets eine **kontinuierliche berufliche Laufbahn** in der Zeit vor dem Unfall.

637 Dem Geschädigten stehen im Hinblick auf die Höhe seiner Einkünfte, also „**wie**" seine Erwerbseinkünfte aussehen würden, die **Beweiserleichterungen** gem. § 252 S. 2 BGB, § 287 ZPO zur Seite. Es genügt demnach der Nachweis einer gewissen **Wahrscheinlichkeit** eines zukünftigen Einkommensverlaufs (BGH VersR 1997, 366). Dabei ist der gewöhnliche Lauf der Dinge bei einem voraussichtlich durchschnittlichen Erfolg zu unterstellen. Verbleibende Risiken sind ggf. durch gewisse Abschläge auszugleichen (BGH VersR 2011, 229). Dem Tatrichter steht insoweit ein durchaus weites Ermessen zu, dem nur insofern Grenzen gesetzt sind, als er sich nicht über das Vorbringen zur Schadensschätzung hinwegsetzen darf. Er darf das Vorbringen des Geschädigten auch nicht etwa ohne den Ausweis eigener Sachkunde oder die Hinzuziehung sachverständiger Hilfe als unerheblich oder widerlegt ansehen (BGH a.a.O.). In aller Regel lässt sich der Verdienstausfallschaden nur mit Hilfe dieser Vorschriften ermitteln (KG DAR 2006, 149).

638 Ist die voraussichtliche berufliche Entwicklung eines Geschädigten ohne das Schadensereignis zu beurteilen, so gebietet § 252 BGB eine **Prognose entsprechend dem gewöhnlichen Lauf der Dinge**, insbesondere auf der Grundlage dessen, was zur Ausbildung und bisherigen beruflichen Situation des Betroffenen festgestellt werden kann. Dabei muss der Geschädigte zwar soweit wie möglich **konkrete Anhaltspunkte** für diese Prognose dartun (und ggf. – in den Grenzen des § 287 ZPO – auch beweisen). Es dürfen jedoch insoweit **keine zu hohen Anforderungen** gestellt werden (ständige Rechtsprechung, vgl. z.B. BGH NJW 1998, 1633 und VersR 2000, 233 m.w.N.) Dies gilt insbesondere dort, wo der Geschädigte – etwa weil er im Zeitpunkt des Schadensereignisses noch in der **Ausbildung** oder am **Anfang seiner beruflichen Entwicklung** stand – nur wenige konkrete Anhaltspunkte dazu liefern kann, wie sich sein Erwerbsleben voraussichtlich gestaltet hätte (BGH NJW 1998, 1633).

Nach § 252 Satz 2 BGB muss der Geschädigte dabei diejenigen **Umstände darlegen und ggf. auch beweisen**, aus denen er nach dem **gewöhnlichen Verlauf** oder nach den **besonderen Umständen des Falles** seine Gewinnerwartung herleitet. Stehen diese Tatsachen zur Überzeugung des Gerichtes fest, so genügt es, wenn der Gewinn nach dem gewöhnlichen Lauf der Dinge **mit Wahrscheinlichkeit** erwartet werden konnte (BGHZ 29. 393; BGH WM 1986, 622 f.; BGH NZV 1002, 210 f.), wobei solche Tatsachen, die selbst zum gewöhnlichen Verlauf der Dinge gehören, nicht bewiesen zu werden brauchen (BGH NJW 1986, 661 f.). **639**

Welche Tatsachen zum gewöhnlichen Lauf der Dinge gehören und welche Tatsachen so wesentlich sind, dass sie vom Kläger dargelegt und ggf. bewiesen werden müssen, hängt von den **Umständen des Einzelfalles** ab und lässt sich daher nicht allgemeingültig festlegen (BGHZ 54, 45, 56). Es dürfen jedoch **keine allzu strengen Anforderungen** an das gestellt werden, was der Kläger vorbringen muss, um das Gericht zur Einholung eines **Sachverständigengutachtens** zu veranlassen (BGHZ 54, 45, 56; BGHZ 100, 50; Palandt-*Grüneberg*, BGB, § 252 Rn 4). **640**

Bei **Unfällen vor Eintritt in das Berufsleben** ist zu schätzen (§ 287 ZPO), wie der berufliche Weg des Verletzten nach seinen **persönlichen Fähigkeiten** und Eigenschaften und den **Bedingungen des Arbeitsmarktes** voraussichtlich verlaufen wäre (Palandt-*Grüneberg*, BGB, § 252 Rn 17 m.w.N.). Besonders hohe Anforderungen sind an diese Darlegungspflicht jedoch nicht zu stellen (ständige Rechtsprechung, vgl. z.B. BGH VersR 2000, 233). Das gilt insbesondere dann, wenn das haftungsauslösende Ereignis den Geschädigten zu einem Zeitpunkt getroffen hat, als er noch in der **Ausbildung oder am Anfang seiner beruflichen Entwicklung** stand und deshalb noch keine Erfolge in der von ihm angestrebten Tätigkeit nachweisen konnte (BGH VersR 2000, 1521; BGH VersR 2011, 229). **641**

Zur Feststellung der Grundlagen für die **Prognose über die voraussichtliche Entwicklung der Erwerbstätigkeit** des Geschädigten ohne das Unfallereignis ist grundsätzlich **nicht nur auf den Zeitpunkt des Schadensereignisses** abzustellen. Die Situation im Unfallzeitpunkt ist lediglich einer der Prognosefaktoren für die künftige Entwicklung. Bei der Prognose müssen als weitere Faktoren regelmäßig auch **Erkenntnisse aufgrund von Entwicklungen** einbezogen werden, die sich **642** erst nach dem Unfallereignis bis zur letzten mündlichen Verhandlung ergeben haben (BGH NJW 2004, 1945, 1947).

643 Genaue Tatsachen, die **zwingend** auf das Bestehen und den Umfang eines Schadens schließen lassen, braucht der Kläger nicht anzugeben (BGH VersR 1968, 888), denn § 252 S. 2 BGB und § 287 ZPO **mindern auch die Darlegungslast** (BGH a.a.O.; BAG NJW 1972, 1437, 1438). An sie dürfen nicht die gleichen Anforderungen gestellt werden wie bei anderen Forderungen. Eine volle Substanziierung kann danach nicht gefordert werden. Es genügt, wenn der Kläger **hinreichend Anhaltspunkte für eine Schadensschätzung** nach § 287 ZPO liefert (BGH NJW 1988, 3017; NJW 1993, 2673; NJW 1998, 1633, 1635).

644 Steht fest, dass ein der Höhe nach **nicht bestimmbarer, aber erheblicher Schaden** entstanden ist, ergibt sich i.d.R. aus den Umständen eine hinreichende Grundlage für die Schätzung eines Mindestschadens (BGH NJW-RR 1996, 1077).

645 Wenn es für das freie Ermessen nicht an allen Unterlagen fehlt, muss das Gericht nötigenfalls **nach freiem Ermessen** entscheiden, ob ein Schaden entstanden ist und in welcher Höhe. Dabei kann und darf das Gericht auch solche Umstände berücksichtigen, die ihm **sonst bekannt geworden** sind, ohne dass es einer Verhandlung darüber oder etwaigen Befragung der Parteien nach § 139 ZPO bedarf (VersR 1960, 786, 788; BGHZ 29, 393, 400). Unzulässig und unmöglich ist eine derartige Entscheidung nur dann, wenn wegen **Fehlens hinreichender Anhaltspunkte** eine Grundlage für eine Schätzung nicht zu gewinnen wäre und das richterliche Ermessen vollends in der Luft schweben würde (BGHZ 29, 393, 400; BGHZ 54, 45, 55) oder wenn die Ursächlichkeit des haftungsbegründenden Ereignisses für den behaupteten Gewinnentgang **nicht wahrscheinlich** ist (BGH NJW 1964, 661, 663).

646 Diese **Wahrscheinlichkeit** muss sich nach dem „gewöhnlichen Lauf der Dinge oder nach den besonderen Umständen, insbesondere nach den getroffenen Anstalten und Vorkehrungen" ergeben (BGH VersR 1970, 766). Keinesfalls darf eine Schätzung erfolgen, ohne dass eine **tragfähige Grundlage** gegeben ist (BGH VersR 1988, 466).

647 Unter Berücksichtigung der vorstehenden Grundsätze kann ein geschädigter Student z.B. nachweisen, dass er aufgrund eines Verkehrsunfalls sein **Studium** insgesamt **später**, als nach dem normalen Verlauf zu erwarten gewesen wäre, **beendet** hat (siehe KG DAR 2006, 149 ff.). Dadurch kann er u.U. ein ganzes Jahr später in das Berufsleben eintreten und erleidet demgemäß einen **Verdienstausfall in Höhe eines Netto-Jahreseinkommens**.

648 Dabei ist das Gericht auch nicht daran gehindert, eine von dem Geschädigten überreichte **Bescheinigung der Universität** im Wege des Urkundsbeweises zu verwerten. Bei einer solchen Bescheinigung handelt es sich um eine **Privaturkunde** i.S.d. § 416 ZPO, deren **Verwertung als Beweismittel** nicht von der Zustimmung des Beweisgegners abhängt, es sei denn, es bestehen Anhaltspunkte für die Annahme, der

C. Materielle Ansprüche § 9

Vorsitzende des Prüfungsausschusses hätte dem Studenten zum Zwecke der Täuschung eine bloße **Gefälligkeitsbescheinigung** ausgestellt.

War der Verletzte vor dem Schadensereignis **in ungekündigter Stellung**, die er ohne die Verletzung **nach allgemeiner Lebenserfahrung behalten** hätte, muss der Schädiger so lange Schadensersatz leisten, wie der Geschädigte die Stelle voraussichtlich innegehabt hätte (OLG Hamm zfs 1998, 459). Nur dann, wenn Anhaltspunkte dafür vorliegen, dass der Geschädigte **unfallunabhängig** seine **Arbeit verloren** hätte, z.b. aufgrund einer **Insolvenz der beschäftigenden Firma**, und auf dem Arbeitsmarkt eine adäquate Weiterbeschäftigung anderweitig nicht gefunden hätte, kann etwas anderes gelten. Dann sind aber **erhebliche Beweisanforderungen** für den Schädiger erforderlich, die Möglichkeit anderweitiger Beschäftigung zu verneinen. 649

Die Beweiserleichterungen gehen allerdings **nicht** so weit, dass stets ein pauschalierter Mindestschaden in Form eines „**garantierten Mindesteinkommens**" zugrunde zu legen wäre (BGH NJW 1995, 2227 = zfs 1995, 170). Der Geschädigte muss jedenfalls konkrete Anhaltspunkte und **Anknüpfungstatsachen** darlegen und beweisen, die eine **Wahrscheinlichkeitsanalyse** („überwiegende Wahrscheinlichkeit" genügt: BGH NJW 1995, 1023; VersR 1993, 55) ermöglichen. 650

Hatte der Verletzte vor dem Unfall zwar noch keine kontinuierliche Berufstätigkeit aufzuweisen, jedoch **immer wieder Arbeit gefunden**, liegt es – zumindest bei jüngeren Menschen – nahe, dass er ohne das Schadensereignis in absehbarer Zeit Arbeit aufgenommen hätte, selbst wenn er im Unfallzeitpunkt ohne sichere Beschäftigung war (BGH NJW 1995, 1023; DAR 1997, 153). 651

Problematisch sind immer wieder die Fälle **einvernehmlicher Beendigung** eines bis dahin **ungekündigten Arbeitsverhältnisses** im Hinblick auf die Unfallkausalität und deren Nachweis. Eine solche einvernehmliche Beendigung des Arbeitsverhältnisses durch den Geschädigten aufgrund einer Vereinbarung mit dem Arbeitgeber ist jedenfalls dann dem Schädiger anzurechnen, wenn sich die Aufgabe des Arbeitsverhältnisses als **adäquate Folge** der durch den Verkehrsunfall entstandenen körperlichen Schäden darstellt (OLG Frankfurt zfs 2002, 20 ff.). Enthält der Geschädigte aufgrund einer solchen unfallbedingten Aufgabe des Arbeitsplatzes von seinem Arbeitgeber sogar noch eine **Abfindung**, ist diese **nicht** zugunsten des Schädigers anspruchsmindernd auf den Verdienstausfallschaden **anzurechnen** (OLG Frankfurt zfs 2002, 20 ff.). 652

ii) Schadensminderungspflicht

Der Geschädigte ist grundsätzlich verpflichtet, eine ihm ggf. noch verbleibende Rest-Arbeitskraft so nutzbringend wie möglich einzusetzen (ständige Rechtsprechung des BGH, z.B. VersR 1983, 488; 1991, 437, BGH DAR 2007, 141 f.; ebenso OLG Köln NZV 2000, 293). Bei dieser **Erwerbsobliegenheit** ist dann aber die **Zumutbarkeitsgrenze** zu beachten (OLG Hamm zfs 1998, 459). Diese bestimmt 653

§ 9 Ersatzansprüche bei Verletzungen

sich nach seiner Persönlichkeit, seiner sozialen Situation und seinem bisherigen Lebensumfeld. Ausschlaggebend sind aber daneben auch seine persönlichen Fähigkeiten und seine gesundheitlichen Verhältnisse, ferner Art und Umfang seiner Verletzungen.

654 Die **Zumutbarkeit** der Aufnahme einer bestimmten Erwerbstätigkeit durch den Geschädigten bestimmt sich nach dessen Persönlichkeit, seinen Fähigkeiten, seiner sozialen Lage und seinen bisherigen Lebensumständen. Hinzu kommen seine Anpassungsfähigkeit, Art und Umfang seiner Unfallfolgen, seine psychische Situation und sein Umfeld (familiäre Situation, Wohnort, personenbezogene Besonderheiten). Verstößt der Geschädigte gegen seine Erwerbsobliegenheit, ist der **fiktive Verdienst zu schätzen** (§ 287 BGB; BGH NJW 2007, 64).

655 Grundsätzlich ist der **Schädiger** für das Vorliegen eines Verstoßes gegen die Schadensminderungspflicht **darlegungs- und beweispflichtig** (BGHZ 91, 357, 369; BGH VersR 1979, 424, 425, BGH VersR 1991, 437, 438, BGH DAR 2007, 141 f.). Der Geschädigte muss aber andererseits, soweit es um **Umstände aus seiner Sphäre** geht, an der Sachaufklärung mitwirken und erforderlichenfalls darlegen, was er zur Schadensminderung unternommen hat (BGHZ 91, 243, 259 f.; BGH DAR 1996, 144; BGH DAR 1998, 472; BGH DAR 2007, 142).

656 Die Ersatzansprüche des Geschädigten können nicht gem. § 254 Abs. 2 S. 1 BGB um eine **prozentuale Mitverschuldensquote** gekürzt werden (BGH DAR 2007, 141 f.). Verstößt der Geschädigte gegen die ihm obliegende Schadensminderungspflicht, weil er es unterlässt, einer ihm zumutbaren Erwerbstätigkeit nachzugehen, sind nach ständiger Rspr. des BGH die erzielbaren (fiktiven) Einkünfte auf den Schaden anzurechnen (vgl. BGHZ 91, 357, 363 ff.; BGH v. 25.9.1973, DAR 2007, 141 f.).

657 Eine **quotenmäßige Anspruchskürzung** kommt dagegen grundsätzlich nicht in Betracht, weil sie im Einzelfall zu **sachwidrigen Ergebnissen** führen kann. Die Höhe der erzielbaren Einkünfte des Geschädigten hängt nämlich nicht quotenmäßig von der Höhe des ihm entgangenen Unterhalts, sondern vielmehr davon ab, welches Einkommen im konkreten Fall der Versorgungsempfänger in der **konkreten Situation** unter Berücksichtigung aller Umstände, d.h. seiner Lebenssituation, seiner Ausbildung, einer eventuell früher ausgeübten Tätigkeit und der jeweiligen Lage auf dem Arbeitsmarkt in zumutbarer Weise erzielen könnte und von welchem Zeitpunkt an ihm eine Aufnahme der Erwerbstätigkeit zumutbar war (BGH DAR 2007, 141 f.).

(1) Zumutbarkeit und Möglichkeit anderweitiger Arbeitsaufnahme

(a) Zumutbarkeit

658 Hinsichtlich der **Zumutbarkeit** sind z.B. der Gesundheitszustand, bisheriger Bildungsgang, Begabung und Neigung zu einem bestimmten Beruf, Kenntnisse und Fähigkeiten des Geschädigten zu berücksichtigen (BGH VersR 1991, 437). Einer

C. Materielle Ansprüche § 9

Arzthelferin ist z.B. nicht zuzumuten, Näherin in einer Fabrik zu werden, wohl aber, sich zur MTA umschulen zu lassen.

Aus Gründen der **Schadensminderungspflicht** kann der Geschädigte auch gehalten sein, eine ihm von dem Haftpflichtversicherer **angebotene zumutbare Arbeit anzunehmen** (OLG Köln NZV 2000, 293). Wenn der Verletzte eine solche Arbeit nicht annimmt, hat er darzulegen und zu beweisen, warum er diese Möglichkeit nicht nutzen konnte. Der Nachweis kann z.b. durch eine Unvermittelbarkeits-Bescheinigung der Agentur für Arbeit geschehen, da dann Bemühungen welcher Art auch immer schon im Ansatz aussichtslos erscheinen (BGH NJW 1991, 1412 ff.). **659**

Unter Umständen ist der Verletzte auch verpflichtet, sich ein **Kraftfahrzeug anzuschaffen**, wenn er den ihm angebotenen Arbeitsplatz nur bei Benutzung eines Fahrzeuges unter zumutbaren Bedingungen erreichen kann (BGH NJW 1998, 3706 = zfs 1999, 8). Die dazu erforderlichen **finanziellen Mittel** hat der **Geschädigte** aufzubringen. **660**

Die durch die Anschaffung und Unterhaltung des Kfz erforderlichen finanziellen Aufwendungen wirken sich aber letztlich **nicht zum wirtschaftlichen Nachteil** des Geschädigten aus. Die dem Geschädigten auf seinen Schadensersatzanspruch anzurechnenden Einkünfte aus der ihm angebotenen Tätigkeit verringern sich nämlich um die mit der Übernahme der Tätigkeit verbundenen Mehraufwendungen. Diese **Verringerung der Einkünfte** wäre als **Erwerbsschaden** gem. § 842 BGB im Wege des Schadensersatzes auszugleichen. **661**

Erzielt der Geschädigte aber durch **überobligationsmäßige Anstrengungen** Einkünfte (z.B. ein unfallbedingt Erblindeter erlernt Blindenschrift und damit die Anwendung von EDV, mit der er ein Buch schreibt), sind diese nicht auf den Einkommensschaden anzurechnen. **662**

Soweit der Verletzte unfallbedingt anstelle der ursprünglichen Erwerbstätigkeit die **Führung des Haushaltes** übernimmt (Umverteilung der familiären Rollen), ist der Wert dieser wirtschaftlich grundsätzlich als sinnvoll angesehenen und nicht überobligationsmäßigen Tätigkeit auf den Erwerbsschaden anzurechnen. **663**

Im Übrigen ist der Geschädigte in aller Regel nicht verpflichtet, mehr als **einen Versuch** zur Arbeitsaufnahme zu unternehmen (BGH VersR 1961, 1018). **664**

Entscheidend für die Frage der Zumutbarkeit sind: **665**
- Alter
- Vorbildung
- Schwere der Verletzungen
- Charakter der in Betracht kommenden Arbeit.

Von der Rechtsprechung als **zumutbar** angesehen: **666**
- Grundsätzlich ist der Geschädigte gehalten, an Umschulungsmaßnahmen mitzuwirken, dies gilt jedoch nicht, wenn überhaupt keine Aussicht auf einen Erfolg der Umschulung und eine nutzbringende Tätigkeit in dem neuen Beruf besteht (BGH NJW 1991, 1412 ff.).

667 Von der Rechtsprechung als **unzumutbar** angesehen:
- Wenn es keine zumutbare Tätigkeit aufgrund der Arbeitsmarktsituation und der Ausbildung des Geschädigten gibt (BGH NJW 1995, 652). Bei dem der Entscheidung zugrunde liegenden Fall war die Geschädigte eine ungelernte Kraft.
- Die Unannehmlichkeiten des neuen Berufes sind mit denjenigen des alten Berufes zu vergleichen. Wenn bei der neuen Tätigkeit erhebliche Beschwerden spürbar bleiben, ist eine weitere Umschulung unzumutbar (BGH VersR 1961, 1018 f.).
- Zumutbarkeit richtet sich nach Treu und Glauben, von Bedeutung ist, inwieweit der nicht mehr ausübbare Beruf den Verletzten ebenfalls zu erheblichen Anstrengungen, Abwesenheit von der Familie usw. gezwungen hätte (BGHZ 10, 18 ff.).

Ein **Umzug** oder eine **längere Trennung von der Familie** können unzumutbar sein, zumal wenn der Geschädigte wegen fortwirkender Unfallfolgen der Betreuung bedarf (BGH VersR 1961, 1100 f.). Ob und inwieweit der Geschädigte sogar verpflichtet sein könnte, den **Wohnort zu wechseln**, ist daher nicht generell zu beantworten (BGH VersR 1984, 2520). Dies dürfte insbesondere auch altersabhängig sein.

668 Außerdem kommt es auf die Entfernung zum bisherigen Lebensmittelpunkt, dessen verkehrsmäßiger Erreichbarkeit und auf die gesamten sonstigen Lebensumstände an. Wer – z.B. durch den Unfall – seine gesamte übrige Familie verloren hat, dürfte insoweit flexibler sein als ein Geschädigter, der noch eine junge Familie mit schulpflichtigen Kindern hat. Dazu muss im Einzelfall ggf. umfassend vorgetragen werden.

669 Scheitert ein **Arbeitsversuch schuldlos**, ist der Geschädigte in der Regel nicht verpflichtet, weitere zu unternehmen (BGH VersR 1961, 1018), es sei denn, das Scheitern war ausschließlich in Besonderheiten des speziellen Betriebes begründet. Hinsichtlich der Frage des Verschuldens ist der Schädiger bzw. dessen Versicherer **darlegungs- und beweispflichtig**, nicht der Geschädigte, da es sich um den Einwand des Verstoßes gegen die Schadensminderungspflicht handelt.

670 Unter Umständen ist dem Geschädigten auch zuzumuten, sich einer **Umschulungsmaßnahme** zu unterziehen, sofern das sinnvoll und angemessen erscheint. Die **Kosten** einer solchen Umschulungsmaßnahme hat wiederum der Schädiger zu tragen. Eine solche Maßnahme sollte daher mit dessen Versicherer einvernehmlich abgeklärt werden

(b) Möglichkeit anderweitiger Arbeitsaufnahme

671 Allerdings kann ein Verstoß des Geschädigten gegen die Verpflichtung, seine verbliebene Arbeitskraft gewinnbringend einzusetzen, nur dann angenommen werden, wenn er zur Verwertung der Arbeitskraft überhaupt **in der Lage** ist (BGH DAR 1996, 144). Voraussetzung ist demnach ferner, dass er auch die **Möglichkeit** hat, die verbliebene Arbeitskraft gewinnbringend einzusetzen (BGHZ 91, 357, 365 f.). Wenn er – z.b. unfallbedingt – physisch und psychisch dazu nicht in der Lage ist, entfällt die Möglichkeit einer anderen Arbeitsaufnahme schon dem Grunde nach.

(c) Beweislast

Die Beweislast dafür, dass der Geschädigte seine Arbeitskraft hätte anderweitig verwenden können, trifft grundsätzlich den **Schädiger**. Sofern der Geschädigte jedoch ganz oder teilweise arbeitsfähig ist, trifft ihn die **Darlegungslast** für einschlägige Bemühungen (BGH NJW 1979, 2142; MüKo-*Oetker*, § 254 Rn 145). Der Geschädigte ist jedoch **nicht verpflichtet** einen **Negativ-Beweis** zu erbringen (BGH NJW 1979, 2142). Er ist laut BGH auch nicht verpflichtet, diesen Nachweis fortgesetzt immer wieder von neuem zu erbringen (BGH NJW 1979, 2143). 672

Der Nachweis geschieht am besten durch Bestätigung der Arbeitsagentur, dass der Geschädigte nicht mehr vermittelbar ist. Damit entfällt eine Verletzung der Schadensminderungspflicht schon im Ansatz, da Bemühungen von vornherein aussichtslos erscheinen (BGH NJW 1991, 1412 ff.). 673

Sodann sollte dem gegnerischen Versicherer angeboten werden, deren bevorzugten **Reha-Dienst** einzuschalten. Wenn es beiden Institutionen nicht gelingt, den Geschädigten zu vermitteln, ist ihm ohne Weiteres kein Vorwurf zu machen, seine Restarbeitskraft nicht hinreichend einzusetzen. 674

Der Geschädigte sollte aber durchaus auch **selbst Initiative** zeigen, sich aktiv bewerben oder in Zeitungen inserieren. Die Kosten dafür hat der Schädiger zu tragen! Der Maßstab ist in etwa der gleiche, wie er auch in Familiensachen dem geschiedenen, bislang nicht berufstätigen Ehegatten nach der Rechtsprechung auferlegt ist. 675

Tipp
Derartige Bewerbungsversuche sollten allesamt sehr genau dokumentiert werden!

Selbstverständlich kann auch der Schädiger bzw. sein Versicherer konkrete alternative Arbeitsplätze nachweisen. Weist der Schädiger eine solche konkrete und auch zumutbare Arbeitsmöglichkeit nach, ist es wiederum Sache des Verletzten, darzulegen und zu beweisen, warum er diese nicht annehmen kann. 676

Hat der **Verletzte gar nichts unternommen**, um seine ggf. noch vorhandene **Restarbeitskraft** zu verwerten, können unter Umständen der Anscheinsbeweis oder sogar eine **Umkehr der Beweislast** in Betracht kommen (BGH NJW 1979, 2142 ff.; OLG Köln VersR 1991, 111). 677

Wirtschaftliche Vorteile, die auf einem **Konsumverzicht** des Geschädigten beruhen, entlasten den Schädiger jedoch nicht (BGH NJW 1980, 1787). **Beispiel:** Aufgabe der Haltung eines Pkw, Verkauf eines teuren Hauses und Umzug in eine preiswerte Mietwohnung. 678

(2) Vorruhestandsgeld

679 Wenn der Verletzte unfallbedingt in den Vorruhestand geht und demzufolge schädigungsbedingt **Vorruhestandsgeld** erhält, muss er sich diese Zahlungen auf seinen Verdienstausfallschaden **anrechnen lassen** (BGH zfs 2001, 163 = DAR 2001, 119). Ihm ist in Höhe des Betrages des Vorruhestandsgeldes kein Schaden entstanden. Ob ein zu ersetzender **Schaden** vorliegt, beurteilt sich grundsätzlich aus dem Vergleich der Vermögenslage **nach Eintritt** des haftungsbegründenden Ereignisses mit derjenigen **davor**.

680 Dem Vorruhestandsgeld kommt daher keine schadensrechtliche Ausgleichsfunktion zu. Der Geschädigte hat keinen Anspruch auf eine Doppelzahlung. Der Schädiger wird dadurch auch nicht etwa in ungerechtfertigter Weise entlastet. Der Anspruch auf Vorruhestandsgeld ist **kein Entgelt für geleistete Arbeit** (insofern also anders als bei der Entgeltfortzahlung), sondern eine nach gewisser Dauer der Betriebszugehörigkeit altersbedingt gewährte Leistung aus **arbeitsmarktpolitischer Motivation**.

jj) Erwerbsschaden eines Ausländers

681 Für die Höhe des Erwerbsschadens ist grundsätzlich von dem **in Deutschland erzielbaren Einkommen** auszugehen. Dies gilt jedoch **nur bis zu dem Zeitpunkt**, in dem der Verletzte „nach dem gewöhnlichen Lauf der Dinge oder nach den besonderen Umständen, insbesondere nach den getroffenen Anstalten und Vorkehrungen" (§ 252 BGB) ohne den Unfall in sein Heimatland zurückgekehrt wäre. Ab diesem Zeitpunkt sind der Ermittlung des Schadens die – in den Heimatländern zum Teil wesentlich niedrigeren – Einkommen zugrunde zu legen (*Küppersbusch/Höher*, Ersatzansprüche bei Personenschäden, Rn 464).

682 Unterschiede ergeben sich insbesondere im Verhältnis zu den typischen Gastarbeiterländern Türkei, den Nachfolgestaaten des ehemaligen Jugoslawien und Griechenland, auch zu den Ländern des ehemaligen Ostblocks. Zu prüfen ist außerdem noch, ob der Gastarbeiter nach der Rückkehr überhaupt wieder in den Arbeitsprozess im Heimatland eingegliedert worden wäre.

683 Zur Ermittlung des wahrscheinlichen Zeitpunktes einer unfallunabhängigen Rückkehr in das Heimatland sind im Rahmen der §§ 252 BGB, 287 ZPO vor allem folgende Fakten und Daten von Bedeutung:
- Dauer, Fristen und Widerrufsvorbehalte der Arbeitserlaubnis,
- die allgemeine Arbeitsmarktsituation und die wirtschaftliche Entwicklung des Arbeitgebers,
- die persönlichen und familiären Verhältnisse und die Absichten und Pläne des Gastarbeiters.

C. Materielle Ansprüche §9

c) Selbstständige

Literatur zum Erwerbsschaden bei Selbstständigen:

Kendel, Maßnahmen zur Regulierung des Erwerbsschadens bei Selbstständigen und Freiberuflern, zfs 2007, 372 ff.; *Roß*, Der Erwerbsschaden des Nichtselbstständigen, NZV 1999, 276 ff.

Der Erwerbsschaden eines Selbstständigen unterscheidet sich von dem eines abhängig Beschäftigten in seiner Grundstruktur zunächst einmal nicht. Auch ein Selbstständiger ist also zunächst einmal verpflichtet, seine Rest-Arbeitskraft im Rahmen des Zumutbaren gewinnbringend zu verwerten. Ein Unterschied besteht nur insoweit, als die Schadensberechnung nach der **Bruttomethode** erfolgt. Steuer-, Krankenkassenbeiträge usw. muss der Selbstständige ja aufgrund Verpflichtung bzw. privatrechtlicher Verträge selbst entrichten. 684

Besonders schwierig gestalten sich aber regelmäßig der **Nachweis** und die Darstellung des Erwerbsschadens eines Selbstständigen. Hier scheidet nämlich eine Schadensberechnung aufgrund der Kosten einer fiktiven Ersatzkraft ausdrücklich aus (BGH VersR 1970, 766). Der Schädiger schuldet vielmehr den hypothetischen Unternehmergewinn. 685

Wichtig sind in diesem Zusammenhang die **Anforderungen an die Darlegung eines unfallbedingten Verdienstausfalls** (BGH DAR 1998, 231). Dabei bedarf es insbesondere der Darlegung, wie sich das Unternehmen ohne den Unfall voraussichtlich entwickelt hätte. Wegen der danach erforderlichen Prognose der hypothetischen Geschäftsentwicklung kommen dem Geschädigten die **Darlegungs- und Beweiserleichterungen** des § 252 BGB und des § 287 ZPO zugute. 686

Allerdings muss der Geschädigte die zur Schätzung erforderlichen **konkreten Anknüpfungstatsachen** darlegen und zur Überzeugung des Gerichtes **nachweisen**. Dabei dürfen – wie der BGH in ständiger Rechtsprechung wiederholt ausgeführt hat – an die Darlegung solcher Anknüpfungstatsachen wiederum auch keine zu hohen Anforderungen gestellt werden. 687

aa) Konkreter Gewinnverlust

Soweit durch den verletzungsbedingten Ausfall konkrete Geschäfte ausgefallen und entsprechender Gewinn entgangen ist, ist dieser vom Schädiger zu ersetzen (LG Saarbrücken zfs 2001, 108). Gelingt der Nachweis – ohnehin nur selten und nur schwer möglich –, sind ersparte Kosten abzuziehen. 688

bb) Kosten einer Ersatzkraft

Schon der Grundsatz der Schadensminderungspflicht gebietet es in der Regel, eine Ersatzkraft einzustellen, die den Geschäftsbetrieb aufrechtzuerhalten hilft. Stellt der Geschädigte eine solche **konkrete** Ersatzkraft ein, die seine Tätigkeit im Geschäft für die Dauer des verletzungsbedingten Ausfalls übernehmen soll, sind die **dadurch anfallenden Kosten in vollem Umfang**, also brutto einschließlich Ar- 689 beitgeberanteile, vom Schädiger **zu ersetzen**. Dadurch bedingte Steuervorteile würden grundsätzlich dem Schädiger zustehen.

690 Allerdings wird in der Regel gleichwohl ein **restlicher Gewinnausfall** übrig bleiben, den es zu ermitteln gilt. Es kann dann konkreter und fiktiver Erwerbsschaden nebeneinander geltend gemacht werden.

691 Hilft ein **Familienmitglied** unentgeltlich aus, entlastet das den Schädiger nicht. Die Kosten sind vielmehr nach den Kosten einer Ersatzkraft zu bemessen (OLG Oldenburg zfs 1993, 263).

cc) Fiktive Gewinnermittlung

692 In den meisten Fällen muss der Gewinnausfall fiktiv berechnet oder gar geschätzt werden (hierzu OLG Oldenburg zfs 1993, 263; OLG Köln zfs 1993, 261).

693 Bei **selbstständig Tätigen** bedarf es zur Beantwortung der Frage, ob und in welcher Höhe diese einen Verdienstausfall erlitten haben, der Prüfung, **wie sich das Unternehmen ohne den Unfall voraussichtlich entwickelt** hätte (BGH VersR 1992, 973 u. 1993, 1284). Bei der danach erforderlichen **Prognose** der hypothetischen Geschäftsentwicklung kommen dem Geschädigten die **Darlegungs- und Beweiserleichterungen** nach § 252 BGB, § 287 ZPO zugute (BGH DAR 1998, 232).

694 Das ändert jedoch nichts daran, dass es der **Darlegung konkreter Anknüpfungstatsachen** bedarf, die der Geschädigte zur Überzeugung des Gerichtes **beweisen** muss (BGH VersR 1992, 973; 1993, 1284; 1995, 422). Allerdings dürfen an die Darlegung solcher Anknüpfungstatsachen für die Ermittlung des Erwerbsschadens **keine allzu hohen Anforderungen** gestellt werden (BGH VersR 1992, 973; 1993, 1284; 1995, 422).

695 Die Schwierigkeit besteht also in der „**ausreichenden Substanziierung**" des Vortrages. Die **Prognose der Gewinnentwicklung** fußt auf dem „gewöhnlichen Lauf der Dinge", und zwar auf der Grundlage dessen, was zur Ausbildung und bisherigen beruflichen Situation des Geschädigten festgestellt werden kann (vgl. zu der Prognose der beruflichen Entwicklung des Geschädigten auch BGH DAR 1998, 349).

696 Ergeben sich in derartigen Fällen keine Anhaltspunkte, die überwiegend für einen bestimmten Erfolg sprechen, so kann nach dem gewöhnlichen Lauf der Dinge von einem **voraussichtlich durchschnittlichen Erfolg** des Geschädigten in seiner Tätigkeit ausgegangen werden. Auf dieser Basis ist sodann eine weitere Prognose hinsichtlich der entgangenen Einnahmen anzustellen und der Schaden gem. § 287 ZPO zu schätzen.

697 **Wichtig** ist also: Der BGH stellt nicht mehr auf die Schätzung eines Mindestbetrages ab, sondern auf die Anknüpfung an einen **durchschnittlichen Erfolg** (BGH NJW 1998, 1633 = DAR 1998, 349).

C. Materielle Ansprüche §9

Dazu sind die **bisherigen Gewinnunterlagen** (Bilanzen, Gewinn- und Verlustrechnungen, Einkommensteuerbescheide usw.) heranzuziehen und auszuwerten. Dabei ist zu berücksichtigen, ob sich der Gewinn während der Ausfallzeit fortgesetzt oder vermindert bzw. erhöht hätte. | **698**

Dazu kann auch auf Daten der **Gewinnermittlung in der jeweiligen Branche**, die von den jeweiligen Kammern (IHK, Handwerkskammer usw.) zu erhalten sind, bzw. **statistische Durchschnittsdaten** zurückgegriffen werden. | **699**

Besonders schwer ist es im Falle eines **Gewinnrückganges**, die Ursachen zu ermitteln. Dabei ist eine Abgrenzung zwischen **personenbezogenen Ursachen** (z.B. vertrauensursächlicher Bezug zu einem Rechtsanwalt, Architekten oder Arzt) und **konjunkturellen** vorzunehmen, wenngleich auch nur schwer zu ermitteln. | **700**

Unüberwindliche Probleme stellen sich, wenn sich der Betrieb noch in der **Gründungsphase** befand und Wirtschaftsdaten (noch) nicht zur Verfügung stehen. | **701**

Oft ist **der mögliche Vortrag** zur Substanziierung der Anknüpfungstatsachen in derartigen Fällen der „gewinnbringenden Aufbauphase" naturgemäß **sehr dürftig**. Ein erwirtschafteter Rohgewinn lässt sich aufgrund solcher Angaben meist nicht errechnen. | **702**

Dennoch kann sich ein Gericht dann nicht auf den Standpunkt stellen, ein ersatzpflichtiger Erwerbsschaden sei deshalb auch nicht ermittelbar. Auch hier ist vielmehr eine **Prognose** anzustellen, wie sich die Einkommensverhältnisse des Geschädigten nach dem gewöhnlichen Lauf der Dinge entwickelt hätten (BGH NJW 1998, 1634 = zfs 1998, 210). Hierbei muss berücksichtigt werden, dass bei einem **jungen Menschen** nicht ohne konkrete Anhaltspunkte angenommen werden kann, dass er auf Dauer die ihm zur Verfügung stehenden **Möglichkeiten für eine gewinnbringende Erwerbstätigkeit nicht nutzen** würde (BGH DAR 1997, 153). | **703**

Auch hier ist also von einem **durchschnittlichen Erfolg** im Geschäftsleben auszugehen. Bei der Schätzung des hypothetischen Verdienstentgangs nach § 287 ZPO sind allerdings gewisse Abschläge wegen der allgemeinen Geschäftsrisiken zulässig. | **704**

Bei der Geltendmachung von unfallbedingtem Verdienstausfall eines Selbstständigen dürfen allerdings die Anforderungen an die Darstellung der hypothetischen Entwicklung des Geschäftsbetriebes eines neu gegründeten Unternehmens nicht überspannt werden (BGH DAR 1993, 429). | **705**

Tipp | **706**
Mit der Beurteilung und Berechnung dieser komplizierten Frage ist der Anwalt in der Regel sicher überfordert. Die Ermittlung des fiktiven Gewinns eines Selbstständigen gehört daher ausschließlich in die Hände von hierfür ausgebildeten Fachleuten, wie Steuerberater und Wirtschaftsprüfer. Der Anwalt sollte

daher den Nachweis eines solchen Erwerbsschadens allein durch Sachverständigengutachten führen und sich darauf beschränken, die Einhaltung der juristischen Grundsätze des Schadensrechtes zu überwachen. Die Kosten hat der Schädiger zu tragen.

707 Stellt sich bei der Schadensberechnung heraus, dass der Betrieb nicht rentabel arbeitet, ist davon auszugehen, dass der Geschädigte eine unselbstständige Arbeit übernommen hätte und dass ihm ein entsprechendes Arbeitseinkommen entgangen ist (BGH VersR 1957, 750).

d) Erwerbsschaden eines Arbeitslosen

708 Grundsätzlich steht auch einem Erwerbslosen ein Anspruch auf Ersatz eines Verdienstausfallschadens zu. Der Verlust der Arbeitslosenunterstützung ist also ohne weiteres ein Erwerbsschaden (BGH NJW 2008, 2185). Das Problem ist lediglich der Nachweis zur Höhe.

709 Geht es um die Frage, inwieweit dem Arbeitslosen die unfallbedingt nicht mehr gezahlte **Arbeitslosenunterstützung** zu ersetzen ist, weil er ja dem Arbeitsmarkt nicht mehr zur Verfügung steht, ist die Lösung einfach: Sie steht ihm zu, wenngleich der Anspruch auch nach § 116 SGB X auf die Bundesagentur für Arbeit übergegangen ist, die also grundsätzlich weiterhin leistungsverpflichtet ist.

710 Problematisch ist es jedoch, wenn der Erwerbslose vortragen will, ohne den Unfall kurzfristig vermittelt worden zu sein und den Netto-Verdienst eines **abhängig Beschäftigten** bzw. für den Fall behaupteter **Selbstständigkeit** den Brutto-Gewinn geltend macht. Dann geht es darum, wie wahrscheinlich das ist (BGH NJW 1991, 2422). Selbst unter Berücksichtigung der auch hier gegebenen Beweiserleichterungen dürfte ein solcher Nachweis aber wohl nur in ganz seltenen Fällen gelingen. Durch einen Unfall kann ein ohnehin schon Arbeitsloser also tragischerweise ohne weiteres zum Dauerarbeitslosen werden.

711 Die gleichen Grundsätze gelten auch bei einem **Sozialhilfeempfänger**.

e) Verletzter Gesellschafter

712 Nur der **Gesellschafter selbst ist unmittelbar Geschädigter** und hat Anspruch auf Ersatz für den Wegfall oder die Verringerung seiner Beteiligung am Gewinn bzw. Kapitalkonto. Die Gesellschaft – mit Ausnahme einer Ein-Mann-Gesellschaft – hingegen ist nur mittelbar geschädigt und hat daher keinen Ersatzanspruch. Die **Ermittlung des Gewinnentgangs** erfolgt wiederum durch Sachverständigengutachten.

713 Zahlt die Gesellschaft jedoch aufgrund des Gesellschaftsvertrages eine **Tätigkeitsvergütung** weiter, so ist der verletzte Gesellschafter ähnlich einem Arbeitnehmer zu behandeln. Der Gesellschafter ist in Ermangelung einer Legalzession jedoch verpflichtet, insoweit seinen **Schadensersatzanspruch an die Gesellschaft abzutreten**.

C. Materielle Ansprüche § 9

Soweit der Geschädigte nach dem Wortlaut des Gesellschaftsvertrages oder aus allgemeinen Treuegesichtspunkten der Gesellschaft gegenüber für die Kosten einer unfallbedingt eingestellten **Ersatzkraft** einzustehen hat, sind diese Kosten dem Verletzten von dem Schädiger zu erstatten. Erbringen **andere Gesellschafter** entsprechende überobligationsmäßige **Mehrarbeit**, ist diese zu bewerten und gleichfalls zu erstatten. Solche Mehrarbeit kann nicht den Schädiger entlasten. 714

f) Verletztes Kind

Literatur zum Erwerbsschaden eines verletzten Kindes:

Medicus, Schadensersatz bei Verletzung vor Eintritt in das Erwerbsleben, DAR 1994, 442.

Problematisch wird die Sollprognose bei **verletzten Kindern,** die ihre Schul- oder Ausbildungszeit noch nicht oder nur zum Teil zum Abschluss gebracht haben, als der Unfall geschah. 715

Diese Prognose wird umso schwieriger, je weniger Tatsachen zur Verfügung stehen, die einen Schluss auf die berufliche Zukunft zulassen. Da in solchen Fällen oft weder eine kontinuierliche berufliche Laufbahn noch die Art eines potentiellen Ausbildungsabschlusses nachgewiesen werden kann, muss der „**Schätzungsbonus**" besonders weit gehen. 716

Aber auch hier müssen **Anknüpfungstatsachen** dargelegt und bewiesen werden, z.B. – soweit gegeben – bisheriger Ausbildungsweg und Zeugnisse, ansonsten: beruflicher Weg der Eltern und/oder Geschwister, ggf. der Großeltern, Familientradition, bisher erkennbare Neigungen und Fähigkeiten (OLG Karlsruhe zfs 1990, 151). 717

Noch etwas anders stellt sich das bei **jungen Menschen** dar, die am **Anfang einer beruflichen Situation** standen, als der Unfall sie ereilte. 718

Zur **Darlegung** der **zukünftigen hypothetischen Berufsentwicklung** und eines dabei erzielten Einkommens kann der Geschädigte bekanntlich auf die **Erleichterungen des § 252 BGB** zurückgreifen. Diese Vorschrift lässt es in der Regel nicht zu, dem Geschädigten jeglichen Ersatz eines Verdienstausfalles zu versagen (BGH zfs 1997, 131 = DAR 1997, 153 = NJW 1997, 222). So versagen die Instanzgerichte dem jungen Geschädigten oft den Ersatzanspruch mit der – unzutreffenden – Begründung, er habe nicht glaubhaft machen können, dass er ohne den Unfall weiterhin oder zukünftig in einem bestimmten Beruf tätig gewesen wäre. 719

Ob ein Verletzter ohne den Unfall durch Verwertung seiner Arbeitskraft **Einkünfte** erzielt hätte, ist durch eine nach § 252 S. 2 BGB anzustellende **Prognose** zu ermitteln, für die eine **Wahrscheinlichkeit** über den gewöhnlichen Verlauf der Dinge genügt. Bei dieser Wahrscheinlichkeitsprüfung ist aber nicht allein auf den Unfallzeitpunkt sowie die damals bestehenden Verhältnisse abzustellen. Vielmehr ist auch die **wahrscheinliche künftige Entwicklung** maßgebend. Auch müssen **anderweitige Beschäftigungsmöglichkeiten,** die sich nach Lage der Dinge aufdrän- 720

619

gen, mitberücksichtigt werden (BGH zfs 1997, 131 = DAR 1997, 153 = NJW 1997, 222; DAR 1999, 401).

g) Verspäteter Eintritt in das Erwerbsleben

Literatur zum Erwerbsschaden bei verspätetem Eintritt in das Erwerbsleben:

Medicus, Schadensersatz bei Verletzung vor Eintritt in das Erwerbsleben, DAR 1994, 442.

721 Oft muss der Geschädigte seinen **Berufsweg** unfallbedingt über einen gewissen Zeitraum **unterbrechen**. Das gilt insbesondere bei Schülern und in der Berufsausbildung befindlichen Menschen. Dadurch bedingt verzögert sich entsprechend der Eintritt in das Berufsleben.

722 Grundsätzlich hat der Schädiger **alle damit verbundenen vermögensrechtlich relevanten Nachteile** zu ersetzen. Darunter fallen z.b. entgangene Ausbildungsvergütung und Ersatz des später erzielbaren Gehalts für den Zeitraum der Verzögerung, lebenslanger Minderverdienst infolge verspäteter Einkommenssteigerungen, dadurch bedingte Rentenminderungen, allgemeiner Mehraufwand wegen zwischenzeitlich eingetretener Verschlechterung der Eintrittsbedingungen in das Berufsleben.

723 Die **Bezifferung des Schadens** ergibt sich aus der Gegenüberstellung von **Ist- und Sollverlauf**. Problematisch ist dabei – trotz der auch hier gültigen Beweiserleichterungen gem. § 252 BGB, § 287 ZPO – allenfalls der dem Geschädigten obliegende **Nachweis** des Zeitpunktes des Abschlusses der Ausbildung und des Abschlussergebnisses, wonach sich die Beantwortung der Frage nach den konkreten Aussichten des Eintritts in das Erwerbsleben richtet (vgl. BGH zfs 1997, 131).

724 Der Verdienstausfallschaden tritt jedoch erst ab dem **Zeitpunkt** ein, in dem der Geschädigte nach der Schul- und Berufsausbildung in das Erwerbsleben eingetreten wäre. Ggf. bleibt also nur ein Feststellungsanspruch bzw. ein Zukunftsschadensvorbehalt.

725 Zu berücksichtigen ist auch, dass der Geschädigte ggf. zunächst noch seinen **Wehrdienst** zu absolvieren gehabt hätte, wegen seiner unfallbedingten Verletzungen davon nun aber befreit ist (OLG Hamm NZV 1999, 248). Allerdings wird nicht zu jeder Zeit jeder qualifizierte Gemusterte auch tatsächlich später eingezogen. Demzufolge kann nicht in jedem Falle ein entsprechender Vorteilsausgleich erfolgen.

726 *Tipp*
Oft bleibt nichts anderes übrig, als den konkreten weiteren Ausbildungsverlauf abzuwarten, die Akte so lange offen zu halten und zunächst lediglich für Verjährungshemmung zu sorgen, bis die – verzögerte – Ausbildung tatsächlich beendet ist. Wenn der Mandant dann die erwartete Anstellung erhalten hat, lässt sich aus den tatsächlich dann erzielten Einkünften problemlos nachberechnen. Ist die Stelle dann weg und hat sie ein anderer erhalten, reicht eine entsprechende

Bestätigung des Arbeitgebers, wonach der Mandant sie ohne die stattgefundene Verzögerung erhalten hätte, im Zusammenhang mit den Einkommensnachweisen des „Vergleichsmannes" aus.

h) Rente und Kapital

Grundsätzlich hat der Verletzte Anspruch auf eine **Geldrente**. Sie ist grundsätzlich gem. § 760 Abs. 2 BGB **drei Monate im Voraus** zu zahlen. Es ist ihm aber auch unbenommen, sich stattdessen mit dem Schädiger auf eine **Kapitalabfindung** zu einigen. 727

Wichtig: Es sollte immer daran gedacht werden, dass in der heutigen Zeit selbst der solideste **Arbeitgeber in Insolvenz** fallen kann. Dann ist es keinesfalls gesichert, dass der Arbeitnehmer nicht in die **Dauerarbeitslosigkeit** fällt. 728

Wenn also der Verdienstausfall rentenweise gezahlt wird, kann sich das im Insolvenzfall negativ auswirken. Für eine Abänderung eines Rentenzuspruchs müsste jedoch der Schädiger bzw. sein Haftpflichtversicherer die Voraussetzungen einer **Abänderung nach § 323 ZPO** darlegen und beweisen. Daher könnte sich eine Kapitalabfindung als sicherer darstellen. 729

i) Anrechnung von Sozialhilfe auf Verdienstausfallrente

Wie der BGH wiederholt ausgesprochen hat, muss der Geschädigte seinen Lebensbedarf im Hinblick auf den Subsidiaritätscharakter der Sozialhilfe **zunächst aus dem Schadensersatzanspruch gegen den Schädiger** decken, bevor er Sozialhilfe in Anspruch nehmen kann (BGHZ 131, 274; 133, 129). 730

aa) Für die Vergangenheit

Sozialhilfe, die in der **Vergangenheit**, also bis zum Schluss der letzten mündlichen Verhandlung gezahlt wurde, muss von dem Verdienstausfallschaden **abgezogen** werden (BGH zfs 1997, 250 = NJW 1997, 2175). Dies folgt aus dem Forderungsübergang auf den Sozialhilfeträger nach § 116 SGB X. 731

Besonderheiten gibt es aber, wenn der Geschädigte auch ohne den Unfall nur einen **Teil des Jahres** einer **Erwerbstätigkeit** nachgegangen wäre und aus diesem Verdienst den **gesamten Lebensbedarf** während des Jahres gedeckt hätte. Das hätte zur Folge, dass dieses hypothetische Einkommen mit der während des ganzen Jahres insgesamt bezogenen Sozialhilfe verrechnet werden kann. Denn insofern ist **zeitliche Kongruenz** der gesamten jährlichen Sozialhilfe mit dem Jahreseinkommen gegeben. 732

Sollte der Verletzte hingegen seine Bedürfnisse aus dem Verdienst nur für die Dauer von **einigen Monaten** des Jahres befriedigt und in der restlichen Zeit seinen Lebensunterhalt aus anderen Quellen bestritten haben, so könnte eine **Verrechnung** mit dem Jahresbetrag der bezogenen Sozialhilfe wegen Fehlens der zeitlichen Kon- 733 gruenz **nicht vorgenommen** werden. Eine Verrechnung wäre nur mit dem entsprechenden Anteil möglich.

bb) Für die Zukunft

734 Anders verhält es sich dagegen bei dem Ersatz des **zukünftigen Erwerbsschadens**. Sofern zukünftige Rente zugesprochen werden soll, muss diese Rente **ohne Berücksichtigung etwaiger zukünftiger Sozialhilfeleistungen** festgesetzt werden. Das hängt mit der **Subsidiarität der Sozialhilfe** zusammen und bedeutet, dass der Geschädigte seinen **Lebensunterhalt zunächst aus dem Schadensersatzanspruch gegen den Schädiger** decken muss, bevor er Sozialhilfe in Anspruch nehmen kann. Aus diesem Grunde hat der Geschädigte gegenüber dem Schädiger Anspruch auf ungekürzte Rentenzahlungen betreffend den Verdienstausfall.

II. Ansprüche des mittelbar Geschädigten

735 Lediglich **mittelbar Geschädigte** haben nach unserem Schadensersatzsystem – von den §§ 844, 845 BGB abgesehen – **keinerlei Anspruch auf Schadensersatz**. Als einzige **Ausnahme** scheint allenfalls der so genannte Schockschaden der Hinterbliebenen bei Erreichen der Todesnachricht gelten zu können. Dogmatisch ist er aber eigentlich gar keine Ausnahme, sondern eine unmittelbare Schädigung durch Erreichen einer Nachricht, die kausal noch auf das schädigende Ereignis zurückgeführt wird (Fernwirkungsschaden, vgl. § 10 Rdn 31 ff.).

736 Alle übrigen Ansprüche sind entweder solche des Verletzten selbst (Besuchskosten, Lohn- und Gehaltsfortzahlung des Arbeitgebers, Pflegekosten der Eltern, Haushaltsführungsschaden) oder aber nicht ersetzbar (z.B.: Der Arbeitgeber muss eine Ersatzkraft einstellen, die mehr Lohn verlangt, als der verletzte Arbeitnehmer, oder: Die Eltern hatten gehofft, ihre bei dem Unfall verletzte oder getötete Tochter hätte sie später im Alter gepflegt; nun müssen sie später eine teure Ersatzkraft einstellen).

III. Frustrierte Aufwendungen

737 In der außergerichtlichen Schadensregulierung spielen die sog. **frustrierten Aufwendungen** (vgl. auch Rdn 126 ff.) hin und wieder eine Rolle. Es handelt sich dabei um finanzielle Aufwendungen, die der Geschädigte **vor dem Unfall bereits getätigt** hatte und in Bezug auf welche er nun infolge des Unfalls nicht mehr dazu kommt, in den Genuss der Gegenleistung zu gelangen.

738 Frustrierte Aufwendungen sind beispielsweise versäumte Stunden eines Tanzkurses oder Volkshochschulkurses, Nichtteilnahme an einem Rennen (OLG Hamm zfs 1998, 208), Aufwendungen einer Jagdpacht (BGH MDR 1971, 470), eine Eigentumswohnung (BGH MDR 1978, 1009), Anmietung eines Vortragssaals (BGH MDR 1987, 399), verloren gegangenes Fitnesstraining usw.

C. Materielle Ansprüche § 9

Diese Positionen sind aus Rechtsgründen regelmäßig nicht zu ersetzen, weil **durch den Unfall nicht der Gegenstand der getätigten Investition**, sondern nur deren **Nutznießer**, nämlich der Geschädigte selbst verletzt wurde. **739**

Ausgangspunkt jeder Schadensberechnung ist die **Differenztheorie** (BGHZ 99, 196). Danach ist nicht die Verletzung des Geschädigten ursächlich für seine Aufwendungen. Sie waren ihm vielmehr unabhängig davon schon vorher entstanden. Den Ersatz von derartigen frustrierten Aufwendungen hat daher die Rechtsprechung in Übereinstimmung mit der Literatur grundsätzlich abgelehnt (Palandt-*Grüneberg*, vor § 249 BGB Rn 19; § 249 Rn 60 ff.). **740**

Eine **Ausnahme** stellt lediglich die unfallbedingte Nichtnutzbarkeit von **Eintrittskarten** dar (Theater, Fußballspiel, Rockkonzert), wenn die Karte auch nicht mehr auf einen anderen Nutzer übertragen werden kann. Bei dem Entgang ihrer Nutzung infolge der Verletzung des Inhabers wird dann nämlich gleichzeitig der Nutzungswert der Karte endgültig und ebenso vernichtet wie ihr Substanzwert bei einer Zerstörung der Karte selbst (vgl. dazu ausführlich OLG Hamm zfs 1998, 208). **741**

Eine Ersatzpflicht ist also nur dann zu bejahen, wenn der Verletzte ein **bestimmtes Lebensziel**, z.B. den Theaterbesuch oder einen Flug, konkret ergriffen und zu dessen Erreichung endgültige Aufwendungen getroffen hat, nicht aber, wenn eine allgemeine langfristige Möglichkeit des Lebensgenusses anhand der vorhandenen Vermögensgüter infolge der Störung des subjektiven Bereichs herabgesetzt wird. **742**

§ 10 Ersatzansprüche bei Tötung

A. Ansprüche bei verzögertem Versterben

Literatur zu Ersatzansprüchen bei Tötung:

Drees, Schadensberechnung bei Unfällen mit Todesfolge, 2. Aufl. 1994; *Eckelmann/Nehls*, Schadensersatz bei Verletzung und Tötung, 1987; *Jahnke*, Unfalltod und Schadensersatz, 2007; *Schah Sedi/Schah Sedi*, Das verkehrsrechtliche Mandat, Band 5: Personenschäden, 2. Auflage 2014, § 4.

Zunächst ist immer zu prüfen, ob das Unfallopfer zunächst noch eine gewisse Zeit gelebt hat. Denn dann stehen ihm zunächst einmal **eigene Ansprüche** zu, die ein vollkommen anderes Schicksal haben können, als später die der **Hinterbliebenen**. Da sind Entgeltfortzahlung oder eine Gehaltsdifferenz zu beachten, Sachschäden des Verletzten, Heilbehandlungskosten usw., also all das, was bereits unter § 9 – Ersatzansprüche bei Verletzungen (siehe § 9 Rdn 1 ff.) behandelt wurde. Dazu gehört auch ein eigener Schmerzensgeldanspruch. Diese Ansprüche sind alle **vererblich** und fließen ggf. einer Erbengemeinschaft zur gesamten Hand zu. **1**

B. Ansprüche Hinterbliebener

Davon zu unterscheiden sind die Ansprüche der Hinterbliebenen, insbesondere der unterhaltsberechtigten Personen gem. § 844 Abs. 2 BGB. **2**

Die Bearbeitung von „Tötungsfällen" erfordert nicht nur **sehr viel zeitlichen Aufwand**, sondern ist insbesondere bei Berechnung von Barunterhaltsschaden und Haushaltsführungsschaden juristisch sehr anspruchsvoll und aufwendig. Der tatsächliche zeitliche und arbeitsmäßige Aufwand wird in aller Regel **mit dem gesetzlichen Honorar nicht aufgewogen**. Derartige Großschadensakten nehmen schnell einen mehrfachen Leitzordnerumfang ein und sind dann schon im Verlaufe des Entstehens des ersten Ordners unwirtschaftlich, ohne dass der Anwalt das im Zuge seines Arbeitseifers merkt. Es sollte daher **niemals ein Großschaden ohne vorherige Gebührenvereinbarung** begonnen werden; denn wenn der Anwalt die Unwirtschaftlichkeitsgrenze bemerkt, ist es zu spät: Er kann dann keine Gebührenvereinbarung mehr abschließen. **3**

> *Merke*
> Niemals einen Großschaden annehmen, ohne zuvor die Frage einer Gebührenvereinbarung geklärt zu haben.

Bevor Ersatzansprüche bei Getöteten bearbeitet werden, muss zunächst die **Erbfolge** geklärt werden. Denn ansonsten kann es böse Überraschungen geben, wenn die jeweiligen Miterben verschiedene Anwälte beauftragen. Das wäre kontraproduktiv und gebührentechnisch unerfreulich. Der Versicherer muss ja nur „an die Erbengemeinschaft" als Ganzes zahlen und das auch nur einmal. Somit zahlt er auch **nur einmal Anwaltshonorar**! Also sollte der Anwalt sich zunächst die **Vollmachten** **4** aller **Miterben** beschaffen. Es ist sinnvoll und unbedingt erstrebenswert, dass nur ein Anwalt die Interessen aller Miterben gegenüber dem Schädiger vertritt, es sei denn, dass sich ein Interessenkonflikt eröffnet.

I. Allgemeine materielle Ersatzansprüche

1. Beerdigungskosten

5   Der Ersatz von Beerdigungskosten ist geregelt in § 844 Abs. 1 BGB.

a) Anspruchsberechtigte

6   Danach sind im Falle tödlicher Verletzung die Beerdigungskosten demjenigen zu ersetzen, der diese Kosten zu tragen hat. Dabei dürfte es sich in der Regel um den oder die **Erben** des Getöteten handeln (§ 1968 BGB). In Betracht kommen aber auch **Dritte**, die damit eine Pflicht des Erben erfüllen (§§ 677 ff. BGB).

7   Eine **Pflicht des Partners einer nichtehelichen Lebensgemeinschaft** zur Tragung der Beerdigungskosten besteht nach § 1968 BGB nur, wenn dieser zugleich **Erbe** ist. Daher hat auch nur dieser einen **Anspruch** auf Erstattung der Beerdigungskosten nach § 844 Abs. 1 BGB. Wenn der Partner die Beerdigungskosten ohne Verpflichtung hierzu übernommen hat, kommt ein Anspruch aus berechtigter **Geschäftsführung ohne Auftrag** gegen den Erben in Betracht (*Wenker*, VersR 1998, 557; *Röthel*, NZV 2001, 329 ff.; OLG Köln, FamRZ 1992, 55).

b) Keine überholende Kausalität

8   Die Kosten der Beerdigung sind auch dann zu übernehmen, wenn der Getötete aufgrund seines schlechten Gesundheitszustandes ohnehin kurze Zeit später gestorben wäre; eine überholende Kausalität gibt es hier nicht (BGH NJW 1992, 3298; OLG Düsseldorf zfs 1994, 405). Wäre in den Fällen unfallbedingter Tötung der Grundsatz überholender Kausalität zu berücksichtigen, gäbe es überhaupt keinen Ersatz von Beerdigungskosten.

c) Umfang der Ersatzpflicht

9   Ersatzpflichtig sind die Kosten einer **standesgemäßen und würdigen Beerdigung** gem. § 1968 BGB. Was als „standesgemäß" zu bezeichnen ist, ergibt sich aus der **wirtschaftlichen und sozialen Situation des Getöteten** vor dem Unfall.

10 Dabei kommt es auch auf die allgemeinen oder speziellen **Gebräuche** im privaten und sozialen Umfeld des Getöteten an. Gesamtkosten in Höhe von heutzutage 10.000 bis 15.000 EUR im gutbürgerlichen Mittelstand dürften nicht zu beanstanden sein (OLG Hamm zfs 1993, 407).

d) Einzelpositionen

Literatur zu den Einzelpositionen der Beerdigungskosten:

Theda, Die Beerdigungskosten nach § 844 Abs. 1 BGB, DAR 1985, 10 ff.; *Wenker*, Die Kosten der Beerdigung, VersR 1998, 557.

aa) Kosten des Beerdigungsaktes

Hierzu gehören zunächst die Kosten eines angemessenen **Sarges**, die Kosten der **Einsargung** und der **Sargträger**. 11

Alsdann gehören hierzu die **Kosten des Beerdigungsaktes** einschließlich **Blumenschmuck, Pfarrer, Sargträger, Musik, Chor und Aufbahrungskosten.** Soweit üblich, sind auch die Kosten für das Sechswochenamt zu ersetzen. 12

Ferner sind auch die Kosten für die unmittelbare Benachrichtigung von Verwandten sowie die **Todesanzeigen** auf Karten und als Zeitungsanzeigen, alle **Gebühren** und etwaige Kosten für **Spezialbestattung**, sofern vertretbar und dem letzten Willen des Verstorbenen entsprechend (also zumindest **Feuerbestattung**, wohl auch noch **Seebestattung**), zu erstatten. Selbst die **Blumen naher Angehöriger** sind zu ersetzen. 13

Das **Sterbegeld** ist auf die Beerdigungskosten anzurechnen, nicht jedoch etwaige Überbrückungshilfen gem. § 65 Abs. 2 Nr. 1 SGB VII. 14

bb) Kosten der Grabstelle

Die Kosten einer Beerdigung umfassen **nur die Kosten für die Beerdigung des Getöteten selbst** und nicht die Mehrkosten, die durch die Bereitstellung einer Grabstätte für den Todesfall anderer Personen entstehen. Die Kosten für eine **Familiengrabstelle** oder **Doppelgrabstelle** sind also nicht vollständig zu übernehmen (LG Aurich DAR 2001, 368), sondern nur die anteiligen Kosten eines Einzelgrabes. 15

Problematisch wird es oft bei der Auswahl des **Grabsteins**. Hier finden sich vermehrt – teilweise ethisch-moralisch bedenkliche – Einwände der Versicherer gegen die konkrete Ausgestaltung der Grabstelle. 16

Sicherlich sind aber die **üblichen Kosten eines Grabsteines** zu ersetzen, der als **standesgemäß** bezeichnet werden kann. Anders ist das u.U. bei **besonders kostspieligen Ausführungen** (z.B. Marmorgrabstein mit teuren Verzierungen, von Künstlern angefertigte Skulpturen usw.). In solchen Fällen kann nur anteiliger Ersatz für einen angemessenen Grabstein verlangt werden. 17

Auch die **Graberstbepflanzung** ist zu ersetzen, ferner die **Graberwerbskosten** (für eine Person), **Grabnutzungsgebühren** und, soweit üblich, auch z.B. Weihwasserkessel und Grablampe. 18

19 Streit herrscht darüber, ob und inwieweit auch die **Folgekosten der Grabpflege** zu ersetzen sind. Die herrschende Meinung vertritt die Auffassung, dass es sich um nicht ersetzbare mittelbare Drittschäden handele.

20 Es ist jedoch **nicht einsehbar**, dass diese Kosten nicht zu dem Anspruch des Getöteten auf angemessene Beerdigung einschließlich nachfolgender Grabpflege gehören sollen. Es ist vielmehr zu hoffen, dass sich dieser Gedanke weiter durchsetzt (so schon zutreffend OLG Hamm zfs 1990, 223).

cc) Trauerkleidung

21 Trauerkleidung ist nur den in § 844 Abs. 1 BGB genannten Ersatzverpflichteten zu ersetzen, also allenfalls den unmittelbar **nächsten Angehörigen,** wie z.B. Ehepartnern, wohl auch nichtehelichen Lebenspartnern, jedenfalls aber Partnern einer eingetragenen Lebenspartnerschaft, und Kindern, sehr umstritten meist bei Großeltern und bei Geschwistern.

22 Von der Trauerkleidung ist regelmäßig **kein Abzug für ersparte Eigennutzung** als Vorteilsausgleich vorzunehmen (OLG Frankfurt zfs 1981, 269; OLG Koblenz zfs 1982, 7; OLG Stuttgart zfs 1983, 325; LG Münster zfs 1986, 171). In vielen Fällen wenden Versicherer allerdings ein, dass – wenn auch nur geringe – Abzüge für ersparte Eigenaufwendungen vorzunehmen seien.

23 Trauerkleidung wird nicht über längere Zeit getragen, sodass ein **Vorteilsausgleich** im Hinblick auf ersparte Abnutzung sonstiger Kleidung ohnehin kaum ins Gewicht fällt. Niemand trägt gerne Trauerkleidung weiter, schon wegen der schmerzhaften Erinnerung. Eine Trauerkrawatte ist und bleibt eine solche und niemand käme wohl auf den Gedanken, sie nur deshalb auch bei anderen Anlässen im Alltag zu tragen, weil schwarz eine „Modefarbe" ist, wie es Versicherer immer gerne einwenden. Das dürfte wohl auch bei einem **eleganten schwarzen Kleid** gelten, das auch bei anderen Gelegenheiten genutzt werden kann. Dass Trauerkleidung auch bei anderen Traueranlässen weiter benutzt werden kann, ist demgegenüber ebenfalls kein überzeugendes Argument.

24 Anders dürfte das allenfalls bei **schwarzen Schuhen und Strümpfen** sein, die auch zu vielfältiger anderweitiger Verwendung genutzt werden können.

dd) Reisekosten

25 Reisekosten können von den nächsten Angehörigen stets, von nahen Angehörigen allenfalls dann ersetzt verlangt werden, wenn sie finanziell zur Übernahme dieser Kosten nicht in der Lage und auf deren Übernahme durch den Erben angewiesen sind.

ee) Trauermahl

Trauermahlzeiten und sonstige **Bewirtung von Trauergästen** einschließlich deren – soweit unvermeidbar erforderliche – **Unterbringung** sind im Rahmen des Vertretbaren und Üblichen ebenfalls zu ersetzen.

26

ff) Zusammenfassende Auflistung der Einzelpositionen

Erstattungspflichtig sind grundsätzlich folgende Positionen (siehe auch *Teda*, DAR 1985, 10 ff.):

27

- **Anzeigen** (z.B. Zeitungs- und Einzelanzeigen, Danksagungen)
- **Beerdigungsakt** (auch Feuerbestattung)
- **Bepflanzung**: nur die Erstbepflanzung
- **Bewirtung und Unterbringung von Trauergästen**: soweit üblich, in beschränktem Umfang
- **Blumen, Kränze**: Sarg-, Trauerhallen-, Grabschmuck, aber keine Erstattung der Kosten von Allerheiligen-, Jahresgedächtnisschmuck, Grabpflege
- **Danksagungskosten**
- **Gebühren**: kirchliche und behördliche Bestattungsgebühren
- **Grablaterne**
- **Grabstein**: Bei einem Doppelgrabstein sind nur die fiktiven Kosten eines angemessenen Einzelgrabsteins zu ersetzen
- **Grabstelle**: Bei einer Doppel- oder Familiengrabstelle sind nur die fiktiven Kosten einer Einzelgrabstelle zu ersetzen
- **Sterbeurkunde**
- **Trauerkleidung**
- **Überführung**: Grundsätzlich erstattungspflichtig, aber nur im Rahmen der Angemessenheit und soweit nicht ein Verstoß gegen die Schadensminderungspflicht (§ 254 Abs. 2 BGB) vorliegt
- **Umbettung**, wenn der bisherige Friedhofsteil nach einigen Jahren aufgelassen wird
- **Verdienstausfall** anlässlich der Beerdigung: u.U. für einen Vorbereitungs- und für den Beerdigungstag
- **Kosten des Abbruchs eines Urlaubs wegen der Todesnachricht**

2. Nicht ersetzbare Positionen

Nicht ersatzfähig sind – jedenfalls nach der zzt. noch herrschenden Meinung – die Kosten für die **Pflege und Instandhaltung des Grabes** mit Ausnahme der Erstbepflanzung (a.A. OLG Hamm zfs 1990, 223). Fraglich ist, ob eine gebuchte, aber todesfallbedingt nicht angetretene **Reise** als **frustrierte Aufwendung** ersatzfähig ist. Dies wird vom BGH abgelehnt, weil es nicht vom Schutzzweck des § 844 BGB umfasst sei (BGH VersR 1989, 853, 853 = NZV 1989, 308, 309 m. Anm. *Dunz*, JR

28

§ 10 Ersatzansprüche bei Tötung

1990, 110, 112). Das geht aber wohl sicherlich zu weit. Die Kosten einer nicht angetretenen Reise dürften einen unmittelbaren Schaden darstellen und sind daher ersetzbar.

29 Auch die Kosten der **Testamentseröffnung** und des **Erbscheins** sowie der **Testamentsvollstreckung** sind nicht ersetzbar. Es handelt sich insoweit um Kosten, die nicht zu den unmittelbaren Beerdigungskosten zählen (OLG Koblenz zfs 1982, 7; OLG Köln zfs 1982, 325). Ansonsten sind die **Kosten des Erbscheins** nur **mittelbarer Schaden der Hinterbliebenen** bzw. potentiellen Erben. Sie benötigen den Erbschein, um über das Erbe verfügen zu können. Der unmittelbar Geschädigte (nämlich der Getötete) hätte ihn für sich nie benötigt. Verlangt der Haftpflichtversicherer des Schädigers jedoch grundlos die Vorlage eines Erbscheins, hat er die Erbscheinkosten zu tragen (LG Nürnberg zfs 1984, 103).

30 Nicht zu ersetzen sind u.a.:
- **Doppelgrab** (nur die Kosten für ein Einzelgrab)
- **Doppelgrabstein**
- **Familiengrab**: Ein Anspruch besteht nur auf Ersatz der fiktiven Kosten eines angemessenen Einzelgrabes bzw. Einzelgrabsteins
- **Kosten künstlerischer Grabeinfassung oder Grabfiguren**
- **Erbschein**
- **Fotokosten**
- **Frustrierte Aufwendungen**, wie z.B. Zahlungen für eine gebuchte und dann nicht angetretene Reise
- **Grabpflege**
- **Nachlassverwaltung**
- **Testamentseröffnung**
- **Reisekosten:** Eine Erstattung kommt ausnahmsweise für Reisekosten naher Angehöriger dann in Betracht, wenn diese wegen Bedürftigkeit die Kosten nicht selbst aufbringen können und auf Kostenübernahme durch den Erben angewiesen sind.

II. Immaterielle Schadensersatzansprüche

Literatur zu immateriellen Schadensersatzansprüchen Hinterbliebener:

Dahm, Die Behandlung von Schockschäden in der höchstrichterlichen Rechtsprechung, NZV 2008, 187; *Diederichsen*, Angehörigenschmerzensgeld „Für und Wider", DAR 2011, 121 ff.; *Dörr*, Die Erstattungsfähigkeit von Schockschäden, MDR 2015, 1209; *Gontard*, Schmerzensgeld für Angehörige, DAR 1990, 375; *Quaisser*, Die Zukunft des „Schockschadens", NZV 2015, 465; *Scheffen*, Umdenken im Haftungsrecht, NZV 1995, 218; *E. Schmidt*, Schockschäden Dritter und adäquate Kausalität, MDR 1971, 538; *Schünemann*, Mitwirkendes Verschulden als Haftungsgrund bei Fernwirkungsschäden, VersR 1978, 116; *Schwintowski/Schah Sedi/Schah Sedi*, Angehörigenschmerzensgeld – Überwindung eines zivilrechtlichen Dogmas, zfs 2012, 6 ff.; *Staudinger*, Vom Ausnahmsweise des § 844 Abs. 2 S. 1 BGB, über den erleichterten Nachweis eines Schockschadens bis hin zur Angehörigenentschädigung, DAR 2012, 280; *Vorndran*, Schmerzensgeld für Hinterbliebene bei der Tötung naher Angehöriger, ZRP 1988, 293; *Zwickel*, Schockschaden und Angehörigenschmerzensgeld: Neues vom BGH und vom Gesetzgeber, NZV 2015, 214.

1. Schockschaden

Unter dem Begriff des so genannten **Schockschadens** (auch als „**Fernwirkungsschaden**" bezeichnet) versteht man den konkreten Zustand einer seelischen Erschütterung, den ein bei einem Unfall nicht körperlich Verletzter durch das Miterleben des Unfalls, den Anblick der Unfallfolgen (**unmittelbarer Schockschaden**) oder durch die Nachricht vom unfallbedingten Tod oder der schweren Verletzung eines Angehörigen (**mittelbarer Schockschaden**) erleidet. 31

Die Ersatzfähigkeit psychischer Schäden setzt grundsätzlich eine **eigene Beteiligung an dem Unfall** voraus (vgl. § 9 Rdn 200 ff.). Hiervon gibt es allerdings eine Ausnahme: Rechtsprechung und Literatur billigen unter Hinweis auf die gesetzgeberische Grundentscheidung, „**mittelbar**" Geschädigten im Falle der Tötung die Ansprüche aus §§ 844, 845 zu gewähren, eine Schadensersatzpflicht im **Ausnahmefall** zu (BGHZ 93, 351, 355 = NJW 1985, 1390 ff.; KG NZV 1999, 329 ff.; Bamberger/*Roth-Grüneberg*, BGB 1. Aufl. 2003 vor § 249 Rn 37 ff.; *Medicus*, Die psychisch vermittelte Kausalität im Zivilrecht, JuS 2005, 289 ff.). Von der Rechtsprechung und Literatur wird jedoch gefordert, dass der **Schock im Hinblick auf seinen Anlass verständlich** sein muss. Schäden, die bei einem durchschnittlich Empfindenden eine entsprechende Erschütterung normalerweise nicht hervorrufen, sind nicht ersatzfähig. 32

Keinerlei Ansprüche haben insoweit – auch bei Nachweis unfallkausaler psychischer Schäden – **bloße Zeugen eines Unfalles** ohne eigene enge persönliche Bindung zum Unfallopfer unabhängig davon, ob sie **reine Zufallszeugen** sind oder beruflich mit Unfällen zu tun haben (wie z.B. Polizisten, Feuerwehrleute, Notärzte, Sanitäter). Hier geht es grundsätzlich nur um das allgemeine Lebensrisiko bzw. das gesteigerte Berufsrisiko, sodass der Schutzzweck der Norm nicht erfüllt ist (*Bischoff*, zfs 2008, 125). 33

Aus der Sicht eines durchschnittlich Empfindenden muss der Geschädigte aufgrund der übermittelten Umstände oder der unmittelbaren Eindrücke am Unfallort von einem **gravierenden Schadensereignis oder akuter schwerer Gefahrenlage** ausgehen dürfen (*Oetker*, in: MüKo, BGB, 4. Aufl. 2001, § 249 Rn 147). Diese müssen **konkret** zu einer seelischen Erschütterung führen. Die **konkrete Vorschädigung und Überempfindlichkeit** eines Geschädigten hingegen muss bei der Bewertung der Angemessenheit der Reaktion – anders als bei der Frage des Ursachenzusammenhangs i.S.d. conditio sine qua non – **außer Betracht** bleiben. Sie geht nicht zu Lasten des Schädigers (*Oetker*, a.a.O.). 34

a) Naher Angehöriger

Ein **Nervenschock**, den ein **Angehöriger** des Geschädigten dadurch erleidet, dass er **Augenzeuge des Unfalls** war, wird dem Schädiger **adäquat kausal zugerechnet**, wenn die Gesundheitsverletzung **echten Krankheitswert** (BGH VersR 1996, 990; BGH VersR 1998, 201) hat (**unmittelbarer Schockschaden**). Zum Miterleben 35 des Unfalltodes der Ehefrau und Mutter und den daraus resultierenden psychischen Störungen von Krankheitswert aus dem Schockerlebnis vgl. auch BGH zfs 2001, 305.

36 Erleidet ein naher Angehöriger **aus Aufregung** über einen nicht allzu gravierenden Verkehrsunfall eine **Gehirnblutung**, so kann die Haftung der für den Unfall Verantwortlichen für die Folgen dieser Gesundheitsbeschädigung wegen fehlenden Zurechnungszusammenhangs ausgeschlossen sein (OLG Nürnberg DAR 2006, 635).

37 Ein **Schlaganfall eines nahen Angehörigen** ist dem Schädiger **nicht zurechenbar**, wenn die Unfallmitteilung und das Geschehen am Unfallort selbst – und damit der erlittene Schlaganfall – dem **allgemeinen Lebensrisiko** zuzurechnen sind und keine außergewöhnliche unfallbedingte Belastung für den Angehörigen bedeuteten. Der durch den Schock erlittene Schlaganfall eines nahen Angehörigen ist als **psychisch vermittelte organische Verletzung** grundsätzlich ersatzfähiger eigener Gesundheitsschaden und **nicht Drittschaden**. Die Zurechnung solcher Schäden scheitert grundsätzlich auch nicht daran, dass der Verletzte infolge einer **körperlichen Disposition** besonders anfällig für den eingetretenen Schaden ist; denn der Schädiger hat keinen Anspruch darauf, so gestellt zu werden, als habe er einen bis dahin Gesunden verletzt (BGH MDR 2000, 267; KG NZV 2003, 328, 329).

38 Die Kausalitätsfeststellung im Sinne eines logischen Bedingungszusammenhangs muss in den Fällen psychisch vermittelter Kausalität aber durch eine **wertende Betrachtungsweise** einschränkend korrigiert werden (OLG Nürnberg DAR 2006, 635).

39 Unter Berücksichtigung der aufgezeigten Grundsätze kann der **Schlaganfall eines Angehörigen** nicht zugerechnet werden, wenn sich keine Anhaltspunkte dafür ergeben, dass der Angehörige durch die Bitte, an den Unfallort zu kommen, Anlass hatte, etwa von einer lebensbedrohenden Situation auszugehen. Das ist z.B. der Fall, wenn nach dem Eintreffen des Angehörigen an der Unfallstelle sich kein Bild außergewöhnlicher Dramatik oder schwerer Gefahrenlage bot, das Anlass zu außergewöhnlicher Beunruhigung gegeben hätte (OLG Nürnberg a.a.O.).

40 Aber auch ein so genannter **Fernwirkungsschockschaden** kann als adäquate Unfallfolge zur Schadensersatzverpflichtung führen, z.B. Schock über den gerade **mitgeteilten Unfalltod eines nahen Angehörigen**, sofern er pathologisch fassbar ist und deshalb nach der allgemeinen Verkehrsauffassung als **Verletzung des Körpers oder der Gesundheit** angesehen werden kann (BGH zfs 1989, 298).

41 Ob dies der Fall ist, muss **im Einzelfall von einem Arzt festgestellt** werden (OLG Stuttgart NJW RR 1989, 477; OLG Frankfurt JZ 1982, 201 und BGHZ 56, 163).

b) Nichtehelicher Lebenspartner

42 Ein möglicher eigener Schadensersatzanspruch des **Partners einer nichtehelichen Lebensgemeinschaft** ist dann denkbar, wenn die Nachricht von einer schweren Verletzung oder dem Tod des anderen Partners oder das Miterleben des Unfalls zu

einem **Schockzustand** führt. Ein derartiger Schock im medizinischen Sinne stellt dann eine **Gesundheitsbeeinträchtigung** dar. Dogmatisch handelt es sich um einen **Fall der psychisch vermittelten Kausalität.**

Diese psychische Einwirkung auf den Verletzten wird aber zur Vermeidung einer Ausuferung der Schadensersatzansprüche stark eingegrenzt. Damit der Schock adäquat kausal auf der Schädigung des anderen beruht, ist zu fordern, dass er im Hinblick auf seinen Anlass verständlich ist (siehe oben Rdn 35). 43

Es fragt sich aber, ob der Verletzte unter anderem ein **naher Angehöriger** des Unfallopfers sein muss oder ob auch der **nichteheliche Partner** hierzu zählt. Hier stellt sich wiederum die Frage, ob ein **familienrechtliches Angehörigenverhältnis** zwingende Voraussetzung für einen kausal eingetretenen Schaden oder auch nur ein **Näheverhältnis** ausreichend ist. 44

Hier kann aber auf die Ausführungen zu den Besuchskosten (siehe § 9 Rdn 413 ff.) hingewiesen werden. Für die Beurteilung der psychischen Kausalität kann es **keinen Unterschied** machen, ob die getötete oder schwer verletzte Person mit dem Anspruchsteller in einer Ehe oder „nur" in einer nichtehelichen Lebensgemeinschaft lebte. Entscheidend muss das **faktische psychische Näheverhältnis** sein. Der **tatsächliche Eintritt** eines „Schocks" ist nicht von einem einmal stattgefundenen Eheschließungsakt abhängig, sondern allein von der persönlichen Nähe zu dem Partner. Im Gegenteil: Manche nichteheliche Lebensgemeinschaft ist von größerer Harmonie und Nähe gekennzeichnet als manche Ehe! Daher darf auch der Partner einer nichtehelichen Lebensgemeinschaft einen möglichen Schockschaden geltend machen (*Schirmer*, DAR 2007, 11). 45

c) Schmerzensgeld

Vornehmlich den **Hinterbliebenen** eines tödlich Verunfallten, also den **nahen Angehörigen** – nur Eltern, Kinder, Geschwister, Ehegatten und Verlobte sowie nichteheliche Lebensgefährten (LG Frankfurt NJW 1969, 2286); nicht unbedingt jedoch Freundin und Begleiterin eines Getöteten (LG Stuttgart VersR 1973, 648) – wird unter den nachgenannten Voraussetzungen ein eigener **Schmerzensgeldanspruch** zugestanden (siehe Rdn 32, 35). Es handelt sich in solchen Fällen um einen **eigenen konkreten Gesundheitsschaden**, der nach höchstrichterlicher Rechtsprechung aufgrund eines unmittelbaren Eingriffs in die Gesundheit trotz der Fernwirkung **keinen mittelbaren Schaden** im eigentlichen Sinne darstellt (Grundsatzentscheidung des BGH zu Schockschäden v. 11.5.1971, VersR 1971, 905; insoweit auch herrschende Literaturauffassung, vgl. auch Rdn 57 ff.). 46

Zudem kann unter Umständen auch **völlig fremden Personen** ein ersatzfähiger Schockschaden zustehen (OLG Hamm NZV 1998, 328). Dies ist bei **unmittelbarer Beteiligung** an einem besonders schweren Unfall und dadurch erlittenen **nachweisbaren Gesundheitsschäden** der Fall (vgl. *Oetker*, in: MüKo, BGB, § 249 Rn 146). 47

aa) Voraussetzungen

48 Die Rechtsprechung hält die Ersatzfähigkeit derartiger Schäden unter **folgenden Voraussetzungen** für gerechtfertigt:

- Zunächst ist erforderlich, dass die **seelische Erschütterung**, die aufgrund der Nachricht vom Tode eines Angehörigen vorliegt, **über** die regelmäßig bei der Todesnachricht auftretenden **Gefühlsreaktionen** wie Schmerz, Trauer, Niedergeschlagenheit, Angst und Schrecken als vorübergehende gesundheitliche Störungen **hinausgeht** (BGH VersR 1989, 583; KG NZV 2002, 38). Die üblichen Beeinträchtigungen, die jedermann bei dem Erhalt einer Todesnachricht erleidet, können nicht als „Gesundheitsbeschädigung" bezeichnet werden, weil sie nach Art und Schwere nicht den Rahmen des **allgemeinen Lebensrisikos überschreiten** (so auch OLG Köln VersR 1982, 558).
- Vielmehr muss es sich um eine nachhaltige **traumatische Schädigung** der physischen oder psychischen Gesundheit **von nicht nur vorübergehender Dauer** handeln, welche **pathologisch konstatierbar** ist (BGH v. 10.2.2015 – VI ZR 8/14 – zfs 2015, 435; OLG Hamm NZV 2002, 234), deutlich von der Norm abweicht und deshalb **Krankheitswert** im Rahmen der allgemeinen Verkehrsanschauung besitzt (BGH VersR 1989, 854; OLG Düsseldorf zfs 1996, 176; OLG Nürnberg DAR 1995, 447).
- Für den Nachweis eines solchen Gesundheitsschadens ist stets ein **ärztliches Gutachten** – ggf. eines Facharztes für Psychiatrie – erforderlich, das sich besonders mit der Frage des Krankheitswerts auseinandersetzen muss.
- Ferner muss die gesundheitsbeschädigende Schockreaktion **nachvollziehbar** sein, sodass **Überempfindlichkeiten** insoweit nicht dem Schädiger angelastet werden können.
- Dementsprechend ist beispielsweise die Nachricht von einer leichten Beschädigung des Fahrzeugs (LG Hildesheim VersR 1970, 720), der Tod des eigenen Hundes (BGH zfs 2012, 376) oder die Besorgnis aufgrund polizeilicher Ermittlungen gegen nahe Angehörige (LG Hamburg NJW 1969, 615; kritisch: *Deubner*, JuS 1969, 561) nicht ausreichend.
- Bei der Beurteilung der Frage, ob tatsächlich ein entschädigungspflichtiger Schockschaden vorliegt, kommt dem Umstand maßgebliche Bedeutung zu, ob die Beeinträchtigungen auf die direkte Beteiligung des „Schockgeschädigten" an dem Unfall oder das Miterleben des Unfalls zurückzuführen oder ob sie („nur") durch den Erhalt einer Unfallnachricht ausgelöst worden sind (BGH v. 27.1.2015 – VI ZR 548/12 – zfs 2015, 382; BGH v. 10.2.2015 – VI ZR 8/14 – zfs 2015, 435).
- Eine Ersatzpflicht kommt selbst dann in Betracht, wenn bei der Entwicklung eines posttraumatischen Belastungssyndroms weitere angebotene Therapiemöglichkeiten nicht wahrgenommen werden, solange nicht von einer Begehrensneurose auszugehen ist und kein Verstoß gegen die Schadensminderungspflicht vorliegt (BGH v. 10.2.2015 – VI ZR 8/14 – zfs 2015, 435).

B. Ansprüche Hinterbliebener § 10

bb) Höhe des Schmerzensgeldes

Die **Höhe** des in den letzten Jahren von der Rechtsprechung zugestandenen Schmerzensgeldes bewegt sich selbst bei gravierendsten Reaktionen von Angehörigen fast ausschließlich im Rahmen **von 2.500 EUR** bis maximal **12.500 EUR** (OLG Nürnberg OLGR 1998, 199; vgl. die Nachweise bei *Geigel*, Der Haftpflichtprozess, 23. Auflage 2001, § 7 Rn 2 ff. sowie bei *Hacks/Wellner/Häcker*, SchmerzensgeldBeträge, 30. Auflage 2012, S. 15 f., sowie Auflistung S. 41 unter „Nerven" Nr. 3a), in einem Ausnahmefall **40.000 DM bzw. 70.000 DM** (OLG Nürnberg DAR 1995, 447) und wird ggf. für jeden Angehörigen entsprechend der Schwere seiner seelischen und körperlichen Beeinträchtigungen unterschiedlich bemessen (OLG Nürnberg DAR 1995, 447).

49

d) Materielle Ansprüche

Ansprüche, aufgrund eines erlittenen Schocks der zuvor beschriebenen Weise, sind aber nicht nur auf immateriellen Schadensersatz begrenzt, sondern auf **die ganze Palette des Schadensersatzes**. Liegt ein „Schockschaden" vor, stehen dem Geschädigten also auch **sämtliche materiellen Schadensersatzansprüche** zu, z.B. Fahrtkosten, Verdienstausfall, Haushaltsführungsschaden, Kostenpauschale usw.

50

e) Mitverschulden

Hinsichtlich der Frage, ob sich der Zweitgeschädigte ein **Mitverschulden des erstgeschädigten Angehörigen** an dem Unfallereignis in Bezug auf seinen Schmerzensgeldanspruch anrechnen lassen muss, hat der BGH eine entsprechende Anwendung des § 846 BGB zu Recht **abgelehnt**. In solchen Fällen handelt es sich **nicht** um eine **mittelbare Drittschädigung,** sondern um eine **unmittelbare Schädigung** des Dritten, die einen eigenen Anspruch aus § 823 Abs. 1 BGB rechtfertigt und die entsprechende Anwendung des § 254 BGB unter Beachtung des § 242 BGB festlegt (BGH VersR 1971, 905). Demnach ist bei dem gem. § 253 BGB nach Billigkeit zu bemessenden Schmerzensgeldanspruch, dem eine mittelbare Verursachung zugrunde liegt, das Mitverschulden des Erstgeschädigten zu berücksichtigen, sodass die **Anrechnung stets zu erfolgen** hat.

51

Die psychisch vermittelte Beeinträchtigung des Zweitgeschädigten beruht nämlich gerade auf der **besonderen persönlichen Beziehung zum Erstgeschädigten**.

52

Insbesondere dieser Begründung des BGH, die sich auf die enge Verbindung beider Geschädigten stützt, sind zeitweilig einige Vertreter der Literatur entgegen getreten (*Deubner*, Entscheidungsrezension zum Urteil des BGH vom 11.5.1971, JuS 1971, 622; *Selb*, Anm. zum selben Urteil, JZ 1972, 124; *E. Schmidt*, MDR 1971, 538). Es sei vor allem fraglich, warum bei der Bemessung des Schmerzensgeldes für den Zweitgeschädigten die **Anrechnung des Verschuldens** seitens des diesem nahe stehenden Erstgeschädigten der **Billigkeit** entsprechen soll. So setze doch gerade § 254 Abs. 1 BGB voraus, dass bei Entstehung des Schadens ein Verschulden des

53

635

§ 10 Ersatzansprüche bei Tötung

Geschädigten mitgewirkt hat, mithin der entstandene Schaden uneingeschränkt zu ersetzen sei, wenn den Geschädigten kein Verschulden trifft.

54 Hat der Hinterbliebene als unmittelbar Geschädigter den Unfall weder verschuldet noch mitverschuldet, sei ihm bei entsprechender Anwendung des § 254 BGB Schmerzensgeld in voller Höhe zu zahlen, ohne dass es einer besonderen Beachtung der Beziehung der Geschädigten zueinander bedürfe.

55 Trotz dieser **beachtenswerten Kritik** hat die Rechtsprechung an den Grundsätzen des BGH bisher festgehalten (vgl. z.b. KG VersR 1999, 504: Anrechnung des Mitverschuldens eines zehnjährigen Sohnes) und wird in ihrer Auffassung vom weit überwiegenden Teil der Literatur unterstützt.

56 Das OLG Hamm wich ausnahmsweise (VersR 1982, 557) von der grundsätzlichen Anrechnung des Mitverschuldens ab, ohne jedoch die höchstrichterlichen Grundlagen der Anrechnung nach §§ 254, 242 BGB in Frage zu stellen. Weil die monatelang arbeitsunfähige Klägerin durch das zugrunde liegende Unfallereignis sowohl ihren zu $^{1}/_{4}$ mitschuldigen Ehemann als auch einen Sohn verloren hat sowie schwere Verletzungen des zweiten Sohnes hinnehmen musste, hat das Gericht aufgrund der besonderen Tragik des Unfalls festgestellt, dass eine **Mitverschuldensanrechnung** wegen des Widerspruchs zum Rechtsgedanken des § 242 BGB nicht erfolgen darf.

2. Allgemeines Angehörigenschmerzensgeld

Literatur zum Angehörigenschmerzensgeld:

Abatzis, Das Angehörigenschmerzensgeld im griechischen Recht, DAR 2009, 573 ff.; *Diederichsen*, Angehörigenschmerzensgeld „Für und Wider", DAR 2011, 121 ff.; *Hoppenstedt/Stern*, Einführung eines Anspruchs auf Angehörigenschmerzensgeld, ZRP 2015, 18; *Huber*, Kein Angehörigenschmerzensgeld de lege lata, NZV 2012, 5; *v. Jeinsen*, Das Angehörigenschmerzensgeld – Systembruch oder Fortentwicklung?, zfs 2008, 61 ff.; *Kuhn*, Angehörigenschmerzensgeld – eine Schadensposition auch in Deutschland?, SVR 2012, 288; *Lützelschwab/Möbius*, Angehörigenschmerzensgeld: Eine Bedrohung für die Versicherungswirtschaft?, ZfV 2014, 240; *Schwintowski*, Angehörigenschmerzensgeld – Zeit zum Umdenken!, VuR 2016, 18; *Schwintowski/Schah Sedi/Schah Sedi*, Angehörigenschmerzensgeld – Überwindung eines zivilrechtlichen Dogmas, zfs 2012, 6 ff.; *Wenter*, Regulierung von Personenschäden im italienischen Recht, zfs 2012, 4 ff.; *Zwickel*, Schockschaden und Angehörigenschmerzensgeld: Neues vom BGH und vom Gesetzgeber, NZV 2015, 214.

a) Vorbemerkung

57 Unter dem Begriff des Angehörigenschmerzensgeldes ist der **immaterielle Schadensersatzanspruch** zu verstehen, der nahen Angehörigen allein wegen des Verlustes des unfallbedingt getöteten Angehörigen entsteht, sozusagen eine „Todesentschädigung". Nach der derzeitigen höchstrichterlichen Rechtsprechung in Deutschland reicht die **„bloße" Trauer** wegen des Verlustes eines nahen Angehörigen nicht aus, um dem Hinterbliebenen ein **eigenes Schmerzensgeld** zuzusprechen (vgl. Rdn 46 ff.).

B. Ansprüche Hinterbliebener § 10

b) Zubilligungsgrundsätze der Rechtsprechung

Insbesondere die von der Rechtsprechung festgelegte enge Begrenzung von Schmerzensgeldforderungen auf **erhebliche Schädigungen**, die pathologisch fassbar sind, **stößt in der Literatur** zu Recht **auf häufige Ablehnung** (vgl. MüKo-*Grunsky*, Vor § 249 Rn 54 m.w.N.; *Gontard*, DAR 1990, 375; weitergehend: Staudinger-*Schiemann*, 1998, § 249 Rn 46). Diese stützt sich hauptsächlich auf das schlichte Vorhandensein einer Verletzung i.S.d. § 823 Abs. 1 BGB, denn die Haftungsbegründung der Vorschrift fußt allein auf dem **Krankheitswert** der Beeinträchtigung, die sich in physischer wie auch psychischer Art darstellen kann. Bei **Schockschäden** darf die Frage, ob eine Beeinträchtigung unter § 823 Abs. 1 BGB zu fassen ist, **nicht von einer außergewöhnlichen Schädigung abhängig** gemacht werden, denn der **Krankheitswert** ist bereits durch die – sei es auch nur vorübergehende – Erkrankung, den Schock, der bereits **medizinisch nachzuweisen** ist, erreicht. 58

Das Verlangen nach der Voraussetzung einer **nicht mehr gewöhnlichen Schädigung** würde nämlich bedeuten, dass die geschädigte dritte Person letztlich „selbst schuld" ist, wenn sie den plötzlichen Tod eines Elternteils oder eines Kindes, der aufgrund eines Unfalls erfolgte, mit nicht unerheblicher Anstrengung im Rahmen des gewöhnlichen Schocks bewältigen kann, also nicht in tiefste Depressionen ohne absehbares Ende verfällt, und deshalb nicht schmerzensgeldberechtigt ist. 59

Zu berücksichtigen ist zudem, dass die **medizinische Grenzziehung** zwischen den **gewöhnlichen** und **den ungewöhnlichen Störungen** der Hinterbliebenen wegen der unterschiedlichen Ausgestaltung jeder Persönlichkeit nicht ohne erhebliche Schwierigkeiten möglich und damit uneinheitlich ist. 60

Die Frage der **Einführung eines Angehörigenschmerzensgeldes** ist rechtspolitisch also in hohem Maße brisant. Im Gegensatz zu anderen europäischen Ländern (siehe unten Rdn 68) kennt das deutsche Recht keinen gesetzlich geregelten Anspruch für eine immaterielle Entschädigung beim Tod oder bei einer schweren Verletzung eines nahen Angehörigen. Die Einführung eines allgemeinen Angehörigenschmerzensgeldes (siehe die Diskussion Enschede, Concorde) hat der **Gesetzgeber ausdrücklich abgelehnt**. Das Zweite Gesetz zur Änderung schadensersatzrechtlicher Vorschriften vom 19.7.2002 führte **keinen Anspruch** auf Ersatz des immateriellen Schadens trauernder Angehörigen ein. Es bleibt somit bei der Rechtsprechung (BGH NJW 1985, 1390; 1971, 1983; OLG Frankfurt NZV 1991, 270; OLG Düsseldorf VersR 1977, 1011; OLG Frankfurt zfs 2004, 452), dass auch bei dem Tod naher Angehöriger eine **Auswirkung** auf den eigenen Körper bzw. die eigene Gesundheit in einem **größeren Umfang** erforderlich ist (*Heß*, in: Berz/Burmann, Handbuch des Straßenverkehrsrechts, 6 F Rn 19 ff.). Nach deutschem Recht erstreckt sich die Haftung nun einmal ausschließlich nur auf den Schaden, der dem **unmittelbar** Geschädigten entsteht. 61

§ 10 Ersatzansprüche bei Tötung

62 Zur Begründung wird ausgeführt, nach geltendem Recht sei ein Anspruch für Schäden durch zugefügten **seelischen Schmerz** nicht gegeben, sofern dieser nicht wiederum Auswirkung der Verletzung des **eigenen** Körpers oder der **eigenen** Gesundheit sei (BGHZ 56, 163). Der Schadensersatz sei ausschließlich auf solche Schäden beschränkt, die aus medizinischer Sicht und nach der allgemeinen Verkehrsauffassung auf unmittelbaren **Körper- oder Gesundheitsverletzungen** beruhen. Die besagte gesetzgeberische Entscheidung ergebe sich aus den §§ 844, 845 BGB, also den Bestimmungen, die bei Tod eines Menschen den Angehörigen Ersatz der Beerdigungskosten, des entgangenen Unterhalts und der entgangenen Dienste gewähren (BGH NJW 1989, 2317).

63 Im Übrigen sei die **Deliktshaftung auf den Schaden der „unmittelbar" Verletzten beschränkt**. Nur wenn der Angehörige an psychopathologischen Ausfällen von einiger Dauer leide, sein Schock auf den Unfalltod eines Angehörigen also eine **nachhaltige traumatische Schädigung** erreiche, die über das normale Lebensrisiko der menschlichen Teilnahme an den Ereignissen der Umwelt hinausgehe, könne von einer eigenen Verletzung und damit einem Schmerzensgeldanspruch die Rede sein (OLG Hamm NZV 2002, 234).

64 Die physische und psychische Beeinträchtigung muss also unverändert **medizinisch fassbar** sein, sie muss über das normale Maß seelischer Erschütterungen bei solchen schweren Erlebnissen hinausgehen und die Reaktion muss auch nachvollziehbar sein, die Ersatzpflicht beschränkt sich auf die nächsten Angehörigen (vgl. hierzu *Heß*, in: Berz/Burmann, Handbuch des Straßenverkehrsrechts, 6 F Rn 19 m.w.N.). Im Übrigen wird selbst für den **empfindlichsten Verlust**, den damit verbundenen Schmerz und eine tief empfundene Trauer keine Entschädigung gezahlt. Andere, weit weniger gewichtige Eingriffe, z.B. in das allgemeine Persönlichkeitsrecht, führen demgegenüber zu weit höheren Schmerzensgeldern.

65 Die vom BGH angeführte Begründung aus der Gesetzesentstehung heraus steht bei näherer Betrachtung einer Ausweitung der Ansprüche des nahen Angehörigen eines verunglückten Menschen auf immateriellen Schadensersatz nicht entgegen. Dies ergibt sich aus der Entstehung der Vorschriften und der Funktion des Schmerzensgeldes (*v. Jeinsen*, a.a.O., S. 62).

66 Es lässt sich feststellen, dass die Einschränkung des § 253 Abs. 1 BGB so aufgeweicht wurde, dass noch Raum für eine Erweiterung des Schadensersatzgedankens bleibt. Gegen ein **Angehörigenschmerzensgeld** wird zwar häufig angeführt, dass einem solchen Anspruch **Schwierigkeiten bei der Bezifferung** entgegenstünden (*v. Jeinsen*, a.a.O., S. 68). Das ist aber kein Grund für die Ablehnung eines Ersatzanspruches dem Grunde nach. Immerhin gibt es die tatrichterliche Schätzungsbefugnis, wobei die einschlägigen Schmerzensgeldtabellen zur Rechtsfindung mit herangezogen werden können, wie das sonst bei der Schmerzensgeldbemessung ebenfalls problemlos praktiziert wird.

B. Ansprüche Hinterbliebener   § 10

Auch eine drohende „**Amerikanisierung**" unseres Rechts sollte der Einführung eines Angehörigenschmerzensgeldes nicht entgegenstehen. Solange in Deutschland Berufsrichter mit Augenmaß mit der gegebenen Möglichkeit umgehen, besteht kaum die Gefahr, dass es der Höhe nach zu Auswüchsen kommt (*v. Jeinsen*, a.a.O., S. 68).   **67**

Es wäre daher wohl nur eine Frage der Zeit, bis die Rechtsprechung auch für das Angehörigenschmerzensgeld das Material für einen entsprechenden Schmerzensgeldkatalog geliefert haben würde. Eine Anpassung des deutschen Rechtssystems an die europäischen Standards, wie dies in anderen Ländern Europas längst bzw. schon immer der Fall ist, scheint dringend geboten zu sein. In zahlreichen Mitgliedstaaten ist die **Zuerkennung eines Angehörigenschmerzensgeldes** etwas Selbstverständliches (vgl. ausführlich und m.w.N. *Janssen*, Das Angehörigenschmerzensgeld in Europa und dessen Entwicklung, ZRP 2003, 156 ff.). Der gesamte **romanische Rechtskreis** erkennt diesen Anspruch an, wenn auch in unterschiedlicher Ausprägung. In **Großbritannien** ist er gesetzlich verankert. **Schweden**, und für uns noch näher liegender **Österreich**, haben in den letzten Jahren eine Kehrtwendung vollzogen.   **68**

Würde dem geschädigten Dritten grundsätzlich wegen der psychischen Beeinträchtigungen im Rahmen von Schockschäden ein Schmerzensgeldanspruch in begrenztem Ausmaß zugebilligt, entspräche dies also einem sich **in ganz Westeuropa abzeichnenden Trend** (vgl. *Gontard*, DAR 1990, 375; *Scheffen*, NZV 1995, 218). Danach wird im Falle der Tötung naher Angehöriger unter unterschiedlicher Ausgestaltung z.B. bereits in Frankreich, Belgien, Griechenland, Italien, Luxemburg, der Schweiz, Portugal, Spanien, England, Wales sowie in der Türkei und Ungarn ein Schmerzensgeld gewährt. Dort gibt es z.T. feste Beträge – neben dem Schmerzensgeld – allein für den Tod naher Angehöriger (z.B. „Dommage Moral" in Frankreich bis zu 20.000 EUR).   **69**

Der OGH hat in einem Urteil aus 2001 (NZV 2002, 26) ausdrücklich unter Zuhilfenahme einiger Gesetzesanalogien entschieden, dass der **Seelenschmerz über den Verlust naher Angehöriger**, der zu keiner Gesundheitsverletzung des Anspruchstellers führt, grundsätzlich ersatzfähig ist. Ausdrücklich ist der OGH dabei von seiner früheren Auffassung abgewichen, nach der – wie der BGH heute noch – zwischen dem unmittelbar und den mittelbar Geschädigten unterschieden werden muss (*v. Jeinsen*, a.a.O., S. 68).   **70**

Es gibt zwar im **Europäischen Recht** noch keinen **Gleichheitssatz** entsprechend Art. 3 GG. Es ist aber auch nicht gerechtfertigt, dass die Angehörigen eines deutschen und eines europäischen Flugunfallopfers fast beliebiger anderer Nationalität, die nebeneinander gesessen haben, völlig unterschiedlich entschädigt werden, nur weil der deutsche Gesetzgeber im Hinblick auf ein Angehörigenschmerzensgeld nicht umsetzt, was er bei anderen Fragen vehement nach vorn treibt. Systematische Gründe stehen dem jedenfalls nicht entgegen (*v. Jeinsen*, a.a.O., S. 68).   **71**

72 Die deutsche Rechtslage steht also im Widerspruch zu den Regelungen in den Deutschland umgebenden Staaten (*Katzenmeier*, JZ 2002, 1029). Vereinzelt wird daher aus verfassungsrechtlichen Überlegungen schon jetzt ohne Änderung des Schadensersatzrechtes eine Verpflichtung zur Zahlung von Angehörigenschmerzensgeld hergeleitet (*Klinger*, NZV 2005, 290 ff.).

73 Seit dem 50. Verkehrsgerichtstag in Goslar 2012 ist nun Bewegung in die starre bisherige Ansicht gekommen. Die Empfehlungen des dortigen Arbeitskreises I lauten:

„I.) Eine finanzielle Entschädigung für nächste Angehörige Getöteter kann als Symbol für Mitgefühl mit dem seelischen Leid Genugtuung schaffen und ein Gefühl von Gerechtigkeit vermitteln. Die nach der Rechtsprechung gegebenen Ansprüche Angehöriger wegen eines „Schockschadens" werden dem derzeit nicht gerecht.

In den Fällen fremd verursachter Tötung eines nahen Angehörigen soll ein Entschädigungsanspruch für Ehe- und Lebenspartner sowie Eltern und Kinder geschaffen werden. Nach Auffassung des Arbeitskreises sollte dieser durch die Legislative entwickelt werden.

Die Bemessung sollte den Gerichten nach den Umständen des Einzelfalls überlassen bleiben.

II.) Ausweitung der Ersatzfähigkeit von Unterhaltsschäden

Der Gesetzgeber möge prüfen, ob der Schadensersatzanspruch nach § 844 Abs. 2 BGB auf faktisch bestehende und/oder vertraglich geregelte Unterhaltsberechtigungen ausgeweitet werden sollte."

Die Vorträge sind nachzulesen in der offiziellen Ausgabe der Dokumentation des 50. VGT 2012.

74 So bleibt es also bis auf Weiteres dabei, dass es in Deutschland – überspitzt gesagt – die „Tötung zum Nulltarif" gibt, was sicherlich nur schwer akzeptabel ist (*Diederichsen*, DAR 2011, 121, 124). Schon das Genugtuungsbedürfnis spricht zweifellos für einen Anspruch auf Angehörigenschmerzensgeld.

III. Unterhaltsschaden
Literatur zum Unterhaltsschaden:

Elsner, Der Unterhaltsschaden, zfs 2001, 393 ff.; *Jahnke*, Unfalltod und Schadensersatz, 2. Auflage 2012; *Küppersbusch/Höher*, Ersatzansprüche bei Personenschaden, 12. Auflage 2016; *Pardey*, Berechnung von Personenschäden, Berechnung des Gesundheits-, Mehrbedarfs-, Erwerbs-, Haushaltsführungs- und Unterhaltsschadens, 4. Auflage 2010; *Röthel*, Ehe und Lebensgemeinschaft im Personenschadensrecht, NZV 2001, 329 ff.; *Schah Sedi/Schah Sedi*, Das verkehrsrechtliche Mandat, Band 5: Personenschäden, 2. Auflage 2014, § 4 Rn 9 ff.; *Scheffen/Pardey*, Die Rechtsprechung des BGH zum Schadensersatz beim Tod einer Hausfrau und Mutter, 3. Auflage 1994.

B. Ansprüche Hinterbliebener § 10

1. Allgemeines

Wird **bei einem Unfall** ein **Mensch getötet**, der anderen gesetzlich zum Unterhalt verpflichtet ist, haben die **unterhaltsberechtigten Angehörigen** einen Anspruch auf Ersatz des Schadens, der ihnen durch den **Entzug des Unterhaltsrechts** entsteht. Dieser – mittelbare – Schadensersatzanspruch ist in § 844 Abs. 2 BGB geregelt. 75

Unterhaltsberechtigt sind alle Personen, denen der Getötete zum Unfallzeitpunkt gesetzlich unterhaltsverpflichtet war, als da sind: **Ehegatten (§ 1360 BGB)**, auch wenn sie getrennt leben, auch nach der Scheidung (§ 1570 BGB), und sämtliche **Abkömmlinge** (eheliche gem. §§ 1600, 1601 BGB, nicht-eheliche gem. § 1615a BGB, adoptierte gem. § 1754 BGB und auch noch nicht geborene, aber zum Unfallzeitpunkt bereits gezeugte Kinder gem. § 1844 Abs. 2 S. 2 BGB). 76

Neuerdings sind auch Partner einer **eingetragenen gleichgeschlechtlichen Lebenspartnerschaft** nach dem ab 1.8.2001 geltenden LPartG unterhaltsberechtigt, **nicht jedoch Partner einer nichtehelichen Lebensgemeinschaft**. Die Ersatzpflicht nach § 845 BGB setzt die gesetzliche Verpflichtung des Verletzten oder Getöteten zum Dienst im Haus oder Gewerbebetrieb des Anspruchstellers voraus. Der Anwendungsbereich der Norm ist auf den Wegfall der von Kindern gemäß § 1619 BGB gegenüber ihren Eltern geschuldeten Dienste beschränkt. Anderweitige Dienstverpflichtungen kennt das Familienrecht nicht mehr. Für die nichteheliche Lebensgemeinschaft verbleibt so kein denkbarer Anwendungsbereich, eine vertraglich vereinbarte Verpflichtung zur Diensterbringung genügt nicht (*Schirmer*, DAR 2007, 11). 77

In eingeschränktem Rahmen sind **auch geschiedene Ehegatten (§ 1570 BGB)** unterhaltsberechtigt, ferner **Verwandte in gerader Linie (§§ 1601 ff. BGB)**, also insbesondere **Kinder gegenüber ihren Eltern und umgekehrt**. 78

Der Anspruch kann eingeschränkt werden, wenn eine **Erwerbstätigkeitsverpflichtung** des (Ehe-) Partners besteht. Das ist aber nur bei **zumutbarer Tätigkeit** der Fall. Dabei sind die Persönlichkeit des Verwitweten, dessen bisherige Erwerbsstellung sowie die wirtschaftlichen und sozialen Verhältnisse, aber auch die Dauer der Ehe zu berücksichtigen (BGH VersR 1976, 877; VersR 1984, 936). Ferner kommt es darauf an, ob betreuungsbedürftige Kinder vorhanden sind. 79

Für das Bestehen der gesetzlichen Unterhaltspflicht kommt es allein auf den **Zeitpunkt der Verletzung** an, nicht auf den Todeszeitpunkt, wenn dieser – ggf. sehr viel – später eintritt. Eine nach der Verletzung geschlossene Ehe führt damit nicht zu einem Unterhaltsschaden, wenn der verletzte Ehegatte danach verstirbt. Eine nach der Verletzung, aber vor dem Todeseintritt ausgesprochene Scheidung der Ehe berührt den Unterhaltsanspruch dem Grunde nach ebenfalls nicht. Mehrere Unterhaltsberechtigte sind **Teilgläubiger** (*Küppersbusch/Höher*, Ersatzansprüche bei Personenschaden, 12. Auflage 2016, Rn 340). 80

§ 10 Ersatzansprüche bei Tötung

81 Der Anspruch ist für die **mutmaßliche Lebensdauer** des Unterhaltsverpflichteten zu leisten, längstens jedoch für die Dauer der Unterhaltsbedürftigkeit des Unterhaltsberechtigten. Der Anspruch endet darüber hinaus bei **Wiederverheiratung** des überlebenden Ehegatten oder Erlangung einer eigenen Lebensstellung des Kindes. Bei Scheidung bzw. Wegfall der eigenständigen Lebensstellung des Kindes lebt der Anspruch wieder auf.

> *Tipp*
> Deshalb sollte dieser Aspekt stets mittels Vorbehalts in einer Abfindungserklärung oder Feststellungsklage gesichert werden!

82 Spätestens endet der Anspruch mit dem mutmaßlichen Tod des Verpflichteten. Die **mutmaßliche Lebensdauer** des Unterhaltsverpflichteten kann den allgemeinen **Sterbetafeln** entnommen werden (siehe *Küppersbusch/Höher*, 12. Auflage 2016, Rn 391, Anhang Kapitalisierungstabellen, Tabelle IV).

83 Eine bloße **Scheidungsabsicht** reicht für das Ende des Unterhaltsschadens nicht aus. Bei bereits **erhobenem Scheidungsantrag** wird aber regelmäßig nur für die prognostizierte Dauer des Scheidungsverfahrens Ersatz des Unterhaltsschadens zu leisten sein (*Böhme/Biela*, Kraftverkehrshaftpflichtschäden, 23. Auflage 2006, Rn D 250).

84 Maßgeblich ist der **gesetzlich geschuldete**, nicht der tatsächlich geleistete Unterhalt. Auf die **tatsächliche wirtschaftliche und persönliche Leistungsfähigkeit** oder Leistungsbereitschaft des Getöteten kommt es also nicht an.

85 Eine Ausnahme kann vorliegen, wenn der Getötete nicht nur **leistungsunwillig**, sondern auch tatsächlich völlig **unpfändbar** war. Dann liegt unfallbedingt kein Schaden für die Hinterbliebenen vor und der Ersatzanspruch entfällt. Für die Frage der **Realisierbarkeit** kann sich der Unterhaltsberechtigte auf die **Beweiserleichterungen** des § 287 ZPO berufen.

86 Der **Umfang des Ersatzanspruchs** richtet sich nach §§ 1360, 1360a Abs. 1 bzw. §§ 602, 1602 Abs. 2, 1610 BGB. Danach ist **angemessener Unterhalt** zu leisten, also alles, was Ehegatten untereinander und Kinder zum Bestreiten ihres persönlichen Lebensunterhaltes benötigen. Bemessungskriterien sind stets die konkreten Verhältnisse der Familie aufgrund der Lebensstellung (erlernter und ausgeübter Beruf) und des Lebensstils.

87 Der **gesetzliche Unterhalt** umfasst neben der wirtschaftlichen Unterstützung (**Barunterhalt**) auch die Kosten persönlicher Betreuung, wie Haushaltsführungs- und Erziehungskosten (**Betreuungsunterhalt**).

2. Unterhaltsberechnungen

88 Die Darstellung soll hier nur in groben Zügen erfolgen, da dieser Komplex am besten in der diesbezüglichen Spezialliteratur dargestellt ist. Besonders hervorzuheben ist an dieser Stelle die hervorragende und sehr praktikable Darstellung bei *Schah*

B. Ansprüche Hinterbliebener § 10

Sedi/Schah Sedi, Das verkehrsrechtliche Mandat, Bd. 5, § 4 Rn 24 ff., die mit einer Fülle von Berechnungsbeispielen, Formularen und Mustern ausgestattet ist. Da dort eine wesentlich intensivere Auseinandersetzung mit der Thematik erfolgt und die Beispiele hervorragend zur Berechnung der Barunterhaltsschäden herangezogen werden können, soll nachstehend nur ein grober Überblick für die Anwendung in der täglichen Praxis gegeben werden.

> *Tipp* 89
> Die Barunterhaltsberechnung ist selbst für den versierten Verkehrsrechtler immer wieder kompliziert und es empfiehlt sich daher, sich stets anhand des „*Küppersbusch*" oder anderer Spezialliteratur zu orientieren, wenn derartige Berechnungen angestellt werden müssen.

a) Tod des Alleinverdieners

In der **Praxis** wird aufgrund der hierzu ergangenen Rechtsprechung der Schaden nach folgendem **Schema** errechnet (OLG Brandenburg zfs 1999, 330): 90
- Nettoeinkommen des Getöteten abzüglich Aufwendungen zur Vermögensbildung
- abzüglich fixe Kosten der Haushaltsführung
- davon Unterhaltsanteil der Hinterbliebenen
- zuzüglich fixe Kosten
- abzüglich Vorteilsausgleich

aa) Nettoeinkommen

Zu dem Nettoeinkommen zählen **sämtliche Gehaltsbestandteile** (BGH NJW 1981, 1313): Überstundenvergütungen, Zulagen, Gratifikationen, Weihnachts- und Urlaubsgeld und Prämien, Erziehungsgeld, Eigenheimzulage und Kinderzulagen (BGH zfs 2004, 114 ff.). 91

Ferner gehören dazu etwaige **Steuerrückerstattungen** und **Renten**, die der Befriedigung des Unterhaltsbedarfs dienen, und **Nebenverdienste** (sofern nicht aus gesetzlich verbotener Schwarzarbeit). 92

Auch **Ertrag aus Vermögen** zählt zu den Einkünften, sofern er von dem Getöteten zur Deckung des Familienunterhaltes tatsächlich verwandt wurde. 93

Nicht dazu gehören: **Reine Aufwandsentschädigungen aller Art** (z.B. **Spesenersatz**), **Einkünfte aus verbotener Schwarzarbeit, Eigenleistungen beim Hausbau, Kindergeld.** 94

Wichtig: Vom Nettoeinkommen sind noch neben den Steuern und Sozialversicherungsbeiträgen folgende weitere **Abzüge** vorzunehmen: 95
- **Beiträge für freiwillige Versicherungen** des Getöteten (Hausrat-, Gebäude-, Privathaftpflicht-, Rechtsschutzversicherung: sie sind dann später bei den „fixen Kosten" zu berücksichtigen),

- **Aufwendungen zur Vermögensbildung**: Hier kommt es nur auf die tatsächlichen Zahlungen an, z.b. Tilgungsraten für Grundstückshypothek, Bausparbeiträge, Hypothekenzinsen und Grundlasten, soweit sie die fiktiven Kosten des Mietzinses übersteigen (bis zur Höhe des fiktiven Mietzinses sind sie wieder später bei den „fixen Kosten" zu berücksichtigen).

96 Bei **höheren bis sehr hohen Einkommen** besteht keine Verpflichtung, das gesamte Nettoeinkommen zum Familienunterhalt zur Verfügung zu stellen. In früherer Rechtsprechung wurden deshalb nur noch Teile des Nettoeinkommens eines besonders gut verdienenden Ehegatten zur Unterhaltsberechnung herangezogen (z.B. von 5.000 DM nur 3.000 DM – BGH VersR 1979, 324).

Diese – ohnehin kaum nachvollziehbare – Rechtsprechung hält der BGH für den Ehegattenunterhalt nicht mehr vollständig aufrecht. Er setzt eine „**Sättigungsgrenze**" fest: Ein solcher Abzug ist **nur noch in Extremfällen** vorzunehmen (BGH VersR 1987, 1243; NJW 1982, 1645). Bei besonders hohen Einkommen besteht grundsätzlich die **Vermutung**, dass von dem Einkommen **in besonderem Maße Rücklagen zur Vermögensbildung** getätigt worden wären. Dieses führt u.U. zu einer Reduzierung besonders hoher Einkommen bei der Unterhaltsschadensberechnung, es sei denn, der Hinterbliebene weist nach, dass derartige Rücklagen nicht oder zumindest nicht in dem behaupteten Umfang gebildet, sondern das gesamte Einkommen verbraucht wurde.

bb) Fixe Kosten

Literatur zu fixen Kosten:

Ege, Schriftenreihe der Arbeitsgemeinschaft Verkehrsrecht im DAV, Band 7, S. 81 ff.; *ders.,* Inhaltsbestimmung und Ansatz der „Fixen Kosten", DAR 1988, 299; *Schmitz-Herscheidt,* VersR 2003, 33; *Schah Sedi/ Schah Sedi,* Das verkehrsrechtliche Mandat, Band 5: Personenschäden, 2. Auflage 2014, § 4 Rn 42.

97 Den Hinterbliebenen sind diejenigen Kosten vorab zuzubilligen, die der Sicherung einer **standesgemäßen Haushaltsführung** dienen. Sie werden zunächst beim Nettoeinkommen des Getöteten abgezogen und später dann dem errechneten Unterhaltsanteil des/der Hinterbliebenen wieder hinzugerechnet.

98 Bei den fixen Kosten handelt es sich um Aufwendungen, die der Unterhaltsverpflichtete dem Unterhaltsberechtigten nach Maßgabe seines Lebensbedarfs schuldet (BGH DAR 2007, 201, 203). Das Gericht kann jedoch, anstatt die Leistungen im Einzelnen auf die Leistungsempfänger zu verteilen, nach § 287 ZPO schätzen und dabei einen Mittelwert berücksichtigen. Der BGH hat deshalb eine Verteilung von 2:1 bei einem Elternteil mit Kind nicht beanstandet und dabei dem Erfahrungssatz Rechnung getragen, dass der Unterhaltsbedarf eines Elternteils im Allgemeinen höher ist als der eines Kindes (BGH a.a.O.).

99 Zu den fixen Kosten gehören **alle nicht teilbaren** und **nicht personengebundenen Kosten der Haushaltsführung,** also alle Kosten, die unabhängig von dem Wegfall des Getöteten für die „Restfamilie" unverändert weiterlaufen (BGH NZV 1998,

149; OLG Brandenburg NZV 2001, 213). Der Anfall und die Höhe der fixen Kosten muss von dem Hinterbliebenen **vorgetragen und auch nachgewiesen** werden, wobei die Berücksichtigung von Statistiken grundsätzlich nicht zulässig ist (OLG Celle zfs 1987, 229; OLG Brandenburg NZV 2001, 213).

Dazu gibt es eine „**Fixe-Kosten-Liste**" (siehe Anlage 5; Fixe-Kosten-Liste bei *Schah Sedi/Schah Sedi*, Das verkehrsrechtliche Mandat, Bd. 5, § 4 Rn 42), welche die Mandantschaft ausfüllen sollte, um diese Position zutreffend errechnen zu können. Die bekannteste ist die zuvor erwähnte von *Ege*. Es wird von der Rechtsprechung auch gebilligt, wenn die fixen Kosten mit **40 % des Familieneinkommens** geschätzt werden (BGH DAR 2007, 201 ff.). **100**

Zu den fixen Kosten gehören z.B.: Miete, Strom, Heizung, Wasser, sämtliche Abgaben, Kosten für Zeitung, Radio und Fernsehen, Telefonkosten (Grundgebühr), Reinigungsmittel, Pkw-Kosten (mit Ausnahme des Wertverlustes, also Zinsen, Tilgung und Abschreibung, dafür aber Rückstellungen für Ersatzbeschaffung), Versicherungsprämien, soweit sie dem Schutz der Familie dienen, Zinsen und Tilgung für ein Eigenheim bis zur Höhe der fiktiven Miete, bei Mietwohnung Rücklagen für Reparaturen und Schönheitsreparaturen, bei Eigenheim: fiktive Kosten für Reparaturrücklagen bis zur Höhe einer vergleichbaren Mietwohnung (OLG Brandenburg zfs 1999, 330; NZV 2001, 213). **101**

Nach neuerer Rechtsprechung (BGH DAR 1998, 99) gehören zu den im Rahmen der Berechnung des Unterhaltsschadens nach § 844 Abs. 2 BGB zu ermittelnden „fixen Kosten" auch die Aufwendungen für den **Kindergartenbesuch** der hinterbliebenen Waisen. **102**

Keine fixen Kosten sind z.B.: Aufwendungen zur Vermögensbildung, insbesondere Kosten des Erwerbs eines Eigenheims und Lasten eines vorhandenen Eigenheims, die über die fiktive Miete hinausgehen, personengebundene Kosten wie Kindergarten, Privatunterricht usw. **103**

Der Geschädigte ist für die Höhe und den tatsächlichen Anfall der fixen Kosten **nachweispflichtig**. Pauschalberechnungen oder der Rückgriff auf Statistiken sind nicht zu empfehlen. **104**

Der exakten Ermittlung der fixen Kosten kommt aber stets ganz **besondere Bedeutung** zu, führt sie doch zu einer teilweise recht **erheblichen Erhöhung** des Barunterhaltsschadens, wie die nachstehenden Berechnungsbeispiele zeigen werden. Zwar sind die fixen Kosten vor der Berechnung der Unterhaltsanteile der einzelnen Unterhaltsberechtigten abzuziehen, deren Gesamtbetrag wird aber nach Errechnung der Unterhaltsanteile auf die verbliebenen Familienmitglieder wieder **aufgeteilt** und deren Unterhaltsanteilen zugeschlagen, sodass der **Anteil des getöteten Familienmitgliedes** den verbleibenden Familienmitgliedern **anwächst**. **105**

§ 10 Ersatzansprüche bei Tötung

106 Damit wird der **Lebensstandard der Hinterbliebenen** nach dem Tode des Unterhaltsverpflichteten **aufrechterhalten**. Je höher also der Betrag der fixen Kosten der Haushaltsführung ist, umso höher ist der zu ersetzende Unterhaltsschaden. Besondere Bedeutung haben daher die fixen Kosten bei geringeren Einkünften, da sie dort relativ höher sind als bei gehobenen Einkünften.

107 *Tipp*
Die möglichst genaue, aber auch möglichst umfassende Errechnung der „fixen Kosten" wirkt sich für den Mandanten immer positiv aus. Je mehr vom Nettoeinkommen des Getöteten abgezogen werden kann, umso mehr wird später dem Unterhaltsanspruch des Hinterbliebenen wieder hinzugerechnet. Versicherer versuchen daher verständlicherweise immer wieder, diese Position herunterzuspielen und zu vernachlässigen. Sie begründen das gern mit „Gründen der Praktikabilität". Tatsächlich handelt es sich um rein wirtschaftliche Gesichtspunkte. Dagegen muss sich der versierte Geschädigtenanwalt durch genaues Erfassen der „fixen Kosten" zur Wehr setzen.

108 Es ist aber zu berücksichtigen, dass sich fixe Kosten durch den Wegfall des Getöteten sowohl **verringern** (z.B. reduzierter Strom-, Wasser- und Waschmittelverbrauch) wie auch **erhöhen** können.

109 *Wichtig*
Sofern sich die **Höhe der fixen Kosten** durch den Tod des Unterhaltsverpflichteten irgendwie **geändert** hat, ist zu berücksichtigen, dass die **ursprünglichen fixen Kosten** von dem Nettoeinkommen des Getöteten abzuziehen, in der **aktuellen Höhe** jedoch dem Unterhaltsanspruch des Hinterbliebenen zuzurechnen sind.

cc) Unterhaltsanteil Hinterbliebener

110 Der nach Abzug der fixen Kosten verbleibende Betrag ist auf die einzelnen Unterhaltsberechtigten zu verteilen. Sie sind nach § 844 Abs. 2 BGB Einzelgläubiger, und demzufolge ist der Unterhaltsanteil nach dem jeweiligen **Unterhaltsbedarf** und der **Bedürftigkeit** zu ermitteln.

111 Grundsätzlich hat der **erwerbstätige Ehepartner** einen **höheren Unterhaltsbedarf** als der nicht erwerbstätige Partner. Lediglich dann, wenn beide entweder berufstätig oder nicht mehr berufstätig sind, ist der Bedarf je 50 %. Der Anteil der Waisen ist selbstverständlich zuvor abzuziehen.

112 Der **Unterhaltsbedarf der Kinder** richtet sich nach dem jeweiligen Lebensalter.

113 Die **„Düsseldorfer Tabelle"**, nach der sich der Unterhaltsbedarf des Familienrechtes errechnet, ist im Schadensrecht allerdings **nicht anwendbar**, da sie sich auf gestörte Familienverhältnisse und dadurch bedingte Mehrkosten (z.B. doppelte Haushaltsführung bei Getrenntleben) bezieht und im Schadensrecht zu niedrige Beträge ergibt (BGH VersR 1985, 365 und VersR 1986, 39).

B. Ansprüche Hinterbliebener § 10

In der Praxis haben sich daher Pauschalquoten (nach *Küppersbusch/Höher*, Ersatzansprüche bei Personenschäden, 12. Auflage, Rn 351) durchgesetzt, z.b. (nicht abgestuft nach dem Alter der Waisen, nicht erwerbstätige Witwe, Berechnung mit/ohne fixen Kosten):

114

Aufstellung mit fixen Kosten:

- Witwe   45 %
- Witwe, 1 Kind   35/20 %
- Witwe, 2 Kinder   30/15/15 %
- Witwe, 3 Kinder   27/13/13/13 %

Aufstellung ohne fixe Kosten:

- Witwe   50 %
- Witwe, 1 Kind   40/20 %
- Witwe, 2 Kinder   35/15/15 %
- Witwe, 3 Kinder   34/12/12/12 %

dd) Unterhaltsansprüche der Waisen

Die Waisen haben einen Anspruch nur im Rahmen ihrer **Bedürftigkeit** gem. §§ 1602 Abs. 2, 1610 BGB. Auf ihren Anspruch sind daher **Ausbildungsbeihilfen,** soweit sie berufsbedingte Aufwendungen von zzt. 75 EUR nach der „Düsseldorfer Tabelle" übersteigen, anderweitige **Erträgnisse, BAföG-Zahlungen** bzw. **Stipendien** anzurechnen.

115

Eine dadurch bedingte Verringerung des Unterhaltsanteils des/der Waisen führt zu einer entsprechenden Erhöhung des zur Verteilung anstehenden Unterhaltsanteils der übrigen Unterhaltsberechtigten.

116

ee) Arbeitspflicht der Witwe

Nimmt die Witwe nach dem Tod ihres Mannes tatsächlich wieder eine **berufliche Tätigkeit** auf, ist das dadurch erzielte Einkommen im Wege des **Vorteilsausgleichs** zu berücksichtigen.

117

Nimmt die Witwe **keine berufliche Tätigkeit** auf, obwohl sie dazu persönlich und tatsächlich in der Lage und es ihr zumutbar wäre, verstößt sie u.U. gegen ihre **Schadensminderungspflicht.** Nach ständiger Rspr. kann einer **jungen, kinderlosen, arbeitsfähigen Witwe** im Regelfall **zugemutet** werden, einer **Erwerbstätigkeit nachzugehen.** Unterlässt sie dies, kann der Schädiger ihr einen Verstoß gegen Treu und Glauben entgegenhalten (BGHZ 4, 170, 174; BGHZ 91, 357, 363; BGH VersR 1962, 1086, 1088; BGH VersR 1974, 142; BGH VersR 1976, 877, 878; BGH DAR 2007, 141 f.). Ein Verstoß gegen die Schadensminderungspflicht kann auch dann zu

118

bejahen sein, wenn die Witwe sich nicht in zumutbarer Weise um eine Arbeitsstelle bemüht und nach Lage der Dinge anzunehmen ist, dass sie bei **hinreichendem Bemühen** eine Arbeitsstelle gefunden hätte. Grundsätzlich ist der Schädiger für das Vorliegen eines Mitverschuldens und eines Verstoßes gegen die Schadensminderungspflicht **darlegungs- und beweispflichtig** (BGHZ 91, 357, 369; BGH VersR 1979, 424, 425; BGH VersR 1991, 437, 438; BGH DAR 2007, 141 f.). Der Geschädigte muss aber andererseits, soweit es um **Umstände aus seiner Sphäre** geht, an der Sachaufklärung mitwirken und erforderlichenfalls darlegen, was er zur Schadensminderung unternommen hat (BGHZ 91, 243, 259 f.; BGH DAR 1996, 144; BGH DAR 1998, 472; BGH DAR 2007, 141 f.).

119 Ob eine **Arbeitspflicht** besteht, richtet sich nach Alter, Leistungsfähigkeit, sonstigen Lebensverhältnissen, früherer Erwerbstätigkeit und Ausbildung des überlebenden Ehegatten. Bei einer **seit einigen Jahren arbeitslos** gemeldeten Witwe mittleren Alters (um die 50 Jahre) bestehen schon aufgrund ihres Alters und der **Dauer der Arbeitslosigkeit** keine hinreichend erfolgversprechenden Aussichten, eine neue Arbeit aufnehmen zu können, sodass mit dieser Begründung eine Minderung des Schadensersatzanspruchs nicht möglich ist (OLG Brandenburg zfs 1999, 330).

120 Die Zumutbarkeit wird wesentlich auch durch die **soziale Stellung** bestimmt: Einer 40-jährigen Chefarztgattin dürfte es wohl nicht zumutbar sein, nach dem Tode ihres Mannes in ihrem früheren Beruf als Krankenschwester arbeiten zu müssen.

121 Wenn jedoch Zumutbarkeit gegeben ist, dann ist ein – fiktives – Einkommen dagegen zu rechnen. Eine solche **Arbeitspflicht** dürfte regelmäßig jedenfalls dann anzunehmen sein, wenn die Witwe jung und kinderlos ist und über eine Berufsausbildung verfügt, die es ihr auf dem konkreten Arbeitsmarkt ermöglicht, eine Anstellung zu finden.

122 Kann sie jedoch nachweisen, dass es ihr trotz aller diesbezüglichen Bemühungen nicht gelungen ist, eine **adäquate Anstellung** zu finden oder ihr die angebotenen Tätigkeiten nicht zumutbar seien, unterbleibt eine Anrechnung zu ihren Lasten.

123 Verliert die unterhaltsberechtigte Witwe ihren Arbeitsplatz und bezieht sie **Arbeitslosengeld II**, ist dies **unterhaltsrechtlich nicht als ihr Einkommen** zu behandeln. Diese Leistungen werden nur subsidiär gewährt und Vorleistungen nach Überleitung des entsprechenden Unterhaltsanspruchs vom Unterhaltsverpflichteten zurückgefordert (OLG Brandenburg zfs 1999, 330).

124 Einige Versicherer sind inzwischen dazu übergegangen, eine regelrechte Arbeitsvermittlung für nicht- oder schwervermittelbare Witwen zu betreiben. In diesem Zusammenhang ist also besonders gründlich die **Zumutbarkeit** der auf diese Art angebotenen Arbeit zu prüfen.

B. Ansprüche Hinterbliebener § 10

Sind **minderjährige Kinder** vorhanden, entfällt eine Arbeitsverpflichtung sicher bis zum **16. Lebensjahr** des jüngsten Kindes. Anschließend kommt es auf die Bedingungen des Einzelfalles an.   **125**

Die **Anrechnung erfolgt dann wie folgt:**

Nettoeinkommen Ehemann	2.500 EUR
davon errechnete Unterhaltsquote Ehefrau 50 %	1.250 EUR
abzüglich erzieltes Nettoeinkommen Ehefrau	– 500 EUR
Rest-Unterhaltsanspruch gegenüber dem Schädiger	**750 EUR**

Trifft den Getöteten eine **Mithaftung**, hat die Witwe eine Art „Quotenvorrecht" hinsichtlich ihrer eigenen Einkünfte (BGH VersR 1955, 275; 1967, 259; siehe auch Darstellung und Beispiel bei *Küppersbusch/Höher*, Ersatzansprüche bei Personenschaden, 12. Auflage 2016, Rn 358).   **126**

ff) Vorteilsausgleich

Der **Wegfall der Barunterhaltsverpflichtung** des haushaltsführenden Partners gegenüber dem weggefallenen erwerbstätigen Partner, wie auch umgekehrt des erwerbstätigen Ehepartners gegenüber dem haushaltsführenden Partner bei dessen Wegfall, wird als **Vorteil** im Rahmen des § 254 BGB angerechnet.   **127**

Dieser Umstand ist nicht nur den Hinterbliebenen in den Mandatsbesprechungen nicht vermittelbar, sondern bei den Berechnungen auch für den juristischen Fachmann oft nur schwer richtig anzuwenden. Auch hier kann nur wieder auf die bekannte Spezialliteratur verwiesen werden, die eine Vielzahl von Beispielsfällen vorrechnet (z.B. *Küppersbusch/Höher*, Ersatzansprüche bei Personenschaden, 12. Auflage 2016, Rn 385, 419 ff.).   **128**

gg) Berechnungsbeispiel

An dieser Stelle sollen nur einige wenige Berechnungsbeispiele genannt werden, um die Berechnungsweise einmal deutlich zu machen: **129**

(1) Alleinverdienender Familienvater, Witwe, zwei Waisen

Bei **nur einer Waise** ändert sich das Schema wie folgt: **130**
- Aufteilung „verteilbarer Teil": Getöteter 40 %, Witwe 40 %, Waise 20 %
- Aufteilung „fixe Kosten": Witwe $^2/_3$, Waise $^1/_3$

§ 10 Ersatzansprüche bei Tötung

Fixe Kosten			1.200 €
Nettoeinkommen des Getöteten			3.000 €
Nettoeinkommen des Hinterbliebenen			+ 0 €
Summe Einkommen			**3.000 €**
abzüglich fixe Kosten			– 1.200 €
= verteilbarer Teil			**1.800 €**
davon	Getöteter	40%	720 €
	Witwe	30%	540 €
	1. Waise	15%	270 €
	2. Waise	15%	270 €
Probe			1.800 €

Verteilung fixe Kosten	Witwe	50%	600 €
	1. Waise	25%	300 €
	2. Waise	25%	300 €
Probe			1.200 €

Berechnung des Unterhaltsschadens:

Anteil	Witwe	1. Waise	2. Waise
von dem verteilbaren Teil (1.800,– €)	540 €	270 €	270 €
zuzüglich fixe Kosten (1.200,– €)	600 €	300 €	300 €
Summe	1.140 €	570 €	570 €
abzüglich Rente, Eigenerwerb o.Ä. z.B.	400 €	150 €	150 €
Unterhaltsanspruch gegen Schädiger	740 €	420 €	420 €

B. Ansprüche Hinterbliebener   § 10

(2) Beide Elternteile berufstätig, eine Waise

Sind beide Ehegatten erwerbstätig, sind sie sich **gegenseitig** mit gleicher Quote **zum Unterhalt verpflichtet**. Ebenfalls erfolgt eine **Beteiligung an den fixen Kosten** der Haushaltsführung **entsprechend der Einkommensquote**. Auch den Kindern steht eine gleich hohe Quote entsprechend den jeweiligen Einkommen der Eltern zu.   131

Grundsätzlich ist der **Haushaltsführungsanteil** auch dann gleich zu bewerten, wenn beide Eheleute in gleichem zeitlichen Umfang berufstätig sind. Der Anteil an der Haushaltsführung kann aber konkret durchaus ein anderer sein, wenn die Eheleute tatsächlich **etwas anderes vereinbart oder praktiziert** haben, was ihr gutes Recht ist. Dann ist der Arbeitszeitbedarf nicht mehr zutreffend nach der Tabelle 1 bei *Schulz-Borck/Pardey* (7. Auflage) zu errechnen und es muss u.U. auf die Tabelle 8 zurückgegriffen werden.   132

Der Wegfall der Beteiligung des verstorbenen Partners am eigenen Nettoeinkommen wirkt sich im Wege des **Vorteilsausgleichs** bei dem hinterbliebenen Ehegatten schadensmindernd aus, nicht jedoch bei den Waisen.   133

Das vorstehende Berechnungsschema sieht bei einer **berufstätigen Witwe und einer Waise** dann vergleichsweise wie folgt aus: 134

Fixe Kosten		1.200 €
Nettoeinkommen des Getöteten		3.000 €
Nettoeinkommen des Hinterbliebenen		+1.800 €
Summe Einkommen		**4.800 €**
Verhältnis beider Einkommen:	62,5% zu 37,5%	

Der Unterhaltsschaden der Witwe und der Waise muss nun jeweils getrennt errechnet werden.

§ 10 Ersatzansprüche bei Tötung

Unterhaltsschaden der Witwe:

Einkünfte Mann:		3.000 €
abzüglich Fixkostenanteil Mann	62,5% von 1.200 €	− 750 €
ergibt		2.250 €
davon Unterhaltsanteil Witwe 40%		900 €
zuzüglich auf Witwe entfallender Fixkostenanteil des Mannes	2/3 aus 750 €	+ 500 €
ergibt		1.400 €
abzüglich Rente Witwe		− 600 €
ergibt Unterhalt Witwe:		**800 €**
abzüglich Vorteilsausgleich:		
Einkünfte Frau:	1.800 €	
abzüglich Fixkostenanteil Frau (37,5% von 1.200 €)	450 €	
ergibt	1.350 €	
davon Unterhalt 40%	540 €	− 540 €
ergibt Unterhaltsanspruch Witwe:		**260 €**

Unterhaltsschaden der Waise:

Einkünfte Mann:		3.000 €
abzüglich Fixkostenanteil Mann	62,5% von 1.200 €	− 750 €
ergibt		2.250 €
davon Unterhaltsanteil Waise 20%		450 €
zuzüglich auf Waise entfallender Fixkostenanteil des Mannes	1/3 aus 750 €	+ 250 €
ergibt		700 €
abzüglich Rente Waise		− 150 €
ergibt Unterhaltsanspruch Waise:		**550 €**

B. Ansprüche Hinterbliebener § 10

b) Tod der (Nur-)Hausfrau
aa) Auswirkungen bei dem Haushaltsführungsanspruch

Wie schon in dem Kapitel „Haushaltsführungsschaden" gesagt, stellt die Führung des Haushaltes eine der **Erwerbstätigkeit** gleich gestellte **Unterhaltsleistung** dar. **135**

Daher richten sich die Schadensersatzansprüche der Hinterbliebenen bei unfallbedingtem Wegfall der Hausfrau (Hausmann) ebenso nach § 844 Abs. 2 BGB, § 10 Abs. 2 StVG und das zuvor Gesagte findet grundsätzlich entsprechende Anwendung bei dem unfallbedingten Wegfall des den Haushalt allein führenden Partners. **136**

Der **Umfang der gesetzlich geschuldeten Arbeitsleistung** bemisst sich wiederum nach dem rechtlich Geschuldeten und nicht dem tatsächlich Erbrachten. **137**

Es gibt also **gravierende Unterschiede** im Verhältnis zum Haushaltsführungsschaden bei Verletzten: Im **Tötungsfalle** ist der **Betreuungsschaden** nur in den Grenzen des Schadensersatzes für entgangenen Unterhalt zu ersetzen, d.h. der Höhe nach in dem Umfang der geschuldeten Tätigkeit. **138**

Das hat zur Folge, dass der auf den Getöteten selbst entfallene Teil der Haushaltsführung aus der notwendigen Arbeitszeit herausgerechnet und dass grundsätzlich die gesetzlich geschuldeten **Mithilfepflichten von Angehörigen** – anders als im Verletztenfall – **abgezogen** werden müssen. Es hat ferner zur Folge, dass sich der überlebende Ehegatte den **Wegfall der eigenen Barunterhaltspflicht** gegenüber dem Getöteten anrechnen lassen muss, weil dadurch sein Schaden teilweise wieder aufgewogen wird. **139**

> *Tipp* **140**
> Der Unterhaltsschaden der anspruchsberechtigten Hinterbliebenen errechnet sich also aus dem Zeitbedarf der rechtlich geschuldeten Leistung für die Führung des konkreten Haushalts, vermindert um den auf die Eigenversorgung des Haushaltsführenden entfallenden Anteils und die etwaige Mitarbeitspflicht der Anspruchsteller. Dieser rechnerische Betrag ist um den weggefallenen Barunterhaltsbeitrag zu kürzen, den der überlebende Ehegatte für den Getöteten zu leisten hatte.

Die **Mithilfeverpflichtung** der Kinder und des Ehepartners im Haushalt ist also mit zu berücksichtigen. Dabei steht es den Ehepartnern frei, die Verteilung der Hausarbeiten und der Erwerbstätigkeiten beliebig vorzunehmen.

Auch bei dem todesbedingten Wegfall des den Haushalt führenden Partners kann wiederum nach der **Tabelle „Schulz-Borck/Hofmann"** vorgegangen werden, wie das oben (§ 9 Rdn 524 ff.) bereits beschrieben wurde. Neben einer **konkreten Berechnung** durch Einstellung einer dauernden Haushaltshilfe ist also hier ebenso die **normative Berechnung** möglich. **141**

Dabei ist wiederum zunächst der **Arbeitszeitbedarf** zu ermitteln. Dieser errechnet sich im Falle einer Tötung jedoch für einen um die getötete Person **reduzierten Haushalt**. Der diesbezügliche Arbeitszeitbedarf ist aus der **Tabelle 1** zu ermitteln **142**

653

und um Zu- und Abschläge nach der **Tabelle 2** zu korrigieren. Sodann ist eine etwaige Mitwirkungspflicht der dem Haushalt angehörenden Kinder abzuziehen und der verbleibende Zeitbedarf um eine etwaige Mitwirkungspflicht des Ehegatten zu kürzen. Auf diese Weise ergibt sich die Anzahl der wöchentlichen Arbeitsstunden für eine (fiktive) Ersatzkraft, auf die alle anspruchsberechtigten Hinterbliebenen gemeinsam Anspruch haben. Alsdann ist die Eingruppierung aufgrund des TVöD vorzunehmen und so der „Tariflohn" zu errechnen.

143 Zu verrechnen ist nun noch die **Unterhaltsersparnis**. Der Umfang dieser Ersparnis wird durch den Anteil am verfügbaren Netto-Haushaltseinkommen bestimmt, auf das der/die Getötete Anspruch hatte. Es muss daher, ebenso wie bei der Berechnung eines Anspruchs auf entgangenen Barunterhalt (vgl. Rdn 75 ff.), berücksichtigt werden, dass sich nach dem Wegfall eines Familienmitgliedes die Ausgaben in Höhe der **fixen Kosten** nicht oder nur unwesentlich vermindern. Aus diesem Grunde ist im Wege der Vorteilsausgleichung nur derjenige Betrag abzuziehen, der vom Familien-Nettoeinkommen nach Abzug der fixen Kosten dem Verstorbenen als Anteil am verteilbaren Unterhalt zugestanden hätte.

144 Es handelt sich also um die gleiche Berechnung, wie sie oben (siehe Rdn 110 ff.) erläutert wurde. Die Haushaltsführung ist also ein Teil des Familienunterhalts und daher bei der Berechnung des Barunterhaltsschadens entsprechend zu berücksichtigen.

145 Diese diversen **Abzüge wegen Vorteilsausgleichs** wirken sich aber auch dann negativ für den überlebenden Ehegatten aus, wenn er eine **tatsächliche Ersatzkraft** einstellen will:

146 Ist der haushaltsführende Ehegatte getötet worden, erhält der überlebende Ehegatte ja schon deshalb keinen vollen Ersatz seiner Aufwendungen für die Beschäftigung einer Ersatzkraft, weil kein Schadensersatzanspruch besteht, soweit die getötete Person sich selbst versorgt hat. Dazu kommt in der Regel noch eine weitere Kürzung wegen Wegfalls der gesetzlichen Unterhaltspflicht für den Getöteten. Es ist nach der gegebenen Rechtslage also leider so, dass die anspruchsberechtigten Überlebenden eine tatsächliche Ersatzkraft oft aus finanziellen Gründen gar nicht einstellen können.

147 Übernehmen **Verwandte** die Versorgung des Haushaltes und die zeitweilige Kindererziehung, sind diese nach den vorstehenden Berechnungsmethoden angemessen und voll zu entschädigen, ggf. mit leichten Abzügen, da Verwandte oft rationeller zwei Haushalte versorgen können (z.B. Großmutter wohnt im gleichen Haus und versorgt jetzt zwei Haushalte) und auch kostenmäßig nicht unbedingt mit einer ausgebildeten Fachkraft gleichzusetzen sind.

bb) Auswirkungen bei den Waisen – Betreuungsunterhaltsschaden

148 In der praktischen Schadensregulierung wird immer vergessen, bei den Unterhaltsansprüchen der Waisen **neben dem Barunterhalt** auch den **Betreuungsunterhalt**

B. Ansprüche Hinterbliebener § 10

geltend zu machen. Dazu gehört neben der Haushaltsführung vor allem die Beaufsichtigung und die Erziehung der Kinder. Das bedeutet z.B. bei Kleinkindern eine tägliche Rundumbetreuung, regelmäßig also unter Berücksichtigung von Schlafzeiten von etwa 14 Stunden (*Schah Sedi/Schah Sedi*, Das verkehrsrechtliche Mandat, Bd. 5, § 4 Rn 155).

Der Betreuungsunterhaltsschaden ist – ebenso wie der Haushaltsführungsschaden bei der Witwe bzw. dem Witwer – von erheblicher finanzieller Bedeutung. Er umfasst **denjenigen Anteil**, den der Getötete im Rahmen seiner familienrechtlichen Verpflichtungen und Möglichkeiten auf die Betreuung und immaterielle Versorgung seiner Kinder **zeitlich und persönlich investiert** hätte. Minderjährige Kinder haben ein **Recht auf Betreuung** (BGH NJW 1994, 2234). **149**

Der Betreuungsunterhaltsschaden einer Waise ist demzufolge stets neben dem Barunterhalt konkret oder fiktiv zu **errechnen** und ggf. zu **kapitalisieren** (vgl. § 11 Rdn 1 ff.). Das Ende der notwendigen Betreuung dürfte **regelmäßig bei 18 Jahren** liegen, individuelle Besonderheiten mögen eine Abweichung rechtfertigen, z.B. bei geistig oder körperlich behinderten Kindern. Diese bis zum Ende der Ausbildung anzusetzen, bedarf im Einzelfall der Begründung und kann wohl nur noch marginale Bedeutung haben. **150**

Der geschädigte betreuungsunterhaltsberechtigte Hinterbliebene kann – neben einer gesonderten Haushaltshilfe – entweder eine **bezahlte Ersatzkraft einstellen oder den Wert der entgangenen Betreuungsleistung ersetzt verlangen**. Art und Umfang der Betreuungsleistungen können höchst unterschiedlich ausfallen, je nach den Besonderheiten in der Familie. Kleinkinder oder behinderte Kinder benötigen einen höheren Betreuungsunterhalt als gesunde oder besonders früh entwickelte Kinder. **151**

(1) Eingestellte konkrete Ersatzkraft

Wird eine **konkrete Ersatzkraft** (Kindermädchen, Tagesmutter) eingestellt, die der getöteten Person in Qualifikation und Qualität sowie Dauer des täglichen Betreuungsaufwandes vergleichbar ist, ist der **Bruttoaufwand** für eine solche Ersatzkraft zu zahlen. Das gilt auch bei der Einstellung bzw. Beschäftigung von **Verwandten**. **152**

(2) Wertberechnung bei fiktiver Berechnung

Zunächst ist auch hier (wie beim Haushaltsführungsschaden) der Zeitbedarf zu errechnen. **153**

In Ermangelung eines gesonderten diesbezüglichen Tabellenwerkes (wie z.B. die Tabelle *Schulz-Borck/Hofmann* für den Haushaltsführungsschaden) muss der diesbezügliche Aufwand individuell ermittelt bzw. nach § 287 ZPO geschätzt werden. Dabei kann aber durchaus die **Tabelle „***Schulz-Borck/Pardey***"** (vgl. § 9 Rdn 513 ff.), dort dann die **Tabelle 1**, ebenso herangezogen werden wie bei der Berechnung des

Haushaltsführungsschadens. Der Zeitbedarf der Eigenversorgung der getöteten Person ist dabei abzuziehen, indem der jeweilige „reduzierte Haushalt" gem. vorgenannter Tabelle zugrunde gelegt wird. Außerdem ist die **familienrechtliche Mithilfepflicht** abzuziehen.

154 Bei der **Ermittlung des finanziellen Ersatzes** kann wiederum die Einschätzung nach TVöD gem. der vorgenannten Haushaltsführungstabelle verwendet werden.

155 Der so errechnete Wert des **Zeitbedarfes** ist dann auf die Restfamilie **nach Quoten aufzuteilen.**

156 Das bedeutet dann für den mit einem Kleinkind, einem behinderten Kind und einem frühreifen Kind hinterbliebenen Witwer zum Beispiel:

Wert des auszugleichenden Betreuungszeitbedarfs	900 EUR
Anteil Kleinkind 40 %	360 EUR
Anteil behindertes Kind 50 %	450 EUR
Anteil frühreifes Kind 10 %	90 EUR

Der **Anspruch** auf Ersatz des Betreuungsschadens **endet** in der Regel mit dem Erreichen der Volljährigkeit, spätestens aber mit dem Ende der Ausbildung.

> *Tipp*
> In Schadensfällen mit vorhandenen Waisen nie vergessen, dass neben dem Barunterhaltsschaden stets der Betreuungsunterhaltsschaden errechnet und geltend gemacht werden muss.

157 Müssen die verwaisten **Kinder auswärtig untergebracht** werden, sind auch diese Kosten zu ersetzen (LG Duisburg VersR 1985, 698). Dabei ist aber in besonderem Maße auf die Schadensminderungspflicht zu achten, d.h. es darf wegen der beruflichen und familiären Situation keine andere Möglichkeit der Unterbringung offen stehen und die Kosten müssen dem bisherigen Lebensstandard entsprechen.

158 Soweit im Falle der **Wiederverheiratung** des Witwers eine (neue) **Stiefmutter** die Pflege der Waisen übernimmt, kann sich das nicht zu deren Lasten auswirken und mindert somit nicht den Schadensersatzanspruch der Waisen (§ 844 i.V.m. § 843 Abs. 4 BGB). Der Betreuungsschaden der Halbwaisen entfällt dadurch also nicht vollständig.

c) Ansprüche der Eltern bei Tötung des Kindes

159 Wird nicht ein Elternteil, sondern **ein Kind getötet**, ist zu berücksichtigen, dass unter Umständen die Eltern zu gegebener Zeit einen **Unterhaltsanspruch gegen ihre Kinder** (§§ 1601 ff. BGB) gehabt hätten. Soweit eine **Unterhaltsbedürftigkeit** bei den Eltern eines unfallbedingt getöteten Kindes und dessen **Leistungsfähigkeit** gegeben ist, besteht gem. §§ 1601 ff. BGB ein Unterhaltsanspruch der Eltern. Der Anspruch richtet sich nicht danach, was das Kind tatsächlich an Unterhalt geleistet hätte.

B. Ansprüche Hinterbliebener § 10

Ob ein entsprechender Unterhaltsschaden jemals entstehen wird, ist zum Zeitpunkt der Regulierungsverhandlungen in aller Regel gar nicht absehbar. Wegen der Verjährungsproblematik muss ein solcher Anspruch also **in der geeigneten Form gesichert** werden (schriftliches Anerkenntnis des Versicherers oder Feststellungsurteil). Voraussetzung einer Geltendmachung im Wege der **Feststellungsklage** ist, dass nur die entfernt liegende Möglichkeit besteht, dass das getötete Kind nach dem gewöhnlichen Lauf der Dinge unterhaltspflichtig geworden wäre. Das gilt z.B. beim **Altenteilsrecht** in der Landwirtschaft oder bei nicht vorhandenen Rentenansprüchen der Eltern.

Niemals aber darf ein Anwalt das vergessen und sich damit begnügen, lediglich die aktuellen und zeitlich überschaubaren Ansprüche geltend zu machen.

d) Rechtsübergang

Halbwaisenrenten, die den Kindern aus der gesetzlichen Rentenversicherung des getöteten haushaltsführenden Elternteils nach dem Tode gezahlt werden, sind dem Betreuungsschaden kongruent (BGH NJW 1965, 1710; 1966, 1319) und daher wegen des erfolgten Forderungsüberganges nach § 116 SGB X anzurechnen. **160**

Ist der verdienende Ehepartner getötet worden und war er gesetzlich zur (teilweisen) Führung des Haushalts bzw. zur Mithilfe verpflichtet, dann ist die aus der Sozialversicherung gezahlte **Witwen-/Witwerrente** nicht nur mit dem Baruntershaltsschaden des überlebenden Ehegatten, sondern auch mit dem Betreuungsschaden kongruent (BGH NJW 1982, 1045). **161**

e) Wiederheirat

Eine Wiederheirat der Witwe/des Witwers beendet nicht automatisch den Schadensersatzanspruch. Allerdings muss sich der Hinterbliebene den durch die Wiederheirat begründeten neuen Unterhaltsanspruch schadensmindernd anrechnen lassen. Ein Unterhaltsanspruch entfällt, wenn der hinterbliebene Ehegatte **wieder heiratet** und soweit der „neue" Ehegatte Unterhalt tatsächlich leistet. Das gilt nicht bei tatsächlichen Unterhaltsleistungen in einer nachfolgenden **nichtehelichen Lebensgemeinschaft** des Hinterbliebenen (BGH NJW 1984, 2520). **162**

Wird die **zweite Ehe aufgelöst**, lebt der Schadensersatzanspruch wieder im ursprünglichen Umfang auf. Ansonsten bleibt er für die **mutmaßliche Lebensdauer** des Getöteten bestehen. **163**

> *Tipp* **164**
> In einer **Abfindungserklärung** sollte für den Fall der Wiederverheiratung der zukünftige Unterhaltsschaden vorbehalten bleiben, wenn eine Scheidung oder der Tod des zweiten Ehepartners eintritt.

f) Nichteheliche Lebensgemeinschaft

165 Der Anspruch auf Schadensersatz bei Tötung des Partners der nichtehelichen Lebensgemeinschaft nach § 844 Abs. 2 BGB auf Geldrente setzt voraus, dass der Getötete eine **gesetzliche Unterhaltsverpflichtung** gegenüber dem Anspruchsteller hatte oder in Zukunft haben würde. Zwischen den Partnern einer nichtehelichen Lebensgemeinschaft bestehen aber **keine gesetzlichen** Unterhaltspflichten. Zwar können die Partner **Unterhaltsverpflichtungen auch rechtsgeschäftlich begründen**, angesichts des Wortlauts des Gesetzes genügt dies jedoch für eine direkte Anwendung des § 844 Abs. 2 BGB nicht.

166 Es verbleibt somit nur die Möglichkeit einer **analogen Anwendung** auf die nichteheliche Lebensgemeinschaft. Jedoch **fehlt** es dafür nach der h.M. an der **vergleichbaren Interessenlage**. Schon aus Gründen der Rechtssicherheit müsse die Haftung an eine **gesetzliche Unterhaltspflicht** anknüpfen. Ein Anspruch aus § 844 Abs. 2 BGB scheidet demnach aus. Dies gilt sogar dann, wenn die Partner der nichtehelichen Lebensgemeinschaft zum Zeitpunkt der Tötung verlobt waren (*Schirmer*, DAR 2007, 11).

167 Somit fehlt es am in diesen Bestimmungen vorausgesetzten „Entzug eines gesetzlichen Unterhaltsanspruchs". Der Kreis der Anspruchsberechtigten kann insoweit auch nicht im Zuge einer Analogie erweitert werden.

g) Anspruch auf Ersatz entgangener Altersversorgung

168 Der Witwe steht ein Anspruch auf Ersatz entgangener **Altersversorgung** nur zu, wenn ihr verunglückter Ehemann seiner gesetzlichen **Pflicht**, für eine angemessene Altersversorgung seiner Frau zu sorgen, bis zu seinem Tode **nicht ausreichend nachgekommen** ist und er daher, wäre er nicht zu Tode gekommen, für eine weitere Altersversorgung hätte sorgen müssen (OLG Stuttgart zfs 2001, 495).

169 Den Witwen freiberuflich tätiger Unfallopfer steht ein **Schadensersatzanspruch** wegen des Verlustes von derartigen **Rücklagen bzw. Erwerbs von Versorgungsanwartschaften** zu, zu denen der Ehemann während seiner beruflichen Tätigkeit verpflichtet war. Durch die Schadensersatzleistung des Schädigers soll die Witwe in die Lage versetzt werden, die **geplante und unterhaltsrechtlich geschuldete Versorgung** selbst fortzuführen. Maßgeblich zu ersetzen sind daher die **Lücken bei der Bildung von Rücklagen** zur Altersversorgung, die während der mutmaßlichen Berufstätigkeit des Unfallopfers durch den Unfall entstanden wären.

h) Fortführung desselben Erwerbs durch Hinterbliebenen (Quellentheorie)

170 Wenn die Person des Unterhaltspflichtigen durch dessen Tod gewechselt hat, der Unterhalt aber aus derselben **Erwerbsquelle**, nämlich demselben Vermögen, bestritten wird, sind diese Unterhaltsleistungen auf den Schadensersatzanspruch wegen entgangenen Unterhalts grundsätzlich anzurechnen (*Küppersbusch/Höher*, Ersatzansprüche bei Personenschaden, 12. Auflage 2016, Rn 420).

Beispiel
Die Witwe führt das Erwerbsgeschäft des Ehemannes fort und bestreitet den Unterhalt für sich und die Kinder aus dem Gewinn des Unternehmens.

Soweit der hinterbliebene Ehegatte aus dem bisherigen **Erwerbsgeschäft** oder aus **Vermietungsobjekten** des Verstorbenen Einkünfte erzielt, sind diese jedenfalls insoweit anzurechnen, als sie nicht nur mit überobligationsmäßigen Anstrengungen aufrecht zu erhalten sind und die Weiterbewirtschaftung durch den Hinterbliebenen familienrechtlich zumutbar ist (BGH NJW 1969, 205). 171

i) Anrechnung sonstiger Vorteile

Wie schon vorstehend mehrfach angesprochen worden ist, sind Vorteile, die durch den Wegfall des Getöteten eintreten, anzurechnen. Daneben sind aber auch andere Umstände anspruchsmindernd zu berücksichtigen. 172

Erträgnisse aus Erbschaften sind nur insoweit als Vorteil zuzurechnen, als die Familie auch schon **vor dem Tode** des Unterhaltsverpflichteten davon gelebt hat (BGH NJW 1974, 1236). Solche Erträgnisse sind dann rechnerisch zunächst dem Erwerbseinkommen des Getöteten hinzuzurechnen. Daraus sind sodann die Unterhaltsanteile zu errechnen, von denen die tatsächlich ja weiter fließenden Erträgnisse als Einkommen wieder abgezogen werden müssen. 173

Zahlungen privater Versicherer (Unfall- und Lebensversicherer) sind grundsätzlich nicht anrechenbar (BGH VersR 1979, 323). Wie bei **sonstigen Leistungen Dritter** auch, sind diese Leistungen nach ständiger Rechtsprechung **nicht anrechenbar**, soweit sie ihrer Natur nach nicht dem Schädiger zugutekommen sollen. 174

Betriebs-Versorgungsrenten, die den Hinterbliebenen eines Getöteten gewährt werden, sind als Leistungen Dritter i.S.d. § 843 Abs. 4 BGB **nicht** im Wege des Vorteilsausgleichs **anrechenbar.** Diese Leistungen dienen der sozialen Absicherung der Angehörigen, die durch die vorausgegangene Arbeitsleistung des getöteten Unterhaltspflichtigen verdient wurde. 175

In den meisten Betriebsrentenordnungen ist auch ein Forderungsübergang auf den Arbeitgeber oder eine Abtretungsverpflichtung zugunsten des Arbeitgebers nicht vorgesehen mit der Folge, dass bei einer Anrechnung der Versorgungsrenten als Vorteilsausgleich der Schädiger aus der Leistung Dritter entgegen § 843 Abs. 4 BGB profitieren würde. Der bei *Küppersbusch/Höher* (12. Auflage, Rn 425) vertretenen abweichenden Ansicht kann deshalb nicht beigepflichtet werden. 176

Kindergeldzahlungen sind in keinem Falle bei den Unterhaltsberechnungen mit zu berücksichtigen. Sie bleiben sowohl bei der Errechnung des Nettoeinkommens als auch bei dem Unterhaltsschaden als Vorteil gänzlich unberücksichtigt. 177

j) Steuern

178 Der BFH hat die Frage, ob **Schadensersatzrenten wegen entgangenen Unterhaltseinkommens steuerpflichtig** sind, mittlerweile dahingehend beantwortet, dass eine Steuerpflicht für wiederkehrende Leistungen nur noch dann bestehe, wenn die Rente Ersatz für andere, bereits besteuerbare Einkünfte darstellt, z.B. wegen Beeinträchtigung der Erwerbsfähigkeit, und daher auch die entsprechende Kapitalentschädigung zu versteuern wäre (BFH DB 1995, 19).

179 Der **kapitalisierte** Ersatz von **Unterhaltsleistungen** unterliegt nicht der Einkommensbesteuerung. Eine diesbezügliche **Schadensersatzrente** ist im Gegensatz dazu jedoch **zu versteuern** (BFH DB 1979, 529).

180 Eine **Rente wegen vermehrter Bedürfnisse** unterliegt wiederum nicht der Besteuerung (BFH BStBl 1995, 121).

k) Rente und Kapital

181 Soweit dem Geschädigten Ansprüche in **Rentenform** zustehen, wie z.B. vermehrte Bedürfnisse, Erwerbs- und Unterhaltsschaden, kann er bei Vorliegen eines **wichtigen Grundes** gem. § 843 Abs. 3 BGB stattdessen eine **Kapitalabfindung** verlangen oder sie vertraglich vereinbaren. Ein Anspruch des Schädigers auf Kapitalabfindung besteht ohne wichtigen Grund dagegen nicht.

182 Unter **Kapitalbetrag** versteht man den Betrag, der während der voraussichtlichen Laufzeit der Rente zusammen mit dem Zinsertrag ausreicht, die an sich geschuldeten Renten während der Laufzeit zu zahlen. Mit anderen Worten: Von dem Kapital soll am Ende der Laufzeit nichts mehr übrig sein, Kapital und Zinsen müssen für die Rentenzahlungen im vorgegebenen Zeitraum ausreichen. Die Voraussetzungen einer Kapitalabfindung und deren Technik werden nachfolgend ausführlich beschrieben (siehe § 11 Rdn 42 ff.).

IV. Haushaltsführungsschaden bei Tötung

183 Im Tötungsfall ist der Betreuungsschaden nach einhelliger Meinung nur in den Grenzen des **Schadensersatzes für entgangenen Unterhalt** zu ersetzen, d.h. Höhe nach im Umfang geschuldeter Tätigkeit. Daraus folgt, dass der auf den Getöteten selbst entfallende Anteil aus der notwendigen Arbeitszeit herausgerechnet und dass regelmäßig gesetzlich geschuldete Mithilfepflichten von Angehörigen in Abzug gebracht werden müssen, ferner dass der überlebende Ehegatte sich auf seinen Schadensersatzanspruch den Wegfall der eigenen Barunterhaltspflicht gegenüber dem Getöteten anrechnen lassen muss, weil dadurch sein Schaden teilweise wieder aufgewogen wird.

184 Ist also der haushaltführende Ehegatte **getötet** worden, so erhält der überlebende Ehegatte schon deshalb **keinen vollen Ersatz** seiner Aufwendungen für die Beschäftigung einer Ersatzkraft, weil kein Schadensersatzanspruch besteht, soweit die getötete Person **sich selbst versorgt** hat. Hinzu ist dann noch eine weitere Kürzung wegen Wegfalls der gesetzlichen Unterhaltspflicht für den Getöteten vorzunehmen. Steuerliche Nachteile infolge Wegfalls der bisherigen Besteuerung finden keine Berücksichtigung. Schließlich kann im einzelnen Fall dann auch noch die **Mithilfepflicht der Angehörigen** zu berücksichtigen sein. Es handelt sich dabei nicht einmal um Kürzungen eines bestehenden Anspruchs, sondern darum, dass insoweit ein Anspruch von vornherein gar nicht bestanden hat. Der entstandene Schaden ergibt sich aus der Summe von Ersatzbetrag und Abzugsposten. 185

Diese – von dem Berechtigten möglicherweise so empfundene – **Beschneidung von Aufwendungen**, die tatsächlich erbracht wurden, ist unvermeidlich und beruht auf den Grundsätzen unseres Haftungssystems. Es ist gar nicht zu verkennen, dass die gegebene Rechtslage dazu führt, dass die Berechtigten oft den Entschluss fassen (müssen), eine bezahlte Hilfskraft nicht einzustellen (*Schulz-Borck/Pardey*, Der Haushaltsführungsschaden, 7. Auflage 2009, S. 16). 186

Eben diese Möglichkeit haben im Tötungsfall die anspruchsberechtigten Hinterbliebenen aus finanziellen Gründen nur **beschränkt**, weil ihnen der Lohn für eine Ersatzkraft aus den angeführten Gründen nicht voll ersetzt werden kann. Es ist daher abschließend festzustellen, dass im Fall der Verletzung des Haushaltführenden der Ersatzanspruch stets zu einem **vollen Ausgleich des erlittenen Schadens** (auch erbrachter Aufwendungen, soweit diese sich in den Grenzen des Erforderlichen halten) führt, dass aber im Fall der Tötung des Haushaltführenden die anspruchsberechtigten Hinterbliebenen, falls sie Aufwendungen für eine entlohnte Ersatzkraft machen, diese aus Rechtsgründen nicht in voller Höhe erstattet erhalten können bzw. dass der volle Ersatz erst unter Einrechnung des „Eigenanteils" gegeben ist (*Schulz-Borck/Pardey*, a.a.O.). Zum Haushaltsführungsschaden vgl. die Ausführungen oben (siehe § 9 Rdn 513 ff.). 187

C. Ansprüche Dritter

I. Mittelbar Geschädigte

Auch im Falle der Tötung haben lediglich **mittelbar Geschädigte** – über die Regelungen der §§ 844, 845 BGB hinaus – keinerlei Ansprüche gegen den Schädiger. 188

Der Arbeitgeber kann somit nicht damit gehört werden, dass der getötete Arbeitnehmer seine ganze **Erfahrung** und ggf. das **Ergebnis jahrelanger Forschung** mit ins Grab genommen hat, die nun unter erheblichem Kostenaufwand neu erarbeitet werden müssen bzw. die Amortisierung nicht eintritt und deshalb ein Verdienstausfall zu erwarten ist. 189

Es gibt auch keinen Ersatz dafür, dass den Eltern der hoffnungsvolle **Geschäftsnachfolger** genommen wurde und der Vater nun länger und härter weiterarbeiten muss. 190

191 Ebenso wenig können die Eltern Ersatz dafür verlangen, dass das getötete Kind die **Versorgung und Pflege im Alter** nicht mehr übernehmen kann, es sei denn, es wäre insoweit unterhaltspflichtig i.S.v. § 844 Abs. 2 BGB gewesen.

II. Unfallbedingt vereitelte Baueigenleistungen

192 Unfallbedingt vereitelte Baueigenleistungen des Geschädigten können **Schadensersatzansprüche** des Geschädigten begründen (§ 843 BGB, § 11 StVG). Der unfallbedingte Wegfall der Arbeitskraft begründet jedoch grundsätzlich keinen Schaden (OLG Hamm VersR 1989, 152). Ein solcher Ersatzanspruch besteht nämlich nur dann, wenn der behauptete Schaden in der Person des Verstorbenen **vor dessen Tod entstanden** wäre. Nur ein solcher Anspruch fällt in das Vermögen des Erblassers und kann mit dessen Tod gem. § 1922 BGB auf die Erben übergehen (BGH zfs 2004, 553 f.)

193 Sobald sich jedoch der Wegfall der Eigenleistungen **konkret als messbare Vermögenseinbuße des Getöteten** auswirkt, weil der Geschädigte sie nicht mehr ersetzen kann, liegt ein ersatzfähiger Schaden vor (OLG München DAR 1985, 354; OLG Hamm VersR 1989, 152; OLG Zweibrücken zfs 1995, 413). Das ist somit nicht der Fall, wenn die Eigenleistungen nicht ihm selbst, sondern Angehörigen zugutegekommen wären. Mit dem Tode des Geschädigten ist die **Schadensentwicklung**, soweit sie das Vermögen des Geschädigten betrifft, und damit die Entstehung von Ansprüchen, die auf seine Erben übergehen können, **abgeschlossen** (BGH zfs 2004, 553 f.). Der Tod des Berechtigten verhindert so die Weiterentwicklung des Schadens. Die Erben werden zu mittelbar Geschädigten.

194 **Anders** ist es somit, wenn der Geschädigte **überlebt** hat und nun selbst die vorgesehenen Arbeiten in Eigenleistung nicht mehr erbringen kann, sondern sich fremder Hilfskräfte bedienen muss (OLG Zweibrücken NZV 1995, 315).

D. Ansprüche ausländischer Bürger bei Tötung

195 Wenn ein Ausländer in Deutschland getötet wird, findet **deutsches Deliktsrecht**, insbesondere § 844 Abs. 2 BGB, Anwendung.

196 Nach welchem Recht sich jedoch die Vorfrage beurteilt, ob und in welchem Umfang ein Hinterbliebener einen **Unterhaltsanspruch** gegen den Getöteten gehabt hätte, bestimmt Art. 18 EGBGB (Einzelheiten bei *Küppersbusch/Höher*, Ersatzansprüche bei Personenschäden, 12. Aufl. 2016, Rn 469 ff.).

197 Für die **getötete Hausfrau** gilt u.U. die Besonderheit, dass in einigen Ländern der Ehemann nur einen Anspruch wegen entgangener Dienste entsprechend der Regelung in § 845 BGB hat. Der Anspruch ist gleichwohl in Deutschland als Schadensersatzanspruch wegen entgangenen Unterhalts nach § 844 Abs. 2 BGB zu qualifizieren (BGH VersR 1976, 295). Nach deutschem Recht beurteilt sich dann wieder die **Höhe des Schadensersatzes**, die **Schadensminderungspflicht** und der **Vor-**

teilsausgleich. Für die Beerdigungskosten sind als Maßstab für eine standesgemäße Beerdigung auch die Besonderheiten des fremden Kulturkreises mit zu berücksichtigen (KG DAR 1999, 115).

Nach der Rechtsordnung vieler Länder ist aber der **Kreis der Unterhaltsberechtigten** größer als nach deutschem Recht. So sind z.B. **Geschwister unterhaltsberechtigt** in Griechenland, Italien, Portugal, Schweiz, Spanien und der Türkei. In den Nachfolgestaaten des ehemaligen Jugoslawiens ist die Rechtslage derzeit unübersichtlich. In Italien haben auch halbblütige Geschwister einen Unterhaltsanspruch. In Belgien, Frankreich und den Niederlanden trifft dies für die Schwiegereltern und Schwiegerkinder zu. In Portugal ist u.U. sogar noch der Onkel verpflichtet. Dagegen hatte im ehemaligen Jugoslawien die Ehefrau nur ein Unterhaltsrecht, wenn sie kein Vermögen hat, arbeitsunfähig oder arbeitslos ist. Es empfiehlt sich, das Bestehen und den Umfang eines Unterhaltsrechts jeweils besonders zu prüfen (Einzelheiten bei *Küppersbusch/Höher*, a.a.O., Rn 470). 198

Was die **Höhe des geschuldeten Unterhalts** anbelangt, bestehen in den europäischen Ländern kaum Abweichungen vom deutschen Recht. Maßgeblich ist auch dort jeweils die **Leistungsfähigkeit des Verpflichteten** und der Bedarf bzw. die Bedürftigkeit der Berechtigten. Leistungsfähigkeit und Bedarf hängen entscheidend vom allgemeinen Lebenshaltungskosten- und Einkommensniveau am Aufenthaltsort des Betroffenen ab (zum Kaufkraftgefälle und zu den unterschiedlichen Einkommensverhältnissen in den Gastarbeiterländern *Küppersbusch/Höher*, a.a.O. Rn 471). 199

Dabei kommt es wesentlich darauf an, ob die Familie des Ausländers zusammen mit ihm **in Deutschland wohnte** oder sich noch **im Heimatland** aufhielt, wann der Getötete ohne den Unfall ins Heimatland zurückgekehrt wäre und wann die Hinterbliebenen tatsächlich Deutschland verlassen (*Küppersbusch/Höher*, a.a.O., Rn 473). War lediglich der Getötete in Deutschland, die **Familie aber noch im Heimatland**, besteht im Vergleich zu deutschen Verhältnissen ein erheblich **höherer Eigenbedarf des Mannes** und ein wesentlich niedrigerer Unterhaltsbedarf der Familie. Für den Mann wären die Kosten des zweiten Haushalts und der Heimfahrten angefallen. Für den Unterhaltsbedarf der Hinterbliebenen sind die wesentlich niedrigeren Lebenshaltungskosten im Heimatland zu berücksichtigen. 200

Aber auch wenn sich die **gesamte Familie in Deutschland** befand, ist zu berücksichtigen, dass regelmäßig nicht das gesamte Einkommen zum Unterhalt verbraucht wird, sondern, wozu auch eine unterhaltsrechtliche Verpflichtung besteht, erhebliche Rücklagen für die spätere Rückkehr ins Heimatland gebildet werden. Ebenso wie im Verletztenfall kommt es im Übrigen darauf an, wann der Ausländer ohne den Unfall Deutschland wieder verlassen hätte (*Küppersbusch/Höher*, a.a.O., Rn 476). Ab diesem Zeitpunkt ist für die Berechnung des Unterhaltsschadens das im Heimatland erzielbare Nettoeinkommen zugrunde zu legen, dies allerdings auch 201

§ 10 Ersatzansprüche bei Tötung

nur unter der Voraussetzung, dass die Wiedereingliederung in das Erwerbsleben voraussichtlich möglich gewesen wäre.

202 Kehrt die Familie unfallbedingt **vorzeitig ins Heimatland** zurück, verringert sich der Unterhaltsbedarf. Der Anspruch ist entsprechend dem Verhältnis der Lebenshaltungskosten in Deutschland zu den Kosten im Heimatland zu kürzen (Einzelheiten bei *Küppersbusch/Höher*, a.a.O., Rn 477).

203 Auch bei **Tötung einer Hausfrau** kommt es darauf an, ob die Familie zusammen lebte und wann sie voraussichtlich ohne den Unfall oder tatsächlich infolge des Unfalls wieder im Heimatland gewohnt hätte bzw. wohnt. Ein **Unterhaltsanspruch des Ehemanns** auf Haushaltsführung scheidet aus, wenn er allein in Deutschland in einem **zweiten Haushalt** lebte. Kehrt die Restfamilie wieder ins Heimatland zurück, sind die dort beträchtlich niedrigeren Kosten einer vergleichbaren Ersatzkraft zu berücksichtigen; häufig wird dann auch die Betreuung der Familie durch die Großmutter oder andere Verwandte übernommen (*Küppersbusch/Höher*, a.a.O., Rn 478).

204 Das befreit den Schädiger allerdings grundsätzlich nicht davon, entsprechenden Schadensersatz zu leisten, denn er kann von seiner grundsätzlichen Zahlungsverpflichtung nicht allein deshalb befreit werden, weil die Familie wieder in das Heimatland gezogen ist. Nur **der Höhe nach** können **Korrekturen gerechtfertigt** sein.

§ 11 Kapitalabfindung

A. Kapitalisierung

Literatur allgemein zur Kapitalabfindung:

Böhme/Biela, Kraftverkehrs-Haftpflicht-Schäden, 25. Auflage 2013; *Geigel*, Der Haftpflichtprozess, 27. Auflage 2015; *Jahnke*, Abfindung von Personenschadensansprüchen, 2. Auflage 2008 (Tabellen mit Zinsfüßen von 4 bis 8 %); *Küppersbusch/Höher*, Ersatzansprüche bei Personenschäden, 12. Auflage 2016; *Nehls*, Kapitalisierung und Verrentung von Schadensersatzforderungen, zfs 2004, 193 ff.; *ders.*, Vortrag auf dem 43. VGT 2005 in Goslar = SVR 2005, 161 ff.; *ders.*, Kapital statt Rente (§§ 843 Abs. 3; 779 BGB): Rechnungszinsfuß näher bei 0 Prozent als bei 5 Prozent, DAR 2007, 444 ff. **Handwerkszeug:** capitalisator (Software, Zinsfuß und Rentendynamik kann in jeder Höhe eingegeben werden; *www.capitalisator.ch*); *Nehls/Nehls*, Kapitalisierungstabellen, 2. Auflage 2001 (Tabellen mit Zinsfüßen von minus 5 bis plus 10 %); *Quirmbach/Gräfenstein/Deller*, Kapitalisierungstabellen, 2015; *Schneider/Stahl*, Kapitalisierung und Verrentung (mit Kapitalisierungstabellen und Berechnungsprogramm auf CD-ROM), 3. Auflage 2008; *Statistisches Bundesamt*, Kommutationszahlen und Versicherungsbarwerte für Leibrenten 2001/2003 (Tabellen mit Zinsfüßen von 1 bis 12 %); *Stauffer/Schaetzle*, Barwerttafeln, 5. Auflage 2001 (Tabellen mit Zinsfüßen von 0,5 bis 12 %); *Schah Sedi/Schah Sedi*, Das verkehrsrechtliche Mandat, Band 5: Personenschäden, 2. Auflage 2014, § 6 Rn 1 ff.

An der Erstellung dieses Beitrags hat Herr Ass. jur. *Jürgen Nehls*, Bielefeld, maßgeblich mitgewirkt.

I. Rente oder Kapitalabfindung

Literatur zu Rente/Kapitalabfindung:

Schah Sedi/Schah Sedi, Abfindung oder Rente beim Personenschaden? – aus Anwaltssicht, zfs 2008, 183 ff.

Soweit dem **Geschädigten** Ansprüche als wiederkehrende Leistungen, also in **Rentenform** zustehen, wie z.B. vermehrte Bedürfnisse, Haushaltsführungsschaden, Erwerbs- und Unterhaltsschaden (§§ 843 Abs. 1, 844 Abs. 2 S. 1 BGB), kann er bei Vorliegen bestimmter Umstände („wichtiger Grund" i.S.d. § 843 Abs. 3 BGB – siehe Rdn 9 ff.) stattdessen eine **Kapitalabfindung** verlangen oder sie vertraglich vereinbaren. 1

Ein Anspruch des **Schädigers** oder seines Haftpflichtversicherers auf Kapitalabfindung besteht dagegen nicht (unzutreffend *Schlund*, VersR 1981, 401). Weder der Schädiger noch der Geschädigte haben also ein Wahlrecht. 2

Die laufende **Regulierung von Schadensersatzrenten endet** allerdings in der Praxis – nach Jahren oder gar Jahrzehnten – in der Regel **mit einer Kapitalisierung**. Die gesetzliche Ausnahme ist daher in der Regulierungspraxis die Regel! 3

Eine Kapitalisierung anzustreben ist auch unter **Honorargesichtspunkten** interessant: Im Falle einer Kapitalabfindung fließt der gesamte Betrag in den Gegenstandswert ein, sodass der **Honorarbetrag wesentlich höher** ist, als wenn sich der Gegenstandswert nur nach dem 3 ½-fachen Jahreswert (§ 9 S. 1 ZPO) oder fünf- 4

665

§ 11 Kapitalabfindung

fachen Jahreswert (§ 42 Abs. 2 GKG) der Rentenzahlung berechnet. Zudem erfolgt die Honorarzahlung **sofort** und nicht erst nach Jahren. Der Fall ist dann abgeschlossen.

> **Merke**
> Nur eine abgerechnete und weggelegte Akte ist eine gute Akte!

5 Andererseits verbietet es das **Interesse des Mandanten** an optimaler Vertretung und einem **möglichst hohen Ergebnis**, etwa einen Vergleich „um jeden Preis" abzuschließen. Oft muss einfach gepokert werden. Auch die **Versicherer** haben ein **elementares Interesse** an dem Abschluss eines Vergleiches, da sie dann die Akte meistens schließen können und vor allen Dingen kein weiterer Verwaltungsaufwand, der erhebliche Ressourcen raubt, mehr betrieben zu werden braucht.

6 Möglich sind auch **Teilabfindungsvergleiche**, z.B. nur über das Schmerzensgeld bzw. bestimmte materielle Schadensersatzansprüche oder Verdienstausfall bis zu einem bestimmten Zeitpunkt oder überhaupt nur über bestimmte Zeiträume oder bestimmte Ansprüche.

7 Zu unterscheiden ist zwischen der **Kapitalisierung mit** und **der ohne „wichtigen Grund"**. Nach § 843 Abs. 3 BGB kann der Verletzte bzw. der Hinterbliebene (§ 844 Abs. 2 S. 1 Hs. 2 BGB) eine Abfindung in Kapital nur dann **verlangen**, wenn ein „wichtiger Grund" vorliegt. Fehlt es an diesem – und das ist der Regelfall –, wird die Abfindung in einem **Vergleich** (§ 779 BGB), also auf vertraglicher Ebene im gegenseitigen Einverständnis ausgehandelt.

8 Ob derartige Vergleiche **wirksam** sind, ist umstritten (vgl. *Nehls*, SVR 2005, 161 ff., 167 f.; *ders.*, DAR 2007, 444 ff., 449 f.). Voraussetzung für den Vergleich ist die **Dispositionsbefugnis über das Rechtsverhältnis**. An dieser Dispositionsbefugnis kann es fehlen, wenn ein „wichtiger Grund" nicht vorliegt und ein Kapital daher nicht eingeklagt werden kann.

II. Rechtspraxis

9 Je nachdem, ob ein „wichtiger Grund" vorliegt oder nicht, sind die Konsequenzen in der Rechtspraxis andere.

1. „Wichtiger Grund" liegt vor

10 Liegt ein **„wichtiger Grund"** vor, besteht ein einklagbarer Anspruch. **Der Berechtigte erhält eine gerechte Abfindung**, wie sie der **Definition der Abfindung** entspricht – sei es durch außergerichtlichen oder gerichtlichen Vergleich oder durch Urteil. Versicherer vertreten oft die Auffassung, ein „wichtiger Grund" sei stets gegeben, da der Geschädigte grundsätzlich Interesse an möglichst viel Geld in einer Summe habe. Da der Versicherer aber das **Druckmittel des Abbruchs der Verhandlungen** allein in seiner Hand hat, weil der Geschädigte gerade keinen Anspruch auf Abfindungsvergleich hat, liegt auch hier wieder die **wirtschaftliche**

A. Kapitalisierung §11

Macht in den Händen der Assekuranz, wieder einmal zum Nachteil des Geschädigten. Denn der ist vielleicht auf das Geld dringend angewiesen („wichtiger Grund"), aber andererseits auch nicht um jeden Preis. Und so kann ein Versicherer den Geschädigten „am langen Arm verhungern" lassen!

Einen interessanten Denkansatz bietet *Schwintowski*, Schutzfunktion und wichtiger Grund in § 843 Abs. 3 BGB, VersR 2010, 149 ff.: Ob ein „wichtiger Grund" vorliegt, ist stets aus der **Sicht des Geschädigten** zu beurteilen. Alles, was für ihn günstig ist, rechtfertigt die Annahme eines „wichtigen Grundes". Leider folgt ihm die überwiegende Rechtsprechung in der Beurteilung dieser Frage nicht. **11**

Unter **Kapitalbetrag** versteht man den Betrag, der während der voraussichtlichen Laufzeit der Rente zusammen mit dem Zinsertrag ausreicht, die an sich geschuldeten Renten während der Laufzeit zu zahlen (BGH, Urt. v. 8.1.1981 – VI ZR 128/79 – zfs 1981, 105). Mit anderen Worten: Von dem Kapital soll am Ende der Laufzeit nichts mehr übrig sein, **Kapital und Zinsen** müssen für die Rentenzahlungen im vorgegebenen Zeitraum ausreichen. Dabei ist aber auch zusätzlich der **ersparte Verwaltungsaufwand des Versicherers** zu beachten, was sich betragserhöhend auszuwirken hat (*Lang*, VersR 2005, 894). **12**

Die wenigen Entscheidungen der Gerichte zur Kapitalisierung nach § 843 Abs. 3 BGB kommen im Rahmen von § 287 ZPO – freie Beweiswürdigung – in aller Regel zu befriedigenden Ergebnissen. Es sind dies folgende Entscheidungen: **13**

a) Urteil des BGH

Nach der Entscheidung des BGH v. 8.1.1981 (VI ZR 128/79 – zfs 1981, 105) sind bei der Kapitalisierung u.a. zu berücksichtigen **14**

- die Rentendynamik,
- der Kapitalzinssatz, vermindert um die Verwaltungskosten des Kapitals, und die Steuern auf die Zinsen.

b) Beweisbeschluss des OLG Frankfurt am Main

Der BGH hat mit Urt. v. 8.1.1981 die Sache an das OLG Frankfurt zurückverwiesen. In diesem erneuten Verfahren hat das OLG einen Beweisbeschluss erlassen (Beschl. v. 22.2.1984 – 13 U 148/76, abgedr. bei *Eckelmann/Nehls*, Schadensersatz bei Verletzung und Tötung, 1987, S. 241). Auf Grund dieses Beschlusses errechnet der versicherungsmathematische Sachverständige einen Barwert für den Verdienstausfall von 1,3 Millionen DM (1984!). Auf dieser Basis haben sich die Parteien verglichen, sodass es nicht zu einem Urteil gekommen ist. **15**

Der Beschluss enthält beachtliche **Hinweise zur Berechnung des Barwertes**: **16**

- Auszugehen ist von der durchschnittlichen jährlichen statistischen Rendite festverzinslicher Wertpapiere;
- dieser Zinssatz ist wegen Anlagekosten und Steuern um 2 % zu reduzieren;

§ 11 Kapitalabfindung

- ferner ist die Rentendynamik zu beachten;
- für die Zukunft (ab 1985) wurde ein Rechnungszinsfuß von 2 % zugrunde gelegt.

c) Urteil des LG Stuttgart

17 Das Urteil des LG Stuttgart v. 15.12.2004 (14 O 542/01 – SVR 2005, 188 = DAR 2007, 467 ff.) ist seit Bestehen des BGB – seit über 100 Jahren – die erste veröffentlichte Entscheidung, in der Barwerte nach § 843 Abs. 3 BGB berechnet werden. Die Entscheidung geht von folgenden Voraussetzungen aus:
- Der reduzierte Kapitalmarktzinsfuß beträgt 3,75 %. Der nach Rechtsprechung und Literatur vermeintlich üblichen Abzinsung von 5 % wird nicht gefolgt.
- Es ist die Rentendynamik zu beachten.
- Bei Verdienstausfall kann zurzeit eine Rentendynamik über die Inflationsrate hinaus nicht angenommen werden.

18 Anders ist die Entwicklung bei den vermehrten Bedürfnissen:
- Im Ergebnis geht das LG von einer Steigerung von jährlich über 4 % aus.
- Gerechnet wird mit Lebenserwartung und Zeitrentenwerten.

d) Urteil des LG Köln

19 Das LG Köln errechnet einen Barwert nach § 110 SGB VII (LG Köln, Urt. v. 9.2.2005 – 25 O 649/03 – VersR 2005, 710 ff.). Die klagende Berufsgenossenschaft nahm einen Arbeitgeber in Rückgriff. Dieser hatte ihr die an einen Verletzten zu zahlenden Renten zu erstatten. Anstelle der Rente verlangte die Berufsgenossenschaft den Kapitalwert. Das LG errechnete diesen Barwert unter folgenden Vorgaben:
- der Kapitalisierungszinsfuß beträgt für die Zukunft 4 %;
- die Rentendynamik 1,5 % und
- der Rechnungszinsfuß damit (4 minus 1,5 =) 2,5 %;
- gerechnet wird mit Lebenserwartung und einem Zeitrentenwert.

Anmerkung: Ein Abzug wegen Steuern auf Zinsen wurde nicht vorgenommen. Die Berufsgenossenschaften entrichten keine Steuern.

2. „Wichtiger Grund" liegt nicht vor

20 Liegt ein **„wichtiger Grund"** nicht vor, kann eine Kapitalabfindung **nicht eingeklagt** werden. Dann besteht aber auch keine Waffengleichheit mehr. Der Geschädigte ist darauf angewiesen, sich mit dem Haftpflichtversicherer des Schädigers **außergerichtlich** zu einigen. Der Schädiger und der hinter ihm stehende Versicherer können so die Höhe des Kapitals diktieren. Der Berechtigte erhält dann aber in der Regel **bei weitem nicht so viel zuerkannt**, wie er bei einer gerichtlichen Geltendmachung erzielen könnte.

Deshalb lohnt es sich, zunächst darum zu kämpfen, dass die Voraussetzungen eines „wichtigen Grundes" von der Gegenseite anerkannt werden. 21

Tipp 22
In Vorbereitung auf ein solches Regulierungsgespräch sollten vorsichtshalber seitens des Anwaltes stets einerseits die Argumentation im Hinblick auf das Vorliegen des Merkmals „wichtiger Grund", andererseits aber auch bereits die Kapitalisierungsberechnungen durchgeführt worden sein. Der Versicherungsregulierer wird nämlich regelmäßig versuchen, eine Kapitalabfindung auszuhandeln. Der Grund liegt darin, dass die Versicherer die Akten „vom Tisch" (siehe oben: Reduzierung des Verwaltungsaufwands) haben wollen. Dafür sind sie oft bereit, die Abfindungssummen großzügig aufzurunden. Andererseits wird der Regulierer aber versuchen, die Summe mit Hinweis auf die mangelnde Einklagbarkeit wegen Fehlens des „wichtigen Grundes" oder mit Hinweis auf reduzierend wirkende Risiken (Vorversterbens-, Kündigungs-, Wiederverheiratungsrisiko) herunterzuhandeln.

III. Definition: „Wichtiger Grund"

Die **bisherige Rechtsprechung** ist unergiebig und lässt weitestgehend offen, **wann ein „wichtiger Grund" vorliegt.** 23

Als „wichtiger Grund" kann danach in Betracht kommen: 24

- Die Möglichkeit, sich mit der Abfindungssumme ein Eigenheim zu kaufen.
- Die Möglichkeit, sich mit dem Kapital eine neue Existenz zu verschaffen, insbesondere der Wunsch eines jugendlichen Verletzten, sich selbstständig zu machen, um den wegen der Erwerbsunfähigkeit auf andere Weise zu erzielenden Lebensunterhalt zu gewinnen (RG JW 1933, 840).
- Es genügt auch, dass nach den Umständen eine Kapitalabfindung, durch die etwa Fremdmittel abgelöst werden können, wirtschaftlich günstiger ist als eine Rentenzahlung für Mehrbedarf.
- Zu befürchtende Zahlungsschwierigkeiten des Pflichtigen, insbesondere wenn er zu einer Sicherheitsleistung nicht in der Lage ist (BGH zfs 1981, 105; VersR 1981, 283).
- Schwierigkeiten, die sich ergeben können, wenn der Schädiger nach Hinterlassung zahlreicher Erben verstorben ist.
- Schwierigkeiten bei Erhebung und Beitreibung einer Rente infolge ausländischen Wohnsitzes des Verletzten oder des Pflichtigen oder häufigen Wohnsitzwechsels des Pflichtigen.
- Ein „wichtiger Grund" kann auch der günstige Einfluss sein, den nach ärztlichem Gutachten die Gewährung einer Abfindung voraussichtlich auf den krankhaft nervösen Zustand des Verletzten durch Beseitigung der Unsicherheit über die Ersatzansprüche ausüben wird (RGZ 73, 418).

§ 11 Kapitalabfindung

- Bei Behinderten ist in solchen Fällen neben den wirtschaftlichen Gegebenheiten der Notwendigkeit eines für sie „würdigen" Schadensausgleichs gesteigerte Beachtung zu schenken.

25 In neuerer Zeit werden die **Voraussetzungen eines „wichtigen Grundes"** durch den Prozessvortrag der Geschädigtenvertreter immer wieder ausgeweitet. Mit Erfolg, wie das Urteil des LG Stuttgart (DAR 2007, 467 ff.) zeigt. Dort heißt es in den Urteilsgründen:

26 *„Ein „wichtiger Grund" für eine Kapitalabfindung liegt vor, wenn der Zweck der Ersatzleistung besser und nachhaltiger dadurch erreicht werden kann, dass dem Verletzten eine größere Geldsumme auf einmal in die Hand gegeben wird. Dies ist insbesondere der Fall, wenn der Geschädigte einen ausstattungsbedingten oder räumlichen Mehrbedarf hat (BGH VersR 1982, 238; OLG Stuttgart VersR 1998, 366). In der Person des Klägers sind damit vergleichbare erhöhte Bedürfnisse hinsichtlich seiner Wohnsituation gegeben. Auf der Grundlage der eingeholten Sachverständigengutachten kann davon ausgegangen werden, dass der Kläger dazu neigt, gereizt und aufbrausend zu reagieren. Er ist stark geräuschempfindlich und zeigt schon bei geringen Belastungen Aggressionsausbrüche. Daraus folgt, dass der Kläger ein Wohnumfeld benötigt, das möglichst wenige Stressfaktoren setzt. [...] Dem labilen Wesen des Klägers entspricht mehr ein Wohnumfeld, das dem Kläger ausreichend Rückzugsmöglichkeiten gibt und bei dem der Kläger in seinem Verhalten nicht auf die Nachbarschaft Rücksicht zu nehmen hat. Die Ehefrau des Klägers hat einen dahingehenden gemeinsamen Wohnwunsch nachvollziehbar geäußert und das Vorhaben erläutert, in ein Haus in einer weniger dicht besiedelten Gegend umzuziehen. Zur Verwirklichung dieses Umzugs besteht ein hoher Kapitalbedarf. Bei monatlichen Rentenzahlungen wäre der Handlungsspielraum des Klägers dementsprechend erheblich eingeschränkt. Er müsste dann weiterhin mit möglichen Konflikten rechnen, denen er bei einer Kapitalabfindung und einer für ihn günstigeren Wohnsituation aus dem Weg gehen kann.*

27 *Ferner ist zu berücksichtigen, dass sich die **Regulierungsverhandlungen mittlerweile deutlich länger als 20 Jahre hinziehen**. Dies lässt es als erstrebenswert erscheinen, dass die Parteien nunmehr endgültig auseinander kommen. Der Sachverständige hat insoweit bei seiner Anhörung am 17.12.2003 darauf hingewiesen, dass **Verfahren mit einer Dauer der vorliegenden Art für Patienten mit der Schädigung des Klägers sehr zermürbend** sind, weshalb eine Kapitalabfindung vorteilhaft wäre. Dies gilt umso mehr, als seit der Anhörung des Sachverständigen ein weiteres Jahr verstrichen ist. Die Belange des Klägers nach einer Absicherung für die Zukunft erachtet das Gericht bei einer Kapitalabfindung für nicht gefährdet. Es bestehen keine vernünftigen Zweifel daran, dass eine Kapitalabfindung in die Zukunftssicherung des Klägers fließen wird."*

A. Kapitalisierung § 11

IV. Parameter der Kapitalisierung

Bei der Kapitalisierung sind die folgenden **Parameter** zu beachten: 28
1. Saubere Herausarbeitung der laufenden Rente einschließlich Laufzeit;
2. Umstände, die während einer laufenden Regulierung geltend gemacht werden könnten (Veränderungen) und
3. versicherungsmathematische Parameter.

1. Laufende Rente, Laufzeit

Folgende Renten kommen für die **Kapitalisierung** in Betracht: 29

a) Verletzung

- vermehrte Bedürfnisse (z.b. Fahrtkostenersatz, behindertengerechte Pkw-Umrüstung, Medikamentenaufwand), lebenslänglich. 30
- Haushaltsführungsschaden, lebenslänglich (strittig).
- Pflegeaufwendungen, lebenslänglich.
- Erwerbsschaden (mit Karrieresprüngen)

Zur **Höhe der Rente und zur Laufzeit** kann Streit bestehen, der durch den Abfindungsvergleich erledigt wird. Regellaufzeit bei Arbeitnehmern: bis zur Vollendung des 67. Lebensjahres. Danach vgl. § 119 SGB X. Bei bestimmten Berufsgruppen (z.B. Soldaten, Piloten) ist eine **Frühpensionierung** zu berücksichtigen. Bei Selbstständigen ist als **Regelarbeitszeit die Vollendung des 68. Lebensjahres** anzunehmen (vgl. hierzu die „Geschäftplanmäßige Erklärung" der Versicherer, *Stiefel/Hofmann*, AKB, 18. Auflage 2010, § 10 AKB Rn 152, zu § 10 Abs. 7 AKB, wonach bei der Berechnung von Geschädigtenrenten bei selbstständig Tätigen das vollendete 68. Lebensjahr als Endalter festzulegen ist). Nach dem 68. Lebensjahr ist vermindertes Altersruhegeld geltend zu machen. 31

b) Tötung

- Barunterhaltsschaden 32
- Haushaltsführungsschaden

Bei Ehegatten beide Ansprüche bis zum Tode des Erstversterbenden; bei Kindern grundsätzlich bis zur Volljährigkeit, ausnahmsweise weiter bei Bedürftigkeit, z.B. bis zum Ende der Ausbildung oder bei schwerer Körperbehinderung; lebenslänglich (BGH, Urt. v. 25.4.2006 – VI ZR 114/05 – zfs 2006, 677 ff.).

Insoweit besteht **Waffengleichheit**: Bei zu großer Divergenz zwischen den Vorstellungen des Geschädigten und des Haftpflichtversicherers des Schädigers kann im Vorfeld der Abfindung Klage mit dem Ziel erhoben werden, z.B. die Höhe der Mithaftung oder des Verdienstausfalles zu klären. Einer Abfindungsverhandlung vorgelagert kann daher ggf. **die Klage auf Leistung und Feststellung für den Berechtigten** stehen. 33

2. Änderung der Verhältnisse, insbesondere Rentendynamik

34 Während der laufenden Regulierung können Umstände eintreten, die zu einer **Änderung** der Höhe der Rente oder der Laufzeit führen:
- **zu Ungunsten (Abschläge vom Kapitalwert)** des Verletzten bzw. Hinterbliebenen: Arbeitslosigkeit, Insolvenz des früheren Arbeitgebers, Erwerbsunfähigkeit, Wiederheirat;
- **zugunsten (Erhöhung des Kapitalwerts)** des Verletzten: Erhöhung des Verdienstausfalles, des Geldunterhaltsschadens.

35 Diese Umstände werden bei laufender Regulierung beachtet (bei einem Urteil nach § 323 ZPO, bei außergerichtlicher Regulierung analog).

a) Abänderung

36 Bei Veränderungen der wirtschaftlichen Verhältnisse ist eine Abänderung der Abfindung – etwa in analoger Anwendung des § 323 ZPO – **nicht möglich** (BGH VersR 1981, 283; BGH NJW 1981, 818 ff.: für Abfindung durch Urteil; BGH NJW 1984, 115: für den Vergleich). Es gelten aber die allgemeinen Grundsätze für die **Anpassung** eines Vergleiches gem. § 242 BGB wegen **Wegfalls oder Fehlens der Geschäftsgrundlage**. Realisieren sich die maßgeblichen Vorstellungen beider Parteien nicht und ist das Festhalten am Vergleich dem Geschädigten nach § 242 BGB **nicht zuzumuten**, ist der Vergleich entsprechend anzupassen, soweit dies wiederum dem Schädiger zuzumuten ist (OLG München zfs 1992, 293).

b) Rentendynamik

37 Daraus folgt: Hinsichtlich dieser Verhältnisse muss eine **Prognose** gewagt werden, auch wenn sie noch so schwierig ist. Der BGH nennt als eines dieser Verhältnisse die **Rentendynamik**. Trotz aller Unsicherheiten sind Voraussagen über die wahrscheinliche künftige Steigerung des Lohn- und Gehaltsgefüges zu machen. Zu **schätzen** ist die Entwicklung der individuellen Rente. Die Rente wegen **vermehrter Bedürfnisse** wird – wegen der allgemeinen Kostensteigerungen – eine höhere Steigerung haben als die Verdienstausfallrente. Die Einkommenssteigerungen „hinken" manchmal hinter den Kostensteigerungen hinterher. Das rechtfertigt aber nicht die Annahme, die Rentendynamik sei Müll. Es kommt auf den konkreten Berufszweig des Geschädigten an: Bei dem **Verdienstausfall** wird zurzeit die Steigerung z.B. im Bereich Pharma- oder Stahlgroßhandel höher ausfallen als im Einzelhandel. Beachtet werden sollte auf jeden Fall eine **Dynamik** in Höhe der **Inflationsrate** – allenfalls mit einem kleinen Abschlag.

Beachte
Die Annahme einer Rentendynamik erhöht den Barwert.

A. Kapitalisierung §11

Hinsichtlich der **Rentendynamik** überzeugen die Ausführungen des Urteils des LG Stuttgart (DAR 2007, 467 ff.) nicht. Sie sind im Rahmen von § 287 ZPO nicht nachvollziehbar. Insoweit dürfte das Urteil unrichtig sein. Zur Rentendynamik äußert sich das Urteil wie folgt: 38

„Dem Abzinsungsfuß kann entgegen der Auffassung des Klägers ein Dynamikzuschlag auf die Renten nicht gegenüber gestellt werden. Die überschaubare Wirtschaftslage lässt keinen Raum, um von effektiven Lohn- und Rentensteigerungen auszugehen. Eine Rentendynamik kommt nur in Betracht, wenn mit Gehaltssteigerungen gerechnet werden könnte, die über den Kaufkraftschwund hinausgehen. Der jährliche Kaufkraftschwund, gemessen anhand des Verbraucherpreisindexes (abgedr. im Monatsbericht Dezember 2004 der Deutschen Bundesbank) betrug seit 1999 0,6 Prozent, 1,4 Prozent (2000), 2,0 Prozent (2001), 1,4 Prozent (2002) und 1,1 Prozent für 2003. Im Jahr 2004 stiegen die Verbraucherpreise im Vergleich zum Vorjahr im Bereich von 1,6 Prozent. Die schwierige Wirtschaftslage für Arbeitnehmer, gekennzeichnet durch hohe Arbeitslosigkeit und die zunehmende Tendenz der Betriebe, Gehaltseinbußen ihren Angestellten abzuverlangen unter Hinweis darauf, dass andernfalls die Schließung des Betriebs oder die Abwanderung des Betriebs ins Ausland drohe, lässt vermuten, dass sich die Einkünfte zukünftig nicht über die Inflationsrate hinausgehend entwickeln werden. Die Elektrobranche ist von dieser Entwicklung nicht ausgenommen. Im Gegenteil hat der Präsident des Arbeitgeberverbandes Gesamtmetall für die Metall- und Elektroindustrie darauf hingewiesen, dass die Basis für die künftigen Lohnsteigerungen sich nicht mehr Jahr für Jahr erhöhen dürfe. Bei guter Wirtschaftslage seien für die Beschäftigten allenfalls Pauschalzahlungen denkbar, angekoppelt an die wirtschaftliche Situation des jeweiligen Unternehmens (Quelle: Frankfurter Allgemeine Zeitung, 27.12.2004, S. 9)." 39

c) Inflationsausgleich

Bei der augenblicklichen Wirtschaftslage könnte die pessimistische Haltung des Gerichts, mit **effektiven** Lohnsteigerungen sei nicht mehr zu rechnen, noch im Rahmen von § 287 ZPO vertretbar sein. Allerdings geben die Lohnforderungen der Gewerkschaften Anlass zu der Vermutung, dass hier wieder einmal richterliche Lebenserfahrung mit der Realität nicht in Einklang steht. So ist es aber zumindest nicht einzusehen, warum die Gerichte nicht wenigstens die **Inflation** beachten. 40

Wenn die Löhne die Inflationsrate nicht übersteigen werden, so ist doch **wenigstens der Kaufkraftschwund zu beachten.** In dieser Höhe werden die Löhne steigen. Somit ist die Inflationsrate zu beachten. Bei dem vom Gericht angenommenen Zinssatz von 3,75 % ist eine Dynamik in Höhe der Inflationsrate nicht beachtet worden. Diese betrug in den letzten zehn Jahren im Mittel 2 %, 2004 1,6 %. Eine Rentendynamik von mindestens etwa 1,25 % sollte zum Ausgleich der Inflation angenommen werden. 41

§ 11 Kapitalabfindung

42 Die Auffassung, wonach zukünftige inflationäre Steigerungen nicht mit zu bewerten seien (*Küppersbusch/Höher*, Ersatzansprüche bei Personenschäden, 12. Auflage, Rn 845), ist daher offenkundig realitätsfremd und daher **abzulehnen**. Der Geschädigte hat gerade **keine „anderen Möglichkeiten**, sich gegen die **Risiken einer Inflation** zu schützen"! Welche sollten das denn wohl auch sein?

3. Versicherungsmathematische Parameter

a) Allgemeine Sterbetafel

43 Bei der Berechnung des Barwertes einer Rente ist die **Allgemeine Sterbetafel**, die vom Statistischen Bundesamt erhoben und herausgegeben wird, zu beachten. Es ist eine neue Sterbetafel zugrunde zu legen.

Tabelle 1 (siehe Anhang 15, vgl. § 14 Rdn 19) enthält die **durchschnittliche Lebenserwartung** für Frauen und Männer aus der Sterbetafel 2008/2010. Die Sterbetafel weist als wichtigsten **Wert qx** aus. Das ist die **Sterbewahrscheinlichkeit** vom Alter x bis x + 1.

Beispiel
Für das vollendete Alter 47 Jahre Mann beträgt der Wert q_x 0,99665447.

Die Sterbetafel enthält weiterhin den wichtigen **Wert e_x**. Das ist die durchschnittliche Lebenserwartung im Alter x in Jahren.

Beispiel
e_x für Mann vollendetes Alter 47 Jahre beträgt 32,19 Jahre (vgl. Tabelle 1, Anhang 15, vgl. § 14 Rdn 19).

b) Zahlungsweise

44 Es gibt **für Renten verschiedene Zahlungsweisen**. Die Zahlungsart wirkt sich gering auf die Höhe des Kapitalisierungsfaktors aus. Gegenüber anderen Einflüssen (z.B. Kapitalzinssatz, Rentendynamik) tritt die Auswirkung der Zahlungsweise zurück. Die **Zahlungsart** kann im Rahmen von § 287 ZPO **vernachlässigt** werden. Es ist also unerheblich, ob eine Tabelle jährlich, monatlich oder vierteljährlich vorschüssige Werte berechnet.

45 *Merke*
Die Renten wegen Körperverletzung oder Tötung aus unerlaubter Handlung oder aus Gefährdungshaftung sind für drei Monate im Voraus zu zahlen (§§ 843, 760 BGB).

46 **Tabelle 2** (Anlage 15 siehe § 14 Rdn 20) enthält die Faktoren der Werte für monatlich vorschüssig zahlbare Renten. Die Faktoren lassen sich jedoch auch umrechnen. Es gelten folgende Reduktionsfaktoren, Zinsfuß/vierteljährlich vorschüssig:

A. Kapitalisierung § 11

− 1,0	0,999163
+ 1,0	1,000829
+ 2,0	1,001660
+ 2,5	1,002060
+ 3,0	1,002463
+ 3,5	1,002868
+ 4,0	1,003270
+ 5,0	1,004069
+ 5,5	1,004465

Beispiel
Umrechnungsfaktor für Zeitrente
Wie lautet der Faktor F einer vierteljährlich vorschüssig zu zahlenden Zeitrente mit einer Laufzeit von 20 Jahren, Zinssatz + 5?
F = Faktor Zeitrente, monatlich vorschüssig, Jahre 20, Zinssatz + 5, Faktor 12,797 (vgl. Tabelle 2, siehe § 14 Rdn 20) mal Korrekturwert auf vierteljährlich vorschüssig
= 12,797 × 1,004069 = 12,849

c) Rentenarten
Es gibt zwei Rentenarten. **47**
- **Leibrenten**, auch Mortalitätsrenten genannt: Sie laufen so lange, wie eine Person lebt. Sie enden mit dem statistisch zu erwartenden Tod.
- **Zeitrenten**: Bei ihnen ist die Rentendauer im Voraus bestimmt.

Gewöhnlich wird eine Leibrente mit dem Leben einer einzigen Person verknüpft. **48** Das nennt man einfache Rente oder **Rente auf ein Leben**. Eine Rente kann auf das Leben mehrerer Personen gestellt sein. Das wird als **Verbindungsrente** bezeichnet. Eine Rente, die mit dem Tod der ersten Person endet, heißt **Rente auf das kürzere Leben**. Daneben gibt es auch die **Rente auf das längere Leben**. Beispiel: Der Getötete hätte während der mutmaßlichen Dauer seines Lebens für seine Ehefrau auch für die Zeit nach seinem Tode gesorgt. Durch den vorzeitigen Unfalltod ist er hieran gehindert. Dieser erst nach dem mutmaßlichen Tode des Getöteten eintretende Schaden ist der Witwe zu erstatten.

d) Reduzierter Kapitalmarktzinsfuß

Beachte **49**
Je niedriger der Kapitalmarktzinsfuß ist, je höher ist der Barwert.

Der Berechtigte darf das Kapital nicht in den Sparstrumpf stecken, sondern er muss es – gedanklich betrachtet – verzinslich anlegen. Welchen Zinsfuß hat der Berechtigte auf dem Kapitalmarkt zu erzielen? **Zu empfehlen ist, von der Umlaufrendite** der börsennotierten Wertpapiere **auszugehen**. Die Umlaufrendite betrug in den

§ 11 Kapitalabfindung

letzten zehn Jahren im Durchschnitt jährlich 4,8 %, in den letzten drei Jahren unter 4 %. Für die Zukunft **4,5 %** anzunehmen, ist **realistisch**.

50 Wem dieser Prozentsatz zu hoch ist, der könnte sich am **Garantiezins** im Bereich der Lebensversicherung orientieren. Dieser beträgt zurzeit 2,25 %. Argument: Warum soll man vom Geschädigten mehr verlangen als vom Profi-Anleger Lebensversicherer.

51 Der BGH (Urt. v. 8.1.1981, zfs 1981, 105) fordert eine **Reduzierung des Kapitalmarktzinses**. Zum einen um die **Verwaltungskosten des Kapitals**. Sie betragen etwa 1 bis 2 %. Zum anderen geht der BGH davon aus, dass die **Erträgnisse aus Kapital zu versteuern** sind. Man kann die ab 1.1.2009 geltende Abgeltungssteuer von 25 % ansetzen. Der angenommene Kapitalmarktzinsfuß ist zunächst um die Verwaltungskosten zu reduzieren. Werden 0,5 % angenommen, verbleiben 4 %. Diese 4 % sind **um Steuern auf Zinsen zu verringern**. Bei einem Steuersatz von 25 % verbleiben als reduzierter Kapitalmarktzinsfuß 3 %. Das LG Stuttgart (DAR 2007, 467) macht zum reduzierten Kapitalmarktzins beachtliche Ausführungen, die einer Prüfung im Rahmen von § 287 ZPO standhalten:

52 *„Soweit in Rechtsprechung (BGH NJW 1981, 818; OLG Stuttgart VersR 1998, 366) und Literatur (Küppersbusch, Ersatzansprüche bei Personenschäden, 10. Aufl., S. 285; Böhme/Biela, Kraftverkehrs-Haftpflichtschäden, 23. Aufl., D 325 ff.) vertreten wird, in der Praxis sei eine Abzinsung in Höhe von 5 Prozent – 5,5 Prozent üblich, kann dem nicht gefolgt werden. Die **Höhe des Abzinsungsfußes** richtet sich nach den **tatsächlichen** Erträgen, die der Geschädigte nach Steuer aus der Anlage des Kapitals erlangen kann. Es kann dabei nur auf solche Anlageformen zurückgegriffen werden, die eine sichere Rendite gewährleisten. Da **der Geschädigte nicht veranlasst werden** darf, **das Kapital risikobehaftet anzulegen**, weil dies den Zweck der Schadensersatzzahlung gefährden könnte, kann nicht auf Renditemöglichkeiten bei einer spekulativen Anlage in Aktien oder Investmentfonds abgestellt werden.*

53 *Eine **sichere Anlage** bietet demgegenüber **festverzinsliche Wertpapiere**. Das Zinsniveau festverzinslicher Wertpapiere lässt sich der **Umlaufrendite** entnehmen. Die Umlaufrendite stellt die Durchschnittsrendite von Anleihen erster Bonität dar. Von der Deutschen Bundesbank wird diese als Durchschnittswert der in Umlauf befindlichen festverzinslichen Wertpapiere ermittelt. Die Umlaufrendite ist damit ein Maß für das Zinsniveau am Rentenmarkt (Quelle: www.boerse.ard.de).*

Die Monatsberichte Dezember 2004/Oktober 2008 der Deutschen Bundesbank weisen ab 1991 folgende Umlaufrenditen aus: 1991 8,7 Prozent, 1992 8,1 Prozent, 1993 6,4 Prozent, 1994 6,7 Prozent, 1995 6,5 Prozent, 1996 5,6 Prozent, 1997 5,1 Prozent, 1998 4,5 Prozent, 1999 4,3 Prozent, 2000 5,4 Prozent, 2001 4,8 Prozent, 2002 4,7 Prozent, 2003 3,7 Prozent, 2004 3,7 Prozent, 2005 3,1 Prozent, 2006 3,8 Prozent, 2007 4,3 Prozent. Das Zinsniveau festverzins-

*licher Wertpapiere hat sich damit seit 1991 etwa halbiert. Während der letzten zehn Jahre (1998–2007) betrug das **arithmetische Mittel der Umlaufrendite 4,2 Prozent**. Höhere Renditen sind bei einer sicheren Anlage nicht zu erzielen. Eine Erholung des Kapitalmarktes dahin, dass wieder die Renditen aus der ersten Hälfte der 90er Jahre erzielt werden können, ist nicht ersichtlich. Langfristig kann aber im Hinblick auf das dargestellte 10-Jahresmittel von durchschnittlichen Umlaufrenditen im Bereich von wieder 4,5 bis 5 Prozent ausgegangen werden.*

*Diese Erträge sind **um die** nach § 43 Abs. 1 Nr. 7 EStG zu **zahlende Kapitalertragssteuer zu kürzen**. Diese beträgt für Erträge aus festverzinslichen Wertpapieren ab 1.1.2009 25 Prozent (Abgeltungssteuer – mit Solidaritätszuschlag und Kirchensteuer rund 28,5 Prozent; Anmerkung: Ist der persönliche Steuersatz niedriger, ist dieser maßgebend.). Es verbleibt dem Anleger dann eine effektive Rendite von noch 3,75 Prozent. Die **Kosten für die Verwaltung des Kapitals** können vernachlässigt werden, da die in Betracht kommenden Wertpapiere weitgehend kostenfrei angelegt werden können."*

54

e) Rechnungszinsfuß

Zur täglichen Praxis der Regulierung von Personenschäden gehört die Kapitalisierung von laufenden Schadensersatzansprüchen, z.B. nach einem Verkehrsunfall. Strittig ist die Höhe des Rechnungszinsfußes. Er ist der entscheidende Faktor bei der Berechnung des Barwertes: Je niedriger der Rechnungszinsfuß, desto höher ist der Barwert. Seit Jahrzehnten bestimmen die Versicherer die Kapitalisierungspraxis. Der Verletzte darf Kapital nur verlangen, wenn ein wichtiger Grund vorliegt. An diesem fehlt es in der Regel. Fazit: Der Versicherer muss nicht kapitalisieren. Er tut es dennoch, aber mit einem Zinsfuß von 5 Prozent. Dieser Prozentsatz ist – wie nachstehend dargestellt wird – viel zu hoch.

55

Beachte
Je niedriger der Rechnungszinsfuß ist, desto höher ist der Barwert.

56

Die beiden **Rechnungsfaktoren Rentendynamik und Kapitalmarktzinsfuß ergeben den Rechnungszinsfuß** nach der versicherungsmathematischen Formel:

„Rechnungszinsfuß = Kapitalmarktzinsfuß minus Rentendynamik"

Bei einem reduzierten Kapitalmarktzinsfuß von 3,75 und einer Rentendynamik von 1,25 errechnet sich folgender Rechnungszinsfuß = 3,75 minus 1,25 = 2,5 %.

57

Bemerkenswert ist, dass sogar *Küppersbusch* in „Ersatzansprüche bei Personenschäden" innerhalb derselben Auflage (10. Auflage) eingestehen musste, dass mit niedrigeren Zinsfüßen gearbeitet werden muss. In dem Grundwerk der 9. Auflage führt er noch aus, dass in der Praxis „nahezu durchweg mit einem Zinsfuß von 5 %" gerechnet werde (S. 258, Rn 869 und S. 263 – Anhang). In dem im Jahre 2007 herausgekommenen Nachtrag hat er aber – wohl die Augen nicht mehr vor der Reali-

58

§ 11 Kapitalabfindung

tät verschließend – für das gesamte Tabellenwerk nun auch endlich eine Spalte mit einem Zinsfuß von 3 % aufgenommen und dafür den – ohnehin völlig unrealistischen – Zinsfuß von 6 % herausgenommen.

59 Entgegen seiner Ansicht ist das sehr wohl ein ganz klares Signal in eine neue – übrigens eindeutig richtige – Richtung: Die Kapitalisierungszinsfüße müssen weit niedriger angesetzt werden, ob das der Assekuranz gefällt oder nicht. Dieser Umstand muss auch Eingang in die Rechtsprechung finden. Also muss diese Frage zukünftig vermehrt einer gerichtlichen Klärung zugeführt werden.

60 Es ist auch schlichtweg falsch, dass in der Praxis regelmäßig mit einem Zinsfuß von 5 % gerechnet wird. Das ist zwar das Bestreben der Versicherungswirtschaft und von dort wird meist unnachgiebig versucht, diesen – tatsächlich unrealistischen – Wert durchzusetzen. Das gelingt in aller Regel (leider) auch, wenngleich auch nur deshalb, weil die Vertreter der Geschädigten nicht argumentieren können und viel zu nachgiebig sind.

61 Oft gebietet auch die Tatsache fehlender Rechtsschutzversicherung und demzufolge die wirtschaftliche Vernunft oder die Prozessökonomie, nachzugeben. Ein Zinsfuß von 5 % ist heute unangemessen hoch und daher ausnahmslos abzulehnen.

62 Derartig unangemessen hohe Zinsfüße mögen auch noch bis vor einiger Zeit von der Rechtsprechung mitgetragen worden sein. Symptomatischer Weise wird hierzu immer wieder die Entscheidung des BGH aus dem Jahre 1981 (!) zitiert, wonach „die üblichen Sätze von 5–5,5 %" zugrunde zu legen seien (BGH zfs 1981, 105; VersR 1981, 283). Selbst die Entscheidungen aus den Jahren bis 2002 (OLG Oldenburg SP 2002, 56; OLG Naumburg VersR 2002, 1295) sind demnach hinsichtlich des angewandten Zinsfußes heute überholt. Die Zeiten haben sich seitdem – unbestreitbar – massiv geändert und heute würde sicher kein Gericht mehr mit einem derartig hohen Zinsfuß rechnen.

63 *Merke*
Es wird Zeit, angesichts niedrigen Zinsniveaus, steigender Inflation und sinkender Einkommen möglichst mit nicht mehr als einem Zinsfuß von 3 %, keinesfalls aber mehr als 4 % zu kapitalisieren!

64 Der zugrunde zu legende **Zinssatz**, der – siehe vorstehend – von den realitätsfremden Versicherern immer noch mit mindestens 5 % kalkuliert wird, obwohl heute 2 % bei der Geldanlage schon ein Schnäppchen sind, kann heute nie mehr als 2 % lauten. Die Versicherer agieren aber immer noch nach dem Motto: Der Geschädigte kann den Zinssatz der Assekuranz akzeptieren oder es sein lassen. Dann scheitert eben die Abfindung und der Geschädigte kann so lange prozessieren, bis er „schwarz wird". Einem Versicherer ist das im Zweifel vollkommen egal. Jeder Anwalt wird das tagtäglich in der Regulierungspraxis erleben!

65 Es kann nur davor gewarnt werden, sich auf eine solche Diskussion einzulassen. Es empfiehlt sich vielmehr, dann die **Regulierungsverhandlungen abrupt und rigo-**

ros abzubrechen, d.h. aufzustehen und den Regulierungsbeauftragten höflich aber bestimmt zur Tür zu führen. Das wirkt oft sofort: Denn dann war dessen Reise und Vorbereitung vollkommen vergeblich, er würde ohne Erfolg zurückkommen und die Akte bleibt „offen", d.h. es muss fortan **vorschüssig quartalsweise gezahlt** werden. Der damit verbundene Verwaltungsaufwand wird zwar gern von den Versicherern heruntergespielt, ist aber immens und passt überhaupt nicht in die heutige Zeit der rigorosen Einsparungen der Assekuranz. Das bleibt also ein wirksames Druckmittel gegen illusorische Zinsfußvorstellungen der Versicherer.

Reizvoll ist auch die Variante, dem Versicherer alternativ anzubieten, den Abfindungsbetrag für den Geschädigten selbst anzulegen – z.B. als **Anleihe für die Versicherung** – und mit 5 % zu verzinsen. Dies wird dann natürlich sofort abgelehnt. Das offenbart dann in aller Brutalität die ganze Scheinheiligkeit der versicherungsseitigen Argumentation.   66

Erfolgreich ist es ferner, wenn der Schadensregulierer aufgefordert wird, doch einmal den **Zinssatz offen zu legen**, der vom Versicherer für die **Rückstellungen** im eigenen Hause erzielt wird. Das lehnen die natürlich ab und dies ist zugleich der Beweis für deren Unaufrichtigkeit in dieser Frage.   67

Insofern ist die beste derzeit zu erreichende Verzinsung immer noch die der **Prozesszinsen von 5 Prozentpunkten über dem Basiszinssatz**. Und das eröffnet – jedenfalls bei rechtsschutzversicherten Mandanten – die herrliche Möglichkeit, mit der **Prozessführung** zu drohen. Spätestens dann, wenn der Zinssatz durch ein Gericht überprüft werden soll, knicken die Regulierer regelmäßig ein und zeigen Entgegenkommen, und sei es auch nur in der Weise, dass der zu kapitalisierende **Grundbetrag so weit angehoben** wird, dass „unter dem Strich" das herauskommt, was bei dem ursprünglichen Grundbetrag bei einem Zinsfuß von 2 % herauskommen würde. Regulierer begründen das dann immer damit, sie könnten „das ihrem Vorgesetzten so besser verkaufen".   68

Ein letztes Argument ergibt sich dann noch aus der Tatsache der Abgeltungssteuer in Höhe von 25 % der erzielten Zinsen. Denn das führt noch einmal zu einer Reduzierung von ca. 1 % des Kapitalisierungszinses. Also ist sogar ein Zinsfuß von 2 % zu hoch und etwa 1 % wäre heute wohl angemessen.   69

V. Beispiele

1. Technik des Kapitalisierens

Literatur zur Technik des Kapitalisierens:

Schah Sedi/Schah Sedi, Das verkehrsrechtliche Mandat, Band 5: Personenschäden, 2. Auflage 2014, § 6 Rn 33 ff.; *Küppersbusch/Höher*, Ersatzansprüche bei Personenschaden, 12. Auflage 2016, Rn 853 ff.

Die Kapitalisierung ist ein Rechnungsvorgang. Durch ihn wird der aktuelle Kapitalwert von zukünftigen periodischen Leistungen (Renten pro Jahr) ermittelt. Ausgangspunkt ist der Zeitpunkt, von dem an gerechnet werden muss.   70

§ 11 Kapitalabfindung

71 Einer Kapitalisierung unterliegen **nicht** die **Ansprüche aus der Vergangenheit**. Sie sind einfach zu addieren und ggf. zu verzinsen. Einer Kapitalisierung unterliegen **ausschließlich zukünftige Ansprüche**.

72 Der **heutige Kapitalwert**, welcher den künftigen Renten entspricht, heißt **Barwert**.

> *Merke*
> Der Barwert ist gleich **Jahresrente mal Kapitalisierungsfaktor**.

73 Der einschlägige Faktor ist einer **Kapitalisierungstabelle** zu entnehmen (in der täglichen Praxis: *Küppersbusch/Höher*, Ersatzansprüche bei Personenschäden, 12. Auflage 2016, Anhang: Kapitalisierungstabellen; aber auch *Pardey*, Berechnung von Personenschäden, 4. Auflage 2010 inkl. Onlinezugang zu einem **EDV-Kapitalisierungsprogramm**). Er wird zum einen **bestimmt durch den Rechnungszinsfuß** des Falles. Dieser steht horizontal im Tabellenkopf. Zum anderen durch **die Laufzeit der Rente** bzw. durch **das Alter** des oder Betroffenen. Laufzeit bzw. Alter stehen vertikal in der Vorspalte der Tabellen.

74 Wie auch schon beim Haushaltsführungsschaden, bei dem in der täglichen Regulierungspraxis mit Versicherern ausschließlich mit der Tabelle *Schulz-Borck/Pardey* gerechnet wird, die **Gerichte** aber stets die „konkrete Darlegung der individuellen Situation des Geschädigten" verlangen, lehnt die Rechtsprechung auch hier die Anwendung von Kapitalisierungstabellen mit dem gleichen Argument ab (BGH zfs 1981, 105 ff.). Das bedeutet, dass im Prozessfalle die einschlägigen Kapitalisierungstabellen nicht etwa einfach übernommen werden dürfen, sondern stets zu den **individuellen Einzelumständen vorgetragen und Beweis angeboten** werden muss.

75 Es gibt – wie schon dargestellt (siehe Rdn 47) – zwei verschiedene Rentenarten:
- Bei **Zeitrenten** ist die Rentendauer zum Voraus in Jahren bestimmt.
- Mortalitätsrenten, auch **Leibrenten** genannt, laufen so lange, wie eine Person lebt. Sie enden mit dem statistisch zu erwartenden Tod. Bei Tabellen für Leibrenten ist die Sterbetafel in den Faktoren bereits berücksichtigt. Gewöhnlich wird eine Leibrente mit dem Leben einer einzigen Person verknüpft. Das nennt man eine **einfache Leibrente**. Eine Rente kann aber auch auf das Leben mehrerer Personen gestellt sein. Das wird als **Verbindungsrente** bezeichnet.

76 Als **Handwerkszeug** erhält der Benutzer dieses Buches
- **Tabelle 1: Durchschnittliche Lebenserwartung** (Tabelle 1, Anlage 15 im Anhang, vgl. § 14 Rdn 19) und
- **Tabelle 2: Zeitrente** (Tabelle 2, Anlage 15 im Anhang, vgl. § 14 Rdn 20).

Mit Hilfe dieser Tabellen kann der Leser **Näherungswerte** seines gesuchten Barwertes errechnen.

77 Mit den Tabellen der einschlägigen Literatur (z.B. *Küppersbusch/Höher*, Ersatzansprüche bei Personenschäden, 12. Auflage 2016) kann der Anwalt jetzt durchaus derartige Näherungswerte errechnen. Ihm werden niedrige Zinsfüße – unter 4 % – nicht mehr vorenthalten (seit der 10. Auflage 2010 des Werkes von *Küppersbusch* findet sich jetzt auch endlich der Zinsfuß von jedenfalls 3 %, der jedoch immer noch zu hoch ist!).

Will der Anwalt ohne große Mühen richtig rechnen, ist die Software „**capitalisator**" (*www.capitalisator.ch*) oder *Pardey*, Berechnung von Personenschäden, 4. Auflage 2010 inkl. Onlinezugang zu einem **EDV-Kapitalisierungsprogramm zu empfehlen**. Mit Hilfe dieses eleganten und einfach zu bedienenden Handwerkszeuges kann er jede Art von Kapitalisierung durchführen. Er wird durch die Maske Schritt für Schritt geführt. Durch die verschiedenen Wahlmöglichkeiten (z.B. sofort beginnend oder aufgeschoben, temporär oder lebenslänglich, auf ein oder zwei Leben) erhält er gleichzeitig eine Art Checkliste. **Capitalisator.ch** und *Pardey* haben stets die neuesten deutschen Sterbetafeln hinterlegt. Außerdem sieht es einfach professioneller aus, wenn ein Anwalt solche Berechnungen per EDV durchführt. 78

Beispiel 79
Ein monatlicher Haushaltsführungsschaden einer heute 40-jährigen Frau in Höhe von 300 EUR soll lebenslang bei einem Zinsfuß von **3 %** kapitalisiert werden (Tabelle I/8 bei *Küppersbusch/Höher*, 12. Auflage 2016):

$300 \times 12 \times 23{,}813 = $ **85.276,80 EUR**

Der Unterschied bei einer Rechnung mit einem Zinsfuß von **4 %** ist schon beachtlich:

$300 \times 12 \times 20{,}279 = $ **73.004,04 EUR** (bereits 12.272,40 EUR weniger!)

Bei dem von *Küppersbusch* für die Assekuranz empfohlenen Wert von **5 %** ergibt sich:

$300 \times 12 \times 17{,}542 = $ **63.151,20 EUR**

Dem Geschädigten entgehen dadurch gegenüber einer Berechnung mit einem Zinsfuß von 3 % stattliche **22.125,60 EUR!**

2. Lebenslängliche Leibrente

Mit einer lebenslänglichen Berechnung kann z.B. bei „**vermehrten Bedürfnissen**" und „**lebenslangem Pflegebedarf**" gerechnet werden, mit Einschränkungen bzw. Abzügen auch beim „**Haushaltsführungsschaden**". 80

Dabei muss ggf. dem Umstand **reduzierter Lebenserwartung** des Verletzten Rechnung getragen werden. Obwohl die Lebenserwartung Schwerverletzter in den letzten Jahren aufgrund verbesserter medizinischer Versorgung deutlich zugenommen hat, sind aber gleichwohl u.U je nach der **individuellen Situation** Abschläge bei der Lebenserwartung vorzunehmen. Statistiken hierzu gibt es nicht, sodass die **Abschläge frei verhandelbar** sind. Sie sollten aber **allenfalls minimal** sein. 81

§ 11 Kapitalabfindung

82 Außerdem ist im Rahmen einer „überholenden Kausalität" ggf. auch eine **unfallunabhängige zukünftige Entwicklung** zu berücksichtigen (z.b. der Verletzte war Diabetiker oder hatte Osteoporose).

> *Beispiel*
> Fall des LG Stuttgart (DAR 2007, 467): Der Verletzte hat Anspruch wegen vermehrter Bedürfnisse auf eine jährliche Schadensersatzrente in Höhe von 2.040 EUR. Er wurde am 2.1.1958 geboren. Stichtag 1.1.2005. Wie hoch ist der Barwert? Es handelt sich um eine lebenslängliche Leibrente auf ein Leben.

a) Berechnung nach Empfehlung Nehls

83 Die – versicherungsfreundlichen – Kapitalisierungstabellen von *Küppersbusch* erwähnten bis zur 9. Auflage nur Zinsfüße von > 4 %. Dass daneben wesentlich differenziertere Tabellen von *Nehls* existierten, wussten die meisten Anwälte nicht und so kamen diese in der Praxis in aller Regel auch nicht zur Anwendung. Deshalb soll an dieser Stelle den Tabellen von *Nehls* Raum gegeben werden, um die enorme Praxisrelevanz der Wahl des richtigen Zinsfußes einmal in aller Deutlichkeit vor Augen zu führen. Denn je größer der monatliche zu kapitalisierende Betrag ist, umso dramatischer ist die Differenz bei einer falschen Wahl des Zinsfußes. Bei monatlich 5.000 EUR eines 25-jährigen Mannes bedeutet lebenslange Kapitalisierung mit 5 % (1.086.060 EUR) statt mit „nur" 3 % (1.492.720 EUR) immerhin einen Unterschied von 405.660 EUR! Welcher Anwalt kann bei einem solchen Fehler noch ruhig schlafen?

84 Näherungsweise Lösung mit den Tabellen 1 und 2 (siehe § 14 Rdn 19 f.):
- Welches ist der einschlägige Faktor?
- Vorfragen: Wie hoch ist der Rechnungszinsfuß und wie viele Jahre sind anzusetzen?

85 Folgen wir hinsichtlich des reduzierten Kapitalmarktzinsfußes dem LG Stuttgart: 3,75 %. Wie hoch ist die Rentendynamik? Nach dem Statistischen Bundesamt (Preise in Deutschland 2005) nahmen die Preise für Gesundheit (Medikamente, Arztbesuch usw.) von 2000 bis 2004 um 23,4 % zu, das bedeutet pro Jahr eine Preissteigerungsrate von 4,5 %. Es soll für die Zukunft von 4,25 % ausgegangen werden. Wie lautet der Rechnungszinsfuß? Rechnungszinsfuß gleich reduzierter Kapitalmarktzinsfuß minus Rentendynamik gleich 3,75 minus 4,25 gleich minus (!) 0,5 %.

86 Wie viele Jahre sind anzunehmen? V wurde am 2.1.2005 47 Jahre alt. Kaufmännisch gerundetes Alter am 1.1.2005 (Stichtag) 47 Jahre. Nach der Tabelle 1 (zugrunde gelegt wird Sterbetafel 2005/2007) hat ein Mann im Alter von 47 Jahren eine durchschnittliche Lebenserwartung von 31,72 Jahren. Im Hinblick auf die Zunahme der Lebenserwartung in der Zukunft kann auf 32 aufgerundet werden. Die Tabelle weist keinen Faktor für minus 0,5 aus. Der Faktor für 32 Jahre, Zinsfuß 0 ist 32, d.h. der Faktor entspricht der Laufzeit. Bei minus 1 und 32 Jahren lautet der

Faktor 37,729. Es errechnet sich folgender Mittelwert (32 plus 37,729 durch 2 gleich) 34,865. Dieser Faktor ist dem Faktor bei minus 0,5 % nahe. Wie lautet der Barwert? Faktor 34,865 mal Jahresrente 2.040 EUR gleich **71.125 EUR**.

b) Versicherungsmathematische Einwendungen

Versicherungsmathematisch wird gegen die Faktoren eingewendet, sie seien nicht einer Tabelle entnommen worden, in der die Sterbewahrscheinlichkeit bereits eingearbeitet ist. Die Arbeit mit durchschnittlicher Lebenserwartung und Zeitrente sei falsch. Der Vorwurf wird zu Unrecht erhoben. Zum einen ist die Sterbewahrscheinlichkeit in der durchschnittlichen Lebenserwartung enthalten. Der Unterschied ist sehr gering und im Rahmen von § 287 ZPO nicht beachtlich. 87

c) Lösung durch „capitalisator"

Der „**capitalisator**" ermittelt folgenden versicherungsmathematischen Barwert – Sterbetafel 2005/2007, Mortalitätsrente auf ein Leben, Mann Alter 47 Jahre, sofort beginnend, lebenslänglich, Kapitalisierungszinsfuß (hier Rechnungszinsfuß) minus 0,5 %, vierteljährlich vorschüssig, Jahresrente 2.040 EUR, **71.158 EUR**. 88

d) Berechnungsweise Versicherer

Liegt ein „**wichtiger Grund**" nicht vor, wird die **Assekuranz** hier **zu folgendem Angebot gelangen** – es wird unterstellt, dass die Assekuranz die Jahresrente von 2.040 EUR akzeptiert: Sie richtet sich nach der (seinerzeit gültigen) Tabelle 1 von *Küppersbusch* (Ersatzansprüche bei Personenschäden, 8. Auflage 2004 (lebenslängliche Leibrente, Männer). Faktor bei Alter 47 Jahre und Zinsfuß 5 % 15.000, Barwert also: 2.040 EUR mal 15 gleich **30.600 EUR** statt etwa 71.000 EUR! **Die Assekuranz ist nicht bereit, die Reduzierung des Kapitalmarktzinsfußes und eine Rentendynamik zu beachten** – beides entgegen BGH (zfs 1981, 105). 89

e) Berechnung durch Gericht

Liegt ein „**wichtiger Grund**" vor, können etwa **71.000 EUR mit Erfolg eingeklagt werden**. Der hier dargestellte Fall ist vom LG Stuttgart (DAR 2007, 467) entschieden worden. Das Gericht geht einen interessanten anderen Weg. Dieser ist im Rahmen von § 287 ZPO akzeptabel und führt zu etwa einem gleich großen Barwert. 90

Das **LG Stuttgart** führt aus: 91

„Die bis zum Lebensende zu zahlenden vermehrten Bedürfnisse sind für das Jahr 2004 auf monatlich 170 EUR geschätzt worden. Für die Zukunft ist zu berücksichtigen, dass im Gesundheitswesen mit Preissteigerungen zu rechnen ist, die über die Steigerung der allgemeinen Lebenshaltungskosten hinausgehen. Auf Grund der reformbedingten Einschnitte vor allem bei den Leistungen der Krankenversicherer ist zu erwarten, dass der Kläger für die Inanspruchnahme

*ärztlicher Leistungen und für den Erwerb von Heilmitteln einen – deutlich – höheren Eigenanteil zu tragen hat als in der Vergangenheit. Es wird deshalb mit einer Rente von monatlich 300 EUR gerechnet. Anhaltspunkte für diese Höhe können den vom Kläger vorgelegten Belegen aus dem Jahr 2002 entnommen werden. Bei einer Abzinsung von 3,75 Prozent errechnet sich für eine Zeit von 30 Jahren entsprechend der restlichen Lebenserwartung eines Mannes mit 47 Jahren nach der Rentenbarwertformel ein Kapital von **65.275,88 EUR**"* (Anmerkung: Das LG Stuttgart rechnete seinerzeit noch in DM).

3. Temporäre Leibrente

92 Mit einer temporären Leibrente ist bei allen Renten-Positionen zu rechnen, die ein zeitlich genau vorauszubestimmendes Ende haben. Das ist z.B. bei dem „**Verdienstausfall**" bis zum Alter von **65 Jahren**, zunehmend jetzt wohl auch schon 67 Jahre bei Männern, **63 Jahre** bis 65 Jahre bei Frauen der Fall. Soweit *Küppersbusch/Höher* (Ersatzansprüche bei Personenschäden, 12. Auflage, Rn 861) bei Männern noch mit 63 Jahren und bei Frauen mit 60 Jahren rechnet, ist das heute sicher überholt und daher falsch.

93 Nach der **Rechtsprechung des BGH** (zfs 1988, 101; zfs 1989, 338; zfs 1995, 441) muss bei einem unselbstständig Tätigen davon ausgegangen werden, dass er erst mit dem **65. Lebensjahr Altersruhegeld** bezogen hätte, soweit nicht Gründe für eine abweichende Entwicklung ersichtlich sind. Das allein ist der „**regelmäßige und normale Lauf der Dinge**" i.S.d. Beweiserleichterungen des § 287 ZPO, sofern nicht ein **unfallunabhängiger Gesundheitszustand** des Verletzten, die **Art seiner Tätigkeit** (Pilot, Sportler, Polizist, Soldat) oder die tatsächlichen **Verhältnisse bei dem konkreten Arbeitgeber** (Insolvenz, Branchen mit überdurchschnittlich früher Verrentung oder Abfindungspraxis) dagegen stehen. Dabei können ggf. existierende Statistiken unter Umständen zu berücksichtigen sein (*Lang*, VersR 2005, 894).

94 Die Auffassung, es gäbe ab dem 65. Lebensjahr eine natürliche Minderung der Arbeitsfähigkeit (BGH VersR 1976, 663), die eine Reduzierung des anschließenden Einkommens rechtfertige, ist sicher überholt und daher heute falsch.

95 *Beispiel (LG Stuttgart, DAR 2007, 467)*
Der Verletzte V hat einen Anspruch wegen Verdienstausfalls – Renten der Sozialversicherung sind bereits abgezogen – jährlich in Höhe von 29.861 EUR bis zur Vollendung des 65. Lebensjahres (BGH VersR 1965, 1321). Er wurde am 2.1.1958 geboren. Stichtag ist der 1.1.2005. Wie hoch ist der Barwert? Es handelt sich um eine temporäre Leibrente auf ein Leben. Eine temporäre Rente ist zeitlich begrenzt. Sie läuft bis zu einem bestimmten Zeitpunkt oder Alter: hier Erreichen des Alters 65 Jahre am 2.1. (1958 plus 65 gleich) 2023.

A. Kapitalisierung § 11

a) Berechnung nach Empfehlung Nehls

Näherungsweise Lösung mit den Tabellen 1 und 2 (siehe § 14 Rdn 19 f.). Welches ist der einschlägige Faktor? Vorfragen: Wie ist der Rechnungszinsfuß und wie viele Jahre sind anzusetzen? 96

Folgen wir hinsichtlich des reduzierten Kapitalmarktzinsfußes dem LG Stuttgart: 3,75 %. Wie hoch ist die Rentendynamik? Wir wollen wenigstens eine jährliche Inflationsrate von 1,25 % berücksichtigen. Wie lautet der Rechnungszinsfuß? Rechnungszinsfuß gleich reduzierter Kapitalmarktzinsfuß 3,75 minus Rentendynamik 1,25 gleich 2,5 %. 97

Der zu berücksichtigende Zeitraum: 1.1.2005 bis 2.1.2023, also 18 Jahre. Bei 18 Jahren und Rechnungszinsfuß 2,5 lautet der Faktor 14,547 (Tabelle 2, siehe § 14 Rdn 20). Der Faktor bedeutet, wenn ich 14,55 EUR habe, kann ich bei einem Rechnungszinsfuß von 2,5 % 18 Jahre lang 1 EUR bezahlen, bzw. bei einem Kapitalmarktzinsfuß von 3,75 % eine Rente von anfangs 1 EUR bezahlen, die sich jährlich um 1,25 % erhöht. 98

Barwert gleich Jahresrente 29.861 EUR mal Faktor 14,547 gleich **434.388 EUR**. 99

b) Versicherungsmathematische Einwendungen

Versicherungsmathematisch wird gegen den **Faktor 14,547** zu Recht **eingewandt**, dass er die Möglichkeit nicht berücksichtigt, dass V vor Erreichen des 65. Lebensjahres **vorversterben kann** (z.b. durch Unfall oder Krankheit). 100

c) Lösung durch „capitalisator"

Der „**capitalisator**" ermittelt folgenden versicherungsmathematischen Barwert: – Sterbetafel 2005/2007, Mortalitätsrente auf ein Leben, Mann Alter 47 Jahre, sofort beginnend, temporär bis Alter 65 Jahre, Kapitalisierungszinsfuß 3,75 %, vierteljährlich vorschüssig, Rentendynamik 1,25, Jahresrente (Startwert) 29.861 EUR – **415.059 EUR**. 101

d) Berechnungsweise Versicherer

Liegt ein „**wichtiger Grund**" nicht vor, wird die **Assekuranz** hier folgendes Angebot unterbreiten – es wird unterstellt, dass die Assekuranz die Jahresrente in Höhe von 29.861 EUR akzeptiert: 102

- keine Laufzeit bis 65 Jahre mit den Argumenten: Arbeitslosigkeit, frühzeitige Erwerbsunfähigkeit; deshalb Ende 63 Jahre – im Vergleich könnte der Anwalt insoweit mitgehen – oder gar 60 Jahre;
- Faktor nach Tabelle I/3 von *Küppersbusch* (a.a.O., 10. Auflage, Männer, temporäre Leibrente bis zum 63. Lebensjahr) bei Alter 47 Jahre und Zinsfuß 5 % 10,721; Barwert: 29.681 EUR mal 10,721 gleich **318.210 EUR** – statt 415.059 EUR.

§ 11 Kapitalabfindung

103 Die Assekuranz ist nicht bereit, eine **Rentendynamik** und die Reduzierung des Kapitalmarktzinsfußes wegen Steuern **zu beachten** – beides entgegen der Rechtsprechung des BGH.

104 Liegt ein „**wichtiger Grund**" vor, kann mit einer **Verurteilung** des Schädigers und seines Versicherers in Höhe von etwa **415.000 EUR** gerechnet werden. Das LG Stuttgart errechnet nur 393.228 EUR. Der Grund: Das Gericht hat in unrichtiger Weise, vielleicht sogar nur irrtümlich, eine Rentendynamik – in Höhe der Inflation – nicht beachtet.

4. Aufgeschobene Leibrente

Literatur zur aufgeschobenen Leibrente:

Langenick/Vatter, Die aufgeschobene Leibrente, NZV 2005, 10 ff.

105 Von einer „aufgeschobenen Leibrente" spricht man z.b. bei einem Rentenverkürzungsschaden ab dem Alter von 65 Jahren.

Beispiel (LG Stuttgart DAR 2007, 467)
V hat ab Vollendung des 65. Lebensjahres bis zum Tode einen Rentenverkürzungsschaden von jährlich 15.000 EUR. Mit dem Rentenverkürzungsschaden werden die Nachteile ausgeglichen, die dem V durch die Nichtabführung von Rentenversicherungsbeiträgen entstanden sind und noch entstehen. Den Beitragsregress nach § 119 SGB X gab es zur Zeit des Unfalls des V noch nicht. Geburtsdatum 2.1.1958, Stichtag 1.1.2005. Wie hoch ist der Barwert? Es handelt sich um eine aufgeschobene lebenslängliche Leibrente auf ein Leben.

a) Berechnung nach Empfehlung Nehls

106 Hier ergibt sich eine **näherungsweise Lösung** mit den Tabellen 1 und 2 (siehe § 14 Rdn 19 f.). Dabei ist wie folgt vorzugehen: Zunächst ist der Faktor der sofort beginnenden Leibrente zu ermitteln. Dieser Faktor ist jedoch zu hoch. Er muss vermindert werden um den Faktor der sofort beginnenden temporären Leibrente bis Alter 65 Jahre. In diesem Zeitraum steht dem V die Rente noch nicht zu. Den Rechnungszinsfuß setzen wir mit 2,5 % an. Laufzeit 322,144 Jahre, Faktor lebenslänglich (Zeitrente 32 Jahre, Zinssatz 2,5 Prozent, Anhang 15, Tabelle 1, siehe § 14 Rdn 19). Faktor bis 65 14,547 (siehe Rdn 98). Der verminderte Faktor lautet (22,144 minus 14,547 gleich) 7,597 und der Barwert (7,597 x 15.000 EUR gleich) **113.955 EUR**.

b) Versicherungsmathematische Einwendungen

107 **Versicherungsmathematisch** wird gegen den **Faktor 7,597** zu Recht eingewandt, dass die Vorversterbensmöglichkeit des V nicht berücksichtigt sei.

A. Kapitalisierung § 11

c) Lösung durch „capitalisator"

Der „**capitalisator**" ermittelt folgenden versicherungsmathematischen Barwert: – Sterbetafel 2005/2007, Mortalitätsrente auf ein Leben, Mann Alter 47 Jahre, in 18 Jahren (Alter 65 Jahre) beginnend, dann lebenslänglich, Kapitalzinsfuß (Rechnungszinsfuß) 2,5, vierteljährlich vorschüssig, Jahresrente 15.000 EUR – **111.659 EUR**.

108

d) Berechnungsweise Versicherer

Liegt ein „**wichtiger Grund**" nicht vor, wird die **Assekuranz folgendes Angebot** unterbreiten – es wird unterstellt, dass die Assekuranz die Jahresrente in Höhe von 15.000 EUR akzeptiert: Faktor *Küppersbusch* (a.a.O., 10. Auflage) 5 %, Alter 47 Jahre (Tabelle I/1 – lebenslänglich) 15.000 EUR minus Faktor (Tabelle I/4 – bis 65 Jahre) 11,425 gleich 3,575; Barwert 3,575 x 15.000 EUR gleich **53.625 EUR!**

109

e) Berechnung durch Gericht

Liegt ein „**wichtiger Grund**" vor, kann mit einer **Verurteilung** der Assekuranz in Höhe von etwa **111.000 EUR** gerechnet werden. Das LG Stuttgart errechnet 73.000 EUR. Es berücksichtigt irrtümlich eine Rentendynamik in Höhe der Inflationsrate nicht.

110

5. Haushaltsführungsschaden

Die Auffassung, es gäbe ab dem 65. Lebensjahr eine natürliche Minderung der Arbeitsfähigkeit (BGH VersR 1976, 663), die eine Reduzierung der Arbeitskraft rechtfertige, ist heute auch beim **Haushaltsführungsschaden** sicher überholt und daher falsch. Der ist längstens bis zu dem Zeitpunkt zu leisten, in dem der Verletzte voraussichtlich Haushaltsführungstätigkeiten ausüben würde. Über diesen Zeitpunkt herrscht regelmäßig nicht enden wollender Streit mit den Versicherern.

111

Diesbezüglich werden alle möglichen Auffassungen vertreten: Bis zum 70. Lebensjahr ist der häufigste Wunschgedanke der Assekuranz, maximal bis zum 75. Lebensjahr ist dann oft das Äußerste an Zugeständnissen (*Küppersbusch/Höher*, 12. Aufl., Rn 863). Der wohl der Realität am nächsten kommende Zeitpunkt dürfte vielleicht sein: **Statistische Lebenserwartung** nach Tabelle IV bei *Küppersbusch/Höher* **minus 2 Jahre**, ein Vorschlag, der im Rahmen eines Vortrages von einem Vorsitzenden Richter des Schadensenates des OLG Oldenburg auf Nachfrage unterbreitet wurde.

112

Bei **älteren Personen nahe dieser Altersgrenze** bzw. nach deren Überschreitung ist eine längere Zeit der Haushaltsführungsfähigkeit zu unterstellen und ggf. der Dauer nach zu schätzen, wenn sie den Haushalt zum Unfallzeitpunkt nachgewiesenermaßen tatsächlich noch geführt haben. In solchen Fällen ist durchaus zu unterstellen, dass der Haushalt bis zum statistischen Lebensende geführt werden wird.

113

§ 11 Kapitalabfindung

6. Verbindungsrente

114 Die **Verbindungsrente** kommt z.b. in Betracht bei einem Haushaltsführungsschaden in einer Doppelverdienerehe. Das nachfolgende **Beispiel** folgt dem Fall, den der BGH am 29.3.1988 (zfs 1988, 204) entschieden hat. Es ging nicht um eine Kapitalisierung, sondern um die laufende Regulierung.

> *Beispiel*
> Frau H und Herr H führten eine Doppelverdienerehe. Den Haushalt haben sie sich geteilt. Die Ehefrau wird getötet. Der Witwer hat einen Anspruch wegen Ausfalls der Haushaltsführung durch die Frau von jährlich 5.400 EUR „für die Dauer der statistischen Lebenserwartung der Ehefrau, längstens aber bis zu seinem Tode" (BGH). Stichtag 1.1.2005. Alter am Stichtag: beide 38 Jahre. Wie hoch ist der Barwert? Es handelt sich um eine Verbindungsrente, und zwar, da sie mit dem Tod der ersten Person endet, eine Rente auf das kürzere Leben.

a) Berechnung nach Empfehlung Nehls

115 Hier ergibt sich eine **näherungsweise Lösung** mit den Tabellen 1 und 2 (Anlage 15 im Anhang, vgl. § 14 Rdn 19 f.). Welches ist der einschlägige Faktor?

Vorfragen: Wie hoch ist der Rechnungszinsfuß und wie viele Jahre sind anzusetzen? Zugrunde zu legen ist wieder ein reduzierter Kapitalmarktzinsfuß von 3,75 % und eine Inflationsrate von 1,25 %. Der Haushaltsführungsschaden hängt von der Rentendynamik der Tarife im öffentlichen Dienst ab. Nach diesen Tarifen ist der Schaden berechnet worden. Die Gehälter im öffentlichen Dienst werden zukünftig wenigstens in Höhe der Inflation steigen. Der Rechnungszinsfuß lautet (3,75 minus 1,25 gleich) 2,5 %. Zu rechnen ist auf das kürzere Leben. Mit 38 Jahren hat der Mann eine durchschnittliche Lebenserwartung von 40,11 Jahren und die Frau von 45,02 Jahren. Faktor bei 40 Jahren also 25,441 und Barwert (25,441 mal 5.400 EUR gleich) **137.219 EUR**.

b) Versicherungsmathematische Einwendungen

116 **Versicherungsmathematisch** wird gegen den **Faktor 25,441** eingewandt, er sei nicht aus einer Tabelle entnommen worden, in der die Sterbewahrscheinlichkeit bereits eingearbeitet ist. Die Arbeit mit Lebenserwartung und Zeitrente sei falsch. Der Vorwurf wird zu Unrecht erhoben. Die Sterbewahrscheinlichkeit ist in den Lebenserwartungen berücksichtigt. Und es ist hier nur die niedrigste Lebenserwartung, die des Mannes, berücksichtigt worden.

c) Lösung durch „capitalisator"

117 Der „**capitalisator**" ermittelt folgenden versicherungsmathematischen Barwert: – Sterbetafel 2005/2007, Verbindungsrente auf zwei Leben, und zwar auf das kürze-

A. Kapitalisierung § 11

re, Mann/Frau Alter 38 Jahre, sofort beginnend, lebenslänglich, Kapitalzinsfuß 3,75 %, Rentendynamik 1,25 % (Rechnungszinsfuß 2,5 Prozent), Jahresrente (Startwert) 5.400 EUR – **133.388 EUR**.

d) Berechnungsweise Versicherer

Liegt ein „**wichtiger Grund**" **nicht vor**, wird die Assekuranz zu folgendem Angebot bereit sein – es wird unterstellt, dass die Assekuranz die Jahresrente in Höhe von 5.400 EUR akzeptiert: **118**

- Laufzeit nur bis 75 Jahre, danach sei man nicht mehr in der Lage, im Haushalt zu arbeiten;
- Faktor nach *Küppersbusch* (a.a.O., Berechnung nach 8. Auflage) 5 %, Alter Mann/Frau 35 Jahre: zwischen 15,932 (Tabelle 12, Verbindungsrente lebenslänglich) und 14,247 (Tabelle 15, Verbindungsrente bis 65 Jahre), der Barwert **zwischen 85.930 EUR und 76.934 EUR** statt 133.388 EUR.

e) Berechnung durch Gericht

Liegt ein „**wichtiger Grund**" **vor**, würde ein Gericht etwa **133.000 EUR** zusprechen. **119**

> *Beachte* **120**
> **Die Wahrscheinlichkeit der Wiederverheiratung ist zu beachten.** Deshalb sind von den oben errechneten Beträgen Abschläge vorzunehmen.

7. Entgangener Unterhalt

Für den entgangenen Barunterhalt bei Tötung oder bei einem unfallbedingt 100 % arbeitsunfähig gewordenen Erwerbstätigen bzw. Unterhaltsverpflichteten ist zunächst einmal das Nettoeinkommen zu berechnen. Sodann ist der Zeitpunkt des wahrscheinlichen Ausscheidens zu ermitteln (65./67. bei Männern bzw. 63./65. Lebensjahr bei Frauen). Längstens ist das statistische Lebensende des Getöteten/Arbeitsunfähigen (*Küppersbusch*, a.a.O. Anhang Tabelle IV) zugrunde zu legen, soweit nicht hiervon abweichende individuelle Anhaltspunkte gegeben sind. **121**

Anspruchsmindernd kann sich ein etwaig begründetes Vorversterbensrisiko auswirken. Der Schadensersatzanspruch eines hinterbliebenen Ehegatten endet regelmäßig im Falle einer Wiederheirat (vgl. dazu unten Rdn 131). **122**

Für Waisen ist der Schadensersatz für entgangenen Barunterhalt bis zum Ende der familienrechtlich geschuldeten Ausbildung zu zahlen (*Küppersbusch*, a.a.O. Anhang Tabelle III). **123**

Im Falle einer Ausbildung in einem Lehrberuf ist bis zu dessen vermutlichem Ausbildungsende zu rechnen, ggf. auch darüber hinaus, wenn im individuellen Fall noch nachfolgende Weiterbildungsmaßnahmen zu erwarten sind. **124**

§ 11 Kapitalabfindung

125 Bei Studenten ist mindestens bis zum 27. Lebensjahr (OLG Köln VersR 1990, 1285) zu rechnen, individuell kann es auch erheblich darüber hinausgehen (nachfolgende Promotion, berufsbedingt erforderliches Zweitstudium – z.b. Kieferchirurg: Medizin und Zahnmedizin, Doppelpromotion).

8. Schmerzensgeldrente

126 Eine Schmerzensgeldrente ist stets bis zum statistischen Lebensende des Verletzten zu zahlen. Allerdings wird eine Schmerzensgeldrente in der Praxis ohnehin nur ausnahmsweise zuzusprechen sein, wenn immer wiederkehrende Verletzungsfolgen erheblichen Ausmaßes zu beklagen sind, die dem Verletzten stets aufs Neue physische oder psychische Schmerzen zufügen.

B. Dynamikzuschlag

127 Bei Vergleichsverhandlungen sieht der **Anwalt** sich **zwei Übeln** gegenüber.

- **Zum einen will die Assekuranz nicht das zahlen, was der Anwalt errechnet hat** und was das Gericht möglicherweise zusprechen würde. Die einschlägigen Bücher geben ihm noch nicht einmal die Chance, eine richtige Berechnung vorzunehmen. Sie bieten keine niedrigen Zinssätze unter 4 % in ihren Tabellen. Das Landgericht Stuttgart greift deshalb zur Selbsthilfe. Es hat ein eigenes Rechenprogramm, um Barwerte zu errechnen.
- **Das andere Übel** besteht in dem Umstand, dass die Beträge, welche die Assekuranz bereit ist zu zahlen, bereits zum **Leuchten von Eurozeichen in den Augen des Geschädigten** führen. Akzeptiert der Mandant dieses niedrige Angebot, begibt sich der Anwalt in die **Gefahr einer Anwaltshaftung**. Der Anwalt hat den Mandanten aufzuklären und zu beraten. Ggf. muss er protokollieren, dass der Mandant den niedrigeren Betrag akzeptiert, obwohl ein Gericht – wenn ein „wichtiger Grund" vorliegen würde – in etwa den Betrag zusprechen würde, den der Anwalt nach den hier vorgestellten Grundsätzen errechnet hat.

128 Das richtige Handwerkszeug für den Anwalt sind Tabellen mit Zinsfüßen auch unter 4 % (z.b. Tabellen von *Nehls* und dem Statistisches Bundesamt, jetzt aber auch endlich *Küppersbusch/Höher*, Ersatzansprüche von Personenschäden, 12. Auflage 2016) und die Software „**capitalisator**" bzw. *Pardey*. Wenn die Augen des Mandanten bei dem Angebot der Assekuranz nicht aufleuchten und er einen höheren Betrag begehrt, sollte der Anwalt einen **Dynamikzuschlag** fordern. Je mehr der Mandant bereit ist, dass – statt der unzulänglichen Kapitalisierung – weiter laufend rentenweise reguliert wird, könnte der Zuschlag von der Assekuranz dann doch noch in deren **Interesse an schneller abschließender Bearbeitung** des Falles bewilligt werden.

C. Steuern §11

I. Berechnung

Nach einer Mitteilung des Rückversicherers Swiss Re und einer Mitteilung des Bundesrechnungshofes sind in der Praxis Zinssätze von 0 bis 3 % üblich.

129

Nehmen wir das 2. **Beispiel** mit dem Verdienstausfall bis 65 Jahre und für den Zuschlag 3 %. Der Zuschlag ergibt sich aus der Multiplikation von Faktor (*Küppersbusch* 10, 671) und Zuschlagsprozentsatz (3).

Der Zuschlag beträgt 10,671 mal 3 = 32,01 %. Es errechnet sich folgender Barwert:

siehe oben nach *Küppersbusch*	318.647 EUR
zuzüglich Zuschlag von 32,01 %	+ 101.999 EUR
gesamt	420.646 EUR

Zum Vergleich die Berechnung mit dem „**capitalisator**":

414.118 EUR. Der Anwalt kann dem Mandanten zur Annahme raten.

Beachte
Die Assekuranz leugnet in der Praxis regelmäßig das Erfordernis des Dynamikzuschlags.

130

II. Weitere Korrekturmöglichkeiten

Die **Wiederverheiratungschance** ist ebenfalls statistisch errechnet und ergibt sich aus den Wiederverheiratungstabellen 17 und 18 (Tabellenangaben beziehen sich auf *Küppersbusch*, Ersatzansprüche bei Personenschaden, 7. Auflage 2000, dortiger Anhang Kapitalisierungstabellen, in der 8. Auflage 2004 nicht mehr vorhanden).

131

Für die Kapitalisierung von **Waisenrenten** gibt es die Tabellen III/20 bis III/29 (Tabellenangaben beziehen sich auf *Küppersbusch/Höher*, 12. Auflage 2016, dortiger Anhang Kapitalisierungstabellen), die sich auf das Erreichen desjenigen Lebensalters beziehen, welches das Ende der familienrechtlich geschuldeten Ausbildung bezeichnet, also 16, 18 bzw. 21 Jahre.

132

Zukünftige **Einkommenssteigerungen** (wegen beruflicher Karriere: Beförderung, Altersstufen) wie auch **Einkommensreduzierungen** (Arbeitsplatzrisiko, überholende Kausalität) sind korrigierend hinzu- bzw. abzurechnen. Korrekturen sind ferner vorzunehmen, wenn Rentenzahlungen oder Einkünfte aufgrund der Arbeitspflicht der Frau ab einem bestimmten Zeitpunkt berücksichtigt werden müssen.

133

C. Steuern

Bei Abfindungsvergleichen vergessen viele Kollegen, neben allgemeinen Vorbehalten vor allem den **Versteuerungsvorbehalt** mit in die schriftliche Abfindungserklärung aufzunehmen (vgl. auch § 9 Rdn 626 f.). Das ist dann im Zweifel ein klarer Regressfall für den Anwalt.

134

§ 11 Kapitalabfindung

135 *Beachte*
Der gesamte Kapitalbetrag anstelle der laufenden Schadensersatzrente, die selbst zu versteuern ist (z.B. wegen Verdienstausfalls), **ist zu versteuern** (BFH BStBl III 1961, 101).

136 In aller Regel wird der Verdienstausfall auf Nettobasis abgerechnet. In der Praxis sollen die Finanzämter hier keine Einkommensteuer erheben. Das tun sie aber, sobald ein steuerpflichtiger Sachverhalt bekannt wird bzw. bekannt zu geben ist.

137 *Tipp*
Dennoch sollte die Assekuranz die Erklärung abgeben:
„Sollten auf den Abfindungsbetrag Steuern zu entrichten sein, werden diese für die Vergangenheit und Zukunft von dem Schädiger und seinem Haftpflichtversicherer übernommen. Insoweit wird auf den Einwand der Verjährung verzichtet und der Anspruch mit der Wirkung eines gerichtlichen Vorbehaltsurteils anerkannt."

§ 12 Vergleich und Verjährung

A. Vergleich

I. Definition

Ein Vergleich ist nur dann gegeben, wenn der Streit oder die Ungewissheit der Parteien über ein Rechtsverhältnis im Wege **gegenseitigen Nachgebens** beseitigt wird. Er liegt nicht vor, wenn der Schädiger den von ihm für zutreffend gehaltenen Betrag zahlt und sich der Geschädigte damit zufrieden gibt. **1**

Rechtlich handelt es sich um einen **schuldrechtlichen Vertrag** zwischen dem Geschädigten, der bei Minderjährigkeit ausreichend vertreten sein muss, und dem Schädiger, vertreten nach § 10 Abs. 5 AKB bzw. A.1.1.4 AKB 2008 durch seinen Haftpflichtversicherer, der im KH-Bereich wegen der Direkthaftung des § 115 Abs. 1 S. 1 Nr. 1 VVG zugleich für sich selbst handelt. **2**

II. Abfindungsvergleich
Literatur zum Abfindungsvergleich:

Berg, Teilschmerzensgeldklagen, NZV 2010, 63 ff.; *Engelbrecht*, Der Abfindungsvergleich, DAR 2009, 447; *Fritz*, Der Abfindungsvergleich in Arzthaftungssachen, ZMGR 2015, 289; *Günter*, Wichtige Entscheidungen zum Abfindungsvergleich mit der gegnerischen Haftpflichtversicherung, SVR 2014, 54; *Heß/Burmann*, Grundlagen des Abfindungsvergleichs bei Personenschäden, NJW-Spezial 2013, 713; *Hofmann*, Der Schadensersatzprozess, Vorbereitung, Taktik, Vergleich, 2. Auflage 1999; *Jahnke*, Abfindung von Personenschadenansprüchen, 2. Auflage 2008; *Köck*, Der Abfindungsvergleich beim Personenschaden, DAR 2015, 557; *Luckey*, Haftungsrisiken beim Abfindungsvergleich, DAR 2013, 772; *ders.*, Haftungsfallen beim Abfindungsvergleich, SVR 2012, 135; *Meinel*, Reichweite eines Abfindungsvergleichs nach Verkehrsunfall, zfs 2014, 431; *Nehls*, Auslegung und Anpassung eines Abfindungsvergleichs, SVR 2009, 2144; *Nugel*, Der Abfindungsvergleich in der außergerichtlichen Schadenregulierung, zfs 2006, 190 ff.; *Schah Sedi/Schah Sedi*, Die anwaltliche Beratungspflicht zu Beginn des Mandats und vor Abschluss eines außergerichtlichen Abfindungsvergleiches unter besonderer Berücksichtigung des Personenschadens, zfs 2008, 491; *Terbille*, Die Schmerzensgeldteilklage – anwaltliche Pflicht oder risikobehaftet?, VersR 2005, 37 ff.

Die regelmäßige Form des Vergleiches bei der Verkehrsunfallregulierung ist die Abfindungserklärung, oft zutreffender als **Abfindungsvergleich** bezeichnet. **3**

1. Allgemeine Anforderungen

Hinsichtlich des Inhaltes solcher Abfindungserklärungen gilt regelmäßig, dass sie als **Allgemeine Geschäftsbedingungen** anzusehen sind und die §§ 305–310 BGB (früher AGB-Gesetz) Anwendung finden. Wesentlich ist, dass nach den in der Praxis verwendeten Formularen die Abfindung hinsichtlich der gesamten Schadensersatzansprüche für **Vergangenheit und Zukunft**, oft auch noch sogar hinsichtlich **bekannter und unbekannter Schadensfolgen**, erfolgt. **4**

5 Häufig werden Vergleichstexte so gefasst, dass **alle künftigen Schäden**, mögen sie vorhersehbar oder nicht vorhersehbar sein, erfasst sein sollen. Grundsätzlich bleibt der Geschädigte dann bei der Verwirklichung von **Spätschäden** an den Vergleich gebunden, da auch diese Spätschäden Regelungsgegenstand des Vergleiches sind (§ 779 BGB). Üblicherweise geschieht dies unter **Verwendung vorformulierter Abfindungserklärungen**, die auch die Abfindung wegen nicht absehbarer Schäden umfassen.

6 Eine solche Vereinbarung hat für den Geschädigten **weitreichende Konsequenzen**. Er ist grundsätzlich an diese Vereinbarung **gebunden** und kann anlässlich des Schadensereignisses keine weiteren Ansprüche geltend machen. Dies gilt i.d.R. auch dann, wenn erst **zu einem viel späteren Zeitpunkt Folgeschäden** auftreten, von denen der Betroffene zum Zeitpunkt des Abschlusses des Abfindungsvergleichs gar keine Kenntnis gehabt hat (*Nugel*, zfs 2006, 190).

7 Nur in besonderen Ausnahmefällen ist in der Rechtsprechung anerkannt, dass die Schädigerseite **treuwidrig** handelt, wenn sie sich auf die **Ausschlusswirkung** einer Abfindungsvereinbarung beruft.

- Zum einen muss es sich um Verletzungen/Spätschäden handeln, die von den Parteien **bei Abschluss des Abfindungsvergleichs weder erwartet worden sind noch erkannt werden konnten** (BGH VersR 1966, 243). Entscheidend ist insoweit die Sichtweise eines objektiven Dritten als verständiger und redlicher Vertragspartner (OLG Oldenburg VersR 2004, 64). Dabei ist auch zu berücksichtigen, ob die Parteien den möglichen Eintritt derartiger Spätfolgen zum Vertragszeitpunkt unter Heranziehung von (medizinischen) Fachleuten hätten erkennen können (OLG Oldenburg VersR 2004, 64). Maßgeblich ist im Zweifelsfall, ob die später aufgetretene Verletzung nicht in dem Risikobereich liegt, den der Geschädigte mit der Abfindungserklärung übernommen hat (*Nugel*, a.a.O. S. 191).

- Selbst wenn **Fachleute** zum Zeitpunkt der Abfindungsvereinbarung die Spätfolgen nicht hätten erkennen können, so ist dem Geschädigten nur dann ein Festhalten an dem Abfindungsvergleich nach Treu und Glauben nicht zumutbar und eine Berufung seitens des Schädigers auf den Abfindungsvergleich **rechtsmissbräuchlich**, wenn durch den Eintritt der späteren Verletzungen zwischen dem bestehenden Schaden und der gezahlten Vergleichssumme ein **krasses Missverhältnis** besteht (BGH VersR 1990, 984). An eine solche „krasse" Äquivalenzstörung werden strenge Anforderungen gestellt. Teilweise wird gefordert, dass der tatsächliche Schaden die Vergleichssumme um ein 10-Faches übersteigen muss, damit für den Geschädigten ein Festhalten am Abfindungsvergleich eine unzumutbare Härte darstellt (OLG Frankfurt zfs 2004, 16; *Diehl*, zfs 2008, 14 m.H.a. BGH VersR 1990, 984; *Müller*, VersR 1998, 129). Teilweise ist auch bei einem Anstieg des tatsächlichen Schadens um gut 500 % eine unzumutbare Härte angenommen worden (OLG Nürnberg VersR 2004, 882). Ausnahmsweise

A. Vergleich § 12

kann auch bei einem geringeren Missverhältnis eine unzumutbare Härte bejaht werden (*Nugel*, a.a.O. S. 191).

Der Abfindungsvergleich begründet damit **für den beratenden Anwalt erhebliche Haftungsrisiken**, denen er dadurch begegnen muss, dass er **nachdrücklich und schriftlich dokumentiert**, dass alle aus der Sicht eines Fachmannes vorhersehbaren Spätschäden von der Abfindungserklärung umfasst sind (BGH VersR 1982, 703 f.; BGH VersR 1983, 735 f.) und eine Lösung von dem Abfindungsvergleich bei dem Auftreten von zunächst nicht erkennbaren Spätschäden nur bei einer Verfehlung der an sich anzusetzenden Abfindungssumme um 90 % möglich ist (*Diehl*, a.a.O. m.H.a. OLG Frankfurt zfs 2004, 16). 8

Aus der **Zuweisung zu Risikobereichen** wird in der Rechtsprechung sogar der Schluss gezogen, dass der Geschädigte mit dem Abfindungsvergleich auch das **Risiko einer ärztlichen Fehleinschätzung** übernommen hat. Nach dieser Auffassung muss sich der Geschädigte auch dann an einem Abfindungsvergleich festhalten lassen, wenn sich später herausstellt, dass er auf eine falsche ärztliche Auskunft vertraut hat. Auf dieses besondere Risiko sollte der Mandant bei Abschluss eines Abfindungsvergleichs ebenfalls hingewiesen werden (*Nugel*, a.a.O. S. 191). 9

2. Abfindungsverhandlungen

Bei Abfindungsverhandlungen stehen sich in der Regel **ungleiche Partner** gegenüber, die mit unterschiedlichen Mitteln für ihre Sache kämpfen: 10

Auf der einen Seite der gänzlich unerfahrene Geschädigte, dem sein mehr oder weniger erfahrener, mit dem Thema ggf. nur hin und wieder konfrontierter **Anwalt** zur Seite steht, und auf der anderen Seite der routinierte, mit der Materie bestens vertraute und speziell geschulte **Großschadenregulierer** des ohnehin finanziell übermächtigen Versicherers. Letzterer ist ein nicht zu unterschätzender Fachmann, der – im Gegensatz zum Anwalt – täglich mit der Materie umgeht. 11

> **Tipp** 12
> Dieses Ungleichverhältnis kann und muss der Anwalt, der Großschäden bearbeitet und Abfindungsverhandlungen durchführt, unbedingt durch Teilnahme an den vielfältigen **Fortbildungsveranstaltungen**, regelmäßige Lektüre der **Fachliteratur** und maximales **Verhandlungsgeschick** ausgleichen. Dazu gehört auch die beste **Vorbereitung von Regulierungsgesprächen** mit Versicherungsregulierern. Kein noch so erfahrener Anwalt sollte die Erfahrung und die vielfachen Taktiken der Versicherer unterschätzen, **Schadensregulierer sind in der Regel deutlich besser „im Stoff" als der Geschädigtenvertreter.**

a) Belehrungspflichten

Vor dem Hintergrund der eingeschränkten Aufhebungsmöglichkeit eines Abfindungsvergleichs ist vor seinem Abschluss zur dringenden Vorsicht zu raten. Der für 13 den Geschädigten tätige Anwalt hat **umfangreiche Beratungspflichten**. In jedem Falle benötigt der Anwalt die **Zustimmung seiner Partei** (BGH zfs 2002, 127 ff. = DAR 2002, 63). Daher muss er den Mandanten zuvor **ausführlich** über den Inhalt des beabsichtigten Vergleichs **informieren** und ihm alle ersichtlichen Vor- und Nachteile sowie die Gefahren eines solchen Abfindungsvergleiches vor Augen führen und erläutern.

14 Zudem ist der Mandant insbesondere auf die **grundsätzliche Verbindlichkeit des Vergleichs** und die von ihm übernommenen **Risiken** hinzuweisen. Bei einem **unklaren Krankheitsverlauf** bzw. **nahe liegenden Komplikationen** muss sich der Anwalt ein aktuelles Bild über den Gesundheitszustand des Mandanten geben lassen.

15 Auch hat der Rechtsanwalt seinen Mandanten genau darüber aufzuklären, welche **Art von Schadensersatzansprüchen** abgegolten wird. Insbesondere wenn anfangs nur Verhandlungen über einen Schmerzensgeldanspruch geführt werden, ist bei Übernahme auch materiellrechtlicher Schadenspositionen in den Abfindungsvergleich gesondert darauf hinzuweisen.

16 Dem Mandanten sollte immer die **ausdrückliche Entscheidung** überlassen bleiben und selbstredend kein Vergleich ohne seine Zustimmung geschlossen werden. Darüber hinaus muss der Rechtsanwalt von dem Abschluss eines solchen (**vorbehaltlosen**) Vergleichs i.d.R. abraten, wenn ärztlicherseits die **Möglichkeit einer Verschlimmerung** erheblicher Verletzungen attestiert worden ist und darf ggf. lediglich einen **Vorbehaltsvergleich** abschließen (*Nugel*, a.a.O. S. 191).

17 Er haftet für seine vorwerfbaren Versäumnisse gegenüber dem Mandanten z.B. dann, wenn er den Mandanten pflichtwidrig nicht darüber aufgeklärt hat, dass er wegen des Wortlautes des Vergleichs keine Ansprüche mehr wegen eines zukünftigen materiellen Schadens hat (BGH zfs 2002, 127 ff. = DAR 2002, 63). Oftmals ist es schon ein Fehler, dem Mandanten **überhaupt zum Abschluss eines Abfindungsvergleiches zu raten**. Hierin ist also ein hohes **Regressrisiko** begründet.

b) Checkliste

18 Folgende inhaltlichen Fragen sollten bei jeder Beratung vor dem Abschluss eines Abfindungsvergleichs angesprochen werden (nach *Nugel*, zfs 2006, 192):
- Welche Schadenspositionen werden erfasst (materiell/immateriell)?
- Welche Ansprüche könnten demgegenüber dem Mandanten zustehen?
- Zahlt der Versicherer einen „Risikozuschlag"?
- Erfasst der Vergleich (wie im Regelfall) auch derzeit nicht erkennbare, aber mögliche Folgeschäden?
- Bei längeren bzw. unregelmäßigen Behandlungen: Immer über den aktuellen Gesundheitszustand des Mandanten informieren und ggf. nachfragen. Wenn ein ärztlicher Hinweis auf mögliche Folgeschäden besteht: Im Zweifel von einem solchen Vergleichsabschluss ausdrücklich abraten.

A. Vergleich § 12

- In jedem Fall muss der Hinweis erfolgen, dass im Zweifel eine falsche ärztliche Auskunft im Risikobereich des Mandanten liegt.
- Immer ist auf die Verbindlichkeit des Abfindungsvergleichs hinzuweisen, welche nur in eng begrenzten Ausnahmefällen aufgehoben werden kann.

Aus **Gründen der Beweissicherung** sollte diese Aufklärung gegenüber dem Mandanten **schriftlich** erfolgen. Das kann z.B. auch in einem **Begleitbrief** erfolgen, weil der Mandant den Brief ja in jedem Fall erhalten haben muss. Er kann zur Sicherheit auch mit einer zurückzusendenden Quittung verbunden werden. **19**

Die **zentralen Rechtsausführungen** zu der Wirkung eines Abfindungsvergleichs lassen sich dabei zeitsparend als **Musterdatei** erstellen und ggf. als Kern für jede Beratung wieder verwenden. Auch die Einholung notwendiger Informationen zu dem Gesundheitszustand des Mandanten sollte aus Beweissicherungsgründen im Zweifel immer schriftlich erfolgen (*Nugel*, a.a.O., S. 192). **20**

Grundsätzlich bedarf es zum Abschluss eines Vergleichs keiner **Unterzeichnung** einer Abfindungserklärung. In der Praxis wird eine solche Unterzeichnung aber regelmäßig gewünscht, was aus Gründen gegenseitiger **Beweisführung** sicher auch zweckmäßig ist. **21**

Entgegen einer weit verbreiteten Auffassung hat der Ersatzpflichtige aber **keinen Anspruch** darauf, dass der Geschädigte eine Abfindungserklärung unterzeichnet. Die Schädigerseite kann also die Auszahlung des Schadensersatzes nicht von der Unterzeichnung einer Abfindungserklärung abhängig machen. Das würde einer **Nötigung** gleichkommen (OLG Frankfurt NVersZ 1999, 144). Gleichwohl versuchen Versicherer immer wieder, insbesondere bei **Bagatellschmerzensgeldern** die Auszahlung von der Unterzeichnung einer Abfindungserklärung abhängig zu machen. Das ist vollkommen inakzeptabel, darauf sollte sich niemand einlassen. **22**

Vor der Unterzeichnung sollte das Für und Wider einer Abfindung mit dem Geschädigten **in aller Gründlichkeit durchgesprochen** werden. Vor allem sind die Alternativen zu bedenken (Rentenzahlungen), aber auch im Hinblick auf etwaige Zukunftsschäden die Endgültigkeit. **23**

Ist der Geschädigte **minderjährig**, so ist zu berücksichtigen, dass gem. § 1629 Abs. 1 BGB **beide Elternteile dem Abfindungsvergleich zustimmen** müssen und dies am besten durch ihre Unterschrift bekunden. Eine Besonderheit gilt allerdings, sofern ein oder beide Elternteile zu dem Schadensereignis beigetragen haben und ggf. eigene Regressansprüche des Kindes gegen seine Eltern bestehen. In diesem Fall kann in entsprechender Anwendung der §§ 1629 Abs. 2, 1795 BGB die **Bestellung eines Ergänzungspflegers** notwendig sein, um die Interessenskollision der Eltern zum Schutz des Kindes zu vermeiden. Die weit reichende verschuldensunabhängige Haftung eines Fahrzeughalters gem. § 7 StVG, die sich nach der Gesetzesänderung zum 1.8.2002 auch auf eine Haftung gegenüber Insassen erstreckt, muss dabei beachtet werden (vgl. § 1 Rdn 129 ff. sowie *Nugel*, a.a.O., S. 192, 193). **24**

§ 12 Vergleich und Verjährung

25   *Tipp*
Der Anwalt sollte Abfindungserklärungen **nie** im Namen und in Vollmacht des Mandanten **unterzeichnen**. Diese sollten **ausschließlich nur von dem Mandanten** selbst unterzeichnet werden. Wenn es später einmal Streit wegen eingetretener Folgeschäden gibt, ist der Anwalt sonst schnell „in der Schusslinie" des Regresses mit der Erklärung des Mandanten, der Anwalt habe die Abfindungserklärung ohne Auftrag unterzeichnet oder ihm den vollständigen Text der Erklärung nicht erläutert.

26   Abfindungserklärungen enthalten meistens Klauseln, wonach auch **Ansprüche gegen Dritte** ausgeschlossen sein sollen. Diese Klausel ist allein schon deshalb unschädlich, weil bei gesamtschuldnerischer Haftung die Erfüllung des Abfindungsvergleichs ohnehin auch zugunsten des anderen Gesamtschuldners wirkt.

27   **Abfindungserklärungen dürfen jedoch nie Ansprüche umfassen, die kraft Gesetzes auf Sozialleistungsträger übergegangen sind.** Weder der Geschädigte noch sein Anwalt können oftmals jedoch wissen, welche Ansprüche des Sozialleistungsträgers noch nicht oder wie behandelt worden sind. Zu beachten ist auch, dass die Schädigerseite **trotz eines Forderungsübergangs** und damit mangels Aktivlegitimation nicht mehr gegebenen Verfügungsbefugnis des Geschädigten im Rahmen einer Abfindung unter den Voraussetzungen des § 407 BGB **gutgläubig** an den Geschädigten mit befreiender Wirkung leisten kann. Die Gutgläubigkeit scheidet aber bereits dann aus, wenn die Schädigerseite die Tatsachen kennt, die eine Sozialversicherungspflicht begründen (BGH VersR 1994, 1450). Die Gefahr einer doppelten Inanspruchnahme kann aus der Sicht des Schädigers durch eine Abtretung der Ansprüche des Verletzten gegenüber dem Sozialversicherungsträger ausgeschlossen werden. Einer solchen Abtretung muss aber der Sozialversicherungsträger zustimmen.

28   *Tipp*
Sicherer ist es daher, den gesamten Bereich der Ansprüche des Sozialleistungsträgers oder Dritter (z.B. Arbeitgeber, privater Krankenversicherer) aus dem Abfindungsvergleich herauszunehmen und stets den **Zusatz** mit aufzunehmen:
„... soweit nicht Ansprüche des Geschädigten auf Sozialleistungsträger oder sonstige Dritte übergegangen sind oder übergehen."

29   **Vorsicht** ist vor allem geboten, wenn es sich nicht um Sozialleistungsträger handelt, sondern um **private Schadensversicherer**, weil bei diesen der Forderungsübergang gem. § 86 Abs. 1 VVG nicht bereits zum Zeitpunkt des Schadensereignisses, sondern erst mit der jeweiligen Zahlung des Versicherers erfolgt. Das bedeutet, dass zum Zeitpunkt eines Vergleichsabschlusses vor der Zahlung des Versicherers – und damit vor dem Forderungsübergang – der Geschädigte noch vollständig verfügungsbefugt ist, sodass der Vergleich grundsätzlich auch die Ansprüche umfasst, welche ohne den Vergleich später auf den Schadensversicherer übergegangen wären. Wenn dann eine vorbehaltlose Abfindungserklärung unterzeichnet worden ist, kann das bedeuten, dass damit auch der **Regress des Privatversicherers** unmöglich oder beschnitten worden ist. Dann kann der Privatversicherer gem. § 86 Abs. 2 VVG vollständig oder zum Teil **leistungsfrei** werden, und der VN wendet sich dann regressierend an seinen Anwalt, dem er vorwirft, ihn auf diese Folge des Vergleiches nicht hingewiesen zu haben.

> *Tipp*
> Vor dem Abschluss eines Abfindungsvergleiches sollte der Anwalt den **Mandanten fragen**, ob er über irgendeine **private Schadensversicherung** (z.b. Krankenversicherung, Kaskoversicherung, ggf. Unfallversicherung, soweit diese neben der Invaliditätsleistung als Summenversicherung auch schadensversicherungsrechtliche Leistungen beinhaltet, die übergehen) verfügt, die durch diesen Vergleich in ihren Rechten beeinträchtigt sein könnte. Erst wenn dies geklärt ist – worüber ein Vermerk in der Akte angefertigt und ggf. vom Mandanten unterschrieben werden sollte –, darf ein Abfindungsvergleich unterschrieben werden. Sonst muss ein **Vorbehalt** in die Abfindungserklärung aufgenommen werden: „... soweit die Ansprüche nicht nach § 86 VVG auf Privatversicherer übergegangen sind oder noch übergehen."

Bei einer **Kapitalabfindung wegen Verdienstausfalls, entgangenen Gewinns oder Unterhaltsschadens** muss unbedingt die Verpflichtung des Versicherers aufgenommen werden, die auf diese Schadenspositionen **zu zahlenden Steuern zusätzlich** zu übernehmen. Es wird oft vergessen, ggf. einen solchen **Versteuerungsvorbehalt** in die Abfindungserklärung mit aufzunehmen. Es ist durchaus möglich, dass später einmal das Finanzamt die Meinung vertritt, der **Abfindungsbetrag sei zu versteuern**. Kaum ein Anwalt ist im Steuerrecht bewandert genug, um das ausschließen zu können. Deshalb sollte stets ein solcher Vorbehalt mit aufgenommen werden. 30

> *Tipp* 31
> In eine Abfindungserklärung muss in solchen Fällen der Zusatz aufgenommen werden:
> „Auf die Entschädigungszahlung zu entrichtende Steuern sind auf Nachweis zusätzlich zu erstatten."

3. Teilabfindung

Möglich sind auch **Teilabfindungsvergleiche**, z.B. nur über das Schmerzensgeld bzw. bestimmte materielle Schadensersatzansprüche, Verdienstausfall bis zu einem bestimmten Zeitpunkt oder überhaupt nur über bestimmte Zeiträume oder bestimmte Ansprüche. Diese regeln einen Schadensersatz lediglich für **einzelne Schadenspositionen oder Zeiträume** und können unter dem Eintritt einer Bedingung stehen. Zu berücksichtigen ist dabei, dass ein sog. Teilschmerzensgeld grundsätzlich nur dann zulässig ist, wenn die zukünftige Entwicklung noch nicht voll- 32 ständig überschaubar ist. In diesen Fällen wird i.d.R. ein entsprechender Vorbehalt in die Abfindungserklärung mit aufgenommen, wonach bestimmte Ansprüche nicht erfasst werden. Dabei kann auch ein Vorbehalt bzgl. voraussehbarer Verschlimmerungen vereinbart bzw. durch Auslegung ermittelt werden und sich ggf. auf einen Zeitablauf beschränken (*Nugel*, zfs 2006, 193; dazu im Einzelnen *Berg*, NZV 2010, 63; *Terbille*, VersR 2005, 37).

33 *Tipp*
Ein Vorbehalt sollte immer so genau wie möglich beschrieben sein. Unklare Formulierungen wie z.B. „bei wesentlicher Verschlechterung" sind einer Vielzahl von Wertungen zugänglich und fördern im Zweifel neue Rechtsstreitigkeiten. Geht es z.B. darum, dass bestimmte Verletzungsfolgen ausgenommen werden sollen, so sind diese so präzise wie möglich anzuführen, wie z.B. „Für den Fall der Amputation des rechten Armes" oder „Für den Fall, dass die unfallbedingte Minderung der Erwerbsunfähigkeit den Wert von ...% dauerhaft übersteigt". Bei dem Anstieg der MdE ist darauf zu achten, dass dieser mindestens 10% betragen sollte, um die Schwankungsbreite ärztlicher Beurteilungen ausreichend zu erfassen.

Bei einem **Vorbehalt weiterer Ansprüche** in einem (Teil-)Abfindungsvergleich ist zu beachten, dass dieser Vorbehalt **nicht vor der** (nach drei Jahren eintretenden) **Verjährung schützt**, sondern gesondert durch eine titelersetzende Feststellungserklärung oder einen Verjährungsverzicht für eine Absicherung gegen die Verjährung zu sorgen ist (vgl. Rdn 70 ff. und Rdn 165 ff.).

34 Eine Besonderheit gibt es bei **Abschluss eines Teilvergleiches nach Klageerhebung**: Die Klausel in einem Regulierungsvergleich des Geschädigten mit dem gegnerischen Haftpflichtversicherer, dass Ansprüche wegen bestimmter künftiger Schäden ausgenommen bleiben sollen, bewirkt eine „**konstitutive Befreiung**" von **der Verjährungseinrede**, wenn mit ihr der **Zweck** verfolgt wird, den Geschädigten zur **Rücknahme** einer bereits anhängigen **Klage** zu bewegen (OLG Oldenburg zfs 1997, 449). Der Versicherer hat sich auf den Vorbehalt eingelassen, was bedeutet, dass er seine Eintrittspflicht zumindest deklaratorisch anerkannt hat. Wenn damit eine weitergehende Feststellungsklage abgewendet werden soll, greift eine später erhobene Verjährungseinrede also nicht durch (so auch BGH VersR 1985, 62; 1986, 684).

4. Anpassung des Vergleiches

a) Wegfall der Geschäftsgrundlage

35 Ausnahmsweise kommt in den Fällen des „**Wegfalls der Geschäftsgrundlage**" eine **Anpassung** des Abfindungsvergleiches dann in Betracht, wenn ein Festhalten an dem Abfindungsvergleich der benachteiligten Partei nach Treu und Glauben nicht zugemutet werden kann.

A. Vergleich § 12

Voraussetzung ist, dass der Vergleich auf **offenkundigen** gemeinsamen oder zumindest erkennbaren und nicht beanstandeten **tatsächlichen oder rechtlichen Vorstellungen** einer Partei beruht, ohne dass jedoch ein Rechts- oder Tatsachenirrtum gegeben ist. Im Gegensatz zu der Regelung in § 779 BGB kann auch ein gemeinsamer Rechtsirrtum der vertragschließenden Parteien einen Wegfall der Geschäftsgrundlage bewirken, wenn er auf eine **unvorhersehbare Änderung der Rechtsprechung** zurückzuführen ist (BGHZ 58, 355).

36

Will der Geschädigte von einem solchen Abfindungsvergleich abweichen und **Nachforderungen** stellen, muss er also darlegen, dass ihm ein **Festhalten an dem Vergleich nach Treu und Glauben nicht mehr zumutbar** ist, weil entweder die **Geschäftsgrundlage** für den Vergleich weggefallen ist oder sich geändert hat, sodass eine Anpassung an die veränderten Umstände erforderlich erscheint, oder weil **nachträglich erhebliche Äquivalenzstörungen** in den Leistungen der Parteien eingetreten sind, die für den Geschädigten nach den gesamten Umständen des Falls eine **ungewöhnliche Härte** bedeuten würden (vgl. dazu BGH VersR 1961, 382 f.; BGH VersR 1983, 1034, 1035; BGH VersR 1990, 984; BGH DAR 2008, 333 ff. = zfs 2008, 441 ff.; siehe auch Anmerkung von *Jaeger* zu diesem Urteil, DAR 2008, 354 ff; OLG Düsseldorf zfs 2008, 140 ff.).

37

Vereinbaren Parteien einen Abfindungsvergleich mit einer umfassenden Abgeltungsklausel, ist es eine **Frage der Auslegung** dieser Klausel, ob die Parteien auch **unvorhergesehene und erst nach Vergleichsschluss eintretende Spätschäden** einbeziehen wollten (BGH NJW 1957, 1395; BGH NJW 1984, 115). Häufig lässt der Wortlaut eine einschränkende Auslegung nicht zu, sodass grundsätzlich jede Nachforderung für unvorhergesehene Schäden ausgeschlossen ist (OLG Koblenz NJW 2004, 782).

38

Auf einen **Wegfall der Geschäftsgrundlage** kann sich der Geschädigte also nicht mehr mit Erfolg berufen, wenn durch den Abfindungsvergleich seine Schadensersatzansprüche **endgültig erledigt** und auch **unvorhergesehene Schäden** mit bereinigt werden sollten und wenn sich dies auch auf die der Nachforderung zugrunde liegende Schadensposition bezieht. Soweit der Geschädigte das **Risiko in Kauf nimmt**, dass die für die Berechnung des Ausgleichsbetrages maßgebenden Faktoren auf **Schätzungen** und **unsicheren Prognosen** beruhen und sie sich demgemäß unvorhersehbar positiv oder negativ verändern können, ist ihm die Berufung auf eine Veränderung der Vergleichsgrundlage verwehrt (vgl. BGH a.a.O.; *Jahnke*, Abfindung von Personenschadenansprüchen, 2. Aufl., § 2 Rn 359 ff. m.w.N.; OLG Düsseldorf NZV 1995, 482; OLG Düsseldorf zfs 2008, 140 ff.).

39

Kommt es bei dem Geschädigten nach Abschluss eines Vergleiches, durch welchen er auch für die Zukunft vorbehaltlos abgefunden werden soll, später zu Folgeschäden, wird die Fortgeltung des Vergleichs jedenfalls dann nicht beeinträchtigt, wenn die **Möglichkeit solcher Schäden** schon **vor** Vergleichsabschluss zu erkennen war.

40

§ 12 Vergleich und Verjährung

41 Ob und in welchem Umfang der Geschädigte das Risiko künftiger Veränderungen übernommen hat, ist durch **Auslegung der getroffenen Vereinbarung** zu ermitteln. Die Auslegung des Abfindungsvergleichs ist Sache des **Tatrichters**. Das Revisionsgericht kann lediglich überprüfen, ob gesetzliche oder allgemein anerkannte Auslegungsregeln, Denkgesetze oder allgemeine Erfahrungssätze verletzt worden sind oder ob die Auslegung auf Verfahrensfehlern beruht, etwa wesentliches Auslegungsmaterial unter Verstoß gegen Verfahrensvorschriften außer Acht gelassen worden ist. Hierbei hat die Auslegung **vom Wortlaut auszugehen**, aber auch den wirklichen Willen der Vertragschließenden zu erforschen (§ 133 BGB) und das Gebot einer für beide Seiten interessengerechten Auslegung zu beachten (BGH VersR 2002, 474 m.w.N.).

42 Gehen die Vertragspartner einer Abfindungsvereinbarung davon aus, eine **bestimmte Drittleistung**, wie etwa eine aufgrund der unfallbedingten Frühpensionierung zustehende **Pension**, sei Bestandteil der dem Geschädigten unfallbedingt zufließenden Ausgleichsmittel, und muss der Schädiger bzw. sein Haftpflichtversicherer diese Leistungen sogar im Regresswege erstatten, so kann eine **Risikoübernahme durch den Geschädigten** unter Umständen durchaus **fern liegen**. Doch ist dies bei Abgabe einer umfassenden und vorbehaltlosen Abfindungserklärung ein Ausnahmefall, der konkreter Darlegung durch den Geschädigten bedarf (BGH DAR 2008, 333 ff.).

43 In der Rspr. ist die Frage, welche Auswirkungen eine Änderung des Umfangs von **Sozialleistungen** im Hinblick auf eine **umfassende Abfindungsvereinbarung** hat, bisher nicht einheitlich beantwortet worden. Einerseits ist eine Störung der Geschäftsgrundlage **bejaht** worden, wenn die Vertragspartner eines Abfindungsvergleichs im Zeitpunkt des Vergleichsabschlusses die Frage des Ersatzes der unfallbedingten Heilbehandlungskosten für **nicht regelungsbedürftig**, weil durch Leistungen des Sozialversicherungsträgers abgedeckt halten, und später diese Kosten aufgrund einer Änderung des Sozialversicherungsrechts nur noch zu 90 % ersetzt werden. In diesem Fall sei der **Abfindungsvergleich derart anzupassen**, dass der Schädiger und sein Haftpflichtversicherer den Geschädigten von allen unfallbedingten Heilbehandlungskosten freistellen müssten, soweit sie aufgrund der Gesundheitsreform vom Sozialversicherungsträger nicht mehr bezahlt werden (OLG München, zfs 1992, 263 f.; dazu kritisch *Küppersbusch/Höher*, Ersatzansprüche bei Personenschaden, 12. Aufl., Rn 846 Fn 46). Andererseits ist eine Störung der Geschäftsgrundlage **verneint** worden, soweit der Geschädigte aufgrund des am 1.1.1989 in Kraft getretenen Gesundheitsreformgesetzes unfallbedingte Heilbehandlungskosten tragen musste, die von der Krankenkasse nicht mehr übernommen wurden (OLG Koblenz VersR 1996, 232; kritisch dazu *Gerner*, VersR 1996, 1080).

44 Ähnlich ist entschieden worden, dass eine umfassende Abfindungsvereinbarung sich im Zweifel auch auf **Lohnfortzahlungsansprüche in unfallbedingten Krankheitsfällen** erstreckt (OLG Saarbrücken VersR 1985, 298 f.). Die Auffassung, dass im Fall einer umfassenden Abfindungserklärung der Wegfall einer Sozialleistung nicht zu einer Störung der Geschäftsgrundlage führe, wird auch von anderen Gerichten vertreten (OLG Oldenburg NJW 2006, 3152 und Urt. v. 30.6.2006 – 6 U 48/06 – zitiert nach juris; LG Osnabrück, NdsRpfl 2006, 216 f.). Auch in der Literatur wird angenommen, dass **Änderungen in den wirtschaftlichen Rahmenbedingungen und Leistungsstrukturen**, soweit sie nicht völlig überraschend sind, zum Risikokreis der Abfindungsverhandlungen gehören (*Jahnke*, a.a.O., § 2 Rn 394 f.; Staudinger/*Marburger*, BGB, Bearb. 2002, § 779 Rn 59, jeweils m.w.N.).

Die Annahme, der Geschädigte habe mit der Abfindungserklärung das **Risiko des Wegfalls** oder einer Kürzung einer Sozialleistung übernommen, ist nicht zu beanstanden (BGH DAR 2008, 333 ff.). Dabei kann davon ausgegangen werden, dass derjenige, der eine **umfassende Abfindungserklärung** abgibt, nicht das Risiko des Wegfalls von Sozialleistungen und von bestehenden Renten- bzw. Pensionsansprüchen übernimmt, deren grundsätzliches Fortbestehen auch für die Zukunft im Zeitpunkt des Abfindungsvergleichs nicht in Frage gestanden hat. Es ist daher zutreffend, dass nicht ohne weiteres davon ausgegangen werden kann, zusätzliche staatliche Leistungen werden **unabhängig von fiskalischen Notwendigkeiten auf Dauer in voller Höhe** gewährt (BGH DAR 2008, 333, 334). 45

Die mögliche **Einschränkung einer solchen Leistung** gehört zu den **Risiken**, die i.d.R. mit einer umfassenden Abfindungserklärung übernommen werden. Davon, dass es zu **schwerwiegenden Veränderungen im System der öffentlichen Leistungen** kommen könnte, ist und war auch im Zeitpunkt der Abgabe der Abfindungserklärung auszugehen. Davon, dass ein solcher Vorgang geeignet sein könnte, einen umfassenden, vorbehaltlosen Abfindungsvergleich in Frage zu stellen, darf ein Geschädigter vernünftigerweise nicht ausgehen. Eine dahin gehende Annahme widerspräche auch einer Auslegung, die den Interessen der Parteien in ausreichender Weise gerecht wird (BGH DAR 2008, 333, 334). 46

Es liegt im **Wesen eines Abfindungsvergleichs**, in dem unter anderem die dem Verletzten geschuldete **Verdienstausfallrente kapitalisiert** wird, dass er i.d.R. mehr ist als eine bloße technische Zusammenfassung zukünftig zu erwartender Renten. Wer als **Geschädigter** eine **Kapitalabfindung** wählt, nimmt das **Risiko** in Kauf, dass die für ihre Berechnung maßgebenden Faktoren auf Schätzungen und unsicheren Prognosen beruhen. Seine Entscheidung für die Abfindung wird er i.d.R. deswegen treffen, weil es ihm aus welchen Gründen auch immer **vorteilhafter** erscheint, alsbald einen Kapitalbetrag zur Verfügung zu haben. Dafür **verzichtet** er auf die Berücksichtigung zukünftiger, ungewisser Veränderungen, soweit sie sich zu seinen Gunsten auswirken könnten. 47

Andererseits will und darf sich der **Schädiger** darauf verlassen, dass mit der Bezahlung der Kapitalabfindung die Schadensabwicklung für ihn **ein für alle Mal erledigt** ist. Dafür nimmt er bei der Berechnung des zu zahlenden Kapitals auch für ihn bestehende Unsicherheiten hinsichtlich der zukünftigen Entwicklung in Kauf. Das 48 so zwischen den Parteien gefundene Ergebnis kann deshalb **nachträglich nicht mehr in Frage gestellt** werden, wenn eine der Vergleichsparteien aufgrund künftiger, nicht voraussehbarer Entwicklungen feststellt, dass ihre Beurteilungen und die Einschätzung der möglichen künftigen Änderungen nicht zutreffend waren (BGH VersR 1983, 1034 f., Staudinger/*Marburger*, a.a.O., m.w.N.).

49 Diese den **Interessen beider Parteien dienende Funktion** könnten Abfindungsvergleiche nicht erfüllen, wenn jede Veränderung im Gefüge der Sozialleistungen zu einer **Störung der Vergleichsgrundlage** führte. Zwar setzt eine Störung der Geschäftsgrundlage ohnehin eine schwerwiegende Veränderung der zur Vertragsgrundlage gewordenen Umstände voraus (vgl. jetzt § 313 Abs. 1 BGB). Auch auf eine **schwerwiegende Veränderung** kann sich der Geschädigte – ebenso wie auf der anderen Seite der Schädiger – indes nicht berufen, soweit er das Risiko übernommen hat.

50 Soweit die Parteien lediglich davon ausgingen, dem Geschädigten werde die soziale Drittleistung zufließen und der Versicherer habe sie dem Kostenträger zu erstatten, und soweit der Versicherer geltend macht, im Hinblick darauf müsse der Abfindungsbetrag niedriger ausfallen, entspricht dies dem **üblichen Ablauf von Abfindungsverhandlungen**, bei denen der **Bedarf** des Geschädigten **abgeschätzt**, die ihm im Verhandlungszeitpunkt und wohl auch künftig zufließenden Drittleistungen in Rechnung gestellt und der verbleibende Bedarf zur **Grundlage des Abfindungsbetrages** gemacht werden.

51 Ein weiterer ausschlaggebender Faktor ist die **Höhe der immateriellen Entschädigung**. Für die endgültige Höhe des Abfindungsbetrages spielen dann die von den Parteien geäußerten Betragsvorstellungen eine wesentliche Rolle, wobei man sich durch die Berücksichtigung unsicherer oder streitiger Positionen der zu vereinbarenden Abfindungssumme nähert.

52 Ist dieser Betrag gefunden und vereinbart, **spielen die in die Verhandlung eingeflossenen Positionen keine Rolle** mehr. Darauf, ob die Parteien ihre **künftige positive oder negative Veränderung** in ihre Vorstellungen einbezogen haben, kommt es nicht an. Maßgebend ist vielmehr, ob es sich um Änderungen handelt, die so **überraschend** sind, dass sie bei Vergleichsabschluss weder ihrer Art noch ihrem Umfang nach als möglich hätten erwartet werden können (BGH VersR 1983, 1034 f.).

53 Der Ansicht, ein Abfindungsvergleich sei ergänzend auszulegen, weil eine **unbewusste Regelungslücke** vorliegt, ist nicht zu folgen. Gegenstand des Vergleichs ist regelmäßig die **endgültige Abfindung des Geschädigten** unter dessen **Verzicht auf Nachforderungen** bei einer Änderung der **in sein Risiko fallenden Verhältnisse** (BGH DAR 2008, 333, 335).

54 Selbst dann, wenn eine **erhebliche Äquivalenzstörung** vorliegt, die Einschränkungen bei der sozialen Leistung oder einen spürbaren Einkommensverlust des Geschädigten zur Folge hat, ist davon auszugehen, dass die Grenze zur Unzumutbar-

keit regelmäßig nicht überschritten und eine Anpassung des Abfindungsvergleichs deshalb nicht angezeigt ist. Soweit die eingetretenen Veränderungen in den **Risikobereich** fallen, für den der Geschädigte sich als abgefunden erklärt hat, muss der Geschädigte grundsätzlich auch bei erheblichen Opfern, die sich später herausstellen, die Folgen tragen (BGH DAR 2008, 333, 335).

Ein **erheblicher Irrtum**, der ein Festhalten an dem Vergleich gleichsam nach Treu und Glauben **unzumutbar** erscheinen ließe, darf also nicht in den **Risikobereich** fallen, der beiden Seiten bewusst war und gerade durch den Vergleich umfasst werden sollte. So sind etwa eine später auftretende Arthrose oder ein Gelenkverschleiß dem Risiko zuzuordnen, das der Geschädigte mit dem Vergleichsabschluss übernommen hat. **Anders** wäre es allenfalls dann, wenn diese Folgen in allen zum Zeitpunkt des Vergleichsabschlusses vorliegenden ärztlichen Gutachten als **ausgeschlossen** angesehen wurden (BGH VersR 1990, 984). 55

Der erfolgreiche Einwand des „Wegfalls der Geschäftsgrundlage" führt allerdings nicht zu einem Fortfall, sondern lediglich zu einer **Anpassung** des Abfindungsvergleichs **an die veränderte Sachlage** (BGH NJW 1984, 1747). 56

b) Abänderbarkeit

Ein Abfindungsvergleich kann später **nicht mehr entsprechend § 323 ZPO abgeändert** werden. Treten **Spätschäden** auf, sind diese grundsätzlich nicht mehr nachzuregulieren (OLG Hamm NZV 2000, 127). 57

Eine **Ausnahme** besteht allenfalls in ganz ungewöhnlichen Fällen wegen unvorhergesehener Ereignisse, wenn dadurch ein **krasses Missverhältnis** zwischen Schaden und Ersatzleistung entstanden ist (BGH VersR 1961, 382; OLG Nürnberg NZV 2000, 507). Nur dann, wenn die Berufung der Gegenseite auf den Vergleich einen **Verstoß gegen den Grundsatz von Treu und Glauben** bedeuten würde, ist diese verpflichtet, für den eingetretenen weiteren Schaden außerhalb des Abfindungsvergleichs eine weitere angemessene Entschädigung zu leisten. Das bedeutet, dass alle Eventualitäten von dem Anwalt des Geschädigten vorausgeahnt und bedacht werden müssen, soweit das möglich ist. 58

Anders ist das bei einem Vergleich, der sich **mit wiederkehrenden Leistungen** befasst, z.B. **Verdienstausfall** oder **Schmerzensgeldrenten**. Eine gesetzliche Regelung über die Anpassung solcher Vergleiche gibt es nur für gerichtliche Vergleiche und für solche, bei denen sich der Schuldner der sofortigen Zwangsvollstreckung unterworfen hat (§ 323 Abs. 4 ZPO). 59

Daher müsste bei einem **vertraglich vereinbarten Rentenvergleich** auch zusätzlich **vertraglich vereinbart** werden, dass **§ 323 ZPO anwendbar** sein soll. Eine solche Abänderung wirkt dann gem. § 323 Abs. 3 ZPO auch für die **Vergangenheit**. 60

Falls es an einer solchen **Zusatzvereinbarung** fehlt, kann sich allenfalls aus dem **Versorgungszweck des Vergleichs** die Notwendigkeit einer Anpassung im Wege 61 der ergänzenden Vertragsauslegung ergeben (BGH NJW 1989, 289). Dies gilt demzufolge aber nur für **Verdienstausfall- oder Unterhaltsrenten**.

62 Anders ist das **bei Schmerzensgeldrenten**: Bei ihnen besteht lediglich eine lose Verknüpfung mit der Kaufkraft der Währung. Daher müsste schon eine gravierende Veränderung vorliegen, um eine Schmerzensgeldrente anpassen zu können, z.b. eine Gefährdung der Ausgleichsfunktion des Schmerzensgeldes (OLG Nürnberg zfs 1992, 115).

c) Auftreten von Spätschäden

63 Mit der Unterzeichnung einer Abfindungserklärung ist – wie der Name schon sagt – ein zukünftiger Schaden nicht mehr geltend zu machen.

64 Eine **Ausnahme** gibt es nur in seltenen Fällen, wenn infolge unvorhergesehener Umstände Spätschäden aufgetreten sind und dadurch ein **krasses Missverhältnis** („ungewöhnliche Diskrepanz") zwischen Schaden und Schadensersatz entstanden ist. Dann würde der Schädiger gegen Treu und Glauben verstoßen, wenn er am Vergleich festhielte und dadurch eine die „**zumutbare Opfergrenze des Geschädigten überschreitende Härte**" (BGH VersR 1966, 243; 1967, 804; NJW 1984, 115; *Weber*, Rechtsprechungsübersicht, DAR 1984, 169; vgl. dazu oben Rdn 7) eintritt.

d) Ausgenommene Zukunftsschäden

65 Wichtig ist es daher, vorhersehbare Folgeschäden aus einer Abfindung herauszunehmen. Die Abfindung kann daher auch zeitlich bzw. sachlich eingeschränkt werden.

66 Das geschieht mittels eines so genannten **Zukunftsschadensvorbehalts**. Dieser kann sich entweder auf **materielle** Zukunftsschäden, dabei wiederum auf bestimmte (z.B. Verdienstausfallschäden) beziehen, aber auch auf **immaterielle** Zukunftsschäden, wobei er sich wiederum auf bestimmte Risiken beziehen kann (z.B. verletzungsbedingter Ausschluss bzw. schmerzhafte Komplikationen einer natürlichen Schwangerschaft bei einer Frau, sich später herausstellende Zeugungsunfähigkeit bei einem Mann, sich realisierendes Arthrose- oder Amputationsrisiko).

67 *Tipp*
Der Text eines Zukunftsschadensvorbehaltes lautet etwa:
„Vorbehalten bleiben alle materiellen und immateriellen Zukunftsschäden."
Oder:
„Vorbehalten bleiben sämtliche zukünftigen Verdienstausfallansprüche ab dem 1.1.2005, soweit sie nicht auf Sozialleistungsträger oder Dritte übergehen."
Oder:
„Vorbehalten bleiben immaterielle Zukunftsschäden, soweit sich ein unfallbedingtes Amputationsrisiko realisieren sollte."

A. Vergleich   § 12

Ein solcher vorzubehaltender Zukunftsschaden kann auch darin liegen, dass ein 68
Kind bei dem Unfall so schwer verletzt worden ist, dass später neben einem Verdienstausfallschaden auch ein nicht unerheblicher **Haushaltsführungsschaden** entstehen wird. Das wird aber oft vergessen und nur der Verdienstausfallschaden in den Zukunftsschadensvorbehalt mit aufgenommen.

> *Tipp*
> Bei jedem Zukunftsschadensvorbehalt, der nur den Verdienstausfallschaden umfasst, sollte gesondert geprüft werden, ob nicht daneben auch ein Haushaltsführungsschaden in der Zukunft erwachsen kann. Dann muss dieser daneben ausdrücklich erwähnt werden.

Auslegungsprobleme können sich bei einem **Verjährungsverzicht bei bedingtem** 69
Zukunftsschadensvorbehalt ergeben. Hat sich der Geschädigte in einer Abfindungserklärung weitere Ersatzansprüche für den Fall vorbehalten, dass die Minderung der Erwerbstätigkeit auf z.B. „wenigstens 50 % steigt", und wurde die Verjährungsfrage nicht geregelt, so ist im Wege ergänzender Vertragsauslegung von einem **Verjährungsverzicht** bis zum Erreichen einer 50 %-igen MdE auszugehen (OLG Düsseldorf NZV 1999, 290).

e) Schutz gegen Verjährung

Zugleich kann es erforderlich sein, in geeigneter Form den Eintritt der **Verjährung** 70
zu **verhindern**. Ein **Zukunftsschadensvorbehalt** ist ein deklaratorisches Anerkenntnis und führt zum **Neubeginn der Verjährung** gem. § 212 BGB (BGH DAR 1992, 375). Sie tritt also unwiderruflich ein, wenn in den folgenden drei Jahren nichts zur Hemmung oder zum Neubeginn der Verjährung getan wird.

Nur ein **gerichtliches Feststellungsurteil** unterliegt gem. § 197 Abs. 1 Nr. 3 BGB 71
einer 30-jährigen Verjährungsfrist und verhindert demnach in dieser Zeit den Eintritt der Verjährung. Diese Wirkung kann auch durch **übereinstimmende Erklärung** beider Vertragsparteien erzielt werden, **sich so behandeln zu lassen**, als wäre ein gerichtliches Feststellungsurteil ergangen (vgl. zu den verjährungsrechtlichen Auswirkungen einer solchen Erklärung BGH DAR 1998, 447).

Der im Zusammenhang mit einer Abfindungserklärung abgegebene Einredeverzicht bezüglich der Verjährung kann dann als Befreiung von der Verjährungseinrede wie bei einem Feststellungsurteil („Titelersetzendes Anerkenntnis") ausgelegt werden. In einem solchen Fall beträgt die Verjährung nicht mehr drei, sondern **30 Jahre**. 72

Unabhängig davon entfällt aber nicht etwa deshalb das **Feststellungsinteresse** des 73
Geschädigten, weil der Haftpflichtversicherer **auf die Einrede der Verjährung verzichtet** hat. Muss der Geschädigte auch zukünftig mit **Spät- oder Dauerschäden** rechnen, bleibt sein Feststellungsinteresse bestehen (OLG Hamm NZV 2000, 374).

§ 12 Vergleich und Verjährung

74 Es reicht auch nicht aus, lediglich den Satz aufzunehmen: „Vorbehalten bleiben materielle Zukunftsansprüche mit einer Quote von ...%." Nach ständiger Rechtsprechung des BGH schließt zwar die Angabe eines nur **allgemein bezeichneten Schuldgrundes** die Annahme eines selbstständigen Schuldanerkenntnisses nicht aus (BGH WM 1962, 1138 ff.). Im Zweifel kann aber nicht von einem **abstrakten Schuldanerkenntnis** ausgegangen werden, wenn – wie bei dem vorstehenden Beispiel – auf den Schuldgrund ausdrücklich hingewiesen wird (BGH NJW 1990, 2678 ff.).

75 In solchen Fällen kann demnach nicht unterstellt werden, die Parteien hätten ein von dem Schuldgrund der Haftung für den Verkehrsunfall losgelöstes selbstständiges Zahlungsversprechen des Schädigers vereinbaren wollen (BGH zfs 2003, 281 ff.). Die **Festschreibung nur einer Quote** führt demnach nicht zur Schaffung des neuen Schuldgrundes einer vertraglichen Vereinbarung. Wenn also in der Abfindungsvereinbarung kein **Verjährungsverzicht für zukünftige Ansprüche** aufgenommen worden ist, tritt nach drei Jahren unabänderlich Verjährung aller weiteren Zukunftsschäden ein. Die Interessenlage des Geschädigten allein reicht für eine andere rechtliche Beurteilung dann nicht aus (BGH zfs 2003, 281 ff.).

76 *Tipp*
Das wird oft mit schicksalhaften Folgen vergessen. Daher sollte einem Zukunftsschadensvorbehalt stets der Satz hinzugesetzt werden:
„[Anerkenntnis] ... mit der Wirkung eines (gerichtlichen) Feststellungsurteils."
Ein zeitlich verkürzter Verjährungsverzicht für Zukunftsschäden, etwa auf fünf Jahre, sollte **nie** akzeptiert werden. Bei einem berechtigten Zukunftsschadensvorbehalt hat der Geschädigte Anspruch auf ein Feststellungsurteil oder eine Vereinbarung, die dieses ersetzt.

III. Gerichtlicher Vergleich

77 Seit der Änderung der ZPO kann ein gerichtlicher Vergleich auch in der Weise geschlossen werden, dass die Parteien einen **schriftlichen Vergleichsvorschlag** des Gerichtes durch Schriftsatz gegenüber dem Gericht annehmen (§ 278 Abs. 6 S. 1 ZPO). Das Gericht stellt dann den Inhalt eines danach geschlossenen Vergleichs durch **Beschluss** fest (§ 278 Abs. 6 S. 2 ZPO). Es bedarf also keines dafür eigens anzuberaumenden Verhandlungstermins mehr, in dem dann die schriftliche Protokollierung stattfindet.

IV. Anwaltshonorar

78 Der Anwalt sollte unbedingt beachten, dass die vom Schädiger zu erstattenden Anwaltskosten von einem **Abfindungsvergleich mit umfasst**, d.h. nicht mehr daneben gesondert geltend gemacht werden können, sofern der Wortlaut nicht etwas an-

deres ergibt. In der Praxis berufen sich die Versicherer allerdings meistens nicht auf diesen Umstand.

Bei **Großschäden**, die mit einem **Abfindungsvergleich** enden, wird in der Regel nicht nur – wie es die Versicherer gerne zum Standard erheben – eine 1,3 oder maximal 1,5 **Geschäftsgebühr** nach Nr. 2300 VV RVG anfallen. Wegen der Bedeutung der Angelegenheit und des Umfanges der anwaltlichen Tätigkeit, die in solchen Fällen sicherlich der einer prozessualen Auseinandersetzung gleichkommt, ist vielmehr **meistens eine 2,5 Gebühr** oder zumindest eine 2,0 Gebühr nach Nr. 2300 VV RVG gerechtfertigt. Hinzu kommt dann noch die **1,5 Einigungsgebühr** nach Nr. 1000 VV RVG. 79

Bei einem per **Gerichtsbeschluss** nach § 278 Abs. 6 ZPO geschlossenen Vergleich entsteht (neben der Terminsgebühr, vgl. § 8 Rdn 575 ff.) jedoch nur die gerichtliche Einigungsgebühr i.H.v. 1,0 nach Nr. 1003 VV RVG. 80

Tipp 81
Es empfiehlt sich daher immer, in die Abfindungserklärung auch die Regelung hinsichtlich des Anwaltshonorars mit aufzunehmen, z.b. mit den Worten:
„Das Anwaltshonorar wird zusätzlich mit einer 3,5 Gebühr gem. Nr. 2300 i.V.m. Nr. 1000 VV RVG aus einem Gegenstandswert von 75.000 EUR übernommen."

Das gilt nicht im Rahmen der Geltung der Regulierungsempfehlungen der Versicherer. Dort sind die Gebühren – auch bei Abfindungsvergleichen – abschließend geregelt (siehe § 8 Rdn 519 ff.). 82

B. Verjährungsrecht nach der Schuldrechtsreform
Literatur zum Verjährungsrecht nach der Schuldrechtsreform:

Heß, Neuregelung des Verjährungsrechtes: Auswirkungen auf das Verkehrszivilrecht, NZV 2002, 65 ff.; *Luckey*, Verdamp lang her, verdamp lang? Haftungsfalle Verjährung im Personenschaden, SVR 2015, 41; *Mansel/Budzikiewicz*, Das neue Verjährungsrecht, 2002; *Windorfer*, Der Verjährungsverzicht, NJW 2015, 3329.

Für das Verkehrszivilrecht brachte die am 1.1.2002 in Kraft getretene **Neuregelung** des Verjährungsrechts einige wesentliche Änderungen mit sich. Sie lassen sich schlagwortartig mit **Verkürzung und Vereinheitlichung** beschreiben. Die Änderungen orientieren sich weitgehend am Leitbild des § 852 BGB, sodass die Änderungen für den Verkehrshaftpflichtfall nicht so in die bisherige Struktur eingreifen wie im Vertragsrecht. Allerdings ist eine Vielzahl von Änderungen zu berücksichtigen. 83

Der Zeitpunkt des Fristbeginns, die Fristdauer sowie hemmende oder unterbrechende Umstände bestimmen – wie bisher – die Verjährung. Diese gesetzliche Systematik ist beibehalten worden. Das Problem sind allerdings die Details der neuen Regelung. 84

§ 12 Vergleich und Verjährung

I. Fristdauer

1. Regelmäßige Verjährungsfrist

85 Im Zuge der **Vereinheitlichung** des Verjährungsrechtes wurde die **regelmäßige** Verjährungsdauer von 30 Jahren (§ 195 BGB a.F.) auf drei Jahre (§ 195 BGB n.F.) verkürzt. Die **Verjährungsregel des § 852 BGB a.f.** für deliktische Ansprüche **wurde aufgehoben**. Es gilt nun grundsätzlich für alle Ansprüche die **einheitliche Frist** des § 195 BGB von **drei Jahren**. § 195 BGB lautet: „Die regelmäßige Verjährungsfrist beträgt drei Jahre".

86 Dies bedeutet eine wesentliche Verkürzung der früheren Fristen. Der Preis für die Verkürzung ist die sog. **Subjektivierung** der Regelfristen, d.h. die Verjährung beginnt nur, wenn der Gläubiger von den den Anspruch begründenden Tatsachen und der Person des Schuldners **Kenntnis erlangt** oder **ohne grobe Fahrlässigkeit hätte erlangen müssen**.

87 Die dreijährige Verjährungsfrist ist für deliktische Schadensersatzansprüche nichts Neues (vgl. § 852 BGB a.F.). Auch bleibt es weiterhin für den Direktanspruch gegen den Kfz-Versicherer nach § 115 Abs. 2 S. 1 VVG bei einer **dreijährigen Verjährungsfrist**. Die früher in den §§ 196 und 197 BGB geregelten Sonderfälle kurzer Verjährungen sind entfallen. **Die regelmäßige Verjährungsfrist ist auf drei Jahre reduziert worden.**

88 Das bedeutet Folgendes:

- Ansprüche gegen die **Verkehrsopferhilfe** verjähren nach der regelmäßigen Verjährungsfrist, d.h. in drei Jahren.

- Für die Verjährung des **Direktanspruches** gegen den Haftpflichtversicherer gilt gem. § 115 Abs. 2 S. 1 VVG die Verjährungsfrist des Haftpflichtanspruches, also ebenfalls seit dem 1.1.2002 von drei Jahren ab Kenntnis bzw. grob fahrlässiger Unkenntnis (§ 199 BGB).

- Der **Ausgleichsanspruch unter Gesamtschuldnern** nach § 426 Abs. 1 BGB unterfällt ebenfalls der regelmäßigen Verjährungsfrist, d.h. er verjährte bis zum 31.12.2001 in 30 Jahren (BGH VersR 1971, 157; *Müller*, VersR 2001, 429), seit dem 1.1.2002 gilt auch hierfür die neue regelmäßige dreijährige Frist. Es muss somit noch mehr als bisher auf eine Vorsorge gegen einen Verjährungseintritt geachtet werden. Dies gilt auch für schon regulierte Fälle, wenn in Zukunft noch weitere Aufwendungen möglich sind (vgl. die Übergangsvorschriften für die Neuregelung).

- Auch für **andere gesetzliche Ansprüche** (ungerechtfertigte Bereicherung; Geschäftsführung ohne Auftrag; Aufwendungsersatz) gilt – anstelle der bisher geltenden 30-jährigen Frist – die dreijährige Frist ab Kenntnis/grob fahrlässiger Unkenntnis.

2. Verjährungssonderregeln

Nach dem Verjährungsrecht gelten unterschiedliche Verjährungsregeln. Neben der dreijährigen Frist kennt das Recht Fristen von zehn bzw. 30 Jahren.

§ 197 Abs. 1 BGB lautet nach verschiedenen Modifizierungen seit der Schuldrechtsmodernisierung inzwischen:

(1) In 30 Jahren verjähren, soweit nicht ein anderes bestimmt ist,
1. Schadensersatzansprüche, die auf der vorsätzlichen Verletzung des Lebens, des Körpers, der Gesundheit, der Freiheit oder der sexuellen Selbstbestimmung beruhen,
2. Herausgabeansprüche aus Eigentum, anderen dinglichen Rechten, den §§ 2018, 2130 und 2362 sowie die Ansprüche, die der Geltendmachung der Herausgabeansprüche dienen,
3. rechtskräftig festgestellte Ansprüche,
4. Ansprüche aus vollstreckbaren Vergleichen oder vollstreckbaren Urkunden,
5. Ansprüche, die durch die im Insolvenzverfahren erfolgte Feststellung vollstreckbar geworden sind, und
6. Ansprüche auf Erstattung der Kosten der Zwangsvollstreckung.

(2) Soweit Ansprüche nach Absatz 1 Nr. 3 bis 5 künftig fällig werdende regelmäßig wiederkehrende Leistungen zum Inhalt haben, tritt an die Stelle der Verjährungsfrist von 30 Jahren die regelmäßige Verjährungsfrist.

Folgendes hat sich im **Verkehrszivilrecht**, bezogen auf die frühere Gesetzeslage, geändert:

- **§ 197 Abs. 2 BGB**: Ansprüche aus künftig fällig werdenden **regelmäßig wiederkehrenden Leistungen** verjähren – trotz rechtskräftiger Feststellung – in einer Frist von **drei Jahren (früher vier Jahre** gem. § 197 BGB a.F.). Betroffen von dieser Regelung sind im Schadensersatzrecht Erwerbsschadensrechte, Unterhaltsrenten gem. § 844 BGB, Mehrbedarfs- und Schmerzensgeldrenten sowie ein monatlich zu ersetzender Haushaltsführungsschaden. Diese Verjährungsfrist ist eine „**Haftungsfalle**". Es wird oft übersehen, dass schon nach dem früher geltenden § 197 BGB Ansprüche auf wiederkehrende Leistungen (wie etwa Schadensersatzrenten) in dieser kurzen Frist von früher vier, seit 1.1.2002 drei Jahren auch dann verjähren, wenn das Stammrecht gegen eine Verjährung (etwa durch ein Feststellungsurteil oder eine feststellungsurteilersetzende Erklärung) für 30 Jahre abgesichert ist (BGH VersR 2000, 1116 = r+s 2000, 417). Daher sind seit 1.1.2002 Ansprüche auf regelmäßig wiederkehrende Leistungen für einen länger als **drei Jahre** zurückliegenden Zeitpunkt verjährt. Der Anwalt, der einen Geschädigten vertritt und monatliche Zahlungsansprüche verfolgt (Verdienstausfall, Haushaltsführung, Schmerzensgeld, Mehrbedarf), muss daher **Vorsorge treffen**, dass Ansprüche auf **wiederkehrende Leistungen** für einen länger zurückliegenden Zeitraum **gegen Verjährung gesichert** sind (Klage; Verjährungsverzichte, vgl. Rdn 157 ff., 165 ff.).

§ 12 Vergleich und Verjährung

92 Daneben sind durch das Schuldrechtsmodernisierungsgesetz zahlreiche Verjährungsvorschriften neu geschaffen oder verändert worden (Übersicht):
- § 196 BGB (Rechte an einem Grundstück: 10 Jahre)
- § 197 BGB (Herausgabeansprüche aus dinglichen Rechten, titulierte und vollstreckbare Ansprüche: 30 Jahre)
- § 197 Abs. 2 BGB (Ansprüche auf künftige regelmäßig wiederkehrende Leistungen: 3 Jahre)
- § 438 BGB (kaufrechtliche Mängelansprüche: 30, 5 oder 2 Jahre)
- § 479 BGB (Rückgriffsansprüche beim Verbrauchsgüterkauf: 2 Jahre)
- § 634a BGB (werkvertragliche Mängelansprüche: 5 oder 2 Jahre)
- § 651g BGB (reisevertragliche Mängelansprüche: 2 Jahre)
- § 852 BGB (deliktischer Bereicherungsanspruch: 10 oder 30 Jahre).

II. Fristberechnung

1. Fristbeginn

93 § 199 BGB bestimmt für den Beginn der Frist:

(1) Die regelmäßige Verjährungsfrist beginnt, soweit nicht ein anderer Verjährungsbeginn bestimmt ist, mit dem Schluss des Jahres, in dem
1. der Anspruch entstanden ist und
2. der Gläubiger von den den Anspruch begründenden Umständen und der Person des Schuldners Kenntnis erlangt oder ohne grobe Fahrlässigkeit erlangen müsste.

94 Das bedeutet für die Fristberechnung:
- **Nr. 1**: Die Verjährung **beginnt** mit der **Entstehung des Anspruches**. Dieses Tatbestandsmerkmal wird im Sinne einer **Fälligkeit** verstanden. Allerdings beginnt im Deliktsrecht – wegen des **Grundsatzes der Schadenseinheit** – auch für zukünftig vorhersehbare Schäden (z.B. zukünftige Heilungskosten) die Verjährung schon mit dem Entstehen des Anspruches.
- **Nr. 2**: Wie in § 852 BGB a.F. beginnt die Verjährungsfrist, wenn der Anspruchsteller **positive Kenntnis** erlangt hat. Es kommt darauf an, dass zumindest so viel Kenntnis vorhanden ist, dass eine Feststellungsklage mit einer gewissen Aussicht auf Erfolg erhoben werden kann (BGH NJW 2000, 1499 m.w.N.; zfs 2001, 156). Dies ist der Fall, wenn der Schaden zumindest dem Grunde nach eingetreten ist, dessen Umfang und Höhe aber noch ungewiss sind (BGHZ 100, 228, 231).

95 Vom Beginn der Verjährungsfrist kann unter Umständen selbst dann ausgegangen werden, wenn der Geschädigte den Schädiger **zwar nicht positiv kennt**, die Augen jedoch vor einer sich **geradezu aufdrängenden Kenntnis** regelrecht verschließt. Dann liegt ein **rechtsmissbräuchliches Verhalten** des Geschädigten vor (BGH NZV 2001, 258). Anderes kann jedoch gelten, wenn der Geschädigte infolge einer

durch die Verletzung erlittenen **retrograden Amnesie keine Erinnerung an das Geschehen** hat (BGH v. 22.6.1993 – VI ZR 190/92 – VersR 1993, 1121; BGH v. 4.12.2012 – VI ZR 217/11 – zfs 2013, 254).

Voraussetzung des Verjährungsbeginns ist also die Kenntnis 1. der **richtigen Person** sowie von 2. dem **Täter** und 3. dem **Schaden**. 96

a) Kenntnis des „Richtigen"

Bei **Minderjährigen** kommt es auf die Kenntnis des **gesetzlichen Vertreters** an (BGH VersR 1989, 914 = NJW 1989, 2323; r+s 1998, 412). Das Wissen **eines Elternteils** reicht auch bei gemeinsamem Sorgerecht aus. 97

Im **Todesfall** kommt es für die Ansprüche nach § 844 BGB auf die **Kenntnis der Hinterbliebenen** an. Dies gilt allerdings nur, wenn zum Zeitpunkt des Todes der Geschädigte noch keine Kenntnis hatte. Eine bereits in Gang gesetzte Verjährungsfrist läuft unabhängig vom Tod des Geschädigten zu Lasten des Rechtsnachfolgers weiter (BGH VersR 1984, 136, 137). 98

Die Kenntnis des **Rechtsanwaltes**, der mit der Ermittlung betraut ist, wird dem Geschädigten **zugerechnet** (OLG Düsseldorf VersR 1999, 893; OLG Hamburg MDR 2001, 315; BGH VersR 1984, 160; 2001, 1255, 1256). Der Rechtsanwalt ist so genannter **Wissensvertreter**. Bei juristischen Personen ist die Kenntnis des gesetzlichen Vertreters maßgebend. Bei **Anspruchsübergang** kommt es auf die **Kenntnis des zuständigen Regressbediensteten** an (BGH NJW 1996, 2508; jüngst bestätigend BGH v. 20.10.2011 – III ZR 252/10; BGH v. 17.4.2012 – VI ZR 108/11). Die Zurechnung des Wissens eines Sachbearbeiters setzt voraus, dass dieser mit der Betreuung und Verfolgung der in Frage stehenden Regressforderung in eigener Verantwortung betraut worden ist, sodass Kenntnisse aus einer vorangegangenen Bearbeitung des Regresses von Krankheitskosten nicht zu einer Verjährung von Regressansprüchen der Pflegekasse führen, wenn derselbe Sachbearbeiter erst später mit der Geltendmachung der Ansprüche aus der Pflegekasse betraut und damit zuständig wird (BGH v. 15.3.2011 – VI ZR 162/10 – VersR 2011, 682 = zfs 2011, 438). Vgl. dazu im Einzelnen unten § 12 Rdn 118 ff. 99

b) Kenntnis von der Person des Schädigers

Die **Kenntnis** von der Person des Ersatzpflichtigen liegt grundsätzlich vor, wenn der Geschädigte gegen eine bestimmte Person eine Klage mit Aussicht auf Erfolg erheben kann. Diese Kenntnis setzt voraus, dass **Name und Anschrift des Schädigers** bekannt sind (BGH VersR 2001, 846). Nach bisherigem Recht (nur Kenntnis schadet) ist nur das rechtsmissbräuchliche „Sich-verschließen vor der Kenntnis" der Kenntnis gleichzustellen (Rechtsgedanke des § 162 BGB). 100

Der Geschädigte darf allerdings nicht abwarten, bis ihm die Person des Schädigers mit vollständigem Namen und Adresse bekannt wird. Er hat vielmehr die **Verpflichtung, sich danach zu erkundigen**, wenn ihm z.B. jedenfalls das Kennzei- 101 chen des gegnerischen Fahrzeuges bekannt ist. Das gilt für jeden Schädiger gesondert, sodass auch die Verjährungsfristen unterschiedlich zu laufen beginnen können.

c) **Umfang der Kenntnis**

102 Wie bereits ausgeführt worden ist, muss sich die Kenntnis nicht auf alle Einzelheiten des schadensbegründenden Ereignisses erstrecken, sondern es reicht ein Wissen „im Großen und Ganzen" aus (BGH VersR 1979, 1026, 1027). Die Kenntnis muss sich auf **alle Tatsachen** erstrecken, aus denen der Schadensersatzanspruch hergeleitet werden kann (BGH NZV 1990, 114). Eine **zutreffende rechtliche Würdigung** ist **nicht erforderlich** (BGH NJW 1996, 117, 118). Maßstab ist, ob die Erhebung einer (Feststellungs-)Klage dem Geschädigten zumutbar ist (BGH NJW-RR 1990, 343). **Zweifel** an der Beweisbarkeit einer anspruchsbegründenden Tatsache ändern nichts an dem Beginn des Laufs der Verjährungsfrist (BGH VersR 1983, 273). Das Prozessrisiko kann dem Geschädigten nicht abgenommen werden.

d) **Kenntnis vom Schaden**

103 Die **dreijährige Verjährungsfrist** der §§ 195, 199 BGB, § 14 StVG für deliktische Schadensersatzansprüche, damit auch für Schmerzensgeldansprüche, stellt auf die **Kenntnis des Geschädigten** ab. Damit begründet der Wortlaut dieser Bestimmungen den unzutreffenden Eindruck, als ob es auf den (subjektiv bestimmten) Kenntnisstand des Geschädigten ankäme (*Diehl* in einer Anmerkung zu Brandenbg. OLG in zfs 2007, 623).

104 Das ist jedoch nicht der Fall. Zum einen würde eine solche Auslegung **Nachweisschwierigkeiten** für den Schädiger und seinen Haftpflichtversicherer begründen, da die Kenntnis eine **innere Tatsache** ist, deren Vorliegen nur mit einem schwierig zu führenden Indizienbeweis erbracht werden könnte (*Diehl*, a.a.O. m.H.a. BGH NJW 1981, 1562, 1563).

105 Es ergibt sich vielmehr die **Notwendigkeit** der Objektivierung aus der **Unteilbarkeit des Schmerzensgeldanspruchs**. Der im Rechtsstreit geltend gemachte Schmerzensgeldanspruch erfasst alle diejenigen Schadensfolgen, die entweder bereits eingetreten und objektiv erkennbar sind, einschließlich der aufgrund einer ganzheitlichen Betrachtung **objektiv vorhersehbaren künftig eintretenden Schadensfolgen** (*Diehl*, a.a.O. m.H.a. BGH NJW-RR 2006, 712, 713; BGH VersR 2004, 1334, 1335; BGH VersR 2001, 876; *Diederichsen*, VersR 2005, 433, 439; *von Gerlach*, VersR 2000, 525, 530. Für den Lauf der Verjährungsfrist ist dieser Maßstab ebenfalls – außerhalb der gerichtlichen Geltendmachung – verbindlich, vgl. BGH NJW 2000, 861, 862).

106 Wird damit auf den **Kenntnisstand eines Sachkundigen** abgestellt (vgl. hierzu BGH NJW-RR 2006, 712, 713; BGH VersR 1995, 471; OLG Köln zfs 1992, 82), bedeutet das für den Anwalt des Geschädigten zwingend, durch Befragung der den

Geschädigten behandelnden Ärzte zu erfahren, mit welchen medizinisch nahe liegenden Komplikationen **zu rechnen** ist (vgl. *Rinsche/Fahrenkopf/Terbille*, Die Haftung des Rechtsanwaltes, 7. Aufl., Rn 1580). War die später aufgetretene Schadensfolge zum Zeitpunkt der Entscheidung über das Schmerzensgeldbegehren **noch nicht aus medizinischer Sicht nahe liegend**, wird diese Schadensfolge auch nicht durch ein ergangenes Schmerzensgeldurteil abgegolten. Einer **Nachforderung** steht damit nicht die Rechtskraft des Schmerzensgeldurteils entgegen (*Diehl*, a.a.O. m.H.a. BGH NJW 1995, 1614).

Gelangt der Gutachter zu der Feststellung, dass zum Zeitpunkt der für die Entscheidung im Vorprozess **maßgeblichen letzten mündlichen Verhandlung** die Wahrscheinlichkeit einer **Verschlechterung** des Leidens mindestens genauso groß gewesen ist wie die einer **Besserung**, steht die Rechtskraft einer Entscheidung im Erstprozess über das Schmerzensgeld ebenfalls nicht einer Nachforderung bei Auftreten einer Komplikation entgegen (OLG Stuttgart OLGR 1999, 349). 107

Hier kommt es also nicht darauf an, dass der Geschädigte den gesamten Umfang seiner Ansprüche kennt. Es genügt die Kenntnis davon, dass ein – wie auch immer großer – Schaden eingetreten ist. Hinsichtlich der **Folgeschäden** reicht bloße **Voraussehbarkeit** aus. 108

Lediglich bei nicht voraussehbaren gesundheitlichen **Spätschäden** gilt etwas anderes: Soweit diese von keinem Arzt vorausgesehen wurden und auch objektiv nicht voraussehbar waren, tritt der Zeitpunkt der Kenntnis des Schadens und mithin der Verjährungsbeginn erst mit dem Auftreten dieser Spätschäden ein (BGH VersR 1966, 233; zfs 1995, 172). 109

Ist eine Schadensfolge auch für **Fachleute** im Zeitpunkt der allgemeinen Kenntnis vom Schaden nicht vorhersehbar, **wächst die Kenntnis** dieser Schadensfolge jedoch **in den beteiligten Fachkreisen heran**, dann kommt es für den Beginn der Verjährung nicht darauf an, in welchem Zeitpunkt sich diese Kenntnis in den beteiligten Fachkreisen durchgesetzt hat. Vielmehr ist der **Zeitpunkt entscheidend**, in dem der **Verletzte selbst von der Schadensfolge Kenntnis** hat (BGH DAR 1997, 395; NJW 2000, 861; Brandenbg. OLG zfs 2007, 621). 110

> *Tipp* 111
> Deshalb ist das eingangs Gesagte (§ 1 Rdn 177 ff.) so wichtig: Die umfangreiche Datensammlung ist erforderlich, um so bald wie möglich mit dem gegnerischen Haftpflichtversicherer in Korrespondenz zu treten, damit die Verjährung gehemmt wird. Gegebenenfalls muss der Anwalt (z.B. über die Polizei) die erforderlichen noch fehlenden Daten ermitteln.

e) Grundsatz der Schadenseinheit

Bei der Kenntnis des Geschädigten „von dem Schaden" ist der **Grundsatz der** 112
Schadenseinheit zu beachten. Der Schaden ist als **einheitliches Ganzes** zu sehen.

§ 12 Vergleich und Verjährung

Sobald der Geschädigte weiß, dass ihm überhaupt ein Schaden entstanden ist, beginnt die **Verjährungsfrist** für den **gesamten Schaden** zu laufen, d.h. auch für solche Schadensfolgen, die im Zeitpunkt der Kenntnis nur als möglich voraussehbar waren (BGH NZV 1997, 395; NJW 1988, 965). Dies hat der BGH (VersR 1982, 703 f.) für einen Dauerschaden 17 Jahre nach einem entstandenen Knöchelbruch, epileptischen Anfällen neun Jahre nach einer Kopfverletzung (BGH NJW 1979, 1460) sowie bei einem Dauerschaden sechs Jahre nach einer Schienbeinkopffraktur (BGH VersR 1973, 371) bejaht. Die Verjährung beginnt nur für solche Spätschäden nicht zu laufen, die auch ein Arzt aufgrund der bekannten Verletzungen nicht hätte vorhersehen können (BGH NJW 1997, 2445; VersR 1991, 115; OLG Hamm zfs 1999, 14; NZV 1994, 72).

113 Wächst diese **Kenntnis erst später** in den beteiligten Fachkreisen heran, so kommt es für den Beginn der Verjährung allerdings nicht darauf an, in welchem Zeitpunkt sich diese Kenntnis in den beteiligten Fachkreisen durchgesetzt hat, vielmehr ist der Zeitpunkt entscheidend, in dem der **Verletzte selbst von der Schadensfolge Kenntnis** erlangt hat (BGH NJW 1997, 365). Die Verjährung beginnt mit der **Fälligkeit** und dem subjektiven Element hinsichtlich des ersten Teilbetrages des Schadens einheitlich auch für die **erst in Zukunft entstehenden Schäden** (*Heinrichs*, BB 2001, 1419). Nur soweit **Spätschäden nicht vorhersehbar** waren, beginnt für diese eine neue Verjährung ab Kenntnis/grob fahrlässiger Unkenntnis (BGHZ 50, 21, 24; BGH NJW 2000, 861; OLG Hamm zfs 1999, 14).

114 Durch die Gleichstellung der positiven Kenntnis mit einer **grob fahrlässigen Unkenntnis** geht die Neuregelung über die bisherige Rechtsprechung hinaus. Nach der Rechtsprechung zum früheren § 852 BGB a.F. hat eine grob fahrlässige Unkenntnis dem Geschädigten **nicht geschadet** (BGH NJW 1998, 988; 1985, 2022; VersR 2000, 503; NZV 1996, 445; zfs 1988, 202; OLG Hamm zfs 1994, 397; *Jahnke*, Abfindung von Personenschadensansprüchen, 2008, § 5 Rn 159 ff. und 346). Dies hat der BGH in jüngst ergangenen Entscheidungen, in denen er die Instanzurteile aufgehoben hat, noch einmal bestätigt. Der BGH hat nur die **missbräuchliche Nichtkenntnis** der positiven Kenntnis gleichgesetzt (BGH NJW 1985, 2022; zuletzt VersR 2001, 866). Allerdings sind die **Anforderungen** – über die grobe Fahrlässigkeit hinaus – so **hoch**, dass der BGH bisher den Tatbestand der von ihm entwickelten Grundsätze noch nie bejaht hat. Der Wortlaut der Neuregelung ist eindeutig. Mit der Gleichstellung der groben Fahrlässigkeit dürfte die bisherige BGH-Rechtsprechung nicht mehr anwendbar sein. In Fällen **grob fahrlässiger Unkenntnis**, d.h. wenn die Unkenntnis auf einer besonders schweren Vernachlässigung der im Verkehr erforderlichen Sorgfalt beruht, **beginnt die Verjährung zu laufen**. Für den Begriff der groben Fahrlässigkeit kann auf die bekannten Definitionen zurückgegriffen werden.

B. Verjährungsrecht nach der Schuldrechtsreform § 12

Danach liegt **grobe Fahrlässigkeit** vor, wenn der Gläubiger die im Verkehr erforderliche Sorgfalt in ungewöhnlich hohem Maße verletzt, ganz nahe liegende Überlegungen nicht anstellt oder beiseite schiebt und dasjenige unbeachtet lässt, was im gegebenen Fall jedem hätte einleuchten müssen. 115

Die **Anforderungen** an den Geschädigten und dessen Rechtsanwalt, sich um die Verfolgung seiner Ansprüche zu kümmern, werden **verschärft**. Da es in Verkehrshaftungsfällen regelmäßig ohne großen Aufwand möglich ist, den Schädiger zu ermitteln, wird Unkenntnis seit der Neuregelung den Verjährungsbeginn i.d.R. nicht hindern. Auch ist den Möglichkeiten, sich über Akteneinsicht Kenntnis zu verschaffen, verstärkte Bedeutung zugekommen. 116

f) Kenntnis bei Anspruchsübergang – Sozialversicherungsträger bzw. Sozialhilfeträger

Bedeutung kann diese Neuregelung auch für die Rechtsprechung zum Regress des Sozialleistungsträgers haben. 117

aa) Sozialversicherungsträger (SVT) und Arbeitsverwaltung

Nach ständiger Rechtsprechung (BGHZ 134, 34; BGH NJW 1996, 2508; jüngst bestätigend BGH v. 20.10.2011 – III ZR 252/10; BGH v. 17.4.2012 – VI ZR 108/11) beginnt die Verjährung im Verhältnis SVT und Schädiger/Haftpflichtversicherer erst zu laufen, wenn der zuständige **Regresssachbearbeiter Kenntnis von Schaden und Schädiger** hat. Die Zurechnung des Wissens eines Sachbearbeiters setzt voraus, dass dieser mit der Betreuung und Verfolgung der in Frage stehenden Regressforderung in eigener Verantwortung betraut worden ist, sodass Kenntnisse aus einer vorangegangenen Bearbeitung des Regresses von Krankheitskosten nicht zu einer Verjährung von Regressansprüchen der Pflegekasse führen, wenn derselbe Sachbearbeiter erst später mit der Geltendmachung der Ansprüche aus der Pflegekasse betraut und damit zuständig wird (BGH v. 15.3.2011 – VI ZR 162/10 – VersR 2011, 682 = zfs 2011, 438). Dies führt z.T. zu wenig überzeugenden Ergebnissen, dass zwar im Hause des SVT (bei der Leistungsabteilung) seit Jahren schon genaue Kenntnis über die Haftungsvoraussetzungen vorlag, diese aber so lange nicht die Verjährung hat beginnen lassen, wie diese Kenntnis nicht zu einer anderen Abteilung im Hause des SVT (der Regressabteilung) gelangt ist. 118

Diese BGH-Rechtsprechung lässt sich bei einer gesetzlichen Regelung, welche die Verjährung schon bei grob fahrlässiger Unkenntnis beginnen lässt, **so nicht mehr aufrechterhalten**. Es sind die Grundsätze zum **Organisationsverschulden** heranzuziehen, d.h. es ist als grob fahrlässig zu qualifizieren, wenn Drittleistungsträger (Sozialversicherer) keine nahe liegende Vorsorge treffen, dass ihre Leistungsabteilungen die mit der Regressdurchführung beauftragten Personen (rechtzeitig) informieren. Es ist sicherlich keine besonders aufwändige und schwierige Organisationsmaßnahme, wenn die Leistungsabteilung eines SVT bei einer Leistungs- 119 gewährung, die in einem Zusammenhang mit einem Unfall steht, die Regressabteilung zu informieren hat. Dies ist so nahe liegend, dass das Unterlassen einer solchen Organisation als grob fahrlässig qualifiziert werden müsste (in diese Richtung nunmehr auch BGH v. 17.4.2012 – VI ZR 108/11).

120 Man kann die Auffassung vertreten, dass die Rechtsprechung die Neuregelung hätte zum Anlass nehmen können, „die Schwäche der bisherigen Rechtsprechung, nach der Behördenschlamperei oftmals ohne Folgen blieb", zu beseitigen. Es ist durchaus denkbar, dass der zuständige Sachbearbeiter (Regresssachbearbeiter) für Kenntnisdefizite aufkommen muss, die im behördeninternen Informationsfluss durch grobe Fahrlässigkeit aufgetreten sind, sodass § 199 BGB eingreift (in diese Richtung jüngst BGH v. 17.4.2012 – VI ZR 108/11). Durch die Entscheidung des BGH v. 15.3.2011 (VI ZR 162/10 – VersR 2011, 682 = zfs 2011, 438) war jedoch die bisherige Rechtslage nicht nur bestätigt, sondern sogar noch verschärft worden (siehe oben Rdn 118).

bb) Sozialhilfeträger (SHT)

121 Bei Sozialhilfeträgern ist gegenüber Sozialleistungsträgern (siehe Rdn 117) zu differenzieren. Während auf den Sozialversicherungsträger bei Bestehen eines Sozialversicherungsverhältnisses gem. § 116 Abs. 1 SGB X der Schadensersatzanspruch des Geschädigten i.d.R. **bereits zum Unfallzeitpunkt übergeht**, kommt es für den Anspruchsübergang auf den **SHT** darauf an, ob mit einer **Bedürftigkeit des Geschädigten**, d.h. mit einer Leistungspflicht des Sozialhilfeträgers, ernsthaft zu rechnen ist. Dies kann insbesondere bei schweren Verletzungen schon im **Unfallzeitpunkt** der Fall sein (Vermögenslosigkeit war abzusehen). Werden aber die **Schwere der Unfallverletzungen** und die Notwendigkeit von Sozialleistungen erst **später erkannt**, so vollzieht sich der Anspruchsübergang auf den Sozialhilfeträger erst zu diesem späteren Zeitpunkt (BGH VersR 1996, 1126, 1127 ff.). Dies wirkt sich dann natürlich auf die Frage aus, **wessen Kenntnis** für die Verjährung maßgebend ist. Bei **Anspruchsübergang zum Unfallzeitpunkt** (Bedürftigkeit war absehbar) kommt es auf die Kenntnis beim Sozialhilfeträger an. Tritt die **unfallbedingte Bedürftigkeit erst später** ein, sind die Schadensersatzansprüche beim Geschädigten verblieben (ein Anspruchsübergang im Unfallzeitpunkt auf den SHT hat nicht stattgefunden), sodass es auf dessen Kenntnis (bzw. die seines gesetzlichen Vertreters) ankommt (BGH VersR 1996, 1258).

122 Es ist aber auch bei der Frage der Kenntnis der Leistungs- bzw. der Regressabteilung zwischen SVT und SHT auch auf der Basis des alten Rechtszustandes zu **differenzieren**. Da die Prüfungspflicht des Sachbearbeiters des SHT auch die **Frage der Bedürftigkeit** umfasst, muss er auch **Ansprüche des Bedürftigen gegen Ersatzpflichtige** (den Schädiger/dessen Haftpflichtversicherer) prüfen. Die Regressprüfung gehört daher schon zum **Aufgabenkatalog** des Sachbearbeiters der Leistungsabteilung. Da die Prüfungspflichten des Sachbearbeiters des SHT – anders als die des SVT – sich auch auf etwaige **Regressmöglichkeiten** beziehen, die dann ei-

B. Verjährungsrecht nach der Schuldrechtsreform **§ 12**

ner Bedürftigkeit entgegenstehen könnten, lässt sich durchaus auch auf der Grundlage der zitierten BGH-Rechtsprechung zum SVT vertreten, dass beim SHT in solchen Fällen schon die Kenntnis des zuständigen Sachbearbeiters der Leistungsabteilung ausreicht.

g) Absolute – kenntnisunabhängige – Verjährungsfristen

§ 199 Abs. 2 bis 4 BGB lauten: **123**

(2) Schadensersatzansprüche, die auf der Verletzung des Lebens, des Körpers, der Gesundheit oder der Freiheit beruhen, verjähren ohne Rücksicht auf ihre Entstehung und die Kenntnis oder grob fahrlässige Unkenntnis in 30 Jahren von der Begehung der Handlung, der Pflichtverletzung oder dem sonstigen, den Schaden auslösenden Ereignis an.

(3) Sonstige Schadensersatzansprüche verjähren
1. ohne Rücksicht auf die Kenntnis oder grob fahrlässige Unkenntnis in 10 Jahren von ihrer Entstehung an und
2. ohne Rücksicht auf ihre Entstehung und die Kenntnis oder grob fahrlässige Unkenntnis in 30 Jahren von der Begehung der Handlung, der Pflichtverletzung oder dem sonstigen, den Schaden auslösenden Ereignis an.

Maßgeblich ist die früher endende Frist.

(3a) Ansprüche, die auf einem Erbfall beruhen oder deren Geltendmachung die Kenntnis einer Verfügung von Todes wegen voraussetzt, verjähren ohne Rücksicht auf die Kenntnis oder grob fahrlässige Unkenntnis in 30 Jahren von der Entstehung des Anspruchs an.

(4) Andere Ansprüche als die nach den Absätzen 2 bis 3a verjähren ohne Rücksicht auf die Kenntnis oder grob fahrlässige Unkenntnis in 10 Jahren von ihrer Entstehung an.

Ohne Rücksicht auf die subjektiven Voraussetzungen (siehe Rdn 95 ff.) endet die Verjährung jedenfalls in einer **absoluten Frist von 10 oder 30 Jahren**. Die Abs. 2 und 3 des § 199 BGB sehen für Schadensersatzansprüche **Besonderheiten** vor. Die Differenzierung erfolgt nach Art des verletzten Rechtsgutes. **124**

Bei **Personenschäden** beträgt die Frist drei Jahre ab Kenntnis (siehe Rdn 95 ff.) von Schaden und Schädiger, längstens 30 Jahre ab Schadenstag (§ 199 Abs. 2 BGB). **125**

Bei **Sachschäden** beträgt die Frist ebenfalls drei Jahre ab **Kenntnis**, ohne Rücksicht auf die Kenntnis gilt die absolute Verjährungsfrist von zehn Jahren ab Entstehung und spätestens ohne Rücksicht darauf in 30 Jahren ab Schadenstag (§ 199 Abs. 3 BGB). **Maßgeblich** ist im Ergebnis stets die **früher ablaufende Verjährungsfrist.** **126**

2. Rechtskräftig festgestellte Ansprüche

127 Gem. § 201 BGB beginnt die Verjährung für rechtskräftig festgestellte Ansprüche mit der **formellen Rechtskraft der Entscheidung**. Solche rechtskräftig festgestellten Ansprüche verjähren nach wie vor in 30 Jahren (§ 197 Abs. 1 Nr. 3 BGB). Diese Vorschrift besitzt wegen der langen 30-jährigen Frist **keine besondere Relevanz**.

3. Fristende

128 Nach § 199 BGB **beginnt die regelmäßige Verjährungsfrist** immer erst mit dem **Schluss des Jahres (Silvesterverjährung)**, also auch im Deliktsrecht.

III. Hemmung und Neubeginn der Verjährung/Unterbrechung

1. Neubeginn der Verjährung

129 Die früheren **Unterbrechungstatbestände** sind im neuen Verjährungsrecht als „Regelungen über den **Neubeginn der Verjährung**" bezeichnet. Nach Eintreten eines dort genannten Tatbestandes beginnt die volle Verjährungsfrist wieder neu zu laufen.

130 Die **zum Neubeginn führenden Handlungen** sind durch die ZPO-Reform 2001 auf ein **geringes Maß** zurückgeführt. Die Umstände, die früher die Verjährung unterbrochen haben, haben nach dem jetzigen Recht grundsätzlich **lediglich hemmende Wirkung** (siehe Rdn 140 ff.). Zu einem **Neubeginn der Verjährung** führen nach § 212 BGB ausschließlich das **Anerkenntnis des Schuldners** (insbesondere auch durch Zahlungen; ausführlich dazu *Jahnke*, VersR 1998, 1347 m.w.N.) und die Vornahme einer Vollstreckungshandlung.

§ 212 Abs. 1 BGB lautet:

(1) Die Verjährung beginnt erneut, wenn
1. der Schuldner dem Gläubiger gegenüber den Anspruch durch Abschlagszahlung, Zinszahlung, Sicherheitsleistung oder in anderer Weise anerkennt oder
2. eine gerichtliche oder behördliche Vollstreckungshandlung vorgenommen oder beantragt wird.

Diese Regelung entspricht dem früheren Recht zur Verjährungsunterbrechung.

a) Neubeginn der Verjährung durch Anerkenntnis/Zahlungen

131 Das **bestätigende Anerkenntnis führt zum Neubeginn der Verjährung** (§ 212 Abs. 1 Nr. 1 BGB). Es reicht schon **jedes tatsächliche Verhalten des Schuldners**, aus dem sich unzweideutig ergibt, dass er davon ausgeht, dass der Anspruch dem Grunde nach besteht (std. Rspr., vgl. z.B. BGH VersR 1970, 549; 1974, 571; NJW 1997, 516; NJW 1999, 1101; VersR 2003, 251; VersR 2009, 230; DAR 2015, 579). Ein solches tatsächliches Anerkenntnis ist insbesondere dann anzunehmen, wenn

B. Verjährungsrecht nach der Schuldrechtsreform § 12

der Schädiger oder der für ihn handelnde **Haftpflichtversicherer auf Verlangen Schadensersatzleistungen erbringt** (BGH VersR 2009, 230; DAR 2015, 579). Schon die **Bitte um Stundung** wird als Anerkenntnis gewertet (BGH NJW 1978, 1914). **Abschlagszahlungen** – selbst bei Vorbehalten zur Höhe – reichen ebenso aus (BGH VersR 1974, 571).

Ein **Anerkenntnis nach Ablauf der Verjährungsfrist** beseitigt nicht die bereits eingetretene Verjährung (BGH NJW-RR 1987, 288, 289; NJW 1997, 516; DAR 2015, 579). 132

Handelt es sich um **teilbare Verbindlichkeiten**, beschränkt sich die Anerkenntniswirkung auf den anerkannten Teil (BGH VersR 1973, 232). Ob nun ein umfassendes oder nur ein Teilanerkenntnis vorliegt, ist letztlich **Auslegungsfrage** (BGH VersR 1968, 277). Die **vorbehaltlose Erfüllung** von Einzelansprüchen (Mehrbedarf, Heilungskosten etc.) führt regelmäßig zum Neubeginn der Verjährung hinsichtlich des Gesamtanspruches (BGH NJW-RR 1986, 324). 133

Neubeginn der Verjährung durch Anerkenntnis und befristeter Verjährungsverzicht stehen nicht in einem Sachzusammenhang, sind also **unabhängig voneinander zu prüfen** (BGH v. 27.1.2015 – VI ZR 87/14 – DAR 2015, 579). Dementsprechend kann trotz des Ablaufs eines befristeten Verjährungsverzichts eine zuvor geleistete Zahlung zum Neubeginn der Verjährung und damit zu einer erst später eintretenden Verjährung führen.

aa) „Ohne Anerkennung einer Rechtspflicht"

Einerseits soll eine Zahlung i.d.R. selbst dann zum Neubeginn der Verjährung führen, wenn sie „**ohne Anerknntnis einer Rechtspflicht**" erfolgt (BGH VersR 1972, 398, 399). Auch nach § 212 Abs. 1 Nr. 1 BGB liegt in einer Abschlagszahlung grundsätzlich der Wille zur Anerkennung des Gesamtanspruchs, es sei denn, es lag offensichtlich eine **Kulanzregelung** vor oder die Abschlagszahlung bezog sich auf einen Teil des Anspruchs (OLG Oldenburg NJW-RR 1998, 1283). Andererseits soll aber dann, wenn dabei erklärt wird, die Haftung werde gerade nicht anerkannt, die in der Zahlung liegende Anerkennung nicht zum Neubeginn der Verjährung jedenfalls über den gezahlten Betrag hinaus führen (OLG Köln VersR 1967, 463). Wegen der verbleibenden Rechtsunsicherheiten sollte daher vorsichtshalber bei Zahlungen ohne „ohne Anerkenntnis einer Rechtspflicht" nicht von einem Neubeginn der Verjährung ausgegangen werden. 134

Häufig wird der Vorbehalt, dass die Zahlung ohne Anerkennung eine Rechtspflicht erfolge, deshalb eingefügt, um eine **erleichterte Möglichkeit der Zurückforderung** zu erhalten. Allerdings liegt in dem Vorbehalt – schon mangels einer entsprechenden von dem Empfänger der Zahlung so aufzufassenden Erklärung – kein Rückzahlungsvorbehalt. Der Vorbehalt hat demnach vielmehr die Bedeutung, dass sich der Versicherer dagegen verwahrt, in Kenntnis einer Nichtschuld zu leisten (*Diehl*, Anmerkung zu BGH, zfs 2005, 11 f.). 135

bb) „Zahlung aus Kulanz"

136 Bei einer Kulanzregelung wird ein Rückforderungsverzicht ausgesprochen, sodass die Rückforderung nach § 814 BGB ausgeschlossen ist (BGH WM 1968, 1201; OLG Nürnberg NJW-RR 1991, 109).

cc) „Zahlung zur Klaglosstellung"

137 Die Klaglosstellung durch den Versicherer ist ein taktisch gewähltes **Mittel zur Minderung des Prozessrisikos.** Der Versicherer zahlt denjenigen Betrag, den er in jedem Falle nach seiner Einschätzung zahlen müsste und führt in dem folgenden Rechtsstreit nur noch eine Auseinandersetzung über streitige Spitzenbeträge. Er erkennt damit den gezahlten Betrag als Mindestbetrag an und löst damit insoweit einen Neubeginn der Verjährung aus.

138 Eine **Rückforderung** des zur Klaglosstellung gezahlten Betrages ist nach Treu und Glauben gem. § 242 BGB wegen des damit verbundenen widersprüchlichen Verhaltens des Versicherers ausgeschlossen (*Diehl*, Anmerkung zu BGH, zfs 2005, 10 ff.).

b) Vollstreckung

139 Die Beantragung oder Vornahme einer **gerichtlichen bzw. behördlichen Vollstreckungshandlung** führt zum Neubeginn der Verjährung (§ 212 Abs. 1 Nr. 2 BGB).

2. Hemmung

140 Die **Wirkung der Hemmung** ist nach § 209 BGB, dass der Zeitraum, währenddessen die Verjährung gehemmt ist, nicht in die Verjährungsfrist eingerechnet wird. Die Regelungen in § 115 Abs. 2 S. 3 VVG sowie §§ 203 ff. BGB zählen die einzelnen Hemmungstatbestände auf. Die **Hemmungstatbestände** sind:

a) Verjährungshemmung nach § 115 Abs. 2 S. 3 VVG

141 Gem. **§ 115 Abs. 2 S. 3 VVG** tritt mit der **Anmeldung des Anspruches** beim Haftpflichtversicherer Hemmung der Verjährung ein. Der **Direktanspruch** gegen den Kraftfahrzeughaftpflichtversicherer ist ebenso wie der Schadensersatzanspruch gegen den Versicherten vom Zugang der Anmeldung beim Versicherer **bis zu dessen Entscheidung in Textform** gehemmt.

142 Eine allgemeine Anspruchsanmeldung reicht aus. Sie erstreckt sich dann im Zweifel auf alle Unfallfolgen. Die Anmeldung durch den Geschädigten erfasst hinsichtlich der Hemmung **alle in Betracht kommenden Ersatzansprüche**, sogar diejenigen, die evtl. bereits **auf eintrittspflichtige Leistungsträger übergegangen** sind (BGH zfs 1992, 162; NJW 1997, 3447). An die Anmeldung nach § 115 Abs. 2 S. 3 VVG sind geringe Anforderungen zu stellen (BGH NJW 1982, 1761). Es genügt, dass der **Versicherer unterrichtet** wird, dass aus dem Unfallereignis Ersatzansprüche erhoben werden. Die Hemmung bezieht sich sowohl auf Ansprüche aus dem StVG als auch auf solche aus unerlaubter Handlung, es sei denn, die Anmeldung ist ihrem Inhalt nach eindeutig auf bestimmte Ansprüche beschränkt. Dies ist aber im Zweifel nicht der Fall. Ferner wirkt die Hemmung gem. § 115 Abs. 2 S. 4 VVG auch gegenüber den ersatzpflichtigen Versicherten.

Die Hemmung **endet** erst, wenn der Haftpflichtversicherer **abschließend Stellung** 143 nimmt. Nur eine **eindeutige und in Textform erfolgende Entscheidung** beendet die Hemmung. Nicht nur eine **ablehnende**, sondern auch eine **positive** Entscheidung des Versicherers beseitigt die Hemmung der Verjährung (BGH NJW 1991, 1945; zfs 1999, 9). So gering die Anforderungen an eine Anmeldung sind, so hoch sind die Anforderungen der Rechtsprechung an eine abschließende Stellungnahme. Eine solche Entscheidung liegt nicht bereits in einem (oder mehreren) Abrechnungsschreiben, in denen der Versicherer Zahlungsanforderungen des Geschädigten nach unten korrigiert (BGH VersR 1996, 369). Auch ist ein Schreiben des Geschädigten, in dem er eine mündliche Ablehnung durch den Versicherer bestätigt, nicht der nach § 115 Abs. 2 S. 3 VVG **erforderlichen Entscheidung in Textform** des Versicherers gleichzusetzen (BGH NZV 1997, 227).

Dem Erfordernis der Eindeutigkeit und Endgültigkeit einer Erklärung im Sinne des 144 § 115 Abs. 2 S. 3 VVG ist genügt, wenn die Reaktion des Versicherers zweifelsfrei erkennen lässt, dass er gegen den Grund des Anspruchs keine Einwendungen erhebt und er auch die Höhe künftiger Forderungen gegebenenfalls dann nicht beanstanden wird, wenn sie belegt werden (OLG Rostock DAR 2002, 128; OLG Hamm DAR 2002, 127).

Ein **Abfindungsvergleich** dagegen (auch einer unter Vorbehalt) beendet regelmäßig die Hemmung (BGH r+s 1999, 109; OLG Hamm r+s 1999, 105). Ein solcher Abfindungsvergleich, in dem eindeutig die Einstellung des Kfz-Versicherers zum Ausdruck kommt, dass die **Schadensregulierung endgültig abgeschlossen** ist, beendet die Hemmung der Verjährung gem. § 115 Abs. 2 S. 3 VVG sogar für die in diesem Vergleich **vorbehaltenen Ansprüche** auf Ersatz erst in Zukunft möglicher materieller Schäden, soweit diese von der Anspruchsanmeldung umfasst sind (BGH zfs 2002, 226 ff. = DAR 2002, 209; a.A. OLG Frankfurt zfs 2002, 277 ff. = DAR 2002, 267; siehe auch LG Lüneburg zfs 2002, 279 f. m. Anm. *Diehl*). 145

Ein **Zukunftsschadensvorbehalt** stellt auch **keinen Verzicht auf die Einrede der** 146 **Verjährung** dar. Hier hilft nur ein Feststellungstitel oder eine titelgleiche Erklärung des Versicherers weiter.

b) Verjährungshemmung durch Verhandlungen (§ 203 BGB)

§ 203 BGB lautet: 147

Schweben zwischen dem Schuldner und dem Gläubiger Verhandlungen über den Anspruch oder die den Anspruch begründenden Umstände, so ist die Verjährung gehemmt, bis der eine oder der andere Teil die Fortsetzung der Verhandlungen verweigert. Die Verjährung tritt frühestens drei Monate nach dem Ende der Hemmung ein.

§ 12 Vergleich und Verjährung

148 Damit soll verhindert werden, dass u.U. sofort nach Ende der Verhandlungen schon Verjährung eintritt. Die frühere Rechtsprechung zum Begriff „**Verhandeln**" kann vollständig übernommen werden (BGH NZV 2001, 188 = zfs 2001, 248; vgl. *Jahnke*, Abfindung von Personenschadenansprüchen, 2008, § 5 Rn 435 ff.). Der Begriff des Verhandelns ist **weit zu verstehen**. Es genügt **jeder Meinungsaustausch**, sofern nicht sofort und eindeutig jeder Ersatz abgelehnt wird (BGH, Urt. v. 8.5.2001 – VI ZR 208/00 – VersR 2001, 1522; BGH zfs 2001, 351; 1991, 190). Das Signalisieren einer Vergleichsbereitschaft oder eines Entgegenkommens ist nicht erforderlich (BGH NZV 2001, 258 = zfs 2001, 248).

149 **Verhandlungen schweben** schon dann, wenn der Verpflichtete Erklärungen abgibt, die den Geschädigten zu der Annahme berechtigen, der Verpflichtete lasse sich jedenfalls auf **Erörterungen über die Berechtigung von Schadensersatzansprüchen** ein (BGH VersR 2001, 1255). Es genügt auch schon, wenn z.B. der Schädiger in einem Schreiben zum Ausdruck bringt, dass er nach Durchführung von Ermittlungen noch einmal verhandeln wolle. Es reicht dann das **Aufrechterhalten der Gesprächsbereitschaft** aus. Wird allerdings **jeglicher Schadensersatz verweigert**, so schweben keine Verhandlungen. Ebenfalls endet die Hemmung, wenn die **Fortsetzung der Verhandlungen zweifelsfrei abgelehnt** wird.

150 Von Bedeutung ist, dass sich die gesetzlichen Regelungen zur Verjährung nun in § 203 BGB und nicht mehr – wie früher – im Deliktsrecht befinden. Damit gelten sie auch für vertragliche Ansprüche.

Merke
Es gilt der **Grundsatz**: Man ist schnell in Verhandlungen, kommt aber nur über ein ganz klares Wort wieder heraus (BGH NJW-RR 1991, 470).

Tipp
Wenn der Versicherer die Verhandlungen für endgültig beendet erachtet und die weitere Regulierung abgelehnt hat, es dem Anwalt aber gelingt, ihn wieder zu Verhandlungen zu bewegen, ist die Hemmung wieder eingetreten. **Vorsicht** aber bei der Berechnung der Zeiträume: Die Verjährungszeit zwischen erster Ablehnung und der Wiederaufnahme der Verhandlungen ist inzwischen weitergelaufen – Hemmung ist nicht gleich Neubeginn!

151 Problematisch ist es, wenn der **Versicherer** irgendwann lediglich **mitteilt**, dass die „**Haftung nicht anerkannt**" werden könne. Von der **Ablehnung der Einstandspflicht** einerseits ist aber zu **unterscheiden**, ob damit andererseits auch die **Fortsetzung von Verhandlungen klar und eindeutig verweigert** wird (BGH NJW 1998, 2619 = zfs 1999, 9).

152 Dies ist aber nicht schon dann der Fall, wenn der Verhandlungspartner, nachdem die Parteien grundsätzlich Verhandlungen aufgenommen hatten, Ansprüche verneint. Auch solche **abgebrochenen Verhandlungen** können durchaus weiterlaufen, wenn bei dem Ersatzpflichtigen eine Vergleichsbereitschaft zurücktritt, er aber grundsätzlich gesprächsbereit bleibt. Das ist z.B. der Fall, wenn der Versicherer sinngemäß schreibt: „Gleichwohl betonen wir unsere Bereitschaft, die Angelegenheit nochmals zu prüfen, wenn Hinweise auf eine Haftung vorgetragen werden." Eine solche Formulierung, wie sie in den meisten Schreiben der Versicherer aus Freundlichkeitsgründen vorkommt, lässt aber gerade nicht „klar und eindeutig" erkennen, dass die Fortsetzung der Verhandlungen verweigert werde. Insoweit bleibt es bei der Verjährungshemmung gem. § 203 BGB.

Die Hemmung wirkt auf den **Zeitpunkt der Geltendmachung des Anspruches** zurück (OLG Hamm NZV 1998, 24 m.w.N.). Im Zweifel erstreckt sich die Hemmung auch hier (wie bei § 115 Abs. 2 S. 3 VVG) **auf den gesamten Anspruch**. Etwas anderes gilt nur, wenn ausdrücklich nur über einen Anspruchsteil verhandelt wird (BGH NZV 1998, 108).   **153**

Für das schlichte „**Einschlafen der Gespräche**" ist keine gesetzliche Regelung getroffen worden. Deshalb kann und soll auf die Rechtsprechung zu § 852 BGB a.F. zurückgegriffen werden können. Die Hemmung entfällt dann zu dem Zeitpunkt, zu dem eine Antwort des Ersatzberechtigten auf die letzte Äußerung des Ersatzpflichtigen spätestens zu erwarten gewesen wäre (BGH zfs 1990, 28). Der zeitliche Rahmen dürfte bei ca. **sechs Wochen** liegen (BGH NZV 1990, 226).   **154**

Schlafen die Verhandlungen aber **faktisch ein** oder werden sie **verschleppt**, so entfällt die Hemmung, wenn aus der Sicht des Berechtigten nach Treu und Glauben ein nächster Schritt zu erwarten wäre, der dann aber nicht erfolgt (BGH NJW 1986, 1337; BGH zfs 2003, 174). Werden einmal abgebrochene Verhandlungen wieder aufgenommen, so kann eine erneute Hemmung hinsichtlich der noch nicht abgelaufenen Verjährungsfrist eintreten (BGH VersR 1985, 642).   **155**

Die Verjährung tritt erst **frühestens drei Monate nach dem Ende der Verhandlungen** ein (§ 203 S. 2 BGB).   **156**

> *Tipp*
> Dieser Zeitpunkt sollte stets vorsorglich in das Fristenbuch notiert werden, sobald von einem auch nur theoretisch möglichen Verhandlungsende ausgegangen werden kann.

c) Hemmung der Verjährung durch Rechtsverfolgung (§ 204 BGB)

In **§ 204 BGB** steht ein Katalog weiterer **Hemmungstatbestände** durch rechtsverfolgende Maßnahmen (Abs. 1 Nr. 1–14).   **157**

> *Merke*
> Durch eine Klage bzw. durch andere Rechtsverfolgungsmaßnahmen wird die Verjährung nicht mehr unterbrochen, sondern nur noch gehemmt!

§ 12 Vergleich und Verjährung

158 Die Hemmungsgründe des § 204 BGB sind:
- Nr. 1: **Klageerhebung**. Die früher geltenden Grundsätze können übernommen werden, mit der Änderung, dass eine **Klage** keine unterbrechende, sondern nur noch **hemmende Wirkung** hat. Das bedeutet insbesondere:
  - Eine **Teilklage** hemmt die Verjährung nur für den eingeklagten Betrag (BGH VersR 1984, 391).
  - Auch eine **unschlüssige Klage** hemmt die Verjährung (BGH VersR 1979, 764).
- Nr. 2: Zustellung des Antrags im vereinfachten Verfahren über den Unterhalt Minderjähriger
- Nr. 3: Zustellung eines **Mahnbescheides**
- Nr. 4: **Güteantrag** bei einer durch die Landesjustizverwaltung anerkannten Gütestelle (§ 794 Abs. 1 Nr. 1 ZPO). Hierzu zählt auch das Verfahren vor einer ärztlichen Gutachter- und Schlichtungsstelle. Dies gilt auch, wenn der Güteantrag bei einer örtlich unzuständigen Gütestelle gestellt wird.
- Nr. 5: **Aufrechnung** im Prozess
- Nr. 6: **Streitverkündung** – Die Streitverkündung hemmt die Verjährung, wenn sie gem. §§ 72 ff. ZPO **zulässig** ist. Die Zulässigkeit – und damit die Streitverkündungswirkung – wird aber erst im Prozess gegen den Streitverkündeten geprüft. Der Umfang der Interventionswirkung richtet sich nach dem Streitgegenstand des Vorprozesses (OLG Hamm NJW 1994, 203).
- Nr. 6a: Zustellung der Anmeldung zu einem Musterverfahren
- Nr. 7: Antrag auf Durchführung eines **selbstständigen Beweisverfahrens**
- Nr. 8: Beginn eines vereinbarten Begutachtungsverfahrens
- Nr. 9: Zustellung eines Arrestantrages/Antrag auf Erlass einer einstweiligen Verfügung
- Nr. 10: Anmeldung im Insolvenzverfahren u.a.
- Nr. 11: Beginn eines Schiedsverfahrens
- Nr. 12: Antrag an eine Behörde bei Vorgreiflichkeit
- Nr. 13: Bestimmung des zuständigen Gerichts
- Nr. 14: Antrag auf Prozesskostenhilfe

159 Die Verjährung gegen den ersatzpflichtigen Versicherungsnehmer führt gem. § 115 Abs. 2 S. 4 VVG auch dann zum Neubeginn bzw. zur Hemmung, wenn der Geschädigte nur Klage gegen den Versicherer erhebt. Die Wirkung tritt insoweit unabhängig davon ein, ob der Geschädigte irgendwann zum Ausdruck gebracht hat, den Versicherer neben dem Versicherungsnehmer als Gesamtschuldner in Anspruch nehmen zu wollen (OLG Hamm DAR 2002, 69).

160 Die Hemmung **endet gem. § 204 Abs. 2 BGB** für die Hemmungstatbestände in § 204 Abs. 1 BGB **sechs Monate nach der rechtskräftigen Entscheidung** oder anderweitigen Beendigung des Verfahrens. Gleichgestellt wird der Stillstand des Verfahrens mit einem Nichtbetreiben durch die Parteien. Auch hier können die Parteien weitreichende Verjährungsvereinbarungen treffen (z.B. Hemmung der Verjährung bis zum rechtskräftigen Abschluss des Prozesses). Warum der Gesetzgeber in

§ 204 Abs. 2 BGB die Frist mit sechs Monaten und in § 203 Abs. 2 BGB die Frist mit drei Monaten bestimmt hat, ist allerdings nicht nachvollziehbar. Gerade das erklärte Ziel der Vereinheitlichung der Verjährungsvorschriften hätte eine einheitliche Regelung nahe gelegt.

Gem. § 205 BGB ist die Verjährung bei einem Recht zur **Leistungsverweigerung** (z.B. Stundung) gehemmt. 161

d) Hemmung der Verjährung aus familiären und ähnlichen Gründen

Bei den Hemmungstatbeständen für Ansprüche zwischen Ehegatten (auch Lebenspartnern) und für Ansprüche zwischen Eltern und Kindern hat sich gem. § 207 BGB nichts geändert. Das Gleiche gilt für die Ablaufhemmung bei nicht voll Geschäftsfähigen (§ 210 BGB, § 206 BGB a.F.) sowie in Nachlassfällen (§ 211 BGB). Hemmung bei höherer Gewalt ist nun in § 206 BGB geregelt. 162

e) Ablaufhemmung gem. § 210 BGB

In § 210 BGB ist der Tatbestand einer sog. **Ablaufhemmung** geregelt. Wenn eine **geschäftsunfähige oder in der Geschäftsfähigkeit beschränkte Person** ohne gesetzlichen Vertreter ist, tritt eine gegen sie laufende Verjährung nicht vor dem Ablauf von **sechs Monaten** nach dem Zeitpunkt ein, in dem die Person unbeschränkt geschäftsfähig oder der Mangel der Vertretung behoben ist. Ist die Verjährung kürzer als sechs Monate, so tritt der für die Verjährung bestimmte Zeitraum an die Stelle der Sechs-Monats-Frist des § 210 BGB. 163

f) Hemmung der Verjährung durch Teilungsabkommen

Nicht ausdrücklich geregelt hat der Gesetzgeber die im Haftpflichtrecht anerkannte **Hemmungswirkung durch Teilungsabkommen.** Mit einem Teilungsabkommen ist ein die Verjährung hemmendes sog. *pactum de non petendo* (**Stillhalteabkommen**) verbunden. Diese Wirkung ergibt sich aus § 205 BGB. 164

§ 205 BGB lautet:

> *Die Verjährung ist gehemmt, solange der Schuldner aufgrund einer Vereinbarung mit dem Gläubiger vorübergehend zur Verweigerung der Leistung berechtigt ist.*

Tipp
Da regelmäßig die Verjährungsfrist **nur noch gehemmt** ist, ist eine sehr **sorgfältige Fristberechnung** und -kontrolle erforderlich. Es ist nun der Zeitraum vor Beginn der Hemmung in die Fristberechnung einzubeziehen.

IV. Vereinbarungen über die Verjährung

In § 202 BGB werden nur noch **ganz bestimmte Vereinbarungen** über die Verjährung für **unzulässig** erklärt. 165

§ 202 BGB lautet:

(1) Die Verjährung kann bei Haftung wegen Vorsatzes nicht im Voraus durch Rechtsgeschäft erleichtert werden.

(2) Die Verjährung kann durch Rechtsgeschäft nicht über eine Verjährungsfrist von 30 Jahren ab dem gesetzlichen Verjährungsbeginn hinaus erschwert werden.

166 Dies bedeutet im Umkehrschluss, dass **andere Vereinbarungen** (Vertragsfreiheit), auch solche, die eine Verjährung erschweren, **bis zu 30 Jahre (formlos) zulässig** sind.

Aber Achtung
Der Zusatz „... vorbehaltlich evtl. Dauerschäden ..." in einer Abfindungserklärung führt nicht zu einer Fortdauer der Verjährungshemmung nach § 115 Abs. 2 S. 3 VVG (OLG Hamm NZV 1999, 245). Mit einem Abfindungsvergleich endet vielmehr die Hemmung der Verjährung auch hinsichtlich der vorbehaltenen Ansprüche; die dreijährige Verjährungsfrist beginnt insoweit neu zu laufen (OLG Koblenz r+s 2012, 148). Zur Absicherung ist in einem solchen Fall (hinsichtlich der vorbehaltenen Schäden) **zusätzlich eine titelersetzende Feststellungserklärung oder ein ausdrücklicher Verjährungsverzicht erforderlich!**

167 Ein erklärter **Verjährungsverzicht** war früher wegen § 225 BGB a.F. **unwirksam.** Der Verzicht führte über § 242 BGB nur dazu, dass derjenige, der den Verzicht abgegeben hat, sich zu diesem Verzicht nicht in Widerspruch setzen durfte (BGH r+s 1998, 23; 1999, 382). Hat aber der Schuldner (der Haftpflichtversicherer des Schädigers) erklärt, dass er sich an den Verzicht nicht mehr gebunden fühle, musste der Gläubiger nach geltender Rechtsprechung nach nur kurzer Überlegungsfrist (ca. zwei Wochen) Klage erheben, weil sonst der Anspruch verjährte (BGH NJW 1991, 974, 975; OLG Köln VersR 1991, 197; OLG Düsseldorf NJW 2001, 2265: vier Wochen).

168 Nach wie vor möglich ist die aus diesem Grunde von der Rechtspraxis entwickelte sog. feststellungsurteilersetzende Erklärung. Diese Vereinbarung sollte einen **konkreten Stichtag** enthalten, welcher der **Rechtskraft eines Urteils gleichstehen** soll, um die exakte Berechnung der nunmehr geltenden 30-jährigen Verjährungsfrist zu ermöglichen.

169 Eine solche Vereinbarung könnte etwa wie folgt lauten:

„Mit der Wirkung eines am ... rechtskräftigen Feststellungsurteils wird im Rahmen der vereinbarten Deckungssumme die Ersatzpflicht aller materiellen und immateriellen Schäden aus dem Unfallereignis vom ... anerkannt, soweit nicht ein Forderungsübergang auf Drittleistungsträger stattgefunden hat oder erfolgen wird (vgl. BGH NJW 1985, 731; Heß, MittBl 2000, 121)."

Diese Schwierigkeiten bei der Formulierung einer solchen Vereinbarung gibt es allerdings nicht, wenn der Schädiger bzw. sein Versicherer sogar bereit ist, **auf die Einrede der Verjährung zu verzichten**. In der Vereinbarung eines Vorbehalts weiterer Ansprüche bei Eintritt einer Bedingung (z.B. Anstieg der MdE) liegt i.d.R. ein Verzicht auf die Einrede der Verjährung bis zum Bedingungseintritt. Also sollte ggf. zusätzlich noch ein solcher Einredeverzicht mit in die Erklärung aufgenommen werden.

Eine solche Erklärung hat ihre Berechtigung, da hierdurch nicht nur eine Absicherung gegen Verjährung erfolgt, sondern sie auch eine vertraglich bindende Regelung über den **Haftungsgrund** darstellt. Insoweit besteht ein Feststellungsinteresse.

Die Parteien haben die Möglichkeit, **umfassende Vereinbarungen** zur Verjährung (Verlängerung der Verjährungsfrist, Verzicht auf die Einrede der Verjährung, *pactum de non petendo*, vertragliche Urteilsersetzungen) zu treffen. Für Verzichte, die in der Zeit bis zum 31.12.2002 ausgesprochen worden sind, verbleibt es bei der dargestellten bisherigen Rechtslage.

Die Regulierungsvollmacht des Haftpflichtversicherers aus § 10 Abs. 5 AKB bzw. A.1.1.4 AKB 2008 ermächtigt diesen grundsätzlich – auch mit Wirkung für den Schädiger –, Vereinbarungen über die Verjährung zu treffen.

C. Wirkung der Verjährung

Der Verjährungseintritt vernichtet den Anspruch nicht, sondern schafft nur eine **Einrede**, d.h. nach Eintritt der Verjährung ist der Schuldner berechtigt, die Leistung zu verweigern (§ 214 Abs. 1 BGB). Die erstmalige Erhebung der Verjährungseinrede ist noch in der Berufungsinstanz möglich, wenn die der Verjährung zugrundeliegenden Tatsachen unstreitig sind (BGH v. 16.10.2008 – IX ZR 135/07 – VersR 2010, 86).

D. Übergangsvorschriften für die Verjährung zur Schuldrechtsreform (1.1.2002)

Art. 229 § 6 EGBGB regelt, dass Ansprüche, die nach alter Rechtslage zum 31.12.2001 verjährt sind, auch verjährt bleiben. Ab dem 1.1.2002 entstandene Ansprüche verjähren regelmäßig nach den vorgenannten Regelungen.

Für die am 1.1.2002 schon bestehenden, aber noch nicht verjährten Ansprüche gilt gem. Art. 229 § 6 EGBGB mit drei Einschränkungen als Grundregel das neue Verjährungsrecht (§ 6 Abs. 1 S. 2 EGBGB):

§ 12 Vergleich und Verjährung

Beginn, Neubeginn und Hemmung
Sie richten sich bis zum 31.12.2001 nach altem und erst danach nach neuem Recht (Art. 229 § 6 Abs. 1 S. 2 EGBGB).

Folgende Fälle
War eine Klage noch vor dem 1.1.2002 eingereicht und kurz nach dem 1.1.2002 zugestellt („demnächst") worden, wird die Verjährung noch nach altem Recht unterbrochen und nicht lediglich gehemmt.
Ist die Verjährung durch eine vor dem 1.1.2002 zugestellte Klage unterbrochen worden und läuft das Verfahren noch über den 31.12.2001 hinaus, ist die Unterbrechung der Verjährung mit dem Ablauf des 31.12.2001 beendet und die neue Verjährung mit Beginn des 1.1.2002 gehemmt.

177 Verlängerte Fristen
Wenn das neue Recht die Verjährungsfrist verlängert, bleibt die kürzere Frist nach altem Recht maßgebend (Art. 229 § 6 Abs. 2 EGBGB). Dies ist weniger für die Haftungsfälle, als für die am 1.1.2002 noch nicht verjährten kaufrechtlichen Gewährleistungsansprüche von Bedeutung.

178 Verkürzte Fristen
Kürzt das neue Recht die Verjährungsfrist ab (dies gilt insbesondere für pVV-, c.i.c.-Ansprüche, aber auch für den Ausgleichsanspruch unter Gesamtschuldnern), beginnt die kürzere Frist erst am 1.1.2002 zu laufen (Art. 229 § 6 Abs. 3 EGBGB). Die Verjährungsfrist des alten Rechts bleibt aber maßgebend, wenn sie vor der kürzeren Frist des neuen Rechts endet.

§ 13

§ 13 Versicherungsrecht im Verkehrsrecht (Versicherungsrechtlicher Exkurs)

A. Vorbemerkung

Literatur zum Versicherungsrecht im Verkehrsrecht:

Burmann/Heß/Höke/Stahl, Das neue VVG im Straßenverkehrsrecht, München 2008; *Felsch*, Neuregelung von Obliegenheiten und Gefahrerhöhung, r+s 2007, 485; *Günther*, Alte AVB und neues VVG – Sanktionslosigkeiten von Obliegenheitsverletzungen?, zfs 2010, 362; *Halm*, Versicherungsverkehrsrecht 2009/2010, DAR 2010, 437; *Halm/Fitz*, Versicherungsverkehrsrecht 2010/2011, DAR 2011, 437; *Heinrichs*, Synopse der für das Versicherungsrecht und Verkehrsrecht bedeutsamen Auswirkungen der VVG-Reform, zfs 2009, 187; *Himstedt*, Die vorläufige Deckung in der Kraftfahrzeug-Haftpflicht- und Kaskoversicherung, zfs 2002, 112; *Knappmann*, Anmerkungen zu den neuen Allgemeinen Bedingungen für die Kfz-Versicherung (AKB 2008), VersR 2009, 186; *Maier/Stadler*, AKB 2008 und VVG-Reform, 2008; *Majerle*, Die vertragliche Obliegenheit, den Unfallort nicht zu verlassen, in der Kaskoversicherung, VersR 2011, 1492; *Marlow/Spuhl*, Das Neue VVG kompakt, 2. Auflage, Karlsruhe 2007; *Nugel*, Kürzungsquoten nach dem VVG, 2. Auflage 2012; *Otting*, Querschnitt durch Kfz-Kasko, DAR 1996, 510 ff.; DAR 1998, 34 ff.; DAR 1999, 352; *Prölss/Martin*, VVG, 29. Auflage 2015; *Riedmeyer*, Obliegenheitsverletzung in der Kraftfahrtversicherung, zfs 2000, 47 ff.; *Rixecker*, VVG 2008 – Eine Einführung, ab zfs 2007, 15 fortlaufend in jedem Heft; *Schimikowski*, VVG-Reform: Die vorvertraglichen Informationspflichten des Versicherers und das Rechtzeitigkeitserfordernis, r+s 2007, 133; *Terno*, Abgrenzungsprobleme zwischen KH-Versicherung und Allgemeiner Haftpflichtversicherung, r+s 2011, 361.

Bereits durch das Dritte Gesetz zur Durchführung versicherungsrechtlicher Richtlinien des Rates der Europäischen Gemeinschaft (3. Durchführungsgesetz/EWG zum VAG) hatte sich eine schwerwiegende Veränderung des Kfz-Haftpflichtversicherungsrechts ergeben. 1

Den einzelnen Versicherungsunternehmen wurde ab dem 1.7.1994 ein größerer Spielraum bei der Ausgestaltung ihrer allgemeinen Versicherungsbedingungen (AVB) eingeräumt. Bis zu diesem Zeitpunkt mussten die AVB der Versicherer durch die Versicherungsaufsichtsbehörde (seinerzeit BAV, inzwischen BaFin) genehmigt werden. 2

Seit dem 1.7.1994 kann die Versicherungsaufsichtsbehörde bei der Überprüfung der Allgemeinen Versicherungsbedingungen nur noch im Wege der Missbrauchsaufsicht vorgehen. 3

Im Bereich der Kaskoversicherung sind die Versicherer in ihrer Bedingungsgestaltung somit absolut frei. 4

Dagegen ist für den Bereich der Kfz-Haftpflichtversicherung der dem einzelnen Versicherungsnehmer zu gewährende Mindest-Versicherungsschutz durch die Bestimmungen der Kfz-Pflichtversicherungsverordnung (KfzPflVV) vom 29.7.1994 geregelt worden. 5

§ 13 Versicherungsrecht im Verkehrsrecht (Versicherungsrechtlicher Exkurs)

6   Während die seinerzeitigen Allgemeinen Bedingungen für die Kraftfahrzeug-Haftpflichtversicherung (AKB 1993) noch der Versicherungsaufsicht und Genehmigungspflicht unterlagen, handelt es sich bei den späteren Allgemeinen Bedingungen für die Kraftfahrtversicherung (ab AKB 1996) nur noch um unverbindliche Empfehlungen des Gesamtverbandes der Deutschen Versicherungswirtschaft (GDV) an seine Mitgliedsunternehmen (sog. Musterbedingungen). Abweichende Vereinbarungen sind möglich und zulässig.

7   *Beachte*
Bei der Bearbeitung eines versicherungsrechtlichen Mandats ist es deshalb unerlässlich, sich vom Mandanten die seinem Vertrag zugrunde liegenden Versicherungsbedingungen vorlegen zu lassen, um den konkret vereinbarten Versicherungsumfang zuverlässig feststellen zu können.

8   Durch das **VVG 2008** sind grundlegende Änderungen des Versicherungsrechts erfolgt, insbesondere die bereits seit langem geforderte **Abschaffung des bisherigen „Alles-oder-nichts-Prinzips"**. Eingeführt wurde ein (quotales) Leistungskürzungsrecht des Versicherers bei grob fahrlässigen Vertragsverstößen des Versicherungsnehmers, während eine vollständige Leistungsfreiheit nur noch bei Vorsatz in Betracht kommt.

9   Das neue VVG findet grundsätzlich Anwendung für Neuverträge seit dem 1.1.2008 und für Altverträge seit dem 1.1.2009. Eine Vielzahl von Versicherern hat allerdings erklärt, auch bei Altverträgen bereits auf alle ab dem 1.1.2008 eintretenden Versicherungsfälle das neue Recht anzuwenden. Aus diesem Grunde beschränkt sich die nachfolgende Darstellung zukunftsweisend ausschließlich auf das neue Recht. Bei „Altfällen" ist ggf. die zahlreiche bisherige Literatur heranzuziehen.

10 Im Zuge der VVG-Reform 2008 ist auch eine Anpassung der AKB an das neue Recht erfolgt. Die neuen **AKB 2008 (Musterbedingungen)** unterscheiden sich vom Aufbau grundlegend von den bisherigen AKB. Während bisher eine gesetzesähnliche Gliederung in §§ erfolgt ist, hat man sich nunmehr für Teile A bis N mit jeweiliger numerischer Untergliederung entschieden (A.1.2 usw.). Es wurde versucht, die Bedingungen verständlicher zu gestalten. Ob das gelungen ist, wird die Praxis zeigen. Seit den AKB 2008 werden regelmäßig vom GDV neue Fassungen der Musterbedingungen veröffentlicht, inzwischen bis zu den AKB 2015, jedoch mit jeweils verhältnismäßig wenigen Änderungen.

11 In der nachfolgenden Darstellung werden jeweils die Vorschriften sowohl in der Systematik der bisherigen AKB als auch in der Systematik der neueren AKB ab 2008 zitiert, da die alten AKB noch auf lange Zeit den (vor dem 1.1.2008 abgeschlossenen) Versicherungsverträgen zugrunde liegen werden. Zudem haben eine Reihe von Versicherern die Systematik der alten AKB beibehalten.

B. Vertragsschluss

Wie jeder andere Vertrag auch, kommt der Versicherungsvertrag durch **Angebot und Annahme** zustande. Das bedeutet im Versicherungsrecht, dass ein **Versicherungsantrag** gestellt und daraufhin ein **Versicherungsschein** ausgefertigt und ausgehändigt worden sein muss.

12

I. Beratungs- und Informationspflichten vor Vertragsschluss

Durch das neue VVG soll das **bisher** überwiegend praktizierte sog. **Policenmodell** (§ 5a VVG a.F.) abgeschafft werden, bei dem der Versicherungsnehmer erst mit der Übersendung der Versicherungspolice die Versicherungsbedingungen sowie die erforderlichen Verbraucherinformationen erhielt. Nunmehr ist der Versicherungsnehmer rechtzeitig **vor** Abgabe seines Versicherungsantrages umfassend nach seinen individuellen Verhältnissen zu **beraten** (§ 6 VVG) und er ist **vollständig über den Inhalt des vorgesehenen Versicherungsvertrages zu informieren** (§ 7 VVG), nämlich durch eine klare und verständliche Übermittlung der im Einzelnen in der VVG-InfoV geregelten Informationen. Im Wesentlichen handelt es sich hierbei um den Inhalt der Police, die Versicherungsbedingungen, die Tarife sowie eine Belehrung über das dem Versicherungsnehmer zustehende **Widerrufsrecht**.

13

Hinweis

Gem. § 63 VVG **haftet** neuerdings auch der **Versicherungsvermittler** (Agent sowie Makler) **persönlich** – und gesamtschuldnerisch mit dem Versicherer – für eine Verletzung der Beratungs- und Dokumentationspflichten.

Folglich kann nach neuem Recht der **Vermittler regelmäßig gesamtschuldnerisch mitverklagt und dadurch als Zeuge für den Versicherer ausgeschaltet** werden. Dementsprechend wird der Versicherer seiner ihm nach der Rechtsprechung (BGH VersR 1989, 833) obliegenden Beweislast z.B. bei im Raum stehenden Anzeigepflichtverletzungen des Versicherungsnehmers (objektive Falschangaben im Antragsformular, wenn der Versicherungsnehmer substanziiert vorträgt, den den Antrag aufnehmenden Agenten mündlich zutreffend informiert zu haben) kaum nachkommen können, weil ihm kein geeignetes Beweismittel mehr zur Verfügung steht.

14

II. Allgemeines Widerrufsrecht

Künftig kann gem. § 8 VVG jeder Versicherungsnehmer grundsätzlich seine Vertragserklärung **innerhalb von zwei Wochen nach Aushändigung** von Versicherungsschein, Allgemeinen Versicherungsbedingungen (AVB) und Belehrung über das Widerrufsrecht **widerrufen**.

15

16 *Beachte*
Das **Widerrufsrecht** besteht bei einem für den Versicherer nicht nachweisbaren Zugang der vorgenannten Unterlagen **unbegrenzt**, anders als nach dem bisherigen § 5a VVG a.F. (bisher Erlöschen des Widerrufsrechts ein Jahr nach Zahlung der ersten Prämie). Allerdings ist der **Vertrag** während des Laufs der Widerrufsfrist – anders als nach altem Recht – **schwebend wirksam**. Im Falle des Widerrufs kommt es gem. § 9 VVG lediglich zu einem **Rückabwicklungsschuldverhältnis**, bei dem die Prämie nur anteilig ab Zugang des Widerrufs erstattet wird. Das bedeutet im Ergebnis, dass der Vertrag nicht wie bei § 5a VVG a.F. ex tunc, sondern erst ab dem Zeitpunkt des Widerrufs – also ex nunc – rückabgewickelt wird, sodass bis zum Widerruf auch Versicherungsschutz besteht.

17 Die **Missbrauchsmöglichkeiten** sind daher **deutlich eingeschränkt** gegenüber der Rechtslage beim Widerruf nach § 5a VVG a.F. Seinerzeit konnte der Versicherungsnehmer bei nicht nachweisbarem Zugang sämtlicher Unterlagen, wenn in der Zwischenzeit kein Versicherungsfall eingetreten war, kurz vor Ablauf der Jahresfrist den Vertrag widerrufen mit der Folge, dass ihm sämtliche Prämien zurückzuzahlen waren. Damit erhielt er faktisch Versicherungsschutz, der ihn nur dann etwas kostete, wenn sich tatsächlich ein Versicherungsfall ereignete.

III. Vorläufiger Deckungsschutz

18 Die bisher im Kfz-Bereich schon lange übliche **vorläufige Deckung** ist erstmals in den §§ 49–52 des VVG 2008 **gesetzlich geregelt** worden.

1. Eigenständiger Versicherungsvertrag

19 Es handelt sich – wie nach bisherigem Recht – bei der vorläufigen Deckung um einen **eigenständigen Versicherungsvertrag**.

Hinweis
Beim Eintritt eines Versicherungsfalls im Zusammenhang mit gescheiterten oder hinsichtlich des Zustandekommens jedenfalls unklaren Versicherungsverhältnissen ist stets gesondert zu prüfen, ob sich ein Leistungsanspruch aus dem (rechtlich selbstständigen) vorläufigen Deckungsvertrag ergibt. Dies wird in der Praxis häufig übersehen. Nicht selten lässt sich bei genauerer Prüfung kein wirksamer Beendigungstatbestand feststellen.

2. Vertragsinhalt bei Verzicht auf Informationserteilung vor Vertragsschluss

20 Bei der **vorläufigen Deckung** kann der Versicherungsnehmer gem. § 49 Abs. 1 VVG auf die gem. § 7 VVG an sich vor Vertragsschluss erforderliche Informationserteilung (insbesondere Inhalt der Police und Versicherungsbedingungen) **verzich-**

ten, was in der **Praxis wohl den Regelfall** darstellen wird. Hinsichtlich des Vertragsinhalts gilt sodann gem. § 49 Abs. 2 VVG eine Besonderheit: Es werden die vom Versicherer zum Zeitpunkt des Vertragsschlusses für den vorläufigen Versicherungsschutz „**üblicherweise**" verwendeten **AVB** auch ohne ausdrücklichen Hinweis hierauf **Vertragsbestandteil**. Bestehen Zweifel, welche Bedingungen dies sind – also insbesondere, wenn der Versicherer zum Zeitpunkt des Vertragsschlusses unterschiedliche Bedingungen verwendet –, werden gem. § 49 Abs. 2 S. 2 VVG **die für den Versicherungsnehmer günstigsten Bedingungen** Vertragsbestandteil.

Tipp 21
Regelmäßig bieten die Versicherer im Bereich der Kaskoversicherung **unterschiedlich hohe Selbstbeteiligungen** an. Sollte es also im Zeitraum der vorläufigen Deckung zu einem Versicherungsfall kommen, ist gem. § 49 Abs. 2 S. 2 VVG von der niedrigsten vom Versicherer angebotenen Selbstbeteiligung auszugehen, wenn insoweit keine eindeutige Regelung bezogen auf den vorläufigen Versicherungsvertrag getroffen wurde.

Auch im Bereich der **unterschiedlichen angebotenen Tarife** bezogen auf die sog. weichen Tarifmerkmale (Garagenfahrzeug, Zahl und Alter der Fahrer, jährliche Kilometerleistung etc.) handelt es sich um unterschiedliche Bedingungen i.S.d. § 49 Abs. 2 VVG, da die Tarifbestimmungen zu den AVB zählen. Auch diesbezüglich lässt sich daher im Zweifel mit den für den Versicherungsnehmer günstigsten Regelungen argumentieren.

3. Ende der vorläufigen Deckung

Die vorläufige Deckung endet gem. § 52 VVG bei 22
- Beginn eines **gleichartigen Versicherungsschutzes** aufgrund des Hauptvertrages oder eines anderweitigen vorläufigen Deckungsvertrages bei demselben oder bei einem anderen Versicherer, § 52 Abs. 1 S. 1, Abs. 2 VVG
- **Zahlungsverzug** hinsichtlich der Prämie, § 52 Abs. 1 S. 2 VVG
- **Zugang eines Widerrufs** gem. § 8 VVG **oder Widerspruchs** gem. § 5 Abs. 1, 2 VVG (bei Abweichungen zwischen Versicherungsantrag und Versicherungsschein), § 52 Abs. 3 VVG
- **Kündigung** durch eine Vertragspartei (für den Versicherer jedoch nur mit einer Frist von zwei Wochen möglich), § 52 Abs. 4 VVG

Durchaus bemerkenswert erscheint, dass die vorläufige Deckung im Falle eines 23 **Vertrages mit einem anderen Versicherer** endet, obwohl der Versicherer dies zu diesem Zeitpunkt **noch nicht weiß**. Dementsprechend besteht eine Anzeigepflicht des Versicherungsnehmers gem. § 52 Abs. 2 S. 2 VVG.

Auch hier stellt sich wiederum die Frage, was unter „**gleichartigem**" **Versiche-** 24 **rungsschutz** zu verstehen ist. So ist ein Hauptvertrag ohne Kaskoversicherung zweifellos nicht „gleichartig" zu einer vorläufigen Deckung mit Kaskoversicherungsschutz, sodass die vorläufige Deckung bezogen auf die Kaskoversicherung ohne Vorliegen eines entsprechenden Beendigungstatbestandes (in der Regel Kündigung) im Zweifel nicht enden wird. Dies folgt bereits daraus, dass es sich bei der Kfz-Haftpflicht- und der Kfz-Kaskoversicherung rechtlich um **selbstständige Verträge** handelt, selbst wenn sie üblicherweise in einem Versicherungsschein policiert werden.

25 Jedoch bleibt auch innerhalb des Bereichs der Kaskoversicherung wiederum die Frage der **Gleichartigkeit** im Hinblick auf die **unterschiedlichen Selbstbeteiligungen**. Im Zweifel kann nicht davon ausgegangen werden, dass ein Hauptvertrag mit einer höheren Selbstbeteiligung zu einer vorläufigen Deckung mit niedrigerer Selbstbeteiligung gleichartig ist.

> *Hinweis*
> Es bleibt daher bei nicht umfassenden Vereinbarungen zum Zeitpunkt der vorläufigen Deckungserteilung stets kritisch zu prüfen, ob sich bei einem späteren Versicherungsfall darauf berufen werden kann, der vorläufige Deckungsvertrag bestehe mangels „gleichartigen" Versicherungsschutzes sowie mangels einer entsprechenden Kündigung weiter, und zwar gem. § 49 Abs. 2 VVG zu den dem Versicherungsnehmer günstigsten Bedingungen.
> Dieses Problem muss von der Praxis noch gelöst werden.

26 Bei einem **Widerruf** gem. § 8 VVG oder einem **Widerspruch** gem. § 5 Abs. 1, 2 VVG sollte sich der Versicherungsnehmer stets bewusst sein, dass dadurch der **Versicherungsschutz in der vorläufigen Deckung endet**. Ein **rückwirkender Wegfall der vorläufigen Deckung** bei Zahlungsverzug kann auch nach dem neuen VVG in den AKB geregelt werden (*Rixecker*, zfs 2007, 314, 315; *Burmann/Heß/Höke/Stahl*, S. 28, Rn 72; *Marlow/Spuhl*, S. 97) und ist auch entsprechend in B.2.4 AKB 2008 vorgesehen. Allerdings bleiben zusätzlich die Anforderungen der bisherigen Rechtslage bestehen, sodass der rückwirkende Wegfall gem. § 9 S. 2 KfzPflVV Folgendes voraussetzt:

- der Antrag auf den Hauptvertrag wurde unverändert angenommen
- keine Zahlung der Erstprämie innerhalb von vier Wochen nach Zugang der Police (B.2.4 S. 1 AKB 2008)
- zutreffende Bezifferung und Kennzeichnung des Betrages, den der Versicherungsnehmer aufwenden muss, um Schutz aus vorläufiger Deckung zu behalten (separat für die KH-Versicherung!)
- Verschulden des Versicherungsnehmers (B.2.4 S. 2 AKB 2008)
- ausdrückliche schriftliche Rechtsfolgenbelehrung bei Anforderung der Erstprämie (separat für die KH-Versicherung!)

27 Die **Beweislast** für das Vorliegen der vorgenannten Voraussetzungen liegt vollständig beim **Versicherer** (BGH VersR 1996, 445). In der Praxis bereiten immer wieder die strengen **Anforderungen an die Aufschlüsselung der Prämie** erhebliche Probleme. Nicht nur die **Prämien** für die einzelnen Sparten (Haftpflicht, Kasko,

Unfall, Schutzbrief) sind **getrennt auszuweisen**, sondern bei gleichzeitiger Anforderung einer Erst- und einer Folgeprämie (z.b. wegen Ende des Versicherungsjahrs zum Kalenderjahresende) sind die Beträge auch jeweils gesondert auszuweisen, damit der Einlösungsbeitrag (Erstprämie) für jede Sparte deutlich wird.

Da dem Versicherungsnehmer nur ein **einheitliches Widerspruchsrecht** bei seiner Bank zusteht, sind zudem für die Erst- und die Folgeprämie **getrennte Lastschriften** vorzunehmen, um dem Versicherungsnehmer zu ermöglichen, den Einlösungsbetrag (Erstprämie), nicht jedoch die Folgeprämie zu zahlen. Schließlich muss dem Versicherungsnehmer aus der Rechtsfolgenbelehrung deutlich werden, **welchen Teilbetrag** er zahlen muss, um sich (zumindest) den Schutz aus der KH-Versicherung zu erhalten. 28

4. Haftpflichtversicherung

Auf dem Gebiet der **Kraftfahrtversicherung** ist es üblich, bereits vor dem Zustandekommen des Versicherungsvertrags vorläufigen Deckungsschutz zu gewähren. 29

Dieser vorläufige Deckungsschutz wird im Bereich der KH-Versicherung durch die Aushändigung der **Versicherungsbestätigung** nach § 29a StVZO (früher: Versicherungsdoppelkarte) gewährt und tritt spätestens zum Zeitpunkt der behördlichen Zulassung bzw. zum Zeitpunkt des Einreichens der Versicherungsbestätigung bei der Zulassungsstelle in Kraft (§ 9 KfzPflVV). 30

5. Kaskoversicherung

In der Kaskoversicherung bedarf es einer **gesonderten Zusage** vorläufiger Deckung durch den Versicherer bzw. – wie üblich – durch den den Versicherungsantrag vermittelnden Versicherungsagenten im Versicherungsantrag (§ 1 Abs. 3 AKB bzw. B.2.2 AKB 2008). Hat aber der Versicherungsnehmer (für den Hauptvertrag) den Abschluss sowohl einer Haftpflicht- als auch einer Kaskoversicherung beantragt, besteht auch in der Kaskoversicherung vorläufiger Deckungsschutz, wenn der Versicherungsagent nicht ausdrücklich darauf hingewiesen hat, dass die vorläufige Deckung nur für die KH-Versicherung gilt (BGH VersR 1986, 541; BGH VersR 1999, 1275; OLG Hamm zfs 1997, 461; OLG Frankfurt VersR 1993, 1347). 31

Eine Ausnahme gilt nur dann, wenn der Versicherer dem Versicherungsnehmer unmissverständlich klar gemacht hat, dass er entgegen seinem Wunsch vorläufigen Deckungsschutz nur in der KH-Versicherung, nicht jedoch in der Kaskoversicherung gewährt (BGH VersR 1999, 1275). 32

IV. Ansprüche des Versicherungsnehmers auf Erteilung von Abschriften

33 In der Praxis ist eine Prüfung der Versicherungsansprüche häufig schwierig, weil der Mandant nicht in der Lage ist, dem Anwalt den aktuellen Versicherungsschein nebst Versicherungsbedingungen auszuhändigen.

Hinweis
Bereits nach bisherigem Recht (§ 3 Abs. 2 S. 1 VVG a.F.) bestand für diesen Fall ein oft nicht bekannter **Rechtsanspruch** auf Erteilung einer **Abschrift des Versicherungsscheins sowie der** dem Vertragsverhältnis zugrunde liegenden **Bedingungen**, nunmehr in § 3 Abs. 3 S. 1 VVG geregelt.

34 Ebenso kommt der Mandant in einer versicherungsrechtlichen Angelegenheit gelegentlich zum Anwalt und hat bereits eine Schadenmeldung vorgenommen, Unterlagen überreicht etc. Auch hier ist der Mandant selten in der Lage, dem Anwalt sauber abgeheftet Abschriften sämtlicher bisheriger Erklärungen gegenüber dem Versicherer vorzulegen. Für diesen Fall gibt es gem. § 3 Abs. 4 S. 1 VVG ebenfalls einen **Rechtsanspruch auf Erteilung von Abschriften der bisher zum Schadenfall abgegebenen Erklärungen und eingereichten Unterlagen.** Gleiches gilt hinsichtlich der Erteilung einer Abschrift vom seinerzeitigen **Versicherungsantrag** des Versicherungsnehmers. Bis zur Erteilung der Abschriften tritt nach Geltendmachung des Anspruchs gem. § 3 Abs. 4 S. 2 VVG sogar eine Hemmung von Fristen ein.

35 Der **Versicherungsnehmer** hat gem. § 3 Abs. 5 VVG zwar die **Kosten der Abschriftenerteilung** zu tragen. Jedoch werden diese Kosten zum einen in der Praxis vom Versicherer selten geltend gemacht. Zum anderen stehen sie in keinem Verhältnis zum Schaden, der droht, wenn der Anwalt seiner Anspruchsprüfung nicht die konkreten Vertragsunterlagen zugrunde legt.

Hinweis
Nach der neuen Regelung des § 7 Abs. 4 VVG kann der Versicherungsnehmer vom Versicherer sogar **einmalig kostenlos** die **Übermittlung des Versicherungsscheins nebst Allgemeiner Versicherungsbedingungen** verlangen.

C. Fälligkeit der Prämien

36 Beim Versicherungsvertrag besteht die Hauptpflicht des Kraftfahrtversicherers in der Gewährung des vereinbarten Versicherungsschutzes. Die Hauptpflicht des Versicherungsnehmers besteht hingegen in der Zahlung der vereinbarten Prämie, wobei die **rechtzeitige Zahlung der Erstprämie** (§ 37 VVG i.V.m. § 9 KfzPflVV) und die rechtzeitige Zahlung von Folgeprämien (§ 38 VVG) zu unterscheiden sind.

C. Fälligkeit der Prämien § 13

I. Erstprämie

Die erste Prämie ist gem. § 33 VVG nach Ablauf von zwei Wochen nach Zugang des Versicherungsscheins (Ablauf der Widerrufsfrist) **unverzüglich** zu zahlen. Grundsätzlich gilt insoweit die **Legaldefinition** des § 121 Abs. 1 VVG, d.h. die Zahlung hat „ohne schuldhaftes Zögern" zu erfolgen. Interessant ist allerdings, dass hiervon abweichend in B.2.4 S. 1 AKB 2008 im Zusammenhang mit dem rückwirkenden Wegfall der vorläufigen Deckung der Rechtsbegriff „unverzüglich" ausdrücklich mit „**spätestens innerhalb von 14 Tagen**" definiert wird. Diese explizit definierte Unverzüglichkeitsfrist dürfte daher im Zweifel zugunsten des Versicherungsnehmers für den gesamten Bereich der Kraftfahrtversicherung anzuwenden sein. 37

Die **Beweislast** für die Vorlage und Aushändigung des Versicherungsscheins zum Zwecke der Fälligkeit der **Erstprämie** obliegt dem Versicherer. 38

Nach wie vor gilt gem. § 37 VVG das sog. **Einlösungsprinzip**, d.h. Versicherungsschutz besteht grundsätzlich nur bei rechtzeitiger Zahlung der ersten Prämie. Im Falle eines **Zahlungsverzuges des Versicherungsnehmers** mit der **Erstprämie** sind als Rechtsfolgen das Rücktrittsrecht des Versicherers und die Leistungsfreiheit zu unterscheiden: 39

Der Versicherer hat gem. § 37 Abs. 1 VVG ein **Rücktrittsrecht** vom Ablauf der Zahlungsfrist an bis zur (sei es auch verspäteten) Zahlung. Die bisherige Kündigungsfiktion des § 38 Abs. 1 S. 2 VVG a.F. (Unterlassen der gerichtlichen Geltendmachung der Erstprämie innerhalb von drei Monaten seit Fälligkeit gilt als Kündigung) ist weggefallen. 40

Der Versicherer ist **leistungsfrei**, wenn bei Eintritt des Versicherungsfalles die fällige Prämie nicht gezahlt ist und der Versicherungsnehmer durch eine gesonderte Mitteilung in Textform oder auffälligen Hinweis im Versicherungsschein über die Folgen der Nichtzahlung **belehrt** wurde (§ 37 Abs. 2 S. 2 VVG). 41

Neu ist, dass sowohl das **Rücktrittsrecht als auch die Folge der Leistungsfreiheit nur im Falle eines Verschuldens** des Versicherungsnehmers eingreifen. Allerdings wird das Verschulden gesetzlich vermutet, sodass der Versicherungsnehmer sich vom Vertretenmüssen zu entlasten hat (§ 37 Abs. 1 letzter Hs. bzw. Abs. 2 S. 1 letzter Hs. VVG). 42

Ein **fehlendes Verschulden** kann durchaus bei Unklarheiten bezogen auf die richtige Berechnung der Prämie in Betracht kommen, z.B. wenn dem Versicherungsnehmer aufgrund einer unklaren Beitragsrechnung auf telefonische Nachfrage eine Klärung versprochen wird mit dem Hinweis, er solle zunächst nicht zahlen, sondern eine neue Beitragsrechnung abwarten. 43

739

II. Folgeprämie

44 Grundsätzlich ist bei Versicherungsverträgen die Leistungszeit nach dem **Kalender** bestimmt, sodass bei Nichtzahlung einer fälligen Prämie gem. § 286 Abs. 2 Nr. 1 BGB Verzug eintritt, ohne dass es einer Mahnung bedarf. Allerdings entfällt der Versicherungsschutz nicht bereits mit dem Verzug hinsichtlich einer Folgeprämie, sondern der Versicherer hat lediglich die Möglichkeit, gem. § 38 VVG eine sog. **qualifizierte Mahnung** auszusprechen. Dadurch sollen dem Versicherungsnehmer die Folgen der Versäumung einer rechtzeitigen Prämienzahlung noch einmal zwingend vor Augen gehalten werden. Die qualifizierte Mahnung kann der Versicherer auf Kosten des Versicherungsnehmers aussprechen. Sie verlangt gem. § 38 Abs. 1 VVG die **Bestimmung einer mindestens zweiwöchigen Zahlungsfrist** in Textform unter Angabe der rückständigen Prämie, Zinsen und Kosten.

45 Der **Rückstand ist exakt und korrekt aufzuschlüsseln**, sodass bereits eine unzutreffende Abweichung im Bereich weniger Cent zur Unwirksamkeit der qualifizierten Mahnung führt (BGH VersR 1992, 1501). Die Aufschlüsselung und die Belehrung über die Rechtsfolgen haben **gesondert für die verschiedenen Versicherungsarten** zu erfolgen (also insbesondere KH- und Kaskoversicherung), damit der Versicherungsnehmer sich gezielt nur den KH-Versicherungsschutz erhalten kann (OLG Frankfurt VersR 1998, 356). Die Belehrung hat auch darauf hinzuweisen, dass gem. § 38 Abs. 2 VVG eine verspätete Zahlung den Versicherungsschutz wieder eintreten lässt. Die **Belehrung** muss so **eindeutig und unmissverständlich** sein, dass der Versicherte ohne Zeitverlust tätig werden kann, um sich seinen Versicherungsschutz zu erhalten. Eine **Belehrung auf der Rückseite** eines Mahnschreibens verfehlt diesen Zweck und führt zur Unwirksamkeit der Mahnung (BGH VersR 1999, 1525).

46 Die **Rechtsfolgen des Fristablaufs** einer nach vorgenannten Grundsätzen ordnungsgemäßen qualifizierten Mahnung sind:

- **Leistungsfreiheit** des Versicherers bei Eintritt des Versicherungsfalles während des Verzuges mit der Prämie, den Zinsen oder den Kosten, § 38 Abs. 2 VVG

- der Versicherer kann **fristlos kündigen**, solange der Versicherungsnehmer in Verzug ist, § 38 Abs. 3 S. 1 VVG

- der Versicherer kann auch bereits in der qualifizierten Mahnung eine **bedingte Kündigung** aussprechen, welche mit dem Ablauf der Zahlungsfrist wirksam wird, falls der Versicherungsnehmer dann noch im Verzug ist, § 38 Abs. 3 S. 2 VVG

47 Die **Kündigung wird unwirksam**, wenn die Zahlung (verspätet) innerhalb eines Monats nach Kündigung bzw. Fristablauf erfolgt (§ 38 Abs. 3 S. 3 VVG). Allerdings **heilt die Nachzahlung der Prämie die Kündigungsfolge nur ex nunc**, sodass die Leistungsfreiheit bei einem zwischenzeitlich eingetretenen Versicherungsfall bestehen bleibt (§ 38 Abs. 3 S. 3 letzter Hs. VVG).

D. Obliegenheiten

Das Versicherungsrecht unterscheidet die **gesetzlichen** (d.h. im VVG geregelten) von den **vertraglichen** Obliegenheiten, welche in den jeweiligen AVB geregelt sind, bei denen lediglich die Rechtsfolgen gesetzlich in § 28 VVG bestimmt sind. Als **gesetzliche Obliegenheiten** des VVG sind insbesondere verschiedene Anzeigepflichten (Gefahrerhöhungen, Wohnungswechsel, Versicherungsfall gem. §§ 13, 23, 30 VVG), die Pflicht zur Vermeidung von Gefahrerhöhungen gem. § 23 Abs. 1 VVG, die Auskunftserteilung gem. § 31 VVG sowie die Schadenabwendungs- bzw. Schadensminderungspflicht gem. § 82 VVG zu nennen. Die Sanktionen der Verletzung einer gesetzlichen Obliegenheit sind in den jeweiligen Vorschriften des VVG geregelt. 48

I. Gefahrerhöhungen

Die Vorschriften über die Gefahrerhöhung sollen das **Gleichgewicht** zwischen dem vom Versicherer übernommenen **Risiko** und der dafür zu zahlenden **Prämie** erhalten. Der Versicherer soll nicht gezwungen werden, am Vertrag festzuhalten, obwohl das Risiko nicht mehr dem bei Vertragsschluss vorausgesetzten und kalkulierten Risiko entspricht (BGH VersR 1979, 73; BGH VersR 1981, 245). 49

Daher ist grundsätzlich für die Erheblichkeit einer Gefahrerhöhung entscheidend, ob der Versicherer **bei Kenntnis den Abschluss des Vertrages abgelehnt** oder von einer **höheren Prämie** abhängig gemacht hätte. Zu trennen sind folglich belanglose Gefahrsteigerungen – diese gelten gem. § 27 VVG als mitversicherte Risikoerhöhungen – von den erheblichen Gefahrerhöhungen. 50

1. Erforderlichkeit eines gewissen Dauerzustands

Die **Gefahrerhöhung setzt einen gewissen Dauerzustand voraus**, sodass eine nur kurzfristige Gefahrsteigerung ausscheidet (BGH VersR 1957, 123; 1968, 1033; 1966, 559), z.B. die lediglich einmalige Trunkenheitsfahrt, einmalige Benutzung eines verkehrsunsicheren Fahrzeugs, das einmalige Überladen des Fahrzeugs. Das **Zeitmoment** schafft die **Abgrenzung zur grob fahrlässigen Herbeiführung des Versicherungsfalls** gem. § 81 Abs. 2 VVG, welche bei einer nur kurzfristigen Gefahrsteigerung in Betracht kommt. 51

Hinweis 52
Der Anwalt des Versicherungsnehmers muss beim Vorwurf der Gefahrerhöhung sorgfältig prüfen, ob tatsächlich eine relevante Gefahrerhöhung i.S.d. § 26 VVG oder noch ein mitversichertes Risiko vorliegt, sei es wegen des konkreten Vertragsinhaltes oder wegen einer als mitversichert anzusehenden Risikoerhöhung.

2. Beispiele einer Gefahrerhöhung

53 Im Bereich der Kraftfahrtversicherung beziehen sich die Gefahrerhöhungen meist auf die **(Weiter-)Benutzung eines Kfz in länger andauerndem verkehrsunsicheren Zustand** (BGH VersR 1990, 80), z.b. aufgrund
- abgenutzter/abgefahrener Reifen (BGH VersR 1975, 1017; BGH VersR 1967, 746; OLG Saarbrücken zfs 2003, 127),
- mangelhaften Zustands der Bremsanlage (BGH zfs 1986, 149),
- erheblicher Umbauten am Fahrzeug, wie bei frisierten Mofas (BGH VersR 1970, 412; BGH VersR 1990, 80 = zfs 1990, 93),
- defekter Achse (BGH VersR 1969, 216),
- defekter Kupplung (BGH VersR 1963, 34),
- defekter Lenkung (BGH VersR 1969, 216).

54 Eine Gefahrerhöhung kann jedoch auch auf **persönlichen Mängeln des Fahrers** beruhen, wie z.B.
- das wiederholte Fahren unter Alkoholeinfluss (OLG Frankfurt VersR 1960, 262),
- das häufige Fahren ohne die erforderliche Sehhilfe (BGH VersR 1968, 654; BGH VersR 1969, 1011; OLG Karlsruhe VersR 1969, 175),
- das Überlassen des Fahrzeugs an einen Epileptiker (OLG Hamm VersR 1985, 751; OLG Stuttgart zfs 1997, 257; OLG Nürnberg NVersZ 1999, 437) oder Diabetiker (OLG Oldenburg zfs 1985, 55).

55 *Beachte*
Beim Führen eines Kfz mit **abgefahrenen Reifen** ist die Führung des **Kausalitätsgegenbeweises** bei trockener Fahrbahn möglich, weil abgefahrene Reifen auf trockener Fahrbahn eine gleichwertige Haftung der Reifen bewirken (BGH VersR 1978, 146).

Der Kausalitätsgegenbeweis ist auch möglich bei **Aquaplaning** (BGH VersR 1969, 987) und beim Nachweis, dass der Versicherungsnehmer vor dem Unfall überhaupt nicht gebremst hat (OLG Nürnberg VersR 1965, 175).

3. Subjektive Gefahrerhöhung

56 § 23 Abs. 1 VVG verbietet dem Versicherungsnehmer, nach Abgabe seiner Vertragserklärung ohne Einwilligung oder Wissen des Versicherers eine Erhöhung der Gefahr von erheblicher Dauer vorzunehmen oder deren Vornahme durch einen Dritten zu gestatten (sog. **Gefahrstandspflicht**).

57 Die Vornahme oder Gestattung einer Gefahrerhöhung im Sinne des § 23 Abs. 1 VVG verlangt **positives Wissen** des Versicherungsnehmers hinsichtlich der die Gefahrerhöhung begründenden **Umstände**, ohne dass er jedoch die gefahrerhöhende Eigenschaft der vorgenommenen oder gestatteten Gefahrenänderung **kennen muss**

(BGH VersR 1968, 1153). **Grob fahrlässige Unkenntnis** der die Gefahrerhöhung begründenden Umstände **reicht** hingegen **nicht** aus (BGH VersR 1982, 793).

Beachte
Der Versicherer muss die **Kenntnis** des Versicherungsnehmers von einer vorgenommenen oder herbeigeführten Gefahrerhöhung i.S.d. § 23 Abs. 1 VVG beweisen (BGH VersR 1982, 793).

Ferner ist zu beachten, dass eine subjektive Gefahrerhöhung ein **aktives Tun** voraussetzt (BGH VersR 1981, 245; BGH VersR 1987, 653; BGH VersR 1987, 921), beim Unterlassen kommt lediglich eine objektive Gefahrerhöhung in Betracht. 58

4. Nachträglich erkannte schuldlose subjektive Gefahrerhöhung

Erkennt der Versicherungsnehmer nachträglich, dass er **unbewusst** selbst eine Gefahrerhöhung vorgenommen oder gestattet hat, ist er verpflichtet, dies dem Versicherer **unverzüglich anzuzeigen** (§ 23 Abs. 2 VVG). Diese etwas irritierend wirkende Form der Gefahrerhöhung kommt in Betracht, wenn der Versicherungsnehmer die **Tatsachen (Umstände) kennt**, welche die Gefahrerhöhung begründen, jedoch (zunächst) schuldlos verkennt, dass sie eine Gefahrerhöhung bewirken. 59

Beispiel 60
Ein Motorradfahrer erwirbt bei einem seriösen Händler eine Auspuffanlage, einen Lenker oder ein sonstiges Fahrzeugteil mit der Zusicherung des Händlers, das Teil verfüge über eine Allgemeine Betriebserlaubnis. Nach dem Einbau (Zeitpunkt der selbst veranlassten Gefahrerhöhung) erfährt der Motorradfahrer anlässlich der nächsten Hauptuntersuchung, dass es sich um ein nicht zugelassenes Fahrzeugteil handelt.

5. Objektive Gefahrerhöhung

Tritt eine Gefahrerhöhung **unabhängig vom Willen des Versicherungsnehmers** ein, hat er dies ebenfalls unverzüglich nach Kenntniserlangung dem Versicherer anzuzeigen (§ 23 Abs. 3 VVG). Die nachträglich erkannte schuldlose subjektive Gefahrerhöhung und die objektive Gefahrerhöhung werden vom Gesetz gleichgestellt. 61

Nach h.M. fällt hierunter der Fall, dass der Versicherungsnehmer nach einem **Schlüsselverlust** sein Fahrzeug **ohne besondere Sicherungsmaßnahmen** weiter benutzt (BGH NJW 1987, 2443; OLG Nürnberg zfs 2003, 457; OLG Hamm NJW-RR 1992, 863; OLG Köln NZV 2000, 294; a.A. OLG Karlsruhe VersR 1990, 1386, in diesem Fall eine subjektive Gefahrerhöhung annehmend). 62

6. Rechtsfolgen der Gefahrerhöhungen

Hinsichtlich der Rechtsfolgen sind die **Kündigungsmöglichkeit** des Versicherers einerseits und die **Leistungsfreiheit** andererseits zu unterscheiden. 63

§ 13 Versicherungsrecht im Verkehrsrecht (Versicherungsrechtlicher Exkurs)

a) Kündigung

64 Im Falle der **subjektiven Gefahrerhöhung** kann der Versicherer den Versicherungsvertrag grundsätzlich gem. § 24 Abs. 1 S. 1 VVG fristlos kündigen. Weist der Versicherungsnehmer jedoch nach, dass die Verletzung der Gefahrstandspflicht weder vorsätzlich noch grob fahrlässig erfolgt ist, kommt im Falle der leicht fahrlässigen Verletzung eine Kündigung mit Monatsfrist in Betracht (§ 24 Abs. 1 S. 1, 2 VVG). Das bedeutet, dass im Falle der **schuldlosen subjektiven Gefahrerhöhung** keine Kündigungsmöglichkeit besteht. Im Falle der **Verletzung der Anzeigepflicht** bei der **nachträglich erkannten schuldlosen subjektiven** sowie bei der **objektiven Gefahrerhöhung** kann der Versicherer mit Monatsfrist kündigen (§ 24 Abs. 2 VVG).

65 Das Kündigungsrecht erlischt, wenn es nicht **innerhalb eines Monats** ab Kenntnis des Versicherers von der Gefahrerhöhung ausgeübt wird (§ 24 Abs. 3 VVG). Statt der Kündigung kann der Versicherer gem. § 25 VVG die **Versicherungsprämie erhöhen**. Wie beim Kündigungsrecht hat er aber dafür auch nur einen Monat ab Kenntnis von der Gefahrerhöhung Zeit. Erhöht sich die Prämie um mehr als 10 %, kann der Versicherungsnehmer unter Einhaltung einer Monatsfrist kündigen (§ 25 Abs. 2 S. 1 VVG).

b) Leistungsfreiheit

66 Die Folge der Leistungsfreiheit knüpft entsprechend dem neuen Sanktionssystem des VVG (Wegfall des Alles-oder-Nichts-Prinzips) an das Verschuldensmaß des Versicherungsnehmers an:
- bei (vom Gesetz als Regelfall vermuteter) **grober Fahrlässigkeit** erfolgt eine **Leistungskürzung** entsprechend der Schwere des Verschuldens des Versicherungsnehmers, § 26 Abs. 1 S. 2 VVG
- bei (vom Versicherer zu beweisendem) **Vorsatz** besteht vollständige **Leistungsfreiheit**, § 26 Abs. 1 S. 1 VVG
- bei (vom Versicherungsnehmer zu beweisender) lediglich **leichter Fahrlässigkeit oder fehlendem Verschulden** bleibt die Leistungspflicht unberührt, § 26 Abs. 1 VVG

67 Das **Verschulden** bezieht sich bei der subjektiven Gefahrerhöhung (§ 23 Abs. 1 VVG) auf die **Vornahme oder Gestattung der Gefahrerhöhung**, im Übrigen (§ 23 Abs. 2 und 3 VVG) auf die Nichtvornahme der erforderlichen Anzeige. Weitere Voraussetzung der (vollständigen oder teilweisen) Leistungsfreiheit in den Fällen der Anzeigepflichtverletzung (§ 23 Abs. 2 und 3 VVG) ist, dass der **Versicherungsfall später als einen Monat nach dem Zeitpunkt der an sich erforderlichen Anzeige** eintritt (§ 26 Abs. 2 S. 1 VVG).

68 Diese Regelung entspricht dem Gedanken der **Kausalität der Anzeigepflichtverletzung**: Hätte der Versicherungsnehmer die Gefahrerhöhung ordnungsgemäß angezeigt, hätte der Versicherer gem. § 24 Abs. 2 VVG auch nur unter Einhaltung

einer Monatsfrist kündigen können, sodass er für einen innerhalb dieser Monatsfrist eintretenden Versicherungsfall auch ohne die Anzeigepflichtverletzung in jedem Fall leistungspflichtig gewesen wäre.

Nach dem Gesetzeswortlaut wird – abweichend von der obigen Darstellung – in den Fällen der Anzeigepflichtverletzung (§ 23 Abs. 2 und 3 VVG) der Vorsatz des Versicherungsnehmers vermutet (§ 26 Abs. 2 S. 2 VVG). Da dies der grundsätzlichen Vermutung grober Fahrlässigkeit im Sanktionensystem des neuen VVG widerspricht, besteht Streit, ob es sich um eine absichtliche gesonderte Behandlung von Anzeigepflichtverletzungen handelt, da bei der vom Versicherer ohnehin nachzuweisenden Kenntnis des Versicherungsnehmers von der Gefahrerhöhung die Vorsatzvermutung nahe liegend sei (so *Burmann/Heß/Höke/Stahl*, S. 57 Rn 160; *Marlow/Spuhl*, S. 58), oder um ein redaktionelles Versehen. Der letztgenannten Auffassung folgend wird hier vorläufig davon ausgegangen, dass eine vollständige Leistungsfreiheit auch bei der Anzeigepflichtverletzung nur dann in Betracht kommt, wenn dem Versicherer der Vorsatzbeweis gelingt (so *Felsch*, r+s 2007, 485, 488; *Rixecker*, zfs 2007, 136, 137). Insoweit bleibt die Klärung durch die Rechtsprechung abzuwarten. 69

Der **Versicherer** bleibt trotz Gefahrerhöhung zur **Leistung verpflichtet**, wenn 70
- der **Versicherer** in den Fällen der Anzeigepflichtverletzung (§ 23 Abs. 2 und 3 VVG) die **Gefahrerhöhung** zum Zeitpunkt der an sich erforderlichen Anzeige **bereits kannte**, § 26 Abs. 2 S. 1 VVG (in diesem Fall besteht kein Bedürfnis mehr für die Anzeige);
- zum Zeitpunkt des Versicherungsfalls die **Kündigungsfrist des Versicherers** bereits **abgelaufen** war, § 26 Abs. 3 Nr. 2 VVG (in diesem Fall akzeptiert der Versicherer die Gefahrerhöhung durch Fortsetzung des Vertrages);
- die Gefahrerhöhung weder für den Eintritt des Versicherungsfalls noch den Umfang der Leistungen **ursächlich** ist, § 26 Abs. 3 Nr. 1 VVG.

Die **Möglichkeit des Kausalitätsgegenbeweises** für den Versicherungsnehmer entspricht den Grundsätzen des im neuen VVG verankerten Sanktionensystems. 71

II. Vertragliche Obliegenheiten

1. Obliegenheiten vor Eintritt des Versicherungsfalls

Für den Bereich der KH-Versicherung zählt § 5 der KfzPflVV abschließend auf, welche Obliegenheiten **vor dem Eintritt** des Versicherungsfalls von den Versicherern in ihren AKB vereinbart werden dürfen. 72

In den AKB enthalten sind folgende Obliegenheiten: 73
- Verstoß gegen die Verwendungsklausel, § 2b Abs. 1 a AKB bzw. D.1.1 AKB 2008
- Verbot des unberechtigten Gebrauchs eines Kraftfahrzeugs (Schwarzfahrt) oder dessen Gestattung, § 2b Abs. 1 b AKB bzw. D.1.2 AKB 2008

§ 13 Versicherungsrecht im Verkehrsrecht (Versicherungsrechtlicher Exkurs)

- Verstoß gegen die **Führerscheinklausel**, § 2b Abs. 1 c AKB bzw. D.1.3 AKB 2008
- (gilt nur für die KH-Versicherung:) Verbot der Verwendung des Kfz zu behördlich nicht genehmigten Fahrveranstaltungen, bei denen es auf die Erzielung einer Höchstgeschwindigkeit ankommt, und zu entsprechenden Übungsfahrten, § 2b Abs. 1 d AKB bzw. D.2.2 AKB 2008
- (gilt nur für die KH-Versicherung:) Verbot des Führens eines Kraftfahrzeugs bei alkoholbedingter Fahruntüchtigkeit oder Gestattung einer solchen Fahrt, ebenso unter Einfluss anderer berauschender Mittel, § 2b Abs. 1 e AKB bzw. D.2.1 AKB 2008

74 Es handelt sich bei diesen in den AKB geregelten Obliegenheiten um fünf Fälle speziell geregelter Gefahrerhöhungen (vgl. BGH VersR 1986, 693 für Verwendungs- und Schwarzfahrtklausel), die den §§ 23 ff. VVG vorgehen. Ein Verstoß gegen die **Verwendungsklausel** kommt z.b. bei der Fahrzeugnutzung als Taxe oder Mietfahrzeug statt einer privaten Nutzung in Betracht. Hintergrund dieser Obliegenheit ist, dass der Verwendungszweck den Prämientarif bestimmt. Entscheidend sind die Angaben zum Verwendungszweck im **Versicherungsantrag** (vorlegen lassen!). Eine **tatsächliche Gefahrerhöhung** wird **unwiderleglich vermutet**, wenn der Versicherer für die anderweitige Verwendung einen höheren Prämientarif vorsieht; der Kausalitätsgegenbeweis ist insoweit ausgeschlossen (BGH VersR 1972, 530).

75 Ein Verstoß gegen die **Schwarzfahrtklausel** liegt vor, wenn das Fahren ohne vorherige ausdrückliche oder stillschweigende Erlaubnis des Berechtigten erfolgt. Ein Verstoß gegen die **Führerscheinklausel** liegt **auch bei nur vorläufiger Entziehung der Fahrerlaubnis** (BGH VersR 1962, 1053) oder **Beschlagnahme** des Führerscheins (BGH VersR 1982, 84) vor, **nicht jedoch bei einem lediglichen Fahrverbot** (BGH VersR 1987, 897). Es ist darauf hinzuweisen, dass in Bezug auf **Fahrveranstaltungen entsprechende Risikoausschlüsse** bestehen, die auch für behördlich genehmigte Fahrveranstaltungen sowie für die Kaskoversicherung gelten (vgl. § 2 Abs. 3 b AKB bzw. A.1.5.2, A.2.16.2, A.3.9.2, A.4.10.3 AKB 2008). Bei der **Fahruntüchtigkeitsklausel** gelten die Voraussetzungen der absoluten/relativen Fahruntüchtigkeit wie im Strafrecht.

Hinweis
Die Beschränkung der Fahruntüchtigkeitsklausel auf die KH-Versicherung bedeutet nicht, dass die **Fahruntüchtigkeit im Bereich der Kaskoversicherung** bedeutungslos wäre. Dort wird sie jedoch über § 81 Abs. 2 VVG als **grob fahrlässige Herbeiführung des Versicherungsfalls** erfasst.

D. Obliegenheiten § 13

2. Obliegenheiten nach Eintritt des Versicherungsfalls

a) Beispiele wichtiger Obliegenheiten

Als wichtige Obliegenheiten nach dem Eintritt des Versicherungsfalls sind zu nennen:

- Anzeigeobliegenheiten, § 7 I Abs. 2, II Abs. 2, Abs. 3 AKB bzw. E.1.1, E.1.2, E.2.1, E.2.3 AKB 2008
- Aufklärungsobliegenheit, § 7 I Abs. 2 S. 3 AKB bzw. E.1.3 AKB 2008
- Schadenminderungspflicht, § 7 I Abs. 2 S. 3 AKB bzw. E.1.4 AKB 2008
- Versicherer ist Prozessführung zu überlassen, § 7 II Abs. 5 bzw. E.2.4 AKB 2008
- Kaskoversicherung: „Wiederinstandsetzungsverbot" (Weisungen des Versicherers sind einzuholen), § 7 III AKB bzw. E.3.2 AKB 2008

Das in § 7 II Abs. 1 der bisherigen AKB enthaltene **Anerkenntnis- und Befriedigungsverbot**, welches allerdings nur für konstitutive und deklaratorische Anerkenntnisse, nicht jedoch für Erklärungen mit lediglich Beweislastfunktion galt (BGH VersR 1984, 383), ist durch den neuen § 105 VVG im Rahmen der VVG-Reform 2008 ersatzlos weggefallen.

Hinweis
Es ist darauf hinzuweisen, dass eine **Beratungspflichtverletzung** vorliegt, wenn der Rechtsanwalt ohne Belehrung des Mandanten über die Prozessführungsbefugnis des Haftpflichtversicherers einfach das **Passivmandat** des Versicherten annimmt (BGH VersR 1985, 83). Dies kommt in der Praxis leider immer wieder vor.

Auch das in der Kaskoversicherung geltende **Wiederinstandsetzungsverbot** bzw. die Pflicht, zuvor entsprechende Weisungen des Versicherers einzuholen (welche auch für die Restwertveräußerung gilt), wird in der Praxis immer wieder übersehen.

b) Aufklärungsobliegenheit

Die in der Praxis entscheidende Obliegenheit nach Eintritt des Versicherungsfalls ist die **Aufklärungsobliegenheit** gem. § 7 I Abs. 2 AKB bzw. E.1.3 AKB 2008.

aa) Wichtige Fallgruppen

Ein Verstoß gegen die Aufklärungsobliegenheit kommt insbesondere bei folgenden Fallgruppen in Betracht:

- Unerlaubtes Entfernen vom Unfallort
- Beseitigung von Unfallspuren, Nachtrunk (OLG Karlsruhe zfs 1997, 139)
- Falschangaben nach dem Versicherungsfall

bb) Unerlaubtes Entfernen vom Unfallort

81 Grundsätzlich hängt das Vorliegen einer Obliegenheitsverletzung wegen unerlaubten Entfernens vom Unfallort von der **Strafbarkeit gem. § 142 StGB** ab. Danach besteht auch bei eindeutiger Haftungslage eine **Wartepflicht**, z.B. bei einem Unfall mit einem parkenden Fahrzeug (BGH VersR 2000, 222), da sich das Aufklärungsinteresse des Versicherers auch auf das Vorliegen der Voraussetzungen gem. § 81 VVG oder anderweitiger Obliegenheitsverletzungen bezieht. Bei einem **erlaubten Entfernen vom Unfallort und nachträglicher Mitteilung an den Versicherer** zu einem Zeitpunkt, zu dem gem. § 142 Abs. 2 StGB eine Mitteilung an den Geschädigten eine Strafbarkeit noch hätte verhindern können, liegt keine Aufklärungsobliegenheitsverletzung vor (BGH v. 21.11.2012 – IV ZR 97/11 – VersR 2013, 175 = zfs 2013, 91 = DAR 2013, 79).

Es wird die Auffassung vertreten, wonach in der Fassung des E.1.3 AKB 2008 eine **eigenständige versicherungsrechtliche Wartepflicht** vereinbart sein soll, welche unabhängig von der Strafbarkeit des § 142 StGB bestehen und über diese hinausgehen soll (OLG Stuttgart zfs 2015, 96; OLG Frankfurt am Main r+s 2016, 70; KG r+s 2016, 73; Prölss/Martin-*Knappmann*, VVG, AKB 2008 D Rn 21; *Makowsky*, JR 2014, 165; *Tomson/Kirmse*, VersR 2013, 177), sodass der Versicherungsnehmer unter Umständen bis zum Eintreffen der Polizei oder sogar unbegrenzt warten müsste, selbst wenn kein Fremdschaden entstanden ist. Diese Auffassung übersieht jedoch, dass nach der ständigen Rechtsprechung des BGH Versicherungsbedingungen entsprechend dem Verständnis des durchschnittlichen Versicherungsnehmers auszulegen sind. Dieser wird auch bei der Formulierung gem. E.1.3 AKB 2008 den Bezug zur Straftat des unerlaubten Entfernens vom Unfallort (§ 142 StGB) erkennen und daher nicht davon ausgehen, dass von ihm versicherungsrechtlich mehr verlangt wird als strafrechtlich. Dementsprechend ist auch bei der Obliegenheit des E.1.3 AKB 2008 davon auszugehen, dass eine Aufklärungspflichtverletzung nur bei Erfüllung des Straftatbestandes des § 142 StGB vorliegt (OLG München zfs 2016, 274; *Maier*, r+s 2016, 64; *Rixecker*, zfs 2015, 99; Staudinger/*Friesen*, DAR 2014, 757).

In den neuesten Bedingungen (E.1.1.3 AKB 2015) ist eine Klarstellung dahingehend erfolgt, dass die Obliegenheit ausdrücklich an die Strafbarkeit gem. § 142 StGB gekoppelt ist.

82 **Keine Wartepflicht** besteht lediglich bei einem ausschließlichen Schaden am eigenen Fahrzeug oder Leasingfahrzeug mangels Fremdschadens (OLG Hamm VersR 1998, 311). Auch **keine Wartepflicht** besteht bei einem völlig belanglosen Fremdschaden (Grenze ca. 25–50 EUR), da mit Ansprüchen Dritter dann nicht gerechnet werden muss.

83 *Hinweis*
Die Versicherer gehen gerne nach einer **Einstellung des Strafverfahrens** wegen unerlaubten Entfernens vom Unfallort **gem. § 153a StPO** gegen Auflage

D. Obliegenheiten § 13

davon aus, dass damit die Obliegenheitsverletzung feststehe und folglich die Leistungsfreiheit bzw. in der KH-Versicherung der Regress eröffnet wäre. Diese Annahme ist **unzutreffend**, da bei einer Einstellung gem. § 153a StPO die Unschuldsvermutung gem. Art. 6 EMRK bestehen bleibt. Vielmehr hat der Versicherer die Voraussetzungen der Obliegenheitsverletzung im Streitfalle voll zu beweisen. Dies wird gelegentlich auch von den Instanzgerichten nicht ausreichend berücksichtigt.

cc) Nachtrunk

Beim **Nachtrunk** ist zu berücksichtigen, dass dieser auch ohne einen Fremdschaden (also außerhalb des Anwendungsbereichs des § 142 StGB) zu einer **Verletzung der Aufklärungsobliegenheit** bezogen auf die Kaskoversicherung führen kann, wenn von einer bewussten Vereitelung der Aufklärungsmaßnahmen auszugehen ist (BGH VersR 1976, 84). Wenn polizeiliche Ermittlungen zu erwarten sind, stellt nicht nur ein Nachtrunk, sondern auch die **Behauptung eines Nachtrunks** zu Täuschungszwecken eine Obliegenheitsverletzung dar (OLG Frankfurt VersR 2015, 1246). 84

dd) Falschangaben nach dem Versicherungsfall

Im Bereich der **Falschangaben** nach dem Versicherungsfall gegenüber dem Versicherer oder der Polizei spielen eine Rolle: 85

- Falschangaben zum Alkoholgenuss
- unvollständige oder unzutreffende Beantwortung der Fragen des Schadenformulars, z.B. unrichtige Angaben zum Wert des Fahrzeugs oder seines Kilometerstandes (OLG Karlsruhe zfs 1999, 249, 250). Zur Annahme von Arglist und zur nachträglichen freiwilligen Korrektur unzutreffender Angaben vgl. OLG Düsseldorf r+s 2015, 496.

Im Bereich der Falschangaben im Schadenformular ist zu berücksichtigen, dass grundsätzlich auch eine **Erkundigungspflicht des Versicherers** besteht. Ferner muss das **Aufklärungsinteresse des Versicherers unmittelbar berührt** sein (BGH VersR 1995, 1043). Das ist nicht der Fall, wenn der Versicherer bereits Kenntnis von der Information hat oder auch generell nach einer endgültigen Ablehnung des Versicherungsschutzes durch den Versicherer (BGH VersR 1989, 842). 86

Hinweis 87
Das Aufklärungsinteresse des Versicherers endet mit der endgültigen Ablehnung des Versicherungsschutzes. Ab diesem Zeitpunkt bestehen keine Aufklärungspflichten mehr.

3. Rechtsfolgen der Obliegenheitsverletzung

88 Bei den Rechtsfolgen einer Obliegenheitsverletzung sind wiederum die **Kündigungsmöglichkeit** durch den Versicherer einerseits sowie die (vollständige oder teilweise) **Leistungsfreiheit** andererseits zu unterscheiden.

a) Kündigungsmöglichkeit

89 Verletzt der Versicherungsnehmer eine vor Eintritt des Versicherungsfalles zu erfüllende vertragliche Obliegenheit, ist der Versicherer gem. § 28 Abs. 1 S. 1 VVG berechtigt, den Versicherungsvertrag **innerhalb eines Monats seit Kenntniserlangung** fristlos zu kündigen. Das Kündigungsrecht besteht nicht, wenn der Versicherungsnehmer nachweist, dass er lediglich leicht fahrlässig oder schuldlos gehandelt hat (§ 28 Abs. 1 S. 2 VVG).

90 Die **bisherige Kündigungspflicht** des Versicherers gem. § 6 Abs. 1 S. 3 VVG a.F. als Voraussetzung der Möglichkeit, sich auf eine Leistungsfreiheit berufen zu können, ist mit der VVG-Reform 2008 **entfallen**.

b) Leistungsfreiheit

91 Die Rechtsfolge der Leistungsfreiheit ist im neuen VVG hinsichtlich der Verletzung der Obliegenheiten vor und nach dem Versicherungsfall vereinheitlicht worden.

aa) Abstufung nach der Verschuldensform

92 Aufgrund des neuen Sanktionensystems gilt grundsätzlich bei einer Obliegenheitsverletzung abhängig von der Verschuldensform:
- Bei (vom Gesetz als Regelfall vermuteter) **grober Fahrlässigkeit** erfolgt eine **Leistungskürzung** entsprechend der Schwere des Verschuldens, § 28 Abs. 2 S. 2 VVG
- bei (vom Versicherer zu beweisendem) **Vorsatz** besteht **vollständige Leistungsfreiheit**, § 28 Abs. 2 S. 1 VVG
- die (vom Versicherungsnehmer zu beweisende) **leichte Fahrlässigkeit** ist **folgenlos**, § 28 Abs. 2 VVG

bb) Kausalitätserfordernis

93 Die Neuregelung im Rahmen der VVG-Reform 2008 enthält als weitere Voraussetzung der (vollständigen oder teilweisen) Leistungsfreiheit das Kausalitätserfordernis. Das bedeutet, dass der Versicherungsnehmer trotz der gesetzlich zunächst einmal geltenden Kausalitätsvermutung gem. § 28 Abs. 3 S. 1 VVG den sog. **Kausalitätsgegenbeweis** führen kann: **Soweit** die Obliegenheitsverletzung weder für den Eintritt oder die Feststellung des Versicherungsfalles noch für die Feststellung oder den Umfang der Leistungspflicht des Versicherers ursächlich ist, bleibt die Leistungspflicht bestehen. Lediglich bei einer **arglistigen Obliegenheitsverlet-**

zung (vom Versicherer zu beweisen) kommt es nicht auf die Kausalität an (§ 28 Abs. 3 VVG).

> *Hinweis* 94
> Zu berücksichtigen ist hinsichtlich des **Kausalitätserfordernisses**, dass die Leistungspflicht bestehen bleibt, **soweit** keine Kausalität vorliegt, was bedeutet, dass ggf. nur der durch die Obliegenheitsverletzung eingetretene **Mehrschaden** nicht zu ersetzen ist.

Aufgrund der Neuregelung kommt es nunmehr auch bei **vorsätzlicher Obliegenheitsverletzung** auf die **Kausalität** an. Lediglich bei vom Versicherer zu beweisender Arglist, die in der Praxis allenfalls bei Falschangaben im Schadenformular eine Rolle spielen dürfte, entfällt das Kausalitätserfordernis. 95

Da nunmehr auch bei Vorsatz eine Obliegenheitsverletzung nur dann zur Leistungsfreiheit führt, wenn Kausalität vorliegt, ist aufgrund der neuen Rechtslage die **bisherige Relevanzrechtsprechung des BGH hinfällig**. Diese war allein deswegen geschaffen worden, um bei einer **nicht kausalen vorsätzlichen Obliegenheitsverletzung** die nicht stets gerechtfertigt erscheinende Sanktion der vollständigen Leistungsfreiheit einzuschränken. Dieses Problem besteht nach neuer Rechtslage nicht mehr. 96

> *Hinweis* 97
> Eine Herausforderung für die Praxis stellt die Frage dar, **wann bei einem unerlaubten Entfernen vom Unfallort** eine **Kausalität** anzunehmen ist. Da es sich um eine reine Vorsatztat (§ 142 StGB) handelt und es nach bisherigem Recht nicht auf die Kausalität, sondern im Rahmen der Relevanzrechtsprechung lediglich auf die Eignung zur Interessengefährdung ankam, stellt sich nunmehr ein völlig neues Problem (vgl. dazu *Majerle*, VersR 2011, 1492).

In den Praxisfällen, in denen der Täter trotz der Unfallflucht ermittelt wird, dürfte sich die Unfallflucht auf die Feststellung des Versicherungsfalles sowie die Feststellung und Höhe des Schadens **letztlich** regelmäßig nicht auswirken. Oder reicht es für die Kausalität bei der Unfallflucht künftig aus, dass die Feststellungen lediglich erschwert waren?

Dabei geht die inzwischen vorliegende Rechtsprechung davon aus, dass die durch die Unfallflucht verhinderte Möglichkeit der Feststellungen zum Fahrer des Kfz und zu seiner Alkoholisierung oder Drogenbeeinflussung bereits für die Kausalität ausreicht, sodass in diesem Fall der Kausalitätsgegenbeweis nicht geführt werden könne (OLG Naumburg zfs 2012, 696; OLG Frankfurt VersR 2016, 47 = zfs 2015, 396).

Ein Teil der Rechtsprechung geht sogar davon aus, dass bei einem unerlaubten Entfernen vom Unfallort stets **Arglist** anzunehmen sei, sodass der Kausalitätsgegenbeweis ohnehin gem. § 28 Abs. 3 VVG ausscheide (KG r+s 2016, 73; OLG Frankfurt am Main r+s 2016, 70; LG Saarbrücken zfs 2010, 630; LG Düsseldorf zfs 2015, 695 m. Anm. *Schulz-Merkel*, jurisPR-VersR 1/2006 Nr. 5; LG Wuppertal zfs 2016, 210). Diese pauschale Annahme ist jedoch zugunsten einer sorgfältigen Prüfung des konkreten Einzelfalles abzulehnen (*Maier*, r+s 2016, 64, 65).

cc) Rechtsfolgenbelehrung

98 Die (vollständige oder teilweise) Leistungsfreiheit tritt bei einer **Obliegenheitsverletzung nach dem Versicherungsfall** nur dann ein, wenn der Versicherer den Versicherungsnehmer durch gesonderte Mitteilung in Textform **auf diese Rechtsfolge hingewiesen** hat, § 28 Abs. 4 VVG.

99 Das Erfordernis der **Rechtsfolgenbelehrung** bei der Obliegenheitsverletzung nach dem Versicherungsfall galt bereits im Rahmen der bisherigen Relevanzrechtsprechung des BGH und ist nunmehr gesetzlich geregelt worden. Wie nach bisherigem Recht bleibt es dabei, dass das **Belehrungserfordernis** dann **nicht** gilt, wenn es nicht erfüllt werden kann, so bei den **spontan zu erfüllenden Obliegenheiten** (insbesondere Verletzung der Aufklärungsobliegenheit durch unerlaubtes Entfernen vom Unfallort).

dd) Begrenzung der Leistungsfreiheit nach der KfzPflVV

(1) Höchstbeträge nach der KfzPflVV

100 Im Bereich der Kfz-Haftpflichtversicherung darf die Leistungsfreiheit aufgrund einer **Obliegenheitsverletzung vor dem Versicherungsfall** oder einer Gefahrerhöhung gemäß § 5 Abs. 3 KfzPflVV gegenüber dem Versicherungsnehmer und jeder mitversicherten Person in den AKB auf den Betrag von **höchstens je 5.000 EUR** beschränkt werden, es sei denn, der unberechtigte Fahrer hat das Fahrzeug durch eine strafbare Handlung erlangt. Dementsprechend sind auch regelmäßig die Regelungen in den AKB ausgestaltet (§ 2 b Abs. 2 AKB bzw. D.3.3 AKB 2008).

101 Der Kfz-Haftpflichtversicherer kann somit auch bei einer **Trunkenheitsfahrt** (§ 5 Abs. 1 Nr. 5 KfzPflVV) beim Versicherungsnehmer und/oder dem mitversicherten Fahrer maximal **Regress bis zu je 5.000 EUR** nehmen.

102 *Beachte*
Beruft sich der Versicherer auf eine **Obliegenheitsverletzung vor Eintritt des Versicherungsfalls** wegen eines Verstoßes gegen die Verwendungsklausel, die Rennfahrerklausel oder die Trunkenheitsklausel, findet gem. § 117 Abs. 3 VVG die **lediglich subsidiäre Haftung** Anwendung, d.h. der Geschädigte muss **vorrangig** seine Kaskoversicherung in Anspruch nehmen. Eine Rückstufung hinsichtlich des Schadensfreiheitsrabatts in der Kaskoversicherung findet in diesen Fällen nicht statt (Tarifbestimmungen zu den bisherigen AKB bzw. I.4.1.2 e AKB 2008).

D. Obliegenheiten § 13

Bei **Obliegenheitsverletzungen nach dem Versicherungsfall** kann gem. § 6 Abs. 1 KfzPflVV die Leistungsfreiheit des KH-Versicherers in den AKB auf höchstens 2.500 EUR beschränkt werden, bei **besonders schwerwiegenden vorsätzlich** begangenen Verletzungen der Aufklärungs- oder Schadensminderungspflicht auf höchstens 5.000 EUR (§ 6 Abs. 3 KfzPflVV). Auch hierzu finden sich in den AKB entsprechende Regelungen (§ 7 V Abs. 2 AKB bzw. E.6.3, E.6.4 AKB 2008). Die „**normale Unfallflucht**" (ohne Körperverletzung des Unfallgegners oder anderer Beteiligter) wird noch **nicht als „besonders schwerwiegend"** angesehen, sodass grundsätzlich der **Höchstbetrag von 2.500 EUR** zur Anwendung kommt.

103

(2) Höchstbeträge bei der Leistungskürzung

Unterschiedlich gesehen wird, wie aufgrund der neuen Rechtslage damit umzugehen ist, wenn einerseits eine **quotale Leistungskürzung** vorzunehmen ist, andererseits jedoch die vorgenannten Höchstbeträge in der KH-Versicherung zu berücksichtigen sind.

104

> *Beispiel*
> Die Leistungshöhe beträgt ohne Kürzung 8.000 EUR. Es findet eine Regressbeschränkung in den AKB auf 5.000 EUR Anwendung. Eine Leistungskürzung ist entsprechend einer Quote von 50 % gerechtfertigt.

Zur **Ermittlung der letztlichen Regresshöhe** werden die folgenden Auffassungen vertreten:

105

- Mit der Begründung, dass dem Versicherungsnehmer durch die Regressbeschränkung schon genügend Vorteile zugute kämen und keine weitere Schutzbedürftigkeit vorläge, wird vertreten, dass eine Kürzung des maximalen Regressbetrages nicht in Betracht komme (*Mergner*, NZV 07, 385; *Nugel*, NZV 2008, 11, 15). Das Ergebnis wäre der volle Regress i.H.v. 5.000 EUR. Eine solche Einschränkung der Quotierung sieht allerdings § 28 VVG nicht vor, während der Gesetzgeber die Regelungen der KfzPflVV kannte. Diese Ansicht widerspricht daher der gesetzlichen Regelung.
- Nach einer weiteren Auffassung ist die 50 %-ige Quote aus dem Höchstbetrag der Leistungsfreiheit von 5.000 EUR zu errechnen, sodass ein Regress in Höhe von 2.500 EUR möglich wäre. Auch die Quotenbildung aus dem Höchstbetrag des Regresses stimmt nicht mit dem Gesetz überein. Denn im Gesetz ist von der Kürzung der Leistung die Rede, nicht jedoch von der Kürzung des Höchstbetrages der Leistungsfreiheit.
- Zutreffend ist damit die dritte Ansicht: Abgestellt wird auf die Höhe der Leistungspflicht in der KH-Versicherung, davon wird die Quote gebildet, die dann ggf. durch den Höchstbetrag gekappt wird (*Maier/Stadler*, AKB 2008, Rn 148; *Nugel*, Kürzungsquoten, § 1 Rn 67; Prölss/Martin-*Armbrüster*, VVG, § 28 Rn 186; *Franz*, VersR 2008, 298, 305; *Nugel/Wenker*, NZV 2012, 463). Die Quote wird also mit 50 % aus 8.000 EUR errechnet, ergibt 4.000 EUR. Da der

Betrag niedriger als die Regressbeschränkung ist, ist der Regress in Höhe von 4.000 EUR möglich. Läge die Leistungshöhe bei 12.000 EUR, sodass sich bei der Kürzungsquote von 50 % 6.000 EUR ergäben, würde der Regress durch den Höchstbetrag der Leistungsfreiheit auf 5.000 EUR beschränkt.

Der letztgenannten Auffassung (**Quote vor Regress**) folgt auch die Empfehlung Nr. 7 des Arbeitskreises IV des 46. Deutschen Verkehrsgerichtstags 2008.

(3) Höchstbetrag bei mehreren Obliegenheitsverletzungen

106 Vor der VVG-Reform 2008 hatte der BGH die bis dahin in der oberlandesgerichtlichen Rechtsprechung streitige Frage entschieden, wie mit den in den AKB vereinbarten Höchstbeträgen der Leistungsfreiheit umzugehen ist, wenn mehrere Obliegenheitsverletzungen begangen werden. Nach der Rechtsprechung des BGH galt danach (BGH zfs 2006, 94 = VersR 2005, 1720 = r+s 2006, 100 = DAR 2006, 86):

- Bei mehreren Verletzungen jeweils **innerhalb der Gruppe** der Obliegenheitsverletzungen vor oder nach dem Versicherungsfall bleibt es bei dem einfachen jeweils geltenden Höchstbetrag von 2.500 EUR bzw. 5.000 EUR.
- Bei mehreren Obliegenheitsverletzungen **in beiden Gruppen** (vor und nach dem Versicherungsfall) erfolgt eine Addition der jeweils in beiden Gruppen anwendbaren Höchstbeträge, sodass sich ein maximaler Höchstbetrag der Leistungsfreiheit von 10.000 EUR ergeben kann.

107 Fraglich ist aufgrund der durch die VVG-Reform 2008 in § 28 Abs. 2 und 3 VVG erfolgten **Gleichstellung der Voraussetzungen der Leistungsfreiheit** bei den Obliegenheitsverletzungen vor und nach dem Versicherungsfall, ob die Differenzierung des BGH nach neuem Recht noch gerechtfertigt ist. **Gegen die Differenzierung** spricht, dass die seinerzeitige völlig unterschiedliche Regelung der Voraussetzungen der Leistungsfreiheit in § 6 Abs. 1 und 2 VVG a.F. bei Obliegenheitsverletzungen vor dem Versicherungsfall einerseits sowie § 6 Abs. 3 VVG a.F. bei Obliegenheitsverletzungen nach dem Versicherungsfall andererseits weggefallen ist. **Für die Differenzierung** spricht jedoch die Argumentation des BGH in der genannten Entscheidung, welche allein auf die Auslegung der AKB abstellt. Danach betrachte der durchschnittliche Versicherungsnehmer die Klauseln in den §§ 2 b und 7 AKB getrennt voneinander und erkenne, „dass es sich bei ihnen um Regelungen handelt, die selbstständig nebeneinander stehen und unterschiedliche Sachverhalte erfassen" (BGH a.a.O.).

108 Da auch die bereits nach neuem Recht gestalteten AKB 2008 – trotz der hinsichtlich der Leistungsfreiheit einheitlichen gesetzlichen Regelung – weiterhin in den Teilen D und E die „**Pflichten beim Gebrauch des Fahrzeugs**" (Obliegenheiten vor dem Versicherungsfall) und „**Pflichten im Schadenfall**" (Obliegenheiten nach dem Versicherungsfall) sowie die jeweiligen Sanktionen nebst Höchstbeträgen völlig **getrennt voneinander regeln**, dürfte die Entscheidung des BGH auf die neue Rechtslage zu übertragen sein, sodass weiterhin von einer **Addition bei Obliegen-**

heitsverletzungen in beiden Gruppen auszugehen ist (OLG Celle r+s 2014, 59; OLG Frankfurt VersR 2015, 1246; ebenso *Nugel*, Kürzungsquoten, § 1 Rn 61).

(4) Beweislast beim Regress

Aufgrund des Umstandes, dass der KH-Versicherer trotz (vollständiger oder teilweiser) Leistungsfreiheit **im Innenverhältnis** dem Geschädigten gem. §§ 115 Abs. 1 S. 1 Nr. 1, 117 Abs. 1 VVG **im Außenverhältnis** zu haften hat, führen die Fälle der Leistungsfreiheit regelmäßig zum **Regress** des KH-Versicherers gegenüber dem Versicherungsnehmer bzw. Mitversicherten. Zu beachten ist insoweit, dass im Falle des Regresses die **gesetzlichen Beweislastverteilungen zulasten des Versicherungsnehmers** – z.b. bei der Obliegenheitsverletzung hinsichtlich des Verschuldens die Vermutung grober Fahrlässigkeit gem. § 28 Abs. 2 S. 2 letzter Hs. VVG oder die Kausalitätsvermutung gem. § 28 Abs. 3 VVG – nicht gelten. Denn grundsätzlich ist derjenige, der einen **Bereicherungsanspruch aus Leistungskondiktion** (§ 812 Abs. 1 S. 1 Alt. 1 BGB) geltend macht, **in vollem Umfang beweispflichtig** für die Tatsachen, aus denen er die von ihm begehrte Rechtsfolge herleitet, somit für das Nichtbestehen eines Rechtsgrundes der erbrachten Leistung (std. Rspr. des BGH).

109

Der BGH hat für das **alte Recht** entschieden, dass auch im Falle der Obliegenheitsverletzung gem. § 6 Abs. 3 VVG a.F. nach Sinn und Zweck der Vorschrift nichts anderes gilt, da die seinerzeitige Vorsatzvermutung nicht mehr greift, wenn der Versicherer die Leistung bereits erbracht hat (BGH zfs 1995, 136 = VersR 1995, 281 = r+s 1995, 81 = NZV 1995, 147). Diese Rechtsprechung lässt sich unmittelbar auf die neuen Regelungen des § 28 VVG übertragen und bedeutet, dass **nach neuem Recht** trotz gesetzlicher Vermutung grober Fahrlässigkeit der Versicherer im Rückforderungsprozess auch die grobe Fahrlässigkeit sowie die Kausalität voll zu beweisen hat.

110

> *Beachte*
> **Im Falle des Regresses** liegt die **Beweislast für das Verschulden und die Kausalität vollständig beim Versicherer.**
> Dies wird in der Praxis gelegentlich übersehen.

111

4. Fehlende Anpassung von AKB „alter" Versicherungsverträge an das neue Recht

Inzwischen vom BGH entschieden ist die folgende, bis dahin streitige Frage: Hat ein Versicherer bei bereits vor dem 1.1.2008 abgeschlossenen Verträgen (Altverträgen) auf seine ihm durch Art. 1 Abs. 3 EGVVG eingeräumte Möglichkeit verzichtet, die Altverträge zum 1.1.2009 an die neuen Versicherungsbedingungen (AVB) anzupassen, kann er sich auf in den (alten) AVB enthaltene vertragliche Obliegenheiten nicht berufen, wenn die Sanktionsregelungen in den AVB den zwingenden gesetzlichen Regelungen des § 28 VVG widersprechen. Damit entfällt auch die

112

§ 13 Versicherungsrecht im Verkehrsrecht (Versicherungsrechtlicher Exkurs)

Geltendmachung des Leistungskürzungsrechts des § 28 Abs. 2 S. 2 VVG bei grober Fahrlässigkeit. Allein auf die Verletzung gesetzlicher Obliegenheiten – wie z.b. die grob fahrlässige Herbeiführung des Versicherungsfalles gem. § 81 Abs. 2 VVG – kann sich der Versicherer dann noch berufen (BGH v. 12.10.2011 – IV ZR 199/10 – VersR 2011, 1550). Aus der Entscheidung ergibt sich allerdings nicht eindeutig, ob die betreffende **vertragliche Obliegenheit hinsichtlich einer vorsätzlichen Obliegenheitsverletzung** noch Bestand hat. Auf den ersten Blick spricht dafür, dass insoweit die Rechtsfolgen der alten Klausel mit der neuen gesetzlichen Regelung übereinstimmen (vollständige Leistungsfreiheit). Da sich allerdings auch bei vorsätzlicher Obliegenheitsverletzung durch das neue VVG Änderungen hinsichtlich der Rechtsfolgen ergeben haben (z.b. nunmehr Möglichkeit des Kausalitätsgegenbeweises außer bei Arglist, siehe Rdn 93 ff.), dürfte wegen des sog. Verbots der geltungserhaltenden Reduktion **auch im Falle des Vorsatzes eine Berufung auf die (alte) vertragliche Obliegenheit ausscheiden** (so OLG Celle VersR 2012, 753).

113 Das bedeutet auch für den Bereich der Kraftfahrtversicherung, dass bei einer **nicht erfolgten** (oder nicht durch den Versicherer nachweisbaren) **Vertragsanpassung** zum 1.1.2009 die **vertraglichen Obliegenheiten bei grob fahrlässiger Verletzung** ins Leere gehen, da **keine Leistungskürzung** möglich ist. Dies betrifft wegen ihrer großen Bedeutung im Verkehrsrecht insbesondere die Trunkenheitsklausel. Nach vorstehender Argumentation (siehe Rdn 112) dürfte sogar eine Berufung auf eine vorsätzliche vertragliche Obliegenheitsverletzung – wie z.b. die vorsätzliche Trunkenheitsfahrt oder das unerlaubte Entfernen vom Unfallort als Aufklärungspflichtverletzung – ausscheiden.

E. Grob fahrlässiges und vorsätzliches Herbeiführen des Versicherungsfalles

114 Gemäß § 81 Abs. 1 VVG ist der Versicherer in der **Schadensversicherung** von der Verpflichtung zur Leistung frei, wenn der Versicherungsnehmer den Versicherungsfall vorsätzlich herbeigeführt hat, bei grober Fahrlässigkeit besteht gem. § 81 Abs. 2 VVG ein Leistungskürzungsrecht. In der **Haftpflichtversicherung** greift gem. **§ 103 VVG als lex specialis** hingegen ein Ausschluss nur bei vorsätzlichen die Haftung begründenden Handlungen (subjektiver Risikoausschluss).

I. Grobe Fahrlässigkeit und Vorsatz in der Kaskoversicherung

1. Voraussetzungen der groben Fahrlässigkeit i.S.d. § 81 Abs. 2 VVG

a) Sorgfaltsmaßstab

115 Grob fahrlässig handelt, wer schon einfachste, ganz nahe liegende Überlegungen nicht anstellt und in ungewöhnlich hohem Maße dasjenige unbeachtet lässt, was im gegebenen Fall jedem hätte einleuchten müssen. Die Anforderungen richten sich zunächst **objektiv nach den allgemeinen Verkehrsbedürfnissen** (vgl. § 276

E. Grob fahrlässiges und vorsätzliches Herbeiführen des Versicherungsfalles § 13

Abs. 1 S. 2 BGB), während sie sodann auf der zweiten Stufe **subjektiv** nach den **persönlichen Fähigkeiten des Betreffenden** zu beurteilen sind. Daher entfällt bei einer **Schuldunfähigkeit i.S.d. § 827 BGB** (z.b. aufgrund Alkohols) der subjektive Vorwurf, aber wie bei § 827 BGB trägt der Versicherungsnehmer die Beweislast für die behauptete Schuldunfähigkeit (BGH VersR 1990, 888).

b) „Augenblicksversagen"

Eine grobe Fahrlässigkeit kann bei einem sog. **Augenblicksversagen** fehlen, wenn dem Versicherungsnehmer ein einmaliger „Ausrutscher" unterläuft, der „auf ein bei der menschlichen Unzulänglichkeit typisches einmaliges Versagen" zurückzuführen ist (BGH VersR 1989, 840). Aufgrund dieses Grundsatzes nahm die Rechtsprechung der Instanzgerichte bei **Rotlichtverstößen** immer häufiger ein solches „Augenblicksversagen" an bis zur Entscheidung des BGH vom 8.7.1992 (VersR 1992, 1085):

116

> *Darin hinterfragte der BGH die bisherige Praxis kritisch und wies darauf hin, dass ein „Augenblicksversagen" lediglich bedeute, dass der Handelnde **nur für kurze Zeit die im Verkehr erforderliche Sorgfalt außer Acht** lässt. Dies sei jedoch im Straßenverkehr in einer Vielzahl von Fällen unbewusster Fahrlässigkeit gegeben und reiche allein nicht aus, den Schuldvorwurf der (subjektiv) groben Fahrlässigkeit herabzustufen. Das Überfahren einer Kreuzung berge hohe Gefahren, insbesondere wenn sie durch **Rotlicht** gesperrt ist. Deshalb seien an Verkehrsteilnehmer besonders hohe Anforderungen zu stellen. Von einem durchschnittlichen Kraftfahrer „kann und muss verlangt werden, dass er an die Kreuzung jedenfalls mit einem Mindestmaß an Konzentration heranfährt, das es ihm ermöglicht, die Verkehrssignalanlage wahrzunehmen und zu beachten. Er darf sich nicht von weniger wichtigen Vorgängen und Eindrücken ablenken lassen". Vielmehr müssten weitere, in der Person des Handelnden liegende **besondere Umstände** hinzukommen, welche den **Grund des momentanen Versagens** in milderem Licht erscheinen ließen.*

Aufgrund der hohen Anforderungen, welche diese Entscheidung stellt, war fast davon ausgegangen worden, dass das „**Augenblicksversagen**" durch den BGH **faktisch abgeschafft** wäre. Sodann hat der BGH erstmals wieder in seiner Entscheidung vom 29.1.2003 (BGH VersR 2003, 364) die **Annahme eines „Augenblicksversagens"** bei einem Rotlichtverstoß durch das Berufungsgericht gebilligt. Der BGH führt bereits im Leitsatz deutlich an, aus seiner Entscheidung vom 8.7.1992 ergebe sich kein Grundsatz, nach dem das **Nichtbeachten des Rotlichts** einer Verkehrsampel stets als **grob fahrlässige Herbeiführung** des Versicherungsfalls anzusehen sei. Dem neuen Urteil lag folgender **Fall** zugrunde:

117

> *Der Versicherungsnehmer fuhr im Ort in eine weitläufige Kreuzung ein, obwohl die für ihn maßgebliche Ampel Rotlicht zeigte. Es kam zum Unfall mit einem von rechts herankommenden Fahrzeug.*

§ 13 Versicherungsrecht im Verkehrsrecht (Versicherungsrechtlicher Exkurs)

Der Versicherungsnehmer behauptete, er habe sich bei Rot der Ampel genähert und habe auf der linken Geradeausspur an erster Stelle gehalten. Direkt neben ihm auf der Linksabbiegerspur habe er einen Arbeitskollegen erkannt und gegrüßt. Als er wieder nach rechts schaute, habe er „Grün" gesehen und sei in der Meinung losgefahren, das Umschalten während des Hinüberschauens zum Arbeitskollegen verpasst zu haben. Seinen Irrtum könne er sich nur durch eine Missdeutung eines anderen Ampelelements oder der im Rückspiegel zu sehenden Ampel erklären.

*Das **Berufungsgericht** hatte dem Versicherungsnehmer nach Parteianhörung und Vernehmung des Arbeitskollegen als Zeugen geglaubt. Es nahm **keine grobe Fahrlässigkeit** an und wurde **vom BGH bestätigt**.*

118 Entscheidend ist an dem Fall bei Zugrundelegung der Anforderungen, welche der BGH bereits in seiner Entscheidung vom 8.7.1992 aufgestellt hat, dass hier der **Grund des kurzfristigen Versagens in milderem Licht** erschien (überraschend Arbeitskollegen gesehen und dadurch kurzzeitig abgelenkt).

> *Beachte*
> Aufgrund der Rechtsprechung des BGH sollte bei Geltendmachung eines „Augenblicksversagens" stets umfassend zum **Grund des Rotlichtverstoßes** (Motivation, Ursache der Ablenkung, Konzentrationsstörung etc.) vorgetragen werden. Lassen sich nachvollziehbare besondere Umstände vortragen und ggf. beweisen, besteht die Chance, dass aufgrund eines „Augenblicksversagens" keine grobe Fahrlässigkeit angenommen wird.

119 Allerdings bleibt nach der VVG-Reform 2008 fraglich, wie die Rechtsprechung künftig überhaupt mit dem Problem des „**Augenblicksversagens**" umgehen wird. Seinerzeit bestand der Hintergrund in der als ungerechtfertigt erscheinenden vollständigen Leistungsfreiheit nach dem **Alles-oder-Nichts-Prinzip**.

120 Da besonderen Umständen nach neuem Recht im Rahmen der Leistungsquote gem. § 81 Abs. 2 VVG Rechnung getragen werden kann, bleibt fraglich, inwieweit derartige Fälle künftig noch als nicht grob fahrlässig – mit der Folge der vollständigen Leistungspflicht des Kaskoversicherers – anerkannt werden.

c) Kausalität

121 § 81 Abs. 2 VVG verlangt, dass der Versicherungsnehmer den Versicherungsfall „**grob fahrlässig herbeiführt**" was verlangt, dass sich das Verhalten des Versicherungsnehmers **kausal ausgewirkt** haben muss. Die Mitursächlichkeit eines grob fahrlässigen Handelns genügt für das Eingreifen des Ausschlusses.

> *Hinweis*
> Das Kausalitätserfordernis wird häufig übersehen. Wenn es z.B. als grob fahrlässig zu bewerten ist, dass der Versicherungsnehmer seinen Pkw in der Nacht

E. Grob fahrlässiges und vorsätzliches Herbeiführen des Versicherungsfalles § 13

zu lange unbeaufsichtigt auf einem Autobahnrastplatz abgestellt hat, fehlt es an der nachgewiesenen Kausalität, wenn die Tatzeit des Diebstahls unklar ist.

d) Beweislast

Für sämtliche Voraussetzungen des § 81 Abs. 2 VVG trägt der **Versicherer** die **Beweislast**. Lediglich die Voraussetzungen des § 827 BGB bei einer Berufung auf Schuldunfähigkeit als Ausnahmetatbestand hat der Versicherungsnehmer zu beweisen.

122

2. Fallbeispiele grober Fahrlässigkeit in der Kaskoversicherung

Grobe Fahrlässigkeit wird in der Kaskoversicherung vor allem angenommen bei:

123

- Führen eines Kfz im **Zustand alkoholbedingter Fahruntüchtigkeit**: es gelten dieselben Voraussetzungen der absoluten und relativen Fahruntüchtigkeit wie im Strafrecht (BGH VersR 1988, 733; BGH NJW 1991, 1367; BGH NJW 1992, 119; BGH zfs 1993, 312; OLG Celle zfs 1996, 222);
- Rotlichtverstößen (BGH NZV 1992, 402; OLG Hamm zfs 1999, 200, 201);
- Überfahren eines deutlich ausgeschilderten Stoppschildes (OLG Hamm zfs 1998, 262);
- Bücken nach heruntergefallenen Gegenständen oder Zigarette (OLG Hamm VersR 1987, 353; r+s 2000, 229; OLG Jena zfs 1996, 340; OLG Naumburg zfs 1997, 423);
- Telefonieren mit Handy ohne Freisprechanlage bei hoher Geschwindigkeit (OLG Koblenz VersR 1999, 503);
- besonders gravierenden und besonders vorwerfbaren groben Verkehrsverstößen: z.B. Überholen auf der Autobahn trotz Geschwindigkeitsbegrenzung und Überholverbot; Abkommen von einer ca. 300 m gerade verlaufenden Straße; Wechseln der Kassette während der Fahrt; Anzünden einer Zigarette während der Fahrt (OLG Frankfurt zfs 1996, 61);
- Einschlafen am Steuer, wenn unübersehbare Anzeichen der Ermüdung vorausgehen (OLG Hamm zfs 1998, 182);
- mangelnder Sicherung des Fahrzeugs: z.B. nicht abgezogene Fahrzeugschlüssel; nicht abgeschlossenes Lenkradschloss; Zurücklassen des Zweitschlüssels im Fahrzeug (LG Gießen zfs 1996, 263; OLG Karlsruhe zfs 1996, 458; OLG Oldenburg zfs 1997, 141);
- Überlassen des Fahrzeugs an Kaufinteressenten ohne Sicherheit (OLG Düsseldorf NVersZ 2000, 336);
- Einwerfen des Fahrzeugschlüssels in ungesicherten Briefkasten der Werkstatt (OLG Köln NVersZ 2001, 276);
- Aufhängen einer Jacke mit Fahrzeugschlüsseln in einer Gaststätte zur Karnevalszeit (OLG Hamm NZV 2004, 412).

§ 13 Versicherungsrecht im Verkehrsrecht (Versicherungsrechtlicher Exkurs)

124 Insbesondere die beiden letztgenannten Fallgruppen kommen in der Praxis ständig vor. Dennoch droht stets eine Leistungskürzung wegen grober Fahrlässigkeit. Auch bei den genannten Beispielen ist stets wiederum die **erforderliche Kausalität** zu beachten. So ist davon auszugehen, dass regelmäßig **keine Kausalität** vorliegt, wenn Fahrzeugpapiere oder -schlüssel versteckt im Fahrzeug aufbewahrt werden, da ein Dieb nicht typischerweise zunächst das Fahrzeuginnere nach Schlüsseln oder Papieren absucht (BGH VersR 1995, 909; OLG Celle zfs 1997, 301).

125 Demgegenüber wird bei vorliegender **Fahruntüchtigkeit** regelmäßig die **Kausalität im Wege des Anscheinsbeweises vermutet**, sodass der Versicherungsnehmer den Anscheinsbeweis nur dadurch erschüttern kann, dass er darlegt und notfalls beweist, dass der Unfall so auch dem nüchternen Fahrer passiert wäre.

126 Die Fallbeispiele zeigen, dass die Rechtsprechung die **Anwendung der groben Fahrlässigkeit** in der Kaskoversicherung **sehr weit ausgedehnt** hat. Dies führte insbesondere wegen des bisher geltenden Alles-oder-Nichts-Prinzips häufig zu unbefriedigenden Ergebnissen.

> *Beachte*
> Aus diesem Grunde hatte der Arbeitskreis VII – Kaskoversicherung – des 38. Deutschen Verkehrsgerichtstags 2000 den Versicherern empfohlen, folgende **Klausel** in die AKB aufzunehmen:
> „Der Versicherer verzichtet in der Voll- und Teilversicherung dem Versicherungsnehmer gegenüber auf den Einwand der grob fahrlässigen Herbeiführung des Versicherungsfalls. Er ist berechtigt, seine Leistung in einem dem Grad des Verschuldens des Versicherungsnehmers entsprechenden Verhältnis zu kürzen. Ausgenommen von dem Verzicht sind die grob fahrlässige Ermöglichung des Diebstahls des Fahrzeugs oder seiner Teile und die Herbeiführung des Versicherungsfalls infolge des Genusses alkoholischer Getränke oder anderer berauschender Mittel."

127 Über diese Empfehlung des 38. Deutschen Verkehrsgerichtstags 2000 sogar hinaus gehend bieten eine Reihe verschiedener Versicherer **AKB mit einer Individualklausel** dahingehend an, dass in der Kaskoversicherung **auch bei grober Fahrlässigkeit (ungekürzter) Versicherungsschutz** gewährt wird. Ausgenommen von dieser Deckungserweiterung sind lediglich die grob fahrlässige Herbeiführung des Fahrzeugdiebstahls und die Verursachung eines Verkehrsunfalls infolge Alkohol- oder Drogenkonsums.

128 *Hinweis*
Es empfiehlt sich daher, einen Versicherungsvertrag mit der Vereinbarung von **AKB** zu wählen, welche den vorgenannten **Verzicht auf die Einwendung der groben Fahrlässigkeit** enthalten. Auch in den neuen AKB nach den Vorgaben des VVG 2008 werden weiterhin derartige Klauseln angeboten, welche die

E. Grob fahrlässiges und vorsätzliches Herbeiführen des Versicherungsfalles § 13

nach neuem Recht im Falle grober Fahrlässigkeit nur noch vorgesehene Leistungskürzung ausschließen.

3. Vorsatz in der Kaskoversicherung

Nach bisherigem Recht brauchte in der Praxis selten entschieden zu werden, ob lediglich ein **grob fahrlässiges** oder bereits ein **vorsätzliches** Herbeiführen des Versicherungsfalls vorlag, da beide Verschuldensformen gleichermaßen gem. § 61 VVG a.F. zur Leistungsfreiheit führten. Entscheidend war vielmehr allein die Schwelle zwischen einfacher und grober Fahrlässigkeit. Wenn jedenfalls diese Grenze zur groben Fahrlässigkeit überschritten war, konnte die Frage des Vorsatzes dahinstehen. 129

Aufgrund der **nunmehr unterschiedlichen Rechtsfolgen** (vollständige Leistungsfreiheit oder lediglich Leistungskürzung) wird künftig die **Abgrenzung** zwischen beiden Verschuldensformen **große Bedeutung** gewinnen und die Rechtsprechung für den Bereich der Kaskoversicherung Merkmale insbesondere für die Abgrenzung zwischen bewusster Fahrlässigkeit und bedingtem Vorsatz herausarbeiten müssen, derer es bisher nicht bedurfte. 130

Hierbei werden sich die für die KH-Versicherung entwickelten Grundsätze übertragen lassen (*Burmann/Heß/Höke/Stahl*, S. 114 Rn 352). Das bedeutet, dass der **Vorsatz** des Versicherungsnehmers auch die **Schadensfolgen** umfassen muss (BGH VersR 1998, 1011). Es ist jedoch **nicht erforderlich**, dass der Versicherungsnehmer auch den konkreten **Schadenablauf in allen Einzelheiten** übersehen hat (OLG Nürnberg NJW-RR 2005, 466). Vielmehr genügt, dass er die Schadensfolgen **in ihrem wesentlichen Umfang** als möglich erkannt und gewollt oder – im Falle des bedingten Vorsatzes – zumindest **billigend in Kauf** genommen hat (BGH VersR 1998, 1011). 131

Beachte 132
Auch im Bereich der Kaskoversicherung kommt eine vorsätzliche Herbeiführung des Versicherungsfalles z.B. nur in Betracht, wenn sich der **Vorsatz** nicht nur auf die Fahrt im Zustand alkoholbedingter Fahruntüchtigkeit bezieht, sondern auch auf die **Verursachung eines Versicherungsfalls** (also Verkehrsunfalls). In Anbetracht der den Versicherer insoweit treffenden Beweislast wird ein solcher Nachweis selten gelingen. Demgegenüber wird regelmäßig – entsprechend der Lebenserfahrung – davon auszugehen sein, dass der Versicherungsnehmer im Sinne bewusster Fahrlässigkeit darauf vertraut hat, „es werde schon nichts passieren".

4. Rechtsfolgen bei grober Fahrlässigkeit und Vorsatz

Wird der Versicherungsfall **grob fahrlässig** herbeigeführt, ist der Versicherer gem. § 81 Abs. 2 VVG berechtigt, seine Leistung in einem der Schwere des Verschuldens 133 des Versicherungsnehmers entsprechenden Verhältnis zu kürzen. Auch in diesem Bereich ist durch die VVG-Reform 2008 entsprechend dem neuen Sanktionensystem das Alles-oder-Nichts-Prinzip abgeschafft und durch eine **quotale Leistungskürzung** ersetzt worden. Im Falle des **Vorsatzes** wird der Versicherer hingegen gem. § 81 Abs. 1 VVG (vollständig) **leistungsfrei**.

134 *Beachte*
Der subjektive Risikoausschluss des § 81 VVG gilt nur in der Fahrzeugversicherung (Kasko- und Teilkasko).

II. Vorsatz in der Haftpflichtversicherung

135 In der Kfz-Haftpflichtversicherung ist die grob fahrlässige Herbeiführung des Versicherungsfalls unschädlich.

136 Der subjektive Risikoausschluss in der Kfz-Haftpflichtversicherung besteht gem. § 103 VVG nur bei **vorsätzlicher Herbeiführung des Versicherungsfalls**. Der Vorsatz muss sich auch auf die **Schadensfolge** erstrecken (BGH VersR 1998, 1011). Im Falle des Vorsatzes ist der Versicherer **leistungsfrei**.

137 *Beachte*
Es handelt sich bei § 103 VVG um einen **subjektiven Risikoausschluss**, was zur Folge hat, dass der KH-Versicherer im Falle der vorsätzlichen Herbeiführung des Versicherungsfalles **auch im Außenverhältnis** gegenüber dem Geschädigten **nicht gem. §§ 115 Abs. 1 Nr. 1, 117 Abs. 1 VVG haftet** (BGH VersR 1971, 239; BGH VersR 1990, 888).

Dies gilt allerdings wiederum **nur für den jeweils vorsätzlich handelnden Versicherten** (**subjektiver** Risikoausschluss), also regelmäßig den **Fahrer**. Die Haftung des KH-Versicherers für den von der Person des Fahrers abweichenden, nicht vorsätzlich handelnden **Halter** gem. § 115 Abs. 1 Nr. 1 VVG und auch der Versicherungsschutz des Halters im Innenverhältnis bleiben hiervon unberührt.

F. Neues Leistungskürzungsrecht
Literatur zum neuen Leistungskürzungsrecht:

Burmann/Heß, Die Quote bei grobfahrlässiger Obliegenheitsverletzung, NZV 2009, 7; *Nehm*, Goslarer Orientierungsrahmen (Quotenbildung nach dem neuen VVG), zfs 2010, 12; *Nugel*, Kürzungsquoten nach dem VVG, 2. Auflage 2012; *Scheller*, Die Berücksichtigung der Selbstbeteiligung im Rahmen der Leistungskürzung infolge von grober Fahrlässigkeit, VersR 2011, 856; *Stahl*, Quotenbildung nach dem VVG in der Kraftfahrtversicherung, NZV 2009, 265.

138 Kern der VVG-Reform 2008 ist der Wegfall des „Alles-oder-Nichts-Prinzips" und die Einführung eines (quotalen) Leistungskürzungsrechts des Versicherers bei grob fahrlässig begangenen Vertragsverstößen des Versicherungsnehmers.

F. Neues Leistungskürzungsrecht § 13

I. Anwendungsfälle

Das neue Leistungskürzungsrecht findet im Falle der groben Fahrlässigkeit Anwendung in folgenden Fällen:
- Gefahrerhöhung, § 26 Abs. 1 VVG
- Obliegenheitsverletzung, § 28 Abs. 2 VVG
- Herbeiführung des Versicherungsfalls, § 81 Abs. 2 VVG
- Obliegenheiten zur Minderung des Schadens, § 82 Abs. 3 VVG
- Rettungsobliegenheit, § 82 Abs. 3 VVG

139

II. Ausgestaltung des Leistungskürzungsrechts

1. Gesetzliche Grundlagen

Der Gesetzgeber hat in den vorstehend genannten Vorschriften lediglich gesetzlich geregelt, dass der **Versicherer berechtigt** ist, „seine **Leistung** in einem der **Schwere des Verschuldens** des Versicherungsnehmers **entsprechenden Verhältnis zu kürzen**". Er überlässt die Herausbildung geeigneter Kriterien und Abgrenzungsmerkmale vollständig der Rechtsprechung.

140

In der **Gesetzesbegründung** findet sich lediglich der (nahe liegende) Hinweis, dass für die Bemessung der Leistungskürzung entscheidend sei, ob sich die **grobe Fahrlässigkeit** im Einzelfall nahe beim **bedingten Vorsatz** (dann stärkere Kürzung) oder eher im Grenzbereich zur **einfachen Fahrlässigkeit** (dann geringere Kürzung) befinde (BReg., BT-Drucks 16/3945, S. 69).

141

Erfahrungen mit entsprechenden Regelungen bestehen nur aufgrund des Schweizerischen VVG, welches allerdings die Leistungskürzung nur in der Fallgruppe der Herbeiführung des Versicherungsfalls vorsieht.

142

Daher wird tatsächlich erst die Rechtsprechung die **erforderliche Rechtssicherheit** schaffen können. Allerdings bedeutet dies für den **Anwalt**, dass er in den ersten Jahren bis zur Herausbildung einer höchstrichterlichen Rechtsprechung **besonders gefordert** sein wird. Denn erst durch die entsprechenden Fälle sowie die jeweiligen Argumentationen der die Interessen der Parteien vertretenden Anwälte wird eine Rechtsprechung ermöglicht. Insoweit sind der Kreativität der anwaltlichen Argumentation keine Grenzen gesetzt, um die Rechtsfortbildung zu beeinflussen.

143

2. Quotenabstufung

a) Grobe Abstufungen

Weitestgehende Einigkeit herrscht darüber, dass die **Quoten in groben, größeren Schritten gebildet werden sollen**, da anderenfalls eine mathematische Genauigkeit suggeriert würde, die tatsächlich nicht zu erzielen ist. So wird überwiegend eine **Aufteilung in Drittel, Viertel und Fünftelschritten** vorgeschlagen (*Rixecker*,

144

zfs 2007, 15, 16; *Felsch*, r+s 2007, 485 ff.; „Goslarer Orientierungsrahmen", zfs 2010, 12), die auch sachgerecht sein dürfte. Das bedeutet eine **Mindestkürzung um 20 %** und entspricht damit der Praxis der Haftungsquoten beim Verkehrsunfall, bei denen auch regelmäßig keine geringere Mithaftungsquote als 20 % berücksichtigt wird.

b) Kürzung auf Null bzw. Kürzung um Null?

145 Ob der Begriff der Leistungs**kürzung** auch die Möglichkeit einschließt, dass der Leistungsanspruch **vollständig auf Null** gekürzt wird, lässt sich sprachlich unterschiedlich bewerten.

146 Von der Systematik des neuen VVG betrachtet spricht einiges dafür, dass eine Kürzung im Gegensatz zur vollen Leistung (bei einfacher Fahrlässigkeit) und zur vollständigen Leistungsfreiheit (bei Vorsatz) **nicht zu einer 0 %- oder 100 %-Quote** führen kann, da diese beiden Leistungsquoten den anderen Verschuldensformen vorbehalten sind. Nach der Gesetzessystematik ist bei grober Fahrlässigkeit eine Leistung vorgesehen, welche – ebenso wie das Verschulden – **zwischen** den beiden für die Verschuldensformen Vorsatz und einfache Fahrlässigkeit vorgesehenen Leistungen liegt.

147 Dennoch wird allgemein davon ausgegangen, dass **in besonderen Fällen auch 100:0-Fälle möglich** sind, also eine Leistungskürzung zur **vollständigen Leistungsfreiheit** führen kann (*Rixecker*, zfs 2007, 15, 16; *Felsch*, r+s 2007, 485 ff.; *Römer*, VersR 2006, 740, 741; *Stahl*, in: Burmann/Heß/Stahl/Höke, S. 77 Rn 234 sowie die Empfehlung Nr. 4 des AK IV des 46. Deutschen Verkehrsgerichtstages 2008 und der „Goslarer Orientierungsrahmen", zfs 2010, 12). Diese Auffassung ist inzwischen vom **BGH bestätigt** worden (BGH v. 22.6.2011 – IV ZR 225/10 – VersR 2011, 1037 = NZV 2011, 597; BGH v. 11.1.2012 – IV ZR 251/10 – VersR 2012, 341). Soweit *Felsch* (r+s 2007, 485 ff.) allerdings argumentiert, eine Quote von 99:1 sei ja in jedem Fall möglich und es handele sich um eine bloße Förmelei, die Nullquote nicht zuzulassen, ist dem entgegenzuhalten, dass – auch nach der Ansicht von *Felsch* – lediglich grobe Schritte von maximal Fünfteln vorzunehmen sind. Zwischen der danach maximal denkbaren Quote von 80:20 und 100:0 besteht jedoch ein erheblicher Unterschied, der nicht lediglich einer Förmelei gleicht.

148 Die Kürzung auf Null lässt sich allerdings allenfalls dann rechtfertigen, wenn umgekehrt auch in außergewöhnlich leichten Fällen der groben Fahrlässigkeit (was auch immer das sein mag) **0:100-Fälle möglich** sind, es also bei der **vollen Leistung** bleibt (*Römer*, VersR 2006, 740, 741; *Stahl*, in: Burmann/Heß/Stahl/Höke, S. 77 Rn 234 sowie die Empfehlung Nr. 4 des AK IV des 46. Deutschen Verkehrsgerichtstages 2008).

F. Neues Leistungskürzungsrecht § 13

c) „Grundquote" von 50 %?

Die neue Gesetzessystematik verlangt, dass gegenüber dem bisherigen Recht nicht nur die **Verschuldensformen** des Vorsatzes, der groben sowie der einfachen Fahrlässigkeit **voneinander abzugrenzen** sind, was im Einzelfall bereits zu erheblichen Abgrenzungsschwierigkeiten geführt hat. Nunmehr ist **innerhalb des Bereichs der groben Fahrlässigkeit** weiter **nach der „Schwere des Verschuldens" zu differenzieren**, um die Quote der Leistungskürzung festzulegen. 149

Künftig wird es daher innerhalb der groben Fahrlässigkeit ein **Spektrum** von der – nahe am Grenzbereich zur einfachen Fahrlässigkeit liegenden – **„leichten" groben Fahrlässigkeit** (mit geringer Leistungskürzung) bis hin zur – nahe am Grenzbereich zum bedingten Vorsatz liegenden – **„schweren" groben Fahrlässigkeit** (mit hoher Leistungskürzung) geben. Die damit zusammenhängenden Abgrenzungsschwierigkeiten liegen auf der Hand, war doch bereits die bisherige Dreiteilung im Einzelfall alles andere als einfach vorzunehmen. 150

Felsch (r+s 2007, 485 ff.) geht mit dem **Bild einer Waagschale** davon aus, dass bei Vorliegen der Voraussetzungen der Leistungskürzung dem Grunde nach bei der Schwere des Verschuldens zunächst von einer „mittleren" groben Fahrlässigkeit und folglich einer **„Grundquote"** der Leistungskürzung von 50 % auszugehen sei. Versicherer und Versicherungsnehmer hätten sodann innerhalb des Bereichs der groben Fahrlässigkeit jeweils für sie günstige Umstände vorzutragen und ggf. zu beweisen, um die Quote in ihrem Sinne zu beeinflussen. 151

Danach müsste der Versicherungsnehmer **Tatsachen vortragen** und ggf. beweisen, die für eine **„leichtere" grobe Fahrlässigkeit** – mit der Folge einer geringeren Leistungskürzung als 50 % – sprechen, der Versicherer hingegen Umstände, welche eine **„schwerere" grobe Fahrlässigkeit** – mit der Folge einer höheren Leistungskürzung als 50 % – begründen. 152

Demgegenüber wird zu Recht darauf hingewiesen, dass nach der Gesetzesbegründung für das Verschuldensmaß, nach dem sich im Fall grober Fahrlässigkeit der Umfang der Leistungspflicht bestimmt, der **Versicherer beweispflichtig** ist (BReg., BT-Drucks 16/3945, S. 69; LG Dortmund VersR 2010, 1594; LG Nürnberg-Fürth VersR 2010, 1635; vgl. *Burmann/Heß/Höke/Stahl*, S. 81 Rn 247; so auch „Goslarer Orientierungsrahmen", zfs 2010, 12). Diese Klarstellung in der Gesetzesbegründung ist lediglich deklaratorischer Natur, denn sie entspricht der aufgrund der Gesetzesformulierung ohnehin geltenden prozessualen Grundregel, wonach der Versicherer die konkrete „Schwere des Verschuldens" als **ihm günstige Voraussetzung der Leistungskürzung** zu beweisen hat. 153

> *Hinweis* 154
> Die Annahme einer – aus praktischen Gründen zwar verständlichen – Grundquote von 50 % ist daher abzulehnen. Vielmehr hat der **Versicherer** – trotz der gesetzlichen Vermutung grober Fahrlässigkeit bei objektiver Obliegenheitsver-

letzung – innerhalb des Bereichs der groben Fahrlässigkeit jegliches Verschuldensmaß als Voraussetzung seiner Leistungskürzung **zu beweisen**.

Weiterer Hinweis
Im Falle des **Regresses in der KH-Versicherung** trägt der **Versicherer** ohnehin die **volle Beweislast** für sämtliche Voraussetzungen der Leistungsfreiheit (vgl. dazu Rdn 109 ff.) und damit selbst dann **für jegliches Verschuldensmaß** innerhalb der groben Fahrlässigkeit, wenn grundsätzlich der Auffassung gefolgt wird, wonach beweismäßig von einer „Grundquote" von 50 % auszugehen ist.

Daher dürfte die streitige Beweislastverteilung bei der Leistungskürzung ohnehin nur im Bereich der **Kaskoversicherung** von Bedeutung sein.

d) Bei der Quotenbildung zu berücksichtigende Kriterien

155 *Felsch* hat sich in seinem Vortrag anlässlich des Symposiums der ARGE Versicherungsrecht des DAV am 29.9.2007 (veröffentlicht in r+s 2007, 485 ff.) mit den denkbaren Parametern beschäftigt, die bei der Quotenbildung eine Rolle spielen können. Aufgrund des Umstandes, dass *Felsch* Mitglied des für das Versicherungsrecht zuständigen IV. Zivilsenats des BGH ist, wird dessen Ausführungen große Bedeutung beigemessen. Allerdings sind zum Teil eher aus dem Strafrecht bekannte Sichtweisen nicht zu verkennen, was sich möglicherweise mit der beruflichen Vergangenheit des Autors als Mitglied eines Strafsenats erklären lässt.

156 Im Folgenden wird daher auf die Kriterien eingegangen, welche *Felsch* in seinem vorgenannten Aufsatz zur Diskussion gestellt hat. Auszugehen ist hierbei stets vom Gesetzeswortlaut, welcher allein von der **Schwere des Verschuldens** spricht. Jegliches berücksichtigungsfähige Kriterium muss sich daher unter die „Schwere des Verschuldens" subsumieren lassen. Es handelt sich bei den nachfolgend genannten Kriterien lediglich um eine Diskussionsgrundlage. Die Berücksichtigung weiterer Aspekte wird dadurch selbstverständlich nicht ausgeschlossen (vgl. zum Stand der Diskussion im Einzelnen *Nugel*, Kürzungsquoten, § 1 Rn 127 ff.).

aa) Einzelne Kriterien

157 Zunächst dürfte das **objektive Gewicht der Sorgfaltsverletzung** zweifellos ein geeignetes Verschuldenskriterium darstellen. So lädt nach *Felsch* **schwerere Schuld** auf sich, wer durch einen Rotlichtverstoß einen Menschen tötet als derjenige, der durch grobe Fahrlässigkeit den Diebstahl seines Fahrrades verursacht (im „Goslarer Orientierungsrahmen", zfs 2010, 12, auch als „normative Vorprägung" durch andere Rechtsgebiete bezeichnet, zustimmend *Nugel*, Kürzungsquoten, § 1 Rn 129).

158 Zu berücksichtigen ist allerdings, dass das Gewicht zwar verletzter, jedoch nicht konkret versicherter Rechtsgüter sicherlich keine Rolle spielen kann. Geht es um die **grob fahrlässige Herbeiführung des Versicherungsfalls** in der Vollkaskoversicherung, in der allein der Pkw versichert ist, kann daher die Verletzung weiterer Rechtsgüter (wie des Lebens anderer Personen) keine Rolle spielen. Für den **Voll-**

kaskoversicherer und bezogen auf das dort allein versicherte Risiko macht es keinen Unterschied, ob bei dem Unfall weitere Personen oder Sachen geschädigt wurden.

> *Hinweis* 159
> Die Verletzung weiterer, nicht im konkreten Versicherungsvertrag versicherter Rechtsgüter hat bei der Schwere des Verschuldens eines Verstoßes außer Betracht zu bleiben.

Fraglich ist, inwieweit es der Rechtsprechung gelingen wird, für **typische Sorgfaltspflichtverletzungen feste Quoten** zu bilden. So wird gelegentlich die Vorstellung geäußert, für typische Verkehrsverstöße könne dies ähnlich dem Bußgeldkatalog oder der Schmerzensgeldtabelle möglich sein. So hat der Arbeitskreis IV des 46. Deutschen Verkehrsgerichtstages 2008 (Empfehlung Nr. 5) sehr weit gehend empfohlen, dass bei jeglicher groben Fahrlässigkeit im Zusammenhang mit **alkoholbedingter oder drogenbedingter Fahruntüchtigkeit** eine vollständige Leistungsversagung (Leistungskürzung auf null) erfolgen soll. Gerade bei **geringen Promillewerten** im Bereich der relativen Fahruntüchtigkeit (bereits ab 0,3 ‰ denkbar) erscheint eine **Leistungskürzung auf Null** allerdings als **unvertretbar**. 160

Bei allem Verständnis für eine im Interesse der Verkehrssicherheit liegende **weitest mögliche Verhinderung von Fahrten unter Alkoholeinfluss** ist die neue Gesetzessystematik nicht außer Acht zu lassen, wonach bei grober Fahrlässigkeit lediglich eine Leistungs**kürzung** vorzunehmen ist. Selbst wenn man die Kürzung auf null für schwere Fälle als zulässig erachtet, kann nicht ohne jede Differenzierung auch der Fall der „leichtesten" groben Fahrlässigkeit im Zusammenhang mit Alkohol zum vollständigen Leistungswegfall führen. Hier dürfte es sich eher anbieten, entsprechend dem Promillewert eine **Abstufung der Leistungskürzung** vorzunehmen. Die Empfehlung des 46. VGT deutlich relativierend hat inzwischen der „Goslarer Orientierungsrahmen" (zfs 2010, 12) lediglich **bei absoluter alkoholbedingter Fahruntüchtigkeit eine Kürzung auf null** (bestätigend BGH v. 22.6.2011 – IV ZR 225/10 – VersR 2011, 1037) und im Übrigen eine Staffelung nach Promillewerten vorgesehen. Die jüngste Entscheidung des BGH (Urt. v. 11.1.2012 – IV ZR 251/10 – VersR 2012, 341) bestätigt zwar eine vorgenommene Leistungskürzung auf null in einem Fall absoluter Fahruntüchtigkeit (2,10 Promille), betont aber den Ausnahmecharakter und die erforderliche umfassende Abwägung der Umstände des Einzelfalles. Daraus lässt sich schließen, dass der BGH nicht davon ausgeht, dass stets beim Überschreiten des Grenzwertes zur sog. absoluten Fahruntüchtigkeit (1,1 Promille) eine Leistungskürzung auf null gerechtfertigt ist. 161

Ob es tatsächlich möglich sein wird, entsprechend einem Bußgeldkatalog oder einer Schmerzensgeldtabelle **typische Quoten** zu entwickeln, erscheint mehr als fraglich. Wegen der **Vielzahl der zu berücksichtigenden Umstände** dürfte die Situation noch am ehesten mit den **Haftungsquoten bei Verkehrsunfällen** zu vergleichen sein. Bereits dort (vgl. z.B. *Grüneberg*, Haftungsquoten bei Verkehrs- 162 unfällen) sieht man, dass in besonders problematischen Konstellationen Rechtsprechung mit Haftungsquoten von 100:0 bis 0:100 zu finden ist, selbst bei Standardkonstellationen von 100:0 bis 30:70. Dies liegt daran, dass die **Umstände des konkreten Einzelfalls**, welche bei der Haftungsabwägung zu berücksichtigen sind, im Detail doch zu **unterschiedlich** sind.

163 Es erscheint kaum denkbar, dass es im Bereich der neuen Leistungskürzung einfacher sein wird, typische Quoten festzulegen. Auch hier dürften die zu berücksichtigenden **Einzelfallumstände** zu unterschiedlich sein, um wirklich eine zuverlässige Tabelle entwickeln zu können. Dies ist gleichwohl mit dem „**Goslarer Orientierungsrahmen**" (zfs 2010, 12) versucht worden, allerdings lediglich für besonders häufig vorkommende und damit im Straßenverkehr typische Fälle. Dennoch wird zumindest – wie gegenwärtig im Bereich des Schmerzensgeldes oder der Haftungsquoten bei Verkehrsunfällen – ein solches **Spektrum vertretbarer Ergebnisse verbleiben**, sodass in jedem Einzelfall problemlos gerichtlich gestritten werden kann. Die **Rechtssicherheit** wird dadurch leider **nicht gesteigert**, was den Anwalt insbesondere bei der Erfolgsaussichtenberatung des nicht rechtsschutzversicherten Mandanten vor erhebliche Probleme stellt. Es bleibt abzuwarten, wie die Praxis mit dieser schwierigen Situation umgehen wird.

164 Der **Grad der Ursächlichkeit** des Verstoßes für den Eintritt des Versicherungsfalls oder die Höhe des Schadens ist zunächst kein Kriterium, welches sich unmittelbar dem **Verschulden** zuordnen lässt, da Kausalität und Verschulden auch im Versicherungsrecht sauber zu trennen sind. Hier wird an Fälle gedacht, bei denen neben dem Verstoß noch **weitere Ursachen** (wie das Verhalten Dritter oder der Zufall), für die der Versicherungsnehmer nicht einzustehen hat, mitursächlich sind.

165 Allerdings dürfte es unter dem Aspekt der **subjektiven Vorhersehbarkeit** für den Versicherungsnehmer durchaus eine Rolle spielen, ob nach seinen Vorstellungen über den Kausalverlauf sein Handeln als **alleinige Ursache** sicher zum Erfolg führen wird oder der Erfolg von weiteren, nicht durch den Versicherungsnehmer beeinflussbaren Faktoren abhängt. Denn die **subjektiven Vorstellungen** über den Kausalverlauf sind klassisches Element des Verschuldens.

166 Sicherlich zu berücksichtigen sind die **Motive des Versicherungsnehmers** für seinen Verstoß. Insofern spielen besondere Motive oder sonstige subjektive Besonderheiten eine Rolle. **Schulderschwerend** kann wirken, wenn der Versicherungsnehmer seinen Sorgfaltspflichten **völlig gleichgültig** gegenübersteht. Umgekehrt kann dem Verstoß eine Unachtsamkeit zugrunde liegen, die jedem einmal unterlaufen kann und vor der auch der Gewissenhafteste nicht verschont bleibt. In diesem Zusammenhang sind auch die bisher unter dem Begriff des „**Augenblicksversagens**" zusammengefassten Fälle von Bedeutung. Allerdings ist fraglich, wie diese Fälle nach neuem Recht von der Rechtsprechung behandelt werden.

167 Nach altem Recht war das Alles-oder-Nichts-Prinzip der entscheidende Grund für die Anerkennung derartiger Ausnahmefälle, welche zur Vermeidung der nicht ge-

F. Neues Leistungskürzungsrecht § 13

rechtfertigt erscheinenden „harten" Sanktion der **vollständigen Leistungsfreiheit** letztlich als subjektiv nicht grob fahrlässig behandelt wurden.

Aufgrund der **neuen Quotenregelung** läge es an sich nahe, bei diesen Fällen künftig eine grobe Fahrlässigkeit anzunehmen, jedoch nur eine entsprechend **geringe Leistungskürzung** vorzunehmen. Das würde bedeuten, dass die bisher unter dem Aspekt des „Augenblicksversagens" als nicht grob fahrlässig eingestuften Fälle nach dem neuen VVG 2008 für den Versicherungsnehmer ungünstiger ausgehen, weil eine geringe Leistungskürzung gegenüber der nach altem Recht vollen Leistungspflicht erfolgt. Die weitere Rechtsprechung hierzu bleibt abzuwarten. **168**

Fraglich ist, inwieweit das **Verhalten nach der Tat** Berücksichtigung finden kann (entsprechend dem Gedanken der „tätigen Reue" bzw. der Wiedergutmachung). Auf den ersten Blick ist nicht einzusehen, dass das **Verschulden** bezogen auf den Versicherungsfall noch **vom späteren Verhalten beeinflusst** werden kann. **169**

Allerdings bietet die frühere **Relevanzrechtsprechung** des BGH durchaus einen Ansatzpunkt. Der BGH hat ein erhebliches Verschulden im Sinne der Relevanzrechtsprechung dann verneint, wenn der Versicherungsnehmer z.B. bei einer Aufklärungspflichtverletzung durch unerlaubtes Entfernen vom Unfallort **nachträglich** noch dem Versicherer die **Feststellungen ermöglicht** hat (BGH VersR 1999, 301; BGH VersR 1970, 561). **170**

Die **wirtschaftlichen Verhältnisse des Versicherungsnehmers** haben grundsätzlich keine Relevanz für dessen Verschulden. Lediglich dann, wenn der Versicherungsnehmer aus finanzieller Not notwendige Sicherungsmaßnahmen nicht ergriffen (z.B. abgefahrene Reifen noch nicht ersetzt) hat, erscheint eine Berücksichtigung denkbar. Allerdings können derartige Umstände bei den **Motiven** des Versicherungsnehmers berücksichtigt werden, sodass es eines gesonderten Kriteriums nicht bedarf. **171**

Ein eventuelles **Mitverschulden des Versicherers** soll entsprechend dem Rechtsgedanken des § 254 BGB Berücksichtigung finden können. *Felsch* denkt an eine Unklarheit bei Fragen im Versicherungsantrag oder im Schadenformular. Es versteht sich von selbst, dass solche Umstände Berücksichtigung finden müssen. Allerdings dürfte auf der Hand liegen, dass sich derartige Fälle unklarer Formulare oder sonstiger vom Versicherer verursachter Unklarheiten bereits auf das Verschulden des Versicherungsnehmers im Rahmen der objektiven Sorgfaltsverletzung unmittelbar auswirken, sodass es der Heranziehung des Rechtsgedankens des § 254 BGB und eines gesonderten Kriteriums nicht bedarf. **172**

Schließlich scheidet die Berücksichtigung des **bisherigen Versicherungsverlaufs** (langjährige Schadenfreiheit oder häufige Obliegenheitsverletzungen) für sich genommen aus, da es sich hierbei **nicht um ein Kriterium des Verschuldens** handelt. Soweit sich aus dem Verlauf bezogen auf den konkreten Versicherungsfall der Schluss auf eine **besondere Gleichgültigkeit** des Versicherungsnehmers gegenüber seinen Pflichten ziehen lässt, kann dieser Umstand bereits bei den Motiven des Ver- **173** sicherungsnehmers Berücksichtigung finden, sodass es auch insoweit eines gesonderten Kriteriums nicht bedarf.

bb) Zusammenfassung zu den Kriterien

174 **Zu berücksichtigen** sind bei der Feststellung der „Schwere des Verschuldens" des Versicherungsnehmers jedenfalls die folgenden drei Kriterien:
- das objektive Gewicht der Pflichtverletzung (objektive Schwere des Verstoßes; Dauer des sorgfaltswidrigen Zustands; Schadenhöhe bezogen auf versicherte Rechtsgüter);
- Motive des Versicherungsnehmers für den Verstoß und sonstige subjektive Besonderheiten (Gleichgültigkeit gegenüber Sorgfaltspflichten, Berücksichtigung der persönlichen Fähigkeiten und Möglichkeiten des Versicherungsnehmers, „Augenblicksversagen");
- Grad der für den Versicherungsnehmer subjektiv vorhersehbaren Ursächlichkeit des Verstoßes für die Folgen (Mitwirkung nicht vorhersehbarer weiterer Ursachen).

175 Keine Berücksichtigung finden grundsätzlich die folgenden Kriterien:
- Verletzung weiterer, nicht im maßgeblichen Vertrag versicherter Rechtsgüter;
- Hinzutreten weiterer Ursachen für den Erfolg, die für den Versicherungsnehmer nicht vorhersehbar waren;
- wirtschaftliche Verhältnisse des Versicherungsnehmers;
- bisheriger Versicherungsverlauf.

e) Leistungskürzung bei mehreren Verstößen

176 Aufgrund der oben genannten (siehe Rdn 139) vielfachen Anwendungsfälle der neuen Leistungskürzung stellt sich die Frage, wie damit umzugehen ist, wenn **mehrere grob fahrlässige Verstöße** des Versicherungsnehmers vorliegen, die **jeweils eine Leistungskürzung** rechtfertigen. Gerade im Bereich der Kraftfahrtversicherung sind in der Praxis derartige Fälle mit mehreren Verstößen häufig.

177 *Beispiel*
Der vollkaskoversicherte Versicherungsnehmer verursacht im Zustand der relativen Fahruntüchtigkeit einen Unfall und macht später Falschangaben im Schadenformular. Es soll davon ausgegangen werden, dass beide Verstöße grob fahrlässig begangen wurden und kausal geworden sind.

178 Wenn davon ausgegangen wird, dass beide Verstöße jeweils für sich betrachtet eine **mittlere Leistungskürzung** entsprechend einer Quote von 50 % rechtfertigen, stellt sich die Frage, nach welcher Quote der Versicherungsnehmer letztlich die Leistung erhält.

179 Hierbei gibt es vier Möglichkeiten:
- Quotenaddition,
- Quotenmultiplikation,

- Gesamtbewertung mit einheitlicher Leistungsquote,
- Quotenkonsumption.

Bei der **Quotenaddition** würde der Versicherungsnehmer im obigen Beispiel keine Leistung erhalten, weil die beiden Quoten der Leistungskürzung von 50 % addiert würden. Bei dieser Rechenweise gilt bei mehreren Verstößen schnell wieder das „Nichts"-Prinzip. 180

Bei der **Quotenmultiplikation** wird mit den Quoten nacheinander – von der ursprünglich vollen Leistung ausgehend – jeweils vom verbleibenden Teil gekürzt, also zunächst 50 % der vollen Leistung, dann 50 % von den verbleibenden 50 % = 25 % usw. Auch diese Rechenweise führt schnell zu im Ergebnis verhältnismäßig kleinen Leistungsquoten. 181

Die **Gesamtbewertung** geht nicht mathematisch vor, sondern ermittelt eine einheitliche Gesamtquote unter Berücksichtigung sämtlicher Umstände des Einzelfalles. Der Arbeitskreis IV des 46. Deutschen Verkehrsgerichtstages 2008 hat sich in seiner Empfehlung Nr. 6 für dieses Modell ausgesprochen und angefügt, dass die Quotenmultiplikation hierbei eine Hilfsüberlegung sein könne. 182

Felsch (a.a.O.) favorisiert demgegenüber die **Quotenkonsumption**. Gedanke ist, dass lediglich die für den Versicherungsnehmer höchste Leistungskürzungsquote berücksichtigt wird und alle anderen Verstöße davon überlagert und konsumiert werden. Für den Versicherungsnehmer ist dies zwar die günstigste Lösung. Sie kann im Ergebnis jedoch nicht überzeugen, da nur der schwerste Verstoß berücksichtigt wird, während alle weiteren Verstöße im Ergebnis „unter den Tisch fallen". 183

Im Ergebnis dürfte entsprechend der Empfehlung des Deutschen Verkehrsgerichtstages wohl einem **Mix von Gesamtbewertung und Quotenmultiplikation** zuzustimmen sein (LG Dortmund VersR 2010, 1594; ebenso „Goslarer Orientierungsrahmen", zfs 2010, 12; *Nugel*, Kürzungsquoten, § 1 Rn 57 f.). Dies entspricht im Übrigen auch der Bemessung des Schmerzensgeldes bei Mithaftungsfällen, bei der die Rechtsprechung auch stets betont, dass der Schmerzensgeldbetrag individuell nach den **Gegebenheiten des Einzelfalles** und nicht mathematisch nach der Mithaftungsquote bestimmt wird, letztlich jedoch faktisch doch ein Schmerzensgeld nach der Tabelle ermittelt und entsprechend der Mithaftungsquote reduziert wird. 184

Zu den Besonderheiten mehrerer Obliegenheitsverletzungen in Bezug auf die Höchstbeträge der Leistungsfreiheit nach KfzPflVV in der KH-Versicherung vgl. die Ausführungen oben (siehe Rdn 106 ff.). 185

III. Beispiele zur Quotenbildung im Verkehrsrecht
Literatur zur Quotenbildung im Verkehrsrecht:

Maier, Aller Anfang ist schwer – erste Urteile zur Kaskoversicherung nach der VVG-Reform, r+s 2010, 497; *Nehm*, Goslarer Orientierungsrahmen (Quotenbildung nach dem neuen Versicherungsvertragsgesetz), zfs 2010, 12 ff.; *Nugel*, Kürzungsquoten nach dem VVG, 2. Auflage 2012; *Stahl*, Leistungskürzung nach dem VVG in der Kraftfahrtversicherung: Überblick über erste Gerichtsurteile, Sonderheft Lemcke r+s 2011, 115.

1. „Goslarer Orientierungsrahmen"

186 Aufgrund einer Empfehlung des Arbeitskreises II des 47. Deutschen Verkehrsgerichtstages (VGT) 2009 hat im November 2009 ein Symposium von Verkehrsrechtlern aus dem Kreise der Versicherungswirtschaft, der Vereine und Verbände stattgefunden. Aus diesem Symposium ist ein „unverbindlicher Orientierungsrahmen" hervorgegangen, der für typische, in der Praxis häufig vorkommende Fälle grob fahrlässiger Obliegenheitsverletzungen (§ 28 Abs. 2 S. 2 VVG) bzw. grob fahrlässiger Herbeiführung des Versicherungsfalles (§ 81 Abs. 2 VVG) sozusagen „Einstiegsquoten" in groben Kürzungsschritten von 25 % vorschlägt. Diese geben lediglich einen Rahmen vor, innerhalb dessen sodann entsprechend den konkreten Umständen des Einzelfalles die der konkreten Schuldschwere angemessene Kürzungsquote gefunden werden soll.

187 Der „Goslarer Orientierungsrahmen" (Quotenbildung nach dem neuen Versicherungsvertragsgesetz) ist vollständig veröffentlicht in zfs 2010, 12 ff. In den nachfolgenden, vom „Goslarer Orientierungsrahmen" genannten typischen Fällen (siehe Rdn 189 ff.) wird jeweils auf die dort vorgesehene „Einstiegsquote" hingewiesen.

2. Bisherige Rechtsprechung

188 Eine Übersicht bisher vorliegender Rechtsprechung zur Quotenbildung in typischen Fällen des Verkehrsrechts findet sich im entsprechenden Werk von *Nugel* (Kürzungsquoten nach dem VVG, 2. Auflage 2012). In den nachfolgend genannten Fällen wird jeweils auf ggf. bereits vorliegende Rechtsprechung hingewiesen.

3. Typische Fälle im Verkehrsrecht (nach dem „Goslarer Orientierungsrahmen")

a) Alkoholbedingte Fahruntüchtigkeit

189 Der „Goslarer Orientierungsrahmen" schlägt eine Staffelung je nach Alkoholisierungsgrad vor:
- Ab 0,3 bis 0,5 ‰ (bzw. entsprechender Atemalkoholwert): keine generelle Quote, sondern Frage des Einzelfalles
- Ab 0,5 bis 1,1 ‰ (bzw. entsprechender Atemalkoholwert): Kürzung um 50 %
- Ab 1,1 ‰: Kürzung um 100 %

190 Der **BGH** (v. 22.6.2011 – IV ZR 225/10 – VersR 2011, 1037) hat eine vollständige Leistungskürzung auf null des Vollkaskoversicherers in einem Fall absoluter Fahruntüchtigkeit (strafrechtliche Verurteilung wegen fahrlässigen Vollrauschs bei einer BAK von 2,7 ‰) akzeptiert. Er hat darauf hingewiesen, dass **in Ausnahmefällen** eine **vollständige Leistungsversagung** möglich sei, es hierzu allerdings der **Abwägung der Umstände des Einzelfalles** bedürfe (BGH a.a.O.; ebenso jüngst

F. Neues Leistungskürzungsrecht § 13

BGH v. 11.1.2012 – IV ZR 251/10 – VersR 2012, 341 bei einer BAK von 2,10‰). Auch das KG hält es mit der Intention des Gesetzes nicht für vereinbar, pauschal ab einer BAK von 1,1‰ die Leistung vollständig zu kürzen. Vielmehr seien alle objektiven und subjektiven Umstände des konkreten Einzelfalles zu berücksichtigen und zu gewichten (KG VersR 2011, 487).

Verschiedene Instanzgerichte haben bereits eine **Leistungskürzung auf null bei absoluter Fahruntüchtigkeit** vorgenommen (OLG Dresden zfs 2010, 633 bei 2,7‰; LG Münster VersR 2011, 487 bei 1,67‰; LG Tübingen zfs 2010, 394 bei 1,29‰; AG Bitterfeld-Wolfen v. 19.8.2010 – 7 C 1001/09 – bei 1,18‰; AG Bühl SVR 2009, 424 bei 1,89‰; AG Berlin-Mitte zfs 2010, 576 bei 2,13‰). Demgegenüber hat das LG Bonn (DAR 2010, 24) bei einer Überlassung des Fahrzeugs an einen fahruntüchtigen Fahrer eine Leistungskürzung um 75 % vorgenommen. 191

Bei **relativer Fahruntüchtigkeit** hat das OLG Hamm (zfs 2010, 634) eine Leistungskürzung um 50 % bei einer BAK von 0,59‰ vorgenommen, das OLG Saarbrücken (r+s 2015, 340) eine Leistungskürzung um 75 % bei einer BAK von 0,93‰.

b) Drogenbedingte Fahrunsicherheit

Der „Goslarer Orientierungsrahmen" hat „angesichts der Probleme der Strafjustiz, für die unterschiedlichen Drogen und Konsumformen jeweils einen der alkoholbedingten Fahrunsicherheit entsprechenden Grenzwert der absoluten Fahrunsicherheit verbindlich festzulegen", lediglich eine **Bandbreite der Kürzung von 50 bis 100 %** vorgeschlagen. Rechtsprechung liegt – soweit ersichtlich – noch nicht vor. 192

c) Überlassen des Fahrzeugs an Fahrer ohne Fahrerlaubnis

Für diese Fälle hat der „Goslarer Orientierungsrahmen" im privaten Bereich eine Kürzung von 0 %, im gewerblichen Bereich eine Kürzung um 25 % vorgeschlagen. Auch in dieser Fallgruppe ist bisher keine Rechtsprechung ersichtlich. 193

d) Missachtung des Stopp-Schildes oder (festen) grünen (Abbiege-)Pfeils

Für diese Fälle schlägt der „Goslarer Orientierungsrahmen" generell eine Kürzungsquote von 25 % vor. Rechtsprechung existiert noch nicht. 194

e) Rotlichtverstoß

Bei Rotlichtverstößen erschien dem „Goslarer Orientierungsrahmen" eine generelle Kürzung um 50 % als angemessen. 195

Die bisherige Rechtsprechung hat ebenfalls eine Kürzung um 50 % akzeptiert (LG Münster NJW 2010, 240; LG Essen zfs 2010, 393; AG Duisburg SVR 2010, 307). 196

f) Verwendung verkehrsunsicherer Bereifung

197 In dieser Fallgruppe schlägt der „Goslarer Orientierungsrahmen" eine Kürzung um 25 % vor.

g) Diebstahl des Fahrzeugs

198 Bei grob fahrlässiger Herbeiführung des Diebstahls des Fahrzeugs schlägt der „Goslarer Orientierungsrahmen" eine Kürzung um 75 % bei im Zündschloss steckendem Zündschlüssel und um 25 % bei sonstigem gefahrgeneigten Umgang mit Kfz-Schlüsseln vor.

199 Das AG Kleve (v. 28.5.2010 – 3 C 53/10) hat – allerdings nicht ansatzweise nachvollziehbar – eine Kürzung um 100 % in einem Fall vorgenommen, in dem der Versicherungsnehmer den Fahrzeugschlüssel auf dem Weg zwischen Abstellort und Wohnung verloren, jedoch in den nächsten beiden Tagen das Fahrzeug ohne Sicherungsmaßnahmen mit dem Reserveschlüssel vom gleichen Ort aus eingesetzt hat, während das Fahrzeug sodann mit dem Originalschlüssel entwendet wurde.

G. Zurechnung des Fehlverhaltens Dritter

200 Das Fehlverhalten Dritter kann dem Versicherungsnehmer nur unter engen Voraussetzungen zugerechnet werden.

I. Eigenhändigkeit

201 Da die Vertragspflichten nur den **Versicherungsnehmer** als Vertragspartner treffen, muss er die Obliegenheitsverletzung oder die grob fahrlässige Verursachung des Versicherungsfalles grundsätzlich **selbst begangen** haben.

II. Regelung der Zurechnung des Verhaltens Dritter in den AKB

202 Eine **Leistungsfreiheit gegenüber dem Versicherungsnehmer** wirkt in der Kasko- und Unfallversicherung gem. § 3 Abs. 3 S. 1 AKB bzw. F.3 S. 1 AKB 2008 **grundsätzlich auch gegenüber Mitversicherten**. Eine Mitversicherung kommt in der Kaskoversicherung allerdings nur dann in Betracht, wenn der Versicherungsnehmer nicht Eigentümer ist. In diesem Fall liegt eine Fremdversicherung vor, sodass der wahre Eigentümer Versicherter ist.

203 **Anders** ist die Regelung in der **KH-Versicherung bei einer Obliegenheitsverletzung des Versicherungsnehmers** gem. § 3 Abs. 3 S. 2 AKB bzw. F.3 S. 2 AKB 2008. In diesem Fall tritt Leistungsfreiheit gegenüber einem Mitversicherten nur dann ein, „wenn die der Leistungsfreiheit zugrunde liegenden Umstände in der Person des Mitversicherten vorliegen oder wenn diese Umstände der mitversicherten Person bekannt oder infolge grober Fahrlässigkeit nicht bekannt waren".

G. Zurechnung des Fehlverhaltens Dritter § 13

Eine Zurechnung des Fahrerverhaltens in der Kraftfahrtversicherung zulasten des Versicherungsnehmers erfolgt 204
- generell nicht bei der **KH-Versicherung**, da das Verhalten des Fahrers gem. § 10 Abs. 2 c AKB bzw. A.1.2 c AKB 2008 ausdrücklich in den Versicherungsschutz (des Versicherungsnehmers) eingeschlossen ist (das gilt selbst im Falle des Vorsatzes des Fahrers, solange der Versicherungsnehmer hiervon keine Kenntnis hat),
- in der **Kaskoversicherung** nur dann, wenn der Fahrer **Repräsentant** ist.

III. Repräsentantenbegriff

Fehlverhalten Dritter wird dem Versicherungsnehmer dann zugerechnet, wenn dieser Dritte **Repräsentant** ist. Der Repräsentantenhaftung liegt folgender Gedanke zugrunde: Überträgt der Versicherungsnehmer als Vertragspartner des Versicherungsvertrages jemand anderem die Vertragspflichten in einem solchen Umfange, dass dieser quasi „an die Stelle des Versicherungsnehmers" tritt, den Versicherungsnehmer also gegenüber dem Versicherer **repräsentiert**, dann soll der Versicherungsnehmer auch für das Verhalten dieses Repräsentanten **haften**. 205

Repräsentant ist, wer in dem Geschäftsbereich, zu dem das versicherte Risiko gehört, aufgrund eines Vertretungs- oder ähnlichen Verhältnisses an die Stelle des Versicherungsnehmers getreten ist. 206

Die bloße Überlassung der Obhut über das versicherte Risiko reicht hierbei nicht aus (BGH VersR 1993, 828). Der Repräsentant muss vielmehr **selbständig und in einem gewissen, nicht ganz unbedeutenden Umfang** berechtigt sein, für den Versicherungsnehmer zu handeln (**Übernahme der Risikoverwaltung** in einem solchem Umfange, dass dieser quasi „an die Stelle des Versicherungsnehmers" tritt). Bei Übernahme der Risikoverwaltung im vorgenannten Sinne braucht aber **nicht noch zusätzlich die Wahrnehmung der Rechte und Pflichten** aus dem Versicherungsvertrag (Vertragsverwaltung) durch den Dritten hinzutreten (BGH zfs 1996, 418). Bezogen auf die im Bereich der **Kraftfahrtversicherung** entscheidende Frage, wann ein vom Versicherungsnehmer abweichender Fahrer Repräsentant ist, gilt: 207
- Der **berechtigte Fahrer eines Kfz** ist **in der Regel** – selbst bei längerfristiger Überlassung des Kfz – **nicht Repräsentant** des Versicherungsnehmers (OLG Oldenburg r+s 1995, 331).
- Er ist **nur dann Repräsentant**, wenn der Fahrer neben der eigenverantwortlichen Nutzung **auch für die Unterhaltung und Verkehrssicherheit des Kfz zu sorgen** hat (BGH VersR 1996, 1229).

§ 13 Versicherungsrecht im Verkehrsrecht (Versicherungsrechtlicher Exkurs)

208 Aus diesen strengen Anforderungen ergeben sich folgende **Beispiele**:

> *Beispiel für Repräsentanteneigenschaft*
> Der Sohn nutzt allein den haftpflicht- und vollkaskoversicherten Pkw des Vaters, welcher Versicherungsnehmer ist. Auch im Übrigen hat der Vater nichts mit dem Fahrzeug zu tun. Der Sohn verursacht alkoholisiert einen Unfall.

> *Beispiel für fehlende Repräsentanteneigenschaft*
> Die Ehefrau nutzt allein den haftpflicht- und vollkaskoversicherten Pkw des Versicherungsnehmers. Der Versicherungsnehmer kümmert sich jedoch um die erforderlichen Inspektionen, TÜV-Abnahmen, Reparaturen etc. Die Ehefrau verursacht alkoholisiert einen Unfall.

209 Im ersten Beispiel würde eine **Zurechnung** des Verhaltens des Sohnes zulasten des Vaters erfolgen, da der Sohn sich allein auch um die **Unterhaltung** sowie **Erhaltung der Verkehrssicherheit** des Fahrzeugs kümmert. Daher wäre der Versicherer hinsichtlich der Vollkaskoversicherung bei Annahme grober Fahrlässigkeit des Sohnes aufgrund der Zurechnung zulasten des Versicherungsnehmers gem. § 81 Abs. 2 VVG zur Leistungskürzung berechtigt.

210 Im zweiten Beispiel erfolgt **keine Zurechnung** des Verhaltens der Ehefrau zulasten des Versicherungsnehmers, weil er die **Risikoverwaltung nicht vollständig seiner Ehefrau überlassen** hat, sondern sich noch um die Erhaltung der Verkehrssicherheit des Fahrzeugs kümmert. Dementsprechend wäre der Versicherer gegenüber dem Versicherungsnehmer in der Vollkaskoversicherung vollständig zur Leistung verpflichtet. Auch ein **Regress gegenüber der Ehefrau** scheidet wegen des **Privilegs der häuslichen Gemeinschaft** gem. § 86 Abs. 3 VVG (früher: Familienprivileg) aus.

> *Tipp*
> Es kann insbesondere bei **Ehegatten** nur **empfohlen** werden, jeweils **Eigentümer und Versicherungsnehmer des vom anderen regelmäßig genutzten Fahrzeugs** zu sein, sich allerdings weiterhin noch um die regelmäßigen Dinge wie TÜV-Abnahmen, Abgasuntersuchung, Inspektionen, Reparaturen etc. des vom anderen genutzten Fahrzeugs zu kümmern.
>
> In diesem Fall fehlt wechselseitig jeweils die **Repräsentanteneigenschaft**, sodass in der Vollkaskoversicherung keine Zurechnung grob fahrlässigen Verhaltens möglich ist. Der Versicherer bleibt **zur vollen Leistung verpflichtet** und hat wegen § 86 Abs. 3 VVG **keine Regressmöglichkeit**. Zudem bestehen erhebliche Vorteile wegen der **Zeugenstellung** der das Fahrzeug nutzenden Person, z.B. im Falle des Verkehrsunfalls, jedoch auch im Versicherungsrecht beim Beweis eines Diebstahls etc.

211 Der **Deckungsschutz in der Haftpflichtversicherung** bleibt in jedem Fall in beiden Beispielen für den Versicherungsnehmer bestehen, weil eine **Zurechnung** entsprechend den Grundsätzen der Repräsentantenhaftung dort **nicht erfolgt**. Dies liegt daran, dass das Fehlverhalten des gem. § 10 Abs. 2 c AKB bzw. A.1.2 c AKB 2008 mitversicherten Fahrers für den Versicherungsnehmer – der z.b. als Halter gem. § 7 StVG in Anspruch genommen werden könnte – versichert ist.

Beachte 212
Die Grundsätze der Repräsentantenhaftung gelten nur für die Kaskoversicherung, sind hingegen in der KH-Versicherung nicht anwendbar. Nach OLG Oldenburg (zfs 1996, 341) ist der Eigentümer und Halter des Fahrzeugs Repräsentant des Versicherungsnehmers, wenn der Versicherungsvertrag nur wegen eines **höheren Schadensfreiheitsrabatts** auf einen anderen als den Eigentümer abgeschlossen ist.

Verletzt der Repräsentant eines kaskoversicherten Versicherungsnehmers z.b. die **Aufklärungsobliegenheit** nach § 7 I Abs. 2 S. 4 AKB bzw. E.1.3 AKB 2008 durch unerlaubtes Entfernen vom Unfallort, muss sich der Versicherungsnehmer das Verhalten seines Repräsentanten wie eigenes zurechnen lassen (BGH zfs 1996, 418).

Zur Repräsentantenhaftung in der KH- und Vollkaskoversicherung siehe auch OLG Oldenburg zfs 1996, 341 und *Kalb*, zfs 1998, 42.

IV. Wissenserklärungsvertreter

In gewissem Umfang kann auch das Wissen eines Wissenserklärungsvertreters dem Versicherungsnehmer zugerechnet werden. Wissenserklärungsvertreter ist, wer vom Versicherungsnehmer mit der Erfüllung von dessen Obliegenheiten oder zur Abgabe von Erklärungen beauftragt ist. Dies kann z.b. der Rechtsanwalt, der Sohn oder ein Angestellter sein. Die Zurechnung erfolgt in diesem Fall entsprechend § 166 BGB (BGH VersR 1993, 960). 213

Der Versicherungsnehmer muss sich folglich die Erklärungen des von ihm mit der Abgabe von Erklärungen zur Regulierung des Schadensfalls Beauftragten (seines Wissenserklärungsvertreters) **zurechnen lassen** (OLG Düsseldorf zfs 1999, 166). Gibt der Ehemann der Versicherungsnehmerin in deren Auftrag eine von ihm verfasste und unterzeichnete Schadensanzeige ab, ist er Wissenserklärungsvertreter seiner Ehefrau (OLG Nürnberg zfs 1997, 378). 214

Keine Wissenserklärungsvertretung liegt allerdings vor, wenn ein Dritter das Schadenformular ausfüllt und der Versicherungsnehmer selbst unterschreibt (BGH VersR 1995, 281). In diesem Fall ist der Versicherungsnehmer rechtlich unmittelbar für die Erklärung verantwortlich. 215

216 *Beachte*
Ein Anwalt, der vom Versicherungsnehmer mit der Beantwortung der Fragen des Versicherers betraut worden ist, ist Wissenserklärungsvertreter des Versicherungsnehmers (OLG Hamm zfs 1997, 19) – Regressgefahr!
Zu den Einzelheiten vergleiche *Bauer*, Die Kraftfahrtversicherung, 6. Auflage 2010.

V. Wissensvertreter

217 **Wissensvertreter** ist ein Dritter, der vom Versicherungsnehmer **mit der Erledigung bestimmter Angelegenheiten verantwortlich betraut** wird, so z.B. ein Fuhrparkleiter, der für die Verkehrssicherheit der Fahrzeuge verantwortlich ist. Die Zurechnung der Kenntnisse, die der Dritte im Rahmen der Aufgabenerledigung erlangt, erfolgt auch hier entsprechend § 166 BGB (BGH VersR 1997, 338).

H. Kaskoversicherung

I. Versicherte Schäden in der Kaskoversicherung

218 In der Kaskoversicherung ist gem. § 12 Abs. 1 AKB bzw. A.2.1 AKB 2008 grundsätzlich die **Beschädigung, Zerstörung oder der Verlust des Fahrzeugs** oder seiner unter Verschluss verwahrten oder an ihm befestigten Teile versichert. Zusätzlich mitversichert sind nach den bisherigen AKB die in der den AKB beigefügten Liste aufgeführten **Fahrzeug- und Zubehörteile**. Die neuen AKB 2008 enthalten unter A.2.1.2 bis A.2.1.4 eine differenzierte Regelung der mitversicherten Fahrzeug- und Zubehörteile. **Mitversichert** sind gem. § 12 Abs. 2 AKB bzw. A.2.2.5 AKB 2008 **Bruchschäden an der Verglasung**. Die **Ursache des Glasbruchs** ist – auch in der Teilkaskoversicherung – **irrelevant**.

219 *Hinweis*
Häufig wird in der Praxis übersehen, dass **Glasschäden aufgrund eines Verkehrsunfalls auch in der Teilkaskoversicherung versichert** sind. Dies sollte insbesondere auch bei einem Totalschaden berücksichtigt werden.

220 Ferner sind mitversichert gem. § 12 Abs. 2 AKB bzw. A.2.2.6 AKB 2008 **Schäden an der Verkabelung des Fahrzeugs durch Kurzschluss**. Eine besondere Regelung besteht für **Reifenschäden** gem. § 12 Abs. 3 AKB bzw. A.2.16.3 AKB 2008: Deren Beschädigung oder Zerstörung wird nur ersetzt, wenn sie durch ein Ereignis erfolgt, das zugleich weitere unter Versicherungsschutz fallende Schäden am Fahrzeug verursacht.

Merke
Isolierte Reifenschäden (z.B. durch Vandalismus mit einem Messer beschädigte Reifen) werden **nicht ersetzt**, wohl aber solche, die anlässlich eines Diebstahlversuchs neben weiteren versicherten Schäden entstehen.

H. Kaskoversicherung §13

II. Versicherte Risiken in der Kaskoversicherung

1. Allgemeines

Die **Teilkaskoversicherung** umfasst gem. § 12 Abs. 1 I AKB bzw. A.2.2 AKB 2008 die Risiken **221**
- Brand, Explosion, § 12 Abs. 1 I a AKB bzw. A.2.2.1 AKB 2008
- Entwendung, unbefugten Gebrauch durch betriebsfremde Personen, Raub, Unterschlagung, § 12 Abs. 1 I b AKB bzw. A.2.2.2 AKB 2008
- Sturm, Hagel, Blitzschlag, Überschwemmung, § 12 Abs. 1 I c bzw. A.2.2.3 AKB 2008
- Zusammenstoß mit Haarwild i.S.d. § 2 Abs. 1 Nr. 1 des Bundesjagdgesetzes, § 12 Abs. 1 I d AKB bzw. A.2.2.4 AKB 2008

In der Vollkaskoversicherung sind gem. § 12 Abs. 1 II bzw. A.2.3 AKB 2008 darüber hinaus die folgenden Risiken versichert: **222**
- Unfall, § 12 Abs. 1 II e AKB bzw. A.2.3.2 AKB 2008
- mut- oder böswillige Handlungen (Vandalismus), § 12 Abs. 1 II f AKB bzw. A.2.3.3 AKB 2008

Zu berücksichtigen ist, dass es sich bei den versicherten Risiken um **selbstständig und gleichwertig gedeckte Tatbestände** handelt. **223**

Beispiel
Im Falle einer Entwendung mit anschließendem Brand kann ein Leistungsanspruch unabhängig voneinander mit beiden Risiken begründet werden.

In verschiedenen Individual-AKB werden zusätzlich Schäden durch einen **Marderbiss** versichert, jedoch ohne dadurch entstehende Folgeschäden.

2. Besonderheiten bei den einzelnen Risiken

a) Brand i.S.d. § 12 Abs. 1 I a AKB bzw. A.2.2.1 AKB 2008

Brand ist ein Feuer, das ohne bestimmungsgemäßen Herd entstanden ist oder diesen verlassen hat. Beispiele zu den Voraussetzungen eines „Brandes": **224**
- nicht bei Zündkerzen oder Sicherungen;
- nicht bei Senk- und Schmorschäden (Kurzschlussschäden sind allerdings gem. § 12 Abs. 2 AKB bzw. A.2.2.6 AKB 2008 wiederum versichert);
- das Feuer braucht nicht das Fahrzeug selbst zu ergreifen: Schäden durch wegen eines Feuers **herabfallende/umstürzende Teile reichen aus** (OLG Düsseldorf VersR 1992, 567);
- **Schäden durch oder beim Löschen** sind ebenfalls umfasst (Prölss/Martin-*Knappmann*, VVG, § 12 AKB Rn 12);
- gerät ein Fahrzeug **durch einen Unfall in Brand**, besteht ebenfalls **Teilkaskoschutz** hinsichtlich des (zusätzlichen) Brandschadens.

b) Entwendung i.S.d. § 12 Abs. 1 I b AKB bzw. A.2.2.2 AKB 2008

225 Der Versicherungsschutz in der Teilkaskoversicherung umfasst auch eine **Beschädigung durch einen Diebstahlversuch** (OLG Köln VersR 1995, 1350). Allerdings ist eine mutwillige Beschädigung nach einem fehlgeschlagenen Diebstahlversuch – etwa aus Enttäuschung oder Verärgerung – nicht zu ersetzen (BGH zfs 2011, 213).

226 Vom Dieb **nach** dem Diebstahl verursachte Schäden sind in jedem Fall zu ersetzen, z.B.
- Unfall- und Betriebsschäden (BGH VersR 1975, 222)
- Vandalismusschäden (KG VersR 1997, 871)

227 § 12 Abs. 1 I b S. 2 bzw. A.2.2.2 AKB 2008 regelt einen Ausschluss bei Unterschlagung durch denjenigen, an den der Versicherungsnehmer das Fahrzeug unter Eigentumsvorbehalt veräußert oder zum Gebrauch bzw. zum Zwecke der Veräußerung überlassen hat. Das bedeutet, dass ein **(Trick-)Betrug nicht versichert** ist. Der Grund des Ausschlusses ist, dass die Versicherer nicht für einen Vertrauensmissbrauch eintreten wollen.

c) Naturereignisse gem. § 12 Abs. 1 I c AKB bzw. A.2.2.3 AKB 2008

228 Gem. § 12 Abs. 1 I c S. 1 AKB bzw. A.2.2.3 S. 1 AKB 2008 ist eine **unmittelbare Einwirkung** von Sturm, Hagel, Blitzschlag oder Überschwemmung **auf das Fahrzeug** versichert. Ein **Sturm** liegt gem. § 12 Abs. 1 I c S. 2 AKB bzw. A.2.2.3 S. 2 AKB 2008 bei einer **Windstärke von mindestens 8** vor. Gem. § 12 Abs. 1 I c S. 3 AKB bzw. A.2.2.3 S. 3 AKB 2008 besteht auch **Versicherungsschutz**, wenn **Gegenstände durch Naturgewalten auf oder gegen das Fahrzeug geworfen** werden. **Kein Versicherungsschutz** besteht hingegen § 12 Abs. 1 I c S. 4 AKB bzw. A.2.2.3 S. 4 AKB 2008, wenn ein **durch Naturgewalten veranlasstes Verhalten des Fahrers** zum Schaden geführt hat.

229 *Hinweis*
Allerdings besteht in der Vollkaskoversicherung auch in diesem Fall über das versicherte Risiko „Unfall" Versicherungsschutz.

d) Zusammenstoß mit Haarwild gem. § 12 Abs. 1 I d AKB bzw. A.2.2.4 AKB 2008

aa) Voraussetzungen des Versicherungsfalls

230 Ein Zusammenstoß mit Haarwild i.S.d. § 2 Abs. 1 Nr. 1 Bundesjagdgesetz liegt auch beim **Überfahren eines bereits** durch einen vorangegangenen Unfall **getöteten Haarwilds** vor (OLG Nürnberg NJW-RR 1994, 537). Jedoch muss stets ein **unmittelbarer adäquater Kausalzusammenhang** des Schadens mit dem Zusammenstoß vorliegen, woran es bei einer Überreaktion des Fahrers fehlt (BGH VersR 1992, 349). Hierfür trifft den Versicherungsnehmer die Beweislast.

H. Kaskoversicherung § 13

bb) Rettungskostenersatz gem. §§ 82, 83 VVG

Dem Versicherungsnehmer kann ein Schaden entstehen, wenn dieser zur Vermeidung eines Zusammenstoßes mit Haarwild ausweicht und es dadurch zu einem Unfall kommt. Voraussetzung für einen Aufwendungsersatzanspruch ist gem. § 83 Abs. 1 VVG, dass die **Rettungshandlung objektiv zur Abwendung oder Minderung des versicherten Schadens geeignet** ist. Nach der durch die VVG-Reform 2008 in § 90 VVG aufgenommenen sog. **Vorerstreckungstheorie** des BGH (VersR 1991, 459) sind auch Aufwendungen zu ersetzen, die gerade zur Abwendung des noch nicht eingetretenen, sondern unmittelbar bevorstehenden Versicherungsfalls getätigt werden. Der Versicherungsnehmer erhält die Aufwendungen gem. § 83 Abs. 1 S. 1 VVG **auch im Falle ihrer Erfolglosigkeit** erstattet, soweit er bzw. der mitversicherte Fahrer die **Aufwendungen den Umständen nach** für **geboten** halten durfte. Ein **Irrtum über die Tauglichkeit der Rettungsmittel** schadet grundsätzlich nicht, es sei denn, es liegt **grobe Fahrlässigkeit** vor.

231

Insoweit geht die Rechtsprechung davon aus, dass bei kleinerem Wild kein ernsthafter Unfall ausgelöst werden kann, sondern allenfalls eine leichte Beschädigung der Vorderfront des Fahrzeugs. Da Aufwand und Gefährdung in angemessenem Verhältnis stehen müssen (sonst nicht geboten), nimmt die Rechtsprechung zwar **grobe Fahrlässigkeit** grundsätzlich nicht bei einem **Ausweichen** vor einem Reh an, jedoch bei einem Ausweichen vor kleinerem Wild, wie z.B. **Hase oder Fuchs** (BGH VersR 2003, 1250 – Fuchs; BGH VersR 1997, 351 – Hase). Den **Beweis** für die notwendige und verhältnismäßige Rettungshandlung hat der **Versicherungsnehmer** i.S.d. § 286 ZPO voll zu erbringen, für ihn gelten **keine Beweiserleichterungen**. **Rechtsfolge** der grob fahrlässigen Vornahme einer objektiv nicht gebotenen Rettungshandlung (i.d.R. Überreaktion) ist seit der VVG-Reform 2008 gem. § 83 Abs. 2 VVG ein **Leistungskürzungsrecht des Versicherers** entsprechend der Schwere des Verschuldens. Dazu kann auf die Ausführungen oben (siehe Rdn 140 ff.) verwiesen werden.

232

e) Unfall gem. § 12 Abs. 1 II d AKB bzw. A.2.3.2 AKB 2008

Der Unfallbegriff verlangt gem. § 12 Abs. 1 II d S. 1 AKB bzw. A.2.3.2 S. 2 AKB 2008 ein unmittelbar von außen her plötzlich mit mechanischer Gewalt auf das Fahrzeug einwirkendes Ereignis.

233

> *Hinweis*
> Da die Unfreiwilligkeit kein Tatbestandsmerkmal des Unfallbegriffs ist, trägt der Versicherer im Falle des befürchteten Versicherungsbetrugs durch Unfallmanipulation gem. § 81 Abs. 1 VVG die volle Beweislast für Vorsatz.

Nicht unter den Unfallbegriff fallen und daher **nicht versichert** sind gem. § 12 Abs. 1 II e Hs. 2 AKB bzw. A.2.3.2 S. 3 und 4 AKB 2008 **Brems-, Betriebs- und reine Bruchschäden**, z.B.

234

- Motorschaden durch falschen Kraftstoff (BGH VersR 2003, 1031);

781

- wenn durch heftiges Bremsen Ladung verrutscht und Schaden am Fahrzeug verursacht (OLG Hamm VersR 1989, 907);
- Bedienungsfehler (OLG Stuttgart VersR 1995, 1044);
- normale Abnutzung/Materialfehler (BGH VersR 1969, 32);
- Aufspringen der Motorhaube während der Fahrt (OLG Hamm 1989, 836; OLG Karlsruhe r+s 1997, 407);
- **jedoch Unfallschaden** beim Umkippen eines Lkw (BGH VersR 1998, 179) sowie bei Kollision zwischen Anhänger und Zugmaschine (BGH VersR 1996, 622).

235 Die vorgenannte Rechtsprechung ist zu den bisherigen AKB ergangen. In **A.2.3.2 S. 4 AKB 2008** sind – z.T. unter Aufnahme der bisherigen Rechtsprechung – die **nicht versicherten Brems-, Betriebs- und Bruchschäden** nunmehr **beispielhaft definiert**. Danach zählen dazu „z.B. Schäden am Fahrzeug durch rutschende Ladung oder durch Abnutzung, Verwindungsschäden, Schäden aufgrund Bedienungsfehler oder Überbeanspruchung des Fahrzeugs und Schäden zwischen ziehendem und gezogenem Fahrzeug ohne Einwirkung von außen". Beim Ausschluss des Schadens zwischen ziehendem und gezogenem Fahrzeug „ohne Einwirkung von außen" können bereits die **Fahrbahnbeschaffenheit** oder die **Witterungsverhältnisse** eine **Einwirkung von außen** mit der Folge des Versicherungsschutzes begründen (BGH v. 19.12.2012 – IV ZR 21/11 – VersR 2013, 354 = zfs 2013, 213). Diese **Ausschlussklausel umfasst auch Schäden zwischen ziehendem Kraftfahrzeug und seinem Anhänger** (BGH v. 4.3.2015 – IV ZR 128/14 – DAR 2015, 580).

236 *Hinweis*
Zu berücksichtigen ist, dass dann, wenn z.B. ein (als Betriebsschaden nicht versicherter) **Bedienfehler zu einem Unfall führt, Deckung** hinsichtlich des Unfallschadens besteht, da nur der Betriebsschaden selbst noch nicht den Unfallbegriff erfüllt, jedoch der sodann durch den Betriebsschaden verursachte Unfall.

f) Vandalismusschäden gem. § 12 Abs. 1 II f AKB bzw. A.2.3.3 AKB 2008

237 Der Vandalismusschaden verlangt gem. § 12 Abs. 1 II f AKB bzw. A.2.3.3 AKB 2008 **mut- oder böswillige Handlungen betriebsfremder Personen. Betriebsfremd** in diesem Sinne ist, wer das Fahrzeug ohne Wissen und Wollen des Halters benutzt und mit dem Betrieb oder der Betreuung nichts zu tun hat. Die **Beweislast** dafür, dass der Täter **nicht** betriebsfremd ist, liegt beim **Versicherer** (BGH VersR 1997, 1095). Der Beweis lässt sich regelmäßig nur bei Überführung und Identifizierung des Täters führen. Für den **Versicherungsnehmer** genügt der **Beweis des äußeren Bildes**, welches auf eine mut- oder böswillige Handlung einer betriebsfremden Person schließen lässt.

H. Kaskoversicherung § 13

Hinweis
Bei diesem Risiko sind auch durch mut- oder böswillige Handlungen verursachte **Betriebsschäden** etc. **versichert.**

Auch hier ist durch **A.2.3.3 AKB 2008** eine Konkretisierung des Risikos – vor allem eine mit Regelbeispielen versehene Definition der betriebsfremden Personen – erfolgt. Danach gilt: „Versichert sind mut- oder böswillige Handlungen von Personen, die in keiner Weise berechtigt sind, das Fahrzeug zu gebrauchen. Als berechtigt sind insbesondere Personen anzusehen, die vom Verfügungsberechtigten mit der Betreuung des Fahrzeugs beauftragt wurden (z.B. Reparateur, Hotelangestellter) oder in einem Näheverhältnis zu dem Verfügungsberechtigten stehen (z.b. dessen Arbeitnehmer, Familien- oder Haushaltsangehörige)." 238

III. Ersatzleistung in der Kaskoversicherung

Im Falle des **Verlusts** oder der **Zerstörung** (technischer Totalschaden) des Fahrzeugs wird gem. § 13 Abs. 4 AKB grundsätzlich der Wiederbeschaffungswert des Fahrzeugs, ggf. abzgl. des Werts des Fahrzeugwracks (§ 13 Abs. 3 AKB), ersetzt. Gem. A.2.6.1 AKB 2008 hingegen wird grundsätzlich lediglich der Wiederbeschaffungswert abzüglich des Restwerts ersetzt, auch im Falle des Totalschadens (wenn Reparaturkosten höher als Wiederbeschaffungswert, A.2.6.5 AKB 2008). Der **Wiederbeschaffungswert** ist gem. § 13 Abs. 1 S. 2 AKB bzw. A.2.6.6 AKB 2008 der **erforderliche Kaufpreis**, um ein **gleichwertiges Fahrzeug** zu erwerben. 239

Hinweis
In manchen Individualklauseln wird unter bestimmten Voraussetzungen bei einem neuwertigen Fahrzeug eine **Neuwertentschädigung** vorgesehen, so auch optional nach Wahl des Versicherers in A.2.6.2 AKB 2008 (Musterbedingungen). Bei der für die Neuwertspitze erforderlichen Wiederbeschaffung eines Neufahrzeugs ist keine Bindung an denselben Hersteller und Fahrzeugtyp zu beachten (KG v. 9.1.2015 – 6 U 100/14 – VersR 2015, 1018 = zfs 2015, 448). 240
Daher sind stets die individuellen Bedingungen daraufhin zu überprüfen!

Im Falle des Diebstahls wird die Entschädigung gem. § 13 Abs. 4 S. 2 AKB bzw. A.2.6.4 AKB 2008 abzüglich eines **vereinbarten prozentualen Abschlags** gezahlt. Der Abzug entfällt jedoch regelmäßig bei Vorhandensein einer elektronischen **Wegfahrsperre**. Im Falle der **Beschädigung** werden gem. § 13 Abs. 5 AKB bzw. A.2.7.1 AKB 2008 die erforderlichen Wiederherstellungskosten (**Reparaturkosten**) ersetzt, grundsätzlich auch fiktiv. 241

Der BGH (BGH v. 11.11.2015 – IV ZR 426/14 – VersR 2016, 45 = zfs 2016, 29 = r+s 2016, 27 = NZV 2016, 27 = DAR 2016, 22) hat inzwischen die auch im Kaskoversicherungsrecht streitige Frage, inwieweit bei den erforderlichen Reparaturkosten auf die **Kosten einer markengebundenen oder einer freien Fachwerkstatt** abzustellen ist, wie folgt entschieden: Grundsätzlich ist von den Kosten einer freien

Fachwerkstatt auszugehen. Der Versicherungsnehmer kann jedoch die Erstattung der Kosten einer markengebundenen Fachwerkstatt dann verlangen, wenn – wofür er anders als im Haftungsrecht die Darlegungs- und Beweislast trägt –

- aufgrund der Art der anfallenden Reparaturarbeiten die fachgerechte Wiederherstellung des Fahrzeugs nur in einer markengebundenen Werkstatt erfolgen kann oder
- es sich um ein neuwertiges Fahrzeug handelt, welches noch einer Herstellergarantie unterliegt,
- oder bei einem älteren Fahrzeug dieses stets in einer Markenwerkstatt gewartet und repariert worden ist.

Gem. A.2.7.1 AKB 2008 werden bei fiktiver Abrechnung – vergleichbar dem Haftungsrecht bei den 130-%-Fällen – jedoch die erforderlichen Reparaturkosten lediglich bis zur Höhe des **Wiederbeschaffungsaufwandes** ersetzt. Bei dem zur Ermittlung des Wiederbeschaffungsaufwandes anzurechnenden **Restwert** ist der Betrag entscheidend, der dem Versicherungsnehmer bei der Veräußerung des Fahrzeugs am Ende verbleibt, sodass **bei einem umsatzsteuerpflichtigen Verkauf** lediglich der dem Versicherungsnehmer verbleibende **Nettokaufpreis anzurechnen** ist (BGH v. 10.9.2014 – IV ZR 397/13 – VersR 2014, 1249 = zfs 2015, 92).

Nur im Falle der **vollständigen und fachgerechten Reparatur** unter **Vorlage der Rechnung** werden die Reparaturkosten bis zur Höhe des Wiederbeschaffungswertes ersetzt (A.2.7.1 a AKB 2008). Die „vollständig ausgeführte" Reparatur verlangt jedoch lediglich, dass alle Arbeiten durchgeführt sind, die technisch erforderlich sind, um die Schäden zu beseitigen, das Fahrzeug also fahrtüchtig und unfallsicher ist und eine weitere Reparatur aus technischer Sicht nicht erforderlich ist. Dass die Reparatur darüber hinaus mangelfrei erfolgt, wird von einer solchen Versicherungsklausel nicht verlangt (OLG Karlsruhe VersR 2011, 1137 = zfs 2011, 215).

242 Es erfolgt gem. § 13 Abs. 5 S. 3 und 4 AKB bzw. A.2.7.3 AKB 2008 ein **Abzug neu für alt** hinsichtlich der Ersatzteile und Lackierung, bis zum Ende des 4. Zulassungsjahrs bei Pkw jedoch nur bei Bereifung, Batterie und Lackierung. Grundsätzlich gilt im Versicherungsrecht wegen des Vorliegens eines vertraglichen Entschädigungsanspruchs § 249 Abs. 2 S. 2 BGB nicht, sodass **MwSt. grundsätzlich auch fiktiv** zu ersetzen wäre. Aber in den neueren AKB wird die Erstattung bei fiktiver Abrechnung durch eine entsprechende Klausel in § 13 Abs. 6 AKB bzw. A.2.9 AKB 2008 ausgeschlossen. Diese Klausel ist nach höchstrichterlicher Rechtsprechung auch grundsätzlich wirksam (BGH VersR 2010, 208). Lediglich eine bestimmte Formulierung der Klausel in einem Einzelfall wurde in der Vergangenheit vom BGH (VersR 2006, 1066) als intransparent und aus diesem Grunde unwirksam angesehen. Die Klausel bezieht sich auf sämtliche Kaskoentschädigungsfälle, also auch den des Verlusts des Fahrzeugs (OLG Celle VersR 2008, 1204). **Abschleppkosten** zur nächsten geeigneten Werkstatt werden gem. § 13 Abs. 5 S. 1 AKB bzw. A.2.7.2 AKB 2008 ersetzt.

H. Kaskoversicherung § 13

Rest- und Altteile werden gem. § 13 Abs. 3 AKB bzw. A.2.13.2 **angerechnet**. Aufgrund der Formulierung des § 13 Abs. 3 AKB (anders nunmehr A.2.13.2 AKB 2008) zählt dazu nicht der Restwert des beschädigten Fahrzeugs selbst (BGH VersR 1996, 91). D.h., nach den bisherigen **Musterbedingungen** des GDV hätte der Versicherungsnehmer beim wirtschaftlichen Totalschaden einen Anspruch auf den Wiederbeschaffungswert ohne Abzug des Restwerts. Jedoch begrenzen die marktüblichen AKB durch eine Individualklausel die Leistung bei fiktiver Abrechnung auf die Differenz zwischen Wiederbeschaffungs- und Restwert. 243

Nicht ersetzt werden gem. § 13 Abs. 7 AKB bzw. A.2.13.1 AKB 2008 folgende **Sachfolgeschäden**: 244

- Wertminderung
- Zulassungs- oder Überführungskosten
- Nutzungsausfall, Mietwagenkosten, Treibstoff

Sachverständigenkosten werden gem. § 13 Abs. 7 S. 2 AKB bzw. A.2.8 AKB 2008 nur dann erstattet, wenn die Beauftragung des Sachverständigen vom Versicherer veranlasst oder mit ihm abgestimmt war. Die **vereinbarte Selbstbeteiligung** wird gem. § 13 Abs. 9 AKB bzw. A.2.12 AKB 2008 von der Entschädigung einbehalten. 245

Bei der Versicherungsleistung sind stets die **individuellen Verhältnisse des Versicherungsnehmers** zu berücksichtigen, das bedeutet z.B.: 246

- bei **Vorsteuerabzugsberechtigung** erhält der Versicherungsnehmer die Versicherungsleistung lediglich netto (BGH VersR 1986, 177), nunmehr in A.2.9 S. 2 AKB 2008 klarstellend geregelt;
- dem Versicherungsnehmer tatsächlich gewährte oder mögliche **Rabatte** werden berücksichtigt (OLG Hamm 1995, 1303; OLG Schleswig VersR 1996, 93).

Hat der Leasingnehmer für das geleaste Fahrzeug eine Kaskoversicherung abgeschlossen, handelt es sich um eine sog. Fremdversicherung i.S.d. §§ 43 ff. VVG, sodass es bei einem Schaden des Fahrzeugs für die Frage der Erstattungsfähigkeit der **Mehrwertsteuer** grundsätzlich auf die Verhältnisse des Leasinggebers (Vorsteuerabzugsberechtigung) ankommt (BGH VersR 1993, 1223; NJW-RR 1991, 1149; OLG Hamm VersR 2013, 178). Anders ist es hinsichtlich der MwSt., wenn der Leasingnehmer nach Leasingvertrag die Reparatur auf eigene Rechnung zu veranlassen hat (str.). 247

> *Beachte*
> Gem. § 7 III AKB bzw. E.2.3 AKB 2008 hat der Versicherungsnehmer sowohl vor einer Veräußerung (Möglichkeit der Überprüfung der Höhe des Restwerts) als auch vor einer Instandsetzung des beschädigten Fahrzeugs die Weisung des Versicherers einzuholen. Anderenfalls kann eine vorsätzliche Obliegenheitsverletzung anzunehmen sein (KG VersR 2015, 1247).

§ 13 Versicherungsrecht im Verkehrsrecht (Versicherungsrechtlicher Exkurs)

Der Versicherungsnehmer ist allerdings durch die Schadensminderungspflicht nicht gehalten, sich auf ein Restwertangebot einzulassen, wenn sich der Anbieter in erheblicher Entfernung zum Wohnort befindet und nicht feststeht, dass sich diese Firma bereit findet, das Fahrzeug auf ihre Kosten abzuholen. Denn dem Versicherungsnehmer obliegt es nicht, bei der Verwertung höhere Risiken einzugehen, als dies seinem gewöhnlichem Geschäftsgebaren entspricht (OLG Karlsruhe VersR 2010, 337 = zfs 2009, 639).

IV. Besonderheiten beim Diebstahl

1. Monatsfrist zur Wiederauffindung entwendeter Gegenstände

248 Eine Besonderheit besteht beim Diebstahl darin, dass gem. § 13 Abs. 8 AKB eine **Rücknahmepflicht** des Versicherungsnehmers besteht, falls entwendete Gegenstände **innerhalb eines Monats nach Eingang der Schadenanzeige** wieder „zur Stelle gebracht" werden. A.2.10.1 AKB beschränkt diese Pflicht auf das Wiederauffinden des Fahrzeugs, enthält also keine Rücknahmepflicht bei sonstigen „entwendeten Gegenständen".

249 **Voraussetzung** für die Rücknahmepflicht ist, dass der **Versicherungsnehmer** das Fahrzeug mit objektiv zumutbaren Anstrengungen **innerhalb der Monatsfrist übernehmen kann**, sodass eine Mitteilung des Versicherers über das Wiederauffinden innerhalb der Monatsfrist nicht ausreichend ist (BGH VersR 1982, 135). Diese Einschränkung der Rechtsprechung ist in A.2.10.1 AKB 2008 nunmehr ausdrücklich aufgenommen worden.

250 Im Falle des Wiederauffindens in einer Entfernung von über 50 km zahlt der Versicherer gem. § 13 Abs. 8 S. 2 AKB bzw. A.2.10.2 AKB 2008 für die Abholung die Eisenbahnfahrt zweiter Klasse bis zu einer maximalen Entfernung von 1.500 km. Im Falle des Wiederauffindens des Fahrzeugs nach Fristablauf wird es gem. § 13 Abs. 8 S. 2 AKB bzw. A.2.10.3 AKB 2008 Eigentum des Versicherers.

251 Die **Wirkung einer freiwilligen Fahrzeugrücknahme** durch den Versicherungsnehmer nach Fristablauf ist durch **Auslegung** zu bestimmen (BGH VersR 1999, 1104).

2. Beweisführung beim Diebstahl

252 Ein Diebstahl geschieht i.d.R. unbeobachtet, sodass der Versicherungsnehmer mit klassischen Beweismitteln keinen Vollbeweis führen kann (regelmäßig keine Zeugen oder überführte Täter). Aufgrund dieser Beweisnot sind durch die Rechtsprechung **Beweiserleichterungen** anerkannt worden, die allerdings eng mit der **Redlichkeit des Versicherungsnehmers** verknüpft sind.

a) Zwei-Stufen-Modell

So hat die Rechtsprechung ein **Zwei-Stufen-Modell** entwickelt (BGH VersR 1992, 999; VersR 1993, 571). Danach gilt:

1. Der Versicherungsnehmer muss auf der ersten Stufe lediglich einen Sachverhalt beweisen, der nach der Lebenserfahrung **mit hinreichender Wahrscheinlichkeit das äußere Bild eines Versicherungsfalls** erschließen lässt.
2. Der Versicherer muss sodann Tatsachen beweisen, die eine **erhebliche Wahrscheinlichkeit** dafür begründen, dass der **Versicherungsfall vorgetäuscht** ist.

Nach dem Zwei-Stufen-Modell sind folglich für beide Seiten Beweiserleichterungen vorgesehen:

- Der Versicherungsnehmer muss nur ein Minimum an Umständen beweisen, die auf eine Entwendung schließen lassen.
- Der Versicherer muss nicht den vollen Gegenbeweis erbringen, sondern nur die erhebliche Wahrscheinlichkeit der Vortäuschung.

Die **Beweisanforderungen an den Versicherer** sind allerdings **höher**, da er die „erhebliche" Wahrscheinlichkeit (für die Vortäuschung) beweisen muss, während der Versicherungsnehmer lediglich die „hinreichende" Wahrscheinlichkeit (das äußere Bild) beweisen muss. Gelingt es dem Versicherer, auf der zweiten Stufe den Beweis der erheblichen Wahrscheinlichkeit der Vortäuschung des Versicherungsfalles zu erbringen, entfällt die Beweiserleichterung, und der Versicherungsnehmer muss den Vollbeweis erbringen, der ihm regelmäßig nicht gelingt.

b) Beweis des äußeren Bildes durch den Versicherungsnehmer (erste Stufe)

Zum **Beweis des äußeren Bildes** gehört typischerweise, dass der Versicherungsnehmer das Fahrzeug zu einer bestimmten Zeit an einem bestimmten Ort abgestellt hat, an dem er es später – gegen seinen Willen – nicht wieder aufgefunden hat (BGH VersR 1995, 909; VersR 2002, 431). Dieser **„Minimalsachverhalt"** ist grundsätzlich **voll zu beweisen**; eine Diebstahlanzeige bei der Polizei reicht hierfür nicht aus (BGH VersR 1993, 571). **Vorrangig** hat der **Beweis mittels Zeugen** zu erfolgen (BGH VersR 1997, 733). Die Glaubwürdigkeit des Versicherungsnehmers ist bei der Möglichkeit des Beweises des äußeren Bildes durch Zeugen zunächst (auf der ersten Stufe) ohne Bedeutung (BGH VersR 1999, 1535).

Nur **bei Beweisnot** kommt eine **Parteianhörung des Versicherungsnehmers** gem. § 141 ZPO in Betracht (BGH VersR 1991, 917; VersR 1996, 575). Im Rahmen des Beweises durch den Versicherungsnehmer selbst gilt zunächst eine **Redlichkeitsvermutung**. Diese kann erschüttert werden bei ernsthaften Zweifeln an der Redlichkeit aus feststehenden Umständen; bloße Verdachtsmomente reichen hierfür nicht aus (BGH VersR 1991, 917).

§ 13 Versicherungsrecht im Verkehrsrecht (Versicherungsrechtlicher Exkurs)

258 Solche Umstände sind z.B.:
- der Versicherungsnehmer war bereits in Schadenfälle mit betrügerischem Hintergrund verwickelt (OLG Koblenz r+s 1995, 205);
- der Versicherungsnehmer hat Schadenbelege manipuliert (OLG Hamm VersR 1985, 382);
- der Versicherungsnehmer macht Falschangaben über Vorschäden, Tatzeit, Fahrzeugschlüssel (z.B. BGH r+s 1996, 325).

c) Bedeutung der Vorlage der Originalschlüssel

259 Immer wieder wird es von Versicherern problematisiert, wenn der Versicherungsnehmer nicht sämtliche Originalschlüssel vorlegen kann oder sich an den vorgelegten Schlüsseln Kopierspuren finden.

> *Beispiel*
> Der Versicherungsnehmer verlangt Ersatz für die von ihm behauptete Entwendung seines Porsches 944. Den angeblichen Diebstahl hatte er bei der Polizei angezeigt und behauptet, er habe den Wagen auf einem bestimmten Parkplatz abgestellt und nach dem Besuch einer Gaststätte nicht mehr vorgefunden. Der Versicherungsnehmer kann nur zwei der drei ihm beim Erwerb des Fahrzeugs überlassenen Originalschlüssel vorlegen, das Fehlen des Schlüssels vermag er nicht zu erklären. Zeugen sind nicht vorhanden.

260 Das **Fehlen von Originalschlüsseln** bzw. einer überzeugenden Erklärung hierfür **lässt das „äußere Bild" nicht entfallen** (BGH VersR 1995, 909; VersR 1997, 53). Es hat für sich gesehen keine ausreichende Aussagekraft, denn
- bei Erwerb eines Gebrauchtwagens lässt sich ohnehin nicht feststellen, ob der Vorbesitzer dem Versicherungsnehmer sämtliche Schlüssel überlassen hat;
- auch bei einem Neufahrzeug – insbesondere nach längerer Besitzdauer – können Schlüssel verloren gehen oder verlegt sein;
- das gilt auch, wenn feststeht, dass ein Duplikat von einem Originalschlüssel gefertigt wurde (BGH VersR 1996, 1135);
- das gilt selbst dann, wenn feststeht, dass das Fahrzeug mit einem Originalschlüssel weggefahren wurde (BGH VersR 1997, 102).

Derartige Umstände sind erst auf der zweiten Stufe (hinreichende Wahrscheinlichkeit der Vortäuschung) relevant.

d) Beweis der erheblichen Wahrscheinlichkeit der Vortäuschung (zweite Stufe)

261 **Nicht ausreichend** sind für den vom Versicherer zu führenden Beweis der erheblichen Wahrscheinlichkeit der Vortäuschung des Diebstahls auf der zweiten Stufe **erhebliche Zweifel**, ob sich tatsächlich der Diebstahl ereignet hat.

Vielmehr muss der **Versicherer** den **vollen Beweis für die Indizien** erbringen, welche die erhebliche Wahrscheinlichkeit tragen. Hierfür ist eine **Gesamtschau der Umstände** vorzunehmen, z.b.: 262
- schwierige Vermögenslage;
- Versuche, Fahrzeug zu veräußern;
- Vorschäden des Fahrzeugs;
- falsche Angaben zu Schadenshöhe, Kaufpreis, Laufleistung;
- falsche Angaben zum Geschehensablauf;
- widersprüchliche Angaben gegenüber Polizei/Versicherer;
- Schlüsselverhältnisse, allerdings nur zusammen mit weiteren Indizien (BGH VersR 1998, 1012).

Im Allgemeinen ist der Versicherungsnehmer nicht verpflichtet, sich zu seinen wirtschaftlichen Verhältnissen zu äußern. Für den Fall, dass konkrete Indizien für eine Vortäuschung einer Entwendung bestehen, die für sich genommen aber noch nicht ausreichen, von einer nur vorgetäuschten Entwendung auszugehen, kann ausnahmsweise auch eine sekundäre Darlegungslast des Versicherungsnehmers zu seinen wirtschaftlichen Verhältnissen anzunehmen sein (OLG Celle v. 16.4.2015 – 8 U 227/14 – VersR 2016, 110).

V. Zusammentreffen mehrerer versicherter Kaskorisiken

Gelegentlich wird übersehen, dass bei bestimmten Sachverhalten durchaus **verschiedene versicherte Risiken** als Grundlage eines Versicherungsanspruchs in Betracht kommen. 263

> *Beispiel (nach BGH VersR 1985, 78)*
> Der Versicherungsnehmer verlangt eine Kaskoentschädigung für seinen am 7.4.1980 auf einem Waldweg ausgebrannt aufgefundenen Mercedes 450 SE. Bereits im Jahre 1978 hatte der Versicherungsnehmer einen neuen Mercedes 280 zum Liefertermin April 1980 bestellt. Das bisherige Fahrzeug (EZ 10/1978) war teilkaskoversichert mit einer Neuwertklausel bis zum Alter von zwei Jahren. Der Versicherungsnehmer hatte noch in der Nacht des 6.4.1980 bei der Polizei den angeblichen Diebstahl angezeigt. Für das Abstellen und Nichtwiederauffinden konnte er keine Zeugen benennen.

Der BGH hat in diesem Fall darauf hingewiesen, dass **beide Versicherungsfälle (Diebstahl und Brand) gleichwertig und selbstständig nebeneinander stehen**. Selbst wenn der Nachweis der Entwendung nach dem für den Diebstahl geltenden Zwei-Stufen-Beweismodell nicht gelingt, kann trotzdem der ebenfalls versicherte Brandschaden geltend gemacht werden. Die **Beweislast für eine vorsätzliche oder grob fahrlässige Inbrandsetzung des Fahrzeugs** liegt gem. § 81 VVG beim **Versicherer**. Hier lagen **lediglich Verdachtsmomente** vor, die für eine Leistungsverweigerung in Anbetracht des vom Versicherer nach § 81 VVG zu erbringenden Vollbeweises nicht ausreichen. 264

§ 13 Versicherungsrecht im Verkehrsrecht (Versicherungsrechtlicher Exkurs)

265 *Merke*
Selbst wenn entsprechend den Beweisanforderungen beim Diebstahl vom Versicherungsnehmer kein ausreichender Nachweis geführt werden kann, ist stets zu prüfen, ob nicht ein Anspruch aufgrund eines anderen versicherten Risikos gegeben ist, welches sich ebenfalls (möglicherweise sogar unstreitig, wie im vorliegenden Beispiel) verwirklicht hat.

VI. Sachverständigenverfahren nach den AKB

266 Gem. § 84 VVG kann in den Versicherungsbedingungen ein Sachverständigenverfahren geregelt werden. Dies ist in § 14 AKB bzw. A.2.17 AKB 2008 erfolgt. Danach entscheidet bei Streit über die Höhe der Kaskoentschädigung ein **Sachverständigenausschuss**. Ein Mitarbeiter einer Partei (z.B. beim Versicherer angestellter Sachverständiger) kann nicht als Sachverständiger für den Sachverständigenausschuss benannt werden (BGH v. 10.12.2014 – IV ZR 281/14 – NZV 2015, 184). Die **Feststellungen** des Sachverständigenausschusses sind **grundsätzlich verbindlich** außer bei „offenbarem erheblichen Abweichen von der wirklichen Sachlage" gem. § 84 Abs. 1 S. 1 VVG. Dies verlangt, dass sich das Abweichen dem sachkundigen und unbefangenen Beobachter geradezu aufdrängt, wobei eine tolerierte Schwankungsbreite von etwa 15–25 % angenommen wird. Vgl. im Übrigen zum Ablauf sowie zu den Kosten des Sachverständigenverfahrens die Ausführungen zuvor in diesem Band (siehe § 7 Rdn 12 ff.).

267 *Beachte*
Die **Durchführung des Sachverständigenverfahrens** ist **Fälligkeitsvoraussetzung**, sodass eine **Klage bei Streit über die Höhe** der Entschädigung zuvor **unbegründet** ist, selbst wenn der Versicherer sich erst im Prozess darauf beruft!
Ein selbstständiges Beweisverfahren soll dagegen zulässig sein (LG München I NJW-RR 1994, 216).

VII. Regress des Kaskoversicherers gegen mitversicherte Personen

268 Der Kaskoversicherer kann grundsätzlich für seine Aufwendungen Regress gegen einen Dritten nehmen, wenn dem **Versicherungsnehmer ein Schadensersatzanspruch gegen diesen Dritten zusteht** (§ 86 Abs. 1 S. 1 VVG).

269 Nach § 15 Abs. 2 AKB bzw. A.2.15 AKB 2008 kann jedoch der Versicherer nur dann nach § 86 VVG Regress gegen den berechtigten Fahrer, andere in der Kfz-Haftpflichtversicherung mitversicherte Personen sowie gegen den Mieter oder Entleiher geltend machen, wenn diese den Versicherungsfall **vorsätzlich oder grob fahrlässig herbeigeführt** haben.

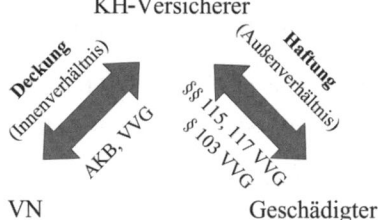

I. Rechtsbeziehungen bei der KH-Versicherung § 13

Beachte 270
Der Fahrzeugversicherer kann gegen eine Person, die mit dem Versicherungsnehmer zum Zeitpunkt des Schadenfalles in häuslicher Gemeinschaft lebt, nur dann Regress nehmen, wenn diese den Schaden vorsätzlich verursacht hat (Privileg der häuslichen Gemeinschaft des § 86 Abs. 3 VVG).

Die frühere zusätzliche Voraussetzung, wonach es sich bei der Person um einen Familienangehörigen handeln musste (Familienprivileg gem. § 67 Abs. 2 VVG a.F.), ist weggefallen, sodass sich auch der frühere Streit der Anwendbarkeit auf nichteheliche Lebensgemeinschaften (vom BGH VersR 2009, 813 für langjährige, eheähnliche Lebensgemeinschaften bejaht) erübrigt hat. 271

I. Rechtsbeziehungen bei der KH-Versicherung

I. Dreiecksverhältnis der Haftung und Deckung

Bei der **KH-Versicherung** besteht ein **Dreiecksverhältnis** zwischen Geschädigtem, Versicherer und Versicherungsnehmer, bei dem das **Außenverhältnis (Haftung) und das Innenverhältnis (Deckung) zu unterscheiden** sind. 272

```
        Rechtsbeziehungen bei der
           KH-Versicherung

              KH-Versicherer

     Deckung                  Haftung
  (Innenverhältnis)       (Außenverhältnis)
       AKB, VVG           §§ 115, 117 VVG
                            § 103 VVG

       VN                    Geschädigter
```

Während sich die Deckung (Innenverhältnis) nach den Vorschriften des VVG und der AKB regelt, wird die Haftung (Außenverhältnis) in erster Linie durch den Direktanspruch des § 115 Abs. 1 S. 1 Nr. 1 VVG bestimmt, der durch eine Leistungsfreiheit im Innenverhältnis nicht berührt wird (§ 117 Abs. 1 VVG), für den jedoch der subjektive Risikoausschluss des Vorsatzes gem. § 103 VVG gilt. 273

II. Haftung

Der Grundsatz ist der Direktanspruch des Geschädigten gegenüber dem KH-Versicherer gem. § 115 Abs. 1 S. 1 Nr. 1 VVG. Für diesen gilt: 274
- auch bei Leistungsfreiheit im Innenverhältnis, § 117 Abs. 1 VVG;
- Nachhaftung bei beendetem/unwirksamen Versicherungsvertrag (bis einen Monat nach Anzeige beim zuständigen Straßenverkehrsamt), § 117 Abs. 2 VVG;

- jedoch keine Haftung bei (gesetzlichen oder vertraglichen) Risikoausschlüssen, z.b. **Vorsatz**, § 103 VVG (OLG Düsseldorf VersR 2003, 1248), gilt jedoch nur **subjektiv** für vorsätzlich Handelnden (nicht für abweichenden Halter bei vorsätzlich handelndem Fahrer, d.h. die Halterhaftung und -deckung bleiben bestehen).

275 In den beiden erstgenannten Fällen (Leistungsfreiheit im Innenverhältnis und Nachhaftung) gelten jedoch die folgenden **Einschränkungen**:
- Haftung nur im Rahmen der **Mindestversicherungssummen**, § 117 Abs. 3 S. 1 VVG;
- in der Regel nur **subsidiäre Haftung** (Verweisungsprivileg gem. § 117 Abs. 3 S. 2 VVG: bei Ersatzmöglichkeit von einem anderen Schadensversicherer oder Sozialversicherungsträger), **soweit Leistungsfreiheit** (i.d.R. max. Höchstbeträge gem. KfzPflVV!);
- die Haftung besteht nur hinsichtlich des Direktanspruchs gegen den Versicherer gem. § 115 Abs. 1 S. 1 Nr. 1 VVG, d.h. **der Versicherer muss stets mitverklagt werden**!

III. Deckung

276 Der Haftpflichtanspruch umfasst gem. § 10 Abs. 1 AKB bzw. A.1.1.2 und A.1.1.3 AKB 2008
- die Befriedigung begründeter Forderungen (**Freistellungs-/Befreiungsanspruch**)
- die Abwehr unbegründeter Forderungen (**Rechtsschutzanspruch**)

alternativ je nach geltend gemachten Schäden (**Regulierungsvollmacht des Versicherers** gem. § 10 Abs. 5 AKB bzw. A.1.1.4 AKB 2008 **mit weitem Regulierungsermessen**, vgl. BGH VersR 1981, 180).

277 *Hinweis*
Aus dem geteilten Deckungsanspruch sowie der entsprechenden Regulierungsvollmacht des Versicherers folgt, dass grundsätzlich die gerichtliche **Geltendmachung des Haftpflichtanspruchs nur als Feststellungsklage auf Deckungserteilung** *erfolgen kann.*

278 Eine Ausnahme besteht nur dann, wenn im Haftpflichtprozess bereits rechtskräftig entschieden ist, dass dem Geschädigten Schadensersatz zu leisten ist. Dann verfügt der Versicherungsnehmer wegen der Bindungswirkung der Feststellungen des Haftpflichtprozesses für das Deckungsverhältnis (vgl. zur Reichweite der Bindungswirkung BGH r+s 2011, 66) ausnahmsweise über einen Freistellungsanspruch. Zur wechselseitigen **Rechtskrafterstreckung** eines durch den Geschädigten lediglich gegen den Versicherer **oder** den Versicherten erwirkten Urteils im Haftpflichtprozess vgl. § 124 VVG.

Die in den AKB erteilte **Regulierungsvollmacht** ist für den Versicherungsnehmer **unwiderruflich**. Ein im Innenverhältnis durch den Versicherungsnehmer ausgesprochenes Regulierungsverbot berührt die Regulierungsvollmacht im Außenverhältnis nicht. Im Übrigen kann der Versicherungsnehmer schon wegen der eigenen Leistungspflicht des Versicherers gem. § 115 Abs. 1 S. 1 Nr. 1 VVG kein wirksames **Zahlungsverbot** erklären. Allerdings besteht keine Regulierungsvollmacht (mehr), wenn die vollständige Leistungsfreiheit des Versicherers feststeht. 279

Eine **vorwerfbare Pflichtverletzung** des Versicherers liegt nur dann vor, wenn die vom ihm regulierten Schadensersatzansprüche eindeutig und leicht nachweisbar unbegründet sind. Die **Beweislast** hierfür trägt der Versicherungsnehmer. In der Praxis ist der Beweis selten zu führen. 280

J. Rechtsschutzversicherung im Verkehrsrecht

Literatur zur Rechtschutzversicherung im Verkehrsrecht:

van Bühren/Plote, ARB, 2. Auflage 2008; *Harbauer*, Rechtsschutzversicherung, 8. Auflage 2010; *Mathy/Bücken*, Rechtsschutzversicherungsrecht, in: Halm/Engelbrecht/Krahe, Handbuch des Fachanwalts Versicherungsrecht, 4. Auflage 2011; *Plote*, Rechtsschutzversicherung, 2. Auflage, München 2010; *Prölss/Martin*, Versicherungsvertragsgesetz, 29. Auflage 2015; *Schneider*, in: van Bühren, Handbuch Versicherungsrecht, 6. Auflage, Bonn 2014, § 13 Rechtsschutzversicherung; *Schneider*, Rechtsschutzversicherung für Anfänger, 2011.

I. Allgemeines

1. Bedeutung der Verkehrs-Rechtsschutzversicherung

Im Bereich des Verkehrsrechts – wie in keinem anderen Rechtsgebiet – findet sich der größte Anteil rechtsschutzversicherter Mandanten. Das hängt damit zusammen, dass die **Verkehrs-Rechtsschutzversicherung** separat von Automobilclubs (wie ADAC, ACE) und zunehmend von Kfz-Haftpflichtversicherern durch ein einfaches Kreuz auf dem Versicherungsantrag zur Kraftfahrtversicherung angeboten wird. Daher wird – nicht zuletzt auch wegen der **verhältnismäßig geringen Prämie** – die Verkehrs-Rechtsschutzversicherung häufig gesondert abgeschlossen. 281

Die Rechtsschutzversicherung spielt somit für den im Verkehrsrecht tätigen Anwalt eine große Rolle. Im Folgenden sollen daher die wichtigsten, im Bereich des Verkehrsrechts relevanten Grundsätze der Rechtsschutzversicherung angesprochen und Tipps zur Abwicklung mit dem Rechtsschutzversicherer gegeben werden. 282

2. Unterschiedliche Bedingungswerke

Grundsätzlich besteht auch im Bereich der Rechtsschutzversicherung aufgrund der zunehmenden Verwendung von Individualklauseln die Notwendigkeit, sich zur **Anspruchsprüfung** stets den **Versicherungsschein sowie die konkreten zugrunde** 283 liegenden Allgemeinen Bedingungen für die Rechtsschutzversicherung (**ARB**) **vorlegen** zu **lassen**.

284 Aufgrund der Verbreitung wird **nachfolgend grundsätzlich von den ARB 94 ausgegangen**, soweit keine gesonderte Erwähnung erfolgt. Diese sind ohnehin bis auf wenige Ausnahmen (die erforderlichenfalls deutlich gemacht werden) identisch mit den ARB 2000 und (trotz VVG-Reform) ARB 2008. Allerdings können bei der folgenden Darstellung nur jeweils die Verbandsempfehlungen des GDV Berücksichtigung finden (Musterbedingungen).

285 *Beachte*
Die individuell dem Vertrag zugrunde liegenden ARB können hier nicht berücksichtigte Abweichungen enthalten. Auch aus diesem Grund sind die individuellen Bedingungen stets zu prüfen!

3. Vertragsschluss, Obliegenheiten, VVG-Reform 2008

286 Da Probleme des Vertragsschlusses im Bereich der Rechtsschutzversicherung in der Praxis kaum eine Rolle spielen und sich auch die praktische Relevanz von Obliegenheiten etc. – und damit auch der VVG-Reform 2008 – in Grenzen hält, wird auf eine diesbezügliche Darstellung verzichtet und insoweit auf das Kapitel Rechtsschutzversicherung von *Schneider*, in: van Bühren, Handbuch Versicherungsrecht, 6. Auflage 2014, verwiesen.

II. Rechtsbeziehungen bei der Rechtsschutzversicherung

1. Dreiecksverhältnis zwischen Versicherer, Versicherungsnehmer und Anwalt

287

Rechtsbeziehungen bei der Rechtsschutzversicherung

VN

Versicherungsvertrag — Anwaltsvertrag

Versicherer — Anwalt

J. Rechtsschutzversicherung im Verkehrsrecht § 13

Die Rechtsbeziehungen bei der Rechtsschutzversicherung sind durch ein **klassisches Dreiecksverhältnis** gekennzeichnet. Wie aus dem Bereicherungsrecht im Dreiecksverhältnis bekannt, gibt es ein **Valutaverhältnis** (zwischen Versicherungsnehmer und Rechtsanwalt) einerseits sowie ein **Deckungsverhältnis** (zwischen Versicherungsnehmer und Versicherer) andererseits. 288

2. Folgen des Dreiecksverhältnisses
a) Rechtswirkungen der Deckungszusage

Soweit der Rechtsanwalt beim Rechtsschutzversicherer eine **Deckungszusage** einholt, tut er dies rechtlich lediglich im **Deckungsverhältnis** im Namen seines Mandanten als Versicherungsnehmer. Dementsprechend wird auch die **Deckungszusage** rechtlich lediglich **gegenüber dem Versicherungsnehmer** erteilt, welche der Rechtsanwalt (Wissenserklärungsvertreter) im Namen des Versicherungsnehmers entgegennimmt. Daraus folgt bereits, dass der **Rechtsanwalt** selbst **aus der Deckungszusage keinerlei Rechte** herleiten kann. Durch diese wird lediglich gegenüber dem Versicherungsnehmer bestätigt, Deckungsschutz zu gewähren und ihn von entsprechenden versicherten Kosten freizustellen. 289

b) Rechtswirkungen der Zahlung des Rechtsschutzversicherers an den Anwalt

Rechnet der Rechtsanwalt seine Kosten unmittelbar gegenüber dem Rechtsschutzversicherer ab, so geschieht rechtlich zweierlei: 290
- Der Rechtsanwalt macht im **Valutaverhältnis** seinen Honoraranspruch gegenüber dem Mandanten geltend.
- Der Versicherungsnehmer macht im **Deckungsverhältnis** – vertreten durch den Rechtsanwalt – seinen Freistellungsanspruch aus dem Versicherungsvertrag hinsichtlich der Rechtsanwaltskosten geltend.

Gleicht sodann der Rechtsschutzversicherer die Kostennote aus, so handelt es sich rechtlich um eine **Leistung über das Dreieck**, was für eine eventuell erforderliche Rückabwicklung wichtig ist: 291
- Der Rechtsschutzversicherer erfüllt seine Verpflichtung aus dem Versicherungsvertrag (Deckungsverhältnis), den Versicherungsnehmer von den Rechtsanwaltskosten freizustellen – Leistung des Versicherers an den Versicherungsnehmer.
- Der Rechtsschutzversicherer erfüllt bezogen auf das Valutaverhältnis für den Mandanten die Honorarforderung des Rechtsanwalts – Leistung des Versicherungsnehmers an den Rechtsanwalt.

Für die **Rückabwicklung** bedeutet dieses doppelte Leistungsverhältnis über den Versicherungsnehmer, dass **rechtlich keine Leistung des Rechtsschutzversicherers an den Rechtsanwalt** erbracht wird, sondern des Versicherers an den Versicherungsnehmer und zugleich des Versicherungsnehmers an den Anwalt. 292

c) Folgen im Falle der Insolvenz des Versicherungsnehmers

293

Vorsicht
Aufgrund dieses doppelten Leistungsverhältnisses besteht auch im Falle der Insolvenz lediglich ein **Anspruch des Anwalts aus der Insolvenzmasse**, während der Versicherungsanspruch des Versicherungsnehmers auf Freistellung in die Masse fällt und der Befriedigung aller Gläubiger dient. Ein § 110 VVG in der Haftpflichtversicherung vergleichbares **Privileg des Anwalts** (Recht auf abgesonderte Befriedigung) besteht im Bereich der Rechtsschutzversicherung **nicht**.

Daher ist auch erhebliche Vorsicht geboten, wenn trotz Insolvenz des Versicherungsnehmers **unmittelbare Kostenabwicklungen mit dem Rechtsschutzversicherer** erfolgen. Abgesehen von entsprechenden Rückforderungsansprüchen des Insolvenzverwalters sind vor allem die strafrechtlichen Vorschriften in der Insolvenz (Gläubigerbenachteiligung etc.) zu beachten.

d) Rechnungsstellung beim rechtsschutzversicherten Mandanten

294 Aus dem **Dreiecksverhältnis** folgt ferner, dass der Anwalt lediglich für seinen Mandanten tätig wird und sich dementsprechend auch die **Honorarforderungen ausschließlich gegen den Versicherungsnehmer als Mandanten richten**.

Merke
Auch die Kostenrechnung ist daher ausschließlich an den Mandanten (als Rechnungsempfänger) zu stellen und lediglich dem Rechtsschutzversicherer zur Freistellung zu übersenden. § 14 UStG verlangt ohnehin die Angabe des Leistungsempfängers in der Rechnung. Dies ist ausschließlich der Mandant.

295 Dieses Vorgehen ermöglicht auch den im Hinblick auf die **Buchführung** einzig akzeptablen Umgang mit dem Fall, dass der Versicherungsnehmer persönlich einen Teil der Kosten zu tragen hat (z.B. Selbstbeteiligung oder Vorsteuerabzugsberechtigung):

- Wenn die **Korrespondenz mit dem Rechtsschutzversicherer per Fax** geführt wird (was ohnehin zu empfehlen ist), kann die Kostenrechnung problemlos dem Mandanten im **Original** überlassen werden, der das Original ohnehin im Falle der Vorsteuerabzugsberechtigung (**auf ihn ausgestellt!**) benötigt.

- Sodann können Versicherer und Mandant ihren **jeweiligen Anteil** auf die gebührenrechtlich entstandenen Kosten zahlen, ohne dass **verschiedene Rechnungen** z.B. über die Selbstbeteiligung erstellt werden (umsatzsteuerrechtlich ohnehin sehr bedenklich wegen unterschiedlicher Rechnungsnummern und erneuten Mehrwertsteuerausweises trotz rechtlich ein und derselben Kostenforderung), um dann jeweils wieder umständlich bei mehreren Rechnungen die jeweils nicht gezahlten Anteile mit Gutschrift etc. ausbuchen zu müssen.

J. Rechtsschutzversicherung im Verkehrsrecht § 13

Merke **296**
Es wird gebührenrechtlich und steuerrechtlich sauber lediglich **eine Rechnung über die gebührenrechtlich entstandenen Kosten** erstellt. Diese wird dem Rechtsschutzversicherer per Fax übermittelt und dem Mandanten erforderlichenfalls (Vorsteuerabzugsberechtigung) im Original überlassen. Sodann zahlt jeder seinen Anteil, der rechtlich zutreffend auf die einheitliche Rechnung verbucht wird.

e) Rückzahlungsansprüche im Dreiecksverhältnis

Aus der rechtlich erfolgenden **Leistung über das Dreieck** folgt auch, dass eventuelle Rückzahlungsansprüche jeweils nur **in dem betreffenden Rechtsverhältnis** bestehen. **297**

Beispiel
Bestehen aufgrund des Vorsatzvorbehaltes und geleisteter Honorarvorschüsse Rückzahlungsansprüche des Versicherers, beziehen diese sich ausschließlich auf den Versicherungsvertrag (Deckungsverhältnis). Demgegenüber bleibt der Honoraranspruch des Anwalts hiervon selbstverständlich unberührt. Folglich besteht ein Rückzahlungsanspruch des Rechtsschutzversicherers auch nur gegenüber dem Versicherungsnehmer, der rechtlich betrachtet allein eine Leistung des Rechtsschutzversicherers erhalten hat (Freistellung von Honorarforderungen des Anwalts).

f) Ausnahme: Anspruchsübergang auf Rechtsschutzversicherer gem. § 86 Abs. 1 VVG

Der für die gesamte Schadensversicherung geltende **gesetzliche Forderungsübergang** gem. § 86 VVG gilt **auch für die Rechtsschutzversicherung** und wird in § 17 Abs. 8 ARB 94/2000/2008 (§ 20 Abs. 3 ARB 75) wiederholt. Das bedeutet, dass Ansprüche des Versicherungsnehmers gegen andere auf Erstattung von Kosten, die der Rechtsschutzversicherer getragen hat, mit der Entstehung auf diesen übergehen. **298**

aa) Übergangsfähige Ansprüche

Bei den regelmäßig übergehenden Ansprüchen handelt es sich z.B. um **299**
- Kostenerstattungsansprüche gegen den Prozessgegner oder die Staatskasse (auch materiell-rechtlich);
- Rückerstattungsansprüche hinsichtlich nicht verbrauchter Gerichtskosten oder Gerichtsvollzieherkosten;
- Rückerstattungsansprüche gegen den Anwalt aufgrund geleisteter Kostenvorschüsse;
- Schadensersatzansprüche gegen den Anwalt wegen fehlerhafter Prozessführung o.Ä. (OLG Köln r+s 1993, 382).

§ 13 Versicherungsrecht im Verkehrsrecht (Versicherungsrechtlicher Exkurs)

300 Aufgrund des Forderungsübergangs geht auch die Pflicht des Rechtsanwalts zur Rechenschaftslegung bzw. Abrechnung gem. §§ 675, 666 BGB mit über, sodass – abgesehen von ohnehin bestehenden berufsrechtlichen Bedenken bei der Nichtbeantwortung von Sachstandsanfragen oder Anfragen nach dem Verbleib der Vorschüsse – bei geleisteten Vorschüssen gem. § 86 Abs. 1 VVG sogar ein **Rechtsanspruch des Rechtsschutzversicherers auf Rechenschaftslegung** besteht.

bb) Probleme der Aktivlegitimation

301 Der **gesetzliche Forderungsübergang** führt dazu, dass **keine Aktivlegitimation** des Versicherungsnehmers mehr hinsichtlich der auf den Rechtsschutzversicherer übergegangenen Ansprüche besteht. Dies birgt stets das Risiko, dass der erstattungspflichtige Gegner bei der Geltendmachung vorgerichtlicher Anwaltskosten im Hauptsacheverfahren oder später im Kostenfestsetzungsverfahren die fehlende Aktivlegitimation rügt.

302 *Hinweis*
*Eine überzeugende Lösung dieses Problems besteht nicht. Zum Teil wird eine Berechtigung des Versicherungsnehmers gesehen, die Ansprüche im Wege der gewillkürten **Prozessstandschaft** geltend zu machen (z.B. OLG Köln JurBüro 1994, 688). Notfalls muss sich der Versicherungsnehmer mit einer **Rückabtretung** der Ansprüche durch den Versicherer behelfen. Da den Rechtsschutzversicherern das Problem bekannt ist und sie kein Interesse an einer Klagabweisung hinsichtlich der Kosten mangels Aktivlegitimation haben, sind sie hierzu in der Regel bereit.*

cc) Quotenvorrecht in der Rechtsschutzversicherung

303 Da § 86 VVG für die gesamte Schadensversicherung – und damit auch für die Rechtsschutzversicherung – gilt, ist auch das Quotenvorrecht gem. § 86 Abs. 1 S. 2 VVG anwendbar. Dies führt dazu, dass im Falle der **Erstattungen von Dritten** zunächst der Versicherungsnehmer hinsichtlich der ihm persönlich entstandenen Kosten zu befriedigen ist, bevor der Rechtsschutzversicherer den Forderungsübergang gem. § 86 Abs. 1 VVG geltend machen kann. Voraussetzung ist lediglich, dass es sich bei den dem Versicherungsnehmer entstandenen Kosten und den Leistungen des Rechtsschutzversicherers um kongruente Kosten handelt.

304 **Kongruent** sind nach der Rechtsprechung des BGH (BGH VersR 1982, 283) grundsätzlich **sämtliche Schäden, die ihrer Art nach dem vertragstypischen Risiko entsprechen**, also nicht nur die im konkreten Fall tatsächlich versicherten Schäden, wie bereits aus dem Bereich der Kaskoversicherung bekannt ist (vgl. oben § 6 Rdn 13 ff.).

305 Da die Rechtsschutzversicherung grundsätzlich die **Kosten der Rechtsverfolgung** durch den Versicherungsnehmer abdeckt (vgl. § 1 ARB), ist davon auszugehen, dass sämtliche dem Versicherungsnehmer persönlich entstehenden Rechtsverfol-

J. Rechtsschutzversicherung im Verkehrsrecht § 13

gungskosten **kongruent** zu den Leistungen des Rechtsschutzversicherers sind (vgl. im Einzelnen *Schneider*, Rechtsschutzversicherung für Anfänger, Rn 476 ff.).
Beispiele:
- die **Selbstbeteiligung** des Versicherungsnehmers (Harbauer-*Bauer*, § 17 ARB 2000 Rn 171);
- **Reisekosten des Rechtsanwalts**, die gebührenrechtlich entstehen, jedoch vom Rechtsschutzversicherer bedingungsgemäß nicht zu tragen sind (Harbauer-*Bauer*, § 17 ARB 2000 Rn 171);
- **Kosten eines Unterbevollmächtigten bzw. Terminsvertreters**, die gebührenrechtlich entstehen, jedoch vom Rechtsschutzversicherer jedenfalls nicht vollständig zu tragen sind (vgl. unten Rdn 349);
- **Parteiaufwendungen** des Versicherungsnehmers, z.b. Fahrtkosten zum Gerichtstermin.

> *Beachte* **306**
> Das bedeutet, dass z.b. bei einer Unfallschadenregulierung der Mandant aus der Anwaltskostenerstattung des gegnerischen Haftpflichtversicherers **zunächst seine Selbstbeteiligung erstattet** erhält. Um einen Forderungsübergang gem. § 86 VVG und damit überhaupt erst einen Anwendungsfall des Quotenvorrechts gem. § 86 Abs. 1 S. 2 VVG zu erreichen, ist zu empfehlen, **weitest möglich vom Rechtsschutzversicherer gem. § 9 RVG entsprechende Vorschüsse anzufordern**. Dann erhält am Ende bei der Unfallschadenregulierung der Rechtsschutzversicherer in der Regel Kosten zurück, und der Anwalt befindet sich in der prozessual günstigen Passivsituation, falls der Versicherer meint, er habe weitere Erstattungsansprüche.

Aufgrund der Differenztheorie des Quotenvorrechts können durchaus **unterschiedliche Kostenarten** (z.B. erstattete Gerichtskosten mit nicht versicherten Reisekosten) **zu verrechnen** sein (AG Wetzlar AGS 2007, 115, 116). Soweit *N. Schneider* in einer ablehnenden Anmerkung (AGS 2007, 116, 118) eine abweichende Auffassung vertritt, verkennt er, dass auch Ansprüche auf Erstattung von Gerichtskosten als kongruente Ersatzansprüche i.S.d. § 86 Abs. 1 VVG übergehen, da auch sie „dem Ausgleich der die Versicherungsleistung auslösenden Vermögenseinbuße" dienen, welche bereits durch die Zahlung des fälligen Gerichtskostenvorschusses eingetreten ist. **307**

> *Tipp* **308**
> Sobald eine Kostenerstattung erfolgt (sei es aufgrund einer Kostenausgleichung gem. § 106 ZPO oder aufgrund einer Rückzahlung nicht verbrauchter Gerichtskostenvorschüsse), sind gebührenrechtlich entstandene **Reisekosten** (z.B. des sog. Simultananwalts, der seine Kanzlei nicht unmittelbar am Gerichtsort hat) oder nicht vollständig bedingungsgemäß zu erstattende zusätzliche **Kosten eines Unterbevollmächtigten/Terminsvertreters** abzurechnen und aufgrund des **Quotenvorrechts** zunächst von den erstatteten Kosten auszugleichen. Nur der

verbleibende Rest steht dem Rechtsschutzversicherer gem. § 86 Abs. 1 S. 2 VVG zu.

309 Das **Quotenvorrecht** ist nicht nur bei Kostenerstattungen relevant, sondern kann auch bei **Teilleistungen des Gegners** eine Rolle spielen. Leistet der Gegner bei offener (dem Versicherungsnehmer persönlich zustehender) Hauptforderung und (dem Rechtsschutzversicherer zustehender) Kostenforderung ohne eine Tilgungsbestimmung, so ist aufgrund des Gedankens des **Quotenvorrechts** trotz der zwingenden **Verrechnung gegenüber dem Schuldner** (im Außenverhältnis) gem. § 367 Abs. 1 BGB im Innenverhältnis eine Verrechnung zunächst auf die dem Versicherungsnehmer zustehende Hauptforderung vorzunehmen (OLG Hamm VersR 2000, 1101).

310 *Hinweis*
Liegt ein gegenwärtig nicht vollstreckbarer Titel – z.B. ein Kostenfestsetzungsbeschluss – vor, der auch dem Versicherungsnehmer zustehende Kosten enthält (z.B. festgesetzte, jedoch bedingungsgemäß nicht zu erstattende Reisekosten des Anwalts), besteht **kein Recht des Rechtsschutzversicherers, den Titel heraus zu verlangen.** Selbst wenn der dem Versicherungsnehmer zustehende Teil verhältnismäßig gering sein sollte, steht dieser dem Versicherungsnehmer aufgrund des Quotenvorrechts sogar vorrangig zu. Gelegentlich lassen sich die Rechtsschutzversicherer bei einem verhältnismäßig geringen Betrag aus Praktikabilitätsgründen darauf ein, den Betrag auszugleichen, um den Titel herausverlangen zu können.

g) Abtretung von Versicherungsansprüchen an den Anwalt

311 Gelegentlich übersehen wird, dass § 17 Abs. 7 ARB 94/2000/2008 (ähnlich § 20 Abs. 1 ARB 75) regelt, dass **Ansprüche aus dem Versicherungsvertrag nur mit schriftlichem Einverständnis des Versicherers abgetreten** werden können (dieses Abtretungsverbot ist wirksam, vgl. BGH VersR 2012, 230). Dieses Einverständnis wird regelmäßig nicht erteilt, sodass die Ansprüche aus dem Versicherungsvertrag vom Versicherungsnehmer auch **nicht wirksam an den Anwalt abgetreten** werden können.

312 *Merke*
Damit besteht leider **nicht die Möglichkeit des Anwalts, z.B. bei Gebührenstreitigkeiten selbst gegen den Rechtsschutzversicherer zu klagen.** Der Anwalt hat lediglich die Wahl einer Freistellungsklage im Namen des Versicherungsnehmers gegen den Versicherer (aus dem Versicherungsvertrag) oder einer persönlichen Honorarklage gegen den Versicherungsnehmer als Mandanten (aus dem Anwaltsvertrag).

III. Deckung dem Grunde nach

1. Prinzip der Spezialität der versicherten Gefahr

In der Rechtsschutzversicherung gilt das sog. Prinzip der Spezialität der versicherten Gefahr. Das bedeutet im Gegensatz zur sog. **Allgefahrendeckung**, dass **nur die Bereiche versichert sind, die in den Versicherungsbedingungen genannt** sind. Es handelt sich bei der Rechtsschutzversicherung bewusst nicht um eine Abdeckung sämtlicher typischen Risiken, sondern es werden bewusst typische und häufig vorkommende Bereiche nicht versichert (z.b. Baurecht, Familien-/Erbrecht außer Beratungs-Rechtsschutz).

313

2. Schema der Anspruchsprüfung

Bei der Anspruchsprüfung ist daher wie folgt vorzugehen:
- Welche **Form des Rechtsschutzes** gem. §§ 21–29 ARB (z.B. Verkehrs-Rechtsschutz, Privat-Rechtsschutz, Wohnungs-Rechtsschutz etc.) ist gem. Versicherungsschein versichert?
- Zählt nach den Bestimmungen der versicherten Form (§§ 21–29 ARB) der Mandant zum **versicherten Personenkreis**?
- Ist nach den Bestimmungen der versicherten Form (§§ 21–29 ARB) der Mandant in der beim Mandat **betroffenen Eigenschaft versichert** (z.B. Fahrer, Halter, Eigentümer etc.)?
- Ist nach den Bestimmungen der versicherten Form (§§ 21–29 ARB) die beim Mandat konkret betroffene **Leistungsart gem. § 2 ARB** (z.B. Schadensersatz-Rechtsschutz, Straf-Rechtsschutz etc.) versichert?

314

Fällt danach der Mandant nicht unter den versicherten Personenkreis, ist er in der konkret betroffenen Eigenschaft nicht versichert oder fällt die beabsichtigte Interessenwahrnehmung unter keine der versicherten Leistungsarten gem. § 2 ARB, besteht **kein Rechtsschutz**.

315

3. Formen des Versicherungsschutzes mit Verkehrs-Rechtsschutz

a) Betroffene Formen

Die folgenden sechs Formen des Versicherungsschutzes enthalten einen Rechtsschutz für den Verkehrsbereich:
- Verkehrs-Rechtsschutz gem. § 21 ARB
- Fahrzeug-Rechtsschutz, § 21 Abs. 3 ARB
- Fahrer-Rechtsschutz, § 22 ARB
- Privat-, Berufs-, und Verkehrs-Rechtsschutz für Nichtselbstständige gem. § 26 ARB
- Landwirtschafts- und Verkehrs-Rechtsschutz, § 27 ARB
- Privat-, Berufs- und Verkehrs-Rechtsschutz für Selbstständige, § 28 ARB

316

§ 13 Versicherungsrecht im Verkehrsrecht (Versicherungsrechtlicher Exkurs)

b) Besonderheiten bei einzelnen Formen

aa) Verkehrs-Rechtsschutz gem. § 21 ARB

317 Grundsätzlich ist beim **Verkehrs-Rechtsschutz gem. § 21 ARB** zu beachten, dass das **Fahrzeug** nur dann versichert ist, wenn es **auf den Versicherungsnehmer zugelassen** ist. Rechtsschutz bei das Kfz betreffenden Vertragsstreitigkeiten (z.B. Gewährleistung beim Fahrzeugkauf) besteht gem. § 21 Abs. 6 ARB jedoch bereits vor der Zulassung des Fahrzeugs auf den Versicherungsnehmer (anders ARB 75).

Tipp
Es empfiehlt sich, stets bereits bei der Mandatsaufnahme zu **klären, auf wen das betroffene Fahrzeug zugelassen ist**, und dies dem Rechtsschutzversicherer bei der Deckungsanfrage standardmäßig mitzuteilen. So lassen sich entsprechende Rückfragen vermeiden.

318 Beim **Verkehrs-Rechtsschutz gem. § 21 ARB** wird zudem häufig übersehen, dass gem. § 21 Abs. 1 S. 2 ARB neben sämtlichen **berechtigten Fahrern** auch die **Insassen** des betreffenden Fahrzeugs versichert sind.

319 *Hinweis*
Der **Insasse** erhält **Rechtsschutz** nicht nur für die Geltendmachung von Schadensersatzansprüchen beim Unfallgegner, sondern auch hinsichtlich des Direktanspruchs gem. § 115 Abs. 1 S. 1 Nr. 1 VVG **gegen den Kfz-Haftpflichtversicherer des Fahrzeugs, in dem er Insasse war** (seit dem 1.8.2002 bestehende Halterhaftung gem. § 7 StVG für Insassen des eigenen Fahrzeugs). Lediglich die Geltendmachung gegen den Versicherungsnehmer oder weitere Mitversicherte der Rechtsschutzversicherung persönlich ist gem. § 3 Abs. 4 a ARB ausgeschlossen, jedoch aufgrund des Direktanspruchs regelmäßig auch nicht erforderlich. Die Vollmacht sollte daher in diesen Fällen von vornherein auf die Geltendmachung gegen den Versicherer beschränkt werden, um keine Deckungsablehnungen durch den Rechtsschutzversicherer zu provozieren.

bb) Privat-, Berufs- und Verkehrs-Rechtsschutz gem. § 26 ARB

320 Beim **Privat-, Berufs- und Verkehrs-Rechtsschutz gem. § 26 ARB** ist eine Besonderheit betreffend die mitversicherten Kinder zu beachten.

Beispiel
Der 18-jährige, kurz vor dem Abitur stehende Sohn des Versicherungsnehmers mit Rechtsschutz nach § 26 ARB 94 wird mit seinem eigenen, auf ihn zugelassenen Pkw „geblitzt".

321 Der Sohn erhält keinen Rechtsschutz, weil grundsätzlich gem. § 26 Abs. 2 b S. 2 ARB **kein Rechtsschutz** besteht für **volljährige Kinder** in ihrer Eigenschaft als Eigentümer, Halter, Erwerber, Fahrer, Mieter etc. von Fahrzeugen, sondern lediglich Rechtsschutz besteht für **alle** berechtigten Fahrer und Insassen eines auf den

J. Rechtsschutzversicherung im Verkehrsrecht § 13

Versicherungsnehmer, den mitversicherten Lebenspartner oder ein **minderjähriges Kind** zugelassenen oder durch diese gemieteten Kfz (§ 26 Abs. 2 c ARB).

Hinweis
Das bedeutet im obigen Beispiel, dass der volljährige Sohn Rechtsschutz erhalten würde, wenn er mit dem auf den minderjährigen Bruder zugelassenen Leichtkraftrad gefahren wäre.

4. Im Verkehrsbereich versicherten Leistungsarten gem. § 2 ARB

a) Betroffene Leistungsarten

Versichert bei den verschiedenen, den Verkehrs-Rechtsschutz betreffenden Formen des Rechtsschutzes sind die folgenden sechs Leistungsarten:
- Schadensersatz-Rechtsschutz, § 2 a ARB
- Rechtsschutz im Vertrags- und Sachenrecht, § 2 d ARB
- Steuer-Rechtsschutz vor Gerichten, § 2 e ARB
- Verwaltungs-Rechtsschutz in Verkehrssachen, § 2 g ARB
- Straf-Rechtsschutz, § 2 i ARB
- Ordnungswidrigkeiten-Rechtsschutz, § 2 j ARB

322

Es handelt sich bei den Leistungsarten sozusagen um vor die Klammer gezogene **Kategorien der Interessenwahrnehmung**. Fällt die beabsichtigte Interessenwahrnehmung unter keine der versicherten Leistungsarten, besteht kein Rechtsschutz.

323

b) Besonderheiten einzelner Leistungsarten

aa) Schadensersatz-Rechtsschutz gem. § 2 a ARB

Beim **Schadensersatz-Rechtsschutz** gem. § 2 a ARB ist zu berücksichtigen, dass **lediglich die Geltendmachung** von gesetzlichen Schadensersatzansprüchen, niemals jedoch die Abwehr versichert ist, da letztere in den Bereich der Haftpflichtversicherung fällt (vgl. oben Rdn 276 ff.). Ferner besteht ein genereller **Ausschluss für Schadensersatz aufgrund von absoluten Rechten i.S.d. § 823 Abs. 1 BGB an Grundstücken** (dieser fällt in die im Verkehrs-Rechtsschutz nicht versicherte Leistungsart gem. § 2 c ARB).

324

Beachte
Das bedeutet, dass z.B. **nicht versichert** ist die **Geltendmachung von Schadensersatz wegen der Beschädigung eines Zaunes** (wesentlicher Bestandteil des Grundstücks) durch einen Kfz-Unfall!

325

bb) Steuer-Rechtsschutz vor Gerichten gem. § 2 e ARB

Der **Steuer-Rechtsschutz** gem. § 2 e ARB (denkbar z.B. Streitigkeiten betreffend die Kfz-Steuer) ist auf die **Interessenwahrnehmung vor Gerichten beschränkt**, sodass weder für ein eventuelles Vorverfahren noch für das Ausgangsverfahren Rechtsschutz gewährt wird.

326

cc) Verwaltungs-Rechtsschutz in Verkehrssachen gem. § 2 g ARB

327 Der in der Praxis wiederum sehr relevante **Verwaltungs-Rechtsschutz in Verkehrssachen** gem. § 2 g ARB umfasst die Wahrnehmung rechtlicher Interessen in verkehrsrechtlichen Angelegenheiten, z.B.:
- Fahrerlaubnis-Angelegenheiten (Erteilung, Entzug)
- Führung eines Fahrtenbuches
- Teilnahme am Verkehrsunterricht
- Gebührenbescheid bei Abschleppen eines verkehrsbehindernden Fahrzeugs (allerdings str. wegen des Ausschlusses für Halt- und Parkverstoß gem. § 3 Abs. 3 e ARB)

Nach den **ARB 75** ist hingegen nur ein **Führerschein-Rechtsschutz** vorgesehen, der bereits die **Neuerteilung nicht** mehr umfasst.

328 Der Verwaltungs-Rechtsschutz in Verkehrssachen wird für die **Interessenwahrnehmung sowohl vor Verwaltungsbehörden als auch -gerichten** gewährt, sodass auch das Widerspruchsverfahren vom Rechtsschutz umfasst ist. Sogar Deckungsschutz für das Ausgangsverfahren wäre denkbar (anders § 21 Abs. 4 d ARB 75), aber häufig wird im Ausgangsverfahren noch kein Versicherungsfall (Vorwurf des Rechtsverstoßes) vorliegen (zum Versicherungsfall vgl. unten Rdn 395 ff.).

dd) Straf-Rechtsschutz gem. § 2 i ARB

(1) Rechtsschutz für „Verteidigung"

329 Beim **Straf-Rechtsschutz** gem. § 2 i ARB ist zu berücksichtigen, dass danach von vornherein Rechtsschutz nur für die **Verteidigung** gewährt wird. Das bedeutet zunächst, dass jegliche **aktive Strafverfolgung** (Nebenkläger-, Privatkläger-, Verletztenvertretung, Zeugenbeistand etc.) **ausscheidet**. Ausnahmen gibt es insoweit in Individualklauseln einzelner Versicherer für bestimmte Delikte. Zudem setzt eine Verteidigung begrifflich voraus, dass (bereits) ein **Strafverfahren** i.S.d. § 152 StPO **gegen den Mandanten als Beschuldigten** anhängig ist.

330 *Beachte*
Im Falle einer lediglichen **Zeugenanhörung** des Mandanten (z.B. als Halter) besteht bedingungsgemäß **kein Rechtsschutz**, auch nicht für die Beratung.

(2) Abgrenzung verkehrsrechtlicher und sonstiger Vergehen

331 Der Straf-Rechtsschutz gem. § 2 i ARB ist unterteilt nach verkehrsrechtlichen und nicht verkehrsrechtlichen Vergehen. Bei den verkehrsrechtlichen Vergehen – die hier allein relevant sind – gibt es gem. § 2 i aa ARB einen weiter gehenden Versicherungsschutz. Zu berücksichtigen ist, dass unter den Rechtsschutz für „verkehrsrechtliche Vergehen" i.S.d. § 2 i aa ARB nicht nur die Verletzung der Vorschriften fällt, die der Sicherheit und Ordnung des Verkehrs (auch Luft-, Schiffsverkehr) dienen, sondern auch die **Verletzung an sich nicht-verkehrsrechtlicher Delikte** in Betracht kommen kann, wie z.B. die **Nötigung** gem. § 240 StGB.

Merke 332
Ein **Delikt des allgemeinen Strafrechts** fällt immer dann unter den privilegierten Rechtsschutz für „verkehrsrechtliche Vergehen", wenn es **mit einem verkehrsrechtlichen Delikt (auch Ordnungswidrigkeit) in Tateinheit** zusammentrifft, soweit ein „innerer Zusammenhang" des allgemeinen Delikts mit dem Verkehrsdelikt besteht.

Diese Unterscheidung ist für die Praxis wichtig, denn bei „sonstigen Vergehen" besteht gem. § 2 i bb ARB für ausschließlich vorsätzlich strafbare Delikte kein Rechtsschutz unabhängig von der Berechtigung des Tatvorwurfs und vom Ausgang des Verfahrens.

Klassischer Beispielsfall ist der **„Drängler" auf der Autobahn**. Bei diesem fällt 333
auch die Verteidigung gegen den Vorwurf der **Nötigung** in den Rechtsschutz gem. § 2 i aa ARB, da die Nötigung in Tateinheit und in einem inneren Zusammenhang zu entsprechenden verkehrsrechtlichen Delikten steht (§§ 315c, 315b StGB, jedenfalls Ordnungswidrigkeiten nach StVG wegen Verstoßes gegen Vorschriften der StVO).

(3) Rechtsschutz bei den verkehrsrechtlichen Vergehen gem. § 2 i aa ARB

Bei den verkehrsrechtlichen Vergehen ist der Rechtsschutz wie folgt geregelt: 334

- Zunächst besteht Rechtsschutz unabhängig vom Schuldvorwurf (also auch z.B. beim Vorwurf des § 142 StGB).
- Bei **rechtskräftiger Feststellung einer Vorsatztat** (auch gegeben z.B. bei Verwarnung unter Strafvorbehalt gem. § 59 StGB oder Absehen von Strafe gem. § 60 StGB, nicht jedoch bei Einstellung gem. § 153a StPO) sind gem. § 2 i aa S. 2 ARB Leistungen durch den Versicherungsnehmer an den Versicherer zu erstatten.

Tipp 335
Wegen des Vorsatzvorbehalts besteht für den Anwalt eine besondere Bedeutung der Vorschussanforderung gem. § 9 RVG!

Sollte es für den Anwalt ohne vorherige rechtzeitige Vorschussanforderung überraschend in der Hauptverhandlung zu einer Verurteilung wegen Vorsatzes kommen, kann noch durch die Einlegung eines Rechtsmittels die Rechtskraft verhindert und damit der Rechtsschutzanspruch „gerettet" werden. Sodann können noch die Kosten der ersten Instanz gegenüber dem Rechtsschutzversicherer abgerechnet und ein Vorschuss für das Rechtsmittelverfahren angefordert werden.

(4) Rückforderungsvorbehalt bei rechtskräftiger Verurteilung wegen Vorsatzes

336 Hinsichtlich des Rückforderungsvorbehalts bei Verurteilung wegen Vorsatzes gem. § 2 i aa S. 2 ARB wird häufig übersehen, dass nach dem ausdrücklichen Wortlaut der vertraglichen Erstattungsregelung **nicht stets sämtliche Kosten zurückzuerstatten** sind, sondern nur diejenigen Kosten, die der Rechtsschutzversicherer „für die Verteidigung wegen des Vorwurfs eines vorsätzlichen Vergehens getragen hat".

337 *Beispiel*
Die Staatsanwaltschaft ermittelt gegen den Versicherungsnehmer einer Rechtsschutzversicherung wegen fahrlässiger Trunkenheit im Verkehr gem. § 316 Abs. 2 StGB und erhebt schließlich Anklage. In der Hauptverhandlung wendet sich die Beweisaufnahme, sodass das Gericht nach den Plädoyers einen rechtlichen Hinweis i.S.d. § 265 StPO erteilt, wonach auch eine Verurteilung wegen Vorsatzes in Betracht kommt. Der Versicherungsnehmer wird sodann wegen einer (vorsätzlichen) Trunkenheit im Verkehr gem. § 316 Abs. 1 StGB rechtskräftig verurteilt.

338 In diesem Beispielsfall sind **nur die nach Umstellung des Vorwurfes von Fahrlässigkeit auf Vorsatz entstandenen Kosten** durch den Versicherungsnehmer zu erstatten, wegen der späten Umstellung des Vorwurfs also keine abgrenzbaren Kosten. Auch nach der abweichenden Formulierung in § 20 Abs. 4 ARB 75 (danach sind die Leistungen zu erstatten, „die der Versicherer für ihn erbracht hat, *nachdem* dem Versicherungsnehmer ein vorsätzliches Verhalten zur Last gelegt wurde") gilt im Ergebnis ebenfalls, dass der Rechtsschutz erst ex nunc **ab Umstellung des Vorwurfes auf Vorsatz entfällt** (so für die ARB 75 bereits Prölss/Martin-*Prölss/Armbrüster*, § 4 ARB 75 Rn 50). Vgl. zu dieser Problematik im Einzelnen *Schneider*, Rechtsschutzversicherung: Leistungserstattung bei rechtskräftiger Verurteilung wegen einer Vorsatztat, zfs 2008, 249–253.

ee) Ordnungswidrigkeiten-Rechtsschutz gem. § 2 j ARB

339 Beim **Ordnungswidrigkeiten-Rechtsschutz** gem. § 2 j aa ARB besteht dieses Problem nicht, da dort bezogen auf den Vorwurf einer verkehrsrechtlichen Ordnungswidrigkeit **vorbehaltlos Rechtsschutz unabhängig vom Schuldvorwurf** und vom Ausgang des Verfahrens gewährt wird, also **auch im Falle rechtskräftiger Verurteilung wegen Vorsatzes**.

5. Deckungszusage

340 Bei der vom Rechtsschutzversicherer erteilten **Deckungszusage** handelt es sich um eine Bestätigung über die Rechtsschutzgewährung für einen bestimmten Rechtsschutzfall. Sie hat die **Wirkung eines deklaratorischen Schuldanerkenntnisses**, d.h. alle dem Versicherer zum Zeitpunkt der Erteilung bekannten Einwendungen

werden ausgeschlossen (OLG Düsseldorf VersR 1996, 844 = r+s 1996, 142; OLG Oldenburg r+s 1995, 463; KG r+s 1996, 492). Die Deckungszusage enthält keine Bindung über die Instanz hinaus, sondern wird **für jede Instanz gesondert** erteilt (BGH r+s 1990, 275). Der Versicherungsnehmer hat einen **einklagbaren Anspruch** auf die Erteilung der Deckungszusage gem. § 17 Abs. 4 S. 1 ARB. Der Rechtsschutzversicherer hat die Pflicht zur Entscheidung über das Leistungsbegehren innerhalb angemessener Zeit von zwei bis drei Wochen nach vollständiger Informationserteilung (OLG Frankfurt VersR 1998, 357 = NJW-RR 1997, 1386).

Hinweis 341
Versäumt der Versicherer diese Frist, muss er gem. § 128 S. 3 VVG Deckung gewähren (OLG Hamm r+s 1994, 141 = zfs 1994, 144; OLG Köln r+s 1991, 419; OLG Frankfurt VersR 1998, 357 = NJW-RR 1997, 1386).

Da die Deckungszusage des Rechtsschutzversicherers allein im Versicherungsverhältnis gegenüber dem Versicherungsnehmer bzw. Mitversicherten die Eintrittspflicht bestätigt, stellt sie **keine Anspruchsgrundlage für einen Gebührenanspruch des Rechtsanwaltes** gegen den Rechtsschutzversicherer dar (LAG Hamm zfs 1991, 307; ÖOGH VersR 1996, 355; AG München r+s 1995, 186) (vgl. oben Rdn 289). 342

Trotz Erteilung einer Deckungszusage bleiben für den Rechtsanwalt folgende Risiken: 343
- Die vereinbarte **Selbstbeteiligung** wird später stets berücksichtigt, sodass insoweit keine Leistungen durch den Rechtsschutzversicherer erbracht werden.
- Bei **Vorbefassung eines weiteren Rechtsanwaltes** kann eine Leistungspflicht des Rechtsschutzversicherers fehlen, soweit bereits Anwaltskosten gezahlt wurden.
- Ein **Prämienverzug** des Versicherungsnehmers ermöglicht jederzeit eine Aufrechnung durch den Rechtsschutzversicherer.
- Der **Versicherungsnehmer kann jederzeit wirksam eine Zahlung des Rechtsschutzversicherers an den Rechtsanwalt verhindern**, so z.B., wenn wegen Meinungsverschiedenheiten das Mandatsverhältnis beendet wird. Der Rechtsschutzversicherer ist – ohne Möglichkeit der Prüfung der Berechtigung – an die Weisung des Versicherungsnehmers gebunden, da dieser es als Vertragspartner des Rechtsschutzversicherungsvertrages allein in der Hand hat zu entscheiden, von welchen Forderungen er freigestellt werden möchte.

Praxistipp 344
Wegen der vorgenannten erheblichen Risiken, die dem Rechtsanwalt trotz Erteilung einer Deckungszusage bezogen auf die spätere Realisierung seines Honoraranspruchs verbleiben, sollten grundsätzlich beim Rechtsschutzversicherer gem. § 9 RVG frühestmöglich und weitestgehend entsprechende **Vorschüsse** angefordert werden, von denen der Versicherungsnehmer gem. § 5 Abs. 1 a S. 1, Abs. 2 a ARB freizustellen ist.

§ 13 Versicherungsrecht im Verkehrsrecht (Versicherungsrechtlicher Exkurs)

IV. Leistungsumfang gem. § 5 ARB

1. Versicherte Kostenarten

345 Im Verkehrsbereich kommen folgende versicherte Kostenarten in Betracht:
- **Rechtsanwaltskosten**, § 5 Abs. 1 a, b ARB
- **Gerichtskosten** einschließlich Zeugen- und Sachverständigenentschädigungen sowie Gerichtsvollzieherkosten, § 5 Abs. 1 c ARB
- Kosten in Verfahren vor **Verwaltungsbehörden**, § 5 Abs. 1 e ARB
- übliche Vergütung eines **öffentlich bestellten technischen Sachverständigen** oder einer technischen Sachverständigenorganisation in Fällen der
- Verteidigung in verkehrsrechtlichen Straf- und Ordnungswidrigkeitenverfahren, § 5 Abs. 1 f aa 1. Alt. ARB
- Wahrnehmung rechtlicher Interessen aus Kauf- und Reparaturverträgen von Motorfahrzeugen zu Lande sowie Anhängern, § 5 Abs. 1 f aa 2. Alt. ARB
- übliche Vergütung eines **im Ausland ansässigen Sachverständigen** in Fällen der Geltendmachung von Ersatzansprüchen wegen der im Ausland eingetretenen Beschädigung eines Motorfahrzeuges zu Lande sowie Anhängers, § 5 Abs. 1 f bb ARB
- **Reisekosten** des Versicherungsnehmers zu einem ausländischen Gericht unter bestimmten Voraussetzungen, § 5 Abs. 1 g ARB
- die dem **Gegner** durch die Wahrnehmung seiner rechtlichen Interessen entstandenen Kosten, soweit der Versicherungsnehmer zu deren Erstattung verpflichtet ist, § 5 Abs. 1 h ARB

2. Besonderheiten einzelner Kostenarten

a) Rechtsanwaltskosten gem. § 5 Abs. 1 a ARB

346 Der Rechtsschutzversicherer trägt die Kosten eines für den Versicherungsnehmer tätigen Rechtsanwalts **bis zur Höhe der gesetzlichen Vergütung eines am Ort des zuständigen Gerichts ansässigen Rechtsanwalts**. Das bedeutet zunächst, dass zusätzliche, durch einen **Anwaltswechsel** verursachte Rechtsanwaltskosten grundsätzlich nicht vom Rechtsschutzversicherer zu tragen sind, sondern nur ausnahmsweise bei objektiv erforderlichem Wechsel, z.B. bei Zulassungsverlust oder Tod des bisherigen Rechtsanwalts.

347 *Hinweis*
Maßgeblich hinsichtlich der Kostentragungspflicht des Rechtsschutzversicherers ist **allein das Gebührenrecht**. Demgegenüber besteht **keine Bindung an die Festsetzung** der zu erstattenden Kosten im Strafverfahren gem. § 464b StPO oder im zivilrechtlichen Kostenfestsetzungsverfahren (BGH VersR 1972, 1141).
Daher sollte keinesfalls gegenüber dem Rechtsschutzversicherer eine Abrechnung entsprechend unzutreffend zu niedrig festgesetzten Kosten erfolgen.

J. Rechtsschutzversicherung im Verkehrsrecht § 13

Da es sich bei der Rechtsschutzversicherung um eine Schadensversicherung handelt, sind im Falle einer entsprechenden **Vorsteuerabzugsberechtigung** vom Rechtsschutzversicherer keine Umsatzsteuerbeträge auf die Rechtsanwaltskosten zu erstatten. — 348

Wohnt der **Versicherungsnehmer mehr als 100 km Luftlinie vom zuständigen Gericht entfernt** und erfolgt eine gerichtliche Wahrnehmung seiner Interessen, trägt der Rechtsschutzversicherer – außer im Straf- und Ordnungswidrigkeiten-Rechtsschutz – weitere Kosten für einen im Landgerichtsbezirk des Versicherungsnehmers ansässigen Rechtsanwalt bis zur Höhe der gesetzlichen Vergütung eines Rechtsanwaltes, der lediglich den Verkehr mit dem Prozessbevollmächtigten führt (§ 5 Abs. 1 a S. 2 ARB). Inzwischen hat der BGH (VersR 2007, 488, 489) klargestellt, dass die ARB nicht an die Notwendigkeit i.S.d. § 91 ZPO anknüpfen, sondern eine **uneingeschränkte Zusage** einer Erstattung von Verkehrsanwaltskosten bei entsprechender Entfernung der Wohnung des Versicherungsnehmers vom zuständigen Gericht **ohne Beschränkung auf bestimmte Instanzen** enthalten. — 349

> *Hinweis* — 350
> Nach dem Wortlaut der ARB besteht der Anspruch lediglich „für einen" weiteren, im zuständigen Landgerichtsbezirk ansässigen Anwalt, d.h. der **Rechtsschutzversicherer** ist **nicht verpflichtet**, alternativ die **Reisekosten des auswärtigen Anwalts** bis zur entsprechenden Höhe der Verkehrsanwaltsgebühr **zu übernehmen**. Um spätere Streitigkeiten zu vermeiden, ist daher zu empfehlen, sich dieses schriftlich bestätigen zu lassen, falls der Anwalt selbst zum auswärtigen Termin reisen möchte. In der Regel lassen sich die Versicherer darauf ein.

Auch die **Selbstvertretung des Anwalts in eigener Sache** ist im Zivilrecht versichert, wie der BGH jüngst klargestellt hat (BGH v. 12.11.2010 – IV ZR 188/08 – VersR 2011, 67; vgl. dazu *Schneider*, Rechtsschutzversicherung für Anfänger, Rn 253). — 351

b) Rechtsanwaltskosten bei Auslandsfällen gem. § 5 Abs. 1 b ARB

Bei einem **Versicherungsfall im Ausland** trägt der Rechtsschutzversicherer gem. § 5 Abs. 1 b S. 1 ARB nach Wahl des Versicherungsnehmers **entweder die Gebühren eines ausländischen**, am Ort des zuständigen Gerichtes ansässigen Rechtsanwaltes **oder eines im Inland zugelassenen Rechtsanwaltes**. Im letzteren Fall trägt der Rechtsschutzversicherer die Vergütung bis zur Höhe der gesetzlichen Vergütung, die entstanden wäre, wenn das Gericht, an dessen Ort der Rechtsanwalt ansässig ist, zuständig wäre (§ 5 Abs. 1 b S. 2 ARB). Das gilt auch, wenn ein deutsches Gericht für den ausländischen Versicherungsfall zuständig ist. — 352

In der Regel empfiehlt es sich, den **ausländischen Anwalt** zu wählen. In diesem Fall übernimmt der Versicherer dann, wenn der Versicherungsnehmer – wie bei Auslandsfällen regelmäßig – mehr als 100 km Luftlinie vom zuständigen ausländischen Gericht entfernt ist, **zusätzlich** die Kosten für einen im Landgerichtsbezirk — 353 des Versicherungsnehmers ansässigen Rechtsanwalt bis zur Höhe einer **Verkehrsanwaltsgebühr** (§ 5 Abs. 1 b S. 3 ARB). Nach den älteren ARB 75 besteht hingegen in Auslandsfällen keinerlei Anspruch auf Erstattung der Kosten eines inländischen Anwalts.

c) Kosten der Verfahren vor Verwaltungsbehörden gem. § 5 Abs. 1 e ARB

354 Gem. § 5 Abs. 1 e ARB hat der Rechtsschutzversicherer die Kosten von Verwaltungsverfahren zu tragen.

Hinweis
Dazu zählen auch die **Gebühren und Auslagen des Bußgeldbescheides**, was immer wieder übersehen wird. Auch der Mandant rechnet regelmäßig nicht damit und freut sich umso mehr, wenn ihm diese im Falle einer erforderlichen Rücknahme des Einspruchs vom Rechtsschutzversicherer erstattet werden.

355 Nicht zu den vom Rechtsschutzversicherer zu tragenden Kosten zählen hingegen die **Kosten des Sachverständigen einer MPU**, weil der Sachverständige nicht von der Behörde herangezogen wird, sondern für den Antragsteller tätig wird.

d) Kosten privater Sachverständiger gem. § 5 Abs. 1 f ARB

356 Grundsätzlich werden vom Rechtsschutzversicherer keine Privatgutachterkosten erstattet, was einen generellen Anreiz für die Durchführung eines selbstständigen Beweisverfahrens bietet.

Hinweis
Bei einem selbstständigen Beweisverfahren wird der Sachverständige vom Gericht herangezogen, sodass die diesbezüglichen **Sachverständigenkosten** gem. § 5 Abs. 1 c ARB **versichert** sind.

357 Übersehen wird häufig die Ausnahme, wonach in verkehrsrechtlichen Straf- und Bußgeldverfahren Privatgutachterkosten eines öffentlich bestellten technischen Sachverständigen übernommen werden.

Hinweis
Auf diesem Wege können nicht nur auf Kosten des Versicherers entsprechende **Privatgutachten zur Richtigkeit der Messung** („Löhle"-Gutachten), sondern auch **zur Unfallrekonstruktion** (räumliche und zeitliche Vermeidbarkeit etc.) eingeholt werden, um diese ggf. für die zivilrechtliche Angelegenheit verwenden zu können.

358 Schließlich besteht ein Privileg in **Auslandsfällen** darin, dass gem. § 5 Abs. 1 f bb ARB ein **Privatgutachten zur Schadenermittlung bei einem Kfz** erstattet wird.

e) Weitere „Sorgeleistungen" des Rechtsschutzversicherers gem. § 5 Abs. 5 ARB

Gem. § 5 Abs. 5 ARB „sorgt" der Rechtsschutzversicherer für **359**
a) die Übersetzung schriftlicher Unterlagen bei einer Interessenwahrnehmung im Ausland und trägt die Kosten (nicht nach den ARB 75);
b) die Zahlung eines zinslosen Darlehens im Falle einer erforderlichen Kaution bei Strafverfolgungsmaßnahmen (nach den ARB 75 nur bei Auslandsfällen).

Die „Sorge" bedeutet, dass der **Versicherungsnehmer nicht verpflichtet** ist, z.B. **360** **selbst ein Übersetzungsbüro zu beauftragen**, um lediglich die Kosten erstattet zu erhalten. Vielmehr können die zu übersetzenden Dokumente an den Rechtsschutzversicherer übersandt werden, der sodann alles Weitere zu veranlassen hat. Bei der Gewährung eines Darlehens an einen Mitversicherten besteht der Rückzahlungsanspruch nur gegenüber diesem, nicht gegenüber dem Versicherungsnehmer (OLG Köln zfs 1999, 490).

3. Kostenbeschränkungen gem. § 5 Abs. 3 ARB

a) Allgemeines

§ 5 Abs. 3 ARB enthält im Sinne eines Risikoausschlusses eine Einschränkung der **361** Leistungspflicht. Danach trägt der Rechtsschutzversicherer nicht
a) Kosten, die der Versicherungsnehmer ohne Rechtspflicht übernommen hat;
b) Kosten, die im Zusammenhang mit einer einverständlichen Erledigung entstanden sind, soweit sie nicht dem Verhältnis des vom Versicherungsnehmer angestrebten Ergebnisses zum erzielten Ergebnis entsprechen, es sei denn, dass eine hiervon abweichende Kostenverteilung gesetzlich vorgeschrieben ist;
c) die im Versicherungsschein vereinbarte Selbstbeteiligung je Leistungsart nach § 2;
d) Kosten, die aufgrund der vierten oder jeder weiteren Zwangsvollstreckungsmaßnahme je Vollstreckungstitel entstehen;
e) Kosten aufgrund von Zwangsvollstreckungsmaßnahmen, die später als fünf Jahre nach Rechtskraft des Vollstreckungstitels eingeleitet werden;
f) Kosten für Strafvollstreckungsverfahren jeder Art nach Rechtskraft einer Geldstrafe oder -buße unter 250 EUR;
g) Kosten, zu deren Übernahme ein anderer verpflichtet wäre, wenn der Rechtsschutzversicherungsvertrag nicht bestünde.

Hervorzuheben ist, dass die **Selbstbeteiligung** gem. § 5 Abs. 3 c ARB **je Leistungsart** zu berücksichtigen ist.

> *Hinweis* **362**
> Da die Selbstbeteiligung je Leistungsart zu berücksichtigen ist, kann sie z.B. bei einem Verkehrsunfall gesondert bei der Geltendmachung von Schadensersatz (Leistungsart gem. § 2 a ARB) und der Verteidigung wegen des Vorwurfs

der fahrlässigen Körperverletzung (Leistungsart § 2 i ARB) entstehen. Manche Versicherer verzichten wegen der fehlenden Vermittelbarkeit an den Kunden im Wege der Kulanz auf die mehrfache Berücksichtigung.

Genau genommen könnte die Selbstbeteiligung bei Einstellung des Strafverfahrens und Abgabe an die Bußgeldbehörde ein weiteres (drittes) Mal berücksichtigt werden, da es sich beim Ordnungswidrigkeiten-Rechtsschutz (§ 2 j ARB) und eine gegenüber dem Straf-Rechtsschutz (§ 2 i ARB) gesonderte Leistungsart handelt. Soweit bekannt, wurde dies jedoch von den Rechtsschutzversicherern bisher nicht geltend gemacht.

b) Einverständliche Erledigung gem. § 5 Abs. 3 b ARB

363 In der Praxis erhebliche Probleme bereitet immer wieder die Leistungseinschränkung gem. § 5 Abs. 3 b ARB im Falle einer einvernehmlichen Regelung.

aa) Anwendbarkeit der Klausel

364 Die Klausel ist vor allem anwendbar beim **Abschluss gerichtlicher oder außergerichtlicher Vergleiche** (BGH VersR 2006, 404; VersR 2011, 1005). Streitig ist allerdings, ob die Klausel darüber hinaus auch beim **lediglich einseitigen Nachgeben bzw. Sich-zufrieden-geben des Versicherungsnehmers bzw. des Gegners** anzuwenden ist (für die Anwendbarkeit auch in diesen Fällen Harbauer-*Bauer*, § 5 ARB 2000 Rn 195 f.; *Böhme*, § 2 (3) a Rn 37; LG Kempten zfs 1997, 390; AG Köln zfs 1990, 90).

365 *Beispiel*
Der Gegner hat den wesentlichen Teil der Forderungen reguliert und der Versicherungsnehmer nimmt von einer Weiterverfolgung Abstand, ohne dass es zu einem Vergleichsschluss kommt. Bei dieser Sachlage wird argumentiert, wegen des faktisch (nahezu) vollständigen Obsiegens des Versicherungsnehmers gem. § 5 Abs. 3 b ARB habe der Rechtsschutzversicherer keine Kosten zu tragen und der Versicherungsnehmer eventuelle Vorschüsse zurückzuzahlen.

366 Bei der Frage der Anwendbarkeit auf einen solchen Fall ist jedoch das einhellige **Ziel der Vorschrift** zu berücksichtigen, „**unnötige**" Kostenzugeständnisse des Versicherungsnehmers zulasten der Versichertengemeinschaft **zu vermeiden**. Daraus ergibt sich, dass die Klausel über den Hauptanwendungsfall des Vergleichs hinaus nur dann eingreifen kann, wenn eine – ausdrückliche oder konkludente (vgl. BGH VersR 2006, 405, 406 zur konkludenten Kostenaufhebung entsprechend § 98 ZPO aufgrund Fehlens einer Kostenregelung im außergerichtlichen Vergleich) – Regelung über die Kosten erfolgt („Zugeständnis"). Dies ist inzwischen vom BGH bestätigt worden (BGH VersR 2011, 1005). Zudem hat der BGH klargestellt, dass ein Kostenzugeständnis und damit eine Anwendbarkeit der Klausel dann ausschei-

den, wenn bei einem außergerichtlichen Vergleich mit (analog § 98 ZPO konkludenter) Kostenaufhebung ein materiell-rechtlicher Kostenerstattungsanspruch nicht bestand (BGH VersR 2013, 232 = zfs 2013, 159).

Falls hingegen die Frage (eventueller) Kostenerstattungsansprüche vollständig offen bleibt, ist die Klausel nicht anzuwenden, sodass der Rechtsschutzversicherer zur uneingeschränkten Leistung verpflichtet bleibt. 367

Sodann kann der Versicherer entscheiden, inwieweit eventuelle Kostenerstattungsansprüche aus **übergegangenem Recht** weiterhin geltend gemacht werden sollen. Der Versicherungsnehmer hat ihn gem. § 17 Abs. 8 S. 2 ARB bei der Durchsetzung zu **unterstützen**. Allein diese Auslegung wird dem Ziel der Rechtsschutzversicherung gerecht, grundsätzlich dem Versicherungsnehmer auch das **Risiko der Realisierbarkeit von Kostenerstattungsansprüchen** abzunehmen (LG München I r+s 2008, 512; LG München I VersR 2009, 254, jeweils unter Hinweis auf *Schneider*, Der Begriff der „gütlichen Erledigung" in der Rechtsschutzversicherung, VersR 2004, 301 ff.; im Ergebnis ebenso *Döring*, VersR 2007, 770 ff.). 368

Hinweis 369
Als nicht gegen die Klausel verstoßend wird der Fall angesehen, dass der Versicherungsnehmer einen **gerichtlichen Vergleich unter ausdrücklichem Offenlassen der Kostenregelung** schließt und anschließend aufgrund des Vergleichs den Rechtsstreit in der Hauptsache für erledigt erklärt, sodass das Gericht gem. § 91a ZPO über die Kosten zu entscheiden hat (OLG Hamm VersR 2005, 1142; LG Moosburg VersR 1983, 681; OLG Karlsruhe VersR 1984, 839 = zfs 1984, 335).

Neuerdings wird in Frage gestellt, ob die Klausel dem **Transparenzgebot** standhält. So hat das LG Hagen (r+s 2008, 190 m. zust. Anm. *van Bühren*) **§ 5 Abs. 3 b ARB wegen Intransparenz insgesamt für unwirksam erklärt**. Allerdings ist darauf hinzuweisen, dass der BGH die Klausel bisher stets angewendet hat (jüngst BGH VersR 2011, 1005). 370

bb) Bestimmung der „richtigen" Kostenquote

Die von der vorgenannten Klausel verlangte „richtige" Kostenquote entsprechend dem Verhältnis des Obsiegens zum Unterliegen birgt erhebliches Konfliktpotenzial. Maßgeblich ist das Verhältnis des angestrebten zum erzielten Ergebnis, wobei das **rechnerische Verhältnis entscheidend** ist, während Aspekte wie die **Erfolgsaussichten bzw. das Prozessrisiko irrelevant** sind (BGH VersR 1982, 391). Es ist vielmehr das **„wirtschaftliche Endergebnis"** gegenüber dem Ursprungsbegehren zu betrachten (BGH a.a.O.). 371

Was der BGH unter dem „wirtschaftlichen Endergebnis" versteht, soll an folgendem Fall verdeutlicht werden: 372

Beispiel
Der Käufer eines Pkw begehrt aufgrund von Fahrzeugmängeln die Rückabwicklung des Kaufvertrages (Rückzahlung des Kaufpreises von 20.000 EUR Zug um Zug gegen Rückgabe des Pkw). Die Parteien schließen sodann einen Vergleich, wonach der Käufer vom Verkäufer 2.000 EUR als Minderungsbetrag erhält.

373 Auf den ersten Blick könnte man geneigt sein, von einem angestrebten Ergebnis entsprechend dem Streitwert der Klage von 20.000 EUR (Rückzahlung Kaufpreis) sowie einem erzielten Ergebnis von 2.000 EUR (Minderungsbetrag) auszugehen. Dann ergäbe sich ein Obsiegen zu lediglich 10 %, sodass eine Kostenregelung möglich wäre, wonach der Käufer als Versicherungsnehmer 90 % der Kosten zu tragen hat (entsprechend dem Unterliegen).

374 Der BGH hat in der genannten zentralen Entscheidung (BGH VersR 1982, 391) jedoch darauf hingewiesen, dass das **gesamte „wirtschaftliche Endergebnis" zu betrachten** ist. Es ist insbesondere **zu berücksichtigen**, dass der **Käufer im Falle seines Erfolgs mit der Klage** Zug um Zug seinen **Pkw hätte zurückgeben müssen.** Das heißt, sein Vermögen hätte sich im Falle des Erfolgs mit der Klage lediglich um 20.000 EUR Kaufpreisrückzahlung abzgl. des Werts des mangelhaften Kfz vermehrt. Geht man z.B. davon aus, dass der Wert des mangelfreien Fahrzeugs dem Kaufpreis von 20.000 EUR entspricht und der Wert des Fahrzeugs aufgrund der Mängel lediglich 18.000 EUR beträgt, hätte der Käufer – wirtschaftlich betrachtet – vollständig obsiegt.

375 Denn im Falle des Obsiegens mit der Klage hätte er 20.000 EUR erhalten und das mangelhafte Fahrzeug im Wert von 18.000 EUR zurückgegeben, sodass sich sein Vermögen um 2.000 EUR vermehrt hätte. Aufgrund des Vergleichs erhält er 2.000 EUR und behält das mangelhafte Fahrzeug (im Wert von 18.000 EUR), sodass sich sein Vermögen ebenfalls um 2.000 EUR vermehrt.

376 Aufgrund des **wirtschaftlich vollständigen Obsiegens** wäre somit nach den Anforderungen der ARB im Vergleich eine Kostenregelung zu treffen, wonach der Gegner die Kosten vollständig trägt.

377 *Hinweis*
Es versteht sich nahezu von selbst, dass eine solche Kostenregelung in der Praxis nicht durchsetzbar wäre, abgesehen von dem Problem, den Wert des mangelhaften und des mangelfreien Fahrzeugs kaum realistisch bestimmen zu können. Es bleibt daher allein, einen Vergleich hinsichtlich der Kostenregelung mit dem Rechtsschutzversicherer abzustimmen, notfalls durch einen Widerrufsvorbehalt.
Sonst bleibt nur die Möglichkeit, die **Kostenregelung im Vergleich ausdrücklich offen zu lassen,** um eine Kostenentscheidung durch das Gericht gem. § 91a ZPO zu erreichen (vgl. dazu Rdn 369).

Auf die **Begrenzung der Kostenübernahme** soll sich der **Rechtsschutzversicherer** nach Treu und Glauben dann **nicht berufen** können, wenn er **nicht auf** die **rechtzeitige Information** des Versicherungsnehmers **reagiert**, dass ein Vergleich mit Widerrufsvorbehalt geschlossen wurde und ohne ausdrückliche Weisung des Versicherers der Widerruf nicht erfolgen werde (OLG Köln VersR 2007, 101 = r+s 2007, 19).

378

Tipp
Es sollte ein gerichtlicher Vergleich stets nur unter **Widerrufsvorbehalt** geschlossen werden, um den Vergleichstext **durch den Rechtschutzversicherer** im Hinblick auf die Kostenverteilung **genehmigen** zu lassen. Erst wenn die diesbezügliche Sicherheit hergestellt ist, sollte ein Gerichtsvergleich wirksam werden. Anderenfalls droht dem Anwalt der Regress!

379

4. Kostenübernahme bei anteiligem Versicherungsschutz

Fraglich ist, welche Kosten der Rechtsschutzversicherer zu übernehmen hat, wenn nur für einen Teil der Interessenwahrnehmung Kostenschutz besteht. Hierbei ist zu unterscheiden zwischen dem Straf-/OWi-Recht und dem Zivilrecht.

380

a) Straf-/OWi-Recht

Die Situation einer Teildeckung kann z.b. entstehen bei einer Strafverfolgung wegen eines versicherten und eines nicht versicherten (Vorsatz-)Delikts.

381

Beispiel
Gegen den Versicherungsnehmer läuft ein Ermittlungsverfahren wegen des Vorwurfs einer fahrlässigen Körperverletzung aufgrund eines Verkehrsunfalls sowie einer späteren Beleidigung des den Unfall aufnehmenden Polizeibeamten. In diesem Fall bestünde hinsichtlich des Tatvorwurfs der fahrlässigen Körperverletzung Deckungsschutz, nicht jedoch hinsichtlich der Beleidigung wegen Vorliegens einer reinen Vorsatztat im Bereich sonstiger Straftaten (§ 2 i bb ARB).

In diesem Fall würde der versicherte und der nicht versicherte Anteil – und damit der Teil der zu übernehmenden Kosten – nach dem Gewicht und der Bedeutung der verschiedenen Vorwürfe bestimmt, vergleichbar der Kostenerstattung bei Teilfreispruch gem. § 467 Abs. 1 StPO.

382

b) Zivilrecht

Für das Zivilrecht kann eine Teildeckung des Rechtsschutzversicherers z.B. bei versicherter Klage und nicht versicherter Widerklage vorliegen. Der BGH hat inzwischen entschieden (BGH VersR 2005, 936), dass die Aufteilung linear entsprechend dem Anteil an den Gesamtkosten zu erfolgen hat, sodass der Degressionsvorteil nicht allein dem Versicherungsnehmer zugute kommt.

383

V. Versicherungsfall in der Rechtsschutzversicherung

384 An erster Stelle der Häufigkeit bei den Ablehnungsgründen für Deckungszusagen steht der Fall, dass der Versicherungsfall **nicht in versicherter Zeit** eingetreten ist (*Plote*, Anwalt und Rechtsschutzversicherung, S. 118 Rn 279). Dies rechtfertigt es, sich mit den Grundlagen des **maßgeblichen Zeitpunkts beim Rechtsschutzfall** auseinanderzusetzen.

385 Für den Bereich des Verkehrsrechts sind zwei unterschiedliche Definitionen des Versicherungsfalls in den ARB relevant.

1. Versicherungsfall im Schadensersatz-Rechtsschutz gem. § 4 Abs. 1 a ARB

386 Im Bereich des **Schadensersatz-Rechtsschutzes** kommen je nach vereinbarten Bedingungen für den Versicherungsfall zwei unterschiedliche Zeitpunkte in Betracht.

> *Beispiel*
> Der Versicherungsnehmer begehrt Rechtsschutz für die Geltendmachung von Schadensersatz aufgrund eines Verkehrsunfalls, der sich bereits im Jahre 2001 ereignet hat, der jedoch erst im Jahre 2004 zu einem Getriebeschaden geführt hat.

387 Gem. § 14 Abs. 1 **ARB 75** ist maßgeblich „das dem Anspruch zugrunde liegende Schadenereignis", worunter das **Folgeereignis** (der **Schadenseintritt**) verstanden wird, also der Vorgang, der den Schaden unmittelbar herbeiführt. Danach läge der Rechtsschutzfall im Jahre 2004. Diese Regelung hat für die Rechtsschutzversicherer den Nachteil, dass bei bereits angelegten Schadenursachen, die noch zu keinem Schaden geführt haben, der Versicherungsnehmer die Möglichkeit hat, sich in das schon absehbare Risiko noch „hineinzuversichern".

388 Aus diesem Grunde ist nach den neueren ARB (§ 4 Abs. 1 a **ARB 94/2000/2008**) hingegen maßgeblich das „erste Ereignis, durch das der Schaden verursacht wurde/worden sein soll". Darunter wird das **Kausalereignis** (die **Schadensursache**) verstanden. Danach läge also in unserem Beispiel der Rechtsschutzfall bereits im Jahre 2001 (Verkehrsunfall).

389 Doch auch die durch die Neuregelung erfolgte **Vorverlagerung des Versicherungsfalls** bringt neue Probleme mit sich, was an folgendem Beispielsfall verdeutlicht werden soll:

> *Beispiel*
> Der Versicherungsnehmer einer Rechtsschutzversicherung wird bei einem Verkehrsunfall im Jahre 2004 geschädigt, bei dem sich jedenfalls mitursächlich ausgewirkt hat, dass die Fahrzeugbremsen des gegnerischen Pkw aufgrund eines Herstellungsfehlers (Baujahr 2002) nicht betriebssicher waren. Der Ver-

sicherungsnehmer möchte nun Ansprüche gegen den Halter gem. § 7 StVG geltend machen. Der Rechtsschutzversicherungsvertrag besteht seit dem Jahre 2003.

Nach der Regelung des Versicherungsfalles in den ARB 75 wäre der Fall problemlos versichert, weil **auf den Schadenseintritt** im Jahre 2004 abzustellen wäre. Nach der Regelung in den ARB 94/2000/2008 ist jedoch das Kausalereignis (die Schadenursache) maßgeblich. Da eine Mitursächlichkeit im Sinne der Adäquanz ausreicht, wäre hier der Versicherungsfall bereits im Jahre 2002 eingetreten aufgrund des Herstellungsfehlers, der adäquat kausal jedenfalls mitursächlich zum Unfall im Jahre 2004 geführt hat. Damit bestünde kein Versicherungsschutz wegen **Vorvertraglichkeit**. 390

Nach den neueren ARB stellt sich daher die Frage, **wie weit der Versicherungsfall zurückverlagert werden darf**, insbesondere bei vor Versicherungsbeginn fehlerhaft hergestellten Produkten. Der **BGH** hat zu diesem Problemkreis in seiner grundlegenden Entscheidung zu den ARB 94 (VersR 2003, 1503, 1504 – Report-Fall) ausgeführt, dass **für die Bestimmung des Versicherungsfalles nur Ursachen maßgeblich** sind, 391

- die **durch den Haftpflichtigen** zurechenbar **gesetzt** wurden, d.h. nicht von dem Geschädigten selbst oder Dritten, und
- die „den Eintritt jedenfalls irgendeines Schadens nach der Lebenserfahrung hinreichend wahrscheinlich machen".

Aufgrund dieser Rechtsprechung ist auch der Pkw-Fall mit Produktionsfehler gedeckt, weil nur auf den Haftpflichtigen (den Unfallgegner) abzustellen ist. Die Report-Fall-Formel sorgt ferner dafür, dass Haftungsfall und Rechtsschutzversicherungsfall nicht auseinanderdriften. 392

In einer weiteren Entscheidung zu den ARB 75 hat der BGH (VersR 2003, 638 – Reemtsma) noch einmal bekräftigt, dass für den Versicherungsfall im Schadensersatz-Rechtsschutz nur maßgeblich ein **Ereignis** sein kann, „**das geeignet ist, den Anspruch rechtlich zu begründen**" und für das der Schädiger „in haftungsrechtlich zurechenbarer Weise verantwortlich ist". Danach kommt als für die Bestimmung des **Versicherungsfalls maßgebliches Ereignis kein eigenes Verhalten des Geschädigten** in Betracht. 393

Hinweis 394
Aufgrund der vorgenannten Entscheidung des BGH hat es der Versicherungsnehmer (bzw. sein Anwalt) in der Hand, mit welchen Ereignissen er den Anspruch begründet. Tunlichst sollte daher vermieden werden, die Ansprüche mit vorvertraglichen Ereignissen zu begründen, um den Deckungsanspruch aus der Rechtsschutzversicherung nicht zu gefährden.

2. Versicherungsfall in den „sonstigen Fällen" gem. § 4 Abs. 1 c ARB

395 In den übrigen im Bereich des Verkehrsrechts versicherten Leistungsarten wird der Versicherungsfall gem. § 4 Abs. 1 c ARB definiert als Zeitpunkt des (behaupteten) **Rechtsverstoßes**, den der Versicherungsnehmer oder ein anderer begangen hat oder begangen haben soll. Bereits allein die Behauptung ist entscheidend ohne Rücksicht auf ihre Richtigkeit.

396 In Betracht kommt ein Handeln gegen eine gesetzliche oder vertragliche Rechtspflicht oder das Unterlassen eines rechtlich gebotenen Tuns. Ein Rechtsverstoß kann schon in der **nicht freiwilligen Erfüllung fälliger Ansprüche** liegen, ohne dass bereits eine Aufforderung durch den Gläubiger erfolgt sein müsste (OLG Frankfurt VersR 2006, 111).

397 Auch das **lediglich Bestreiten einer Rechtsposition** oder der (unberechtigte) **Vorwurf eines Verstoßes** durch den Gegner ist bereits als Versicherungsfall denkbar (BGH VersR 1985, 540). Interessant ist insoweit die jüngere Entscheidung des BGH (VersR 2005, 1684), wonach schon die **Ankündigung einer ernsthaften Leistungsverweigerung** als Verstoß gegen die Leistungstreuepflicht **den Versicherungsfall auslösen** kann.

398 **Nicht** ausreichend ist hingegen die **lediglich Ausübung eines Gestaltungsrechts** (z.B. einer Kündigung durch den Gegner), solange kein Vorwurf der Vertragswidrigkeit – z.B. die Unwirksamkeit der Kündigung wegen Fehlens eines Kündigungsgrundes – erhoben werden kann. Der maßgebliche (zumindest behauptete) **Rechtsverstoß** muss den Versicherungsfall adäquat kausal (mit) ausgelöst haben und bereits den **Keim des späteren Streits in sich tragen**. Es kommt als maßgeblicher Versicherungsfall – anders als im Schadensersatz-Rechtsschutz – **auch ein vorausgegangener eigener Verstoß des Versicherungsnehmers** in Betracht.

399 *Beispiel*
Der Leasinggeber kündigt das Leasingverhältnis des Kfz wegen Zahlungsverzuges. In diesem Fall ist bereits der erste adäquat kausal zur Kündigung führende Zahlungsverzug des Versicherungsnehmers als vom Gegner geltend gemachter **Kündigungsgrund als (behaupteter) Rechtsverstoß** für den Zeitpunkt des Versicherungsfalls **maßgeblich**, nicht erst der Zeitpunkt der (vom Versicherungsnehmer als unberechtigt behaupteten) Kündigung (**anders neuerdings BGH VersR 2013, 899; VersR 2014, 742, wonach – wie beim Schadensersatz-Rechtsschutz gem. § 4 Abs. 1 a ARB, vgl. Rn 374 ff. – lediglich der dem Gegner vorgeworfene Verstoß maßgeblich sein soll**).

400 Auch bei der **Wiedererteilung der Fahrerlaubnis** ist der maßgebliche Zeitpunkt des Versicherungsfalls genau zu prüfen.

Hinweis
War die **Fahrerlaubnis gem. § 69 StGB** – z.B. aufgrund einer Trunkenheitsfahrt oder eines unerlaubten Entfernens vom Unfallort – **entzogen** worden, liegt

J. Rechtsschutzversicherung im Verkehrsrecht § 13

der für den Zeitpunkt des **Versicherungsfalls** maßgebliche Verstoß **bereits in der seinerzeitigen Tatbegehung**, die zur Entziehung geführt hat, **auch wenn** es **erst bei der Wiedererteilung zum Streit** mit der Fahrerlaubnisbehörde (z.B. unberechtigtes Verlangen einer MPU) kommt.

3. Wartezeit gem. § 4 Abs. 1 S. 3 ARB

Gem. § 4 Abs. 1 S. 3 ARB besteht bei den Leistungsarten § 2 b bis 2 g (also **nicht** beim Schadensersatz- und Straf-/OWi-Rechtsschutz) eine Wartezeit. Das bedeutet, dass kein Rechtsschutz besteht, wenn der Versicherungsfall innerhalb von 3 Monaten seit Vertragsbeginn eingetreten ist. 401

Vorsicht
Inzwischen gibt es Individualklauseln mit der Vereinbarung einer längeren Wartezeit. So wurde bereits eine Wartezeit von sechs Monaten als AGB-rechtlich wirksam angesehen (OLG Düsseldorf VersR 2005, 1426).

Keine Wartezeit besteht gem. § 4 Abs. 1 S. 3 Hs. 2 ARB bei der Interessenwahrnehmung aus einem **Kauf- oder Leasingvertrag über ein fabrikneues Kfz**. 402

4. Mehrere Versicherungsfälle gem. § 4 Abs. 2 S. 2 ARB

Sind für die Interessenwahrnehmung mehrere (selbstständige) Versicherungsfälle **ursächlich**, ist gem. § 4 Abs. 2 S. 2 ARB der erste Versicherungsfall maßgeblich. Zu berücksichtigen sind allerdings nur **solche Verstöße**, die **noch Bedeutung für den späteren Konflikt** haben. 403

Hinweis 404
Bei einer **Entziehung der Fahrerlaubnis wegen Erreichens von 18 Punkten** im Verkehrszentralregister ist der Zeitpunkt des ersten Verkehrsverstoßes maßgeblich (BGH VersR 2006, 1355).

Allerdings bleiben gem. § 4 Abs. 2 S. 2 Hs. 2 ARB **Versicherungsfälle außer Betracht**, die **länger als ein Jahr vor Beginn** des Versicherungs**schutzes** (also ggf. Ablauf der Wartezeit) eingetreten sind (ARB 75: -**vertrages**). 405

Hinweis 406
Bei der vorgenannten Entziehung der Fahrerlaubnis wegen Erreichens von 18 Punkten ist daher **genau zu prüfen, welche Verkehrsverstöße außer Betracht bleiben**, weil sie länger als ein Jahr vor Beginn des Versicherungsschutzes begangen wurden. Wenn sich innerhalb des letzten Jahres vor Beginn des Versicherungsschutzes (also unter Berücksichtigung der Wartezeit) eine „Lücke" im Verkehrszentralregister (ohne in diesem Zeitraum begangene Verkehrsverstöße) ergibt, besteht Versicherungsschutz.

5. Konfliktauslösende Willenserklärung/Rechtshandlung gem. § 4 Abs. 3 a ARB

407 Gem. § 4 Abs. 3 a ARB ist zusätzlich zum Vorliegen des Versicherungsfalls in versicherter Zeit noch eine weitere Voraussetzung der Rechtsschutzdeckung zu beachten. Danach besteht **kein Rechtsschutz, wenn eine vor Beginn des Versicherungsschutzes vorgenommene Willenserklärung oder Rechtshandlung den Versicherungsfall ausgelöst hat.**

408 In Betracht kommen als derartige Willenserklärung/Rechtshandlung insbesondere:
- ein **Leistungsantrag** bei späterer Ablehnung der Leistung (z.B. Antrag auf Versicherungsleistung aus Unfall- oder Berufsunfähigkeitsversicherung, Antrag auf Erteilung einer Fahrerlaubnis);
- eine **Kündigung** bei späteren Abwicklungsstreitigkeiten.

409 Die Willenserklärung/Rechtshandlung muss nicht vom Versicherungsnehmer selbst vorgenommen worden sein. Sie muss jedoch den Versicherungsfall **ausgelöst** haben, d.h. sie muss bereits ihrer Natur nach den „Keim" des späteren Rechtsverstoßes in sich tragen (OLG Hamm VersR 2001, 712).

410 *Beispiel*
Der Versicherungsnehmer beantragt aufgrund eines Verkehrsunfalls aus dem Jahre 2001 im Jahre 2002 eine Invaliditätsleistung. Nach der Einholung mehrerer Gutachten lehnt der Unfallversicherer unberechtigt im Jahre 2004 endgültig eine Leistung ab. Im Jahre 2003 hatte der Versicherungsnehmer seine Rechtsschutzversicherung abgeschlossen.

411 Hier ist der Versicherungsfall zwar erst in der Ablehnung durch den Versicherer im Jahre 2004 zu sehen (behaupteter Rechtsverstoß). Rechtsschutz besteht jedoch trotzdem nicht, weil die **konfliktauslösende Willenserklärung/Rechtshandlung** (Versicherungsantrag) in vorvertraglicher Zeit liegt. Hintergrund dieser Regelung ist der Umstand, dass derjenige, der aufgrund einer solchen bereits erfolgten Willenserklärung/Rechtshandlung weiß, dass es später zu Streitigkeiten kommen kann (ein gestellter Antrag kann stets abgelehnt werden), sich nicht mehr in das bereits angelegte Risiko „hineinversichern" können soll.

6. Typische Probleme des Versicherungsfalls beim Verkehrsunfall

412 Beim Verkehrsunfall können sich typische Probleme der Rechtsschutzdeckung wegen der Voraussetzung des Versicherungsfalls ergeben. So bereitet der Versicherungsfall zwar bezogen auf den **Schadensersatz-Rechtsschutz** (Geltendmachung der Schadensersatzansprüche beim gegnerischen Haftpflichtversicherer) regelmäßig **keine Probleme**, da der **Versicherungsfall** unproblematisch dem **Verkehrsunfalldatum** entspricht und zudem für diese Leistungsart **keine Wartezeit** gilt (vgl. oben Rdn 401). Gleiches gilt für den **Straf- und Ordnungswidrigkeiten-Rechtsschutz**, falls gegen den **Versicherungsnehmer als Beschuldigten/Betroffe-**

J. Rechtsschutzversicherung im Verkehrsrecht § 13

nen ein Ermittlungsverfahren eingeleitet wird. Auch hier ist der **Versicherungsfall** unproblematisch am **Unfalldatum** eingetreten und es gilt **keine Wartezeit** (vgl. oben Rdn 401).

a) Zeugenanhörung des Mandanten

Erste Schwierigkeiten können sich in diesem Bereich allerdings bereits ergeben, wenn der **Versicherungsnehmer lediglich als Zeuge** in einem Straf- oder Bußgeldverfahren **angehört** wird. In diesem Falle besteht für die Beratung des Mandanten dahingehend, wie er den Zeugenanhörungsbogen ausfüllen sollte bzw. ob er seinen Ehegatten als Fahrer angeben sollte, **keine Rechtsschutzdeckung**, weil eine **Tätigkeit als Zeugenbeistand** bzw. **Verletztenvertreter** nicht vom Deckungsschutz umfasst ist (vgl. oben Rdn 329).   413

b) Korrespondenz mit Unfallgegner

Korrespondiert der Anwalt mit dem Unfallgegner persönlich **wegen dessen Ansprüchen** und teilt ihm z.B. die Versicherungsdaten seines Mandanten mit, besteht auch für diese Tätigkeit (gebührenrechtlich gesondertes Mandat betreffend die vermeintlichen gegnerischen Ansprüche) **keine Rechtsschutzdeckung**, da die **Abwehr von gesetzlichen Schadensersatzansprüchen** in der Rechtsschutzversicherung **nicht versichert** ist (originäre Aufgabe der Haftpflichtversicherung, vgl. oben Rdn 276, 324).   414

c) Korrespondenz mit eigenem KH-Versicherer des Mandanten

Schaltet sich der Anwalt in die **Schadenmeldung und -abwicklung mit dem eigenen KH-Versicherer des Mandanten** ein, so besteht für diese Tätigkeit (die gebührenrechtlich eine gesonderte versicherungsrechtliche Angelegenheit darstellt) zunächst ebenfalls keine Rechtsschutzdeckung. Insoweit **fehlt** es an einem **Versicherungsfall** bezogen auf die eigene KH-Versicherung des Mandanten. Denn zunächst besteht mit dieser kein Streit, sodass es an einem (zumindest behaupteten) Rechtsverstoß mangelt (vgl. Rdn 395 ff.).   415

Erst dann, wenn es zu **Streitigkeiten im Innenverhältnis** kommt – z.B. Vorwurf von Obliegenheitsverletzungen, Versagung des Versicherungsschutzes in der KH-Versicherung, Geltendmachung von Regressansprüchen –, liegt ein **Versicherungsfall** und damit ein **Deckungsanspruch** gegenüber dem Rechtsschutzversicherer vor.   416

Auch ein Streit bezogen auf den **Verlust des Schadenfreiheitsrabattes** wegen einer Überschreitung des Regulierungsermessens durch den eigenen KH-Versicherer wegen unvertretbarer Regulierung kann einen Versicherungsfall begründen. Da jedoch die Anforderungen sehr hoch sind (vgl. oben Rdn 276 ff.), bleiben die Erfolgsaussichten fraglich.   417

d) Kaskoabwicklung

418 Im Bereich der **Kaskoversicherung** besteht auch **zunächst kein Deckungsschutz** für die Abwicklung der Regulierung durch den Anwalt. Auch hier fehlt es (zunächst) an einem Streit (behaupteter Rechtsverstoß) mit dem Kaskoversicherer. Sobald sich allerdings die Regulierung verzögert (Untätigkeit genügt), unberechtigt Unterlagen (z.b. Reparaturrechnung o.Ä.) gefordert werden, ist ein Versicherungsfall gegeben, und ein Deckungsanspruch besteht.

419 *Hinweis*
Hier besteht die Möglichkeit, dem rechtsschutzversicherten Mandanten zu empfehlen, die Vollkaskoschadenmeldung und -regulierung zunächst selbst vorzunehmen. Sobald es mit der Abwicklung „hakt" (sei es auch nur aufgrund einer Verzögerung bzw. Untätigkeit des Vollkaskoversicherers), kann sodann unter Darlegung des Versicherungsfalls bezogen auf die Ansprüche aus der Vollkaskoversicherung eine Deckungszusage für die anwaltliche Tätigkeit eingeholt werden.

e) Streit mit dem Rechtsschutzversicherer

420 Für einen **Streit mit dem Rechtsschutzversicherer** selbst über dessen Deckungspflicht besteht gem. § 3 Abs. 2 h ARB **in keinem Fall** ein **Rechtsschutzanspruch**.

Hinweis
Der rechtsschutzversicherte Mandant ist umfassend über die Voraussetzungen der Rechtsschutzdeckung aufzuklären. Anderenfalls besteht bei Erteilung von Mandaten, für die keine Deckung erteilt wird, ein erhebliches **Regressrisiko** des Anwalts, weil der Mandant grundsätzlich nicht damit rechnen muss, persönlich Kosten tragen zu müssen, insbesondere wenn er – wie es üblich ist – die Rechtsschutzabwicklung dem Anwalt überlassen hat (vgl. z.B. OLG Düsseldorf VersR 1976, 892; OLG Nürnberg NJW-RR 1989, 1370; OLG Celle v. 19.3.2008 – 3 U 242/07 – juris; *Harms*, VersR 1990, 818).

VI. Ablehnung mangels Erfolgsaussichten oder wegen Mutwilligkeit gem. § 18 ARB

421 Der Rechtsschutzversicherer kann die Deckung ablehnen, wenn die Interessenwahrnehmung keine hinreichende Erfolgsaussicht bietet oder mutwillig erscheint. Eine **Erfolgsaussichtenprüfung** findet allerdings **nicht in den Leistungsarten des Straf-/OWi-Rechtsschutzes** statt.

Hinweis
Das bedeutet, dass der Rechtsschutzversicherer im Bereich des Straf-/OWi-Rechtsschutzes **keinerlei Begründung für die Einlegung eines Rechtsmittels** verlangen kann. Selbst die Rechtsbeschwerde kann – im Falle ihrer Zulässigkeit

J. Rechtsschutzversicherung im Verkehrsrecht § 13

– stets eingelegt werden, ohne dass es auf Erfolgsaussichten ankäme. Dies wird gelegentlich übersehen, weil nach den ARB 75 nur in den Tatsacheninstanzen keine Erfolgsaussichtenprüfung vorgesehen ist.

Die **Erfolgsaussichtenprüfung** bezieht sich auf die **rechtliche und die tatsächliche Seite des Falles**. Es gelten dieselben **Kriterien wie bei der Prozesskostenhilfe** gem. § 114 Abs. 1 S. 2 ZPO. Folglich ist die Rechtsprechung zu übertragen, wonach **schwierige Tat- und Rechtsfragen nicht im PKH-Verfahren abzuhandeln** sind (BGH NJW 2003, 1192). Dies wird in der Praxis der Instanzgerichte leider immer wieder unberücksichtigt gelassen. 422

Die Erfolgsaussichten beziehen sich grundsätzlich **auch auf die Beweisbarkeit**, allerdings darf **keine Vorwegnahme der Beweisaufnahme** erfolgen, was ebenfalls gelegentlich bei Vorliegen lediglich schriftlicher Zeugenaussagen in der Ermittlungsakte von den Instanzgerichten nicht hinreichend berücksichtigt wird. 423

Eine **Mutwilligkeit** (bei allen Leistungsarten relevant) liegt vor, wenn der durch die Interessenwahrnehmung voraussichtlich entstehende **Kostenaufwand** unter Berücksichtigung der berechtigten Belange der Versichertengemeinschaft in einem **groben Missverhältnis zum angestrebten Erfolg** steht. 424

Für den Fall der Ablehnung mangels Erfolgsaussichten oder wegen Mutwilligkeit stehen – je nach vereinbarten Bedingungen – zwei verschiedene Verfahren zur Verfügung, nämlich das Stichentscheidsverfahren (ARB 75) und das Schiedsgutachterverfahren (ARB 94). Die neueren ARB 2000 und 2008 (Musterbedingungen) sehen alternativ beide Verfahren vor, sodass sich jeder Versicherer für eines entscheiden kann. 425

Zu den Einzelheiten der Verfahren vgl. *Schneider*, in: van Bühren (Hrsg.), Handbuch Versicherungsrecht, § 13 Rn 491 ff.

Hinweis 426
Der Versicherer ist verpflichtet, seine **Ablehnung** unter Darlegung der Gründe **innerhalb von zwei bis drei Wochen nach vollständiger Informationserteilung** einschließlich Belehrung über das vorgesehene Verfahren gem. § 128 S. 2 VVG gegenüber dem Versicherungsnehmer **zu erklären. Anderenfalls gilt** das **Rechtsschutzbedürfnis gem. § 128 S. 3 VVG als (endgültig) anerkannt**.
Eine **nachträgliche Ablehnung** wegen mangelnder Erfolgsaussichten **erst im Prozess** ist **zu spät** (BGH VersR 2003, 638, 639 – Reemtsma).

VII. Checkliste zur Prüfung des Versicherungsschutzes

- Versicherter Personenkreis, – z.B. Versicherungsnehmer, Lebenspartner, Kind 427
- Versicherte Eigenschaft, z.B. Fahrer, Halter, Eigentümer
- Betroffener Rechtsbereich – Leistungsart (§ 2) nach §§ 21 ff. versichert?
- Vorliegen eines Versicherungsfalls (§ 4)
- Versicherungsfall im versicherten Zeitraum (Wartezeit)

- Kein Risikoausschluss gem. § 3
- Erfolgsaussichten/Mutwilligkeit (§ 18)
- Leistungsumfang gem. § 5
- Selbstbeteiligung

K. Verjährung und Klagefrist

428 Die früheren besonderen Regelungen über die Verjährungsfrist gem. § 12 Abs. 1 VVG a.F. sind ersatzlos weggefallen. Nunmehr gilt für die gegenseitigen Ansprüche die **Regelverjährung** des § 195 BGB **von drei Jahren**, beginnend gem. § 199 Abs. 1 BGB mit dem Schluss des Jahres der Anspruchsentstehung.

429 Ist der Anspruch des Versicherungsnehmers beim Versicherer **angemeldet** worden, ist die Verjährung – wie nach bisherigem Recht – bis zum Eingang der Entscheidung des Versicherers in Textform **gehemmt** (§ 15 VVG).

430 Die frühere Regelung des § 12 Abs. 3 VVG a.F., wonach der Versicherer dem Versicherungsnehmer gegenüber den Anspruch auf Versicherungsleistungen unter entsprechender schriftlicher Rechtsfolgenbelehrung ablehnen und dem Versicherungsnehmer eine Frist von sechs Monaten zur gerichtlichen Geltendmachung seines Anspruchs auf Versicherungsleistung setzen konnte, ist im Rahmen der VVG-Reform 2008 ersatzlos weggefallen.

L. Gerichtsstand gem. § 215 VVG

431 Neben den Gerichtsständen des Versicherers (Sitz gem. § 17 ZPO als allgemeiner sowie Niederlassung gem. § 21 ZPO als besonderer Gerichtsstand) kann die Klage gegen einen Versicherer auch im durch die VVG-Reform 2008 neu eingeführten **besonderen Gerichtsstand des Wohnsitzes des Versicherungsnehmers** (§ 215 Abs. 1 S. 1 VVG) erhoben werden.

432 Für derartige Klagen ist also auch das Gericht des Ortes zuständig, an dem der Versicherungsnehmer zum Zeitpunkt der Klageerhebung seinen Wohnsitz hat. **Vorteile der neuen Gerichtsstandsregelung** gegenüber dem bisherigen Agentengerichtsstand des § 48 VVG a.F. sind:
- Der Gerichtsstand gilt auch bei **Direktversicherern** und durch Makler vermittelten Versicherungsverträgen.
- Der Gerichtsstand gilt auch für Klagen gegen den **Versicherungsvermittler** (sowohl Agent als auch Makler).
- Der Gerichtsstand stellt auf den **Wohnsitz des Versicherungsnehmers bei Klageerhebung** ab, sodass der neue Gerichtsstand auch Versicherungsnehmern, die nach Abschluss des Versicherungsvertrages umgezogen sind, zugute kommt.
- Es besteht gem. § 215 Abs. 1 S. 2 VVG ein **ausschließlicher Gerichtsstand** des **aktuellen Wohnsitzes des Versicherungsnehmers für alle Passivprozesse** (Klagen des Versicherers gegen den Versicherungsnehmer).

§ 14 Anhang

A. Anlage 1: Anmeldungszettel

Hillmann **Partner**
Rechtsanwälte

Mandant Datum:_____

Name, Vorname:_____
Straße, PLZ, Ort:_____
Telefon (privat):_____Telefon (dienst.):_____
Telefon (mobil):_____Telefax:_____
E-Mail:_____
Bank:_____Konto-Nr.:_____BLZ:_____
Rechtsschutzversicherung:_____Vers.-Nr.:_____
Versicherungsnehmer:_____ Selbstbeteiligung:_____

Falls Sie uns eine E-Mail oder Telefax- Nr. angegeben haben:
Soll sämtliche Korrespondenz möglichst

      über Telefax abgewickelt werden?   Ja ☐ Nein ☐

      über E-Mail abgewickelt werden?   Ja ☐ Nein ☐

Gegenstand:

    Verkehrszivilrecht   ☐

    Verkehrsunfall   ☐

    Bußgeldangelegenheit   ☐

    Strafrecht   ☐

    Fahrerlaubnisrecht   ☐

    Beratung   ☐

    Sonstiges   ....

Gegner

Name, Vorname:_____
Straße, PLZ, Ort:_____
Telefon:_____Telefax:_____

Hinweis nach § 33 BDSG: Die Daten werden elektronisch gespeichert.

§ 14 Anhang

B. Anlage 2: Fragebogen für Antragsteller

Fragebogen für Anspruchsteller

Dieses Formular beruht auf einer zwischen dem VdS und dem Deutschen Anwaltverein getroffenen Vereinbarung.
Rechnungen und sonstige Belege sind beizufügen!

Aktenzeichen des Versicherers: _____

Aktenzeichen des Anspruchstellers: _____

1.1 Name des Anspruchstellers: _____ Berufliche Tätigkeit: _____
1.2 Anschrift: _____ Tel.: _____
1.3 Konto-Nr.: _____ bei: _____ BLZ: _____
Kontoinhaber: _____
1.4 Fahrer: _____

2.1 Name des Versicherungsnehmers (Schadenstifter): _____
2.2 Anschrift: _____ Tel.: _____
2.3 Versichert bei: _____ 2.4 Policen-Nr.: _____
2.5 Amtliches Kennzeichen: _____ 2.6 Name des Fahrers: _____
2.7 Anschrift des Fahrers: _____ Tel.: _____

3.1 Unfallort: _____ Unfalltag: _____ Unfallzeit: _____
3.2 Genaue Unfallschilderung mit Skizze (ggf. auf einem besonderen Blatt): _____

3.3 Andere am Unfall beteiligte Verkehrsteilnehmer (Name, Anschrift, amtliches Kennzeichen des Fahrzeugs): _____

3.4 Name und Anschrift der Unfallzeugen: _____

3.5 Welche Polizeidienststelle hat den Unfall aufgenommen? _____

4. BEI ANSPRÜCHEN WEGEN SACHSCHÄDEN
4.1 Was wurde beschädigt? _____
4.2 Wer ist Eigentümer der beschädigten Sache, evtl. Leasinggeber? _____
4.3 Vorsteuerabzugsberechtigt? Ja ❏ Nein ❏
4.4 Voraussichtliche Höhe der unfallbedingten Wiederherstellungskosten (Gutachten, Kostenvoranschlag, Rechnung pp.): _____
4.5 Die beschädigte Sache kann besichtigt werden bei: _____ Tel.: _____

5. Bei beschädigten Kraftfahrzeugen
5.1 Typ: _____ Erstzulassung: _____ Km-Stand: _____
Fahrgestellnummer: _____ FIdent.-Nr.: _____ Amtl. Kennz.: _____
5.2 Durch welche Gesellschaft (Geschäftsstelle) und unter welcher Policen-Nr. war das Fahrzeug zur Zeit des Unfalls versichert?
Haftpflichtversicherung: _____
Vollkaskoversicherung: _____ Selbstbeteiligung DM: _____ Nr.: _____
Teilkasko-Versicherung: _____ Selbstbeteiligung DM: _____ Nr.: _____
Rechtsschutz-/Verkehrsservice-Versicherung: _____ Nr.: _____

Falls kein Totalschaden vorliegt, wird unter Hinweis auf die gesetzliche Schadenminderungspflicht sofortige Inangriffnahme der Reparatur empfohlen. Ein Schaden, der durch verspätete Auftragserteilung entsteht, geht nicht zu Lasten des Schädigers. Bei Auftragserteilung ist die Reparaturwerkstatt darauf hinzuweisen, daß die Rechnung unter Berücksichtigung der Arbeitswertlisten der Herstellerwerke auszustellen ist.
Vorstehende Angaben habe ich nach bestem Gewissen gemacht.

Ort/Datum/Unterschrift

Best.-Nr. 12028-00 Fragebogen für Anspruchsteller (Form H 3 · 762 - VIII / 96)

B. Anlage 2: Fragebogen für Antragsteller §14

6. BEI ANSPRÜCHEN WEGEN PERSONENSCHÄDEN
6.1 Name des Verletzten: _____
6.2 Anschrift: _____ Tel.: _____
6.3 Geburtsdatum: _____ Familienstand: _____ Zahl und Alter der Kinder: _____
6.4 Ausgeübter Beruf: _____ selbständig: Ja ❏ Nein ❏ Monatliches Nettoeinkommen DM: _____
6.5 Name des Arbeitgebers: _____
6.6 Anschrift: _____ Tel.: _____
6.7 Bezieht der Verletzte unabhängig von diesem Unfall eine Rente? Ja ❏ Nein ❏ Von wem: _____ monatl. DM: _____

7.1 Art und Umfang der Verletzung: _____
7.2 Sicherheitsgurte angelegt? Ja ❏ Nein ❏
7.3 Krankenhausaufenthalt von: _____ bis (voraussichtlich): _____
7.4 Name und Anschrift des Krankenhauses: _____
7.5 Ambulant behandelnde Ärzte: _____
7.6 Ist der Verletzte hauskrank geschrieben? Ja ❏ Nein ❏ Vom: _____ bis (voraussichtlich): _____
7.7 Welcher Krankenkasse gehört der Verletzte an? _____
7.8 Lag Berufsunfall vor bzw. ereignete sich der Unfall auf dem Weg von oder zu der Arbeit? Ja ❏ Nein ❏
7.9 Welche Berufsgenossenschaft ist zuständig? _____
7.10 Ist der Verletzte gesetzlich rentenversichert? Ja ❏ Nein ❏
7.11 Bei welcher Anstalt? _____

Der Verletzte ist damit einverstanden, daß die behandelnden Ärzte dem Versicherungsunternehmen Gutachten und Auskünfte erteilen:
Ja ❏ Nein ❏

Vorstehende Angaben habe ich nach bestem Gewissen gemacht.
_____
Ort/Datum/Unterschrift

§ 14 Anhang

C. Anlage 3: Arbeitsanweisungen zur Abrechnung von Rechtsanwaltsgebühren

I. DEVK

3

DEVK
VERSICHERUNGEN

Absender: VIII/8300

Damen und Herren Mitglieder
der Geschäftsleitungen

Ressort Innendienst

Ihr Zeichen, Ihre Nachricht vom	Unser Zeichen, Unsere Nachricht vom	Telefon	Fax	Datum
	VIII	431	39 431	2004-09-10

Abrechnung von Rechtsanwaltsgebühren in K und H bei Kraftfahrt-Haftpflicht-Schäden

Um die Regulierung zu erleichtern und Streitigkeiten sowie eventuelle Gebührenprozesse zu vermeiden, treffen wir hinsichtlich der Abrechnung der Rechtsanwaltsgebühren folgende Regelung:

1. Kraftfahrzeug-Haftpflichtschäden, bei denen die Beauftragung der Anwälte nach dem 30.06.2004 erfolgte und die noch nicht abgerechnet sind, werden wie folgt im Rahmen der außergerichtlichen Schadenregulierung abgegolten:

Sachschaden generell	1,8 Gebühren
Sachschaden und Personenschaden mit einem Gesamterledigungswert unter 10.000,-- €	1,8 Gebühren
Sachschaden und Personenschaden über 10.000,-- €	2,1 Gebühren

Bei <u>mehreren Geschädigten</u> betragen die Gebühren bei

Sachschaden generell	2,4 Gebühren
Sachschaden und Personenschaden mit Gesamterledigungswert unter 10.000,-- €	2,4 Gebühren
Sachschaden und Personenschaden über 10.000,-- €	2,7 Gebühren

Gesamterledigungswert ist der Betrag, der auf die berechtigten Forderungen gezahlt wurde.

Gegenüber Anwälten, die uns eine entsprechende Erklärung abgeben bzw. stets diese Gebührengestaltung einhalten, werden auch wir unsererseits entsprechend abrechnen.

2. Diese Regelung gilt auch für Kfz-Schäden in der Allgemeinen Haftpflichtversicherung.

Unsererseits haben wir dieses Schreiben gegenüber der Arbeitsgemeinschaft Verkehrsrecht im Deutschen Anwaltsverein bekannt gegeben.
Von dort aus werden die Mitglieder in der 38. KW entsprechend informiert.

gez. Dr. Hauser   gez. Przybilla

C. Anlage 3: Arbeitsanweisungen zur Abrechnung von Rechtsanwaltsgebühren § 14

II. Öffentliche Landesbrandkasse Versicherungen Oldenburg

ÖFFENTLICHE LANDESBRANDKASSE
VERSICHERUNGEN OLDENBURG

Abrechnungsgrundsätze

1. Bei der vollständigen außergerichtlichen Regulierung von Haftpflichtschäden (Kraftfahrzeughaftpflicht und Allgemeine Haftpflicht) im Rahmen ihrer Eintrittspflicht zahlen die Öffentlichen Versicherungen Oldenburg eine Geschäftsgebühr von 1,8 nach Nr. 2400 VV-RVG aus dem Entschädigungsbetrag, ohne Rücksicht darauf, ob der Fall schlicht abgerechnet, verglichen oder besprochen wurde.

2. Sind Gegenstand der Regulierung (auch) Körperschäden, erhöht sich die Gebühr ab einem Gesamterledigungswert von 10.000,00 EUR auf 2,1.

3. Vertritt der Rechtsanwalt mehrere durch ein Unfallereignis Geschädigte, so errechnet sich der Gegenstandswert aus der Summe der Erledigungswerte. Die Gebühr erhöht sich in diesen Fällen auf 2,4.

4. Sind Gegenstand der Regulierung in den Fällen zu Ziffer 3 (auch) Körperschäden, so erhöht sich die Gebühr ab einem Gesamterledigungswert von 10.000 EUR auf 2,7.

5. Die Abrechnungsgrundsätze finden Anwendung für alle Schadenfälle, die sich ab dem 01.10.2004 ereignet haben.

§ 14 Anhang

D. Anlage 4: Erfassungsbogen in Unfallsachen

Schadenserfassung in Unfallsachen
für AnNoText®-Datensystem geeignet
(Zutreffendes ist anzukreuzen)

| Neuanlage ☐ | Ergänzung ☐ | Datum: |

| Halter ☐ | Fahrer ☐ | Beifahrer ☐ |

Aktenzeichen der Korrespondenzakte:

Angaben zum Mandanten   Mann ☐   Frau ☐   Firma ☐

M   Anschrift des Mandanten   Name
Vorname
Straße
PLZ, Ort
Telefon

B   Bankverbindung   Bank, BLZ
Konto-Nr.

R   Rechtsschutzversicherung   Name
Straße
PLZ, Ort
Vers.-Nr.
Schaden-Nr.

MV   Haftpflichtversicherung   Name
Straße
PLZ, Ort
Vers.-Nr.
Schaden-Nr.
Vollkasko   ja ☐   nein ☐   Selbstbeteiligung DM

F   Fahrzeug   Fabrikat
amtl. Kennzeichen
Baujahr

Vorsteuerabzugsberechtigt   ja ☐   nein ☐
Mandant verletzt   ja ☐   nein ☐
Gurt/Helm angelegt, getragen   ja ☐   nein ☐
Anzahl der behandelnden Ärzte

Angaben zum Gegner   Mann ☐   Frau ☐   Firma ☐

G   Anschrift des Gegners   Name
Vorname
Straße
PLZ, Ort

GV   Haftpflichtversicherung   Name
Straße
PLZ, Ort
Vers.-Nr.
Schaden-Nr.

FA   Fahrzeug   Fabrikat
amtl. Kennzeichen

GF   Fahrer identisch mit Halter   ja ☐   nein ☐

Angaben zum Fahrer   Mann ☐   Frau ☐

Anschrift des Fahrers   Name
Vorname
Straße
PLZ, Ort

Gurt/Helm angelegt, getragen   ja ☐   nein ☐

Vordruck Nr. 851 · Schadenserfassung in Unfallsachen
Dreske & Krüger · Hannover · Alle Rechte vorbehalten

D. Anlage 4: Erfassungsbogen in Unfallsachen §14

U Unfallort
    Straße
    Ort
    Tag
    Zeit

V Verwarnungsgeld gegen Gegner ☐

B Bußgeldverfahren gegen Gegner ☐

P Polizei ☐

S Staatsanwaltschaft ☐
    Straße
    PLZ, Ort
    Schutzbereich
    Aktenzeichen

Z Unfallzeugen:

Unfallschilderung:

Beweis:

Verletzungen:

Wegeunfall   ja ☐ nein ☐

Krankenversicherung:

Ist Gutachten in Auftrag gegeben?   ja ☐ nein ☐
Von wem?

Hinweis: Der Mandant sollte stets als Auftraggeber, der Halter des gegnerischen Fahrzeugs als Anspruchgegner, der Fahrer des gegnerischen Fahrzeugs als Unfallgegner (wenn er mit dem Halter nicht identisch ist), der Fahrer des Mandantenfahrzeugs als Zeuge (wenn er mit dem Halter nicht identisch ist) benannt werden.

§ 14 Anhang

Schadensaufstellung

TG	Totalschaden gem. anl. Gutachten	brutto	€
TS	Totalschaden gem. Schwacke-Liste	brutto	€
AA	Kosten für An- und Abmeldung		€
RG	Reparaturschaden gem. anl. Gutachten	brutto	€
GR	Reparaturschaden gem. anl. Gutachten und Rechnung	brutto	€
R	Reparaturschaden gem. anl. Rechnung	brutto	€
KA	Reparaturschaden gem. anl. Kostenvoranschlag	brutto	€
GK	Gutachterkosten gem. anl. Rechnung	brutto	€
W	Wertminderung gem. anl. Gutachten		€
NU	Nutzungsausfall Tage à €	–	€
A	Abschleppkosten gem. anl. Rechnung	brutto	€
M	Mietwagenkosten gem. anl. Rechnung	brutto	€
K	Kreditkosten gem. anl. Rechnung		€
S	Sonstiger Schaden gem. nachfolgender Aufstellung		€
SC	Schmerzensgeld		€
H	Nichtersetzte Heilbehandlungskosten gem. anl. Rechnung		€
G	Gewinnausfall		€
V	Verdienstausfall gem. anl. Bescheinigung		€
U	Schadenersatz wegen entgangenen Urlaubs		€
AK	Aushilfskraftkosten gem. anl. Bescheinigung	brutto	€
N	Nebenkostenpauschale		€
	_____		€
	_____		€
	_____		€
	_____		€
	_____		€
	Gesamtsumme		€

Schadenssumme soll überwiesen werden an _____

auf Konto _____

E. Anlage 5: Checkliste zur Erfassung der fixen Kosten

(Nach *Ege*, Band 7, S. 81 ff. der Schriftenreihe der Arbeitsgemeinschaft Verkehrsrecht im DAV)

A. Aufwand für Wohnung, Garten, Haustierhaltung und Grabpflege

1. Wohnung
OLG Hamm MittBl 1998, 58
- Bettenreinigung
- Christbaum mit Zubehör
- Energiekosten ohne Strom und in Nebenkosten enthaltener Energie, wie z.b. Gas, Heizöl, Fernwärme
- Ersatzkosten (Batterien, Besen, Bürsten, Geschirr, Geräte, Gläser)
- Feuerlöscherwartung
- Gebäudebrandversicherung
- Gemeinschaftsanlagen (Strom und Wartung)
- Grundsteuer
- Hausmeisterkosten
- Kaminkehrer samt Abgasmessungen
- Kerzen (Zier-, Advents- und Notfallkerzen)
- Miete/Mietwert
- Müllabfuhr
- Nebenkosten
- Reinigungsmaterialien/Putzmittel
- Reparaturaufwendungen (beim Mieter Kleinreparaturen gemäß Vertrag)
- Schönheitsreparaturen/Rücklagen (mietvertragliche oder übliche)
- Streumaterial, Eisschaber, Schneeräumgeräte
- Stromgeld samt Grundgebühr und Zählermiete
- Teppichreinigung
- Ungezieferbekämpfung
- Verbrauchserfassungskosten
- Wartungskosten Heizkessel samt Brenner/Blitzableiter
- Warmwasserkosten
- Wasch- evtl. Entkalkungsmittel/Salz für Entkalkungsgerät/Spülmaschine
- Wasser- und Abwasserkosten samt Wasseruhrmiete, Wohnungseinrichtung (Raten/Rücklagen für Neu-/Ersatzkäufe, Instandhaltung)
- Zimmerpflanzen (Schnitt- und Topfpflanzen)

2. Gartenpflege
- Düngemittel
- Ersatzpflanzen für Zier- und Obstgarten
- Herbizide, Insektizide

§ 14 Anhang

- Obstbaumschnitt
- Rasenmäher (Treibstoff, Wartung)
- Torfmull

3. Tierhaltung
- Hundefutter
- Hundesteuer
- Tierarztkosten
- Tierhalterhaftpflichtversicherung

4. Grabpflege
- Grabpflegekosten

B. Informations-, Unterhaltungs-, Bildungs- und Vereinsaufwand
- Büchereinkäufe für Familie/Buchclub
- Fernseh- und Radioprogramm-Zeitschrift
- Gemeindeblatt
- Illustrierte/Lesezirkel
- Kabelanschlussgebühr (Satellitenempfangsgebühr bei Eigenanlage)
- Kirchenblatt
- Kirchenzeitung
- Radio- und Fernsehgebühren
- Sonntagszeitung
- Tageszeitung
- Telefongrundgebühr
- Trinkgeld Zeitungsträger/Postzusteller
- Vereinsbeiträge bei Familienmitgliedschaft

C. Versicherungsaufwand zur Risikoabdeckung (ohne Kfz und Tiere)
- Auslandskrankenversicherung
- Familienunfallversicherung
- Familien-Rechtsschutzversicherung
- Gewässerschadenversicherung
- Hausratsversicherung (verbundene)
- Krankenversicherung
- Mieterrechtsschutzversicherung
- Neuwertversicherung Elektro- und Gasgeräte des Hausrats
- Privathaftpflichtversicherung
- Reisegepäckversicherung
- Sterbegeldversicherung

D. Familienfahrzeug

- AU-Untersuchung (jährlich)
- Automobilclub-Beitrag
- Garagenmiete/Stellplatzkosten
- Insassenunfallversicherung
- Kaskoversicherung
- Kraftfahrzeughaftpflichtversicherung
- Verkehrs-Rechtsschutzversicherung
- Kraftfahrzeugsteuer
- Kundendienste/Reparaturrücklagen
- Rücklagen/Raten für Ersatz- oder Neufahrzeug
- Trinkgelder
- TÜV-Gebühren (Anfall alle 2 Jahre)
- Verkehrs-Service-Versicherung/Schutzbrief In- und Ausland
- Wagenpflege (Waschen, Konservieren, Pflegemittel)

§ 14 Anhang

F. Anlage 6: Berechnungsbogen Quotenvorrecht

Schadenspositionen	Haftpflichtver-sicherung	Vollkaskover-sicherung	Quotenbevor-rechtigt	nach Quote
Fahrzeugschaden	€	€	€	
Wertminderung	€		€	
SV-Kosten	€		€	
Abschleppkosten	€		€	
n.f.a.kaskobedingt	€		€	
Nutzungsausfall	€			€
Mietwagenkosten	€			€
An- u. Abmeldekosten	€			€
Verdienstausfall	€			€
Haushaltshilfeschaden	€			€
Schmerzensgeld	€			€
	€			€
	€			€
	€			€
	€			€
Fahrtkosten	€			€
Anwaltshonorar Vollkasko	€			€
Kostenpauschale	€			€
Zwischensumme	€			€
mal % Quote	€			€
gleich Zahlung Haftpflichtversicherer	€			€
plus Summe Quotenvorrecht				€
plus Zahlung Vollkaskoversicherer				€
Gesamtergebnis nach Quotenvorrecht				€

G. Anlage 7: Rechtsprechung zu UPE-Aufschlägen und Verbringungskosten, alphabetisch nach Gerichten und Gerichtsorten geordnet

I. Oberlandesgerichte

KG Berlin	vom 10.9.2007	22 U 224/06
OLG Dresden	vom 13.6.2001	13 U 600/01
OLG Düsseldorf	vom 16.6.2008	I-1 U 246/07
OLG Düsseldorf	vom 25.6.2001	1 U 126/00
OLG Hamm	*MittBl 1998, 58*	
OLG Koblenz	vom 8.9.1997	12 U 1355/96
OLG München	vom 28.2.2014, *r+s 2014, 471*	10 U 3878/13

II. Landgerichte

LG Aachen	vom 7.4.2005	6 S 200/04
LG Aachen	vom 18.7.2001	7 S 393/00
LG Bochum	vom 19.10.2007	5 S 168/07
LG Bonn	vom 29.1.2008	8 S 195/07
LG Bonn	vom 12.7.2006	5 S 72/06
LG Dortmund	vom 28.11.2008, *zfs 2009, 265*	17 S 68/08
LG Essen	vom 23.10.2007	13 S 103/07
LG Essen	vom 27.5.2005	13 S 115/05
LG Gera	vom 28.9.1999, *DAR 1999, 550*	10 S 311/99
LG Hamburg	vom 21.8.2015, *DV 2015, 260*	306 O 379/14
LG Hanau	vom 9.4.2010, *NZV 2010, 574*	2 S 281/09
LG Hildesheim	vom 1.4.2010, *NZV 2010, 575*	7 S 254/09
LG Köln	vom 31.5.2006	13 S 4/06
LG Mainz	vom 31.5.2006	3 S 15/06
LG München	vom 17.7.2000	I 17 O 16073/98
LG Oldenburg	vom 18.5.1999	1 S 651/98
LG Paderborn	*DAR 1999, 128*	
LG Paderborn	vom 1.12.1998	2 O 389/98
LG Potsdam	*zfs 1996, 375*	
LG Saarbrücken	vom 19.7.2013, *DAR 2013, 520*	13 S 61/13
LG Saarbrücken	vom 1.2.2007	11 S 124/06
LG Verden	*zfs 2001, 18*	
LG Wiesbaden	vom 7.6.2000, *DAR 2001, 36*	10 S 81/99
LG Wuppertal	vom 18.10.2007	8 S 60/07

III. Amtsgerichte

10

AG Aachen	zfs 1998, 15	
AG Aachen	vom 17.8.2005	8 C 195/05
AG Aachen	vom 29.6.2005	11 C 176/05
AG Aachen	vom 25.7.2005	5 C 81/05
AG Aachen	vom 28.8.2006	5 C 338/06
AG Aachen	vom 29.6.2005	11 C 176/05
AG Achim	vom 24.9.1997	10 C 869/97
AG Achim	zfs 1998, 15	
AG Baden-Baden	MittBl 1998, 117	
AG Bad Oeynhausen	vom 8.3.2005	11 C 512/04
AG Bad Oeynhausen	vom 3.2.2009, DV 2009, 67	11 C 93/08
AG Berlin Mitte	zfs 1996, 179	
AG Berlin Mitte	vom 5.2.1996, zfs 1996, 179	112 C 160/95
AG Bersenbrück	DAR 1997, 74	
AG Bersenbrück	vom 20.11.1996	11 C 305/96
AG Bochum	SP 1992, 313 = zfs 1999, 423	
AG Bochum	vom 29.9.1998	67 C 602/97
AG Bochum	vom 23.6.1999	43 C 138/99
AG Bochum	vom 29.9.1998	67 C 602/97
AG Bochum	vom 1.7.1992	42 C 50/92
AG Bremen	vom 11.6.2003	18 C 60/02
AG Bühl	vom 19.10.2000	3 C 184/00
AG Bündingen	zfs 1999, 423	
AG Bündingen	vom 15.7.1999	2 C 327/99 (21)
AG Darmstadt	zfs 1999, 152	
AG Darmstadt	vom 16.6.2004	309 C 500/03
AG Dinslaken	DAR 1996, 409	
AG Dinslaken	vom 25.3.1996	8 C 22/96
AG Dinslaken	vom 29.4.1998	9 C 14/98
AG Dortmund	MittBl 1997, 100	
AG Dortmund	vom 28.8.2007	428 C 1261/07
AG Dortmund	vom 2.2.2007	435 C 11189/06
AG Dortmund	zfs 1999, 152	
AG Dortmund	vom 28.1.1999	105 C 11228/98
AG Dortmund	vom 4.9.2014, DV 2015, 44	404 C 5039/14
AG Düsseldorf	SP 1997, 197	
AG Düsseldorf	vom 12.4.2006	53 C 2361/06
AG Düsseldorf	vom 4.10.2006	40 C 5341/06
AG Duisburg-Hamborn	vom 4.8.1999	8 C 129/99

G. Anlage 7: Rechtsprechung zu UPE-Aufschlägen und Verbringungskosten § 14

AG Eschweiler	vom 7.3.2006	21 C 14/06
AG Essen	vom 30.1.2002	29 C 454/01
AG Essen	vom 30.8.1995	11 C 196/95
AG Frankfurt am Main	DAR 2008, 92	
AG Gelsenkirchen	DAR 1997, 249	
AG Gelsenkirchen	vom 21.6.2007	32 C 100/07
AG Gelsenkirchen	vom 17.1.1997	32 C 701/96
AG Göttingen	DAR 1999, 173	
AG Gronau	DAR 1998, 478 und DAR 2000, 37	
AG Gronau	zfs 1994, 124	
AG Gronau	vom 9.7.1998	2 C 585/97
AG Gronau	vom 5.8.1999	2 C 117/99
AG Gronau	vom 25.11.1993, zfs 1994, 124	2 C 308/93
AG Gummersbach	vom 6.2.2007	1 C 598/06
AG Hagen	vom 24.5.2006	16 C 371/05
AG Hagen	vom 26.1.2006	19 C 340/05
AG Hagen	vom 30.6.2005	16 C 234/05
AG Hamburg	zfs 1995, 294	
AG Hamburg	vom 1.6.1995, zfs 1995, 294	50A C 178/95
AG Hamburg-Harburg 9	vom 9.6.2005, zfs 2005, 43	648 C 88/05
AG Hamm	MittBl 1998, 30	
AG Hamm	vom 10.4.2007	17 C 409/06
AG Hamm	vom 28.8.2005	16 C 139/05
AG Hamm	vom 6.6.2007	17 C 53/07
AG Hannover	zfs 2002, 434	
AG Hannover	vom 4.6.2002	528 C 2052/02
AG Hattingen	vom 18.1.2005, zfs 2005, 339	7 C 157/04
AG Kelheim	vom 22.3.2001	1 C 0862/00
AG Kerpen	vom 26.9.2008, DV 2008, 165	21 C 117/08
AG Kiel	vom 7.1.1997	113 C 449/96
AG Kiel	DAR 1997, 159	
AG Kiel	MittBl 1999, 51	
AG Königswinter	zfs 1995, 55	
AG Königswinter	vom 30.11.1994, zfs 1995, 55	9 C 92/94
AG Kronach	vom 14.5.1998	1 C 31/98
AG Kronach	SP 1998, 345	
AG Landstuhl	vom 8.11.2001, DAR 2002, 24	3 C 92/01
AG Langen	vom 21.3.1995, zfs 1995, 174	51 C 32/95
AG Leipzig	vom 27.8.1999, DAR 1999, 555	19 C 6733/99
AG Leverkusen	vom 15.11.1994, zfs 1995, 56	20 C 258/94

AG Ludwigshafen	vom 21.1.2005	2a C 164/04
AG Lüdenscheid	vom 29.11.2002	C 117/02
AG Mainz	vom 3.5.1996	37 C 158/95
AG Mainz	DAR 1996, 322	
AG Mannheim	vom 10.11.2006	12 C 316/06
AG Minden	zfs 1990, 8	
AG Moosbach	vom 22.8.1997, zfs 1997, 415	3 C 134/97
AG Neumünster	vom 25.4.1997, zfs 1997, 298	22 C 910/96
AG Neuss	vom 5.5.1997	42 C 531/96
AG Neustadt-Rübenberg	vom 26.4.2000	53 C 438/00
AG Norderstedt	vom 2.2.2000	47 C 85/99
AG Nördlingen	vom 30.11.1998, zfs 1999, 104	6 C 732/98
AG Oranienburg	zfs 1999, 152	
AG Peine	vom 30.10.1996	16 C 387/96
AG Pforzheim	vom 16.7.1996	3 C 192/96
AG Pforzheim	DAR 1996, 501	
AG Plön	vom 11.5.1995, DAR 1995, 453	2 C 245/95
AG Potsdam	vom 4.8.2000	34 C 182/99
AG Recklinghausen	vom 27.8.1999	55 C 131/99
AG Rheda-Wiedenbrück	DAR 1999, 173	
AG Rüdesheim	vom 28.7.2006	2 C 71/06
AG Saarbrücken	vom 23.2.2005	3 C 291/04
AG Saarlouis	vom 29.11.1996	26 C 1984/95
AG Saarlouis	zfs 1997, 95	
AG Schweinfurt	vom 29.7.1998	2 C 1716/97
AG Siegburg	vom 13.11.2006	104 C 270/06
AG Soest	vom 29.10.2003	13 C 493/02
AG Soest	DAR 1999, 271	
AG Solingen	vom 9.6.1997, DAR 1997, 449	9 C 195/97
AG Staufen	vom 24.7.1995, zfs 1995, 373	2 C 75/95
AG Traunstein	zfs 1998, 111	
AG Überlingen	vom 23.3.1995, DAR 1995, 296	4 C 1420/94
AG Vechta		11 C 1161/03
AG Velbert	vom 9.4.2008	13 C 570/07
AG Verden	vom 12.10.2000	2 C 657/00
AG Weilburg	vom 29.4.1997, zfs 1997, 298	5 C 673/96
AG Weilheim	SP 1992, 15	
AG Wuppertal	vom 11.1.2008, zfs 2008, 199	32 C 197/07

H. Anlage 8: Berechnungsbogen Fahrzeugschaden

Art des Schadens	Datum	geltend gemachter Betrag	Zahlung Versicherer	Schaden
Reparaturkosten				
Totalschaden				
Sachverständigenkosten				
Kostenvoranschlag				
Wertminderung				
Abschleppkosten				
Ummeldekosten				
Mietwagenkosten				
Nutzungsausfall				
Standgeld				
Helm/Gurt				
Entsorgungskosten				
Umbaukosten				
Gebühren/Zinsen				
Kleidungsschäden				
Transportschaden				
SFR-Verlust				
Taxikosten				
Kostenpauschale				

Summe:	

§ 14 Anhang

I. Anlage 9: Berechnungsbogen Fahrtkosten – Besuchsfahrten

12

Datum	Zweck der Fahrt	Person	Pkw	km

Summe km:	
à 0,25 EUR:	

Ergebnis: _____

J. Anlage 10: Berechnungsbogen Kleidungsschaden

13

Art des Kleidungsstücks	Datum der Anschaffung	Damaliger Neupreis	Zeitwert (geschätzt)

Summe	
abzgl. Zahlung	
Differenz	

K. Anlage 11: Berechnungsbogen Haushaltsführungsschaden

I. Konkrete/fiktive Berechnung Haushaltsführungsschaden

Bei Verletzung	Bei Tötung
Nicht „gesetzlich geschuldeter Unterhalt", sondern tatsächlicher **Arbeitsumfang** vor dem Unfall (konkret festzustellen)	Unterhaltsschaden gem. § 844 II BGB, § 10 II StVG = „**gesetzlich geschuldeter Unterhalt**".
1. Anhaltspunkte gem. Tabelle 8 2. **Kein Abzug** für Eigenversorgung 3. Allenfalls **Erhöhung** wegen vermehrten Pflegebedarfs 4. **Mithilfe** haushaltsangehöriger Kinder und/oder des Ehegatten nur in dem Umfang, in dem zuvor **tatsächlich erbracht**!	1. **Rechtlich geschuldete Leistung** für die Führung des konkreten Haushalts, 2. **vermindert** um den auf die **Eigenversorgung** des Haushaltsführenden entfallenden Anteil, 3. **vermindert** um die **Mitarbeitspflicht** des Anspruchstellers. 4. Dieser rechnerische Betrag ist um den weggefallenen **Barunterhaltsbetrag zu kürzen**, den der Getötete für den Überlebenden zu leisten hatte. 5. Mehrere Anspruchsberechtigte sind **Teilgläubiger**, so dass für jeden der Unterhaltsschaden getrennt berechnet werden muss.
Ermittlung: Tabellen 4 und 4a, Fragebögen Haushaltsspezifische MdE: Tabelle *Reichenbach/Vogel* (Tabelle 6).	Tabelle 1 Zu- und Abschläge Tabelle 2 Mithilfepflicht gem. tatsächlicher Handhabung vor dem Unfall, aber nicht offensichtliches Missverhältnis, mind. 25%.
TVöD	TVöD **Unterhaltsersparnis:** Familieneinkommen inkl. Haushaltsführungsschaden abzüglich „fixe Kosten" (35 %–50 %). Anschl. Verteilung zuzüglich Fixe-Kosten-Anteil.
	Traf den Getöteten eine **Mitverantwortung** für den Unfall, muss sich der überlebende Ehegatte die Unterhaltsersparnis nur insoweit anrechnen lassen, als sie den von ihm selbst zu tragenden Schadenanteil (§§ 846, 254 BGB) übersteigt.
Einstellung einer Ersatzkraft: **Vollständig** = Bruttoentgelt zuzüglich Arbeitgeberanteile! oder **teilweise** (Kombination mit teilweiser fiktiver Abrechnung möglich).	
	Bei Wiederheirat muss der dadurch begründete Unterhaltsanspruch schadensmindernd abgerechnet werden. Wird die Ehe aufgelöst, gilt wieder der ursprüngliche Umfang. Der Betreuungsschaden der Halbwaisen wird durch Stiefmutter kompensiert.

K. Anlage 11: Berechnungsbogen Haushaltsführungsschaden § 14

II. Berechnungsbogen Haushaltsführungsschaden

Zeitraum	haushaltsspe-zifische MdE in %	= Stunden-bedarf bei 100 %	Stunden nach MdE %	Betrag nach TVöD	× Monate	= Betrag

15

Summe	
abzüglich gezahlter	
Restbetrag	

§ 14 Anhang

L. Anlage 12: Berechnungsbogen Verdienstausfall

16 (nach Ablauf des Entgeltfortzahlungszeitraums)

Zeitraum	Hätteverdienst	Ist-Einkommen			Schaden
		Kranken-geld	Renten-vers.	Arbeits-amt	Differenz
–					
–					
–					
–					
–					
–					
–					
–					
–					
–					
–					
–					
–					
–					
–					
–					
–					
–					
–					
–					

Summe	
abzgl. Vorschuss	
Schaden	

M. Anlage 13: Auto-Haftpflichtschäden

Deutsches Büro Grüne Karte e.V.
Wilhelmstraße 43/43G
10117 Berlin
Telefon: (030) 20 20 5757
Telefax: (030) 20 20 6757

Verkehrsopferhilfe e.V.
Wilhelmstraße 43/43 G
10117 Berlin
Telefon: (030) 20 20 5858
Telefax: (030) 20 20 5722

MERKBLATT

zur Bearbeitung von Auto-Haftpflichtschäden

durch den Verein Deutsches Büro Grüne Karte

und

den Verein Verkehrsopferhilfe

sowie über die Möglichkeiten der Geltendmachung von Ersatzansprüchen

bei Schadenfällen im Ausland

Im Normalfall ist der jeweilige Auto-Haftpflichtversicherer des Unfallgegners für die Schadenregulierung zuständig. Im Folgenden geben wir Hinweise für die Schadenregulierung in Sonderfällen.

I. **Deutsches Büro Grüne Karte e.V.**

Ansprüche aus Auto-Haftpflichtschadenfällen in Deutschland, die durch ein im Ausland zugelassenes Kraftfahrzeug verursacht wurden, können – außer gegen den Schädiger und den ausländischen Haftpflichtversicherer – auch gegen den Verein Deutsches Büro Grüne Karte geltend gemacht werden, sofern dieser nach § 2 des Gesetzes über die Haftpflichtversicherung für ausländische Kraftfahrzeuge und Kraftfahrzeuganhänger vom 24. Juli 1956 (AuslPflVersG) die Pflichten eines Haftpflichtversicherers übernommen hat. Das ist dann – aber auch nur dann – der Fall, wenn folgende Voraussetzungen erfüllt sind, die vom Anspruchsteller nachzuweisen sind:

1. Internationale Grüne Versicherungskarte
Für das beteiligte Kraftfahrzeug war eine Grüne Karte ausgestellt. Dieser Nachweis ist zu erbringen bei Fahrzeugen aus folgenden Ländern:
Albanien, Aserbaidschan, Bosnien-Herzegowina, Iran, Israel, Marokko, Mazedonien, Moldawien, Russland, Montenegro, Tunesien, Türkei, Ukraine und Weißrussland.

2. Amtliches Kennzeichen
Auf der Basis des amtlichen Autokennzeichens besteht Deckungsschutz für Deutschland (§ 8a PflversAusl). Dies gilt grundsätzlich für Fahrzeuge aus folgenden Ländern:
Andorra, Belgien, Bulgarien, Dänemark, Estland, Finnland, Frankreich, Griechenland, Großbritannien, Irland, Island, Italien, Kroatien, Lettland,

Liechtenstein, Litauen, Luxemburg, Malta, Monaco, Niederlande, Norwegen, Österreich, Polen, Portugal, Rumänien, Schweden, Schweiz, Serbien, Slowakische Republik, Slowenien, Spanien, Tschechische Republik, Ungarn und Zypern.

3. Schadenmeldung und Schadenregulierung[1]

3.1 In der ersten Fallgruppe (s.o. 1) sind in der formlosen Schadenmeldung folgende Angaben erforderlich, ohne die eine Schadenbearbeitung nicht möglich ist:
- Vorlage der Grünen Karte

    Kann das Dokument selbst nicht vorgelegt werden, möglichst vollständige Angaben aus der Grünen Karte einschließlich des Gültigkeitszeitraumes
- Namen und Anschriften der am Schadenfall unmittelbar Beteiligten,
- Unfallort,
- Unfalldatum

3.2 In der zweiten Fallgruppe (s.o. 2.) sind in der formlosen Schadenmeldung folgende Angaben erforderlich:
- amtliches Kennzeichen und Herkunftsland des Fahrzeuges des Unfallgegners,
- Namen und Anschriften der am Schadenfall unmittelbar Beteiligten,
- Unfallort,
- Unfalldatum,
- möglichst Namen des ausländischen Haftpflichtversicherers und die Versicherungsschein-Nummer,
- möglichst Marke und Typ des Fahrzeuges des Unfallgegners.

Soweit die Eintrittspflicht des Deutschen Büros Grüne Karte e.V. gegeben ist, wird von diesem ein hiesiges Versicherungsunternehmen oder ein Schadenregulierungsbüro benannt und der Anspruchsteller gebeten, sich dorthin zu wenden, damit der Schadenfall im Auftrag des ausländischen Versicherers oder des ausländischen Grüne Karte Büros bearbeitet werden kann.

3.3 Wichtige Hinweise:

Das mit der Bearbeitung befasste Versicherungsunternehmen oder Schadenregulierungsbüro ist im Falle eines Gerichtsverfahrens nicht der richtige Beklagte. Passivlegitimiert ist das Deutsche Büro Grüne Karte e.V..

---

[1] Wir bitten, der Schadenmeldung keine Originalunterlagen beizufügen. Die für die Anmeldung wichtigen Nachweisunterlagen wie z.B. die Grüne Karte des Unfallgegners u.ä. bitte nur als Kopie übersenden. Ggf. reicht die Angabe der Versicherung des Unfallgegners bei der Anmeldung aus, um die Auskunft über den zuständigen Schadenregulierer zu erhalten.

M. Anlage 13: Auto-Haftpflichtschäden § 14

Sofern es dem Geschädigten nicht möglich ist, die unter Ziff. 1 bzw. 2 genannten Angaben zu liefern, ist der Verein Deutsches Büro Grüne Karte nicht eintrittspflichtig und auch nicht passivlegitimiert.

Das Deutsche Büro Grüne Karte e.V. ist – allerdings ohne dazu verpflichtet zu sein – bereit, bei der Ermittlung fehlender Angaben behilflich zu sein. Die Ermittlung der notwendigen Angaben im Ausland ist teilweise schwierig und langwierig. Je mehr Angaben vorliegen, desto größer sind die Erfolgsaussichten, die noch fehlenden Daten zu ermitteln. Solange die notwendigen Angaben fehlen, sind Schadenersatzansprüche gegen das Deutsche Büro Grüne Karte e.V. nicht durchsetzbar.

In diesem Fall bleibt lediglich die Möglichkeit, gegen den Schädiger bzw. seinen ausländischen Versicherer direkt vorzugehen.

In diesem Zusammenhang wird verwiesen auf die Ausführungen von Schmitt in VersR 70, 497.

II. **Verkehrsopferhilfe e.V. (VOH)**

Die VOH leistet Schadenersatz bei Unfällen in Deutschland, wenn

– das Schädigerfahrzeug (nur Kraftfahrzeuge oder Anhänger) nicht zu ermitteln ist oder pflichtwidrig nicht oder nicht mehr haftpflichtversichert ist oder

– der Schaden vorsätzlich und widerrechtlich durch ein Kraftfahrzeug oder Anhänger verursacht wurde (§ 152 VVG) oder

– der Kraftfahrzeug-Haftpflichtversicherer des Verursachers zahlungsunfähig ist.

Die genauen Leistungsvoraussetzungen und der -umfang ergeben sich aus § 12 Pflichtversicherungsgesetz sowie den §§ 10 und 11 der Verordnung über den Entschädigungsfonds für Schäden aus Kraftfahrzeugunfällen vom 14. Dezember 1965 (BGBl I S. 2093), zuletzt geändert durch VO vom 17. Dezember 1994 (BGBl I S. 3845).

Wichtig ist, dass bei Schäden durch nicht ermittelte Kraftfahrzeuge – und nur hier – für Sachschäden am Kraftfahrzeug und die daraus resultierenden Sachfolgeschäden nur dann eine Leistungspflicht des Entschädigungsfonds besteht, wenn bei demselben Unfall erhebliche Verletzungen eingetreten sind.

Von den Sachschäden ist ein Selbstbehalt von 500,00 Euro abzuziehen.

Schmerzensgeldzahlungen erfolgen nur, wenn diese wegen der besonderen Schwere der Verletzung zur Vermeidung einer groben Unbilligkeit erforderlich sind.

III. **Schadenfälle mit Fahrzeugen/Anhängern von in Deutschland stationierten ausländischen Streitkräften bzw. mit Privatfahrzeugen von Mitgliedern der ausländischen Streitkräfte, ihres zivilen Gefolges oder ihrer Angehörigen**

Zu unterscheiden ist danach, ob es sich um ein Fahrzeug der Truppen (Dienstfahrzeug) oder um ein Privatfahrzeug handelt.

§ 14 Anhang

1. Für Schadenfälle mit Dienstfahrzeugen der Truppen sind zuständig die Schadenregulierungsstellen des Bundes (SRB), die zum Geschäftsbereich Verwaltungsaufgaben der Bundesanstalt für Immobilienaufgaben gehören.
Schadenfälle sind innerhalb von 3 Monaten anzumelden!
2. Für Schadenfälle mit Privatfahrzeugen ist zuständig der jeweilige Auto-Haftpflichtversicherer des Fahrzeugs.

Die Registrierung und Zulassung privater Kfz und Anhänger von Truppenangehörigen erfolgt durch die zuständigen Militärbehörden der Truppen. Bei diesen sind Auskünfte über den zuständigen Kfz-Haftpflichtversicherer des Unfallgegners zu erhalten.

Es handelt sich um folgende Institutionen:

Für amerikanische Kraftfahrzeuge:
Amerikanische Zulassungsstelle
Abteilung Correspondence
Postfach 12 63
67673 Enkenbach-Alsenborn

Für belgische Kraftfahrzeuge:
Belgischer Verbindungsdienst
Germanicusstrasse 5
50968 Köln

Für britische Kraftfahrzeuge:
Vehicle Licensing Office
Block 7, Catterick Kaserne
Detmolder Str. 440
33605 Bielefeld

Für französische Kraftfahrzeuge:
Antenne de Commandement
des Forces Françaises et de l'Elément Civil
Stationnés en Allemagne
SAJJ
Postfach 19 62
78159 Donaueschingen

Eine Besonderheit bei den Privatfahrzeugen der Truppenangehörigen besteht insofern, als diese auch bei einem Versicherer im Entsendestaat, also bei einem ausländischen Versicherer versichert sein können. Nach Art. 11 des Zusatzabkommens zum NATO-Truppenstatut ist dafür Voraussetzung, dass neben diesem ausländischen Versicherer ein in Deutschland zum Geschäftsbetrieb befugter Versicherer oder ein Verband solcher Versicherer die Pflichten eines Haftpflichtversicherers für Schadenfälle im Bundesgebiet übernommen hat.

Schadenfälle können beim Deutschen Büro Grüne Karte e.V. angemeldet werden, wenn für das Fahrzeug des Unfallgegners eine Grüne Versicherungskarte des ausländischen Versicherers vorgelegt werden kann. Für Privatfahrzeuge der Truppenangehörigen aus Belgien, Großbritannien und Frankreich reicht allerdings die Angabe des amtlichen Kennzeichens aus.

IV. **Schadenfälle deutscher Autofahrer im Ausland**
  1. Allgemeines
  Das Deutsche Büro Grüne Karte e.V. ist für im Ausland eingetretene Schadenfälle grundsätzlich nicht zuständig.

  Die Schadenersatzansprüche sind beim Haftpflichtversicherer des Unfallgegners geltend zu machen. Falls eine Rechtsschutzversicherung besteht, wird empfohlen, sich mit dem Rechtschutzversicherer in Verbindung zu setzen, der einen deutschsprachigen Rechtsanwalt benennen kann.

  Besteht keine Rechtsschutzversicherung kann der
  Deutscher Anwaltverein e.V.
  Littenstr. 11
  10179 Berlin
  Tel.: 030 / 72 61 52 – 0
  Fax: 030 / 72 61 52 – 190

  deutschsprachige Rechtsanwälte benennen. Zu beachten ist, dass die mit der Einschaltung eines Anwaltes verbundenen Kosten in einigen Ländern auch dann nicht vom gegnerischen Haftpflichtversicherer erstattet werden, wenn der Unfallgegner in vollem Umfang ersatzpflichtig ist.

  2. Schadenfälle innerhalb der EU-Mitgliedstaaten einschließlich der EWR-Länder sowie der Schweiz
  Aufgrund der im Rahmen der EU-Richtlinie 2000/26/EG (4. KH-Richtlinie) geschaffenen „Regulierungsstellen" besteht die Möglichkeit, den Schadenfall auch bei dem im Wohnsitzland des Geschädigten bestellten Vertreter (Schadenregulierungsbeauftragten (SB)) des zuständigen ausländischen Haftpflichtversicherers anzumelden und von diesem die Schadenbearbeitung vornehmen zu lassen.
   a) Auskunftsstelle § 8a) Pflichtversicherungsgesetz
   Auskunft darüber, wer in Deutschland der zuständige SB des in Betracht kommenden ausländischen Haftpflichtversicherers ist, kann die „Auskunftstelle" geben. Die Funktion der Auskunftsstelle übernimmt in Deutschland die GDV-Dienstleistungs GmbH & Co. KG (Zentralruf der Autoversicherer).
   Telefon Nr.: 0800–2502600.
   Ist der zuständige ausländische Versicherer noch nicht bekannt und muss dieser zunächst ermittelt werden, kann zu diesem Zweck ebenfalls der o.a. Zentralruf der Autoversicherer eingeschaltet werden.

§ 14 Anhang

Die Ermittlung des Haftpflichtversicherers und sonstiger gegebenenfalls für die Schadendurchführung notwendiger Angaben erfolgen durch die Zusammenarbeit mit der jeweiligen nationalen Auskunftsstelle des Unfalllandes. Der Zentralruf der Autoversicherer stellt in diesem Falle lediglich die ihm übermittelten Daten zur Verfügung.

b) Entschädigungsstelle § 12a) Pflichtversicherungsgesetz
Die Funktion der sog. „Entschädigungsstelle" in Deutschland wird wahrgenommen vom Verein Verkehrsoperhilfe e.V Wilhelmstraße 43/43 G, 10117 Berlin, Telefon: 030 20 20 5858.

Die Entschädigungsstelle ist im wesentlichen nur dann zuständig für die Schadenabwicklung des Auslandsunfalls in folgenden Situationen:
– der zuständige ausländische Haftpflichtversicherer hat in Deutschland keinen SB bestellt,
– der zuständige ausländische Haftpflichtversicherer und/oder dessen SB haben binnen drei Monaten ab der Geltendmachung von Entschädigungsleistungen keine mit Gründen versehene Antwort auf den Entschädigungsantrag erteilt,
– das schädigende Kraftfahrzeug oder der zuständige Haftpflichtversicherer konnten binnen zwei Monaten nicht ermittelt werden.

Bei Vorliegen dieser Voraussetzungen kann der Antrag auf Schadenregulierung bei der Entschädigungsstelle gestellt werden. Die Entschädigungsstelle wird sich um die Sache kümmern.

Die Regulierung des Schadenfalles erfolgt in der Regel nach dem Recht des Unfalllandes.

Wichtiger Hinweis

Die Entschädigungsstelle ist nicht zuständig und kann nicht tätig werden, wenn die vom ausländischen Versicherer bzw. dessen Repräsentanten durchgeführte Schadenregulierung nicht zufriedenstellend ist bzw. Differenzen in der Beurteilung der Berechtigung der Forderungen bestehen.

3. Schadenfälle in Drittstaaten (außerhalb des EU-EWR-Raumes)
 a) Das unter Ziffer 2 beschriebene Regulierungsverfahren kann auch dann zur Anwendung kommen, wenn der Schadenfall sich in einem nicht EU/EWR-Land ereignet hat. Voraussetzungen dazu sind
 – die Fahrzeuge der Unfallbeteiligten haben ihren gewöhnlichen Standort in einem EU/EWR-Land und
 – der Schadenfall ist in einem Land eingetreten, das dem Grüne Karte System angehört (Hinweise hierzu unter www.gruene-karte.de)

Die Informationen sind nach bestem Wissen zusammengestellt; eine Gewähr für die Richtigkeit kann nicht übernommen werden.

Stand Mai 2016

M. Anlage 13: Auto-Haftpflichtschäden § 14

Quelle: *http://www.gruene-karte.de/fileadmin/data_storage/gruene_karte/GK_45_ Merkblatt-Stand-Mai-2016.pdf.* Abgedruckt mit freundlicher Genehmigung durch den Verein Deutsches Büro Grüne Karte e.V. und den Verein Verkehrsopferhilfe e.V.

§ 14 Anhang

N. Anlage 14: Antrag auf Schadenersatz nach dem NATO-Truppenstatut

18 | Az.:

Antrag auf Schadenersatz nach dem NATO - Truppenstatut
Bei Versäumung der gesetzlichen Dreimonatsfrist ist der Anspruchsberechtigte mit seinen Ansprüchen ausgeschlossen.

1	Geschädigter		
	Name, Vorname	Konto-Nr.	
	Straße / Ortsteil, Haus-Nr.	Geldinstitut, Ort	Bankleitzahl
			Telefon
	Postleitzahl, Wohnort	Für Umsatzsteuerpflichtige vorsteuerabzugsbrechtigt	☐ nein ☐ ja

2	Schädiger	
	Art des ausländischen Fahrzeugs (z.B. Lkw, Jeep, Hubschrauber)	Kennzeichen
	Nationalität — beteiligte Truppeneinheit	beteiligt Personen
	Soweit der Schädiger nicht bekannt ist: sonstige Angaben zur Feststellung der beteiligten Streitkräfte (z.B. taktisches Kennzeichen, Nationalfarben, Symbole)	

3	Schadensereignis		Forderung insgesamt €
	Schadensort	Tag und Uhrzeit	Personenschaden ☐ nein ☐ ja
	Schilderung des Hergangs (ggf. auf besonderem Blatt)		

4	Beweismittel
	Zeugen mit Anschrift
	Der Unfall ist aufgenommen worden durch die deutsche Polizeidienststelle in — Militärpolizei ☐ nein ☐ ja

Hiermit mache ich die Ersatzansprüche aus diesem Schadensereignis geltend. Auf die beigefügten Anlagen nehme ich Bezug.

_____
Datum   Unterschrift (bei Vertretung bitte Vollmacht beifügen)

O. Anlage 15: Sterbetafel/Zeitrente
I. Tabelle 1: Durchschnittliche Lebenserwartung

Sterbetafel 2012/2014		
Alter	Männer	Frauen
0	78,13	83,05
1	77,40	82,30
2	76,42	81,32
3	75,43	80,33
4	74,44	79,34
5	73,45	78,35
6	72,46	77,35
7	71,47	76,36
8	70,47	75,36
9	69,48	74,37
10	68,49	73,37
11	67,49	72,38
12	66,50	71,38
13	65,50	70,38
14	64,51	69,39
15	63,52	68,40
16	62,53	67,40
17	61,54	66,41
18	60,56	65,42
19	59,59	64,44
20	58,61	63,45
21	57,64	62,46
22	56,67	61,47
23	55,69	60,48
24	54,72	59,50
25	53,75	58,51
26	52,77	57,52
27	51,80	56,53
28	50,83	55,54
29	49,85	54,56
30	48,88	53,57
31	47,91	52,59
32	46,94	51,60
33	45,98	50,62
34	45,01	49,64

Sterbetafel 2012/2014		
Alter	Männer	Frauen
35	44,04	48,66
36	43,08	47,68
37	42,12	46,70
38	41,15	45,72
39	40,20	44,75
40	39,24	43,77
41	38,29	42,80
42	37,34	41,84
43	36,39	40,87
44	35,45	39,91
45	34,52	38,95
46	33,59	37,99
47	32,66	37,04
48	31,75	36,10
49	30,84	35,16
50	29,94	34,22
51	29,05	33,29
52	28,16	32,37
53	27,30	31,45
54	26,44	30,54
55	25,59	29,63
56	24,75	28,73
57	23,92	27,84
58	23,11	26,95
59	22,30	26,06
60	21,51	25,19
61	20,72	24,32
62	19,95	23,45
63	19,19	22,59
64	18,43	21,74
65	17,69	20,90
66	16,95	20,06
67	16,22	19,23
68	15,50	18,41
69	14,79	17,59

19

§ 14 Anhang

Sterbetafel 2012/2014		
Alter	Männer	Frauen
70	14,09	16,78
71	13,40	15,98
72	12,72	15,18
73	12,05	14,39
74	11,39	13,61
75	10,74	12,84
76	10,11	12,08
77	9,50	11,35
78	8,91	10,64
79	8,33	9,95
80	7,79	9,29
81	7,26	8,65
82	6,76	8,04
83	6,30	7,46
84	5,86	6,91
85	5,44	6,39

Sterbetafel 2012/2014		
Alter	Männer	Frauen
86	5,05	5,89
87	4,68	5,43
88	4,33	5,01
89	4,00	4,61
90	3,69	4,25
91	3,40	3,92
92	3,16	3,62
93	2,97	3,38
94	2,77	3,14
95	2,56	2,92
96	2,35	2,69
97	2,20	2,50
98	2,05	2,35
99	1,94	2,21
100	1,83	2,09

Quelle: Statistisches Bundesamt (siehe: https://www.destatis.de/DE/Publikationen/Thematisch/Bevoelkerung/Bevoelkerungsbewegung/PeriodensterbetafelnBundeslaender5126204147004.pdf?__blob=publicationFile)

II. Tabelle 2: Zeitrente, monatlich vorschüssig

Jahre	−1,0 %	1,0 %	2,0 %	2,5 %	3,0 %	3,5 %	4,0 %	5,0 %	5,5 %
0	0,000	0,000	0,000	0,000	0,000	0,000	0,000	0,000	0,000
1	1,005	0,995	0,991	0,989	0,987	0,984	0,982	0,978	0,976
2	2,019	1,981	1,963	1,953	1,944	1,936	1,927	1,909	1,901
3	3,044	2,957	2,915	2,895	2,874	2,854	2,835	2,796	2,778
4	4,080	3,923	3,849	3,813	3,777	3,742	3,708	3,641	3,609
5	5,126	4,880	4,764	4,709	4,654	4,600	4,548	4,446	4,396
6	6,182	5,827	5,662	5,582	5,505	5,429	5,355	5,212	5,143
7	7,249	6,765	6,542	6,435	6,331	6,230	6,131	5,942	5,851
8	8,327	7,693	7,405	7,267	7,133	7,004	6,878	6,637	6,522
9	9,416	8,612	8,250	8,078	7,912	7,751	7,595	7,299	7,158
10	10,515	9,523	9,080	8,870	8,668	8,473	8,286	7,929	7,760
11	11,626	10,424	9,893	9,643	9,402	9,171	8,949	8,530	8,332
12	12,748	11,316	10,690	10,396	10,115	9,846	9,587	9,102	8,873
13	13,882	12,199	11,471	11,131	10,807	10,497	10,201	9,646	9,386
14	15,027	13,074	12,237	11,849	11,479	11,126	10,791	10,165	9,873

O. Anlage 15: Sterbetafel/Zeitrente § 14

Jahre	−1,0 %	1,0 %	2,0 %	2,5 %	3,0 %	3,5 %	4,0 %	5,0 %	5,5 %
15	16,183	13,940	12,988	12,548	12,131	11,735	11,358	10,659	10,334
16	17,351	14,797	13,724	13,231	12,764	12,322	11,903	11,129	10,771
17	18,531	15,646	14,446	13,897	13,379	12,890	12,428	11,577	11,186
18	19,723	16,487	15,154	14,547	13,976	13,438	12,932	12,004	11,578
19	20,927	17,319	15,848	15,181	14,556	13,968	13,417	12,410	11,951
20	22,143	18,143	16,528	15,799	15,118	14,480	13,883	12,797	12,303
21	23,371	18,959	17,195	16,403	15,664	14,975	14,331	13,166	12,638
22	24,611	19,767	17,849	16,992	16,195	15,453	14,762	13,517	12,955
23	25,865	20,566	18,490	17,566	16,710	15,915	15,177	13,851	13,255
24	27,131	21,358	19,118	18,126	17,210	16,361	15,575	14,170	13,540
25	28,409	22,142	19,734	18,673	17,695	16,792	15,959	14,473	13,810
26	29,701	22,918	20,338	19,206	18,166	17,209	16,327	14,762	14,066
27	31,005	23,687	20,931	19,727	18,624	17,611	16,681	15,037	14,309
28	32,323	24,448	21,511	20,234	19,068	18,000	17,022	15,299	14,539
29	33,654	25,201	22,080	20,729	19,499	18,376	17,349	15,548	14,757
30	34,999	25,947	22,638	21,213	19,918	18,739	17,664	15,786	14,963
31	36,357	26,686	23,185	21,684	20,324	19,090	17,967	16,012	15,159
32	37,729	27,417	23,722	22,144	20,719	19,428	18,258	16,227	15,345
33	39,115	28,141	24,248	22,593	21,102	19,756	18,538	16,443	15,521
34	40,514	28,858	24,763	23,030	21,474	20,072	18,808	16,628	15,687
35	41,928	29,568	25,269	23,457	21,835	20,378	19,067	16,814	15,845
36	43,356	30,270	25,764	23,874	22,185	20,673	19,316	16,992	15,995
37	44,799	30,966	26,250	24,281	22,526	20,958	19,555	17,161	16,137
38	46,256	31,655	26,726	24,677	22,856	21,234	19,785	17,321	16,272
39	47,728	32,337	27,193	25,064	23,177	21,500	20,006	17,474	16,399
40	49,215	33,012	27,651	25,441	23,489	21,758	20,219	17,620	16,520
41	50,716	33,681	28,100	25,810	23,791	22,006	20,424	17,759	16,635
42	52,233	34,343	28,540	26,169	24,085	22,247	20,620	17,892	16,744
43	53,766	34,998	28,971	26,519	24,370	22,479	20,810	18,018	16,847
44	55,313	35,647	29,394	26,861	24,647	22,703	20,991	18,138	16,944
45	56,877	36,290	29,809	27,195	24,915	22,920	21,166	18,252	17,037
46	58,456	36,926	30,215	27,520	25,176	23,129	21,334	18,361	17,124
47	60,051	37,556	30,614	27,838	25,430	23,331	21,469	18,464	17,208
48	61,662	38,179	31,004	28,148	25,675	23,527	21,652	18,563	17,286
49	63,290	38,797	31,387	28,450	25,914	23,716	21,801	18,657	17,361

Stichwortverzeichnis

fette Zahlen = Paragrafen, magere Zahlen = Randnummern

70-%-Fälle **7** 39 ff., 238 ff.
- fiktive Reparaturkosten **7** 39
- Sachverständigengutachten **7** 40 f.

100-%-Fälle **7** 65 ff.
- Eigenreparatur **7** 69, 72
- Fälligkeit **7** 73
- fiktive Reparaturkostenabrechnung **7** 67, 70 ff.
- konkrete Reparaturkostenabrechnung **7** 67
- Restwert **7** 73 f.
- Teilreparatur **7** 70
- Wiederbeschaffungs- aufwandsabrechnung **7** 74

130-%-Fälle **2** 45; **7** 6, 75 ff., 311 ff.
- Abschleppkosten **8** 336
- Eigenreparatur **7** 79, 325 ff., 332 ff.
- Fälligkeit **7** 76
- fiktive Reparaturkosten **7** 324 ff., 332 ff., 337 ff.
- Gebrauchtteilereparatur **7** 339
- gewerbliche Kfz **7** 319 ff.
- Integritätszuschlag **7** 311
- konkrete Reparaturkosten **7** 312 ff.
- Leasing **7** 352 f.
- Mietwagen **7** 321
- Oldtimer **7** 90
- Prognoserisiko **7** 322 f.
- Reparaturnachweis **7** 77 ff.
- Restwert **7** 330
- Teilreparatur **7** 79, 334 ff.
- Überlegungsfrist **8** 110 ff., 284
- Veräußerung des Kfz **7** 350 ff.

> 130-%-Fälle **7** 83 ff.
- niedrigere Reparaturkosten als geschätzt **7** 341 ff.
- Rabatt **7** 342

Ab-/Anmeldekosten **8** 358 ff.
- Kaskoversicherung **13** 244
- Kennzeichenkosten **8** 359, 364 f.
- konkrete Abrechnung **8** 362 ff.
- Pauschale **7** 306; **8** 358 ff.
- Quotenvorrecht **6** 15
- Reparaturschaden **8** 366

Abfindungsvergleich **12** 3 ff.
- Abänderung/Anpassung **12** 35 ff., 57 ff.
- AGB **12** 4
- Anspruchsausschluss gegen Dritte **12** 26
- Anwaltshaftung **12** 8, 13 ff., 25
- Anwaltskosten **8** 512; **12** 78 ff.
- Beweisführung **12** 21 ff.
- Checkliste **12** 18 ff.
- gerichtlicher **12** 77
- gesetzlicher Forderungsübergang **12** 27
- Haushaltsführungsschaden **12** 68
- Kapitalisierung **11** 7 ff.
- krasses Missverhältnis **12** 7, 37, 54, 58, 64
- Minderjährige **12** 24
- Privatversichererregress **12** 29
- Rechtsmissbrauch/Treuwidrigkeit **12** 7, 55, 58, 64
- Regulierungsempfehlung **12** 82
- Risikobereich **12** 7, 9, 14, 39 ff.
- Schmerzensgeld **12** 15
- Sozialleistungsträgerregress **12** 27 ff.
- Spätschaden **12** 5 ff., 38 ff., 57, 63 ff.
- Spätschadensvorbehalt **9** 80; **12** 65 ff., 74 ff., 146

859

Stichwortverzeichnis

- Steuern **9** 627; **11** 134 ff.; **12** 30 f.
- Teilvergleich **11** 6; **12** 32 ff.
- unzumutbare Härte **12** 7, 37, 55
- Verdienstausfall **12** 47, 68
- Vergleichsbegriff **12** 1 ff.
- Verjährung **12** 145 f.
- Verjährungshemmung **12** 145
- Verjährungsneubeginn **12** 70
- Verjährungsverzicht **12** 34, 69, 72 ff., 146
- Vorbehaltsvergleich **12** 16, 32 ff., 65 ff.
- Wegfall der Geschäftsgrundlage **11** 36; **12** 35 ff.
- Wegfall/Kürzung von Sozialleistungen **12** 42 ff.
- Wiederheirat **10** 164

Abschleppen
- Auswahlverschulden **8** 333
- Betriebsbegriff **2** 243
- Eigenreparatur **8** 338
- Entfernung **8** 329 ff.
- Folgeschaden **8** 328
- Kaskoversicherung **13** 242
- Quotenvorrecht **6** 14
- Reisekostenvergleich **8** 334 f.
- Schadensminderungspflicht **8** 329 ff.
- Totalschaden **8** 336 f.
- weiteres **8** 332, 336

Adäquanztheorie **2** 21 ff.
- mehrere Unfälle **2** 26 ff.

Adressermittlung **1** 248 ff.
- Adressbuch für die Schadensbearbeitung **1** 248 ff.
- Polizei-Anfrage **1** 253, 265, 270 ff.
- Straßenverkehrsamts-Anfrage **1** 254, 273
- unbekannter Unfallgegner **1** 307 ff.
- Verkehrsopferhilfe e.V. **1** 307 ff.

Akteneinsicht **1** 265 ff., 346 ff.
- Anwaltskosten **1** 349; **8** 555 ff.
- Auslagen **1** 268; **8** 555
- Auslandsbezug **1** 291
- Datenschutz **1** 265
- Kosten **1** 349
- Saarländer Modell **1** 266 ff.
- verkürztes Verfahren **1** 266 ff.

Aktivlegitimation **4** 1 ff.
- Beerdigungskostenverpflichtete **4** 17 f.
- Dienstleistungsberechtigte **4** 17 f.
- gesetzl. Forderungsübergang **9** 461; **13** 301 f.
- Kaskoinanspruchnahme **8** 398
- Leasing **1** 155 ff.; **4** 2 ff.
- mittelbar Geschädigte **4** 18
- Pflegeversicherung **9** 461
- Prozessstandschaft **4** 11 ff.; **7** 476
- Sicherungsabtretung **7** 95; **8** 226 ff.
- Unterhaltsberechtigte **4** 17 f.

Alkoholfahrt **1** 220 ff., 322
- Anscheinsbeweis **5** 66 ff.
- Beweislast **13** 125, 132
- Kaskoversicherung **13** 123 ff., 160 f., 189 ff.
- Leistungskürzung des Versicherers **13** 123 ff., 160 f., 189 ff.
- Mitverschulden **9** 133

Allgemeine Haftpflichtversicherung
- Abgrenzung Kfz-Haftpflichtversicherung **3** 3 ff.
- Billigkeitshaftung **2** 201
- Direktanspruch des Geschädigten **1** 373 f.; **5** 6

Altersrente **9** 613 ff.

Amtshaftung **2** 348 ff.
- allg. Straßenverkehr **2** 152, 359 f.
- Anvertrauenstheorie **2** 352
- Ausgleichsanspruch der Kfz-Haftpflichtversicherung **2** 357, 367
- Bundeswehr-Kfz **1** 320
- EG-Organe **2** 358
- Eigenversicherer **2** 370

Stichwortverzeichnis

- Notarzt **2** 357, 363
- Passivlegitimation **2** 353, 370
- Sonderrechts-Kfz **2** 153, 362 ff.
- Verkehrssicherungspflicht **2** 152 f., 361
- Verweisungsprivileg **2** 152 f., 350 ff.
- Zivildienstleistender **2** 357, 364 f.

Angelegenheit
- Begriff **8** 459 ff.
- durchschnittliche **8** 476 ff.
- Haftpflichtschaden **8** 441, 461, 544
- Inanspruchnahme Krankenversicherung **9** 395
- Kaskoinanspruchnahme **8** 441, 461
- mehrere Schäden **8** 464
- Rentenabänderung **8** 463, 544
- umfangreiche/schwierige **8** 481 ff., 485
- verschiedene **8** 441, 460 f., 544
- Versicherungsregressabwehr **8** 462

Anrechnungsverbot bzgl. Ersatzleistungen Dritter **4** 23 ff.

Anscheinsbeweis **3** 62 ff.; **5** 64 ff.
- Alkohol **5** 66 ff.
- Auffahrunfall **5** 70
- Fußgänger **5** 71
- Glätteunfall **5** 70
- Sicherheitsgurt **5** 71
- Überholunfall **5** 71
- Voraussetzung **5** 64 f.
- Wendeunfall **5** 70

Anwaltshaftung
- Abfindungsvergleich **12** 8, 13 ff., 25
- Beweissicherung **12** 19
- Haushaltsführungsschaden **9** 438, 448, 538
- Kapitalisierung von Renten **11** 127 f., 134
- Leasing **7** 222
- Privatversichererregress **12** 29

- Rechtsschutzversicherung **13** 420
- Reha-Management **9** 570
- Restwertregress **7** 265 ff.
- Schadenmeldung **1** 324; **13** 214
- Schadensminderungspflicht **3** 79 f.; **8** 125, 202, 218
- Spätschaden **12** 8
- verfrühte Klageerhebung **1** 369
- Vergleichsabschluss **13** 379
- verminderte Altersrente **9** 614

Anwaltskosten **8** 420 ff.
- Abfindungsvergleich **8** 512; **12** 78 ff.
- Abtretungsverbot der RS-Versicherung **13** 311 f.
- Akteneinsichtsgebühr **1** 349; **8** 555 ff.
- außergerichtl. Gebühr **1** 80
- Bagatellschaden **8** 429 ff.
- Besprechungsgebühr nach BRAGO **8** 456 ff., 486 ff.
- Betreuerbestellung **1** 172 ff.
- DAV-Abkommen **8** 519 ff.
- Differenzgebühr **1** 79 f.; **8** 527, 532 ff.
- Doppelmandat **1** 136
- Einholung der Deckungszusage **1** 39, 80
- Einigungsgebühr **1** 80
- Entgeltfortzahlungsregress **9** 610
- Erforderlichkeit **8** 422 ff., 431 ff.
- Erstberatung **8** 451 f.
- Forderungsabtretung durch Mandant **1** 239
- Gebührenvereinbarung **8** 449 f.; **9** 9 ff.; **10** 3
- Gegenstandswert **1** 142, 160; **8** 229, 442, 516; **9** 9, 74, 347, 393 f., 448; **11** 4
- gesonderte Angelegenheit **8** 441
- Großschaden **8** 496; **9** 9 ff.; **12** 79 ff.

861

Stichwortverzeichnis

- Haftpflichtschaden **8** 441
- Haushaltsführungsschaden **9** 448, 502
- Hebegebühr **1** 236 ff.
- Heilbehandlungskosten **9** 393 f.
- Honorarvereinbarung **6** 41
- in eigener Sache **8** 426 ff.; **13** 351
- Kaskoinanspruchnahme **8** 436 ff., 441 ff.
- Klage **8** 500, 504 ff.
- Kostenerstattungsanspruch **1** 330 ff.
- Leasing **1** 153; **8** 435, 592
- Mandatierungsnachweis **1** 140 ff.
- mehrere Auftraggeber **8** 497 f., 567 ff.
- Mehrwertsteuer **7** 468; **13** 348
- Mietwagenkosten **8** 229
- Neuwagenersatzanspruch **7** 379; **8** 490 ff.
- Quotenvorrecht **6** 15, 19 ff., 26, 29, 35, 41; **8** 404, 444
- Rechtsschutzdeckungszusageneinholung **8** 445 ff.
- Rechtsschutzversicherung **13** 294 ff., 345 ff.
- Regulierungsempfehlung Gebhardt/Greißinger **8** 519 ff., 536 ff.; **12** 82
- Reha-Management **9** 580 ff.
- Reisekosten **6** 39 f.
- Schadenmeldung **8** 446
- Schadensminderungspflicht **8** 421 ff., 433, 556 ff.
- selbstständiges Beweisverfahren **1** 390; **5** 62
- Verzugsschaden **8** 434 f.
- Vorsteuerabzugsberechtigung **7** 468

Arbeitnehmerhaftung **1** 377; **2** 302 ff.; **3** 131 ff.
- Gerichtsstand **1** 377
- Quotenvorrecht **6** 42 ff.

Arbeitsgemeinschaft Verkehrsrecht im DAV **1** 101 ff.
- Call-Center **1** 101
- Internet **1** 101, 103 ff.
- Mitgliederliste **1** 251
- organisatorische Regulierungsgrundsätze **1** 102
- schadenfix.de **1** 103 ff.
- Werbemittel **1** 166

Arbeitsvertragshaftung
- Arbeitgeberhaftung **2** 302 ff.; **3** 93 ff., 107 ff.
- Arbeitnehmerhaftung **2** 308 ff.; **3** 131 ff.
- Arbeitsunfall **2** 302 ff.; **3** 102 ff.
- gefahrgeneigte Tätigkeit **2** 309
- gemeinsame Betriebsstätte **3** 154 ff.
- Gerichtsstand **1** 377
- Haftungsausschluss **2** 307, 314
- innerbetrieblicher Schadensausgleich **2** 309 ff.
- Mitverschulden **2** 305; **3** 149
- Sozialleistungsträgerregress **3** 160 ff.
- Verkehrssicherungspflicht **2** 306
- Wegeunfall **3** 105 f., 113 ff.

Arztbericht **1** 226 ff., 358, 360 f.; **9** 97 f., 118

Aufsichtspflichtverletzung **2** 202 ff.
- Aufsichtspflichtübertragung **2** 208
- Aufsichtspflichtumfang **2** 206 f.
- Beweislast **2** 209

Augenblicksversagen **13** 116 ff., 166 ff.

Auskunftsstelle **1** 293
- Kontaktdaten **1** 261, 293
- Schadensregulierungsbeauftragter **5** 14
- Zentralruf der Autoversicherer **1** 261, 293; **5** 14

Auslagenpauschale **1** 25; **8** 414 ff.
- Auslagenarten **8** 414, 418

Stichwortverzeichnis

- Behörde **8** 414
- Fahrtkosten **8** 414, 418
- Großschaden **8** 419
- Höhe **8** 416 ff.
- Leasing **1** 153
- Quotenvorrecht **6** 25

Auslandsbezug **1** 278 ff.
- Direktanspruch gegen Versicherer **1** 286 f.; **5** 22
- Entschädigungsfonds **1** 312; **5** 16 f.
- Entschädigungsstelle für Schäden aus Auslandsunfällen **1** 297 ff.
- EU-/EWR-Bürger **1** 292 ff.
- Gemeinschaft der Grenzversicherer **1** 288
- Gerichtsstand **1** 300 ff.; **5** 11, 22, 84 ff.
- inländische Unfallbeteiligte **1** 289 ff.
- Nicht-EU-Bürger **1** 301 ff.
- Passivlegitimation **5** 10 ff.
- Rechtsschutzversicherung **1** 302 ff.; **13** 352 f., 358
- Rechtsstatut **1** 278, 289 ff., 301; **5** 19 f.; **10** 195 ff.
- Rosa Grenzversicherungsschein **1** 288
- Schmerzensgeld **9** 123 f.
- Tatortprinzip **1** 278
- Tötung **10** 195 ff.
- Unterhaltsschaden **10** 196 ff.
- Verdienstausfall **9** 681 ff.

Autorennen **2** 118

BaFin **1** 81
Baumsicherungspflicht **2** 164 ff.
Beerdigungskosten **2** 41; **10** 5 ff.
- Aktivlegitimation **4** 17 f.
- Anspruchsinhaber **10** 6 f.
- Beerdigungsakt **10** 11 ff.
- Bewirtung/Unterbringung **10** 26
- Erbscheinskosten **10** 29

- ersatzfähiger Umfang **10** 9 ff.
- gesetzl. Forderungsübergang **4** 40
- Grabstelle/Grabstein **10** 15 ff., 28
- Kongruenz **4** 35, 40
- Reisekosten **10** 25
- Sterbegeldanrechnung **10** 14
- Trauerkleidung **10** 21 ff.
- überholende Kausalität **10** 8

Beförderungsvertrag **2** 296 ff.
Befriedigungsvorrecht des Geschädigten **4** 72 ff.
Beitragsregress
- Arbeitslosenversicherung **4** 113
- gesetzl. Unfallversicherung **4** 113
- Kranken-/Pflegeversicherung **4** 38, 41, 113
- Quotenvorrecht **9** 633 f.
- Rentenminderungsschaden **9** 629 ff.
- Rentenversicherung **4** 27, 41, 110 ff.; **9** 629 ff.
- Rentenversicherung der Pflegeperson **4** 116
- Trägerbeitrag **4** 27

Benzinklausel
- große **3** 4, 6
- kleine **2** 110; **3** 3 f., 5

Besserstellungsverbot **4** 21 f.; **7** 6, 389 f.
- Doppelentschädigungsverbot **4** 21 ff.
- Eigenreparatur **7** 327 ff.
- fiktive Reparaturkosten **7** 121 ff.
- Mehrwertsteuer **7** 390 ff.
- Neu-für-alt-Abzug **7** 165
- Teilreparatur **7** 336

Betreuerbestellung **1** 172 ff., 378
Betriebsbegriff **2** 230 ff., 326 ff.; **3** 13
Betriebsgefahr
- Abwägungsquoten **2** 291, 340
- Bahn **2** 340
- Begriff **2** 289

863

Stichwortverzeichnis

- erhöhte **2** 290
- Fußgänger **3** 51
- Mitverschulden **3** 17 f.
- Radfahrer **3** 51
- Schmerzensgeld **3** 18, 70; **5** 4; **9** 32, 143
- Beweisantrag
- Beweisführervernehmung **1** 355; **2** 121; **5** 44 ff.; **9** 89
- Beweismittel **5** 35
- Parteivernehmung **5** 36, 47 ff.
- Sachverständigengutachten **1** 191; **7** 9; **9** 640
- Sachverständiger **5** 38 ff.
- Schadenshöhe **1** 355
- Unfallrekonstruktion **1** 191
- Beweisführervernehmung **1** 355; **2** 121; **5** 44 ff.
- Schmerzensgeld **9** 89
- Beweislast
- Alkohol **13** 125, 132
- Anscheinsbeweis **3** 62 ff.; **5** 64 ff.
- Arglist **13** 93, 95
- Aufsichtspflichtverletzung **2** 209
- Brand **13** 264
- Diebstahl **13** 252 ff.
- Fahrerhaftung **2** 276 f.
- fiktive Reparaturkosten **7** 149 f., 156 f.
- Freibeweis **2** 120 f.; **3** 26; **5** 41 ff.
- Gefahrerhöhung **13** 55, 57, 66, 71
- Geschäftsherrenhaftung **2** 131 ff.
- gestellter Unfall **5** 114 f.
- haftungsausfüllende Kausalität **2** 120
- haftungsbegründende Kausalität **2** 13, 119; **9** 302
- Haushaltsführungsschaden **9** 441, 540 f.
- HWS-Syndrom **9** 277, 293 ff., 302, 311 ff.
- Kausalität **9** 323

- Kreditaufnahme **8** 368, 389
- Leistungsfreiheit des Versicherers **13** 42, 92 f., 95, 109 ff., 132
- Leistungskürzung des Versicherers **13** 109 ff., 122, 132, 153
- Mehrwertsteuer **7** 471
- Mietwagenkosten **8** 147, 153 f., 183, 196
- Minderjährigenhaftung **2** 183, 188 ff.
- Mitverschulden **2** 252; **3** 25 ff., 58 ff.; **9** 138
- Nutzungsausfall **8** 95 ff., 106 ff., 196, 285
- Nutzungswille **8** 196
- Pflichtverletzung des Versicherers **13** 280
- Renten-/Begehrensneurose **9** 240
- Restwertrealisierung **7** 274 ff.
- Rücktrittsrecht des Versicherers **13** 42
- Schadenersatz **2** 119 ff.
- Schadenminderungspflicht **8** 78, 95 ff., 153 f., 285; **9** 655, 669, 672 ff.; **10** 118
- Schadenshöhe **3** 148; **5** 41 ff.
- Schmerzensgeld **9** 186, 237, 240, 267, 277, 293 ff., 302, 311 ff.
- Sicherheitsgurt **9** 138
- Sozialleistungsträgerregress **3** 161
- Strengbeweis **2** 119; **3** 26; **5** 35 ff.
- Stundenverrechnungssatz **7** 149 f., 156 f.
- Tierhalterhaftung **2** 212
- überholende Kausalität **2** 34; **9** 267, 323
- unabwendbares Ereignis **2** 259
- unerlaubte Handlung **2** 119
- Unterhaltsschaden **10** 104, 118
- Unzurechnungsfähigkeit **2** 195 f.
- Ursachenaustausch **9** 323
- Vandalismusschaden **13** 237

- Verdienstausfall 9 635 ff., 672 ff., 686 f., 693 f.
- Verkehrssicherungspflicht 2 146 ff.
- Verschulden 2 119
- Versicherungsscheinaushändigung 13 38
- Vertragshaftung 2 295
- Vor-/Altschäden 5 74 ff.
- vorläufiger Deckungsschutz 13 27
- Vorsteuerabzugsberechtigung 7 471
- Wiederbeschaffungszeitraum 8 106 ff.
- Zurechnungszusammenhang 9 237

Beweissicherung 1 379 ff.
- Privatgutachten 1 379 ff.
- selbstständiges Beweisverfahren 1 383 ff., 394; 5 51 ff.

Billigkeitshaftung 2 197 ff.
- Minderjährige 9 44
- Schmerzensgeld 9 119
- Unzurechnungsfähigkeit 2 193

Bremswegrechner 1 193 f.
Brille/Prothese 8 614 ff.
Bushaltestelle 2 74 ff.

Dashcam
- Verwertbarkeit der Aufnahmen 5 72 f.

Datenschutz 1 265
DAV-Abkommen 8 519 ff., 536 ff.
Deckungsschutz
- Beweislast 13 27
- vorläufiger 13 18 ff., 29 ff.

Diebstahl 13 248 ff.
- äußeres Bild 13 256 ff.
- Beweislast 13 252 ff.
- Diebstahlsermöglichung 13 198 f.
- Fahrzeugschäden 13 225 ff.
- Originalschlüsselvorlage 13 259 f.
- Trickdiebstahl 13 227

- Versuch 13 225
- Vortäuschung 13 253 ff.
- Wiederauffinden des Diebesguts 13 248 ff.

Differenzgebühr 8 527, 532 ff.
Differenzhypothese 4 22
Diligentia quam in suis 2 87 ff., 95 ff.
- Auslands-Mietwagen 2 107 ff.
- Ehegatten 2 100 ff.
- Geschäftsführung ohne Auftrag 2 97 ff.
- Mitverschulden 3 14 ff.
- Probefahrt 2 103 ff.; 3 35 ff.

Direktanspruch gegen Kfz-Haftpflichtversicherung 1 373 f.; 5 5
- Allgemeine Haftpflichtversicherung 1 373 f.
- Anhänger 2 262
- Auslandsbezug 1 286 f.; 5 22, 86
- Eigenversicherer 2 370
- Grüne Karte e.V. 1 283, 286
- Leistungsfreiheit des Versicherers 13 274 f.
- Nachhaftung 13 274 f.
- Obliegenheitsverletzung 8 379
- Verjährung 12 87 f.

Direktanspruch gegen sonstige Haftpflichtversicherung 1 373 f.; 5 6
Dispositionsfreiheit des Geschädigten 2 5, 44; 7 53, 105 ff., 328 ff., 400, 406 f.
- Wechsel von fiktiver Abrechnung 7 129 ff., 415 ff., 420 ff.

Doppelentschädigungsverbot 4 21 f.
Doppelmandat 1 121 ff.
- Begriff 1 122
- Einverständnis 1 128, 131 ff.
- Honorarverlust 1 136
- Interessenkollision 1 124 ff., 130 ff.
- Parteiverrat 1 121, 127 ff.
- Standesrecht 1 121, 136

865

Stichwortverzeichnis

Eigenversicherung **2** 370
Einigungsgebühr
– Abfindungsvergleich **8** 512; **12** 79 f.
– Einigungsbegriff **8** 511
– Gegenstandswert **8** 516
– Klageauftrag **8** 517
– Mitwirkung des RA **8** 514 f.
Entgangener Gewinn **2** 14 ff.; **9** 688
– Ersatzkraftkosten **9** 689 ff.
– ersparte Eigenaufwendungen **9** 688
– fiktive Ermittlung **9** 692 ff.
– Gesellschafter **9** 712 ff.
– gewerbliche Kfz **8** 291, 303 ff.
– Nutzungsausfall **8** 291, 303 ff.
– Schätzung **2** 15; **5** 43; **9** 692 ff.
– Wertminderung **7** 193
Entgeltfortzahlung **9** 603 ff.
– Anwaltskosten **9** 610
– Einwendungen **9** 605
– ersparte Eigenaufwendungen **4** 59 ff.; **9** 424 ff.
– Fahrtkosten **9** 605 f.
– gesetzl. Forderungsübergang **4** 58 ff., 117; **8** 435; **9** 603 f.
– Quotenvorrecht **4** 119 ff.; **9** 608
– Regress des Arbeitgebers **9** 607 ff.
– Verjährung des Regressanspruchs **9** 607
– Vorteilsausgleich **9** 605 ff.
Entschädigungsfonds **5** 16 f.
– Gerichtsstand **5** 20
– Passivlegitimation **5** 16 f.
– Sozialleistungsträgerregress **4** 27, 46
– Verkehrsopferhilfe e.V. **5** 16 f.
Entschädigungsstelle für Schäden aus Auslandsunfällen **1** 297 f.; **5** 16 f.
Entsorgungskosten **7** 160 f.
Erhöhte StVO-Sorgfaltspflichten **2** 52 ff.
– Bushaltestellen **2** 74 ff.

– Ein-/Aussteigen **2** 69
– Fahrstreifenwechsel **2** 65
– Grundstücksein-/-ausfahrt, Wenden, Zurücksetzen **2** 66 ff.
– Minderjährige **2** 54 ff.; **3** 44
– Sonderrechts-Kfz **2** 368 ff.
– Überholvorgang **2** 60 ff.
– verkehrsschwache Personen **2** 54 ff.; **3** 44, 48
Erhöhungsgebühr **8** 497 f., 567 ff.
Ersatzfahrzeugbegutachtung **7** 245, 309; **8** 361
Ersparte Eigenaufwendungen **4** 57 ff.; **9** 624
– Arbeitsmittel **9** 624
– behindertengerechte Wohnung **9** 358
– behindertengerechtes Kfz **9** 357
– doppelte Haushaltsführung **9** 624
– entgangener Gewinn **9** 688
– Entgeltfortzahlung **4** 59 ff.; **9** 424 ff.
– Haushaltsführungsschaden **9** 500, 511 f.
– Krankenhaus-Unterbringung **9** 420 ff.
– Mietwagenkosten **8** 207 ff., 221 f., 239
– Pauschalabzug **8** 211 ff.
– Pflegeheim-Unterbringung **9** 385 ff.
– Trauerkleidung **10** 22 f.
– Verbands-/Gewerkschaftsbeitrag **9** 624
– Verdienstausfall **9** 596
– vermehrte Bedürfnisse **9** 351, 385 ff.
– Verpflegungsaufwand **9** 624
EurotaxSchwacke-Tabellen **8** 258 ff., 307, 309, 321

Stichwortverzeichnis

Fahrbahnunebenheit 2 168 ff.
Fahrerhaftung 2 276 ff.
- Amtshaftung 2 356
- Beweislast 2 276 f.
- Fahrerbegriff 2 278, 280 f.
- Fahrschule 2 280 f.
- Haftungsbeschränkung 2 110 ff.
- Kfz-Haftpflichtversicherung 2 279
- Verkehrssicherungspflicht 2 174 ff.

Fahrradhelm 3 55

Fahrtkosten 8 413
- Auslagenpauschale 8 414, 418
- Besuchskosten Angehöriger/Lebenspartner 9 406 ff.
- Entgeltfortzahlung 9 605 f.
- Vorteilsausgleich 9 624 f.

Fahrzeugschaden
- Kostenvoranschlag 7 8, 21, 29 f., 51 ff.; 8 42 ff.
- Sachverständigengutachten 7 7 f., 11 ff., 16 ff.; 8 3 ff.
- Umfang 7 4 ff.

Familienprivileg 4 101 ff.
- Ausnahmen 4 109
- Familienbegriff 4 104 ff.
- häusliche Gemeinschaft 4 107 ff.

Feststellungsklage
- Feststellungsinteresse 9 81, 83 f.; 12 73
- Haftungsgrund 5 95 ff.
- Heilbehandlungskosten 9 399
- Kfz-Haftpflicht-Deckungsschutz 13 277 f.
- Personenschäden 5 92
- Sachschäden 5 93
- Schadensfreiheitsrabattverlust 8 403, 610
- Schmerzensgeld 9 54 ff., 81 ff.
- Steuerfreistellungsanspruch 9 627
- Unterhaltsschaden 10 159
- Verjährung 12 71

Fiktive Reparaturkosten 1 112; 7 63, 101 ff.
- 100 %-Fälle 7 67
- 130 %-Fälle 7 324 ff.
- 70 %-Fälle 7 39
- Beweislast 7 149 f., 156 f.
- Dispositionsfreiheit des Geschädigten 7 105 ff.
- Eigenreparatur 7 231, 325 ff., 332 ff., 337 ff.
- Entsorgungskosten 7 160 f.
- Fälligkeit 7 73
- Grenzen 7 121 ff.
- Kaskoversicherung 13 241
- Kostenvoranschlag 7 8, 107; 8 44
- Leasing 7 182 ff.
- Lohnnebenkosten 7 162
- Mehrwertsteuer 7 101, 390, 413 ff.
- Neu-für-alt-Abzug 7 166 ff.
- Prognoserisiko 7 124
- Reparatur erfolgt 7 109 ff., 231
- Sachverständigengutachten 7 8, 107
- Teilreparatur 7 334 ff.
- UPE-Aufschlag 7 134, 136 ff.
- Verbringungskosten zum Lackierer 7 134, 141 ff.
- Verkauf des unreparierten Kfz 7 132
- Vermessungskosten 7 159
- Wechsel zu konkreter Abrechnung 7 129 ff., 415 ff., 420 ff.

Folgeschaden
- Ab-/Anmeldekosten 8 358 ff.
- Abschleppkosten 8 328
- Anwaltskosten 8 420 ff., 505
- Begriff 2 10 ff.
- Fahrtkosten 8 413; 9 406 ff.
- Hebegebühr 8 552 ff.
- Herstellungsaufwand 3 86
- Kreditkosten 3 86; 5 23 ff.; 8 368, 388

867

Stichwortverzeichnis

- Mietwagenkosten **8** 48 ff.
- Nutzungsausfall **8** 48 ff.
- Personenfolgeschaden **2** 11, 28; **3** 86; **5** 24
- psychischer **9** 226 ff., 299
- Sachfolgeschaden **2** 10 ff.; **3** 86; **8** 1 ff.
- Sachverständigenkosten **8** 4 ff.
- Schadensermittlungskosten **8** 2 ff.
- Standgeld **8** 340 ff.
- Vorhaltekosten **8** 407
- Zeitaufwand **8** 406 ff.
- Zinsen **8** 367 ff.

Forderungsabtretung **4** 14
- Anwaltskosten **1** 239
- Integritätsinteresse **7** 458
- Leasing **7** 475
- Mehrwertsteuer **7** 456 ff.
- Mietwagenkosten **8** 226 ff.
- Mietwagenkostenregress **8** 144, 169 ff.
- Parteiprozess **1** 63
- Prozessführungsbefugnis **7** 95; **8** 226 ff.
- Schmerzensgeld **9** 47 f.
- Versorgungswerk **4** 45
- Werkstatt **7** 92 ff.
- Widerklage **1** 373

Fragebogen für Anspruchsteller **1** 181 ff.

Fraunhofer Liste **8** 176 f.

Gefährdungshaftung
- Amtshaftung **2** 356
- Anhängerhalter **2** 221, 260 ff.
- Bahnhaftung **2** 324 ff.
- Beförderungsvertrag **2** 297
- Beifahrer **1** 129
- Betriebsgefahr **2** 289 ff.
- Entlastungsbeweis **2** 218
- ggü. Insassen **2** 264 f., 297 f.
- Haftungshöchstsumme **4** 82 ff.; **7** 2

- Haftungsumfang **2** 266 ff.
- Halterhaftung **2** 218 ff.
- Leasing **3** 40 f.
- Mitverschuldensanrechnung bei Dritten **2** 140
- Schmerzensgeld **1** 129, 373; **2** 20, 219; **9** 26, 29 ff., 34 ff.
- Tierhalterhaftung **2** 212 ff.; **9** 39
- Vertragshaftung **2** 295

Gefälligkeitsfahrt **2** 95 ff.

Gefahrerhöhung **13** 49 ff.
- Beweislast **13** 55, 57, 66, 71
- Dauer **13** 51
- Leistungskürzung des Versicherers **13** 139
- objektive **13** 61 f.
- subjektive **13** 56 ff., 67

Gegenstandswert **1** 142, 160
- Einigungsgebühr **8** 516
- Haftpflichtschaden **8** 441
- Haushaltsführungsschaden **9** 9, 448, 502
- Heilbehandlungskosten **9** 393 f.
- Kapitalisierung **11** 4
- Kaskoinanspruchnahme **8** 442 f.
- Leasing **1** 160
- Mietwagenkosten **8** 229
- Schmerzensgeld **9** 74 f.
- Schmerzensgeldrente **9** 347
- Terminsgebühr **8** 590 ff.
- Verdienstausfall **9** 9
- vermehrte Bedürfnisse **9** 9
- wiederkehrende Leistungen **9** 9

Geisteskrankenhaftung **2** 192 ff.
- Beweislast **2** 195 f.
- Billigkeitshaftung **2** 193, 197 ff.
- Mitverschulden **3** 19

Gemeinschaft der Grenzversicherer **1** 288

Gerichtsstand **1** 375; **5** 78 ff.
- allgemeiner **5** 80
- Arbeitnehmerhaftung **1** 377

Stichwortverzeichnis

- Auslandsbezug **1** 300 ff.; **5** 11, 19 f., 22, 84 ff.
- Entschädigungsfonds **5** 20
- Grüne Karte e.V. **5** 85
- Klage an mehreren Gerichten **5** 82 f.
- Klage des/gegen eigenen Versicherer/s **5** 88 ff.
- Prorogation **1** 375, 377
- rügelose Einlassung **1** 375
- selbstständiges Beweisverfahren **1** 384
- unerlaubte Handlung **5** 78, 85
- Unfallort **1** 375
- Versicherer **5** 81; **13** 431
- Versicherungsnehmer **5** 88 ff.; **13** 431 f.

Geschäftsführerhaftung
- Geschäftsführung ohne Auftrag **2** 319 f.
- Haftungsbeschränkung **2** 319 f.
- Übernahmeverschulden **2** 320

Geschäftsgebühr **8** 456 ff.
- Abfindungsvergleich **12** 79
- Anrechnung **8** 499 ff.
- Besprechung **8** 481 ff.
- durchschnittliche Angelegenheit **8** 476 ff.
- Entstehen **8** 458
- mehrere Auftraggeber **8** 497 ff.
- Mittelgebühr **8** 465 ff.
- Regelgebühr **8** 466 ff.
- umfangreiche/schwierige Angelegenheit **8** 481 ff.

Geschäftsherrenhaftung **2** 122 ff.
- Beweislast **2** 131 ff.
- Geschäftsführung ohne Auftrag **2** 315 ff.
- Geschäftsherr **2** 125
- Passivlegitimation **5** 2 ff.
- Sachverständigengutachten **7** 297
- Verrichtungsgehilfe **2** 126 ff.

Gesetzlicher Forderungsübergang **2** 43; **4** 19 ff.
- Abfindungsvergleich **12** 27
- Arbeitgeber **4** 58 ff., 117; **8** 435; **9** 603 f.
- Arbeitslosengeld **9** 556, 709
- Ausnahmen **4** 70 ff.
- Beerdigungskosten **4** 40
- Befriedigungsvorrecht des Geschädigten **4** 72 ff.
- Dienstleistungsschaden **4** 42
- Entgeltfortzahlung **4** 58 ff., 117; **8** 435; **9** 603 f.
- Erwerbsschäden **4** 38
- Familienprivileg **4** 101 ff.
- Grundsicherungsträger **4** 109
- Haushaltsführungsschaden **9** 556 ff.
- Hilfsmittel **9** 396
- Kaskoinanspruchnahme **6** 6 ff.
- Krankengeld **9** 556
- Mitverschulden **4** 66 ff.
- öff.-rechtl. Dienstherr **4** 117
- Personenschäden **4** 37
- Pflegegeld **9** 383, 461, 464, 556 ff.
- private **9** 392 ff.
- Privatversicherung **4** 117
- Quotenvorrecht **4** 119 ff.; **6** 2
- Rechtsschutzversicherung **6** 38; **13** 298 ff.
- Rentenversicherung **9** 614
- sachl. Kongruenz **4** 31 ff.; **6** 7 f.
- Sachschäden **4** 36
- Schadenspositionen **4** 35 ff.
- Schmerzensgeld **4** 34, 43
- Soldaten **4** 117
- Sozialhilfe **9** 619 ff., 711, 731
- Sozialleistungsträger **4** 27 ff.; **6** 46; **9** 556
- Sozialversicherungsrente **9** 560
- Übergangsgeld **9** 556
- Unterhaltsschaden **4** 41, 92 ff.; **10** 160 f.

869

Stichwortverzeichnis

- Verdienstausfall **9** 560
- Verjährungshemmung **12** 142
- Verletztengeld **9** 556
- vermehrte Bedürfnisse **4** 39; **9** 558 f.
- Versorgungswerk **4** 45
- zeitl. Kongruenz **4** 47 f.
- Zeitpunkt **4** 49 ff., 118

Gestellter Unfall **1** 332; **2** 222; **5** 107 ff.

Gestörte Gesamtschuld **3** 34 ff.
- Arbeitsunfall **3** 157

Goslarer Orientierungsrahmen **13** 186 ff.

Große Benzinklausel **3** 4, 6

Großschaden **9** 8 ff.
- Auslagenpauschale **8** 419
- Gebührenvereinbarung **9** 9 ff.; **10** 3
- Gegenstandswert **9** 9
- RVG-Gebühren **8** 496; **12** 79 ff.

Grüne Karte e.V. **1** 280
- Aufgaben **1** 280 ff.
- Deckungsgrenze **1** 285
- Gerichtsstand **5** 85
- Kontaktdaten **1** 280
- Passivlegitimation **1** 284; **5** 10 ff., 84
- Regulierungsbeauftragung **1** 283
- Rosa Grenzversicherungsschein **1** 288

Häusliche Gemeinschaft **4** 107 ff.

Haftungsausfüllende Kausalität
- Beweislast **2** 120 f.; **3** 26

Haftungsausgleich bei Kfz-/Bahn-/Tier-Unfällen **2** 249, 282 ff.
- Betriebsgefahr **2** 286 ff., 340 f.
- Verschuldensanteil **2** 286 ff.

Haftungsausschluss **2** 269 ff.
- Arbeitgeberhaftung **2** 307
- Arbeitnehmerhaftung **2** 314
- Bahnhaftung **2** 331 ff.

- gestörte Gesamtschuld **3** 34 ff.
- Kfz bis 20 km/h **2** 269
- Sachenbeförderung **2** 271
- Schwarzfahrt **2** 272 ff.
- Tätigkeit beim Kfz-Betrieb **2** 270

Haftungsbegründende Kausalität
- Adäquanztheorie **2** 21 ff.
- Beweislast **2** 13, 119; **3** 25 f.; **9** 302
- Folgeschaden **2** 28
- mehrere Unfälle **2** 26 ff., 32 ff.; **9** 234, 257 f.
- Mitverschulden **3** 25 f.
- Schutzbereichstheorie **2** 35 ff.
- überholende **2** 29 ff.

Haftungsbeschränkung **3** 90 ff.
- Arbeitsunfall **2** 302 ff.; **3** 93 ff., 102 ff., 131 ff., 150 ff.
- Auftrag **2** 300
- Auslands-Mietwagen **2** 107 ff.
- Autorennen **2** 118
- Beamten-/Soldaten-Dienstunfall **3** 167
- Ehegatten **2** 100 ff.
- eigenübliche Sorgfalt **2** 87 ff.
- Fahrerhaftung **2** 110 ff.
- gerichtl. Bindung **3** 158 f.
- Geschäftsführung ohne Auftrag **2** 97 ff., 319 f.
- gestörte Gesamtschuld **3** 34 ff., 157
- Leasing **2** 114 ff.
- Mietvertrag **2** 299
- Probefahrt **2** 103 ff.; **3** 35 ff.
- RVO (alte Gesetzeslage bis 31.12.96) **3** 95 ff.
- Sachverständiger **2** 371
- Sozialleistungsträgerregress **3** 160 ff.
- Übernahmeverschulden **2** 320

Haftungseinheit
- Abfindungsvergleich **12** 26
- Fahrer und Halter **2** 140
- gestörte Gesamtschuld **3** 34 ff.

Stichwortverzeichnis

- Halterhaftung **5** 102 ff.
- interner Schadensausgleich **2** 283; **3** 32; **12** 88
- Kfz- und Anhängerhalter **2** 221, 244, 261
- Kfz/Bahn/Tier **2** 294
- mehrere Kfz **2** 282 ff., 293
- mehrere Unfälle **9** 234, 257 f.
- Nebentäterschaft **3** 28 ff.
- Schädigerinsolvenz **3** 33
- Verjährung **12** 88

Haftungshöchstsumme
- Bahnhaftung **2** 337 ff.
- Gefährdungshaftung **4** 82 ff.; **7** 2
- Halterhaftung **2** 219, 266 ff.
- Quotenvorrecht des Geschädigten **4** 79 ff.
- unzureichende **4** 79 ff.
- Verschuldenshaftung **4** 85

Haftungsprivileg
- Arbeitgeberhaftung **2** 307
- Arbeitnehmerhaftung **2** 314
- Arbeitsunfall **3** 102 ff., 131 ff., 150 ff.
- Beamten-/Soldaten-Dienstunfall **3** 167
- Beweislast **2** 183
- gerichtl. Bindung **3** 158 f.
- gestörte Gesamtschuld **3** 157
- Minderjährige **2** 59, 177 ff., 182 ff.; **9** 44 ff.
- Probefahrt **2** 103 ff.; **3** 35 ff.
- Sachverständiger **2** 371
- Sozialleistungsträgerregress **3** 160 ff.
- Wegeunfall **3** 113 ff.

Haftungsquoten **1** 209 ff.
Halterhaftung **2** 218 ff.
- Abschleppen **2** 243
- Amtshaftung **2** 365
- Anhänger **2** 221, 260 ff.
- Betriebsbegriff **2** 230 ff.; **3** 13
- Brand **2** 241
- Entlastungsbeweis **2** 218, 238, 248 ff.
- Gebrauchsbegriff **2** 244; **3** 7 ff.
- gestellter Unfall **2** 222; **5** 107 ff.
- ggü. Insassen **2** 264 f.
- Haftungsausschluss **2** 269 ff.
- Haftungsumfang **2** 219, 266 ff.
- Halterbegriff **2** 223 ff.
- Kfz **2** 220 f.
- Kfz-Miete **2** 226 f.
- Klageerhebung **5** 102 ff.
- Leasing **2** 229; **3** 41
- Parken **2** 237
- Passivlegitimation **5** 2 ff.
- Schmerzensgeld **5** 3 f.
- Schwarzfahrt **2** 272 ff.
- Verkehrssicherungspflicht **2** 174 ff.
- verlorene Ladung **2** 239

Haushaltsführungsschaden **9** 438 ff.
- Alleinstehende **9** 466 ff., 512
- Alter **9** 541, 553
- Anwaltskosten **9** 448, 502
- Aufteilung vermehrte Bedürfnisse/Verdienstausfall **9** 462
- Aufteilung vermehrte Bedürfnisse/Verdienstausfall **9** 454 f.
- Bagatellgrenze **9** 545 ff.
- Berechnung bei Verletzung **9** 497 ff., 524 ff., 532 ff.
- Beweislast **9** 441, 540 f.
- ersparte Eigenaufwendungen **9** 500, 511 f.
- fiktive Abrechnung **9** 468 ff., 491, 503 ff., 516
- Gegenstandswert **9** 9, 448
- gesetzlicher Forderungsübergang **9** 556 ff.
- getötete Person **9** 495; **10** 183 ff.
- Kapitalisierung **9** 532 ff., 539; **11** 30, 80 ff., 111 ff.
- Minderjährige **9** 543

Stichwortverzeichnis

- Minderung der Erwerbsfähigkeit **9** 469, 507 ff.
- Mithaftung **9** 530, 544
- Nachweis **9** 467 ff.
- nichtehel. Lebensgemeinschaft **9** 471 ff.
- Rentenzahlung **9** 539 ff.
- Sachverständigenauswahl **9** 527
- Sachverständigengutachten **9** 509
- Schadensminderungspflicht **9** 444, 501, 548 ff., 554 f.
- Schätzung **5** 43; **9** 441 ff., 468, 516 f.
- Steuern **10** 185
- Tabelle Reichenbach/Vogel **9** 509, 526
- Tabelle Schulz-Borck/Hofmann (Pardey) **9** 14, 452, 509, 513 ff.; **11** 74
- überholende Kausalität **9** 19
- Umfang **9** 493 ff., 521 ff.; **10** 183 ff.
- Unterhaltpflicht **9** 478
- Verdienstausfall **9** 439, 449 ff., 454 ff., 475 ff.
- Verjährung **12** 91
- verletzte Person **9** 447 ff.
- vermehrte Bedürfnisse **9** 439, 449 ff., 454 ff., 474, 500
- Wiederverheiratung Verwitweter **9** 19; **11** 120
- Zukunftsschadensvorbehalt **12** 68

Hebegebühr **8** 545 ff.
- Beratungspflicht des RA **8** 549 ff.
- Erstattungsfähigkeit **8** 552 ff.
- Verzicht **8** 552

Heilbehandlungskosten **9** 391 ff.
- Auslandsbehandlung **9** 437
- Besuchskosten Angehöriger **9** 400 ff.
- Chefarztbehandlung/Einzelzimmer **9** 430 ff.
- Erforderlichkeit **9** 397, 418 f., 430 ff.
- ersparte Eigenaufwendungen **9** 416, 420 ff.
- Feststellungsklage **9** 399
- fiktive Abrechnung **9** 398 f.
- gesetzl. Forderungsübergang **9** 392 ff.
- Hilfsmittel **9** 396
- kosmet. Operation **9** 398 f., 436
- Krankenhaus-Eigenbeteiligungskosten **9** 421 ff.
- Krankenhausnebenkosten **9** 416 ff.
- Vererblichkeit **10** 1
- Zahnersatz **9** 434 ff.

Herausforderungs-/Verfolgungsfälle **9** 268 ff.

Herstellungsaufwand
- Attestkosten **9** 98
- Folgeschaden **3** 86
- Kreditkosten **8** 388
- Mietwagenkosten **8** 131
- Reparaturkosten **7** 416 ff.
- Sachverständigenkosten **8** 4 f., 21
- UPE-Aufschlag **7** 137
- Vermessungskosten **7** 159
- Wertminderung **7** 191

Höhere Gewalt **2** 245 ff.
- Bahnhaftung **2** 331 ff.
- Begriff **2** 246
- Geschäftsführung ohne Auftrag **2** 317
- unabwendbares Ereignis **2** 249
- Voraussetzung **2** 247

Honorarvereinbarung **6** 41

HWS-Syndrom **9** 271 ff.
- Abgrenzung Bandscheibenvorfall **9** 324
- Anscheinsbeweis **9** 293
- Aufprallgeschwindigkeit **9** 179, 286 ff., 296, 303 ff.
- Autoscooter-Argument **9** 309 f.

872

Stichwortverzeichnis

- Bagatellverletzung **9** 175
- Beweislast **9** 277, 293 ff., 302, 311 ff.
- Front-/Seitenaufprall **9** 307 f.
- Nachweis **9** 277 ff., 285 ff.
- Schweregrad **9** 276
- somatoforme Störung **9** 298 ff.
- überholende Kausalität **9** 322 f.
- Ursachenaustausch **9** 322 f.
- Vorschäden/Schadenanfälligkeit **9** 250 ff., 274 f., 316 ff.

Integritätsinteresse **7** 6
- 100 %-Fälle **7** 67, 69 f., 73
- 130 %-Fälle **7** 76, 80, 311, 314 ff.
- > 130 %-Fälle **7** 85 ff.
- Abschleppkosten **8** 338
- Forderungsabtretung **7** 458
- gewerbliche Kfz **7** 319 ff.
- Integritätszuschlag **7** 311, 317, 319
- Leasing **7** 353
- Mietwagen **7** 321
- Teilreparatur **7** 334 ff., 345 ff.
- Veräußerung des Kfz **7** 320, 350 ff.
- Wirtschaftlichkeitspostulat **7** 318

Interessenkollision **1** 124 ff., 130 ff.
- Einverständnis **1** 128, 131 ff.
- gestellter Unfall **5** 109

Interimsfahrzeug **3** 78; **8** 192 ff.

Kapitalisierung **11** 1 ff.
- Abänderung **11** 36
- Abfindungsvergleich **11** 7 ff.
- Anspruch/Wahlrecht **11** 2, 10, 20
- Barwertberechnung **11** 16 ff., 55 ff., 72 ff.
- capitalisator-Software **11** 78, 88, 101, 108, 117
- Dynamikzuschlag **11** 127 ff.
- Gegenstandswert **11** 4

- Haushaltsführungsschaden **9** 532 ff., 539; **11** 30 ff., 80 ff., 111 ff.
- Inflationsausgleich **11** 17, 40 ff.
- Kapitalbetragsbegriff **11** 12
- Kapitalmarktzinsfuß **11** 17 ff., 49 ff.
- Kapitalzinssatz **11** 14, 16 ff.
- Leibrente **11** 47 ff., 75, 80 ff., 105 ff.
- Pflegeaufwendungen **11** 30, 80 ff.
- Rechnungszinsfuß **11** 55 ff.
- Rentendynamik **11** 14, 16 ff., 37, 56 ff.
- Rentenlaufzeit **11** 18 f., 28 ff.
- Rentenminderungsschaden **11** 105 ff.
- Rentenzahlungsart **11** 44 ff.
- Schmerzensgeld **9** 327 ff.; **11** 126
- Sterbetafel **11** 43
- Steuern **11** 134 ff.; **12** 30 f.
- Tabelle Küppersbusch **11** 73, 77
- Tabelle Nehls **11** 83 ff., 96 ff., 106, 115
- Tabelle Pardey **11** 73, 78
- Tabelle Schulz-Borck/Hofmann (Pardey) **11** 74
- Unterhaltsschaden **10** 181 f.; **11** 32 f., 121 ff.
- Veränderungen bei laufender Regulierung **11** 28, 34 ff., 120, 122, 131, 133
- Verbindungsrente **11** 48, 75, 113 ff.
- Verdienstausfall **9** 727; **11** 30, 37, 92 ff., 133; **12** 47
- vermehrte Bedürfnisse **9** 362 ff., 382; **11** 18, 30, 37, 80 ff.
- versicherungsmathematische Parameter **11** 28, 43 ff., 87, 100, 107, 116
- Wegfall der Geschäftsgrundlage **11** 36

873

Stichwortverzeichnis

- wichtiger Grund **11** 1, 7, 10 ff., 23 ff.
- Wiederheirat **11** 120, 122, 131
- Zeitrente **11** 47, 75
- Zukunftsbezogenheit **11** 71

Kaskoversicherung
- Ab-/Anmeldekosten **13** 244
- Abschleppkosten **13** 242
- Alkohol **13** 123 ff., 132, 160 f., 189 ff.
- Altverträge **13** 9, 112 f.
- Anwaltskosten **8** 436 ff., 441 ff.
- Bedingungen **13** 4, 10 f., 20 f.
- Brandschaden **13** 223 f., 263 ff.
- Diebstahl/Diebstahlversuch **13** 225 ff., 263 ff.
- Diebstahlsbeweis **13** 252 ff.
- Diebstahlsermöglichung **13** 198 f.
- Ersatzleistungen **13** 239 ff.
- Familienprivileg **13** 271
- fiktive Reparaturkosten **13** 241
- Glasschaden **13** 219
- grobe Fahrlässigkeit **13** 123 ff.
- Haarwildschaden **13** 230 ff.
- Inanspruchnahme vorschusshalber **8** 398, 440, 604 f.
- krankes Versicherungsverhältnis beim Unfallgegner **1** 220 ff.
- Leasing **13** 247
- Leistungsfreiheit des Versicherers **13** 114, 129 ff.
- Leistungskürzung des Versicherers **13** 114 ff.
- Marderschaden **13** 223
- mehrere Risiken verwirklicht **13** 263 ff.
- Mehrwertsteuer **7** 464 ff.; **13** 242, 246 f.
- Mietwagenkosten **13** 244
- Naturereignisschaden **13** 228
- Neu-für-alt-Abzug **13** 242
- Neuwagenersatzanspruch **13** 240
- Nutzungsausfall **13** 244
- Privileg der häusl. Gemeinschaft **13** 270 f.
- Prozessführungsbefugnis **8** 398
- Quotenvorrecht **1** 214, 219; **6** 2 f., 6 ff.; **8** 444
- Rabattanrechnung **13** 246
- Regress gegen Dritte **13** 268 ff.
- Reifenschaden **13** 220
- Reparaturkosten **13** 241 ff.
- Repräsentantenhaftung **13** 204 ff.
- Restwertanrechnung **13** 239, 243
- Restwertrealisierung **7** 298
- Rettungskosten **13** 231 f.
- Risikoausschluss **13** 75
- Rotlichtverstoß **13** 116 ff., 123, 195 f.
- Sachverständigengutachten **6** 14; **7** 11 ff., 299 ff.
- Sachverständigenkosten **7** 14 ff., 300, 304; **13** 245
- Sachverständigenverfahren **7** 12 ff., 301 ff.; **13** 266 f.
- Schadensfreiheitsrabatt **1** 222 f.; **8** 396 ff., 604 ff.
- subj. Risikoausschluss **13** 114, 134
- Teilkasko **13** 221
- Teilungsabkommen mit Haftpflichtversicherung **1** 218
- Totalschaden **13** 243
- Unfallschaden **13** 228 f., 233 ff.
- Vandalismusschaden **13** 220, 226, 237 f.
- versicherte Risiken **13** 218 ff., 263 ff.
- Vollkasko **13** 222
- vorläufiger Deckungsschutz **13** 29 f.
- vorrangige Inanspruchnahmepflicht **13** 102
- Vorsatz **13** 129 ff.

Stichwortverzeichnis

- Weisungsrecht des Kaskoversicherers **13** 76, 247
- Wertminderung **7** 195; **13** 244
- Wiederbeschaffungskosten **13** 239
- Zurechnung von Drittverhalten **13** 202

Kausalität
- Adäquanztheorie **2** 21 ff.
- Beweislast **9** 323
- Folgeschaden **2** 28
- haftungsausfüllende **2** 120; **3** 26 f.
- Leistungsfreiheit des Versicherers **13** 70, 93 ff.
- Leistungskürzung des Versicherers **13** 124 ff.
- mehrere Unfälle **2** 26 ff.; **9** 234, 257 f.
- Mitverschulden **3** 20 ff.
- Schutzbereichstheorie **2** 35 ff.
- Unfallflucht **13** 97

Kausalitätsgegenbeweis
- Gefahrerhöhung **13** 55, 71

Kfz-Haftpflichtversicherung
- Abgrenzung allg. Haftpflichtversicherung **3** 3 ff.
- Altverträge **13** 9, 112 f.
- Ausgleichsanspruch bei Amtshaftung **2** 357, 367
- Bedingungen **13** 5 ff., 10 f., 20 f.
- Befriedigungsfunktion **3** 1
- Betriebsbegriff **3** 13
- Billigkeitshaftung **2** 200
- Deckungsverhältnis **13** 272 f., 276 ff.
- Eintrittspflichtumfang **3** 1
- Fahrerhaftung **2** 279
- Feststellungsklage **13** 277 f.
- Freistellungsanspruch **13** 276
- Gebrauchsbegriff **2** 244; **3** 7 ff.
- Haftungsverhältnis **13** 272 ff.
- Leistungsfreiheit des Versicherers **1** 321; **2** 47; **13** 136

- Nachhaftung **1** 313 f.; **13** 274 f.
- Passivlegitimation **5** 5 ff.
- Pflichtverletzung des Versicherers **13** 280
- Prozessführungsbefugnis **1** 327 ff.; **13** 76 ff.
- Rechtsschutzfunktion **3** 1; **13** 276
- Regulierungsbefugnis **1** 327 ff.; **8** 509; **13** 276, 279 f.
- Risikoausschluss **2** 46 ff.
- Sachverständigengutachten **7** 16 ff.
- Schadensfreiheitsrabatt **1** 322, 341 ff.; **8** 396, 599 ff.
- Scheinversicherer **5** 9
- subj. Risikoausschluss **13** 114, 136 f., 274 f.
- subsidiäre Haftung **13** 102
- Teilungsabkommen mit Kaskoversicherung **1** 218
- Verjährungshemmung **5** 7 f.; **12** 141 ff.
- Verweisungsprivileg **13** 102, 275
- vorläufiger Deckungsschutz **13** 31 f.
- Vorsatz **13** 136 f.
- Zurechnung von Drittverhalten **13** 203

Kfz-Verwahrung **1** 315
Kindersitz **8** 350
Klageerhebung
- bzgl. Anwaltskosten **8** 500, 504 ff.
- Checkliste **1** 373
- Gerichtskostenvorschuss **9** 72 f.
- Halterhaftung **5** 102 ff.
- offene Schmerzensgeldteilklage **9** 53, 55
- Reha-Management **9** 589
- Schmerzensgeld **9** 53, 55, 57 ff.
- Streitwertfestsetzung **9** 72 f.
- Teilklage **9** 65, 70
- unbezifferter Klageantrag **9** 57 ff.
- Zeitpunkt **1** 366 ff.

Stichwortverzeichnis

- Zustellung am Arbeitsplatz **5** 1
Kleidungsschaden **8** 593 ff.
Kleine Benzinklausel **2** 110; **3** 3 f., 5
Kongruenz
- Arbeitslosengeld **9** 556
- Beerdigungskosten **4** 35, 40
- Entgeltfortzahlung **4** 59
- EU-/BU-/vorgezogene Alters-Rente **4** 38, 42
- Heilbehandlungskosten **4** 32, 35 ff.
- Kranken-/Verletzten-/Übergangsgeld **4** 38; **9** 556
- Krankenpflege-/Haushaltshilfekosten **4** 39
- Pflegegeld **9** 456, 461
- sachliche **4** 31 ff.; **6** 7 f., 20, 23
- Selbstbeteiligung an Krankenhauskosten **4** 60
- Sozial(versicherungs)leistungen **4** 32 ff.
- Trägerbeiträge **4** 27, 38, 41
- Transferkurzarbeitergeld **4** 38
- Verdienstausfall **9** 456, 461
- Verletztenrente **9** 456, 461
- vermehrte Bedürfnisse **9** 456, 461
- Witwen-/Waisenrente **4** 41; **10** 160 f.
- zeitliche **4** 47 f.; **9** 732 f.
Konkrete Reparaturkosten **1** 112 ff.; **7** 63, 90 ff.
- 100 %-Fälle **7** 67
- 130 %-Fälle **7** 90, 312 ff.
- Marken-Fachwerkstatt **7** 158
- Neu-für-alt-Abzug **7** 165 ff., 166 ff.
- Rabatt **7** 88, 91, 342
- Veräußerung des Kfz **7** 350 ff.
- Wechsel von fiktiver Abrechnung **7** 129 ff., 415 ff., 420 ff.
Konversionsneurose **9** 197
- Angststörung **9** 213 ff.
- Begriff **9** 205 f.
- depressive Störung **9** 222 ff.
- posttraumatische Belastungsstörung **9** 208 ff.
- somatoforme Störung **9** 219 ff., 298 ff.
- Vorschäden/Schadensanfälligkeit **9** 227
Kostenvoranschlag **7** 8, 21, 29 f., 51 ff.; **8** 42 ff.
Krankengeld **9** 611 f.
Krankes Versicherungsverhältnis **1** 220 ff.
Kündigungsrecht des Versicherers
- Folgeprämienverzug **13** 46 f.
- Gefahrerhöhung **13** 64 f.
- Obliegenheitsverletzung **13** 88 ff.

Ladungsschaden
- Quotenvorrecht **6** 25
Leasing **1** 146 ff.
- 130 %-Fälle **7** 352 f.
- Abschleppkosten **4** 5, 7
- Aktivlegitimation **1** 155 ff., 160; **4** 2 ff.
- Anwaltshaftung **7** 222
- Anwaltskosten **1** 153, 159 f.; **8** 435, 592
- Ausgleichsansprüche **1** 152 ff.
- Auslagenpauschale **1** 153
- Ersatzvertrag **4** 9 f.
- fiktive Reparaturkosten **7** 182 ff.
- Forderungsabtretung **7** 475
- Gefährdungshaftung **3** 40 f.
- Gegenstandwert **1** 160
- Gutachterkosten **4** 7
- Haftungsbeschränkung **2** 114 ff.
- Halterbegriff **2** 229
- Halterhaftung **3** 41
- Informationspflicht an gegner. Versicherer **1** 149 ff., 161; **7** 184
- Integritätsinteresse **7** 353
- Kaskoversicherung **13** 247

876

Stichwortverzeichnis

- Kfz-Verwertungs-Abstimmung **1** 147 ff.
- Mehrwertsteuer **4** 4, 6; **7** 178 ff.
- Mietwagenkosten **4** 7
- Mitverschulden **3** 40 ff.
- Neuwagenersatzanspruch **7** 356
- Nutzungsausfall **1** 154; **4** 7
- Personenschaden **1** 154
- Prozessstandschaft **4** 13; **7** 476
- Rechtsverfolgungskosten **4** 5, 7
- Regulierungsbefugnis **1** 155 ff., 160
- Reparaturabstimmung **1** 147
- Reparaturkosten **1** 153, 155 ff.; **7** 177 ff.
- Sachverständigenkosten **1** 153
- Teilschaden **4** 2 ff.
- Totalschaden **4** 6 ff.; **7** 472 ff.
- Unfallmeldepflicht **1** 147, 161; **7** 184
- Vertragspflichten **1** 146 ff.; **7** 181 ff.
- Vorsteuerabzug **1** 154
- vorzeitige Fälligstellung **4** 8
- Wertminderung **1** 153; **4** 5; **7** 222 ff.
- Wiederbeschaffungskosten **4** 6

Leistungsfreiheit des Versicherers
- Altverträge **13** 112 f.
- Anzeigepflichtverletzung **1** 321
- Arglist **13** 93, 95
- Begrenzung **13** 100 ff., 106 ff.
- Beschränkung **13** 100
- Beweislast **13** 42, 92 f., 95, 109 ff., 132
- Direktanspruch gegen Kfz-Haftpflichtversicherung **13** 274 f.
- Folgeprämienverzug **13** 46 f.
- Gefahrerhöhung **13** 66 ff.
- Kaskoversicherung **13** 114, 129 ff.
- Kausalität **13** 70, 93 ff.
- Kfz-Haftpflichtversicherung **13** 136
- mehrere Obliegenheitsverletzungen **13** 106 ff.
- Obliegenheitsverletzung **13** 91 ff.
- Rechtsfolgenbelehrung **13** 98 f.
- teilweise **13** 92
- Verschuldensabhängigkeit **13** 92
- Vorsatz **13** 129 ff., 133
- Wissenserklärungsvertreter **13** 213 ff.
- Zurechnung von Drittverhalten **13** 200 ff.

Leistungskürzung des Versicherers **13** 92, 138 ff.
- Alkohol **13** 123 ff., 160 f., 189 ff.
- Altverträge **13** 112 f.
- Augenblicksversagen **13** 116 ff., 166 ff.
- Begrenzung **13** 100 ff., 106 ff.
- Beweislast **13** 92, 109 ff., 122, 132, 153
- Diebstahlsermöglichung **13** 198 f.
- Goslarer Orientierungsrahmen **13** 186 ff.
- grobe Fahrlässigkeit **13** 115 ff., 133
- Kaskoversicherung **13** 114 ff.
- Kausalitätserfordernis **13** 121, 124 ff.
- mehrere Obliegenheitsverletzungen **13** 106 ff., 176 ff.
- Mitverschulden des Versicherers **13** 172
- Null-Kürzung **13** 145 ff.
- quotale **13** 104 f., 144 ff.
- Quotenbildungskriterien **13** 155 f., 186 ff.
- Rechtsfolgenbelehrung **13** 98 f.
- Rotlichtverstoß **13** 116 ff., 195 f.
- Wissenserklärungsvertreter **13** 213 ff.
- Zurechnung von Drittverhalten **13** 200 ff.

877

Stichwortverzeichnis

Mandatsakquise
- Abschleppunternehmen **1** 163 ff., 169
- Arbeitsgemeinschaft Verkehrsrecht im DAV **1** 101
- Mietwagenunternehmen **1** 163 ff., 169
- Passivprozess **1** 338 ff.
- Sachverständige **1** 165
- schadenfix.de **1** 103 ff.
- Schadensmeldung **1** 325 f.
- Stapelvollmacht **1** 163 ff.
- Strategie **1** 118 ff.
- Unfallhelferring **1** 163
- Visitenkarten-Verteilen **1** 163 ff.
- Werbemittel **1** 166
- Werbeverbot **1** 162 ff.
- Werkstatt **1** 87 ff., 119 f., 163 ff., 169

Mandatsannahme **1** 2 ff.
- Anmeldungszettel **1** 143
- Auslandsbezug **1** 304, 306
- Beratungspflicht **1** 130, 149, 240, 244 f., 304, 329; **8** 125, 202, 218, 254 f., 342, 412, 549 ff.; **9** 610; **12** 13 ff.; **13** 78
- Betreuerbestellung **1** 172 ff., 378
- Datensammlung **1** 177 ff., 216 ff., 351 ff.
- Doppelmandatsausschluss **1** 121 ff.
- Erfassungsbogen für Unfallsachen **1** 183
- Erfolgsprognose **1** 3 ff., 211 ff.
- Fragebogen für Anspruchsteller **1** 181 ff.
- Interessenkollision **1** 124 ff., 130 ff.; **5** 109
- Leasing **1** 146 ff.
- Mandatierungsnachweis **1** 141 ff.
- organisatorische Regulierungsgrundsätze **1** 102
- Passivprozess **1** 335 ff.

- Restmandat **1** 15, 22 ff., 85 f.; **8** 425
- Schweigepflichtentbindung **1** 227 ff.
- schwerverletzter/komatöser Mandant **1** 170 ff.
- Terminvergabe **1** 97 ff., 102, 137 ff.
- Unfallkalender **1** 138 ff., 185
- Versicherungsregressabwehr **1** 23
- Vollmacht **1** 140 ff., 144 ff.
- Vollmacht durch Dritte **1** 167 f.

Mehrwertsteuer **7** 380 ff.
- aktuelle Rechtslage **7** 386 ff.
- alte Rechtslage **7** 380 ff.
- anfallen **7** 408 ff.
- Beweislast **7** 471
- Differenzbesteuerung **7** 407, 436 ff., 453 ff.
- Eigenreparatur **7** 407, 425 f.
- fiktive **7** 390 ff.
- fiktive Reparaturkosten **7** 101, 413 ff.
- fiktive Wiederbeschaffungskosten **7** 446
- Forderungsabtretung **7** 456 ff.
- Kaskoversicherung **7** 464 ff.; **13** 242, 246 f.
- Leasing **4** 4; **7** 178 ff.
- Oldtimer **7** 460
- Privatkauf **7** 443 ff., 454 ff.
- Rechtsschutzversicherung **13** 348
- Reparaturaufwand **7** 60
- Reparaturkosten **2** 7
- Schaden des Staats **7** 412
- Schadensminderungspflicht **7** 430, 470
- Schätzung **7** 407, 439
- Teilreparatur **7** 425 f.
- Untergang der Sache **7** 460
- Vorsteuerabzugsberechtigung **7** 468 ff.
- Wiederbeschaffungsaufwand **7** 60, 74

Stichwortverzeichnis

- Wiederbeschaffungskosten **7** 41, 407, 428 ff., 447 ff.
- Wirtschaftlichkeitspostulats-Verletzung **7** 407

Mietwagen
- Ausland **2** 107 ff.
- Car-Partner **8** 121 f.
- Forderungsabtretung **4** 14
- Haftungsbeschränkung **2** 104, 299
- Kaskoversicherung **13** 244
- Leasing **4** 7
- Quotenvorrecht **6** 25
- Schadensminderungspflicht **3** 83

Mietwagenkosten **8** 115 ff.
- Abgrenzung Nutzungsausfallentschädigung **8** 273 f.
- ADAC-Eigenersparnis-Tabelle **8** 211
- Anspruchsvoraussetzungen **8** 48 ff.
- Beratungspflicht des Vermieters **8** 144, 166 ff., 203
- Beweislast **8** 147, 153 f., 183, 196
- Bus **8** 240
- Car-Partner **8** 121 f.
- Dauer **8** 189 ff.
- Eigenersparnisabzug **8** 207 ff., 221 f., 239
- Eil-/Notsituation **8** 161
- Erforderlichkeit **8** 147, 149 ff.
- Erforderlichkeit (km) **8** 123 ff., 204 f.
- Erforderlichkeit (Tarif) **8** 138 ff.
- Fahrzeugausstattung **8** 225
- fiktive Abrechnung **8** 191
- Fraunhofer Liste **8** 176 f.
- gewerbl. Kfz **8** 232 ff.
- Herstellungsaufwand **8** 131
- Höhe **8** 131 ff.
- Interimsfahrzeug **8** 192 ff.
- Mietwagenabkommen **8** 116 ff.
- Mitnutzung **8** 198 ff.
- Nebenleistungs-Zuschlag **8** 224 f.
- Normaltarif-Ermittlung **8** 172 ff.
- Normaltarif-Zuschlag **8** 180 ff.
- Nutzungsmöglichkeit **8** 64 ff., 196 ff.
- Nutzungswille **8** 50 ff.
- Preisvergleichspflicht **8** 133 ff., 142, 156 ff., 164 f.
- Prognoserisiko **8** 126, 129
- Regress des Versicherers **8** 144, 169 ff.
- Sachverständigengutachten **8** 179
- Schadenminderungspflicht **1** 111; **8** 201 ff., 231
- Schätzung **8** 172 ff., 180 ff.
- Schwacke-Mietpreisspiegel **8** 172 ff.
- Sicherungsabtretung **8** 226 ff.
- Streitverkündung **8** 169
- Tarifwechsel **8** 161, 202 f.
- Taxi-Miete **8** 232 ff.
- Typklasse des Mietwagens **8** 116, 206 ff.
- Unfallersatztarif **8** 141 ff., 166 ff., 180 ff.
- Versicherung des Mietwagens **8** 220 ff.
- Vorkasse/Kaution **8** 162
- Winterreifen **8** 224
- Wirtschaftlichkeitspostulat **8** 233 ff.
- Zusatzfahrer **8** 225
- Zustellkosten **8** 225

Militärfahrzeuge
- Bundeswehr **1** 320
- NATO **1** 316 ff.

Minderjährigenhaftung **2** 59, 177 ff.
- < 7 Jahre **2** 177 f.
- 7 bis 10 Jahre **2** 179 ff.
- ab 10 Jahre **2** 185 ff.
- Beweislast **2** 188 ff.
- Billigkeitshaftung **2** 197 ff.; **9** 44
- Einsichtsfähigkeit **2** 185 ff.

879

Stichwortverzeichnis

- Mitverschulden **2** 178 ff., 184, 191; **3** 19, 44 f., 69; **9** 142
- Schmerzensgeld **9** 44 ff.
- Überforderungssituation **2** 181 ff.

Mittelbar Geschädigte **8** 434; **9** 735 f.; **10** 188 ff.
- Aktivlegitimation **4** 17 f.
- Angehörige **10** 190 f.
- Arbeitgeber **8** 435; **10** 179
- Beerdigungskostenverpflichtete **2** 41; **4** 17 f.; **10** 6 f.
- Begriff **2** 39
- Dienstleistungsberechtigte **2** 41; **4** 17 f.
- gesetzlicher Forderungsübergang **2** 43
- Haushaltsführungsschaden **9** 495
- Mitverschuldensanrechnung **2** 42
- Schmerzensgeld **9** 200 ff.
- Schockschaden **9** 735; **10** 32 ff.
- Unterhaltsberechtigte **2** 41; **4** 17 f., 92 ff.; **10** 75 ff.
- vereitelte Baueigenleistungen **10** 192 ff.

Mittelgebühr **8** 465 ff.
- Höhe **8** 465, 467 ff.
- mehrere Auftraggeber **8** 497
- Musterklage **8** 475

Mitverschulden **3** 14 ff.
- ärztl. Behandlungsfehler **3** 23
- Alkohol **9** 133
- Anrechnung bei Dritten **2** 140
- Arbeitsunfall **3** 149
- Arbeitsvertragshaftung **2** 305
- Bahnhaftung **2** 336
- Beifahrer **3** 71 ff.
- Betriebsgefahr **3** 17 f.
- Beweislast **2** 252; **3** 25 ff., 58 ff.; **9** 138
- Deliktsfähigkeit **3** 19
- Fahrradhelm **3** 55
- Fußgänger **3** 46 ff.

- gesetzlicher Forderungsübergang **4** 66 ff.
- gestörte Gesamtschuld **3** 34 ff.
- Haushaltsführungsschaden **9** 530, 544
- Kaskoinanspruchnahme **8** 400 ff., 436
- Kausalität **3** 20 ff.
- Leasing **3** 40 ff.
- Minderjährige **2** 178 ff., 184, 191; **3** 19, 44 f., 69; **9** 142
- mittelbar Geschädigte **2** 42
- Motorradhelm **3** 15, 21, 56 ff.
- Motorradkleidung **3** 15, 56 ff.
- Nebentäterschaft **3** 28 ff.
- Quotenvorrecht **4** 87, 93 ff., 121; **6** 3, 10 ff.
- Radfahrer **3** 50 ff.
- Rentenminderungsschaden **9** 614, 633 f.
- Sachverständigenkosten **7** 42 ff.; **8** 41
- Schmerzensgeld **9** 131 ff.
- Schockschaden **10** 51 ff.
- Sicherheitsgurt **3** 16, 56 ff.; **5** 71; **9** 134 ff.
- Sorgfaltsmaßstab **3** 14 ff.
- Sozialleistungsträgerregress **4** 66 ff.
- Unterhaltsschaden **4** 93 ff.; **10** 126
- Verdienstausfall **9** 656
- verminderte Altersrente **9** 614
- Versicherer **13** 172

Motorradhelm **3** 15, 56 ff.; **8** 345 ff.
Motorradkleidung **3** 15, 56 ff.; **8** 348 f.

Nebenintervention
- gestellter Unfall **1** 332; **5** 112 ff.
- Mietwagenunternehmen **8** 169
- Sachverständiger **2** 372
- selbstständiges Beweisverfahren **5** 60

Stichwortverzeichnis

Nebentäterschaft 3 28 ff.
- interner Schadensausgleich 3 32
- Schädigerinsolvenz 3 33

Neu-für-alt-Abzug 7 165 ff.
- aufgedrängter Vorteil 7 168
- Behinderten-Einrichtung 8 357
- Besserstellungsverbot 7 165
- Brille/Prothese 8 617 ff.
- Kaskoversicherung 13 242
- Katalysator 7 169
- Kfz-Haftpflichtversicherung 7 166 ff.
- Kindersitz 8 350
- Kleidungsschaden 8 595 ff.
- Motorradhelm 8 345 ff.
- Motorradkleidung 8 348 f.
- Quotenvorrecht 6 16 ff.
- Sicherheitsgurt 8 344
- Transportschaden 8 613

Neuwagenersatzanspruch 7 225, 354 ff.; 8 405; 13 240
- Anwaltskosten 7 379; 8 490 ff.
- Ausstattung/Farbe 7 372 f.
- Beschädigungserheblichkeit 7 357 ff.
- fiktiver 7 371
- Händlerwahl 7 374
- Interimsfahrzeug 8 192
- Leasing 7 356
- Lieferzeiten 7 375; 8 192
- Mietwagenkosten 8 192
- Neuwertigkeit 7 361 ff.
- Preiserhöhung 7 377 f.
- Rabatt 7 370
- Restwertrealisierung 7 368 ff.

Nutzungsausfall 1 25; 8 48 ff.
- Abgrenzung Mietwagenkosten 8 273 f.
- ältere Kfz 8 261 ff.
- Autotelefon 8 326
- Behelfsreparatur 8 85, 103 f., 279
- Beweislast 8 95 ff., 106 ff., 196, 285
- Blindenhund 8 326
- Dauer 8 74 ff., 82 ff., 105 ff., 245 ff., 277 ff.
- entgangener Gewinn 8 291, 303 ff.
- Ersatzfahrzeug 8 274 f.
- Fahrrad 8 323 ff.
- Fernseher 8 326
- fiktiver 8 242
- Firmenwagen 8 294 ff.
- Flugzeug 8 326
- frustrierte Aufwendungen 9 125 ff., 737 ff.
- gewerbliche Kfz 8 289 ff., 301 ff.
- Höhe 8 257 ff.
- Kaskoversicherung 13 244
- konkreter 8 242
- Krad 8 309 ff.
- Kreditunwürdigkeit bzgl. Vorfinanzierungskosten 8 92 ff., 109
- Leasing 1 154; 4 7
- Lkw 8 289 ff., 299 f.
- Mitnutzer 8 58, 65 ff., 198 f.
- Motorrad 8 61
- Nachweis 7 114; 8 245 ff., 253 ff.
- Nutzungsmöglichkeit 8 64 ff., 198 f., 311 ff.
- Nutzungswille 8 50 ff., 198 f., 314
- Oldtimer 8 262
- Quotenvorrecht 6 25
- Regulierungsverzögerung 8 94, 109
- Rollstuhl 8 326
- Schadensminderungspflicht 3 83; 8 74 ff.
- Schadensermittlungszeitraum 8 283 f.
- Schätzung 8 266 f.
- Sonntagsfahrer 8 60
- Spezial-Kfz 8 272
- Tabelle Danner/Echtler 8 298 ff.

881

Stichwortverzeichnis

- Tabelle Sanden/Danner/Küppersbusch 8 258 ff., 307, 309
- Tabellen EurotaxSchwacke 8 258 ff., 307, 309, 321
- Totalschaden 8 105 ff., 252 ff., 283 ff.
- Transporter 8 298
- Überlegungsfrist 8 110 ff., 283 f.
- Vorhaltekosten 8 303, 306 f.
- Wiederbeschaffungszeitraum 8 283 f.
- Wohnmobil 8 315 ff.
- Zweitfahrzeug 8 62, 88 ff., 275

Obliegenheit 13 48 ff.
- Alkohol 1 322
- Altverträge 13 112 f.
- Anerkennungs-/Befriedigungsverbot 13 77
- Anwaltsbeauftragung 1 328
- Anzeigepflicht 1 321; 13 48, 76
- Aufklärungspflicht 13 76, 79 ff.
- Auskunftspflicht 13 48
- Fahruntüchtigkeitsklausel 13 73, 75, 102
- Falschangabe 13 85 f., 95
- Gefahrerhöhung 13 49 ff., 139
- mehrere Obliegenheitsverletzungen 13 106 ff., 176 ff.
- nach Versicherungsfall 13 76 ff.
- Nachtrunk 13 84
- Prozessführungsrecht des Versicherers 13 76, 78
- Rechtsfolgenbelehrung 13 98 f.
- Rettungsobliegenheit 13 139, 231 f.
- Risikoausschluss 13 75
- Schadensmeldung 1 73; 8 379
- Schadensminderungspflicht 1 76; 13 48, 76, 139
- Schwarzfahrtklausel 13 73, 75, 103
- Unfallflucht 1 322; 13 81 ff., 97, 103, 212

- Verletzung 1 73 f., 76
- Verwendungsklausel 13 73, 102
- vor Versicherungsfall 13 72 ff.
- Weisungsrecht des Kaskoversicherers 13 76, 247
- Zurechnung von Drittverhalten 13 201 ff.

Parteivernehmung 5 36, 47 ff.
- Subsidiarität 5 47
- Urteilsinhalt 5 50
- Voraussetzung 5 48 ff.

Parteiverrat 1 121, 127 ff., 139
- Einverständnis 1 128, 131 ff.
- Schutzzweck 1 127

Passivlegitimation 5 1 ff.
- Amtshaftung 2 353, 370
- Auslandsbezug 5 10 ff., 16 ff., 84
- Eigenversicherer 2 370
- Entschädigungsfonds 5 16 f.
- Gemeinschaft der Grenzversicherer 1 288
- Geschäftsherrenhaftung 5 2 ff.
- Grüne Karte e.V. 1 284; 5 10 ff., 84
- Halterhaftung 5 2 ff.
- Kfz-Haftpflichtversicherer 5 5 ff.
- Militärfahrzeuge der NATO 1 316
- Schadensregulierungsbeauftragter 5 11 f.
- Schädiger 5 1
- Scheinversicherer 5 9
- Verkehrsopferhilfe e.V. 5 84

Personenschaden 9 1 ff.
- absolute Verjährungsfrist 12 125
- Arztbericht 1 358 ff.
- Beweislast 1 228 ff., 360
- Haushaltsführungsschaden 9 438 ff.
- Heilbehandlungskosten 9 391 ff.
- Leasing 1 154
- Sachverständigenauswahl 9 20 ff.
- Sachverständigenkosten 9 22

Stichwortverzeichnis

- Tabelle Schulz-Borck/Hofmann (Pardey) **9** 14
- überholende Kausalität **9** 19
- Verjährung **12** 125
- Verjährungshemmung **9** 579
- vermehrte Bedürfnisse **9** 351 ff.

Pflichtversicherung (Berufshaft-, Betriebshaft-, etc.)
- Direktanspruch gegen Versicherer **5** 6

Probefahrt **2** 103 ff.; **3** 35 ff.
Prognoserisiko **7** 18, 99, 124, 171, 322 f.; **8** 19, 126, 129, 280
Prozessführungsbefugnis **1** 327 ff., 336 ff.
- gestellter Unfall **1** 332
- Kaskoinanspruchnahme **8** 398
- Sicherungsabtretung **7** 95; **8** 226 ff.

Prozesskostenhilfe
- Schmerzensgeldanrechnung **9** 349
- selbstständiges Beweisverfahren **5** 63

Prozessstandschaft
- Aktivlegitimation **4** 11 ff.; **7** 476
- Forderungsabtretung **4** 14
- gewillkürte **4** 11 ff.
- Leasing **4** 13; **7** 476
- Rechtsschutzversicherung **13** 302
- Sicherungsabtretung **7** 95; **8** 228
- Sozialleistungsträger **4** 55

Quellentheorie **10** 170 f.
Quotenvorrecht **1** 214, 219; **6** 1 ff.
- Ab-/Anmeldekosten **6** 15
- Abschleppkosten **6** 14
- Anwaltskosten **6** 15, 19 ff., 26, 29, 35, 41; **8** 404, 444
- Anwendungsbereiche **6** 2, 10 ff.
- Arbeitnehmerhaftung **6** 42 ff.
- Auslagenpauschale **6** 25
- Beitragsregress **9** 633 f.
- Deckungsgleichheitsgrundsatz **6** 8

- Differenz Wiederbeschaffungswert/130 % **6** 22 ff.
- Differenztheorie **13** 307
- Entgeltfortzahlung **4** 119 ff.; **9** 608
- gesetzlicher Forderungsübergang **4** 119 ff.
- Kaskoversicherung **1** 214, 219; **6** 6 ff.; **8** 444
- Ladungsschaden **6** 25
- Mietwagen **6** 25
- Mitverschulden **4** 87, 93 ff., 121
- modifizierte Differenztheorie **6** 7, 30 ff.
- Neu-für-alt-Abzug **6** 16 ff.
- Nutzungsausfall **6** 25
- Rechenbeispiel **6** 27 ff.
- Rechtsschutzversicherung **6** 38 ff.; **13** 303 ff.
- Reisekosten **6** 40
- Rentnertod **4** 92 ff.
- Reparaturkosten **6** 14
- sachl. Kongruenz **6** 7 f., 20, 23
- Sachverständigenkosten **6** 14
- Schadensfreiheitsrabattverlust **6** 26, 29, 35; **8** 404
- Schadenspositionen mit Vorrecht **6** 12 ff., 24
- Schadenspositionen ohne Vorrecht **6** 25 ff.
- Sozialhilfebedürftigkeit **4** 88 ff.
- Sozialleistungsträgerregress **4** 63 ff., 79 ff., 88 ff.; **9** 633 f.
- Umbaukosten für das Radio **6** 15
- Unterhaltsschaden **4** 92 ff.; **6** 45 f.; **10** 126
- unzureichende Haftungshöchstsumme **4** 79 ff.
- Versorgungswerk **4** 45
- Wertminderung **6** 14; **7** 195
- Wiederbeschaffungskosten **6** 14

Stichwortverzeichnis

Räum-/Streupflicht
- Pflichtiger **2** 155 ff.
- Übertragung **2** 160
- Umfang **2** 161 ff.

Rechtsberatung/-dienstleistung **1** 45 ff.
- ADAC-Paragraph **1** 48
- Forderungsabtretung **1** 63
- Haftung **1** 65, 120
- Inkassodienstleistung **1** 60 ff.
- Mietwagenunternehmer **1** 50, 57, 61 f., 65 f.
- Nebenleistung **1** 50 ff.
- Rechtsberatungsgesetz **1** 46 ff.
- Rechtsdienstleistungsbegriff **1** 50
- Rechtsdienstleistungsgesetz **1** 46 ff.
- Rechtsinformation **1** 58
- Rechtsschutzversicherung **1** 59
- Sachverständiger **1** 50, 57, 61, 65 f.
- Vereinigung/Verband **1** 48
- Werkstatt **1** 50, 57, 61 f., 65 f., 88 ff., 120

Rechtsschutzversicherung **13** 281 ff.
- Abtretungsverbot **13** 311 f.
- Aktivlegitimation **13** 301 f.
- Anspruchsprüfungsschema **13** 314 f.
- Anwalt in eigener Sache **13** 351
- Anwaltskosten **13** 294 ff., 345 ff.
- Anwaltswechsel **13** 346
- Auslandsbezug **1** 302 ff.; **13** 352 f., 358
- Bedingungen **13** 283 ff.
- Betreuerbestellung **1** 175
- Checkliste **13** 427
- Deckungsablehnung **13** 421 ff.
- Deckungsverhältnis **13** 288, 290
- Deckungszusage **1** 39, 78, 345; **13** 289, 340 ff.
- Deckungszusageneinholungskosten **8** 445 ff.
- Eintrittspflicht **1** 343
- Freistellungsklage **13** 312
- gesetzl. Forderungsübergang **6** 38; **13** 298 ff.
- Insolvenz des VN **13** 293
- Kaskoinanspruchnahme **8** 438; **13** 418 f.
- Kautionsdarlehen **13** 359 f.
- Leistungsarten **13** 322 ff.
- Leistungsumfang **13** 345 ff.
- mangelnde Erfolgsaussichten **13** 421 ff.
- mehrere Versicherungsfälle **13** 403 ff.
- Mehrwertsteuer **13** 348
- mitversicherte Personen **13** 318 ff.
- MPU **13** 355
- Mutwilligkeit **13** 424
- OWi-Rechtsschutz **13** 339, 421
- Passivprozess **1** 343
- Privat-/Berufs-/Verkehrsrechtsschutz **13** 320 f.
- Privatgutachten **1** 381 f., 392; **3** 58; **9** 314; **13** 356 ff.
- Quotenvorrecht **6** 38 f.; **13** 303 ff.
- Rechenschaftslegungsanspruch ggü. RA **13** 300
- Rechtsberatung/-dienstleistung **1** 59
- Reisekosten **6** 39 f.; **13** 350
- Risikoausschluss **13** 361
- Rückzahlungsanspruch **13** 297 ff., 334 ff., 360
- Sachverständigenkosten **5** 61; **7** 43 ff.; **9** 314; **13** 356 ff.
- Sachverständigenverfahren **7** 15, 305
- Schadenersatzrechtsschutz **13** 324 f.
- Schadensmeldung **1** 344 f.
- Schiedsgutachterverfahren **13** 425
- Selbstbeteiligung **6** 38; **13** 361 f.
- selbstständiges Beweisverfahren **1** 389, 394; **5** 61; **7** 43 ff.; **13** 356

884

- Steuerrechtsschutz 13 326
- Stichentscheidsverfahren 13 425
- Strafrechtsschutz 13 329 ff., 381, 421
- Teildeckung 13 380 ff.
- Übersetzungskosten 13 359 f.
- Unfallrekonstruktionsgutachten 3 58
- Valutaverhältnis 13 288, 290
- Vergleichsabschluss 13 363 ff.
- Verkehrsrechtsschutz 13 316 ff.
- versicherte Risiken 13 313, 413 ff.
- Versicherungsfall 13 384 ff., 395 ff., 403 ff.
- Versicherungszeitraum 13 384 ff., 407 ff.
- Verwaltungsrechtsschutz in Verkehrssachen 13 327 f.
- Verwaltungsverfahrenskosten 13 354 f.
- Vorsatz 13 334 ff., 381
- Vorschuss 13 335, 344
- Wartezeit 13 401 f., 412

Regelgebühr 8 466 ff.
Regress des Kfz-Versicherers 1 23, 322
- Familienprivileg 4 109
- Gutachtenfehler 8 27
- Sachverständigenkosten 8 25
- Schadensfreiheitsrabatt 1 322

Regulierungsbefugnis
- Kfz-Haftpflichtversicherung 1 327 ff.; 8 509; 12 173; 13 276, 279 f.
- Leasing 1 155 ff.

Regulierungsempfehlung Gebhardt/Greißinger 8 519 ff., 536 ff.
Regulierungsfrist 1 276; 5 30 ff.
- Fristsetzung 1 363 ff.; 8 372 ff.
- Schadensregulierungsbeauftragter 1 296 ff.; 5 15

Reha-Management 9 562 ff.
- Anwaltshaftung 9 570
- Anwaltskosten 9 580 ff.
- Auswahl des Reha-Managers 9 589
- Kostentragung 9 575, 589
- Rehabilitationsdienste 9 573 ff.
- Schweigepflichtentbindung 9 576
- Verjährungshemmung 9 579

Reisekosten 6 39 f.
Rentenminderungsschaden 9 614, 628 ff.
- Kapitalisierung 11 105 ff.
- Mithaftung 9 633 f.
- Mitverschulden 9 614
- verzögerter Berufseintritt 9 721 ff.

Rentenversicherung der Pflegeperson 4 116; 9 375 ff.
Rentnertod 4 92 ff.

Reparatur
- Gebrauchtteile 1 13
- Restwertrealisierung 7 257
- Schadensmanagement der Versicherer 1 12 ff.
- Teilreparatur 7 257
- Werkstattwahl 1 243

Reparaturaufwand
- Begriff 7 59
- Mehrwertsteuer 7 60
- Rabatt 7 88, 342
- Teilreparatur 7 79

Reparaturkosten
- Ab-/Anmeldekosten 8 366
- Abrechnungsbasis 7 58 ff., 62 ff., 230 f., 240 f.
- aufgedrängter Vorteil 7 168
- Behelfsreparatur 8 104
- Eigenreparatur 7 69, 72, 79, 112, 325 ff., 332 ff., 337 ff., 407, 425 f.
- Entsorgungskosten 7 160 f.; 8 353
- Erforderlichkeit 7 83, 90, 100
- Firmenwagen einer Werkstatt 7 120
- Forderungsabtretung 4 14

885

Stichwortverzeichnis

- Gebrauchtteilereparatur **7** 112, 170 ff.
- geringer als vom Sachverständigen kalkuliert **7** 113, 125
- Leasing **1** 153, 158; **7** 177 ff.
- Mehrwertsteuer **2** 7; **7** 178 ff.
- Neu-für-alt-Abzug **7** 90, 165 ff.
- Quotenvorrecht **6** 14
- Rechnungsvorlagepflicht **7** 109 ff.
- Sicherungsabtretung **7** 92 ff.
- Teilreparatur **7** 70 ff., 334 ff., 345 ff., 425 f.
- Totalschaden **7** 230 f.
- Umbaukosten **8** 354 ff.
- UPE-Aufschlag **7** 134, 136 ff.
- Verbringungskosten zum Lackierer **7** 134, 141 ff.
- Vermessungskosten **7** 159
- Vorschäden **7** 90
- Wechsel von fiktiver zu konkreter Abrechnung **7** 129 ff., 415 ff., 420 ff.

Restitutionsrecht **1** 116 f.
Resttreibstoff im Tank **7** 310
Restwert **1** 20; **7** 246 ff.
- Anwaltshaftung **7** 265 ff.
- Begriff **7** 247
- Beweislast **7** 274 ff.
- BVSK-Richtlinie **7** 252
- DEKRA-Gutachten **8** 40
- Ermittlung **7** 246, 250 ff.
- Herausgabeanspruch des Schädigers bzgl. Unfall-Kfz **7** 368 f.
- Kaskoversicherung **7** 298
- Rabatt bei Inzahlunggabe **7** 283
- Realisierungspflicht **7** 268, 368
- Sachverständigenauswahl **7** 288
- Schadenminderungspflicht **1** 107; **3** 78, 80, 89; **7** 250 ff.; **13** 247
- Sondermarkt/Internet **1** 20 ff., 107 f.; **7** 251 ff., 262, 286, 293 f.; **8** 40
- Teilreparatur **7** 257
- überobligationsmäßige Anstrengungen **7** 273 ff.
- Versicherungsangebot **3** 80; **7** 253, 256 ff., 263 ff., 271 f.
- Vorlagepflicht des Kaufvertrags **7** 279 ff.
- Weiternutzung des Kfz **7** 284 ff., 330

Risikoausschluss
- Kaskoversicherung **13** 75
- Kfz-Haftpflichtversicherung **2** 46 f.
- subjektiver **2** 46
- Vorsatztaten **2** 46 f.

Rosa Grenzversicherungsschein **1** 288
Rotlichtverstoß **13** 116 f., 123, 195 f.
Rücktrittsrecht des Versicherers
- Erstprämienverzug **13** 39 f.

Ruhkopf/Sahm-Berechnungsmethode **7** 200 ff.

RVG-Gebühren
- Akteneinsichtsgebühr **8** 555
- Auslagenpauschale **8** 555
- außergerichtliche **8** 465 ff.
- Besprechungsgebühr nach BRAGO **8** 456 ff., 486 ff.
- DAV-Abkommen **8** 519 ff., 536 ff.
- Differenzgebühr **8** 527, 532 ff.
- durchschnittliche Angelegenheit **8** 476 ff.
- Einigungsgebühr **8** 510 ff.
- Erhöhungsgebühr **8** 497 f., 567 ff.
- Erstberatungsgebühr **8** 451 ff.
- gerichtliche **8** 561 ff.
- Geschäftsgebühr **8** 456 ff., 497 f.
- Großschaden **8** 496; **12** 79 ff.
- Hebegebühr **8** 545 ff.
- Höchstgebühr **8** 472, 496
- mehrere Auftraggeber **8** 497 f., 567 ff.
- Mindestgebühr **8** 472, 474
- Mittelgebühr **8** 465 ff.

Stichwortverzeichnis

- Neuwagenersatzanspruch **8** 490 ff.
- Regelgebühr **8** 466 ff.
- Regulierungsempfehlung Gebhardt/ Greißinger **8** 519 ff., 536 ff.; **12** 82
- Terminsgebühr **8** 561, 575 ff.
- umfangreiche/schwierige Angelegenheit **8** 481 ff.
- Umstände des Falles **8** 471 ff., 481 ff., 486 ff.
- Verfahrensgebühr **8** 561 ff.

RVG-Gebührenanrechnung
- Auslagen **8** 455
- außergerichtliche Gebühren **8** 499 ff.
- Erstberatungsgebühr **8** 453 ff.
- Gebührenvereinbarung **8** 453 ff.
- Mehrwertsteuer **8** 499
- unterschiedliche Gegner **8** 508 f.

Sachverständigenauswahl **1** 16 ff.; **7** 32 ff.
- Auswahlverschulden **7** 34; **8** 11 ff., 15
- CarExpert **1** 110, 225, 241 f.; **8** 36 f.
- DEKRA **1** 16 ff., 110, 225, 241 f.; **8** 38 ff.
- Haushaltsführungsschaden **9** 527
- Liste **1** 250
- Personenschaden **9** 20 ff.
- Restwertermittlung **7** 288
- Schadenminderungspflicht **1** 110 f., 240 ff.
- Schadensmanagement der Versicherer **1** 86
- Schmerzensgeld **9** 240, 313
- Wahlfreiheit des Geschädigten **8** 35 ff.

Sachverständigengutachten
- Bagatellgrenze **7** 17 ff.; **8** 47
- Beweisantrag **1** 191; **9** 640
- Beweisfunktion **7** 9, 28
- Erforderlichkeit **9** 232
- Ergänzung **5** 57
- Fahrzeugschaden **7** 7 f., 16 ff.; **8** 3 ff.
- Gegengutachten **7** 10, 35 ff., 123 ff.; **8** 28 ff.
- Haushaltsführungsschaden **9** 509
- Inhalt **7** 39 ff.
- Kaskoschaden **7** 11 ff., 299 ff.
- Leasing **4** 5
- Mietwagenkosten **8** 179
- mündl. Erläuterung **5** 57
- Nachbesichtigung durch Versicherer **7** 10, 35 ff.; **8** 28 ff.
- Nachtragsgutachten **7** 100
- Nutzungsausfalldauer **8** 189
- Parteigutachten **7** 9
- Reparaturbescheinigung **8** 6, 250
- Schadensminderungspflicht **7** 18 ff., 297
- Schadensfeststellung **7** 9
- Schadenshöhe **1** 391 ff.
- Schmerzensgeld **9** 86, 232
- Schutzwirkung zugunsten Dritter **7** 48, 290
- selbstständiges Beweisverfahren **5** 53, 56 ff.
- Urheberrecht **7** 258
- Verdienstausfall **9** 591
- Verwertbarkeit **8** 7 ff.
- weiteres nach Begutachtung durch Versicherer **1** 240 ff.
- Wertminderung **7** 214 ff.
- Wiederbeschaffungskosten **7** 39 ff.

Sachverständigenhaftung **2** 371 f.; **7** 46 ff.
- Gutachtenfehler **8** 27
- Pflichtverletzung **7** 292 ff.
- Restwertregress **7** 48 f., 252, 289 ff.
- Schutzwirkung zugunsten Dritter **7** 48, 290
- Streitverkündung **2** 372

887

Stichwortverzeichnis

Sachverständigenkosten
- Auswahlverschulden **8** 15 ff.
- Bagatellschaden **8** 47
- Forderungsabtretung **4** 14
- Herstellungsaufwand **8** 4 f., 21
- Honorarhöhe **8** 14 ff.
- Honorartabelle **8** 26
- Kaskoversicherung **6** 14; **7** 300, 304; **13** 245
- Leasing **1** 153
- mangelhaftes Gutachten **8** 7 ff.
- Mithaftung **8** 41
- Mitverschulden **7** 42 ff.
- Nachbesichtigung **8** 6, 28 ff., 250
- pauschalierte Abrechnung **8** 20 ff.
- Personenschaden **9** 22
- Preisvergleich **8** 16
- Privatgutachten **1** 381 f.; **5** 40; **13** 356 ff.
- Prognoserisiko **8** 19
- Quotenvorrecht **6** 14
- Rechtsschutzversicherung **5** 61; **7** 15, 305; **9** 314; **13** 356 ff.
- Regress **8** 25
- Reisekosten **8** 35
- Reparaturbescheinigung **8** 6, 250
- Sachverständigenverfahren **7** 14 ff., 304
- Schadensminderungspflicht **1** 110 f.
- selbstständiges Beweisverfahren **5** 61; **7** 43 ff.

Sachverständigenverfahren **7** 12 ff., 301 ff.; **13** 266 f.

Schadenersatz
- Begrenzung **2** 44 f.
- Beweislast **2** 119 ff.
- Brille/Prothese **8** 614 ff.
- Dispositionsfreiheit des Geschädigten **2** 5, 44; **7** 53, 105 ff.
- Erforderlichkeit **7** 6, 16 ff., 100; **8** 123 ff., 138 ff., 147, 149 ff., 431 ff.
- ersparte Eigenaufwendungen **4** 57 ff.; **8** 207 ff., 211 ff., 221 f., 239
- fiktiver **2** 5 ff.
- Geldersatz **2** 4, 44; **7** 388
- Haftungsschaden **4** 4, 7
- Leasing **4** 2 ff.
- mehrere Unfälle **2** 26 ff.; **9** 234, 257 f.
- mittelbar Geschädigte **2** 39 ff.
- Naturalrestitution **2** 3, 44; **7** 388, 434, 450
- Oldtimer **7** 460
- Sachfolgeschaden **2** 10 ff.
- Transportschaden **8** 611 ff.
- Umfang **2** 3 ff.
- unmittelbare Schäden **2** 9
- Untergang der Sache **7** 460

schadenfix.de **1** 103 ff.

Schadensminderungspflicht **1** 245; **3** 78 ff.; **7** 6
- Abschleppkosten **8** 329 ff.
- Akteneinsichtsgebühr **8** 556 ff.
- Anwaltskosten **8** 421 ff., 433, 556 ff.
- Arztberichtskosten **1** 235
- Auswahlverschulden **8** 11 ff., 15
- Bagatellschaden **8** 47, 429 ff.
- Behelfsreparatur **8** 85, 103 f., 279
- Beweislast **8** 78, 95 ff., 153 f., 285; **9** 655, 669, 672 ff.; **10** 118
- Erforderlichkeit **7** 6, 16 ff., 100; **8** 123 ff., 138 ff., 147, 149 ff., 422 ff.; **9** 397
- Haushaltsführungsschaden **9** 444, 501, 548 ff., 554 f.
- Interimsfahrzeug **3** 78; **8** 192 ff.
- Kaskoinanspruchnahme **3** 78; **8** 393 ff., 605
- Kreditaufnahme **3** 81, 85 f.; **5** 24; **8** 91 ff., 109, 380 ff., 390 ff.
- Mehrwertsteuer **7** 430, 470

888

Stichwortverzeichnis

- Mietwagenkosten **1** 111; **3** 83; **8** 201 ff., 231
- Notreparatur **3** 78
- Nutzungsausfall **3** 83; **8** 74 ff., 88 ff., 109
- Obliegenheit **13** 48, 76, 139
- Preisvergleichspflicht **8** 133 ff., 142, 156 ff.
- Rabatt **7** 370
- Reparaturkosten **3** 78
- Restwertrealisierung **1** 107 f.; **3** 78, 89; **7** 250 ff., 256 ff., 263 ff., 277 f.; **13** 247
- Sachverständigenauswahl **1** 241 f.; **8** 35
- Sachverständigengutachten **7** 18 ff., 297
- Sachverständigenkosten **1** 110 f.
- Schmerzensgeld **9** 164 ff.
- Stundenverrechnungssatz **7** 147 ff.
- Taxi-Miete **3** 89
- Typklasse des Mietwagens **8** 219
- Unterhaltsschaden **10** 118 ff., 157
- Verdienstausfall **9** 596, 653 ff.
- Vorschussanforderung bei Kfz-Haftpflichtversicherung **3** 78, 82 ff.; **8** 92, 109, 390
- Werkstattwahl **1** 112 ff., 243; **8** 99 ff.

Schadensfreiheitsrabatt
- Kaskoversicherung **1** 222 ff.; **8** 396 ff.
- Kfz-Haftpflichtversicherung **1** 322, 341 ff.; **8** 396
- Krankenversicherung **9** 395
- Regress des Versicherers **1** 322
- unsachgemäße Regulierung **1** 342

Schadensfreiheitsrabattverlust
- Feststellungsklage **8** 403, 610
- Kaskoversicherung **8** 604 ff.
- Kfz-Haftpflichtversicherung **8** 599 ff.

- Mithaftung **8** 400 ff., 436, 606 ff.
- Quotenvorrecht **6** 26, 29, 35; **8** 404
- Rückzahlungsmöglichkeit **8** 396 f.
- subsidiäre Haftung **13** 102

Schadensmanagement der Versicherer **1** 10 ff., 93
- Allianz Versicherung **1** 29 ff.
- BaFin-Beschwerde **1** 81
- Call-Center für Regulierungshilfe **1** 43
- CarExpert **1** 110
- Control-Expert **1** 34
- DEKRA **1** 16 ff.
- Fairplay-Konzept **1** 29 ff.
- Mietwagenvermittlung **1** 14
- Notrufsäule **1** 43
- Regulierungsfrist **1** 276 f.; **5** 15, 30 ff.
- Regulierungsverzögerung **1** 27 ff., 35 ff., 69 ff., 271, 367 ff., 395; **8** 94, 109; **9** 110 ff.
- Sachverständigenauswahl **1** 16, 34, 86
- Schadenleiterbeschwerde **1** 67 f., 356
- Vorstandsbeschwerde **1** 41, 67
- Werkstattvermittlung **1** 11 ff., 30 ff., 112 ff.
- Zentralruf der Autoversicherer **1** 11, 42

Schadensmeldung **1** 246 ff.
- Anwaltshaftung **13** 216
- Anwaltskosten **8** 446
- durch RA **1** 322 ff.
- eigene Versicherung **1** 321 ff.
- Falschangabe **13** 85 f., 95
- Grüne Karte e.V. **1** 282
- Leasing **1** 149 ff., 161; **7** 184
- Militärfahrzeuge der NATO **1** 316 ff.
- Neuwagenersatzanspruch **7** 367
- Obliegenheit **1** 73

889

Stichwortverzeichnis

- Rechtsschutzversicherung **1** 344 f.
- Regulierungsverbot **1** 343
- Schadensspezifikation **1** 362 ff.
- Verjährungshemmung **5** 7 f.; **12** 141 ff.; **13** 429
- Wissenserklärungsvertreter **13** 214 ff.
- Zahlungsfrist **1** 363 ff.; **8** 372 ff.
- Zentralruf der Autoversicherer **1** 272

Schadenspositionen **1** 25, 39
Schadensregulierungsbeauftragter **1** 262, 293 ff.; **5** 13 ff.
- Grüne Karte e.V. **1** 283 f.
- Passivlegitimation **5** 11 f.
- Rechtsstatut **1** 295; **5** 19 f.
- Regulierungsfrist **1** 296 ff.; **5** 15

Schienenbahnhaftung **2** 323 ff.
- Bahnbegriff **2** 325
- Betriebsbegriff **2** 326 ff.
- Betriebsgefahr **2** 340 f.
- Entlastungsbeweis **2** 334
- Haftungsabwägung **2** 340 f.
- Haftungsausschluss **2** 331 ff.
- Haftungseinheit **2** 249, 286 ff., 294
- Haftungsumfang **2** 337 ff.
- Mitverschulden **2** 336

Schmerzensgeld **2** 18 ff.; **9** 24 ff.
- Abfindungsvergleich **12** 15
- alsbaldiger Tod **9** 180 ff.
- Alter **9** 121, 259 ff.
- Anpassung **12** 59, 62
- Anrechenbarkeit **9** 348 ff.
- Attestkosten **9** 118
- Aufopferung **2** 301
- Aufprallgeschwindigkeit **9** 179, 286 ff., 296, 303 ff.
- Ausgleichsfunktion **9** 34 ff., 91 f.
- Auslandswohnsitz **9** 123 f.
- Bagatellverletzung **9** 43, 168 ff.
- Bemessungskriterien **9** 94 ff.
- Beschwer **9** 62 ff., 75

- Betriebsgefahr **3** 18, 70; **5** 4; **9** 32, 143
- Beweisführervernehmung **9** 89
- Beweislast **9** 186, 237, 240, 267, 277, 293 ff., 302, 311 ff.
- Billigkeitshaftung **9** 44, 119
- Bindung des Gerichts **9** 59, 68 f.
- Einheitlichkeitsgrundsatz **9** 49 ff., 77, 87 f.; **12** 105
- entgangene Lebensfreuden/Urlaub/ Freizeit **9** 104 ff., 127
- Entscheidungssammlungen **9** 150 ff., 157 ff.
- Fälligkeit **9** 89
- Feststellungsklage **9** 54 ff., 81 ff.
- frustrierte Aufwendungen **9** 125 ff., 737 ff.
- Gefährdungshaftung **1** 129, 373; **2** 20, 219; **9** 26, 29 ff., 34 ff.
- Gegenstandswert **9** 74 f., 347
- Genugtuungsfunktion **9** 34 ff., 40, 91 ff., 128
- Geschäftsführung ohne Auftrag **2** 301
- Geschäftsherrenhaftung **2** 135, 139
- Haftungshöchstsumme **5** 4
- Halterhaftung **5** 3 f.
- Herausforderungs-/Verfolgungsfälle **9** 268 ff.
- Hirnschaden **9** 184, 194 f., 335
- HWS-Syndrom **9** 175, 179, 250 ff., 271 ff., 298 ff.
- Insassen **2** 265
- Kapitalentschädigung **9** 327 ff.
- Konversionsneurose **9** 197, 205 ff., 298 ff.
- mehrere Unfälle **9** 234, 257 f., 322 f.
- Mehrforderung **9** 70
- Minderjährigenhaftung **9** 44 ff.
- Mindestangabe **9** 58 ff.
- mittelbar Geschädigte **9** 200 ff.

Stichwortverzeichnis

- Mitverschulden **9** 131 ff.
- Narben **9** 100 ff.
- Neurosen/psych. Schäden **9** 196 ff., 299
- offene Teilklage **9** 53, 55
- Pfändbarkeit **9** 48
- Prozesskostenrisiko **9** 65, 68 ff., 74
- Quotierung **3** 68
- Rechtskraft **9** 76 ff.; **12** 106 ff.
- Regulierungsverzögerung **9** 110 ff.
- Renten-/Begehrensneurose **9** 197, 232, 235 ff.
- Rentenabänderung **9** 338 ff.
- Rentenentschädigung **9** 331 ff.
- Rentenzahlung **11** 126
- Sachverständigenauswahl **9** 240, 313
- Schadensminderungspflicht **9** 164 ff.
- Schätzung **9** 147 ff.
- Schockschaden **9** 299; **10** 46 ff.
- Schwerstverletzung **9** 144 ff., 326
- soziale Belastung **9** 120
- Sozialleistungsträgerregress **4** 34, 43
- Spätfolgen **9** 49 ff., 65, 76 ff., 79 ff., 88, 330; **12** 5 ff., 105 ff.
- Spätschadensvorbehalt in Abfindungsvergleich **9** 80
- Steuern **9** 338
- Tabelle Hacks/Wellner/Häcker **9** 94, 153 ff.
- Tabelle IMM-DAT **9** 156
- Teilbarkeit **9** 52 ff., 87 f.; **12** 32
- Teilklage **9** 65, 70
- Tierhalterhaftung **9** 39
- titelersetzendes Anerkenntnis **9** 56
- überholende Kausalität **9** 254, 263 ff., 322 f.
- Übertragbarkeit/Vererblichkeit **9** 47 f.
- unbezifferter Klageantrag **9** 57 ff.

- Ursachenaustausch **9** 322 f.
- Vererblichkeit **10** 1
- Verjährung **9** 80 ff.; **12** 91
- Verjährungshemmung **9** 56, 70, 73
- Verjährungsneubeginn **9** 80 ff.
- Verschuldenshaftung **2** 20; **9** 25
- Vertragshaftung **2** 20, 295
- Voraussetzungen **9** 27 ff., 198 ff.
- Vorschäden/Schadenanfälligkeit **9** 227, 243 ff., 274 f., 300 f., 316 ff.
- weiteres **9** 49, 65, 77, 79 ff.; **12** 106 ff.
- Werkvertragshaftung **2** 301
- Zinsen **9** 89 f.
- Zugewinnausgleich **9** 350
- Zurechnungszusammenhang **9** 231 ff., 237 ff., 256 ff.

Schockschaden **9** 299, 735; **10** 31 ff.
- Angehörige **10** 35 ff.
- Angehörigenschmerzensgeld **10** 57 ff.
- mat. Schäden **10** 50
- mittelbarer **10** 31
- Mitverschulden **10** 51 ff.
- nichtehel. Lebensgemeinschaft **10** 42 ff.
- Schmerzensgeld **10** 46 ff.
- Tabelle Hacks/Wellner/Häcker **10** 49
- Unfallzeuge **10** 33
- unmittelbarer **10** 31, 35 ff.
- Zurechnungszusammenhang **10** 36 ff.

Schuldanerkenntnis **2** 321 f.
Schutzbereichstheorie **2** 35 ff.
Schwacke-Mietpreisspiegel **8** 172 ff.
Schwarzfahrt **1** 220 ff.; **2** 272 ff.
Schweigepflichtsentbindung **1** 227 ff.
Selbstständiges Beweisverfahren **1** 383 ff., 394; **5** 51 ff.
- Anwaltskosten **5** 62
- Kleidungsschaden **8** 597

891

Stichwortverzeichnis

- Prozesskostenhilfe **5** 63
- Rechtsschutzversicherung **5** 61; **7** 43 ff.
- Sachverständigengutachten **5** 53, 56 ff.
- Streitverkündung **5** 60
- Terminsgebühr **8** 577
- Unfallrekonstruktionsgutachten **5** 53

Sicherheitsgurt **3** 16, 56 ff.; **5** 71; **8** 344
- Anscheinsbeweis **5** 71
- Beweislast **9** 138
- Mitverschulden **9** 134 ff.

Sicherungsabtretung
- Mietwagenkosten **8** 226 ff.
- Prozessführungsbefugnis **7** 95; **8** 226 ff.
- Reparaturkosten **7** 92 ff.

Smart Repair **7** 173
- Empfehlungen des VGT **7** 174

Sozialleistungsträgerregress **3** 160 ff.; **4** 27 ff.; **6** 46; **9** 614
- Abfindungsvergleich **12** 27 ff.
- Arbeitslosengeld **9** 556, 619
- Ausnahmen **4** 70 ff.
- Befriedigungsvorrecht des Geschädigten **4** 72 ff.
- Entschädigungsfonds **4** 27, 46
- ersparte Eigenaufwendungen **4** 61 f.
- Familienprivileg **4** 109
- Grundsicherungsträger **4** 109
- Hartz IV **9** 619
- Haushaltsführungsschaden **9** 556 ff.
- Heilbehandlungskosten **9** 392 ff.
- Krankengeld **9** 556
- Krankenversicherung **9** 392 ff.
- Mitverschulden **4** 66 ff.
- Pflegegeldbezug **9** 383, 456 ff., 556 ff.
- Prozessstandschaft **4** 55

- Quotenvorrecht **4** 63 ff., 79 ff., 88 ff.; **9** 633 f.
- relative Theorie **4** 66 ff., 69, 88, 92
- Rentenminderungsschaden **9** 629 ff.
- Rentenversicherung der Pflegeperson **4** 116
- sachl. Kongruenz **4** 31 ff.
- Schadenspositionen **4** 35 ff.
- Schmerzensgeld **4** 34, 43
- Sozialhilfe **9** 619 ff.
- Trägerbeitrag **4** 110 ff., 113
- Übergangsgeld **9** 556, 619
- Verjährung **12** 99, 117 ff.
- Verkehrsopferhilfe e.V. **4** 27, 46
- Verletztengeld **9** 556
- vermehrte Bedürfnisse **9** 558 f.
- Waisenrente **10** 160
- Witwenrente **10** 161
- zeitl. Kongruenz **4** 47 f.
- Zeitpunkt **4** 49 ff.

Standgeld **8** 340 ff.
Steuern **4** 123 ff.
- Abfindungsvergleich **9** 627; **12** 30 f.
- entgangener Gewinn **4** 129
- Haushaltsführungsschaden **10** 185
- Heilbehandlungskosten **4** 128
- Kapitalabfindung **11** 19, 134 ff.; **12** 30 f.
- Prozess-/Verzugszinsen **4** 130
- Rente **4** 126 ff.
- Schmerzensgeld **9** 338
- Unterhaltsschaden **10** 178 ff.
- Verdienstausfall **4** 124 ff.; **9** 626 ff.
- Vergünstigungen **4** 131 ff.
- vermehrte Bedürfnisse **9** 381; **10** 180

Straßenbäume **2** 164 ff.
Streitgenossenschaft
- Schädiger/Versicherer **5** 79

Stichwortverzeichnis

Streitverkündung
- gestellter Unfall **5** 112 ff.
- Mietwagenunternehmen **8** 169
- Sachverständiger **2** 372
- selbstständiges Beweisverfahren **5** 60

Stundenverrechnungssatz **7** 145 ff.
- Beweislast **7** 149 f., 156 f.
- DEKRA-Gutachten **8** 38 ff.
- Fahrzeugalter **7** 149
- Marken-Fachwerkstatt **7** 145 ff., 148; **8** 38 f.
- mittlerer **7** 145; **8** 38 f.
- Porsche-Urteil **1** 18; **7** 146
- Schadensminderungspflicht **7** 147 ff.
- Vertragswerkstatt **1** 18, 112
- Zumutbarkeit freier Werkstätten **7** 149 ff.

Tabelle Danner/Echtler **8** 298 ff.
Tabelle Hacks/Wellner/Häcker **9** 94, 153 ff.; **10** 49
Tabelle IMM-DAT **9** 156
Tabelle Küppersbusch **11** 73, 77
Tabelle Nehls **11** 83 ff., 96 ff., 106, 115
Tabelle Pardey **11** 73, 78
Tabelle Reichenbach/Vogel **9** 509, 526
Tabelle Sanden/Danner/Küppersbusch **8** 258 ff., 307, 309
Tabelle Schulz-Borck/Hofmann (Pardey) **9** 14, 452, 509, 513 ff.; **10** 141, 153; **11** 74
Tanklastzug-Haftung **2** 342 ff.
Tatortprinzip **1** 278, 289
Terminsgebühr **8** 561, 575 ff.
- Abfindungsvergleich **12** 80
- außergerichtl. Einigung **8** 517 f., 579 ff.
- Gegenstandswert **8** 590 f.
- Gerichtstermin **8** 576

- Höhe **8** 587 ff.
- Sachverständigentermin **8** 577 f.
- schriftl. Verfahren **8** 584
- schriftl. Vergleich **8** 585 f.
- Versäumnisurteil **8** 588 f.

Tierhalterhaftung **2** 210 ff.
- Beweislast **2** 212
- Gefährdungshaftung **9** 39
- Haftungseinheit **2** 249, 286 ff., 294
- Schmerzensgeld **9** 39
- Tierhalterbegriff **2** 211

Tötung **10** 1 ff.
- Alleinverdiener **10** 90 ff.
- Auslandsbezug **10** 195 ff.
- Beerdigungskosten **10** 5 ff.
- Doppelverdienerehe **10** 131 ff.
- Hausfrau **10** 135 ff.
- Haushaltsführungsschaden **9** 495; **10** 183 ff.
- Hinterbliebenenansprüche **10** 2 ff.
- Unterhaltsschaden **10** 75 ff.
- Verstorbenenansprüche **10** 1

Totalreparationsgrundsatz **7** 389
Totalschaden **7** 225
- 100 %-Fälle **7** 66
- 70 %-Fälle **7** 238 ff.
- Ab-/Anmeldekosten **7** 306
- Abrechnungsbasis **7** 229 ff., 234 ff.
- Abschleppkosten **8** 336 f.
- Dispositionsfreiheit des Geschädigten **7** 229
- echter **7** 225 ff.
- Entsorgungskosten **8** 351 f.
- Ersatzfahrzeugbegutachtung **7** 245, 309; **8** 361
- Kaskoversicherung **13** 243
- Leasing **4** 6 ff.; **7** 472 ff.
- Neuwagenersatzanspruch **7** 225, 354 ff.
- Nutzungsausfall **8** 105 ff., 283 ff.
- Resttreibstoff im Tank **7** 310
- technischer **7** 227

893

Stichwortverzeichnis

- unechter **7** 225, 354 ff.
- Untergang der Sache **7** 460
- Weiternutzung des Kfz **7** 284 ff.
- Werkstattgarantie **7** 245, 309
- Wiederbeschaffungspauschale **7** 307 ff.; **8** 361
- wirtschaftlicher **2** 45; **7** 66, 228 ff.
- Zinsen **5** 26 ff.; **8** 367

Transportschaden **8** 611 ff.

Überholende Kausalität **2** 29 ff.; **9** 263 ff.
- ärztl. Behandlungsfehler **2** 30; **9** 264
- anlagebedingte Leiden **2** 31; **9** 265
- Beerdigungskosten **10** 8
- Begriff **2** 29; **9** 263
- Beweislast **2** 34; **9** 267, 323
- HWS-Syndrom **9** 254
- mehrere Unfälle **2** 32 ff.; **9** 19, 266, 322 f.
- Rentenneurose **2** 33; **9** 234
- Schmerzensgeld **9** 254
- Wiederverheiratung Verwitweter **9** 19

Überobligationsmäßige Anstrengungen/Verzichte **7** 112; **9** 678
- Besserstellungsverbot **7** 327
- Erwerbstätigkeit **9** 662 f.
- Gesellschafter **9** 714
- Haushaltsführungsschaden **9** 504 f.
- Nutzungsausfall **8** 87, 295
- Pflegeheim-Unterbringung **9** 385 f.
- Rabatt **7** 88, 91, 370
- Restwertrealisierung **7** 259, 273 ff.

Unabwendbares Ereignis **2** 254 ff.
- Begriff **2** 255
- Beweislast **2** 259
- höhere Gewalt **2** 249
- Idealkraftfahrer **2** 256
- interner Schadensausgleich **2** 284

Unbekannter Unfallgegner **1** 307 ff.

Unerlaubte Handlung **2** 1 ff.
- Beweislast **2** 119 ff.
- Haftungsumfang **2** 8 ff.
- Kausalität **2** 13, 21 ff.
- Rechtsfolge **2** 3
- Unzurechnungsfähigkeit **2** 192
- Verschulden **2** 46 ff.
- Voraussetzung **2** 2

Unfallflucht **13** 81 ff., 97, 103, 212
Unfallhelferring **1** 163
Unfallrekonstruktion **1** 191 ff.
- Bremswegrechner **1** 193 f.
- Gutachten **3** 58
- selbstständiges Beweisverfahren **5** 53

Unfallrente
- Abänderung **8** 463

Unmittelbarer Schaden **2** 9
Unterhaltsschaden **10** 75 ff.
- Alleinverdiener **10** 90 ff.
- Auslandsbezug **10** 196 ff.
- Barunterhalt **10** 87 ff.
- Berechnung **10** 88 ff., 129 ff., 141 ff.
- Betreuungsunterhalt **10** 87, 148 ff.
- Beweislast **10** 104, 118
- Dauer/Ende **10** 81 ff., 156, 158
- Doppelverdienerehe **10** 131 ff.
- Einkommensanrechnung **10** 115 ff., 171
- Eltern **10** 159
- entgangene Altersversorgung **10** 168 f.
- Erbschaftsertragsanrechnung **10** 173
- Erwerbsverpflichtung **10** 79, 117 ff.
- Feststellungsklage **10** 159
- fiktiver **10** 141 ff., 153 ff.
- Fixkosten **10** 97 ff.
- gesetzl. Forderungsübergang **4** 41, 92 ff.; **10** 160 f.

Stichwortverzeichnis

- Hausfrau **10** 135 ff.
- Haushaltsführungsschaden **9** 439, 454 ff., 458, 478; **10** 127 f., 131 ff., 135 ff.
- Kapitalabfindung **10** 181 f.; **11** 121 ff.
- Kindergeldanrechnung **10** 177 ff.
- Mithaftung **10** 126
- mittelbar Geschädigte **2** 41; **4** 17 f.
- Nettoeinkommen **10** 91 ff.
- nichtehel. Lebensgemeinschaft **10** 165 ff.
- priv. Versicherungs-/Betriebsrentenleistungsanrechnung **10** 174 ff.
- Quellentheorie **10** 170 f.
- Quotenvorrecht **4** 92 ff.; **6** 2, 45 f.; **10** 126
- Rentenzahlung **10** 181
- Schadensminderungspflicht **10** 118 ff., 157
- Schätzung **5** 43
- Steuern **4** 124, 134; **10** 178 ff.
- Tabelle Schulz-Borck/Hofmann (Pardey) **10** 141, 153
- überholende Kausalität **9** 19
- Umfang **10** 84 ff.
- Unterhaltsbedarf **10** 110 ff.
- Unterhaltsberechtigte **10** 76 ff.
- Unterhaltsersparnis **10** 143 ff.
- Verjährung **10** 159; **12** 91
- Vorteilsausgleich **6** 45; **10** 127 f., 133, 139 f., 143 ff.
- Waisen **10** 115 f., 148 ff.; **11** 123 ff.
- Wiederverheiratung Verwitweter **9** 19; **10** 158, 162 ff.; **11** 122
- Witwenrente **10** 168 f.

UPE-Aufschläge **1** 19
UPE-Aufschlag **7** 134, 136 ff.
Urkundenvorlagepflicht
- außergerichtlich **7** 109 ff., 279 ff.
- prozessual **7** 117 ff., 282

Vandalismus **13** 220, 226, 237
Verbringungskosten **1** 19
Verbringungskosten zum Lackierer **7** 134, 141 ff.
Verdienstausfall **9** 590 ff.
- Altersrente **9** 613 ff.
- Anpassung **12** 59
- Arbeitslosengeld **9** 619
- Arbeitsloser **9** 708 ff.
- Ausländer **9** 681 ff.
- Begriff **9** 592
- Beweislast **9** 635 ff., 672 ff., 686 f., 693 f.
- Bruttolohntheorie **4** 112; **9** 602, 684
- Differenzmethode **9** 596
- ersatzfähige Einkünfte **9** 594, 598 ff.
- Ersatzkraftkosten **9** 689 ff.
- ersparte Eigenaufwendungen **9** 596
- Erwerbsobliegenheit **9** 653 f., 658 ff.
- Fälligkeit **9** 593
- fiktive Berechnung **9** 592 f.
- Gegenstandswert **9** 9
- Geldrente **9** 457
- Gesellschafter **9** 712 ff.
- Hartz IV **9** 619
- Haushaltsführungsschaden **9** 439, 449 ff., 454 ff., 475 ff.
- Kapitalisierung **9** 727; **11** 92 ff.; **12** 47
- Karriereschaden **9** 595
- Krankengeldbezug **9** 611 f.
- kündigungsbedingte Abfindung **9** 624, 652
- Minderjährige **9** 715 ff.
- Mitverschulden **9** 656
- modifizierte Nettolohntheorie **4** 112; **9** 602
- Nachweis **9** 685 ff.
- Rentendynamik **11** 17, 37

895

Stichwortverzeichnis

- Rentenminderungsschaden **9** 614, 628 ff., 721 ff.
- Rentenzahlung **9** 593, 727 ff.
- Sachverständigengutachten **9** 591
- Schadensminderungspflicht **9** 596, 653 ff.
- Schätzung **9** 441 ff., 516 f., 595, 641 ff., 687, 692 ff.
- Selbstständiger **9** 684 ff.
- Sozialhilfebezug **9** 619, 730 ff.
- Steuern **4** 124, 126, 129; **9** 626 ff.
- Übergangsgeld **9** 619
- Veränderungen bei laufender Regulierung **11** 133
- Vererblichkeit **10** 1
- Verjährung **12** 91
- Verletztengeldbezug **9** 611 f.
- Verletztenrente **9** 456, 461
- verzögerter Berufseintritt **9** 721 ff.
- Vorruhestandsgeld **9** 679 f.
- Vorteilsausgleich **9** 596
- Zukunftsschadensvorbehalt **12** 68

Verfahrensgebühr **8** 561 ff.
- mehrere Auftraggeber **8** 567 ff.
- nicht anhängige Ansprüche **8** 565 f.
- vorzeitige Erledigung **8** 563 f.

Verjährung **12** 83 ff.
- Abfindungsvergleich **12** 145 f.
- Ablaufhemmung **12** 162 f.
- absolute Verjährungsfrist **12** 123 ff.
- Anerkenntnis/Zahlung **12** 130 ff.
- Direktanspruch gegen Kfz-Haftpflichtversicherung **12** 87 f.
- Entgeltfortzahlungsregress **9** 607
- familiäre Gründe **12** 162
- Feststellungsklage **9** 81 ff.; **12** 71
- Fristbeginn **12** 86, 93 ff., 176
- Fristende **12** 128
- Gesamtschuldnerausgleichsanspruch **12** 88
- grob fahrlässige Unkenntnis **12** 114 ff.
- Haushaltsführungsschaden **12** 91
- Hemmung **5** 7 f.; **9** 56, 70, 73, 579; **12** 140 ff., 176; **13** 429
- höhere Gewalt **12** 162
- Kenntniserlangung **12** 97 ff.
- Kenntniszurechnung **12** 97 ff.
- Neubeginn **9** 80 ff.; **12** 70, 129 ff., 176
- Rechtskraft **12** 127
- Rechtsverfolgung **12** 157 ff.
- regelmäßige **12** 85 ff.
- Schadensmeldung **12** 141 ff.
- Schmerzensgeldrente **12** 91
- Sozialleistungsträgerregress **12** 99, 117 ff.
- Spätschaden **12** 105 ff., 112 ff.
- Spätschadensvorbehalt **9** 80
- Steuerfreistellungsanspruch **9** 627
- Teilklage **9** 70
- Teilungs-/Stillhalteabkommen **12** 164, 172
- titelersetzendes Anerkenntnis **9** 56, 82; **12** 72, 168 f., 172
- Übergangsnormen der Schuldrechtsreform **12** 175 ff.
- Unterhaltsschaden **10** 159; **12** 91
- Verdienstausfall **12** 91
- Vereinbarung **12** 165 ff.
- Verhandlung **12** 147 ff.
- Verkehrsopferhilfeansprüche **12** 88
- vermehrte Bedürfnisse **12** 91
- Versicherungsansprüche **13** 428 ff.
- Verzicht **12** 34, 69, 146, 167, 170 ff.
- Vollstreckungsmaßnahme **12** 139
- Wirkung **12** 174
- Zukunftsschadensvorbehalt **12** 146

Verkehrsberuhigungsmaßnahme **2** 171 ff.

Verkehrsopferhilfe e.V.
- Anspruchsverjährung **12** 88
- Auslandsbezug **1** 297 ff.

Stichwortverzeichnis

- Entschädigungsfonds **1** 308; **5** 16 f.
- Gerichtsstand **5** 85
- Haftungsumfang **1** 310 f.
- Kontaktdaten **1** 297, 307
- Passivlegitimation **5** 84
- Regulierungsvoraussetzungen **1** 308 ff.
- Sozialleistungsträgerregress **4** 27, 46
- unbekannter Unfallgegner **1** 307 ff.

Verkehrssicherungspflicht **2** 141 ff.
- Amtshaftung **2** 152 f., 361
- Beweislast **2** 146 ff.
- Fahrbahnunebenheit **2** 168 ff.
- Firmenparkplatz **2** 306
- Kfz-Führer/-Halter **2** 174 ff.
- Räum-/Streupflicht **2** 154 ff.
- Straßenbäume **2** 164 ff.
- Übertragung **2** 145, 160
- Umfang **2** 142 f.
- Verkehrsberuhigung **2** 171 ff.
- Verweisungsprivileg **2** 152

Verletztengeld **9** 611 f.

Vermehrte Bedürfnisse
- Auslandswohnsitz **9** 124
- Begriff **9** 351
- behindertengerechte Wohnung **9** 358 ff.
- behindertengerechtes Kfz **9** 355 ff.
- ersparte Aufwendungen **9** 351
- Fälligkeit **9** 388 ff.
- familiäre Pflege **9** 370 ff.
- fiktive Abrechnung **9** 353, 388
- Gegenstandswert **9** 9
- Geldrente **9** 457
- häusliche Pflege **9** 369 ff., 446
- Haushaltsführungsschaden **9** 439, 449 ff., 454 ff., 474, 500
- Hilfsmittel **9** 396
- Kapitalisierung **9** 362 ff., 382; **11** 18, 80 ff.
- Nachweis **9** 352 f.
- Pflegegeld **9** 383, 456, 461
- Pflegeheim-Unterbringung **9** 385 ff.
- Positionen **9** 354 ff.
- Rentendynamik **11** 18, 37
- Rentenzahlung **9** 381, 389
- Steuern **9** 381; **10** 180
- überobligationsmäßige Anstrengungen/Verzichte **9** 385 f.
- Verjährung **12** 91
- Vorteilsausgleich **9** 366 ff., 385 ff.

Vermeidbarkeit **1** 193 ff.
- juristische **1** 206 ff.
- räumliche **1** 196 ff.
- zeitliche **1** 204 f.

Vermessungskosten **7** 159

Verschuldenshaftung **2** 46 ff.; **7** 3
- Betriebsgefahr **3** 17 f.
- Beweislast **2** 119 ff., 276 f.
- eigenübliche Sorgfalt **2** 87 ff.
- Fahrerhaftung **2** 276 f.
- Haftungsbeschränkung **2** 89 ff.
- Haftungshöchstsumme **4** 85
- Leasing **3** 40 ff.
- Schmerzensgeld **2** 20; **9** 25
- Verhaltenspflichten **2** 48 ff.
- Vertragshaftung **2** 295 ff.

Versicherungsombudsmann **1** 81
Versicherungspflichtbefreiung **2** 370
Versicherungsprämienverzug **1** 220 ff.
Versicherungsvertrag
- Abschriftenanspruch **13** 33 ff.
- Einlösungsprinzip **13** 39
- Erstprämie **13** 26 ff., 37 ff.
- Erstprämienverzug **13** 39 ff.
- Folgeprämienverzug **13** 44 ff.
- Gerichtsstand **13** 431 f.
- Rechtsfolgenbelehrung **13** 26 ff.
- Rücktrittsrecht des Versicherers **13** 39 f.
- Verjährung von Ansprüchen **13** 428 ff.

897

Stichwortverzeichnis

- Vertragsschluss **13** 12 ff.
- vorläufiger Deckungsschutz **13** 18 ff.
- vorvertragliche Beratungs-/Informationspflicht **13** 13 ff.
- Widerrufsrecht **13** 15 ff.

Vertragshaftung **2** 295 ff.
- Arbeitsvertrag **2** 302 ff.
- Auftrag **2** 300
- Beförderungsvertrag **2** 296 ff.
- Beweislast **2** 295
- Haftungsbeschränkung **2** 298 ff.
- Mietvertrag **2** 299
- Werkvertrag **2** 301

Vertrauensgrundsatz **2** 49 ff.; **3** 44, 48
Verweisungsprivileg
- allg. Straßenverkehr **2** 152, 359 f.
- Amtshaftung **2** 152 f., 350 ff.
- Ausnahmen **2** 359 ff.
- hoheitl. Tätigkeit **2** 354 f.
- Kfz-Haftpflichtversicherung **13** 102, 275
- Sonderrechts-Kfz **2** 153, 362 ff.
- Verkehrssicherungspflicht **2** 361

Verzugskosten **1** 39
- Anwaltskosten **8** 434 f., 436 ff.; **9** 610
- Kaskoinanspruchnahme **8** 436 ff.
- Kreditkosten **8** 380 ff.
- Schmerzensgeld **9** 89 f.
- Voraussetzungen **8** 370 ff.
- Zahlungsfrist **1** 363 ff.; **8** 372 ff.
- Zinsen **1** 39, 277; **5** 30 ff.; **8** 369 ff., 376 ff.; **9** 89 f.

Vorläufiger Rechtsschutz **1** 397
Vorsteuerabzug **1** 217
- Leasing **1** 154

Vorteilsausgleich
- Arbeitsmittel **9** 624
- behindertengerechte Wohnung **9** 366 ff.
- doppelte Haushaltsführung **9** 624
- Entgeltfortzahlung **9** 605
- Fahrtkosten **9** 605 f., 624 f.
- kündigungsbedingte Abfindung **9** 624, 652
- Pauschale **9** 624
- Pflegeheim-Unterbringung **9** 385 ff.
- Unterhaltsschaden **6** 45; **10** 127 f., 133, 139 f., 143 ff.
- Verbands-/Gewerkschaftsbeitrag **9** 624
- Verdienstausfall **9** 596
- vermehrte Bedürfnisse **9** 385
- Verpflegungsaufwand **9** 624
- Vorruhestandsgeld **9** 679 f.

WasserhaushaltsG-Haftung **2** 342 ff.
Werkstattgarantie **7** 245, 309
Werkstattrisiko **7** 99, 171; **8** 102
Werkvertragshaftung **2** 301
Wertminderung **1** 25; **7** 63, 186 ff.
- Bagatellschaden **7** 205, 218 f.
- Behördenfahrzeug **7** 197
- Berechnungsmethoden **7** 199 ff.
- entgangener Gewinn **7** 193
- Fahrzeugalter **7** 204, 208 f.
- gerichtl. Ermessen **7** 214
- Herstellungsaufwand **7** 191
- hohe Laufleistung **7** 204, 206, 209
- Kaskoversicherung **7** 195; **13** 244
- Kostenvoranschlag **7** 55 f.
- Leasing **1** 153; **4** 5; **7** 222 ff.
- merkantile **7** 190 ff.
- Quotenvorrecht **6** 14; **7** 195
- Ruhkopf/Sahm-Berechnungsmethode **7** 200 ff.
- Sachverständigengutachten **7** 214 ff.
- Schätzung **7** 198
- technische **7** 186 ff.
- Vorschaden **7** 221
- Werbungskosten **7** 196

Stichwortverzeichnis

- Zeitpunkt **7** 192
- Zinsen **5** 26 ff.; **7** 192; **8** 367

Widerklage
- Forderungsabtretung **1** 373

Wiederbeschaffungsaufwand
- 100 %-Fälle **7** 74
- Abrechnungsbasis **7** 80, 83, 234 ff.
- Begriff **7** 59
- Ersatzfahrzeugbegutachtung **7** 245, 309; **8** 361
- Mehrwertsteuer **7** 60, 74
- Resttreibstoff im Tank **7** 310
- Werkstattgarantie **7** 245, 309
- Wiederbeschaffungswert **7** 242 ff.
- Zeitpunkt **7** 244

Wiederbeschaffungskosten
- Abrechnungsbasis **7** 58 ff.
- Begriff **7** 441; **13** 239
- Differenzbesteuerung **7** 407
- fiktive **7** 446
- Leasing **4** 6
- Mehrwertsteuer **7** 41, 407, 428 ff., 446 ff., 447 ff.
- Quotenvorrecht **6** 14
- Sachverständigengutachten **7** 39 ff.
- Zinsen **5** 26 ff.; **8** 367

Wiederbeschaffungspauschale **7** 307 ff.; **8** 361

Wirtschaftlichkeitspostulat **7** 6, 389, 407
- 130 %-Grenze **7** 83 ff.
- Abrechnungsbasis **7** 444, 455
- Integritätsinteresse **7** 318
- Mietwagenkosten **8** 156 ff., 165, 233 ff.
- Preisvergleichspflicht **8** 156 ff., 165
- Restwertrealisierung **7** 256
- Teilreparatur **7** 336

Zeitaufwand **8** 406 ff.

Zentralruf der Autoversicherer **1** 256 ff.
- Auskunftsstelle **1** 261, 293; **5** 14
- Kontaktdaten **1** 258, 293
- Musteranfrage **1** 264
- Schadensmanagement der Versicherer **1** 11, 42
- Schadensmeldung **1** 272

Zinsen **1** 39, 277; **5** 25 ff.; **8** 367 ff.
- Kreditkosten **8** 368, 380 ff.
- Schmerzensgeld **9** 89 f.
- Totalschaden **5** 26 ff.
- Verzug **5** 30 ff.; **8** 369 ff., 376 ff.
- Wertminderung **5** 26 ff.; **7** 192; **8** 367
- Wiederbeschaffungskosten **5** 26 ff.; **8** 367